„Jeglicher Dilettantismus ist ein Unheil für die Zeitung, wie für den Leser. (...) Das Amt des Herausgebers verpflichtet."

Prof. Julius Ferdinand Wollff, Oktober 1927

Jens Fritzsche

Julius Ferdinand WOLFF

Suche nach einem Ausgelöschten

KUNSTBLATT
DER FOTO GRAFIK VERLAG IN DRESDEN

Inhalt

Zum Geleit: Julius Ferdinand Wollf – Ein Dresdner Bürger

An wen wollen wir uns erinnern? Erinnerungskultur hat immer etwas Fragmentarisches, doch was memoriert wird und was nicht, ist ein Schlüssel zum Verständnis der Gegenwart. Das gilt auch für Dresden, die Stadt, für die ihre Vergangenheit, so scheint es, in einer besonderen Weise intensiv mit der Gegenwart verknüpft ist – nicht nur in besonderen Momenten und festlichen Ansprachen, sondern im Alltag, im Gespräch und in dem Bemühen, sich selbst und anderen die gelebte Gegenwart zu erklären.

Dresden also, Dresden heute. Was wird gefeiert, und wer? Welche Jubiläen sind wichtig? Welchen Gebäuden kommt Aufmerksamkeit zu, was wird wiedererrichtet, was nicht, und was darf abgerissen werden? Wer kommt in Erzählungen vor, in Anekdoten, wer wird gern für dies oder jenes als Beispiel angeführt? Nach wem werden Straßen oder Parks benannt, nach wem nicht? Und: Welche historische Epoche, welches Ereignis wird als wichtig erkannt? Was oder wer ist ein Objekt oder ein Subjekt der Erinnerungskultur? Julius Ferdinand Wollf, so viel ist klar, gehört nicht dazu, bis jetzt jedenfalls.

Was für einem Menschen begegnen wir in Julius Ferdinand Wollf? Im Buch findet sich nicht die eine Antwort, die uns die Einordnung leichtmachen würde. Und kann es überhaupt die Absicht einer solchen Publikation sein, den geschilderten Menschen einordnen zu können oder, noch weitgehender: zu verstehen? Einer schnellen Einordnung jedenfalls dürfte sich Wollf entziehen, und dass die vorliegende Biografie die unbestreitbare Komplexität der Persönlichkeit Wollfs nicht ansatzweise versucht zu simplifizieren und ins Kleinformat zu bringen, das ist gewiss eine Stärke. Auch wer das Vorbild sucht, die Persönlichkeit zur Orientierung, der greift zu kurz.

Klar wird schnell: Gerade das vermeidet die vorliegende Arbeit. So ist Jens Fritzsche als Journalist alles Hagiografische fremd. Er stellt Julius Ferdinand Wollf detail- und beziehungsreich in seine Zeit. Mit Wollf werden wir in entscheidende und bis heute prägende Epochen der Geschichte unseres Landes, im engeren und weiteren Sinn, ja ganz Europas geführt. Wollfs Aufwachsen im Deutschen Kaiserreich, die Herkunft aus einer deutschen jüdischen Familie, die Münchener Zeit und der Flirt mit der Welt des Theaters, schließlich der Wechsel des Vielbegabten nach Dresden, seinerzeit eine der größten und am schnellsten wachsenden Städte des Reiches.

Wir lernen noch die höfischen Verhältnisse der Vorkriegszeit kennen, eine Welt, in der sich Wollf bestens zu bewegen vermochte, wir lernen den verheerenden Ersten Weltkrieg in seiner absurden Sinnlosigkeit aus der gemeinhin eher unbekannten Perspektive eines national gesinnten Zeitungsmanns kennen, und wir nehmen Freiheit wie Gefährdung der Weimarer Jahre intensiv wahr, zwischen dem Dresdner Detail und der großen Geschichte, die auf die Vernichtung der Freiheit und den Massenmord zuläuft.

Zu den Stärken der vorliegenden Biografie, die die Leser allerdings da und dort fordern dürfte, gehört der wiederholte Perspektivwechsel. Das Nahfeld Wollfs, sein Verhältnis zu Frauen, genauer: die sich über Wollfs Lebenszeit verändernde Frauenrolle etwa, gehört dazu, aber auch der Blick in Details der Redaktions- und Verlegerarbeit. Gerade Letztere in ihren mitunter durchaus gegensätzlichen Interessen ist auch für zeitungswissenschaftliche Laien erkenntnisreich.

Darüber hinaus und ganz grundsätzlich liegt in der gelebten wie der hier wiedergegebenen Biografie eine ganz ungewöhnliche Erkenntnisperspektive. Zum einen das farbig gezeichnete Zeitbild, zum anderen, auf einer Art Meta-Ebene, die Verarbeitung des Zeitgeschehens im Medium Zeitung, und zwar mit einer Analyse der damit verbundenen Absichten. Denn Wollf war in seinem redaktionellen Ansatz wie in seinen unternehmerisch-verlegerischen Intentionen keineswegs neutral, sondern ein politischer Kopf: bürgerlich konservativ, aufgeklärt und liberal. Und immer Profi. Auch Wollfs Charakterzüge, die ihn nicht immer grundlegend sympathisch erscheinen lassen, tragen zur Komplexität bei – und sind doch so erhellend.

Zu dieser Komplexität gehört auch die Präsenz Wollfs im Gesellschaftsleben Dresdens und darüber hinaus. Wir erfahren vom bürgerlich-kunstverständigen Lebensstil, von literarischen Salons, von Künstlerfreundschaften, und wir begegnen bekannten Figuren, wie etwa Karl May, Oberbürgermeister Beutler, aber auch Karl August Lingner, mit dem Wollf freundschaftlich verbunden war. Diese Freundschaft, die über Lingners frühen Tod hinausreichte, wird dokumentiert nicht nur im Einsatz zur Errichtung des Deutschen Hygiene-Museums, sondern, mehr noch vielleicht, in der ersten Biografie Lingners, von Wollf eigenhändig verfasst.

Es ist kaum übertrieben: Jens Fritzsche entfaltet in seinem Buch einen ganzen Kosmos von Persönlichkeiten, mit denen Wollf in Beziehung stand. Er lässt es aber nicht bei der Aufzählung, vielmehr tritt in den detailreichen Schilderungen mehr und mehr ein Mensch hervor, der, grob vereinfachend, ein Macher genannt werden kann. Oder: ein Motor, ein Beweger, sich selbst und anderen.

Zwei bedeutende Persönlichkeiten, Lingner und Wollf, waren verbunden in Freundschaft, aber auch in einem liberalen Menschenbild, geprägt von Wissenschaft, Aufklärung und Eigenverantwortung. Karl August Lingner ist bis heute gegenwärtig, nicht nur im Deutschen Hygiene-Museum und im sogenannten „Lingner-Schloss", sondern auch in einer bemerkenswerten Biografie, die die würdige Nachfolge von Wollfs Werk angetreten hat. Doch Wollf selbst? Ist er wirklich ein Ausgelöschter?

Jens Fritzsche nimmt die politische Entwicklung im Reich, in Sachsen und in Dresden Ende der 1920er und Anfang der 1930er Jahre minutiös in den Blick – ebenso wie deren Verarbeitung in Wollfs Blatt. Unter Wollfs Regie haben die *Dresdner Neuesten Nachrichten* immer wieder Position bezogen, wirtschaftsliberal, nationalliberal – und vor allem antikommunistisch. Wollf sah die Republik von links bedroht. Die Gefahr von rechts, insbesondere für seine Stadt, sein Dresden, erkannte er bis zu seiner Entlassung Ende März 1933, schon kurz nach den verhängnisvollen Reichstagswahlen, nicht. 30 Jahre in Dresden, 30 Jahre Zeitung, ein Lebenswerk.

Wollf blieb in Dresden, seiner Stadt. Und wieder ist zu fragen: Erkannte er nicht, was sein Freund Victor Klemperer längst klar analysiert hatte, nämlich den drohenden Verlust aller Werte und am Ende des eigenen Lebens? Wir wissen es nicht, aber Fritzsche bleibt auch im finalen Kapitel seiner großen Biografie seinem gründlichen Berichtsstil treu. Dieser erspart uns nicht, mit welcher Perfidie die Wollfs, wie die anderen jüdischen Bürger Dresdens, entrechtet, schikaniert und gedemütigt wurden. Die Eheleute Wollf wurden zu „Aussätzigen“, wie es Jens Fritzsche bildhaft schreibt.

Ausgelöscht? Fast könnte man es meinen. Wenige Spuren sind zu finden von einem Mann, der in seiner Zeit in seiner Stadt viel bewegt, der sie vorangebracht hat, der, wie Fritzsche es formuliert, der Stadt „viele Fenster Richtung Welt geöffnet“ hat. Noch einmal: Ausgelöscht? Nein, nach der Lektüre kann dieses Wort nicht mehr gelten. Vielleicht ist Julius Ferdinand Wollf vergessen worden, aber was er bewirkt hat, war und ist nicht ohne Wirkung geblieben. Und gegen das Vergessen hilft das Erinnern, und das ist das große Verdienst des vorliegenden Buches. Erinnern aber ist keine Nostalgie. Erinnern heißt, aus dem Vergangenen für die Gegenwart zu schöpfen. Was wir nun aus dem reichen, vollen Leben von Julius Ferdinand Wollf mitnehmen, das liegt an uns Leserinnen und Lesern. Für mich persönlich, der das Glück hat, in einer freiheitlichen, offenen Gesellschaft leben zu können, in einer lebenswerten Stadt, in Dresden, leben zu können – für mich ist es die Leidenschaft und Kraft, mit der Wollf seine Zeit mitgestaltet hat. Man könnte auch Verantwortung dazu sagen.

Klaus Vogel

Ein Leben für die Zeitung

Julius Ferdinand Wolff
Chefredakteur und Verleger der
Dresdner Neuesten Nachrichten

02.33.214

Zeitungs-Verlag

Fachblatt für das gesamte Zeitungswesen · Erscheint jeden Freitag
Eigentum und Verlag des Vereins Deutscher Zeitungs-Verleger
(Herausgeber der deutschen Tageszeitungen) E. V.

Der Anzeigenpreis für die 6 gespalt. Nonpareillezeile beträgt 0,30 Goldmark, bei Stellengesuchen 0,20 Goldmark, zahlbar bei Aufgabe. Chiffregebühr 0,40 Goldmark, bei Stellenangeboten 0,80 Goldm. — Fernspr. Amt Kurfürst Nr. 5462, 6442, 6462 u. 6468.

Der Zeitungs-Verlag kann nur durch die Post bezogen werden und kostet monatlich 1 Goldmark. Einzelnummer 0,30 Goldmark. — Postscheckkonto Berlin Nr. 45 182 Verein Deutscher Zeitungs-Verleger. — Telegramm-Adresse: Hadebezet.

Etwaiger Rabatt kann im Konkursfalle und auch dann verweigert werden, wenn Zahlung nicht innerhalb 8 Tagen nach Empfang der Rechnung erfolgt.
Redaktions-Schluß Montag nachmittags 4 Uhr.

26. Jahrgang | Berlin, 13. Februar 1925 | Nr. 7

Die Zeitung.

Prof. Julius Ferdinand Wolff hat für die Festzeitung des Dresdener Pressefestes diese treffliche Charakterisierung der Zeitung und der Zeitungsmänner als eine Art Leitartikel verfaßt.

Wißt ihr denn, wie man Zeitung macht? —
Jede Nummer ist eine Schlacht!
Auf hundert Kanälen, auf tausend Drähten
Schwimmt es und schwirrt es mit Kriegsgeräten
Heran, in funkelnden, stürmenden Massen
Aus Heimatquartieren, von fremden Rassen.
Selten nur klingt die Friedensschalmei,
Doch mußt du sie hören durch Kriegsgeschrei
Hindurch, im Schlammgrund trüber Fluten
Die Wahrheit erfühlen mit Wünschelruten.
Und bringst du die Wahrheit nicht ohne Gefahr
Ans Licht — so ist sie schon nicht mehr wahr.
Denn alles fließt, und das Gesicht
Von gestern zeigt dir heute nicht
Die Welt. Veränderlich ist sie genau,
Wie jede schöne, gefährliche Frau,
Doch daß du sie liebst, ist dein Geschick. —
So geht es nicht nur in der Politik.
Tausendfältig verhüllt sich das Leben,
Du aber sollst das W e s e n geben
Und unbeirrt von berauschenden Düften
Es zwingen, dir die Maske zu lüften,
Gründlich bleiben trotz rasender Eile,
Sprachkünstler sein mit Stichel und Feile,
Vom Wertlosen scheiden das Echte, das Gute
Und dennoch fertig sein auf die Minute. — —
Die Wirtschaft blutet aus mancher Wunde,
Finde Mittel, damit sie gesunde
Aus wahrem Wissen, aus echtem Erkennen,
Sonst wird man mit Fug dich Quacksalber nennen.
Hänge dein Herz an Künstler und Kunst,
Doch mußt du sehen im trübsten Dunst
Der Moden, die sich mit Nebelkappen
Bewaffnen, die Larven, die leeren Attrappen.
Scheinblüten strahlen verlogenen Lenz,
An echten frißt die Raupe Tendenz.
Kunstwerken sollst du Mittler sein,
Paradiese halten von Unkraut rein,
Doch nicht mit dem roten Federhalter
Zensuren verteilen an Märchenfalter. —
Entdeckern gilt es in fernste Zonen
Zu folgen, Irrmächte zu entthronen,
Doch, wo sie unerkannt noch leben,
Genieprinzen auf die Throne zu heben
Und tapfer bei ihnen auszuharren,
Schilt dich die Menge auch ihren Narren.
Und ist ihre Herrschaft dann anerkannt,
Dann — wirst du dabei nicht weiter genannt.
Dies alles im Unterbewußtsein fühlen,
Für all dies erglühen und niemals erkühlen,
Polyhistor sein und mehren sein Wissen,
Nie mit sich zufrieden und immer beflissen,
Nächte dir um die Ohren schlagen,
Am Tage die Verantwortung tragen
Für jedes Wort und für jede Zeile,
Gefügt in brennender, jagender Eile,
Hundert wählen aus tausend Sachen
Im Augenblick — das ist Zeitung machen. —
So stehst du im Feuer Tag und Nacht,
Jede Nummer ist eine Schlacht!
Und ist die Zeitung glücklich vollbracht,
Und dröhnend durch die Maschinen gerannt,
Dann kündet dir jeder Dilettant:
„Du hast deine Sache falsch gemacht."
Der Politiker, dem du die Wahrheit gesagt,
Stets deinen schlimmen Charakter beklagt.
Und steht seine Sache krumm und schief,
Beargwöhnt er einfach dein Motiv.
Die edle Gesinnung — bei Licht betrachtet —
Hat stets die Gegenpartei gepachtet.
Was deine Zeitung aus fernen Welten
Herbeigeschafft, darf nimmer gelten,
Den Nachbar im Schlaf stört der neue Ton:
Dies nennt man verächtlich Sensation.
Ist eine Komödie noch so verrucht,
So wird der Kritiker doch verflucht.
Und hat ein hohes B nicht gesessen —
D i r wird es der Sänger nie vergessen.

— — — — — — — — —

Was tut's? Es geht dir nichts verloren,
Bist Journalist du und echtgeboren,
Von deinem Leben und deiner Kraft —
J o u r n a l i s m u s i s t L e i d e n s c h a f t ! — —
Laß Dilettanten und Handwerker lachen,
Nur Künstler können Zeitung machen!
Nur die von Geblüt, die mit vollen Händen
Tag für Tag sich selber verschwenden
Ohne Ruh, ohne Dank, in Glück und in Pein —
Ich möcht' in der Welt nichts andres sein!

J u l i u s F e r d i n a n d W o l f f.

Ein Gedicht – Wollfs Vorwort

Die Zeitung.

Wißt Ihr denn, wie man Zeitung macht? –
Jede Nummer ist eine Schlacht!
Auf hundert Kanälen, auf tausend Drähten
schwimmt es und schwirrt es mit Kriegsgeräten
heran, in funkelnden, stürmenden Massen
aus Heimatquartieren, aus fremden Rassen.
Selten nur klingt die Friedensschalmai.
Doch mußt Du sie hören durch Kriegsgeschrei!
Hindurch, im Schlammgrund trüber Fluten,
die Wahrheit erfühlen mit Wünschelruten.
Und bringst Du die Wahrheit nicht ohne Gefahr
ans Licht – so ist sie schon nicht mehr wahr.
Denn alles fließt und das Gesicht
von gestern zeigt Dir heute nicht
die Welt. Veränderlich ist sie genau,
wie jede schöne, gefährliche Frau,
doch daß Du sie liebst, ist Dein Geschick –
so geht es nicht nur in der Politik.
Tausendfältig verhüllt sich das Leben,
Du aber sollst das Wesen geben.
Und unbeirrt von berauschenden Düften
es zwingen, Dir die Maske zu lüften.
Gründlich bleiben trotz rasender Eile,
Sprachkünstler sein mit Stichel und Feile,
vom Wertlosen scheiden, das Echte, das Gute.
Und dennoch fertig sein auf die Minute. –
Die Wirtschaft blutet aus mancher Wunde,
finde Mittel, damit sie gesunde
aus wahrem Wissen, aus echtem Erkennen,
sonst wird man mit Fug Dich Quacksalber nennen.
Hänge Dein Herz an Künstler und Kunst,
doch mußt Du sehen im trübsten Dunst
der Moden, die sich mit Nebelkappen bewaffnen,
die Larven, die leeren Attrappen.
Scheinblüten strahlen verlogenen Lenz,
an echten frißt die Raupe Tendenz.
Kunstwerken sollst Du Mittler sein,
Paradiese halten von Unkraut rein,
doch nicht mit dem roten Federhalter
Zensuren verteilen an Märchenfalter. –
Entdeckern gilt es, in fernste Zonen
zu folgen, Irrmächte zu entthronen.
Doch wo sie unerkannt noch leben,
Genieprinzen auf die Throne zu heben.
Und tapfer bei ihnen auszuharren,
schillt Dich die Menge auch ihren Narren.
Und ist ihre Herrschaft dann anerkannt,
dann – wirst Du dabei nicht weiter genannt.
Dies alles im Unterbewußtsein fühlen,
für all dies erglühen und niemals erkühlen,
Polyhistor sein und mehren sein Wissen
nie mit sich zufrieden und immer beflissen,
Nächte Dir um die Ohren schlagen,
am Tage die Verantwortung tragen
für jedes Wort und für jede Zeile,
gefügt in brennender, jagender Eile.
Hundert wählen aus tausend Sachen,
im Augenblick – das ist Zeitung machen. –
So stehst Du im Feuer Tag und Nacht,
jede Nummer ist eine Schlacht!
Und ist die Zeitung glücklich vollbracht
und dröhnend durch die Maschine gerannt,
dann kündet Dir jeder Dilettant:
„Du hast Deine Sache falsch gemacht.
Der Politiker, dem Du die Wahrheit gesagt,
stets Deinen schlimmen Charakter beklagt.
Und steht eine Sache krumm und schief,
beargwöhnt er einfach Dein Motiv.
Die edle Gesinnung – bei Licht betrachtet –
hat stets die Gegenpartei gepachtet.
Was Deine Zeitung aus fernen Welten
herbeigeschafft, darf nimmer gelten,
Den Nachbar im Schlaf stört der neue Ton:
dies nennt man verächtlich Sensation
Ist eine Komödie noch so verrucht,
so wird der Kritiker doch verflucht.
Und hat ein hohes B nicht gesessen –
Dir wird es der Sänger nie vergessen.

Was tut's? Es geht Dir nichts verloren
bist Journalist Du und echtgeboren,
von Deinem Leben und Deiner Kraft –
Journalismus ist Leidenschaft!
Laß Dilettanten und Handwerker lachen,
nur Künstler können Zeitungmachen!
Nur die von Geblüt, die mit vollen Händen
Tag für Tag sich selber verschwenden,
ohne Ruh, ohne Dank, in Glück und in Pein –
ich möcht in der Welt nichts andres sein!

Julius Ferdinand Wolff

(Dieses Gedicht schrieb Julius Ferdinand Wolff für die Festzeitung des Dresdner Pressefestes Anfang Februar 1925, eines Balles im Ausstellungspalast am Stübelplatz, dessen Einnahmen in die Wohlfahrtsprojekte der Dresdner Verlage flossen, wie die *DNN* am 10. Februar 1925 berichteten. Es erschien drei Tage später im *Zeitungs-Verlag*, der Zeitschrift des Vereins Deutscher Zeitungs-Verleger.)

1. August 1903

Es ist endlich mal wieder ein sonniger Morgen, in diesem August 1903. Noch weht der Wind frisch durch die Prager Straße in Dresden. Die pulsierende Geschäftsstraße begrüßt ihn. Er fühlt das Herz des modernen Dresdens schlagen. Ein Herzschlag, der bald auch seiner werden soll. Jetzt, da er die Geschicke des Verlages der Dresdner Neuesten Nachrichten *übernehmen wird. Er, Julius Ferdinand Wolff, 32, gelernter Kaufmann, studierter Volkswirt und Literaturwissenschaftler, ein paar Jahre lang Theaterdramaturg, Stückeschreiber, dann spitzzüngiger Zeitungsfeuilletonist und zuletzt hoch gelobter Kurzzeitchef der Politikredaktion der* Münchner Zeitung. *Nun also Dresden. Ausgerechnet dieses Dresden, von dem nicht wenige behaupten, es sei alles andere als modern. Vielmehr ein verschlafenes Residenznest nahe der böhmischen Grenze. Ein Provinzkaff, ehrfürchtig auf seine eigene barocke Vergangenheit blickend statt nach vorn. Aber hier – auf dieser schon an diesem frühen Morgen quicklebendigen Prager Straße – ist ein ganz anderes Dresden zu spüren. Das aufstrebende.*

Wolff dreht sich noch einmal kurz um. Zum Hauptbahnhof. Wie zur Bestätigung, denn modern und groß, so hat ihn diese Stadt empfangen. Wobei er weiß, dass dieses Dresden tatsächlich noch ein gutes Stück Weg vor sich hat bis zur Großstadt. Zumindest dann, wenn Größe nicht allein Fläche beschreibt, denkt er beim Gehen. Und sucht nach Vergleichen zu München, wo er vor einigen Stunden in den Zug gestiegen ist. München, kulturell aufbegehrend, wachsend … Aber auch Dresden verändert sich, weiß er längst. Allzu lange gibt es zum Beispiel auch diese vitale Straße noch nicht, die Prager Straße. Erst mit dem Bau des Hauptbahnhofs war diese wuselige Verbindung ins Zentrum der Stadt notwendig geworden. Fünf Jahre ist das erst her. Als der neue Hauptbahnhof den längst zu klein gewordenen Böhmischen Bahnhof ersetzte, der ein gutes halbes Jahrhundert von hier aus Reisende Richtung Prag, Richtung Böhmen, geschickt hatte.

Und auch der großzügige Wiener Platz – zwischen Bahnhof und Prager Straße – hat erst vor wenigen Wochen überhaupt einen Namen bekommen. Dresden entwickelt sich. Und seit Wolffs letztem Besuch in der Stadt hat sich schon wieder die eine oder andere Baulücke geschlossen. Und überhaupt die Prager Straße! Sie ersetzt mehr und mehr die längst viel zu kleinen zwei- oder dreigeschossigen Häuser – wie das Central-Hotel mit seiner hellen Fassade – aus ihren ersten Jahren durch moderne, große Bauten. Viele Geschosse klettern in den morgendlichen Himmel, in den Erdgeschosszonen reihen sich die Läden. Aufgeregtes Leben auf den breiten Fußwegen davor, und in der Straßenmitte rumpeln die überfüllten Straßenbahnen. Ja, die Prager Straße scheint dem jungen Mann aus München erneut beweisen zu wollen, dass sich

Dresden nun tatsächlich auf den Weg gemacht hat: hin zu einer Metropole. Von vielleicht sogar europäischem Rang? Die Eisenbahn, die seit 1839 von Leipzig kommend Dresden aus seiner geografischen Randlage im eingeengten Elbtal befreit hat, diese Eisenbahn ist mit immer neuen Strecken präsent in der Stadt. Zunächst drüben, auf der anderen Uferseite der Elbe, der Neustädter Seite. Dort, wo damals der Leipziger Bahnhof der erste in der Stadt war.

Ziemlich früh, noch in der Nacht, hatte sich Wolff im heimischen München auf den Weg zum Bahnhof gemacht. Über Nürnberg war er dann nach Dresden gefahren. Diese Zugverbindung wird er in den nächsten Monaten regelmäßig nutzen. Denn so oft es geht, will Wolff nach Hause, zu seiner Frau, die zunächst in München bleiben wird. Eine Art Probezeit soll es also erstmal werden, hier in Dresden. Das hat er mit ihr so besprochen. Er will sehen, ob sie zusammenpassen. Er und dieses Dresden. Was er an diesem Morgen auf der Prager Straße höchstens ahnen kann: Es wird passen; und im November wird dann auch seine Frau nach Dresden kommen.

Wolffs Gedanken sind wieder bei den Bahngleisen. Wie Adern das lebensnotwendige Blut pulsierend hin zum Herzen pumpen, so versorgt nun die Eisenbahn über immer neue Gleise diese Stadt mit Leben, philosophiert er ein wenig, während er die frisch geputzten Schaufensterfassaden der Prager Straße passiert. Ohne Blick für die funkelnden Auslagen der Geschäfte. Wolff ist in Gedanken versunken. Dieses Dresden traut sich zu, moderne Stadt zu sein. Wolff hat natürlich von den Plänen gehört, am innerstädtischen Ende der Prager Straße ein großes und durchaus mondänes Kaufhaus zu bauen. Nahe der Waisenhausstraße, nicht weit entfernt von der Stelle, an der Dresden sich auch ein neues Rathaus mit einem selbstbewusst in den Himmel ragenden Turm bauen will. Ja, diese Stadt ist im Aufbruch. Sie versucht, das Provinzielle abzustreifen. Es wird wohl eine spannende Zeit werden, hier in Dresden, ist Wolff sicher.

Und auch er ist ja auf dem Weg. Zunächst zum Verlagshaus der Dresdner Neuesten Nachrichten in der Pillnitzer Straße 49; mitten im Herzen dieses wachsenden Dresdens. Wolff geht zu Fuß. Er hat diese Zeit extra eingeplant. Er will sich seine Worte noch einmal durch den Kopf gehen lassen. Dann, wenn er im Verlag vor den Mitarbeitern der Geschäftsleitung und der Redaktion stehen wird, muss er sein Konzept erläutern. Zunächst, das hatte ihm der Verleger August Huck gesagt – Huck, dem die DNN gehören –, zunächst solle sich Wolff erst einmal in die wirtschaftlichen Belange einarbeiten, bevor er später zusätzlich auch die Leitung der Redaktion übernehmen werde. Huck war ein kluger Mann. Er hatte die Zeichen der Zeit auf dem Zeitungsmarkt im letzten Drittel des 19. Jahrhunderts erkannt. Hatte das Gespür, dass dieses industriell erwachende Deutschland mit seinen rasant wachsenden Großstädten an der

Schwelle zum neuen Jahrhundert auch eine neue Art Zeitung brauchte. Nicht nur, dass die Städte immer unübersichtlicher wurden und die Leser nun Informationen darüber verlangten, was denn eigentlich am anderen Ende der Stadt passiert. Das Getratsche im Treppenhaus oder im Laden an der Ecke konnte das längst nicht mehr liefern. Mit der Wirtschaft und den Städten wuchs überhaupt eine neue potenzielle Leserschaft heran: das Proletariat. Schichten, die sich bisher noch nie für Zeitungen interessiert hatten – aber die nun genau diese Informationen aus ihrer immer weiter wuchernden Stadt brauchten, weil sie Arbeit suchten oder auf preiswerte Angebote der Geschäfte angewiesen waren. Die aber auch Unterhaltung wollten und sich durchaus zunehmend für Politik erwärmen konnten. Huck erfand dafür gänzlich neue Blätter. Unterhaltung, zahllose Anzeigen und Berichte aus der eigenen Stadt, so lautete die Mischung, die Huck seinen Zeitungen verordnet. Preiswert sollten sie sein und der Leserschaft quasi für jeden Geschmack etwas bieten. Für diese Projekte *suchte Huck sich dann Partner, blieb lieber die „graue Eminenz". In den Verlagsnamen tauchte er jedenfalls eher beiläufig auf.*

So hatte Huck 1878 in Nürnberg begonnen. Mit der Nürnberger Zeitung. *Später folgten die* Breslauer Neuesten Nachrichten *und die* Münchner Zeitung. *Und 1893 begann dann die Geschichte der* Dresdner Neuesten Nachrichten, *die zunächst für gut zehn Jahre nur den Namen* Neueste Nachrichten *auf ihre Titelseite druckte. Erst am 1. April 1903 wurde in der Setzerei an der Pillnitzer Straße dann der sozusagen komplette Name für den Druck vorbereitet. Nur wenige Monate also bevor sich dieser 32-jährige Julius Ferdinand Wollf auf den Weg durch die Dresdner Innenstadt machte; um das Blatt zu übernehmen.*

Der junge Morgen ist nun längst erwachsen geworden. Wollf erreicht den Pirnaischen Platz. Von hier ist es nun nicht mehr allzu weit bis zum Redaktionsgebäude. Er sieht den sogenannten Kaiserpalast, der fast schon majestätisch-protzend an diesem quirligen Platz thront. Knappe acht Jahre alt ist dieses gewaltige Geschäftshaus erst, das ganz offensichtlich den Versuch unternehmen will, Moderne und Dresdner Historie zu vereinen. Oder ist es Unentschlossenheit? Eine typisch Dresdner Unentschlossenheit vielleicht: modern sein zu wollen, aber doch irgendwie festzuhalten am Bewährten, am Liebgewonnenen, an der Schönheit der barocken Bauten? „Eine Stadt, die auf dem Weg ist, sich aber immer mal ausruht, um zurückzuschauen und sich zu vergewissern, ob der Weg tatsächlich richtig ist", spöttelt Wollf vor sich hin, als er den großen Platz überquert. Er wird aus seinen Gedanken gerissen, eine dieser schier zahllosen Straßenbahnen drängelt sich quietschend neben ihm am Strom der Eiligen vorbei. Wollf schwimmt jetzt in diesem Strom mit. Ein Stück zumindest. Eine breite Allee tut sich auf in Richtung Elbe. In der Mitte eine Doppelreihe Bäume, links und rechts daneben je eine Fahrbahn, und auch hier Gleise für *die Straßenbahn. Mit ihrer imposanten Weite flutet diese*

Straße regelrecht Richtung Amalienplatz und dahinter zur Carola-Brücke. Dort lenken zwei gewaltige Figuren links und rechts an der Brückenauffahrt den Blick auf sich: „bewegte Elbe“ und „ruhige Elbe“.

Heute hat Wolff keinen Sinn dafür, er ist viel zu fokussiert auf sein Ziel – das Verlagsgebäude der Neuesten Nachrichten. *Und schon gut hundert Meter vor der Carolabrücke, am Amalienplatz, ist er in die Pillnitzer Straße eingebogen, die von hier Richtung Osten abzweigt. Wobei sich Wolff dann doch ein wenig wundert. Denn dieser Amalienplatz wirkt fast ein wenig verwunschen, ein bisschen vergessen. Vom wuseligen Verkehr, wie am nur ein paar Schritte entfernten Pirnaischen Platz, ist hier nichts zu spüren. Eine einzige Straßenbahnlinie, die 16, zuckelt hier vorbei. Den Hasenberg von der Elbe heraufkommend, gleich neben der Synagoge. Und auch die eifrigen Fußgänger fehlen hier. „Kleinstadtidyll“ wird Wolff genau ein Vierteljahrhundert später in seine* Neuesten Nachrichten *drucken lassen, wenn er darüber schreiben wird, dass sich dieser Platz – der dann längst Rathenauplatz heißt – zu einem der gefährlichsten Verkehrsknotenpunkte Dresdens entwickelt haben wird.[1] Vielleicht wird sich Wolff ja dann genau an diesen Morgen im August 1903 erinnern?*

Er biegt in die Pillnitzer Straße ein. Und ist wieder mittendrin im morgendlichen Dresdner Gewusel. Auch die Pillnitzer Straße ist eine dieser neuen Verkehrsadern, die fast schnurgerade vom Zentrum wegführen. Man sieht es diesen Straßen an: Sie sind auf den Reißbrettern von Stadtplanern entstanden. Historisch gewachsene Kurven wurden weitgehend geradegebügelt. Noch vor Jahren grünten hier Wiesen, die Flächen hatten sogar außerhalb Dresdens gelegen – vor den Stadttoren, die längst nicht mehr zu finden sind. Wie vor dem Tor am Pirnaischen Platz, dem Pirnaischen Tor. Von hier führte der Weg entlang der Elbe ins Städtchen Pirna am Fuß des Elbsandsteingebirges. Dresdens Einwohnerzahl war in den vergangenen Jahren regelrecht explodiert: von knapp 200 000 vor gut zehn Jahren auf jetzt schon über eine halbe Million. Die fassen keine mittelalterlichen Stadtmauern und Stadttore mehr, Dresden braucht Platz. Diese Stadt ist wie ein Menschenmagnet, sie zieht immer neue Einwohner an, saugt ihr verschlafen dörfliches Umland aus. Von den Hängen des nahen Erzgebirges kommen sie, aus der Oberlausitz und Schlesien, längst durch eine neue Eisenbahnstrecke über das gleich hinterm Stadtrand liegende Bierstädtchen Radeberg mit Dresden verbunden. Aber die Stadt hat auch gierig nach den Vororten gegriffen, fraß sie auf – und hat doch deren Eigenheiten erhalten. Auch dies eine Dresdner Besonderheit, hatte Blattgründer Huck seinem Hoffnungsträger Wolff erläutert. Eine Besonderheit, die er im Auge haben müsse, wenn er die Neuesten Nachrichten *neu ausrichten wolle. Und das will er. Natürlich. Wolff will diesem Blatt seinen Stempel aufdrücken. Vielleicht auch dieser Stadt?*

Gleich am Beginn der Pillnitzer Straße strömt von links die Ziegelstraße aus Richtung Elbe herauf. Und spült jede Menge eiliger Fußgänger in die ohnehin schon sehr lebendige Pillnitzer Straße. Mit ihren fünfgeschossigen Bürgerhäusern an den nicht wirklich breiten Fußwegen lässt sie der Morgensonne kaum eine Chance, das Straßenpflaster zu wärmen. Die Läden hoffen auf erste Kunden, einige der Geschäfte haben ihre bunten Stoffmarkisen fast fußwegbreit ausgefahren, die Straßenbahnen summen ihr Lied in die Morgen-Sinfonie aus knatternden Lieferlastwagen, Stimmengewirr und Fahrradklingeln. Wollf passiert das mächtige Landgericht auf der linken Straßenseite und sieht schon die DNN-Redaktion, die nur wenige Meter daneben ihr Domizil hat. Aber zunächst bleibt Wollfs Blick an diesem wuchtig-kantigen Gerichtsgebäude hängen, das hier direkt an der Straße protzt. Auch das Landgericht vereint Modernes mit Historischem. Neobarock nennen das die Architekten. „Ein Wort, das für Dresden erfunden zu sein scheint", kann sich Wollf ein bisschen Münchener Hochmut nicht verkneifen. Die hoch aufragenden Säulen über den drei wuchtigen Rundbogentüren am Haupteingang geben sich nicht nur dach-, sondern vor allem staatstragend und scheinen sich auch irgendwie schützend vor den Bau zu stellen. Die strenge Geradlinigkeit des Baus lässt sich von den barock-verspielten Dachfiguren und den Säulen nicht die Show stehlen. Und auch hier herrscht Begängnis. Dresden ist eifrig unterwegs. Passen die Neuesten Nachrichten überhaupt noch in diese Stadt, die so spürbar im Aufbruch ist? Eine Frage, die sich Wollf in den letzten Monaten immer wieder gestellt hat, als in ihm sein Konzept für das Blatt wuchs. Und nun geht ihm diese Frage erneut durch den Kopf, als er das Verlagsgebäude nach ein paar Schritten erreicht. Viel zu provinziell sind sie, denkt Wollf, diese DNN. Aber er wird sie schon zu einer Zeitung machen, die zu einer Weltstadt passt, ist er sich sicher. Die Theaterkritik will er selbst übernehmen, das hatte er sich schon in München vorgenommen, als er sich die Dresdner Blätter hatte schicken lassen. Nicht nur die Neuesten Nachrichten, auch die Konkurrenz. Zu verstaubt sind ihm diese Kritiken. Schwung, Mut, Witz – all das fehlt, findet er. Aber noch braucht Wollf Geduld. Zunächst wird er ja die geschäftlichen Dinge des Verlags in die Hand nehmen.

Nun hat er keine Zeit mehr für Gedanken, jetzt vorm Eingang zum DNN-Gebäude. Kein Bau, über den Architekturexperten später mal Bücher schreiben werden. Ein schlichter Dreigeschosser, der irgendwie kaum in die hochgewachsene Straßenfront passen will, ein fast schon gesichtsloser Bau. Im Hinterhof eine Holzbaracke, in der die gedruckten Zeitungen für die Touren der Austräger vorbereitet werden. Wobei sich die Neuesten Nachrichten hier auch nur eingemietet haben, ein echtes Verlagsgebäude ist es also nicht, sagt sich Wollf – auch da wird wohl noch einiges zu tun sein, denkt er.

Und dann doch noch ein kurzer Blick zur imposanten Johanneskirche. Wiederum nur ein paar Schritte entfernt, an der nächsten Straßenecke. Gut *zwanzig Jahre erst steht sie hier, wo die Pestalozzistraße auf die Pillnitzer Straße trifft, kurz vorm Striesener Platz. Die neue Pillnitzer Straße hatte auch die kleine Vorgängerkirche und den dazugehörigen Friedhof untergepflügt. Der Kirchturm, findet Wolff, lässt einen Hauch Weltstadt wehen, lehnt sich an französische Kirchenarchitektur an: Vier kleine spitze Türmchen aus filigranen Steinsäulen umrahmen den gewaltig aufwärts ragenden Quader, dessen Spitze in 65 Metern Höhe stolz die Wolken piesackt. Ein Zeichen des selbstbewussten Dresdens. Das gefällt Wolff. Auch er will aus diesen verstaubten* Neuesten Nachrichten *eine Zeitung machen, die piesackt. Oder besser: anstachelt, korrigiert er sich. Als er die Treppen hinaufsteigt, weiß er genau, dass seine Ideen auf Widerstände im Blatt stoßen werden. Aber damit würde er leben können, hatte er Herausgeber Huck nicht unbescheiden erklärt. Und der hatte Wolff die Hand auf die Schulter gelegt: „Nicht immer nur gegen die anderen, sondern so oft es geht mit den anderen!" Es wird sich zeigen, denkt Wolff nun, es wird sich zeigen, ob es mit den anderen geht.*

Tragisches Ende der Kindheit

Das Deutsche Reich war ein bisschen schneller. Die Verfassung dieses neuen Staatsgebildes trat am 16. April 1871 in Kraft – Julius Ferdinand Wolff wurde ein paar Wochen später geboren, am 22. Mai[2]. Aber es wird sie beide eine Menge verbinden. Das Reich und ihn. Doch davon ahnt zu diesem Zeitpunkt natürlich noch niemand etwas. Damals, in Koblenz, wo er das Licht der Welt erblickt – als Sohn des jüdischen Kaufmanns Ferdinand Wolff und Mutter Marianne, die als Marianne Kleineibst in Braunfels an der Lahn, am Taunus, geboren wird, knappe 80 Kilometer von Koblenz entfernt. Vater Ferdinand Wolff betreibt gemeinsam mit seinem Bruder Adolf in Koblenz die renommierte Weinhandlung „A. Wolff & Com."[3]. Der Familie geht es finanziell gut. Jüdisches Bildungsbürgertum, in das Julius – damals noch ohne den zweiten Vornamen Ferdinand – hineingeboren wird. Sein Großvater Martin Wolff ist in der Stadt Kantor der jüdischen Gemeinde; er wächst also in einer durchaus streng gläubigen jüdischen Familie auf. Später wird Wolff zum evangelischen Glauben konvertieren. Fluchtversuch aus einer zu strengen Enge? Oder vielleicht auch aus Karrieregründen? Weil seit jeher neidisch tuschelnde Verschwörungstheorien über wirtschaftlich erfolgreiche Juden durch die Gesellschaft wabern, was es Juden nicht leicht macht, auf der viel zitierten Karriereleiter erfolgreich die Sprossen im oberen Bereich zu erklimmen? Wenn sich Wolff Ende 1902 offiziell in der bayerischen Hauptstadt München anmelden wird, notiert der Beamte auf dem Meldebogen unter dem Stichwort „Religion" jedenfalls: evangelisch.[4] Das Thema, jüdisch zu sein, wird Wolff aber zeit seines Lebens trotzdem begleiten. Oft bitter, und es wird spätestens mit der Machtübernahme der Nationalsozialisten im Jahr 1933 dramatische Züge annehmen. Aber auch davon ist damals in Koblenz noch nichts zu ahnen.

Wolff besucht zunächst in seiner Geburtsstadt das Gymnasium, wächst aber ab dem zehnten Lebensjahr in Mannheim auf. Grund ist der frühe Tod seines Vaters. Der stirbt am 6. Juni 1881 in der Heil- und Pflegeanstalt Andernach[5] am nordwestlichen Stadtrand Koblenz' – mit gerade einmal 35 Jahren.[6] Er wird auf dem jüdischen Friedhof in Koblenz beigesetzt. Mutter Marianne Wolff zieht daraufhin mit den Söhnen Julius und dem damals knapp zwei Jahre alten Max[7] nach Mannheim um: zur Familie von Julius Wolff, einem weiteren Bruder des Vaters. Als Zehnjähriger verliert Wolff also nicht nur seinen Vater, sondern wird auch noch aus seinem Umfeld, seiner Familie gerissen, wird von seinen Schwestern getrennt. Denn die drei Mädchen – Rosalie, Klara und Frieda Emma – bleiben in Koblenz, Verwandte kümmern sich. In Mannheim gibt sich Wolff dann auch den zweiten Vornamen Ferdinand – sicher, um Verwechslungen mit Onkel Julius Wolff vorzubeugen; und wohl auch zur Erinnerung an seinen verstorbenen Vater Ferdinand Wolff.

Onkel Julius war als Kaufmann bereits im September 1877 mit seiner Frau Emilie und dem damals einjährigen Sohn Karl von Koblenz die knapp 150 Kilometer den Rhein aufwärts nach Mannheim gegangen. Von dort stammte Emilie, geborene Darmstädter, und dort hatten sie auch am 28. Mai 1875 geheiratet. Waren aber dennoch für gut zwei weitere Jahre als Familie zunächst in Koblenz geblieben.[8]

Hier in Mannheim findet später auch Julius Ferdinand Wolff die große Liebe seines Lebens. Er lernt hier seine künftige Frau Johanna Sophie Gutmann kennen, die am 18. Oktober 1877 in Mannheim zur Welt gekommen war. Am 14. Juli 1898 heiratet Wolff seine Johanna Sophie, die er später stets liebevoll „Hannele" nennen wird.[9] Onkel Julius ist einer der Trauzeugen.[10] Und um noch einmal kurz aufs Thema „Religion" zurückzukommen: Die Hochzeit ist damals noch eine jüdische. Die Liebe zu seiner Johanna ist für Wolff dabei nicht die einzige persönliche Nähe, die in Mannheim gewachsen ist. Durch die gemeinsame Jugend mit seinem Vetter Karl Wolff – dem schon erwähnten fünf Jahre jüngeren[11] Sohn des Onkels – wird das Verhältnis der beiden letztlich über die Jahre fast wie das von leiblichen Brüdern. Karl, Julius Ferdinand und der „echte" Bruder Max werden später gemeinsam der Kunst- und Kulturstadt Dresden einen wichtigen Stempel aufdrücken. Aber bis dahin ist es noch ein Stück Weg …

Zunächst geht es für Julius Ferdinand Wolff wieder rheinabwärts. Zurück nach Koblenz. Hier studiert er Philosophie, Geschichte, Volkswirtschaft, Kunst- und Literaturgeschichte. In der Familienmeldekarte der Wolffs, die im Stadtarchiv Mannheim liegt, wird für ihn später als Beruf „Prokurist" eingetragen. Er soll offenbar in die Fußstapfen von Onkel und Vater treten. Und so diktiert Julius Ferdinand Wolff am 14. Juli 1898 im Mannheimer Standesamt dem Beamten für den offiziellen Heiratseintrag Kaufmann als seinen Broterwerb.[12]

Doch Wollfs große Leidenschaft gehört dem Theater. Er geht nach Karlsruhe, wird Dramaturg am dortigen Hoftheater[13]. Auch wenn Wollf hier nur kurz bleibt – die Kontakte sind Jahre später offenbar noch so eng, dass er hier 1902 sein historisches Lustspiel *Badisch Blut*[14] aufführen kann. Im Rahmen eines kleinen Festivals aus Anlass des 50. Regierungsjubiläums des Großherzogs Friedrich von Baden.[15] Ein Stück voller nationalstolzierendem Pathos übrigens; Wollf reimt hier als dichtender Heldentenor ein Hohelied auf den 1655 in Paris geborenen Badenherrscher Ludwig Wilhelm. Der flieht in Wollfs Theaterstück aus Frankreich ins heimische Baden, um später umjubelte Heldentaten für die deutsche Nation zu vollbringen. Diese Flucht des großen Helden hat es allerdings in der Realität nie gegeben. Vielmehr nahm Ludwig Wilhelms Vater seinen damals erst gut ein halbes Jahr alten Sohn nach einem Ehekrach in Paris mit zurück nach Hause. Wollf lässt Ludwig Wilhelm hingegen als Zwölfjährigen selbst entscheiden, heimlich ins Badische zu fliehen, was hilft, den späteren Helden ein wenig heldenhafter und vollgestopft mit nationalen Gefühlen zu zeigen. *„Die reife Heldenzeit (...) hätte sich in dem engen Rahmen eines Einakters nicht einmal skizzieren lassen“*[16], entschuldigt sich Wollf im Vorwort seines Werks für diesen „Trick“. Zumindest mit den nationalen Genen des Markgrafen ist Wollf aber doch dicht an der realen Figur. Denn später wird der badische Herrscher unter dem Spitznamen „Türkenlouis“ in die Geschichtsbücher steigen und die damals sehr aktiven osmanischen Eroberer auf den Schlachtfeldern Europas das Fürchten lehren. Das Ganze kann durchaus schon als kleiner Vorgeschmack auf Wollfs politische Weltsicht gelten – auch wenn *Badisch Blut* als Lustspiel daherkommt. Wollf stattet zum Beispiel die von ihm für das Stück erfundene Amme des jungen Herrschers mit einem wunderbar komischen Badenser Dialekt aus. Wobei sich Wollf als genauer Beobachter und augenzwinkernder, pointensicherer Autor entpuppt.

Zurück ans Karlsruher Hoftheater: Vielleicht wurden die erwähnten engen Kontakte Wollfs hierher noch einmal durch eine interessante Personalie aufgefrischt? Denn Vetter Karl Wollf meldet sich am 1. Mai 1902 im Mannheimer Rathaus in Richtung Karlsruhe ab.[17] Er ist Rechtsanwalt und wird in seiner nun folgenden Karlsruher Zeit unter anderem das dortige Hoftheater juristisch beraten. Spätestens ab 1905 – und bis 1909 – ist er im dramaturgischen Beirat des Theaters aktiv.[18] Wobei die Aufführung von *Badisch Blut* in Karlsruhe übrigens nicht die Premiere des Stücks war. Im Vorwort der gedruckten Ausgabe des Einakters verweist Julius Ferdinand Wollf darauf, dass die Erstaufführung am Hoftheater im heimischen Mannheim über die Bühne ging. Ebenfalls anlässlich des Regierungsjubiläums *„des allverehrten Großherzogs“*[19], wie er schreibt. Am 8. Juni 1902 war das, wie ein im Stadtarchiv Mannheim zu findendes Werbeplakat für den Abend bestätigt.[20] Die Festvorstellung im Großherzoglichen Hof- und Nationaltheater Mannheim begann dabei *„präzis 7 Uhr“* mit einem Huldigungsmarsch von Richard Wagner. Es folgte Wollfs Stück – und den Abschluss bildete die Mozart-Oper *Titus*. Entstanden übrigens 1791 in Prag zur Krönung Leopolds II. zum König von Böhmen; und eigentlich mit vollem Titel *La clemenza di Tito – die Milde des Titus*. Interessant ist dabei vor allem ein kleiner Hinweis zu Wollfs *Badisch Blut* auf dem schon recht vergilbten Plakat: „*In Szene gesetzt vom Intendanten*“, ist da zu lesen. Darin könnte ein wichtiger Knoten für künftig bedeutsam werdende Netzwerke des jungen Wollf zu finden sein: Intendant des Hoftheaters in Mannheim ist zu dieser Zeit August Bassermann.[21] Der stammt aus einer angesehenen Mannheimer Fabrikantenfamilie, aus der zahlreiche Theaterleute hervorgehen. Neben August Bassermann erlangt vor allem dessen Neffe Albert Bassermann[22] deutschlandweit Bekanntheit als Theater- und später auch Filmschauspieler. Seit 1895 ist Albert Bassermann auf Berliner Bühnen aktiv, trifft dort unter anderem auf die spätere Regielegende Max Reinhardt und spielt in den folgenden Jahren in Filmen, die von Felix Salten geschrieben werden. Namen, mit denen auch Wollf eng verbunden sein wird, aber dazu später ausführlicher. Der Mannheimer Intendant August Bassermann geht übrigens 1904 auf Wunsch des badischen Herzogs ans Theater in Karlsruhe und übernimmt dort ebenfalls die Intendanz. Was unter Umständen wiederum der dortigen Theaterkarriere von Wollfs Vetter Karl geholfen haben könnte, denn wie beschrieben steigt der just in dieser Zeit in den dramaturgischen Beirat des Theaters auf.

Nun gut, weg von den Spekulationen, hin zu den Fakten: Julius Ferdinand Wollf verlässt Karlsruhe, geht nach München. Wobei sich leider im Generallandesarchiv in Karlsruhe, wo auch die Akten aus dem Hoftheater liegen, keine Hinweise auf Wollf finden.[23] So kann hier über Jahreszahlen nur gemutmaßt werden. Wollf muss nach dem Studium um die 20 Jahre alt gewesen sein, als er ins Berufsleben einstieg – sein Wechsel ans Theater in Karlsruhe wird also zwischen 1891 und 1895 erfolgt sein. Wann genau er anschließend nach München ging, ist unklar. Klar ist aber, dass Wollf dort zunächst am Theater aktiv war. Bis ihn 1899 – und damit gibt es nun endlich eine belastbare Jahreszahl – eine zweite Leidenschaft packt: der Journalismus. Freilich nicht, ohne dass ihn das Theater wirklich so ganz loslässt. Dennoch tauscht er 1899 die Bühnenbretter nun regelmäßig mit den harten Stühlen in der Redaktion der *Münchner Zeitung*. Schreibt Theaterrezensionen, aber auch fürs Politikressort des Münchener Blattes. Vom literarischen Theater ins politische sozusagen – denn schauspielerisches Talent dürfte wohl auf der politischen Bühne auch schon damals sehr gefragt gewesen sein. Zunächst bekommt er keine feste Anstellung in der Redaktion, sondern arbeitet als regelmäßiger freier Autor.[24] Damals üblicherweise mit einem Fixum ausgestattet. Damit ist er nicht fest an München und nicht fest an die Redaktion gebunden – und es bleibt Zeit für anderes. Fürs Schreiben an Theaterstücken zum Beispiel oder fürs Kabarett. Denn Wollf tritt damals auch in Berlin auf, im 1901 von Ernst von Wolzogen gegründeten „Überbrettl“ zum Beispiel.[25] Dem ersten literarischen Kabarett Deutschlands übrigens – das allerdings nur bis 1902 bestand.[26] Wolzogen lebte zwischen 1892 und 1899 in München, so dass sich Wollf und er hier offensichtlich über den Weg gelaufen waren. Was genau Wollf in Berlin auf die Bühne bringt, ist nicht mehr nachzuvollziehen. Aber dass es satirische Gedichte waren, ist zumindest naheliegend. Denn solche Gedichte sind es, mit denen sich Wolff auch später immer wieder zu Wort meldet. Nicht zuletzt wird er später etliche seiner Theaterrezensionen für die *Dresdner Neuesten Nachrichten* in bissige Verse fassen. Und nun doch noch eine Spekulation: Traf Wolff in Berlin auch den Schauspieler Albert Bassermann? Erzählte ihm Wolff von seiner Idee zum Stück *Badisch Blut*? Und verschaffte Albert Bassermann Wolff den Kontakt zu seinem Bruder August Bassermann, dem Mannheimer Theaterintendanten, der Wolffs Stück wie erwähnt in Mannheim inszenieren wird? Es spricht einiges dafür.

Wolff bleibt dabei in all den Jahren bis zum Januar 1903 in Mannheim gemeldet. Zuletzt gemeinsam mit seiner Frau in der Rheinstraße 6.[27] In Karlsruhe und zunächst auch in München ist er sozusagen „möblierter Herr", wie es damals augenzwinkernd heißt, wenn junge Männer zur Untermiete wohnen.

Interessant ist noch ein weiterer Name, der im Zusammenhang mit der *Münchner Zeitung* auftaucht: Wichtigster Partner bei der Gründung des Blattes im Jahr 1892 – damals noch unter dem Titel *General-Anzeiger* – ist der Journalist und Verleger Dr. Hermann Julius Haas[28], der nach außen hin die Geschicke des Verlags für das Münchener Blatt leitet. Der eigentliche Eigentümer, Ideengeber und Verleger August Huck bleibt bei seinen Zeitungsgründungen wie schon angedeutet lieber im Hintergrund. Haas hatte zuvor – 1884 – bereits den *Mannheimer Stadt-Anzeiger* auf den journalistischen Lebensweg gebracht. Wobei der Titel des Blattes mit den Jahren regelmäßig wechselte; von der *Badischen Volkszeitung* bis zuletzt zum *General-Anzeiger für Mannheim*. Und diesen *Anzeiger* stellte Haas politisch an die Seite der Nationalliberalen; eher rechtes Bürgertum also. Aber ausgerechnet diese Nationalliberalen hatten Haas dann durch politische Ränkespiele aus seinem eigenen Blatt gedrängt. Wohl vor allem der immer mehr Mut schöpfende Antisemitismus war es, der sich da nach vorn drängelte: Haas stammte aus einer jüdischen Familie, hatte sich jedoch zum christlichen Glauben bekannt, war protestantisch getauft. Was für die Judenhasser am rechten Rand der bürgerlichen Gesellschaft aber ohnehin keine Rolle spielte.[29] Doch zurück zur *Münchner Zeitung* und Wolffs Einstieg dort. Zurück zum Huck-Partner Haas, der wie erwähnt aus Mannheim stammte. Mannheim? Hier war ja auch Wolff aufgewachsen. Hier lebte der gut mit dem Mannheimer Bürgertum verzahnte Onkel Julius Wolff. Und hier war auch Wolffs spätere Frau Johanna Sophie Gutmann geboren worden, deren Familie noch immer in Mannheim wohnte. Nicht ausgeschlossen also, dass dieser gemeinsame Schnittpunkt Mannheim dem jungen Wolff nun in München beim beruflichen Umsatteln aufs journalistische Pferd half. Hielt Hermann Julius Haas die Steigbügel? Oder zumindest die fiktive Stalltür auf? Leider bleiben auch hier bisher nur Fragen …

Das Journalisten-Gen der Mutter

Es ist kein vorsichtiges Flackern, das Wollfs Licht als Journalist in der Redaktion der *Münchner Zeitung* verbreitet. Nein, er brennt lichterloh. Und offenbar so hell, dass er ins Blickfeld rückt und innerhalb der Redaktion aufsteigt. Den Begriff vom Workaholic gab es zu Zeiten Wollfs noch nicht. Aber auf Julius Ferdinand Wollf hätte er gepasst. Er war Journalist mit Leib und Seele. Und er war es rund um die Uhr. Das wird in der Redaktion schnell deutlich. Das Journalisten-Gen bekam Wollf wohl von seiner Mutter in die Wiege gelegt. Marianne Wollf wird wie schon kurz erwähnt 1848 als Marianne Kleineibst in Braunfels am Flüsschen Lahn geboren, mit Blick auf die Berge des Taunus. Ihr Großvater Markus Kleineibst war als Rabbiner aus dem Fränkischen in die Gegend an der Lahn gekommen.[30] Die Familie stammt dabei ursprünglich aus dem im heutigen unterfränkischen Landkreis Rhön-Grabfeld liegenden Kleineibstadt,[31] was auch zu dem ungewöhnlichen Nachnamen geführt haben dürfte. Und in der innerfamiliären Blutgruppe pulsiert offenbar so mancher Milliliter Journalisten- und Schriftstellerblut. Denn Mutter Mariannes Neffe Richard – der 1886 geborene Sohn ihres Bruders Max Kleineibst – gehört später zu den prominentesten sozialdemokratischen Journalisten Deutschlands und der Schweiz. Zuvor arbeitet Richard Kleineibst nach 1903 als kaufmännischer Angestellter in Frankfurt am Main und in Paris, studiert ab 1909 Philologie in München, Göttingen, Berlin und zuletzt in Straßburg, wo er 1915 auch promoviert. Sein Geld verdient Wollfs namhafter Cousin zu dieser Zeit noch als freier Schriftsteller und Privatlehrer in Berlin. Doch Deutschland hat einen Weltkrieg entzündet – und als 19-Jähriger muss Kleineibst den Stuhl am Schreibtisch mit dem Exerzierplatz der Kaserne und kurz darauf mit dem Schützengraben tauschen. Er lernt den Krieg dabei nicht nur kennen, sondern vor allem hassen – und als die Schlachtfelder endlich wieder geräumt sind, wird deshalb aus dem Soldaten Richard Kleineibst der Politiker Richard Kleineibst. In Freiburg im Breisgau ist er 1918 und 1919 im Vorstand des linken Soldaten- und später des Arbeiterrates aktiv. Diese Räte übernehmen in den Tagen des Aufruhrs – der als Novemberrevolution in die deutsche Geschichte eingeht – allerorten kurzzeitig die politische Macht. Und jagen den Adel aus den Schlössern und den politischen Schaltzentralen – womit sie eher ungewollt den bürgerlichen Kräften den Weg an die Macht ebnen. 1919 wird Kleineibst SPD-Mitglied. Und er beginnt wieder zu schreiben. Zunächst als Schriftsteller, mehr und mehr aber auch als Journalist. Unter anderem für die *Chemnitzer Volksstimme*, bei der er bis 1926 als Redakteur angestellt ist. Von Chemnitz in Westsachsen führt Kleineibsts Weg dann östlich an Dresden vorbei nach Löbau in der Oberlausitz, das damals zur preußischen Provinz Niederschlesien gehört. Bei der dortigen *Volkszeitung für die Oberlausitz* arbeitet er von 1927 bis 1931. Mit seiner Partei, der SPD, ist Kleineibst allerdings zunehmend unzufrieden – und gehört deshalb im Herbst 1931 zu den Mitbegründern der Sozialistischen Arbeiterpartei Deutschlands. Einer Partei, in der sich Linke sammeln, denen die SPD nicht genug im Kampf gegen die erstarkenden Nazis tut. Die Sozialistische Arbeiterpartei setzt dabei auf eine Einheit der linken Kräfte in SPD, KPD und Gewerkschaften gegen den längst den politischen Kinderschuhen entwachsenen Faschismus.[32] Für das Blatt dieser neuen Partei – die *Sozialistische Arbeiterzeitung* – geht Kleineibst nun als Korrespondent ins Ausland und arbeitet zudem ab 1932 für die Wochenzeitung *Das andere Deutschland* der Deutschen Friedensgesellschaft; einem Bündnis von Kriegsgegnern. Nach der Machtübernahme durch die Nationalsozialisten in Deutschland emigriert Richard Kleineibst im Mai 1933 in die Schweiz, wo er fortan unter Pseudonym für sozialdemokratische Blätter schreibt. Auch nach dem Ende des Zweiten Weltkriegs bleibt er in der Schweiz und Journalist. Er stirbt am 27. April 1976 in Kilchberg bei Zürich.[33]

Ob sich die Cousins Wollf und Kleineibst regelmäßig – oder überhaupt – trafen, bleibt im Dunst der Familiengeschichte verborgen. Es ist aber nicht ausgeschlossen, dass sich die beiden Journalisten bei Familienfeiern begegneten. Wobei es dann wohl entweder beim oberflächlich höflichen Small-Talk geblieben sein dürfte oder zum handfesten Krach kam. Denn Wollf war so ganz und gar nicht sozialdemokratisch eingestellt und ließ in aller Regel sozialdemokratische Blätter links liegen. Die ihn kannten, beschreiben Wollf zudem als Choleriker und als einen, dessen Gemütspendel heftig ausschlug, wenn ihm etwas gegen den Strich ging. Es dürften dann wahrscheinlich keine harmonischen Familienfeste geworden sein … Ein Hinweis auf das angespannte Verhältnis könnte der Fakt sein, dass die Wollfs in ihrem 1937 aufgesetzten Testament zwar auch Teile der Familie Kleineibst bedenken, Cousin Richard Kleineibst aber unerwähnt bleibt[34]. Wobei nicht ausgeschlossen ist, dass die Wollfs damals schon ahnten, dass Richard Kleineibst, als in die Schweiz geflohener Sozialdemokrat, im Deutschland der Nationalsozialisten ohnehin keine Chance gehabt hätte, an ein eventuelles Erbe heranzukommen. Vielleicht wollten sie mit Blick auf das Spitzelsystem der Nazis auch keine unnötigen Spuren zu ihm legen.

München

In München steht die journalistische Karriereleiter Julius Ferdinand Wollfs derweil in einem steil aufwärtszeigenden Winkel. Anfang Januar 1903 wird Wollf in der *Münchner Zeitung* verantwortlicher Redakteur für Politik[35]. Jetzt zieht er erstmals gemeinsam mit seiner Frau Johanna von Mannheim weg, meldet sich dort per 16. Januar 1903 offiziell nach München ab.[36] In der bayerischen Hauptstadt hatte er sich zuvor mit der Berufsbezeichnung Schriftsteller bereits am 15. Oktober 1902 – sozusagen mit einem Zweitwohnsitz – ins Melderegister eintragen lassen.[37] Zunächst wohnt Wollf hier also allein in der Bauerstraße 38, zwischen Schwabing und der Maxvorstadt. Nach einem guten Vierteljahr pendeln zu seiner Johanna nach Mannheim zieht das Paar am 21. Januar 1903 einige Straßen weiter in den zweiten Stock der Leopoldstraße 70.[38] Hier – an einer der großen Straßen der

Gegend – wohnen die Wollfs laut Meldebogen zur Untermiete. Das Viertel ist dabei sicher bewusst gewählt, denn gleich um die Ecke – in der Leopoldstraße 50 – hatte nur gut zwei Jahre zuvor der einstige Operntenor Josef Friedrich Benz seine Künstlerkneipe „Papa Benz" eröffnet. Sie geht als erstes Künstlerlokal Deutschlands in die Geschichte ein.[39] Kabarett, Musik, Kleinkunst – Wollf dürfte hier regelmäßig abends zu finden gewesen sein. Dass Benz dabei – was Wollf sicher gut gefallen haben dürfte – streng auf die künstlerische Qualität achtet, schildert später übrigens der bekannte Münchener Komiker Karl Valentin in seinen handschriftlichen Erinnerungen. 1908 – zunächst hatte er 1902 geschrieben, es nachträglich offenbar umdatiert – sei er bei einem Vorsprechen bei Benz gewesen; da *„bin ich auf- und gleich wieder abgetreten"*.[40] Das Programm sei Benz wohl zu schlüpfrig gewesen, vermutet Valentin.

Das Lokal könnte jedenfalls auch für Wollf ein wichtiger Ort gewesen sein; denn hier werden nicht wenige Bekannt- und Freundschaften Wollfs mit Künstlern und Literaten geknüpft worden sein, die später für Wollf wichtig werden sollten. Wenn auf etlichen der nächsten Seiten immer wieder prominente Namen auftauchen, mit denen Wollf befreundet oder zumindest bekannt gewesen ist – hier, im „Papa Benz", dürfte vieles seinen Anfang genommen haben. Und wer weiß, vielleicht geht ja auch kurz darauf noch Vetter Karl Wollf durch die eine oder andere von Julius Ferdinand hier geöffnete Kontaktetür? Schließlich zieht Karl Wollf 1905 von Karlsruhe nach München, wird sich als Theaterdramaturg, Autor und Regisseur einen Namen im Kulturbetrieb der bayerischen Hauptstadt machen. Was auch außerhalb Münchens nicht unbemerkt bleibt. Am Münchener Hoftheater ist Karl Wollf Dramaturg und schreibt einige Stücke, die unter seiner Regie auf die Bühne kommen. Er ist ein aufmüpfiger Denker, gründete zuvor in Karlsruhe den Arbeiterdiskussionsclub mit[41] – was ihn eher in die politisch linke Ecke stellt. In München zeigt er sich überraschend als Fan der Monarchie; zumindest von Bayern-König Ludwig III. Dem dichtet er – vielleicht aber auch als Auftragswerk – zum 70. Geburtstag am 6. Januar 1915 einen *„patriotisch tief empfundenen Prolog"*, wie später der Dresdner Hoftheaterintimus Paul Adolph rückblickend schreibt.[42] Denn ab 1916 wird Karl Wollf auch in der Dresdner Theaterwelt für reichlich Wirbel sorgen. Aber dazu später. Zunächst wirbelt Karl Wollf im Münchener Hoftheater – und dürfte eben auch im „Papa Benz" so manchen Bekannten seines Vetters Julius Ferdinand für seine Zwecke „angezapft" haben. Dass er das ab und an tat, wird sich in Dresden häufig zeigen. Am Dresdner Hoftheater holt Karl Wollf beispielsweise das Stück *Die Seeschlacht* von Reinhard Goering auf die Bühne. Die Rechte an diesem Aufsehen erregenden Antikriegsstück gehörten dabei dem Verleger Samuel Fischer, der wiederum ein wirklich enger Freund von Julius Ferdinand Wollf war. Und im Schatten dieser Freundschaft gingen dann etliche Telegramme und Briefe Karl Wollfs von Dresden aus an Verleger Fischer, bis das umstrittene Stück zumindest ein einziges Mal in einer geschlossenen Veranstaltung der „Litterarischen Gesellschaft" am 10. Februar 1918 im Hoftheater gezeigt werden konnte.[43] Welche Kontakte im „Papa Benz“ sozusagen von Wolff zu Wolff gingen, ist leider vom Staub der Vergangenheit bedeckt. Heute hat im einstigen „Papa Benz“ das Münchener Traditionslokal „Bachmaier Hofbräu“ sein Domizil, und an der Fassade erinnert eine Bronzetafel an die Geschichte der bis 1935 bestehenden Künstlerkneipe.

Wobei das „Papa Benz“ auch nicht die einzige Adresse der Gegend war, wo sich Intellektuelle, Literaten und Künstler trafen. In der Türkenstraße 57 zum Beispiel – ebenfalls nur ein paar Minuten Fußweg von Wolffs Wohnung an der Leopoldstraße entfernt – fand sich die Künstlerkneipe „Simplicissimus“. Eine der Lieblingskneipen des aus dem sächsischen Wurzen stammenden Dichters Joachim Ringelnatz. Aber auch die Autorin Franziska zu Reventlow – das, was man heute eine Szenegröße des Münchener Stadtteils Schwabing nennen würde – war regelmäßig hier zu finden.[44] Auch Wolff?

Der schnelle Weg nach Dresden

Es wird ein intensives Jahr für Wolff in München; diese Monate zwischen Oktober 1902 und dem Sommer 1903. Und der nächste Umzug – der Wegzug aus München – lässt für Wolff und auch für seine Johanna nicht lange auf sich warten. Ahnte er das bei seiner offiziellen Anmeldung in der bayerischen Hauptstadt schon? Oder wusste es sogar? Der Beamte im Münchener Meldeamt trägt in die Zeile „Zweck seines Aufenthalts“ jedenfalls ein: *„unbestimmt, wahrscheinlich nur kurze Zeit“*[45]. Und tatsächlich, schon im August 1903 holt ihn der Verleger der *Münchner Zeitung* – August Huck – zu den *Dresdner Neuesten Nachrichten*. Die ja wie erwähnt ebenfalls zu Hucks Verlagsgruppe gehören. Am 2. August wird diese Personalentscheidung im Lokalteil der *DNN* den Lesern überbracht. In einer eher lapidaren Meldung zwischen vielen: *„Aus dem Verlage der* Neuesten Nachrichten *Ludwig Gümber in Dresden scheiden gemäß freundschaftlichem Übereinkommen mit dem heutigen Tage die Gesellschafter Herren Ludwig Gümber in Dresden und F.A. Merle, Verleger in Breslau, aus. Die Geschäftsleitung übernimmt der neueingetretene Gesellschafter Herr Julius Ferdinand Wolff. In der Haltung des Blattes wird nichts geändert.“* Im Anschluss wird vermeldet, dass der Kronprinz tags zuvor der Eröffnung des 6. Deutschen Samaritertages beigewohnt hatte und dass die diesjährige Vogelwiese – Dresdens großes Volksfest auf den Johannstädter Elbwiesen – nun offiziell eröffnet sei.

Was in diesen dürren Zeilen nicht steht, ist bei Hans-Joachim Hofmann zu lesen. Der schrieb in seiner an der Leipziger Universität verfassten und 1940 veröffentlichten Dissertation zur Entwicklung der *DNN* über den Schritt Hucks, dass zwischen Huck und dem Mitbesitzer der *DNN*, F.A. Merle, Differenzen aufgekommen waren, und Merle deshalb 1903 als Teilhaber ausschied: *„Auch der Verleger Gümber,* *sein Neffe, schloß sich diesem Vorgehen an. Huck war also gezwungen, sich einen neuen Leiter zu suchen. Seine Wahl fiel auf Julius Ferdinand Wolff, einen jungen Journalisten an der* Münchner Zeitung*",*[46] so Hofmann. Zuvor hatten Huck sowie die Erben des verbliebenen Mitgesellschafters – Maria und Otto Haas – am 15. Juli 1903 schriftlich vereinbart, das Unternehmen in Dresden künftig von einem, als geschäftsführender Direktor angestellten Prokuristen lenken zu lassen[47]. So dass Wolff zunächst angestellter Leiter des Verlags wurde, also keine Anteile am Unternehmen kaufte. Wobei all diese „Wechselspiele" und vor allem das „Warmlaufen" Wollfs absolut geräuschlos über die Bühne gingen. Denn selbst in der Redaktion und im Verlag hatten sich diese anstehenden Veränderungen offenbar nicht vorab herumgetuschelt. Wolff tauchte für die Mitarbeiter quasi wie aus dem Nichts auf. *„Wie vom Blitz getroffen, wie betäubt stand ich da (...) verletzt ob der Geheimnis-Krämerei, mit der man zu Werke gegangen war (...)",* schreibt beispielsweise die damalige *DNN*-Redakteurin Silvia Brand später über den Moment, als sie von Wollfs überraschender „Inthronisation" erfuhr.

Und überhaupt drängt sich an dieser Stelle die Frage auf: Wieso entschied sich Huck bei der Wahl des neuen Herausgebers und Chefredakteurs ausgerechnet für Julius Ferdinand Wolff? Erst knapp drei Jahre arbeitet Wolff als Journalist – und erst gut sieben Monate war der damals 32-jährige Politikchef in der Redaktion in München fest engagiert. Und auch geschäftlich hatte er sich im Verlag bis dahin nicht wirklich hervorgetan. Wie sollte er auch, als Redakteur? Allerdings bringt Wolff als studierter Volkswirtschaftler und Kaufmann zumindest entsprechendes Rüstzeug mit. Aber irgendetwas muss es gewesen sein, was den Verleger Huck am jungen Wolff faszinierte. War es dessen Durchsetzungsvermögen? War es sein unbedingter Wille, vorwärts zu kommen? Waren es seine Ansichten? Zu Politik und Journalismus? Vielleicht auch das Stück Arroganz, das es braucht, um ein Team zu formen und zu führen? Auch wenn das Team damals noch altmodisch Redaktion hieß. August Huck selbst hat offenbar nichts Schriftliches zum Thema „Wolff" hinterlassen. Und wenn doch, dann ist es nicht mehr existent, wie ein Gespräch mit dem Nachlassverwalter des Huck-Konzerns, Andreas Huck, Mitte der 1990er Jahre vermuten lässt: Sämtliche Unterlagen, sowohl in Berlin als auch in Dresden, seien verbrannt, so Huck.[48] Verwunderlich ist es nicht, dass August Huck den Nachfolger für die *DNN* in den Redaktionen seiner eigenen Blätter sucht. Zudem heißt es von Huck, er habe ein besonderes Faible für das Feuilleton gehabt.[49] Und genau das war ja schließlich auch das Stück journalistischer Sahnetorte, das sich Wolff bei den *Neuesten Nachrichten* dann regelmäßig mit Begeisterung und wohlschmeckender Rezeptur auf den Teller legte. Hatte Huck dieses Wolff'sche Talent schon damals erkannt? Nicht zuletzt war Wolff als studierter Theatermann – mit Praxis als Dramaturg, Autor und sogar Akteur – ein echter Spezialist auf diesem Gebiet. Und schließlich brauchte Huck in der sächsischen Landeshauptstadt jemanden, der sich im Politikbetrieb auskannte. Die Zeit war reif, dass aus der – wenn zwar nicht unpolitischen, aber dennoch nicht wirklich politisch festlegbaren – Zeitung in

Dresden ein Blatt würde, das sich entscheidet. Das sich politisch entscheiden muss. Und sich auch einmischen muss. Da passt es also, den Chef der Politikabteilung der *Münchner Zeitung* nach Dresden zu holen. Von Hauptstadt zu Hauptstadt sozusagen. Nicht zu vergessen, sowohl in Karlsruhe als auch in München lernte Wolff mit diesem für Residenzstädte so typischen höfischen Gebaren umzugehen, die adelige Nase möglichst in alle Bereiche des Lebens stecken zu wollen. Auch des politischen Lebens, das sich längst mehr und mehr vom Adel emanzipierte. Dieses Spannungsfeld muss man aushalten können – und die zahlreichen Fallstricke erkennen, die sich in Residenzen mehr oder weniger sichtbar spannen. Huck kannte sicher den auch in dieser Beziehung schwierigen Zeitungsstandort Dresden sehr genau. Einen wie Wolff konnte er dort wohl gut gebrauchen. Einen, der sich vernetzen konnte. Netzwerke sind nicht nur für die journalistische Arbeit unerlässlich, sondern sie fangen im Notfall auch mal auf. Zudem war Wolff kein Speichellecker, wie sich später deutlich zeigen wird. Keiner, der sich im kräftigen Gegenwind der Karriere halber abduckt. Und genau deshalb das Zeug für eine glänzende Karriere hat. Huck erkannte diese Charaktereigenschaft Wollfs vielleicht schon damals. Und so waren diese überschaubar kurzen sieben Monate im Chefsessel der Münchener Politikredaktion für Wolff eine Art Probezeit unter den Argusaugen des Verlegers. Was später übrigens auch August Hucks Sohn, Wolfgang Huck, bestätigen wird. Im Januar 1957 schreibt er einige Erinnerungen auf, die auch die Wechselzeit Wollfs von München nach Dresden streifen. *„Mein Vater (...) engagierte im Jahre 1902 Herrn Julius Ferdinand Wolff und beschäftigte ihn zunächst in der (...)* Münchner Zeitung, *damit er sich dort auf seine Dresdner Aufgaben vorbereiten konnte. Nachdem er die bedeutenden Fähigkeiten Wollfs kennengelernt hatte, versetzte er ihn im Herbst 1903 nach Dresden und machte ihn zum Mitinhaber (zunächst ohne Beteiligung) und Chefredakteur der* DNN. *Herr Wolff war lediglich mit einer Tantieme von 3 % am Reingewinn des Unternehmens beteiligt.“*[50] Verleger August Huck hatte den jungen Wolff in München also tatsächlich für Dresden getestet. Und so dürfte Wolff wohl letztlich ausgestattet mit einem klaren Auftrag Hucks nach Dresden gefahren sein: „Bringen Sie diese Zeitung aufs nächste Level.“

Am 1. August 1903 trat Julius Ferdinand Wolff seinen Dienst in Dresden an. Wurde zunächst Verleger und ab 29. Dezember zudem Chefredakteur. Jetzt brechen die Wollfs auch ganz offiziell ihre Zelte in München ab – am 4. November 1903 melden sich Julius Ferdinand Wolff und seine Frau Johanna Sophie, die bis dahin in München geblieben war, nach Dresden ab.[51] An das Personal der *Dresdner Neuesten Nachrichten* wurde am 1. August 1903 dabei folgender Aufruf gerichtet: *„Dresden, den 1. August 1903. Ich beehre mich, hiermit die ergebene Mitteilung zu machen, daß ich mit heute, Sonnabend, den 1. August, ebenso auch mein Onkel, Herr Verleger Merle in Breslau, als bisherige Gesellschafter auf Grund eines freundschaftlichen Abkommens aus der Firma Verlag der* Dresdner Neueste Nachrichten *Ludwig Gümber in Dresden ausscheiden, wel-*

che letztere mit sämtlichen Aktiven und Passiven sowie mit allen Verträgen und Vereinbarungen, die gegenüber dem gesamten Geschäftspersonal bestehen, auf meine übrigen, bisherigen Gesellschafter übergeht. Bei meinem Ausscheiden spreche ich, auch namens meines Onkels, jedem Angestellten meinen besten und aufrichtigsten Dank für die bisherige treue Mitarbeiterschaft und Anhänglichkeit an die Firma aus und rufe jedem einzelnen auf diesem Wege ein herzliches Lebewohl zu. Gleichzeitig bitte ich, das mir entgegengebrachte Vertrauen auf meinen Nachfolger in der Geschäftsleitung, den neueingetretenen Gesellschafter Herrn Julius Ferdinand Wolff, übertragen zu wollen. Hochachtungsvoll Ludwig Gümber."[52]

Dass dieser 1. August 1903 dabei ein echter Glückstag für die *Neuesten Nachrichten* und am Ende auch für Dresden werden würde, stand damals lediglich in den sprichwörtlichen Sternen am Nachthimmel über der gemütlich und ein bisschen träge vor sich hin fließenden Elbe.

Wollfs Weg an die Spitze der deutschen Verlegerschaft

Gedruckte Jubel-Arie

Der Kaffee dampft sacht aus der weißen, feingliedrigen Porzellantasse. Und verbreitet diesen anregend-aromatischen Duft der „großen weiten Welt", schnell liegt er mit wohltuender Leichtigkeit über diesem kleinen Gärtchen. Das kleine Gartenreich gehört zur Villa in der Palaisstraße 6. Die ruhige Gegend im Stadtteil Strehlen scheint an diesem Morgen im August 1928 noch ein bisschen schläfriger als sonst zu sein. Aber Julius Ferdinand Wolff liebt es, diese stillen Morgenstunden im Grün vor dem Haus zu verbringen. Der Tau liegt dann noch über der Wiese, vom nahen Großen Garten – dem großen Stadtpark – weht ein frischer, fast würziger Duft herüber. Noch ist die Luft angenehm kühl, bevor die kräftige Augustsonne die Stadt wieder in ein drückend schwüles Dampfbad voller hochsommerlicher Hitze verwandeln wird.

Wolff ist heute früher auf als sonst. Auf dem kleinen Tisch hat er Zeitungen und Briefe ausgebreitet. Das ist ungewöhnlich. Denn normalerweise liest Julius Ferdinand Wolff zu seiner morgendlichen Tasse Kaffee im Garten am liebsten in einem Buch. Und dazu bläst er genüsslich den Rauch seiner Zigarre in die morgendliche Frische; den Kopf leicht nach oben gereckt. Wolff braucht morgens diese Ruhe. Er genießt es, die Gedanken in der wohltuend warmen Morgensonne spielen zu lassen. So manches Konzept für ein Referat, so manche journalistische Idee ist dabei entstanden. Wenn das Wetter nicht mitspielt, sitzt er am liebsten im Salon. Zwischen seinen Sammlungen – Kunst, Antiquitäten und Bücher. Ein paar zumindest, der Rest steht drüben, in der Bibliothek im Erdgeschoss, wo er seine Gäste empfängt. Und dann genießt Wolff diesen Blick auf die Elbbrücken; ein Bild des Malers Oskar Kokoschka.[53] *Der hatte es 1923 gemalt. Und Wolff gefiel es sofort, als er es bei einem Besuch im Atelier kurz gesehen hatte. Man kannte sich schließlich; der kunstsinnige* DNN-*Chef und der Maler. Bis vor zwei Jahren war Kokoschka noch Professor an der Kunsthochschule in Dresden gewesen. Und wenn Wolff auf dieses Bild schaut, auf diese Elbbrücken, dann findet sein Blick immer wieder neue Facetten auf der Leinwand. Bis der strahlende Lack seines Blüthner-Flügels die Augen herüberlockt; gleich neben dem Bild. Oder Wolff sitzt in seiner Bibliothek, ein paar Treppenstufen hinunter. All diese Bücher! Welch gewaltige Aura, und seine Gedanken kommen ins Schwärmen. Aber am liebsten, am liebsten sitzt er eben draußen. Hier draußen im Garten. Hier lässt er sich Zeilen und Worte immer wieder durch den Kopf gehen. Stets auf der Suche nach der perfekten Formulierung. Darin ist er ein Pedant, er weiß das – auch, weil es mitunter wertvolle Zeit von der Uhr frisst.*

Aber heute ist das anders. Immer wieder liest er die Absender der Briefe und Telegramme auf dem Tisch vor ihm. Und sein Blick wird stolz. Ein genüssliches Lächeln spielt um seine Lippen. Wolff wirkt direkt ein wenig selbstverliebt. Glückwunschtelegramme sind es. Geschrieben aus Anlass seines 25. Dienstjubiläums. Dass er im August 1903 den Posten des Verlegers bei den Neuesten Nachrichten *angetreten hatte, liegt nun ein Vierteljahrhundert zurück. Ereignisreiche Jahre sind es gewesen. Aber trotz aller Schwierigkeiten wie Weltkrieg, Inflation und den Beschränkungen, die der deutschen Wirtschaft durch den Versailler Vertrag nach dem verlorenen Krieg seit 1918 auferlegt worden waren: „Es waren erfolgreiche Jahre", sagt Wolff nun halblaut zu sich selbst. Und seine Körpersprache offenbart Zufriedenheit. Immerhin sind die* Neuesten Nachrichten *unter seiner Regie weit über die magische Grenze von 130 000 Abonnenten geklettert. Eine besondere Zahl, auch mit Blick auf die beiden großen Dresdner Konkurrenten – den* Anzeiger *und die* Dresdner Nachrichten *–, die kaum über jeweils 40 000 Abonnenten kommen. Dresden ist für Wolff zum Glücksfall geworden. Hier begann sein Aufstieg zu einer der wichtigsten Persönlichkeiten im deutschen Journalismus dieser Zeit. Er hat es mittlerweile zum stellvertretenden Vorsitzenden des deutschen Verlegerverbandes gebracht, ist ein anerkannter und gefragter Referent in Pressedingen an den Universitäten. Und auch hier in Dresden gehört er längst zu den prominentesten Köpfen der Stadt. Nicht jeder freut sich, wenn Wolff auftaucht, wenn er seine Meinung schreibt oder sagt. Meist mit feiner Ironie; die vordergründig lächelt und im Hintergrund bitterböse grinst. Aber auch diesen Missmut der Zeitgenossen müsse man sich erst mal erarbeiten, sagt Wolff dann ein wenig selbstgefällig. Wohl wissend, dass sein Name Gewicht hat auf der Meinungswaage dieser Stadt.*

Er greift zu den Briefen und Telegrammen. Wieder liest er die Absender, die er längst kennt: Arbeitgeberverband für das deutsche Zeitungsgewerbe, Landesverband sächsischer Presse, Zeitungswissenschaftliches Institut in Berlin, Bühnengenossenschaft und viele, viele Intendanten und Theaterdirektoren aus ganz Deutschland. Auch Telegramme von den Aufsichtsräten und Leitern der großen deutschen Nachrichtenbüros sind gekommen, vom Präsidenten der United Press *in New York, vom europäischen Direktor der* United Press, *Generaldirektor Esche, auch das* Wolffsche Telegraphen Bureau *hat ein Schreiben geschickt, unterschrieben vom Aufsichtsratsvorsitzenden von Schwabach. Natürlich, Wolff sitzt ja auch hier im Aufsichtsrat. Er trinkt genüsslich einen Schluck Kaffee, stellt die Tasse dann hektisch ab. Fräulein Grille, die gutmütige Haushälterin bringt neue Briefe. Sie lächelt. Und sie sieht dabei auch ein wenig stolz aus. Stolz auf Wolff. Vom Präsidium des Reichsausschusses für hygienische Volksaufklärung, vom Verein zur Bekämpfung des Kurpfuschertums und von der Wirtschaftshilfe der Deutschen Studentenschaft.*

Und natürlich gratulieren auch der Verein des Hygiene-Museums und der Präsident der Dresdner Jahresschauen. Wolff ist nicht nur eines ihrer wichtigsten Sprachrohre, ihre wichtigste Verbindung in die Medien, sondern Wolff ist auch einer der eifrigsten Ideengeber.

Julius Ferdinand Wolff schenkt sich Kaffee nach. Er blickt ein wenig versonnen auf die grell weiße Tasse. Und denkt an die Neuesten Nachrichten, *die für ihn längst SEINE* Neuesten Nachrichten *geworden waren. „Was war das damals für ein Provinzwisch gewesen“, wundert er sich noch immer. Kaum ein Redakteur hatte den Blick über den Stadtrand gewagt, bieder und vorsichtig die politischen Berichte. „Und selbst im Schreibstil provinziell“, ärgert sich Wolff. Noch heute sitzt der Ärger tief, ein Vierteljahrhundert später. Es war eine harte Schlacht, die er hatte schlagen müssen. Eine siegreiche, sagt er sich – und nimmt einen Schluck. Er sieht Gesichter vor sich. Gute Journalisten, davon ist er überzeugt. Er hatte sie an die* Neuesten Nachrichten *geholt. Und sie hatten für ein weltoffenes Großstadtblatt gesorgt. Mit Grausen erinnert sich Wolff aber auch an alteingesessene* DNN-*Mitarbeiter wie Silvia Brand, die ihn bei seiner Amtsübernahme belehren wollte. „Ein furchtbarer Hausfrauenschreibstil und die Person aufmüpfig über die Maßen“, gruselt es ihn noch immer. Dann doch lieber die guten Leute, sagt er sich: Dr. Paul Oesterreich zum Beispiel, dem er 1904 die Leitung der Politikabteilung übergeben hatte, der dann allerdings zwei Jahre später zum* Dresdner Journal *gewechselt war, um dort Chefredakteur zu werden. Und er erinnert sich an seinen Freund Konrad Pohl. Den hatte er kurz nach seinem Amtsantritt in Dresden zum Verantwortlichen für den Lokalteil berufen. „Ein talentierter Mann“, nickt Wolff in die Sonne blinzelnd. Pohl konnte unter Wolff hin und wieder sogar Grenzen überschreiten, denen sich andere Redakteure nicht mal auf Sichtkontakt nähern durften. Wolff wusste um das Missfallen unter den Schreibern, aber er ließ Pohl gewähren. „Der Mann wird mal eine große Zukunft im Journalismus haben", verteidigte ihn Wolff immer wieder. 1913 hatte Konrad Pohl dann die Redaktion verlassen. Und sie hatten sich aus den Augen verloren. „Gute Leute", sagt sich Wolff tief einatmend, „es braucht gute Leute für ein gutes Blatt."*

Die Morgensonne wird langsam drückender. Und noch immer steigen in ihm Bilder der vergangenen 25 Jahre auf. Er denkt an das neue Erscheinungsbild, das er dem Blatt 1905 verpasst hatte. Auch die optische Provinz hatte ihn genervt. Die Zeitungsspalten wurden schmaler, so war nun Platz für vier *statt nur für drei Spalten – das wirkte wesentlich frischer. Auch wurden nun wichtige Meldungen schon mal in einen Kasten gesetzt. Wolff lehnt sich zurück, greift zu den beiden Zeitungen, die unter den Briefen liegen. Er hat keine Lust mehr auf Vergangenheit. „Sogar die Gewerkschaften loben mich", spöttelt Wolff und blättert die* Deutsche Presse *auf, die Zeitschrift der Journalisten-Gewerkschaft. „Wolff hat im Theaterleben der sächsischen Residenz eine bedeutende Rolle gespielt. Über seine Tätigkeit als Journalist und Verleger hinaus hat Professor Wolff sich auch große Verdienste um das Hygiene-Museum in Dresden erworben." Wolff liest diese Sätze mit einem selbstgefälligen Schmunzeln und legt das Blatt aus der Hand. „Natürlich lassen sie meine Erfolge als Verleger beiseite; war ja nicht anders zu erwarten", ärgert sich Wolff dann doch. Also greift er nun lieber zum* Zeitungs-Verlag, *dem Verlegerblatt. „Er hat nicht nur seit 25 Jahren den kommunalen Aufschwung der Stadt Dresden durch seine Zeitung gefördert und hat nicht nur das Dresdner Kunstleben, insbesondere die Arbeit des sächsischen Staatstheaters durch eine systematisch aufbauende Kunstkritik angeregt und angeeifert. Professor Wolff hat ebenso großen Einfluss auf die Entwicklung des gesamten deutschen Zeitungswesens genommen." Seine gute Laune ist zurück.*

„Julius!" Die Stimme seiner Frau Johanna, seines „Hanneles", lässt ihn aus seinen Gedanken schrecken. „Willst du heute gar nicht in die Redaktion?" Tatsächlich, fast hätte er die Zeit verträumt. Wolff springt auf.

Wolff – Aufschneider oder positiv Besessener?

Im Sommer 1903 war Wolff nun also Geschäftsführer des Verlages an der Pillnitzer Straße in Dresden geworden. Und der bekommt jetzt auch den Namen *Verlag Neueste Nachrichten, Wolff & Co.* Doch auch wenn das etwas anderes vorgaukelt: Anteile besaß Wolff wie schon erwähnt, zunächst keine. Am 10. Februar 1904 wurde er vom Angestellten zwar zum Gesellschafter, aber auch das ohne finanzielle Beteiligung am Verlag.[54] Auch später wird sich Wolff „lediglich" mit 6,5 Prozent einkaufen – ab 1914 besitzt er fünf Prozent, einige Zeit später kamen noch einmal anderthalb Prozent hinzu.[55] Karl Laux – 1934 in die Kulturredaktion der *DNN* gekommen –, erinnert sich in seiner 1977 erschienenen Autobiografie an Erzählungen altgedienter Redakteure, Wollf habe dennoch gern den Inhaber gespielt. Laux bezeichnet das als „*kleine menschliche Schwäche*". Und doch geben diese Episoden wohl auch einen kleinen Hinweis auf Wollfs Charakter. Arroganz? Oder doch diese ihm eigene unbändige Begeisterung für seinen Beruf? Eine Begeisterung, die er zum Beispiel als lyrische Liebeserklärung ans Journalistsein 1925 in seinem Gedicht *Die Zeitung* zu Papier bringt. Es ist wohl tatsächlich so, dass sich Wollf dem Verlag so sehr verschrieben hat, dass er ihn führt, als sei es sein eigener! Auch wenn das Thema „Finanzen" nicht ganz beiseitegeschoben werden kann; selbstverständlich verdient Wollf auch als Angestellter und später als 6,5-Prozent-Teilhaber an einem gutgehenden Verlag sehr gut mit.

Wichtig ist allerdings auch ein Blick auf den eigentlichen Eigentümer; auf den Verleger Huck. Denn der hält sich weitgehend im Hintergrund. Ein Führungsstil, der dabei sowohl von *DNN*-Gründer August Huck als auch nach dessen Tod 1911 von seinem Sohn Wolfgang Huck gepflegt wird. Sie agieren am liebsten im Stillen, wie Zeitzeugen zu erzählen wissen. Wolfgang Huck drängte es nicht in die Öffentlichkeit, obwohl er längst Chef eines der größten deutschen Zeitungsverlagsimperien war. Jeden Morgen, so heißt es, telefonierte er mit seinen Chefredakteuren, sprach ab, was aus seiner Sicht wichtig war und wie der Verlag vor Ort agieren solle. Zudem machte sich Huck zweimal im Jahr auf zu einer Rundreise durch sämtliche Redaktionen.[56] Ansonsten waren es eher die Verantwortlichen an den einzelnen Zeitungsstandorten, die nach außen – und eben auch nach innen – zu agieren hatten. Und wohl auch konnten. Wolfgang Huck hatte den Ruf eines liberalen, großzügigen und weltoffenen Verlegers – also dürften wohl auch die Akteure vor Ort durchaus großen Spiel- und Freiraum gehabt haben. Solange es wirtschaftlich lief und Huck mit den Inhalten leben konnte. Huck gab die Richtung vor, den Weg zum Ziel aber suchten die Chefs der einzelnen Blätter. Im Dresdner Fall also Wollf. Und so stand es ihm wohl letztlich auch zu – zumindest ein bisschen –, den Eigentümer „zu spielen".

Deutsch-englische Pressekriege – auch Wollf auf Friedensmission

Der Volksmund hat mal wieder recht: Liebe geht durch den Magen. Und: dass der Appetit beim Essen komme. Wohl auch deshalb wurde jede Menge gegessen, im Juni 1906 und ein Jahr später. Als sich nämlich deutsche und englische Journalisten trafen, um sich gegenseitig ihre Länder zu zeigen, viel miteinander zu reden und auch mit etlichen honorigen Vertretern aus Politik und Wirtschaft gut und vor allem ausgiebig zu speisen. Ja, sogar der deutsche Kaiser schaute 1907 bei diesen Journalisten-Reisen vorbei.

Eine Art Friedensmission war es, zu der sich die Journalisten, als wichtige Meinungsmacher – damals wohl mit die wichtigsten – zunächst in London, dann in Deutschland trafen. Denn das Wort „Zeitungskriege" machte um die Jahrhundertwende die Runde in beiden Ländern. Große Teile sowohl der britischen als auch der deutschen Presse gefielen sich in der Rolle, Aussagen von Politikern hier und da mit Blick auf politische Beziehungsgeflechte, vor allem jedoch mit Blick auf verkaufsfördernde Stimmungsmache passgerecht „zu meißeln". Und zu regelrechten und vor allem regelmäßigen Kampagnen aufzubauschen. Was dann in der Bevölkerung beider Länder zu durchaus feindseligen Sichten auf den Nachbarn führte. Auch die Außenpolitik war einer dieser gern debattierten Punkte auf den Zeitungsseiten; hier wie da. Dabei wurden die Puzzleteile gern so zusammengefügt, dass sie ins vorgefasste Bild passten. Vor allem die neue Massenpresse – wie eben zum Beispiel die Generalanzeiger à la *DNN* oder die in England mehr und mehr wachsende Boulevardpresse, die „Yellow Press" – war ja auf zugespitzte Sensationen und angeheizte Debatten als Kaufargument angewiesen. Wenn das auch Teilen der Politik durchaus willkommen gewesen sein dürfte, im Großen und Ganzen reagierten Politiker und nicht zuletzt die Regierungen verstimmt. *„Hätte man in diesen Jahren Diplomaten und Politiker gefragt, welche Faktoren die internationalen Beziehungen am meisten belasteten, so hätten sie vermutlich – neben dem Wettrüsten – kaum etwas so häufig genannt wie ‚die Presse'"*,[57] ist für die beiden Jahrzehnte vor Beginn des Ersten Weltkriegs zum Beispiel Dominik Geppert überzeugt, der 2007 in einer Schriftenreihe des Deutschen Historischen Instituts London ein knapp 500 Seiten dickes Buch über diese deutsch-englischen und somit auch englisch-deutschen „Pressekriege" veröffentlichte.

Eine Gruppe britischer Pazifisten wollte dieses verbale Minenfeld beräumen. Finanziell unterstützt durch Wirtschaftsriesen beider Länder, die ein geschäftliches Interesse an guten Beziehungen zwischen Deutschland und Großbritannien hatten: Unter anderem von Thomas Rhodes, dem Londoner Verantwortlichen der Reederei Norddeutscher Lloyd, dem Vorgänger der heutigen Hapag-Lloyd. Das Unternehmen verdiente sein Geld zunächst mit Passagierlinien auf der Nordsee zwischen Bremerhaven und England, bevor es ins große Amerikageschäft einstieg und auch hier Linien betrieb. Zudem gehörte der britische Bankier Alfred von Rothschild zu den Unterstützern – worüber gleich noch zu reden sein wird.[58] Bereits im Mai 1905 war ein entsprechender „Anglo-German Union Club" gegründet worden, der Unternehmer und Bankiers beider Staaten zusammenbrachte.[59] Einer der wichtigsten Protagonisten war dabei William Thomas Stead, vielleicht damals prominentester britischer Journalist. Ihm schreibt Dominik Geppert die konkrete Idee der Journalisten-Besuche zu, um die es nun ausführlicher gehen soll. Am 12. Januar 1906 hatte Stead jedenfalls ein entsprechendes Memorandum verfasst und im *Anglo-German Courier* deutsche Journalisten nach England eingeladen; wenn auch recht eigenmächtig.[60]

William Stead leitete zwischen 1883 und 1889 die *Pall Mall Gazette* in London – eine prominente landesweite Abendzeitung – und sorgte hier vor allem mit zahlreichen investigativen Texten für Aufsehen. So schleuste er sich Mitte der 1880er Jahre zum Beispiel in einen Ring von Mädchenhändlern ein, um das weitgehend verdrängte Thema der Kinderprostitution in London und anderen englischen Großstädten aufzudecken. Nach seinem Ausstieg bei der *Pall Mall Gazette* verlegte er sich aufs Bücherschreiben – und wurde zum Vorkämpfer der europäischen Friedensbewegung. 1912 wird Stead beim Untergang der Titanic ums Leben kommen.[61] In den Jahren zuvor entwickelte er gemeinsam mit Unterstützern etliche Ideen, um das wie erwähnt angespannte Verhältnis zwischen Briten und Deutschen wieder in ein freundschaftliches zu wandeln.

Und eine dieser Ideen waren besagte Journalisten-Reisen. Eine Idee, auf die nahezu perfekt ein Aphorismus passt, der Alexander von Humboldt zugeschrieben wird: *„Die gefährlichste aller Weltanschauungen ist die der Leute, welche die Welt nie angeschaut haben"*, soll der weitgereiste Naturforscher einmal gesagt haben. Also schauten sich die Journalisten um. Übrigens auch in Dresden; und mittendrin: Julius Ferdinand Wollf. Was überrascht, denn er war im Sommer 1906 – als die erste Redakteursreise nach England startete – ja erst knappe drei Jahre Verlagschef und gut zweieinhalb Jahre Chefredakteur bei den *Neuesten Nachrichten* in Dresden. Gut, er hatte vielleicht schon für Wirbel in Dresdens Zeitungslandschaft gesorgt und spielte hier und da auch in der Dresdner Gesellschaft mit. Aber über das Elbtal hinaus? Und doch schon mittendrin in einem internationalen Journalisten-Austausch? Als einer von gut 50 deutschen Redakteuren, die sich auf den Weg nach London gemacht hatten – und die dann ein Jahr später die englischen Kollegen zum Gegenbesuch in Deutschland begrüßten. Wie die Wahl auf Wollf gefallen war, lässt sich nur noch vermuten. Es dürfte in erster Linie die wuchtige Verkaufszahl der *DNN* gewesen sein; als eine der auflagenstärksten Zeitungen Deutschlands in einer der großen Städte des Reichs. Aber zum anderen könnten auch Wollfs deutlich lesbare inhaltliche Umbauarbeiten bewirkt haben, ihn auf die Liste der „Auserwählten" zu setzen. Sein unbändiger Wille, aus dem vermeintlichen Provinzblatt eine Zeitung zu machen, die ihre journalistischen Blicke weit über die enge sächsische oder deutsche Grenze hinaus schweifen lässt. Und England war damals solch ein politischer „Hingucker". Nicht ohne Grund hatte das Blatt einen – meist nicht namentlich erwähnten – Korrespondenten vor Ort. Der vermutlich aus Kostengründen auch für andere Blätter der Huck-Gruppe geschrieben haben dürfte. Die Reichsregierung jedenfalls hatte die Aufgabe an eben jene Korrespondenten delegiert, die Liste der deutschen Chefredakteure für diese England-Reise zusammenzustellen. Wollfs *Neueste Nachrichten* drucken damals regelmäßig Berichte aus London, kommentieren das Geschehen dort und die möglichen Auswirkungen auf Deutschland. Dass man also den Macher dieses Dresdner Blattes mit auf die Liste setzte, scheint eine logische Konsequenz zu sein.

Wobei Wollf sich selbst offenbar als einen durchaus bedeutenden Teil der Mission sieht. Immerhin schreibt er am 12. Juni 1906 – also sieben Tage vor der Abreise nach England – an den auf der Nordsee-Insel Norderney urlaubenden Reichskanzler Bernhard von Bülow einen selbstbewussten Brief.[62] Darin unterbreitet Wollf mit in ehrfürchtige Sprachhöhen geschraubten Sätzen – *„Eurer Durchlaucht beehre ich mich ganz ergebenst folgendes vorzutragen (...)“* – einen in Bezug auf seine Mitreisenden nicht gerade wertschätzenden Vorschlag. So macht er dem Kanzler deutlich, dass die Redakteure zahlreiche englische Minister treffen werden, *„und heute ist die Nachricht gekommen, daß seine Majestät der König die Vertreter der deutschen Presse in Windsor zu empfangen wünscht“*. Das, so Wollf, dürfe nicht dem Selbstlauf überlassen werden und drängt sich in seinem Brief an Bülow in den Vordergrund: *„Obwohl ich nun diese Kundgebungen für freundliche und friedliche Beziehungen zwischen den beiden Ländern nicht im geringsten überschätze, glaube ich doch, daß durch die zu erwartenden Reden von englischer und ihre Erwiderung von deutscher Seite je nach dem Takt und den Informationen, die auf Seite der deutschen Redner zur Geltung kommen, der politische Charakter des Besuchs nicht unwesentlich beeinflußt werden kann. Es ist mir nicht bekannt, ob der Leiter eines offiziösen Blattes sich hierbei im Sinne der Regierung Eurer Durchlaucht betätigen wird. Aber selbst wenn dies der Fall wäre, glaube ich doch annehmen zu dürfen, daß vielleicht gerade der Chef eines unabhängigen Blattes von der großen Verbreitung der* Dresdner Neuesten Nachrichten *durch diesen Charakter in der Lage wäre, in Übereinstimmung mit den Tendenzen der verbündeten Regierungen Ersprießliches zu tun. Da die von mir geleitete Zeitung in England sehr wohl bekannt ist, sowohl durch die vielen englischen Beziehungen zu Dresden, wie auch durch ihr eigenes Redaktionsbureau in London, das die besten Beziehungen zu den maßgeblichen englischen Stellen unterhält, so glaube ich in der angegebenen Richtung die Reise nutzbar machen zu können.“* Nein, an Selbstzweifeln leidet der junge Wollf nicht. Er schlägt von Bülow deshalb vor, sich mit ihm *„auf eine kurze Unterredung“* zu treffen, *„um hieraus gewisse Direktiven entnehmen zu können“*. Und verbeugt sich abschließend mit jedem Buchstaben, *„einer geneigten Antwort Eurer Durchlaucht“* entgegenfiebernd, *„als Eurer Durchlaucht ganz ergebenster Julius Ferdinand Wollf“*. Zusammengefasst heißt das, Wollf sieht eigentlich nur einen aus der Reihe der eingeladenen Journalisten in der Lage, die Interessen des Reiches auf der Reise zu vertreten: sich selbst. Ob man in Regierungskreisen diese Ansicht teilt, ist ungewiss, jedenfalls verzichtet man in höflicher Zurückhaltung auf Wollfs Hilfe. Die Mitarbeiter von Bülows setzen dem Reichskanzler ein Antwortmanuskript auf, das von Bülow kräftig kürzt und am 19. Juni 1906 auf Norderney unterschreibt: *„Sehr geehrter Herr Wollf! Aus Ihrem freundlichen Schreiben (...) ersehe ich gern, daß bei dem Besuch der deutschen Zeitungsleute in England auch die Dresdner Presse vertreten sein wird. Wenn die Reise der deutschen Preßvertreter nicht den Zweck hat noch haben kann, bestimmte politische Ergebnisse zu* *erzielen, so wird sie doch dazu beitragen, durch gegenseitiges Kennenlernen Mißverständnisse zu beseitigen und hier wie drüben den guten Willen zu stärken. Sie haben mit Ihren Reisegenossen eine Aufgabe vor sich, die Umsicht und Takt erfordert. Bestimmte Ratschläge lassen sich nicht gut erteilen, auch möchte ich vermeiden, durch eine Kundgebung meinerseits der Veranstaltung ihren unpolitischen Charakter zu nehmen. Ich bitte Sie daher, sich mit diesen Zeilen zu begnügen und sich versichert halten, daß ich den Verlauf der Reise mit lebhafter Teilnahme verfolgen werde.*"[63] Diplomatisch verpackt ist hier also die Bitte an Wolff um Zurückhaltung in Sachen Politik.

Wolffs *Neueste Nachrichten* lassen ihre Leser jedenfalls minutiös an den Erlebnissen der „*german editors*", wie Wolff regelmäßig schreibt, teilhaben. Und das zum einen in auf den ersten Blick meinungsfreien täglichen Berichten aus London, die während der Reisetage im Juni 1906 auf den ersten oder zweiten Seiten erscheinen. Berichte, die dennoch eine deutliche Tendenz aufweisen. Nämlich, diesen Weg der Verständigung zwischen englischen und deutschen Meinungsmachern unbedingt in den Atlas der beiden Länder eintragen zu wollen. Gleich am ersten Reisetag bindet Wolff auf der ersten Seite einen Sprachblumenstrauß aus duftenden Sätzen: „*Es ist seit langem eine stehende Phrase geworden, die Journalisten als die Haupturheber aller Zwistigkeiten anzuklagen, so oft man Worte des Bedauerns und gute Wünsche austauschte, daß zwischen Deutschland und England Frieden und Freundschaft herrschen mögen. (...) Und nun kommen sie selbst, und niemand kann sagen, daß man nicht den besten Willen zeigt, den bösen Buben recht gute Tage zu bereiten. Vielleicht bringen diese schlechten Preßmänner zustande, was alle ihre Ankläger mit guten Ratschlägen nicht erreicht haben!*"

Offenbar telegrafiert Wolff dabei im Wechsel mit dem Londoner Büro der *DNN* nach Dresden; denn das Reise- und Terminpensum ist für einen auch noch so fleißig schreibenden Einzelkämpfer nicht zu bewältigen. Wenn Wolff selbst das Telegramm diktiert oder im Hotelzimmer zum Telefonhörer greift, baut er hier auch die eine oder andere reportagehafte Szene ein, so manchen Satz, der seine Leser zum Schmunzeln gebracht haben dürfte. „*Die schwere Arbeit des Sehens, Hörens, Redens – und immer wieder Essens beginnt am Donnerstag (...)*", diktiert er zum Beispiel am 19. Juni zu Beginn der Reise. Wie er sich auch kleine politische Seitenhiebe in Richtung der von ihm so innig verachteten deutschen Sozialdemokratie nicht verkneifen kann. Nachdem die Journalisten beispielsweise am 26. Juni zum Frühstück beim Londoner Oberbürgermeister ins Rathaus eingeladen waren, verweist Wolff darauf, dass die zur deutschen Journalisten-Gruppe gehörende Publizistin Lily Braun, Wolff schreibt Lilli Braun, die einzige deutsche Dame in dieser morgendlichen Runde gewesen sei – und sich als bekennende sozialdemokratische Schriftstellerin so wunderbar anders verhalten habe, „*nicht so demonstrativ*", wie sonst von deutschen Sozialdemokraten gewohnt. Sie habe zum Beispiel die deutsche und englische Hymne stehend verfolgt und nicht etwa *„den Saal verlassen"*, frotzelt Wolff amüsiert. Offenbar hatte Lily Braun – damals zudem längst eine bekannte Frauenrechtlerin – Eindruck auf den *DNN*-Chef gemacht.

Zum anderen nimmt Wolff seine Leser in einer launigen Reportagen-Reihe unter der Überschrift *Aus dem Tagebuch eines fahrenden Journalisten* mit auf die Reise über den Ärmelkanal. Es sind die spannenden, augenzwinkernd erzählten Geschichten hinter den Geschichten, die viel über die Fahrt, aber noch mehr über Wolff selbst erzählen. Zunächst hatten sich die deutschen Redakteure am Tag vor der Abfahrt im Ratskeller in Bremen getroffen. Auch Ideengeber und Organisator William Stead war da, um seine Gäste abzuholen. Und am Abend saßen die England-Reisenden dann noch bei Bier und Rotwein im Altbremerhaus zusammen; der Bremische Journalisten- und Schriftstellerverein hatte dazu eingeladen.[64] Man hatte sich also „beschnuppert". Die ersten Bilder über seine Mitreisenden hatte Wolff damit schon im Kopf, als es am 19. Juni in Bremerhaven mit einem Zubringerschiff hinüber zum stolzen Lloyd-Dampfer „Kronprinz Wilhelm" geht, der in Sichtweite des England-Kais liegt. Ein Anblick, der in Wolff den schwärmerischen, national-pathetischen Dichter wachküsst: *„An einem herrlichen Sommermorgen sahen wir nach kurzer Fahrt das Schiff, das so stolz spricht von deutscher Intelligenz und Tatkraft."* Ja, es hat ihn offenbar beeindruckt, dieses stattliche Schiff, diese *„schwimmende Stadt mit etwa zweitausend Einwohnern"*. Die Fahrt geht nach Southampton; eine Nacht an Bord liegt vor den Reisenden. Eine gemütliche, wie Wolff in seinem *Tagebuch* für die *DNN*-Leser beschreibt. *„Alles verträgt sich beim Weine"*, kommentiert Wolff amüsiert, denn die hier zusammensitzenden politischen Richtungen sind für diese Augenblicke vergessen. Und auch hier muss Lily Braun für den bei Wolff wohl unausweichlichen Seitenhieb gen Sozialdemokratie herhalten: *„Zwischen Zentrum und Altdeutschen sind die Grenzen geschwunden und die Kollegin Lilli Braun ist nicht um eines Meters Breite von der* Kreuzzeitung *gewichen. Einen reizenden Buben hat sie mit an Bord. Zu seinem Matrosenkostüm gehört eine Mütze, auf der S. M. S. ‚Iltis' zu lesen steht.* Der Vorwärts *sei ihr gnädig."* Jene „Iltis" ist das 1898 in Dienst gestellte Kanonenboot der kaiserlichen Marine, das in den deutschen Kolonialgebieten in Asien im Einsatz war – es unterstützte 1900 beispielsweise die Niederschlagung des sogenannten Boxeraufstands in China.[65] Die Matrosenmütze des damals knapp zehnjährigen Otto Braun war also tatsächlich kein sozialdemokratischer Fanartikel.

Tief beeindruckt schreibt Wolff in den *DNN* über eine weitere Begegnung an diesem ersten Abend an Bord: Paul Lindau – vielleicht eine Art Ideal für seine eigene, noch anstehende Journalisten-Karriere? Der gerade 67 Jahre alt gewordene Lindau ist in jenen Junitagen 1906 schon Jahrzehnte im Redaktionsgeschäft und hat in der gemütlichen Bordkneipe bis in die frühen Morgenstunden hinein jede

Menge redaktioneller Abenteuer zu erzählen. Sein Zwicker, der keck auf der Nase klemmt, und durch dessen blank geputzte Brillengläser Lindaus aufgeweckte Augen funkeln, gibt ihm etwas Spitzbübisches. Das kann auch die grau gewordene Lockenpracht nicht ins gesetzt Seriöse pressen. Lindau hatte einst in Paris studiert, dort Schriftstellergrößen wie Alexandre Dumas kennengelernt, deren Bücher er ins Deutsche übersetzt. Auch Theaterchef war Lindau gewesen, in Meiningen und zuletzt in Berlin. Was für eine Biografie, dürfte Wolff in dieser Nacht begeistert gedacht haben. Beeindruckt von all diesen wunderbaren Geschichten, die Lindau über seine vielen Jahre als Chefredakteur zahlreicher Zeitungen zu erzählen weiß. Gar eine Geschichte, in der Reichskanzler Bismarck eine Rolle spielt. Lindau hatte sich 1866, also gleich im ersten seiner gut drei Jahre bei der *Elberfelder Zeitung* – im heutigen Wuppertal – immer wieder verbale Schlachten mit dem damaligen preußischen Justizminister Leopold Graf zu Lippe geliefert. *„Lippe haben Sie nicht gekannt, Kollege? Nein, Sie sind zu jung"*, sagt Lindau zu Wolff. Lindau hatte im damals tobenden Konflikt um den Deutschen Bund, die Gründung eines Deutschen Reichs und die Rolle Preußens mutig kommentiert, jener Minister Lippe sei entweder unfähig oder er wisse, was er tue, dann müsse er angeklagt werden. Dafür war Lindau zunächst zu sechs, in zweiter Instanz zu nur noch drei Monaten Gefängnis verurteilt worden. Seine Strafe musste er aufgrund einer Amnestie nach der Schlacht um Königgrätz nicht antreten. Als Lindau gut zwei Jahre später mit Bismarck beim Abendessen zusammensaß, hatte er den Reichskanzler auf dessen Zwist mit eben diesem Minister Lippe angesprochen und darauf verwiesen, dass Bismarck die Entlassung des ungeliebten Justizministers quasi mit den Worten begründet habe, die Jahre zuvor in seinem Leitartikel zu lesen waren. *„Dann haben Sie das zu früh geschrieben"*, soll Bismarck grinsend erklärt haben. Solche Geschichten kann Wolff seinen Lesern in Dresden einfach nicht vorenthalten. Wie auch die launige Episode einer Autotour durch London. *„Im Renntempo"* seien die etwa 30 Autos mit den deutschen Journalisten dabei durch die englische Capitale gerast – und Wolff hatte ausgerechnet einen Fahrer, der erst seit einer Woche in London lebte. Zu keinem einzigen Gebäude habe der Mann seinen deutschen Fahrgästen etwas erklären können, ist Wolff sogar ein wenig amüsiert.

Lesbar beeindruckt erzählt Wolff seinen Lesern auch vom Besuch im Haus des schon kurz erwähnten Bankiers Alfred von Rothschild. Der lud als einer der Sponsoren der Reise die deutschen Redakteure am Abend des 28. Juni 1906 in sein Haus am Seamore Place 1 im Londoner Stadtteil Mayfair ein.[66] Dessen Haus sei *„ein einziges Kunstwerk, von einer Vornehmheit, mit der kein Fürstenschloß wetteifern kann"*. Überall Bilder, Bilder, Bilder, schwärmt er. Und vergisst auch ein fast märchenhaftes Erlebnis nicht: *„(...) und einmal im Leben mit goldenem Besteck von silbernen Tellern (...) zu speisen, ist nicht ohne Reiz."* Nicht zu vergessen, *„die Zigarren waren zudem ausgezeichnet"*. Und Wolff kann sich auch einen politischen Kick gegen einige seiner Redakteurskollegen von der stramm deutschen Gesinnungsfront nicht verkneifen. In Anspielung auf Rothschilds jüdische Familie und die wabernden Verschwörungstheorien von einer heimlichen Macht des Judentums über die Weltwirtschaft, witzelt Wollf: *„Das alles wird so liebenswürdig und ohne Prätentionen geboten, daß sogar einige der reinsten und zielbewußtesten Arier ihre Abneigung gegen Rothschild vertagt haben."* Ja, es sind durchaus politische Texte, in denen Wollf auch seine Begeisterung für diese journalistische Friedensmission nicht verschweigt.

Und so sind die *DNN* ein Jahr später beim Gegenbesuch der englischen Redakteure in Deutschland, nicht zuletzt in Dresden, wieder als einer der eifrigsten Berichterstatter dabei! Gleich zu Beginn des Besuchs der Engländer machen die *Neuesten Nachrichten* am 29. Mai 1907 mit einem umfangreichen Leitartikel auf, dem die Begeisterung für diesen Redakteursaustausch aus nahezu jedem Wort springt. Und Wollfs Blatt macht unmissverständlich klar, dass die Idee, die Sicht auf das Verhältnis zwischen Deutschland und England in der Presse freundschaftlicher zu gestalten, nicht nur Idee geblieben ist – sondern die Reise der deutschen Journalisten im Jahr zuvor eine tatsächliche Veränderung des Blicks der englischen Presse auf Deutschland bewirkt habe: *„Wer seit der vorjährigen Englandfahrt deutscher Pressevertreter die englischen Blätter genauer geprüft hat, wird gefunden haben, daß ein nicht unbeträchtlicher Teil von ihnen doch seitdem eine etwas andere und nicht mehr grundsätzlich feindselige Sprache gegenüber Deutschland führt."* Auch wenn Wollf nicht allzu blauäugig ist, wie es ein paar Sätze zuvor heißt: *„Gewiß, Reden, die zwischen Braten und Käse von angeregten Tischgästen zum Preise der Gastwirte geschwungen werden, können den Gang der internationalen Politik nicht beeinflussen."* Aber die Sichtweise der Meinungsmacher ein Stück verändern, das können sie schon, ist Wollf überzeugt. Nicht ohne Grund schreibt sein Blatt deshalb auch von einer *„Friedensfahrt englischer Journalisten"*. Und so legt er sich beim Dresden-Tag der Reise so richtig in die Riemen! Wollf ist an diesem Tag für Dresden das, was man heute einen ideenreichen Promoter nennen würde. Er macht jedenfalls kräftig Werbung für die Kulturstadt. Am 1. Juni 1907, und zwar exakt um 10.51 Uhr, rollt der Sonderzug aus Berlin mit den englischen Gästen in der Mittelhalle des Hauptbahnhofs in Dresden ein. Begrüßt durch die Chefredakteure der hiesigen Zeitungen, Stadträte und auch Hoftheaterchef Graf von Seebach, ging es per Auto ins nahe Hotel „Europäischer Hof", wo die Besucher für ihre Stunden in Dresden untergebracht wurden. Jede Menge Schaulustiger hatte sich am Bahnhof und an der Prager Straße platziert, freuen sich die *Neuesten Nachrichten* – und zahlreiche Häuser in Dresdens aufblühender Prachtstraße waren mit den Flaggen der beiden Länder geschmückt, bemerkt das Blatt wohlwollend. Kritik gab's allerdings fürs Wetter: *„Leider hatte der Himmel (...) heute in der Frühe ein etwas trübes Gesicht aufgesetzt. Und das ist vor allem um deswillen zu bedauern, weil unsere Stadt sich im Sonnenglanze am schönsten präsentiert. Aber auch so werden unsere Gäste für die kurze Zeit, die ihnen das Reiseprogramm, hier zu weilen vergönnt, sich hoffentlich wohlfühlen und werden eine freundliche*

Erinnerung mitnehmen an das Florenz an der Elbe, das so vielen ihrer Landsleute eine zweite Heimat geworden ist." Während eine kleine Gruppe der englischen Journalisten unter sozusagen standesgemäßer Führung von Professor Dr. Leonhard Lier – dem Chef des *Dresdner Anzeigers*, des offiziellen Amtsblattes – zur Audienz beim sächsischen König empfangen wurde, ging es für die anderen unter Leitung des Dresdner Oberbürgermeisters Otto Beutler per Dampfschiff elbaufwärts zum mittäglichen „Gabelfrühstück" im Chinesischen Saal von Schloss Pillnitz. Zurück in Dresden, wartete bereits am späten Nachmittag eine *Salome*-Aufführung in der Semperoper – und am Abend wurde beim „Festmahl" im „Belevedere" auf der Brühlschen Terrasse nicht nur ausgiebig gespeist, sondern vor allem ausgiebig geredet. Auch Wollf hielt eine Ansprache – im Namen der Dresdner Presse, was durchaus seine Rolle an der Elbe beschreibt, in jedem Fall aber die seiner auflagenstarken *Neuesten Nachrichten*. Und auch hier macht er kein Hehl daraus, dass er nicht gezwungen werden musste, freundliche Worte zu finden, sondern wirklich begeistert von dem Vorhaben ist, mit diesem Austausch bestehende Missstimmungen abzubauen. „*Wir kamen als Gäste und schieden als Freunde*", zitiert Wollf zu Beginn seiner Ausführungen einen der deutschen „Englandfahrer" von vor einem Jahr. Und schob noch ein Goethe-Zitat hinterher: „*Willkommen zu dem Stern der Stunde!*" Denn über diesen Stunden des gemeinsamen Kennenlernens stehe ein guter Stern, wird Wollf ein wenig philosophisch. „*Kein Streit ist häßlicher, als der unter Verwandten.*" Der *DNN*-Chef ist überzeugt, dass England und Deuschland viel mehr verbinde als trenne. Und Wollf verweist dabei vor allem auf die Kultur, die Literatur, die Schauspielkunst. Seit Jahrhunderten kenne, lese und liebe man die Großen des anderen: „*Zehn Jahre nach Shakespeares Tod, im Jahr 1626, wurden in Dresden* Romeo und Julia, Julius Cäsar, Hamlet *und* König Lear *aufgeführt. Heute aber sind die Helden dieser Dramen so volkstümlich in Deutschland, wie die unsterblichen Gestalten, die unsere eigenen Klassiker uns hinterließen. Diese Verwandschaft unserer dramatischen Kunst ist so nah, wie keine andere zwischen zwei Völkern. (…) Wo hat unser größter Dichter, wo hat Goethe, der schon als Junger Shakespeare pries, als den Will of all Wills, jenseits deutscher Grenzen ein Verständnis gefunden, wie bei Ihnen? Wo gibt es eine Geistesgemeinschaft, wie die zwischen Goethe und Thomas Carlyle?*"

Ja, Wollf wäre sicher auch ein passabler Politiker geworden. Zum Glück für Dresden und die deutsche Verlegerschaft ist er Journalist geblieben.

Im Verleger-Fahrstuhl: aufwärts

Um ein farbenfrohes und vor allem mit präzisen Pinselstrichen gemaltes Bild über Wollfs Einstellungen zum Journalismus betrachten zu können, lohnt es sich, den *Zeitungs-Verlag* zur Hand zu nehmen. Hier greift Wollf häufig zur sprichwörtlichen Feder, die natürlich längst zur Schreibmaschine geworden war. Hier erörtert er regelmäßig seine Gedanken zur Presse, ihrer Rolle – und hier kämpft er auch für ihre Rechte. Und reitet nicht zuletzt so manche verbale Attacke gegen den Dilettantismus, der Wollf so aufregte. Von einer wissenschaftlichen Theorie Wollfs über den Journalismus zu sprechen scheint aber doch ein wenig zu weit gesprungen. Auch wenn Wollf mit maßgeblichen Vertretern der Zeitungswissenschaft bestens vernetzt ist. Die Reichspost hatte wirklich gut zu tun, die zahlreichen Briefe hin- und herzutransportieren. Einer der Adressaten war beispielsweise Emil Alfons Dovivat,[67] der ja durchaus zu Recht als Begründer der modernen deutschen Zeitungswissenschaft gilt. Dovivat war seit 1924 Assistent am damals neu gegründeten Deutschen Institut für Zeitungswissenschaft, wurde 1928 dessen Leiter. Schon zwei Jahre zuvor war Dovivat zum Professor für Zeitungswissenschaft und allgemeine Publizistik an der Friedrich-Wilhelms-Universität Berlin ernannt worden.[68] Dovivat veröffentlichte zahlreiche zeitungswissenschaftliche Bücher. 1927 zum Beispiel befasst er sich auf 255 Seiten mit der Entstehung und der Entwicklung des Journalismus in den USA. Kurz nachdem das Buch in der Deutschen Verlags-Anstalt Stuttgart erschienen war, schickte Dovivat ein Exemplar auch an Wollf – mit der Bitte um Einschätzung. Der *DNN*-Chef antwortet umgehend: *„Ich danke Ihnen für die freundliche Uebersendung Ihres Buches, das mich sehr interessiert. (…) Sobald es mir irgendmöglich ist, will ich Ihr Buch lesen und darf mir vorbehalten, dann genauer darauf einzugehen."*[69] Wollfs Meinung zum Journalismus ist offensichtlich auch in Kreisen der Journalismusforschung gefragt.

Dennoch, ein Zeitungswissenschaftler ist Wollf selbst nicht. Wollf betrachtet eher mit sehr wachem Blick die Realitäten im deutschen Journalismus – und zieht daraus treffsicher Schlüsse. Treffer, die durchaus auf Veränderungen zielen. Was er mit Nachdruck einfordert. Und tatsächlich ist der Dresdner Verleger ein Mann, der den Journalismus in Deutschland in den 1920er und 1930er Jahren maßgeblich beeinflusst. Ja, durchaus sogar prägt. Wollf spielt in der Ersten Liga der Verlegerschaft des Landes – und ist einer der einflussreichsten Männer seiner Zunft. Wobei Julius Ferdinand Wollf nicht nur im deutschen Verlegerverband aktiv ist – dem Verein Deutscher Zeitungs-Verleger –, sondern gleichzeitig seit 1914[70] auch im gewerkschaftlichen Reichsverband der deutschen Presse. Also sozusagen der Vertreterorganisation der Redakteure. Um mit heutigen Begriffen zu hantieren: Wollf rührte im Topf sowohl des Arbeitgeber- als auch des Arbeitnehmerverbandes. Wobei Wollf klare Prioritäten setzt, welcher dieser Töpfe für ihn auf der größeren Flamme zu köcheln hat. Was im Übrigen auch eine öffentliche Kritik aus Richtung des Redakteursverbands deutlich macht, er solle sich nicht nur für Verlegerinteressen einsetzen: *„Die neuen Gehaltssätze der schlesischen Kollegen stehen in höchst sonderbarem Gegensatz zu den Verlegerreden auf der Stuttgarter Tagung, (…) wo Professor J.F. Wollf – Dresden mit Emphase betonte, die Verleger stünden auf dem Standpunkt, daß Männer, die den Verlegern langjährige treue Dienste geleistet haben, gar nicht nach Tarifsätzen,* *sondern möglichst weit darüber hinaus honoriert werden müßten. (...) Es dürfte daher außerordentlich zweckmäßig sein, daß Herr Professor Wolff – Dresden seinen Einfluß in Verlegerkreisen einmal zugunsten der schlesischen Redakteure geltend macht. Es ist ja auch noch nicht so lange her, daß selbst die sächsischen Redakteure lebhafte Klage über schlechte Bezahlung führen mußten.“*[71] Wolff ist eben vor allem Verleger, nicht Gewerkschafter.

Im *DNN*-Verlag allerdings unterstützt Wolff durchaus Dinge, die Gewerkschaftern Freudentränen in die Augen treiben dürften. So werden damals soziale Angelegenheiten für die Mitarbeiter beispielsweise stets gemeinsam zwischen Verlagsleitung und der sogenannten Betriebsvertretung, also den Vertretern der Mitarbeiterschaft, besprochen. Und die *Neuesten Nachrichten* zahlen unter Wolff zudem übertarifliche Löhne und Gehälter. Nicht zuletzt wird 1912 die August-Huck-Stiftung gegründet, aus deren Mitteln dann in Notfällen Mitarbeitern geholfen wird.[72] Welche Rolle Wolff dabei insgesamt spielte, ist allerdings nicht mehr nachzuweisen. Ob er sich also eher fügte oder das Ganze vorantrieb, ist offen.

Für die Gewerkschaftsarbeit an sich hat Wolff offensichtlich nicht viel übrig. Wie zumindest sein fast schon penetrantes Nicht-Engagement als Mitglied im gewerkschaftlichen Reichsverband der deutschen Presse zeigt. Ganz anders Wolffs Dauer-Power für den Verlegerverband, zu dessen Erstem Stellvertretenden Vorsitzenden er es mit den Jahren bringt. Der *DNN*-Chef ist damit quasi die Nummer zwei unter den Verlegern des Landes. Zudem ist er einer, der seine Stimme auch kraftvoll einzusetzen versteht. Und auch mutig genug ist, das zu tun.

Wolffs Weg an die Spitze des VDZV beginnt im Verein Sächsischer Zeitungsverleger. Am 10. Juni 1917 wird er dann erstmals in den Vorstand des deutschen Dachverbandes gewählt. Im *Zeitungs-Verlag* vom 15. Juni 1917 liest sich das ein bisschen beiläufig: *„Die im Anschluß an die Festsitzung vorgenommenen Wahlen ergaben die (...) einstimmige Neuwahl der Herren (...) Prof. Wolff (Dresden).“* Dieses Votum war dabei sicherlich kein Zufall gewesen: Bereits im Vorfeld hatte sich Wolff immer wieder laut zu Problemen der Zeitungsverlage zu Wort gemeldet. Vor allem durch sein engagiertes Eintreten für die seiner Meinung nach kriegswichtige Rolle der Zeitungen stieß er bei den Verlegern offene Türen noch weiter auf. Hing an der Bereitschaft der Regierung, die Zeitungen tatsächlich zu kriegswichtigen Betrieben zu erklären, schließlich nicht „nur“ der Verbleib der Redakteure in den Redaktionen, sondern insgesamt das wirtschaftliche Überleben der Verlage. Es dürfte den Verlegern also durchaus recht gewesen sein, dass da mit dem geradlinigen Wolff einer kam, der den politischen Kessel kräftig anheizte. Kochendes Wasser erzeugt bekanntlich nicht nur blubbernde Luftblasen, sondern auch Druck ... In dieselbe Richtung zielen Wolffs durchaus deutliche Worte in Sachen Papierknappheit während des Ersten Weltkriegs. Dass es immer mehr an Papier fehlt, bringt die Verlage zunehmend in Bedrängnis. Und so tritt Wolff auf einer außerordentlichen Hauptvorstandsversammlung des VDZV am 22. April 1917 in Berlin – also nur gut zwei Monate vor seiner Wahl in den Vorstand – ans Rednerpult und macht sich mit scharfen Worten Luft: „*Von Einschränkung des Papierverbrauchs darf nicht die Rede sein. Für uns die Hauptfrage: Wie erhalten wir Papier zu erträglichem Preise? Das Papiergewerbe hat auch seine Nöte; ihm muß die Kohle durch bevorzugte Wagenstellung zugeführt werden. Aber die Fabrikanten haben nicht das geringste Verständnis für die Nöte des Zeitungsgewerbes; sie haben sich über die Reichsstelle nur lustig gemacht, und in dieser hat man den Bock zum Gärtner gemacht.*“[73] Ähnlich empört äußert sich Wollf während dieser Tagung zu den seiner Meinung nach von einigen Firmen gezielt in schwindelnde Höhen erschwindelten Farbpreisen. Hier stellt er gar den Antrag, der Vorstand möge beauftragt werden, gemeinsam mit der Kriegswirtschaftsstelle der Reichsregierung Schritte zur Aufdeckung des Wuchers mit Rohmaterialien zu unternehmen. Ein Antrag, der breite Zustimmung findet.[74]

Es ist dabei fast ein wenig schade, dass Wollf seine Rede in Berlin beinahe auf den Tag genau zwei Jahre zu spät hält. Sonst hätte er in jenen schwierigen Monaten auf eine der schillerndsten Persönlichkeiten der Wirtschaft und später auch der Politik – vor allem der beginnenden 1920er Jahre – treffen können: Walther Rathenau. Der erfolgreiche Wirtschaftsboss war im Januar 1922 als Politiker der liberalen Deutschen Demokratischen Partei Außenminister geworden und sollte vor allem die deutschen Reparationszahlungen an die Siegermächte regeln. Auf einer Fahrt ins Außenministerium am 24. Juni 1922 wird Rathenau erschossen – schon zuvor war er in brutale antisemitische Hetzkampagnen und Verschwörungstheorien geraten. Zu Kriegsbeginn 1914 ist Rathenau bereits prominenter Aufsichtsratschef beim größten deutschen Energieunternehmen AEG in Berlin und hatte schon kurz nach der Kriegserklärung kritisiert, Deutschland sei wirtschaftlich absolut unzureichend auf einen solchen militärischen Großeinsatz vorbereitet. Die Regierung müsse so schnell wie möglich ein sogenanntes „Rohmaterialamt“ einrichten, um kriegswichtiges Material von einer Zentrale aus besser koordiniert an die Unternehmen zu verteilen. Was natürlich auch Zuteilung statt freien Markt bedeutete. Der damalige Kriegsminister Erich von Falkenhayn bildete letztlich im preußischen Kriegsministerium eine solche Kriegsrohstoffabteilung. Die Leitung übergab von Falkenhayn im August 1914 an Ideengeber Rathenau, der das Amt bis in den März 1915 bekleidete. Dann ging er zurück zur AEG.[75] Was blieb, waren aber die Auswirkungen dieser von Rathenau angeschobenen zentralen Verteilung – und mit diesen Auswirkungen kämpfte nun also auch Wollf. Es wären sicher spannende Debatten gewesen, wenn die beiden sich damals unter diesen Umständen getroffen hätten.

Dass die Misere auch die *DNN* brutal trifft, zeigen die immer magerer werdenden Ausgaben in diesen Tagen. Am 20. November 1918 sieht sich das Blatt gar gezwungen, der sicherlich von der schmalen Zeitungskost hungrig bleibenden

Leserschaft die Gründe mitzuteilen: „*Die ungeheuren Transportschwierigkeiten haben die Kriegswirtschaftsstelle für das Deutsche Zeitungsgewerbe genötigt, die Zeitungen im Verbrauch von Druckpapier aufs neue erheblich einzuschränken. Um möglichst zu verhüten, daß die Zeitungen wegen Papiermangels zum Stillliegen kommen, hat die Kriegswirtschaftsstelle bestimmt, daß der Umfang der Zeitungen überhaupt ein gewisses Mindestmaß nicht überschreiten darf. Diese Not zwingt uns, noch mehr wie bisher auch den Anzeigenteil unserer Zeitung einzuschränken. Wir haben die vorliegende Ausgabe unsrer Zeitung, die für heute und morgen (Bußtag) gilt, deshalb auf den Umfang von 8 Seiten einschränken müssen (...)*“, heißt es in einem auffällig auf der zweiten Seite platzierten Hinweis. Schließlich waren es die *DNN*-Leser gewohnt, vor Kriegsausbruch bis zu vierzig Seiten pro Ausgabe in der Hand zu halten.

Wollf ist jedenfalls keiner, der sich scheut, in den verbalen Strafraum zu dribbeln. Dorthin, wo es – im Fußballdeutsch – mitunter auch mal wehtut ... Das kommt an: Er wird in den Vorstand des VDZV gewählt – und erhält noch während dieser Sitzung den Auftrag, den sächsischen Staatsminister Dr. Graf Vitzthum von Eckstädt über die Probleme der Zeitungsverlage mit der Papier- und Kohlenot aufzuklären und mit ihm über Lösungen zu beraten.[76]

Es geht ums Überleben in diesen April-Tagen 1917. Deutschland ist noch immer mitten im Krieg. Dem Ersten Weltkrieg – wobei damals noch niemand ahnte, dass nachfolgende Generationen die Weltkriege nummerieren müssen. Und während an den Fronten die Soldaten ums nackte Überleben kämpfen, kämpfen auch die Verlage: ums wirtschaftliche Überleben. Und die deutschen Verleger setzen in diesem Kampf, wie beschrieben, ganz offensichtlich große Hoffnungen in Wollf. In sein Verhandlungsgeschick und wohl besonders in seine Hartnäckigkeit. Vielleicht auch in Wollfs Ruf bei der Obrigkeit? Immerhin hatte ihn Sachsens König 1916 ehrenhalber zum Professor ernannt. Auch das mitten im Krieg. Eine Anerkennung für Wollfs Staatstreue? Treue auch gegenüber den Interessen, die Deutschland in diesem Krieg durchsetzen wollte? Wollfs *DNN* sind jedenfalls kein Blatt, das sich sonderlich auffällig gegen diesen Feldzug engagiert. Ganz im Gegenteil. Die *Neuesten Nachrichten* drucken den Taumel kräftig auf ihre Seiten, in dem das Land Hundertausende Söhne Hundertausender Eltern auf die Schlachtfelder schickt. Von denen viele nicht lebend zurückkehren werden. Wobei Wollf das Thema vor allem durch die Wirtschaftsbrille sieht; und es auch sein Blatt so sehen lässt. Der Krieg als kalte Kosten-Nutzen-Analyse sozusagen. Rechenergebnis: Auf, in die Schlacht! Das Minus an Menschenleben nimmt er offensichtlich in Kauf. Wobei diese Sicht damals durchaus in die Zeit passt: Der Mann hat sich in den Dienst seiner Heimat zu stellen. Und so werden auch auf den Seiten der *Neuesten Nachrichten* aus Toten Helden. Eine Verklärung, die immer weniger Mütter teilen wollen. Und irgendwann auch Wollfs *DNN* nicht mehr teilen werden. Aber da sind die Massengräber neben den Schlachtfeldern schon längst überfüllt.

Das Kriegsverdienstkreuz wartet

Julius Ferdinand Wolff ist genervt und sein Tonfall schroff: „Hannele, ich bekomme diesen verdammten Knopf nicht zu!“ Seine Frau Johanna muss dennoch ein Schmunzeln unterdrücken. „Nun sei doch nicht so aufgeregt, der König ist doch ein ganz umgänglicher Mann, erzählt man sich.“ Sie sagt es mit einem verschmitzten Lächeln. Und gibt sich gar nicht erst Mühe, das stimmliche Augenzwinkern zu unterdrücken. Julius Ferdinand Wolff kennt den König schließlich längst von zahlreichen Treffen.

Vor zwei Jahren zum Beispiel; 1916. Damals – es war ein herrlich warmer Maitag – hatte sie ebenfalls am Fenster gestanden und ihm nachgewunken. Damals noch in ihrer Wohnung in der Henzestraße. Gegangen war er als Julius Ferdinand Wolff, zurück kam er als Professor Julius Ferdinand Wolff.[77] Der Titel als Dank des sächsischen Vaterlands für treue Räder in der Kriegs-Propaganda-Maschinerie. „Die Presse ist wichtig für das Fortkommen unseres Vaterlands, und sie ist ein wichtiges Kriegsmittel“, hatte Julius Ferdinand Wolff dann seiner Frau am Abend stolz mit druckreif gesetzten Sätzen erklärt. Und hatte wieder diesen dozierenden Tonfall gehabt, von dem sie sich wünschte, er möge ihn in der Redaktion lassen. „Und die Presse hilft, diesen Krieg länger und länger werden zu lassen, weil sie das Volk immer wieder für den Krieg begeistert“, denkt Johanna Wolff nun, zwei Jahre später. Laut würde sie das nicht sagen, obwohl sie oft und intensiv diskutieren. Und er das auch an ihr mag, weiß sie. Aber dieser Vorwurf, der Vorwurf, quasi mit schuld am Tod unzähliger Menschen zu sein, das ist seine wunde Stelle. Sie erinnert sich noch genau an einen Tag im Juni 1917. Julius Ferdinand Wolff war gerade aus Berlin zurück, wo er während einer Festsitzung des Vereins Deutscher Zeitungs-Verleger in den Vereinsvorstand gewählt worden war. Stolz war er darauf, und auch überzeugt davon, zu Recht nun zu den Großen der deutschen Verlegerschaft zu gehören. Schließlich hatte kaum ein anderer Verleger den Mut gehabt, sich während der Versammlungen auch mal mit der Regierung anzulegen. „Aber dieser Krieg muss doch endlich aufhören“, hatte Johanna Wolff ihm dann vorsichtig entgegengehalten. Und er war entrüstet aufgesprungen: „Meinst du etwa, ich freue mich darüber, dass deutsche Soldaten ihr Leben lassen?“ Er war zornesrot im Gesicht, als er fast schon schrie: „Willst du etwa abstreiten, dass ganz Deutschland wie im Freudentaumel diesen Krieg begrüßt hatte?“ Seine Stimme zitterte, sie überschlug sich. Johanna Wolff wusste um die cholerischen Anfälle ihres Mannes und verkniff sich vorsichtshalber den Hinweis darauf, dass dieser euphorische Kriegstaumel nun schon fast drei Jahre zurückliege. Ihr Mann hätte sich in seinem Redeschwall ohnehin nicht unterbrechen lassen. „Aber es ist ja auch gerade die patriotische Aufgabe der Presse, das Volk dafür zu begeistern“ – da war er wieder, dieser dozierende Wolff. Dabei waren auch ihm die sich mehrenden *kritischen Stimmen nicht verborgen geblieben. Mit jedem toten Soldaten wuchs die Wut. Die Wut auf diesen Krieg. Diesen mehr und mehr verhassten Krieg. Und das Töten, das Sterben, das Leiden – nein, das wollte auch Wolff selbstverständlich nicht. Aber gibt es denn einen Krieg ohne Töten? Und so wusste Johanna Wolff bis heute nicht genau, ob ihr Mann damals nicht nur nach einer Ausrede gesucht hatte – vielleicht auch, um sein Gewissen zu beruhigen –, als er sagte: „Hannele, es geht mir doch vor allem um die wirtschaftlichen Belange der Zeitungsverlage." Wie, hatte er seine Frau damals gefragt, wie solle er denn eine vernünftige Zeitung herausgeben können, wenn die besten Drucker, die besten Redakteure im Krieg seien. Wenn Druckerschwärze und Papier immer knapper und teurer würden.*

Johanna Wolffs Gedanken kehren ins Heute zurück, zurück ins Jahr 1918. Und auch sie ist über alle Maßen stolz, dass ihr Mann – ihr Julius Ferdinand – jetzt ins Residenzschloss in die Dresdner Altstadt fahren wird, wo Sachsens König Friedrich August III. das Kriegsverdienstkreuz an – in seinen Augen – verdiente Persönlichkeiten der sächsischen Presse verleihen wird. An Verleger und Chefredakteure. Immer wieder hatte sie die Namen im Verlegerblatt gelesen. Hofrat Dr. Poppe, Oberleiter der Sächsischen Staatszeitung, *Dr. Reichhardt, Verleger der* Dresdner Nachrichten, *Professor Dr. Lier, Hauptredakteur des* Dresdner Anzeigers … *Und eben ihr Julius.*

Nun hat sie den widerspenstigen Hemdknopf in die Schranken gewiesen. „So", sagt sie erleichtert, „jetzt kannst du gehen – zum König!" Wenige Augenblicke später steht sie am Fenster der kleinen Villa in der Palaisstraße, in die sie erst vor wenigen Wochen eingezogen waren. Sie winkt ihrem Mann hinterher. Doch der ist viel zu sehr in aufgeregte Gedanken vertieft. Nicht lange, und ihr Julius Ferdinand wird mit dem Kriegsverdienstkreuz an der Brust nach Hause kommen. „Weil die Zeitungen eben doch ein Stück mehr als nur ihre eigenen Interessen vertreten", murmelt Johanna Wolff leise. Und ihre Augen blitzen. Manchmal – sie setzt sich – manchmal sagt Julius Ferdinand zu ihr: „Du bist eine kluge Frau, Hannele." Sie lächelt. Vielwissend.

In der Beletage der deutschen Verlegerschaft

Während sich das kriegsverliebte Deutschland auf den weltweiten Schlachtfeldern seinem wirtschaftlichen und politischen Abstieg entgegenbombt, beginnt derweil Wolffs Aufstieg. Sein Aufstieg in der deutschen Verlegerschaft. Denn die steile Karriere Wolffs im Verlegerverein scheint spätestens seit den schwierigen Tagen der Jahre 1916 und 1917 – mitten im Ersten Weltkrieg – programmiert. Und sollte auch nur wenige Jahre später richtig Fahrt aufnehmen: Am 21. Oktober 1921[78] wurde Wolff zum zweiten stellvertretenden Vorsitzenden des VDZV – dem Verein der Deutschen Zeitungs-Verleger – gewählt. Der bisherige Vereinschef, Dr Robert Faber, war aus gesundheitlichen Gründen zurückgetreten, sein Stellvertreter Kommerzienrat Dr. Heinrich Krumbhaar aus Liegnitz rückte nach. Der dadurch freiwerdende Platz des zweiten Stellvertreters wurde neu besetzt: Und die Wahl der Vorstandsmitglieder fiel auf Julius Ferdinand Wollf. Weitere fünf Jahre später – 1926 – wurde Wollf dann zum ersten stellvertretenden Vorsitzenden des VDZV. Zur Nummer zwei der deutschen Verlegerschaft also.

Und es sind herausfordernde Zeiten, in denen Julius Ferdinand Wollf in der Beletage der deutschen Verlegerschaft agiert. Zunächst die Jahre des Ersten Weltkriegs. Hier sind seine wichtigsten Aufgaben im Vorstand, wie beschrieben, das politische Ringen um den Verbleib des Personals in den Redaktionen und der Kampf gegen die grassierende Papierknappheit. Wobei Wollf nicht einfach nur der „Rufer in der Wüste" ist, sondern auch Lösungswege zeigt, um sozusagen „Oasen" zu erreichen. So sieht er beispielsweise die Zensur von Zeitungsanzeigen als einen möglichen Ausweg aus der Papiermisere. Während der Hauptversammlung des VDZV am 4. Juni 1916 berichtet Wollf deshalb über eine gemeinsame Sitzung der Reichsprüfungsstelle für Lebensmittel und der Verlegerschaft, in der Richtlinien über den Umgang der Presse mit Werbeanzeigen für Lebensmittel und Gegenstände des täglichen Bedarfs aufgestellt worden waren. Wollf fordert nun auch den Verein auf, er möge für die Durchsetzung dieser Richtlinien die Garantie übernehmen. Mit Erfolg.[79] Wollf schlägt dabei vor:

„*1. Die Zeitungsanzeigen über Lebensmittel und Gegenstände des täglichen Bedarfs dürfen nur Angebote enthalten. Kaufgesuche sind nur gestattet, wenn sie von Behörden (Kommunalverbänden und dergl.) ausgehen oder von den dazu zu bestimmenden Behörden ausdrücklich genehmigt sind.*
2. Der Inhalt der Anzeigen, insbesondere die Mengenangabe muß der Wahrheit entsprechen. Es wird ausdrücklich anerkannt, daß die Zeitungen nicht die Möglichkeit haben, die Wahrheit des Inhalts der Anzeigen im einzelnen Fall nachzuprüfen."[80]

Im Prinzip heißt das: weniger Anzeigen, die den knappen und damit wertvollen Platz für Texte blockieren. Allerdings heißt das auch: weniger Einnahmen für die Verlage. Aber diese Kröte ist Wollf offenbar bereit zu schlucken. Denn während dieser schwierigen Kriegstage sieht Wollf die Zeitungen eben nicht nur als Einnahmequelle für Verlage, sondern sie sind für ihn auch wichtiges Propagandamittel; und zwar pro Krieg. Zunächst müssen sich der Sinn und die – aus seiner Sicht – Notwendigkeit dieses Krieges in den Köpfen des Volkes einnisten, davon ist Wollf überzeugt. Seine *DNN* jedenfalls füllen in diesen Jahren jede Menge Zeilen mit dieser Sicht. Auch wenn es mit dem historischen Draufblick gesehen wohl besser gewesen wäre, stattdessen Werbung zu drucken. Und selbst noch kurz vor dem sich bereits mehr als nur andeutenden Ende des Weltkriegs erklärt Wolff, warum er sich so für dieses gedruckte Begleitfeuer durch die deutsche Presse ins Zeug gelegt hatte: Am 7. September 1918 – als die *DNN* ihr 25. Jubiläum begehen – schreibt er im großen Jubiläums-Aufmacher der *Neuesten Nachrichten* Deutschland sei in diesem Krieg *„nicht nur mit Bündnissen, Kanonen und Soldaten, sondern auch von der ganzen Macht einer feindseligen Pressekoalition eingekreist"* gewesen. Doch die Regierung in Berlin habe viel zu spät begriffen, wie sehr sie sich auf die deutsche Presse als Partner verlassen könne, ist Wolff überzeugt: *„Da erkannte man, leider zu spät, auch auf den sonst nicht gerade zeitungsfreundlichen Höhen des Reichsbaues, welch einen wertvollen Besitz das saubere deutsche Presseinstrument bedeute."* Was Wolff hier so blumig umschreibt, heißt im Klartext: Kriege sind für ihn nicht nur Materialschlachten, sondern auch Propagandafeldzüge. Und für diesen Teil des Krieges zieht sich Wolff die symbolische Uniform ganz offensichtlich in patriotischer Überzeugung gern an. Zumindest tropft diese heroische Deutschtümelei all die Kriegsjahre dickflüssig aus den Zeilen seiner *DNN*. Und nicht zuletzt hämmert er ja wie beschrieben seine geradlinigen Thesen in diesen Weltkriegsjahren eben auch regelmäßig bei Treffen der deutschen Verlegerschaft an die fiktive Saaltür. Die Zeitungen, fordert Wolff, sollten sich an die Seite der Regierung stellen, in den Dienst des kriegführenden Vaterlands. Allerdings geht er nicht so weit, dass die Politik tatsächlich Zugriff auf die Blätter erhalten solle, genau das ganz klar nicht. Das macht Wolff unter anderem während der Hauptversammlung des Vereins Deutscher Zeitungs-Verleger am 9. Juni 1918 in Berlin deutlich, als er dort über die Rolle der Zeitungen im Krieg und zur Zensur spricht. Und sich dabei eindeutig gegen eine Einmischung der Politik in die Zeitungen wendet. Allerdings argumentiert er nicht etwa mit der „Freiheit der Presse"; vielmehr sieht er durch eine Einmischung die Gefahr, die Presse könne dann nicht mehr ihre *„verantwortungsvollen Aufgaben gerade im Krieg"* übernehmen. Wobei Wolff diese *„verantwortungsvollen Aufgaben"* zu dieser Zeit eben wie beschrieben nach wie vor im Parolen-Journalismus unter dem Motto „Helm auf – und durch!" sieht. Quasi bis in die letzten Kriegstage hinein – noch Ende Oktober und auch Anfang November 1918 – drucken die *Neuesten Nachrichten* als eine der letzten Zeitungen auf ihrer ersten Seite zudem mit penetranter Hartnäckigkeit Anzeigen, die Leser mögen doch unbedingt noch schnell die sogenannten Kriegsanleihen zeichnen. Das lohne sich noch immer, heißt es da mit Blick auf die in Aussicht gestellten Zinsen für diese von den Bürgern vorgeschossenen Kriegskosten. *„Am Mittwoch um 1 Uhr wird die Zeichnung auf die 9te Kriegsanleihe geschlossen. Willst Du zögern, bis es zu spät ist?"*, heißt es zum Beispiel am Dienstag, dem 5. November 1918. Und das wirkt nicht nur beim Umblättern auf die übervollen Seiten mit Todesanzeigen für deutsche Soldaten schon fast kindlich naiv. In Tagen und Wochen jedenfalls, in denen es an den meisten Dresdner Küchentischen beim Blick auf diese Anleihe-Werbung längst bitter heißt: *„Keinen Pfennig! Ich verlängere doch nicht diesen Krieg!"* Bis dahin waren allerdings schon runde 98 Milliarden Mark[81] zusammengekommen, mit denen die Deutschen weit über die Hälfte der Kriegskosten der Jahre seit 1914 vorfinanziert hatten. Und es waren blutige Zinsen, die so in fast alle Familien tragische Lücken rissen.

Dass sich Wollf aus Sicht der begeisterten Weltkrieger zum Beispiel völlig zu Recht diesen für treue Kriegspropaganda 1916 ehrenhalber verliehenen Professorentitel auf den Briefkopf drucken lassen darf, zeigt auch eine Episode aus dem Januar 1915. Kein halbes Jahr nach Kriegsbeginn. Damals hielt mit Annette Kolb eine zu dieser Zeit sehr populäre – und von den selbsternannten Hurra-Patrioten nicht minder angefeindete – Pazifistin einen Vortrag in der Dresdner Litterarischen Gesellschaft. Ein Vortrag, der eigentlich die von ihr mitgegründete Internationale Rundschau zum Thema hatte, jenes lautstarke Sprachrohr der Kriegsgegner. Doch dieser Nachmittag des 11. Januar 1915 endete im heftigen Tumult. Die aus dem heimischen München angereiste Annette Kolb hatte sich gegen waffenstrotzenden Nationalismus, gegen Hetze zwischen den damals verbal so gern zu „Erzfeinden" erkorenen Nachbarn Deutschland und Frankreich ausgesprochen. Und sie griff dabei auch die Redakteure der deutschen Zeitungen an – sie hätten sich mitschuldig daran gemacht, dass bereits so viele Tausende junger Männer ihr Leben auf den Schlachtfeldern des damals noch jungen Weltkriegs hatten lassen müssen. *„Ja, hätte man zehntausend hetzerische Journalisten aus unseren Ländern zusammengetrieben und gehenkt, oh wieviel wertvolle, hoffnungsvolle Menschen wären in all diesen Ländern heute am Leben!"*,[82] wählte die als Anna Mathilde Kolb geborene Kriegsgegnerin eine nicht wirklich abgerüstete Sprache. Auch Wollf war empört – und ließ das natürlich seine Leser wissen. Eine andere Sicht hätte ja auch so ganz und gar nicht zu den damals sprachwaffenklirrend pro Feldzug argumentierenden *DNN* Wollfs gepasst.

Das brachte dem *DNN*-Chef kurz darauf eine sarkastisch stichelnde Erwähnung in der seit 1911 vom deutschen Publizisten Franz Pfemfert herausgegebenen linksorientierten politisch-literarischen Zeitschrift *Die Aktion* ein. *„Vollkommen verstehen wir, daß Sie vier große Feuilletonspalten mit Keramik füllen mussten, um Unerhörtes zu berichten"*, hat Pfemfert – der übrigens auch gute Kontakte zu Wollfs Freund, dem Verleger Samuel Fischer, pflegte – da spitzzüngig in Druckerschwärze gepresst. Dass Wollf sich über Kolbs heftige Kritik an den deutschen Journalisten echauffiert, will Pfemfert so nicht stehen lassen: *„Bei diesen Worten sprangen Sie, Chefredakteur, auf, und stoppten die Meinung der Münchnerin. Werden Sie auch uns zürnen, wenn wir Ihren neckischen Rapport zum willkommenen Anlaß eines Grußes an Annette Kolb nehmen?"*[83] Auch für Annette Kolb hatte der Dresdner Auftritt ein Nachspiel. Ein bedrohliches. Geheimpolizei und bayerisches Kriegsministerium hatten die mutige Streiterin längst im Visier, der Dresdner Vortrag war für die Häscher ein weiterer Buchstabe für das Wort „Landesverräterin", das sie ihr zu Hause in München gern juristisch in die Vita schreiben wollten. Man nahm ihr den Pass ab, sie wurde überwacht, sie bekam ein Reiseverbot und durfte auch keine Briefe mehr schreiben.[84] Es heißt, dass eine tatsächliche Anklage nur mithilfe von Walther Rathenau verhindert und ihre rechtzeitige Flucht in die Schweiz ermöglicht werden konnte.[85]

Dennoch deutet Wolff – Anfang September 1918 – auch ein Umdenken an. Krieg ist für ihn jetzt offenbar kein wirklich zielführender Weg mehr. Eine Erkenntnis aus nunmehr schon vier blutigen und mörderischen Jahren? Denn wie schreibt Wolff in seinem schon zitierten Beitrag zum *DNN*-Jubiläum: „*Die Welt unserer Feinde muss moralisch besiegt werden. Wir werden sie zwingen müssen, an unsere kulturellen und zivilisatorischen Fortschritte zu glauben (...). Die Presse aber wird der berufene Herold sein in diesem großen, unblutigen Kampf. (...) Man wird uns bei diesem friedlichen Kampf in den vordersten Reihen und unter den Besonnenen finden.*“ Das strotzt zwar immer noch vor Überzeugung, Deutschland stehe über anderen Völkern, aber Wolff erklärt diese Rolle Deutschlands mit der hier gewachsenen Kultur und den gesellschaftlichen Entwicklungen. Damit teilt er nun eine Sicht auf die Rolle der Deutschen in Europa, die unter anderem der in Rammenau bei Dresden aufgewachsene Johann Gottlieb Fichte schon gut hundert Jahre zuvor zu Papier gebracht hatte; die deutsche Kultur prädestiniere die Deutschen zu dieser Führerschaft. Von Krieg schrieb Fichte nichts – und er ahnte auch nicht, dass er später von den rechten Kräften absichtlich missverstanden und missbraucht werden würde. Wolff jedenfalls beginnt, seine Lektion zu lernen. Fast auf den Tag genau vier Jahre nachdem er sein Blatt am 2. August 1914 auf der ersten Seite noch in fetten Lettern hatte brüllen lassen: „*1 000 Mark für den sächsischen Soldaten, der die erste feindliche Fahne, das erste feindliche Geschütz oder Maschinengewehr erobert (...) Es lebe die Armee!*“ Das Geld, so ist ein bisschen kleingedruckter zu lesen, stelle die Redaktion und der Verlag der *Dresdner Neuesten Nachrichten* direkt dem damaligen sächsischen Kriegsminister Adolph von Carlowitz zur Verfügung.

Der Krieg endet für Deutschland im Desaster. Aber die deutschen Verleger wissen nun, was sie an Wolff haben. Wissen um seine erstrittenen Erfolge: Die Zeitungen hatten während der letzten beiden Kriegsjahre zahlreiche Zugeständnisse bekommen, die sicher auch auf das beharrliche Drängen des Vorstandsmitglieds Wolff zurückzuführen sind. Und das wird auch Jahrzehnte später unter den Verlegern nicht vergessen sein. So ist zu Wolffs 25-jährigem Jubiläum als *DNN*-Chef im Sommer 1928 im Verlegerblatt *Zeitungs-Verlag* mit Blick auf diese Kriegsjahre zu lesen, dass es Wolff „*mitzuverdanken ist, wenn die deutsche Presse verhältnismäßig unversehrt über diese schwere Zeit hinweggekommen ist.*“[86] Wobei Wolff damals wohl auch kräftige Rückendeckung durch den *DNN*-Eigentümer Wolfgang Huck bekommen haben dürfte. Nach dem Tod von Gründer August Huck im Juli 1911 hatten dessen Söhne Wolfgang und Harald Huck die Verantwortung für das Verlagsimperium übernommen – weil jedoch Harald Huck im September 1915 an der Weltkriegsfront in Russland starb, musste Wolfgang Huck den weitverzweigten

„Huck-Blätterwald" allein bewirtschaften. Und der Konzern hatte längst Gewicht in Deutschland – so dass es nicht verwundert, dass Wolfgang Huck während des Ersten Weltkriegs ehrenamtlicher Berater für Zeitungswesen im Auswärtigen Amt in Berlin wurde. Und in dieser Funktion auch regelmäßig im Ausland unterwegs gewesen war.[87] Sie funkten also bei diesem Thema durchaus auf derselben Gedankenfrequenz, Wollf und Huck.

Wollf lässt nach dem Krieg nicht nach, nicht nur durch Türen, sondern notfalls auch durch sprichwörtliche Wände zu gehen, wenn es um existenzielle Bedrohungen der Zeitungsverlage geht. Und mit diesen Verbalschlachten, die er auch auf politischem Terrain führt, sorgt Wollf von Dresden aus sogar für Aufsehen in den USA. So berichtet beispielsweise die prominente *New York Times* am 23. April 1922 über die Probleme deutscher Zeitungsverlage mit absolut überhöhten Papierpreisen. Ausgangspunkt für den Beitrag in der wohl wichtigsten US-amerikanischen Zeitung ist ein Auftritt Wollfs im sächsischen Landtag in Dresden. Hier hatte er – als Vizechef des Verlegervereins – am 28. März in einer hitzigen Debatte gegen die Pläne gewettert, die Papierpreise für Zeitungsverlage um das immerhin 68-Fache der Vorkriegssummen anzuheben. Die Verlage seien dabei einem Trust weniger Produzenten ausgeliefert – und Blätter, die sich kritisch darüber äußern, würden gleich gänzlich von den Lieferungen ausgeschlossen. Was solle aus der Pressefreiheit werden, wenn so Kritik eingedämmt würde, wollte Wollf in seiner scharfen Rede vor einem extra eingerichteten Untersuchungsausschuss im Landtag wissen. Und schafft es eben damit auf internationale Zeitungsseiten. Der Staub, den Wollf – wenn wohl auch nicht als deutschlandweiter Einzelkämpfer – aufwirbelt, sorgt kurz darauf auch in der Reichshauptstadt für politischen Hustenreiz. Am 7. April hat es das Thema in den Reichstag geschafft: Es wird eine Resolution verabschiedet, die die Reichsregierung beauftragt, die Probleme der Verlage zu lösen.[88]

Doch Wollf befasst sich für den VDZV nicht nur mit ökonomischen Problemen. Er macht sich ebenso Gedanken übers Presserecht und er nutzt die Chance, sich auch hier eines seiner persönlichen „Lieblingsthemen" anzunehmen: der medizinischen Aufklärung der Leserschaft. Und der Rolle der Verleger dabei. So schreibt er beispielsweise in der Festschrift zur Hauptversammlung des VDZV im Oktober 1927 über den Kampf gegen den Dilettantismus in medizinischen Zeitungstexten: *„Jeglicher Dilettantismus ist ein Unheil für die Zeitung wie für den Leser. Nur der erprobte ärztliche Mitarbeiter, die als streng zuverlässig bekannte Korrespondenz sollten über Gesundheitspflege und Krankheitsbekämpfung in der Presse zu Wort kommen. (…) Das Amt des Herausgebers verpflichtet."*[89] Gerade der letzte Satz dürfte so etwas wie Wollfs Leitbild seiner Verlegerarbeit sein.

Wollf macht den Mount Everest zum Zeitungsberg

Wollf ist ein Journalist voller Leidenschaft. Er brennt für diesen Beruf. Und den Berufsstand, den er zudem für einen der wichtigsten in der Gesellschaft hält. Journalisten sind im Gedankengebäude Wollfs das Fundament. Sie bringen das notwendige Wissen unters Volk, sie mischen sich ein und gestalten auch mit. Für Wollf haben Journalisten nicht nur eine Beobachterrolle. Sie sind in seinen Augen Akteure, die mit Worten Einfluss nehmen – mit diesem Blick besetzt Wollf auch seine Redaktion. Und er stellt sich, wo immer es nötig ist, mit sprichwörtlich breiter Brust vor die Journalisten, vor die Zeitungen, die immer wieder im kräftigen Gegenwind segeln müssen. Und so nutzt er auch jede sich bietende Chance, zu erklären, wie viel Arbeit, wie viel Esprit in den Zeilen steckt, die tagtäglich so leichtfüßig plaudernd daherkommen sollen. Und wie viel Gewissenhaftigkeit. Laien sollen verstehen können, wie anspruchsvoll die Arbeit der Journalisten ist. Aber auch wie viel Aufwand es erfordert, das Zahnradgetriebe eines Verlages zu koordinieren. Die Papier-Ausstellung 1927 in Dresden und die Presse-Ausstellung *Pressa* 1928 in Köln sind für Wollf die passenden Bühnen dafür. Wobei Wollf sich auch zehn Jahre nach Kriegsende treu bleibt und noch immer die politischen Zahnräder im Blick hat, wenn er als Erklärer in Sachen Journalismus auftritt. Die politischen Verantwortungsträger im Vordergrund – und nicht zuletzt die zahllosen Akteure im Hintergrund der Amtsstuben – sollen erkennen, welch gewaltiges Gebirge die Zeitungen sein können, das so manches Unwetter vom Land fernhalten kann, wenn es notwendig ist. Auch wenn er wie erwähnt die Zeitungen längst nicht mehr als „Schön-Wetter-Macher“ für Kriegstreiber sieht.

Die 1920er Jahre, vor allem die zweite Hälfte dieser „Goldenen Zwanziger“, sind die großen Zeiten Wollfs in der deutschen Verlegerschaft. Und die beiden großen Presse-Ausstellungen in Dresden und Köln sind für Wollf wichtige Bühnen. Auch, um dem Publikum das Zeitungmachen und die Rolle der Zeitungen in der Gesellschaft zu präsentieren. Wollf investiert kräftig: Zeit und Esprit. Er schneidet also noch ein Stück vom ohnehin schon sehr klein gebackenen Zeitkuchen ab – weil es ihm wichtig ist. So ist Wollf beispielsweise nicht zuletzt Vorsitzender des Fachausschusses für Zeitungswesen der Internationalen Presse-Ausstellung *Pressa* in Köln. Und wie sehr sich Wollf bei beiden Messen – besonders in Dresden – engagiert, wird in einem Zitat aus dem *Zeitungs-Verlag* deutlich: *„So haben auch die Ausstellungen in Dresden und Köln (...) eine große Mehrarbeit der Geschäftsstelle gefordert, wenn auch, besonders was die Dresdner Ausstellung angeht, der Hauptteil der Arbeit von dem dort ansässigen 1. stellvertretenden Vorsitzenden des VDZV, Prof. Wollf, geleistet worden ist.“*[90] Wobei Wollf diese Ausstellungen eben auch als hoch politisch sieht. So schreibt Wollf beispielsweise in der Kölner Ausstellungs- und Messezeitung zur *Pressa* im Mai 1928: *„Wir Deutsche wollen in dem Friedenswerk dieser Völker-Ausstellung beweisen, daß unsre geistigen Waffen sauber, ehrlich und gut sind. Daß wir nur den Frieden Europas und der Welt wollen, der* *unvereinbar ist mit Bedrohung, Bedrückung, Unfreiheit des Rheinlandes. Wir geben die Hoffnung nicht auf, daß auch am Rhein nun endlich einmal die Erkenntnis marschieren wird. Die* Pressa *wird ein Forum sein für alle, die guten Willens sind. Dazu rechnen wir nicht zuletzt die Besucher aus Frankreich, dessen führende Staatsmänner den Gedanken von Locarno bejahen. Einmal muß es sich doch durchsetzen, daß der kleine David mit der unscheinbaren Waffe der Geistigkeit den Frieden befreit von dem Goliath Gewalt.“*[91] In diesen Sätzen wird noch einmal deutlich, dass hier ein ganz anderer Wolff als noch im Ersten Weltkrieg schreibt. Ein geläuterter, was die Sicht auf den Krieg als Mittel der Politik angeht. Nein, Wolff ist längst kein Fan des Krieges mehr – und er hat den Mut und die Größe, das auch zuzugeben – wohl selbst auf die Gefahr hin, mit seinen eigenen Zitaten aus der Weltkriegszeit konfrontiert zu werden.

Für sein ein Jahr zuvor angepfiffenes Heimspiel, die Dresdner Papier-Ausstellung, hatte sich Wolff dabei etwas ganz Besonderes einfallen lassen. Diese Publikumsmesse fand im Rahmen der Jahresschauen Deutscher Arbeit auf dem Ausstellungsareal am Stübelplatz statt – und um für journalistische Laien den Arbeitsprozess in einer Zeitung verständlich zu machen, schuf Wolff am Stand des deutschen Verleger-Verbands ein aus fünf Teilen bestehendes Drehbühnenbild. Das stellte den Arbeitsablauf in einem Zeitungsverlag nach. Und sorgte für reichlich Aufsehen. Wolff ließ auf seiner Drehbühne fünf nachgestellte Szenen des Arbeitstages einer Zeitung im Abstand von zehn Sekunden rotieren. So stellte er das Zusammenwirken der verschiedenen Akteure dar, die an der Entstehung einer Zeitung beteiligt sind. Er beginnt mit den Lesern. Schließlich sind sie es, für die Journalisten und Verleger in erster Linie arbeiten. In einem zweiten Bild wird dem Betrachter erklärt, welche Inhalte täglich zu finden sind und über welche Entfernungen mitunter Nachrichten übermittelt werden müssen. Ein drittes Bild – hier wird Wolff zum Verleger – zeigt den Nutzen eines Inserates für den Zeitungsleser. Wolff stellt es als einen, den Verkehr regelnden Polizisten dar und verdeutlicht damit den Informationsgehalt, den Anzeigen für Leser aus Wolffs Sicht haben können. Im folgenden Bild beschreibt Wolff den enormen Papierverbrauch einer Zeitung. So stellt er die Papiermenge, die sämtliche deutsche Tageszeitungen in vierzehn Tagen verbrauchen, dem mit 8 900 Metern höchsten Berg der Welt gegenüber – dem Mount Everest. Und macht klar, dass dessen Höhe vom „Zeitungspapierberg“ bei Weitem überboten wird, würde man sämtliche in diesen vierzehn Tagen gedruckten deutschen Tageszeitungen übereinanderstapeln. Der Berg aus Papier wäre sieben Mal so groß. In einem fünften Bild umschreibt Wolff schließlich den Jahresverbrauch der deutschen Zeitungen an Druckerschwärze. Die Menge der jährlich notwendigen 68 000 Fässer setzt er durch Zeitungsstapel zur Form der deutschen Hochseeinsel Helgoland zusammen. All diese Fässer aneinandergereiht, so hatte Wolff errechnet, würden eine Schlange ergeben, die sechzehn Mal das Oberland der Insel umkreisen könnte. Der Zeitungsmann Wolff war eben immer auch Theatermann – und wusste genau, wie wichtig ein Bühnenbild für die Umsetzung eines Theatertextes ist.

Ähnlich aktiv war Wolff bei der Organisation der *Pressa* ein Jahr später in Köln. Sein Engagement begründete er in einer Rede während der Abschlussveranstaltung der Messe, nicht ohne das damals unumgängliche Pathos: *„Die Ausstellung war eine Bildungs- und Kulturtat für das ganze Volk.“*[92] Sprachlich kleiner ging's damals einfach nicht. Wolff wollte die Schwierigkeiten darstellen, wollte aber auch hier die Aufopferung zeigen, mit der Journalisten täglich an die Arbeit gehen. Denn nichts ärgerte Wolff mehr als die oberflächliche Kritik an der Arbeit der Zeitungen und der Journalisten. Kritik müsse schöpferisch sein, macht er klar, und wertvoll sei sie nur dann, *„wenn sie das Besser-zu-Schaffende dem Geschaffenen zugesellen“* könne.[93]

Wolff war also spätestens mit Beginn der 1920er Jahre einer der Hauptakteure auf der Bühne der deutschen Verlegerschaft. Einer, der ein enges Netz zur Politik geknüpft hatte. Einer, der offen polterte – aber auch klug genug war, um gewieft im Hintergrund die Fäden zu ziehen. Wolff wäre wohl heute als „Promi“ – als Intellektueller und Vordenker der deutschen Verlegerschaft – regelmäßig in mancher Fernseh-Talkshow zu finden. Sicher auch als einer der maßgeblichsten und kantigsten Theaterrezensenten. Und die Zuschauer hätten vermutlich ihre Freude an Wollfs mitunter bitterböser hintersinniger Kritik. Ein echter Quotenbringer!

Wollf und die Jahresschau *Das Papier* 1927

Und überhaupt die Jahresschau *Das Papier* 1927! Die große Schau am damaligen Stübelplatz hat in jedem Fall wichtige Seiten im Wollf'schen Textbuch bedruckt, das seine Rolle im gesellschaftlichen Lebens Dresden beschreibt. Aber vor allem viele Seiten im Buch über Wollfs Rolle in der deutschen Verlegerschaft. Und wohl überhaupt im deutschen Journalismus jener Jahre. Denn der *DNN*-Chef hat nicht „nur“ am Stand der *Neuesten Nachrichten* in Halle 17 grandiose Gedanken verwirklicht – ein „Zeitungstheater“ nämlich, zu dem auch ein Lesesaal mit internationalen Zeitungen und Zeitschriften gehört.[94] Er holt nicht „nur“ die Jahreshauptversammlung der deutschen Verlegerschaft auf die Schau und gestaltet für den Stand des Verlegerverbands das bereits erwähnte Diorama mit dem Tagesablauf eines Zeitungsverlags. Und Wollf schreibt auch nicht „nur“ deutschlandweit beachtete Aufsätze in prominenten Blättern über die Jahresschau. Sondern Julius Ferdinand Wollf ist zuvor aufs Intensivste in Vorbereitung, Umsetzung und den Ablauf der Ausstellung integriert; und bringt auch hier seine Ideen ein. Viele davon werden verwirklicht, was seine Rolle noch einmal deutlich unterstreicht.

Die Liste der Arbeitskreise und Gremien ist lang, in denen Wollf für die Ausstellung aktiv gewesen ist. Im „Ständigen Ehrenausschuss“ der Jahresschauen (in dem unter anderen auch Dr. Paul Frölich vom *Anzeiger* und der Vorsitzende des Vereins deutscher Zeitungs-Verleger, Dr. Krumbhaar, mitarbeiteten[95]) zum Beispiel. Aber auch im eigens für die Papier-Schau installierten Ehrenausschuss.[96] Übrigens gemeinsam mit seinem Vetter Karl Wollf, der dort als Erster Dramaturg des Schauspielhauses und als Vorsitzender der Freien Vereinigung Dresdner Schriftsteller firmierte. *DNN*-Chef Wollf war zudem Mitglied des Präsidiums der Schau.[97] Wie er auch im Ausschuss „Die Zeitung – das Buch"[98] und in der wissenschaftlichen Abteilung der Papier-Schau aktiv gewesen war. All das zeigt: Wollf muss in jedem Fall intensiv an der inhaltlichen Gestaltung der Ausstellung beteiligt gewesen sein.[99] Das „Kraftwerk Wollf" pumpte eine Menge Energie in die Dresdner Papier-Schau. Und sicher ließ es sich Wollf nicht nehmen, auch hier weiter an seinen Netzwerken zu knüpfen: In der wissenschaftlichen Abteilung traf Wollf beispielsweise unter anderem auf Dr. Johannes Kleinpaul vom Institut für Zeitungskunde der Universität Leipzig. Es blieb sicher Zeit für das eine oder andere Gespräch über seine journalistische Herzblut-Angelegenheit, die fundierte Journalisten-Ausbildung.

Wobei auch die deutschlandweite Bedeutung der Dresdner Jahresschauen nicht zu unterschätzen ist. Dresden war zwar schon seit dem 18. Jahrhundert Ausstellungsstadt gewesen; immer wieder gab es hier Schauen – im Palais im Großen Garten zum Beispiel, aber auch in der Orangerie an der Ostra-Allee. Kunst- und Gartenschauen waren es meist – allerdings ohne wirklich über den Dresdner Stadtrand hinaus Beachtung zu finden. 1887 lugte Dresden dann doch international hervor: Gleich drei Schauen hatten damals ihre Tore in Dresden geöffnet. Ausstellungen, an denen diesmal auch internationale Akteure beteiligt waren: die *Erste Internationale Gartenbauausstellung*, eine internationale Schau über das Bäckerei-Wesen sowie die Ausstellung *Aquarell* im Polytechnikum am Antonsplatz.[100] Das machte offenbar Mut. Dresden blieb jedenfalls rege, was das Thema „Ausstellungen" betrifft. Dennoch, auch wenn die Stadt nun regelmäßig Messebesucher aus allen möglichen deutschen Ländern und dem Ausland anzog: War sie damit wirklich ein bedeutender Ausstellungsstandort von internationalem Rang? Nein, zu diesem Zeitpunkt wohl nicht. Noch nicht. Aber Dresden holt Schwung! 1896 baut sich die Stadt am Stübelplatz einen Ausstellungspalast, ein echtes Ausstellungszentrum also – und war damit die erste deutsche Stadt mit einem solchen Bau![101] Der Grundstein für eine nationale – und eben nach und nach auch internationale – Ausstellungsstadt? 1911 setzt Dresden ein erstes echtes Ausrufezeichen: die *Internationale Hygiene-Ausstellung*. Quasi der Startschuss für die Realisierung des Deutschen Hygiene-Museums. Und wie gleich noch zu lesen sein wird, auch hier ist Julius Ferdinand Wollf einer der maßgeblichen Gedankenköche, die den Herd kräftig anfeuern. Über fünf Millionen Besucher lockt die Schau an, und sie erwirtschaftet einen Reingewinn von immerhin einer Million Reichsmark.[102]

Spätestens jetzt hatte sich Dresden also auch einen internationalen Rang erkämpft. Doch der Erste Weltkrieg – 1914 bis 1918 – bombt die Ausstellungsstadt Dresden wieder in die Bedeutungslosigkeit zurück. Der Ausstellungspalast am Stübelplatz wird Kriegslazarett[103], wichtige Ausstellungen gab es hier nun nicht mehr. Aus diesem Tal, so die Idee, soll Dresden der 1921 gegründete „Verein zur Veranstaltung der Jahresschauen Deutscher Arbeit" führen. Und er tut es mit Erfolg. Das Konzept geht auf: Für die jeweils gut ein halbes Jahr am Stübelplatz laufenden Ausstellungen wird die Wirtschaft in den Mittelpunkt gerückt; Erfolgsmeldungen vor allem. Wobei sich die Messemacher jährlich wechselnde Bereiche aussuchen. Begonnen hatte der Jahresschauenverein 1922 mit einer Messe zum Thema „Glas, Porzellan, Keramik". Immerhin 850 000 Besucher strömten in die Hallen. Es folgten 1923 die Messe *Spiel und Sport* mit rund einer Million Besuchern, 1924 die Textil-Ausstellung mit 750 000 Besuchern, 1925 *Wohnung und Siedlung* mit 1,1 Millionen Besuchern und 1926 die *Jubiläums-Gartenschau und internationale Kunst-Ausstellung* mit enormer 3,2-Millionen-Besucher-Resonanz.[104] Nach der Papier-Ausstellung 1927 folgte dann 1928 die furiose Schau *Die technische Stadt*. Die zog dabei nicht nur über 1,8 Millionen Besucher an, sondern wartete auch mit faszinierenden Bauten auf. Mit dem legendären Kugelhaus zum Beispiel, das der Münchener Peter Birkholz entworfen hatte – und das auf dem Areal am Stübelplatz stehenblieb, bis es die Nazis 1938 abreißen ließen, weil es mit seiner Kugelform ein „undeutscher Bau" sei – und damit wohl nicht in die eckige Kurzsichtigkeit der braunen Machthaber passte. Zudem war Birkholz Jude.

Jedenfalls ist Wollf auch für die Ausstellungsstadt Dresden – für die international beachtete Ausstellungsstadt Dresden – ein wichtiger Schrittmacher gewesen, der dem Herzen Impulse und dem Hirn Ideen gab. Dass die deutschen Verleger 1927 nach Dresden kommen, dass hier eine bedeutende Papier- und Presse-Ausstellung stattfindet, das alles verdankt die Stadt mit Sicherheit zu großen Teilen auch Wollfs wichtiger Position an der Spitze der deutschen Verlegerschaft. Und dessen Ruf unter den Verlegern.

Wollf fährt für die Verleger nach Genf

Mitte Juni 1927 waren so ziemlich alle Chefbüros deutscher Zeitungshäuser verwaist. Die Verleger waren vom 18. bis zum 20. Juni in Dresden. Bei der Hauptversammlung des Verlegerverbands, die wie erwähnt im Rahmen der Jahresschau *Das Papier* im Ausstellungsareal am Stübelplatz stattfand. Auch ein Kraftakt für Wollf, für den er mit anderen Dresdner Verlegern zusammenarbeitet, wie mit Direktor Seidel vom *Dresdner Anzeiger*.[105] Und der *DNN*-Chef legte sich quasi doppelt ins Zeug: als Zeitungs- und als Theatermann. Denn für die Hauptversammlung schrieb Wollf eine Revue. Das Stück mit dem Titel *Neues vom Tage* hatte während des Festabends für die Delegierten im Ausstellungspalast am Stübelplatz Premiere und wurde vom *Zeitungs-Verlag* mit applaudierender Begeisterung regelrecht überschüttet. Und es muss wohl tatsächlich wie in einem Fußballstadion kurz nach dem Gewinn der Champions League zugegangen sein: *„Den Höhepunkt bildete die von Professor*

Wolff verfaßte Revue Neues vom Tage, *die in zehn Bildern in geistreicher, zum Teil parodistischer Weise Humor und übermütigen Frohsinn zu Wort kommen ließ. Die ausgezeichneten Darsteller des Dresdner Staatstheaters Alice Verden, Alfred Meyer und Paul Paulsen und das Solopersonal des Dresdner Opernballetts bewährten in der Revue ihre hervorragende Meisterschaft. Die Aufführung fand immer wieder den stürmischen Beifall des überfüllten Festsaales, der sich in eine begeisterte Huldigung des Autors der Revue, Professor Wollfs, steigerte.“*[106] Selbstverständlich hatte Wollf – auch hier ganz der Netzwerker – seine Beziehungen zu seinem Vetter Karl Wollf am Schauspielhaus und zu den Verantwortlichen der Oper genutzt.

Wollfs bedeutende Rolle im Verein Deutscher Zeitungs-Verleger wird jedoch nicht nur durch seine zahlreichen Aufgaben im Verband, nicht nur durch seinen steten Aufstieg in der Hierarchie des Vereins oder in den bereits zitierten, sich tief verbeugenden Huldigungen zu seinem 25-jährigen *DNN*-Jubiläum deutlich. Wollf vertritt die deutsche Verlegerschaft nun auch im Ausland: Im August 1927 beispielsweise bei der internationalen Konferenz der Pressesachverständigen in Genf. Am Genfer See wurde dabei unter anderem über die Verbesserung und besonders die Verbilligung der *„internationalen journalistischen Nachrichtenübermittlung“* diskutiert. Es wurden Erleichterungen der journalistischen Arbeit im Ausland besprochen, und es wurde auch über *„die Handhabung der Zensur in Friedenszeiten“* debattiert, wie es damals hieß. Eingeladen hatte der Völkerbund. Neben Wollf waren auch der aus Berlin stammende Dr. Garbe und Kommerzienrat Alfred Neven Du Mont aus Köln als deutsche Vertreter nach Genf gerufen worden.[107] Man kannte sich aus dem Vorstand des Verlegervereins; und so gingen in den Debattenpausen mit Wollf und Neven Du Mont – dem Herausgeber des *Kölner Stadtanzeigers* und der *Kölnischen Illustrierten* – zwei echte Schwergewichte der deutschen Verlegerschaft am Genfer See plaudernd spazieren. Du Mont war übrigens mit der Frauenrechtlerin Alice Minderop[108] verheiratet – es kann also gut sein, dass Wollf gleich noch die Chance nutzt, den einen oder anderen journalistischen Faden für seine durchaus moderne Frauenbeilage zu spinnen. Über dieses Thema wird gleich noch zu reden sein. Es dürften auf jeden Fall interessante journalistische und auch politische Debatten gewesen sein, abends an den Tischen der noblen Restaurants in Genf.

Jetzt auch noch an die Universität

Jedem, dem ein weißer Kittel passt, einfach ein Skalpell in die Hand drücken, damit er Menschen operiert? Nein, auf diese Idee kommt auch in den 1920er Jahren selbstverständlich niemand. Ärzte müssen bestens ausgebildet werden, da ist man sich einig. Und Journalisten? Für Wollf ist das keine Frage: Selbstverständlich würde er keine Sprachpfuscher, keine Halbgebildeten auf seine Leser loslassen. Und das fordert er auch von allen anderen Verlegern und Chefredakteuren ein. Als maßgeblicher Verlegervertreter taucht Wollf deshalb ebenso in einer Organisation auf, die sich sowohl aus Vertretern der Verlegerseite als auch der Redakteure zusammensetzt: der Reichsarbeitsgemeinschaft der deutschen Presse (RAG). Der *DNN*-Chef sitzt im Vorstand der Reichsarbeitsgemeinschaft und ist zudem stellvertretendes Mitglied des Präsidiums.[109] Und hier macht sich Wollf nun vor allem für bessere Ausbildungsmöglichkeiten des journalistischen Nachwuchses stark. Die RAG war es letztlich auch, die zum Beispiel das Institut für Zeitungskunde an der Universität in Heidelberg maßgeblich auf den Weg gebracht hatte. Und dass sich Wollf für ein solches Institut ausgerechnet in Heidelberg starkmacht, muss kein Zufall gewesen sein. Denn hier hatte es schon einige Jahre zuvor ein journalistisches Seminar gegeben. Doch ein eigenes Institut, nein, dafür waren die Zeiten damals noch nicht reif gewesen. Professor Adolf Koch – von Hause aus Historiker – hatte das Seminar von 1897 bis 1912 geleitet, hatte viele junge Leute zu Journalisten gemacht, die ihren Weg erfolgreich gingen. Aber er war dennoch gescheitert. Am Unverständnis der Professoren? Oder an seiner jüdischen Herkunft, wie einige Forscher anmerken? Sein journalistisches Seminar war dabei eine Mischung aus Vorträgen, praktischen Übungen und Exkursionen – und das Angebot kam bei den Studenten an. Und doch hatte die Philosophische Fakultät noch 1902 den Wunsch nach einem Lehrauftrag für die Geschichte der Presse und des Journalismus abgelehnt.[110] Zeitungsschreiber an Universitäten – für viele dort oben im Elfenbeinturm der Wissenschaft offenbar ein unglaublicher Vorgang. So etwas Kurzlebig-Alltägliches wie Zeitungen inmitten all der gewichtigen Theorien für die Ewigkeit? 1912 flog Koch gar von der Heidelberger Universität. Er war in einen Verleumdungsprozess verwickelt; was einen dankbaren Vorwand abgab. An dieser Stelle kommt Wollf ins Spiel: Es war ein Prozess, ausgelöst ausgerechnet von einem 1911 in den *Neuesten Nachrichten* erschienenen Beitrag über den bekannten Heidelberger Soziologen Max Weber. Eben jener Professor Koch soll damals dem Verfasser dieses Beitrags gesteckt haben, dass sich Weber gescheut habe, in ein Pistolenduell zu ziehen, in dem es um die Ehre von Webers Frau Marianne gehen sollte. Weber habe gesundheitliche Gründe vorgeschoben, soll Koch getuschelt haben. Für den strammen Burschenschafter Max Weber rufschädigend – und für Koch letztlich das Aus an der Heidelberger Universität. Das Thema wird gleich noch von der Nebenrolle hier auf den nächsten Seiten in eine Hauptrolle wechseln.[111] Es kann jedenfalls gut sein, dass sich Julius Ferdinand Wollf gerade deshalb ausgerechnet in Heidelberg für eine Journalisten-Ausbildung so mächtig ins Zeug legte. Vielleicht hatte er das Gefühl, hier noch etwas gutmachen zu müssen?

Als an der Universität Heidelberg am 12. Februar 1927 durch die Reichsarbeitsgemeinschaft ein Verwaltungsrat für das zukünftige Institut ins Leben gerufen wird, gehört Julius Ferdinand Wollf zu den Gründungsmitgliedern.[112] Und so hält Wollf bei der feierlichen Einweihung des Instituts im Mai 1927 im Heidelberger Rathaus auch die Dankesrede für den Verlegerverband.[113] Und wird dort selbst mit jubelnden Lobeshymnen besungen. Wobei es weniger die Magie der ernst gemeinten Dankesworte gewesen sein dürfte, die Wollf auf seinem Platz in der ersten Reihe im Heidelberger Ratssaal ein glückliches Lächeln aufs Gesicht gezaubert hatte. Wohl auch nicht die erwähnte Genugtuung im „Fall Koch". Sondern vor allem die Zufriedenheit, wieder einen wichtigen Sieg eingefahren zu haben. Einen Sieg im Kampf gegen den gefährlichen Pfusch an den Buchstabengebäuden der Zeitungen. Und dass er da deutschlandweit – natürlich gemeinsam mit anderen enthusiastischen Streitern – etwas Erfolgreiches auf den Weg gebracht hat, zeigen Studentenzahlen aus dem Wintersemester 1931/32: Insgesamt 560 Studenten an 18 deutschen Universitäten befassen sich im Haupt- oder Nebenfach[114] mit einem zeitungswissenschaftlichen Studium, wie die Journalisten-Ausbildung an Hochschulen damals heißt. Die meisten in Berlin – 204 –, im sächsischen Leipzig 116 und in Heidelberg sind es 44. In Gießen und Würzburg interessanterweise übrigens jeweils ein einziger Student. In Dresden ist dabei kein Angebot der Zeitungswissenschaften zu finden; die hiesige Hochschule ist auf technische Fächer spezialisiert.

An dieser Stelle sei zudem noch einmal der rege Kontakt zwischen Wollf und Emil Dovivat erwähnt – dem damals quasi „Papst" der sich entwickelnden Zeitungswissenschaft und Journalismusforschung in Deutschland. Wollf spielte also durchaus mit im „Team Zeitungswissenschaft", wenn auch – was die wissenschaftlichen Einsatzzeiten auf dem Platz angeht – wohl eher in der zweiten Mannschaft. Wobei die sich zunehmend emanzipierende Zeitungswissenschaft zu schätzen wusste, welche universitären Festungsmauern Wollf für sie wegzusprengen half. Immerhin schrieb Geheimrat Walther Heide – prominenter Zeitungswissenschaftler, späterer Präsident des Deutschen Zeitungswissenschaftlichen Verbandes und Herausgeber des Handbuchs der Zeitungswissenschaft – 1928 in der Zeitschrift *Zeitungswissenschaft* mit Blick auf Wollfs 25. *DNN*-Jubiläum: *„Auch die junge Zeitungswissenschaft hat allen Grund, der verständnisvollen und anregenden Förderung, die Prof. Wollf ihr angedeihen läßt, zu gedenken. Nicht nur im Verwaltungsrat der Zeitungsinstitute in Berlin und Heidelberg, sondern bei jeder sich bietenden Gelegenheit sind seine reichen Erfahrungen verbunden mit einer klaren Erkenntnis der Notwendigkeiten dem Ausbau der neuen Disziplin dienlich gewesen."*[115] Eine kleine Anmerkung sei mit Blick auf diesen warmherzigen Textauszug erlaubt: Heide war 1923 im Pressedienst der Reichsregierung und des Außenministeriums aktiv gewesen. Reichskanzler zu dieser Zeit: Gustav Stresemann. Und mit dem hatte Heide nicht nur das Parteibuch der Deutschen Volkspartei gemeinsam, deren Vorsitzender Stresemann war, sondern Stresemann und Heide sollen auch sehr enge Freunde gewesen sein. Was letztlich auch für Stresemann und Wollf gilt, die nicht nur einen gemeinsamen politischen, sondern obendrein einen starken persönlichen Faden spannen – das wird noch genauer zu beleuchten sein. Dabei soll dieser kleine Gedankenausflug in keiner Weise die Verdienste Wollfs um das Thema „Journalisten-Ausbildung" schmälern.

Wollf – stoischer Streiter für eine bessere Volksbildung

Hätte man Julius Ferdinand Wollf in einem Fragebogen gebeten, das Wort „Bildung" zu umschreiben, hätte er vielleicht in seiner farbenfroh bildhaften Sprache etwas Ähnliches geschrieben wie: Bildung ist der Garten, in dem der Gärtner Blumen aussät, deren Pollen von Bienen in die Landschaft hinausgetragen werden, Blüten bestäuben, neues Leben in die Natur bringen und überhaupt das Überleben sichern – und uns allen am Ende auch noch süßen Honig bescheren ... Das Thema „Bildung" ist jedenfalls beinahe in den kompletten 1920er Jahren ein echter Dauerbrenner auf den Seiten der Wollf'schen *DNN*. In quasi allen Facetten kümmert sich das Blatt darum, Missstände aufzuspüren. Vor allem die Volksschule – als die Schule für die Mehrheit der sächsischen Kinder – ist thematischer Dauergast in den Zeitungsspalten. Dass die kinderlos gebliebenen Wollfs innerfamiliär sozusagen schlechte Erfahrungen mit sächsischen Volksschullehrern gemacht haben könnten, dürfte keinesfalls der Grund gewesen sein. 1927 und 1928 widmen sich die *Neuesten Nachrichten* beispielsweise ausführlich und ausdauernd dem neuen Volksschulgesetz im Freistaat. Kritisch hinterfragt Wollfs Blatt dabei die Qualität, mit der hier Bildung in die Schülerköpfe gepaukt wird. Schließlich setzt Wollf mit seiner Zeitung ebenfalls stark auf die Vermittlung von Wissen, kulturellem, gesellschaftlichem wie auch politischem. Er öffnet klugen Köpfen und klugen Ideen die Seiten, das erwartet er mit Blick auf die Schule auch von der Regierung. Am 24. Januar 1928 titeln die *DNN* zur bevorstehenden Verabschiedung des Gesetzes: *Schicksalsstunde der sächsischen Volksschule*. Auch Anfang der 1930er Jahre bleibt der Redaktion das Thema wichtig. Am 26. Mai 1932 zum Beispiel widmen die *DNN* immerhin eine Dreiviertelseite dem neuen Landeslehrplan für Sachsen. Und im Juni 1932 lässt Wollf den Leipziger Pädagogikexperten Rudolf Schütze über eine Tagung des Deutschen Vereins für werktätige Erziehung in Mainz berichten, eines Vereins, *„der seit mehr als fünfzig Jahren dafür arbeitet, unsere Jugend vom ersten Schuljahre an durch werktätiges Schaffen zu praktischer Tüchtigkeit, wirtschaftlicher Leistungsfähigkeit und zur Wertschätzung der werktätigen Arbeit zu erziehen"*. Hier schaut nun also überdeutlich Wollfs Ansinnen aus den Zeilen. Als Journalist, aber nicht zuletzt auch als Verleger hat er stets die Belange der Wirtschaft im Blick. Die Betriebe sieht er nicht vordergründig als potenzielle Anzeigenkunden, sondern es geht ihm um die Wirtschaft insgesamt: Der Wirtschaft muss es gut gehen, wenn es dem Land gut gehen soll, ist er überzeugt. Und dafür braucht es gut ausgebildete Fachkräfte.

Wollf ist es zudem wichtig, bei diesem Thema Alternativen aufzuzeigen. So berichten die *DNN* beispielsweise im Januar 1928 mit unverhohlener Begeisterung recht ausführlich und mit gleich zwei Fotos im Text über die zweitägige Präsentation des pädagogischen Montessori-Konzeptes im Dresdner Residenzkaufhaus an der Prager Straße. Fast eine komplette Etage war mit nach Altersklassen ausgestatteten Kinderspielstuben voller Montessori-Ideen gestaltet worden – und die Kinder konnten unbekümmert spielen, während es für die „Großen" Vorträge gab. Die *DNN* bemühen sich in diesem leider nur mit „F." als Autorenkennung unterzeichneten Beitrag gar nicht erst, den Anschein objektiver Berichterstattung zu erwecken. *„Zu hoffen bleibt, daß auch in Dresden der Montessori-Gedanke sich immer mehr durchsetzt"*, ist da als fett gedruckte Zwischenzeile zu lesen. Zuvor erfahren die Leser, was dieser Montessori-Gedanke eigentlich ist: *„Der Lehrer regt nur an, das Kind findet von sich aus den Weg im Lernen und im Helfen."* Denn auch das Sich-gegenseitig-Unterstützen gehört zum Konzept der 1890 geborenen italienischen Ärztin und Reformpädagogin Maria Montessori. Ein Ansatz, den Wollf konsequent auch bei der Besetzung seiner Redaktion mit Leben erfüllt. Er sucht Journalisten, die zu ihm passen, die wissen, wohin er das Schiff als Kapitän steuern möchte. Und die nun sozusagen als Offiziere diesen Kurs fahren, ohne ständig neue Befehle bekommen zu müssen. Sie dürfen dabei ab und an eigene Routen zum Ziel suchen – wenn das Ziel aus Sicht Wollfs stimmt. Er ist sozusagen als Verleger und Chefredakteur Vorreiter eines Führungsstils, der heute als „flache Hierarchien" bekannt – und beliebt – ist. Wobei er natürlich streng darüber wacht, dass das Personal zu diesem Stil passt und letztlich die gesteckten Grenzen nicht überschreitet. Doch zurück ins Dresdner Residenzkaufhaus, zurück zur Montessori-Präsentation. Das dort vorgestellte Konzept kommt bei den Kindern offensichtlich bestens an, freut sich der *DNN*-Rezensent: *„Die Kleinen waren gefangen und gefesselt, fügten sich sofort in den guten Gedanken dieses einzigartigen Erziehungssystems."* Und so bedauern die *Neuesten Nachrichten* auch, dass zu dieser Zeit in Dresden gerade mal *„drei Hilfschulhorte, auf der Chemnitzer Straße, auf der Grenzstraße in Dresden-Naußlitz und auf der Louisenstraße (…) bereits in diesem Sinne ausgestaltet"* seien. So ist der Vorschlag am Ende des Beitrags nur konsequent: *„Vielleicht könnte auch beim Schaffen neuer Kinderheime das System des ‚Kinderhauses' noch mehr berücksichtigt werden."*

Wollf lässt seine Leser durchaus wissen, dass es neben der „klassischen" Schule auch interessante andere Wege gibt, um sozusagen das Klassenziel zu erreichen.

Louise Straus-Ernst – Wollf, der Pädagoge am Telefon

Auf dem Gebiet des Journalismus verlässt sich der Verleger Wollf allerdings nicht ausschließlich auf Universitäten oder Hochschulen. Er sieht auch in den Redaktionen passable Ausbildungsstätten; am besten als Ergänzung zur Hochschule. Das gilt in der Konsequenz auch für die *DNN*-Redaktion im Dresdner Stadtzentrum. Hier kümmert er sich schon mal persönlich um hoffnungsvolle Berufsnachrücker. Wollf hatte viele Facetten – darunter offenbar ein pädagogisches Gen. Was im Übrigen auch seinen Texten anzumerken ist. Ohne – wenn sich auch nicht ständig und drohend in den Vordergrund drängelnden – Bildungsauftrag verlässt kein Text seinen Kopf. Ein pädagogisches Talent, das Wollf regelmäßig im Umgang mit dem Journalisten-Nachwuchs für die *Neuesten Nachrichten* unter Beweis stellt. Das jedenfalls wird aus Erinnerungen von Louise Straus-Ernst deutlich. Die 1893 in Köln geborene Journalistin und Autorin war offiziell bis 1926 mit Max Ernst verheiratet, einem der wichtigsten expressionistischen Maler seiner Zeit und nicht zuletzt 1919 auch als Mitbegründer der Dada-Bewegung im Rheinland bekannt geworden. Das dürfte den Kunstfan Wollf begeistert haben. Doch die Ehe war bereits Jahre vor der Scheidung zerbrochen. Louise Straus-Ernst hatte Kunstgeschichte in Bonn studiert und sich Mitte der 1920er Jahre auch mit journalistischen Texten zum Thema „Architektur" befasst. So schrieb sie beispielsweise über die sogenannte GeSoLei in Düsseldorf – die *Ausstellung für Gesundheitspflege, soziale Fürsorge und Leibesübungen* im Jahr 1926, für die in Düsseldorf große Teile des rechten Rheinufers unter Leitung des Architekten Wilhelm Kreis neu bebaut worden waren. Ihre kritische Sicht auf diese Bauten schickte sie auch an Julius Ferdinand Wollf. Ein Pressezeichner, den sie kannte, hatte ihr von seiner Arbeit für die *DNN* berichtet und erklärt, das Blatt suche einen Rheinland-Korrespondenten, verrät sie später den Grund für diese Kontaktaufnahme. Wobei sie von dieser Dresdner Zeitung zuvor noch nie gehört hatte, räumt Louise Straus-Ernst in ihren Erinnerungen ein. Wollf zögerte, den Text zu veröffentlichen. Wohl vor allem aus Rücksicht auf den Architekten Wilhelm Kreis, der gerade dabei war, nach der GeSoLei auch den Bau des Deutschen Hygiene-Museums in Dresden zu entwerfen – und Wollf zu dieser Zeit einer der Aktivposten für eben diesen Bau war, wovon im Folgenden ausführlich die Rede sein wird. Im Antwortschreiben an Louise Straus-Ernst verweist Wollf allerdings vor allem darauf, dass Kreis der Leiter der Dresdner Kunsthochschule sei und es deshalb problematisch wäre, als Dresdner Zeitung allzu kritisch mit seinen Arbeiten umzugehen.[116] Außerdem, schreibt Wollf, suche sein Blatt eigentlich gar keinen Korrespondenten für das Rheinland. Aber die „Schreibe" der jungen Frau aus Köln gefällt Wollf offenbar. Er sieht jede Menge journalistisches Potenzial bei der damals 23-Jährigen. Und so bietet Wollf ihr an, Theaterkritiken aus dem Rheinland für die *Neuesten Nachrichten* zu verfassen. Wollf kam sogar persönlich nach Köln, um mit Louise Straus-Ernst alles Notwendige zu besprechen. *„Ein älterer, sehr kultivierter, witziger, wenn auch etwas eitler Herr"*, beschreibt sie ihn später in einer erst weit nach ihrem Tod veröffentlichten Autobiografie.[117] Schwärmt dennoch, dass Wollf sie mit den Jahren zur *„richtigen Journalistin"* erzog. Per Telefon übermittelt Wollf seine pädagogisch wertvolle Mischung aus Hinweisen, kleinen Korrekturen, aber auch Anerkennung. Seit Dezember 1926 erscheinen regelmäßig Beiträge von Louise Straus-Ernst in den *DNN*. Ein journalistischer Rohdiamant, den Wollf entdeckt hatte und den er behutsam schleift.

Dass ihr die Arbeit für die *Neuesten Nachrichten* anfangs nur unregelmäßige Einkünfte aufs Konto spült, gleicht Straus-Ernst durch Museumsvorträge aus. Über die Geschichte der Keramik zum Beispiel. Sie gibt auch private Kurse für gutbetuchte und gelangweilte Ehefrauen erfolgreicher Männer. Zunehmend wird der Journalismus aber dann doch zur auskömmlichen Einnahmequelle, die munter sprudelt. Wobei Wollf ihr hilft, den „Wasserhahn" bis zum Anschlag aufzudrehen. Jedenfalls blickt Louise Straus-Ernst später dankbar auf ihn zurück: *„Neugier, Spürsinn, knappes und scharfes Urteil – das waren nicht länger verwerfliche, kleine Laster, sondern wichtigstes Rüstzeug für meine Arbeit, und wichtiger noch bei der auf ganz neue Art fesselnden Reportage, dem ‚richtigen' Journalismus, zu dem mein verständnisvoller Chefredakteur mich aus 800 Kilometer Entfernung telefonisch erzog."* Neben den *DNN* und der *Kölnischen Zeitung* gehört bald auch die *Vossische Zeitung* zu den Auftraggebern der jungen Autorin in Köln – ein Blatt, an dem bekanntlich bis 1914 auch die *DNN*-Eigentümerfamilie Huck Anteile hatte.

Doch das Ende der Arbeit für die *Neuesten Nachrichten* kommt mit dem Ende der Freiheit. Ein Ende, das seinen Anfang spätestens mit dem Wahlsieg der NSDAP bei der Reichstagswahl im März 1933 genommen hatte. Louise Straus-Ernst kommentiert es hart auf den Punkt gebracht: *„Der Karneval 1933 war ein Totentanz."* Wobei sie zunächst noch auf Konrad Adenauer gesetzt hatte, den damaligen Kölner Oberbürgermeister. Es heißt, sie habe durch Vermittlung eines Bekannten aus Adenauers Umfeld gar die eine oder andere Rede für ihn geschrieben. *„Solange wir unseren Adenauer haben, kann uns nichts geschehen, sagten wir. Adenauer war (...) eine weit über die Grenzen der Stadt hinaus bedeutende Persönlichkeit voll Initiative und unabhängigen Ideen. Zugleich Vorsitzender des Staatsrates übte er eine entschiedene politische Macht aus. ‚Der ungekrönte König von Preussen', sagte man von ihm. Nein, solange wir ihn haben würden, konnte in unserer Stadt nichts geschehen, waren auch wir Journalisten in unserer Arbeit geschützt. Gewiss! Aber – wie fest saß er denn?"* Louise Straus-Ernst war Jüdin, und sie war bei klarem politischem Verstand. Sie sah kommen, was für sie kommen würde ... *„An Auswandern dachte ich damals eigentlich noch nicht. Ich sah nur voraus, dass meine Arbeitsmöglichkeiten und damit meine Einkünfte sich sehr verringern würden, dass ich vielleicht eine ganz andere Arbeit suchen (...) müsste."* Kurz darauf hatten die Nazis Adenauer gezwungen, sein Amt niederzulegen – und auch die Signale, die nun aus Dresden gefunkt wurden, waren deutlich: *„Anfang April bat mich meine Zeitung in Dresden um einen illustrierten Artikel über die Frau im Gartenbau. Davon hatte ich wenig Ahnung. Da ich aber eine Dame kannte, die nahe unserer Stadt mit einem weiblichen Gehilfen eine Gärtnerei betrieb, so war der Auftrag schnell ausgeführt. – Aber es machte mich nachdenklich. – Wenn man mich um eine solche, seinem sonstigen Gebiet so fernliegende Arbeit bat, dann doch nur, weil man auf andere Beiträge von mir nicht mehr rechnete, mir aber für das Fixum, das ich erhielt, etwas zu tun geben wollte. Man würde mich, da ich gut angesehen war, vermutlich mit ähnlichen Kleinigkeiten weiter beschäftigen, solange es möglich war. Aber erstens sah ich voraus, dass diese Möglichkeit nicht mehr lange bestehen würde, und dann hatte ich keine Lust, mich in die Ecke drücken zu lassen."* Sie geht nach Paris, ins zunächst noch sichere Exil. Der Zug von

Köln fährt schon Ende Mai 1933.[118] Doch Frankreich bringt ihr kein Glück, Louise Straus-Ernst wird 1943 verhaftet und am 30. Juni 1944 ins Vernichtungslager Auschwitz deportiert. Mit dem vorletzten Transport, der von Frankreich aus noch nach Auschwitz geht.[119] Wenig später stirbt sie im tödlichen Gas der Nazis.

Wollf verklagt Max Weber – der Fall Otto Bandmann

Wollfs Geduld mit dem Nachwuchs ist allerdings nicht unendlich. Das zumindest zeigt der Fall Otto Bandmann. Ein Fall, der sich 1911 zu einem echten Spektakel in der Dresdner Pressehistorie entwickelt hatte. Und der hier schon kurz im Zusammenhang mit dem Streit zwischen dem bekannten Soziologie-Professor Max Weber und dem Journalisten-Ausbilder Professor Koch an der Universität Heidelberg angerissen wurde. Weber, damals bereits im gesamten deutschsprachigen Raum angesehener Soziologe, sorgte in diesen Jahren bei zahlreichen Richtern und Rechtsanwälten für ein kräftiges Plus auf den Konten. Sie bekamen reichlich Arbeit. Weber musste häufig vor Gericht – und auch *DNN*-Chef Julius Ferdinand Wollf reichte am 22. Mai 1911 Privatklage gegen Weber ein.[120]

Ausgangspunkt war der schon erwähnte Beitrag auf der ersten Seite der *DNN* am 8. Januar 1911, in der Sonntag-Frühausgabe. *Alt-Heidelberg, du Feine* ist er überschrieben, und Verfasser war der junge Journalist Otto Bandmann. Doch diesen Namen erfuhren die Leser nicht. Wollf war außerhalb des Feuilletons gegen die Nennung von Autoren. Die Verantwortlichen sollten sich zum einen nicht hinter den Schreibern verstecken können, sondern sich intensiv um die Texte kümmern – zum anderen war das Ganze auch ein wichtiger Schutz für die Autoren. Wie sich in diesem Fall zeigen sollte, eine nicht ganz unbegründete Wollf'sche „Vorsichtsmaßnahme".

Bandmann arbeitete zu dieser Zeit als Redakteur in Mannheim, schrieb aber auch als Süddeutschland-Korrespondent für zahlreiche weitere Blätter. Wie die *Neuesten Nachrichten*. Und eigentlich war der Beitrag, der für so viel Wirbel sorgen sollte, weitgehend eine Zusammenfassung etlicher Zeitungsartikel gewesen, die Tage zuvor in Heidelberger Blättern veröffentlicht worden waren. Im Dezember 1910[121] hatte der in der Stadt am Neckar offenbar nicht unbekannte Privatdozent Arnold Ruge im *Heidelberger Tageblatt* einen Leserbrief verfasst. Und hatte die ganz großen Kaliber aus dem Wort-Waffenschrank geholt, um gegen die Frauenbewegung zu feuern. Anlass für diese Macho-Ballerei war ein Diskussionsabend im Verein Frauenbildung-Frauenstudium Heidelberg. Ruge, 1881 in Görlitz geboren, hatte in Zürich und Salzburg Philosophie studiert, war 1905 an die Universität Heidelberg gekommen. Und nicht lange, da hatte er sich dort als krawalliger Antisemit und Rassist mit völkischem Blick auf die Themen der Zeit entpuppt – wie eben auch auf die seit Jahrhunderten eingeübte Untertanenrolle der Frau in einer männlich dominierten Heimeligkeit. Später – im Juli 1920 – wird Ruge seine Lehrerlaubnis in Heidelberg verlieren, nachdem er im Rahmen des Universitätsjubiläums 1919 eine heftige Rede gegen jüdische Lehrer und überhaupt die „*Auswüchse der Judenherrschaft*' gehalten hatte. Ruge siedelt daraufhin nach München um, lernt dort Hitlers späteren SS-Führer Heinrich Himmler kennen, mit dem er gemeinsam die Deutsche Verlagsgesellschaft gründet. Auch die Deutsch-Völkische Reichspartei ruft Ruge ins politische Leben, die allerdings keine wirkliche Bedeutung erlangt.[122]

Jedenfalls schossen eine Menge vergifteter Kugeln am 3. Dezember 1910 im *Heidelberger Tageblatt* aus Ruges Schreibmaschinengewehr: „*Was an Kulturlosigkeit, an Parvenümäßigem und Wurzellosem erdacht werden kann, raffen jene Frauen (...) zusammen und verlärmen es laut.*" Und er wünscht sich, es „*möchte eine Zeit kommen, wo es eine wirkliche Frauenbewegung gibt, eine Zeit, wo die Männer für das Recht ihrer Frauen eintreten*". Die aktuelle Frauenbewegung jedenfalls sei keine wirkliche Frauenbewegung, ist Ruge überzeugt, „*sondern (...) eine tosende Revolution derer, die nicht Frauen sein können und nicht Mütter sein wollen. Die Frauenbewegung von heute (...) ist eine Bewegung, die sich zusammensetzt aus (...) sterilen Frauen, Witwen und Jüdinnen, die aber, welche Mütter sind, und die Pflichten von Müttern erfüllen, sind nicht dabei.*"[123] Offenes Mündungsfeuer, das zudem – ohne sie zu erwähnen – gezielt auf Max Webers Frau gerichtet war. Marianne Weber ist damals Frontfrau der Heidelberger Frauenbewegung und spielt auf der Bühne der Emanzipation auch deutschlandweit eine der Hauptrollen. Und sie hält mit ihrer Antwort nicht lange hinterm heimischen Berg: Ruge, so kontert sie am 10. Dezember in einem Brief in der *Heidelberger Zeitung*, sei ein Feigling, der sich noch nicht mal traue, diejenige, die er meint, beim Namen zu nennen.[124]

Bandmann käute in seinem Beitrag in den *DNN* dieses aufsehenerregende Heidelberger Hin und Her nicht einfach nur wieder. Auch er hatte seinen Stift gespitzt. Und kommentiert Ruges Sätze unter anderem mit: „*(...) zumal manche seiner Behauptungen kaum stichhaltig sein dürften.*" Und Marianne Weber bedenkt er mit der Einschätzung, sie habe kürzlich „*mit ihrem Plan der Abschaffung des Kellnerinnenstands eine seltsame Weltfremdheit verraten*". Hiermit greift Bandmann jedoch so ziemlich daneben. Denn diese Forderung kam zwar aus der Heidelberger Frauenbewegung, aber nicht von Marianne Weber. Sondern von Camilla Jellinek[125], der damaligen Vorsitzenden des Bundes deutscher Frauenvereine in Heidelberg[126]. Wobei es nicht dieser grobe journalistische Schnitzer war, der nun Max Weber aufgeregt nach seinem Anwalt rufen ließ. Vielmehr war dieser öffentliche Streit zwischen seiner Frau Marianne Weber und Ruge noch in eine spannende Verlängerung gegangen. Zunächst hatte Ruge in beiden Heidelberger Blättern sowohl seinen als auch den Brief Marianne Webers erneut veröffentlichen lassen. Er habe zeigen wollen, so Ruge, dass nicht er persönlich geworden sei, sondern Marianne Weber.[127] Daraufhin hatte Max Weber einen Brief voller Beleidigungen an Ruge geschickt, was diesen wiederum bewog, Klage gegen Weber einzureichen. Und offenbar nicht nur das. Denn Ruge hatte kurz darauf in der Redaktion des *Tageblatts* erzählt, Max Weber auf diesen Brief hin zur Rede gestellt zu haben. Er habe wissen wollen, ob Weber die unflätigen Aussagen – auch die seiner Frau Marianne – bereit sei, in einem Duell zu verteidigen. Aber Weber habe auf seinen schlechten Gesundheitszustand verwiesen und das Duell abgelehnt.[128] Davon hatte letztlich auch Journalist Bandmann erfahren und das Ganze anschließend in seinem Beitrag für die *DNN* öffentlich gemacht. Wobei der Text nicht nur in Dresden erschienen war. Schon am 6. Januar 1911 zum Beispiel auch im *Hamburger Fremdenblatt*. Allerdings ohne den Verweis auf Webers Gesundheitszustand als Grund für die Duellabsage. Zudem räumte das Hamburger Blatt Weber kurz darauf ein Dementi ein. Alles, was da stehe, stimme nicht, telegrafiert er.[129] Im zwei Tage nach dem Hamburger Text veröffentlichten *DNN*-Beitrag war hingegen die Rede vom Duellverzicht Webers aus gesundheitlichen Gründen. Und auch eine Richtigstellung gab es hier vorerst nicht, obwohl Weber das natürlich auch von der Dresdner Redaktion gefordert hatte. Vielmehr machten ihm die *Neuesten Nachrichten* – in persona Wollfs – zunächst klar, dass ihr namentlich nicht genannter Korrespondent korrekt gearbeitet habe. Die Briefträger zwischen Heidelberg und dem Dresdner Ferdinandplatz hatten gut zu tun. Am 12. März 1911 veröffentlichen die *DNN* auf ihrer zweiten Seite zwar eine Art „Berichtigung", aber das lässt Weber nicht gelten, sondern seinen Puls in immer höhere Taktfrequenzen schalten. Das Blatt hatte erklärt, man habe über Gerüchte berichtet, die sich letztlich als nicht zutreffend erwiesen hätten. Weber aber bleibt bei seiner Sicht, dass es im *DNN*-Beitrag nicht um Gerüchte gegangen sei. Vielmehr habe man so getan, als seien es Tatsachen, die da in Druckerschwärze gegossen worden waren, mit denen dann sein Name in den sprichwörtlichen Dreck getreten wurde, wie Weber am 13. März 1911[130] noch einmal ausdrücklich an Wollf schreibt.

Weber wollte nun jedenfalls unbedingt herausfinden, wer die für ihn ausgesprochen peinliche Sache in die Heidelberger Welt gesetzt hatte: Wie sah das schließlich aus, der große Max Weber stellt sich quasi selbst ein ärztliches Attest aus – einen Entschuldigungszettel –, um sich nicht duellieren zu müssen. Das passte nicht in sein Selbstbild. Und auch nicht in seine gut montierte öffentliche Wahrnehmung. Webers Problem: Er gehörte zur stramm deutschen studentischen Burschenschaft Allemannia Heidelberg[131], bei der es Pflicht war, sich zu schlagen. Zudem war Weber Reserveoffizier und hatte sich immer wieder öffentlich als Fan der „Duellkultur" geoutet.[132] Nun stand er plötzlich als großer Feigling da. Was ihn zu einer kleinen List greifen lässt. Und die Taktik geht auf: Weber drangsaliert *DNN*-Chef Wollf am 18. März 1911[133] per Brief mit unflätigen Unterstellungen. Schreibt von bewusst falschen Darstellungen, nennt den ihm unbekannten Autor einen *„Revolver-Journalisten"*, der dabei bestens zur vermeintlich generell schlampigen Recherche der *DNN*-Journalisten passe.[134] Worte, die Wollf nicht auf seinem Blatt und seinen

Leuten sitzen lassen will und kann: Am 22. Mai 1911 – an seinem 40. Geburtstag – reicht Wolff wie erwähnt am Landgericht Dresden Klage gegen Weber ein.

Ein erster Sieg für Weber? Spätestens vor Gericht, so hofft er, würde Wolff den Autor des Beitrags und im Nachgang wohl auch die Quelle der peinlichen Sequenz preisgeben. Die Hauptverhandlung in erster Instanz findet am 14. Oktober 1911 vorm Amtsgericht Dresden statt[135] – und die Richter geben Wolff recht. Aber nicht nur das wurmt Weber, sondern auch, dass er Wolff verkannte. Denn der tut ihm nicht den Gefallen, seinen Autor und dessen Quelle zu nennen. Ausgerechnet Bandmann selbst tritt aus der Deckung, indem auch er Klage gegen Weber einreicht. Fünf Tage nach Wolff, am 27. Mai 1911.[136] Damit gab sich Bandmann offen als Verfasser des Textes zu erkennen. Doch er verschweigt weiter hartnäckig, wer ihm die Informationen zur vermeintlichen Duellabsage Webers gegeben hatte. Und so erfährt Max Weber vor Gericht in Dresden nicht, wer in Heidelberg diese vermeintliche „Ente" auf den öffentlichen „Gerede-See" gesetzt hatte. Oder doch? Unbeabsichtigt?

Der Heidelberger Professor Adolf Koch war die „Plaudertasche" gewesen, die das für Weber so pikante Detail in die beschauliche Heidelberger Gerüchtewelt gesetzt hatte. Jener Professor Koch also, der bis 1912 an der Heidelberger Universität gut 15 Jahre lang ein journalistisches Seminar geleitet hatte, von dem bereits die Rede gewesen war. Aber von dieser Verstrickung Kochs ahnt Wolff vor und während des Prozesses nichts. Bandmann hält seine Quelle auch vor Wolff beharrlich geheim. Zunächst jedenfalls. Bandmann hält dieses Versteckspiel letztlich nicht allzu lange durch. Oder will er vielleicht seinen eigenen Kopf aus der Schlinge drohender Arbeitslosigkeit ziehen? Ist er dem Druck nicht gewachsen? Letztendlich gibt er Adolf Koch kurz vor dem von Weber initiierten Berufungsprozess in Dresden – im Januar 1912 – in einem Brief an Max Weber[137] als Quelle für die despektierlichen Aussagen preis. Was wohl nur noch der berüchtigte Punkt auf dem I gewesen ist. Denn Weber ahnte schon zuvor, wer der Heidelberger Tippgeber gewesen sein könnte. Eine Ungeschicklichkeit Bandmanns vor Gericht hatte Weber längst auf Koch angesetzt. Bandmann hatte wohl in der Aufregung beim ersten Prozess vorm Dresdner Landgericht im Oktober 1911 in einer Befragung die Namen Webers und Kochs verwechselt. In einem Nebensatz und offenbar außer von Weber selbst von niemandem im Gerichtssaal bemerkt.[138] Hinzu kommt, dass zuvor auch schon Wolff unbeabsichtigt die Tür der Erkenntnis für Weber einen Spalt weit geöffnet hatte, nachdem Wolff von Bandmann über seine Quelle ins Bild gesetzt worden war. In einem Brief an Weber hatte sich der *DNN*-Chef vor Bandmann gestellt und auf die Verlässlichkeit seines Korrespondenten gepocht. Zur Untermauerung verwies Wolff auf *„Gutachten zweier Universitätsprofessoren über diesen"*.[139] Als Weber daraufhin die Gutachten sehen wollte, hatte Wolff nur eines der beiden vorgelegt. Das andere könne er nicht aushändigen, *„da der Aussteller gleichzeitig auch die Quelle"* sei. *„Hierdurch wurde ich auf die richtige Fährte geführt"*[140], jubelt Weber später. Diese Ungeschicklichkeit Wolffs hatte auch Kochs Heidelberger Anwalt

Dr. Otto Schoch mit einem heftigen Kopfschütteln kommentiert: Es gebe schließlich nur einen Fachmann an der Heidelberger Universität, der journalistische Seminare hält, ärgert sich der Anwalt. „*Von einer Wahrung des Redaktionsgeheimnisses von Dresden aus kann schon um deswillen nicht die Rede sein.*“[141]

Ziel erreicht, hieß es nun also für Weber. Der nach seiner Berufung gegen das Urteil der ersten Instanz nun auf den von ihm angestrebten Berufungsprozess verzichten wollte. Er habe „*kein Interesse mehr am Widerklageverfahren*“[142], schreibt er im Januar 1912 an die Dresdner Richter, kurz bevor hier der Prozess in zweiter Instanz über die juristische Bühne geht. Zur Begründung räumt Weber freimütig ein, dass seine taktische Marschrichtung zum Zwischenziel geführt habe, den „Verräter“ herauszufinden. Die zweite Verhandlung Wollf gegen Weber vorm Landgericht Dresden findet dennoch statt und endet am 5. Januar 1912 nach nur einem Prozesstag mit einem Vergleich.[143] Für die Beleidigung Bandmanns bleibt Weber ohne Strafe, dass er allerdings mit verbalem Dreck auf Chefredakteur Wollf geworfen hatte, kostet Weber 100 Mark.[144]

Für die *Neuesten Nachrichten* war der Fall damit erledigt. Oder doch noch nicht ganz? Denn Max Weber zerrt nun Adolf Koch vor Gericht. Im April 1912 trifft man sich vorm Großherzoglichen Amtsgericht in Heidelberg, wo Koch allerdings Bandmanns Aussagen zum Grund des „Ausplauderns“ ins Reich der Fantasie verbannt. Otto Bandmann hatte öffentlich erklärt, Koch habe ihm die Geschichte nur erzählt, damit er das Ganze in Zeitungsbeiträgen öffentlich mache. Es handle sich, so schreibt Bandmann beispielsweise im erwähnten Brief an Weber, „*um eine ausdrückliche Information zum Zwecke der Veröffentlichung, durchaus nicht um eine vertrauliche Mitteilung*“[145]. Adolf Koch räumt laut eines Vernehmungsprotokolls vom 27. Februar 1912 zwar ein, den Grund für die Duellabsage in Gesprächen gehört und „*im Esszimmer oder auf der Veranda*“ auch an Bandmann weitergegeben zu haben. Aber nicht, damit er die Information veröffentliche[146]. Im Gegenteil, Koch sei „*unangenehm überrascht*“ gewesen, dass Bandmann den Inhalt des Privatgesprächs veröffentlicht habe, schreibt Kochs Anwalt an die Heidelberger Richter.[147] Adolf Koch hatte die Sache mit der Duellabsage dabei Ende Dezember 1910 von Hugo Stobitzer erfahren, dem damaligen Chefredakteur des *Heidelberger Tageblatts*. Der war gemeinsam mit „*seiner Braut zur Teestunde*“ bei den Kochs zu Gast gewesen. Es war wohl eine Art Abschiedsbesuch, denn Stobitzer verlässt wenige Tage später das *Tageblatt* und geht nach Tübingen, zur *Tübinger Chronik*.[148] Jedenfalls hatte Stobitzer in gemütlicher Runde zum Besten gegeben, dass Ruge in der *Tageblatt*-Redaktion die Duellgeschichte erzählt hatte. Wobei sich alle vier einig gewesen waren, *dass die Anfrage Ruges lächerlich sei,* baut Kochs Anwalt in seinem Brief ans Heidelberger Gericht vor.[149]

Auch Otto Bandmann besuchte seinen einstigen Professor Adolf Koch und dessen Frau in der Heidelberger Roonstraße 4[150] regelmäßig; meist am Sonntag. Da hatte

Bandmann frei, und die gut 20 Kilometer von Mannheim nach Heidelberg sind ein „Katzensprung". In Mannheim arbeitet Bandmann zu dieser Zeit als Redakteur bei der *Neuen Badischen Landeszeitung*. Es muss ein durchaus freundschaftliches Verhältnis gewesen sein. Genau das wird Koch letztlich zum Verhängnis. Er stolpert nun nicht nur über die hämische Tuschelei mit Bandmann in Sachen Weber, sondern auch über einen Freundschaftsdienst für seinen einstigen Schützling. Adolf Koch soll den jungen Journalisten Bandmann sowohl Julius Ferdinand Wollf als auch *DNN*-Eigentümer Huck immer wieder als Mitarbeiter für die Redaktion in Dresden ans Herz gelegt haben. Behauptet jedenfalls Weber in einem Schreiben an die Philosophische Fakultät der Universität Heidelberg[151]. Interessant: Wolfgang Huck – der Sohn des *DNN*-Gründers August Huck – schreibt just zu dieser Zeit an der Universität Heidelberg an seiner Dissertation. Er befasst sich mit dem Thema „Die kleine Anzeige, ihre Organisation und volkswirtschaftliche Bedeutung". 1912 promoviert er hier.[152] Der „kurze Dienstweg" zu den *Neuesten Nachrichten* nach Dresden könnte damit ein sehr kurzer gewesen sein. Huck soll gegenüber Max Weber bei einem späteren Treffen in Frankfurt am Main davon gesprochen haben, Koch habe Bandmann *„geradezu in den Himmel gehoben"*[153]. Hatte Koch aus Angst vor „Enttarnung" versucht, seinem Liebling Bandmann einen Job bei den *DNN* zu verschaffen? Quasi als Schweigegeld? Bandmann bekommt die Stelle auch, kurz bevor der erste „Weber-Prozess" im Oktober 1911 am Dresdner Landgericht beginnt. Wenig später steht Bandmann als Verantwortlicher für den politischen und den Nachrichtenteil sowie fürs Lokale im Impressum der *DNN*. Allerdings lässt Koch seinen Anwalt Dr. Schoch diese vermeintlich eigennützige „Anpreisung Bandmanns" bei den *Neuesten Nachrichten* als *„entwürdigende Verdächtigung"* zurückweisen – stattdessen habe Koch, *„wie jeden seiner brauchbaren Schüler, so auch Herrn Dr. Bandmann schon früher an die Mannheimer* Neue Badische Landeszeitung *empfohlen und hatte keinen Grund, ihm eine Empfehlung an die* Dresdner Neuesten Nachrichten *zu verweigern."*[154] Dennoch räumt Koch während seiner Vernehmung zum Prozess gegen Weber ein, Bandmann ausdrücklich und immer wieder eindringlich gebeten zu haben, seinen Namen aus dem Fall herauszuhalten.[155] Ohne Erfolg … Bandmann stößt seinen – durch das juristische Gezerre auch psychisch stark angeschlagenen[156] – Förderer erbarmungslos in den wirtschaftlichen Abgrund. Kochs Professorenstelle an der Universität wackelt gewaltig. Kochs Anwalt tut, was er kann, und argumentiert eifrig, Bandmann versuche lediglich, möglichst viel auf Koch abzuschieben, *„da sonst seine eigene Stellung als Journalist gefährdet erscheint"*.[157] Wobei Max Weber in einem Rückblick auf die Prozesse in Dresden erklärt, es sei letztlich sogar Wollf gewesen, der Bandmann gedrängt habe, den Namen Kochs offenzulegen. Nach Schluss der Berufungsverhandlung am Landgericht in Dresden am 5. Januar 1912 hatten sich Weber, Wollf und Bandmann noch im Gerichtssaal zu einem klärenden Gespräch zusammengesetzt. Und hier habe Bandmann seinen einstigen Professor Koch endgültig ins Schussfeld von Webers Kanonen gestellt. Und das auf Anraten Wollfs, so Weber. Koch hatte in einem Brief an Bandmann klargestellt, ihn niemals gedrängt zu haben, die vermeintlichen Hintergründe der Duellabsage zu veröffentlichen. Bandmann lüge. Daraufhin habe Wollf seinen jungen Mitarbeiter aufgefordert, *„nunmehr jede Rücksicht auf Herrn Koch fallen zu lassen"*, schreibt Weber. Trotzdem zeigt sich in diesem Prozess, wie ernst Wollf den Quellenschutz nimmt. Und dass er notfalls gar seine eigene Verurteilung in Kauf nimmt. Bis zum Schluss verschweigt Wollf beispielsweise, wer am Tag der Veröffentlichung des Textes von Bandmann in den *Neuesten Nachrichten* im Januar 1911 als Verantwortlicher Dienst gehabt hatte. Und damit sowohl für die Platzierung des Beitrags als auch für die Überschrift verantwortlich gewesen war, die offenbar nicht von Bandmann stammt. Wollf selbst war am betreffenden Wochenende nicht in der Redaktion und damit nicht verantwortlich, was auch Max Weber bestätigt: *„(…) sondern ein anderer Redakteur, den Herr Wollf mir gegenüber zu decken als seine Anstandspflicht ansah"*[158]. Ein wenig ärgerte sich Weber wohl, den Namen nicht herausfinden zu können. Aber Wollf und auch Bandmann hatten ihre Beleidigungsklagen gegen Weber clever so lange hinausgezögert, bis die gesetzlich vorgeschriebene Frist erreicht war, innerhalb der gegen Pressevergehen geklagt werden konnte[159]. Sicher ein Schachzug, der auf dem Spielbrett Wollfs entstanden war. Selbst im Gerichtssaal stellt sich Wollf noch einmal ausdrücklich vor Bandmann. Der habe *„noch niemals die geringste Unaufrichtigkeit an den Tag gelegt"*,[160] macht Wollf bei diesem Gespräch kurz nach Verhandlungsschluss klar.

Gerade dieses Treffen im Gerichtssaal hätte unter Umständen ganz anders verlaufen können. Koch war im Januar 1912 extra nach Dresden gereist, um im Berufungsprozess als Zeuge aufzutreten und öffentlich zu widersprechen. Aber hier bricht Adolf Koch stressbedingt derart zusammen, dass ihm die Dresdner Ärzte verbieten, an der Verhandlung teilzunehmen.[161] Die Chance, sich öffentlich zu rechtfertigen, ist dahin. Nicht ausgeschlossen ist allerdings, dass Koch den jungen Bandmann tatsächlich benutzt hatte. Vielleicht hatte Koch die Chance gewittert, auf diese Weise ein sprichwörtliches Hühnchen mit Weber rupfen zu können, ohne selbst die Federn anfassen zu müssen? Weber hatte 1909 eine Presse-Enquete angeregt, ein Forschungsprojekt der Deutschen Gesellschaft für Soziologie, und Koch fühlte sich von Weber für dieses renommierte Projekt nicht berücksichtigt, worüber er sich immer wieder beklagt hatte. Hoffte Koch nun auf späte Rache? Die Wahrheit wird wohl nicht mehr zu klären sein. Nach einem von Weber angezettelten Disziplinarverfahren wird Koch am 28. Februar 1913 durch die Universität Heidelberg die „Venia legendi" – also die Lehrberechtigung – entzogen.[162]

Dieser Ausgang – der Rauswurf Kochs in Heidelberg – dürfte Wollf wohl nicht recht gewesen sein, setzte er sich doch für eine bessere Ausbildung von Journalisten an Universitäten ein.

Auch Bandmann verliert wenig später seinen Job bei den *Neuesten Nachrichten*. Nach nur gut einem Jahr in der Redaktion am Ferdinandplatz. Stolperte er vielleicht doch noch über diesen Prozess? Spürte Wollf vielleicht, sich in der Redlichkeit Bandmanns getäuscht zu haben? Gab es am Ende doch Hinweise, dass nicht Koch sich hinter Bandmann versteckt hatte, sondern umgekehrt? Unter Umständen passten Wollf aber auch Bandmanns politische Ansichten zu damals aktuellen Themen nicht? Oder war es der zunehmend dozierende Stil Bandmanns, wie der Dresdner Student Hans-Joachim Hofmann 1938 in seiner schon zitierten Doktorarbeit zur *DNN* rückblickend auf das „Intermezzo Bandmann" schreiben wird? Auch das würde passen. Kletterte Bandmann gern auf die über allem – und allen – thronende Kanzel, statt die Dinge für die Leser verständlich und nah an ihren Alltagssorgen zu erklären? Stocherte er dort oben allzu gern in Gedankenwolken? Wollf liebt die geerdete Analyse. Und Bandmann stattdessen das große Ganze? Es ist schwierig, zu erkennen, was Bandmann tatsächlich für die *DNN* schrieb. Es gibt ja weitgehend keine Autorennamen. Ab und an unterzeichnet Bandmann seine Texte mit „Dr. O. B.". Was zumindest in einem Fall eine vermutlich sogar entscheidende Spur zu legen hilft. Max Webers Anwalt Friedrich Keller schreibt am 1. Juli 1912 in einem Nachtrag ans Heidelberger Amtsgericht, Bandmann sei mittlerweile nach einem Konflikt mit Chefredakteur Wollf bei den *DNN* entlassen worden.[163] Grund dürfte wohl ein weiterer Beleidigungsprozess gegen Bandmann gewesen sein. Bandmann hatte am 2. März 1912 in den *DNN* erneut einen „Sensationsartikel" verfasst. Und mit *„Dr. O. B."* unterzeichnet. Das Thema jedenfalls dürfte hohe Lesequoten garantiert haben: die fettgedruckte Spitzmarke des Textes – es gab damals nur selten Überschriften – lautet: *Sexuelle Aufklärung*. Ein Hingucker. Und Bandmann rezensiert darin einen Dikussionsabend der Gesellschaft zur Bekämpfung der Geschlechtskrankheiten. *„Seit Jahren steht das Thema der Sexualreform auf der Tagesordnung. Der fortschreitende Siegeszug der Frau, die sich täglich neue Gebiete erobert, die damit zusammenhängende Auflösung der Familie, die Wünsche nach einer Reform der Ehe, die Änderung der Bestimmungen über die Stellung der unehelichen Kinder zum Vater – all diese Fragen, deren Lösung zumeist noch in weiter Ferne liegt, werden seit langem mit Eifer erörtert"*, gibt Bandmann gleich in den ersten Sätzen eine Menge Stoff für innerfamiliäre „Debattierclubs" an so manchem Dresdner Küchentisch. Den Wunsch der Frauen nach mehr Emanzipation gleich mit dem drohenden Ende der klassischen Ehe zu verknüpfen scheint doch gewagt. Aber die Sätze, die Bandmann erneut vor Gericht bringen, stehen am Ende des Beitrags: *„Großes Aufsehen erregte die Mitteilung des Herrn Dr. Rohleder (Leipzig), daß ein Kollege ihm ehrenwörtlich versichert habe, an einem Leipziger Gymnasium, mit dem ein Alumnat verbunden sei, vergingen sich die Schüler der oberen Klassen in einer nach § 175 zu bestrafenden Weise an Sextanern, Quintanern und Quartanern. Der Direktion jener Schule sollen die Verhältnisse bekannt sein, man schrecke dort aber vor einer Reinigung dieses Augiasstalles zurück, um kein Aufsehen zu erregen."* Der angesprochene Paragraf ist der damals im Volksmund „Schwulen-Paragraf" genannte; Homosexualität stand bis in die 1970er Jahre generell unter Strafe, bis es einige Lockerungen gab. Erst 1994 wird der Paragraf in der Bundesrepublik gestrichen. In der DDR war das „schon" 1988 erfolgt. Hatte Bandmann nun nicht richtig hingehört oder hatte sich der im Text zitierte Dr. Rohleder missverständlich ausgedrückt? Schon am nächsten Tag drucken die *Neuesten Nachrichten* eine Richtigstellung: *„Zu unserem Bericht über den die sexuelle Aufklärung behandelnden Diskussionsabend der Gesellschaft zur Bekämpfung der Geschlechtskrankheiten schreibt uns Herr Dr. Rohleder – Leipzig, daß die von ihm geschilderten Vorgänge, bei denen es sich nicht um nach § 175 zu bestrafende Vergehen handelte, schon eine längere Reihe von Jahren zurückliegen und daß auch nicht ein Leipziger Gymnasium in Frage käme. Der Ausdruck ‚Augiasstall' ist nicht von ihm gebraucht worden."* Bandmann lag also – mal wieder – ziemlich daneben mit seinen „Recherchen". Er wurde von den Dresdner Richtern im August 1912 zu 100 Mark Strafe wegen Beleidigung verurteilt.

Schon im Frühsommer 1912 ist Schluss für Bandmann in Wollfs Redaktion. Und – so viel ist sicher – er ging im Streit. Wobei das im Vorfeld der Prozesse in Dresden von Weber gezeichnete Persönlichkeitsbild Bandmanns immerhin den Schluss zulässt, dass es Bandmann seinen Mitmenschen auch tatsächlich nicht leichtgemacht hat, ihn zu mögen: *„Eine sympathische Persönlichkeit ist er gewiß nicht, und sein Verhalten mir gegenüber war dreist und taktlos, er ist ein unreifer, sehr jugendlicher Mensch."*[164] Worauf Weber hier anspielt, sind anonyme, beleidigende Briefe Bandmanns, geschrieben vor und wohl auch noch während des ersten Prozesses in Dresden. Weber hatte diese Briefe auch Wollf vorgelegt.[165] Und doch, Wollf hält offenbar zunächst viel vom jungen Bandmann. Der promoviert im Januar 1910 in Leipzig und geht wie erwähnt anschließend auf Empfehlung seines Heidelberger Professors Koch zur *Neuen Badischen Landeszeitung*.[166] Anfang 1911[167] wird Bandmann Redakteur bei Wollf in Dresden, der ihn – wohl auch im Vertrauen auf Adolf Kochs mitgelieferte Vorschusslorbeeren – sogar zum Politikchef macht.

Bandmann – vergebliche Flucht nach Holland

Nach seiner Zeit bei den *DNN* bleibt Otto Bandmann in Dresden. Er wohnt zunächst in der Zirkusstraße 35, zieht 1914 dann in die Victoriastraße 29 um, wie im Adressbuch der Stadt nachzulesen ist. Und er geht in Dresden einen durchaus erfolgreichen Weg. Bandmann eröffnet im ersten Stock der Bernhardstraße 2 ein Redaktionsbüro und arbeitet von Dresden aus als Korrespondent für verschiedene auswärtige Blätter. Mit seiner Nachrichtenagentur *Sächsisch Böhmische Korrespondenz* gilt er Ende der 1920er Jahre als einer der wichtigsten bürgerlichen Journalisten, die von Dresden aus Zeitungen in anderen Städten und Regionen mit politischen Beiträgen aus Sachsen beliefern. Übrigens auch mit Beiträgen, die von der staatlichen Pressestelle der sächsischen Landesregierung verfasst und über Bandmanns Agentur verbreitet wurden. Auf diese Weise öffneten sich für die damals eher linke sächsische Regierung auch die Setzkästen der Druckereien für die konservativen Blätter. Deshalb „hätschelte" man Bandmann sogar ein wenig, wie es heißt[168]. Zudem ist Bandmann von April 1920 bis Januar 1930 Vorsitzender des Landesverbandes der sächsischen Presse,[169] der Redakteursvertretung. Hier dürfte er dann auch wieder ab und an auf Wolff getroffen sein, der ja ebenfalls Mitglied war, wenn auch ein eher stummes.

Das Ende ist tragisch. Bandmann – am 6. November 1886 in Hamburg geboren – ist Jude, und im Dresden der Nazis nach 1933 nicht mehr gewollt. Das bekommt er schon kurz nach deren Machtübernahme körperlich zu spüren. Am 9. März 1933, nur vier Tage nach der für Hitlers NSDAP erfolgreichen Reichstagswahl, waren Truppen der braunen Sturmabteilung – SA – in den Sächsischen Landtag eingedrungen und mit brutaler Gewalt auf die Abgeordneten der SPD losgegangen. Auch Otto Bandmann, der als Journalist im Landtag gewesen war, wurde körperlich angegangen und wegen seines jüdischen Glaubens aufs Übelste beleidigt, wie sich Landtagspräsident Max Hentschel später an den Überfall erinnert.[170] Bandmann sei gewürgt und mit einer Waffe bedroht worden. Dem SPD-Abgeordneten Karl Gerlach schlugen die Nazis gar den Schädel ein, beschreibt Hentschel mit drastischer Sprache in seinem Erlebnisprotokoll. In einer Blutlache sei Gerlach vorm Landtag liegen geblieben. Ähnlich hätte der Tag auch für Bandmann enden können, erst der herbeigeeilte SA-Führer Manfred von Killinger habe noch Schlimmeres verhindert, gibt Bandmann anschließend in einer Anzeige bei der Polizei zu Protokoll.[171] SA-Führer Killinger war kurz zuvor von Reichskanzler Hitler zum sächsischen Ministerpräsidenten ernannt worden, und Killinger wollte offenbar demonstrieren, dass er sich Alleingänge seiner Leute – wie diesen im Landtag – nicht gefallen lässt.

Otto Bandmann geht nach Berlin. Zieht 1935 in eine Wohnung in der Sybelstraße 34 in Charlottenburg. Bis 1943 bleibt Bandmann zwar offiziell in der Hauptstadt gemeldet, lebt aber längst nicht mehr dort. Laut Archiv des Jüdischen Museums Amsterdam flieht er 1939 nach Holland, bezieht eine Wohnung in Amsterdam, zur Untermiete bei einer Familie de Vries in der Amstelkade 166/III, wie unter anderem ein erhalten gebliebener Briefumschlag belegt[172]. „Zu Hause" in Deutschland wird dem Juden Otto Bandmann derweil am 3. Januar 1941 von der Philosophischen Fakultät der Universität Leipzig der Doktortitel aberkannt.[173] Als Begründung wird der Verlust der deutschen Staatsangehörigkeit angegeben. Auch seine „arische" Frau Dora Johanna trennt sich von ihm. Zumindest offiziell. Amtlich geschieden wird die Ehe am 21. Juli 1940. Wobei die Familie weiterhin Kontakt zu Bandmann in Holland hält, was im Archiv in Amsterdam liegende Briefe bestätigen. Unter anderem schreibt ihm am 1. August 1941 seine Tochter Ursula in die holländische Hauptstadt.

Die Hoffnung auf ein freies Leben in Amsterdam endet spätestens am 4. Juni 1943[174]. An diesem Tag kommt Otto Bandmann im Lager Westerbork an. Es war eines von zwei berüchtigten Sammellagern der Nazis in Holland, in denen ins niederländische Exil geflohene deutsche Juden interniert und dann von hier aus in Übergangs- und Vernichtungslager deportiert wurden. Otto Bandmann ist einer von insgesamt 107 000 Juden, die von Westerbork aus deportiert werden – nur 5 000 von ihnen überleben. Bandmann gehört nicht dazu. Zunächst wird er von Westerbork aus ins Konzentrationslager Theresienstadt gebracht. In den Ankunftslisten des Lagers findet sich sein Name unter dem Datum 20. Januar 1944[175]. Von Theresienstadt aus wird Otto Bandmann am 1. Oktober 1944 ins Vernichtungslager Auschwitz gebracht[176]; zwei Tage später – am 3. Oktober 1944 – wird er dort ermordet.[177]

Wollf, der Frauenversteher?

Ob Wollf an seinem Schreibtisch mit Bandmann damals auch über die Rolle der Frauen diskutiert hat? Immerhin hatte sich die hell in Flammen stehende Debatte um Max Weber in Heidelberg an einer heftigen Macho-Attacke gegen Webers Frau entzündet; und vor allem gegen ihre Arbeit als Frauenrechtlerin. Und Wollf war als Verleger ja schon kurz nach seinem Einstieg bei den *Neuesten Nachrichten* einer der ersten Zeitungschefs in Deutschland gewesen, der seine Redaktion – zunächst die Seiten seiner Zeitung – für kluge und durchaus auch mutige Frauen öffnete. Und das in einer Zeit, in der mit Blick auf die Macher der Zeitungen der weibliche Artikel vorm Wort Zeitung beinahe deplatziert wirkt. Es müsste eigentlich DER Zeitung heißen; männliche Form also. Zeitungen sind damals weitgehend Männersache. Wie die Gesellschaft insgesamt. Aber Wollf schiebt auch bei diesem Thema seine eigene Sicht in die deutsche Verlegerschaft. Wobei wohl Johanna Wollf dabei ein wichtiges Detail sein dürfte; um diese Sicht Wollfs zu erklären. Denn dass seine Frau – auch wenn der liebevolle Kosename „Hannele" etwas anderes andeuten könnte – nicht das damals vermeintlich typische „Heimchen" der Oberschicht gewesen sein dürfte, sondern eine gebildete Frau, die Wollf regelmäßig zu Treffen mit prominenten Künstlern begleitet und dort auch eifrig und treffsicher mitdiskutiert, davon wird noch ausführlicher zu reden sein. Und dass Wollf nicht nur seine eigene Frau, vielmehr Frauen generell, sehr ernst nimmt, wird schon in seinen ersten Jahren bei den *Neuesten Nachrichten* deutlich. So schafft er Ende Mai 1904 kurzerhand gleich zwei recht hausbacken daherkommende Beilagen ab – die tägliche Beilage *Für unsere Frauen* und die wöchentliche Sonntagsbeilage *Für Haus und Herd*. An deren Stelle tritt nun immer sonntags die *Frauenzeitung*; neben dem *Unterhaltungs-Blatt* eine von zwei neuen Sonntagsbeilagen Wollfs. Die *Frauenzeitung* – die später viel passender *Die Frau in der Gegenwart* heißen wird – ist dabei eine Seite mit Beiträgen für die weibliche Leserschaft. Ja, auch Mode- und Haushaltstipps sind hier regelmäßig zu finden; aber es geht vor allem sehr politisch zu. So kritisiert das Blatt Ende Oktober 1904 beispielsweise, dass in Österreich und in Ungarn nur noch diejenigen Gymnasiastinnen an den philosophischen Fakultäten der Universitäten *„als Hörer zugelassen werden, die* *ausgezeichnete Abschlüsse vorweisen können*". Gleichzeitig wird lobend erwähnt, dass der Senat in Hamburg in den kommenden fünf Jahren den Hamburgischen Verein zur Frauenbildung jährlich mit immerhin 5 000 Mark unterstützen wird.[178] Und noch ein interessanter Hinweis auf Wollfs Einstellung zur Emanzipation findet sich gleich 1904 in den *Neuesten Nachrichten*: Im November nämlich druckt das Blatt im Lokalteil eine auffällig platzierte Einladung ab: „*Unsere geschätzten Leserinnen machen wir darauf aufmerksam, daß Sonntag, den 6. November 11 – 1 Uhr in unserer Redaktion die Sprechstunde des Rechtsschutzvereins für Frauen stattfindet, zu deren Besuch wir höflichst einladen.*" Wollf öffnet also seine Redaktion, um Frauen in rechtlichen Dingen beraten zu lassen. Mit diesen Ansichten dürfte er zwar zu Beginn des 20. Jahrhunderts nicht mehr gänzlich im Abseits, aber zumindest noch ein wenig am Spielfeldrand gestanden haben. Argwöhnisch von so manchem Mitspieler der Herrenmannschaft beobachtet.

Wollf mobbt Silvia Brand aus der Redaktion

Dass Wollf beim mutigen Weben am roten Redaktionsteppich für moderne, gebildete Frauen aber gleich zu Beginn seiner Dresdner Jahre mit Silvia Brand ausgerechnet die damals einzige Redakteurin des Blattes vor die Bürotür setzt, scheint widersprüchlich zu sein. Dürfte aber zum einen mit dem aus Wollfs Sicht unzumutbaren Schreibstil Brands und zum anderen wohl auch mit deren Ansichten zu Zeitungsinhalten für die weibliche Leserschaft zu tun haben. Dass sie zum Beispiel noch im März 1903 in der von ihr verantworteten Beilage *Haus und Herd* Speiseplan-Ideen für komplette Wochen drucken lässt – einmal als „*gutbürgerliche Speisezettel für alle Tage*" und dann auch gleich noch in einer Variante für „*einfache Ansprüche*" – sieht Wollf als Desaster für modernen Journalismus. Falsche Schildkrötensuppe, Lendenbraten mit saurer Sahne und Zwiebackspeise mit Himbeertunke für den Sonntag[179] – die Zornesröte in Wollfs Gesichtszügen dürfte beim Lesen solcher Texte wohl damals selbst noch als „Dresdner Chef in spe" im entfernten München ins Violette gewechselt sein.

Zudem ist Silvia Brand 55, als Wollf in die Redaktion kommt. Ihr neuer Chef ist also fast ein Vierteljahrhundert jünger; was sicher zu Konflikten geführt haben dürfte. Vor allem aber nahm Silvia Brand es Wollf übel, in die fast familiäre Idylle der *Neuesten Nachrichten* eingebrochen zu sein. Sie konnte einfach nicht mit ihm und ließ ihn das auch deutlich spüren. Wobei die in solchen Fällen viel beschworene Chemie zwischen beiden auch aus Richtung Wollfs nicht wirklich stimmte. Im Gegenteil, sie führte zu heftigen Verpuffungen, um im Sprachbild zu bleiben. Das zumindest ist in Silvia Brands 1906 erschienener Autobiografie nicht nur zwischen den Zeilen zu lesen, sondern das lässt sie schwarz auf weiß drucken. Silvia Brand bleibt noch bis zum 1. April 1904 in der Redaktion – und hält damit nach Wollfs nun auch journalistischer Amtsübernahme das vertraglich festgelegte

Quartal zur Kündigung ein.[180] Aber schon bei Wollfs Antritt als Verlagschef im August 1903 war ihr wohl klar gewesen, dass sich die Wege trennen würden. Silvia Brand schreibt von einem *„recht unerquicklichen, aber dafür auch lehrreichen Meinungsaustausch"* – und spielt auf ein persönliches Gespräch in der Redaktion an. Daraufhin beginnt Wollf sie fast schon zu mobben, wie sie voll bitterböser Ironie notiert: *„Der neue Chef war so gütig, mich nicht als Redakteurin, sondern als subordinierte Mitarbeiterin seines Blattes gelten lassen zu wollen, er verlangte, daß ich Briefbogen und Kuverts mit meinem Namen und dem Vermerk Redaktion der* Dresdner Neuesten Nachrichten, *Abteilung für* Haus und Herd *nicht mehr verwende."*

Eine interessante Journalistin ist Silvia Brand aber in jedem Fall. Geboren 1848 in Gersdorf – einem überschaubaren Örtchen nahe der Stadt Hartha, wirklich mitten in Sachsen. Schon im zarten Alter von 16 hatte sie einen Künstler geheiratet, um aus dieser dörflichen Enge und vor allem aus den finanziellen Sorgen zu fliehen, die der frühe Tod ihres Vaters gebracht hatte. Glücklich war sie in dieser Ehe nicht; immer wieder nahm sie sich „Auszeiten" im Kloster Marienstern bei Ostritz in der sächsischen Oberlausitz. Nach drei Jahren wurde die Ehe schließlich geschieden – und ein sozusagen königlicher Zufall brachte Silvia Brand nach Dresden. Offenbar hatte sie schon als junge Frau Talent fürs Schreiben, zunächst für die Lyrik – sie schrieb Gedichte. Und bei einem Konzertabend am sächsischen Königshof hatte Silvia Brand eines dieser Gedichte vorgetragen und damit Kronprinzessin Carola begeistert, die ihr daraufhin eine Stelle am Hoftheater in Dresden verschaffte.[181] Aber ihr schauspielerisches Talent reichte – trotz Schauspielunterrichts – nicht aus. Ihr Talent als begabte Journalistin hingegen hatte sie zu dieser Zeit bereits regelmäßig mit Beiträgen für verschiedene Zeitungen bewiesen. Wenn auch unter Pseudonym. Für die *Dramaturgischen Blätter* aus Leipzig, den *Oberrheinischen Kurier* oder das *Bonner Tageblatt* zum Beispiel.[182] Wobei Journalist für die junge Silvia Brand wohl tatsächlich das war, was man einen echten „Traumjob" nennt. Sie war eine Herzblut-Journalistin, damit glich sie ihrem späteren Chef Wollf. Allerdings sah sie ihre Arbeit in erster Linie als Mittel, vom Schicksal Gebeutelten zu helfen – wogegen Wollf den Journalismus vor allem als Chance begriff, gesellschaftliche oder politische Dinge im Großen zu verändern. Was letztlich ja auch die Lebensumstände für die vermeintlich „Kleinen" zum Guten wenden kann, aber für Wollf nicht vordergründig war. Silvia Brand schreibt später jedenfalls, dass ihre Person und ihre schriftstellerische Leistung Wollf zu *„kleinstädtisch"* erschienen. Und sie schiebt gleich hinterher, dass ihr wiederum Wollf zu *„berlinerisch"* dahergekommen sei ... Wobei dies damals für Texte steht, die heute als Boulevard- oder „Yellow Press" durchgehen. Nein, es passte einfach nicht zwischen ihnen.

Die Faszination, die für Silvia Brand vom Journalismus ausgeht, verdankt sie übrigens dem zwischen 1869 und 1872 in Leipzig lebenden Dichter Heinrich Laube, der zuvor auch schon in Dresden aktiv gewesen war. Bis er 1834 aus der

Stadt verwiesen wurde, weil seine Schriften zunehmend politischer – und vor allem politisch missliebiger – geworden waren. Die damals knapp 2[illegible]-jährige Silvia Brand gehörte jedenfalls um 1870 regelmäßig zu den Gästen beim „5-Uhr-Tee“ in Laubes Leipziger Haus, wie sie in ihrer journalistischen Autobiografie *Wie es zugeht* schreibt. Als damaliger Direktor des dortigen Stadttheaters kümmerte er sich intensiv um die Entwicklung junger Schauspieltalente. Silvia Brand war ihm aufgefallen. Und so saß sie nun in diesen illustren, spannenden Runden, die Laube zu diesen Nachmittagen einlud. Honorige Universitätsprofessoren, Künstler und Damen aus der Geldaristokratie, wie sich Silvia Brand später an diese für sie so aufregenden Nachmittage erinnern wird. Bei einem dieser Treffen kam die Rede auf Berufsjournalisten, und Laube habe lakonisch erklärt, *„die Herren sind in ihrer Art Souveräne, Beherrscher der großen Menge, man darf es mit ihnen nie verderben“.* Abgesehen davon, dass auch Laube mit dem Wort „Herren“ auf die männliche Dominanz der Branche anspielt, weiß der Dichter und Theatermann durchaus genau, wovon er spricht. Gerade, was das Thema „Politik“ betrifft, für das er die Journalisten als ausgesprochen wichtige Weiterträger ansieht. Immerhin gehörte Laube 1848 bis 1849 der Nationalversammlung in der Frankfurter Paulskirche an und hatte überhaupt ein sehr bewegtes politisches und vor allem künstlerisches Leben hinter sich. Die junge Silvia Brand war jedenfalls sofort gefesselt von diesen festen Seilen, diesen Wortseilen Laubes: *„souveräne Beherrscher“,* wie verlockend das geklungen haben muss. Und doch war es kein journalistischer Text, der ihr letztlich in Dresden die Tür in eine Zeitungsredaktion geöffnet hatte. Sondern ein Gedicht. 1880 war in Dresden das Germania-Denkmal auf dem Altmarkt enthüllt worden, und Silvia Brand hatte dazu ein patriotisches – ein damit also durchaus in die Zeit passendes – Gedicht verfasst. *Höre uns, Germania* war es überschrieben. Kurz nach dessen Veröffentlichung hatte der damals in Dresden als Komponist noch unbekannte Benjamin Polak-Daniels die Verse in Noten gefasst. Später – 1887 – wird auch der Dresdner Hugo Richard Jüngst eine Melodie auf die Zeilen komponieren, die wesentlich bekannter werden sollte. *„Herr Polak-Daniels war ehrgeizig, er wünschte, daß weitere Kreise von seiner Komposition Notiz nähmen, und ersuchte mich, in der Redaktion der* Dresdner Nachrichten *eine Besprechung der Text- und Tondichtung zu erbitten“,* beschreibt Silvia Brand später diese für sie, wenn auch unerwartet, so wichtig werdende Episode. Der Komponist schlug dabei vor, sie solle sich an den *„hochgebildeten und einflußreichsten Kritiker Sachsens, an Herrn Ludwig Hartmann, wenden“*. Sie tat es tapfer. Und es wurde ein schockierendes Erlebnis: *„Ludwig Hartmann maß mich mit mitleidig lächelndem Blick, dann erwiderte er schroff: ‚Ich schreibe nichts, keine Silbe über die Komposition, schämen Sie sich, daß Sie für einen Juden arbeiten.“* Es war *„ein Faustschlag“*, schreibt sie. Interessant ist die Begebenheit übrigens auch mit Blick auf Wollf. Denn einige Jahre später wird Ludwig Hartmann zu den neu gegründeten *Neuesten Nachrichten* wechseln und „schämt“ sich dort letztlich nicht, für den „Juden“ Julius Ferdinand Wollf zu arbeiten … Doch zunächst zurück in die Redaktion der

Dresdner Nachrichten, deren Herausgeber Julius Reichardt sich nun einmischte. Er bat die noch immer verstörte Silvia Brand in sein Büro – und bot ihr dort nach einem kurzen Gespräch zu ihrer Überraschung an, für sein Blatt zu arbeiten. Sie willigt ein und schreibt nun sogenannte *Pariser Modebriefe* für die Zeitung. Hätte es damals schon Internet gegeben, diese Briefe wären wohl als eine Art „Blog" durchgegangen. Zwanglose Plaudereien über Paris und Frankreich – übrigens ohne jemals dort gewesen zu sein. Sie „bediente" sich in überregionalen Blättern, bekam Zuarbeiten und Briefe. Also eher Schriftstellerei als Journalismus ... Und dennoch ihr Einstieg. Silvia Brand arbeitet nun nebenher für etliche auswärtige Zeitungen und redigiert die *Dresdner Sonntagsblätter*; ein Wochenblatt abseits der *Dresdner Nachrichten*. Und in den *Sonntagsblättern* erscheinen mitunter auch Beiträge, die so gar nicht ins Bild und in die Gedankenwelt des *Nachrichten*-Chefs Julius Reichardt passen. Vor allem nicht ins politische. So hatte beispielsweise ein Beitrag über einen protestantischen Dresdner Pfarrer für reichlich Wirbel an der Elbe gesorgt. Dem Pfarrer war in der Stadt nachgesagt worden, er schlage seine Frau und verkaufe zudem in der Kirche abgegebene Blumenspenden an einen Blumenladen nahe der Kreuzkirche. Es gab heftige Kritik an Silvia Brand – Kritik, die letztlich auch auf die *Dresdner Nachrichten* zurückfiel, wo sie ja hauptsächlich angestellt war. Verleger Reichardt hatte irgendwann genug und zog die Reißleine; auch weil Silvia Brand – wohlwollend umschrieben – recht aufmüpfig auf Kritik reagiert hatte, wie sie später durch die sprichwörtliche Blume in ihren gedruckten Erinnerungen einräumt. Reichardt hatte ihr nicht ganz feinfühlig in der Wortwahl vorgeworfen, sie halte *„wirklich zu offenkundig zum Pöbel"*. Worauf Silvia Brand konterte: *„Ich halte zu demselben Pöbel, mein verehrter Herr Kommerzienrat, von dem Sie Ihre Millionen haben."* Damit war die Tür natürlich krachend zugeschlagen. Silvia Brand nahm offensichtlich kein Blatt vor den Mund; was sicher später auch Wollf ziemlich auf die frischgebackenen Chefredakteursnerven gegangen sein dürfte.

Nach einem Vierteljahr Auszeit geht Silvia Brand 1893 zu den neu gegründeten *Neuesten Nachrichten*. Hier übernimmt sie wie erwähnt die sonntags erscheinende Beilage *Haus und Herd*. Und sie organisiert zudem regelmäßige „Frauen-Sprechstunden" in der Redaktion. Zu festgelegten Zeiten, meist sonntags, können Frauen – später dann auch alle Leser – mit ihren Problemen zu ihr in die Büros an der Pillnitzer Straße kommen. Silvia Brand nimmt sich anschließend der Themen an und versucht zu helfen. Das kam an, denkt sie nicht ohne Stolz zurück; allein um die 90 Briefe pro Woche landeten auf ihrem Schreibtisch. Der steht übrigens – wohl wegen der beengten Platzverhältnisse in der Redaktion – nicht an der Pillnitzer Straße, sondern bei Silvia Brand zu Hause. In Niederlößnitz, an den Weinbergen der heutigen Stadt Radebeul am Dresdner Stadtrand, in der Hohen Straße 17. Diese Adresse ist auch für die Leserbriefe in der Beilage *Haus und Herd* angegeben. Und auch eine kleine Vorweihnachtsidee Silvia Brands trifft den Nerv der Leserschaft: In den Adventswochen organisiert Brand ab und an „Nähstunden“ in der Redaktion. Angebote, die Wolff schon kurz nach seinem Antritt als Chefredakteur ins Geschichtsbuch der *Neuesten Nachrichten* verbannen wird. Kaffeekränzchen und Nähkurse, das eben ist nicht das Frauenbild, das aus seinen *DNN* herausschauen soll.

Wobei Wolff die Arbeit Silvia Brands wohl nicht erst als journalistischer Chef des Blattes kritisch und skeptisch beäugt. Eine der Scheren, um das sprichwörtliche Tischtuch zwischen ihm und Silvia Brand zu zerschneiden, setzt Wolff schon im Sommer 1903 an; wenige Tage nach der Übernahme der Verlagsleitung. Wollfs Vorgänger Ludwig Gümber hatte den Teilnehmerinnen an den „Nähstunden“ offenbar versprochen, einen sogenannten *Damen-Kaffee* zu veranstalten. Den sollte Silvia Brand organisieren. *„Weil ich selbst nicht die Mittel besitze, die eine solche Festlichkeit erfordert, schrieb ich wie bisher üblich an den mit den Kaffeegeschäften der* Dresdner Neuesten Nachrichten *betrauten Herrn Caspar und erbat den Beitrag von fünfundzwanzig Mark, den Herr Ludwig Gümber seinerzeit bewilligte“,* beschreibt Silvia Brand das bedrohlich heranziehende Gewitter. Denn Wolff tippte bereits eifrig einen bitterbösen Brief in seine Verlegerschreibmaschine, mit dem Vorwurf an Silvia Brand, *„daß ich mich nur deshalb an Herrn Caspar gewendet habe, um mir hinter seinem Rücken einen Vermögensvorteil von fünfundzwanzig Mark zu verschaffen“*. Ein heftiger Vorwurf. Wollte er sie nur verletzen oder misstraute er ihr wirklich? Offenbar ließ Wolff während der in diesen Wochen noch immer organisierten „Sprechstunden“ sämtliche Türen zu den Nachbarräumen verschließen. Silvia Brand nahm das mit tiefschwarzem Sarkasmus: *„Fürchtete er, daß eine seiner vielen Scheren oder ein Kleistertopf abhandenkommen könne?“* Und sie legt in ihren 1906 gedruckten Erinnerungen dann noch eine kräftige Kohle ins Arroganzfeuer, das sie in Wolffs Herzen lodern sieht: *„Er rauchte eine vorzügliche Zigarre! Eine Zigarre, deren Aroma die in der Sprechstunde anwesenden Damen entzückte und den gleichfalls anwesenden brot- und stellenlosen Männern eine lange Geschichte von Wohlleben und Reichtum erzählte.“* Am 3. März 1904 reicht sie jedenfalls ihre Kündigung ein. Und Wolff dürfte sich daraufhin sicher eine dieser vorzüglichen Zigarren angesteckt und zufrieden geraucht haben!

Am 10. November 1910 stirbt Silvia Brand in Dresden; mit nur 62 Jahren. Zuvor hatte sie sich offenbar noch mit Wolff versöhnen wollen. Sie habe ihm einen Brief geschickt, schreibt sie, aber Wolff habe nicht geantwortet …

Wolff – keine Angst vor starken Frauen

Wolff hat jedenfalls keine Angst vor starken Frauen. Und er ist überzeugt von seinem Weg, den Gedanken genau dieser Frauen sein Blatt und die Köpfe seiner Leserinnen – aber auch der Leser – zu öffnen. Die steigenden Verkaufszahlen geben ihm recht. Und gerade die Frauen dürften dabei keine zu unterschätzende Rolle gespielt haben. Sie hatten in den Haushalten mehr und mehr die finanziellen Hosen an – sie mussten mit dem Geld auskommen, das der Mann und zunehmend auch die Frauen zum Unterhalt der Familie verdienten. Wollte der Mann eine Zeitung, musste das Blatt wohl längst auch die Frau im Haushalt überzeugen, damit sie das notwendige – damals tatsächlich noch – Kleingeld dafür „genehmigte". Vielleicht hatte Wolff neben seinem inhaltlichen Anspruch auch diese nicht zu unterschätzende wirtschaftliche Nebenstraße im Blick, wenn er mit seiner Zeitung verstärkt in Richtung Leseangebote für Frauen einbiegt? Aber Wolff setzt eben nicht auf „billige" Unterhaltung, sondern auf hochwertige, intelligente Beiträge. Und er lässt deshalb, wie schon angedeutet, namhafte und durchaus politisch kritische Autorinnen für seine Frauenbeilage schreiben. Frieda Radel aus Hamburg zum Beispiel. Was eine mutige Personalie gewesen sein dürfte. Immerhin war die 1869 in Altona geborene Autorin eine, die zu den radikaleren Aktivistinnen der bürgerlichen deutschen Frauenbewegung gezählt wurde: Sie machte sich im Hamburger Verein Frauenwohl für das Wahlrecht von Frauen stark, wurde 1909 verantwortliche Redakteurin der Zeitung *Hamburger Hausfrau*, die kurz darauf *Hamburger Frauenzeitung* hieß. In den 1920er Jahren war sie zudem Chefredakteurin der Zeitschrift *Frau und Gegenwart* und arbeitete auch für den Rundfunk. Für die *Deutsche Welle* beispielsweise und die *Nordische Rundfunk AG*, wo sie mitverantwortlich für den *Frauenfunk* war.[183] Die Medien öffnen sich also mit den Jahren den Frauenthemen; lange Zeit nachdem Verleger wie Wolff erste Türklinken kräftig heruntergedrückt hatten. Frieda Radels Rundfunkarbeit kam dabei übrigens auch den *DNN*-Leserinnen zugute. So schreibt sie im März 1928 über eine spannende Begegnung mit der damals prominenten Schriftstellerin Alice Berend im Rundfunksaal.[184] Und überhaupt war sie nicht auf den Mund gefallen, was hier nicht nur sprichwörtlich zu nehmen ist. Denn Frieda Radel – eigentlich Anna Frieda Susanna Radel – war auch eine gefragte Referentin in Sachen Frauenrecht.

Nicht minder spannend ist die Personalie Dr. Käthe Marcus, die vor allem Ende der 1920er Jahre regelmäßig in der Frauenbeilage der *Neuesten Nachrichten* auftaucht. 1892 in Münster geboren, ist sie die Tochter des bekannten jüdischen Mundartdichters und Schauspielers Eli Marcus, der auch unter dem Pseudonym Natzohme zu Ruhm gekommen war. Eli Marcus war zudem politisch aktiv; im „Verein zur Abwehr des Antisemitismus". Interessant: Mutter Anna Marcus wurde als Anna Dinkelspiel 1868 in Mannheim geboren, wuchs dort auch auf. Und in Mannheim verbrachte bekanntlich auch Julius Ferdinand Wolff einen Großteil seiner Kindheit und Jugend. Waren sich die fast gleichaltrigen Anna Dinkelspiel und Wolff in Mannheim begegnet? Tochter Käthe Marcus schreibt jedenfalls häufig für Wolffs *Die Frau in der Gegenwart* – unter anderem Ausstellungsbetrachtungen aus Berlin,[185] wo sie lebt. Aber auch hochpolitische Beiträge, wie im Mai 1928 eine Betrachtung zu 20 Jahren politischer Frauenarbeit in Deutschland. Eine wortgewandte, kluge Schreiberin.

Wobei Wollfs *DNN* die Frauen nicht ausschließlich in die Beilagen „verbannt". Am 7. Juli 1927 zum Beispiel schreibt Kulturredakteur Georg Paech einen kompletten Feuilletonkeller über den anstehenden 60. Geburtstag von Käthe Kollwitz der aus Königsberg stammenden progressiven Grafikerin und Bildhauerin. Durchaus eine Frau, die – ohne es selbst lautstark in den Vordergrund zu rücken – viel für den Durchbruch und die Selbstständigkeit von Frauen in der deutschen Kunst getan hat. 1919 wird Käthe Kollwitz zum Beispiel die erste Frau, die eine Professur an der Preußischen Akademie der Künste bekommt. Und sie ist eine politische Künstlerin. Der Pazifismus ist tief in ihre Seele eingebrannt, nachdem ihr Sohn kurz nach Beginn des Ersten Weltkriegs in Belgien einen dieser millionenfachen sinnlosen Soldatentode stirbt. Sie steht den Sozialdemokraten nahe; widmet aber auch Kommunistenführer Karl Liebknecht nach dessen Ermordung 1919 einen Holzschnitt. Später wird sie für eine Zusammenarbeit von SPD und KPD eintreten, um ein Erstarken der Nationalsozialisten zu verhindern. Hier springt Wollf also durchaus über seinen Schatten; denn mit der politischen Linken hat er nichts am Hut. Aber Käthe Kollwitz entspricht genau jener Rolle, die Wollf für Frauen in der Gesellschaft sieht. Sie sollen sich einmischen, auch politisch, findet er. Und diese Frau, diese Künstlerin, beeindruckt ihn offenbar. Wie sich auch *DNN*-Autor Georg Paech in seinem Feuilleton 1927 lesbar begeistert vor Käthe Kollwitz verbeugt: *„Eine geistreiche französische Marschallin hat einmal gesagt, die Frau sei schön in ihrer Jugend durch ihren Körper, in der Reife durch ihren Geist, im Alter durch ihre Güte. Die Augen der Käthe Kollwitz sehen die Dinge mit ruhiger Klarheit. Schon über die Dinge hinweg ins Unendliche. Sie verstehen. Ohne Worte."* Beeindruckt ist er auch von ihren politischen Werken. Wie die Skizzen nach Hauptmanns *Webern*; die ihn offenbar auch Jahrzehnte später noch atemlos machen. Und überhaupt erdrückt ihn fast die *„Wucht ihrer Stoffe"*, von der man sich regelrecht losreißen müsse, wie Paech es beschreibt. Kollwitz habe eine Kunstsprache *„der klaren Einfachheit"* gefunden, *„eine Sprache, die man im elendsten Nest so gut wie in Berlin, in Rußland so gut wie in Wien, Kopenhagen und Paris versteht. Sogar Amerika versteht sie und kauft"*, schreibt er.

Ja, für starke Frauen öffnet Julius Ferdinand Wollf dann doch ab und an mal sein politisches Gedankengefängnis, das er seinen *DNN* gebaut hat. So drucken die *Neuesten Nachrichten* am 2. Juli 1927 beispielsweise eine Porträtzeichnung ab, die Clara Zetkin zeigt – mit dem Verweis auf deren 70. Geburtstag am 5. Juli. *„Eine der ältesten politischen Kämpferinnen Europas und kommunistische Reichstagsabgeordnete"*, erfahren die *DNN*-Leser dazu in der Bildunterschrift. Wenn auch nur ein vergleichsweise kleines Bild, dürfte es für Wollf wohl eine große Überwindung gewesen sein. Was aber gleichzeitig seine Wertschätzung für kluge Streiterinnen in der Frauenbewegung unterstreicht. Denn Wollf sind weder Zetkins politische Haltung noch ihre Sicht aufs Thema „Theater und Kultur" entgangen. So war sie über Jahrzehnte bis 1926 Herausgeberin und eine der Hauptautorinnen der *Gleichheit*, der Zeitschrift für Arbeiterfrauen und Arbeiterinnen, wie es unter dem Titel hieß. Ein offen sozialdemokratisches Blatt. Wie Clara Zetkin selbst auch offen sozialistische Gedanken vertrat – und für die Kommunisten eben im Reichstag saß. Diese politische Einstellung gilt dabei für sie auch mit Blick auf die Kunst, die zunehmend zum kapitalistischen Geschäft werde, wie sie unter anderem in ihrer 1911 veröffentlichten Schrift *Kunst und Proletariat* kritisiert. Die Kunsthändler, so Zetkin, diktierten zunehmend, was Künstler schaffen sollten. Kunst sei längst Ware. Wobei sich hier Wollfs und Zetkins kritische Sicht wohl im Groben decken dürften. Auch was Zetkins Ansichten betrifft, bürgerliche Kunst solle dem Proletariat nahegebracht werden. Da rollen die Wellen Wollfs und Zetkins quasi im Gleichklang an den Strand des Gedankenmeers. Und doch ist der Salzgehalt des Wassers sehr unterschiedlich! Denn Clara Zetkin macht sich gleichzeitig für eine sozusagen sozialistische Gegenkultur stark. Das Proletariat solle seine eigene Kultur finden, und das – so findet Zetkin – könne wohl ohne Revolte nicht funktionieren. *„Das Proletariat kann als Klasse nicht an den Toren der kapitalistischen Trutzburg rütteln, es kann nicht aus der Nacht und Not der Fabriken empordrängen, ohne sich mit seinem eigenen Kunstsehnen und der Kunst unserer Zeit auseinanderzusetzen."*[186] Und darauf fußend müsse eben eine ganz eigene Kunst wachsen, schlussfolgert die überzeugte Sozialistin. Wobei sie ganz besonders die erzieherische Wirkung der Kunst sieht. Und die politische Zündschnur, die Kunst sein kann. So schreibt Zetkin 1911 beispielsweise auch: *„Aber eines müssen wir dabei festhalten. Solange die beherrschten Klassen sich ihres Gegensatzes zu den Herrschenden nicht klar bewusst sind, nicht danach trachten, ihn aufzuheben, können sie auch für die Kunst keine neuen gesellschaftlichen Entwicklungsmöglichkeiten, keinen neuen, weitreichenden Inhalt schaffen."*[187] Das kann dem Sozialisten- und Kommunisten-Skeptiker Wollf nicht gefallen haben. Und dennoch hat ihn diese kluge Frau offensichtlich so beeindruckt, dass sie zumindest erwähnt wird.

In Wollfs *Neuesten Nachrichten* sind jedenfalls die Lebensumstände von Frauen, ihre Ansichten und Ansprüche längst gleichberechtigte Themen. Auch scheut sich Wollf nicht, seine wenig konservative Sicht auf das umstrittene Thema „Abtreibung" offen auszubreiten. Und endlich rechtliche Sicherheit für Frauen einzufordern, die aus Nöten heraus gezwungen sind abzutreiben. Wollf sieht auch hier die Gefahr, dass sich die Frauen zu illegalen „Kurpfuschern" flüchten. So schreibt er zum Beispiel 1930 in seiner Rezension zur Dresdner Aufführung von Wedekinds Stück *Hidalla*, das unter anderem die Unterdrückung der Sexualität thematisiert: *„Immerhin verfallen jährlich noch Tausende bedauernswerter Frauen und Mädchen verruchter Abtreiberei, weil die zweifelsfreie Erkenntnis noch kein zweifelsfreies Recht hervorgebracht hat."* Das Blatt macht sich schon seit Wollfs ersten Jahren in Dresden regelmäßig stark für die politischen und gesellschaftlichen Interessen der Frauen. Und das in einer Zeit mit noch immer männlich dominierter Sicht auf die Politik. Auch hier geht

Wolff voran. Wie beschrieben, als einer der ersten Verleger im Land. Er hält das bis in die 1930er Jahre durch. Und vermutlich hat er im Verlegerverband auch das eine oder andere Streitgespräch führen müssen.

Wollfs Kampf gegen das drohende Journalisten-Gesetz

Viele freie Zeilen dürfte Wollfs Terminkalender in den 1920er Jahren wohl nicht gehabt haben. Und regelmäßig dürfte dafür wohl auch die Bezirksarbeitsgemeinschaft der sächsischen Presse gesorgt haben, deren Gründungsmitglied und Vorsitzender er gewesen war. Die sächsische Verbindung von Verlegern und gewerkschaftlich organisierten Redakteuren – sozusagen ein Abbild der Reichsarbeitsgemeinschaft auf Landesebene. Dazu schlossen sich am 3. November 1926 in Dresden Vertreter des Landesverbandes der Sächsischen Presse und des Vereins der Sächsischen Zeitungs-Verleger zusammen. Wollff teilte sich als Verlegervertreter den Chefposten mit dem Redakteursvertreter Dr. Blanck, der ebenfalls aus Dresden stammte.[188] Wollfs Verbindung zum gewerkschaftlichen Redakteursverein, dem Landesverband der sächsischen Presse, war also durchaus eng. Doch auch hier gilt: Eine Liebesbeziehung war es nicht. Sein Wirken für die Gewerkschaft beschränkt Wollff auf Vorträge zur Weiterbildung der Redakteure. Wie beispielsweise auf dem von der Reichsarbeitsgemeinschaft organisierten 2. Zeitungsfachlichen Fortbildungskurs im November 1930 am Deutschen Institut für Zeitungskunde in Berlin. Hier spricht Wollff über das *Wissen und Gewissen des Feuilletons*.[189]

Welchen Dampfer Julius Ferdinand Wollff kräftiger heizt, wird nicht zuletzt bereits 1924 deutlich, während der deutschlandweiten Diskussion um eine Initiative des Reichsverbands der Deutschen Presse zu einem *Gesetz betreffend die Rechte der Redakteure* – kurz Journalisten-Gesetz. Das bekommt letztlich keine Chance;[190] der Gegenwind ist einfach zu stark. Und auch Wollff ist einer, der heftigen Sturm erzeugt – und er stellt sich sehr eindeutig auf die Seite der Verleger. Schon während einer außerordentlichen Hauptversammlung des Vereins Sächsischer Zeitungs-Verleger am 9. März 1924 im Dresdner Hotel „Bristol" war dem Gesetzentwurf heftige Ablehnung entgegengeschlagen, wie der *Zeitungs-Verlag* zu berichten weiß: *„Nicht nur von den großen, sondern auch von den Vertretern der kleineren und mittleren Zeitungsverlage wurden die schärfsten Bedenken gegen eine gesetzliche Regelung in dem von den Redakteuren gewünschten Sinne geäußert, und es wurden die Gefahren für die deutsche Presse und für die Oeffentlichkeit, die zweifellos durch eine gesetzliche Regelung der von dem Redakteursverband angeschnittenen Fragen entstehen, nachdrücklich betont."*[191] Kurz gesagt ging es hier um Regelungen, die es Redakteuren erlaubt hätten, ihre Meinung im Blatt frei und auch gegen den Willen des Herausgebers zu äußern. Und zwar ohne Gefahr zu laufen, entlassen zu werden. Ein Fakt, der Verleger Wollff bitter aufstößt. Und den er mit aller Schärfe bekämpft. Im Schlusswort der Hauptversammlung des

Vereins Deutscher Zeitungs-Verleger im Juli 1924 in Stuttgart begründet Wolff die Gefahr grauer Verlegerhaare durch dieses Gesetz vor allem mit der dann fehlenden Möglichkeit, sich gegen qualitativ schlechte Beiträge im Blatt wehren zu können. Er befürchtete gewissermaßen Anarchie in den Redaktionsstuben, wenn er sagt: *„Glauben Sie doch unseren Erfahrungen und Erfahrenen! In dem Augenblick, in dem der Verleger mit einem Redakteur auf der Basis verkehren müßte: ‚Das darfst Du nach dem Gesetz' und ‚das darfst Du nicht!', hätte die regierungsrätliche Theorie die Arbeit und das Zusammenarbeiten erschlagen. Jede berechtigte Qualitätsrüge würde eine Ketzerei. Über Taktverletzungen würde man sich nur schwer einigen. Der Getadelte würde sagen: ‚Jetzt hast Du mit Deinem plumpen Fuß in meine Weltanschauung getreten, das brauche ich mir nicht gefallen zu lassen!' Jede Qualitätsrüge würde auf diese Weise eine Vertragsverletzung. Dann können wir darum streiten, was der Gesetzgeber zu diesem Casus meint. Es müßte in diesem Gesetz doch auch etwas stehen von den Entschädigungen und dem Schutz der Zeitungen."*[192]

Wolff sieht im Gesetzentwurf der Redakteursvertreter-Organisation die deutliche Gefahr, dass nun der von ihm so abgrundtief gehasste Dilettantismus gar per Gesetzeskraft mit wehenden Siegesfahnen in den Zeitungsredaktionen Einzug halten könnte. Denn der Entwurf sah vor, dass nur Mitarbeiter den Posten eines verantwortlichen Redakteurs übernehmen dürfen, die mindestens drei Jahre für Zeitungen tätig gewesen waren. Wolff fragt daraufhin: *„Nun da gibt es persönlich sehr liebenswerte Menschen, die viele Jahre als ‚Redakteur' mitgehen. Aber man kann ihnen selbständig nichts überlassen. Und andererseits entdeckt man einen geborenen Redakteur und Journalisten schöpferischer Art. Der soll drei Jahre lang kaltgestellt werden. Aber der ganz kleine Mann, der mit Mühe und Not eine anständige Überschrift über eine Lokalnotiz schreibt, der ist vollbürtiger Redakteur, weil er schon so lange da ist?"*[193] Spielt hier bei Wolff vielleicht der Blick auf die eigene Journalisten-Biografie eine Rolle? Schließlich war auch er sozusagen als „Seiteneinsteiger" in die Redaktion der *Münchner Zeitung* gekommen. Damals 1899. Und so entfacht Wolff nun eine feurige Diskussion über – aber vor allem gegen – den Gesetzentwurf. Man brauche keine solche Regelung, um den Redakteuren das finanzielle Auskommen zu sichern. Dazu, so Wolff, gebe es schließlich in jedem deutschen Land Tarifverträge. Gleichzeitig drohte Wolff dem Gesetzgeber, die Forderungen des Redakteursverbandes gegen den Willen der Verleger durchzusetzen: *„Es würde mir leid tun, wenn der Staat, der schon so viele Gesetze gemacht hat, in einer Zeit, wo wir vor neuen, ganz großen sorgenreichen Aufgaben stehen, vor vielen noch wichtigeren Dingen, gerade jetzt sich mit uns raufen wolle. (...) Wenn Sie in einer Zeit, in der Sie die Presse ganz besonders brauchen werden (...), wenn Sie diese Presse und ihre Mitwirkung irgendwie schwächen, so wäre das ein verhängnisvoller Fehler."*[194] Wolff geht sogar so weit, ein Verbot von Gewerkschaftsarbeit für Zeitungsleute ins Spiel zu bringen: *„Unsere Meinung war ja, daß ein solcher Beruf überhaupt* *nicht gewerkschaftlich zu organisieren ist, weil ein Redakteur nicht zu vergewerkschaftlichen ist!"*[195] Ein Satz mit politischer Dimension? Ja – und nein. Hier geht es Wolff wohl eher um die Qualität der Zeitung, die er in Gefahr sieht.

Denn was Wolff in der deutschen Presselandschaft ganz besonders aufregt, ist der schon erwähnte Dilettantismus. Ein Wort, das Wolff mit Vehemenz benutzt. Vor allem in der Berichterstattung über Theateraufführungen und nicht zuletzt die Medizin lassen Wolff unbedarfte, ahnungslose Schreibereien eilig und mit wutrotem Gesicht auf die verbale Palme klettern. Dass einige Blätter mit oberflächlichen und vielleicht sogar für manchen Medikamentenhersteller „liebedienernd" verfassten Beiträgen ihren Lesern unerfüllbare Hoffnungen auf Heilung machen, bringt ihn als Choleriker zu regelrechten Tobsuchtsanfällen. Wolff setzt auf Mediziner, die für die Zeitung schreiben sollen. Und er regt sich leidenschaftlich über „Sensationsberichterstattung" auf, wie er immer wieder schreibt. *„Der interessanteste, rein wissenschaftliche Versuch kann für Millionen unwissentlich falsch und mit Hoffnungserweckung dargestellt unendliches Unheil anrichten"*,[196] ist Wolff überzeugt. Wie es ihn auch zur Raserei bringt, wenn beispielsweise trotz belegter Tatsachen, wie zum Beispiel dem Erfolg der Pockenimpfung, Impfgegnern mit der *„Übertreibung von Impfschäden"*[197] tendenziöser Platz in den Zeitungen eingeräumt wird und sie damit sozusagen hin und wieder ein Übergewicht in der öffentlichen Diskussion bekommen. Hier wird Wolff nicht zuletzt am Rednerpult und in den Pausengesprächen bei den „Häppchen" auf den Gängen im Verlegerverein nicht müde, seine Kollegen zu mahnen.

Er wettert aber auch gegen die Gefahr an, dass junge Theatertalente durch unüberlegte, dilettantische Federstriche aus der (Lauf-)Bahn, zumindest aber in ihrer Entwicklung zurückgeworfen werden könnten. Vor allem, weil in etlichen Zeitungen journalistisch gänzlich unausgebildete „Nebenberufler" von der Leine gelassen werden, lädt Wolff regelmäßig die Buchstabenkanone mit schwerer Munition. So schimpft er beispielsweise: *„Ich habe schon oft auf Versammlungen und Kongressen über den weit verbreiteten Unfug geklagt, gänzlich amusische und dilettantische ‚Mitarbeiter' statt von künstlerischem und persönlichem Verantwortungsbewußtsein erfüllter ernst zu nehmender Kritiker auf Kunst und Künstler loszulassen. Die gefälligen Leute, die im Nebenamte sogenannte Rezensionen schreiben und denen es in der Hauptsache um Freikarten für die Theater zu tun ist, sollten von Verlegern und Redakteuren gleichermaßen gemieden werden. Das Unheil, das sie anrichten, wirkt sich nicht nur in der Presse und in den Urteilen über die Presse aus. Da wird keimendes künstlerisches Leben von bestenfalls Schauspielbetrachtern abgetötet."*[198] Solch bissige Sätze wie diese dürften auch mit den Erfahrungen Wolffs zu tun haben, die er als Dramaturg an den Theatern in Karlsruhe und München sammeln konnte. Oder gar musste? Hier hatte er gleichsam auf der „anderen Seite" der journalistischen Barrikade gestanden. An den Theatern – und in den Künstlerkreisen – wurden die Namen von Kritikern, die intellektuell oder jedenfalls fachlich nicht in der Lage waren, Rezensionen zu verfassen, fast schon wie Voodoo-Puppen gehandelt. Und mit dem Kampf gegen *„dilettierende alte Tanten"*, wie Wolff aus seiner Sicht unfähige Kunstkritiker regelmäßig beschimpft, ist der *DNN*-Chef quasi in Dauerschleife auf Sendung. Auch deshalb macht sich Wolff für die Fortbildung seiner Kollegen stark – und engagiert sich für eine fundierte Journalisten-Ausbildung an Hochschulen. Wobei ihm im Fall der Kunstkritik wohl echte Theaterfachleute lieber sind, die für die Leser mit Worten umgehen können.

Rotes Tuch: Lehrer

Auch im heimischen Dresden zieht Julius Ferdinand Wolff vehement in die Verbalschlacht gegen den verhassten Dilettantismus. Und das mit weit offenem Visier. Gerade Lehrer hat Wolff dabei als echtes Feindbild ausgemacht. Denn vor allem Lehrer sind es, die in den Blättern regelmäßig als Feierabendjournalisten auftauchen – und die aus Sicht Wolffs dabei vom Qualitätsjournalismus weiter entfernt sind als die Erde von der Sonne: *„Besonders produktiv stellt sich in dieser Beziehung die Arbeit der Lehrer, die über genügend Zeit verfügen und in zahlreichen Fällen geradezu festangestellte Mitarbeiter von Zeitungen sind und dort Honorare beziehen, die ihr Einkommen noch übertreffen. (...) In Großstädten sind genügend Berufsjournalisten und Berufsschriftsteller vorhanden (...), um den Bedürfnissen der Tagespresse vollauf zu genügen"*,[199] wettert er. Für seinen Feldzug gegen die nebenjobbende Lehrerschaft in den Redaktionsstuben nutzt Wolff natürlich auch hier seine Positionen in einschlägigen Verbänden und Organisationen. Kaum eine Verlegertagung, auf der er nicht mahnend den Zeigefinger hebt. So findet sich beispielsweise in der *Deutschen Presse* – dem Blatt des Reichsverbands der deutschen Presse – vom 16. Dezember 1925 ein Beitrag, der zwar keinen Autornamen aufweist, aber in Wortwahl und vor allem Detailkenntnis über Vorgänge am Staatstheater in Dresden durchaus von Wolff stammen dürfte. Zumindest aber von ihm initiiert und mit Fakten gefüttert. Außerdem spricht der Verfasser von seinen persönlichen Beziehungen zu einem Theaterdirektor – sicher dem Dresdner Intendanten Graf Seebach, mit dem Wolff eng befreundet war. Es geht um den Dresdner Berufsschullehrer Johannes Reichelt. Der verfasst unter dem Pseudonym Ritter Beiträge über das Dresdner Staatsschauspiel und veröffentlicht diese in zahlreichen, auch außerhalb der sächsischen Hauptstadt erscheinenden Zeitungen. Aber zum Ärger Wolffs auch in einigen Dresdner Blättern. Wie zum Beispiel über die Aufführungen zum Jubiläum des Dichters Gerhart Hauptmann im Dresdner Schauspielhaus mit den Stücken *Die schwarze Maske* und *Elga* im Herbst 1922 in den *Dresdner Nachrichten*. Was Wolff wohl bei der morgendlichen Zeitungslektüre in seinem Büro am Ferdinandplatz die Sahne im Kaffee gerinnen ließ. Doch Lehrer Ritter-Reichelt konnte offenbar ungehindert weiter vor sich hin dilettieren, bis Wolff sich dann gut drei Jahre später an den Bezirksverein Dresden im Landesverband Sächsische Presse wandte – in dem Wolff ja ebenfalls Mitglied war. In der *Deutschen Presse* schreibt Wolff nun also an Verleger und Redakteure: „*Es ist ein alter Uebelstand in der deutschen Presse, daß sie sich vielerorts Mitarbeiter bedient, die nicht nur das nötige Rüstzeug für unseren Beruf nicht mitbringen, sondern darüber hinaus in vielerlei Beziehung berufsschädigend wirken. (...) Es ist ein unhaltbarer Zustand, wenn freie Journalisten aus Mangel an Aufträgen in Not leben, während im selben Ort den mit regelmäßigen Einkommen und mit Pensionen ausgerüsteten Lehrern umfangreiche journalistische Aufgaben zuerteilt werden, nur weil diese billiger arbeiten. Neben der materiellen Schädigung unserer Kollegen tritt aber noch eine ideelle Beeinträchtigung unseres ganzen Berufes in Erscheinung. (...) Ein alter Theaterdirektor sagte dem Verfasser dieser Zeilen kürzlich, daß die schriftstellerisch tätigen Nichtjournalisten diejenigen wären, die sowohl durch Anforderung von Theaterkarten, durch unsachverständige Kritik, aber auch durch besonders prätentiöses Auftreten an der Theaterkasse immer unangenehm auffallen und dem Ansehen der Presse mehr Schaden zufügten, als ihre Auftraggeber ahnten. (...) Der Bezirksverein Dresden hat sich inbesondere mit dem Berufsschullehrer Johannes Reichelt – Dresden (der auch unter dem Pseudonym Ritter schriftstellert) beschäftigt. (...)Er schreibt für mehr als 20 deutsche Zeitungen Kritiken und sonstige Feuilletons. (...) Aus dem vorliegenden Material wollen wir heute nur ein Beispiel wiedergeben. Herr Reichelt berichtet über Opern und Schauspiele (solche Herren sind obendrein meist noch ‚Alleskönner'), u. a. auch über die Sächsischen Staatstheater zu Dresden. Im Mai dieses Jahres verschickte er eine Arbeit über die Dresdner Staatstheater, die in einer Anzahl namhafter deutscher Zeitungen erschien und die nichts weniger als 10 sachliche Unrichtigkeiten enthielt.*“[200] Dabei hatte der Bezirksverein Dresden bereits im November 1919 in der sächsischen Hauptstadt durchgesetzt – sicher auch unter dem starken Einfluss Wolffs –, dass Theaterkarten nur noch an Journalisten ausgegeben werden sollten, die sich als Vereinsmitglieder legitimieren können. So sollte dem Missbrauch von Freikarten ein Ende bereitet werden.[201]

Es wirkt wie der Kampf Don Quichotes gegen die berühmt-berüchtigten Windmühlen. Aber Wolff kämpft diesen Kampf unverdrossen. Und hofft, dass sich immer mehr Verleger in seine „Armee“ einreihen. So nimmt sich Wolff diese von ihm so gehassten journalistischen Laien auch in seiner Rede auf der Eröffnungsveranstaltung der Presse-Ausstellung *Pressa* in Köln am 12. Mai 1928 vor: „*Die Presse, die große Mode, das ist für uns Leute vom Bau etwas sehr Schmeichelhaftes, aber der Chor der Laien (...) glaubt, jeder, der ein Vokabularium und einen Bleistift besitzt, könne das auch. (...) Wir wissen aus einem Wort unseres deutschen Philosophen Lichtenberg, daß, wenn ein Kopf und ein Buch zusammenstoßen und der Klang nicht erfreulich ist, daß das nicht immer an dem Buche liegt, sondern manchmal auch an dem Kopf. Das gilt nicht nur für das Buch, das gilt auch für die Zeitung.“*[202] Wolff hofft wohl auch kraft seiner Rolle als Vizechef des Verbandes auf ein Umdenken vieler seiner Verlegerkollegen. Und so greift er beispielsweise auch am 21. Juni 1924 während der Hauptversammlung des Verlegervereins in Stuttgart zu gewohnt kräftigen Vokabeln: Der Dilettantismus sei Unkraut, das in der deutschen Presse wuchere, mahnt Wolff. *„Über die Sünden der deutschen Kunst- und Theaterkritik könnte ein nicht einmal überflüssiger florentinischer Savonarola an 52 Sonntagen des Jahres und an sämtlichen Feiertagen erbaulich predigen, ohne seine Zuhörer zu langweilen.“*[203] Wobei Wolff wie erwähnt die weitaus größeren Gefahren bei der Berichterstattung über medizinische Themen sieht – wenn auch hier Dilettanten ans Werk gehen dürfen. Auch darauf kommt er in seiner bitterbösen Rede in Stuttgart noch einmal zu sprechen: *„Es vergeht kaum eine Woche, in der der deutsche Zeitungsleser nicht etwas lesen kann über die Entdeckung des Krebserregers. Oder über ein neues Mittel, den Krebs oder weit fortgeschrittene Tabes völlig zu heilen. (...) Da blüht der Dilettantismus in der Presse ebenso, wie vor Jahren, als es Mode war, von Vererbung drauflos zu sprechen und zu schreiben.“*

Wolff nimmt die Verleger, aber auch die Verantwortlichen in den Redaktionen in die Pflicht. Die Presse brauche wissenschaftliche Mitarbeiter, fordert er. Nur diese dürften – neben den ausgebildeten und festangestellten Redakteuren – einen Schlüssel für die Redaktionstüren bekommen. *„Wir haben wissenschaftliche Spezialkorrespondenzen. Es gibt genug schriftstellerisch begabte Naturwissenschaftler und Ärzte, die gern bereit sind, über neue Heilmittel und Forschungsergebnisse zu berichten. Aber der Mann, der heute als Archäologe über ägyptische Gräberfunde, morgen über billige Bauweise und Wohnungsstatistik, übermorgen über das Insulin auf Grund meist ebenso zustandegekommener Zeitungsnotizen schreibt, bedenkt meist nicht einmal, welches Unheil er anrichtet, allein schon durch getäuschte Hoffnungen. (...) Die bangen und hoffnungsvollen Fragen, die die Zeitungen und ihre ernsten wissenschaftlichen Mitarbeiter nach solchen dilettantischen Veröffentlichungen bestürmen, sind oft so erschütternd, daß es zur Pein wird, diese frivol gezüchteten Hoffnungen durch eine sachliche Mitteilung zu Boden zu schlagen.“*

Aber warum reibt sich Wolff eigentlich so auf? Es ist seine Sicht auf die Rolle der Journalisten. Für ihn zählen die Zeitungsredaktionen wie schon mehrfach erwähnt zu den wichtigsten Schaltzentralen der Gesellschaft. Hier werden die Meinungshebel umgelegt. Und hier wird eben auch für Bildung gesorgt, ist er überzeugt: *„Gewiß, der gute Zeitungsschreiber muß ein Polyhistor sein. Seinem Wissen und seiner Allgemeinbildung sind ebensowenig Grenzen gesetzt wie dem Denk- und Arbeitsgebiet des Philosophen. Aber das bedeutet ebenso selbstverständlich nicht, daß schon oberflächliche Bekanntschaft mit speziellen Wissensgebieten den Artikelschreiber oder Redakteur von der moralischen Verpflichtung entbindet, wissenschaftliche Fragen von allgemeiner Bedeutung nur in gründli-*

cher und ernster Arbeit zu traktieren."[204] Wollf verpflichtet Journalisten unnachgiebig zur Gründlichkeit und nicht zuletzt zur Ethik: *„Notwendig und stets gegenwärtig muß überall in den Zeitungen bei Verlegern und Redakteuren jenes moralische Verantwortungsgefühl wohnen, das den schreiberischen und publizistischen Dilettantismus unterdrückt. Wie denn überhaupt die moralische Verantwortung des Zeitungsmannes viel mehr bedeutet, als die preßgesetzliche. Gewohnheit darf das moralische Verantwortungsgefühl nicht einschläfern."*[205] Wissen und Verantwortungsbewusstsein – das sind die Kohlen, die Journalisten ins lodernde Feuer werfen sollen, mit dem sie für ihre Arbeit brennen, findet Wollf. Da tritt auch der Verleger in ihm ins zweite Glied. Gewinne um jeden Preis sind am Ende nicht seine Sache. Dass die in den 1920er Jahren zunehmende Sensationshascherei in den Zeitungen die Auflagen in die Höhe treibt, treibt auch Wollfs Blutdruck in ungesunde Höhen. Auch zu diesem Thema hat er sich gegenüber seinen Verlegerkollegen kein Schweigegelübde auferlegt.

Was macht einen Besitzer zum Zeitungsverleger?

Wollf steckt die Schachtel in den Mantel. Am liebsten würde er sich ja gleich eine dieser wunderbar duftenden Zigarren anstecken; aber er will sie genießen. Und so schlendert er zwar, aber er schlendert zielstrebig. Von der Ziegelstraße aus, wo er in diesem kleinen Cigarren-*Geschäft seit Jahren Stammkunde ist. Wenn auch ein eher unregelmäßiger … Wollf hatte den kleinen, leicht zu übersehenden Laden damals beinah zufällig entdeckt. Damals, als die Redaktion der* Neuesten Nachrichten *noch in diesem fürchterlich beengten Haus an der Pillnitzer Straße untergekrochen war. Die Ziegelstraße ist eine der vielen Seitenstraßen, die nahe der einstigen Redaktion von der Pillnitzer abzweigen. Und auch wenn die* DNN *nun schon seit über 20 Jahren am Ferdinandplatz logieren, zu diesem kleinen* Cigarren-*Geschäft zieht es Wollf nach wie vor. Ab und an jedenfalls. Zu einem dieser schmalen Bürgerhäuser mit der verrußten Sandsteinfassade, samt den verspielten Fenstersimsen oben, über dem Laden. Im Geschäft links daneben hat eine Holz- und Kohlehandlung ihren Sitz, rechts bietet eine Tischler- und Polsterei ihre Dienste an. Und wenn man auf der gegenüberliegenden Straßenseite läuft, dann sieht man den stolzen Rathausturm, der sich hinter den Häusern erhebt, am Ende der leichten Rechtskurve, in die sich die Ziegelstraße mühsam zwängt. Irgendwie liebt Wollf diese Straße. Mit ihrem Kopfsteinpflaster und den feuchten Hausfassaden links und rechts. Der für Dresden so typische Sandstein hat den Nachteil, dass sich die Feuchtigkeit darin festsetzt. Aber hier kann Wollf so wunderbar gedankenversunken spazieren gehen. Hier reißt ihn nicht ständig ein Bekannter aus seinen Ideen. Und Wollf muss nachdenken. Deshalb hatte er sich auch vor gut einer Stunde bei seinem Stellvertreter Schulze abgemeldet, hatte eben nicht wie sonst den Redaktionslaufburschen nach Zigarren geschickt, sondern der Sekretärin gesagt, sie solle für heute alle Termine absagen. Hatte den Mantel übergezogen und war vom Ferdinandplatz aus die gut drei Kilometer hierher in die Ziegelstraße geschlendert. Fast schon penetrant gemütlich. Das ist sonst nicht seine Art. Aber heute brauchte er das irgendwie. So als würde er etwas vor sich her schieben, etwas, das er zwar erreichen muss, aber nicht erreichen will. Er sucht eine Idee. Dringend. Die Zeit drängt. Ende Mai wird die* Pressa *in Köln eröffnet, die große Presse-Ausstellung direkt am Rheinufer. Und zur Eröffnung soll ein dicker Buchband vorliegen, Wolff – der Vizechef des Verlegervereins – soll darin ein paar Sätze darüber schreiben, was einen Zeitungsverleger ausmacht. So etwas macht sich nicht zwischen zwei Theaterrezensionen und drei Redaktionsberatungen, dafür braucht es Ruhe und Flair, sagt er sich. Deshalb der kleine Ausflug. Auch wenn der bisher erfolglos blieb – bis auf diese wunderbaren Zigarren in Wollfs Manteltasche.*

Jetzt kommt ihm der rettende Gedanke, wo es dieses anregende Flair geben könnte, um etwas Vernünftiges aufs Papier zu bringen. Im „Europäischen Hof" an der Prager Straße. Dort, wo sich Dresdens Geschäftsleute mit den Touristen mischen; wo immer Bewegung ist – drinnen und draußen, vor den Gaststättenscheiben. Hier hat er schon so manche Idee zu Papier gebracht – und das wird auch diesmal gelingen, ist Wolff überzeugt. Er liebt dieses Restaurant und ist regelmäßig hier. Ab dem Herbst wird sich hier auch der neu gegründete Rotary-Club treffen, in dem Wolff Mitglied wird, aber daran verschwendet er jetzt, im Frühjahr 1928, noch keine Gedanken. Hinterm Rathausturm biegt er in die Prager Straße ein. Da vorn hat er sein Ziel gleich erreicht.

Der Kellner nimmt ihm den Mantel ab. „Herr Brofessorr", grüßt er freundlich sächselnd und macht den dazugehörenden Diener; eine vielleicht ein wenig zu devote Verbeugung. Aber Wolff liebt das. „Einen Kaffee und einen Cognac", bestellt der DNN-*Chef – und der Kellner platziert zudem ungefragt den Teller und das „Besteck" für Wollfs geliebte Zigarren auf dem Tisch. Endlich kann er sie sich anstecken. Aber zuvor genießt er diesen Duft; er lässt die Zigarre förmlich vor seiner Nase tanzen. Dann gleitet das Messer durch den Tabak, schneidet die Spitze der straff gedrehten Köstlichkeit ab. Das Streichholz flammt auf, ein rotes Glimmen. Dreimal kräftig ziehen, dann kann Wolff genussvoll einatmen – und den Rauch entspannt über den Tisch blasen. Er holt seinen goldenen Füllfederhalter aus der Westentasche – und auch einen kleinen Schreibblock hat er dabei, einen mit dem Aufdruck des Verlags.*

Was macht ihn nun aus, den Verleger? Diese Frage hat er schon während des gesamten Wegs immer wieder hin und her gewälzt. Eine Rotationsdruckmaschine, vielleicht auch eine kleine Schreibmaschine, ja, damit verbinden die Besucher einer Presse-Ausstellung das Thema „Zeitung". Aber wie stellt man einen Verleger aus?

Wollf steht auf, geht zu den Garderobenhaken an der Wand, dort, wo auch die aktuellen Tageszeitungen hängen. Ein Herr im feinen Anzug war ein paar Schritte schneller, er greift zum Dresdner Anzeiger *und grient Wollf nun triumphierend ob seines kleines Sieges an: „Ich nehme immer den* Anzeiger, *der ist die einzige objektive Zeitung dieser Stadt", sagt er. Und geht zurück an seinen Tisch. Nun allerdings nicht mehr so eilig. Wollf freut sich über seine Anonymität und schmunzelt. Objektiv? Und da weiß er plötzlich, was er unbedingt schreiben muss. Wollf setzt sich, nimmt den Stift, lässt den Gedanken freien Lauf und notiert:* „Die objektive Zeitung bleibt undenkbar. Selbst das scheinbar farblose Blatt weist Schattierungen auf, die ihm die Anschauung und der Wirkungswille des Herausgebers und des Redakteurs gegeben haben. Es gibt keine objektive Nachrichtenzeitung, obwohl man große Verleger gekannt hat, die von dieser Idee ausgingen." *Er setzt kurz ab. Schaut hinaus durch die Fenster. Der Kellner stellt ein wenig zu laut klappernd den Kaffee auf den Tisch. Wollf schreckt aus seinen Gedanken. „Bardon, Herr Brofessorr", entschuldigt sich der Kellner in nun wirklich breitem Sächsisch. Und fragt gutmütig: „Sind dor Herr Brofessorr heute gar ni drü'm, im Dheader?" Wollf schmunzelt. Er schüttelt nur leicht den Kopf, „nein, heute mal kein Theater", sagt er. Und weiß plötzlich, ja, auch seine Rolle als Theaterkritiker passt hier gut. Und so schreibt er:* „Und der Kritiker, der wählt, sichtet, kommentiert, der Wahrheit sucht und sie zu finden glaubt, wird schließlich nur SEINE Wahrheit aufdecken." *Wollf ist überzeugt, dass eine Zeitung nicht objektiv sein kann – es nicht sein darf.* „Der ebenso notwendige, wie unbedingte Subjektivismus einer Zeitung zeugt davon, daß produktiver Journalismus, daß also das echte Zeitungmachen eine Kunst ist", *triumphieren die Buchstaben regelrecht, die Wollf da aufs Papier schreibt. Aber was ist nun ein Verleger? Diese Frage hat er noch immer nicht beantwortet – aber er muss es. Sein Blick fällt noch einmal auf den* Anzeiger-*Fan dort drüben, der nun genüsslich in seiner Lieblingszeitung blättert. Soll er sich doch am besten seinen eigenen Zeitungsverlag kaufen und seine eigene Zeitung herausbringen, findet Wollf. Denn die Objektivität, von der er vorhin sprach, ist keine Objektivität. Davon ist Wollf überzeugt. Die Meinungen im* Anzeiger *decken sich nur einfach mit denen dieses eifrigen Lesers, sagt sich Wollf leise. Und merkt auf. Er dreht und wendet noch einmal diesen Gedanken, der Mann möge doch einfach seine eigene Zeitung herausgeben. Wäre er dann Verleger? Wollf greift zum Stift:* „Eigentümer kann jeder werden, der die Mittel dazu besitzt. Immer aber hat sich gezeigt, daß der Besitz nicht den Verleger macht. Voraussetzung für den Beruf bleibt das Berufensein. Auch der Verleger muss ein Polyhistor sein, wie der Redakteur. Man kann Maschinen, man kann die neueste Technik kaufen – die Idee bleibt unverkäuflich." *Denn wäre ein Besitzer, der nur darauf aus ist, Geld aus dem Verlag zu saugen, wirklich bereit, auch mal in kritischen Zeiten in kritische Geschichten zu investieren? Wäre er bereit, dass sich sein Blatt eine Meinung leisten kann, die am Ego der politisch Mächtigen kratzt? Oder die einem für die eigenen Zwecke und das Renommee wichtigen*

Wirtschaftsboss in die feine Nase steigen könnte? „Wie der Zeitungsschreiber täglich das gute Gold seiner Begabung und seines Temperamentes in Scheidemünze hergibt, so viel mehr als tausend Bücherschreiber des Alltags, das ahnen die wenigsten. Just so steht es um den Zeitungsverleger. Der kann nicht warten, bis der Roman oder das wissenschaftliche Werk zu ihm gelangt und dann versuchen, ob ein Geschäft damit zu machen sei. Die Idee des Zeitungsverlegers fordert von ihm, sich mit gleichgesinnten Redakteuren, aber auch mit besonderen Technikern und Kaufleuten zusammenzutun und die Einheit der Zeitung täglich neu zu besinnen und mit Hingebung schöpferisch zu machen. Der Führer aber muss in allen Abteilungen zu Hause sein." *Und er darf eben kein Zeitungsbesitzer sein, sondern ein Verleger*[206] *... Wolff legt den Stift zur Seite, lehnt sich zufrieden zurück und zieht an seiner Zigarre. Ob er ahnt, dass er sich da zu großen Teilen selbst beschrieben hat?*

Wolff, ein Grundstein fürs Hygiene-Museum

Champagner mit dem Mundwasser-König

Nikolaus Graf Seebach schimpft: „Ein furchtbarer Sommer!" Dabei gibt er seinen vom Regen feuchten Mantel einem der Bediensteten. „Dieser Sommer 1906 wird in meinen Lebenserinnerungen – sollte ich sie jemals verfassen – auf jeden Fall eine Rolle spielen!" Der Intendant des Dresdner Hoftheaters fährt sich verärgert durch die Haare. „Alles zerwühlt und nass", nörgelt er. „Ich werde ihn den verrückten Sommer nennen", beschließt er umgehend und griesgrämig. „Mal ist es so heiß, dass einem das Hemd am Rücken klebt, und dann gießt es wieder tagelang, und es ist so kalt, dass man sich einen Schnupfen einfängt." Julius Ferdinand Wolff hingegen ist das Wetter in diesem Moment egal. Er ist schlecht gelaunt. Eigentlich war er ja nur seinem Freund Seebach zuliebe mitgekommen. Denn hier oben auf den Elbhängen, kurz vor dem noblen Vorort Bad Weißer Hirsch, hier oben in der schlossähnlichen Villa Stockhausen, hier oben soll er heute Abend nun eine der schillerndsten Persönlichkeiten Dresdens kennen lernen, hatte Seebach gesagt. Der erfolgreiche Unternehmer Karl-August Lingner hatte Wolff, gemeinsam mit Graf Seebach, zahlreichen Künstlern, dem Kunsthistoriker Theodor Wiegand, dem bekannten Arzt Albert Neisser, dem Medizinhistoriker Karl Sudhoff und vielen anderen illustren Gästen zu einem seiner in Dresdner Tuschelkreisen bestens bekannten und durchaus beliebten Treffen eingeladen. Seebach – Wolffs väterlicher Freund – will versuchen, dem jungen DNN*-Chef auf diesem Wege weitere Türen in Dresdens Gesellschaft zu öffnen. Aber Wolff spürt eine Abneigung gegen diesen selbstherrlichen Lingner, der nur mit viel*

Glück zu Reichtum gekommen war und nun damit protzt. Ein arroganter, menschenverachtender Berechner soll dieser Lingner sein, hatte Wolff gehört. Und ist ihm bisher aus dem Weg gegangen.

Lingner, der Kunstmäzen und sozial Engagierte, der vor allem als Produzent des legendären Odol-Mundwassers zu prall gefüllten Konten gekommen war – dieser Lingner hatte die Villa erst vor wenigen Monaten gekauft. Und ein bisschen hatte ihn Wolff seit Langem insgeheim sogar bewundert. Wirtschaftlich erfolgreich, kunstverständig und vor allem auf dem Gebiet der medizinischen Aufklärung zu Hause. Ein Thema, das Wolff ja durchaus interessiert. So hatte Lingner 1898 die Gründung der ersten Säuglingsklinik der Welt in Dresden-Johannstadt finanziert. 1900 baute er die Zentralstelle für Zahnhygiene in Dresden auf, ein Jahr später dann die öffentliche Zentrale für Desinfektion. So sollen zum Beispiel die Ansteckungsgefahr bei Diphtherie und der Ausbruch von Epidemien verhindert werden, indem unter anderem die Wohnungen der Kranken gründlich desinfiziert werden. 1902 hatte Lingner auch noch die dazugehörige Desinfektorenschule gegründet. Wenig später eröffnete er an der Waisenhausstraße die Dresdner Lesehalle, wo jedermann kostenlos lesen konnte. All das weiß Wolff über diesen ungewöhnlichen Lingner. Und es fasziniert ihn. Und ärgert ihn wiederum. Unehrlich, findet er, unehrlich sei das. Denn dieses soziale Engagement – so schätzt Wolff diesen Lingner ein – dient nur dem Zweck, seinen Reichtum vorzuzeigen. Und doch hatte Wolff irgendetwas schon lange in die Nähe dieses Mannes gezogen. Ist es der Freundeskreis Lingners, zu dem beispielsweise auch der weltweit bekannte Komponist Giacomo Puccini gehört? Wolff ist klar, dass Lingner ihm weitere Türen zu Dresdens Renommierkreisen öffnen könnte. Eine wichtige Angelegenheit für einen Verleger. Aber soll er sich kaufen lassen? Nein, ein Wolff ist nicht käuflich, sagt er sich.

Hin und wieder hatte Wolff diesen Lingner auch im Albert-Theater in der Dresdner Neustadt flüchtig gesehen. Lingner – so tuschelt man in Dresdens Theaterkreisen – solle eine Vorliebe für intime Bekanntschaften mit den jungen Damen des Ensembles und vor allem des Dresdner Opernballetts haben. Auch das widert Wolff an. Ein Lebemann, der aus dem Olymp der erfolgreichen Industriellen in die vermeintlich frivolen Niederungen des Theaters herabsteigt, wo er nun leichte Beute für seine Begierden wittert.

Seebach nimmt Wolff beim Arm. Er führt in herum, macht ihn mit Anwesenden bekannt. Lingner habe sich für einen Moment zurückgezogen, würde jedoch in wenigen Augenblicken wieder hier sein, heißt es. Ein kleines Orchester spielt klassische Musik, und für anregende Getränke ist reichlich gesorgt. Der Festsaal ist ein eher nüchtern gehaltener, großer rechteckig geschnittener Raum, gut dreißig mal zehn Meter in den Abmessungen. Eine schlichte höl-

zerne Kassettendecke ziert ihn, drei schnörkellose, rotbraune Türen führen hinein, und mit Blick zur Elbe schließt sich ein Wintergarten an, mit großen, bis zum Boden reichenden Fenstern. Was für eine Sicht auf das nächtliche Dresden! Doch auch das bestärkt Wolff nur weiter in seiner Abneigung gegen Lingner. „Er hält Hof", ärgert sich Wolff nun, seinem Freund Seebach den Wunsch nicht abgeschlagen zu haben, ihn zu begleiten.

„Mein lieber Graf", Lingner ist gerade im Saal zurück. Freundschaftlich und vertraut schüttelt er dem Hoftheaterintendanten die Hand: „Ich freue mich, dass Sie gekommen sind!" Nun wendet er sich Wolff zu: „Und Sie, Sie müssen Julius Ferdinand Wolff sein!" Ebenso herzlich wie zuvor Seebach begrüßt Lingner nun auch den DNN-*Chef. „Ich freue mich wirklich, Sie endlich einmal persönlich kennenzulernen." Das klingt ehrlich. Warum auch nicht? Wolff wankt plötzlich ein wenig in seiner Sicht auf diesen Mann, der doch einen sehr sympathischen, einen sehr gebildeten Eindruck macht. Und den irgendwie ein Hauch von Welt umgibt – natürlich, er hatte in Paris, auch in London gelebt und gearbeitet, weiß Wolff. Und Lingner ist zudem einer, der Heuchelei nicht nötig hat. Lingner ist erfolgreich genug, um die Wahrheit sagen zu können. „Seit Sie Chefredakteur sind, lese ich die* Neuesten Nachrichten *wieder gern", sagt Lingner lächelnd. Und beeilt sich, gleich hinterherzuschieben: „Sie haben schon reichlich frischen Wind in Dresdens verstaubte Presselandschaft geblasen." Und plötzlich lacht Lingner laut und fröhlich: „Ich wollte unbedingt einmal diesen jungen Mann treffen, vor dem die alten Tanten der hiesigen Provinzpresse zittern", prustet er begeistert. Wolff lächelt verlegen. Ein wenig beschämt ihn das Lob eines so erfolgreichen Mannes. „Sie müssen mich jetzt leider entschuldigen", lässt Lingner Wolff keine Zeit für irgendeine Reaktion. „Ich muss ein paar Worte zur Begrüßung sagen – wir finden aber mit Sicherheit noch die Gelegenheit, uns heute Abend etwas bekannter miteinander zu machen."*

Seebach schmunzelt väterlich, als er Wolffs innere Zerrissenheit in Sachen Lingner bemerkt. Wird aber von einem der Gäste in ein Gespräch verwickelt, so dass Wolff die Chance nutzt, zu „fliehen". Was würde dieser Lingner schon groß in seiner kurzen Rede zu sagen haben, denkt er – wohl wissend, dass seine „Flucht" unhöflich ist. Es ist dunkel geworden vor den großen Fenstern, Wolff geht auf die Terrasse hinaus. Hinaus in den Abend. All dieses verbale Getanze um den großen Lingner nervt ihn. Das alles, ist Wolff sicher, könne nicht ernst gemeint sein. Ein Saal voller Speichellecker, die bettelnd auf Tantiemen für ihr heuchlerisches Schauspiel hoffen. Er ahnt nicht, dass all das ehrlich gemeint ist, dass all das echte Freunde sind, die Lingner eingeladen hat. Wolff atmet tief die erfrischende Abendluft ein. Links und rechts führt je eine Treppe aus den gläsernen Seitenausgängen des Wintergartens auf die durch ein Sandsteingeländer begrenzte Terrasse hinaus. Schmucklose, breite

Treppenstufen. Nüchtern wie auch der Saal. Aber dieser Blick auf die gegenüberliegenden östlichen Stadtteile des nächtlichen Dresdens – einfach atemberaubend. Und dort, rechter Hand, die steinerne Kuppel der Frauenkirche. Wie eine steinerne Glocke thront sie hoch über den Dächern, die sich um sie herum zu ducken scheinen. Der Nieselregen hat aufgehört, und dieser verregnete Spätsommerabend ist sogar noch ein wenig lau geworden. Wolff lässt sich von den funkelnden Lichtern Dresdens zu einigen poetischen Gedanken inspirieren, während der dunkle Fluss da unten beruhigend gutmütig und beinahe träge seine Reise in Richtung Norden unternimmt.

Plötzlich Schritte. Sie reißen Wolff aus dem verträumten Augenblick. „Die Gelegenheit ist günstig“, sagt Lingner verschmitzt, als Wolff sich ein wenig erschreckt umdreht. „Endlich komme ich dazu, auch mit Ihnen ein paar Worte zu wechseln.“ Lingner musste bemerkt haben, dass Wolff hinausgegangen war, denn er hält zwei Gläser mit prickelnd perlendem Champagner in den Händen. Eines davon reicht er nun Wolff. „Auf Sie!“, sagt Wolff, als sie anstoßen. Er weiß, dass das die Höflichkeit gebietet. Doch Lingner wehrt kopfschüttelnd ab. „Nein, nein, lieber darauf, dass dies heute der Beginn einer interessanten Bekanntschaft wird.“ Die Gläser klingen noch einmal. „Graf Seebach, mein guter alter Freund, hat mir viel über Sie erzählt“, sagt Lingner schließlich, in die Nacht und auf Dresden schauend. „Er scheint Ihren Rat als Theaterkritiker sehr zu schätzen …“ Sie wissen beide, dass Seebach zwar ein exzellenter Intendant ist – einer, der mutig und wohl auch ein Stück weit selbstzerstörerisch genug ist, die verkalkten Adern des in historischer Ehrfurcht ergrauten Dresdner Theaters mit neuem, frischem Blut freizuspülen, einer, der ein Theater auch um so manche politische und wirtschaftliche Klippe zu lenken versteht, aber dass der Graf dennoch auf theaterfachlichem Gebiet gern auf fundierte Ratschläge hört. „Sie seien ein Mann mit brillanten Ideen, erzählte mir Seebach.“ Lingner lächelt. „Ich war selbst Dramaturg in Karlsruhe und München“, entgegnet Wolff. Er ist zwar geschmeichelt, aber bleibt dennoch betont kühl. Er will diese Distanz. Lingner seufzt kurz, und sein Blick wird verklärt. „Wissen Sie, wie gut Sie es eigentlich haben?“ Wolff weiß nicht so recht, worauf Lingner anspielt. „Ihr Leute vom Theater, immer seid ihr umgeben von intelligenten und vor allem gutaussehenden jungen Damen – Schauspielerinnen üben auf mich eine magische Anziehungskraft aus …“ Wolff sieht nun seine Sicht vom lüsternen Lebemann bestätigt. „Sie haben sicher längst von meinen Affären gehört, was soll ich Ihnen also vorgaukeln“, sagt Lingner und schmunzelt. „Was halten Sie von Julie Serda?“, fragt er plötzlich. Wolff stellt sein Glas auf die sandsteinerne Balustrade. „Eine gutaussehende Schauspielerin, mit sehr viel Talent“, antwortet er artig. Natürlich weiß er um das Verhältnis zwischen Lingner und der Hofschauspielerin. Erst vor einem Jahr hatte Lingner für seine Muse eine Villa in Loschwitz gekauft. Ein Stück elbaufwärts von hier, hinter dem Blauen

Wunder, der berühmten Elbbrücke. So etwas bleibt in Dresdens vertratschten Künstlerkreisen natürlich nicht unbemerkt. „Wissen Sie, mein lieber Wolff", wird Lingner sogar ein wenig vertraulich. „Wissen Sie, ich habe das vorhin mit der Provinzpresse nicht ohne Grund gesagt. Ich schätze sehr, dass Sie natürlich von meiner Liebe zu Julia wissen und dass dieser Klatsch dennoch in den Spalten Ihres Blattes keine Rolle spielt." Wolff nickt. Selbstverständlich würden solche Dinge nicht in seinem Feuilletonteil zu lesen sein! Gerade das ist es schließlich, was er als provinziell empfindet. Abgesehen davon, würde er diesem selbstverliebten Gockel nicht auch noch eine Plattform in seinem Blatt bieten. Wolff versucht, ein wenig beiläufig zu klingen: „Diese Stadt braucht Weltoffenheit statt provinziellen Klatsch, der vom wirklich Wichtigen ablenkt." Mit einer Handbewegung zeigt Wolff dabei hinunter auf das Lichtermeer der Dresdner Altstadt. Der Nachthimmel ist rötlich gefärbt von den unzähligen aufgeregt flackernden Lichtern. „Aber", auch Lingner weist nun hinunter nach Dresden, als er Wolff unterbricht, „viele dieser adligen Neider versuchen, mir wegen dieser Affären am Zeuge zu flicken – sie können es wohl einfach nicht ertragen, dass ein dahergelaufener Kaufmann so leben kann wie sie selbst. Und dass ich es mir dazu noch leisten kann, ein Liebesleben zu führen, wie es diese adligen Herren wohl auch gern führen würden, es sich jedoch vor lauter Standesdünkel und Ehrenkodex nicht trauen!" Wolff überrascht diese Offenheit, mit der Lingner ihn gleich bei der ersten Begegnung so tief in sein Privates blicken lässt. Will er ihn umgarnen? Wie schnell ist man gefangen in einem Netz aus clever gewebten Fäden, sagt er sich. Lingner will ihm da gerade ein Schauspiel bieten, für das die Maske nicht perfekt genug sitzt, ist Wolff überzeugt.

Wolff ahnt in diesem Moment nicht die Ehrlichkeit Lingners, er spürt nicht, dass Lingner die Weitsicht tatsächlich bewundert, die Wolff trotz seiner erst 35 Jahre besitzt. Und die Geradlinigkeit, mit der Wolff seine Ziele verfolgt. Sie ähneln sich sehr, diese beiden Männer. Aber auch das erkennt Wolff in diesem Augenblick nicht. Er will es auch nicht.

Wenig später kommt Lingner auf das Thema zu sprechen, das auch Wolff so fasziniert: die Medizin. Wolff hatte freilich davon gehört, dass Lingner der Bau eines Hygiene-Museums in Dresden vorschwebt. Und Lingner beginnt von seinen Ideen zu erzählen: „Wir müssen den Leuten klarmachen, wie wichtig es für sie ist, sich mit den sogenannten Volkskrankheiten auseinanderzusetzen – man muss den Menschen klarmachen, dass sie diesen Krankheiten nicht hilflos ausgeliefert sind." Schon eine gesündere Lebensweise könne einiges bewirken, regelmäßiges Händewaschen, erklärt Lingner gestenreich, und seine Stimme bebt engagiert. „Wir tun ja schon einiges mithilfe unseres Vereins für Volkshygiene", erzählt er – und Wolff kann sich der Begeisterung nicht verschließen, mit der Lingner diesem Thema verfallen ist.

Gemeinsam mit Medizinern, das weiß Wolff längst, hatte Lingner in diesem Verein öffentliche Vorträge organisiert, um dort allgemeinverständlich über gesunde Lebensweise und Hygiene zu informieren. „Aber wir kommen mit unseren Zeitschriften und Vorträgen nicht an alle Bevölkerungskreise heran", macht Lingner schließlich deutlich, warum er das Gespräch auf dieses Thema gelenkt hat. Und dass er durchaus glaubt, dass Wolff hier helfen könnte. „Ihr Blatt wird doch von sehr vielen Menschen gelesen, von Menschen aus allen Schichten!" Wolff nickt zustimmend. Aber er wehrt sich im Stillen. Lingner will ihn benutzen. Aber dafür soll er sich einen anderen Claqueur kaufen. Wolff ist verstimmt. Und doch wiederum auch fasziniert von der Idee, mit seinen Neuesten Nachrichten *mitwirken zu können. An diesem großen, wichtigen Thema. Lingner legt fast vertraulich den Arm um Wolffs Schulter: „Sehen Sie, Großes ist auf diesem Gebiet nur dann zu erreichen, wenn das gesamte Volk überzeugt werden kann." Wolff spürt den kraftvollen Druck auf seinen Schultern. Er spürt die Besessenheit Lingners. „Sie wissen, lieber Wolff, der größte Teil der Einwohnerschaft hat keine Ahnung von der Wichtigkeit und dem großen Nutzen hygienischer Schutzmaßnahmen", sagt Lingner mit ernster Miene. „Umso wichtiger ist der Kampf um eine zielbewusste hygienische Erziehung – und das mit allen Mitteln!" Lingner spricht druckreife Sätze. „Ein wirklich kluger Mann", ertappt sich Wolff dabei, Lingner ein wenig zu bewundern. Diese kurze Sympathiewelle erschreckt ihn. Sofort glättet Wolff seine Gefühlssee wieder. Dabei, so sprudelt es derweil regelrecht aus Lingner, könne eine internationale Hygiene-Ausstellung, wie sie ihm vorschwebe, nur ein erster – wenn auch wichtiger – Schritt sein. „Das Ziel muss ein nationales Hygiene-Museum sein!" Lingner sieht Wolff nun fest in die Augen. „Wissen Sie, ich lese Ihr Blatt sehr intensiv. Und eines fällt mir auf: Ihre Redaktion versteht es, leichtfüßig plaudernd über beinahe jedes Thema anschaulich und für jedermann verständlich zu berichten. Zu erklären, warum Themen wichtig sind für den Einzelnen. Ihr Verdienst, mein lieber Wolff." Lingner setzt sich auf einen der Sandsteinsimse. „Wissen Sie, Ihr Blatt könnte uns helfen, sehr sogar. Sie schreiben nicht so furchtbar belehrend wie die anderen Blätter, so könnten Sie den Leuten wirklich verständlich machen, warum Hygiene wichtig ist." Auch ohne diese Schmeichelei, reizt es Wolff, an einer solch gewaltigen Sache wie einer internationalen Hygiene-Ausstellung in Dresden, vielleicht sogar einem Hygiene-Museum mitzuwirken. Auch sein Lingner-Bild beginnt zu wanken. „Ich denke darüber nach", sagt Wolff. Und legt bewusst einen kühlen Klang in seine Stimme, um sich die Distanz zurückzuholen. Was Lingner sichtlich enttäuscht. Wolff feiert das als kleinen Sieg gegen diesen selbst ernannten Wichtigheimer. Und doch, irgendwie ist er infiziert. Von diesem Lingner.*

Eine lange Nacht mit Lingner

Dass er Lingner so lange verkannt hatte, an dieser Last trug Wollf offenbar auch Jahrzehnte später noch immer schwer. Und so schreibt er sich 1930 diese Last dann in einem sehr persönlichen Vorwort zu seinem – nicht minder persönlichen – Buch über das Leben Lingners vom Herzen. Es muss jedenfalls ein wirklich vernichtendes Urteil gewesen sein, das die Dresdner damals über den Menschen Lingner gefällt hatten. Ein Urteil, dem sich auch Wollf zunächst angeschlossen hatte, ohne Lingner wirklich näher gekannt zu haben. Ein Zerrspiegel, gesteht sich Wollf 1930 noch immer bedauernd ein. Und es ärgert ihn auch gut 25 Jahre später deutlich lesbar, dass er sich zunächst kein eigenes Bild gemacht hatte. Denn, so schreibt er im Vorwort zu seiner Lingner-Biografie,[207] jeder, der Lingner nicht näher kannte, *„der nahm fast mit Gewißheit das Widerspruchsvolle, Rätselhafte für Hochmut des Emporkömmlings, sah in bitteren Zügen von Menschenverachtung Dünkel eines von Glück und Schmeichlern gleichermaßen Verwöhnten und fühlte sich abgestoßen"*. Doch Lingner hatte die Nähe zu Wollf gesucht. Vermittelt durch Hoftheaterchef Seebach, der für Lingner nicht nur väterlicher Vertrauter, sondern auch eine Art Partnervermittler für geistigen Austausch geworden war. Lingner suchte die Nähe, ja, die Freundschaft Wollfs, doch der wich ihm aus, wo er nur konnte. Lingner sprach Wollf darauf an und bekam von ihm eine ehrliche, eine erschütternd ehrliche Antwort. Wollf beschrieb ihm das Bild, das er von ihm als Menschen hatte. Eben genau jenes aus dem erwähnten Zerrspiegel. *„Er verlangte ziemlich kategorisch eine Revision meines Urteils"*, so Wollf rückblickend. Und diese forsche Aufforderung hatte ihn zunächst in seinem wenig schmeichelhaften Urteil über Lingner bestärkt, gibt er zu. Doch bald schaut Wollf hinter die Maske. Hinter jene Abwehrmaske Lingners, wie er es beschreibt. Die *„Abwehrmaske, die er den Schmeichlern, den Erfolgsjägern, den Rutengängern des Geldes zuwendete"*, schreibt Wollf in seiner Lingner-Biografie blumig. Denn Lingner hatte den *DNN*-Chef so lange gedrängt, sich sein eigenes Urteil über ihn zu bilden, dass Wollf sich eine *„ganze, lange Nacht"* die Lebensgeschichte Lingners anhört.

Die tragische, aus vielen Irrwegen, aber auch großen Erfolgen und Visionen zusammengefügte Geschichte eines Lebens war es gewesen, die Wollf da hörte. Die Geschichte eines Jungen, der früh den Vater verloren hat, was Wollf sicher an seine eigene bittere Kindheit denken ließ. Die Eltern Lingners waren nicht wohlhabend – und damit auch nicht vermögend genug, ihn Musiker werden zu lassen, was sein großer Traum gewesen war. Er wurde Kaufmann – und half durch sein Gehalt schon mit 15, die vaterlose Familie zu ernähren. Ein verhinderter Künstler – natürlich ein Fakt, der den Kunstfan Wollf zu interessieren begann. Noch dazu, weil Lingner kurz darauf nach Paris ging, als Kaufmann arbeitete, aber dort nach Feierabend auch Klavier studierte. *„Sein Mansardenzimmer in der Rue de la Tour d' Auvergne war klein genug. Da es indessen außer einem Bett, einem Tisch, einem kleinen Schrank und einem Stuhl nichts enthielt, war der Raum* *für ein Klavier nicht versperrt"*, liest sich fast schwärmerisch, was Wolff in jener Nacht von Lingner über diese Pariser Jahre gehört hatte. Ab 1883 studierte Lingner jedenfalls am staatlichen Konservatorium, *„die Pariser Sinfonie erfüllte sein Herz mit tausend Hoffnungen"*. Auch London kam in dieser nächtlichen Erzählung Lingners vor. Auch dort hatte er eine Zeit gearbeitet, bevor er 1885 nach Dresden kam, um in der renommierten Firma Seidel&Naumann – die unter anderem Nähmaschinen produzierte – als Korrespondent zu arbeiten. Noch zu dieser Zeit träumte Lingner davon, Musiker zu werden. Letztlich aber wurde einer der erfolgreichsten Industriellen Dresdens aus ihm. Vor allem mit dem Odol-Mundwasser war Lingner schwerreich geworden. Was wohl besonders am genialen Werbeschachzug lag – der bis heute bekannten typischen Odol-Flasche. Das gab Lingner die Chance, als Mäzen jede Menge für Dresden zu tun.

Sie schlossen also Freundschaft, diese beiden Männer; Lingner und Wollf. Wohl schon in dieser langen Nacht ... Und Wollf gehörte auch zu jenem ausgesuchten Freundeskreis Lingners, der an manchem Sonntagmorgen einen ungewöhnlichen Anruf bekam. Lingner war nämlich ein sehr veritabler Organist und hatte sich in seine Villa Stockhausen eine Orgel einbauen lassen. Und einen Lautsprecher, der mit dem Telefon verbunden werden konnte. *„Dieses Makro-Mikrophon machte es ihm möglich, Sonntags früh irgendeinen aus dem engeren Freundeskreis anzurufen und ihn zu fragen, was er hören wolle."* Wobei es Lingner offenbar eine besonders diebische Freude gewesen war, wenn er einen seiner noch im Bett liegenden Freunde sozusagen mit einem kleinen sonntäglichen Orgelkonzert wecken konnte. Auch Johanna und Julius Ferdinand Wollf begannen so manchen Sonntag auf diese kuriose Weise.

Netzwerker Wollf – PR-Maschinist für Stresemann

Ob Julius Ferdinand Wollf ein guter Tänzer war, ist nicht überliefert. Dass er aber zunehmend auf sehr vielen sprichwörtlichen Hochzeiten tanzte, ist mehr als deutlich. Wobei er – um im sprachlichen Bild zu bleiben – nicht nur in ganz Deutschland auf Galas zu finden war, sondern auch zu Hause in Dresden kräftig seine Runden drehte. Und die waren nicht minder schwungvoll. Denn auch in Dresden war es ihm gelungen, schnell gut funktionierende Netzwerke zu knüpfen. Netzwerke, deren Fäden Wollf dann auch fleißig für die großen Ideen Lingners spann.

Wobei Wollfs gute Beziehungen zu künstlerischen, wirtschaftlichen und politischen Kreisen auch an der Elbe nicht allein aus seiner Zeitungsarbeit resultieren. So ist Wollf beispielsweise im Verband Sächsischer Industrieller aktiv, lernt dort etliche gesellschaftliche Größen kennen. Wie den schon erwähnten Kurzzeit-Reichskanzler und Langzeit-Außenminister Gustav Stresemann, der 1904 bis ins Jahr 1918 hinein als sogenannter Syndikus des sächsischen Verbands arbeitete.

Also Rechtsanwalt der Vereinigung war.[208] Und Wolff wird für den damals schon an der Wettkampfstrecke stehenden politischen Senkrechtstarter Stresemann nicht „nur" Freund – sondern der junge *DNN*-Chef gehört sozusagen zur Mannschaft Stresemanns, mit der dieser seine ersten wichtigen Punktsiege auf dem Weg in die politische Erste Liga einfährt. Und das hat eben eine Menge mit diesem 1902 gegründeten Verband Sächsischer Industrieller zu tun. Und mit der Antwort auf folgende Frage: Was ist das Erste, das ein Lobbyverband tut? Er baut eine PR-Abteilung auf. Denn wichtiger als ein gutes Produkt ist gute Werbung dafür. Public Relation, wie das Ganze im Werbe-„Fachdeutsch" heißt. Und Medien sind die Blutbahnen, in denen diese Werbeinformationen dann in die Hirne und Herzen der Zielgruppe gepumpt werden. Das wissen Lobbyisten längst und suchen deshalb auch nach immer wieder neuen Wegen, um diese Blutbahn anzapfen zu können. An der Schwelle vom 19. zum 20. Jahrhundert war das allerdings noch nicht jedem klar. Auch beim Bund der Industriellen nicht, dem BDI, der im November 1895 gegründet worden war. Der Dachverband sozusagen, dessen Landesverband der Verband Sächsischer Industrieller war, übrigens der erste Landesverband überhaupt, der sich gegründet hatte. Der BDI war dabei ein Verband, der die Interessen der verarbeitenden Industrie – und dabei ausdrücklich auch der kleineren und mittelständischen Unternehmen – gegenüber der Politik vertreten sollte. Denn die Politik entschied damals gerade über Zollgesetze, und es ging um die Neugestaltung der Außenhandelsbeziehungen. Heißt, es ging um Absatzmärkte im Ausland. Aber auch innenpolitisch lag aus Sicht der Industrie eine Menge im Argen. Noch immer wurden im Deutschen Reich die Agrarkreise bevorzugt. Eine Bastion des Feudalismus im aufstrebenden Kapitalismus sozusagen. Es musste also ein Bündnis her, das Lobbyarbeit in Richtung Politik betrieb, aber eben auch seine Ideen und Forderungen gut begründet unters (Wahl-)Volk bringen sollte. Wobei es anfangs schwierig war, wirklich Druck erzeugen zu können. Denn im Gründungsjahr 1895 hatte der BDI gerade mal 500 Mitglieder; und die Steigerung bis 1903 hält sich mit dann deutschlandweit 1 227 Mitstreitern in überschaubaren Grenzen. Erst im Oktober 1908 werden es mit über 6 000 Mitgliedern – mit über 6 000 Firmenvertretern also – durchaus ernst zu nehmende Zahlen sein, mit denen der Bund punkten kann.[209] Die PR-Maschine tuckerte also doch noch munter und erfolgreich. Angeworfen vor allem von einem Mann: Gustav Stresemann. Der hatte als Jurist des sächsischen Verbandes von Dresden aus kräftig Wind in die Segel des träge vor sich hin schippernden BDI-Schiffs geblasen. Der sächsische Landesverband war dabei 1902 aus den beiden Industriellenvereinigungen Dresden-Bautzen und Leipzig zusammengewachsen.[210] Und man hatte damals ganz bewusst diesen keinem Streit aus dem Weg gehenden Stresemann zu den Verhandlungen mit der BDI-Spitze nach Berlin geschickt. Denn Stresemann hatte ein klares Konzept. Er wollte zum einen Strukturen im Verband aufbauen, die nicht nur schlagkräftig, sondern auch in den Regionen verwurzelt und damit weitverzweigt sind. Landesverbände eben. Aber die waren den BDI-Oberen in Berlin einer dieser sprichwörtlichen, aber dennoch ziemlich schmerzhaften Dorne im Auge, weil die Verbandsspitze darin eine Beschneidung ihrer eigenen Macht sah. Zum anderen hatte Stresemann auch ein PR-Konzept für den BDI entwickelt. Er hatte erkannt, dass man nur im Gespräch ist, wenn man sich auch ins Gespräch bringt. Und am besten auch gleich noch selbst bestimmt, was in diesen Gesprächen über den BDI gesagt wird. Eine Chance, sich – und vor allem seine Ideen – bekannt zu machen, um auf diese Weise wohl auch die Parteien ein wenig vor sich herzutreiben, wenn sie sich nicht mit den Gedanken füttern lassen wollten. Stresemann schob jedenfalls eine planmäßige Öffentlichkeitsarbeit an.[211] Seine Sicht war: Je mehr die Presse ein Mittel zur Beeinflussung der öffentlichen Meinung wird, *„um so wichtiger ist auch die Schaffung einer angesehenen industriellen Fachpresse“,*[212] wie er es mal ausdrückte. Stresemann fuhr seine PR-Lokomotive dabei auf zwei Gleisen. Einerseits baute er gute Kontakte zur Presse auf; vor allem zur liberalen, die den Ansichten der Wirtschaft von vornherein näherstand, und versorgte diese Blätter dann auch gezielt mit gut aufbereiteten Mitteilungstexten. Zudem schob er spezielle Wirtschaftsblätter an, deren Beiträge er dann ebenfalls zum Abdruck bereitstellte.

Und einer der wichtigsten PR-Maschinisten Stresemanns wird dabei sein Freund Julius Ferdinand Wollf in Dresden. Der öffnet seine *Dresdner Neuesten Nachrichten* schon kurz nach seinem Start 1903 den Wirtschaftsthemen, die auch Stresemann am Herzen liegen – wobei es wohl in erster Linie auch Wollfs bereits kurz angedeutete eigene Sicht auf wirtschaftspolitische Aspekte gewesen sein dürfte, die über die Rotationsdruckmaschinen zunächst noch an der Pillnitzer Straße aufs Papier kommen. Über diese Sicht wird aber noch ausführlicher zu reden sein. Vor allem unterstützt Wollf im Verband Sächsischer Industrieller massiv Stresemanns Bestrebungen, die für die Industrie so wichtigen Themen möglichst weit in den deutschen Zeitungen zu verstreuen. Gemeinsam mit Johannes März – dem stellvertretenden sächsischen Verbandschef – gründen Stresemann und Wollf beispielsweise die *Deutsche Industrie-Correspondenz*. Finanziert aus Mitteln des sächsischen Industriellenverbands,[213] gehen die Texte dieses Blattes dann tatsächlich auf die Reise durch die deutsche Presselandschaft. Ein Fakt, den Stresemann im August 1913 in einem Brief durchaus stolz kommentiert: *„Ich habe die Freude gehabt, daß eine ganze Reihe meiner Aufsätze, die ich in letzter Zeit namentlich für unsere* Deutsche Industrie-Correspondenz *geschrieben habe, in einen großen Teil der deutschen Presse übergegangen sind. Diese Gründung der* Deutschen Industrie-Correspondenz *hat sich meiner Meinung nach sehr bewährt, (…) hat sich sehr schnell bei allen Redaktionen Eingang verschafft.“*[214] Außerdem gibt der sächsische Verband – sicher auch unter aktiver Geburtshilfe Wollfs – ab 1904 die *Sächsische Industrie* heraus. Eine *Sächsische Industrie- und Handelszeitung*, wie es im Zeitungstitel heißt. Verlegt wird das Blatt von Albert Uhlig.[215]

Diese gemeinsamen Jahre im Verband Sächsischer Industrieller schmieden den jungen Verleger Wollf und den aufstrebenden Politiker Stresemann eng zusammen.

Wohl auch, weil es Stresemann damals wie schon zuvor dem Industriellen Lingner in Dresden erging; er hatte nicht wirklich viele Freunde. Man machte es ihm nicht leicht, *„dazuzugehören"*. Dresden tat sich schwer mit „Zugereisten", noch dazu erfolgreichen. Trotz wichtiger Pluspunkte, die er in diesen Jahren sammeln konnte: Immerhin hatte Stresemann als Rechtsanwalt eine wichtige Rolle bei der Wiedereröffnung des einstigen Kummer-Werks in Dresden-Niedersedlitz gespielt, das 1903 als Sachsenwerk an den Neustart ging. Die sogenannten „Kummerwerke" – nach Gründer und Eigentümer Oskar Ludwig Kummer benannt – stellten unter anderem selbstentwickelte Elektromotoren her. Durch eine Insolvenz im Jahr 1901 hatten hier plötzlich über 900 Arbeitsplätze auf dem Spiel gestanden.[216] Der Rettungserfolg brachte Stresemann im Übrigen auch einen Aufsichtsratsposten und Aktien ein. Als seine Frau nach Dresden kam, zog Familie Stresemann dann ins noble Schweizer Viertel. Auch das beobachtete man im gern ein wenig neidischen Dresden argwöhnisch. Stresemann ging es finanziell gut. Ab 1906 wurde ihm dazu noch ein Jahreshonorar von 3 000 Mark für seine Mitarbeit an der Verbandszeitschrift *Sächsische Industrie* vom Verbandskonto überwiesen. Im Jahr 1916 soll das Familienvermögen der Stresemanns immerhin 167 214 Mark betragen haben.[217]

Abgesehen von der Freundschaft zu Stresemann, die hier wuchs, war der Verband Sächsischer Industrieller für Wollf überhaupt einer der wirklich großen Schlüssel, der ihm wichtige Türen ins gesellschaftliche Leben der Elbestadt öffnete. Eine illustre Runde interessanter und einflussreicher Macher und Manager jener Zeit, mit der sich Wollf regelmäßig traf. Runden, deren Energie er auch anzapfte, um damit die Idee seines Freundes Lingners unter Strom zu setzen – in Dresden ein Hygiene-Museum zu schaffen. So gesehen dürfte der Verband also durchaus mit zu den stabilsten Schalungen gehören, um das Fundament für das Museum zu gießen. Und Wollf selbst dürfte dort etliche der Schalungsbretter gesetzt haben. Die holte er allerdings auch noch aus weiteren Verbänden und Vereinigungen zusammen, wie gleich noch ausführlicher zu lesen sein wird.

Die Sache mit Karl May

An dieser Stelle sei aber zunächst ein kurzer – sozusagen – literarischer Ausflug erlaubt. Interessant ist der Verband Sächsischer Industrieller nicht „nur" für Wollf als Netzwerker im politischen und wirtschaftlichen Dresden. Nicht „nur" die Naht zwischen dem *DNN*-Chef und dem Polit-Tausendsassa Stresemann. Und der Verband ist eben auch nicht „nur" wichtiger Sauerstoff für den langen Atem zum Bau des Hygiene-Museums. Sondern ein Blick auf die Mitgliederliste könnte auch die Vermutung nahelegen, dass Wollf hier die Tür zu einem der schillerndsten Literaten der damaligen Zeit geöffnet wurde.

Der schon erwähnte Dr. Johannes März, mit dem Wollf und Stresemann die *Deutsche Industrie-Correspondenz* gründen und der nach dem Weggang Stresemanns auch dessen Aufgabe als Rechtsanwalt im Landesverbandes übernimmt, dieser Johannes März ist ein Mann mit einer ungewöhnlichen Biografie, die ihn mit dem Abenteuerschriftsteller Karl May verbindet. März war erst zwölf, als sein Vater starb – der Porzellanmaler Ernst Julius März. Und so wuchs Johannes März in nicht gerade üppigen Verhältnissen auf, arbeitete als Hilfslehrer in Radebeul bei Dresden, wo er über seinen Freund Max Welte um das Jahr 1900 herum mit dem legendären, seit 1888 ebenfalls in Radebeul lebenden Karl May bekannt wurde. Dem war März offenbar sympathisch, und May unterstützte den klugen jungen Mann daraufhin finanziell, ermöglichte ihm unter anderem den Besuch des Gymnasiums und der Leipziger Universität. Chancen, die May – der selbst aus einer armen Familie stammte – verwehrt geblieben waren. Johannes März wurde Doktor der Philosophie, studierte Ökonomie und ist auch Redakteur der Zeitschrift *Sächsische Industrie*[218], die vom sächsischen Industriellenverband herausgegeben wird. Wie erwähnt auf Anregung Stresemanns. War Johannes März für Wollf nun also der Türöffner ins private Leben Karl Mays? Wollf dürfte sich als Theater- und Literaturfan durchaus für den Fantasten May interessiert haben. Es sind aber nicht der Verband oder März, die Wollf und Karl May zusammenbringen. Die beiden haben bereits Kontakt, bevor sich März und Wollf bei den sächsischen Industriellen treffen. Schon im November 1904 ist beispielsweise ein ganzseitiger Text Karl Mays in den *Neuesten Nachrichten* zu finden. Ein ganz besonderer Text, über den sich Wollf und May mit Sicherheit zuvor ausgiebig unterhalten haben dürften. In diesen Jahren begann sich eine bedrohliche und durchaus namhafte Front deutscher Journalisten zu formieren, die den Schriftsteller schonungslos vorzuführen versuchte. Man grub die „alten" Geschichten aus: Mays Haftstrafen wegen Betrügereien und Anmaßungen in seiner Jugendzeit zum Beispiel. Man fand Dinge heraus, die eigentlich längst bekannt gewesen waren, wie das Gerücht, Karl May habe einst für den Dresdner Verlag von Heinrich Gotthold Münchmeyer „Schmuddel-Romane" unter Pseudonym geschrieben. Wobei May freimütig einräumt, dass er diese Texte verfasst habe. Allerdings auf Wunsch Münchmeyers – dem er wohl viel zu verdanken hatte. Immerhin war es der Dresdner Münchmeyer gewesen, der ihn als Redakteur einstellte und May 1874 mit der Herausgabe seines Wochenblatts *Beobachter an der Elbe* betraute. Er sicherte so dem gerade mal wieder aus dem Gefängnis gekommenen May das wirtschaftliche Überleben. Allerdings kündigte May zwei Jahre später, weil er Münchmeyers Schwägerin heiraten sollte, wie es heißt.[219] May war schließlich mit seiner damaligen Braut Emma Pollmer nach Dresden gekommen. Die erwähnten „Schmuddel"-Szenen in den Texten seien jedenfalls erst nachträglich eingefügt oder zumindest stärker hervorgehoben worden, stellt May klar, sooft er kann – und es öffentlich darf.[220] Auch Mays nicht korrekt erworbener Doktortitel kam in den immer heftiger rollenden Angriffswellen zur Sprache. Anfangs hatte er den Titel von seinem Verleger Münchmeyer zur Verkaufsförderung „übergeholfen" bekommen,[221] ihn später aber ohne großes Zaudern weiter benutzt. Bis es erste

Nachfragen nach Belegen gegeben hatte. Mays zweite Frau Klara – eine geschickte Managerin – „besorgte“ dann einen neuen Titel; an einer Universität in Chicago.[222] Wobei das offensichtlich keine wirkliche Universität gewesen war, sondern vielmehr eine Art „Verkaufsstelle für wissenschaftliche Titel“. Ein gefundenes Fressen für die „Hunde“, die Karl May hetzten. Man warf ihm Plagiate vor – es war aufgefallen, dass May Teile seiner Bücher auf Basis von Reisebeschreibungen und Lexika-Einträgen verfasst hatte. Was nicht verwundert, schließlich war er erst nach der Veröffentlichung seiner Abenteuerromane an die Orte gereist, in denen zum Beispiel seine Bücher über den Orient spielen. Er hatte also eifrig in vorhandenen Quellen recherchiert und war angewiesen auf das, was andere über die Länder und die dort üblichen Sitten geschrieben hatten.[223] Vor allem Hermann Cardauns – in diesen Jahren bis 1907 Chefredakteur der *Kölnischen Volkszeitung* – schwang sich zum May-Entlarver auf. Aber auch Rudolf Lebius. Ein ehemaliger SPD-Mann, Journalist beim *Vorwärts*, der 1904 die als politisch liberal eingeschätzte Sonntagszeitung *Sachsenstimme* in Dresden kaufte und herausgab, die allerdings nur noch gut ein Jahr überlebte. Lebius driftete schließlich nach Rechtsaußen ab; gründete 1918 die Nationaldemokratische Partei und wurde einer der übelsten Antisemiten im deutschen Journalismus der ersten beiden Jahrzehnte des 20. Jahrhunderts.[224]

Auch in Dresden wurde May vorgeführt. Hier war es vor allem der *Dresdner Anzeiger*, der faulige Wort-Tomaten druckte, die auf May geworfen wurden. Autor war meist Paul Schumann. Der Dresdner Literaturprofessor war von 1901 an bis zu seinem Ruhestand 1923 lange Jahre Feuilletonchef des *Anzeigers* und polemisierte kräftig gegen May.[225] 1930 wird in einem fast fünfhundert Seiten starken Rückblick auf zweihundert Jahre *Dresdner Anzeiger* über dieses Kapitel und Paul Schumann kurz zu lesen sein, dass sich Schumann für künstlerische Bildung, für Vorträge und gute Bücher eingesetzt habe, *„wie er auf der anderen Seite die Schundliteratur, zu der er auch die phantasievollen Romane Karl Mays rechnete, heftig befehdete“*.[226] Im erwähnten *DNN*-Beitrag Mays vom 20. November 1904 geht es um die Kritik Schumanns an Mays neu erschienenem Buch *Und Friede auf Erden*. Schumann war dabei sehr persönlich geworden. Es war keine Buchkritik, die er in seine Schreibmaschinentastatur gehämmert hatte, sondern ein Hass-Stakkato gegen May. Gegen den Schriftsteller, aber vor allem gegen den Menschen May. Angriffe, die May nicht wehrlos hinnehmen wollte. Und so bekam er eine komplette *DNN*-Seite; wenn auch mit Seite 37 die vorletzte jener Ausgabe. Zudem ist am Ende des Textes eine Nummer zu finden: 3797/99. Mit solchen Zahlen waren in den *DNN* damals sämtliche Anzeigen ausgestattet; eine Art Rechnungsnummer. Kaufte Karl May also den Platz in den *Neuesten Nachrichten*? Oder war diese Nummer pro forma unter den Text gelangt, damit Wollf möglicher Kritik kontern konnte? Mit dem Argument, das Ganze sei kein Blattinhalt, sondern May habe sich quasi eingekauft. Wollte Wollf damit seine Unabhängigkeit bewahren? Wagte er es noch nicht, als „Frischling“, ein knappes Jahr nach Amtsantritt, einen Damm gegen den Schlamm zu bauen, mit dem aus etlichen Redaktionsfenstern in ganz Deutschland auf May geworfen wurde? Wobei Wolff schon damals mutig genug gewesen wäre, sich offen zu bekennen. Bei seinen Rezensionen war er bereits in diesen ersten Jahren in Dresden nicht wirklich zimperlich. Ein paar Tage nach Mays Text in den *DNN* schreibt Wolff Ende November 1904 zum Beispiel über einen Auftritt der US-amerikanischen Ausdruckstänzerin Isadora Duncan in Dresden, einen echten Star also: *„Isadora Duncan tanzt uns einen ganzen Abend Chopin. Und kommt uns das lebendige Träumen an – flugs findet ihr praller, nackter Schenkel den Weg mitten hinein. Dann weißt du wieder, daß du auf der Erde klebst, auf einem kostbaren Platz, und dir zu Preisen nach Dollar-Währung Isadora Duncan anschauen darfst, von der zünftige Leute behaupten, sie sei so klassisch, klassisch, klassisch (...) Armer Chopin!"* Auch May darf in den *DNN* kernige Sätze gegen *Anzeiger*-Autor Schumann formulieren; wobei der *Anzeiger* kein einziges Mal erwähnt wird. *„Wie können Sie es wagen"*, fragt May rhetorisch, *„wie können Sie es wagen, die unwahre, fürchterliche Behauptung aufzustellen, daß ich mich für einen katholischen Schriftsteller ausgegeben habe, ‚ganz einfach des Geschäftes wegen'? (...) Auf welchem Wege kommen Sie ferner zu der Behauptung, daß ich ‚tiefen Schmerz' darüber empfinde, daß die deutsche Literaturgeschichte keine Notiz von mir nimmt? Wer mit mir verkehrt, der weiß ganz genau, warum ich nicht erwähnt werde, nämlich weil ich jede hieraufbezügliche Aufforderung abweise. (...) Und nun noch überhaupt, wie kommen Sie dazu, mich ganz in ganz als persönliches und literarisches Scheusal hinzustellen?!"* Am Ende des Textes mutmaßt May, Schumann mache mit dem Verlag Münchmeyer gemeinsame Sache, *„um Karl May kaputt zu machen"*. Vielleicht scheute Wolff ein Duell mit dem *Anzeiger*? Möglicherweise „versteckte" er sich deshalb hinter dem Etikett „Dieser Platz für den Text Mays ist verkauft worden"?

Sei es, wie es sei, die Verbindung zwischen May und Julius Ferdinand Wolff ist jedenfalls geknüpft. Und wird den *Neuesten Nachrichten* zu einer Reihe interessanter Beiträge Mays verhelfen. Wobei es nicht um die „Indianergeschichten" des Radebeulers geht. Sondern beispielsweise um einen Feuilletontext über Sascha Schneider – den damals sehr prominenten und populären Maler, Grafiker und Bildhauer. Schneider hatte zuvor einige Titelbilder für Mays Buchausgaben gemalt. Und May schwärmte: *„Keiner hat mich so verstanden wie er!"*[227] Im Empfangszimmer von Karl Mays „Villa Shatterhand" in Radebeul hing zudem ein großes Bild unter dem Titel *Chodem*, das Schneider 1904 als Auftragswerk für den Schriftsteller gemalt hatte – auch eine von Schneider geschaffene Bronzebüste Mays hatte dort ihren Platz. Und Schneider dürfte später nicht zuletzt über den Industriellen Karl August Lingner auch den Weg Wolffs gekreuzt haben. Denn der Bildhauer versucht Lingner beispielsweise von der Idee zu überzeugen, ein sogenanntes Körperausbildungs- und -erziehungsinstitut zu schaffen, was Lingner aber offensichtlich nicht begeistert. *„Mein Interview mit Lingner ist nicht so ausgefallen, wie ich gewünscht habe"*[228], schreibt Schneider anschließend Anfang

Juli 1905 in einem Brief an seinen Freund Karl May. Stattdessen habe Lingner ihm für fünf Jahre jeweils 6 000 Mark angeboten, wenn er nach Dresden zurückkehre, um hier für die Kultur zu arbeiten. Zu dieser Zeit war Schneider Professor an der Kunstschule in Weimar. Über eventuelle Treffen mit Wollf schreibt Schneider in seinen zahlreichen Briefen an May leider nichts. Am 15. Februar 1928 werden die *DNN* den ein halbes Jahr zuvor verstorbenen Sascha Schneider aber in einem großen Beitrag würdigen. Im Rahmen einer umfangreichen Porträtserie aus der Feder des *DNN*-Kulturredakteurs Dr. Georg Paech. Auf Wunsch Wollfs? Schneider steht dabei in einer durchaus prominenten Künstlerreihe; am 8. Januar 1928 hatte Paech beispielsweise Heinrich Zille in Berlin besucht. Am 19. Januar 1928 folgte mit Max Slevogt ein weiterer „Promi".

Jedenfalls geht im beginnenden Herbst 1905 ein Feuilleton Mays über Sascha Schneider von Radebeul aus per Post zur Redaktion der *Neuesten Nachrichten*. Wobei es Mays Frau Klara war, die den Brief verfasst hatte – und mit ein wenig „Schmus" dekorierte. Zumindest bedankt sich Wollf am 6. Oktober 1905 kurz in einem an Klara May adressierten Schreibmaschinentext *„verbindlichst für die freundliche Uebersendung des Feuilletons über Professor Sascha Schneider, das ich mit grossem Interesse gelesen habe, und danke Ihnen ferner für die gute Meinung, die Sie in Ihrem Schreiben über meine Arbeiten zum Ausdruck bringen".*[229] Durchaus ein cleverer Schachzug Klara Mays, den *DNN*-Chef auf diese Weise weiter auf die Seite ihres Mannes zu ziehen. Aber hatte es dieses sprachlichen Bestechungsversuchs überhaupt noch bedurft? Wollf hatte May offenbar längst auch als Menschen ins Herz geschlossen. War er fasziniert von Karl Mays Fantasie, von seinem Mut auszubrechen? Auszubrechen aus kleinen, ärmlichen Verhältnissen im westerzgebirgischen Provinzstädtchen Ernstthal, wo May im Februar 1842 geboren worden war? Die Briefe, die Julius Ferdinand Wollf regelmäßig an *„Herrn Karl May, Radebeul-Dresden, Villa Shatterhand"* von Dresden aus schreibt, zeigen jedenfalls, dass Wollf den arg in Bedrängnis geratenen May mochte. Manche Zeilen lesen sich beinahe liebevoll. So schreibt er am 17. Dezember 1905 mit schwungvoller Handschrift an May: *„Vor wenigen Tagen kam ich von einer Reise zurück u. fand Ihre freundlichen Zeilen und die Sascha-Schneider-Illustration zu Ihren Werken vor. Daß ich mich mit den künstlerischen Blättern, mit der Signierung und nicht zuletzt mit Ihrem freundlichen Brief sehr gefreut habe, bedarf kaum einer Beteuerung. (...) Nehmen Sie meinen herzlichen Dank, den ich hoffe, Ihnen bald persönlich zu wiederholen."*[230] Man traf sich also auch. Offenbar auch in Familie, wie ein paar Zeilen später deutlich wird: *„Meine Frau läßt Sie + Ihre verehrte Frau Gemahlin, der ich mich vielmals zu empfehlen bitte, schönstens grüßen."*[231] Und dass May den kunstaffinen Wollfs ein Sascha-Schneider-Original samt Widmung schenkte, war sicher auch kein weiterer Bestechungsversuch, sondern vielmehr Wertschätzung. Ein gutes Jahr später gab's von May das frisch herausgebrachte Buch *Babel und Bibel* samt persönlicher Widmung; ein im Arabischen spielendes gereimtes Drama über Kunst, Wissenschaft

Das ehemalige Wohnhaus mit Ladengeschäft der Gebrüder Max und Hugo Kleineibst bis 1914 in Braunfels, Marktplatz 148 (X), um 1950, Foto: Fotoatelier Linnertz

Koblenz, Realgymnasium; historische Ansicht nach Postkarte, um 1880

Karlsruhe, Hoftheater; historische Ansicht nach Postkarte, um 1900

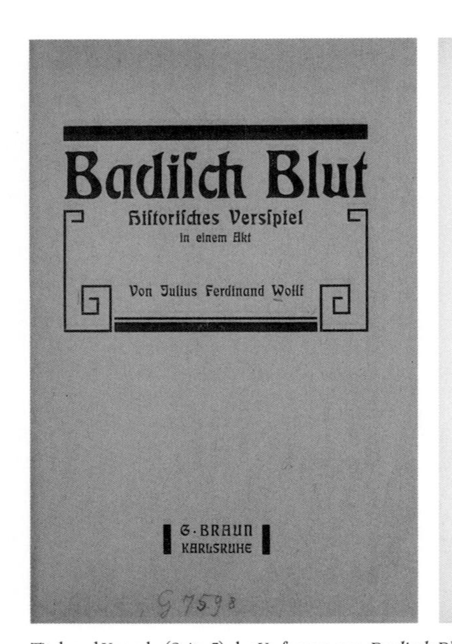

Badisch Blut

Historisches Versspiel

in einem Akt

Von Julius Ferdinand Wolff

G. BRAUN

KARLSRUHE

Vorrede.

Es ist nicht möglich, in einem kurzen Versspiel der charaktertiefen Heldengestalt des Markgrafen Ludwig Wilhelm von Baden irgendwie gerecht zu werden. Das konnte auch nicht das Ziel dieser kleinen Blüette sein. Lediglich aus der Absicht, an die Stelle der üblichen schematischen „Festspiele" ein, wenn auch noch so kleines Stückchen badischer Historie zu setzen, entstand die kurze Szene.

Hoffentlich wird man an badischen Gedenktagen nicht ungern danach greifen.

Die reife Heldenzeit des „Türkenlouis" hätte sich in dem engen Rahmen eines Einakters nicht einmal skizzieren lassen. Darum bildete ich die Szene aus der frühesten Jugend des Markgrafen. Um den Prinzen willens- und tatenfähig darstellen zu können, mußte ich mich einer poetischen Licenz bedienen. Die Flucht in die Heimat ist in das zwölfte Lebensjahr Ludwig Wilhelms verlegt. In Wirklichkeit holte man den Prinzen, als er kaum drei Monate alt war, nach Baden.

Die Gestalt des Dichters Scarron soll lediglich der Milieuschilderung dienen, soweit das in einer dramatischen Kleinigkeit möglich ist; die Charakterisierung des Dichters entspricht einigermaßen der Tradition.

Möge die Drucklegung des Stückchens, dessen Erstaufführung am Hoftheater zu Mannheim anläßlich des Regierungsjubiläums des allverehrten Großherzogs stattfand, zur Erinnerung an die herrlichen Jubiläumsfesttage beitragen! Das ist der Wunsch des

Mannheim, im Juni 1902. **Verfassers.**

Titel und Vorrede (Seite 5) des Verfassers aus: *Badisch Blut. Historisches Versspiel in einem Akt* von Julius Ferdinand Wolff. Braun, Karlsruhe 1902

244

Großherzogliches Hof- und National-Theater in Mannheim.

Sonntag, den 8. Juni 1902.

35. Vorstellung außer Abonnement.

Fest-Vorstellung

zu Ehren

des fünfzigjährigen Regierungs-Jubiläums

Seiner Königlichen Hoheit des Grossherzogs Friedrich.

Huldigungs-Marsch

von Richard Wagner. — Dirigent: Herr Hofkapellmeister Kähler.

Hierauf: Zum ersten Male:

Badisch Blut

Historisches Lustspiel in einem Akt von Julius Ferdinand Wollf.

In Scene gesetzt vom Intendanten.

Personen:

Luise Christiane, Prinzessin von Savoyen-Carignan, Erbprinzessin von Baden . . . . . . Frl. Lissl.
Ludwig Wilhelm von Baden, ihr Sohn . . . . Frau Eckelmann.
Fouquet, Ober-Intendant des Königs Ludwig XIV. . . . Herr Ernst.
Der Hofmarschall des Königs Ludwig XIV. . . . Hr. Vanderstetten.
Bontemps, Kammerdiener des Königs Ludwig XIV. . . . Herr Hecht.
Freiherr Röder von Diersburg . . . . . Herr Kökert.
Scarron, ein Dichter . . . . Herr Tietsch.
Gretel des Prinzen Amme . . . . Frau De Lank.
Ein Offizier . . . . Herr Loberty.

Edelleute und Damen, Hotelmeister, Wachen, Diener am Hofe des Königs.

Ort der Handlung: Zu Marly, einem Jagdschloß Ludwigs des XIV.
Zeit: um 1665.

Zum Schluß:

TITUS.

Große Oper in 2 Abtheilungen von Metastasio. Musik von Mozart. (mit Recitativen.)
Dirigent: Herr Hofkapellmeister Langer. — Regie: Herr Fiedler.

Personen:

Titus, römischer Kaiser . . . . . . Herr Maikl.
Vitellia, Tochter des Kaisers Vitellius . . . . . Frl. van der Vijver.
Sextus, Patricier und Anführer der Leibwache . . . Frl. Kofler.
Annius, Patricier und Anführer der Leibwache . . . Frl. Schoene.
Servilia, Sextus Schwester . . . . Frl. Fladnitzer.
Publius, Anführer der Leibwache . . . . . . Herr Fenten.
Metellus, Senator . . . . Herr Voisin.

Verschworene, Senatoren, Lictoren, Wachen, Volk, Priester, Knaben rc. — Die Scene ist in Rom.

Textbücher sind an der Kasse für 40 Pfennig zu haben.

Kassenеröffnung ½7 Uhr. **Anfang präzis 7 Uhr.** Ende nach ½10 Uhr.

Nach der ersten Abtheilung der Oper findet eine größere Pause statt.

Alle Freibillets sind für heute aufgehoben.

Eintritts-Preise:

Ganze Logen.	
Parterre-Logen	Mk. 4.25 per Platz
Logen I. Rang	" 4.75 " "
Logen II. Rang	" 2.50 " "
Einzelne Logenplätze.	
Reservelloge II. Rang, 1. Reihe	" 4.— " "
2. und 3. Reihe	" 3.50 " "
Reserveloge III. Rang, 1. Reihe	" 2.50 " "
2. und 3. Reihe	" 2.— " "
Parterrelogen 1. Reihe	" 5.25 " "
2. u. 3. Reihe	" 4.75 " "

Loge I. Rang, 1. Reihe	Mk. 5.75 per Platz
2. u. 3. Reihe	" 5.25 " "
Logen II. Rang, 1. Reihe	" 3.50 " "
2. und 3. Reihe	" 3.— " "
Loge III. Rang, 1. Reihe	" 2.50 " "
2. u. 3. Reihe	" 1.50 " "
Sperrsitz im Parquet	" 4.— " "
Nicht nummerierte Plätze.	
Stehplatz im Parquet	" 3.— " "
Parterre	" 2.— " "
Proseniums-Loge III. Rang	" 1.50 " "
Gallerieloge	" 1.— " "
Gallerie	" —.50 " "

Gallerie-Karten werden nur an der Abendkasse ausgegeben.

Die Tageskasse (Concertsaal-Eingang) ist geöffnet an Werktagen: Vormittags von 10—1 Uhr und Nachmittags von 3—5 Uhr, an Sonn- oder Feiertagen Vormittags von 11—1 Uhr.

Das geehrte Publikum wird höflichst ersucht, in festlicher Kleidung zu erscheinen.

Mannheimer Vereinsdruckerei.

Das Versspiel *Badisch Blut* wurde am 08.06.1902 am Großherzoglichen Hof- und Nationaltheater in Mannheim aufgeführt.

Mannheim, Großherzogisches Hof- und Nationaltheater; historische Ansicht nach Postkarte, um 1900

München, Hoftheater; historische Ansicht nach Postkarte, um 1900

Mannheim, Straßenbahnen auf dem Luisenring, Ecke Rheinstraße; historische Postkarte, um 1900

München, Café-Restaurant Hoftheater; historische Ansicht nach Postkarte, um 1900

München-Schwabing, Blick in die Leopoldstraße; historische Ansicht nach Postkarte, um 1900

München-Schwabing, Gaststätte Leopold „Papa Benz“, um 1905

„Deutschlands Dichter“ sitzen am liebsten im Kaffeehaus: Ernst von Wolzogen mit Zigarettenspitze, Max Halbe mit Zwicker und Paul Heyse im Profil. Karikatur: Bruno Paul, aus: *Simplicissimus* 1897

Dresden, Blick vom Wiener Platz aus in die Prager Straße mit dem Hotel „Europäischer Hof" (rechts); historische Ansicht nach Postkarte, um 1905

Dresden; Wiener Platz mit Hauptbahnhof; historische Ansicht nach Postkarte, um 1932

Dresden, Königliches Hoftheater (links) und die Villa Eschebach am Albertplatz mit Artesischem Brunnen im Vordergrund; historische Ansicht nach Postkarte, um 1910

Dresden, Monumentalbrunnen (Ruhiges Wasser) auf dem Albert-Platz mit Albert-Theater; historische Ansicht nach Postkarte, um 1919

Berlin, „Hotel Bristol“ an der Prachtstraße Unter den Linden 5–6 (ab 1937 Nummer 65); historische Ansicht nach Postkarte, um 1910

Dresden, Hotel „Westminster“ in der Bernhardstraße 1, Ecke Winckelmannstraße, Außenansicht und Speisesaal mit Durchblick zum Damensalon; historische Ansichten nach Postkarten, vor 1918

Dresden, Luftbild vom Walderseeplatz (ab 1929 mit Unterbrechung 1933 bis 1945 und 1962 bis 1993 bis heute Stresemannplatz), Blick nach Westen Richtung Dresdner Altstadt, 1925.

Wohnhaus Anton-Graff-Straße 21 (X), das heute noch existiert, und weiter links das Wohnhaus Henzestraße 10 (XX), am 13. Februar 1945 zerstört. Oben rechts in der Bildecke der Trinitatisfriedhof, am linken oberen Bildrand der Striesener Platz (XXX), an dem links die Pillnitzer Straße beginnt.

Dresdner
Neueste Nachrichten

Unabhängiges Organ.
Gelesenste Tageszeitung Sachsens.

Mittwoch den 1. April 1903.

[illegible]

1. April 1903

Dresdner Neueste Nachrichten

Unabhängige Tageszeitung

Größte Verbreitung in Sachsen.

Dienstag, 1. Dezember 1914.

Zusammenbruch eines russischen Angriffs auf ostpreußische Stellungen

Der Kaiser an den Sieger von Lowicz, General v. Mackensen. — Die russische Niederlage in den Karpathen. — Paris in neuer Aufregung. — Verschärfte Pressezensur in Frankreich. — Die Türken vor Batum.

Die Schlacht im Osten.

Wieder über 5000 Russen gefangen.

18 russische Geschütze erobert.

[illegible]

Oberste Heeresleitung.

Der Kaiser an General v. Mackensen.

Die Ereignisse im Westen.

Der neue Generalstabschef.

[illegible]

1. Dezember 1914

Dresdner Neueste Nachrichten

Unabhängige Tageszeitung
mit Handels- und Industrie-Zeitung

Mittwoch, 1. Oktober 1924

Der kostspielige Dawesplan

Eine belgische Note in Vorbereitung — Der Apparat zur Durchführung des Londoner Protokolls verschlingt bis zu 60 Prozent der deutschen Zahlungen — Herabsetzung der militärischen Ausgaben im Rheinland verlangt

Die Ohnmacht des Völkerbundes

Der Ruf nach Sparsamkeit

[illegible]

1. Oktober 1924

Dresdner Neueste Nachrichten

Unabhängige Tageszeitung
mit Handels- und Industrie-Zeitung

Mittwoch, 31. Dezember 1930

Brünings Reise an Polens Grenzen

Zuspitzung der Gegensätze auf der Indienkonferenz — Die Bedeutung des Sturzes Rykows

„Moslem-Indien“

Wenn Franzosen in Deutschland reisen …

Eine Stimme der Vernunft

Die Fahrt des Kanzlers

„Im Land der Weihnachtsbäume“

Polnischer Zarismus

[illegible]

31. Dezember 1930

Beispiele für die kontinuierlichen Veränderungen der Titelseite im Laufe des Bestehens der *Dresdner Neuesten Nachrichten* von 1893 bis 1930

Dresden, Pillnitzer Straße nach Westen zum Amalienplatz und zur Frauenkirche. Links die Buchhandlung von Hans Hackarath in der Pillnitzer Straße 46; historische Ansicht nach Postkarte, um 1905

Dresden, Pillnitzer Straße/Ecke Cranachstraße, wo die Gleise der Straßenbahn Linie 26 nach Osten zur Johanniskirche die der Linien 19 und 21 kreuzen. Im 2. Haus linker Seite, Pillnitzer Straße 49, befand sich ab 1893 das Verlagsgebäude der *Neuesten Nachrichten*, seit 1903 bis 1905 der *Dresdner Neuesten Nachrichten*. Erkennbar die Werbung über dem 1. Stock; historische Ansicht nach Postkarte, um 1902

Angehörige des Königlich Sächsischen 1. Leib-Grenadier-Regiments Nr. 100 lesen die *Dresdner Neueste Nachrichten*, Dresden 1904; Foto: unbekannt

und Religion. Am 4. Oktober 1906 schickt Wolff einen kurzen Brief in die „Villa Shatterhand“ mit einem entsprechenden Dank: *„Durch dringende Arbeit, Reisen und Abhaltungen aller Art komme ich erst heute dazu, Ihnen für Ihre freundliche Widmung Ihrer dramatischen Dichtung meinen herzlichen Dank auszusprechen. Nehmen Sie's einem Vielgeplagten nicht übel, wenn er sich verspätet mit einem Dankeswort einstellt.“*[232] Und auch diesmal der Gruß an Klara May: *„Und vergessen Sie nicht, mich Ihrer verehrten Frau Gemahlin angelegentlich zu empfehlen.“*[233] Auch wenn sich Wolff also nicht zum öffentlichen Verteidiger Mays aufschwingt, so öffnet er ihm zumindest sein Blatt und stärkt ihm im persönlichen Umgang den Rücken – in dieser für May so schwierigen Situation dürfte das ein wichtiges Streicheln seiner geschundenen Seele gewesen sein.

Wobei May seinen heißen Draht zu Wolff auch für Sascha Schneider nutzte. Schneider hatte am 5. Dezember 1905 auf einer Postkarte Karl May um den Gefallen gebeten, einen Text über das von ihm – also von Schneider – gemalte Altargemälde *Christi Himmelfahrt* in der Kirche in Wolkenburg in der Nähe des sächsischen Städtchens Glauchau an Wolff zu senden: *„Wenn Sie jetzt den Artikel über mein Wolkenburg Altargemälde Wollf geben würden, so wäre ich Ihnen dankbar“*[234], schreibt er. Netzwerker unter sich also.

Der Rotary-Club – Wollfs Netzwerkstatt

Dass Wolff erfolgreich Beziehungsgeflechte aufbaut, zeigt auch ein Blick auf den Montagmittag. Seit November 1928 hatte der *DNN*-Chef wie bereits kurz angedeutet immer montags, 13.30 Uhr, einen Termin im Hotel „Europahof“[235] an der Ecke Prager / Sidonienstraße im Herzen Dresdens. In diesem Hotel, das zuvor „Europäischer Hof“ hieß, mit seinem beliebten Restaurant „Zum Schwarzwälder“ trafen sich an jedem Montag die Mitglieder des Rotary-Clubs Dresden. Dieser am 6. November 1928[236] gegründete Verein war ein Zusammenschluss renommierter Köpfe der Stadt, vor allem Geschäftsleute, die sich zum Mittagessen und zu Vorträgen trafen und die bereit waren, aus ihrem privaten Vermögen soziale Projekte zu unterstützen. Für Wolff sicher auch eine perfekte Möglichkeit, um gleich noch für das Hygiene-Museum Unterstützer zu werben.

Die Idee zu solchen Clubs war aus den USA nach Europa eingewandert. 1905 hatte sich in Chicago der erste dieser Clubs gegründet. Eine Vereinigung, in der möglichst jeder Beruf nur ein einziges Mal vertreten sein sollte und in der in Sachen Religion und Kultur absolute Toleranz herrschte. Dass Wolff dabei nach der Gründung des Dresdner Clubs gleich einer der beiden stellvertretenden Vorsitzenden wird, zeigt wohl die Rolle, die er im gesellschaftlichen Leben der Elbestadt längst spielt. Vorsitzender ist Professor Max-Hans Kühne, der Inhaber des damals in Dresden sehr prominenten Architekturbüros Lossow & Kühne. Das hatte übrigens auch den ein Jahr zuvor abgeschlossenen Um- und Erweiterungsbau des *DNN*-Verlagsgebäudes am Ferdinandplatz konzipiert und betreut. Und überhaupt finden sich auf der Mitgliederliste jede Menge „Promis", die hier und da entlang des Lebenswegs von Julius Ferdinand Wollf auftauchen. Oberbürgermeister Bernhard Blüher zum Beispiel, dessen besondere Beziehung zu Wollf gleich noch eine ausführliche Rolle spielen wird. Nicht zuletzt auch Wollfs väterlicher Freund Hoftheaterintendant Graf Seebach.[237] Und zum Rotary-Club gehört neben dem damaligen Zoodirektor Gustav Brandes und Dresdens Generalmusikdirektor Fritz Busch eben auch Victor von Klemperer, der Direktor der Dresdner Bank. Eine der großen Banken, die regelmäßig ihre Geschäftsberichte in aller Ausführlichkeit in den *Neuesten Nachrichten* veröffentlichen. Ein Geben und Nehmen am Clubtisch sozusagen?

Und auch ein weiterer wichtiger Name taucht in den montäglichen Runden auf: der spätere Direktor des Deutschen Hygiene-Museums Georg Seiring nämlich. Auch er gehörte nach 1929 zu diesem durchaus exklusiven Club. Es ist also davon auszugehen, dass hier Wollf seine sprichwörtlichen Finger im Spiel hatte. In seinen noch unveröffentlichten Lebenserinnerungen beschreibt Seiring dabei auch die Clubnachmittage: *„Der Rotary-Club in Dresden (eine völkerverbindende, unpolitische Vereinigung unter der Devise des Dienens in der USA gegründet), (...) hatte 60 Mitglieder, die aus allen Berufskreisen ausgewählt wurden. Dabei wurde Vorsorge getroffen, daß jeder Beruf nur einmal vertreten war. So gehörten dem Dresdner Club u. a. an: der sächsische Minister des Innern, der kommandierende General, der Oberbürgermeister, der Rektor der Technischen Hochschule, Prof. Dr. Kreis, Professor Julius Ferdinand Wollf, Bankdirektor Klemperer, Generaldirektor Böttner von der Jasmatzki-A.G., Dirigent Prof. Karl Böhm von der Dresdner Oper, Kammersänger Hirzel u. a. m. Die Zusammenkünfte fanden regelmäßig in den ersten Wochen des Monats statt, und zwar in der Regel mittags. Im Anschluß an das Mittagessen wurde ein Vortrag gehalten und dann darüber debattiert. Manchmal fanden auch große Vorträge mit Lichtbildern und sonstigen Vorführungen am Abend statt. Die Tischordnung war so angeordnet, daß die Plätze beim Eintritt gelost werden mußten, um zu verhindern, daß eine Cliquenbildung stattfindet. Besonders willkommen waren Gäste aus anderen deutschen oder ausländischen Clubs. So waren Richard Strauß, Hans Moser, Prof. Dr. Stamper u. v. m. Gäste des Clubs."*[238] Es dürften also – auch abseits des Kontakteknüpfens – durchaus spannende Nachmittage für Julius Ferdinand Wollf gewesen sein, diese Montage im Hotel „Europahof".

Nach der Machtübernahme der Nationalsozialisten haben es die Rotary-Clubs in Deutschland zunehmend schwer. Der Druck auf diese – den Nazis offenbar suspekten Vereinigungen – wird letztlich so groß, dass sich die 43 deutschen und elf österreichischen Clubs 1937/38 auflösen.[239] Damit endete auch die Rotary-Club-Geschichte in Dresden vorübergehend. Nach der politischen Wende in der DDR im

Herbst 1989 ist übrigens der Dresdner Rotary-Club der erste im Osten Deutschlands, der sich wiedergründet.

Tür an Tür mit dem künftigen Oberbürgermeister

Einer der politisch wichtigsten Verbündeten beim Bau des Hygiene-Museums dürfte dabei wohl Bernhard Blüher gewesen sein. Zumindest mit Blick auf die Dresdner Kommunalpolitik; denn Blüher war in den Jahren 1915 bis 1931 Oberbürgermeister der Elbestadt. Und ein durchaus guter Bekannter Wollfs. Man hatte sich im Treppenhaus kennengelernt. In der Dresdner Henzestraße waren die Wollfs und Blüher einige Jahre lang Nachbarn gewesen.

Und überhaupt ist beim Thema „Netzwerker Wollf" ein Blick in die Adressbücher der Stadt und dort dann auf Wollfs Nachbarn interessant. Was nicht nur für Blüher gilt, der später in den Geschichtsbüchern der Stadt eine Menge Zeilen füllt und eben in der Henzestraße nicht nur ab und an die Tür ins Treppenhaus für Wollf geöffnet haben dürfte, sondern wohl auch die eine oder andere sprichwörtliche Tür. Nein, auch die vermeintlichen „Nichtpromis" sind wohl wichtige Wegbereiter für Wollf. Denn natürlich werden ihm die Gespräche mit den Nachbarn einen tiefen Einblick in die Seele und die Ansichten der Dresdner Bürgerschaft erlaubt haben, was für einen jungen Verleger und Journalisten von außerhalb wichtig gewesen sein dürfte ... Die Wollfs lebten hier sozusagen Tür an Tür mit einer wohl typischen Dresdner Melange des gehobenen Mittelstands. 1903, als Julius Ferdinand Wollf bei den *Neuesten Nachrichten* antritt, beziehen er und seine Frau Johanna zunächst eine Wohnung im dritten Stock der Anton-Graff-Straße 21 im Stadtteil Striesen. Hier sind seit 1900 moderne, großzügige Mehrfamilienvillen entstanden. Neue Wohngegenden für die, denen es ein wenig besser geht. Striesen – zwischen Elbe und dem Stadtpark Großer Garten – hat dabei etliche dieser neuen Viertel zu bieten. Und so teilen sich die Wollfs das schmucke Mehrfamilienhaus hier beispielsweise mit dem Architekten Johann Nepomuk Wachter im Erdgeschoss[240] oder der Kaufmannswitwe Olga Happel-Samter im Parterre, der ein Herrenbekleidungsgeschäft gehört hatte.[241] Im zweiten Stockwerk wohnt Amtsgerichtsrat a. D. Freiwalt Römisch und in der dritten Etage – neben den Wollfs – zum Beispiel der Ratssekretär Bruno Rößler, der sein Geld als Schulgeldeinnehmer verdient.[242] Eine interessante Dresdner Runde also ...

Richtig prominent wird Wollfs Nachbarschaft dann aber wie erwähnt nach seinem Umzug 1911 ein paar hundert Meter weiter in die Henzestraße 10. Mit dem damals noch Obergerichtsrat Bernhard Blüher. Der 1864 in der sächsischen Bergstadt Freiberg geborene Jurist war 1899 zum Bürgermeister seiner erzgebirgischen Heimatstadt gewählt worden, wurde 1909 ans Sächsische Oberverwaltungsgericht in Dresden berufen und 1915 Dresdner Oberbürgermeister. Und natürlich dürfte Wollf beim Plausch im Treppenhaus wohl hier und da auch auf seine Lieblingsthemen „Staatstheater“ und „Hygiene-Museum“ zu sprechen gekommen sein. Wer weiß, vielleicht ist tatsächlich so manche Entscheidung des späteren Stadtoberhaupts mit Blick auf den Bau des Museums bereits hier gereift, im Hausflur der Henzestraße? Immerhin war Blüher – wenn auch vor allem kraft seines Amtes – später Vorsitzender des Vorstands des Hygiene-Museums und Ehrenvorsitzender des Präsidiums der *Internationalen Hygiene-Ausstellung* 1930.[243] Nahrung bekommt diese Vermutung zudem durch folgenden Fakt: Dresden war eine der ersten deutschen Städte, die ein städtisches Presseamt einführten. Am 11. Januar 1918 freut sich das Verlegerblatt *Zeitungs-Verlag* über die Pläne des Dresdner Rathauses: „*Wie in Dresden verlautet, erwägt der Stadtrat die ihm schon vor einiger Zeit aus Journalistenkreisen gegebene Anregung, ein städtisches Presseamt zu gründen.*“ Waren die erwähnten Journalisten-Kreise die Treppenhausgespräche von Oberbürgermeister Blüher mit Wolff gewesen? Allerdings war letztlich eine Stadt elbabwärts etwas schneller: Das erste deutsche städtische Presseamt wurde Anfang 1918 in Magdeburg gegründet. Oberbürgermeister Blüher bedauert im Januar 1918 ein wenig gestelzt: „*In nähere Beziehung sind wir während des Krieges mit der Presse getreten, deren verständnisvolle Mitarbeit bei unseren schwierigen Aufgaben uns, wie ich besonders anerkenne, außerordentliche Dienste geleistet hat. (...) Der von mir schon lange gehegte Plan der Einrichtung eines städtischen Presseamtes aber wird leider vor Kriegsende sich kaum verwirklichen lassen.*“[244] Bernhard Blüher dürfte jedenfalls kräftig an Wolffs innerstädtischen Vernetzungen mitgestrickt haben. Und das sicher zu beiderseitigem Nutzen.

Am 1. April 1918 zieht Julius Ferdinand Wolff dann in die Palaisstraße 6, die ab 1936 Franz-Liszt-Straße heißen wird. Eine eigene Villa, die Wolff von einem Pensionär – Joseph Meyer[245] – übernimmt, dem das Haus seit 1909 gehört hatte. In einer zwar nicht allzu dick auftragenden Gegend der Stadt, aber in jedem Fall wohlsituiert, wie es damals gern heißt. Gleich am Großen Garten, im Stadtteil Strehlen. Einer von Wolffs Nachbarn hier an der Palaisstraße wird wenig später übrigens Schauspielintendant Graf von Seebach werden. Das Haus gegenüber, auf der anderen Straßenseite, die Nummer 7, wird Seebach in den Monaten bis zum Herbst 1918 beziehen. Die 1896 gebaute Villa gehörte bis dahin einem Ehepaar namens Ackermann. Wer von beiden dabei zuerst auf die freiwerdenden Häuser an der Palaisstraße aufmerksam geworden war, ob Wolff oder Seebach, ist nicht mehr nachzuvollziehen. Klar ist nur, dass diese enge Nachbarschaft kein Zufall ist. Die schon erwähnte enge Freundschaft zwischen Wolff und dem langjährigen Intendanten ist längst nicht nur in Dresden ein offenes Geheimnis. So schreibt beispielsweise der renommierte schlesische Schriftsteller Gerhart Hauptmann – ja ebenfalls ein enger Wolff-Vertrauter – nach Seebachs Tod 1929 an den *DNN*-Chef: „*Lieber und hochverehrter Herr Wolff, eben erreicht mich die tief schmerzliche Nachricht, daß unser allverehrter und allgeliebter Graf Seebach nicht mehr ist. (...) Sie haben ihm nahegestanden und wissen mit mir, daß durch seinen*

Hingang unsere Welt ärmer geworden ist. Nehmen Sie meine und meiner Frau ernste Grüße, Ihr Gerhart Hauptmann.“[246] Hauptmann war jedenfalls regelmäßiger Gast in Wollfs Villa; sicher schaute er dann auch bei Nachbar Seebach vorbei. Oder dieser kam ebenfalls auf ein Glas Rotwein und eine von Wollfs guten Zigarren herüber.

Auch nach 1919 – Seebachs Abschied aus dem Staatsschauspiel – werden die Themen „übern Gartenzaun“ kulturell bleiben. Denn Seebach übernimmt 1921 die Leitung des Sächsischen Kunstvereins in Dresden.[247] Und bleibt auch dort ein konsequenter Streiter für die Moderne und fördert die aufstrebenden „Jungen Wilden“ im Dresdner Kunstbetrieb. Namen wie Otto Dix, Otto Griebel, Pol Cassel, Wilhelm Lachnit, Fritz Winkler oder auch Walter Jakob[248] tauchen beispielsweise auf. Das hundertste Vereinsjubiläum 1928 kann er als Vorstand allerdings bereits nicht mehr aktiv mitbestreiten – Seebach ist da schon von schwerer Krankheit gezeichnet und muss sich von Oberverwaltungsrat Dr. jur. Hugo Grille vertreten lassen.[249] Bis dahin erfährt Wollf durch die Nachbarschaft und die bis zum Tode anhaltende Freundschaft zu Seebach aus erster Hand das Neueste aus dem Dresdner Kunst- und Kulturleben.

Die Villa – Überraschung für Hannele

Sie hat irgendwie ein komisches Gefühl. Schon den ganzen Morgen über: Beim Frühstück hatte er so komisch gegrinst. Nun gut, sonntags hat er ja eigentlich immer gute Laune. Also fast immer, schränkt Johanna Wollf ein. Gerade jetzt, in diesen an den Nerven zerrenden Kriegstagen, trägt er ja meist schwere Gedanken mit sich herum. Da wird das Lächeln selten. Das vierte Jahr dieses fürchterlichen Gemetzels hat vor wenigen Tagen begonnen. Und an diesem Januarsonntag – und damit einem der ersten Sonntage im neuen Jahr 1918 – mit seinem fast schon kitschig blauen Himmel würde Johanna Wollf dieses Sterben auf den immer näher rückenden Schlachtfeldern am liebsten vergessen. Und sie vergisst es auch; für einige Momente jedenfalls: Sie sitzen auf den hölzernen Bänken der Christuskirche im Dresdner Stadtteil Strehlen, Julius Ferdinand Wollf und sein „Hannele“, wie er sie heute Morgen immer wieder liebevoll genannt hatte und dabei dieses Grinsen im Gesicht trug. Und dieses Grinsen lässt ihr keine Ruhe. Was hat er vor? Sie sitzen in diesem gewaltigen Kirchenbau mit seinem wuchtigen Doppelturm, erbaut auf einer kleinen Anhöhe, so dass das Gotteshaus fast wie eine Burg thront, weithin sichtbar, stolz und wehrhaft. Aber auch für architektonische Gedankenspiele hat Johanna Wollf jetzt keine Muße. Sie schaut verstohlen zu Julius Ferdinand, dreht den Kopf aber kaum, versucht ihren Mann aus dem Augenwinkel heraus zu beobachten. Er scheint es nicht zu bemerken. Schon wieder! Da! Dieses Lächeln! Ein bisschen verträumt fast, findet sie. Und wieder diese Frage: Was hat er vor? Die

Orgel reißt sie kurz aus ihren Fragen. Diese Wucht erschreckt sie fast. Was hatte der Pastor gerade gepredigt? Sie weiß es nicht; sie hat nicht zugehört.

Endlich, dieser kalte Sonntagvormittag hat sie wieder. Der Pastor hat sich vorm eisigen Wind geschützt in die Ecke neben die Tür gestellt und drückt den Gottesdienstbesuchern aufmunternd nickend die Hand zum Abschied. Johanna Wollf blinzelt, geblendet von der an Wintertagen oft so tief stehenden Morgensonne, die in diesem Moment ins dunkle Kirchenschiff flutet. Sie steigt die Treppenstufen von der Kirche hinunter zum Fußweg, ihr Julius stützt sie. Es ist ein wenig glatt. Der Atem dampft. Soll sie ihn fragen? Aber er wirkt plötzlich irritiert, zieht die Taschenuhr aus seiner Weste, er hat den dicken Wintermantel noch geöffnet, so als würde er nicht lange in der Kälte bleiben wollen. Aber sie werden es müssen; nach Hause zur Henzestraße ist es ein gutes Stück. Den Kirchenhügel hinunter, zum Großen Garten, die Querallee führt mitten hindurch, durch diesen wunderbaren Park, und dann ist es ja nicht mehr allzu weit. Aber ihr Julius macht keine Anstalten, sich endlich auf den Weg zu machen. Worauf wartet er? Jetzt kehrt das Grinsen auf sein Gesicht zurück. Eine dieser neuen Automobildroschken quält sich die Kurven vom nahen Wasaplatz herauf. Johanna Wollf findet diese Automobile zwar praktisch; aber sie liebt dennoch die Pferdedroschken über alles. Diese gemütliche Schaukelei, dieser Geruch nach Pferd, mitten im Gewühl der Großstadt. Doch sie ahnt, auch diese neue Mode wird das Alte alt aussehen lassen. Auf dem roten Lack der Blech-Karosserie[250] spiegeln sich die Sonnenstrahlen, sie scheinen fast zu tanzen. Und auch ihr Julius macht eigenwillig tänzelnde Schritte. „Komm, Hannele, die ist für uns", sagt er – und grinst. „Aber" … Nein, Wollf lässt keinen Widerspruch zu. Die Autotüren klappen, die gemütlichen schwarzen Lederpolster bieten Platz für genau zwei Fahrgäste. Der Chauffeur vorn fragt fast verschwörerisch: „Wie besprochen, Herr Professor?" Und Wollf nickt. Zufrieden sieht er aus; er wollte seine Frau überraschen – und das hat er geschafft. Dabei ist das erst das sanfte Präludium; die krachende Fuge als gewaltiger Paukenschlag kommt noch.

Die Droschke schwebt förmlich durch die vom Schneegriesel rutschigen Kopfsteinpflasterkurven hinunter zum Friedrich-August-Platz. Der strahlt noch immer dieses gemütliche Dorfanger-Flair aus, obwohl hier zwischen den letzten Resten des alten Dörfchens Strehlen längst unzählige moderne Villen gewachsen sind. Gleich dahinter der Wasaplatz; hier biegt der Wagen nach rechts in die Wasastraße ein – fährt gut zweihundert Meter und rollt nach der nächsten Rechtskurve durch die Brücke mit den Eisenbahngleisen. Nur wenige Meter dahinter überquert er die Wiener Straße und hält gleich an der Ecke der Kreuzung an. Palaisstraße, kann Johanna Wollf auf dem Straßenschild lesen. Und sie wundert sich, dass sie es liest. Sie weiß natürlich genau, wo sie sind. An so vielen Sonntagen, seit sie nach Dresden gekommen sind, ist das der Heimweg vom Gottesdienst. Die evangelische Kirchgemeinde in Strehlen ist ja seither ihr religiöses Zuhause. Die Palaisstraße erreicht nur ein paar Schritte weiter die Tiergartenstraße, die zum Zoo führt – und gleich dahinter beginnt der Große Garten. Auch das Palais mitten in diesem wunderbaren Parkareal kann man von hier aus schon sehen. Aber heute wirkt das alles irgendwie unwirklich. „Neunzig Pfennige",[251] sagt der Chauffeur mitten hinein in Johanna Wollfs verwirrte Gedanken – und er dreht sich zu Wollf um. Der gibt ihm zwei Mark und klopft dem Mann auf die Schulter. „Verschwörer", denkt Johanna Wollf wieder. Und sie weiß noch immer nicht, was sie hier eigentlich wollen und warum es unbedingt mit dem Taxi sein musste.

Wollf nimmt ihre Hand. Schaut ihr tief in die Augen und sagt: „Hannele, dort drüben werden wir ab April wohnen." Er zeigt auf die Villa auf der gegenüberliegenden Straßenseite. Und Johanna hat das Gefühl, als habe sie da irgendetwas missverstanden … Ein nach außen eher schlichte architektonische Signale funkender Zweigeschosser ist es, auf den Julius Ferdinand Wollf da zeigt. Zur Straße hin – mit den gepflasterten Straßenbahngleisen – wölbt sich ein kleiner, verglaster Wintergarten im Erdgeschoss. Im ersten Stock, mit seinen sechs Fenstern, hat es sich ein fast unscheinbarer Balkon auf einem Erker bequem gemacht. Keine große Mauer, nur eine dichte Hecke schützt vor allzu neugierigen Blicken; aber verstecken kann man sich hier nicht. Heller Putz leuchtet mit der Januarsonne um die Wette, legt es aber nicht darauf an, sie zu überstrahlen. Wollf öffnet das Gartentor, sie gehen einen schmalen Weg zur Treppe, deren wenige Stufen zum Hauseingang führen. Wollf klingelt. Ein hagerer Mann öffnet; „Alfred Scholz", sagt er in Richtung Johanna Wollf. Ihren Mann scheint er zu kennen. Und – natürlich – hat er sie schon erwartet. Scholz wohnt im Kellergeschoss, kümmert sich als Hausmeister um den Garten und alles, was im Haus so anfällt. Johanna Wollf kann in diesem Moment nicht ahnen, dass ihr Julius schon seit dem Herbst regelmäßig hier gewesen war, sich im Haus umgeschaut und letztlich den Kauftermin festgemacht hatte, der nun in den kommenden Tagen ansteht – in der Hoffnung, sie wird zustimmen. „Bitte", sagt Hausmeister Scholz, während er den Weg freigibt – und die Wollfs stehen nun in einer kleinen Eingangshalle. Nicht sehr hoch; fast ein wenig eng. Gleich rechts führt eine kleine Treppe ins Untergeschoss – „der Keller", sagt Scholz, der den Blick Johanna Wollfs bemerkt hat. Sie hängen die schweren Wintermäntel in den kleinen Garderobenraum gleich rechterhand der Eingangstür. Wollf zieht seine Frau aufgeregt nach links in einen langgestreckten Raum. Die Fenster geben den Blick zur Straße frei; es ist hell. „Die Wände werden wir mit hohen hölzernen Bücherregalen tapezieren – das wird die Bibliothek!" Wollfs Stimme schallt in der Leere des Zimmers. „Bücher, Bücher, Bücher", ruft er und zeigt mit den Händen, was er in seinem Kopfkino sieht … „Zwei dieser ovalen, flachen Rauchtische werden hier stehen, um die platzieren wir bequeme Sessel – hier können sich dann kleine literarische Runden treffen; es wird vorgelesen und diskutiert." Wollf ist in seinen begeisterten Gedanken schon längst eingezogen. Und lässt sich gar nicht erst bremsen: „Und in dem kleinen Erker dort werden zwei gemütliche Sessel stehen, das wird mein Lieblingsplatz", legt er sich gleich mal fest. Johanna hört schweigend – und vor allem staunend – zu. Den Erker hatte sie von draußen gar nicht bemerkt, als sie drüben auf der anderen Straßenseite gestanden hatten. „Oder doch?", fragt sie in sich hinein. Und fragt dann laut: „Der Balkon, sitzt da der Balkon oben auf dem Erker?" Wollf nickt kurz. Springt aber gleich zu dieser schmalen Tür am hinteren Ende „seiner Bibliothek". Die Tür knarrt ein wenig; „hier geht's in den Salon – zu dem gehört auch der Wintergarten – und dort hinten führt eine kleine Treppe hinaus in den Garten ..." Er schaut seine Frau nun mit festem Blick an, nimmt ihre Hände. „Und?" Seine Stimme drängt. Aber Johanna Wollf kann irgendwie keinen klaren Gedanken fassen, das alles überfährt sie regelrecht. Auch Hausmeister Scholz steht wortlos dabei. Aber aus anderen Gründen – es ist eben nicht die erste Führung durch das Haus mit Wollf, seit der bisherige Besitzer ausgezogen ist. Ein gutmütiger älterer Herr, Joseph Meyer. Fast zehn Jahre hat er hier mit seiner Frau Alma gewohnt, bis ihnen das Haus nun – um seinen 67. Geburtstag herum – zu groß wurde. In die Bendemannstraße sind sie umgezogen, in der Südvorstadt nahe der Technischen Hochschule. „1893 ist die Villa gebaut worden", sagt Scholz nun doch etwas. Wollf horcht auf. 1893? „Da ist es ja genauso alt wie meine Neuesten Nachrichten *– wenn das kein gutes Omen ist, Hannele", klingt Wollf aufmunternd. Er spürt, dass seine Frau durcheinander ist. Hätte er es ihr doch schon eher sagen sollen? Dass er schon eine Weile nach einem passenden Haus gesucht hat nämlich. Und dass eigentlich schon alles klar ist – wenn sie nur Ja sagen würde. Sie hatten es sich längst gewünscht; ein eigenes Haus. Und irgendwie passte es auch schon lange nicht mehr, waren sie sich einig gewesen: der Chef der wichtigsten und größten Zeitung der Stadt in einer kleinen Mietwohnung. „Ich hab es erst mal reserviert, entschieden ist noch nichts", versucht Wollf ihr die Last zu nehmen. Auch wenn das ein wenig zurückhaltend formuliert ist; der Vorvertrag ist schließlich längst unterschrieben. Aber Johanna beginnt sich mit dem Gedanken anzufreunden, dass dieses Haus bald ihr gemeinsames sein würde. Sie öffnet diese breite Tür, hier in der „Bibliothek". Und der Blick fällt auf einen gewaltigen Raum. „Das wird unsere Wohnhalle", ergreift Wollf sofort wieder die Initiative. Und sieht schon die großen Salonrunden, die sich hier demnächst versammeln werden. Und der Gedanke begeistert ihn. „Dann wäre endlich Platz für den Blüthner-Flügel, den wir uns so wünschen", beginnt nun auch Johanna Wollf, das künftige Zuhause „einzurichten". Ob sie ahnt, dass hier in den nächsten Jahren so manche Größe der Dresdner Musikszene in die wertvollen Blüthner-Tasten greifen wird?*

„Und für die ruhigeren Momente können Sie sich ja in das kleine Frühstückszimmer zurückziehen", schlägt Hausmeister Scholz kurzentschlossen vor – und zeigt auf eine Tür, die sich kaum wahrnehmbar in einer Ecke der wuchtigen

Wohnhalle versteckt. Kein Wunder, den Blick dominiert die breite Treppe, die von diesem weiten Raum ins Obergeschoss hinaufführt. Ein Gästezimmer, zwei Schlafzimmer – eines für Johanna, eines für Julius Ferdinand Wolff –, das Badezimmer und ein Ankleideraum, auch hier oben ist reichlich Platz für Fantasie. Aus der schon bald Realität werden wird. Da sind sie sich jetzt ganz sicher. Auch Johanna. Sie treten für ein paar Momente auf den kleinen Balkon hinaus. Der Atem dampft in der kalten Luft – und Wolff legt seinem Hannele sein Jackett um die Schultern. „Was für ein Blick", schwärmt er, während unten gerade die Straßenbahn über die vom verharschten Schnee vereisten Gleise rumpelt. „Ist das nicht praktisch?", schauspielert Wolff den Überraschten. „Die Linie 9 fährt genau an unserem Haus vorbei, sie hält sogar gleich hier, siehst du?" Er zeigt auf die Haltestelle kurz vorm nahen Großen Garten. Dort biegen die Gleise in die Tiergartenstraße ein, führen am Zoo vorbei in Richtung Bürgerwiese und Stadtzentrum. „Ich kann hier einsteigen und komme ganz bequem und direkt zum Georgplatz – von dort sind es ja nur noch ein paar Schritte zum Verlag …" In die andere Richtung fährt die 9 bis kurz unterhalb der Christuskirche. Sie macht sozusagen einen kleinen Schlenker zum Altstrehlener Dorfplatz und von dort zum Wasaplatz. „Da haben wir es ganz bequem zur Kirche", schiebt Wolff gleich noch ein Argument nach. Dass es schon Pläne gibt, diesen kleinen Umweg quasi geradezubügeln und die Gleise von der Lockwitzer Straße direkt über den Wasaplatz zu führen, wissen die beiden noch nicht. „Komm, du wirst dich sonst erkälten", ist Wolff ehrlich besorgt. Sie schließen die Tür. „Das wird dein Reich, Hannele – die Damen-Etage sozusagen." Er grinst. „Wenn du mir aber trotzdem mein Schlafzimmer hier oben gestattest …", fügt er schmunzelnd an.

Hausmeister Scholz ist derweil auf halber Treppe zwischen den beiden Stockwerken stehen geblieben. Er will nicht stören; die Wolffs sind so begeistert von ihren Träumen … Als sie die Stufen wieder herunterkommen, zeigt Scholz auf die Tür, vor der er gewartet hat. „Das Mädchenzimmer", sagt er nur knapp. Ein Freund langer Sätze scheint er ohnehin nicht zu sein. Und er zählt auf: ein Zimmer, auch ein Bad und ein WC … „Stimmt, wir brauchen ein Dienstmädchen", sagt der DNN-*Chef sinnierend. Aber er sagt es so, dass keine Zweifel mehr aufkommen können. Die Wolffs haben sich verliebt in diese kleine Villa an der Palaisstraße.*[252] *Er lächelt. Und Johanna Wolff lächelt nickend zurück.*

Auch Alfred Scholz ist zufrieden. Er wird also bleiben können, in seiner gemütlichen Hausmeisterwohnung im Untergeschoss. Das hatte ihm Wolff schon gleich nach einem der ersten Rundgänge versprochen, als er im Herbst plötzlich vor der Tür gestanden hatte. „Ich muss allerdings erst noch meine Gattin zum Umzug überreden", hatte Wolff zunächst noch gemahnt – ließ aber kaum Zweifel an seiner innerfamiliären Überzeugungskraft. Doch die

Frage steht ja nun nicht mehr. Sein Plan geht auf: Am 1. April 1918 werden die Wollfs in die Palaisstraße 6 einziehen. Und wenn dann ein paar Tage später Wollfs väterlicher Freund Graf Seebach – der Hoftheaterintendant, der als Sanitätsoffizier in den Krieg eingezogen wurde – auf Fronturlaub vorbeischauen wird, passiert das, was mancher Zufall, anderer Schicksal nennt: Beim Rundgang im Garten werden Wollf und Seebach auf Hausmeister Scholz treffen, der zu berichten weiß, dass auch das Haus gegenüber, die Nummer 7, demnächst einen neuen Besitzer sucht. Ein fast beiläufiger Satz, aber Seebach wird spontan entscheiden, sich für dieses Haus zu bewerben. Und er wird es kaufen.

Lingners Testament

Am 22. Mai 1916 betritt ein Mann das Königliche Amtsgericht Dresden. Er trägt einen modisch geschnittenen Mantel, sein voller, am Kinn spitz zulaufender Bart ist gepflegt, sein Gang ist erhaben: Karl August Ferdinand Lingner. Führt ihn eine Ahnung her? Denn an diesem 22. Mai will Lingner hier Festlegungen für sein Testament beglaubigen lassen. Nur wenige Tage später stirbt er – am 5. Juni 1916 in Berlin, nach einer Zungenkrebs-Operation. Die Krankheit lässt ihm keine Chance.

Unter anderem legt Lingner damals die Testamentsvollstrecker fest. Auch Wollfs Name wird dort stehen. Mitten in einem fast schon *Who is who* der Dresdner Gesellschaft, wie zum Beispiel dem ehemaligen Oberbürgermeister Dr. Gustav Otto Beutler. Wollf ist im Beirat des Testamentsvollstreckers zu finden, neben Lingners beiden Brüdern Oscar und Emil übrigens.[253] Auch das wieder einer der zahlreichen Belege für das sehr enge Vertrauensverhältnis zwischen dem *DNN*-Chef und Lingner. Was später auch in beinahe jeder Druckzeile zu lesen ist, die Wollf 1930 in sein Buch *Lingner und sein Vermächtnis* über das Leben seines Freundes Lingner setzen lassen wird. Der ersten Biografie übrigens, die in Dresden über diesen so wichtigen und durchaus einflussreichen – aber wohl dennoch bis zuletzt ungeliebten – Industriellen und Mäzen erscheinen wird. Ein wichtiges Verdienst Wollfs also, für seinen Freund Lingner, aber nicht zuletzt auch für die Geschichtsschreibung seiner Wahlheimat Dresden. Und Wollf ist dabei nicht einfach nur kühler Biograf, der Daten und Fakten aneinanderreiht – vielmehr brennt in den Buchstaben lichterloh Wollfs Bewunderung für Lingner. So schwärmt er beispielsweise: „*Das unscheinbarste Pflänzchen, das er irgendwo ausgrub, entwickelte sich auf dem Boden, den seine Erfinderkraft bereitete, alsbald in Stattlichkeit.*“ Und natürlich dürfen auch die zu dieser Zeit an jeder Ecke lauernden jubelnden Wort-Fanfaren nicht fehlen, wenn Wollf auf die Erfolge seines Freundes Lingner in Sachen Gesundheitsvorsorge zu sprechen kommt: „*Es war viel in ihm von einem der besten Erbgüter deutschen Wesens, von dem Daimonion des*

Erziehers. Und es gehört zu den großen, gar nicht genug gewürdigten Gaben aus dem Reichtum seines Wesens, daß er die systematische Pflege der Zähne und des Mundes überhaupt erst volkstümlich gemacht und überall verbreitet hat." Daimonion – in der griechischen Antike als Schutzgeist des vorherbestimmten Schicksals der Menschen bekannt. Aber es geht noch größer, denn ans Ende seines Buchs setzt Wolff noch einmal – ganz der Theatermann – einen pathetisch-dramatischen Höhepunkt. Und in dem klingt auch gleich noch mehr als nur eine Note eines politischen – nicht zuletzt nationalen – Streichquartetts mit: „*Nur in einem gesunden Volkskörper wird wieder ein gesunder deutscher Geist wohnen. Das Vermächtnis des Karl August Lingner weist mit seiner Lichtwolke einen der Wege in die Freiheit.*"

Dass die Freundschaft zwischen den beiden Männern so tief werden konnte, hängt wohl vor allem mit der Überzeugung beider zusammen, das Volk müsse über medizinische Themen aufgeklärt werden. Auch, um zu erkennen, dass Menschen Krankheiten eben nicht in jedem Fall hilf- oder kampflos ausgeliefert sind. „*Bereits im Jahr 1911 konnte man auf der* Internationalen Hygiene-Ausstellung *eine interessante Statistik sehen*", schreibt Wolff in seiner Lingner-Biografie. „*Das Aufklärungswerk lehrte, wie man frühzeitig den Krebs bekämpfen müsse und könne. Es hatte sich – das wurde durch jene einwandfreie Statistik klar bewiesen – die Sterblichkeitsziffer der an Uterus-Karzinom erkrankten Frauen mit der steigenden Eindringlichkeit der hygienischen Aufklärung auffallend gesenkt. Mit dem Nachlassen der Belehrung und der Aufklärungspropaganda stieg die Sterblichkeitsziffer langsam, aber stetig wieder.*" Und Wolff faszinierte auch, dass Lingner bereit war, große Teile aus seinem durchaus millionenschweren Vermögen und dem Gewinn aus seinen Betrieben für soziale Zwecke zu investieren. Wie erwähnt, war Lingner vor allem mit dem Odol-Mundwasser zu Reichtum gekommen – ein Gewinn gleich in zweierlei Hinsicht. Finanziell; aber eben auch für die Hygiene und die Gesundheit. Und nun sollte ein Teil dieses Gewinns den Bau des Hygiene-Museums ermöglichen. Eine faszinierende Idee, die auch Wolff ergriff. Er unterstützt Lingners Visionen schon zu dessen Lebzeiten kräftig, in dem er mit seinen Kontakten und seinem Namen Türen öffnen hilft. Und natürlich – wie schon mehrfach beschrieben – auch mit seinen *Neuesten Nachrichten*. Die sind beispielsweise die erste deutsche Tageszeitung, die – 1921 – mit den Seiten *Natur und Gesundheit* wöchentlich eine medizinische Beilage herausbringt.[254] Die Texte sind dabei von medizinischen Fachleuten verfasst, aber stets populärwissenschaftlich gehalten – und damit auch für Laien verständlich. Immer wieder gewinnt Wolff namhafte Mediziner, die in den *DNN* schreiben – auch außerhalb der Gesundheitsbeilage. Mitte Dezember 1928 zum Beispiel berichtet das Blatt ausführlich an mehreren Tagen über die in der Berufsschule an der Melanchthonstraße stattfindende Tuberkulose-Tagung in Dresden. Vom 14. bis zum 16. Dezember 1928 kommen hier Experten aus ganz Deutschland zusammen, um über die gefährliche Lungeninfektion zu diskutieren. Unter anderem tritt dort auch der Tbc-Experte

Professor Dr. Aßmann von der Universität Leipzig auf – und die *DNN* verweisen nicht ohne Stolz darauf, dass dessen Ausführungen auf den neuesten Forschungen beruhen, die schon zuvor in ihrer Beilage *Natur und Gesundheit* besprochen worden waren. Wobei das Blatt auch kritisch auf die Ursachen der Krankheit blickt: So sei die Verbreitung vor allem auf soziale Nöte zurückzuführen, ganz besonders auf die Wohnungsnot, die Gesunde, meist Kinder, zwinge, „*in engster Gemeinschaft mit bazillenstreuenden Lungenkranken zusammenzuleben*". Dass Wollfs *DNN* dabei ausschließlich Experten zu Wort kommen lassen, muss eigentlich nicht extra erwähnt werden. Denn wie schreibt Wollff zum Beispiel 1927 im bereits erwähnten Beitrag für den *Zeitungs-Verlag*: „*Jeglicher Dilettantismus ist ein Unheil für die Zeitung, wie für den Leser. Nur der erprobte ärztliche Mitarbeiter, die als streng zuverlässig bekannte Korrespondenz sollten über Gesundheitspflege und Krankheitsbekämpfung in der Presse zu Wort kommen. Niemand darf mit Hoffnungen freventliches Spiel treiben. Ist es schon grober Unfug, wenn unmündige oder dilettierende ‚alte Tanten' als ‚Kritiker' auf Künstler losgelassen werden, so muß der Dilettantismus auf dem publizistischen Gebiet der Heilkunde in der Tageszeitung geradezu frevelhaft geheißen werden. Das Amt des Herausgebers verpflichtet!*"[255]

Aber Wollff reibt sich als Medienmann nicht nur in den Zeitungen für medizinische Aufklärung und die Idee des Hygiene-Museums auf. Ein Blick beispielsweise in die Sitzungsprotokolle des Vorstands des Museums zeigt, dass Wollff auch hierfür viel Zeit in den eigentlich prall gefüllten Spalten seines Kalenders einräumt. So wählt die Mitgliederversammlung am 30. April 1920 Wollff erneut in den Vorstand: „*Die Herren Geheimer Rat Dr. Beutler, Geheimer Medizinalrat Prof. Dr. Edelmann, Sanitätsrat Dr. Findeisen, Professor Högg, Geh. Medizinalrat Dr. Lufft, Bürgermeister Dr. May, Obergeneralarzt Dr. Müller, Oberjustitzrat Dr. Stöckel, Professor Wollff werden auf die Dauer von drei Jahren wieder und Herr Stadtverordnetenvorsteher Nitzsche neu in den Vorstandsrat gewählt.*"[256] Wollff ist also schon frühzeitig auch beim Aufbau der *Zweiten Internationalen Hygiene-Ausstellung* aktiv, mit der1930 das Deutsche Hygiene-Museum in Dresden eröffnet wird. Wobei Wollff tatsächlich nicht nur gute Miene machender Mitläufer ist, sondern einer, der seine Position auch innerhalb der deutschen Verlegerschaft für das Projekt „Hygiene-Museum" auszunutzen versteht, sobald es notwendig ist. Wenn es für den mitunter heftig wankenden Bau des Museums mal wieder eine kräftige mediale Stützwand braucht, hilft Wollff dank seiner deutschlandweiten Zeitungskontakte, diese einzuziehen. Das jedenfalls macht Georg Seiring, der spätere Direktor des Museums, in seinen Lebenserinnerungen deutlich: „*Professor Julius Ferdinand Wollf, Chefredakteur der* Dresdner Neuesten Nachrichten, *hatte mich bei jeder Gelegenheit stark unterstützt, besonders als es nötig war, die deutsche Presse mobil zu machen, gegen den Beschluß des Reichsministers, der den Baubeitrag für das Museum streichen wollte.*" Wollff weiß, wie wichtige die Presse als „PR-Instrument" im Orchesterklang zur Realisierung ehrgeiziger

Projekte ist, denen nicht nur begeistert applaudiert wird. Und so regt Wollf beispielsweise auf der Vorstandssitzung am 26. Februar 1932 eine Zusammenarbeit zwischen dem Museum und dem Verein Deutscher Zeitungs-Verleger an, dessen Vizechef er bekanntlich ist. Und er fordert kraft seiner Position in der deutschen Verlegerschaft von den Zeitungen breite mediale Unterstützung ein. Wobei Wollf nicht nur fordert, sondern mit seinen *DNN* auch selbst liefert. Er asphaltiert in Dresden quasi die Straße, auf der die Karawanen voller Argumente möglichst ungehindert rollen können, um dieses Jahrhundertprojekt im Bewusstsein dieser Stadt zu platzieren. So drucken seine *Neuesten Nachrichten* beispielsweise die Baupläne des Museums ab, damit die Dresdner nicht nur ahnen, sondern eben auch wirklich sehen und letztlich verstehen können, was da am Rand des Großen Gartens entstehen wird. Begeisterung kommt nicht ohne Bilder zustande ist Wollf überzeugt. Bilder, die sich aus farbenfrohen Worten in den Köpfen und den Herzen zusammensetzen – oder, dank der modernen Drucktechnik, auch als Grafik oder Fotografie auf den Seiten der Tageszeitungen in den Küchen und Wohnzimmern landen. Wollf liefert beides. Und er liefert es emsig.

Allerdings mischt sich Wollf ganz offensichtlich auch inhaltlich in die Museumsarbeit ein: *„Die Anregung Professor Wollfs, auch die Gefäß- und Herzkrankheiten einmal zum Gegenstand einer Ausstellung zu machen, nahm Dr Seiring entgegen“*,[257] heißt es zum Beispiel in einem Sitzungsprotokoll. Und schon im Rahmen der *Internationalen Hygiene-Ausstellung* 1930 hatte sich Wollf mit einer ungewöhnlichen Idee um eine möglichst hohe Aufmerksam für das Thema „Krebsbehandlung“ eingesetzt. So entwarf der *DNN*-Chef zum Beispiel ein „Krebs-Theater“. Gemeinsam mit Bühnenbildner Adolph Mahnke vom Dresdner Staatsschauspiel entstand für den Ausstellungsbereich *Aberglaube und Gesundheit* eine kleine Drehbühne, auf der wechselnd fünf Theaterakte zu sehen waren. In denen wurde mit Puppen das dramatische Vertrauen in „Wunderheiler“ nachgestellt, statt sich einem ausgebildeten Arzt anzuvertrauen. Der Gang zum „Kurpfuscher“ endet hier mit dem schaurigen Abschlussbild: Vier Sargträger bringen die Leiche aus dem Haus.[258] Wollfs „Krebs-Theater“ ist dabei Teil des Ausstellungsbereichs Aberglaube und Gesundheit der Zweiten Internationalen Hygiene-Ausstellung. Und die dafür verantwortliche wissenschaftliche Gruppe steht gar unter der gemeinsamen Leitung von Wollf und Dr. Otto Neustätter – dem langjähriger Direktor der historisch-ethnologischen Abteilung des Museums. Ja, Wollf ist also tatsächlich nicht „nur“ wichtiger Begleiter und Unterstützer, sondern prominenter Akteur. Nicht zuletzt sitzt er im Präsidium dieser 1930er Hygiene-Ausstellung.

Neben seiner Arbeit im Vorstand des Hygiene-Museums war Wollf auch Mitglied des Senats.[259] Und als die *Zweite Internationale Hygiene-Ausstellung* 1930 in Dresden stattfindet, arbeitet er zusätzlich im Präsidium der Schau mit. Dresdens Stadtrat Dr. Johannes Krüger lobt ausdrücklich Wollfs Engagement vor der versammelten Öffentlichkeit, als er am 15. Mai 1930 anlässlich der Eröffnung der Ausstellung und des Deutschen Hygiene-Museums im Festsaal des Dresdner Rathauses sagt: „*(…) herzlich (…) danken wir allen wissenschaftlichen und sonstigen Mitarbeitern. Sie von der Verwaltung des Museums haben uns in (…) Professor Julius Ferdinand Wolff und vielen anderen ungeheuer wichtige Stützen geliefert, auf denen der Bau der Ausstellung ruht.*“[260]

Wollfs Bedeutung für das Zustandekommen der *Zweiten Internationalen Hygiene-Ausstellung* und den Bau des Deutschen Hygiene-Museums liegt auf der Hand. Er ist sicher einer von vielen, aber in jedem Fall einer der festesten Steine im Fundament dieses so besonderen Museums. Dass er dabei auch einer der schwergewichtigsten Brocken ist, um im Sprachbild zu bleiben, dürfte nicht zuletzt der Fakt belegen, dass Wolff einer der Redner bei der Grundsteinlegung für das Hygiene-Museum ist. Und auch hier gehörten damals große Worte zu großen Visionen. So beschreibt er an diesem 8. Oktober 1927 seinen Freund Lingner noch einmal mit dem notwendigen Pathos der zu Ende gehenden 1920er Jahre: „*Wer ihn gekannt hat, der weiß, daß die hygienische Volksaufklärung, die Volksgesundheit, die Bekämpfung von Volkskrankheiten, die er mit Leidenschaft ausführte, der Leitgedanke seines Lebens geworden waren. Seine Freunde wissen, daß er sein Herz und seine Lebenskraft dafür hingegeben hat!*“[261] Und wenn Wolff da von der Leidenschaft spricht, dann spricht er wohl durchaus auch von seiner eigenen Leidenschaft für diese Vision.

Grundsteinlegung fürs Hygiene-Museum

„Dass es so lange gedauert hat!“ Julius Ferdinand Wolff klingt ein wenig enttäuscht. Vor elf Jahren hatten sie ihren gemeinsamen Freund Karl-August Lingner beerdigt und an seinem Grab versprochen, nichts unversucht zu lassen, Lingners Traum von einem nationalen Hygiene-Museum in Dresden wahr werden zu lassen. Das war im Juni 1916 gewesen. Und erst jetzt – am 8. Oktober 1927 – kann endlich dieser Grundstein für das Haus gelegt werden.

Leicht war der Kampf nicht, den sie geführt hatten. Mit Georg Seiring, dem Geschäftsführer des Vereins für das Hygiene-Museum, und den vielen Mitstreitern, die gemeinsam diesen Traum geträumt hatten. Es waren keine leichten Jahre. Der verlorene Weltkrieg, die Inflation … Es war nicht einfach, das notwendige Geld für den Bau zusammenzubekommen. Denn selbst die enormen Mittel, die Lingner per Testament aus seinem Privatvermögen bereitgestellt hatte, reichten bei Weitem nicht aus. Doch jetzt ist zumindest die erste Etappe geschafft.

„Ich habe begonnen, ein Buch über Lingner zu verfassen“, erzählt Wolff dem aufgeregten Georg Seiring. Der hat jetzt eigentlich gar keinen Nerv dafür.

Seiring geht in Gedanken immer und immer wieder seine kurze Rede durch, die er in wenigen Augenblicken halten muss. Aber er will Wolff auch nicht verärgern, zu viel hat der Verleger in den letzten Jahren für die Idee des Hygiene-Museums getan. Und so fragt Seiring – irgendwie auch tatsächlich interessiert: „Ein Buch?" Wolff lächelt – ein wenig erhaben: „Ja, eine Biografie!" Wer, wenn nicht er selbst, sei am besten in der Lage dazu, ist Wolff überzeugt. „Lingner hat es verdient – wenn dieses Haus vollendet ist, soll auch das Buch erscheinen." Seiring nickt freundlich, aber die nächsten Ehrengäste sind eingetroffen – die Chance davonzukommen, ohne Wolff wehzutun.

Auch Wolff kommt diese Unterbrechung letztlich recht. Denn immer wieder übermannen ihn die Erinnerungen, schon seit dem frühen Morgen. Die Erinnerungen an seinen Freund Lingner. An dessen feurige Augen, wenn er von seinen Plänen sprach. Gerade von seinen Plänen für das Dresdner Hygiene-Museum. Aber auch die Erinnerungen an dessen fast kindliche Freude über die ersten Erfolge. 1911 zum Beispiel, die Erste Internationale Hygiene-Ausstellung *in Dresden. „Was war das bei einigen Spießern für ein Aufschrei!" Wolff schmunzelt in sich hinein. In der Ausstellung waren auch menschliche Organe zu sehen. Gesunde und Organe mit krankhaften Veränderungen. Um zu zeigen, was bei bestimmten Krankheiten im Körper geschieht. Ein Schock für viele – aber umso anziehender für die Ausstellung. Und die Wirkung sowieso! Oft und lange hatte Lingner auch mit Wolff darüber diskutiert, ob man so weit gehen solle, Organe zu zeigen. „Wir müssen es!", hatte Lingner immer wieder gedrängt. Und auch Wolff hatte es eigentlich nicht anders gesehen. „Es ist ja im Prinzip wie in einer Zeitung: Man muss den Lesern die Dinge möglichst bildhaft erklären", hatte Wolff verglichen. Sie haben beide recht behalten, freut er sich nun. All diese vielen Jahre später.*

Und auch danach hatten sie sich nicht ausgeruht. Das Museum war mit der Ausstellung gegründet worden, auch wenn es noch kein eigenes Ausstellungshaus dafür gab. Die Werkstätten arbeiten und fertigen Moulagen, die weltweit gezeigt werden. Menschliche Körper aus Glas zum Beispiel, in denen Organe, Blutgefäße und Nervenbahnen sichtbar sind. Und die öffentliche Bildungsarbeit! Vorträge werden gehalten, die auch medizinische Laien verstehen. Das war Lingners Anspruch. Und auch Wolff heftet sich nun einen symbolischen Orden an die Brust: In seinen Neuesten Nachrichten *erscheinen immer wieder Beiträge in Sachen Medizin und Hygiene. So hatte auch er ein kräftiges Stück mit dafür gesorgt, dass in Dresden Platz wurde, sich mit diesen fatalerweise bisher kaum beachteten Themen zu befassen. Er lächelt. Zufrieden. Und stolz. Wie wichtig gerade Hygiene beim Kampf gegen widrige Krankheiten sein kann, dieses Bewusstsein muss einfach wachsen, davon war Lingner besessen. Und Wolff ist ein ebensolcher Besessener.*

„Jetzt haben wir die Bergspitze fast erreicht", freut sich Wolff. Den Satz wird er sich merken, für die vielen Gespräche, die gleich noch zu führen sein werden. Aber jetzt beginnt die Zeremonie. Und Wolff steht mit ganz vorn. Bei denen, die nicht nur von Amts wegen hier vorn stehen dürfen, sondern weil sie sprichwörtlich die Baugrube mit ausgehoben haben. Und ein Stück des Mörtels für den Grundstein, denkt Wolff dann, hat auch er mit angerührt. Mörtel aus Worten. Und auch Mörtel, den er in so manchem dieser vielzitierten Hinterzimmer gemischt hatte. Wolff muss sich sogar einige Tränen von den Augen wischen. „Es war ja auch ein kalter Wind, der einem die Tränen in die Augen trieb", wird er später seiner Frau Johanna sagen, die es aus einiger Entfernung bemerkt hatte. Und sie wird es besser wissen …

Wollf – der Frischluftventilator für Dresdens geistiges Leben

Die hämische Künstlerrunde in München

Er sagt es eher beiläufig. Als Wollf im Frühjahr 1903 mit einigen seiner Künstlerfreunde in seiner Münchener Lieblingskneipe, dem Künstlerlokal „Papa Benz" an der Leopoldstraße im Stadtteil Schwabing, zusammensitzt, lässt er es vorsichtig durchblicken. Dresden, sagt er, es könne sein, dass er demnächst nach Dresden gehen werde. Dort wolle ihn sein Verleger August Huck bei den Dresdner Neuesten Nachrichten *unterbringen. „Dresden? In dieses Provinznest?", frotzeln die Münchener umgehend. Dort sei es in den Theatern so staubig, dass man Atemnot bekomme, spielen sie auf den behäbigen Ruf an, den Dresden in Sachen Kunst- und Geistesleben zu dieser Zeit „genießt". Das barocke Dresden gilt nicht gerade als vorreitend-progressiv. Seit gut fünfzig Jahren gebe es an der Elbe zwar neben den Alten Meistern auch eine Gemäldegalerie für Neue Meister – aber nur, weil der Stifter dieser Sammlung keine Lust gehabt hatte, seine zusammengetragenen Bilder allzu weit in eine andere Stadt zu schleppen, sticheln die schon ein wenig bierseligen Theaterleute und Kabarettdichter an diesem Münchener Abend. Wollf nimmt es gelassen. Er sieht es ja auch selbst so. Aber er vermeidet es, seinen Freunden allzu viele Chancen einzuräumen, ihn zum Bleiben zu überreden.*

Ein paar Tage später schenkt ihm einer der Freunde dann mit süffisantem Lächeln ein abgegriffenes Büchlein aus einem weitgehend unbeachteten Regal eines Antiquariats. Es ist ein satirischer Reisebericht mit dem eigenwilligen Titel „Eiseles und Beiseles Kreuz- und Querfahrten", in dem der Journalist Otto Walster 1864 ein paar launige Geschichten über Sachsen, auch über Dresden verfasst hatte. Eine davon schildert Walsters ziemlich mürrischen Blick auf die damalige Dresdner Zeitungslandschaft. Es ist der Dialog zwischen einem Dresdner Kellner und einem Touristen, der im Restaurant gern eine Zeitung lesen wollte. „Eine Dresdner oder eine ausländische?", fragt der Kellner daraufhin. „Geben Sie mir eine Dresdner …", bittet der Gast – worauf der Kellner sämtliche ihm verfügbaren Blätter aufzählt. „Welches ist denn die beste Dresdner Zeitung?", will der Besucher wissen. Der Kellner lächelt milde, als sich plötzlich ein weiterer Gast ins Gespräch einmischt und im erkennbar Dresdner Dialekt erklärt: „Hier in Dresden gibt es nicht einmal eine gute, geschweige denn eine beste Zeitung …"[262]

Wolff muss schmunzeln, als er das liest. Aber das Ganze ist ja fast vierzig Jahre her und zudem knapp dreißig Jahre bevor die Neuesten Nachrichten *das Licht des Druckereisaales an der Pillnitzer Straße in Dresden erblicken, sagt er dann halblaut zu sich. Und beginnt, diese Stadt sogar schon zu verteidigen. Dieses Dresden. Freilich hatte es sich längst auch bis in die Münchener Kulturszene herumgetuschelt, dass sich da in der als verschlafen verschrienen sächsischen Hauptstadt seit einiger Zeit zwei Männer auf den Weg gemacht hatten. Sie hatten den Staubwedel aus der Besenkammer des Dresdner Hoftheaters geholt, das sein Domizil im Theaterbau am Albertplatz in der Neustadt hat. Und die beiden hatten begonnen, den Spielplan von der mitunter etwas zu ehrfürchtig betrachteten Klassik zu entstauben: der Intendant Graf von Seebach und der von ihm 1901 zum künstlerischen Leiter des Theaters gemachte Karl Zeiß. Das hatte Wolff zu interessieren begonnen. Und überhaupt, denkt er nun, wer sagt denn, dass man nicht mit ein paar klugen Texten in den* Neuesten Nachrichten *ein bisschen daran mittun könne? Am Entstauben dieses müden Dresdens? Immerhin hat dieses Blatt mit seiner gewaltig großen Leserschaft durchaus Schlagkraft, ist Wolff überzeugt. Man müsse die verbalen Kanonen nur füttern, was bisher nicht passiert, grummelt er. Und spürt plötzlich ein ungeduldiges Kribbeln in sich aufsteigen. Diese Stadt hat ihn am Haken, noch bevor er den ersten Koffer gepackt hat.*

Wollf düpiert die Litterarische Gesellschaft Dresden

Kaum in Dresden, legt sich Wolff in seinem *DNN*-Feuilletonkeller gleich mal mit einem der etabliertesten Kulturvereine des Dresdner Bildungsbürgertums an: der Litterarischen Gesellschaft. Die schrieb sich im Übrigen bewusst mit dem bis Ende des 20. Jahrhunderts nicht unüblichen und ans lateinische „littera" – für „Geschriebenes" – angelehnten doppelten „T". Was Wolff in seinem Blatt allerdings geflissentlich „modernisiert" – oder vielleicht auch einem voreiligen Schriftsetzer „zu verdanken" sein könnte. Dass diese Vereinigung in diesen Jahren zudem nicht zuletzt in Person von Feuilletonchef und Literaturkritiker Paul Schumann sowie Chefredakteur Leonhard Lier maßgeblich vom Konkurrenten *Dresdner Anzeiger* unterstützt wird, ist sicher nicht Wollfs Hauptkampfrichtung, aber wohl ein kleiner Nebenkriegsschauplatz, auf den der *DNN*-Macher seine krittelnden Wortpanzer mit einigem diebischen Vergnügen rollen lassen haben dürfte. Wenig später wird Wollf ja wie beschrieben sein Blatt auch für die Selbstverteidigung Karl Mays gegen die von eben jenem Schumann im *Anzeiger* angezettelte Schlammschlacht gegen den weltbekannten Abenteuerschriftsteller öffnen. *Anzeiger*-Chefredakteur Lier ist jedenfalls von Oktober 1899 bis zum September 1904 einer der beiden stellvertretenden Vorsitzenden der Gesellschaft; und Friedrich Kummer einer der Aktivsten in Sachen Vortragswesen. Neben Wollfs Freunden Julius Otto Bierbaum, Roda Roda oder auch Gerhart Hauptmanns Sohn Karl übrigens.[263]

Die 1886 gegründete Litterarische Gesellschaft hatte es sich neben öffentlichen und vor allem offenen Diskussionen über moderne Literatur, die Gleichberechtigung von Frau und Mann sowie überhaupt politische Fragen unter anderem zur Aufgabe gemacht, ihren interessierten Mitgliedern Theaterstoffe zu präsentieren, die es bisher nicht auf eine Bühne geschafft hatten – oder deren Autoren die Wirkung ihrer Texte vorab testen wollten. Dass es hierbei in Dresden mitunter ziemliche Schnellschüsse in Sachen Regiearbeit oder gar dilettantische schauspielerische Leistungen waren, die da unter anderem von den Bühnen des Königlichen Schauspielhauses, des Residenz- und ab und an auch des Centraltheaters ins Publikum donnerten, nervte einen Theaterästheten wie Wollf.

Ausschließlich Freunde hat er sich mit seinen Sticheleien an der Elbe sicher nicht gemacht. Auch, wenn er mit seiner kritischen Sicht längst nicht alleinstand. Darauf verweist er in seinen Rezensionen immer wieder – und wohl auch immer wieder gern: *„Im Übrigen empfindet ein großer Teil der Mitglieder die mangelhaften Einrichtungen der Literarischen Gesellschaft recht unangenehm (…)“* So schreibt Wollf zum Beispiel am 19. Dezember 1905 in den *DNN* über die Aufführung des von ihm – offensichtlich – geliebten Stücks *Der Jude von Konstanz* aus der Feder Wilhelm von Scholz‘. Die war zwei Tage zuvor nicht gerade umjubelt aufgenommen worden. Offenbar übereilig und ohne das für diesen Stoff notwendige schauspielerische und dramaturgische Geschick zusammengezimmert, ärgert sich Kritiker Wollf daraufhin: *„Das waren nicht die Schauspieler, die diese tiefe Tragödie der Heimatlosigkeit vor unseren Augen lebendig machen konnten, das war nicht die Einstudierung, die das Drama fordert!“* Und damit nicht genug: *„Gern gebe ich zu, daß auch anderwärts die Aufführungen in Theater- und literarischen Vereinen und freien Bühnen das Improvisierte nicht verleugnen können. Aber hier war das Unvorbereitete, Hast, Eile und trockene, geschäftsmäßige Erledigung geradezu Ereignis. (…) Das ganze Experiment mißlang durch den Mangel geeigneter Darsteller und die mangelnde Vorbereitung“*, schimpft Wollf, dass Regisseur Dr. Martin Zickel die Akteure kurz zuvor eher zufällig in seinem Berliner Theaterumfeld zusammengesucht hatte. *„Die ganze Aufführung* *machte einen unendlich verworrenen Eindruck, und wenn aus diesem Meer von Disziplinlosigkeit und Dilettantismus da und dort in hellerem Lichte ein Stückchen rettendes Land auftauchte, so geschah das, weil die wundervolle, gedankentiefe Sprache des Dichters nicht umgebracht werden konnte.*" Warum, so fragt Wolff, habe man nicht einfach auf heimische Dresdner Akteure gesetzt? Die zum einen das Handwerk besitzen, zum anderen dann das Stück auch gleich für ein hiesiges Theater hätten einstudieren können. So, wie es in München an der dortigen Dramatischen Gesellschaft gehandhabt werde, beschreibt Wolff. Auf diese Weise ließen sich ärgerliche Schnellschüsse vermeiden, ist er überzeugt. So ganz kann er sein München also dann doch noch nicht abschütteln.

Dennoch wird hier nicht nur Wollfs bis in die Haarspitzen reichender Ekel gegenüber Dilettantismus beim Thema „Kultur" deutlich, sondern mit dem Verweis auf München auch der konstruktive Hang seiner Kritiken. Er zeigt eben nicht einfach nur mit dem Finger auf Dresdens Litterarische Gesellschaft und fügt dann ein dickes Ätsch an, dass es beim Pendant in München besser laufe, sondern Wolff erklärt auch, warum. Trotzdem scheut er sich als Dresdner „Frischling" nicht, klare sprachliche Kante zu zeigen: „*Wenn die Literarische* [sic] *Gesellschaft ihren Mitgliedern gegenüber ihr Programm erfüllen, wenn sie die literarische Gesellschaft für Dresden sein will, so muß sie in allen ihren Vorbereitungen und ihren Ankündigungen einmal eine sehr gründliche Revision eintreten lassen!*" Nein, ein Feigling war er nicht. Er wollte keine Rücksicht nehmen auf gewachsene Beziehungsgeflechte und Abhängigkeiten im überschaubaren Dresdner Kulturbetrieb. Wolff wollte Staub aufwirbeln. In der – aber vor allem für die – Kulturstadt Dresden.

Und – auch das passt zu Wolff – er bringt sich selbst ein. Ob er Mitglied in der Litterarischen Gesellschaft ist, lässt sich in den bisher gefundenen Mitgliederlisten zwar nicht nachweisen, ausgeschlossen ist es aber keinesfalls. Ganz im Gegenteil. Es war zu dieser Zeit üblich, dass Kritiker in „ihren" Städten in zahlreichen künstlerischen Vereinen und Vereinigungen eingetragen waren. *Anzeiger*-Feuilletonchef Paul Schumann beispielsweise stand auf immerhin 56 Vereinsmitgliederlisten.[264] Sicher war Schumann nicht in allen wirklich aktiv. Wolff jedenfalls hält in der Litterarischen Gesellschaft Vorträge. Das geht aus einer 1909 erschienenen Aufzählung[265] von insgesamt 115 „*Schriftstellern, Gelehrten und Künstlern*" hervor, die zwischen Vereinsgründung und dem Jahr 1909 bei der Litterarischen Gesellschaft zu erleben waren. Leider sind Thema und Termin des Vortrags nicht angeführt. Und ob Wolff seine rührigen Hände und nach wie vor guten Beziehungen zu Münchens Kulturszene auch bei der Vermittlung einer Aufführung des Marionettentheaters Münchener Künstler unter Leitung von Paul Brann im Februar 1907 in Dresden im Spiel hatte, muss ebenfalls offenbleiben. Neben Arthur Schnitzlers Puppenspiel *Der tapfere*

Kassian war unter anderem *Casper als Porträtmaler* aus der Feder des 1876 in München verstorbenen Franz von Pocci zu erleben, ein Stück für die Kinder der Mitglieder der Litterarischen Gesellschaft.

Nicht ausgeschlossen ist zudem, dass Wolff neben der Litterarischen Gesellschaft auch der „Konkurrenz" gehuldigt hat – dem Literarischen Verein zu Dresden. In dessen Vereinschronik[266] der Jahre 1913 bis 1923 taucht Wollfs Name zwar nicht in der Liste der Vorträge oder Lesungen auf, aber ein Blick auf die Themen lässt zumindest ein großes Interesse Wollfs vermuten. So wurde beispielsweise am 8. November 1921 über das *Wesen der Kritik* diskutiert und am 14. November 1922 fand eine Feier zum 60. Geburtstag Gerhart Hauptmanns statt, die unter anderem Dr. Felix Zimmermann, Kritiker der *Dresdner Nachrichten,* organisiert hatte. Interessantes Detail: Auch Friedrich Kummer ist quasi im kulturellen Doppeleinsatz. Neben „seiner" Litterarischen Gesellschaft drückt er auch dem Literarischen Verein durch Vorträge einen inhaltlichen Stempel auf. Am 10. März 1914 zum Beispiel spricht er in Meinholds Sälen in der Moritzgasse über *Die Katze in der Dichtung und in der Kunst.*

Wollf lüftet die Kulturstadt durch – die *Literarische Rundschau*

Ob Dresdens Theaterleben – oder weitgegriffen vielleicht sogar die Kunst- und Kulturstadt Dresden insgesamt – ohne Julius Ferdinand Wolff bis in die 1930er Jahre hinein ärmer gewesen wäre? Darüber lässt sich nur spekulieren. Aber dass Wolff an der Elbe schnell ein wichtiger Wettermacher für Dresdens kulturelles Klima wird, lässt sich nicht wegdiskutieren. Und ohne Gefahr zu laufen, die realen Auswirkungen der Arbeit von Journalisten und den Einfluss von Zeitungen zu überhöhen: Sie können durchaus einen großen Teil des gedanklichen Klimas einer Stadt mitgestalten. Damals – 1903 – noch viel prägender als heute. In den ersten Jahren des 20. Jahrhunderts sind die Zeitungen noch die unangefochtene Nummer 1 in den – ein wenig sperrig benannten – „Meinungsbildungsprozessen". Es gibt noch kein flatterhaftes, von jedem fütterbares Internet – und auch keine dieser moralisch und auf den Wahrheitsgehalt so unkontrollierbaren sozialen Netzwerke. Politische Diskussionen oder gar die sogenannten Bildungszirkel für breitere Bevölkerungskreise holen zu dieser Zeit erst Schwung; und auch der Rundfunk betritt erst nach 1920 als dann allerdings zunehmend ernsthafter Konkurrent die Medienbühne. Noch sind sie quasi die Chefköche, was die gesellschaftliche und kulturelle Wetterküche in den Städten betrifft; die Zeitungen.

Und nebenbei bemerkt, können die Blätter im Kulturbetrieb durchaus auch ökonomische Hebel ansetzen. Denn mit Blick aufs Theater können „schlechte Kritiken" für ein Bühnenstück spürbare Folgen haben, wenn dadurch Zuschauerplätze leer bleiben. Das war damals so, das ist noch heute so – mit Blick auf die sozialen

Netzwerke umso mehr, in denen jeder schreibt, was er für richtig hält. Wollfs Schauspielrezensionen gelten in Dresden jedenfalls schnell als durchaus kritisch, aber jederzeit sachlich fundiert. Und auch als bewusst gegen den Dresdner Theatermief ankämpfend; da hält sich Wollf in Dresden nicht allzu lange bei der Vorrede auf. Mit schmerzhaften verbalen Faustschlägen, aber auch mit stichelnden Sprach-Florettkitzeleien, wie im September 1905. Da berichtet Wollf über das Ende der Sommerpause am Schauspielhaus und kann sich einen Hinweis auf seine geistige Atemnot in Dresden nicht verkneifen. Dass die neue Saison nämlich mit Lessings *Nathan* beginnt, veranlasst Wollf, am Ende seines Beitrags zu schreiben: *„Auch für den Rezensenten ist es vergnüglich, aus dem guten Anfang Gutes zu prophezeien. Und daß es gerade das Drama der Geistes- und Glaubensfreiheit ist, das in Dresden so freudig begrüßt wurde.“* Treffer!

Wollf öffnet mit seinen *Neuesten Nachrichten* ziemlich schnell das eine oder andere Fenster, um die Kulturstadt Dresden kräftig durchzulüften. Eines dieser weitgeöffneten Fenster wird dabei gleich nach Wollfs Amtsantritt zunehmend die Sonntagsausgabe der *DNN* mit ihrer Literaturbeilage *Der Sonntag*. Deren Seiten sind – flapsig formuliert – wirklich rappelvoll mit Texten namhafter Literaten. Hier druckt Wollf sowohl Werkteile großer Autoren aus der Vergangenheit – wie Honoré de Balzac oder auch Leo Tolstoi, den Wollf als Schriftsteller offensichtlich liebt – als auch aktuelle Größen wie Thomas Mann und nicht zuletzt zahlreiche noch unbekannte junge und neue Autoren. Und immer wieder sind hier auch ganz offensichtliche persönliche Vorlieben Wollfs zu finden. Wie im Fall des Satirikers Roda Roda. Sie sind fast ein Jahrgang, Wollf ist nur ein knappes Jahr älter. Und sie lieben beide die bitterböse Spitzzüngigkeit und die überraschende, wortgewandte Pointe. Und so druckt Wollf Roda Rodas Texte mit einer schier diebischen Freude – und macht damit die Dresdner Leserschaft mit ihr vielleicht sonst nur eher zufällig oder beiläufig untergekommenen Texten bekannt. Auf einem Landwirtschaftsgut in der Puszta als Sandor Friedrich Rosenfeld geboren, gab sich der Schriftsteller später den Künstlernamen Alexander Friedrich Ladislaus Roda Roda. Wobei der Name Roda wohl eine Idee seines Vaters gewesen war. Der wollte nicht mit dem jüdischen Nachnamen auffallen, heißt es. Das Studium an der Universität Wien – Roda Roda wollte Rechtsanwalt werden – brach er ab, verpflichtete sich 1893 stattdessen für zwölf Jahre zum Militärdienst im Österreich-Ungarischen Heer.[267] So dass sich ein Großteil seiner satirischen Gedichte, Reportagen und Theaterstücke dann auch mit dem Thema „Militär“ befassen. Vor allem werden es wunderbare Verbalkarikaturen brutaler Offiziere und überhaupt sinnentleerter Befehlsstrukturen. Selbstverständlich beherrscht er auch die böse Gesellschaftskritik, den schwarzhumorigen Angriff aus dem Hinterhalt auf die politische Blindheit seiner Zeitgenossen. War Wollf dieser Roda Roda schon um 1900 herum aufgefallen, als im *Simplicissimus* erste Zeilen von ihm erschienen waren? Oder war es die kuriose Geschichte um die unglücklich endende Liebesbeziehung Roda Rodas mit der bekannten Schauspielerin Adele Sandrock?[268] Denn wie im Folgenden noch ausführlicher zu lesen sein wird, bandelte auch ein wirklich enger Freund Wollfs mit der Schauspielerin an: Felix Salten. Wenn auch mit nicht ganz hehren Absichten ... Vielleicht lernten sich Wollf und Roda Roda auch in irgendeiner Kleinkunstbühne kennen, auf denen der Satiriker nach seiner – unehrenhaften – Entlassung aus dem Militärdienst tingelte? Er hatte sich nicht immer so benommen, wie es die Vorgesetzten von einem Offizier erwartet hätten. Es spricht aber auch einiges dafür, dass einer von Wollfs literarischen Freunden aus der „Münchener Runde" die Beziehungsfäden geknüpft haben könnte oder Wollf zumindest auf Roda Roda aufmerksam machte. Wie der Dichter Frank Wedekind zum Beispiel, zu dem die Freundschaft Wollfs auch in Dresden nie abbricht. Regelmäßig treffen sich die beiden an der Elbe; auch gleich mal in Familie. Noch Jahre nach Wedekinds Tod Anfang März 1918 wird Wollf Ende April 1930 in einer Rezension zu Wedekinds *Hidalla* im Schauspielhaus schwärmerisch an Diskussionen mit Wedekind über das Verständnis seiner Stücke zurückdenken: *„Es blieb immer ergreifend, ihn in endlosen Nachtgesprächen im Freundeskreise über diese Dinge zu hören."* Und Wedekind hatte ja ebenfalls zur Redaktion des *Simplicissimus* gehört, als Roda Roda dort wie erwähnt seine ersten Texte veröffentlicht hatte. Jedenfalls wird Roda Roda nicht nur Militärkomödien verfassen, sondern ist im Ersten Weltkrieg auch als Kriegsberichterstatter für die Tageszeitung *Neue Freie Presse* aktiv. Er ist eine Perle, die Wollf als einer der ersten Zeitungsleute mit aus den Tiefen fischt. Eine Perle, die Perlen hinterlassen hat. Wie diese kurze Glosse: *„Danzers Armeezeitung hatte einen Preis ausgeschrieben für die kürzeste Bearbeitung des Themas: ‚Was hat unsere Infanterie aus dem Russisch-Japanischen Kriege gelernt?' Die kürzeste, preisgekrönte Antwort lautete: ‚Nichts.'"*[269] Übrigens gab es diese Zeitung tatsächlich, und Roda Roda gewann 1903 deren Literaturwettbewerb mit der Satire *Der Diplomat*.[270]

Doch zurück nach Dresden – und zu Wollfs Rolle als Frischluftventilator im verstaubten Elbstandsteinbarock. Eine regelrechte Windmaschine fürs Durchlüften in Dresden wird die *Literarische Rundschau* werden, die von Wollf 1927 gegründete wöchentliche Literaturbeilage der *Neuesten Nachrichten*. Hier lässt Wollf sie alle in seinem „Literaturwelttheater" auftreten, die großen Namen der deutschen Schriftstellerszene. Wobei Wollf nicht nur Texte veröffentlicht, die das Licht der Bücherwelt bereits erblickt haben. Wollf druckt nicht nur bekannte und unbekannte Texte von bekannten und noch zu entdeckenden, aber von ihm bereits entdeckten Literaten. Sondern Wollf gibt auch Texte in Auftrag, die er dann in seiner *Literarischen Rundschau* – und auch im Feuilletonteil der *Neuesten Nachrichten* – veröffentlicht. So bittet er beispielsweise im Juni 1930 den in Wien geborenen Literaturwissenschaftler Oskar Walzel um ein Feuilleton über die Erzählerin Clara Viebig. Das will Wollf anlässlich des bevorstehenden 70. Geburtstags der damals sehr populären Autorin drucken, die unter anderem wegen ihres 1902 erschienenen Romans *Die Wacht am Rhein* auch international bekannt geworden war: *„Lieber und verehrter Herr Geheimrat! Wenn ich nicht irre, haben Sie sich ja gelegentlich mit der immerhin beträchtlichen Lebensleistung dieser Dichterin* *befasst. (…) Wenn Sie uns den Artikel schreiben, dann wäre ich Ihnen ferner dankbar für eine Zusendung des Manuskripts, die es uns ermöglicht, den Aufsatz etwa vier fünf Tag vor dem siebzigsten Geburtstag im Feuilleton zu veröffentlichen"*,[271] schreibt Wollf in seinem Brief an Walzel. Man kannte sich übrigens bestens, denn Walzel war vor seiner Berufung 1921 an die Universität Bonn immerhin 14 Jahre lang an der Technischen Hochschule Dresden gewesen. *DNN*-Chef Wollf hat also einen klaren Plan davon, was, wann und eben auch von wem etwas in seinem Feuilleton und der *Literarischen Rundschau* erscheinen soll. Und auch dafür nutzt er seine weitverzweigten Kontakte.

Diese Kontakte reichen offenbar auch zu den Schreibtischen von Feuilletonredakteuren anderer Zeitungen. Wollf schreibt im Sommer 1931 in einem Brief an seinen Spezi, den Theaterautor Herbert Eulenberg, von *„befreundeten Zeitungen"*[272], denen er ein Porträt über den damals sehr populären Dichter Wilhelm Raabe anbieten wolle, das Eulenberg für die *DNN* schreiben soll. Der 100. Geburtstag des 1910 verstorbenen Raabes steht Anfang September bevor. *„Da könntest Du doch eines Deiner Porträts für die* Dresdner Neuesten Nachrichten *schreiben. Lass mich doch gleich wissen, ob Du einverstanden bist."*, bittet Wollf Eulenberg. Er wolle das Ganze *„dann rechtzeitig einigen befreundeten Zeitungen anbieten (…), die dieses Feuilleton dann gleichzeitig (…) veröffentlichen könnten"*. Abgesehen davon, dass sich Wollf hier als durchaus einflussreicher Akteur auf dem deutschen Pressemarkt präsentiert, mindestens wohl in Bezug auf die Blätter des Huck-Universums, er zeigt sich zudem noch als cleverer Geschäftsmann. Denn Wollf versucht es erst gar nicht vorsichtig durch die sprichwörtliche Hintertür, sondern geht direkt durchs Hauptportal: *„Du könntest ja in diesem Fall das Honorar mässig halten, da durch die Multiplikation unter Umständen doch ein ganz netter Betrag für Dich herauskommen kann"*, würzt Wollf ihm den Vorschlag schmackhaft. Dennoch ist der *DNN*-Chef keiner, der seine Freunde über den Tisch ziehen würde, sollten die Planungen letztlich nicht wie gewünscht aufgehen: *„Nicht zu versichern brauche ich Dir, dass ich Deine Interessen genau so wahren werde oder noch besser, als wenn es die meinigen wären"*, schreibt Wollf noch, bevor er sich mit *„Alles Liebe von mir zu Dir"* von seinem Freund Eulenberg verabschiedet.

Wobei Wollf am *DNN*-Lenkrad bei aller noch so feinfühligen Rücksicht auf Freunde nicht seine inhaltliche Linie für unnütze Kurven verlassen würde. Nicht mal für kleine. So schlägt er Eulenberg beispielsweise im Februar 1932 per Brief vor, er könne etwas über den 70. Geburtstag der Schauspielerin und Inhaberin des Schauspielhauses Düsseldorf Louise Dumont schreiben. Den Vorschlag Eulenbergs hingegen, auch über den 75. Geburtstag des 1920 verstorbenen Bildhauers und Malers Max Klinger ein Feuilleton zu verfassen, weist Wollf im selben Brief freundlich, aber bestimmt zurück. Man könne *„nicht anfangen, fünfundsiebzigste Geburtstage zu feiern, denn die Zeitungen sind ja schon mit allen* *diesen Geburtstagsartikeln ganz unsinnig überhäuft, und jeder Feuilleton-Redakteur seufzt mit Recht, weil die Lebendigen darunter zu leiden haben und vor allem die Zeitung selbst. An diesem 75. Geburtstag Klingers wieder einmal über ihn zu schreiben, hat wirklich keinen rechten Sinn für uns. Schicke also ein nettes kleines Feuilleton, das ja nicht so umfangreich zu sein braucht, über die Dumont (...)",*[273] schreibt Wolff seinem Freund Eulenberg. Er weiß, was er will. Und Eulenberg weiß, woran er ist.

Die *Literarische Rundschau* bleibt dabei bis zur Machtübernahme durch die NSDAP 1933 eine fast schon eigenständige, hochwertige Literaturzeitschrift. Hier drängeln sich die Stars: Hermann Hesse zum Beispiel, aber ebenso Erich Kästner. Wenn auch das Dresdner Blatt für den Dresdner Kästner nicht der Ort seiner Erstveröffentlichungen ist. Dennoch finden sich hier regelmäßig große – und auch kleine – Texte von ihm. *Drei Mütter und ein Kind* am 12. Juni 1932 zum Beispiel; und drei Tage später das Gedicht *Junggesellen auf Reisen*. Ganz besonders viel zu tun haben die Setzer im Obergeschoss des Verlagsgebäudes am Ferdinandplatz aber mit Wollfs Freund und Lieblingsdichter Gerhart Hauptmann. Den schlesischen Autor verehrt Wolff aus vollem Herzen und herzlos gegenüber der Leserschaft. Hier weicht Wolff dann doch mal von seiner angesprochenen inhaltlichen Linie ab. Jede Hauptmann-Aufführung in Dresden wird zum gedruckten Triumphzug; und rund um Hauptmanns 65. Geburtstag am 15. November 1927 feiern die *DNN* regelrechte Hauptmann-Festspiele. Am Jubiläumstag drucken die *DNN* ein prominent platziertes großes Foto mit ausführlichem Text über Hauptmanns Leben und Werk auf Seite 10 – dort, wo täglich die wichtigen „bunten" Meldungen zu finden sind – und verweisen auf den Feuilletonteil, in dem mit *Tills Ausfahrt* auch noch ein Ausschnitt aus Hauptmanns Till-Eulenspiegel-Epos abgedruckt wird. Drei Tage später gibt's für die geneigte Leserschaft den *Sommernachtstraum* aus Hauptmanns Feder. Und überhaupt Hauptmann! Seine Texte finden sich in all den Jahren regelmäßig in – aber sehr oft auch außerhalb – der Literaturbeilage in den *DNN* wieder. So wird als Fortsetzungsroman beispielsweise seine *Hamlet*-Bearbeitung veröffentlicht. Am 3. März 1932 meldet sich Gerhart Hauptmann für die *Neuesten Nachrichten* dann sogar aus New York. An der Columbia-Universität hält er einen Vortrag über Goethe; Anlass ist der 100. Todestag des Dichterfürsten. Die literarischen Vorlieben des *DNN*-Chefs dürften den Lesern jedenfalls nicht verborgen geblieben sein.

Zu besonderen Anlässen bringen die *Neuesten Nachrichten* zudem Extrabeilagen. Auch die randvoll mit zum Anlass passenden Texten namhafter Literaten. Pfingsten 1932 zum Beispiel gibt es eine fünfseitige Beilage. Joachim Ringelnatz' Text *Pfingsten* ist hier dann ebenso zu finden wie Erich Kästners Reportage *Pfingsten in Kopenhagen*. Auch der schon erwähnte Hermann Hesse gehört 1932 nach wie vor zu den literarischen Dauergästen auf den *DNN*-Seiten; im Mai zum Beispiel erscheint sein Text *Beim Malen*. Fünf Jahre zuvor gratulieren die *DNN* dem Dichter über zwei Feuilleton-Keller zum 50., in der Weihnachtsausgabe Heiligabend

1927 veröffentlicht das Blatt gleich zwei Weihnachtsgedichte von ihm; auch in der Osterausgabe ein paar Monate später sind Verse von Hesse zu finden. Gemeinsam mit Ludwig Fuldas *Schon einmal*. Wobei das hier Erwähnte wirklich nur wenige Pinselstriche auf dem großen *DNN*-Literaturbild sind!

Weitere Farben steuert Wolff mit regelmäßigen „Nachhilfestunden" zu theatertheoretischen und auch theaterpolitischen Fragen bei, die er seinen Lesern in den „Lehrplan" schreibt. Als Sachsens Landtag 1928 zum Beispiel übers Sparen am Staatsschauspiel nachdenkt, warnt Wolff in den *Neuesten Nachrichten* eindringlich vorm schleichenden Tod des Theaters. Einige Zeit später geht der schon kurz erwähnte Buch- und Filmautor Felix Salten in Wollfs Blatt auf die Frage ein, ob das Kino das Theater ins kulturelle Abseits laufen lasse. Tut es nicht, kommentiert Salten. Dass zum Beispiel in Wien in letzter Zeit zahlreiche kleine Bühnen verschwunden seien, liege weniger am Kino, findet er, als an den wirtschaftlichen Zwängen der tobenden Weltwirtschaftskrise.[274] Die *DNN* mischen sich also kräftig ein in die kulturellen Debatten der Zeit. In Dresden, aber auch weit darüber hinaus.

Zu den bereits genannten Pinselstrichen am Literaturbild der *Neuesten Nachrichten* gehören aber nicht zuletzt auch die Lesetipps der Redakteure fürs *DNN*-Publikum. Politische Bücher, aber auch anspruchsvolle Sachbücher werden den Lesern da ins Regal gestellt. Ibsens *Staatstheater* zum Beispiel. Und Reisereportagen! Die Welt ist wahrlich zu Hause auf den Seiten der *DNN*. Wobei auch hier die Texte in aller Regel nicht belehrend daherkommen, sondern plaudernd. Und sie werden zunehmend mit nützlichen Tipps verbunden. So weisen die *DNN* beispielsweise am 22. Mai 1932 darauf hin, dass ab 1. Juni die Fahrpreise der Deutschen Reichsbahn für Urlaubsfahrten bis zu 20 Prozent günstiger werden. Seit Ende der 1920er Jahre drucken die *Neuesten Nachrichten* auch die aktuellen Schneehöhen im nahen Osterzgebirge ab. Am 16. Dezember 1928 beispielsweise lockt nach zunächst nur ein bis zwei Zentimetern Neuschnee eine immerhin stattliche 1,65-Meter-Schneedecke ins gut eine Zugstunde von Dresden entfernte Altenberg auf dem Erzgebirgskamm.

Auch durch seine Personalpolitik in den *Neuesten Nachrichten* wirbelt Wollf in Dresden reichlich vom sprichwörtlichen Staub auf. Immer wieder schafft er es, kluge Köpfe fest an sein Blatt zu binden. Kluge Köpfe, die mit ihren ebenso klugen Gedanken Diskussionen im mitunter betulichen Dresden anschieben. Und das sorgt letztlich auch ab und an für Aufmerksamkeit weitab des verträumten Canaletto-Blicks aufs Elbufer. Eine der dabei besonders prägenden Persönlichkeiten ist Camill Hoffmann. Wollf gelingt es, ihn im Mai 1912 nach Dresden zu holen und zum Verantwortlichen fürs Feuilleton zu machen. Und Hoffmann sorgt quasi vom ersten Fingeranschlag auf seiner Büroschreibmaschine am Ferdinandplatz an für wirklich spürbare Veränderungen – und einen lesbaren weiteren Aufschwung – in den Feuilletonspalten der *Neuesten Nachrichten*. Der 1878 im böhmischen Kolin geborene deutsch-jüdische Lyriker hatte sich zu dieser Zeit längst einen Namen als gefragter Autor im deutschsprachigen Raum erarbeitet – und war damals Feuilletonredakteur der in Wien erscheinenden Tageszeitung *Die Zeit*. Für die hatte er schon seit ihrer Gründung 1902 gearbeitet. Dass Wollf diesen durchaus prominenten Mann an den Ferdinandplatz locken konnte, hängt auch wieder mit seinen engmaschig geknüpften Netzwerken zusammen. Und diesmal reichten die Fäden sogar von Dresden bis nach Wien. Denn dort, bei der *Zeit*, verdienten neben Camill Hoffmann auch so geschätzte Literaten wie der österreichische Schriftsteller und Mitbegründer der *Salzburger Festspiele* Hugo von Hofmannsthal oder auch der eben schon erwähnte Felix Salten – der Erfinder der legendären Bambi-Geschichten – ihre Miete.[275] Und just dieser Felix Salten dürfte es wohl gewesen sein, der kräftig bei den Bemühungen Wollfs um Camill Hoffmann nachhalf und die sprichwörtliche Fahrkarte Hoffmanns nach Dresden löste. Nicht ganz uneigennützig, wie auf den folgenden Seiten zu lesen sein wird.

Katharina Salten – die Ferientochter der Wollfs

Es ist, als hätten die Wände der Räume das fröhliche Kinderlachen aufgesogen und würden es nun wieder abgeben. In kleinen, aufmunternden Dosen gegen die Traurigkeit. Dieses hübsche, fantasievolle Mädchen mit den langen dunklen Haaren fehlte. In der Henzestraße in Dresden-Striesen ist es nun wieder so erdrückend still geworden. Johanna Wollf sitzt am Tisch, hält ein paar Fotos in der Hand, und es beschleicht sie ein Gefühl wie Heimweh. Heimweh nach einer kompletten Familie. Mutter, Vater, Kind – wie in diesen beliebten Spielen mit den Freunden in den Kindertagen, damals in Mannheim, wo sie aufgewachsen ist.

Nun sitzt der quirlige Feriengast – Anna Katharina, die alle nur Katja rufen – wieder im Zug Richtung Wien. Nach Hause zu den Eltern. Zu Felix Salten, dem renommierten Journalisten und Schriftsteller. Am 18. August will sie wieder in der österreichischen Metropole sein, dann feiert sie ihren neunten Geburtstag. Und mit den so frischen Erinnerungen scheint dieses Kinderlachen nun tatsächlich noch einmal durch die jetzt so ernst, fast museal erzieherisch bedrückenden Zimmer zu fliegen. Eigene Kinder sind den Wollfs verwehrt geblieben. Und so wogt in ihrem Leben gewissermaßen ein ungenutzt liegender, aber prall gefüllter See voller Liebe, mit dem sie nun diese einzigartigen Ferienwochen fluten, wenn dieses fröhliche Mädchen aus Wien bei ihnen wohnt.

Zoobesuche, Spaziergänge entlang des herrlichen Elbufers mit dem Blick hinauf zu den Elbschlössern nicht weit vom Blauen Wunder. Aber auch die zahllosen Museen der stolzen Kulturstadt stehen dann stets auf dem Ferienprogramm. Johanna Wollf liebt diese Wochen. Auch, weil sich Julius

Ferdinand dann endlich ein wenig mehr Zeit für die Familie nimmt. Die Saltens sind längst enge Freunde geworden, regelmäßig verbringen die Familien den Urlaub gemeinsam, besuchen einander. Wobei die Saltens eigentlich Salzmann heißen. Siegmund Salzmann hatte sich in Wien einen prominenten Namen als Journalist und Autor erarbeitet. Bei der mit bekannten Schriftstellern gespickten Redaktion der Tageszeitung Die Zeit *hatte er freche Berichte über die Skandälchen und Skandale am österreichischen Königshof geschrieben – und auch fast legendär gewordene Porträts des europäischen Adels verfasst. Das allerdings vorsichtshalber unter dem Pseudonym Sascha. Und nun arbeitet er – jetzt unter dem Künstlernamen Felix Salten – an Drehbüchern. Sein erster Film,* Der Shylock von Krakau, *wird gerade in Berlin und Krakau gedreht und muss fertig werden, schließlich soll er Mitte Oktober Premiere feiern. Nicht mehr viel Zeit also, wie ein Blick auf den Kalender dieser Augusttage 1913 deutlich zeigt. Und schließlich stehen auch schon die nächsten Projekte an. Da passt es Salten gut, wenn er ein wenig Ruhe vor der quirligen Tochter hat und sie bei Freunden bestens untergebracht weiß. Seine Frau Ottilie ist ja als Burgschauspielerin in Wien ebenfalls kräftig eingespannt. Und die Wollfs übernehmen diesen Liebesdienst für die Saltens herzlich gern.*

Johanna Wollf mag den ein wenig windigen Salten. Immer klamm, trotzdem Lebemann. Weltgewandt reiseverrückt, und mit Beziehungen zu den wildesten Schriftstellern. Und wenn sie an die Geschichte mit der bekannten Schauspielerin Adele Sandrock denkt, die man über Salten erzählt … Sein Jugendfreund, der Schriftsteller Arthur Schnitzler, und Adele Sandrock waren ein Paar. Aber irgendwann wurde Schnitzler die Liaison zu viel. Also beriet er mit seinem Freund Salzmann-Salten, was zu tun sei. Der hatte eine verrückte Idee: Salten bandelte kurzerhand ebenfalls – wenn auch nur pro forma – mit der Schauspielerin an. Natürlich so plump, dass Schnitzler, der selbstverständlich im Bilde war, von der Sache Wind bekommen musste und sich nun ganz empört von Adele Sandrock trennen konnte. Dann soll er ja auch noch bei der Flucht Luise von Toscanas aus Dresden geholfen haben, dieser unangepasste Salten. Die Prinzessin hatte den sächsischen Kronprinzen geheiratet – der 1904 zum Sachsenkönig Friedrich August III. werden sollte. Sie kam aber so gar nicht mit ihrem Schwiegervater zurecht, dem Sachsenkönig Georg. Dem war die wachsende Beliebtheit der Prinzessin bei seinen Untertanen ein politischer Dorn im Auge, heißt es. Mit dem siebenten Kind schwanger, floh Luise 1902 nach Genf – und in Sachsen erzählte man sich fortan eine Menge amouröser und mit reichlich Fantasie aufgeplusterter Geschichten über sie.

Ein grandioser Schelm jedenfalls, dieser Salten. Johanna Wollf lächelt vor sich hin, und ein bisschen ist die Traurigkeit verflogen.

Felix Salten, Bambi, Wollf und deutsche Filmgeschichte

Hat Julius Ferdinand Wollf die legendäre Geschichte vom *Bambi* gelesen, bevor sie überhaupt erschien? Hat er vielleicht sogar sprachliche oder inhaltliche Tipps gegeben, bevor Felix Salten das Buch 1923 veröffentlichte? Schließlich verband die beiden ein tiefes Vertrauen. Regelmäßige Treffen, gemeinsame Urlaube – und nicht zuletzt verbrachte wie erwähnt Saltens 1904 geborene Tochter Anna Katharina alljährlich ihre Sommerferien bei den Wollfs in Dresden.[276] Ob auch der gut ein Jahr ältere Bruder Paul Salten ab und an mit seiner Schwester in Dresden bleibt, ist offen. So viel Vertrauen gibt es jedenfalls nur unter wirklich engen Freunden. Und als Salten 1925 zudem bei Reclam in Leipzig in einem dieser kleinen Büchlein das Lustspiel *Schöne Seelen* veröffentlicht, schreibt sein Freund Wollf ihm das passende Nachwort dazu.[277] Las Salten also Wollf vielleicht auch seine unveröffentlichten Ideen vor? Wie die vom *Bambi* zum Beispiel?

Aber in welchem Lebensatlas ist die Kreuzung eingezeichnet, an der sich die Wege von Julius Ferdinand Wollf und Felix Salten – damals noch unter seinem bürgerlichen Namen Siegmund Salzmann – zum ersten Mal trafen? Spuren und Hinweise gibt es zwar, die sich mit fast schon kriminalistischem Auge mutig auch zu einer Beweiskette fädeln lassen könnten. Die wäre allerdings nicht sehr feingliedrig. War es 1912? Damals verbrachten die Wollfs einen gemeinsamen Urlaub mit den Saltens sowie dem Verleger Samuel Fischer und dessen Frau Hedwig im Berghof in Unterach bei Salzburg.[278] Trafen sich Wollf und Salten dort oben in den Alpen zum ersten Mal? Eingeladen von Fischer? Oder kannten sie sich schon – und Verleger Fischer war neu in der Urlaubsrunde? Wer wen einlud, lässt sich nur mutmaßen. Die erste Begegnung zwischen Salten und Wollf war es aber nicht. Die beiden hatten sich bereits sechs Jahre zuvor in England getroffen. Als der *DNN*-Chef im Sommer 1906 wie schon beschrieben mit rund 50 weiteren deutschen Chefredakteuren und Journalisten zur Friedensmission nach England aufbricht, um die gefährlichen deutsch-englischen „Pressekriege" endlich beilegen zu helfen, gehört auch Felix Salten zur deutschen Delegation. Wollf schreibt in den Junitagen 1906 in seinem *Tagebuch eines fahrenden Journalisten* in den *Neuesten Nachrichten* mehrmals davon, dass er beim Besuch im Londoner Tower mit Salten kurz aus der Hektik der Reisegruppe flieht, um hier und da noch einmal die Ruhe der historischen Räume wirken zu lassen. Salten, *„der ein Dichter ist"*, verstehe sich aufs Schweigen, freut sich Wollf. Ob sie sich fortan regelmäßig trafen oder sich wieder aus den Augen verloren? Bis zum gemeinsamen Urlaub in Unterach? Das Alpendörfchen wird jedenfalls in den kommenden Jahrzehnten einer der beliebtesten Ferienorte der Wollfs werden – und auch mit den Saltens werden sie hier immer wieder freie Wochen verbringen. Aber eben auch bei den Wollfs in Dresden treffen sie sich regelmäßig, wo der aufstrebende Verleger Samuel Fischer dann ebenfalls zu den oft gesehenen Gästen gehören wird. Denn Wollfs Wohnung in der Henzestraße und später auch seine Villa an der Palaisstraße waren stets ein *„gastoffenes Haus"*, wie es heißt, in dem häufig zahlreiche Prominente des deutschen Literatur- und Theaterbetriebs[279] bei ausgesuchtem Wein und guten Zigarren saßen.

Vielleicht war es einer dieser Prominenten, der Wolff und Salten zusammenbrachte? Der Dichter Frank Wedekind zum Beispiel? Der populäre Schriftsteller und Schauspieler Wedekind gehörte bekanntlich sowohl zu Saltens als auch zu Wollfs engem Freundeskreis. Salten hatte 1901 in Wien das Theater „Zum lieben Augustin" gegründet, in dem er vorrangig junge Wiener Literaten präsentieren wollte. Im November 1901 sorgte er hier für den ersten Auftritt Wedekinds in der österreichischen Hauptstadt. Sonderlich gefeiert wurde der von der Kritik allerdings nicht. 1901 und 1902 war Wedekind wiederum im Münchener Kabarett „Die elf Scharfrichter" aktiv. Damals war Wolff zwar bereits in der Politikabteilung der *Münchner Zeitung* angestellt, aber noch immer in der Münchener Theaterszene sozusagen „zu Hause". Und auch regelmäßig zu Besuch bei den frechen Spöttern. Gerade zu den „Scharfrichtern" muss es dabei eine besonders enge Beziehung gegeben haben. Eine Beziehung, die sogar Jahrzehnte nachwirkt. Denn am 21. Mai 1932 zeigt sich im Feuilletonkeller der *Neuesten Nachrichten*, dass sich Wolff für die sozusagen „Nachfahren" der Münchener Satiretruppe ausnahmsweise nicht in den „seriösen Theaterkritikersessel" des Schauspielhauses am Postplatz setzt, sondern in die sonst von ihm geflissentlich gemiedene „Komödie" an der Reitbahnstraße; nahe der Prager Straße. Dort gastieren die nunmehr „Vier Scharfrichter". Das Ganze wird zur Chefsache – und durchaus wohlwollend betrachtet noch dazu. Auch wenn zunächst eine gewisse Herablassung mitschwingt, die aber schnell weggeschrieben wird: *„Diese Satire ‚der Vier' auf den Goethe-Gedächtnisrummel ist nichts mehr als ein Studenten-Bier-Ulk. Das Beste daran: die Freude derer, die das machen!"*, stichelt Wolff mit fast diebischer Genugtuung. Diese jungen Akteure aus München verabreichen dem in Sachen Goethe behäbig-jubiläumssüchtigen Theaterbetrieb eine satirische Kopfnuss. Das begeistert Wolff, für den Goethe offenbar nur schwer ins Heute zu holen ist, wenn man ihn viel zu andächtig und quasi auf seine Denkmalfigur reduziert inszeniert. Eines freut Wolff dabei ganz besonders: dass die von ihm fast schon gehasste Operette auch gleich noch mit in den ironischen Abwasch kommt: *„(...) eine Verspottung modernen Operetten-Kitschs"*, kommentiert er zufrieden.

Wedekind könnte also tatsächlich der „Knoten" sein, der Wolff und Salten verbunden hat. Seine enge Freundschaft zu Wolff erwähnt Wedekind jedenfalls regelmäßig in seinen Tagebüchern. Immer wieder ist von häufigen Besuchen bei den Wollfs in Dresden zu lesen; meist verbunden mit „feuchtfröhlichen" Abenden und Nächten in den Gasthäusern der Innenstadt. Eine dieser Nächte beschreibt auch Paul Fechter in seinen Lebenserinnerungen. Fechter – 1914 mit einem Buch über den Expressionismus in der Sprache deutschlandweit als Literaturwissenschaftler bekannt geworden – war zwischen 1906 und 1910 als Feuilletonredakteur bei den *Neuesten Nachrichten* unter Wolff aktiv, bevor er zur *Vossischen Zeitung* ging.

DNN-Gründer August Huck war dabei – großzügig gesehen – ein Verwandter Fechters: denn Fechters Vater war der Cousin von Hucks Frau.[280] Und Huck hatte 1906 damit wohl auch an der entscheidenden Schraube gedreht, dass der junge Fechter in der *DNN*-Redaktion anheuern konnte. Im Berliner Hotel „Bristol" hatte Paul Fechter den aus Frankfurt am Main angereisten August Huck und auch den extra aus Dresden gekommenen Wollf zum ersten Mal getroffen – Einstellungsgespräch am Frühstückstisch im Hotelrestaurant sozusagen. Denn Wollf und Huck hatten tatsächlich gerade gemeinsam beim Frühstück gesessen, als Paul Fechter dazustieß. Ein kurzer „Ausflug" sei an dieser Stelle erlaubt, denn Fechter beschreibt dieses erste Treffen – und dabei auch den Menschen Wollf – später in seinem 1949 im Bertelsmann-Verlag erschienenen Buch *An der Wende der Zeit*, einer Art Autobiografie, die anhand von Schnittpunkten mit Persönlichkeiten der damaligen Gesellschaft Fechters Leben erzählt. Schon 1948 war mit *Menschen und Zeiten* quasi der erste Teil erschienen. In beiden Büchern beschreibt Fechter an etlichen Stellen auch Wollf. Allerdings schreibt er seinen Namen falsch, Wollf ist bei ihm Wolff. Aber es sind spannende sprachliche Filmschnipsel, die ein bisschen dabei helfen, Wollf durchs Kopfkino „flimmern" zu lassen. So beschreibt Fechter seinen künftigen Chef bei diesem ersten Kennenlernen im Hotel „Bristol" sehr bildreich: „*Wolff, ein etwas zur Fülle neigender, weicher Typus des Intellektuellen mit Hornbrille, brachte das Gespräch zunächst auf das Theater. Er war ein glühender Bewunderer Max Reinhardts, dessen Aufstieg damals gerade begonnen hatte, und in dessen Lob auch August Huck rückhaltlos einstimmte. Ich mußte gestehen, weder* Salome *noch* Elektra, *von deren Aufführungen ganz Berlin erfüllt war, gesehen zu haben. Wolff schlug vor, ich sollte mir die Inszenierungen ansehen und ihm über jede eine Kritik schreiben, damit er einen Einblick nicht nur in mein Urteil, sondern auch in meinen Stil bekäme.*"[281] Ansonsten war dieses erste Gespräch aus Sicht Fechters „*eine Art Verhör und Vorprüfung des Kandidaten auf Herz und Nieren*". Und es wird aus Fechters Beschreibung auch deutlich, wie wichtig für Wollf die politische Einstellung seiner Mitarbeiter gewesen sein muss. Denn schon bei diesem ersten Gespräch wollte Wollf von Fechter wissen, zu welcher politischen Haltung er tendiere. „*Ich konnte nur ehrlich bekennen, ich hätte keine. Ich hätte wie sehr viele Studenten jeden Montag den Auslandsartikel Theodor Schiemanns in der* Kreuzzeitung *gelesen und aus ihm meine außenpolitischen Unterweisungen bezogen; zum Innenpolitischen wüßte ich nichts zu sagen. Er nickte: die jungen Leute folgten heute ja alle den Spuren Friedrich Naumanns; es würde wohl auch bei mir so sein. Ich mußte wiederum gestehen, daß ich von Naumanns politischer Haltung überhaupt keine Vorstellung hätte.*" Friedrich Naumann – in der Nähe von Leipzig geborener Pfarrerssohn und wichtiger Liberaler – hatte vor allem mit seinem 1915 erschienenen Buch *Mitteleuropa* für begeistertes Aufsehen gesorgt. Darin machte er sich für ein wirtschaftliches und militärisches Zusammengehen der Staaten Mitteleuropas stark; und zwar unter deutscher Führung. So viel Nationalismus durfte dann doch sein …

Später werden etliche Politikwissenschaftler gerade in diesen Ansichten Naumanns eine wichtige Sprosse der Karriereleiter Hitlers und dessen Nationalsozialisten sehen. Naumann unterstützte zudem die „Antibolschewistische Liga", setzte sich aber auch für eine stärkere Nähe von Liberalen und Sozialdemokratie ein, um politische Gewichte im Deutschen Reich neu zu verteilen, was nicht wirklich gelang.[282] Offenbar hatte Naumann mit diesen Sichten viele Fans – vor allem beim intellektuellen Nachwuchs.

Wobei sich auch Wolff in diesem Gespräch am Frühstückstisch in Berlin als Fan outet. Als Fan seines Chefs August Huck. *„August Huck war inzwischen verschiedentlich zu Ferngesprächen ans Telephon gebeten worden"*, beschreibt Fechter. Und Wolff habe diese Abwesenheiten zu einem *„Loblied"* auf Huck genutzt, *„auf seine ungeheure Energie und auf die Fülle seiner Tätigkeiten und Unternehmungen"*. Dann kommt – wenn auch beiläufig – ein weiterer Charakterzug Wolffs ins Spiel, als Fechter schreibt: *„Wenn Wolff auch mit der ihm eigenen Lust am Übersteigern ein wenig übertrieb: im Grundsätzlichen hatte er recht."* Wenn Wolff also einmal „Fan" war, dann offensichtlich mit „Haut und Haar".

Doch zurück zu Wolff und dem Dichter Wedekind. Paul Fechter schildert in seinen Erinnerungen wie erwähnt auch einen Abend im Sommer 1906 im Dresdner Hotel „Westminster" in der Bernhardstraße nahe am Hauptbahnhof. An jenem Abend trafen sich dort Wedekind, seine Frau Tilly, Wedekinds Schwester Erika – damals eine der prominentesten Koloratursängerinnen an der Dresdner Oper – und die Wolffs zum Abendessen. Übrigens saßen gleich drei Wolffs in der Runde: neben Julius Ferdinand und Johanna auch Wolffs Bruder Max, der Prokurist des *DNN*-Verlags. Hinzu stieß Paul Fechter.[283] Wolff hatte ihn – weil es ein arbeitsfreier Sonntag gewesen war – extra durch einen Boten per Brief eingeladen: *„Frank Wedekind ist in Dresden und möchte Sie gerne kennenlernen. Kommen Sie doch, wenn Sie Lust haben, heute, Sonntag, abends acht Uhr ins Hotel Westminster. Herzlich, Ihr Wolff."* Doch der Abend nahm keinen wirklich fröhlichen Verlauf. Wedekind hatte unglücklicherweise erwähnt, ein Jahr zuvor eine ganze Woche lang in Dresden gewesen zu sein, ohne seiner Schwester einen Besuch abgestattet zu haben, *„was diese, die gewohnt war, gefeierter Mittelpunkt zu sein, nicht eben freundlich gegen den Bruder stimmte, um den sich diesmal der Abend wesentlich bewegte"*. Auch sei es eine eher problematische Gästerunde gewesen, resümiert Paul Fechter: *„Es war eine unglückliche Mischung von Menschen, aus der kein Ganzes werden konnte. Julius Ferdinand Wolff und seine Frau redeten von Literatur, Frau Tilly schwieg größtenteils ebenso wie Max Wolff, der ein freundlich sympathischer Mann war, zur Welt Wedekinds aber nicht sehr viel Beziehung hatte."* Nachdem Wedekind gegen zehn Uhr seine Frau mit den Worten *„Tilly, es ist zehn Uhr, das Kind will trinken"* zur erst kurz zuvor geborenen Tochter Pamela abkommandiert hatte, brachen gut eine Stunde später auch die anderen Gäste des Abends auf. „*Wolff und seine Frau strebten nach Hause, ebenso Erika Wedekind; Frank fragte mich, ob ich ihm noch bei einem Glase Pilsener Gesellschaft leisten wolle. Ich sagte gerne zu, ebenso aber Max Wolff, womit auch dieser letzte Rettungsversuch zusammenbrach.*“ Max Wollf als „Spaßbremse“ sozusagen. Dennoch zogen die drei in eine prall gefüllte Kellerkneipe am Altmarkt, „*dann saßen wir genauso sinnlos da wie vorher im Westminster-Hotel. Wedekind machte ein finsteres Gesicht; Max Wollf erzählte freundlich und harmlos allerhand Dresdener Neuigkeiten, bis auf einmal Wedekind aufsprang, ein Geldstück auf den Tisch warf und nach dem Kellner rief. Noch bevor der kam, hatte er seinen Mantel angezogen und reichte mir die Hand.*“ Es war das erste, aber bei Weitem nicht das letzte Treffen zwischen Wedekind und Fechter. Die anderen verliefen wohl weniger schwierig …

Was nun aber die ominöse erste Begegnung zwischen Salten und Wolff anbelangt, kann leider nur spekuliert werden, bis sich vielleicht doch eine sprudelnde Quelle findet. München, London, Unterach, Dresden? Sicher ist in jedem Fall die enge Freundschaft zwischen Wollf und Salten. Eine Freundschaft, die Wollf dabei mit einem wirklich spannenden Teil der deutschsprachigen Literatur- und sogar Filmgeschichte verbindet. Denn Salten ist eine der ungewöhnlichsten Figuren der deutschsprachigen Literatur. Ob ihn der wohl eher trockene und sich an bürokratischen Vorschriften-Geländern entlanghangelnde Innendienst bei der Phönix-Versicherung in Wien dazu gebracht hat, seiner Fantasie die Sporen zu geben? Jedenfalls begann die berufliche Laufbahn des 1869 in Pest geborenen und in der österreichischen Hauptstadt Wien aufgewachsenen Salten als Siegmund Salzmann ausgerechnet bei einer Versicherung.[284] Damit „erleidet“ er übrigens das gleiche Schicksal wie der nicht minder populäre Dichter Franz Kafka in Prag, der sein Geld ebenfalls bei einer Versicherung verdienen musste. Nebenher, so heißt es über Salten, habe er begonnen, Kurzgeschichten zu verfassen. Stets unter verschiedenen Pseudonymen. Eines davon: Felix Salten. Nach und nach wurde aus diesen Kurzgeschichten mehr. Mit 30 schrieb er für beinahe alle wichtigen Blätter im deutschsprachigen Raum. War Journalist und Literat. Wobei Salten sein zwischen zwei Buchdeckel gepresstes Debüt als Schriftsteller 1899 mit dem in Wien erschienenen Novellenband *Die Hinterbliebene* gab.[285] Drei Jahre zuvor war er hauptberuflich in die Zeitungsredaktion der *Allgemeinen Wiener Zeitung* gewechselt, wo er Chef des Feuilletons wurde.[286] Aber das Schreiben übers Schreiben und das Schreiben über Theater genügten ihm bald nicht mehr. Und so wurde er – dann schon als Felix Salten –, was man einen berühmten Autor nennen kann. Später auch ein bekannter Drehbuchschreiber für die Filmstudios in Babelsberg. Aber reich, nein, reich war er wohl dennoch nie. Was einerseits daran lag, dass er offenbar gern Geld ausgab, das er noch gar nicht besaß, wie Zeitgenossen über ihn zu erzählen wissen. Zum anderen hatte er als Jude nach dem sogenannten Anschluss Österreichs an Hitlers Deutsches Reich seine Heimat verlassen müssen, um der Todesmaschinerie der Nazis zu entgehen, die damals für Juden längst montiert gewesen war. Sein Hab und Gut blieb derweil zu großen Teilen in Wien zurück. Salten hatte Asyl in der Schweiz gefunden. Wobei er im Exil bis zu seinem Tod im Oktober 1945 stets arg unter der Sehnsucht nach *„seiner Stadt Wien"* gelitten hatte, wie seine Tochter Anna Katharina Salten später erzählt.[287] Dass sein Konto in diesen Jahren nicht wirklich üppig gefüllt war, hatte aber auch einen weiteren Grund: Salten hatte für die Filmrechte an seinem Welterfolg *Bambi* und zwei weiteren Geschichten letztlich wohl nur insgesamt 5 000 Dollar vom US-Trickfilm-Giganten Walt Disney bekommen – auch damals schon eine lächerliche Summe.[288]

Die enge Freundschaft zwischen Salten und Wollf nützte dabei letztlich auch Dresden. Sie spülte wie erwähnt zum Beispiel Camill Hoffmann an die Elbe. Wobei hier Wollf seinem Freund Salten vielleicht sogar ganz nebenbei einen kleinen Gefallen tat? Der tschechische Student Pavel Polák schreibt in seiner 2005 an der Prager Karls-Universität veröffentlichten Diplomarbeit über die Lebensstationen Camill Hoffmanns, dass Hoffmann in der Wiener Zeitung *Die Zeit* Probleme mit Salten gehabt habe, nachdem *„der aus Berlin wieder nach Wien zurückgekehrt war und die größten Theaterberichte an sich gerissen hatte"*.[289] Und so berichtet Hoffmann im Juni 1911 seinem Freund, dem Dichter Arthur Schnitzler, in einem Brief, er wolle an eine geplante neue Literaturzeitschrift wechseln.[290] Aus der Zeitschrift wurde nichts. Also erlöst erst der Ruf aus Dresden Hoffmann aus der *„allmählich unerträglich"*[291] gewordenen Arbeit bei der *Zeit*. Wobei die angespannte Lage in der Wiener Redaktion auch für Salten unschön gewesen sein dürfte. Half Wollf also auch deshalb nach? Was folgte, war quasi eine Win-Win-Win-Situation. Für Salten, für Hoffmann und natürlich für Wollf, der im Mai 1912 den wahrscheinlich besten Feuilletonchef an die *Neuesten Nachrichten* verpflichten konnte, der damals „auf dem Markt" war.

Camill Hoffmann – Orkan im windstillen Dresden

Wenn es Wollf gelang, mit den von ihm in der *DNN*-Redaktion versammelten klugen Köpfen jede Menge Wind ins betuliche Dresden zu blasen, dann war dieser Camill Hoffmann ganz sicher so etwas wie ein Orkan! Als er sich im Frühling 1912 sein Chefbüro in der Feuilletonredaktion der *Neuesten Nachrichten* einrichtete, legte Hoffmann beim Blick in die Ausgaben des Blattes ganz besonderes Augenmerk auf die literarischen Beilagen der *DNN*. Durch seine engen und dabei oft wirklich persönlichen Verbindungen zu deutschen und österreichischen Dichtern explodiert der bereits durch die gärtnerische Pflege Wollfs voller praller Knospen stehende Feuilletonteil der *DNN* nun regelrecht in Blütenpracht. Davon wird dann – obgleich nicht ganz so blumig – auch in der Jubiläumsausgabe anlässlich des 100. *DNN*-Jubiläums 1993 zu lesen sein. Denn, so heißt es dort im Rückblick: *„Wohl zu keiner anderen Zeit war das Feuilleton der alten* DNN *so literarisch kultiviert und zugleich weltstädtisch wie unter der Ägide Camill Hoffmanns."*[292] Und tatsächlich hatte Wolff wohl gerade auf diese Weltoffenheit Hoffmanns gesetzt, dem es gelang, zusätzlich zu den bereits für die *DNN* schreibenden weitere renommierte Autoren zu gewinnen. In diese Zeit fallen beispielsweise Texte von Stefan Zweig und dem bereits mehrfach erwähnten Hermann Hesse. Große Bedeutung misst Camill Hoffmann allerdings auch der expressionistischen Entwicklung in Dresden bei, wie der Hellerauer Künstlerkolonie des Schweizers Jaques-Dalcroze und zahlreichen dementsprechenden Theateraufführungen in der Elbestadt. Hoffmann zieht während seiner Dresden-Zeit letztlich sogar nach Hellerau. Und wie wertvoll er für Wolff ist, zeigt auch das – erfolgreiche – Bemühen, ihn während des Ersten Weltkriegs in der Redaktion halten zu können. Hoffmann musste nicht als Soldat an die Front. Und kann vorerst weiter frischen Wind durch die „engen Gassen" der sich so gern in ihrer glanzvollen Historie sonnenden Residenzstadt pusten.

Wollf, Erlwein und „Die Zunft"

Dass aber auch Wolff selbst kräftig Wind macht und das auch außerhalb der Redaktion, dafür gibt es übrigens ein interessantes, wenn auch in Dresden fast vergessenes Beispiel: die Dresdner Künstlervereinigung „Die Zunft". Eine 1905 gegründete Vereinigung, deren Mitglied Wolff war – und in den Kriegsjahren 1914 und 1915 sogar ihr Vorsitzender wurde. Gegründet worden war diese Vereinigung vom damaligen Dresdner Stadtbauraut Hans Erlwein; gemeinsam mit dem Bildhauer Karl Groß. Von Groß stammen unter anderem die beim Bombenangriff 1945 zerstörte Kanzel der Dresdner Kreuzkirche und das erhalten gebliebene vergoldete Ziergitter am neuen Dresdner Rathaus.

Architekt Erlwein wollte mit der Gründung der Künstlervereinigung jedenfalls der aus seiner Sicht *„unerfreulichen"* Entwicklung im Kunsthandwerk entgegentreten, wie er damals klarmacht. Der Entwicklung nämlich, zunehmend auf Massenproduktion von Kunst zu setzen und dabei auch noch immer mehr zu historisieren.[293] Zur Gruppe gehörten neben Architekten auch Maler und Bildhauer, die sich um eine engere Verzahnung von Kunst und Architektur bemühten. Es ging gewissermaßen um ein Gesamtkunstwerk. Vielleicht sogar vergleichbar mit dem weltweit bekannten Thema „Bauhaus" in Dessau. Der von der Gruppe ins Spiel gebrachte Begriff „Raumkunst" wurde jedenfalls in den ersten gut zwanzig Jahren des 20. Jahrhunderts zu einem Schlüsselbegriff in der Dresdner Stadtentwicklung, wie es später von Architekturkritikern rückblickend heißen wird. Im Januar 1918 löste sich die „Zunft" allerdings auf; die schwierigen Jahre des Ersten Weltkriegs hatten ihren Bemühungen arg zugesetzt.

Aufschlussreich ist in jedem Fall ein Blick auf die Namen der Mitglieder der Gruppe – denn auch hier zeigt sich ein furioses Geflecht, mit dem Wolff gleich in seinen ersten Dresdner Jahren fast schon reißsichere Seile in den Kulturbetrieb der

Elbestadt hineinknüpfte. Namen wie: Martin Dülfer, Professor an der Technischen Hochschule in Dresden, von 1908 bis 1912 Vorsitzender des Bundes der Deutschen Architekten und vor allem durch Theaterbauten bekannt geworden. Wie der „Tonhalle" in München, den Theatern in Meran in Südtirol oder in Stuttgart. Auch etliche Bauten für die Technische Hochschule in Dresden stammen von ihm, wie der Fritz-Förster-Bau oder der Beyer-Bau. Ebenso gehörten die Architekten Julius Graebner und Rudolf Schilling zur Gruppe – sie bauten unter anderem die Dresdner Christuskirche im Stadtteil Strehlen, die immerhin als erster moderner Kirchenbau Deutschlands nach dem Ende des Historismus gilt. Dass auch die Wollfs seit ihrem Umzug nach Dresden zur Strehlener Kirchgemeinde gehören, ist jedoch eine zufällige Nähe. Auch der Name von William Lossow ist zu finden – er baute das Schauspielhaus am Postplatz. Und Bildhauer Georg Wrba; von ihm stammen beispielsweise Marmorportale im Kaufhaus des Westens in Berlin und auch die Bronzelöwen vorm Dresdner Rathaus. Später auch sämtliche Plastiken am umgebauten *DNN*-Gebäude am Ferdinandplatz. Das wiederum dürfte nun wohl kein Zufall sein; Netzwerke wirken halt in alle Richtungen ...

Der Fall Gurlitt

Zur Künstlergruppe „Die Zunft" gehörte dabei auch Cornelius Gurlitt. Ein Name, der bekanntlich 2013 und in den Jahren danach für reichlich Medienwirbel in Deutschland und darüber hinaus sorgen wird. Es geht um die unter dem Begriff „Gurlitt-Sammlung" bekannt gewordene Kunstsammlung, in der sich zahlreiche Werke von Naziraubkunst befunden haben sollen. In der Münchener Wohnung von Cornelius Gurlitt waren dabei laut Medienberichten bereits 2012 rund 1 280 Kunstwerke von der Staatsanwaltschaft beschlagnahmt worden; zwei Jahre später sorgten dann weitere 238 Gemälde in Gurlitts Haus in Salzburg für mediale Sturmböen. Das Nachrichtenmagazin *Focus* hatte im November 2013 über die Funde berichtet[294] und damit sozusagen den Stein ins Rollen gebracht, der letztlich zu einer regelrechten Lawine im deutschen Kunstbetrieb wurde. Experten begannen nun mit der Prüfung, ob hier tatsächlich von Raubkunst die Rede sein kann. Und im März 2016 bekräftigten die Nachfahren des mittlerweile – 2014 – verstorbenen Cornelius Gurlitt in einem Gespräch mit der *Süddeutschen Zeitung*, man werde etwaige Raubkunst den Eigentümern zurückgeben.[295]

Doch natürlich kann es sich bei diesem Cornelius Gurlitt nicht um jenen Cornelius Gurlitt handeln, der gemeinsam mit Wollf in der Künstlergruppe „Die Zunft" aktiv gewesen war. Denn der nach 2013 durch die Medien gejagte Gurlitt wurde ja erst 1932 geboren. Und doch gibt es eine durchaus brisante Beziehung: Jener Gurlitt aus der „Zunft" ist der am 1. Januar 1850 in Nischwitz geborene spätere Kunsthistoriker und Architekt Cornelius Gurlitt. Er hatte an der Berliner Bauakademie gelernt, ging 1868 nach Wien, wo er auch im bekannten Architekturbüro Emil von Försteins arbeitete. 1878 war er nach Dresden gekommen, nahm eine Assistenzstelle im Kunstgewerbemuseum an. Bis 1887 blieb er dort – veröffentlichte anschließend eine dreibändige Geschichte des Barock. 1893 bekam Gurlitt eine Professur an der neu gegründeten Technischen Hochschule in Dresden – eine Professur für Geschichte der technischen Künste; und er kümmerte sich unter anderem um die Inventarisierung der sächsischen Kunstdenkmäler. Er hielt Vorlesungen zum Städtebau, war zudem 1904/05 und 1915/16 Rektor der Hochschule. Ein Amt, das hier stets begrenzt auf ein Studienjahr vergeben wurde. Auch deutschlandweite Beachtung erlangt Gurlitt, er ist 1920 bis 1926 beispielsweise Präsident des Bundes Deutscher Architekten. 1922 wird er zudem Gründungspräsident der Freien Akademie des Städtebaus.[296] Also in jedem Fall das, was man einen Star in der deutschen Architektur- und Kunstszene nennen könnte. Politisch vergaloppierte er sich dann Ende der 1920er Jahre: Gurlitt, so heißt es, habe anfangs mit Adolf Hitler sympathisiert. Doch Hitlers Nationalsozialisten stuften Gurlitt letztlich als sogenannten Halbjuden ein. Seine Mutter Elisabeth stammte aus einer jüdischen Familie. Sie war die Schwester der bekannten Schriftstellerin Fanny Lewald, die am 5. August 1889 im Hotel „Bellevue" in Dresden starb, wo sie in den letzten Wochen ihres Lebens gewohnt hatte.[297] Als Gurlitt 1938 in Dresden verstorben war, also fünf Jahre nach dem Machtantritt der Nazis, war er wegen seiner jüdischen Wurzeln weitgehend aus dem öffentlichen Leben der Stadt getilgt. Und vergessen. Doch zurück zum Thema „Naziraubkunst" und der Verbindung zu Julius Ferdinand Wollf: Interessant ist dabei nämlich eines von Gurlitts drei Kindern. Neben Sohn Wilibald, der später ein bekannter Musikwissenschaftler wird, und Tochter Cornelia – einer Malerin –, gibt es da noch Hildebrand Gurlitt. Der wurde 1895 in Dresden geboren, arbeitet später als Kunsthistoriker. Und er ist es letztlich gewesen, der jene umstrittene Kunstsammlung zusammentrug, zu der eben auch Naziraubkunst gehören sollte. Verbrieft ist, dass Hildebrand Gurlitt für die Nazis als Kunsthändler arbeitete und beauftragt war, von Hitlers vermeintlichen Experten als sogenannte entartete Kunst eingestufte Werke ins Ausland zu verkaufen.[298] Die Nationalsozialisten erließen dazu – typisch deutsch – gar ein eigenes Gesetz.[299] Gurlitt, so heißt es außerdem, sei einer der Haupteinkäufer für das geplante „Hitler-Museum" im österreichischen Linz gewesen und massiv am Kunstraub in Frankreich beteiligt.[300] Einer der wichtigsten Akteure war dabei übrigens ebenfalls ein Dresdner: Hans Posse, der langjährige Leiter der Dresdner Gemäldegalerie.[301] Es war also ein nur sehr kurzer Draht, den die Dresdner „Kunstexperten" da spannen mussten. Das Nachrichtenmagazin *Der Spiegel* verweist 2013 auf Recherchen in Archiven des französischen Außenministeriums und im Breslauer Nationalmuseum, die zeigen *„in welchem großen Maßstab Gurlitt mit Raubkunst Geschäfte machte und mit welcher Rücksichtslosigkeit er es tat"*.[302] Später wird Hildebrand Gurlitt erklären, er sei wegen seiner jüdischen Großmutter von den Nazis bedroht worden – und habe sich deshalb gefügt. Eine Schutzbehauptung? Hildebrand Gurlitt hatte jedenfalls ab 1918 an der Technischen Hochschule Dresden Kunstgeschichte studiert, später geht er an die Humboldt-Universität Berlin. Er wuchs in Dresden auf und hatte wohl nicht zuletzt auch durch seinen Vater enge Kontakte zur Dresdner Kunstszene. Ein Fakt, der ihm später bei seiner Arbeit für die Nazis genützt haben dürfte. Und natürlich waren eben auch die Familien Gurlitt und Wollf befreundet; man kannte sich ja seit Jahren. Und nicht nur Gurlitt senior schrieb regelmäßig in den *DNN*, sondern Mitte der 1920er Jahre auch Sohn Hildebrand Gurlitt. So verschafft Wollf dem Junior seines Freundes auch gleich noch die eine oder andere Zusatzeinnahme. Am 18. Januar 1925 zum Beispiel taucht Hildebrand Gurlitt mit einem Text über eine in der Dresdner Galerie Arnold anstehende Ausstellung mit Werken Oskar Kokoschkas auf den Seiten der *Neuesten Nachrichten* auf; auch ein Beitrag über Dresdner Kunst-Ausstellungen zehn Tage später stammt von ihm. Und diese enge persönliche Beziehung könnte es dann auch gewesen sein, die zum Kauf mindestens eines Bildes führte, das 2013 im Zusammenhang mit den Berichten um die Gurlitt-Sammlung sogar international für hohen Wellengang im Medienmeer gesorgt hatte. *Der Spiegel* schreibt dazu im Dezember 2013: „*Da gibt es ein Bild des bulgarischen Malers Jules Pascin, Jahrgang 1885. Die Monuments Men fanden es im Schloss Aschbach in einer von Gurlitt beschrifteten Kiste mit der Nummer 36. Es zeigt zwei Frauen, eine nackt, eine andere im Hemd, und einen Mann. Sie scheinen einander fremd zu sein, sie sehen sich nicht einmal an, es ist eine Metapher für die Trostlosigkeit des Lebens. Pascin hat es 1909 in Paris gemalt und es ‚Das Atelier des Malers Grossmann' genannt. 1930 brachte sich Pascin um. Den Amerikanern erklärte Gurlitt, das Bild habe seinem Vater gehört, der habe es erworben, bevor die Nazis an die Macht gekommen seien. Tatsächlich hatte Gurlitt den Pascin 1935 für 600 Reichsmark, deutlich unter Wert, von Julius Ferdinand Wollf gekauft, dem langjährigen Chefredakteur der* Dresdner Neuesten Nachrichten. *Wollf war ein leidenschaftlicher Mann des Wortes und der Wahrheit, ein respektierter Journalist, bevor ihn die Nazis 1933 aus dem Amt drängten. Wegen seiner jüdischen Herkunft verlor er bald seinen Besitz; die SS verwüstete seine Wohnung. (…) Gurlitt bekam das in Aschbach beschlagnahmte Bild 1950 von den Amerikanern zurück. Es muss später verkauft worden sein, 1969 jedenfalls war es in verschiedenen Ausstellungen zu sehen, verliehen von einer Sammlerfamilie aus Frankreich. 1972 versteigerte es Christie's in London für fast 40 000 Dollar. Später gelangte es nach Chicago.*"[303] Wobei eben wie beschrieben fraglich ist, ob beim Verkauf des Bildes tatsächlich Druck im Spiel gewesen war. Politischer Druck ist mit Wollfs Einstufung als Jude zumindest nicht ausgeschlossen; aber wirtschaftlichen Druck dürfte Wollf zu dieser Zeit wohl keinesfalls gespürt haben. Allein eine mit seinem ehemaligen Arbeitgeber Wolfgang Huck ausgehan-delte monatliche Abfindungszahlung für sein Ausscheiden bei den *DNN* und den Verkauf seiner Anteile am Verlag sicherte Wollf mit jährlich 80 000 Reichsmark ab[304] – was eine sehr, sehr große finanzielle Sicherheit bietet. Und zu diesem Zeitpunkt war für Wollf wohl auch noch nicht absehbar, dass die Nationalsozialisten später versuchen würden, ihm dieses Geld streitig zu machen. Vielleicht war der Bildverkauf an Gurlitt also auch eine Art Freundschaftsdienst? Vielleicht sogar ein Versuch blauäugiger Hilfe, den Sohn eines ebenfalls als Juden in Bedrängnis geratenen Freundes aus der „politischen Schusslinie“ zu nehmen? Es scheint nicht das passendste Beispiel zu sein, um das Thema „Naziraubkunst“ mit Blick auf Gurlitts Sammlung aufzuarbeiten. Wobei sich generell spätestens 2017 dann auch durch zwei Ausstellungen von Teilen dieser Sammlung zahlreiche relativierende Sätze in die Debatte mischten. Sowohl das Kunstmuseum in Bern als auch die Bundeskunsthalle Bonn präsentierten Werke, die aus der Sammlung stammten, aber nicht dem Verdacht der Raubkunst ausgesetzt sind. Und so hieß es in den Feuilletons, es seien nur sehr wenige Stücke überhaupt unter den 2012 und 2013 sichergestellten Bildern, die in die Nähe von Raubkunst zu rücken seien. Zudem wurden Vorwürfe laut, die Medien hätten mit ihrer Kampagne, angestachelt auch von einigen Kunstexperten und Politikern, Gurlitt in den Tod getrieben. Dennoch: Mag sein, dass unter den gefundenen Werken viel weniger geraubte Stücke waren als ursprünglich vermutet. Aber kommt es denn auf die Anzahl an? Wenn es um Bilder geht, die ihren Besitzern unter dem Druck lebensbedrohlicher Umstände abgepresst wurden? Das Pascin-Bild Wollfs taugt aber dennoch nicht als Beleg.

Jedenfalls erlangte durch den 2013 einsetzenden Medienwirbel also auch der Jahrzehnte vergessene Julius Ferdinand Wollf noch einmal kurzzeitig mediale Aufmerksamkeit; wenn auch nur als notwendige Randnotiz für einen Beitrag über Gurlitt. Als Vehikel sozusagen … Hildebrand Gurlitt starb 1956 an den Folgen eines Autounfalls in Oberhausen. Der letztlich seit 2013 im medialen Schlachtfeld unter Dauerbeschuss geratene Cornelius Gurlitt ist Hildebrand Gurlitts Sohn. Er wurde wie schon erwähnt 1932 in Hamburg geboren. 1940 zog die Familie zurück nach Dresden, hier wuchs er als Achtjähriger auf. Interessant auch: Seine Mutter – Helene Gurlitt, geborene Hanke – war eine der ersten Tanzschülerinnen der bekannten Dresdner Ausdruckstänzerin Mary Wigman gewesen. Nach dem Bombenangriff im Februar 1945 auf Dresden zog die Familie nach Possendorf, hinauf auf die ersten Ausläufer des nahen Erzgebirges, vor die Tore der Elbestadt – floh dann aber vor der heranrückenden Sowjetarmee in die Nähe von Bamberg, das damals bereits amerikanisch besetzt war.

Es gab allerdings noch mehr Kunstgüter, die später aus der einstigen Privatsammlung Wollfs in Museen auftauchten. So werden beispielsweise am 9. März 2016 in einer Auktion bei *Fine Art & Antiques* auf der Bautzner Straße in Dresden unter anderem die ovale Miniaturmalerei *Mädchen mit Rose im Haar* auf Elfenbein, ein Schnupftabakfläschchen aus China und ein japanisches Räuchergefäß in Entenform versteigert. Allesamt aus dem 19. Jahrhundert und um die einhundert Euro wert. 1942 waren diese Stücke aus dem Nachlass *„des Israel Wollf“*, wie es im Nazideutsch mit Blick auf Wollfs jüdisches Elternhaus damals hieß, vom Kunstgewerbemuseum Schloss Pillnitz in Dresden übernommen worden.[305] 2015 hatten die Staatlichen Kunstsammlungen diese Stücke ohne juristische Streitereien an die Erben zurückgegeben,[306] die das Ganze dann versteigern ließen.

Was aus all den anderen der vielen Kunstgüter Wollfs geworden ist, bleibt weitgehend offen. Wollfs Villa an der Franz-Liszt-Straße sei jedenfalls *„wohl mit das wertvollste Haus von Dresden“* gewesen, erinnert sich Emmy Mrazeck Mitte der 1950er Jahre an die Villa. Sie war gemeinsam mit ihrem Mann, dem Komponisten und langjährigen Chefdirigenten der Dresdner Philharmonie Joseph Gustav Mrazeck, regelmäßig bei den Wollfs zu Gast gewesen. Die Familien waren eng befreundet. Und sie schreibt weiter: *„Man kann sagen, dass jedes einzelne Stück einen bedeutenden Wert darstellte. Es waren wohl nur Kunstschätze in diesem Haus. (...) Ein Rennoir und vieles anderes, auch ein Kokoschka, (...) Sammlerstücke von herrlichen Uhren und alles, was einem vollständigen, großen und kultivierten Haushalt gehört“*.[307] Doch bis auf ein Porträt des Schauspielintendanten Graf von Seebach und drei Plastiken – damals auf insgesamt tausend Reichsmark geschätzt – konnte der Testamentsverwalter der Wollfs nach deren Tod 1942 nichts mehr aus der Sammlung an die Erben aushändigen. Oder durfte es vielmehr nicht. Ein Großteil der Kunstgüter wurde mit Sicherheit von den Nazis konfisziert – wie die im Schloss Pillnitz aufgetauchten. Etliches wahrscheinlich auch bereits in den letzten Lebensmonaten der Wollfs ...

Wollf gründet die Schopenhauer-Gesellschaft mit

Es verbindet sie jedenfalls eine Menge: Den 1938 verstorbenen Cornelius Gurlitt und den *DNN*-Chef Julius Ferdinand Wollf. Sie kannten sich beispielsweise auch durch eine weitere interessante Gruppe Intellektueller, Literaten und Künstler in Dresden: die Ortsgruppe der Schopenhauer-Gesellschaft. Eine Gesellschaft, die 1911 von Paul Deussen in Kiel gegründet worden war, der selbst eine Schopenhauer-Ausgabe herausgegeben hatte. Man wollte das Werk des beeindruckenden deutschen Philosophen publik machen und einen Treffpunkt für philosophische Gespräche schaffen, lautete das ausgegebene Ziel. Eine Idee, die einen diskutierfreudigen Geist wie Wollf einfach begeistern musste.

Schopenhauer selbst hatte übrigens auch eine ganz besondere Beziehung zu Dresden. Schon als Jugendlicher war er regelmäßig mit seiner sehr literaturinteressierten Mutter hier gewesen; und als er sich 1814 nach einem Streit mit ihr überworfen hatte, zog er für gut vier Jahre in die Elbestadt. An der Ostra-Allee fand er ein kleines Gartenhaus,[308] in dem dann 1815 seine eigene Farblehre – die Abhandlung *Über das Sehen und die Farben* – und vor allem 1818 sein Hauptwerk *Die Welt als Wille und Vorstellung* entstanden waren.[309] Und Dresdens Aura ließ Schopenhauer auch später nicht los. Im Sommer 1819 kam er wieder und blieb bis ins Frühjahr hinein; auch im Winter 1824/25 war Schopenhauer noch einmal in Dresden gewesen. Sogar ein Gedicht floss in der Elbestadt aus seiner Feder – über die *Sixtinische Madonna*, eine der weltweit beachteten Hauptattraktionen der Gemäldegalerie,[310] die zu Schopenhauers Dresden-Zeit ihr Domizil noch im Johanneum am Neumarkt hatte, dem heutigen Verkehrsmuseum. Kein Wunder also, dass sich bei so viel Dresden-Bezug auch hier eine Ortsgruppe der Schopenhauer-Gesellschaft gründete: im Oktober 1916 im Dresdner Hotel „Bristol", wie die *Dresdner Neuesten Nachrichten* dann am 21. Oktober zu berichten wissen. Zu den Mitgliedern des Ortsvereins gehörte neben Julius Ferdinand Wolff[311] übrigens auch der mittlerweile zum Oberbürgermeister aufgestiegene Dr. Bernhard Blüher; Wollfs einstiger Nachbar aus der Henzestraße. Und auch Wollfs Freund Karl-August Lingner findet sich unter den Mitgliedern – und nicht zuletzt der Schriftsteller Karl Gjellerup, der 1917 den Nobelpreis für Literatur bekommen hatte. Also auch hier ein höchst illustrer Kreis, der bestens ins Wolff'sche Beziehungsgeflecht passt. Als übrigens vom 12. bis zum 17. Juni 1916 die 5. Generalversammlung der deutschen Schopenhauer-Gesellschaft in Dresden stattfand – die letztlich der Anstoß zur Gründung einer Dresdner Ortsgruppe gewesen war –, gehörte Julius Ferdinand Wolff als Mitglied im sogenannten Ehrenkomitee zur Vorbereitung der Generalversammlung zu den Aktivposten. Wolff war also einer der Geburtshelfer, die das „Baby" Dresdner Schopenhauer-Ortsgruppe zur Welt brachten.

Literarische Salons im Hause Wolff – Gerhart Hauptmann zu Besuch

Hat eigentlich auch Wolff die so beliebten Salons organisiert? Oder vielleicht sogar seine literaturbegeisterte Frau Johanna? In der Wohnung in der Henzestraße und später – wohl vor allem später – in der Villa an der Palaisstraße in Dresden-Strehlen? Zwischen Bücherregalen, teuren Antiquitäten und interessanten Gemälden an den Wänden. Literarische Salons, eine Mode, die aus Frankreich mit den Intellektuellen nach Deutschland eingewandert war. Kluge Geister trafen sich da: Dichter, Maler, Musiker. Man diskutierte über Gott und die Welt; oft wahrscheinlich sogar im wortwörtlichen Sinn. Über Philosophie. Über Theater und Bücher. Lasen auch bei Wolff Schriftsteller erste Skizzen künftiger Bestseller? Wurde dann diskutiert? Entstanden hier, an Wolffs Bibliothekstisch in Dresden, vielleicht weltweite Theatererfolge? Eine spannende Vorstellung. Wolffs Freundeskreis gibt solche Salons in jedem Fall her. Und auch die Sicht von Theaterwissenschaftlern auf Wolffs Rolle in Dresden. *„Sein Haus, in dem Gerhart Hauptmann, Felix Salten, Franz Werfel, S. Fischer, Fritz Busch und viele andere verkehrten, und sein Blatt waren kulturelle Institutionen Dresdens"*[312], schreibt zum Beispiel der renommierte Theaterexperte Günter Rühle 1967 in seinem Blick auf das deutsche Theater bis 1945. Rühle war lange Jahre Feuilletonchef der *Frankfurter Allgemeinen Zeitung* und später auch des in Berlin erscheinenden *Tagesspiegel*, er war Schauspielintendant in Frankfurt am Main und bis 1999 Präsident der Deutschen Akademie der Darstellenden Künste. Sein Wort hat Gewicht.

Meist, so heißt es über solche literarischen Salons, seien sie von den Frauen wohlhabender Männer – meist Mäzenen – organisiert worden. War das vielleicht tatsächlich die Rolle, in der sich Johanna Wollf an der Seite ihres Julius Ferdinand in die Dresdner Kultur- und Kunstszene einbrachte? Die Quellen geben leider nicht viel her. Klar ist aber, dass Wollfs Frau Johanna nicht nur dekoratives Beiwerk ist, sondern durchaus selbstbewusst und belesen mitdiskutiert. Das beschreibt der mit den Wollfs eng befreundete Dichter Frank Wedekind wie erwähnt in seinen Tagebucherinnerungen an die Treffen in Dresden. Auch wenn Johanna Wollf meist schon vor den sehr ausufernd bier- und weinseligen Ausklängen in den Innenstadtkneipen den Heimweg angetreten hatte. Diese Nächte waren Männersache. *„Dresden 7. Februar 1913, (...) Kneiperei mit Wollf, Zeiß und Fanto bis 4 Uhr“*,[313] notiert Wedekind beispielsweise.

Es spricht jedenfalls eine Menge dafür, dass Wollfs gemütliche Bibliothek tatsächlich eine wichtige Wetterküche zunächst für Dresdens Geistesleben gewesen ist. Eine Wetterküche, aus der dann auch Wolken aufsteigen, die über ganz Deutschland schweben. Bei besagten Salons in der Palaisstraße war sicher auch Wollfs bereits angesprochener Literaturliebling Gerhart Hauptmann regelmäßig zu Gast. Sicher wurde der schlesische Dichter vor der imposanten Bücherwand platziert – mit Blick auf all seine Werke, die in Wollfs Bibliothek natürlich nicht fehlten Und dass die Beziehung zwischen beiden – zwischen dem Dichter und dem Verleger – eine durchaus enge war, belegen nicht zuletzt zahlreiche Briefe. Auch wenn es keine der damals allzu seltenen Duz-Freundschaften gewesen ist, eine innige Bekanntschaft, bis hinein ins Familiäre, war es in jedem Fall. Das zumindest liest sich aus den Sätzen, die Wollf beispielsweise am 14. Oktober 1922 mit Blick auf den bevorstehenden 60. Geburtstag von Paul Wiecke an Hauptmann schickt.[314] Wiecke – langjähriger Dresdner Schauspieler, Publikumsliebling und ab 1919 auch künstlerischer Leiter und später Schauspieldirektor des Hauses. Der Dichter Hauptmann – seit 1912 immerhin Nobelpreisträger für Literatur – hat ein Grußwort verfasst, das die *Neuesten Nachrichten* in der nächsten Sonntagsnummer drucken werden. Wobei auch Hauptmann und Wiecke durchaus einiges verbindet. Gemeinsam haben sie zum Beispiel Hauptmanns Anfang 1922 in Dresden auf die Bühne gebrachtes Versdrama *Indipohdi* inszeniert. In seinem Brief an Hauptmann schwärmt Wollf nun, dass er *„die Sprache Ihres Herzens für unseren gemeinsamen Freund Paul Wiecke mit jenem Gefühl des Verbundenseins vernehme, das mir in unseren Dresdner und Frankfurter Tagen zum Erlebnis geworden ist“*. Und Wollf erzählt Hauptmann in diesem Brief gleich noch vom Urlaub bei der Familie Salten in Unterach, *„wir waren vier Wochen bei unseren lieben Saltens“*[315], schreibt er. Auch dort habe man regelmäßig über Hauptmann gesprochen, schiebt Wollf fast anbiedernd gleich noch hinterher. Und vergisst auch nicht zu erwähnen: *„In den vergangenen Monaten habe ich Ihrer und Ihrer hochverehrten lieben Frau oft gedacht.“*

In Unterach, oben in den österreichischen Alpen, hatten sich die Wollfs beim angesprochenen Besuch nicht nur mit der Familie Salten getroffen, sondern auch der Berliner Schauspieler Alexander Moissi schaute vorbei. Man kannte sich ja spätestens aus dem September 1918, als Moissi in Dresden-Hellerau bei einer Aufführung von Paul Claudels *Verkündigung* zu erleben gewesen war. Damit Moissi bei den Proben in der Künstlersiedlung oben auf den Hellerbergen vor den Toren der Elbestadt dabei sein konnte, hatte ihn Max Reinhardt – renommierter Theatergründer und Theaterchef in Berlin – freigestellt.[316] Auch Reinhardt gehört zum „Kreis Salten-Wolff", denn Salten und Wolff statten ihm von Unterach aus ebenfalls noch einen Besuch im nahen Salzburg ab, wo Reinhardt mittlerweile Chef der legendären Salzburger Festspiele ist. Natürlich wurde über Hauptmann und die Aufführungen anlässlich seines 60. Geburtstags im August in Breslau gesprochen, schreibt Wolff dem schlesischen Dichter schmeichelnd. Die Künstlernetzwerke Wolffs funktionieren also bestens. Auch die in Dresden. Die nun anstehenden Hauptmann-Festtage 1922 zum runden Jubiläum des Dichters am Dresdner Schauspielhaus werden ebenfalls im Dreierteam Wolff, Paul Wiecke und Schauspielintendant Seebach auf den Weg gebracht. Dort wird es dann auch ein Wiedersehen mit Hauptmann geben, ist Wolff im erwähnten Brief an den Dichter voller Vorfreude, dass *„wir uns an den Hauptmann-Tagen in Freuden wiedersehen"*. Und Wolff lädt sein Idol bei dieser Gelegenheit ein, am Rande dieser Feiern im November zu ihm nach Hause zu kommen: *„Dann müssen Sie auch mit Wiecke und Seebach bei meiner Frau und mir sein"*, legt Wolff energisch fest.

Die Besuche Hauptmanns hinterlassen also auch außerhalb der „guten Stube" der Wolffs an der Elbe Spuren. Und kommen – wie mit den Hauptmann-Festtagen – Dresdens Kulturleben zugute. Zudem ist Hauptmanns *Hamlet*-Bearbeitung ebenfalls ein gutes Beispiel für die enge Verzahnung im damaligen Dresdner Kulturbetrieb, in dem *DNN*-Chef Julius Ferdinand Wolff sozusagen mindestens ein fiktives Büro hat: Denn 1927 kommt dieser besondere Hauptmann-*Hamlet* unter Hauptmanns eigener Regie zur Uraufführung im Dresdner Schauspielhaus; Wolffs Vetter Karl öffnet als Dramaturg die Bühnentür und Julius Ferdinand Wolff druckt zuvor Auszüge in den *Neuesten Nachrichten*, um die Besucher quasi „anzufüttern". So geht das damals in Dresden …

Allerdings hat Hauptmann nicht nur durch seine Freundschaft zum *DNN*-Chef eine besondere Beziehung zu Dresden. Sondern auch durch seine Frau Marie. Sie stammt aus Radebeul – nur ein paar Elbwellen flussabwärts von Dresden – und tritt ausgerechnet bei der Hochzeit seines Bruders Carl Hauptmann ins Leben des Dichters. Denn Carl Hauptmann heiratet in Radebeul Adele Thienemann, die Schwester Maries. Kurz darauf – 1885 – heiraten auch Marie Thienemann und Gerhart Hauptmann. Allerdings wird die Ehe schon 1904 wieder geschieden. Wobei das Paar dann schon seit etwa fünf Jahren getrennt lebt, wie es heißt. Marie Hauptmann bezieht die von ihrem nun Exmann gebaute „Villa Rautendelein" an der damaligen Hochuferstraße 12 – dem heutigen Käthe-Kollwitz-Ufer – im Dresdner Nobelstadtteil Blasewitz.[317] Der Dichter Gerhart Hauptmann zieht sich derweil in die abgeschiedene Idylle des schlesischen Riesengebirges nach Agnetendorf (heute Jagniątków) in sein „Haus Wiesenstein“ zurück.

Ob Hauptmann bei seinen Besuchen in Wollfs Villa am Großen Garten vielleicht das eine oder andere Werk vorab präsentierte, lässt sich leider nicht mehr nachvollziehen. Heftig über Aufführungen, Schauspielerleistungen und Regiearbeit diskutiert wurde aber mit Sicherheit. Auch wenn Wollf mit seinem Idol wohl nicht ganz so streng umgegangen sein dürfte, wie er es sonst in seinem Blatt mit Theateraufführungen zu tun pflegte. Aber gewiss wird an diesen Abenden mit Freunden in Dresden viel über Literatur und wohl auch eine Menge über die politische Lage in Schlesien debattiert worden sein. Denn auch das bewegte Wollf sehr; die Situation der deutschen Minderheit im damals mehr und mehr von Polen dominierten Schlesien. Und auch hier spielt der von Wollf so innig kritisierte Versailler Vertrag nach dem Ende des Ersten Weltkriegs eine wichtige Rolle. Darin hatten die Siegermächte festgelegt, dass nach 1920 Teile der Grenzgebiete Niederschlesiens an Polen gehen. Eine Volksabstimmung gab es dazu nicht. Bei weiteren geplanten Gebietsabtretungen an Polen – diesmal betraf es Teile Oberschlesiens – sollte vor allem auf Druck Englands dann doch die Bevölkerung gefragt werden. Und das Ergebnis fiel im März 1921 knapp pro Deutschland aus, was wiederum zu Aufständen der polnischen Bewohner führte. So wurde 1922 die Teilung Oberschlesiens durch die Alliierten beschlossen. Zwei Drittel blieben deutsch, ein Drittel ging an Polen. Vor allem übrigens das wirtschaftlich starke Ostoberschlesien, was auch Wollf – mit seinem Blick durch die nationale Wirtschaftsbrille – arg missfiel. Und was erneut zu politischen Problemen führte.

Freilich nutzt Wollf seine Freundschaft zu Gerhart Hauptmann auch, um regelmäßig Texte für sein Blatt „zu ordern“. Am 18. Februar 1931 schreibt der *DNN*-Chef beispielsweise ein wenig förmlich an Hauptmann in Breslau: *„Wir bereiten die Festbeilage zu unserer Osternummer vor und würden uns sehr freuen, von Ihnen einen Beitrag zu erhalten.“*[318] Er ist eben stets auch der Netzwerker, dieser Julius Ferdinand Wollf.

Indes wird diese muntere Freundschaft zwischen Wollf und dem Dichter Hauptmann samt der regelmäßigen Treffen in der Villa an der Palaisstraße nach der Machtübernahme der Nationalsozialisten 1933 recht schnell einschlafen. Wollf beklagt sich jedenfalls Mitte 1938 in einem Brief an seinen Freund, den Schriftsteller und Theaterautor Herbert Eulenberg, er habe von den Hauptmanns *„in Jahr und Tag nichts mehr gehört“*.[319] Und es schwingt durchaus Bitterkeit mit, wenn sich Wollf mit Blick auf den von ihm doch so treu verehrten Hauptmann erinnert, der schlesische Dichter habe zwar gern Wollfs Rotweine genossen, er habe ihn *„nur bei Burgunder u. altem Bordeaux erlebt“* – mittlerweile, schreibt Wollf nun, fühle er sich aber *„unnützlich geworden u. verlange u. erwarte in diesem Bewusstsein u. nach an tiefer Lehre reichen Erfahrungen nichts mehr von den*

Menschen, die mich bei ihren Lebzeiten zu finden wussten (...)" Viele der alten Freundschaften empfindet Wolff längst nur noch als „*sozusagen*" Freundschaften, wie er Eulenberg offenbart.

Waren es politische Ängste, die Hauptmann von Kontakten zu Wolff abhielten? Schließlich musste Hauptmann von seinen Stücken, von seinen Worten leben. Aber würde man einen Dichter noch auf die stramm deutschen Theaterbühnen lassen, der Freundschaften zu Juden pflegt? Wolffs christlicher Glaube spielte für die Nazis keine Rolle, für sie war er Jude. Aber wäre ein Telefonat, vielleicht auch ein erklärender Brief Hauptmanns an Wolff nicht dennoch möglich gewesen? Jedenfalls in den ersten Jahren nach 1933? Noch dazu für einen europaweit geachteten Literatur-Nobelpreisträger wie Hauptmann, der wohl dadurch eine gewisse Sicherheit genossen haben dürfte. Dass es ging, zeigt zum Beispiel ein Brief von Dr. Hans Ehlers, Chef des Leipziger B. G. Teubner Verlags. Der schrieb Ende Januar 1934 an den ebenfalls als Juden ins Abseits gedrängten Dresdner Literaturprofessor, Wolffs Freund, Victor Klemperer eine Absage zur geplanten Veröffentlichung zweier Bücher. Und nimmt bei der Begründung kein politisches Blatt vor den Mund: „*(...) Würden die beiden das 18. Jahrhundert behandelnden Teilbände im Laufe der nächsten Jahre erscheinen, so würde man bestimmt innerhalb der Reichsgrenzen mit einem Mißerfolg rechnen müssen, aus Gründen, die ich Ihnen nicht auseinanderzusetzen brauche. Meine Firma würde sich aber auch in der Propagierung des Werkes außerhalb von Deutschland Zurückhaltung auferlegen müssen, da ein Verlag wie Teubner, der beim Daniederliegen des Absatzes wissenschaftlicher Publikationen auf den Verkauf seiner Schulbücher unbedingt angewiesen ist, auf die staatlichen Stellen Rücksicht nehmen muß.*"[320]

Dieser Harden – Wolff sucht die Nähe zu den Großen

Diesen Maximilian Harden wollte er unbedingt zu seinem Freundeskreis zählen. Oder wenigstens wollte Wolff zu den Auserwählten gehören, mit denen dieser Harden regelmäßig über die Theaterwelt und das Theater auf der Welt debattierte, das politische Theater. Aber Wolff, in diesem Fall wohl doch eher in der deutschen Provinz sitzend, und Harden, der geistige Strippenzieher und Meinungsmacher mitten im Zentrum, in Berlin? Und doch, sie werden sich kennenlernen, werden sich Briefe schreiben, und sie werden sich treffen. In Dresden. Wolff und dieser legendenumwobene Fadenspinner der politischen Publizistik im Deutschland vor und nach der Wende zum 20. Jahrhundert.

Neben der von Wolff so innig geliebten politischen Debatte, die er mit einem klugen und wachen Geist wie Harden führen will, sucht Wolff regelmäßig die Tür in Hardens viel beachtete Zeitschrift *Zukunft*. Denn so stellt sich Wolff auch das Feuilleton seiner *Neuesten Nachrichten* vor: diskutierfreudig, klug, ein bisschen belehrend, sich mit Kultur und eben auch Politik auseinandersetzend. Und vor allem über den vielbesungenen Tellerrand blickend. Später wird Wolff seinem Blatt mit der schon angesprochenen Beilage *Literarische Rundschau* Ähnliches verpassen. Zumindest in Bezug auf die Literatur. Am 7. Mai 1915 schreibt Wolff einen vierseitigen Brief an Harden und bittet ihn unter anderem, in der *Zukunft* einen kleinen Gedichtzyklus aus seiner Feder zu veröffentlichen, *„der übrigens im Zeitraum von zehn Tagen vor einigen Wochen entstand"*, wie Wolff nicht unerwähnt lässt. Harden druckt die drei Wolff'schen Gedichte bereits in der nächsten Ausgabe, am 15. Mai.

Doch der Reihe nach: Das Politisieren war ihm sprichwörtlich in die Wiege gelegt worden, diesem Maximilian Harden. Sein Vater Arnold Witkowski stammte aus Posen, war Seidenhändler und betrieb später in Berlin einen gutgehenden Großhandel für Seidenwaren. Und er war ein durchaus politischer Mensch, traf regelmäßig Größen der deutschen Sozialdemokratie. Mit SPD-Vordenker August Bebel zum Beispiel soll Witkowski in den 1860er Jahren viele Nächte in Berlin zusammengesessen und diskutiert haben.[321] Einer von Hardens Brüdern, Richard, wird von 1891 bis 1902 Oberbürgermeister von Posen sein, bevor er Direktor der Nationalbank für Deutschland wird. Ein durchaus einflussreicher Mann, der zudem als einer der Väter der Weimarer Verfassung gilt.[322] Es war also auch eine politische Familie, in die Felix Ernst Witkowski – erst später wird er sich den Künstlernamen Maximilian Harden geben – als sechstes Kind am 20. Oktober 1860 in Berlin hineingeboren wird. Er besucht nach der Volksschule das Französische Gymnasium neben dem Kronprinzenpalais; eine der renommiertesten Schulen der späteren Reichshauptstadt.[323] Zudem eine Schule mit politisch interessierter Schülerschaft. Außerdem fand Harden hier seine große Liebe: die französische Literatur. Aufgrund der schweren Erkrankung seines Vaters musste er als 14-Jähriger die Schule verlassen, das Abitur blieb ihm so verwehrt. Die Eltern ließen sich scheiden, der Junge musste gegen seinen Willen beim Vater bleiben, sollte Kaufmann werden. Alles, nur das nicht, war er entschlossen – und tauchte im wuseligen Berlin unter. Er zog mit einer windigen Theatergruppe übers Land. Und als der Vater seinen Sohn von der Polizei suchen ließ, gab sich der junge Felix den Künstlernamen Maximilian Felix Ernst Harden.[324] Eine Lebensgeschichte, die Wolff fasziniert haben dürfte. Vor allem aber wohl, was dieser Harden letztlich aus seinem schwierigen Start ins Leben gemacht hatte: einer der wichtigsten Publizisten, Meinungsmacher und literarischen Netzwerker des deutschsprachigen Raums geworden zu sein. Und gewiss teilte Wolff mit Harden diese unbändige Liebe zum Theater. Sie waren auf diesem Gebiet so etwas wie Seelenverwandte.

Nachdem Harden etliche bissige Texte für Zeitungen geschrieben hatte – zunächst Theaterrezensionen, aber mehr und mehr auch politische Gedanken –, erscheint am 1. Oktober 1892 im Verlag Georg Stilke in Berlin die erste Ausgabe der *Zukunft*. Als *„Wochenschrift für Politik, öffentliches Leben, Kunst und Literatur; unab-*

hängige Rednertribüne für jedermann", so steht es sperrig unter dem Titel. Und das Blatt macht diesem Anspruch alle Ehre! Hier schreiben tatsächlich die, die in diesen Jahren etwas zu sagen haben. Wortwörtlich wohlgemerkt. Auch Harden selbst ist in jeder Nummer zu lesen. Kluge Aufsätze zu Literatur und Theater, aber vor allem mit außenpolitischen Themen sorgt er für Wirbel. Er wird für die Publizisten im Land zum Kompass, und damit auch Anlass für polemische Hasstiraden. Kein Wunder, legt sich Harden doch regelmäßig mit den *„Preßgötzen"*[325] an, wie er schreibt. Vor allem aus der rechten politische Ecke zucken die verbalen Blitze. Damit kann Harden umgehen und leben; *„in der Tat, um alles aussprechen zu können, was ich denke, habe ich die* Zukunft *gegründet"*.[326] Doch 1927 wird Harden den Spätfolgen eines brutalen Angriffs rechter Schläger erliegen; 1922 hatten sie ihm schwerste Kopfverletzungen zugefügt. Die *Zukunft* hatte er daraufhin am 30. September 1922 endgültig einstellen müssen. Wobei er längst massiv finanziell zuschießen musste, um das Blatt überhaupt noch am Leben zu halten – 1922 hatte die einst glänzend dastehende *Zukunft* nur noch 343 Abonnenten, um die zehntausend wären notwendig gewesen, hatte Harden einmal eingeräumt.[327] Das wirtschaftliche Ende wäre wohl auch ohne den brutalen Überfall gekommen.

Die *Zukunft* ist seit ihrer Gründung jedenfalls Magnet kluger Ideen. Wer hier schreiben darf, kann sich rühmen, es geschafft zu haben. Auch Wollf giert förmlich danach, hier seinen Namen lesen zu dürfen. Was für ein Aushängeschild! Noch viel mehr aber sucht er die Nähe Hardens. Zu den tiefgründigen Debatten über Politik und Literatur. Sicher setzt Wollf auch auf die eine oder andere Tür, die Harden ihm öffnen könnte. Es mutet mitunter wie penetrante Anbiederei an, wenn Wollf nach außen hin den Eindruck vermittelt, diesem Harden nahe zu sein. Schon 1906 zum Beispiel können die Leser der *DNN* vermuten, Wollf kenne ihn persönlich und man rede regelmäßig miteinander. Der *DNN*-Chef war damals wie erwähnt einer jener gut 50 deutschen Journalisten gewesen, die sich auf den Weg nach England gemacht hatten, um die journalistischen Wogen in den deutsch-englischen „Pressekriegen" glätten zu helfen. Harden hatte sich von dieser Idee allerdings nicht wirklich begeistert gezeigt, warf den deutschen Pressevertretern vielmehr vor, sich quasi durch gutes Essen und liebe Worte „kaufen" zu lassen. Wollf war darüber „not amused", wie in einem seiner anschließenden Reiseberichte unter der Überschrift *Aus dem Tagebuch eines fahrenden Journalisten* im Juli 1906 in den *Neuesten Nachrichten* deutlich zu lesen sein wird. Auf der Heimreise an Bord des Dampfers „Bremen" hatte Wollf deutsche Zeitungen in die Hand bekommen, die sich mit der England-Fahrt der Journalisten beschäftigten. Auch Harden hatte sich zu Wort gemeldet und war überzeugt, *„daß Herausgeber und Redakteure deutscher Zeitungen durch einen getrüffelten Truthahn bei Herrn v. Rothschild oder durch einen Händedruck der Herzogin von Sutherland zu bestechen seien"*[328], ärgert sich Wollf. Doch er haut nicht allzu böse drauf – der große Harden ist ihm viel zu wichtig, als dass er sich zu derber Kritik hinreißen lassen würde. Dennoch will er seinen Lesern zeigen, dass er sich auch an große Namen wagt. Nein, ein Wollf versteckt sich nicht. Und so schreibt er mit einem verbalen Bückling: „*Es war bedauerlich, daß einer der hervorragendsten deutschen Publizisten die Einladung abgelehnt hat, es ist viel bedauerlicher, daß er seine eigenen Landsleute so niedrig einschätzt.*" Und Wollf verweist schon auf den ein Jahr später anstehenden Gegenbesuch der Engländer: „*Wir werden den getrüffelten Truthahn des Herrn v. Rothschild und den Händedruck der Herzogin von Sutherland wettmachen. Die englischen Kollegen werden unsere Gäste sein. Bis zu diesem Teile der Verständigung wird vielleicht auch Maximilian Harden, der nicht nur der geistreichste deutsche Publizist, sondern auch einer der verständigsten immer war, sein Urteil korrigieren.*" Auch hier geht es also nicht ohne Verbeugung. Schließlich steigt Wollf doch noch auf ein zumindest halbhohes Ross, um zu verkünden: „*Aber da mir an seinem Urteil gelegen ist, habe ich an Bord der ‚Bremen' den Entschluß gefaßt, ihn unter vier Augen zu fragen, ob er es wirklich glaubte, daß ich zum Beispiel durch das herrlichste Geflügel und die schönsten Frauenhände (...) meine politische Ansicht verkaufe. Er wird das hoffentlich zu meinen und der Kollegen Gunsten verneinen.*" Stand Wollf diese Großmut zu? Ein paar Buchstaben weiter erklärt er den Lesern zumindest zur Ehrenrettung Hardens, woher dessen Skepsis rührt: „*Es ist wahr, daß ihm die Zeitungsschreiber manche Gelegenheit gegeben haben, daß er sie nicht allzu hoch einschätze. Aber er möge bedenken, daß auch ein Gutteil des Papiers der* Zukunft *vom Fichtenstamme genommen ist, wenn er vom Rauschen redet, im deutschen Blätterwalde.*" Ob sie sich im Anschluss tatsächlich getroffen haben?

Knapp zehn Jahre später, 1915 in Dresden, sind sie sich dann in jedem Fall persönlich begegnet. Und es müssen auch im Vorfeld bereits etliche Briefe und Karten zwischen Berlin und Wollfs Wohnung in der Dresdner Henzestraße hin- und hergegangen sein. Schließlich schreibt Wollf am 7. Mai im erwähnten vierseitigen Brief mit der Bitte um den Gedicht-Abdruck: „*Lieber Herr Harden, ich habe Ihnen noch für Ihre freundliche Karte zu danken. Längst wär' es geschehen, wenn ich ein so pünktlicher Briefeschreiber wäre wie Sie. Ich muß mich immer wieder darüber wundern, was Sie neben Ihrer großen Arbeit noch bewältigen u. habe also nicht einmal das Recht, mich gerade bei Ihnen mit Arbeitsüberlastung zu entschuldigen.*" Im nächsten Satz geht Wollf auf besagtes Treffen ein, das – so ließe sich herauslesen – unter Umständen tatsächlich die erste persönliche Begegnung gewesen sein könnte. Hatte Wollf also 1906 in den *DNN* ein wenig geflunkert? Im Mai 1915 liest sich das Ganze jedenfalls wie folgt: „*Meine Frau, die sich Ihnen ganz ausdrücklich empfehlen läßt, und ich gedenken oft des schönen Abends. Sie haben sie nur etwas nachdenklicher und kritischer gemacht, aber das ist doch für harte Naturen nicht mit Unlustempfindungen verbunden, wie Sie's halb scherzhaft andeuten. Wenn Sie aber wieder nach Dresden kommen – hoffentlich recht bald – dann werden wir etwas zudringlicher sein und Sie nicht vor lauter Respekt, den man ja auch anders ausdrücken kann, tagsüber so viel in Ruhe lassen wie das letzte Mal.*" Es muss ein für Wolff und seine Frau Johanna in jedem Fall spannendes Zusammentreffen gewesen sein. Mit Debatten noch dazu, über sein außenpolitisches Lieblingsthema „Italien". In diesen Tagen war es vor allem die Frage, wann Italien endlich in den seit gut einem Dreivierteljahr tobenden Ersten Weltkrieg eingreifen werde – und vor allem, an wessen Seite. An der Deutschlands und Österreichs, mit denen Italien eigentlich im sogenannten „Dreibund" militärisch vereint war? Oder stattdessen aufseiten der Entente-Mächte Frankreich und England? Harden war an diesem Abend offenbar anderer Ansicht als Johanna und Julius Ferdinand Wolff: *„Nun sitzen wir mit italienischen Sorgen trotz Hardenscher Maipredigt und Mahnung zu tapferer Vernunft"*, schreibt der *DNN*-Chef nach Berlin. Und würde wohl gern Hardens aktuell-politische Sicht auf diesen *möglichen* – und letztlich knapp zwei Wochen später, am 21. Mai 1915, auf Entente-Seite erfolgten – Kriegseintritt Italiens in die *DNN* drucken. Aber: *„(...) die Censur erlaubt nicht, daß man's nennt – ist doch stark."* Wolff entpuppt sich als echter Italien-Fan und findet es offenbar interessant und vielleicht sogar richtig, dass die Italiener ihre Kriegsbeteiligung nicht in erster Linie mit Bündnisgedanken verknüpfen, sondern noch im Vorfeld wirtschaftliche Bedingungen stellen: sie wollen im Falle des Sieges die Region Trentino in Südtirol. Wolff ist eben national denkender Wirtschaftsliberaler und sieht Kriege durchaus auch als Wirtschaftsunternehmung: *„Jedenfalls versteht man sich im Lande Machiavellis auf's Politikmachen"*, schreibt er an Harden.

Um Politik geht es auch in den Gedichten, die Wolff an Harden schickt. Sie befassen sich mit den Weltkriegsmächten. Und Harden stellt in seiner *Zukunft* den Gedichten Wolffs einen mehrseitigen Beitrag unter der Überschrift *Höllenfahrt* voran. Darin wirft Harden die Frage auf: *„Nimmt Italien, was es ohne Schwertstreich erlangen kann, oder trachtet es nach der Stillung alten Rachedurstes und stellt, den neuen Dreibund ins Hirn zu treffen, nicht nur gegen Oesterreich und die Türkei je ein Heer auf, sondern gesellt sich auch in Frankreich und Flandern dem Massenangriff der Weltmächte?"*[329] Diese Symbiose zwischen den klugen Gedanken Hardens und seinen Gedichten in der renommiertesten Politik- und Literaturzeitschrift jener Zeit dürfte Wolffs ohnehin nicht geringes Selbstbewusstsein sicher noch ein wenig gesteigert haben. Er hat in den Maitagen 1915 wohl immer wieder in dieser Ausgabe der *Zukunft* geblättert und seinen Zyklus *West und Ost* gelesen, mit den Gedichten *Über den Rhein*, *Im Regen* und *Im Lyck*. Ja, hat er sich dann bestimmt gesagt, es ist geschafft!

Doch eine wirklich enge Freundschaft, eine, die noch dazu länger währt, wird offenbar nicht daraus. Auch wenn Wolff versucht, das Ganze auf eine familiäre Ebene zu heben, wenn er seinen Mai-Brief mit den Sätzen enden lässt: *„Verehrter Herr Harden, empfehlen Sie mich Ihrer Gattin u. lassen Sie sich herzliche Grüße und Wünsche sagen von meiner Frau und von dem Beauftragten.*

Immer Ihr getreuer Wolff." Es dürfte wohl ausgerechnet die von Wolff so gesuchte politische Debatte mit Harden gewesen sein, die aus der bestehenden Distanz am Ende eine dicke Mauer werden ließ. Spätestens nach Kriegsende 1918 bezog Harden klare sozialistische Positionen. Und schon während des Weltkriegs hatte er sich – nachdem auch er sich vom offenbar so faszinierenden Kriegstaumel hatte anstecken lassen – zunehmend kritischer über die Sinnhaftigkeit dieses Krieges geäußert, nicht zuletzt der deutschen Beteiligung daran. Insgeheim – und in so manchem an Freunde und Bekannte geschriebenen Brief – war Harden wohl schon immer ein Anhänger der Sozialdemokratie gewesen. Das zumindest behauptet sein langjähriger „Brieffreund" Franz Mehring[330] – selbst einer der eifrigsten sozialdemokratischen Publizisten und Politiker und ab Kriegsende bis zu seinem Tod im Januar 1919 zudem einer der Vordenker der kommunistischen Partei. Nicht zuletzt war Harden gar als Nachfolger für den wegen „Kriegsverrats" 1916 inhaftierten SPD-Vorkämpfer und Reichstagsabgeordneten Karl Liebknecht ins Gespräch gebracht worden. Liebknecht, im Reichstag vor allem die Stimme des linksrevolutionären Parteiflügels. Hetta Gräfin Treuberg, die „rote Gräfin", war von dieser Idee besessen gewesen. Sie betrieb im Berliner Hotel „Bristol" in der Zeit des Ersten Weltkriegs literarische Salons, in denen auch zahlreiche Größen der sozialdemokratischen und streng marxistischen Publizistik verkehrten. Auch Harden, mit dem sich die Gräfin zum Beispiel lautstark für ein Ende des deutschen U-Boot-Kriegs starkgemacht hatte. Politische Sichten, mit denen Wolff nichts anfangen konnte.

Auch beim Thema „Literatur" gingen ihre Ansichten auseinander. Vor allem Wolffs Lieblingsautor Gerhart Hauptmann kam bei Harden nicht sonderlich gut weg. Hauptmann huldige dem Publikumsgeschmack, um die Kasse zu füllen, ärgerte sich Harden.[331] Nicht wenige hatten zum Beispiel in Hauptmanns Stück *Vor Sonnenaufgang* den Beginn einer neuen Richtung gesehen – des Naturalismus. Harden hingegen schrieb herablassend, das Stück sei vielmehr ein *„kümmerliches Stückchen Natur"*.[332] Lediglich für Hauptmanns gesellschaftskritisches Werk *Die Weber* konnte sich Harden zumindest ein wenig erwärmen, wenn er ihm auch hier vorwarf, nicht an den Grundfesten der Gesellschaft zu rütteln. Letztlich geht es Harden auch bei den Themen „Literatur" und „Theater" ums Politische. Wobei Wolff und Harden zumindest hier auf zwei annähernd parallelen Gedankenwegen unterwegs waren. Aber: Das Zeug zu einem wirklich wichtigen Wegbegleiter dürfte Wolff aus Sicht Hardens nicht gehabt haben. Wolff, im fernen Dresden, als Herausgeber einer überregional kaum wahrgenommenen Zeitung mit zwar großer Auflage, aber nicht wirklich großer Resonanz außerhalb des Elbtals. Für Harden war Wolff sicher nur einer von vielen, die seine Nähe gesucht hatten. Die meisten, um sich in seinem Glanz zu sonnen. Ein bisschen erweckte auch Wolffs Anbiederei diesen Anschein.

Wollf – Kritiker, der kein Kritiker sein will

Zurück zum Thema „Theater". Hier waren Wollfs Ansichten, anders als bei seinen eher nationalliberalen politischen Vorlieben, durchaus nach links blinzelnd aufmüpfig. Wobei er nicht nur wegen seiner wortgewandt frischen und auch überregional beachteten Rezensionen eine nennenswerte Rolle im Dresdner Theater spielte. Was allein schon eine beachtliche Leistung gewesen wäre, über 30 Jahre hinweg einer der wichtigsten Zeitungskritiker in der Dresdner Theaterlandschaft gewesen zu sein! Mit Blick auf die mehr als deutlich über die 100 000 reichende Leserschaft der *DNN* vielleicht sogar der wichtigste Rezensent. Noch dazu einer, der sich einmischt. Um des Theaters willen – nicht, um selbst zu glänzen. *„Höher als das Amt des Kritikers ist das des Kunstvermittlers"*, schreibt er 1913 in seinem Buch *Theater – aus zehn Dresdner Schauspieljahren*. Und weiter: *„(...) ich gestehe, daß ich die leidenschaftliche Liebe zum Theater für die erste unerläßliche Eigenschaft dessen halte, der zwischen Dichter, reproduzierendem Künstler und kunstaufnehmendem Menschen Brücken schlagen will."* Er will also nicht Kritiker um der Kritik willen sein, sondern er kritisiert, um voranzubringen. Und um zu erklären. Ein bisschen Lehrer ist Wollf eben doch ... Und er gibt dabei auch unumwunden zu, eine Vision von Theater zu haben, die nicht jedem gefallen dürfte: *„Ich glaube gar nicht an die große Tradition (weil alles Virtuosentum kunstfeindlich ist). Ich glaube an die Zukunft des deutschen Theaters überhaupt und dass es ein Bollwerk ist gegen den öden Materialismus eines allzu geschäftig, allzu geschäftlich gewordenen Lebens."* Ein Theater muss es also auch aushalten, mit einem Stück nicht den großen Kassenschlager aufs Programm zu setzen, ist Wollf überzeugt. Zumindest dann, wenn es sich künstlerisch und gesellschaftlich lohnt, hinter diesem Stück zu stehen. Theater ist für Wollf auch Wissens- und vor allem Kulturvermittlung. Und Theater muss sich aus Sicht des *DNN*-Chefs auch einmischen. In den gesellschaftlichen Diskurs – und den politischen. Deshalb macht er sich in seinem Blatt immer wieder für Stücke stark, die genau das tun. Er steht zu „seinem" Schauspielhaus, und er stellt sich auch vor die Macher und Akteure, wenn sie aus seiner Sicht zu Unrecht ins Fadenkreuz der Kritikpatronen geraten. Kein unwichtiger Beitrag, denn die Politik – die ja das Theater, zumindest das Staatsschauspiel zu großen Teilen aus Steuergeldern finanziert – liest mit. Und natürlich fällt es Politikern schwer, die Notenblätter zum finanziellen Streichkonzert zu drucken, wenn das Theater von der Masse geliebt wird – zudem tun sich Politiker schwer damit, sich mit machtvollen, wortgewandten Unterstützern anzulegen, die Massen durchaus mobilisieren können. So wie Wollf mit seiner auflagenstarken Zeitung. Wollfs Beitrag fürs Dresdner Theater umfasst also letztlich mehr als „nur" seine für die Leserschaft sichtbaren Theaterkritiken. Die mit pointiert gesetzten Worten glänzen, die vor allem fachlich fundiert daherkommen – und die stets auch weit über den oft ein wenig zu steil aufragenden Dresdner Tellerrand blicken. Zudem stellt Wollf seinen Rezensionen meist auch ein Stück politische Bildung voran. Und kulturelle Bildung zu Autor und Stück gehört für ihn sowieso dazu. Nicht selten warten seine Texte mit ernst zu nehmenden dramaturgischen Vorschlägen auf – und mitunter überraschen Wollfs Rezensionen auch in ihrer Fassung: So reimt Wollf seine Kritiken ab und an, um mit hintersinnigem Humor hart – und doch sprachlich leicht – mit der einen oder anderen Aufführung ins verbale Gericht zu gehen. Wie zum Beispiel am 3. Juli 1932, als er sich über *Wenn die kleinen Veilchen blühen* hermacht. Ein musikalisches Stück von Bruno Hardt-Warden, das am Schauspielhaus in Dresden Premiere hatte. In immerhin 13 je sechszeiligen Strophen schießt Wollf nun mit spürbar diebischer Freude jede Menge spitzer Vers-Pfeile ab:

„Bunte Kappen, grelle Reißer,
kesse Jungfern, Beineschmeißer,
Schmiß, Pikessen, Rhein und Wein,
Burgen überm Rhein (aus Pappe)
Kitschromantik in Attrappe –
Weiter fällt den Herr'n nichts ein (...)"

Wollf reimt mit sarkastischer Bitterkeit. Und auch das Publikum der Aufführung bekommt sprachgewandt sozusagen sein Fett weg:

„Wem macht heute Kitsch noch Kummer?
Beifall tobt nach jeder Nummer,
und die Kenner sind zur Stell'.
Morgen wird in allen Gassen
man die Schlager hören lassen,
denn das Unheil jazzet schnell (...)"

Wunderbar böse stichelnd weiß Wollf seine Pointen zu setzen – und was für eine herrlich mutige Idee, eine solche Rezension zu präsentieren?! Und dann fällt er, unbarmherzig weiter reimend, sein klares Urteil:

„Während dieses Ungeschehen
froh geschieht, kämpft mit den wehen
Eingeweiden der Chronist.
Soll das Geld im Kasten springen,
muß man einen Acker düngen.
Aber Mist bleibt schließlich Mist (...)"

Rums! Das sitzt. Sich verbiegen? Nicht mit Wollf! Da kennt er trotz aller Freundschaften in den Theaterbetrieb hinein eben sprichwörtlich doch *„keine Freunde"* auf den Schauspielhausfluren. Und auch wenn sich das Publikum in den Theaterstühlen vor Lachen biegt, bleibt er ungerührt; schießt einfach mit erbarmungslosem Humor zurück. Wobei seine Rezensionen das Wort Kritik wie erwähnt nicht wörtlich nehmen. Er will gutes Theater für Dresden. Und gutes Theater ist für ihn mutiges, neues Theater. Kein schenkelklopfender Boulevard mit oberflächlicher Lacher-Hascherei. Bitte keine Unterhaltung, sondern Haltung, findet Wollf. Und er weiß, dass es dafür auch die Vermittler braucht, diejenigen, die erklären, diejenigen, die einordnen. Und die auch Mutmacher für die mutigen Macher sind.

Weil Wollf offenbar spürt, dass seine Rezensionen ankommen – nicht zuletzt über zahlreiche große Künstler- und Autorennamen der Zeit –, gibt er 1913 in seinem schon kurz zitierten Buch *Theater – aus zehn Dresdner Schauspieljahren* die seiner Meinung nach gelungensten seiner, wie er selbst schreibt, kritischen Theaterrezensionen noch einmal gebündelt heraus. Hier und da aktualisiert und *„flüchtig angedeutetes durch eingehende Darstellung ersetzt"*, wie er den Lesern mit auf den Weg gibt. Vorweg setzt Wollf einen tiefgründigen und vor allem sehr leidenschaftlichen 24-seitigen Abriss der Dresdner Hoftheatergeschichte seit 1861. Eine *Ouverture*, wie er den Abschnitt überschreibt und in dem er sich den aus tiefster Seele drängenden Seitenhieb auf die Schauspielbühne dieser Jahrzehnte nicht verkneifen kann, *„die von dem nicht einwandfreien Kapitel einer ‚großen Tradition' in bescheidener Ruhe zehrte"*. Bis am 1. März 1894 Graf Seebach die Theaterleitung übernahm – dem Wollf nun ein festgemauertes Denkmal schreibt. Wollf attestiert Seebachs Arbeit 1913 lesbar jubelnd: *„Der hohe Stand der schauspielerischen Kultur erweckt die frohesten Hoffnungen für die Zukunft des Dresdner Schauspiels."* Und wer bis dahin noch nicht wusste, dass Wollf eine enge Freundschaft zu Seebach pflegt, dürfte spätestens nach der Lektüre der 242 Textseiten des Buches um diese Beziehung gewusst haben. Nach Sätzen wie: *„Es ist keine Schönrednerei dabei, wenn man den Grafen Nikolaus von Seebach, den sechsten Generaldirektor der Königlichen Hoftheater zu Dresden, den künstlerisch pflichtbewußtesten und gebildetsten heißt, der im Verlaufe eines Jahrhunderts hier das Regiment geführt hat."* Auch dem von Seebach 1901 berufenen Dramaturgen Dr. Karl Zeiß windet Wollf einen Lorbeerkranz aus wohltemperierten Worten: *„Es war ein Hauptgewinn, den Seebachs Wahl dem Hoftheater einbrachte"*, kommentiert er. Und beschreibt die Leistung des jungen Dramaturgen mit dem ihm eigenen Ekel gegen verstaubte Klassiker und künstlerische Provinz: *„Die Reorganisation der gänzlich unmöglichen Klassikervorstellungen nahm einen breiten Raum ein. Der kleinbürgerlich armselige Fundus mußte erneuert werden. Und nach der Reformierung des Repertoires, das nun eine konsequent literarisch-moderne Richtung nahm, schritt Seebach mit seinem ruhigen und entschlossenen Dramaturgen zur künstlerischen Modernisierung der Szene, des Ensembles, der Regie."* Man sieht Wollf förmlich, wie er sich nach dem letzten Wort dieser Sätze zufrieden in seinen Schreibsessel zurückfallen lässt und beseelt lächelt …

Anlass, sich für dieses Buch an den heimischen Schreibtisch zu setzen, dürfte für Wollf zwar in erster Linie die Einweihung des Theaterneubaus am Postplatz im

Jahr 1913 gewesen sein. Und die enge innere Verbundenheit mit diesem Theater. Aber vielleicht auch eine kleine Trotzreaktion, weil kein Beitrag aus seiner Feder für die offizielle Festschrift zur Übergabe des neuen Hauses angefragt worden war? In dieser Festschrift jedenfalls verfasste der Theaterkritiker des *Dresdner Anzeigers*, Friedrich Kummer, das Kapitel *Der Bau und sein Werden*. Ausgerechnet also Kummer, mit dem Wolff in den kommenden Jahren noch den einen oder anderen verbalen Strauß auszufechten haben wird.

Ob sich Wolff allerdings auch für den Bau dieses neuen Schauspielhauses am Postplatz ganz aktiv einsetzte – ähnlich wie beim Bau des Hygiene-Museums –, ist allerdings ein Puzzle, für das sich bisher nur schwerlich Teile finden lassen. In der Festschrift zur Einweihung des Theaterneubaus kommt Wolff jedenfalls nicht vor. Auch im *Tage-Buch der Königlich-Sächsischen Hoftheater vom Jahre 1913* – quasi dem gedruckten Rückblick aufs Theaterjahr – findet sich kein Hinweis auf Wollfs Rolle. Nur Andeutungen, die zumindest auf die Unterstützung durch gedruckte Worte hinweisen könnten. In der Rede des Intendanten Graf Seebach zum Beispiel. Diese hatte Seebach im Vorfeld der Abschiedsvorstellung am 5. Juli 1913 im Alberttheater in der Dresdner Neustadt gehalten, in dem das Schauspiel bis dahin 40 Jahre lang untergebracht gewesen war. „*Es hat Jahre gedauert, bis wir das Vertrauen der Oeffentlichkeit zu unserer Arbeit errungen haben. Wir haben aber selbst bei den unentwegten Lobrednern der Vergangenheit allmählich Achtung für unser Schaffen gefunden und haben, in allen grundlegenden Fragen unterstützt von der Presse, uns ein Publikum gewonnen, das von Jahr zu Jahr zahlreicher mit uns ging und uns treu bleibt.*“[333] Ob Wolff mit dieser „Presse“ gemeint war, ist offen. Klar ist nur, dass er stets auf der Seite der mutigen Stücke stand, die unter Seebach und Zeiß in den Jahren nach 1903 hier auf die Bühne kamen. Und vielleicht war er ja doch der Mann im Hintergrund, das letztlich entscheidende Schräubchen für den Bau des neuen Schauspielhauses? Denn das sächsische Königshaus tat sich schwer, dem Hoftheater eine neue Heimstatt zu geben. Und so trat auch hier „Odol-König“ Karl-August Lingner auf den Plan. Wie erwähnt, glühender Theaterfan und enger Freund von Intendant Seebach. Am 28. Januar 1904 hatte Lingner einen schriftlichen Vorschlag unterbreitet, das Königshaus möge das Grundstück der königlichen Orangerie – Herzogin Garten 1 – als Bauplatz bereitstellen. Im Gegenzug wollte er die komplette Bausumme in Höhe von 1,2 Millionen Mark als Darlehen vorschießen. Allerdings kamen daraufhin Bedenken aus dem Landtag und so manchem Ministeriumsbüro – ein Grundstück, das sich im Eigentum des Königshauses befindet, dürfe laut gültigem Recht nicht mit Schulden belastet werden, hieß es. Eine pfiffige Ausrede? Wenn, dann wohl nicht nur, weil der damalige Sachsenkönig Friedrich August III. nicht als sonderlicher Theaterliebhaber galt. Denn der König hatte seinen monarchischen Segen bereits erteilt.[334] Vielmehr wollte wohl der mürrische Adel nicht wirklich das aufmüpfige Bürgertum nun auch noch beim Bau eines Theaters unterstützen. Eines Theaters, auf dessen Bühne dann zu allem Überfluss auch noch kritische Stücke gegen diesen gemütlichen konservativen Sessel aufgeführt würden, in dem man es sich seit Jahrzehnten so herrschaftlich bequem gemacht hatte … Doch das Dresdner Bürgertum ließ nicht locker. 1909 gründete sich ein Dresdner Theaterverein, der den Großteil der nun für den Bau notwendigen rund 2,7 Millionen Mark aufbringen wollte. Und auch hier half Lingner schließlich. Die Stadt Dresden gab das Grundstück am Postplatz, und Lingner unterstützte den Verein bei der Finanzierung des Baus. Waren es Lingners enge Freunde gewesen, die ihn dazu „überredet" hatten? Seebach – und auch Wollf?

Eine Wollf'sche Intrige bringt Dresden einen neuen Dramaturgen

Julius Ferdinand Wollf mischte sich jedenfalls im Hoftheater aktiv ein. Schnell hatte Wollf seit seinem Start in Dresden 1903 und seinen regelmäßigen Besuchen im Hoftheater enge Kontakte zu den Akteuren auf der Bühne, aber auch denen „hinter den Kulissen" geknüpft. Er wird – das ist damals längst ein offenes Geheimnis in Dresden – auch zu verschiedenen Besprechungen eingeladen und kann durch seine enge Freundschaft zum Intendanten Nikolaus Graf von Seebach und dem Dramaturgen Dr. Karl Zeiß durchaus Einfluss nehmen. Das schreibt unter anderem ein Mann wie Hoftheaterintimus Paul Adolph 1932 in seinem Buch *Vom Hof zum Staatstheater*. Adolph war lange Jahre Mitglied der Generaldirektion des Hoftheaters und weiß nun zu berichten, dass zwischen dem Theaterkritiker Wollf und dem damaligen Dramaturgen Zeiß nicht nur eine enge Freundschaft bestand, sondern es auch oft *„Rücksprachen theaterfachlicher Natur"* gegeben habe. Und dass auch die Freundschaft zwischen Intendant Seebach und Wollf eine wirklich sehr enge gewesen sein muss, wird dabei nicht nur aus einem kurzen Schreiben Gerhart Hauptmanns an Wollf nach dem Tod Seebachs deutlich: *„Lieber und hochverehrter Herr Wollf, eben erreicht mich die tief schmerzliche Nachricht, daß unser allverehrter und allgeliebter Graf Seebach nicht mehr ist. (…) Sie haben ihm nahegestanden und wissen mit mir, daß durch seinen Hingang unsere Welt ärmer geworden ist. Nehmen Sie meine und meiner Frau ernste Grüße, Ihr Gerhart Hauptmann."*[335] Sondern dieses vertrauensvoll enge Verhältnis zeigt sich nicht zuletzt durch einen ganz besonderen Buchband, den Wollf finanziell mit unterstützte. Als Seebach 1914 sein 20. Jubiläum als Intendant des Hoftheaters feiern konnte, war ein auf 600 Exemplare begrenztes Manuskript gedruckt worden, in dem sich Theaterdichter und Komponisten bei Seebach auf ungewöhnliche Weise bedankten.[336] Auch Hauptmann arbeitet zu, schreibt unter der Überschrift *Du weißt nicht, was du gewesen bist* eigens ein Gedicht für Seebach. Wie auch der bekannte österreichische Lyriker Hugo von Hofmannsthal, der Seebach ein vertontes Gedicht samt dazugehöriger Noten widmet. Julius Ferdinand Wollf ist wie erwähnt einer der Finanziers dieses aufwendigen und sicher nicht billigen Werks. Neben dem Dichter Franz Werfel zum Beispiel und etlichen deutschen Theaterintendanten. Auch hier also tauchen sie wieder auf, Wollfs Netzwerke …

Brachte diese enge Freundschaft zwischen Wollf und Seebach dem Dresdner Hoftheater zwei Jahre später – 1916 – ausgerechnet mit Wollfs Vetter Karl einen neuen Dramaturgen? Eine Frage, die nicht zuletzt Hoftheaterintimkenner Paul Adolph mit einem lauten Ja beantwortet. Wobei Julius Ferdinand Wollff seinem Vetter Dr. Karl Wollff die Stelle des Ersten Dramaturgen in Dresden wohl mit nicht ganz lauteren Mitteln verschafft, wie Adolph durchblicken lässt. Der bisherige Dramaturg Karl Zeiß habe Julius Ferdinand Wollff informiert, von Dresden nach Frankfurt am Main wechseln zu wollen, schreibt Adolph in seinen Erinnerungen. Und Wollff hatte daraufhin umgehend seinem Vetter in München ein Telegramm geschickt, er möge sich sofort als Dramaturg in Dresden bewerben. Anschließend hatte der *DNN*-Chef Intendant Seebach die Idee unterbreitet, Karl Wollff als Zeiß-Nachfolger bei den Verantwortlichen vorzuschlagen, was der auch prompt tat – so zumindest die Kurzform der Geschichte. Als sich das im eher nicht verschwiegenen Dresden herumgetuschelt hatte, warfen die Ersten auch schon gleich die Gegenwindmaschinen an. Einer davon: Friedrich Kummer, der schon erwähnte Theaterkritiker des *Anzeigers*. Kummer störte natürlich, dass hier Konkurrent Julius Ferdinand Wollff von den *DNN* mitmischte, um seinem Vetter Karl auf diese Weise eine durchaus gut dotierte Stelle zu verschaffen. Vetternwirtschaft, polterte Kummer. Noch dazu war Karl Wollff längst als linker Geist verschrien, was dem Rechten Kummer ganz und gar nicht recht war. Aber noch mehr störte Kummer etwas ganz anderes: nämlich, dass mit Karl Wollff ein Jude in dieses wichtige Dresdner Theateramt kommen sollte.[337] *„Die innere Widerstandskraft der Heimat wurde unterhöhlt, verborgene Mächte machten sich breit; die Zersetzung des Volkes begann … Der jüdische Einfluß begann sich einzuschleichen, auch im Theater“*, ätzt Kummer in seinem Buch *Dresden und seine Theaterwelt*. Und mit Blick auf die zwei Jahre zuvor erfolgte Bestellung des jüdischen Kapellmeisters Fritz Reiner als Nachfolger Ernst von Schuchs an der Hofoper schreibt Kummer: *„Nun wiederholte Seebach den Fehler, auch ins Schauspielhaus stellte er einen Nichtarier an die Spitze.“* Dass bei der erwähnten Wahl von Fritz Reiner für den Hofkapellen-Dirigentenposten Wollff ebenfalls seine Hände mit im Spiel gehabt hatte, wenn auch eher in einer Nebenrolle, war damals offenbar noch nicht aus den sprichwörtlichen Hinterzimmern ins öffentliche Vorderhaus gedrungen. Kummer jedenfalls scheint davon nichts mitbekommen zu haben, er hätte das sonst mit deftig stramm deutschen Worten kommentiert. Aber von der Sache mit Fritz Reiner wird gleich ausführlicher die Rede sein.

Dass nun also mit Karl Wollff ein weiterer Jude einen prominenten Posten im renommierten Kulturleben der Elbestadt übernahm, war jedenfalls ein Fakt, der im Dresden des Jahres 1916 offenbar einer Menge Leuten in wichtigen Positionen bitter aufstieß. Und so wurde hinter, aber auch ganz ungeniert vor den Kulissen kräftig dagegen angearbeitet, Karl Wollff zum neuen Chefdramaturgen des Hoftheaters zu machen. Auch Paul Adolph hatte Seebach noch unbedingt von Karl Wollff abraten wollen. Er sei umgehend ins Dresdner Stadtcafé in der Sophienstraße gestürmt, wo Seebach gerade beim Essen saß, bevor sich der Intendant auf den Weg nach München machen wollte. Seebach wollte sich in der Bayern-Metropole eine von Karl Wollf inszenierte Aufführung anschauen und anschließend gleich mit ihm über einen Vertrag verhandeln, erinnert sich Adolph später. Und er hatte versucht, die Abreise Seebachs zu verhindern. Er habe den Intendanten auf den bereits kräftig stürmenden Gegenwind aufmerksam gemacht, habe auf ihn eingeredet – ohne Erfolg, schreibt Adolph. Wobei es offenbar tatsächlich eine kleine Intrige gewesen war, mit der der scheidende Dramaturg Zeiß und Julius Ferdinand Wollf den „Neuen“ installieren wollten. Denn eigentlich sollte Zeiß auf Geheiß Seebachs mit Otto Erler als Nachfolger verhandeln, weiß Adolph. Der Dramatiker Erler hätte den antisemitischen Wollf-Gegnern natürlich besser ins nationalistische Theaterkonzept gepasst. Erler stand den völkischen Kreisen nahe und hatte 1903 mit der antisemitischen Tragikomödie *Ehekünstler* für Aufsehen gesorgt.[338] Doch Zeiß fragt Erler nicht an. Stattdessen begeistern Zeiß und *DNN*-Chef Wollf im Duett Seebach von Karl Wollf als Idealbesetzung. Der Intendant fährt daraufhin also nach München und kommt mit einem von Karl Wollf unterschriebenen Vertrag zurück. Und ist zufrieden, denn er bringt damit den auch seiner Meinung nach passenden Mann nach Dresden. Kritische Sichten auf diese Entscheidung hält Seebach dabei fast stoisch aus. Karl Wollf hatte in München neben seiner Arbeit als Dramaturg auch einige eigene Stücke auf die Bühne gebracht und war längst als aufsässiger, eher linker Theaterdenker und -macher aufgefallen. Das sorgte im konservativen Dresden natürlich für hektische Flügelschläge. Aber Seebach bleibt ungerührt.

Am 2. Juni 1916 segnete das Königshaus letztlich die Verpflichtung Karl Wollfs zum Termin 1. Oktober 1916 ab.[339] Wobei *Anzeiger*-Rezensent Friedrich Kummer nachträglich ins Feld führt, dass Seebach zu dieser Zeit quasi nur Teilzeitintendant gewesen sei. Denn er sei als Johanniter – mitten im Ersten Weltkrieg – immer wieder zu Kriegseinsätzen unterwegs und oft nur Stunden da gewesen, um Unterschriften zu leisten. Derweil tanzten die Mäuse auf dem Theatertisch und führten den Theaterchef wie eine Marionette an ihren Stricken, ist Kummer überzeugt. Wie viel Wahrheit in dieser Sicht steckt, ist schwer zu beurteilen. Kummer war nicht wirklich begeistert von Seebach, der aus seiner Sicht viel zu viele linksorientierte und an der nationalen Ehre kratzende Stücke auf die Hoftheaterbühne ließ. Und nun auch noch Karl Wollf ... 1938 schreibt Kummer rückblickend beispielsweise über den Intendanten – dessen Taufpate übrigens Russlands Zar Nikolaus I. gewesen war – wenig schmeichelhaft: „*Er besaß natürlichen Geschmack, guten Blick, gesundes Urteil, kannte die Theater der Weltstädte; ein künstlerischer Mensch war er nicht, in tiefere Schichten des Geistes zu dringen, war ihm versagt, doch er besaß zweierlei: er wußte zu herrschen und verstand, gute Mitarbeiter zu finden.*“ Überhaupt war Kummer überzeugt, dass es Seebach eigentlich nur seiner höfischen Anbiederei wegen auf den Chefsessel im Büro des Hoftheaterintendanten geschafft hatte. „*Er wurde in Dresden Kammerherr; und als Liebling der Königin*

Carola zum Generaldirektor des Hoftheaters ernannt", mosert Kummer. Ob das eine reale Einschätzung ist, bleibt offen. Seebach-Freund Julius Ferdinand Wollf schreibt beispielsweise die „Entdeckung" Seebachs vielmehr Sachsenkönig Albert zu, der Seebachs *„bedeutende Begabung erkannt hatte"*.[340]

Dennoch war Seebachs Einsatz für Karl Wollf natürlich auch ein Freundschaftsbeweis zu Julius Ferdinand Wollf. Ganz abgesehen vom Ansinnen Seebachs selbstverständlich, nach dem freiwilligen Weggang seines bisherigen Dramaturgen Zeiß an die Städtischen Bühnen Frankfurt am Main wieder einen mutigen Mann für sein Haus verpflichten zu wollen. Aber Seebach hätte sich schließlich leicht auch für eine unaufgeregte Variante der Neubesetzung entscheiden und sich damit viel Ärger ersparen können.

Der Neue – Karl Wollf – war dabei zunächst gar kein Theatermann gewesen. Er studierte Jura und arbeitete wie erwähnt anfangs als Rechtsanwalt in Karlsruhe, beriet das dortige Hoftheater wohl auch juristisch, bevor er ab 1905 zum dramaturgischen Beirat des Theaters gehörte und sich hier auch als Schauspieler versucht haben soll, wie es heißt. 1912 wurde Karl Wollf dann Dramaturg am Münchener Hoftheater – wo er sich sehr schnell den Ruf erarbeitet hatte, der nun im Sommer 1916 in Dresdens konservativen Kulturkreisen und den politischen Zirkeln für arg geschwollene Halsschlagadern sorgte: Der Aufruhr im politischen Dresden war jedenfalls so groß, dass sich letztlich sogar der König genötigt sah, sich mäßigend in die Debatte einzuschalten. Friedrich August III. wies Intendant Seebach an, *„die Tätigkeiten des Dr. Wollf gewissenhaft zu kontrollieren"*.[341]

Dass der Einfluss Julius Ferdinand Wollfs dabei auch noch lange nach der Ära Seebach ungebrochen groß ist, macht im Übrigen ein Brief des *DNN*-Chefs an seinen Freund, den bekannten Theaterdichter Herbert Eulenberg, deutlich.[342] Nachdem im Juli 1931 ein von Eulenberg verfasstes Stück vom Regiekollegium des Staatsschauspiels zunächst nicht auf den Spielplan gesetzt worden war, schreibt Wollf kurz darauf an Eulenberg. Er habe zwar mit Dresdens Regieschwergewicht Georg Kiesau nicht mehr sprechen können, weil der wohl schon in die Theaterferien gereist war, Kiesau habe ihm allerdings sehr ausführlich geschrieben, so Wollf. *„Er geht immer noch mit dem Gedanken sehr stark um, ein anderes Stück von Dir herauszubringen, und wir werden im September, nachdem ich zwei Stücke noch einmal genau gelesen habe, uns wieder zusammensetzen"*, baut Wollf seinen Freund Eulenberg wieder auf. Der *DNN*-Chef redete also nach wie vor kräftig mit, wenn es um die Stückauswahl im Staatsschauspiel ging. Und er brauchte dafür offensichtlich auch nicht seinen Vetter Karl als Türöffner, Julius Ferdinand Wollf klinkte die Türen einfach selbst auf.

Auch Stücke des schon kurz im Zusammenhang mit einer Aufführung in der Litterarischen Gesellschaft Dresdens im Dezember 1905 erwähnten Theaterdichters

Wilhelm von Scholz hat Wollf dabei offenbar versucht, auf die Dresdner Schauspielhausbühne zu hieven. Das jedenfalls legt ein Briefwechsel aus der Mitte der 1920er Jahre nahe.[343] Am 4. Juni 1926 antwortet von Scholz an seinem Schreibtisch in Koblenz auf eine Anfrage Wollfs: Der *DNN*-Chef hatte wissen wollen, welche seiner Stücke von Scholz selbst für eine mögliche Uraufführung an der Elbe als geeignet sieht. Wobei sich der Autor daraufhin eher skeptisch zeigt, weil man ihn in Dresden kaum kenne, wie er Wollf antwortet. Zwar habe der Mitteldeutsche Rundfunk in Leipzig jüngst eine Lesung mit ihm gesendet, aber das Aber überwiegt in den handschriftlichen Zeilen aus Koblenz deutlich lesbar. Schließlich, so kritisiert von Scholz dann zumindest hauchzart, habe man in Dresden bisher noch nicht mal sein knapp zwei Jahre altes bisher bestes Bühnenwerk *Die gläserne Frau* aufgeführt.

Immerhin für die *DNN* springt durch Wollfs Bemühungen „etwas heraus". So kann das Blatt beispielsweise in der Osterbeilage 1928 von Scholz' Zeilen *Landschaften im Tagebuch* abdrucken.

Nach 1933 wird es Wilhelm von Scholz sicher „peinlich" gewesen sein, so vertraute Briefe an den „Juden" Wollf geschrieben zu haben. Der Dichter gehörte schon kurz nach dem Machtantritt der braunen Kulturzerstörer zu den 88 Schriftstellern, die in vorauseilender Anbiederei ihre Treue zu Hitler bekundet hatten. Später schreibt er auch noch ein viel gedrucktes Gedicht zum 50. Geburtstag des „Führers"; und distanziert sich von seinem Stück *Der Jude von Konstanz*. Das war im Dezember 1905 in Dresden, wie bereits beschrieben, in einer Urfassung aufgeführt worden – die eigentliche Premiere fand dann 1906 in Köln statt und wurde deutschlandweit in diesen Jahren von den Kritikern auf eine Stufe mit Lessings *Nathan* gestellt. Scholz entschuldigt sich in der Nazizeit mit seiner „*Jugend und geschichtlicher Unerfahrenheit*" für dieses Werk. Und obwohl er bis kurz vor Kriegsende üble Durchhaltegedichte und Nazitreue publiziert, wird er nach 1945 von den Behörden als „Mitläufer" eingestuft. 1943 hatte von Scholz in seinem Kriegsgedicht *Der harte Wille* unter anderem geschrieben: „*Gleichviel, welche Zukunft erst bringt den Sieg – Krieg ist unser Leben. Wir wollen Krieg!*"[344] Aus demselben Jahr stammt *Deutsche Wünsche*, ein Hohelied auf Hitler: „*(...) das Vertraun auf ihn, der Deutschland schützt, zu dem wir schaun, das Herz voll Liebe, Volk, Männer und Frauen: Das Heil! Gesundheit, Sieg und Segen für den Führer!*"[345]

Auch wenn er keine Bücher mehr veröffentlicht; einige seiner Stücke werden nach dem Ende des Zweiten Weltkriegs weiterhin gespielt – und von Scholz wird 1949 Präsident des Verbandes deutscher Bühnenschriftsteller; 1951 sogar dessen Ehrenpräsident.[346]

Die müde Kulturstadt Dresden wird nur langsam munter

Karl Wollff wird seinem Ruf als aufmüpfiger Theatermann und Literat auch in Dresden schnell gerecht. Und sorgt in seinen gut 17 Jahren an der Elbe für reichlich Wirbel. Wie mit dem schon angesprochenen Stück *Die Seeschlacht* von Reinhard Goering zum Beispiel. Die Aufführungsrechte daran liegen bei Verleger Samuel Fischer, den Karl Wollff – in diesem Fall gemeinsam mit der Litterarischen Gesellschaft[347] – erfolgreich „anbaggert"[348] und dabei sicher auf die Freundschaft zwischen Fischer und seinem Vetter Julius Ferdinand bauen kann. Wie Karl Wollff überhaupt regelmäßig an den Verbindungsfäden des Netzwerks von *DNN*-Chef Wollff in Richtung Fischer-Verlag zieht. So gesehen ist es nur wenig verwunderlich, dass es dem Dramaturgen Karl Wollff immer wieder gelingt, Stücke am Schauspielhaus in Dresden aufzuführen, die im Fischer-Verlag erschienen waren. Wobei das keine Einbahnstraße ist. Es kommt Fischer natürlich auch finanziell zugute, wenn bei ihm verlegte Stücke auf Bühnen zu erleben sind.

Die Seeschlacht verursachte nach ihrer Aufführung am 10. Februar 1918 jedenfalls nicht nur in der Dresdner Presse hohen Druckerschwärze-Wellengang. Wobei vor allem Friedrich Kummer in seinem Judenhass – diesmal auch ganz öffentlich – im *Dresdner Anzeiger* zu hetzerischer Höchstform aufläuft. Worte wie scharfblitzende Stahlklingen schleudert er in Richtung beider Wollffs und der Juden insgesamt. Und trägt auch gleich noch einen medienwirksamen Streit mit Schauspielintendant Seebach aus. Zuvor hatte Kummer am 1[illegible]. März 1918 einen Brief an die Generaldirektion des Hoftheaters geschrieben und *„die Fehler der Wollffschen Geschäftsführung"* dargelegt, wie er 30 Jahre später in seinen Erinnerungen *Dresden und seine Theaterwelt* schreiben wird. *„In den Personalakten von Karl Wollff hätte sich mein Schreiben nicht vorteilhaft ausgenommen; an wenig sichtbarer Stelle wurde es vergraben"*, klingt er dann fast selbstzufrieden. Das Antikriegsstück, das Goering aus seinen Erfahrungen als Militärarzt gerade bei einer Tuberkulosebehandlung in Davos geschrieben hatte, sollte in Dresden seine Uraufführung feiern. Aber gefeiert werden kann letztlich nicht. Stattdessen wird das Ganze ein handfester Theaterskandal. Seebach fordert Kummer nach dessen Anfeindungen zur Entschuldigung auf, schreibt eine Art „Gegendarstellung", die dann auch im *Anzeiger* abgedruckt wird. Und bei der Julius Ferdinand Wollff dem Intendanten quasi den Tintenfüller führte, ist Kummer jedenfalls überzeugt.[349] Worauf Kummer dann ebenfalls im *Anzeiger* zum Rundumschlag gegen Seebach und dessen „Verquickungen" mit den Wollffs ausholt. Julius Ferdinand Wollff hingegen verteidigt in den *DNN* seinen Vetter – was Kummer in seinen Erinnerungen 1938 noch immer lesbar aufregt: *„Was nun kam, war unendlich charakteristisch. Der Chefredakteur J. F. Wollff stimmte dem Dramaturgen Karl Wollff im Urteil über das Stück begeistert zu. (…) Bedingungslos hatte ich im* Anzeiger *Front gegen das Stück gemacht."* Und tatsächlich war Kummer zum in voller Lautstärke dröhnenden Sprachrohr der

Konservativen und Nationalisten geworden: „*Es gibt Zeiten, in denen nationale und sittliche Gesichtspunkte sich über die ästhetischen zu stellen haben. Es war für meine Empfindung ein Fehler allerschlimmster Art, in heutiger Zeit ein Stück wie dieses auf die Bühne des Königlichen Hoftheaters zu bringen.*" Julius Ferdinand Wollf hingegen hatte im Feuilleton seiner *Neuesten Nachrichten* gänzlich andere Töne angeschlagen. Und das wohl nicht allein aus verwandtschaftlicher Verbundenheit zu seinem Vetter Karl, sondern aus tiefster Überzeugung. Er schrieb: „*Das etwa zu erwartende Gezeter der teutschen Chauvinisten, Bierbankstrategen und unentwegten Bannerträger des Spießertums muß sie, die Künstler, kühl lassen, wer aus dem Königlichen Schauspielhaus wieder das Kleinbürger- und Komtessentheater machen will, was es vordem und mit Lieblingsgehätschel der allzeit Bereiten war, mag's verantworten.*"

Julius Ferdinand Wollf hat mit diesem durchaus intrigant inszenierten Schachzug, seinen Vetter Karl auf den Dramaturgenposten hieven zu helfen, Dresdens Theaterlandschaft und wohl auch der Stadt insgesamt einen dieser im Volksmund gern als „unschätzbar" eingestuften Dienste erwiesen. Er tat diesem selbstverliebt und letztlich sogar inzüchtig vor sich hin blühenden Langeweile-Biotop Dresden durchaus gut, dieser Karl Wollf. Und er muss ein sehr beeindruckender Mensch gewesen sein. Einer, der wie dieser sprichwörtliche Fels in der Brandung steht. Geifernd und schäumend brodelt die konservativ-nationale Kritikwoge um ihn herum. Aber er setzt mit kühler Unaufgeregtheit so manches Theaterstück auf diese schwere See, was den am liebsten nur im eigenen Hafen hin und her paddelnden Dresdner Geistesfischern nicht in die Fahrtrichtung passt. Doch Karl Wollf manövriert es mutig um die gefährlichen Klippen der Residenzstadt. Elisabeth Verden, bekannte Kunst- und vor allem Literaturkritikerin, ist diesem ungewöhnlichen Menschen Karl Wollf in der Elbestadt offenbar regelmäßig begegnet. 1952 beschreibt sie ihn in der seit 1946 in Hamburg erscheinenden Wochenzeitung *Die Zeit* eindrucksvoll bildhaft: „*Er gehörte zu der Generation, die schon vor dem ersten Weltkrieg auf der Höhe des Lebens stand (er war ein Jahr jünger als Thomas Mann und ein Jahr älter als Hermann Hesse) und den Wandel der Zeiten bewußt und mit feinen Nerven wahrnahm. Im Dresden der zwanziger Jahre war er der Grandseigneur des geistigen Lebens. Seine hohe, noble Erscheinung, sein klarer, durchdringender Blick, seine sparsamen, großzügigen Gebärden hoben ihn, den künstlerischen Leiter des Staatlichen Schauspielhauses, aus jedem Kreis hervor, noch ehe er, kühl und fast unbeteiligt, zu sprechen begann. Erst langsam glühte das Feuer auf, das immer in ihm brannte, die Leidenschaft für die Großen der Dichtung, der Philosophie, der Religion.*"[350] Und dann fügt sie eine Beobachtung an, die für diesen Mann doch überraschend klingt: „*Er rechnete sich nicht zu den Modernen*", schreibt Elisabeth Verden. Nicht zu den Modernen? Ausgerechnet Karl Wollf, der so viel Modernität ins Dresdner Geistesleben brachte? Aber sie klärt schnell auf, was sie meint: „*Ihm kam es darauf an, den Sinn für das Echte zu bewähren. Daher seine Skepsis gegenüber den technischen Fortschritten und seine Besorgnis, daß sie das persönliche Leben verflachen würden. Er benutzte das Telefon und die Schreibmaschine, selbstverständlich. Aber er ließ sich von ihnen nicht den Rhythmus seines inneren Lebens diktieren. Einen privaten Brief mit der Maschine zu schreiben, widerstand ihm.*" Und sie fügt ein fast schon philosophisches Zitat Karl Wollfs ein: *„Wer seinen Liebesbrief auf der Maschine schreibt, ist wie der Träger einer Halbmaske: einiges zeigt er, anderes aber, und sicher nicht Unwichtiges, verbirgt er.*" Und wieder zeigt sich Elisabeth Verden durchaus als Karl-Wollff-Vertraute, wenn sie schreibt: *„Das ist charakteristisch für Wollf und verdient heute besonders beachtet zu werden, (...) denn welche Sorge wäre dringlicher als die, daß der innere Reichtum des Menschen nicht verkümmert?*" Was hätten Karl Wollff und Elisabeth Verden wohl zu Erfindungen wie den sogenannten sozialen Netzwerken gesagt?

Karl Wollff setzte Dresden unter Strom. Gab – nicht nur um im Sprachbild zu bleiben – Impulse. Impulse, wie auch sein Vetter Julius Ferdinand mit seinen *Dresdner Neuesten Nachrichten*. Mit den klugen Literaten, deren Texte er in die Wohnzimmer der *DNN*-Leser legte. Und auch gerade auf dem Gebiet des Theaters ist Wollfs wortgewandte Unterstützung für gesellschaftskritische Stücke und auch Werke junger Autoren wohl nicht zu unterschätzen. Was nicht nur in Dresdens konservativer Theaterkritikerrunde – vor allem bei Friedrich Kummer vom *Dresdner Anzeiger* – für nervöse Zuckungen sorgt. Wollff stellt sich damit natürlich auch vor seinen Freund Seebach, der als Intendant, später auch gemeinsam mit dem Dramaturgen Zeiß, schon eine Menge Steine aus einem noch immer steinigen Weg zu modernem Theater für Dresden geräumt hatte, als der neue *DNN*-Chef Wollf nach Dresden gekommen war. Denn wie war sie, diese Kunst- und Kulturstadt, in die Julius Ferdinand Wollff 1903 von München aus eintaucht? Eine Stadt, die das Wort „modern" stets mit einem ABER in Großbuchstaben verbindet? Eine Stadt, die davon überzeugt war: Wer eine solch stolze Vergangenheit beim Thema „Kunst und Kultur" hat, muss nicht ständig nach Neuem lechzen? Oder wie es Kummer in seinen Erinnerungen mit Blick auf den – auf seinen – Kampf gegen allzu aufmüpfige und aus seiner Sicht auch antideutsche Stücke schreibt: *„Die alte Kunststadt Dresden ließ sich so leicht nicht zu Grunde richten.*"

Wie war sie also, diese Kulturstadt Dresden 1903? Eine Stadt jedenfalls, deren Kulturköpfe eher der Meinung waren, dass Veränderungen Unsicherheit bringen. Und so hält man in Dresden selbst nach politischen Revolutionen gern an den „alten Köpfen" fest. Motto: da weiß man zumindest, was man hat. *„Es war wohl einzigartig in der Geschichte der deutschen Hoftheater und für das konservative Dresden charakteristisch, dass der königliche Generaldirektor Graf Seebach unbeschadet von den revolutionären Ereignissen auf seinem Stuhl blieb.*"[351] So jedenfalls beschreibt der Dresdner Theaterexperte Emil Ulischberger 1989 die Veränderungen – oder besser Nichtveränderungen – in Dresdens Schauspielhaus nach dem Sturz des Königs 1918. Denn Nikolaus Graf von Seebach blieb unangetastet im Amt und schied erst 1919 nach seinem 25-jährigen Dienstjubiläum aus. Ulischberger sieht darin jedenfalls den Beweis, dass keine tiefgreifenden Reformen am Dresdner Schauspiel zu erwarten waren, wie er schreibt. Auch weil weitere Köpfe am Theater sprichwörtlich ungeschoren geblieben waren – Karl Wollfs Kopf eingeschlossen. Aber gerade Seebach und Wolff sind ja nun Beispiele, dass diese Sicht Ulischbergers ungerecht ist. Auch wenn Seebach so nah am Königshof mitunter sozusagen mit sanften Katzenpfoten über die heißen Herdplatten der Residenzstadt hatte balancieren müssen, wenn er sich nicht ständig verbrennen wollte. Dass er ein erfolgreicher Taktiker war, zeigt sich ja nicht zuletzt an der mehrfach zitierten Nörgelei des national-konservativen Kritikers Kummer vom *Dresdner Anzeiger*.

Dennoch: Dresden war bis 1918 die Stadt des höfischen Adels und des königlichen Beamtentums. Das prägte Dresdens geistiges Klima. Und damit auch die Kultur. Aber zweifellos wurde mit der zunehmenden Industrialisierung auch in Dresden das Bürgertum immer aufmüpfiger – wenn auch in dieser barocken Fassung viel gemäßigter als beispielsweise in der quirligen Messestadt Leipzig. Und so entwickelten sich vereinzelte bürgerliche Kontrastpunkte zur bisher so beschaulichen Dresdner Kunstszene. Sogar avantgardistische Ideen lugten ins Elbtal hinunter. Die schon erwähnte Künstlerkolonie in Hellerau zum Beispiel. Theatermacher Jaques-Dalcroze und Theatertheoretiker Adolphe Appia waren von Wolf Dohrn aus der Schweiz nach Dresden geholt worden. Dohrn war der Mitinitiator der Gartenstadt Hellerau – und hier sollten sie nun die Möglichkeit bekommen, ihre Reformansätze auf dem Gebiet des Theaters und der Kunstpädagogik in der Praxis umzusetzen. Noch gut hundert Jahre später schwärmen Kunstexperten rückblickend: *„Dalcroze und Appia versuchten, ein anderes Selbstverständnis des Theaters zu verwirklichen. Eines, das nicht auf die Präsentation fertiger Kunstprodukte und deren einfacher Konsumierung durch den Zuschauer aus war. Vielmehr sollte Theater ein lebendiges kollektives Fest sein.“*[352] Es sollte keine räumliche Trennung von Zuschauer und Schauspieler mehr geben, die Bühne konnte durch Podeste variabel im Zuschauerraum verteilt werden. Diese neue Art Theater weckte international reges Interesse. Zahlreich zog es nun Künstler auf die Hellerberge. Die Kolonie entwickelte sich zum Treffpunkt der intellektuellen Avantgarde. Namen wie Stefan Zweig, Franz Werfel, Max Reinhardt, Gerhart Hauptmann, Kokoschka, Rilke und Kafka, Nolde und Shaw zeigen die schon mehrfach angesprochene Anziehungskraft Helleraus. Und auch Julius Ferdinand Wollf saß regelmäßig mit einigen dieser großen Namen zusammen, hier oben am Dresdner Stadtrand. Die im 1911 eröffneten Festspielhaus veranstalteten *Hellerauer Festspiele* setzten internationale Maßstäbe. Der Redakteur der *Dresdner Hefte*, Hans-Peter Lühr, spricht in einem Aufsatz[353] 1993 gar von einem *„Deutschen Olympia“*, das die Initiatoren der Gartenstadt Hellerau vor den Toren der Elbestadt entwickeln wollten und *„das die Bewohner der*

Gartenstadt in Zukunftsmenschen verwandle. (...) Hellerau als Ort radikaler Umformung des Theaters, Hellerau schließlich als Ausgangspunkt einer generellen Lebensform." Doch die Zukunft endete schnell in der Gegenwart des Krieges. Denn der Ausbruch des Ersten Weltkriegs 1914 brachte das Aus für das Reformprojekt. Lühr greift dann noch einmal in die funkelnde Wortschatulle: *„Hellerau (...) blieb als unverlierbares Europa in Erinnerung.*" Vielleicht machte aber dieser Versuch vor den Toren der Stadt letztlich doch auch unterhalb der Hellerberge so manches möglich? Bereitete er den Weg für eine größere Offenheit des Publikums auch gegenüber mutigen Theaterstücken, vielleicht auch für Projekte wie dem Hygiene-Museum? Julius Ferdinand Wollf jedenfalls hatte auch nach Hellerau sein Netz(-werk) ausgeworfen. Zum dort ansässigen Verleger Jakob Hegner zum Beispiel, in dessen Verlag er 1930 dann auch sein Lingner-Buch herausbringen wird. Auch den in Hellerau lebenden Dichter Franz Werfel kennt Wollf wie beschrieben bestens privat – und schließlich zog auch sein Feuilletonchef Camill Hoffmann 1914 hinauf an die Hellerberge.

Ein weiterer Zirkel des künstlerischen Aufbruchs in Dresden ist natürlich die am 7. Juni 1905 gegründete „Künstlergemeinschaft Brücke". Vier Architekturstudenten der Dresdner Technischen Hochschule – Ernst Ludwig Kirchner, Fritz Bleyl, Erich Heckel und Karl Schmidt-Rottluff – hatten sich zusammengeschlossen, um nach neuen künstlerischen Wegen zu suchen. Sie wollten bewusst Distanz zur Tradition und fanden zum Expressionismus. Nach und nach stießen weitere Künstler zum Kreis: Max Pechstein (1906), Emil Nolde und Otto Mueller (1910). Allerdings hielten es die Mitglieder der Künstlergemeinschaft nicht lange in Dresden aus. Ihr Schritt, nach Berlin zu gehen, zeigt deutlich, dass an der Elbe ein schwieriges Klima für neue Kunst herrscht. Deutschlandweit hingegen gingen starke Impulse für die Aquarellmalerei von den „Brücke"-Künstlern aus.[354] Und auch in Dresden zeigt diese Rebellion Wirkung. Allerdings ging man in der sächsischen Hauptstadt auf damals typische „Dresdner Art" mit den Impulsen um, wie der Dresdner Kunsthistoriker Joachim Menzhausen meint: *„Ihre Umwertung aller Werte zeitigte aber sofortige Wirkung sogar bei den etablierten Akademieprofessoren der älteren Generation. Die Werke Sterls und Gußmanns reflektieren diesen Befreiungsschlag. Freilich federn sie ihn auch ab im Bestreben, das neue emotionale Pathos mit der Tradition zu versöhnen. Dies erweist sich als spezifisch Dresdnerische Lösung, liberal, bürgerlich, weltoffen.*"[355] Es hat also in Dresden durchaus immer wieder progressive Nadelstiche gegeben – hier passen unbedingt auch die Ausdruckstänzerinnen Mary Wigman und Gret Palucca dazu. Nadelstiche, die Druckpunkte für die deutsche oder sogar europäische Kunstszene setzten. Dresdens eher konservative Kultur zeigte sich hingegen im Großen und Ganzen einigermaßen unempfindlich gegen diese „Schmerzen".

Dada nervt Wollf

Aber auch von außen klettert so manche muntere neue Kunst über die Dornröschenhecke ins verschlafene Kultur-Dresden. Der Dadaismus zum Beispiel. Eine durchaus provozierende Kunstform, die durch sinnlos wirkende und oft unverständliche Worthülsen-Additionen um Aufmerksamkeit buhlt. Und sie auch bekommt. Eine Kunstform, die aber letztlich gar nicht so unpolitisch war, wie sie daherkam. Denn die Dadaisten prangerten aus den Erfahrungen des 1918 zu Ende gegangenen Weltkriegs mit ihren irrsinnig erscheinenden Auftritten vor allem eines an: eben genau diesen weitverbreiteten Irrsinn in der Gesellschaft. Und gemeint war natürlich keine medizinische Diagnose, sondern der Wahn, mit kriegerischer Gewalt wirtschaftliche und politische Erfolge feiern zu wollen.

Am 19. Januar 1920 jedenfalls startet eine Dada-Tournee der damals sehr bekannten Berliner Dada-Künstler Johannes Baader, Raoul Hausmann und Richard Huelsenbeck ausgerechnet in Dresden. Im Haus der Kaufmannschaft an der Ostra-Allee. Der Maler George Grosz hatte in der Elbestadt studiert, war nun in der Berliner Dada-Szene aktiv und organisierte jetzt diesen Auftritt in Dresden. Eine Tournee abseits der aufsässigen Kulturmetropolen sollte es werden – da passte Dresden also irgendwie bestens in den Tourneeplan. Aber er muss ein ziemlich wüstes Ende genommen haben, dieser Dada-Abend an der Ostra-Allee. Das Publikum soll über den Auftritt so aufgebracht gewesen sein, heißt es anschließend, dass die Künstler aus dem Hinterausgang fliehen mussten.[356] In jedem Fall war es ein Auftritt, der selbst einem offenen Geist wie Julius Ferdinand Wollf gehörig gegen den Kulturstrich ging. *„Man hätte die Künstler lieber auslachen oder einfach nicht beachten sollen, anstatt sie durch Prügel fast zu Märtyrern zu machen“*, schreibt er anschließend in seinen *Neuesten Nachrichten*. Dada war dann also für die eigenwillige Kulturstadt Dresden wohl doch ein Stück zu eigenwillig.

Noch ein Wollf auf Dresdens Zeitungsbühne

Bis 1993 hielten sie durch. Diese wöchentlich von Berlin aus im gesamten deutschsprachigen Raum erscheinenden kleinen roten Hefte mit dem schwarzen Aufdruck *Die Weltbühne*. Seit 1905 war die Wochenzeitschrift zunächst unter dem Titel *Die Schaubühne* erschienen, seit 1918 dann als *Die Weltbühne*. Und sie hatte schnell deutschlandweit und darüber hinaus einen hungrigen Leserkreis gefunden. Ein Heft voller kluger Aufsätze kluger Geister für kluge Köpfe. Ein Heft, das politischen Zündstoff bot und weit blickte. Bis heute bekannte und auch manche heute zu Unrecht vergessene Literaten, Denker und Publizisten gehörten zu den Autoren. *Die Weltbühne* ist dabei tatsächlich einer der wenigen deutschsprachigen Titel, der sich mit tiefen Spuren ins kulturelle und auch ins gesellschaftspolitische Gedächtnis eingemeißelt hat. Auch Dresden hatte eine solche Zeitschrift hervorgebracht. Deren

Spuren sind allerdings leider von der Zeit geglättet worden: *Der Zwinger*, heute weitgehend vergessen.

Am 1. Januar 1917 erschien die erste Ausgabe. Und zunächst war *Der Zwinger* ein Blatt des Dresdner Hoftheaters gewesen. Und ihr Herausgeber erläutert unter der Überschrift *Was wir wollen* in der ersten Nummer dann als Ziel dieses neuen Blattes: *„Doch es gibt die Zeit vor und nach dem Genießen, ehe das Spiel beginnt, und wenn es eben verrauscht ist, – in diesen Stunden der Vorbereitung und des frischen Erinnerns mag der Empfängliche sich das Kunstwerk in jenem anderen Sinne beschauen. Dann ist es verlockend, den Fäden nachzuspüren, durch welche dies eine Drama mit der Erscheinungen Fülle verknüpft wird. Der Wunsch erwacht, von der Person des Dichters, von seiner Herkunft und Entwicklung, mehr zu wissen."*[357] Es geht also ums Erklären, vielleicht auch ums Diskutieren. Darüber, was da passiert auf der Bühne des Theaters in Dresden. Spannend an diesem Blatt ist dabei der Fakt, dass der erwähnte Herausgeber eben genau der frisch ins Amt gekommene Erste Dramaturg des Hoftheaters ist: *Dr. Karl Wolff.* Der Vetter also von *DNN*-Chef Julius Ferdinand Wolff. Und war er es vielleicht auch, der die Idee zu diesem neuen Blatt hatte? Immerhin setzt Julius Ferdinand Wolff auch in seinen *Neuesten Nachrichten* auf gehaltvolle Erläuterungen zu Theaterfragen, auf die Mitarbeit von Theaterfachleuten. Die einführenden Sätze Karl Wollfs in der ersten *Zwinger*-Nummer jedenfalls hätten gut und gerne auch von seinem Vetter stammen können. In den Ausgaben der neuen Zeitschrift wird der *DNN*-Chef allerdings nicht auftauchen. In keiner der Ausgaben, die in den knapp fünf Jahren des Blattes erscheinen werden. Es bleibt damit unklar, welche Rolle – und ob überhaupt – er bei der Gründung des *Zwingers* spielte. Lediglich im ersten Heft des Jahres 1918 ist zumindest eine Werbeanzeige für Julius Ferdinand Wolffs Buch *Theater – aus zehn Dresdner Schauspieljahren* zu finden. Regelmäßig geschrieben hat im *Zwinger* allerdings *DNN*-Feuilletonchef Camill Hoffmann. Zupft Karl Wolff also auch hier schon wieder am Netzwerk seines Vetters?

Interessant ist übrigens, dass schon im Dezember 1917 jeder Hinweis auf eine Nähe des Blattes zum Hoftheater verschwunden ist. Kein Verweis mehr, dass das Blatt vom Theater herausgegeben wird. War die Zeitschrift zu kritisch geworden? Hatten die zahlreichen Gegner des Dramaturgen Karl Wolff im Landtag und im Umfeld des Königshauses dafür gesorgt, dass dem Blatt der staatliche Geldhahn abgedreht werden musste? Der Untertitel des *Zwingers* lautet jetzt jedenfalls: *Zeitung für Weltanschauung und Theater.* Und sie wird diesem Anspruch absolut gerecht. Viel wird über Philosophie diskutiert auf den Seiten. Das monatlich erscheinende Blatt vollzieht mit den Jahren allerdings einen kräftigen Wandel: Anfangs eine Zeitschrift fürs Hoftheater, mit Rezensionen und sehr viel Hintergründigem –nach und nach dann aber tatsächlich ein Blatt für Weltanschauung, Theater und Kunst. Ein Blatt, das auch weit über Dresden hinausblickt. Doch am 1. Dezember 1921 endet mit Heft 12 des Jahrgangs das – leider viel zu kurze – Leben dieser klugen Zeitschrift.

„Man sieht dem letzten Heft einer Zeitschrift nach, wie einem Sarg, in dem ein guter Freund eingehüllt liegt (...) (aber) Es gibt keinen Tod; es gibt nur Verwandlung. Es gibt keinen Untergang, sondern nur Uebergang“,[358] schreibt Karl Wollf in dieser letzten Nummer. Das Warum lässt er leider offen. Bei etwas längerem Atem hätte dieses Blatt dabei mit Sicherheit das Zeug zu einer deutschlandweit renommierten Zeitschrift gehabt – vielleicht sogar ähnlich der legendären *Weltbühne*? Schade.

Wollfs Kampf um ein freies Theater

Nein, Julius Ferdinand Wollf belässt es nicht dabei, auf den Seiten seiner *Neuesten Nachrichten* Frischluftsätze in den konservativen Dresdner Theaterdunst zu atmen. Auch wenn die politischen Zensoren mal wieder deutschlandweit ihre Scheren auspacken, um die Gedankenfreiheit auf den Bühnen zu beschneiden, ist der *DNN*-Chef stets einer, der mit Herzblut die Axt gegen Bretter auspackt, die die geistige Freiheit vernageln wollen. Und sein Wort als Rezensent der größten Zeitung nicht nur Dresdens, sondern Sachsens hat offensichtlich deutschlandweit Gewicht: Als 1917 der Schutzverband deutscher Schriftsteller zum Kampf gegen – gerade ab Mitte des Ersten Weltkriegs – zunehmend drohende Zensur bläst, wird auch Wollf um Unterstützung gebeten. Die Reichsregierung plant ein neues Theatergesetz. Und in dem soll sich die Zensur kräftig breitmachen dürfen. Gemeinsam mit so renommierten Verbänden wie dem Goethebund, der Vereinigung künstlerischer Bühnenvorstände, der Gesellschaft für Theatergeschichte und dem Verband deutscher Bühnenschriftsteller wird nun vom Schutzverband deutscher Schriftsteller ein Heft unter dem Titel *Die Zukunft der deutschen Bühne* herausgegeben: seitenweise Widerstand gegen den Gesetzesentwurf und überhaupt die zunehmende Zensur an den Theatern. Es kommen wichtige deutsche Theaterexperten, Theaterkritiker wie auch Theaterleiter und Dramaturgen zu Wort. Auch Theaterautoren wie Stefan Zweig oder Gerhart Hauptmann senden ihre kritischen Gedanken ein. *DNN*-Chef Wollf[359] lässt dabei diesmal das Sprachflorett stecken und packt stattdessen den sprachlichen Säbel aus: *„Der Unverstand der Zensur hat, seitdem es eine deutsche dramatische Kunst und eine deutsche Bühne gibt, unzählige ungesühnte Vergehen gegen das keimende Leben begangen“*, rechnet er mit den Zensoren ab. Und Wollf macht auch hier kein Hehl aus seiner Sicht, dass es eben nur ins zerstörerische Schwarz-Weiß führen kann, wenn der sprichwörtliche Blinde von der Farbe spricht, wenn also Verantwortliche ohne Verantwortung und vor allem ohne Wissen agieren. Julius Ferdinand Wollf langt kräftig in Richtung der Politik hin, zitiert als Beispiel eine Verhandlung vorm Reichsgericht Leipzig: *„Als vor Jahren einer unserer bedeutendsten Dramatiker sich vor dem höchsten deutschen Gerichtshof in Leipzig durch wirkliche Sachverständige gegen den lächerlichen Verdacht der Unsittlichkeit schützen musste und ein Bürge – ich glaube es war Michael Georg Conrad – darauf hinwies, es gehe dem Dichter um ein Problem,* *das keinem Geringeren als Hebbel zu einer seiner bedeutendsten Dichtungen den Reiz und die Schaffensglut gegeben habe, rief der Vertreter der Anklage in seiner Replik pathetisch aus: ‚Wer ist dieser Hebbel, wir kennen ihn nicht!' Wenn das bei einem Reichsanwalt möglich ist, wie soll ein Zufallsassessor über ein Kunstwerk entscheiden?"*

Wolff ist also durchaus ein Theaterkritiker mit kritischer Sicht auf die Zensur. *„Jeder, der die wahre und unvertilgbare Leidenschaft für die Bühnenkunst in sich trägt, ist verpflichtet, der Mobilmachung Folge zu leisten"*, ruft Wolff zur Unterstützung für den Vorstoß des Schriftstellerverbandes auf. Wobei auch hier für ihn gilt: So einfach macht es Wolff klar strukturierten Einordnern nicht. Denn so eindeutig ist Wolffs Sicht aufs Thema „Zensur" letztlich doch nicht. Denn auch Wolff ist nicht der Meinung, dass alles, was zwischen zwei Buchdeckel gedruckt wurde, am Ende unbedingt auch auf eine Theaterbühne gehört. Politisch wird er an dieser Stelle zwar nicht, blickt aber zumindest aufs Thema „Qualität". Gerade was die „leichte Muse" betrifft – die Schenkelklopferei, wie es Wolff gern süffisant nennt. Hier würde er wohl sehr gern selbst zum Zensor, der den Daumen senkt: *‚In der Kunst gibt es nur eine Unsittlichkeit: den Kitsch!"* Wolffs kritischer Blick auf die Zensur ist wohl letztlich vor allem zunächst mal ein kritischer Blick auf die Zensoren selbst. Denen traut er nämlich kein ernst zu nehmendes Urteil über die Kunst zu. Und so fügt er an seinem Antizensuraufruf noch folgende – letztlich relativierende – Sätze an: *„Einen praktischen Rat noch: es muss mindestens durchgesetzt werden, dass bei jeder Zensurstelle zuverlässige Kenner des Theaters, Kritiker und Schriftsteller, als massgebende Beiräte gehört werden müssen, dass ihre Gründe und Meinungen vollgewichtig in die Waagschale fallen. In dem kommenden Theatergesetz müssen Volksvertretung und Regierung für die Sicherheit und Freiheit der dramatischen Kunst und der Schaubühne in diesem Punkt sorgen. Aber gegen die Bevormundung von Gruppen oder falsch geleiteten Massen gibt es nur eine wirksame Gegenwehr: die Rede und die Schreibe des Berufenen."* Eine Sicht, die Vetter Karl Wolff nicht teilt, der natürlich gerade als Dramaturg mit aufmüpfigem Ruf ebenfalls um eine Stellungnahme gebeten wurde. Er sieht das Thema eineindeutig: *„Zensur ist Einschränkung, grundsätzliche Bestreitung des allgemeinen und gleichen Wahlrechts in Sachen der Kunst."*[360]

Es zeigt sich, dass die beiden Wollfs nicht immer einer Meinung gewesen sind.

Der *Hinkemann*-Skandal

Die Zensur wird letztlich nach dem Ende des Ersten Weltkriegs ein Krake, der gut im Futter steht. Und dem auch immer wieder neue, zusätzliche Arme wachsen. Ein sehr anschauliches Beispiel für dabei nicht allein von „oben" vorgegebene, sondern im zunehmender national-konservativen Dresden durchaus auch in der Stadt

„gelebte" geistige Zensur, dürfte dabei wohl der sogenannte *Hinkemann*-Skandal sein. Um das Theaterstück *Der deutsche Hinkemann* von Ernst Toller wurde im Januar 1924 in Dresden jedenfalls sehr heftig, fast schon brutal, und vor allem sehr öffentlich gestritten. Toller schildert in seiner Tragödie auf unglaublich nahegehende Weise die Zerstörungen des Krieges. Nicht die auf den Schlachtfeldern, nicht die während des Krieges. Sondern die Zerstörungen im vermeintlichen Frieden hinterher, zu Hause, in den Familien. Hinkemann kommt schwer verletzt aus dem Krieg zurück, eine Granate hat ihn entmannt. Nicht in der Lage, mit der daraus resultierenden dramatischen Unfähigkeit in einer soldatisch-männlich geprägten Gesellschaft umzugehen, und auch unfähig, sich überhaupt wieder als vollwertiger Mensch zu fühlen, reißt er seine Familie mit in seinen grüblerischen, selbstzerstörerischen Abgrund. Am Ende nimmt sich seine Frau das Leben.[361] Wer ist schuld? Hinkemann? Es ist ein drastischer Aufschrei des Pazifisten Toller. Ein mutiges Stück, das am Ende diese mutige Frage nach der wahren Schuld stellt, nach den Verantwortlichen im Hintergrund. Ein Stück, das in diesen Jahren, der sich schon wieder warmlaufenden deutschen Militärmaschinerie auch mutige Theatermacher braucht, die es gegen Widerstände auf die Bühnen bringen. Die finden sich. Mit dem Dramaturgen Karl Wollf zum Beispiel auch in Dresden. Doch das Stück löst hier kurz darauf den angedeuteten Theaterkrach aus. Am 17. Januar 1924 hatte Ernst Tollers Drama in einer Inszenierung von Paul Wiecke am Dresdner Schauspielhaus Premiere. Es wird dabei nur ein einziges Mal aufgeführt werden können – denn die Debatte wechselte sozusagen von der Theater- umgehend auf die politische Bühne: Im Stadtrat und sogar im Landtag wurde über die Aufführung aufgeregt debattiert. Auf Anweisung des sächsischen Kultusministeriums wird das Stück dann kurzerhand abgesetzt, was eben auch eines dieser Probleme der Kulturstadt Dresden zeigt: die räumliche Nähe zur Macht. Wobei dieser Skandal *„eine bestellte Sache war"*,[362] wie der Schauspieler Martin Hellberg im Anschluss an die Vorstellung erklärt. Und auch Toller wird in seinen Lebenserinnerungen davon schreiben, dass der spätere sächsische Nazigauleiter Martin Mutschmann für diese Dresdner Premiere immerhin 800 Karten ganz gezielt aufgekauft und an rechtsgerichtete Studenten verteilt hatte. Jedem dieser Störer war zuvor auch noch ein Zettel in die Hand gedrückt worden, auf dem die kriegsfeindlichen Textstellen des Stücks markiert waren, nach denen lauthals protestiert und randaliert werden sollte.[363] Theater im Theater sozusagen – und Mutschmann als politischer Regisseur … Durch diese Tumulte sei das Theater *„durch eine Minderheit stundenlang zu einem Tummelplatz unwürdiger und wüster Radauszenen"* gemacht worden, schimpfte im Anschluss die Fraktion der Deutschen Demokratischen Partei im Landtag und forderte von der Regierung, derartige Auswüchse künftig zu unterbinden. Die *Neuesten Nachrichten* drucken diese Reaktion umgehend ab. Und sogar einen Todesfall hatte es im Theater gegeben, wie Wollfs Blatt berichtet: *„Der aus Berlin mit seiner Gattin herübergekommene 53 Jahre alte Bankier Moskiewiz hatte sich so aufgeregt, daß er einen Herzschlag bekam, an dessen Folgen er noch im Theater verschied."* Die *DNN* versuchen im Nachgang deutlich klarzustellen, dass es sich hier um einen gezielten Anschlag auf die Aufführung gehandelt hatte. Dass die vermeintliche Volksseele nicht wirklich freiwillig kochte, sondern fleißig Feuerholz nachgelegt worden war. Doch die Taktik der Rechten funktioniert. Und sie findet in Friedrich Kummer vom *Dresdner Anzeiger* einen wohlwollenden Abnehmer. Er schreibt, die provozierten Ausschreitungen geflissentlich verschweigend: „*Ausgerechnet am Tag der Reichsgründung wurde das Stück gegeben. Ein Zufall, sagen die einen; eine Herausforderung, die anderen. Gegen die Verhöhnung des Deutschtums – wem fallen die gleißenden Werke der entarteten bildenden Kunst nicht ein! – erhob sich in Dresden aus nationalem Empfinden ein Sturm der Entrüstung. (...) Nur einmal erschien das Stück, nicht wieder; so fest stand die demokratische Regierung denn doch nicht, um gegen den Willen der nationalen Kreise das Stück wiederholen zu lassen.*" Nach dem Skandal wurde öffentlich die Absetzung des Regisseurs und Schauspieldirektors, Paul Wiecke, und auch des Ersten Dramaturgen, Karl Wollf, gefordert. Der damals recht prominente deutschnationale Landtagsabgeordnete Otto Ziller beispielsweise formulierte in einem Aufruf, Wiecke habe sich als ungeeignet erwiesen, „*diesem Staatsinstitut weiter vorzustehen*".[364] Das Theater als Staatsinstitut also. Diese Sicht leuchtet offensichtlich tief hinein in die politischen Köpfe in Dresden. Wo Staat draufsteht, müsse auch Staat drin sein – und man dürfe dann eben auch bestimmen, was herauskommt ... *DNN*-Chef Julius Ferdinand Wollf tut dennoch alles, um den *Hinkemann* – und damit kritische Stücke überhaupt – zu verteidigen; und natürlich auch die beiden Hauptverantwortlichen: seinen Freund Paul Wiecke und seinen Vetter Karl Wollf. Wobei Karl Wollf in Dresden als Dramaturg nicht zum ersten Mal im verbalen Mündungsfeuer der Konservativen und Nationalen steht. Die hatten wie ja schon beschrieben nach der Aufführung von Goerings *Seeschlacht* 1918 spitzzüngige Giftpfeile geschossen.

Karl Wollf stößt sich seinen progressiven Kopf nun jedenfalls immer öfter an den harten Dresdner Wänden. Zwischenzeitlich hatte er in der Elbestadt gar eine eigene Experimentierbühne außerhalb des Staatsschauspiels gegründet; die „Aktuelle Bühne". Doch schon nach nur einer Spielzeit – 1927/28 – musste das Theater wieder aufgeben. Das Konzept, vorrangig Werke junger Autoren zu spielen, war in Dresden nicht aufgegangen. Es war eine linke Bühne; fast eine Art Arbeitertheater. Eine Idee wiederum, die dabei auch seinem Vetter Julius Ferdinand Wollf zuwider war. Eine regelrechte Abscheu hatte der *DNN*-Chef gegen solche Art Theater entwickelt. Gegen Bühnen, auf denen es ausschließlich noch um Politik geht, zudem aus sozialistischer Sicht. Neben Moderne, neben dem viel beschworenen frischen Wind sind für Julius Ferdinand Wollf auch die Klassiker wichtig. Die gehören für ihn zur kulturellen Bildung, wenn auch aus der staubigen Vergangenheit frisch geputzt ins Heute geholt. Wobei er das sogenannte Arbeitertheater nicht nur wegen der ideologischen Mauern ablehnt, die es aus seiner Sicht baut. Der *DNN*-Chef ist vor allem ein Verfechter des Professionalismus – Bühnen wie die seines Vetters sind für ihn unbeholfenes Laientheater. Ein Fakt, der beim *DNN*-Chef intellektuellen Brechreiz erzeugt. So, wie an Wollfs *Neuesten Nachrichten* nur ausgebildete Fachleute die Feder zur Hand nehmen dürfen, will er auch das Theater nicht den Laien überlassen. Bildung müsse von Gebildeten kommen.

Doch Karl Wollfs linkes Bühnenexperiment scheiterte wohl nicht nur am unbeweglichen Dresdner Theaterpublikum. Der politische Druck wuchs immer mehr. Auch aufs Schauspielhaus. Die politische Rechte gewann zunehmend an Einfluss. 1929 beantragten die nunmehr im Sächsischen Landtag sitzenden Abgeordneten von Adolf Hitlers NSDAP, den Posten des Dramaturgen einzusparen. Sie nannten die Sache dabei klar beim Namen: *„(...) den Posten des Dramaturgen Wollf einzusparen".*[365] Und sie wetterten, der Spielplan der Dresdner Bühnen werde nicht durch den Dramaturgen, sondern von den *Dresdner Neuesten Nachrichten* gesteuert. Damit war nun also auch Julius Ferdinand Wolff ganz offiziell ins Fadenkreuz der Nazis gerückt. Praktisch nur Stunden nach ihrem Sieg bei der Reichstagswahl wird die NSDAP dann Ernst machen: Schon am 7. März 1933 bekommt Karl Wollf gemeinsam mit dem Schauspieler Fritz Busch die Kündigung, die ab Juni 1933 gilt. Karl Wollf verlässt die Stadt, geht zunächst auf Vortragsreisen, bevor er dann rechtzeitig vor dem Zugriff der Nazis im Frühjahr 1939 nach Frankreich emigrieren kann. Über die portugiesische Hauptstadt Lissabon wird er 1942 dann nach London fliehen – wo er am 13. Juni 1952 stirbt.[366] Nach Dresden kehrt er nie wieder zurück.

Als neuer Oberspielleiter wird nach Karl Wollfs Rauswurf der Regisseur Georg Kiesau platziert – der rudert auf dem nun zum braunen Tümpel gewordenen Dresdner Theatersee kräftig zurück und setzt vor allem auf Klassiker.[367] Oder wie es der schon erwähnte Theaterexperte Emil Ulischberger beschreibt: *„Als Schauspieldirektor war Georg Kiesau darauf bedacht, die Tagespolitik vom Theater fernzuhalten, und er fand dafür bei der Mehrzahl der Schauspieler Verständnis und Unterstützung."* Denn so umging das Theater die gefährlichen politischen Minen, die nur allzu schnell explodieren konnten.

Dass die Sache mit dem politischen Druck allerdings auch schon in den Jahren kurz vor der Machtübernahme der Nazis „ganz gut" funktioniert, beschreibt *DNN*-Chef Wolff Ende Juli 1931 im schon kurz zitierten Brief[368] an seinen Freund Herbert Eulenberg. Denn damals war ein von Eulenberg verfasstes Stück im Regiekollegium durchgefallen; und Wolff beschreibt seinem Freund nun die Gründe. Zum einen waren etliche Passagen im Stück offenbar zu lang geraten; man habe *„Besorgnis (...), dass die Breite der Volksscenen sich schwer ohne Schaden für das Stück eindämmen ließe".* Zum anderen dürften es in erster Linie aber wohl politische Bedenken gewesen sein, stellt Wolff die Vase vom Tisch und macht seinem Freund das Dilemma ganz unverblümt deutlich: *„Du musst bedenken, dass das Theater jetzt in grossen Schwierigkeiten steckt, und dass es vor allem auch wirklich Grund hat, auf diesem gefährdeten Boden Stücke mit irgendwelchen politischen Analogiemöglichkeiten zu vermeiden. Du kannst*

Dir gar nicht denken, was bei den Etatdebatten im Landtag über die Theater und ihre Leute hereingebrochen ist, und wie schwer es die Leute haben.“ Allerdings nimmt Wollf mit Verweis auf die erwähnten Schwierigkeiten auch gleich die Verantwortlichen im Schauspielhaus am Dresdner Postplatz in Schutz Speziell Regisseur Georg Kiesau: „*Es wäre deshalb unbillig, Kiesau oder die Andern für mutlos zu halten.*“ Aber die sprichwörtliche Schere im Kopf gab es längst Und die schnitt nun durchaus schmerzhafte Löcher in den Spielplan.

Das Duell der Intim-Feinde

Julius Ferdinand Wollf gab jedenfalls in all den Verbalschlachten ums Dresdner Theater nicht klein bei. Von Beginn seiner Dresdner Zeit an zieht er mit Buchstaben als Waffen voller Seelenfeuer zielsicher in den Kampf um frische Ideen im Hoftheater und dem späteren Staatsschauspiel. Für frische Ideen im Dresdner Geistesleben überhaupt. Wobei sich Wollf zunehmend auch mit seinem Kritiker-Pendant Friedrich Kummer vom *Dresdner Anzeiger* auseinanderzusetzen hatte. Der unterstützt zwar ebenfalls regelmäßig moderne Stücke und Literatur – kritisch wird die Sache für Kritiker Kummer allerdings stets dann, wenn das Ganze nicht ins klebrig-süße nationale Geschwurbel der Zeit passt, mit dem sich Deutschland in seiner geistigen Großmannssucht so gern über andere Völker stellt. Von dieser Sicht ist Wollf wie beschrieben spätestens seit dem verlorenen Weltkrieg 1918 geheilt. Er sieht die Zukunft nun vielmehr in einem friedlichen Wettstreit der Völker in Europa.

Doch etwas scheint da verborgen zu liegen im angespannten Verhältnis zwischen Wollf und Kummer. Vor allem ab Mitte der 1920er Jahre wagt sich Kummer zunehmend aus der Deckung; wettert und arbeitet nun auch vor den Kulissen gegen Wollf. Und auch in der Zeit nach der Machtergreifung durch die Nationalsozialisten lässt Kummer keine Chance ungenutzt, jeden nur erdenklichen Verbalkübel über Wollf auszuschütten, wie dann ausufernd in Kummers 1938 erscheinendem Buch *Dresden und seine Theaterwelt* nachzulesen sein wird. Woher dieses angespannte Verhältnis der beiden rührt, darüber lässt sich nur spekulieren. Vielleicht trafen sich Wollf und Kummer ja in Dresden nicht zum ersten Mal? Wollf war wie erwähnt kurzzeitig Dramaturg am Theater in Karlsruhe gewesen. Kummer – der am 30. März 1865 als Sohn eines Kammervirtuosen in Dresden geboren worden war – hatte während seiner Zeit als Student ein *Trauerspiel* geschrieben, das am Hoftheater in Karlsruhe aufgeführt worden war. Mit Erfolg, wie es später in der Festschrift aus Anlass des 200. Jubiläums des *Dresdner Anzeigers* heißt. [369] Kreuzten sich die Wege der beiden also ausgerechnet während dieser kurzen Zeit schon in Karlsruhe? Hatte Wollf als Dramaturg dort Kritik an Kummers Stück geübt? Leider gibt die Aktenlage in den Archiven in Karlsruhe bisher keine Antwort.[370]

Vielleicht war es aber auch der Theaterverein „Freie Bühne“ in Berlin, in dem sich die ersten Krümel Salz sammeln, die auch Jahrzehnte später noch in Kummers Wunde brennen? Den Verein hatte Friedrich Kummer in seinen Jahren in Berlin mit gegründet.[371] Vor seiner Rückkehr 1895 nach Dresden studierte Kummer zunächst in Leipzig, dann in Tübingen und zuletzt eben auch in Berlin unter anderem Geschichte und Philosophie. An der Spree hatte Kummer zudem begonnen, nebenher als Schriftsteller zu arbeiten. So dass er nach erfolgreichem Studienabschluss in Berlin seit 1889 als Redakteur im Unterhaltungsteil der Zeitschriften *Welt* und *Sportwelt*[372] arbeitet. Und am 5. März 1889 waren bei einem Treffen dann etliche Berliner Theaterkritiker und Schriftsteller auf eine clevere Idee gekommen. Nämlich einen Verein ins Leben zu rufen, der geschlossene Theateraufführungen für seine Mitglieder organisiert. So konnte zum einen die damals herrschende Zensur umgangen werden, zum anderen war das Ganze auch eine Möglichkeit, moderne Stücke aufzuführen. Das Vorbild stammte aus Paris. Am 5. April 1889 war der Verein „Freie Bühne“ in Berlin offiziell gegründet worden. Mit im Gründungsboot ruderten dabei neben Kummer zunächst auch der spätere Wollf-Vertraute Verleger Samuel Fischer und der Literaturstrippenzieher Maximilian Harden. Auch der Journalist und Schriftsteller Theodor Wolff gehörte zu den Aktiven – doch schon während der ersten Sitzung kam es wohl zu einem heftigen Streit: Theodor Wolff und Harden verließen den Verein daraufhin gleich wieder. Dennoch, schon Ende Juni 1889 konnten bereits 360 Mitglieder gezählt werden.[373] Darunter nicht wenige, die später zum Freundes- oder zumindest engeren Bekanntenkreis Julius Ferdinand Wollfs gehören werden. Neben Verleger Fischer auch Wollfs Dichterfreund Frank Wedekind. Und nicht zuletzt ein Mann namens Otto-Julius Bierbaum, über dessen enge Beziehung zu Wollf gleich noch ausführlich zu reden sein wird. Bierbaum war einer der fleißigsten Autoren der Zeit um die Jahrhundertwende und hatte 1893 die zum Verein gehörende Zeitschrift *Freie Bühne* als Chefredakteur übernommen. Eine Zeitschrift übrigens, die 1890 vom cleveren Verleger Samuel Fischer auf den Weg gebracht worden war. Der konnte damit nun nicht nur für den Verein, sondern auch für seine eigenen Autoren und Stücke werben – und sie wurden dann praktischerweise auch gleich noch vom Verein aufgeführt. Bierbaum gibt der Zeitschrift einen neuen Namen, sie heißt nun *Neue Deutsche Rundschau*, und er verleiht ihr auch inhaltlich neuen Schwung. Nach vier Monaten im Amt gibt er allerdings wieder auf. Nach Differenzen mit Verleger Fischer, wie es heißt. Es war also offenbar eine sehr streitfreudige Runde, dieser Verein „Freie Bühne“. In Künstlerkreisen ja nichts Seltenes … Gab es dabei vielleicht auch einen Streit, in den Friedrich Kummer geriet? Streit mit einem oder mehreren künftigen Freunden Wollfs? Übertrug Kummer diesen Zwist später auf Wollf?

Letztlich führen vielleicht all diese Gedankenspiele in die falsche Richtung. Nennt Kummer den entscheidenden Punkt 1938 in seiner Autobiografie ungeschminkt beim Namen? Kummer war ganz offensichtlich ein pathologischer Antisemit. Zunächst hatte sich sein öffentlicher Hass ja wie beschrieben vorrangig gegen den Dramaturgen Karl Wollf gerichtet. In der Aufregung um das Antikriegsstück *Die Seeschlacht* im Februar 1918 und sechs Jahre später noch einmal im Zusammenhang mit dem „*Hinkemann*-Skandal" hatte Kummer bekanntlich die Absetzung Karl Wollfs gefordert und sich dabei eben auch über dessen „jüdische Abstammung" ereifert. Darauf wird Kummer 1938 dann noch einmal durchaus stolz in seiner Autobiografie verweisen. Es spricht viel dafür, dass es dieser tiefgehende Judenhass Kummers gewesen war, der das Verhältnis zwischen ihm und dem *DNN*-Chef so vergiftete.

Wobei Kummer ganz offensichtlich keine Ausnahme unter Dresdens Intellektuellen war. Der Judenhass gehörte hier bei nicht wenigen offenbar schon zum vermeintlich „guten Ton". Auch wenn es wohl viele zunächst noch vermieden, diesen „Ton" zu Papier zu bringen. Als dann die Nationalsozialisten mit ihrem politischen Erstarken den Antisemitismus mehr und mehr aus den Hinterzimmern in den gesellschaftlichen Vordergrund brüllen, geht auch in Dresden offenbar eine schon lange im Boden wartende braune Saat auf. Beispiele für dieses „Schlummern" schildert ja auch die schon mehrfach zu Wort gekommene einstige *DNN*-Redakteurin Silvia Brand in ihren 1905 erschienenen Erinnerungen. Denn während ihrer vorangegangenen Zeit bei den *Dresdner Nachrichten* gab es nicht nur die schon beschriebene brutale Abfuhr durch Kulturredakteur Ludwig Hartmann – der *„keine Zeile über die Komposition eines Juden"* schreiben wollte. Nein, es kam zu einer weiteren enttäuschenden Episode für Silvia Brand. Nach dem Attentat im Jahr 1881 auf Zar Alexander II. in Russland, an dem von vielen Russen den Juden die Schuld gegeben worden war, wurde die antisemitische Stimmung dort immer bedrohlicher. Es kam zu Pogromen; und 1882 werden auch noch ganz offiziell zahlreiche diskriminierende Verordnungen erlassen.[374] Viele der russischen Juden fliehen daraufhin auch nach Deutschland. Aber das Glück finden sie hier zunächst nicht. *„In Berlin lagerten Hunderte unter den Eisenbahnbrücken, unschlüssig, wohin sie sich wenden sollten, haltlos, obdachlos"*, beschreibt Silvia Brand das Drama in ihren Lebenserinnerungen. Und sie will etwas tun. So schlägt sie dem Eigentümer der *Dresdner Nachrichten*, Julius Reichardt, ein Benefizkonzert vor. Die Einnahmen sollen den obdachlosen Juden in Berlin zur Verfügung gestellt werden, sagt sie. Aber Reichardt ahnt wohl, dass das Interesse an dieser Idee in Dresden nicht sonderlich groß sein würde. Er will aber offenbar die junge Frau nicht vor den Kopf stoßen – oder vielleicht hofft er auch, seine Redakteurin mit einem Schachzug ein für alle Mal von ähnlichen künftigen Vorhaben abzuhalten? Reichardt nennt das Kind jedenfalls nicht beim Klarnamen, sondern umschreibt seine Vermutung vage. Zumindest aber macht er deutlich, dass sich die Idee *„nicht mit der bisherigen Haltung verträgt"*, die das Blatt nun mal habe. Aber er sei bereit, sie zu unterstützen, wenn sie ausreichend finanzielle Unterstützer – quasi „Sponsoren" – für ihren Konzertplan in Dresden finden könne. Silvia Brand macht sich auf den Weg zu Dresdner Unternehmern und Mäzenen – aber das Konzert findet letztlich nicht statt. Es gibt keine Unterstützer. Auch das wohl ein Zeichen für die Stimmungslage.

Julius Otto Bierbaum

Dass Wollf immer wieder versucht, klugen Köpfen den Weg nach Dresden zu erleichtern, zeigt auch die Geschichte um den Schriftsteller Julius Otto Bierbaum. Tiefe Freundschaft verbindet Wollf mit ihm; und es geht offenbar eine ungewöhnlich große Faszination von diesem durchaus ungewöhnlichen Autor und Menschen Bierbaum auf Wollf aus. So gibt es für Wollf keine Frage, sofort nach Bierbaums plötzlichem Tod Anfang 1910 all seine Kontakte zu Literatur- und Kulturgrößen zu aktivieren, um mit deren klangvollen Namen Geld zur Unterstützung der Hinterbliebenen des Schriftstellers zu sammeln[375] – für Bierbaums Frau Gemma und seine Mutter Auguste Henriette. Das oft gezeichnete einfarbige Bild vom kühlen mathematischen Nutzen-Rechner und Egozentriker Wollf stimmt nicht. Der Maler braucht für Wollf zusätzlich zum groben auch einen feinen Pinsel, um diese andere, die herzliche Farbe auf Wollfs Lebensleinwand zu bringen. Er konnte eben nicht nur leidenschaftlicher Kämpfer für seine Ziele sein, sondern war auch ein leidenschaftlicher Freund. Was sich ja später ebenfalls im schon beschriebenen engen Verhältnis zum Industriellen Lingner und dessen Idee für ein Hygiene-Museum in Dresden deutlich zeigen wird.

Was verband Wollf nun aber so innig mit Bierbaum? Begeisterte den Sprach-Enthusiasten und Wortspieler Wollf vielleicht diese kluge, feingeistige Kunst Bierbaums, Worte gekonnt zu addieren? So montiert Bierbaum beispielsweise in seinem Gedicht *Spätsommer* Begriffe, die das Kopfkino farbenfroh flimmern lassen. Begriffe wie „*sonnenglutdurchschwebte Luft*“ ... Ja, Bierbaum war ein ungewöhnlicher Literat. Auch ein ungewöhnlich fleißiger, wie erwähnt. Die Liste seiner Veröffentlichungen ist so unglaublich lang, dass wohl allein eine Auflistung beinahe ein komplettes Buch füllen würde. Wobei kaum eines seiner Werke die Zeit allzu lange überdauert hat. Heute ist außer der deutschen Pinocchio-Geschichte *Zäpfel Kerns Abenteuer* nicht mehr viel von ihm bekannt; Romane, Erzählungen, Gedichte, Schauspiele und Reiseliteratur. Lebendig ist aber zumindest noch immer sein ironischer Spruch: „*Humor ist, wenn man trotzdem lacht.*“ Den stellte Bierbaum 1909 seinem Buch *Yankeedoodle-Fahrt und andere Reisegeschichten* voran. Bierbaum ist dabei ein Literat, der sich auch selbst offenbar nicht zu ernst nimmt. Das ist ungewöhnlich, damals im deutschen Literaturbetrieb der Egozentriker. So bringt Bierbaum beispielsweise 1900 unter dem Titel *Steckbriefe* ein Buch heraus, in dem er satirische Kurzbiografien von 30 Schriftstellern veröffentlicht. Bierbaum schreibt das Buch unter dem Pseudonym Martin Möbius und verfasst darin auch eine Kurzbiografie über sich selbst: „*Dieser Dichter ist ein Kloß: zugleich derb und quatschig, aber immer unverdaulich. Indessen: ein Kloß mit Seele und in Pflaumenmussauce.*“[376] Überhaupt liebte Bierbaum offensichtlich die Satire, die politische wie den „einfach nur“-Humor. In München geht er 1890 beispielsweise ans schon erwähnte Kabarett „Die elf Scharfrichter“ – gemeinsam mit dem Dichter und Schauspieler

Frank Wedekind. Es spricht also viel dafür, dass Wollfs Freund Wedekind letztlich auch hier das Verbindungsglied zwischen Wollf und Bierbaum ist. Wedekind besucht regelmäßig seine Schwester „Mieze" in Dresden – bei diesen Besuchen trifft sich Wedekind häufig auch mit Bierbaum, wie er zum Beispiel am 15. April 1909 in sein Tagebuch notiert: *„Wir gehen zu Bierbaum ins Hotel, dann in seine Villa, wo wir Gemma treffen"*.[377] 1902 taucht Bierbaum zudem in der Wiener Zeitung *Die Zeit* auf. Es dürfte damit also auch Kontakte zu einem weiteren engen Freund Wollfs gegeben haben: zu Felix Salten, der damals in Wien lebt und unter anderem bei der *Zeit* arbeitet. Und auch Salten unterschreibt den Spendenaufruf für die Bierbaum-Hinterbliebenen in den *DNN*.

Geboren wurde Otto Julius Bierbaum im Juni 1865 im schlesischen Grünberg. Seine Kindheit und Jugend verbrachte er allerdings unter anderem in Dresden. Über den „Umweg" Leipzig sozusagen. Denn die Familie zieht von Schlesien in die Messestadt, wo die Eltern eine Konditorei führen. Die Arbeit nimmt sie so sehr in Beschlag, dass sie sich schweren Herzens entschließen, ihren Sohn Otto Julius – der mittlerweile in die Schule gekommen ist – während der Woche in eine Art Pflegefamilie zu geben. *„Ihn in Leipzig wohin zu geben, wäre zwecklos gewesen, da er dann wohl immer zu uns gekommen wäre"*,[378] schreibt seine Mutter später. Und da ihr Bruder, der Kammermusiker Traugott Julius Siegert, in Dresden lebte, lag es letztlich nahe, dass er den Jungen zu sich an die Elbe holt. Siegert organisiert zunächst die Ausbildung an einer Privatschule, und als Bierbaum acht wird, verschafft ihm der Onkel einen Platz am Dresdner Freimaurer-Institut. Wirklich wohlgefühlt hat sich der sehr familienbezogene Junge dort aber nicht, denkt seine Mutter nach Bierbaums Tod wehmütig und vielleicht auch ein wenig schuldbewusst zurück. Die Ausbildung am Freimaurer-Institut sei rein militärisch gewesen, und er habe sich nur schwer einleben können, schreibt sie. Das Gebäude an der Dornblüthstraße im Osten der Stadt beherbergt übrigens noch heute eine Schule: die Kreuzschule, das evangelische Gymnasium des legendären Dresdner Kreuzchors.

Nach der Konfirmation – in der Matthäus-Kirche im Dresdner Stadtteil Friedrichstadt – geht Bierbaum nach Leipzig zurück, wird Gymnasiast an der Thomasschule.[379] Es folgen Studienjahre in Zürich, wieder Leipzig, München und Berlin, wo Bierbaum unter anderem Chinesisch lernt, weil er als Jurist in den diplomatischen Dienst will. Vielleicht wäre aus Bierbaum ein guter Außenpolitiker geworden? Doch das Schicksal meint es nicht gut mit ihm; sein Vater – nicht nur Bäckermeister, sondern auch Herausgeber eines Konditor-Lexikons – muss Konkurs anmelden. Das Geld fürs Studium des Sohnes reicht nun nicht mehr aus. Und so muss Bierbaum die Universität 1887 verlassen, kurz vorm Examen.[380] Er geht also wie erwähnt nach München – wo er Kabarett spielt und fleißig schriftstellert. Auch, um zu helfen, die Familie zu ernähren. Und auch seine ersten Schritte als Journalist geht er hier.

Bierbaum wird ein erfolgreicher Schriftsteller, pendelt zwischen Deutschland und Italien, woher seine Frau Gemma stammt. Aber aus den Augen verlieren sich Wollf und Bierbaum offenbar nie. Hätte Bierbaum seinen Freund Wollf Ende Dezember 1908 sonst gefragt, was er denn von einem Umzug Bierbaums nach Dresden halte? Und er bat Wollf auch gleich, ihm ein passendes Häuschen zu besorgen. Diese Episode beschreibt Wollf in seinem Nachruf für Bierbaum, der zwei Tage nach dem Tod des Dichters in den *Neuesten Nachrichten* erscheint. Wollf hatte Bierbaum damals zum Umzugsentschluss gratuliert und ihm auch besagtes „Häuschen" besorgt; das Haus mit kleinem Garten an der Bernhardstraße 7, gleich hinterm Hauptbahnhof. Das Haus sei ein „ausgezeichneter Griff"[381], schwärmt Bierbaum Anfang Februar 1909 in einem Brief an seine Frau Gemma. *„Es liegt so günstig als nur möglich, drei Minuten vom Bahnhof und doch mitten in einem Garten. Eine ganz stille Straße: lauter Villen, die aber nicht aufeinander kleben. Altmodisch. (...) Nur im Winter wird man die Nachbarschaft sehen. (...) Nichts Häßliches in der Nähe. Zur nächsten Trambahn zwei Minuten. Dabei ganz still. Vornehmstes Viertel."* In München, vergleicht der reiselustige Bierbaum, gebe es *„so was gar nicht"*.[382]

Dass es nicht nur ein oberflächlicher Freundschaftsdienst gewesen war, sondern eine tatsächlich enge Freundschaft, auch davon erzählt der Nachruf. Der *DNN*-Chef beschreibt den verstorbenen Dichter darin anhand zahlloser gemeinsamer Momente. So denkt Wollf zum Beispiel an ihre erste Begegnung in München zurück, wo er ihn noch immer *„in einer Redaktionsstube sitzen und den Verleger mit einem Paket Korrekturbögen unterm Arm kommen"* sieht. Das ginge einfach nicht an, habe der Verleger dann zu Bierbaum gesagt, in einer Ausgabe 30 Seiten Werfel. Texte des mit beiden – Wollf und Bierbaum – befreundeten Dichters Franz Werfel also. Damals aber sei Werfel noch weitgehend unbekannt gewesen, verweist Wollf auf das Problem. Aber so war er offenbar, dieser Bierbaum. Hatte es ihm ein Dichter angetan, brannte er für ihn. Und er konnte auch die Größe anderer anerkennen, ein auch damals schon eher seltener Charakterzug in Literatenkreisen. *„Ich kenne keinen von der Zunft, der so ohne Neid und voll Liebe von den anderen spricht",* schreibt Wollf. Einer der von Bierbaum so innig verehrten Autoren war offenbar Wedekind: *„Was sind wir alle gegen Frank Wedekind",* habe Bierbaum beispielsweise regelmäßig gesagt, so Wollf. Auch den Publizisten Maximilian Harden habe Bierbaum immer wieder verteidigt. Und Wollf, so scheint es jedenfalls, nutzt seinen verstorbenen Freund, um im Nachruf auf ihn nun auch seine eigene Sicht auf Werfel, Wedekind und eben Harden in die Welt zu drucken. Er zitiert dazu Bierbaum: *„Die deutschen Politaster, Harden beschimpfen sie. Natürlich, weil er ein Politiker ist und ein Künstler. Beides ist ihnen ja so fremd und erst beides in einem."*

Und doch ist Wollfs Nachruf vor allem eines: eine Verneigung vor seinem Freund, eine Verneigung vor jenem Fleiß und Feuer, mit dem Bierbaum an seine Werke ging: „*(...) er arbeitete Nacht um Nacht und stand auch dieses ganze Jahr in Dresden erst im Morgengrauen von seinem Schreibtisch auf. Bis Mittag schlief er. In der Stadt sah ihn selten einer. Und wenn's Abend ward, saß er wieder im Schreibsessel. Unermüdlich, von keiner Idee je lassend, immer bereit, um Neues zu ringen, mitten in einem Buch schon mitten wieder in der Konzeption zu einem neuen. Rastlos in der Arbeit war Julius Otto Bierbaum, wie er rastlos war auf dem Reiseweg in die Stadt seiner Sehnsucht, die er nirgends gefunden hat.*" Offenbar zunächst auch nicht in Dresden. Denn, so erinnert sich Wolff blumig, „*just ein Jahr nach dem Brief, in dem er die erste Absicht auf Dresden kundtat, hing am Gitter in der Bernhardstraße schon das Schild: zu vermieten*". Bierbaum war wieder auf dem Weg nach Italien, für das er so schwärmte. War es vielleicht sogar diese verklärte Schwärmerei Bierbaums, die auch Wolff letztlich zu einem immens interessierten Beobachter Italiens werden ließ? Seine *Neuesten Nachrichten* verfolgen jedenfalls mit wachsamer Akribie, was sich tut im Land zwischen Adria und Mittelmeer.

Im Herbst 1909 zieht Bierbaum aber wieder zurück nach Dresden. Zurück in die Nähe seines Freundes Wolff. Wobei sich bis heute hartnäckig das Gerücht hält, Bierbaum sei bei dieser Rückkehr ein Stück außerhalb Dresdens untergekommen. Im nahen Kötzschenbroda, dem kleinen Weindörfchen auf dem schmalen Streifen zwischen Elbufer und den steilen, mit Wein bepflanzten Höhenzügen. Ein kleiner Hauch Italien sozusagen, an der Grenze zwischen Dresden und Radebeul. Aber Bierbaum kehrt offensichtlich tatsächlich in besagtes Häuschen in der Bernhardstraße am Dresdner Hauptbahnhof zurück,[383] wie nur wenige Monate später ein Standesbeamter namens Opitz in Dresden in den Totenschein des Schriftstellers notieren wird. Und auch der bereits zu Wort gekommene Hoftheaterintimus Paul Adolph schreibt in seinem Buch *Vom Hof- zum Staatstheater*, er sei am 4. Februar 1910 gemeinsam mit Hoftheaterintendant Graf von Seebach per Droschke zur Trauerfeier für Bierbaum „*nach dessen Sterbehaus auf der Bernhardstraße 7*" gefahren.

Die Freundschaft zwischen Wolff und Bierbaum ist jedenfalls nach wie vor eng. Auch wenn Bierbaum Anfang Oktober 1909 nach einem Besuch bei den Wolffs nicht gerade in euphorischen Jubel ausbricht, als er seiner Frau nach Italien schreibt: „*Bei W.s war es ganz nett. Die Frau gefällt mir. Sie hat aber etwas Duldendes. Der lustige Dr. W. scheint zu Haus auch etwas brummen zu können.*"[384] Offenbar hat Bierbaum nun die beiden Medaillenseiten der Wolff'schen Gefühlswelt kennengelernt. Bierbaum-Texte füllen nun wieder kräftig die Literaturseiten der *Neuesten Nachrichten*. Bierbaum scheint Wolff wirklich zu faszinieren. Ist es dieser Mut, sich der Sehnsucht nach der Ferne einfach immer wieder hinzugeben, wenn sie zu groß wird? Immer wieder macht sich Bierbaum fast schon unvermittelt auf den Weg ans Mittelmeer. Rücksichtslos gegen seine Freunde und wohl auch gegen eine erfolgreichere Karriere in Deutschland. Wobei

Wollff dieses spontane Bierbaum'sche Alles-stehen-und-liegen-Lassen im Nachruf auf seinen Freund durchaus schmunzelnd beschreibt. Für einen wie Wollf, der eifrig funktioniert, wäre dieses spontane Brückenabbrechen wohl undenkbar. Und ist vielleicht gerade deshalb für ihn so faszinierend.

Ahnte Bierbaum, dass diese Rückkehr nach Dresden nun seine letzte Reise werden würde? Sein Gesundheitszustand verschlechterte sich jedenfalls rapide. *„Das alte, tückische Nierenleiden hatte sich verschlimmert und andres, das er leicht zu überstehen hoffte, kam dazu“*, schreibt Wollf. Wollf gehört dabei zu denjenigen, denen sich Bierbaum anvertraut und die ihm in seiner Leidenszeit zur Seite stehen. *„Ich hoffe mit Dr. W. (...), daß mit dem Besserwerden des allgemeinen Zustandes (ich bin ganz anämisch, käseweiß und matt wie eine Fliege im Winter) auch die Eiterung im Ohr und Nase aufhören wird. Dann wollen wir den ganzen O.J.B. von Grund aus kurieren“*,[385] schreibt Bierbaum am 4. Januar 1910 an seine Frau. Und er schreibt auch von beschwerlichen Arztbesuchen auf der nahen Prager Straße. Sein Freund Wollf räumt ihm derweil die Möglichkeit ein, in den *DNN* einen Brief abzudrucken, um Berliner Blättern zu widersprechen, die gemutmaßt hatten, Bierbaum liege im Sterben. In diesen ersten Januartagen hatten sie noch Hoffnung. Aber mehr und mehr wird Wollf wohl klar, wie schlimm es wirklich um seinen Freund steht. Und er war wohl auch am Tag vor Bierbaums Tod noch bei ihm gewesen; und Bierbaum hatte den Abschied nahen sehen: *„Am letzten Tage erst gab er zu, daß seine Frau aus Florenz gerufen werde. Sie war leidend und er wollte nicht, daß ihre Heilung in der Heimat unterbrochen werde. Und heute im Morgengrauen hat die Frau aus Florenz einen Toten gefunden in dem Hause, von dem aus der Dichter erneut die Wanderschaft antreten wollte.“* Eine Frau übrigens, die Wollf mit für ihn ungewohnt schwärmerischen Vokabeln beschreibt. Fast ein wenig verliebt ... Auch sie – die Italienerin mit dem nach sanfter Hügellandschaft, Pinien und Oliven klingenden Mädchennamen Maria Theresa Gemma Pruneti-Loti[386] – lässt ihn wohl träumen. Von der Ferne, von Italien, das für Wollf offenbar so etwas wie ein Sehnsuchtsort ist. *„Die schöne Frau mit dem blauschwarzen Haar, die das Deutsche so weich spricht wie die lingua toscana“*, flicht Wollf die Worte regelrecht. Ob der Haussegen bei den Wollfs anschließend kurzzeitig schiefhing? Schon ein paar Druckzeilen zuvor, als er die Art Bierbaums zu arbeiten beschreibt, klingt diese Bewunderung an: *„Und wenn er dasaß, mit dem scharfen und zugleich nachdenklichen Blick durch die kreisrunden Gläser, ihm zu Füßen auf niederem Kissen seine wunderschöne Frau, die das Urbild der Toskanerin ist, im roten Damastgewand, wie er es liebte, und er erzählte, wie nur er erzählen konnte, war es eine Lust zuzuhören.“* Ja, es war wohl tatsächlich eine ganz besondere Nähe zwischen diesen beiden, zwischen Wollf und Bierbaum. Eine Nähe auch zu Bierbaums Mutter, die Wollf von der Nacht des Sterbens seines Freundes erzählt: *„Als er in Todesnöten lag, sagte er zu seiner Mutter: Schau, dort kommt mir mein Vater entgegen. Es war das letzte, was er sprach.“* Und auch hier ist es wohl eine der emotionalen Nähte, die den sonst oft so nüchtern daherkommenden Wollf melancholisch werden lässt, verlor er ja ebenfalls früh seinen Vater. Vielleicht gab es auch in Wollf diese Sehnsuchtsmomente, den Vater noch einmal wiedersehen zu können? Vielleicht war etwas unausgesprochen geblieben?

Am 1. Februar 1910 stirbt Bierbaum in der Dresdner Bernhardstraße 7, wie die sich um den Toten kümmernde Heimbürgin namens Lina Hoffmann einen Tag später dem Standesbeamten mitteilt.[387]

An dieser Stelle noch ein Wort zum eingangs erwähnten Spendenaufruf Wollfs für Bierbaum in den *DNN*. Denn ungewollt wird dieser am 27. Mai 1910 in den *Neuesten Nachrichten* veröffentlichte Aufruf mit all den prominenten Namen aus der deutschsprachigen Kunst- und Literaturszene zu einem dickgedruckten Ausrufezeichen. Hinter dem Satz nämlich, dass sich hier deutlich das enorme Potenzial zeigt, das in Wollfs Netzwerken steckt. Schon damals, in seinen ersten Dresdner Jahren. Zu den von Wollf aktivierten Unterzeichnern gehört beispielsweise einer der wichtigsten Strippenzieher in der deutschsprachigen Literaturszene, der österreichische Schriftsteller und Literaturkritiker Hermann Bahr. Auch der frisch gebackene Direktor des Wiener Hoftheaters Alfred von Berger, der renommierte Hamburger Autor Otto Ernst und mit Ludwig Fulda auch einer der damals meistaufgeführten Autoren, 1889 auch Mitbegründer des gerade im Zusammenhang mit Kummer erwähnten Vereins „Freie Bühne" in Berlin. Auf der Liste stehen zudem der bayerische Dichter Martin Greif, ebenso der Mitbegründer der Münchener „Volksbühne" Max Halbe und der österreichische Dirigent und Komponist Felix Mottl, der 1880 bis 1903 Hofkapellmeister in Karlsruhe gewesen war, wo sich Wollf und Mottl wohl kennengelernt haben dürften. Anschließend geht Felix Mottl übrigens an die „Metropolitan Opera" in New York. Unterschreiben wird auch der bekannte Maler und Bildhauer Franz von Stuck. Er ist einer der Mitbegründer der kritischen Künstlergruppe „Münchener Secession". Wieder München als Verbindungsnaht zu Wollf also. Auch bei Fritz von Uhde spielt München als Verknüpfung zu Wollf eine wichtige Rolle. Der in der Nähe von Zwickau geborene Maler gehört ebenfalls zur „Münchener Secession" – und unterschreibt für Bierbaum. Ein weiterer Unterzeichner ist Ernst von Wolzogen. Der in Breslau geborene Schriftsteller gilt ja – wie schon bei Wollfs Auftritten in Wolzogens „Überbrettl" in Berlin erwähnt – als Gründer des ersten literarischen Kabaretts in Deutschland. Wobei es mit Blick auf Bierbaum interessanterweise heißt, dass ihn Bierbaums politisch-satirischer Roman *Stilpe* zur Eröffnung dieses Kabaretts inspiriert habe. Wirklich eindrucksvolle Namen also, die Wollf da für seinen verstorbenen Freund vereint.

Neuer Opern-Chef – auch dank Wolff?

Eine Episode aus der Beziehung zwischen Wolff und der Kulturstadt Dresden muss unbedingt noch ans Licht. Eine, die ausnahmsweise mit Musik zu tun hat. Aber auch mit Wollfs schnell gewachsenem Beziehungsgeflecht in Dresden. Denn nur gute zehn Jahre nach seinem Amtsantritt an der Elbe mischt Wolff bei der Suche nach einem neuen künstlerischen Kopf der Dresdner Hofoper mit. Am 10. Mai 1914 war Ernst Edler von Schuch gestorben, in seinem Haus in Kötzschenbroda am Dresdner Stadtrand. Schuch hatte über vierzig Jahre an der Spitze der Dresdner Oper gestanden. 1872 als Musikdirektor verpflichtet, war er zehn Jahre später dann Generaldirektor der Hofoper geworden. Damit leitete von Schuch nun also Oper und Hofkapelle in Personalunion. Unter ihm – dem begnadeten Dirigenten mit besten Kontakten in die Musikwelt – war das als Semperoper bekannte Musiktheater zwischen Zwinger und Elbe Schritt für Schritt zu einem Opernhaus von europäischem Rang geworden. Vor allem mit den zahlreichen Uraufführungen von Werken aus der Feder Richard Strauss' machten sich Schuch und die Oper in dieser Zeit einen internationalen Namen. In Dresden spricht man bis heute voller Hochachtung von der „Ära Schuch". Große Spuren also, in denen nun ein Nachfolger versuchen musste, Fuß zu fassen. Und auch eine große Aufgabe, überhaupt erst einmal einen passenden Nachfolger zu finden. In Dresden entschied man sich, die Suche auf möglichst viele Schultern in der Dresdner Musik- und Geisteswelt zu verteilen. Koordiniert von Graf Seebach – als Hoftheaterintendant ja nicht nur Chef des Schauspiels, sondern auch der Oper –, wurden nun die Fühler ausgestreckt. Als enger Seebach-Vertrauter und *DNN*-Chef gehörte auch Wolff letztlich wenig überraschend zu dieser „Findungskommission" und versuchte, die eine oder andere Tür zu öffnen.

Und so schreibt Wolff beispielsweise am 12. Mai 1914 an den nicht nur durch die Märchenoper *Hänsel und Gretel* bekannten Komponisten Engelbert Humperdinck – ob er die Suche nach einem Nachfolger von Schuchs unterstützen könne. *„Um die Frage dieses bedeutenden Postens zu klären, veranstalten wir eine Enquete unter den hervorragendsten Komponisten. Wir bitten auch Sie, hochgeehrter Herr, uns mitzuteilen, welcher besonderen Eigenschaften nach Ihrer Meinung die Persönlichkeit bedarf, die einen Posten von der Art und dem Range eines Generalmusikdirektors der Dresdner Hofoper voll ausfüllen soll. Ferner bitten wir Sie nach Tunlichkeit, praktische Vorschläge für die Besetzung dieses Postens zu machen."*[388] Bemerkenswert ist dabei der Briefkopf, unter dem Wolff dieses Schreiben an Humperdinck in die Trabener Straße 16 in Berlin-Grunewald schickt. Es ist kein Kopf mit Wollfs Namen, wie sonst bei ihm üblich, sondern einer der Redaktion der *Neuesten Nachrichten*. Auch signiert Wolff lediglich unter dem Abschlussgruß *„in vorzüglicher Wertschätzung ergebenst Redaktion der* Dresdner Neuesten Nachrichten". Er stellt also hier nicht sich, nicht seinen Namen, in den Vordergrund, sondern will offensichtlich vielmehr mit dem Namen seines Blattes bei Humperdinck punkten. Mit einem Blatt, das offenbar zu dieser Zeit in Künstlerkreisen einen sehr guten Ruf genießt. Und dieser Brief zeigt auch, dass der *DNN*-Chef im Dresdner Kulturbetrieb längst ein wichtiges Rad ist, dessen Drehung gern genutzt wird.

Welche Rolle Wolff letztlich bei der Entscheidung spielte, bleibt hinterm Bühnenvorhang der Geschichte verborgen. Die Wahl jedenfalls fiel auf Fritz Reiner als Ersten Kapellmeister der Hofkapelle. Der im Dezember 1888 in Budapest geborene Reiner entstammte einer jüdischen Familie, war lange Jahre Erster Kapellmeister an der Oper von Laibach gewesen, gehörte dann vor seinem Wechsel nach Dresden gut vier Jahre lang zu den prominentesten Dirigenten an der Budapester Volksoper. In Dresden muss er sich nun aus Schuchs übergroßem Schatten spielen, als Chef der Hofkapelle, die nach dem Ersten Weltkrieg und dem Ende der Monarchie auch in Sachsen ihren Namen in Staatskapelle ändern wird. In seiner Dresdner Zeit – 1921 geht Reiner in die USA – setzt er unter anderem die Zusammenarbeit mit Strauss durch zahlreiche Uraufführungen fort und dirigiert als Gast unter anderem in Barcelona und Rom.[389]

Auftritt Roda Roda: In Wollfs Büro

Da steht er plötzlich vor seinem Schreibtisch. Und das mit all seiner Körperwucht. Eigentlich ein echter Eklat. Ja, fast ein absolutes Unding. Da schreitet dieser imposante Mann, der noch dazu keinem Blick ausweichen kann, ohne möglichst lauthals im typisch Wiener Schmäh einen spitzzüngigen Kalauer zum Besten zu geben, durch die beeindruckende Eingangshalle des frisch umgebauten Verlagsgebäudes am Ferdinandplatz. Steigt ob seiner Leibesfülle sicher hörbar angestrengt die breite, sich im beschaulichen Radius ins erste Geschoss aufwärtskämpfende Treppe hinauf. Und hier oben – in der Redaktionsetage – überwindet er nicht nur die eigentlich streng abgeschottete Tür in die Empfangshalle für Besucher der DNN-*Redaktion, sondern auch noch die hinter einem runden Tresen platzierte Sekretärin. Und all das, ohne dass er – Wolff – auch nur das leiseste Sterbenswörtchen mitbekommen hatte. Im Gegenteil, er kann sogar noch direkt ins Chefredakteurszimmer hineinplatzen, und dazu noch ohne anzuklopfen … Aber Wolff hatte ihn ja erwartet. Und er hatte es irgendwie auch genau so erwartet. Er kennt ihn seit Jahren; diesen vor hintersinnigem Witz und raumgreifender Fröhlichkeit nur so sprudelnden Alexander Roda Roda. Ein bisschen hat er ihn ja auch mit entdeckt. Zumindest für die breite Masse in Dresden; wenn nicht sogar in ganz Sachsen. Dieser vielleicht ungewöhnlichste Dichter der Jahre nach Ende des Weltkriegs ist auch wirklich eine echte Entdeckung. Wolff war begeistert, schon von den ersten Texten, die er von ihm gelesen hatte – damals kurz nach der Jahrhundertwende im* Simplicissimus. *Und er hat ihn seither nicht mehr aus den Augen gelassen. So waren ihm weder die sarkastischen Gedichte und Reportagen übers österreichisch-ungarische Militär entgangen noch Roda*

Rodas Berichte für den Pester Lloyd *von den Fronten des Weltkriegs. Wolff war vor allem von diesen treffsicheren und wirklich überraschenden Pointen fasziniert. Bis heute. Dass dieser noch dazu ungemein fleißige Roda Roda mit waghalsigen Wortkompositionen nur so um sich werfen kann, beeindruckt Wolff. Er liebt diesen Stil. Und er lässt deshalb diese Texte auch immer wieder in seinen* DNN *drucken; was sie zunächst persönlich miteinander bekannt und mit der Zeit fast schon zu guten Freunden gemacht hatte. Und nun bringt Roda Roda morgen im Dresdner Carl Reissiger Verlag seinen neuen Roman* Der Knabe mit den 13 Vätern *heraus. Ein Verlag, in dem auch Wolffs Freund Herbert Eulenberg regelmäßig Bücher veröffentlicht und in dem im Vorjahr auch eine doppelbändige Sammlung von Reden und Aufsätzen von Wolffs politischem Helden Stresemann erschienen war. Es wird eine Lesung geben, und er würde gern einen Tag eher anreisen, hatte Roda Roda vor einigen Tagen am Telefon angekündigt. Und ob man nicht mal wieder einen dieser wunderbaren Kneipenabende ins Auge fassen wolle, hatte er gefragt. Wolff liebt diese Abende – diese Abende bei jeder Menge Felsenkeller-Bier, noch mehr Rotwein und vor allem jeder Menge Zigarrenqualm. Dann geben sie dem Satiregaul kräftig die Sporen und lassen die alten Zeiten hochleben. Und die neuen Zeiten nicht zu tief hängen; schließlich geht es ihnen gut – dem Dichter Roda Roda und dem* DNN-*Chef Wolff.*

Diesmal will sich Roda Roda aber auch das kräftig modernisierte Redaktionsgebäude anschauen, hatte er unverblümt angekündigt. Und er platziert sich gleich, ohne groß zu fragen, an den kleinen, runden Clubtisch mit den drei in die aktuelle Modewelt passenden Sesseln in Wolffs Chefredakteurszimmer. Direkt vor dieses wuchtige, wandfüllende Bücherregal aus edeldunklem Holz, in das die Bürotür – natürlich farblich passend – eingearbeitet ist. „Nun gut, ein Platz an der Sonne ist es ja nicht gerade“, geht es nicht ohne Wortspiel, während er den schweren, gläsernen Aschenbecher mit der rechten Hand dreht, der seinen Platz mitten auf der auf Hochglanz polierten Tischplatte hat. Das bis fast zum Boden reichende Fenster lässt im Moment jedenfalls das Tageslicht nicht gerade üppig auf den Tisch und den Sessel fluten, in dem der korpulente Roda Roda ein wenig zu leger sitzt, wie Wolff insgeheim findet. „Ab dem Vormittag lasse ich mich nicht mehr blenden“, kalauert der DNN-*Chef zurück. Beim Umbau des Verlagsgebäudes war auch auf das Thema des möglicherweise störenden Sonnenlichts geachtet worden. Roda Roda verzichtet auf einen Gegenkommentar – und dreht sich ruckartig keck zum Regal, sucht ganz offensichtlich auch eines seiner Bücher, als er schmunzelnd anmerkt: „Hier wird es einem jedenfalls nicht langweilig …“ Wolff überhört die ironische Anspielung wohlwollend – er weiß, dass Roda Roda wohl nur zu gut das Pensum kennt, das er sich für die Redaktion und überhaupt aufbürdet. „Gleich links neben der Tür, in Blickhöhe“, sagt Wolff mit einem süffisanten Lächeln, das durchaus auch zu hören ist. Er hat sich vorbereitet auf den Besuch und extra eines der Roda-Roda-Bücher aus seiner Privatbibliothek hier im Büro platziert. Ein schon ziemlich abgegriffenes Büchlein, weil es Wolff tatsächlich regelmäßig zur Hand nimmt:* Der Schnaps, der Rauchtabak und die verfluchte Liebe, *fast zwanzig Jahre alt. Roda Roda ist sichtlich zufrieden. „Hier, ich habe dir eines der Exemplare meines neuen großen Wurfs mitgebracht, der morgen das Licht der Bücherwelt erblickt", sagt er schelmisch. Er nimmt sich eben nicht zu ernst – und auch diese Leichtigkeit bewundert Wolff an ihm; er hätte sie wohl auch gern. „Vielleicht findest du ja jemanden, der es rezensieren möchte", schiebt Roda Roda mit sesselfüllender Spitzbübigkeit hinterher. „Auch eine kleine Widmung steht schon drin, damit du das genaue Datum dieses historischen Moments später in deinen Memoiren notieren kannst", frotzelt er. Dann bleibt sein Blick an diesem Kronleuchter hängen, der seiner Meinung nach mit diesen 20 elektrischen Kerzen und ihren ein wenig übertrieben langen weißen Zylindern viel zu dick aufträgt. Auch wenn die an sanfte Sinuskurven erinnernden Messingarme, auf denen die Kerzen sitzen, dann doch eher schlicht wirken. Wolff mag diesen Hauch Hautevolee im sonst eher erdrückend kargen Ambiente. Das Bücherregal, der Clubtisch samt der drei Sessel, vier Fenster, sein Schreibtisch – mehr nicht. In diesem wirklich großen Büro. Das hat er gewollt; und zwar genau so.*

„Wie ging das eigentlich, unbemerkt am Tresen meiner Sekretärin vorbeizukommen?", will Wolff noch schnell wissen, bevor er sich zum Aufbruch bereit macht. „Unbemerkt?", grinst Roda Roda und zieht fröhlich die Augenbrauen derart nach oben, dass ihm sein Monokel vom linken Auge fällt. Er kennt seine Unwiderstehlichkeit, wenn er mit dieser Aura des Literaturstars und nicht zuletzt diesem Schelmenblick mit der Damenwelt flirtet. Natürlich sind es auch die Geschichten, die sich um diesen Mann ranken. Geschichten, die selbst die sonst so strenge Sekretärin Wollfs ins schwelgerische Schwärmen bringen. Die Liebesaffäre mit der wesentlich älteren Schauspielerin Adele Sandrock vor etlichen Jahren zum Beispiel. Da übersehen die Damen offenbar auch das schon ziemlich lichte Dichterhaar. Wolff schüttelt derweil fast schon väterlich den Kopf. „Ich ziehe mich nur schnell um", sagt er. Und öffnet die schmale, beinahe zu übersehende Tür hinter seinem Schreibtisch. Das Büro hat insgesamt drei Türen: die im Bücherregal, die ins Besprechungszimmer der Redaktion führt, durch das Wolff auch muss, wenn er zu seinem Stellvertreter will. Dann die große wuchtige Tür aus dunklem Holz hinaus in den Vorraum mit seinem wie ein Schachbrett aus hellen und dunklen Trapezen anmutenden Fußboden, wo das Sekretariat – eigentlich – darauf achtet, wer in die fast schon heiligen Hallen der Redaktion darf und wer abgewiesen wird. Und dann eben noch die besagte unscheinbare Tür hinterm Schreibtisch. Die führt in Wollfs Privaträume. Ein Raum zum Frischmachen. Und gleich daneben ein gemütliches Zimmer, in dem Wolff mit guten Bekannten an einem gemüt-

lichen Rauchtisch beim Philosophieren schon mal auch den einen oder anderen Cognac genießt. Und wo auch der Schrank mit Wollfs Wechselanzügen und -hemden steht. Roda Roda staunt: „Hier kannst du ja sogar mal nach einem Streit mit deinem Hannele für ein paar Tage unterkommen." Er grinst. Und weiß natürlich, dass Wollf keinen einzigen Tag ohne seine Frau aushalten würde. „Verliebt wie am ersten Tag", kommentiert er schmunzelnd den strafenden Blick Wollfs. Der prüft zwei der zahlreichen Cognac-Flaschen, entscheidet sich dann für den aus Asbach, weil ihm diese grandiose Werbeanzeige einfällt, die mit dem einige der Flaschen inspizierenden „Alten Fritz". Das ist natürlich historischer Blödsinn, aber grandios werbewirksam, findet er. Auch, dass dort vor einigen Jahren der deutsche Begriff Weinbrand erfunden wurde, imponiert Wollf ungemein. Sie stoßen an.

Wollf wechselt das Jackett; dann tauchen sie ein ins fröhliche Kneipenleben der nahen Prager Straße mit ihren zahlreichen Kabaretts, Musikkneipen und Edelrestaurants. Es wird ein langer Abend mit guten Gedanken, guten Weinen und später sogar schlechten Witzen.

Und natürlich wird irgendwann am schon ziemlich späten frühen Morgen auch die Rede auf München kommen. Ja, dieser windige Roda Roda bringt eben auch diesen Hauch der guten alten Münchener Tage – und vor allem Nächte – mit nach Dresden. Denn seit ein bisschen mehr als fünf Jahren wohnt er nun dort; an der Isar. Und Wollf träumt sich an der Elbe gern zurück in diese anregenden Runden aus jungen Literaten und Schauspielern, die allesamt nur ein Ziel hatten: berühmt zu werden … Ihm ist fast ein bisschen nach Heimweh, wenn gute Freunde von München erzählen. Obwohl Wollf hier in Dresden längst nicht minder illustre Runden erlebt – und nicht selten selbst organisiert.

Wollf – und die schwierige Stadt Dresden

Journalisten-Getuschel

Dieser Juni 1928 will sich offensichtlich von seiner besten Seite zeigen. Die Nachmittagssonne taucht Dresden in grelles, fast euphorisierendes Licht, der Himmel ist so blau wie auf den Ansichtspostkarten, die mühsam nachkoloriert in den Innenstadtgeschäften auf die Touristen warten. Nur ein paar weiße Schäfchenwolken stören diese Idylle in Azur. Nein, sie stören sie nicht wirklich. Ein laues Lüftchen sorgt für angenehme Erfrischung, was auch diese Handvoll Dresdner Journalisten hier ein wenig durchatmen lässt. Sie stehen mitten im Zwinger – dem barocken Kleinod im Herzen der Altstadt, das Sachsens Prunkfürst August der Starke nach dem Vorbild französischer Lustschlösser erbauen ließ. Ursprünglich einfach nur zum Feiern für den Besuch des Dänenkönigs 1709 in Dresden errichtet, konnte August hier seiner Partysucht so richtig die Sporen geben. Eine teure Sucht. Doch gerade dieser Sucht verdankt Dresden letztlich sein barockes Gesicht, seinen Charme und seine Anziehungskraft. Und weil der barocke Glanz des Zwingers immer mal poliert werden muss, gibt es kunstfertige Handwerker, die sich in der sogenannten Zwingerbauhütte um Reparaturen kümmern. Erst vor vier Jahren – 1924 also – war die Zwingerbauhütte wieder ins Leben gerufen worden. Die Dresdner Architekten Oscar Kramer, Hubert Ermisch und Georg Wrba hatten damals den Auftrag bekommen, den Zwinger wieder in alter Schönheit herzustellen. Erste Erfolge sind längst sichtbar, auch wenn die Sanierung des Zwingers auf mindestens zehn Jahre veranschlagt ist. Nun sind die Journalisten eingeladen, damit sie den Dresdnern erklären können, warum ein nicht unerheblicher Teil ihrer Steuern hierherfließt.

Zwei der Journalisten zieht es anschließend nicht gleich in die stickigen Redaktionsstuben zurück. Sie wollen diesen herrlichen Sonnentag noch ein wenig genießen. Im Zwinger gibt es dazu beste Möglichkeiten. So lockt hinterm Wallpavillon das erst frisch restaurierte Nymphenbad mit seinen filigranen Sandsteingestalten – den steinernen Nymphen – rings um einen beruhigend plätschernden Brunnen. Die beiden Journalisten – Rudolf Sparing vom Dresdner Anzeiger *und Paul Müller von den* Neuesten Nachrichten *– lassen sich von dieser kühlen Ruhe locken. Sie steigen die Stufen hinunter, und es scheint, als seien sie hier unten plötzlich in einer anderen Welt. Fern des Lärms quietschender Straßenbahnen und rumorender Automotoren, die am nahen Postplatz eine nervende Großstadt-Symphonie aufführen.*

Man kennt sich. „Dein Chef dürfte ja nun bald mit einem Heiligenschein durch die Redaktion schweben", frotzelt Rudolf Sparing vom Anzeiger. *Und spielt dabei auf das vor ein paar Tagen in beinahe jeder deutschen Tageszeitung erwähnte 25. Dienstjubiläum Julius Ferdinand Wollfs als Verleger an. „Er ist ja mit Lob und Ehrfurcht so überflutet worden, dass er fast ertrunken wäre", setzt Sparing nach. Auch Paul Müller muss schmunzeln: „Er ist jetzt noch ein bisschen wichtiger, als er es vorher schon war", sagt er. Jetzt mit breitem Grinsen. Denn bei aller ehrlichen Achtung, die Müller seinem Chef entgegenbringt, so geht ihm doch dessen hin und wieder durch die Redaktion polternde Überheblichkeit mehr und mehr gegen den Strich. „Aber er ist glücklicherweise ein viel beschäftigter Mann", Müller kann sich ein Lachen nicht verkneifen. „Ja, ja, man hat's gelesen", pflichtet ihm der Kollege vom* Anzeiger *bei: „Manchmal glaubt man ja, Wollf muss einen Doppelgänger haben, um bei allen Sitzungen der Vereine und Verbände dabei sein zu können." Die beiden setzen sich auf den sandsteinernen Brunnenrand und lassen sich ein paar Augenblicke vom funkelnden Tanzen der Sonnenstrahlen auf den sachten Wellen des Brunnenwassers verzaubern. „Man kommt mit ihm aus", will Müller dann doch nicht allzu viel Kritik zulassen. „Er ist eben sehr belesen und anspruchsvoll, ich glaube, es schadet nicht, wenn ein Chef so ist." Müller meint das wirklich ehrlich. „Aber es ist schon auch ganz angenehm, wenn Wollf mal anderweitig zu tun hat", beeilt er sich dann doch. „Wir spötteln ja auch in der Redaktion hin und wieder und stellen für Wollf einen Wochenterminplan zusammen", witzelt Müller weiter. Mit einem fast schon hinterhältigen Grinsen springt er plötzlich auf und ruft dem vermeintlich anwesenden Wollf zu: „Montagmorgen Redaktionssitzung, anschließend pünktlich 13.30 Uhr Mittagessen mit Ihren Freunden vom Rotary-Club; das zieht sich hin, bis in den späten Nachmittag." Paul Müller geht zu einer der steinernen Nymphen hinüber, greift mit gespielt lüsternem Blick an die nackte Brust der Figur und kräht hämisch: „Nein, Herr Wollf, dafür ist jetzt keine Zeit! Denn Montagabend warten stets die Herren vom Verein sächsischer Industrieller auf Sie." Er setzt sich wieder neben Sparing auf den Brunnenrand. Und fährt mit wichtiger Miene fort: „Dienstagvormittag Besuch einer Theaterprobe, anschließend Mittagessen mit Ihrem Vetter Karl Wollf, dem Dramaturgen des Schauspiels. Aber nicht zu lange, denn am Nachmittag wird der Verleger Wollf als Vorstandsmitglied des Vereins für das Deutsche Hygiene-Museum bereits zur Vorstandssitzung erwartet." Müller zeigt wieder lüstern blickend auf die steinernen Nymphen ringsum: „Nein, auch heute Abend wird es spät: der Landesverband sächsische Presse tagt." Rudolf Sparing plätschert mit der Hand im kühlen Brunnenwasser und blinzelt ein wenig geblendet in die Sonne. Müller lässt sich derweil nicht bremsen: „Wir sind beim Mittwoch, Herr Wollf, und da heißt es: Zugfahrt nach Berlin. Der erste stellvertretende Vorsitzende des Verlegerverbandes – das sind Sie, Herr Wollf – wird zur Versammlung dringend erwartet. Und am Abend halten Sie dann gleich noch einen Vortrag vor Berliner Reichstagsabgeordneten zum Thema ‚Freiheit der Presse – ihre Voraussetzungen und ihre Grenzen', es wird wieder spät." Müller simuliert ein Gähnen und spielt den Müden: „Donnerstagmorgen Ankunft Dresden-Neustadt, gemeinsames Frühstück und anschließende Debatte im Verein sächsischer Zeitungs-Verleger in einer Gaststätte gleich am Schlesischen Platz vorm Bahnhof. Dann gemeinsames Mittagessen. Nachmittags Vorbereitung eines Referats, das Sie, Herr Wollf, auf der von Ihnen selbst mit organisierten Presse-Ausstellung* Pressa *in Köln halten sollen. Thema des Vortrags: Nutzung ausländischer Agenturmeldungen. Übrigens ein gut gewähltes Thema, Herr Wollf! Schließlich sind Sie ja auch der Vorsitzende des Fachausschusses für Zeitungswesen der Ausstellung." Paul Müller springt wie ein kleiner Gummiball auf, stürmt aufgeregt auf eine der Nymphen zu, umarmt sie und schauspielert, weggerissen zu werden. Theatralisch ruft er dazu: „Nein, Herr Wollf, noch immer keine Zeit für solche Nebensächlichkeiten! Sie müssen nach Breslau – dort tagt heute die*

Reichsarbeitsgemeinschaft der deutschen Presse. Sie wissen doch, Herr Wolff, Sie sind stellvertretendes Präsidiumsmitglied ...“ Rudolf Sparing macht jetzt ein mitleidiges Gesicht und zeigt ebenfalls auf die steinernen Nymphen: „Jetzt ist Sonnabend, Zeit für die Liebe!“ Aber Paul Müller kennt kein Erbarmen: ‚Nein, heute kommt Wolfgang Huck, der Besitzer der Dresdner Neuesten Nachrichten, *um Wolff inbrünstig zu gratulieren, was unter seiner Regie und natürlich auch täglichem Mittun für eine wunderbare Zeitung produziert wird!“ Beide können sich vor hämischer Schadenfreude kaum noch halten. Aber ein Blick auf die Uhr verrät: Es wird Zeit.*

Wollf stellt die *DNN*-Uhr neu

Ein Fan gewerkschaftlicher Errungenschaften der Neuzeit, wie familienfreundlichen Arbeitszeiten, wäre Wollf wohl nicht. Jedenfalls nicht in eigener Sache. Wie – so fragt sich der staunende Betrachter mit Blick auf all die Mitgliedschaften und Aufgaben, die Wollf parallel absolvierte – wie konnte er eigentlich dann noch sein Blatt leiten? Konnte er es überhaupt noch? Die Antwort bei Netzwerker Wollf liegt auf der Hand: Er hatte natürlich auch in seinen *DNN* ein Netz geknüpft. Eines, das von Leuten gespannt wird, die Wollf in Verlag und Redaktion geholt hat und auf die er sich verlassen kann. Leute, die wie die Räder eines Uhrwerks ineinandergreifen. Die Bauteile müssen dabei unbedingt passen, wenn die *DNN*-Uhr richtig ticken soll. Wollf fällt mit den Jahren – abgesehen natürlich von den Theaterrezensionen im Feuilleton – journalistisch immer weniger auf, doch durch seine Personalpolitik prägt und führt er das Blatt dennoch. Außerdem liest – und kontrolliert – er die wichtigsten Texte vorm Druck. Und er gibt die Richtung vor. Allerdings stöhnt Wollf mitunter über die Last all seiner Aufgaben. So schreibt er beispielsweise im März 1927 in einem Brief[390] an den Zeitungswissenschaftler Emil Dovivat, er sei *„gegenwärtig in einer kaum mehr erträglichen Weise mit journalistischer, verlegerischer und ehrenamtlicher Arbeit überhäuft“* ... Deshalb könne er Dovivats neues Buch – das gerade per Post gekommen war – auch erst später lesen, entschuldigt er sich gleich noch. Es waren wie erwähnt die 1920er Jahre, in denen Wollf nicht nur auf so ziemlich jedem Parkett des Landes tanzte, sondern dort auch zahlreiche Noten zur Musik beisteuerte. Auch journalistische. Denn bis 1933 beriet Wollf „nebenher“ beispielsweise noch die Tageszeitung *Hamburger Fremdenblatt*. Mit Zustimmung des *DNN*-Besitzers Wolfgang Huck selbstverständlich.[391] Selbst wenn der Begriff „Burn-out“ damals noch unbekannt war – er schwebte wohl längst drohend über Wollf.

Wollf hatte jedenfalls eine klare Vision, mit der er 1903 nach Dresden gekommen war. Eine konkrete Vorstellung, wie diese *DNN* nun seine *DNN* werden sollten. Die damalige *DNN*-Redakteurin Silvia Brand beschreibt das später so: *„Zwei Wochen nach Übernahme der Zeitung beschied mich Herr Wollf in das bekannte*

Redaktionszimmer. Er hatte an den Dresdner Neuesten Nachrichten *mancherlei zu tadeln, er hielt sie nach Form und Inhalt für kleinstädtisch. Ich gestattete mir einen wohlgemeinten Rat, merkte aber sofort, daß ein solcher nicht willkommen war. (…) Nicht ohne Sorge sah ich der Umwandlung des mir lieb gewordenen Blattes entgegen. Sie ließ nicht auf sich warten. Ob sie dem Verlag zum Vorteil gereicht, wird die Zukunft lehren.*" Wolff hat ein Bild – und sucht nun die dazu passenden Puzzleteile, um es zusammensetzen zu können. Und er hat Erfolg; die *Neuesten Nachrichten* bleiben unter ihm nicht nur Dresdens absoluter Marktführer, sondern werden es auch in ganz Sachsen, indem sie einen Abonnentenrekord nach dem anderen knacken. Wobei er nicht nur journalistisch erfolgreich ist – auch als Verlagschef trägt er das Blatt 30 Jahre lang erfolgreich über all die sich auftuenden politischen und wirtschaftlichen Gräben: Erster Weltkrieg, Weltwirtschaftskrise samt Inflation, die politisch instabile Weimarer Republik … Auch auf diesem Gebiet war Wolff also durchaus ein Glücksfall für das Blatt. Er verstand es, seine persönlichen Beziehungen im gesellschaftlichen Leben – nicht nur Dresdens – auch für den wirtschaftlichen Erfolg seiner *DNN* zu nutzen.

Außerhalb der Redaktionsräume wird aber vor allem sein journalistisches Konzept spürbar: Dresden für die Welt zu öffnen, indem er der Welt die Zeitungsspalten seines Blattes öffnet. Zunächst mit kulturellem Weitblick – im wörtlichen Sinn. Mit dem Blick auf andere Theaterstädte zum Beispiel oder durch Korrespondenzen aus dem Ausland. Und im sprichwörtlichen Sinn: nach und nach in allen redaktionellen Teilen des Blattes mit Blicken durch die Augen kluger Köpfe. Er will kräftig lüften in den aus seiner Sicht nicht nur räumlich viel zu engen Zimmern der Redaktion an der Pillnitzer Straße. Er holt die passenden Leute an sein Blatt, die ihre klugen Gedanken in die politischen und kulturellen Diskussionen der Stadt einbringen. Und ihre eigenen Netzwerke haben, die Wolff nun geschickt in seine Beziehungsgeflechte einwebt.

Wollfs Verdienst ist zudem die gewonnene optische Übersichtlichkeit in den *Neuesten Nachrichten*. Und er weiß, dass es für das Blatt an der Zeit ist, sich auch politisch zu entscheiden. Es ist nicht mehr möglich, sich wie bisher tänzelnd nach beinahe allen politischen Rhythmen zu bewegen. Wolff setzt auf den Liberalismus. Einen mit kräftig leuchtend nationalem Anstrich. Das politische Pferd, das er den *Neuesten Nachrichten* in den Stall stellt, stammt dabei sozusagen von Wollfs eigener Koppel. Es ist seine politische Sicht, mit der das Blatt nun auf die Entwicklungen in Deutschland und der Welt blickt. Und dass sich die Zeitung in diesen zunehmend politisierten Zeiten trotzdem nie verbiegen muss, dafür sorgt ein wirtschaftlich gesundes Rückgrat des Verlags. Auch für diese Unabhängigkeit sorgt Wolff – als Verleger. Und er holt sich auch hier einen Mann an seine Seite, auf den er sich hundertprozentig verlassen kann: Seinen Bruder Max Wolff, der seit 1905 die Fahrt des Schiffes *DNN* als Prokurist auf der Kommandobrücke des Verlags steuert.

Die *Neuesten Nachrichten* spielen in Julius Ferdinand Wollfs 30 Dresdner Zeitungsjahren in jedem Fall die Hauptrolle in der sächsischen Hauptstadt. Mit der Wucht ihrer über 130 000 Käufer souffliert sie die Gedanken auf die Bühne der Stadt. Nur eines bleibt „Regisseur" Wollf dabei versagt: Es gelingt den *DNN* trotz aller Weltoffenheit in den Druckspalten, trotz allen Einflusses auf die Meinung in Dresden und trotz der höchsten Auflage in ganz Sachsen dennoch nie, wirklich überregionale Bedeutung zu erlangen. Wobei das Wollf selbst durchaus anders sieht. Zum einen, weil er ja 1903 mit genau diesem Anspruch nach Dresden gekommen war – zum anderen, weil er sicher seine eigene, ja tatsächlich herausragende Rolle in der deutschen Verlegerschaft vom Anspruch her auch auf sein Blatt überträgt. Diese Diskussion scheint also durchaus ein eigenes Kapitel wert zu sein.

Wollfs *DNN* – beachtet, aber auch überregional bedeutsam?

Die *Neuesten Nachrichten*, so viel steht fest, werden unter Wollf durchaus zu einer überregional beachteten Zeitung. Aber waren sie deshalb auch überregional bedeutsam? Beachtung oder Bedeutung? Wortklauberei? Vielleicht hilft ein Wortspiel: Es ist durchaus von Bedeutung, ob eine Zeitung beachtet wird, und es ist beachtlich, wenn sie dazu noch bedeutsam ist. Beachtet wurden die *Neuesten Nachrichten* in jedem Fall. In Dresden sowieso, aber auch weit über Sachsen hinaus. Vor allem in Künstlerkreisen hatte das Blatt einen ausgezeichneten Ruf, was nicht zuletzt an Wollfs oft auch persönlichen Beziehungen zu renommierten Autoren und Verlegern wie S. Fischer gelegen haben dürfte. So konnte Wollf wie erwähnt regelmäßig „Promis" der Literaturszene auf seinen Zeitungsseiten begrüßen. Was ganz offenbar auch von kunstinteressierten Lesern außerhalb Dresdens honoriert wird. Darauf lässt zumindest ein Brief Wollfs an seinen Dichterfavoriten Gerhart Hauptmann schließen. Mitte Februar 1931 bittet Wollf darin Hauptmann um einen Text oder auch Gedichte für die Festbeilage der *Neuesten Nachrichten* zu Ostern. *„Es würde uns freuen, Sie vertreten zu sehen. Wenn Sie keine neue Arbeit geben können, so kommen auch Zweitdrucke in Betracht, falls der Beitrag nicht schon in einer Buchausgabe, in* sächsischen oder Berliner Blättern, oder in verbreiteten Zeitschriften erschienen ist."[392] Liebhaber der *DNN*-Literaturbeilage und des Feuilletons des Blattes wohnen also offenbar auch in Berlin.

Wer interessante, authentische und fundierte politische Beiträge sucht, auch über Dramen, die sich auf der weltpolitischen Bühne abspielen, ist ebenfalls bei den *Neuesten Nachrichten* bestens aufgehoben. Denn Wollf bietet regelmäßig durchaus prominente Politikexperten und bekannte ausländische Insider auf, wenn es die Themen erfordern. Was ja seiner Idee einer gut gemachten Zeitung entspricht: neben ausgebildeten Journalisten auch Spezialisten schreiben zu lassen. Zwei kurze Beispiele: So taucht unter anderem 1911 der Name J. A. Spender über Beiträgen aus London auf. John Alfred Spender war zu dieser Zeit einer der bekanntesten Londoner Journalisten. Zwischen 1896 und 1922 leitet er das renommierte Blatt *The Westminster Gazette*. Viel namhafter geht es in diesen Jahren in Sachen England also kaum. Und als Reichskanzler Heinrich Brüning im Januar 1931 Ostpreußen besucht, gewinnen die *DNN* im Vorfeld den damals als einen der profundesten Kenner der ostpreußischen Verhältnisse geltenden Staats- und Rechtswissenschaftler Fritz Julius Litten. Er lehrte sowohl an der Universität als auch an der Handelshochschule in Königsberg und stieg 1925 zum Rektor der Universität auf. Litten schreibt für die *Neuesten Nachrichten* eine mehrteilige Reihe über die *„politische, wirtschaftliche und kulturelle Lage Ostpreußens“*. Die *DNN* hatten bei der Wahl ihrer Autoren das, was man ein Händchen nennt. Zudem besaß das Blatt den Mut, durchaus namhafte – vor allem ehemalige – politische Akteure aus deren Ländern berichten zu lassen; auch mal gegen den Strich gebürstet. Aber stets mit einer klaren Haltung. Die Wollfs Haltung entsprach.

Ein interessantes Puzzleteil ist zudem, dass die *Neuesten Nachrichten* regelmäßig von ausländischen Blättern zitiert werden, wenn es um überregional interessante Ereignisse aus Sachsen oder Deutschland geht. Als die *DNN* im Oktober 1912 zum Beispiel über die Unzufriedenheit des deutschen Kaisers mit dem Fortschritt des deutschen Flugwesens berichten, „fliegt“ diese Nachricht sogar über den „großen Teich“ bis in den US-Bundesstaat Pennsylvania. Die dortige *Pittsburgh Daily Post* greift das Thema mit Verweis auf die *DNN* in einem kleinen einspaltigen Beitrag[393] auf. Und als die *Los Angeles Times* im Juni 1918 über eine schwere Lebensmittel-Versorgungskrise in Deutschland berichtet,[394] verweist sie ebenfalls auf Meldungen aus den *DNN*. Im Dezember 1929 zitiert *The Guardian* aus London sogar, was die *DNN* über ein Treffen europäischer Banker, Unternehmer und Politiker im schweizerischen Locarno berichten.[395] Dort war über Vereinfachungen beim internationalen Handel diskutiert worden. Es wird deutlich: Als seriöse Quelle sind die *DNN* ganz offensichtlich international gefragt.

Dennoch: Haben die *DNN* überregional beachtet politische Themen selbst gesetzt? Debatten ausgelöst, die ganz Deutschland ergriffen? Wie es einigen Berliner Blättern regelmäßig gelingt? Dem *Berliner Tageblatt* zum Beispiel, das sich nach einer immer deutlicher werdenden Kriegsmüdigkeit der Deutschen im Sommer 1916 als erste Zeitung in Deutschland wagte, öffentlich über die Richtigkeit der Ziele dieses Krieges nachzudenken. Daraufhin war die *Tageblatt*-Ausgabe vom 28. Juni 1916 beschlagnahmt worden. Zudem durfte die Zeitung Anfang August eine Woche lang gar keine Exemplare ausliefern.[396] Der bis 1917 regierende Reichskanzler von Bethmann Hollweg untersagte außerdem sämtlichen Regierungsstellen, mit dem *Berliner Tageblatt* zusammenzuarbeiten.[397] Nein, solche aufsehenerregenden „Meriten“ verdiente sich Wollfs Blatt nicht. Generell nahm man überregional – abseits der engen kulturellen Zirkel – nur wenig Notiz von den *DNN*. Ein Fakt, den wie erwähnt auch die spätere *DNN*-Autorin Louise Straus-Ernst aus Köln beschrieben hatte, die sich Mitte der 1920er Jahren über den Tipp eines befreundeten

Pressezeichners gewundert hatte, sie solle sich doch mal als freie Mitarbeiterin bei den ihr bis dahin völlig unbekannten *Dresdner Neuesten Nachrichten* bewerben.

Dabei war Wolff durchaus das, was man heute einen „Trendsetter" nennen würde. Er setzte tatsächlich Trends mit seinem Blatt. Öffnete wie beschrieben zum Beispiel als einer der ersten Verleger überhaupt seine Zeitung dem Thema „Medizinische Aufklärung" – und zwar so, dass es sich um wirklich seriöse, fundierte Aufklärung handelte. Mit Beiträgen von Medizinern. Aber dennoch, weit über Dresden hinaus donnernde journalistische Paukenschläge konnten die *DNN* im Orchester deutscher Zeitungen nicht erschallen lassen. In Dresden allerdings hatte das Wort der *Neuesten Nachrichten* wie gesagt Gewicht. Wolff öffnete mit seiner Zeitung kleinen und vor allem großen Ideen die Türen – wie dem Hygiene-Museum. Er stellte sich wie erwähnt mutig vor ebenso mutige Theaterstücke. Zumindest das fand auch außerhalb der Landeshauptstadt Beachtung.

Aber auch, wenn Wolff im September 1918 in seinem Rückblick auf 25 Jahre *DNN* davon schreibt, die Zeitung habe viele Leser auch weit außerhalb Dresdens. Man habe sogar wegen der aktuellen, kriegsbedingt grassierenden Papierknappheit 10 000 Abonnenten von außerhalb abweisen müssen.[398] Es bleibt trotzdem dabei: Sowohl der genetische Code der *DNN* als Generalanzeiger mit einem umfangreichen Lokalteil als auch der Inhalt und die daraus erkennbare Zielgruppe der Anzeigen im Blatt belegen überdeutlich, dass eine echte Verwurzelung der *Neuesten Nachrichten* mit Dresden zu verzeichnen ist.[399] Das Interesse an Inhalten der *DNN* war sicher auch außerhalb Dresdens vorhanden, aber sich wirklich bedeutend einmischen konnten sich die *Neuesten Nachrichten* nur in der Elbestadt selbst. Da hilft es auch nicht, dass neben dem Zeitungskopf auf der ersten Seite in den Jahren um 1910 Abopreise für Österreich-Ungarn oder die deutschen Kolonien abgedruckt werden. Anfang 1911 zum Beispiel kosten die *Neuesten Nachrichten* in Österreich-Ungarn monatlich 1,60 Mark, im Quartal 4,97 Mark. Wesentlich günstiger ist es da für Abonnenten in den deutschen Kolonien. Dort kommen die *DNN* per Postbezug für 84 Pfennige pro Monat oder für 2,52 Mark im Quartal zu ihren Lesern. Zum Vergleich: In Dresden kosten die *Neuesten Nachrichten* damals 60 Pfennige monatlich und im Quartal 1,80 Mark.[400]

Dass die Zeitung aber zumindest sachsenweit dennoch durchaus beachtet wurde, zeigt sich im Übrigen beim Festempfang zum 25. *DNN*-Jubiläum am 9. September 1918 im Haus der Dresdner Kaufmannschaft. Wobei das Blatt deutlich macht, dass man diese Feier bewusst *„in schlichter und würdiger Weise, wie die Tage des Krieges es fordern"*, begehen wollte. Trotzdem finden sich auf der Gästeliste unter anderem zahlreiche sächsische Minister, die Chefetage des Verbandes Sächsischer Industrieller, Vertreter des Wollfschen Telegraphenbureaus, der Vorsitzende des Landesverbands der sächsischen Presse, der Chef des Vereins sächsischer Zeitungs-Verleger, die Direktoren des Hoftheaters, des Albert- und des Residenztheaters –

sowie neben dem preußischen Gesandten Graf von Schwerin auch der österreichisch-ungarische Gesandte Baron von Braun.[401] Letztlich sind es aber dann doch fast ausschließlich einheimische Größen, die sich zum durchaus ernst gemeinten Lobhudeln ans Rednerpult stellen. So sprechen Sachsens Staatsminister und Präsident der Ersten Kammer des Landtags Graf Vitzthum von Eckstädt, Hoftheaterintendant – und enger Wollf-Freund – Graf von Seebach und natürlich auch Dresdens Oberbürgermeister Bernhard Blüher.

Beim Thema „Beachtung" ist natürlich unbedingt ein Blick in die am 7. September 1918 gedruckte Festbeilage zum 25. Jubiläum der *Neuesten Nachrichten* zu werfen. Hier sind zum Beispiel mit Stefan Zweig, Gerhart Hauptmann und dem literarischen Strippenzieher und Wollf-Freund Felix Salten europaweit wichtige Literaten zu finden. Herbert Eulenberg, einer der damals meistaufgeführten deutschen Theaterdichter und ebenfalls ein enger Wollf-Vertrauter, schreibt sogar eine kleine Ode *An die Dresdner Neuesten Nachrichten*. Dass die beiden eine enge Freundschaft verband, zeigt nicht nur der Fakt, dass die Wollfs Eulenberg in ihrem Testament bedenken werden.[402] Eulenberg studierte in Wollfs langjähriger Wirkungsstätte München, und als Wollf 1901 in Berlin sozusagen „freiberuflich" Kabarett spielt, ist auch Theatermann Eulenberg in der deutschen Hauptstadt aktiv.[403] In München oder Berlin werden sie sich also über den Weg gelaufen sein, Theaterkritiker Wollf und Stückeschreiber Eulenberg – und spätestens während Wollfs Dresdner Zeit werden sie sich dann lesbar sympathisch. Eulenberg schreibt all die Jahre regelmäßig für die *DNN*. Eigene Geschichten, aber auch Porträts. Ende Oktober 1909 zum Beispiel porträtiert er gleich auf der ersten Seite den Dichter Jean Paul. Während Publikum und Presse Eulenberg in Berlin zerreißen, jubelt ihm Dresden zu, was er dann auch dankbar in die Festbeilage der *Neuesten Nachrichten* 1918 diktiert: *„(...) Und des andern Tags, da von Berlin ich / Haß und Hohn und Feindschaft nur gewöhnt war, / Die sich in den Blättern auf mich stürzte, / Rief mir hier die Presse ein Willkommen! / Seit den Tagen weil' ich gern in Dresden, / Lieb' ich diese Stadt und ihre Menschen, / Mehr von Jahr zu Jahr, und wie geborgen (...) / Dankend schick' ich meine schönsten Grüße / Für die Zeitung, die mit mir gealtert / Und doch jung geblieben wie der Tag. (...)"* Wollf lässt seine Leser also nicht nur in die weite Literaturwelt reisen, sondern die namhaften Literaten blättern ganz offensichtlich ebenfalls gern in den *Neuesten Nachrichten*, deren Redaktionstür Wollf für sie auch extraweit geöffnet hat. Als Blatt für kluge Zeilen sind die *Neuesten Nachrichten* in klugen Runden tatsächlich deutschlandweit gefragt – aber wirklichen Einfluss, nein, den haben die *DNN* bei den Themen „Kultur" und „Literatur" außerhalb Dresdens dann doch nicht.

All das schmälert die Leistung Wollfs in keiner Weise! Die schon beschriebene grandiose Literaturbeilage der *Neuesten Nachrichten* ist ein echtes kulturelles Schwergewicht. Seine „Bildungsarbeit" für die Leserschaft ist wahrlich nicht zu unterschätzen – neben der Kultur auch auf politischem und nicht zuletzt medizinisch-hygienischem Gebiet. Vielleicht hat Wolff einfach nur das Pech, dass die sächsische Hauptstadt zu dieser Zeit nicht zu den politischen Hauptdarstellern auf der deutschen oder gar europäischen Bühne gehört? Kein Vergleich mit Berlin – oder dem nicht weit von Dresden entfernten Prag. Dort erscheinende – gut gemachte – Blätter gehören auch wegen der Bedeutung dieser Städte zu den einflussreicheren Zeitungen.

Dresden – ein besonderer Pressestandort

Das noch ein wenig Schwung holende Dresden hatte dennoch einen sehr bewegten Pressemarkt. In den griff nun der junge Julius Ferdinand Wolff ein. Als 32-Jähriger – damals im August 1903. Und es war nicht nur ein bewegter, sondern auch ein besonderer Zeitungsstandort. Ein für Journalisten durchaus reizvoller. Denn hier gab es etwas, was es im von Dresden stets ein wenig – natürlich nur heimlich! – bewunderten Leipzig nicht mehr gab: Konkurrenz. In Dresden ging es noch darum, hier und da der Erste zu sein, oder der Tiefgründigste, der Bestinformierte. Und hier gab es auch noch Vielfalt; während es in Leipzig – spätestens nach 1918 – eine regelrechte Verarmung auf dem Pressemarkt gegeben hatte.[404] Auch wenn es in Leipzig mit der im Oktober 1894 gegründeten *Leipziger Volkszeitung* eines der prominentesten und wichtigsten Blätter der deutschen Sozialdemokratie gab. Aber deren Auflage war mit rund 50 000 in den Jahren vor dem Ersten Weltkrieg im Vergleich zu Dresdner Zeitungsverhältnissen für einen Marktführer – zumindest einen politischen Marktführer – eher bescheiden. Denn selbst Dresdens Nummer zwei – der *Dresdner Anzeiger* – konnte beispielsweise kurz vor Kriegsbeginn 1914 mit durchschnittlich 54 000 Exemplaren aufwarten.[405] Und sogar die *Dresdner Nachrichten* hatten mit ihren rund 35 000 täglich verkauften Zeitungen sozusagen fast Blickkontakt zur *LVZ*-Auflagenhöhe. Ein echtes Zeitungsschwergewicht war hingegen Leipzigs führendes bürgerliches Blatt; die *Leipziger Neuesten Nachrichten*. Die 1860 gegründete Zeitung verkaufte um 1900 zwar nur knapp 35 000 Exemplare am Tag – als die *DNN* schon auf die Marke von 100 000 zusteuerten. Aber kurz vor dem Ersten Weltkrieg kletterte die Auflage der *LNN* auf über 100 000; und in den 1920er Jahren wird das Blatt dann mit bis zu 160 000 Exemplaren – zumindest an Sonntagen – ein echter Renner.[406] Zumindest sonntags mehr verkaufte Zeitungen als die *DNN* also? Das Ganze relativiert sich beim Blick auf den eher übersichtlichen Leipziger Pressemarkt allerdings schnell wieder: Am Ende des Ersten Weltkriegs gab es in der Pleißestadt zwar noch fünf bürgerliche Blätter – aber dem erwähnten „Auflagenriesen" *Leipziger Neueste Nachrichten* standen eben vier Zeitungen mit nur kleiner und sehr kleiner Verbreitung gegenüber. Die fielen also wirklich nicht ins journalistische Gewicht. Bis 1926 wurden diese vier Blätter dann auch fast folgerichtig zur *Neuen Leipziger Zeitung* vereinigt. Unter kräftiger Hilfe des Ullstein-Verlags sollte so der *LNN*-Übermacht beigekommen werden.[407] Ein Ziel, das diese *Neue Leipziger*

Zeitung aber nie erreichte. Das Schwergewicht *Leipziger Neueste Nachrichten* boxte im bürgerlichen Segment damit quasi ohne nennenswerte Konkurrenz. Nicht alles war damals also rosig im viel gelobten Leipzig, könnten die Dresdner nun süffisant anmerken.

Eine solche Konzentration gab es in Dresden jedenfalls nicht. Die täglich 130 000 verkauften *DNN* sind also eine echte Hausnummer. Wenn man dazu bedenkt, dass hier gleichzeitig die beiden Konkurrenten *Anzeiger* und *Nachrichten* gemeinsam ebenfalls fast 90 000 Exemplare verteilen können. Zum besonderen Pressestandort Dresden gehört außerdem der Fakt, dass sich hier nach wie vor eine ganze Anzahl von Vorort- und Stadtteilblättern wacker behauptete, die trotz der vor allem 1903 vorangetriebenen Eingemeindungen ihre Leserschaft nicht verloren. Manche sogar erst fanden. Denn in Dresden behielten die einstigen Vororte auch nach der Landung im hungrigen Magen der Großstadt durchaus ihre traditionellen Eigenheiten. Auch mit Blick auf den Geldbeutel der Bewohner und der sozialen Struktur in den jeweiligen – nun – Stadtteilen. Es machte eben einen Unterschied, ob man in einer der neuen, teuren Villen in Strehlen wohnte oder im Arbeiterstadtteil Pieschen. Eine Besonderheit, die auch Wolff bedenken muss, als er sich im Sommer 1903 auf den Weg nach Dresden macht, um die *DNN* umzukrempeln.

Um aber noch einmal auf den in Sachsens Hauptstadt so innig geführten Zweikampf mit Leipzig zurückzukommen: Die Messestadt kann im Vergleich mit Dresden in jedem Fall zeitlich punkten. Denn erst als in Leipzig schon gut hundert Jahre Zeitungen erscheinen, kann die sächsische Residenz ihr erstes Blatt vermelden: Seit 1730 erscheint hier der *Dresdner Anzeiger*. In Leipzig hingegen hatte schon während der Zeit des Dreißigjährigen Krieges der Buchhändler Ritzsch das Privileg, eine Zeitung herauszugeben, so dass in Leipzig 1650 die erste Tageszeitung verteilt wird. Die gleichzeitig auch noch als erste Tageszeitung der Welt gilt. Extrapunkt für Leipzig quasi …

Auch mit Blick auf die Generalanzeiger-Presse hinkt Dresden im Vergleich zu anderen Städten zeitlich hinterher. Mit sieben Jahren Verzug – zumindest mit Blick auf Leipzig – allerdings kaum relevant. 1886 wird der erste *Generalanzeiger für Leipzig und Umgebung* gedruckt, bevor 1893 die *Neuesten Nachrichten* in Dresden als vergleichbares Blatt die Pressebühne betreten. Den Hauptgrund für die vergleichsweise verspätete Entwicklung des Zeitungswesens in der sächsischen Residenz sieht zum Beispiel Herbert Zeißig in einer politischen Entscheidung der sächsischen Regierung. Zeißig hatte sich 1920 in seiner Dissertation mit der Entwicklung des *Dresdner Anzeigers* befasst und zehn Jahre später dann den großen, fast 500 Seiten starken Band zum 200. Jubiläum des *Anzeigers* betreut. Und er sieht den Grund für Dresdens Zeitungsspätstart darin, dass bis 1830 in Sachsen allein die staatliche *Leipziger Zeitung* politische Nachrichten veröffentlichen durfte.[408] Und tatsächlich: Wenn die Nachrichten-Gewichte fehlen, bleibt ja letztlich nur leichte Kost. Aber bei bloßer Unterhaltung ohne politische Nachrichten haben nur wenige Dresdner Interesse an einer Tageszeitung; die obendrein Geld kostet. Zudem war die Stadt noch überschaubar genug, dass sich Unterhaltsames, dass sich der berüchtigte Klatsch auch ohne Zeitung verbreiten konnte. Deshalb bleibt der *Dresdner Anzeiger* fast 150 Jahre lang im Prinzip Einzelkämpfer. Die sächsische Hauptstadt befreit sich erst Jahrzehnte nach Leipzig von der Enge. Gleich gar nicht zu sprechen von Berlin, das in den 1880er Jahren bereits 1,5 Millionen Einwohner hat, während an der Elbe gerade mal 250 000 Dresdner gezählt werden können. So dürfte dieses „Hinterherhinken" Dresdens auf dem Zeitungsmarkt wohl nicht zuletzt an der verspäteten Industrialisierung der Elbestadt liegen.

Was diesen besonderen Pressestandort Dresden aber vor allem so bemerkenswert macht, ist diese spezielle Leserschaft. Ein besonderer Schlag Mensch im Vergleich zu anderen Großstädten – nicht nur Sachsens. Die folgenden Kapitel sind ein Versuch, das zu erklären.

Die Eisenbahn verschiebt Dresden

Mit der richtigen Gewichtung hat es die Geschichtsschreibung mitunter offenbar nicht so. Das zeigt zum Beispiel das Jahr 1839, das in Dresden, wenn überhaupt, nur eine Randnotiz ist. Dabei ist es eines der entscheidendsten Jahre an sich. *„Das Ungetüm hält die Kühe auf der Weide vom Grasen ab und hindert die Hühner am Eierlegen. Gärten und Felder leiden, Rauch und Dampf verpesten die Luft. Da die schnelle Bewegung Gehirnerkrankungen bei Fahrgästen wie Zuschauern hervorruft, raten die Ärzte vom Eisenbahnfahren dringend ab."*[409] So aphoristisch wird man später die Vorurteile der Dresdner Bevölkerung gegenüber der Eisenbahn beschreiben. Denn am 7. April 1839 macht sich eine dampfende Revolution auf den frisch verlegten Schienenweg: Die erste deutsche Ferneisenbahnlinie wird eröffnet und verbindet fortan Leipzig und Dresden. Ein neues industrielles Zeitalter für Sachsens Hauptstadt. Wobei an dieser Stelle zunächst noch einmal die Dresdner Seele schmerzlich berührt werden muss: Die Eisenbahn hatte sich eben nicht von Dresden aus auf den Weg gemacht, sondern die Bahn bahnte sich von Leipzig her ihren Weg. Der Staats- und Wirtschaftswissenschaftler Friedrich List hatte 1836 zahlreiche Leipziger Unternehmer zur Finanzierung dieser gut 120 Kilometer langen Eisenbahnfernverbindung gewonnen. Und die begriffen schnell die Chance, die sich durch diese zügige Verbindung zwischen der politischen Hauptstadt Dresden und der damaligen wirtschaftlichen und Messemetropole Leipzig bot. Nicht zuletzt, weil Dresden beste Beziehungen ins nahe Polen hatte. Prunkfürst August der Starke war ja wie später ebenso sein Sohn auch König von Polen gewesen. Auch Böhmen und Schlesien waren von Dresden nur den berühmten

Katzensprung entfernt; mit den Metropolen Breslau und Prag. Dresden war also durchaus ein lukratives Ziel für den schnellen Schienenstrang. Doch bei allem Ruhm für Leipzig, die erste deutsche Dampflokomotive – die Saxonia –, die auf dieser Strecke dampfte, hatte wiederum ein Dresdner entwickelt: Andreas Schubert. Punkt für Dresden also im innersächsischen Wettstreit.

Mit dieser Eisenbahnverbindung war jedenfalls der Grundstein für die Treppe gelegt, auf der Dresden nun mehr und mehr dem bis dahin Sachsens Industriespitze bildenden Leipzig hinterhersteigen konnte. Langsam zwar, doch Schritt für Schritt. Bis sich Dresden spätestens in den 1920er Jahren von Leipzig in Bezug auf die Zahl der Industriebetriebe und Arbeitsplätze kaum noch unterschied. Dank der Eisenbahn lag Dresden seit 1839 nun also nicht mehr abseits der großen Handelswege. Und so wächst auch die Dresdner Bahnhofslandschaft. Ein regelrechtes Meer an Gleisen wogt zum Beispiel im neuen Rangierbahnhof in der Friedrichstadt. Dresden wird um 1900 ein echter Eisenbahnknotenpunkt. Auch liegen die zunächst eher am Stadtrand gebauten Bahnhöfe längst mitten in der Stadt. Was allerdings am rasanten Wachstum der Elbestadt zur Elbmetropole liegt. Von 366 440 Einwohnern im Jahr 1895 explodiert Dresden in den zehn Jahren bis 1905 regelrecht, wenn es dann schon 516 996 Einwohner hat.[410] Bei der „Konkurrenz" in Leipzig sind es damals übrigens „nur" 502 570.[411] Heißt, Dresden hatte Leipzig 1905 überholt – wobei die zahlreichen Eingemeindungen im Jahr 1903 mithalfen. Dennoch geht dieser Punkt erneut an Dresden. Und die Leipziger Industriellen waren mit ihrer Eisenbahnentscheidung 1839 nicht unschuldig daran.

Der König als Technik-Enthusiast

Aber nicht nur die Eisenbahn bewegte einiges in Dresden. Auch die Politik hatte sich bewegt. Wenn auch zunächst mürrisch und widerwillig. Dennoch, günstige politische Voraussetzungen für die industrielle Entwicklung verdankt Sachsen – und damit nicht zuletzt auch Dresden – seinem späteren König Friedrich August II. Der hatte bei seiner Geburt im Mai 1797 nicht nur einen der wohl schwierigsten Namen der sächsischen Historie bekommen: Albert Maria Clemens Joseph Vincenz Aloys Nepomuk Johann Baptista Nikolaus Raphael Peter Xaver Franz de Paula Venantius Felix von Sachsen, sondern er bekam offenbar auch ein Faible für den technischen Fortschritt in die reichverzierte Wiege gelegt. Und Mut zu mehr Freiheiten für das Bürgertum. Denn unter seiner Mitregentschaft (er regierte von 1830 bis 1836 zunächst gemeinsam mit seinem Onkel, König Anton dem Gütigen) wurde 1831 die erste sächsische Verfassung verabschiedet, in der sich der König klar den Regeln der sich herausbildenden parlamentarischen Demokratie beugte. Außerdem – was gerade mit Blick auf Dresden als Residenzstadt besonders wichtig erscheint – brachte diese Verfassung den Städten die Selbstverwaltung, mit Stadträten und

Stadtverordneten. Zudem unterstützte Friedrich August II. die Ansiedlung von Industriebetrieben. Sicherlich nicht ganz uneigennützig; immerhin kamen die von den Unternehmen gezahlten Steuern auch dem königlichen Portemonnaie zugute. Gegen Ende seiner Regentschaft galt Sachsen jedenfalls längst als eines der Kernländer der Industrialisierung in Deutschland. Und so könnte man es dann beinahe als bittere Ironie des Schicksals bezeichnen, dass der König am 9. August 1854 in Tirol ausgerechnet an den Folgen eines Verkehrsunfalls verstarb. Auch wenn das Gefährt eine althergebrachte Pferdekutsche gewesen war.

Bis dahin hatte der Sachsenherrscher allerdings in eigener Sache eine Menge Stoff für positive Sätze in den Geschichtsbüchern geliefert: Unter ihm erfolgte die Vereinheitlichung des Steuerwesens, und 1832 wurden der Gewerbezwang und die Fronen aufgehoben. Auch die Einführung einer gesetzlichen Regelung für das Volksschulwesen war 1836 eine der ersten Entscheidungen seiner alleinigen Regentschaft. Zudem ermöglichte er den Eintritt Sachsens in den Zollverein. 1833/34 fielen damit in Mitteldeutschland sämtliche Zollschranken und die wirtschaftliche Eigenbrötlerei der Einzelstaaten – wie Sachsen.[412]

Keine so fortschrittlich-rühmliche Rolle spielte der im Volk beliebte Monarch hingegen in den Wirren der bürgerlichen Revolution 1848/49. Ziel dieses Aufstands war unter anderem die deutsche Einigung. Ein Deutsches Reich sollte her statt der feudalen Kleinstaaterei. Auch wenn dieses Ziel erst über 20 Jahre später erreicht werden sollte, die letztlich auch auf Druck des Königs niedergeschlagene Revolte half dennoch kräftig beim Wandel Dresdens von der provinziellen Residenz zur industriell auftrumpfenden Großstadt. Die Revolution war sozusagen das Ausrufezeichen, dem nun nach und nach der dazugehörige Satz folgte. Die Tür in eine kapitalistische Zukunft stand in Dresden jetzt offen – und schlug nicht wieder zu.

Ein weiterer dicker Brocken Humus für das zwar langsame, aber stetige Aufblühen Dresdens zur strahlenden Blüte in der Industrielandschaft ist die langsam wachsende Ingenieurschule: Aus der am 1. Mai 1828 im Brühlschen Gartenpavillon gegründeten Technischen Bildungsanstalt und deren 1871 erfolgten Umbenennung in Polytechnikum entwickelte sich zunehmend eine Technische Hochschule. Diesen Status erhielt sie dann 1890.[413] Von Polytechnikum und Hochschule werden bald innovative Ideen für Dresdens Industrie ausgehen. Denn hier wird von den Professoren der akademische Nachwuchs für die sich in Dresden ansiedelnden und entwickelnden Industriezweige ausgebildet. Industriezweige, die besonders gut ausgebildete Fachkräfte brauchten. Dennoch ist eine Technische Hochschule, anders als eine Universität für Geisteswissenschaften, kein Hort für revolutionäre politische oder gesellschaftliche Ideen. Was wiederum für das besondere geistige Klima Dresdens wichtig erscheint. Die Innovationen, die von Dresdens Hochschule ausgehen, sind zwar ebenfalls revolutionär, aber eben revolutionäre Ingenieurleistungen.

Dresden – die intelligente Industriestadt

Sie war jedenfalls ein brodelnder Innovationskessel, diese Industriestadt Dresden, in die Wollf 1903 kam, um aus den *DNN* eine großstädtische Zeitung zu machen. Hatte es 1875 in Dresden nur 80 Betriebe mit mehr als 50 Beschäftigten gegeben, so waren es 1907 schon 385.[414] Und wie bereits angedeutet, waren es vor allem Betriebe, die hohe Ansprüche an die Bildung und das handwerkliche Können ihrer Mitarbeiter stellten. Ein Fakt, der sich auch auf die Leserschaft des Massenblatts *Neueste Nachrichten* auswirkt. Einer der wichtigsten Industriezweige ist in diesem Zusammenhang der Kamerabau – und einer der bedeutendsten Namen ist hier: Johann Heinrich Ernemann. Als 39-Jähriger betrat er 1889 die seit 1839 existente Dresdner Kamerabaubühne und gründete eine eigene Fabrik. Er sollte dem Dresdner Kamerabau dabei zu endgültigem Weltruf verhelfen.[415] Ernemann legte den Grundstein für einen Kamerabetrieb, der schon 1903 das sogenannte „Ernemann-Kino" hervorbringen sollte. Ein Gerät, das Einlochfilme be- und abspielen konnte. Diesem Apparat wird gar zugeschrieben, dass er durch seinen Namen den Begriff „Kino" begründet habe. Das Kino, eine Dresdner Erfindung also! 1907 folgte dann Ernemanns erste Spiegelreflexkamera. Und zwei Jahre später kam mit dem „Ernemann-Kino-Stahl-Imperator" eine Abspielmaschine auf den Markt, *„die alle anderen damals verbreiteten Modelle an Präzision des Bildstandes, an Geräuscharmut des Ganges, an Haltbarkeit und Bedienfreundlichkeit bei weitem übertraf"*,[416] wie es in der Fachwelt heißt. Bereits 1913 waren beispielsweise 22 der 28 Pariser Boulevardkinos mit diesem „Imperator" ausgestattet.[417] Große Verdienste erwarb sich Ernemann zudem durch seine Arbeit an der Zeitlupentechnik; 1918 bekam er dafür die Ehrendoktorwürde der Technischen Hochschule.

Die Entwicklung der Ernemann'schen Kamerafabrik steht dabei symptomatisch für die Entwicklung dieses ganz besonderen Industriezweigs in Dresden. Denn Ernemann begann 1889 mit sechs Arbeitern, zehn Jahre später konnte bereits ein moderner Fabrikbau errichtet werden. 1910 hatte die 1906 zur Aktiengesellschaft umgewandelte Firma bereits 400 Mitarbeiter und machte einen jährlichen Umsatz von anderthalb Millionen Mark.[418] Doch nicht allein Ernemann stellte in Dresden Kameras her. Auch zahlreiche Kamerafabriken aus anderen Städten, ja sogar anderen Ländern siedelten sich an der Elbe an. Deutliches Zeichen für die längst auch internationale Bedeutung des Standortes Dresden. Die Dresdner Kamerahersteller entwickeln zahlreiche Weltneuheiten. So zum Beispiel die Zeiss Ikon AG, die 1935 die erste zweiäugige Kleinbild-Spiegelreflexkamera der Welt auf den Markt bringt. Ein Jahr später stellt das Ihagee Kamerawerk Steenbergen & Co. die erste einäugige Kleinbild-Spiegelreflexkamera der Welt her.[419] Dresden ist die Ideenschmiede der weltweiten Kameraindustrie! Was wiederum bedeutet, dass die Dresdner Betriebe das beschriebene hervorragend ausgebildete Personal brauchen, um an der Weltspitze zu bleiben. Diese qualifizierten Arbeitskräfte müssen zudem entsprechend höher bezahlt werden. Wieder einer der Pinselstriche für das Bild vom besonderen Pressestandort Dresden … Denn dieses „bürgerliche Proletariat“ – Stehkragenproletariat – hat eben auch besondere Ansprüche an die Zeitungen. Mehr Kultur zum Beispiel als andernorts in den Blättern. Ein Anspruch, der Kulturenthusiast Wollf durchaus entgegenkommt. Welche personellen Dimensionen Dresdens Kameraindustrie übrigens hatte, wird allein aus der Beschäftigtenzahl der Zeiss Ikon AG deutlich, die im Jahr 1926 mit 3400 Angestellten das größte europäische Kamerawerk war.[420]

Eng mit der fotomechanischen Industrie ist dabei Dresdens Rechenmaschinentradition verbunden. Obwohl die Wiege der deutschen Rechentechnik in Glashütte – der Stadt der Uhrenwerke im idyllischen Müglitztal, gut 30 Kilometer von Dresden entfernt – stand, siedelte dieser Industriezweig bald in die Landeshauptstadt über. 1880 meldete zum Beispiel Otto Büttner in Dresden seine erste Rechenmaschine als Patent an.[421] Und noch ein wichtiger Name als Beispiel für das „neue Dresden“: Der am 23. August 1848 in Dresden geborene Oskar Ludwig Kummer sollte mit seiner Firmengründung im Jahre 1880 den Grundstein für Dresdens noch heute existenten Ruf als Stadt der Elektrotechnik legen. Die Firma O. L. Kummer & Co. stellte nach 1884 unter anderem fabrikmäßig Messgeräte her. Kummer holte dazu angesehene Fachleute nach Dresden, mit Emil Gottfried Fischinger beispielsweise einen der bedeutendsten deutschen Elektrotechniker dieser Zeit.[422] Eine wahrhaft explosionsartige Entwicklung begann. Kummers Betrieb hatte 1899 bereits über 2000 Beschäftigte, denen – nicht nur nebenbei bemerkt – für diese Zeit keinesfalls selbstverständliche soziale Leistungen wie Alters-, Invaliden- und Hinterbliebenenrente gewährt wurden.[423] Soziale Leistungen wie diese sind wohl auch ein Grund, warum sich Dresdner Arbeiter damals weniger linksrevolutionär zeigen und mit Blick auf den Zeitungsmarkt dann eher zu bürgerlichen als zu proletarischen Blättern greifen.

Die Welt raucht Dresden

Bedeutsam für Dresdens gesunden Wirtschaftsaufschwung ist übrigens auch ein eher ungesundes Erzeugnis: 1934 wurde in Dresden die erste Filterzigarette der Welt auf den Markt gebracht. Und überhaupt nahm Deutschlands Zigarettenindustrie in Dresden ihren Anfang. Wobei dieser Impuls sozusagen ein importierter war. Denn bereits 1834 waren griechische und türkische Tabakhändler in die Elbestadt gekommen und stellten hier nun Zigaretten her. Die erste echte Manufaktur folgte jedoch gute 30 Jahre später, als der aus St. Petersburg stammende Joseph Huppmann die erste größere Tabak- und Zigarettenfabrik gründete. „Laferme“ taufte er sie.[424] 1908 wurden dann bereits 54 Prozent aller deutschen Zigaretten in Dresden produziert, in den 1920er Jahren stammte immerhin noch jede vierte deutsche Zigarette aus der sächsischen Hauptstadt. Tausende Arbeiter, in aller Regel Frauen, fanden in den 344[425] Dresdner Tabakbetrieben eine Stelle. Häufig übrigens in Heimarbeit. Nicht nur einfach ein interessanter Fakt, sondern mit Blick auf die soziale Lage in der Stadt durchaus wichtig. 1910 zum Beispiel arbeiteten auf hundert Männer gerechnet in Dresden immerhin 1 257 Frauen zu Hause für die Tabakindustrie.[426] Diese Zahl liegt weit über dem sonst in Sachsen üblichen Anteil berufstätiger Frauen. So kamen 1910 im gesamten Land Sachsen 218 weibliche auf hundert männliche Heimarbeiter. Auch durch die hohe Quote in der Tabakindustrie liegt dieser Durchschnitt in Dresden bei immerhin 508 Frauen.

Hitlers Halbschwester Angela

Zur Zigarettenindustrie in Dresden gibt es noch eine durchaus spannende Episode zu erzählen. Denn in Dresden steht der wahrscheinlich kurioseste Industriebau der Welt: die Yenidze. Eine Zigarettenfabrik im maurischen Stil einer Moschee. Weil es in Dresden zum Schutz des historischen Stadtbildes nach 1900 verboten war, Industriebetriebe ins Zentrum zu bauen, die auch aussahen wie Industriebetriebe, ließ der Dresdner Zigarettenproduzent Hugo Zietz seinen Fabrikneubau an den Gleisen nahe der Marienbrücke „tarnen". Er beauftragte den jungen Dresdner Architekten Martin Hammitzsch mit den Planungen für den Neubau seiner Orientalischen Tabak- und Cigarettenfabrik Yenidze; und sie hatten eine leicht „verrückte" Idee … Seit 1886 produzierte Zietz in Dresden, und sein Tabak stammte dabei aus dem nordgriechischen Anbaugebiet Yenidze, das damals zum Osmanischen Reich gehörte. Was lag für Zietz und seinen Architekten Hammitzsch also gedanklich näher, als quasi eine Moschee zu bauen? Was allerdings nur eine interessante Verpackung war, denn im Inneren lagerte Tabak, und es wurde produziert. Der Schornstein wurde gar augenzwinkernd als Minarett verkleidet. 1908 und 1909 wuchs der Bau, der auch aus einem weiteren Grund ein besonderer war: Hammitzsch schuf hier den ersten Industriebau Europas, der vollständig aus Stahlbeton bestand.

Wobei die Yenidze, später eines der beliebtesten Dresdner Postkartenmotive, nach ihrer Fertigstellung für reichlich Kritik sorgte. *„Passt das hierher?"*, lautete eine der Fragen. Hammitzsch war wegen des Baus später gar aus der Reichsarchitektenkammer ausgeschlossen worden. Der Bau war offenbar für viele zu viel Islam in Dresden. Der Architekt floh vor der Kritik nach Chemnitz, wo er unter anderem an der Technischen Hochschule arbeitete und später zum Professor ernannt wurde. Erst 1920 kehrte er zurück, kaufte an den Radebeuler Weinbergen die Villa „Haus zur Sonne".[427]

Wirklich kurios wird die Geschichte um die Yenidze allerdings erst durch die Liebe. Denn nach dem Tod seiner ersten Frau verliebt sich Martin Hammitzsch 1935 bei einer Kur in Bad Nauheim in eine junge Witwe: Angela Raubal. Sie stammt aus einer Familie, deren bekanntester Vertreter sicher nicht wirklich etwas mit Islam-Architektur am stramm deutschen Hut gehabt haben dürfte. Angela Raubal hieß mit Mädchennamen Hitler – und war die sechs Jahre ältere Halbschwester des Naziführers Adolf Hitler. Kurz nach der Geburt Angela Hitlers 1883 war ihre Mutter gestorben. Vater Alois Hitler heiratete erneut – am 20. April 1889 wurde dann Sohn Adolf geboren. Und die Geschwister hatten offenbar eine durchaus innige Beziehung. Angela kümmerte sich Mitte der 1920er Jahren um ihren Bruder und dessen Haushalt in München, und auch nach seinem politischen Aufstieg war sie weiter an seiner Seite.[428] Angela Raubal führte, so heißt es, die Geschäfte auf Hitlers legendärem Berghof am Obersalzberg in den Alpen. Bis plötzlich dann die junge „Blondine" Eva Braun im Leben Hitlers auftauchte. Angela hatte offenbar nichts von dieser Liaison gewusst, erst beim Reichsparteitag Mitte September 1935 in Nürnberg soll sie davon erfahren haben. Wie eine Glucke, der man ihr Küken entreißt, führte sie sich auf. Wobei die beiden Frauen bei besagtem Parteitag unglücklicherweise auf der „VIP-Tribüne" auch noch dicht nebeneinander platziert worden waren. Dort soll Angela Hitler Eva Braun gar *„eine dumme Sau"* genannt haben.[429] Auf dem Berghof am Obersalzberg machte Angela dann ihrem gekränkten Herzen Luft und erklärte dem Diktator, was gut für ihn ist – und was nicht. Wie diese Eva zum Beispiel ... Das war zu viel für Hitler. Er warf seine Halbschwester raus, die daraufhin direkt zur Kur fuhr. Dort, in Bad Nauheim, trifft Angela Raubal dann wie erwähnt auf Martin Hammitzsch. Kurz darauf – 1936 – wurde geheiratet. Zur Hochzeit kam Hitler zwar nicht, wie es heißt; doch das Verhältnis zu seiner Schwester wird nach und nach wieder etwas besser. Er lässt sie nicht komplett fallen. Weihnachten 1936 schickt er ihr 3 000 Mark – man trifft sich aber nur noch ab und an bei Familienfeiern. Kaum mehr als ein Mal im Jahr.[430] Und doch kommt auch Hammitzsch die prominente Verwandtschaft zugute. So wurde er 1938 Regierungsdirektor und Chef der Bauabteilung in Sachsens Innenministerium. Skurril bleibt die Sache dennoch: Ausgerechnet der Schöpfer der von vielen als „undeutsch" kritisierten Dresdner „Tabak-Moschee" heiratet in die Familie Hitler ein.

Nicht ausgeschlossen übrigens, dass sich auch Wollf und Hammitzsch kannten. Vielleicht sogar intensiver? Davon ist jedenfalls auszugehen, und der Schlüssel zur Verbindungstür könnte auch hier der Dresdner Architekturprofessor Cornelius Gurlitt sein. Denn bei Wollfs engem Freund Gurlitt hatte Hammitzsch während seines Studiums an der Technischen Hochschule in Dresden kurzzeitig eine Assistentenstelle. Bis 1901; also noch vor Wollfs Dresdner Zeit. Da Hammitzsch aber an der Hochschule seit 1904 seine dann 1905 veröffentlichte Dissertation *Die Entwicklung neuzeitlicher Theaterbauten* verfasst, liegt ein Interesse des Theaterliebhabers Julius Ferdinand Wollf durchaus nahe. Just 1905 war ja die Dresdner Künstlergruppe „Die Zunft" gegründet worden, in der Wollf und Gurlitt sich kennengelernt hatten. Vielleicht vermittelte Gurlitt kurzerhand seinem ehemaligen studentischen Schützling Wolff gar als Berater? 1906 legte Hammitzsch übrigens noch eine fünfbändige Arbeit unter dem Titel *Der moderne Theaterbau* nach. Es ist jedenfalls nicht ausgeschlossen, dass es durchaus engere Kontakte zwischen Wolff und Hammitzsch gab. Skurril ist der Gedanke aber doch, dass Wolff vielleicht noch nach der Heirat Hammitzschs mit Angela Raubal bei den Hammitzschs in Radebeul am Kaffeetisch gesessen haben könnte. Der als Jude ausgegrenzte Wolff und Hitlers Halbschwester an einem Tisch munter in interessante Gespräche vertieft? Obwohl dieser Gedanke nach einem Blick in Angela Hitlers Vita gar nicht mehr ausufernd absurd erscheint: Während des Ersten Weltkrieges war sie in Wien immerhin Leiterin der Mensa Academica Judaica gewesen; einer im Sprachstil der damaligen Zeit „Versorgungsanstalt" für jüdische Studenten. Und dort soll die von Zeitgenossen als groß gewachsene, rustikale und energisch beschriebene Angela Hitler schon mal jüdische Studenten mit einem Knüppel in der Hand gegen Angriffe antisemitischer Mitstudenten verteidigt haben, wie erzählt wird.[431] Ob es sich dabei um den Angriff von fast tausend deutschen Studenten im April 1920 handelte, von dem der jüdische Abgeordnete Robert Strecker anschließend in der österreichischen Nationalversammlung berichtet? Von der Wiener Universität aus seien die deutschen Studenten zur Mensa gezogen, hätten dort etwa 20 jüdische Studenten aus dem Lokal hinausgeprügelt, die Kellnerinnen misshandelt, sämtliche Teller zerschlagen und anschließend die *Wacht am Rhein* gesungen, so Strecker.[432] Nach dem Ende des sogenannten Dritten Reiches soll sich Hitlers Halbschwester allerdings nie kritisch über den Holocaust geäußert haben, heißt es über sie.

Jedoch ist mit Blick auf Hammitzschs Ansichten nicht wirklich davon auszugehen, dass er sich dem Risiko aussetzt, mit Wolff gesehen zu werden. So schreibt Hammitzsch 1937 in einem Aufsatz zum Jubiläum der Staatsbauschule: „*Überall steigerte das Judentum in verbrecherischer Weise seinen verhängnisvollen, alles Völkische vernichtenden Einfluss. Juden plünderten Deutschland aus! Jüdische Geier bestahlen den deutschen Menschen im großen und kleinen.*"[433] Vier Tage nach dem offiziellen Ende des Zweiten Weltkriegs, am 12. Mai 1945, erhängt sich Martin Hammitzsch aus Angst vor einem Prozess im Wald bei Oberwiesenthal.[434]

Die Stadt der vorweggenommenen sozialen Marktwirtschaft

Doch zurück zur besonderen Industriestadt Dresden. Und ein Name darf da ganz gewiss in keinem Fall fehlen: der von Wolffs engem Freund Karl August Lingner. Der war bekanntlich nicht nur ein sehr erfolgreicher, sondern vor allem auch ein sehr sozialer Unternehmer. „*Lingner war einer der ersten Industriellen, der vorbildlich für seine Arbeiter und Angestellten sorgte. Er gab in seinem Betrieb Urlaub und auch Urlaubsgelder, Warmwasserbäder im Betrieb und Weihnachtsgratifikationen*", schreibt zum Beispiel der langjährige Chef des Dresdner Hygiene-Museums und Lingner-Vertraute Georg Seiring in seinen Lebenserinnerungen. Vorweggenommene soziale Marktwirtschaft sozusagen, die in den 1950er Jahren der erste Wirtschaftsminister und zweite Bundeskanzler der Bundesrepublik Deutschland – Ludwig Erhard – im Westen Deutschlands auf den wirtschafts- und sozialpolitischen Weg bringen wird. Und Lingner ist in diesen ersten beiden Jahrzehnten nach 1900 in Dresden auch nicht der einzige erfolgreiche Unternehmer an der Elbe, der durchaus verstanden hat, dass gute Mitarbeiter kein unendlich nachwachsender natürlicher Rohstoff sind, sondern dass man diese Ressource pfleglich behandeln muss. Ein prominentes Beispiel ist in diesem Zusammenhang Karl Schmidt, der auf den Hellerbergen vor den Toren Dresdens seine Hellerauer Möbelwerke aufbaute und ab 1909 ringsum eine Gartenstadt wachsen ließ, in der seine Mitarbeiter – auch die Arbeiter – in kleinen Reihenhäuschen mit Garten dicht am Waldrand in ruhiger, entspannender Lage wohnen konnten. Die erste Gartenstadt in Deutschland. Von der sich kurz darauf auch Künstler anlocken ließen.

Und doch ist für Dresdens Arbeiterschaft nicht alles rosarot. Trotz der relativ hohen Absicherung der Mitarbeiter durch die vielen Weltmarktführer und innovativen Unternehmen in Dresden – und trotz der für diese Jahre durchaus beachtlichen sozialen Aufwendungen durch die Unternehmer. Selbstredend gab es auch im „zufriedenen Dresden“ Unfrieden. Vor allem während der Zeit der ersten großen Weltwirtschaftskrise – 1900 bis 1903 – stieg die soziale Unsicherheit auch hier deutlich. In den Geschichtsbüchern wird dabei später im Rückblick – verniedlichend – von der *„Panik von 1901“* zu lesen sein. Im Vergleich zu den noch ausstehenden Börsencrashs der kommenden Jahre und deren brutal-dramatischen Folgen sind die Ereignisse von 1901 auch tatsächlich nur ein leichter Schnupfen, während später wirklich schwere Grippeepidemien über die Wirtschaftswelt hinwegziehen werden. Freilich vor allem über die Menschen! Doch zurück zu 1901: US-amerikanische Bankiers – unter anderen wird hier auch der Name der Familie Rockefeller immer wieder erwähnt – hatten an der Aktienkursschraube von Eisenbahnunternehmen gedreht und die Kurse in die berühmt-berüchtigten Schwindel erregenden Höhen geschraubt. Irgendwann hatte der erste Anleger Panik bekommen, diese Entwicklung könne nicht auf Dauer so weitergehen und er würde am Ende vielleicht alles verlieren. So dachten offenbar plötzlich etliche Anleger – und sie stießen panisch Aktien ab. Die Folge war ein regelrechter Strudel, der die Kurse mit sich riss. Ein Strudel, dessen Sog auch bis nach Deutschland reichte und Unternehmen in die Turbulenzen zerrte. Der Markt erholte sich anschließend nur langsam – was auch1903 noch zu spüren war, als Wolff auf die Dresdner Karriereleiter kletterte. Die Zahl der Arbeitslosen überschreitet 1901 im Deutschen Reich eine halbe Million. Im August und September 1901 protestieren deshalb auch in Dresden rund 20 000 Arbeiter auf 22 Versammlungen.[435] Ansonsten halten sich revolutionäre Aktivitäten der Dresdner damals dennoch in wirklich überschaubaren Grenzen. Und doch zeigt diese Episode: Auch in Dresden ist an der Schwelle zur Jahrhundertwende ein Proletariat herangereift, das durchaus in der Lage ist, sich zu artikulieren. Jedenfalls dann, wenn es das für notwendig hält.

Für Statistikfans an dieser Stelle noch ein paar wichtige Daten zur wachsenden Industriestadt Dresden in den ersten „Wollf-Jahren": 1910 arbeiten immerhin 128 118 der über 500 000 Dresdner in 24 081 Industriebetrieben – 179 Dresdner Betriebe haben damals mehr als einhundert Angestellte und beschäftigen alles in allem 46 015 Mitarbeiter.[436] In den Dresdner Betrieben der Maschinen-, Instrumenten- und Apparateindustrie – also dort, wo wie erwähnt hochqualifizierte Arbeiter benötigt werden – sind damals 20 763 Dresdner beschäftigt, in 957 Betrieben. Darunter 1 147 Frauen; immerhin 5,6 Prozent.[437]

Dresden – verbeamtet und ein wenig älter ...

Dresden war also offensichtlich ein recht ruhiges Fahrwasser für politische Elbdampfer. Die großen Wellen schwappen damals eher in den Arbeiterstädten wie Chemnitz oder Leipzig. Und natürlich in Berlin. Aber Wollf war in den Dezembertagen 1903 dennoch fest entschlossen, mehr Würze in den faden Gedankeneintopf Dresdens zu bringen, als er auf die Kapitänsbrücke des *DNN*-Schiffs kletterte. Und er war überzeugt, dass das aus seiner Sicht bisher zu behäbige Blatt, diese *DNN* mit dem enormen Potenzial, unter ihm nun genau diesen Gedankenpfeffer in die mitunter nur lauwarme Suppe bringen könnte. Wollf war bereit, sagte er sich. Bereit für diese ein bisschen schwierige Stadt. Dresden – eine Herausforderung für einen jungen, voller Ideen und Tatendrang steckenden Durstigen wie Wollf. Eine spannende Stadt. Eine Stadt, in der sich knapp zwei Jahre nach Wollfs Ankunft zum Beispiel die Aufsehen erregende expressionistische Künstlergruppe „Die Brücke" gründen wird, von der schon kurz die Rede war. Junge Architekturstudenten der Technischen Hochschule rufen sie ins Leben; kurz darauf stoßen Studenten der Kunstakademie dazu. Aber da waren eben auch diese bleiern auf Dresden gluckenden Adelsfamilien, die höfischen Emporkömmlinge und das konservative Beamtentum. Was für eine Mischung!

Dass hier mehr Beamte zu Hause sind als in den anderen beiden sächsischen Großstädten, in Leipzig und Chemnitz, wird auch nach dem Sturz der Monarchie 1918 so bleiben. Natürlich, eine Landeshauptstadt funktioniert nicht ohne großen Beamtenapparat. Auch das muss Wollf im Blick haben, wenn er immer wieder neue Leserkreise für seine *Neuesten Nachrichten* erschließen will. Er muss Angebote schaffen, die genau auf dieses etwas schwierige Dresden zugeschnitten sind. Eben auch auf das in Dresden nicht zu unterschätzende Klientel der Beamten. 1925 beispielsweise arbeiten in der Elbestadt laut Statistik 8,49 Prozent der Erwerbstätigen in der Verwaltung.

In Leipzig sind es nur 6,32 Prozent.[438] Wobei bei der Einordnung solcher Zahlen zu bedenken ist, dass bei diesen statistischen Unterschieden zwischen Dresden und Leipzig ein Prozentpunkt immerhin rund 6 000 Menschen ausmacht. Im Fall der Beamten heißt das also, Dresden hat über 12 000 Verwaltungsmitarbeiter mehr als Leipzig. Das wirkt sich durchaus auf das geistige und kulturelle Klima einer Stadt aus: Zum einen heißen Staatsdiener ja nicht nur sprichwörtlich so, sondern sind es in aller Regel auch per Treueeid. Was durchaus mit gedanklicher Loyalität gegenüber dem Staat verbunden sein dürfte. Und zum anderen leben Beamte und die Mitarbeiter von Verwaltungen mit Blick auf ihre Arbeitsplätze in relativer Sicherheit. Das zeigt sich selbst in den Jahren der wütend grassierenden Weltwirtschaftskrise Ende der 1920er Jahre. Während in Dresden etwa jeder zweite männliche Beschäftigte arbeitslos ist, liegt die Arbeitslosigkeit in den Verwaltungen der Elbestadt bei „nur" elf Prozent[439]; also etwa jedem zehnten.

Nicht zuletzt ist die Dresdner Bevölkerung im Vergleich zu Leipzig und Chemnitz im Durchschnitt auch älter. Im Vergleich mit Chemnitz sogar wesentlich älter. Im schon erwähnten Jahr 1925 leben in Dresden 170 806 Einwohner, die jünger als 20 sind. Das entspricht rund 27,5 Prozent der Einwohnerschaft. In Leipzig hingegen sind es mit 29,2 Prozent gut zwei Prozent mehr. In den Industriestädten Chemnitz und Plauen ist der Jugendanteil mit 33,02 und 33,95 Prozent derweil sogar deutlich höher. Und je mehr junge Menschen in einer Stadt leben, desto aufmüpfiger weht der Gedankenwind in ihr. Auch umso radikaler, wie gleich noch ein Blick auf die Wahlergebnisse zeigen wird. Dass Dresden dabei eine für damalige Verhältnisse „alte Stadt" ist, wird vor allem aus dem Vergleich der Zahlen der über 50- und über 60-Jährigen deutlich. Denn 1925 lebt beim vergleichenden Blick auf die sächsischen Großstädte der höchste Prozentsatz der „Alten" in Dresden. Immerhin 135 713 Dresdner sind damals über 50 Jahre alt, 21,91 Prozent. In Leipzig sind es knapp drei Prozent weniger, in Chemnitz fast vier. Hinzu kommen noch einmal exakt 61 218 Dresdner, die über 60 Jahre alt sind – was einen Einwohneranteil von 9,88 Prozent ausmacht. Über ein Prozent mehr als in Leipzig und fast zwei Prozent mehr als in Chemnitz.[440] Dabei sei noch einmal daran erinnert, dass ein Prozent im Vergleich zu Leipzig für Dresden rund 6 000 Einwohner ausmacht. Wer also – wie Wolff – hier eine Zeitung für die breite Masse machen will, muss auch beim Thema „Alter der Leserschaft" einen ziemlich sportlichen Spagat hinbekommen. Auch mit Blick auf die Zusammensetzung der Dresdner Einwohnerschaft ist es also keine wirklich leicht einzugrenzende Interessenlage, die ein solches Massenblatt wie die *DNN* für seine Leser abdecken muss. Hinzu kommt das schon erwähnte durchaus spürbar höhere Ausbildungsniveau in der Dresdner Arbeiterschaft. Wobei gerade dieses höhere Niveau Wolff sicher entgegenkommt, wenn er seinen Lesern beispielsweise regelmäßig anspruchsvolle Buchempfehlungen mit auf den Bildungsweg gibt. Oder wenn er in seinen Theaterrezensionen auf mitunter nicht ganz so geläufige Zitate von Literaten abseits der Deutschunterricht-Dauerbrenner wie Goethe oder Schiller verweist. Nichts ist für Wolff bekanntlich schlimmer, als am Leser vorbeizuschreiben. Aber er will es dennoch auf einer bestimmten Flughöhe tun; ohne dabei allzu abgehoben daherzukommen.

Jedenfalls zeigt sich auch beim Blick in die Statistik: Es ist kein wirklich einfacher Pressestandort, in dem sich Wolff immerhin gut 30 Jahre lang mit sehr stabilen Zähnen durchbeißen wird. Zu guter Letzt sei noch eine weitere interessante Zahl aus der Einwohnerstatistik herausgepickt: 1925 gibt es in Dresden immerhin 52 590 Bewohner, die ausschließlich von Renten, Pensionen oder ihrem eigenen Vermögen leben können. Also gut 8,5 Prozent der Dresdner. Auch das sind im Vergleich zu Leipzig mit dort „nur" 7,21 Prozent fast anderthalb Prozent mehr.[441] Das ist irgendwie auch kein Wunder: In Dresden mit seiner weithin bekannten Kultur und der herrlichen Umgebung lässt sich auch die Pension viel besser „verleben" als anderswo …

… und dann brennen die Bücher

Was in den Statistiken der Jahre zwischen 1900 und den beginnenden 1930er Jahren quasi nur zwischen den Zeilen steht, ist ein politischer Satz. Ein Satz, der sich dabei nicht allein an Prozenten entlanghangelt, sondern eher am Lebensgefühl der Dresdner. Die scheinen sich im Schatten des Schlosses und der Regierungsgebäude durchaus wohlzufühlen. Geschützt vor allzu greller Sonne, die manches – auch politische – wuchern lassen könnte, was die beschauliche Ruhe im Elbtal stört. Und so lautet dieser Satz: Dresden ist politisch wesentlich weniger aufgeregt als so manche andere Großstadt. Was Wolff möglicherweise entgegenkommen dürfte, als er im August 1903 von der Isar in München an die Elbe wechselt. Denn er wird von Verleger August Huck mit der Maßgabe nach Dresden geschickt, den *Neuesten Nachrichten* ein politisches Profil zu verpassen. Wolff wird sich für den eher nicht im Verdacht des Revoluzzertums stehenden – politisch mitunter ein wenig kantenlosen – Liberalismus entscheiden. Und kann damit sicher sein, in Dresden nicht allzu viel falsch zu machen. Denn just im Jahr 1903 wählen zwar auch in Dresden bei der Reichstagswahl alle drei Wahlkreise mehrheitlich sozialdemokratisch, aber die Stadt bleibt dennoch im Grunde konservativ. Denn selbst die SPD-Wähler sind damals in Dresden keine, die gern und häufig plärrend aufbegehren. Dafür sorgen schon das erwähnte weitgehend gut funktionierende und vor allem aufstrebende wirtschaftliche Umfeld. Vielleicht aber auch der barocke Rahmen, der beruhigend auf die Seele wirkt?

Erst bei den Reichstagswahlen 1930 wird sich die Elbestadt mit Blick auf das SPD-Ergebnis vom politisch linksaufmüpfigen Leipzig kaum noch unterscheiden. In Leipzig kommen die Sozialdemokraten auf 34,9 Prozent der Stimmen, in Dresden sind es 34,7 Prozent. Allerdings haben es die radikaler linken Kommunisten an der Elbe noch immer schwerer: In Leipzig votieren 17,2 Prozent für die KPD, in Dresden nur 12,4 Prozent. Auch die Rechtsaußen von Hitlers NSDAP sind damals im gemeinsamen Wahlkreis Dresden-Bautzen mit 16,1 Prozent nicht ausufernd stärker als im „roten" Leipzig, wo 1930 rund 14 Prozent die Nazis wählen. In Chemnitz-Zwickau hingegen sieht das zu diesem Zeitpunkt schon anders aus; da geben 23,8 Prozent der Wähler ihre Stimme den NSDAP-Kandidaten. Schon fast jeder Vierte ... Obwohl die Nazis zu dieser Zeit noch nicht mal zu argumentativer Höchstform aufgelaufen sind. Aber hier, im sowieso schon eher ärmeren Erzgebirge, sind die schlimmen Auswirkungen der Weltwirtschaftskrise auch noch deutlicher zu spüren: der hier beheimatete Maschinenbau, der Bergbau, die Textilindustrie sind arg geplagt, die Arbeitslosenzahlen steigen und steigen. Nachdem die Erwerbslosigkeit in Deutschland zwischen 1927 und 1929 zunächst auf rund 1,5 Millionen Betroffene gesunken war, schnellt sie durch die Auswirkungen der Weltwirtschaftskrise regelrecht in die Höhe: 1930 sind deutschlandweit schon rund drei Millionen Menschen ohne Arbeit, eine Verdopplung also. Knapp zwei Jahre später werden es über 5,6 Millionen sein. Als Hitler Ende Januar 1933 Reichskanzler wird, beträgt die Arbeitslosenquote allein in Sachsen fast 40 Prozent. Etwa 720 000 Menschen sind damit ohne Beschäftigung.[442] Auch um Dresden macht diese Entwicklung keinen Bogen. Im Januar 1929 sind hier 33 000 Einwohner ohne Arbeit, ein Jahr später schon 47 000. Im Januar 1933 werden es dann sogar 93 000[443] sein – im Vergleich zu 1929 also eine Verdreifachung. Dresden „steuert" im November 1932 mit 86 663 Betroffenen – bei rund 600 000 Einwohnern – beispielsweise immerhin 13,4 Prozent aller 644 685 offiziell erfassten sächsischen Arbeitslosen bei.[444]

Die wie eine ansteckende Seuche grassierende Arbeitslosigkeit zeigt sich übrigens auch mit einem Zuwachs auf dem Dresdner Pressemarkt: Die Syndikalistische Arbeiterföderation (SAF) – eine Art Dachverband für die selbst ernannte anarchistische Vertretung der Interessen der Arbeiterschaft aller Industriezweige, eine Bewegung links der linken Marxisten in SPD und kommunistischer Partei – brachte unter Leitung des Dresdners Oskar Kohl die regelmäßig alle drei bis vier Wochen erscheinende Zeitung *Der Arbeitslose* heraus.[445] Ein Blatt, das von Arbeitslosen an den sogenannten „Stempelstellen" der Arbeitsämter verkauft wurde und vor allem eines wollte: zum Widerstand aufrufen. *„Die Befreiung der Arbeiter muß das Werk der Arbeiter selbst sein"*, heißt es unterm Titel der erstmals im April 1930 erscheinenden Zeitung. Dresden hat also im politischen Boxring längst auch kräftige Linksausleger – und das Publikum applaudiert mittlerweile. Wobei der Beifall für die rechte Ecke im Ring im Vergleich zu anderen sächsischen Regionen in Dresden 1930 noch dezent klingt.

Doch nur drei Jahre später wird Dresden die erste Stadt in Deutschland sein, in der Bücher brennen. Ausgerechnet in der Kulturstadt Dresden ... Zunächst am 7. März 1933 vor der Volksbuchhandlung an der Großen Meißner Straße – nur wenige

Wimpernschläge nach der Reichstagswahl und dem Sieg der NSDAP. Und nur einen Tag später dann am Wettiner Platz, am Verlagsgebäude der sozialdemokratischen *Dresdner Volkszeitung*. Ein SA-Trupp hatte das Haus gestürmt, zahllose Bücher aus den Regalen und dem Lager der Buchhandlung im Erdgeschoss auf die Straße geworfen und dann einen regelrechten Scheiterhaufen entzündet. Unliebsame Gedanken sollten in Flammen aufgehen. Ein Vorgeschmack darauf, was die Nazis später auch mit den Menschen tun würden, die diese Gedanken zu Papier gebracht hatten oder die solche Gedanken in ihren Köpfen trugen. Fotos werden kurz darauf zeigen, dass sich bei dieser ersten Bücherverbrennung auch Polizisten als treudeutsche Bewacher des traurigen Spektakels hergaben.

Schon kurz darauf werden sogenannte schwarze Listen angelegt. Auf diesen Listen legen selbst ernannte Experten Bücher und Autoren fest, die ihrer Meinung nach „*Schmutz in Wort und Bild*“ verbreiten, wie es dann auch gleich in einer eigens verfassten Verordnung aus dem sächsischen Justizministerium unter Minister Otto Thierack heißt. Aber zumindest an diesem 8. März 1933 bleibt das Gebaren der neuen braunen Machthaber letztlich – noch – nicht unwidersprochen. Wie es in entsprechenden Polizeiakten heißt, sollen von den umliegenden Dächern Schüsse gefallen sein. Die Schutzpolizei durchkämmt daraufhin die Gebäude – und nimmt auch einige Verdächtige fest. In einem Keller des *Volkszeitungs*-Verlags werden kurzerhand Hafträume eingerichtet – und Zeugen berichten davon, dass dann dort brutal gefoltert und misshandelt wurde.[446]

In den eher selten geöffneten Schubfächern der Dresdner Stadtgeschichte verbirgt sich noch eine weitere Bücherverbrennung dieser ersten Tage nach dem Machtantritt der Nazis. Am 10. Mai 1933 nämlich brannten ausgerechnet nahe der Technischen Hochschule Bücher; und zahlreiche der vermeintlich „klugen Köpfe“ der Hochschule nickten wohlwollend und zustimmend. Zuvor traf man sich im 1925 fertiggestellten Studentenhaus an der Mommsenstraße, wo einer der damals bekanntesten Meinungsanpeitscher der Nationalsozialisten eine hetzerische Rede zur *Allerweltsgeistigkeit des internationalen Judentums* hielt: Will Vesper, Gau-Obmann und damit also Sachsenchef des NS-Reichsverbands Deutscher Schriftsteller. Der große deutsche Dichter Thomas Mann wird knapp drei Jahre später in einem Brief an seinen Schriftstellerfreund Hermann Hesse schreiben, Vesper sei schon immer „*einer der ärgsten nationalistischen Narren*“[447] gewesen. Wes Ungeistes Kind Vesper war, zeigt sich unter anderem in einem seiner Zitate aus dem Jahr 1937: „*Wenn ein deutsches Mädchen ein Verhältnis mit einem Juden hat, so werden beide wegen Rassenschande mit Recht verurteilt. Wenn ein deutscher Schriftsteller und ein deutscher Buchhändler ein Verhältnis mit jüdischen Verlegern eingeht – ist das nicht eine weit schlimmere und gefährlichere Rassenschande?*“[448] Nach dem Krieg durfte Vesper im Übrigen in der Bundesrepublik wieder im Verlagswesen arbeiten und fühlte sich bis zu seinem Tod im Jahr 1962 auch weiterhin in rechtsintellektuellen Kreisen wohl.[449] Zurück in den Mai 1933: Vespers Zuhörer damals waren Studenten in SA- und SS-Uniformen, etliche Professoren und auch der Rektor selbst sollen im Saal gesessen haben, wie es heißt. Von der Hochschule aus zog dieser geistige Trauerzug des hereinbrechenden „Tausendjährigen Reiches" den passenderweise etwa tausend Meter langen Weg hinauf auf die Südhöhe hinter der Hochschule, wo an der Bismarcksäule bereits ein Scheiterhaufen aus klugen, mutigen und vor allem beliebten Büchern für die lodernden Fackeln der Studenten vorbereitet worden war. Erich Kästner, Heinrich Mann, Erich-Maria Remarque ... die Liste der Autorennamen ist lang. Es sei notwendig, hatte es hier oben mit dem herrlichen Blick über die Kunst- und Kulturstadt Dresden noch einmal geheißen, es sei notwendig, *„den deutschen Volkskörper von intellektuellem Schmutz zu reinigen"*. Die hier verbrannten Bücher sollen dabei ausgesprochen bereitwillig von Dresdens Leih- und Schulbibliotheken zur Verfügung gestellt worden sein.[450]

Es brannten Bücher, die auch in den Regalen von Wollfs beeindruckender Privatbibliothek im Erdgeschoss seiner Villa in Dresden-Strehlen standen. Von Autoren, die er verehrte. Die er mitunter gar persönlich kannte; die vielleicht sogar bei ihm in der Bibliothek gesessen und mit ihm diese wunderbar duftenden Zigarren geraucht hatten?

Auch der aus Dresden stammende Schriftsteller Erich Kästner ist wie erwähnt unter den von den Nazis Geächteten. Ausgerechnet der Autor zahlreicher Kinderbuch-Hits: *Emil und die Detektive, Pünktchen und Anton* oder das 1933 gerade fertiggestellte *Fliegende Klassenzimmer*. Nicht nur damit hält Kästner ja bis heute den Ruf der Kultur- und Kunststadt Dresden hoch, seiner geliebten Geburtsstadt. Auch wenn er schon seit 1927 in Berlin lebt. Aber die engen, mitunter von Kritikern belächelten Kontakte zu seiner Mutter lassen ihn nicht los von seinem Dresden, von seiner Kindheit an der Königsbrücker Straße und am Albertplatz in der Neustadt! Missfallen hatte den Nazis allerdings vor allem Kästners erster großer Roman, der so gar nicht für Kinder gedacht gewesen war: *Fabian*, 1931 erschienen. Ein genau gezeichnetes verbales Sittengemälde der auf ihr Ende zurasenden Weimarer Republik – das von den hilflosen Versuchen von Menschen erzählt, aus der wirtschaftlichen Misere auszubrechen. Von der Suche nach Liebe und Glück; und dies mit realistischen und mitunter drastischen Schilderungen. Auch der offen zur Schau getragenen Sexualität dieser Jahre. Nicht zuletzt der Homosexualität. Der *Völkische Beobachter* der Nationalsozialisten spuckte gallebitter: *„Gedruckter Dreck!"* und nannte den Roman eine *„Sudelgeschichte"*.[451] Das Buch wurde zum Bestseller und blieb wohl auch deshalb den Nazis ein schmerzhafter Dorn im Auge.

Wenig später wird es wiederum ausgerechnet diese Kultur- und Kunststadt Dresden sein, die erneut unrühmliche Schlagzeilen macht: Denn auch die erste Ausstellung mit sogenannter „entarteter Kunst" wird hier eröffnet. Auch da werden Werke einiger Künstler vorgeführt, die zum Freundes- oder Bekanntenkreis von Wollf gehören. Kokoschka zum Beispiel, dessen 1923 gemaltes Bild *Elbebrücken* in Wollfs Salon hängt.[452] Am 23. September 1933 wird die Schau im Lichthof des Rathauses eröffnet – insgesamt 555 Werke aus Dresdner Museen werden die Nazis dazu unter dem Vorwand beschlagnahmen, die Bilder wären „undeutsch".

Ist es dieses beschriebene eigenwillige Klima in Dresden, das dieses Vorpreschen möglich macht? Diese vollkommen unnötige Vorreiterrolle? Oder wie es 2009 in der Zeitung *Die Welt* heißen wird: *„1933 riss sich das Elysium des Bildungsbürgertums darum, die erste Bücherverbrennung im Reich sowie die erste Ausstellung* Entartete Kunst *zu veranstalten."*[453] Ein Klima, das Unliebsames so gern ausgrenzt. Ein Klima, in dem Wollf in seinen drei Jahrzehnten als *DNN*-Chef immer wieder anecken wird. Und es ist eben auch der mehr und mehr aus dem „stillen Kämmerlein" kriechende antisemitische Dunst. Der hatte sich ja bereits lange vor Wollfs Umzug nach Dresden angedeutet. Die schon erwähnten Dresdner Kunst- und Literaturjournalisten Ludwig Hartmann von den *Nachrichten* – später wie erwähnt auch noch unter Wollf bei den *DNN* aktiv – sowie Friedrich Kummer vom *Dresdner Anzeiger* sind dafür letztlich nur zwei Beispiele aus den Intellektuellenzirkeln, die das anzudeuten helfen.

Wollf – Weichensteller für die *DNN*

Das Ende der familiären Redaktionsgemütlichkeit

Ein wenig skeptisch sehen die Redakteure ihrem neuen Chef entgegen. Heute Vormittag wird Julius Ferdinand Wollf also das Zepter auch für die Redaktion der Neuesten Nachrichten *übernehmen. Der Kalender an der Wand im Besprechungsraum zeigt den 29. Dezember 1903. Schon in den Monaten zuvor war zu spüren gewesen – seit Wollf im August die Leitung des Verlages übernommen hatte –, dass er mit der Arbeit der Redaktion nicht immer einverstanden ist. „Zu provinziell!", schimpfte er. Ein Satz, den sie gleich wieder zu hören bekommen werden, ahnen sie.*

Die Tür geht auf. Julius Ferdinand Wollf betritt den Raum. Er lächelt. Ein Lächeln, das kalt wirkt. Aber nicht unsicher. Die dunklen, gut gebohnerten Dielen knarren ein wenig unter seinen Schritten. Das Zimmer ist von einer wohligen Wärme erfüllt, doch die meisten frösteln. Innerlich. Die Gespräche verstummen, eine angespannte Ruhe liegt plötzlich bleiern über ihnen. Wollf setzt sich. Er schiebt seine Brille mit diesen runden Gläsern zurecht und sieht in die Gesichter. Da sitzen sie, die Herren in gediegen schwarzen Anzügen, mit säuberlich geputzten und glänzend gewienerten schwarzen Lackschuhen. Nur eine einzige Frau ist unter ihnen: Silvia Brand. Wolff kennt ihre Texte für die Sonntagsbeilage Haus und Herd. *Und ist nicht gerade angetan. Aber einzelne Namen will er nicht nennen. Nicht heute. Auf den Gesichtern liegt Spannung. Wolff kennt die Vorbehalte ihm gegenüber. Aber er ist von seinen Ideen überzeugt. Und so beginnt er ohne Umschweife mit einer heftigen Kritik an den* Neuesten Nachrichten. *Zu sehr im Dresdner Saft schwimme das Blatt, erklärt er den auf solche Sätze gefassten Redakteuren. Fortan werde die Zeitung ihren Blick weiter fassen als nur bis zur Stadtgrenze und hinauf zu den Elbhangdörfern. Die Politik müsse in Zukunft eine viel wichtigere Rolle spielen als Fahrplanprobleme der Dresdner Pferdebahn, unterstreicht er in energischem Tonfall. Dabei weiß Wolff natürlich ganz genau, dass auch in Dresden die von Pferden gezogenen Bahnen längst modernen, mit Elektromotoren ausgestatteten Bahnen Platz gemacht haben. Doch er liebt solche Zuspitzungen. „Nicht zu vergessen die Wirtschaft", knurrt Wolff nun mürrisch. Es müsse ein Wirtschaftsteil her, der diesen Namen auch verdiene. Er hat am Theater gelernt, mit selbstverliebten Autoren und Schauspielern fertigzuwerden, er würde auch diese sturen Dresdner Zeitungsleute bändigen, sagt er sich. Er sagt es nicht laut. Noch nicht.*

Wolff hat klare Worte gewählt. „Mir geht es in erster Linie um den Verlag und die Qualität der Zeitung", sagt er, bevor er aufsteht, um die Redakteure mit ihrer Wut allein zu lassen. Für persönliche Befindlichkeiten werde jedenfalls ab sofort kein Platz mehr sein, fügt er noch an. Schon im Gehen. Dann schließt er die Tür hinter sich. Was für ein Abgang! Theaterreif. Applaus erwartet Wolff nicht.

Die Redakteure verlassen das unscheinbare Gebäude an der Pillnitzer Straße sehr nachdenklich. Es dürften unruhige Zeiten werden, auf die sie unter ihrem neuen Chef Wolff zusteuern. Das ist ihnen jetzt endgültig klar. Diesmal wird mit dem nun anstehenden Silvesterabend nicht nur die Jahreszahl wechseln.

Silvia Brand kehrt noch auf einen kleinen Sprung in ein Café in der Nähe des Schlosses im Herzen der Altstadt ein. Hier treffen sich Dresdner Journalisten, Künstler und all diejenigen, die sich für so wichtig halten, dass sie gesehen werden wollen. Sie muss jetzt einfach mit einem guten Freund über diesen Wolff reden. Muss ihr Herz ausschütten. Zu sehr brennen ihr seine Worte auf der Seele. Im Café hofft sie, ihren Bekannten von den Dresdner Nachrichten *zu treffen. Sie kennen sich noch aus der gemeinsamen Zeit dort, bis Silvia Brand dann 1893 zu den* Neuesten *gewechselt war. Und hier, in diesem Café, treffen sie sich regelmäßig. Er ist einer der wenigen aus der alten* Nachrichten-*Redaktion, mit denen sie noch Kontakt hält. Viele hatten ihr damals den Wechsel zu den* Neuesten *durchaus auch persönlich übelgenommen. Von der*

Pillnitzer Straße ist es nur eine gute Viertelstunde zu Fuß. Es ist bereits dunkel, und die Innenstadt erstrahlt auch kurz vor Silvester noch im glänzenden warmgelben Weihnachtslicht. Die Schneekristalle auf den Dächern der Häuser glitzern – zumindest dort, wo sie nicht vom Ruß der zahllosen Schornsteine verdreckt wurden. Auf den Straßen und Wegen ist das Weiß längst schwarzbraun getretener Matsch. Aber das stört Silvia Brand heute nicht. Oder richtiger: Sie hat keine Gedanken dafür …

Lautes Stimmengewirr quillt ihr entgegen, als sie die Cafétür öffnet. Und eine Melange aus Kaffeeduft und Tabak. Stimmengewirr über dem Klang eines Klaviers – der Pianist müht sich redlich, die passende Stimmung zu zaubern. Der tapfere Versuch, einen Hauch Wiener-Caféhaus-Atmosphäre ins winterliche Dresden zu importieren. An einem kleinen Tisch am Fenster, mit Blick aufs Schloss, sitzt der Kollege aus alten Nachrichten-*Tagen. Auch wenn er schon ungeduldig wartet, er versucht, möglichst teilnahmslos in seiner weißen Kaffeetasse zu rühren – er will es wie eine zufällige Begegnung aussehen lassen. Denn natürlich hatte er von der anstehenden Sitzung bei den* DNN *gehört – und ahnte deshalb, dass Silvia Brand anschließend hierherkommen würde. Natürlich ist man auch bei der Konkurrenz wissbegierig, was künftig vom Platzhirsch* Neueste Nachrichten *zu erwarten sein wird. Er winkt ihr lächelnd zu – mit gespielter Überraschung – und springt auf, um ihr aus dem schweren Wintermantel zu helfen. „Ein Scheusal, dieser Wollf!", schimpft Silvia Brand unvermittelt drauflos – so als müsse sie unbedingt ein Ventil öffnen, um nicht zu platzen. Sie setzen sich. Der Kellner bringt eine dampfende heiße Schokolade. „Wie dieser Wollf sich aufspielt", schüttelt sie angewidert den Kopf. Seit der Gründung des Blattes ist sie dabei, hat die schwierigen Anfangsjahre miterlebt. Diese Jahre, in denen die aufgescheuchte Konkurrenz heftige Geschütze abfeuerte. Und jetzt kommt nun dieser Neue aus München und will alles anders machen. Sie rührt empört in ihrer Tasse. Es ist wohl auch die Wut darüber, dass dieser Wollf den Platz des nicht nur von ihr fast schon innig verehrten Herausgebers Ludwig Gümber übernommen hat. Gümber hatte die* Neuesten Nachrichten *durch bewegte See geführt, als die etablierten Dresdner Blätter begriffen hatten, dass diese neue Zeitung eine ernst zu nehmende Gefahr werden könnte. Und sie hatten es sehr schnell begriffen. Nicht nur wegen des geringen Verkaufspreises. Ludwig Gümber hatte sich in diesen schweren Tagen vor seine Zeitung und ganz besonders vor seine Leute gestellt. Das hatten sie ihm nie vergessen. Und jetzt? Jetzt ist da dieser Neue, dieser Schnösel.*

„Wissen Sie", sagt sie dann nach einer kleinen Pause, nun schon ein wenig ruhiger, „vielleicht bin ich auch ein klein bisschen ungerecht mit Herrn Wollf?" Ihr Gegenüber kennt die Geschichte, die sie ihm jetzt erzählen wird. So oft hat er sie schon gehört, hier in diesem Café. Dennoch hört er geduldig zu. „Wissen Sie, am 1. August war plötzlich ein Beamter der Neuesten Nachrichten *bei mir*

Nr. 244 XXVI. Jahrgang — Sonnabend 7. September 1918

Dresdner Neueste Nachrichten

Unabhängige Tageszeitung
mit Handels- und Industrie-Zeitung

Redaktion und Hauptgeschäftsstelle Ferdinandstraße 4

25

1893 — 1918

Heute vor fünfundzwanzig Jahren erschien die erste Ausgabe der Dresdner Neuesten Nachrichten. Die Gründung dieser Zeitung geschah noch in einer Zeit verheißender Entwicklungsmöglichkeiten. Mit dem Wachstum des modernen Industriestaates, des deutschen Exportes dehnte sich der Umfang aller kulturellen und zivilisatorischen Arbeit. Die Anforderungen an die Technik, die exakten Wissenschaften wurden von Tag zu Tag größer, da erst die Gesetzmäßigkeit und die Idee des alles und alle umspannenden volkswirtschaftlichen Riesenwerkes in das Bewußtsein des Volkes eingedrungen war. Die neue Zeit forderte zugleich die neue Zeitung. Sie kam, wie alles Neue, nicht, ohne alsbald auf ihrem Wege den alten Widerstand des Alten zu finden. Und mußte im Anfang ohne Unbescheidenheit ein wenig laut sein, um gehört zu werden. Die neue Zeitung hielt zudem als an ihrem obersten Grundsatz von vornherein fest: der Forderung des Tages, dem Volkswohl, doch keiner Partei und keiner Sondergruppe zu dienen. Das nötigte bald zu Bekenntnissen und freier Kritik, wo man sonst Kompromisse und Rücksichten voraussetzte. Die alteingesessenen Parteizeitungen und Blätter örtlichen Privilegienbesitzes, die zudem damals die moderne Zeitungstechnik ablehnten, mußten sich hier, wie anderwärts, wo sich die gleiche zeitgemäße Entwicklung des Pressewesens unter gleichen Erscheinungen vollzog, erst mit der Notwendigkeit des Neuen, mit neuen Notwendigkeiten abfinden. Darüber ist nun ein Vierteljahrhundert hingegangen. Und wenn auch jetzt nicht die Zeit ist zu Jubiläen und Feiern, so dürfen wir doch an diesem Gedächtnistage einmal von uns selbst, unsern Mühen und Freuden, unserm Wirken und unsern Erfolgen sprechen zu unsern treuen Lesern.

Im Weißkummen in der Pillnitzer Straße erschien am 7. September 1893 die erste Nummer der Dresdner Neuesten Nachrichten, hergestellt auf drei einfachen Rotationsmaschinen, die von Gasmotoren getrieben wurden. Schon vor gut einem Jahrzehnt reichten Raum und Gewand nirgends mehr aus für das Unternehmen, das sich so kräftig entwickelt hatte und das damals auf den Grundstücken von der Ferdinandstraße 4 bis zur Struvestraße 8 ein eigenes Heim fand. Eine elektrische Kraftzentrale von 250 „Pferdestärken" liefert die Betriebskraft für die stattliche Reihe der uns Vielfarben vermehrten großen Druckmaschinen der Zeitung, deren Tagesauflage heute 140 000 Exemplare fordert, wiewohl in der Zeit der Papiernöte und trotz der durch das Gesetz gebotenen Einschränkung des Umfangs schon mehr als 10 000 auswärtigen Bestellern die Lieferung der Dresdner Neuesten Nachrichten abgelehnt werden mußte. Denn man bedenkt, daß der Zeitungswald wohl nirgends im Reiche so dicht und stattlich steht, wie in Sachsen, wie nahe das Grenzgebiet der Leipziger Blätter, der Berliner Zeitungen, der österreichischen liegt, so spricht gerade die große Zahl der auswärtigen Bezieher für den bedeutenden Wirkungskreis, den sich in diesen fünfundzwanzig Jahren die Dresdner Neuesten Nachrichten erobert haben, deren Leserzahl (mit Ausnahme der Leipziger Neuesten Nachrichten) in Stadt und Land und weit über die sächsischen und Reichsgrenzen hinaus die bei weitem größte aller sächsischen Zeitungen ist. Bezeichnet wird die Weite des Wirkungsbereiches der Dresdner Neuesten Nachrichten zudem durch ihre gleichmäßige Verbreitung in allen Schichten der Gesellschaft. Und dieser Erfolg ist der schönste, den eine Zeitung sich erringen kann. — Einschließlich sämtlicher Redakteure und ständigen auswärtigen Mitarbeiter, Beamten, Setzer und Drucker, technischen und Hilfsarbeiter, Austräger und Filialen sind rund über 1000 Personen mit der Erzeugung und Verbreitung der Dresdner Neuesten Nachrichten beschäftigt, von denen eine erhebliche Anzahl zum Kriegsdienst eingezogen, nur zum Teil ersetzt werden konnte. Vierzehn Angestellte begehen mit der Zeitung zugleich ihr fünfundzwanzigjähriges Jubiläum im Dienste des Blattes. Von diesen Getreuen, denen eine stattliche Zahl noch in den nächsten Jahren folgen soll, wird bei der Feier des Jubiläums am kommenden Sonntag noch zu reden sein. Diese wenigen Zahlen geben immerhin ein Bild von der äußeren Entwicklung der Dresdner Neuesten Nachrichten in den abgelaufenen zweieinhalb Jahrzehnten.

Von dem zu sprechen, was die Zeitung einer so großen, stetig wachsenden treuen Leserzahl in dem gleichen Zeitraum geworden ist und bedeutet, widerstrebt uns. Denn wenn auch die Auffassung zweifellos allein richtig ist, die Zeitung habe gleichermaßen als der Ausdruck der öffentlichen Meinung, wie als ihre Führerin zu wirken, so kann doch nur die Leserschaft ein Urteil darüber fällen, ob wir ihr erfüllt haben und erfüllen, was sie im Kampf für den Fortschritt, die Mitwirkung der Volkskraft am Schicksal des Volkes, Förderung des Gemeinwohls in Stadt, Staat und Reich, an verläßlichem und weitausgedehntem eigenen Nachrichtendienst, als Mittler im Bereich der Künste und Wissenschaften von uns zu fordern hat. Die Zeiten, da nach einem Wort Fritz Reuters der Bücher- und ja wohl auch der Zeitungsschreiber schrieb für die Alten, daß sie sich mit dem bedruckten Papier die Sorgen zugleich und die Fliegen verscheuchten, sind längst vorüber. In der gewaltigen, schmerzenreichen Erneuerung Europas müssen wir uns, wie alle Mitleidenden und Mitkämpfenden eines bewußt sein: unsre Arbeit und unser Kampfanteil gehört vor allem der Jugend und der Zukunft. Wohl tragen auch wir unsern Sackenanteil an dem Riesensorgenbündel der nahen, nächsten Daseinsfragen dieser Generation. Nur allzu tief fühlen wir, daß die Koalition der weißen, gelben und schwarzen Kriegsnöte sich nicht friedlich auflösen wird, wenn erst der ersehnte Friede Einzug gehalten hat in dieser blutigsten aller Welten. Die Volkswirtschaft Deutschlands muß neu errichtet, der ungeheuren Schuldenflut ein Abzugskanalsystem gebaut, die Finanzsysteme des Reiches, der Bundesstaaten, der Gemeinden sorgsam solchen Riesenausgaben angepaßt, die Mitarbeit der besten Volkskräfte an der Politik ihrem Wirkungsbereich zugeführt und in freier, großer, innerlich wahrhaftiger Erneuerung die konstitutionelle Staatsidee uneingeschränkt zur Wirklichkeit werden. Aber wenn erst in fernen, schöneren Zeiten der mühsame Aufstieg vollendet, der Gipfel überwunden sein wird, dann haben wir, wie alle in diesem Kriege, die besten Kräfte geopfert für die Jugend. Für ein freies Reich, dessen Himmel sich nach Sprengung der grauen Sorgenkuppel höher wölben und heiterer. Für ein Deutschland, in dem es eine Lust sein wird, zu leben. Denn an dieses Deutschland glauben wir unerschütterlich. Die Welt unsrer Feinde muß moralisch besiegt werden. Wir werden sie zwingen müssen, an unsre kulturellen und zivilisatorischen Fortschritte zu glauben, nachdem sie das Verleumdergift so lange für uns bereitet haben, bis sie selbst davon trunken wurden. Die Presse aber wird der berufene Herold sein in diesem großen, unblutigen Kampf. Und der Stoßtrupp des Fortschritts, der Aufklärung, der freien Entwicklung eines freien Volkes.

Man wird uns bei diesem friedlichen Kampf in den vordersten Reihen und unter den Besonnenen finden. Darauf dürfen sich unsre Leser verlassen, von denen eine große, stattliche Zahl uns treu geblieben sind durch das Vierteljahrhundert, das wir heute zurückgelegt haben. Auch dieser Jubilare gedenken wir heute dankbaren Sinnes. Insbesondere derer, die uns schon am Vorabend unsres Festtages und überhaupt besonders häufig in der Kriegszeit in beredten Worten zum Ausdruck gebracht haben, daß wir immer nach bestem Wissen und Vermögen dem allgemeinen, nie einem Sonderinteresse gedient, doch die Idee des Liberalismus nie zu finden geglaubt haben in der allein sich fortschrittlich dünkenden Negation, nie in Miesmacherei und anmaßendem Schulmeistertum. Eine wirklich unabhängige Presse bedarf ja der Freiheit von Vorurteilen und der Selbstkritik genau so sehr, wie der Freiheit vom politischen Dogma und vom Einfluß von Interessentengruppen, die — das ist eine der betrüblichen Nebenerscheinungen dieses Krieges — nach fremdländischem Muster begonnen haben, sich auf dem Forum der öffentlichen Meinung in falscher Toga einzuschmuggeln. Hier wird eine fremdartige Gefahr für die Freiheit der deutschen Presse sichtbar, die ihr in ihrer überwältigenden Mehrheit hoffentlich ebenso den Eingang verwehren wird, wie sie die eifrigen, gutgemeinten Vorschläge abgelehnt hat, auf einen Northcliffe anderthalbe zu setzen. Als ob uns das frommen könnte! Nein, die deutsche Presse hat von englischen, amerikanischen Methoden so wenig zu lernen, wie von französischen. Sie muß die reinlichste der Welt bleiben, wie sie es immer gewesen ist. Dieser Grundsatz bedingt ihre innere Wahrhaftigkeit und den Anspruch auf den Glauben deutscher Leser, den Anspruch, Vertreter der öffentlichen Meinung zu sein. Dazu gehört aber auch, daß wir in Zukunft unbehindert die wahre Meinung des Auslandes unsern Lesern vermitteln. Daran hat es der deutschen Presse ohne ihre Schuld vor dem Kriege bitter gemangelt. Es wäre manches anders geworden, wenn gewisse Hemmungsriegel nicht die Kenntnis der Mentalität der Völker, die uns bekämpfen, uns verschlossen hätten. Das vor allem muß anders werden. Eine Aufgabe, an deren Lösung auch wir mitarbeiten werden und zu der wir die Mitarbeit aller politischen Köpfe, aller Freien brauchen.

Als man erst in währendem Kriege erkannte, daß wir nicht nur mit Bündnissen, Kanonen und Soldaten, sondern auch von der ganzen Mache einer feindseligen Pressekoalition eingekreist waren, da erkannte man, leider zu spät, auch auf den sonst nicht gerade zeitungsfreundlichen Höhen des Reichshauses, welch einen wertvollen Besitz das saubere deutsche Presseinstrument bedeute. Doch das kann nur gelten, wenn Kenner und Meister die Saiten greifen, den Bogen führen. Die deutsche Presse hat sich einen Vertrauensschatz im Volk erworben, von dem unser Anteil uns stolzesten, unveräußerlichen Besitz bedeutet. Apothekertränkchen nach dilettantischem Rezept zu brauen, Beruhigungspillen zu drehen — das hieße diesen Vertrauensschatz zugleich verlieren mit der Selbstachtung und unsrer Verantwortung, die nie schwerer wog als heute. Doch solcher Mixturen bedarf auch ein Volk nicht, das sich in tausend Schlachten und Nöten und Opfern behauptet hat gegen eine Welt von Feinden. Dieses Volk, das um sein Leben, seine Freiheit, seine nirgends gehemmte Entwicklung kämpft, doch niemals aus Ländergier und zur Unterjochung andrer Völker einen Tropfen kostbaren Blutes vergossen hat, ist unbesiegbar in seinem heiligen Recht, in der Reinheit seines Gewissens, in seiner ergreifenden, sittlichen Standhaftigkeit. In schwerer Zeit macht es uns stolz, mit unserm Rüstzeug zu kämpfen in seinen Reihen. Dort stehen wir. Dort ist unser Platz. Dort sagen wir uns und grüßen an unserm Festtage unsre Leser, unsre Freunde mit dem Lutherwort:

Und wenn die Welt voll Teufel wär'
Und wollt' uns gar verschlingen,
So fürchten wir uns nicht so sehr,
Es soll uns doch gelingen.

Julius Ferdinand Wolff.

Titelseite der Jubiläumsausgabe zum 25-jährigen Jubiläums der *Dresdner Neuesten Nachrichten* mit einem ganzseitigen Essay von Julius Ferdinand Wolff am 7. September 1918. Anlässlich des 25-jährigen Jubiläums gab es auf Seite 9 und 10 dieser Ausgabe eine Festbeilage mit den folgenden literarischen Originalbeiträgen: *Dramaturgisches und andres* von Gerhart Hauptmann, *Seelenkultur* von Gabriele Reuter, *An die Dresdner Neuesten Nachrichten* von Herbert Eulenberg, *Eisen* von Felix Salten, *Bekenntnis* von Hermann Hesse, *Aphorismen über Theater* von Walter Hasenclever, *Wanderer* von Alfred Günther, *Herbst* von Camill Hoffmann und *Episode vom Genfer See* von Stefan Zweig.

Dresden, Blick aus der Walpurgisstraße auf den Ferdinandplatz mit Gänsedieb-Brunnen; historische Ansicht nach Postkarte, um 1910

Dresden, Ferdinandplatz mit Gänsedieb-Brunnen und Blick in die Ferdinandstraße nach Westen Richtung Prager Straße; historische Ansicht nach Postkarte, um 1910

Dresden, Ferdinandplatz mit Gänsedieb-Brunnen, Blick nach Osten in die Ferdinandstraße (links) und die Walpurgisstraße (rechts); historische Ansicht nach Postkarte, um 1905

Dresden, Viktoriastraße mit Blick nach Nordwesten über den Ferdinandplatz zum Neuen Rathaus; historische Ansicht nach Postkarte, um 1910

Verlagshaus der *Dresdner Neuesten Nachrichten* – Hofeinfahrt und Haupteingang Ferdinandstraße 4 mit Relief-Plastik von Georg Wrba; Foto: N.N., 16. Oktober 1927

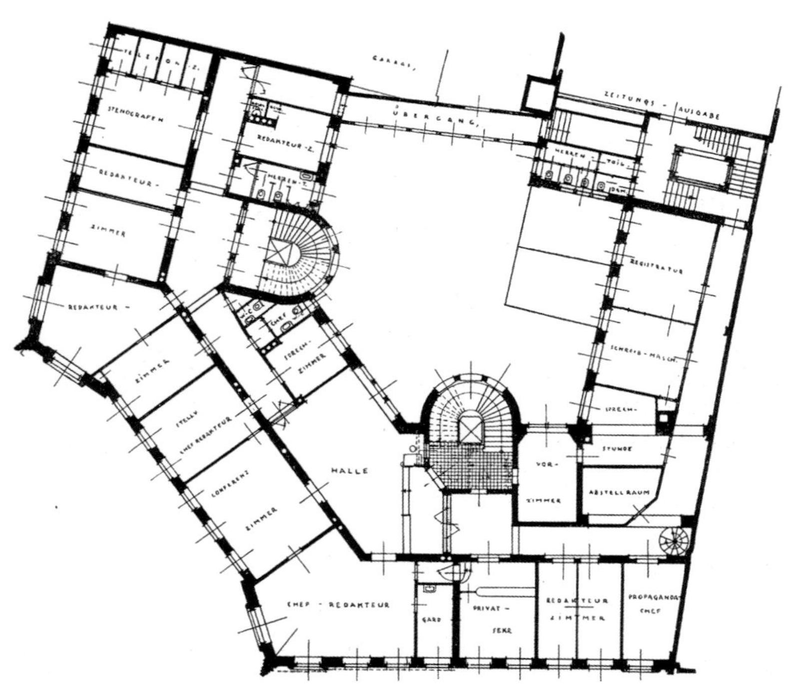

Verlagshaus der *Dresdner Neuesten Nachrichten* – Grundriss vom Obergeschoss; aus: *DEUTSCHE BAUZEITUNG Nr. 49*, Berlin 20. Juni 1928

Dresden, Ferdinandplatz mit Gebäude der *Dresdner Neuesten Nachrichten* in der Ferdindnstraße 4, rechts im Bild; Foto: N.N., vor 1927

Verlagshaus der *Dresdner Neuesten Nachrichten* nach dem Komplett-Umbau am Ferdinandplatz – Neue Fassade; ; Foto: N.N., 16. Oktober 1927

Verlagsraum der *Dresdner Neuesten Nachrichten* nach dem Umbau – Wollfs Schreibtisch im Büro des Chefredakteurs mit Fenstern zur Ferdinandstraße und Tür zur Garderobe; Foto: N.N., 16. Oktober 1927

Verlagsraum der *Dresdner Neuesten Nachrichten* nach dem Umbau – das behaglich eingerichtete Büro des Chefredakteurs Wollf mit Besprechungsecke am Fenster zum Ferdinandplatz und Tür zum Konferenzzimmer; Foto: N.N., 16. Oktober 1927

Verlagsraum der *Dresdner Neuesten Nachrichten* nach dem Umbau – Redaktionszimmer mit Besprechungsecke; Foto: N.N., 16. Oktober 1927

Verlagsraum der *Dresdner Neuesten Nachrichten* nach dem Umbau – das würdevoll eingerichtete Konferenzzimmer mit den Fenstern zum Ferdinandplatz; Foto: N.N., 16. Oktober 1927

Verlagshaus der *Dresdner Neuesten Nachrichten* nach dem Umbau – das Treppenhaus (links) und der Eingang zu den Redaktionsräumen (rechts); linkes Bild aus: *DEUTSCHE BAUZEITUNG Nr. 49*, Berlin 20. Juni 1928, rechtes Foto: N.N., 16. Oktober 1927

Verlagshaus der *Dresdner Neuesten Nachrichten* nach dem Umbau – die Empfangshalle im Obergeschoss, erreichbar über die Haupttreppe, mit Tür zum Konferenzzimmer (links) und Schwingtür zum Redakteursbereich; aus: *DEUTSCHE BAUZEITUNG Nr. 49*, Berlin 20. Juni 1928

Verlagshaus der *Dresdner Neuesten Nachrichten*, Ferdinandstraße 4 – Ferdinandplatz – Viktoriastraße, nach dem Umbau in einer Grafik aus der Vogelperspektive; in: *DNN* vom 19. Juni 1927, sowie die Verwendung dieser Grafik zur Werbung für Anzeigenschaltung z. B. in: *DNN* vom 8. März 1928.

Lorenz-Blattfernschreiber-Zentrale aus wechselseitig geschalteten Fernschreibern im Nachrichtenverkehr der Presse, 1928. Abbildung aus *Presse und Wirtschaft, Festausgabe der Kölnischen Zeitung zur Pressa Köln Mai bis Oktober 1928*, S. 150.

96-Platten-Schnellläufer-Rotationsmaschine mit sechs Rollensternen. Abbildung aus *Presse und Wirtschaft, Festausgabe der Kölnischen Zeitung zur Pressa Köln Mai bis Oktober 1928*, S. 49.

Wieder eine neue Rotations-Druckmaschine
– die vierte dieser Grösse –
von den D. N. N. aufgestellt

Die ständige Vermehrung des Inhalts und das fortgesetzte Steigen der Leserzahl der D. N. N. machte abermals die Erweiterung des Druckmaschinenparkes erforderlich. Auch die neue Rotationsmaschine druckt wie die schon laufenden drei Maschinen in einem Arbeitsgang 64 Seiten im D. N. N.-Format. Sie druckt aber nicht nur, sondern sie schneidet auch die einzelnen Bogen von der Rolle, falzt und zählt sie und legt sie ineinander. Ein wahres Wunder der Technik, in riesigen Ausmaßen: 10 Meter lang, $4^1/_2$ Meter breit, 4 Meter hoch. Diese Maschinen der D. N. N. haben eine stündliche Druckleistung von etwa 200000 16seitigen Zeitungen im D. N. N.-Format. Sinnreich konstruierte Transportanlagen (im Vordergrund des Bildes sichtbar) befördern die fertigen Zeitungen selbsttätig in die Expedition, von wo sie durch zahlreiche Autos, 80 Eisenbahn-Expreßfahrer und 1000 Trägerinnen zu den mehr als 110.000 Abonnenten in Stadt und Land gelangen.

Mit dieser großen Verbreitung sind die D. N. N. die führende Zeitung von Dresden und ganz Ostsachsen. Wie ihr redaktioneller Inhalt interessant und fesselnd ist und die Wünsche des anspruchsvollen Zeitungslesers erfüllt, so ist ihr Anzeigenteil von hoher wirtschaftlicher Bedeutung: für den Geschäftsmann ist er der tüchtigste Verkäufer, für den Privathaushalt in Gestalt der „Kleinen Anzeigen" ein nie versagender Helfer. Die rege Inanspruchnahme des Anzeigenteils der D. N. N. beweist die Richtigkeit des Erfahrungsgrundsatzes: „Die beste und billigste Reklame ist die Anzeige in der Tageszeitung."

DNN-Eigenwerbung zur Erweiterung des Druckmaschinenparkes und der Leistungsfähigkeit für Anzeigenschaltungen alle Art; in: *DNN* vom 20. November 1927.

Das Modell des technischen Betriebes der *DNN* in der Ausstellungshalle 17 (West) zur Jahresschau Deutscher Arbeit 1927 *Das Papier*, veröffentlicht in den *DNN* vom 2. Juni 1927.

Dresden, Jahresschau Deutscher Arbeit 1927 *Das Papier*, Nordost-Eingang zum Pressehof mit der Halle der *Dresdner Neuesten Nachrichten*; nach historischer Postkarte, 1927

Zur Festwoche der Jahresschau:

Unterhaltung und Belehrung bietet die Sonderschau der Dresdner Neuesten Nachrichten:

Bewegliches Modell des technischen Betriebes der D.N.N.

Eine günstige Gelegenheit, Einblick in die moderne Zeitungsherstellung zu gewinnen. Halle 17, am Nordost-Eingang zum Pressehof. Täglich von 9–½7.

Zur Sonderschau der D.N.N.?
Dort – Halle 17!

Das bewegliche Modell des technischen Betriebes der Dresdner Neuesten Nachrichten auf der Jahresschau gibt einen interessanten Einblick in die moderne Zeitungsherstellung. Halle 17, am Nordost-Eingang zum Pressehof. Täglich von 9–½7.

DNN-Anzeigen zur Jahresschau Deutscher Arbeit 1927 *Das Papier*; in: *DNN* vom 1. und 2. September 1927

Dresden, Jahresschau Deutscher Arbeit 1927 *Das Papier*: Blick vom Messeturm auf den Festplatz, im Vordergrund die Hallen 25 und 27; historische Ansicht nach Postkarte, 1927

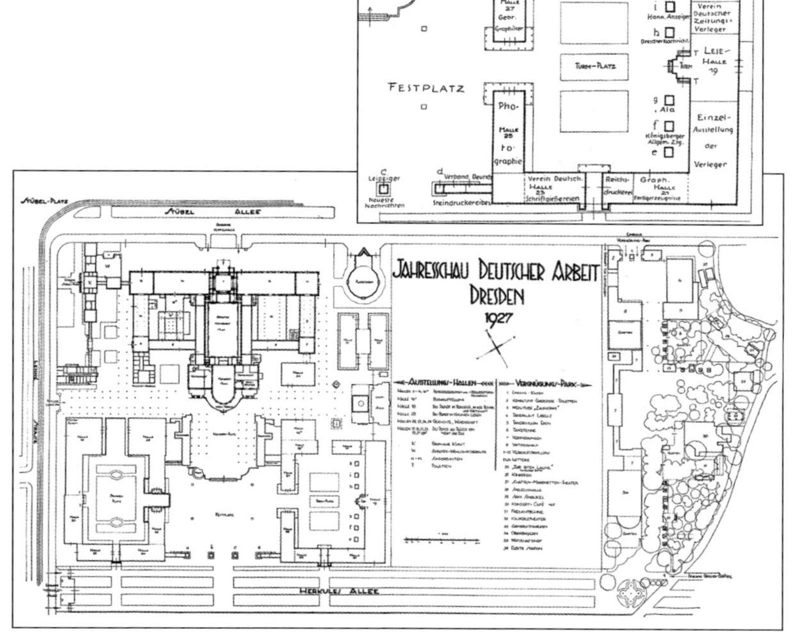

Grundriss Jahresschau Deutscher Arbeit 1927 *Das Papier* und Teilansicht Plan 5 mit Hallen 17, 19, 21, 23, 25, 27,29 zu *Das Papier als Träger von Wort und Bild*, aus: *Amtlichem Führer*, 1927

„Die Zeitung spiegelt alles Geschehen und Werden in der Welt wider.“ Eine von vier grafischen Darstellungen in der Drehbühne zur Sonderschau des Vereins Deutscher Zeitungsverleger auf der Jahresschau Deutscher Arbeit 1927 *Das Papier*, in: *DNN* vom 2. Juni 1927.

„Die Zeitungsanzeige ist der Wegweiser der Wirtschaft und zum Erfolg.“ Eine von vier grafischen Darstellungen in der Drehbühne zur Sonderschau des Vereins Deutscher Zeitungsverleger auf der Jahresschau Deutscher Arbeit 1927 *Das Papier*, in: *DNN* vom 2. Juni 1927.

Grafische Darstellung der gesamten Drehbühne zur Sonderschau des Vereins Deutscher Zeitungsverleger auf der Jahresschau Deutscher Arbeit 1927 *Das Papier*, in: *DNN* vom 2. Juni 1927.

Sondermarke zur Jahresschau Deutscher Arbeit 1927 *Das Papier*, Privatbesitz

Das vergessene Stelldichein

Die Ursache: Das interessante D.N.N.-Modell

Zu angenehmer Unterhaltung gestaltet sich für jedermann die Besichtigung des beweglichen Modells des technischen Betriebes der Dresdner Neuesten Nachrichten auf der Jahresschau. Halle 17, am Nordost-Eingang zum Pressehof. Täglich von 9 – 1/27.

DNN-Anzeige zur Jahresschau Deutscher Arbeit 1927 *Das Papier*; in: *DNN* vom 3. September 1927.

Werbepostkarte der *Dresdner Neuesten Nachrichten* für Inserate; historische Postkarte, um 1904

Leporello-Ansichtskarte der *DNN* mit den Dresdner Sehenswürdigkeiten: Schloss, Postplatz, Hauptstraße, Großer Garten, Dampfschiff-Landeplatz, Altmarkt, Zwingerhof, Loschwitz und Carolabrücke. Das *DNN*-Titelblatt als Deckblatt über dem Leporello zeigt die Ausgabe vom 10. März 1929; historische Postkarte, 1929 *erschienen, der teilte mir so schnell als möglich mit, dass Herr Ludwig Gümber seinen Zeitungsanteil verkauft habe, in den nächsten Tagen abreise und mich bitten lasse, in der Redaktionsstube den neuen Besitzer kennenzulernen."*[454] *Ein Schock. Und verletzt war sie. Zutiefst verletzt. „Ich habe den armen Kerl angeschrien: So bin ich mit verkauft wie ein alter Kettenhund!" Sie hatte diesen Wolff vom ersten Augenblick an nicht gemocht. Besonders wegen seiner Arroganz. „Und wissen Sie, was er heute sagte?" Die Aufregung kehrt zurück und lässt ihren Körper sichtlich erzittern. „Wie Pallas Athene dem Kopf des Zeus entsprang, so sollen die* Dresdner Neuesten Nachrichten *durch mein Zutun in total veränderter, großzügiger Art erscheinen", zitiert sie Wolff. Und sie wird ihn nun nur noch höhnisch „Zeus-Wolff" nennen. Und schon jetzt weiß sie, dass sie unter Wolffs Regie – unter „Zeus-Wolff" – nicht mehr lange in der Redaktion bleiben wird.*

Kanonendonner als Wiegenlied für die *Neuesten Nachrichten*

Nun gut, so richtig zum Feiern dürfte in der *DNN*-Redaktion an der Pillnitzer Straße jedenfalls wohl den meisten nicht zumute gewesen sein. Ausgerechnet im Jubiläumsjahr – im zehnten Jahr der *Neuesten Nachrichten* – verließ der von allen so geachtete und beliebte Verlagschef Ludwig Gümber die noch junge und doch schon so etablierte Zeitung. Stattdessen war in diesem August 1903 mit Julius Ferdinand Wolff ein für die meisten in Dresden noch völlig unbeschriebenes Blatt ans Blatt gekommen. 32 Jahre, ein paar Monate Politikchef bei der *Münchner Zeitung*, zuvor Dramaturg – einer Stellenausschreibung als Verlagsleiter und kurz darauf auch Chefredakteur der *Neuesten Nachrichten* dürfte das wohl tatsächlich nur mit sehr viel Unterstützung seitens des Herausgebers Huck gerecht geworden sein. Ein schwieriger Start für Wolff also? Ein leichter Start sieht jedenfalls anders aus. Nicht zuletzt, weil es Wolff den Mitarbeitern in Dresden zunächst nicht allzu leichtmacht, ihn zu mögen.

Das Blatt gleich in der ersten Vorstellung als zu provinziell abzutun und einigen der Redakteure zu erklären, dass ihre Text miserabel seien – das Attribut diplomatisch passt da wohl eher nicht. Andererseits wussten nun alle, was Wolff erwartet – und damit auch, was sie erwartet. Sarkastisch umschrieben, eine zumindest faire Ausgangslage.

Dabei hatten die von Wolff so gescholtenen Mitarbeiter durchaus harte zehn Jahre hinter sich. Vorm Start des neuen Blattes müde von der Konkurrenz belächelt, wurden die etablierten Dresdner Zeitungen schnell munter. Und schossen kräftig gegen die für sie gefährliche Neue. Sogar wörtlich, wie Silvia Brand in ihren Erinnerungen *Wie es zugeht* später zu Papier bringen wird. Und das Ganze liest sich dabei weniger wie ein Stück Dresdner Zeitungsgeschichte als vielmehr wie das Drehbuch zu einem Kriminalfilm. Ein Drehbuch, bei dem der Autor auch Menschenleben aufs Spiel setzt. Denn es geht nicht „nur" um zahllose anonyme Drohbriefe, die in der Redaktion dieser neuen Zeitung an der Pillnitzer Straße in den Briefkasten gesteckt werden. Sondern es geht um hinterhältige Anschläge. Und das ausgerechnet Heiligabend, gleich im ersten Jahr der *Neuesten Nachrichten*. Auf dem Weg zu einer nahe ihrem Haus gelegenen Gärtnerei – Silvia Brand wollte gemeinsam mit ihrer Tochter Blumen für das Grab ihrer Mutter kaufen – mussten sie durch ein kleines Wäldchen, als plötzlich ein Schuss krachte. *„Eine Rauchwolke stieg vor mir auf, meine Tochter jedoch sank an meine Schulter. Ich fürchtete, daß der Schuss sie getroffen habe. Sie wiederum glaubte, daß ich verwundet sei (...)"* Aber letztlich blieben beide unverletzt. Offenbar wollte der Schütze auch „nur" für einen Schreck sorgen; und für Verunsicherung. *„Er ähnelte eher einem Vagabunden, als einem anständigen Menschen. Hohnlachend starrte er uns an"*, beschreibt Silvia Brand die bizarre Szene. Und sie nahm es – zumindest schreibt sie es so – mit mutiger Ironie. *„Sie sind ein schlechter Schütze"*, habe sie ihm zugerufen. Gut zwei Wochen später war dann noch einmal gegen ihren Balkon geschossen worden. Auch hier blieb Silvia Brand unverletzt. Aber wirklich dramatisch hätte ein dritter Anschlag enden können. Silvia Brand hatte eine Bekannte gebeten, ihr eine Flasche Öl zum Nachfüllen ihrer Nachttischlampe zu besorgen. Am Schillerplatz in Dresden-Blasewitz sei die Frau dann von einem ihr Unbekannten angesprochen worden, erzählte sie Silvia Brand später. Der habe ihr eine andere, eine vermeintlich bessere Flasche gegeben. Ob diese recht unglaubwürdige Geschichte der Bekannten letztlich doch stimmte, konnte Silvia Brand nicht herausfinden – klar ist aber, dass es ein gefährlicher Tausch gewesen war, wenn es denn ein Tausch gewesen ist.

„Kurz vor dem Schlafengehen nahm ich die vermeintliche Ölflasche (...), um im Schlafgemach, in dem meine Tochter bereits meiner harrte, Öl auf das Nachtlämpchen zu gießen. (...) Plaudernd entkorkte ich die Flasche, schüttete einen Teil der Flüssigkeit ins Glas und stand sofort in hellen Flammen." Auch diesen Anschlag überstanden Silvia Brand und ihre Tochter unbeschadet – zumindest körperlich. Aber deutlich wird, dass auf dem vermeintlich beschaulichen Dresdner Zeitungsmarkt damals nicht nur mit verbalen Waffen gekämpft wurde. Und nicht ausgeschlossen, dass Silvia Brand dabei nur eines von vielen Beispielen gewesen ist.

„Unparteiliche und unabhängige Zeitung für jedermann", schrieben die *Neuesten Nachrichten* unter den Kopf ihrer ersten Probenummer am 8. September 1893. Mit diesem Anspruch unterschieden sie sich zwar zunächst nicht wirklich von den beiden damals großen Dresdner Tageszeitungen, den *Dresdner Nachrichten* und dem *Dresdner Anzeiger*. Und doch wurde von der ersten Nummer an ein entscheidender Unterschied zu den etablierten Dresdner Blättern deutlich. Und diesen Unterschied druckten die *NN* auch gleich in

ihre erste Nummer: „*Die* Neuesten Nachrichten *sollen in erster Linie keine Concurrenz für die bereits bestehenden Dresdner Zeitungen sein, sondern lediglich einem Bedürfnis entgegenkommen, welches bei dem Mangel an einer weitverbreiteten, allen Ansprüchen eines großen Publikums durch Vielseitigkeit des Inhaltes genügenden Abendzeitung hier mehr als anderwärts empfunden wird. Die* Neuesten Nachrichten *sollen daher in Ausstattung und Tendenz ein großes weitverbreitetes Organ für alle Kreise der Bevölkerung werden, ein gutes, wohlinformiertes Familienblatt, welches seine Freunde allerorten, in Palast und Hütte, bei Arm und Reich sucht und findet.*" Eine Zeitung für jedermann also – und gleich noch ein versteckter Seitenhieb gegen die Konkurrenten, dass diese eben genau das nicht seien. Mit ihrem Anspruch auf eine breite Leserschaft stoßen die *Neuesten Nachrichten* in eine Marktlücke, die auf der Dresdner Pressebühne offenbar bisher keine Zeitung bemerkt hatte. Oder bewusst übersah? Das neue Blatt füllt diese Lücke. Und das mit rasantem Tempo. Wie erwähnt, nicht wirklich zur großen Freude der Konkurrenten ... Auch Wolff wird ein Vierteljahrhundert später, zum 25. *DNN*-Jubiläum, schreiben: „*Die neue Zeit forderte zugleich eine neue Zeitung. Sie kam, wie alles Neue, nicht, ohne alsbald auf ihrem Wege den alten Widerstand des Alten zu finden. Und mußte am Anfang ohne Unbescheidenheit ein wenig laut sein, um gehört zu werden.*" Hatten die Etablierten bis dahin eigentlich nicht bemerkt, dass sich Dresden verändert hatte? Dass Dresden längst reif war für genau einen solchen Typ Zeitung? Dresden hatte sich wie beschrieben zunehmend zur Industriestadt gemausert. Zu einer besonderen noch dazu. Es gab nun auch hier ein Proletariat, das nach zwölf Stunden Arbeit nach leichtverständlichen politischen Beiträgen, nach Lokalberichterstattung und Unterhaltung lechzte. Nach durchaus auch intellektueller, wie es Wolff seinem Blatt dann verstärkt verordnete. Der Zeitpunkt für das neue Blatt – einen Generalanzeiger – war 1893 auch in Dresden gekommen. Und „breite Masse als Leserschaft" heißt eben auch, keine Rücksicht mehr auf politische Gedankengartenzäune nehmen zu wollen. Auch das war neu für Dresdens Zeitungslandschaft. Wolff beschreibt diesen Start – ohne ihn selbst miterlebt zu haben – so: „*Die neue Zeitung hielt zudem an ihrem obersten Grundsatz von vornherein fest: (...) keiner Partei und keiner Sondergruppe zu dienen. Das nötigte bald zu Bekenntnissen und freier Kritik, wo man sonst Kompromisse und Rücksichten voraussetzte.*" Und es scheint ihm zu gefallen, liest sich hier heraus. Dieses Kritischsein, das er von seinen Leuten dann auch gleich nach seinem Amtsantritt noch massiver einforderte.

Silvia Brand charakterisiert das neue Blatt als echte Zeitzeugin mit einem ungewöhnlichen Vergleich: „*Als ich diese neue Tageszeitung zuerst betrachtete, glich sie jenen zarten Kindern, denen man kein langes Leben zutraut.*" Dass die *Neuesten* aber dann doch nicht sobald „*starben*", greift Silvia Brand ihr sprachliches Bild auf, sei deren Herausgeber Ludwig Gümber zuzuschreiben, der „*dank seiner Geistesgegenwart und Unerschrockenheit (...) das zarte Kind über die ersten Kinderkrankheiten hinweg geleitete, unbekümmert darum, ob man seine eigene Person in jedweder Beziehung anzugreifen versuchte".* Die Konkurrenz hatte schnell erkannt, dass ihr diese „Neue" in Windeseile Leser abspenstig machen könnte. Hatte man sich damals einfach zu bequem eingerichtet in dieser bis dahin kleinen, gemütlichen Dresdner Zeitungswelt? Hatte man einfach keine Lust auf anstrengende Veränderungen? Wolff ist davon jedenfalls überzeugt, wenn er 25 Jahre später zum *DNN*-Jubiläum resümiert: *„Die alteingesessenen Parteizeitungen und Blätter örtlichen Privilegienbesitzes, die zudem damals die moderne Zeitungstechnik ablehnten, mußten sich (...) erst mit der Notwendigkeit des Neuen, mit neuen Notwendigkeiten anfreunden."* Es gab also zunächst praktisch keine Konkurrenz für die *Neuesten Nachrichten* auf dem Dresdner Zeitungsmarkt. Dabei hatte der Ball sozusagen längst auf dem Elfmeterpunkt gelegen, aber erst dieses neue Blatt brachte ihn im Tor unter.

Es plaudert in Dresden

Von der ersten Nummer an bemüht sich die neue Zeitung um den Herausgeber Ludwig Gümber um Massenabsatz. Und das mit schnellem Erfolg. Schließlich haben die *Neuesten Nachrichten* bereits im Januar 1894 immerhin 28 419 Leser. Damit sind sie auf Augenhöhe mit den *Dresdner Nachrichten*. Nur zwei Jahre später hat sich die Leserzahl fast verdoppelt; dann sind es bereits 42 184 Abonnenten. Und im Dezember 1899 erreichen die *NN* schon die enorme Auflage von 84 000 Exemplaren täglich.[455] Ein atemberaubender Aufstieg; während die Konkurrenz auf der Stelle tritt – oder sogar Leserverluste hinnehmen muss. Diese rasanten Erfolge liegen neben dem neuen Konzept wohl auch am niedrigen Verkaufspreis: lediglich fünfzig Pfennige kostet ein Monatsabonnement in dieser Anfangszeit.[456] Für ein Vierteljahresabo des *Dresdner Anzeigers* hingegen müssen die Leser vier Mark zahlen, das sind 2,50 Mark mehr als „nebenan" bei den *Neuesten*. Bedenkt man, dass ein Ein-Kilo-Roggenbrot damals um die 25 Pfennige kostete, lässt sich ahnen, dass ein *Anzeiger*-Abonnement wohl eher ins Budget bessergestellter Familien passte; was eben ein deutlicher Hinweis auf die Leserschaft ist. Der *Anzeiger* hält das konsequent durch, reagiert aber letztlich nach fünf Jahren dennoch: Zum 1. Januar 1899 setzen die Verantwortlichen den Abopreis auf drei Mark pro Quartal herunter. Eine wirtschaftliche Schieflage droht aber nicht, denn gleichzeitig steigen die Anzeigenpreise.[457]

Und doch: Der Erfolgsgarant der *Neuesten Nachrichten* ist nicht allein der – natürlich nicht zu unterschätzende – niedrige Verkaufspreis. Sondern es ist vor allem das, was die Leser für diesen Preis bekommen: viel Lokales, jede Menge Anzeigen und noch mehr Unterhaltung. Das neue Blatt legt sichtbar großes Augenmerk auf unterhaltsame Themen. So finden die Leser das Feuilleton beispielsweise gleich auf der ersten Seite – von hier zieht es sich dann durchs gesamte Blatt. Wobei „Feuilleton“ in diesen Jahren nicht wie in heutigen Zeitungen eher Kulturberichterstattung und geistige Debatten bedeutete, sondern auch den Abdruck von Romanen, Satire, Rätsel ... Ein wirklich prall gefülltes Unterhaltungspaket wurde da für die Leser geschnürt. Zudem betrachten die Redakteure der *NN* die Politik mit leichter Sprache. Was übrigens schon seit der ersten Nummer deutlich wird. Dort heißt es unter der Überschrift *Conservativ und treu* eher plaudernd über einen Besuch des deutschen Kaisers in Metz: *„Die Tage von Metz sind vorüber. Vorbei ist das glänzende Schauspiel, da 36 Bataillone und 30 Schwadronen bei klingendem Spiele paradierten, verwelkt sind die Kränze und Guirlanden, und verhallt ist der Jubel des lothringer Volkes. Der Kaiser hat die stolze Veste an der Mosel verlassen, und von Bergeslast befreit atmet die Republik (Frankreich d.A.) auf. Wie hypnotisiert starrte sie nach dem Vogesenloche, und ihr ganzes Sinnen und Dichten concentrierte sich in dem einen Gedanken: Der Empereur in Metz. Der deutsche Kaiser in unserem Metz! Das ist es nämlich. Für jeden Franzosen ist und bleibt Lothringen heiliges Land. Die Würfel des Kriegs haben es Frankreich entrissen, und das Spiel derselben Würfel des Krieges wird es unter die blau-weiß-rote Tricolore zurückführen. Wenn aber der Tag der Revanche gekommen ist und das deutsche Banner in den Staub sinkt, dann wehe den Besiegten, dem Hause Hohenzollern und dem deutschen Reiche!“*

Diesen plaudernden Stil wird sich das Blatt auch über die Jahrhundertwende hinweg bewahren. Ein Ton, an dem auch der „Neue“ bei den *Neuesten* nichts ändern wird. Im Gegenteil, auch Wollf liebt dieses wortbildreiche Plaudern. Am 2. Juli 1907 zum Beispiel heißt es in den *DNN* über das Verhältnis Deutschlands zu Frankreich: *„Jedesmal, wenn Kaiser Wilhelm II. mit einigen hervorragenden Franzosen zusammenkommt, ihnen Aufmerksamkeiten erweist und dafür in Pariser Blättern prompt bescheinigt erhält, daß er ein ‚charmeur‘ sei und ein tadelloses Französisch spreche, gibt es bei uns zu Lande harmlose Enthusiasten, die ihrer Meinung Ausdruck geben, daß sich nun die weltbeglückende Aera eines deutsch-französischen Bündnisses anzubahnen beginnt.“* Der Ton des neuen Blattes ist – und bleibt – also kein abgehoben intellektueller, wie der so manches gedruckten Konkurrenten. Die Redakteure selbst erklären den Schreibstil damals als: *„frisch und unterhaltend geschrieben“.*[458] Auch sogenannte Lokalspitzen verdankt das Blatt Wollf schon frühzeitig. Beiträge also, die fast fröhlich hüpfend – hier und da gar satirisch – daherkommen und in den lokalen Teil des Blattes einführen. Gibt es diese Lokalspitzen in den ersten beiden Jahren Wollfs bereits ab und an, so ist dieser damals auf dem Zeitungsmarkt noch nicht allzu weit verbreitete Trend kurz darauf in den *DNN* immer regelmäßiger zu finden. In vier von sieben Ausgaben der Jahre 1906 und 1907 gibt es solche Lokalspitzen.[459] Ein Beispiel: So beschreibt ein – unter Wollf bekanntlich ungenannter – Redakteur Mitte Juli 1907 den Tagesablauf an einer belebten Dresdner Straße, indem er sich in die Rolle einer Straßenuhr versetzt. Das Blatt versucht seine

Leser zu überraschen und ungewöhnliche journalistische Wege zu gehen – was die Ansichten und Ideen Wollfs widerspiegelt: „*Jawohl, wir haben in Dresden auch etliche solcher Ungetüme, die sogar dann und wann die Zeit auf die Minute richtig zeigen. Des öfteren haben sie zwar chronischen Schnupfen und eines schönen Tages streiken sie mit rührender Hartnäckigkeit. (...) Im Übrigen hat so eine Normal-Uhr rasend viel zu tun. Erstlich wacht sie darüber, daß die Straßenkehrer, die Bäckerjungen, die Milchhändler ihr Tagewerk richtig beim Tagesgrauen anfangen. Dann zählt die ewig Fleißige sämtliche elektrische Bahnen, die von morgens früh bis zum nächtlichen Lumpensammler an ihr vorbei defilieren. (...) Dann rasseln die letzten Elektrischen ins Depot, ein mobiler Nachtschwärmer hält stille Monologe, ein Schutzmann patrouilliert, eine Nachtdroschke kleckert und rumpelt dahin und nach und nach duselt die gute Normal-Uhr so ein wenig ein – natürlich nur scheinbar. Denn wenn man eine richtig gehende Normal-Uhr ist, so hält man auf Reputation und geht auch im Schlafe richtig!*" Ein paar Tage zuvor waren die *DNN* gleich im doppelten Wortsinn blumig in den Lokalteil gestartet: „*Die Rosen blühen! Ach, und wie sie blühen! Gleich purpurnen Flammen glühen sie auf, rubinrot hier, elfenbeinfarben da und schimmern gelbleuchtend gleich blassen Topasen.*"

Offenbar seit Blattgründung bei den Lesern beliebt ist auch die durchaus satirische Wochenendbetrachtung der *Neuesten Nachrichten*. Immer sonntags, gleich im Keller der ersten Seite ist mit der Rubrik *Rund um den Kreuzturm* ein amüsanter Beitrag zu finden. Der beschäftigt sich mit Dresdner Begebenheiten der zu Ende gehenden Woche. Meist sind es eher unpolitische Episoden. Und auch hier wird der erwähnte Wortblumenstrauß in die Vase gestellt, wie Anfang Juli 1905 zum Beispiel: „*In einer der letzten Nächte um Johanni kam ich von der Neustadt her über die Augustusbrücke gegangen. Es war um die zwölfte Stunde, der Lärm des Tages war verstummt, nur drunten in den Fluten rumorten die Elbgeister, ritten auf den munteren Wellen um die altersgrauen Pfeiler der Brücke (...)*" Und auch unter Wollf bleibt dieser journalistische Dauerbrenner sozusagen unter Feuer.

Die *Neuesten Nachrichten* fahren jedenfalls von Anfang an auf der Überholspur. Und den Trumpf Unterhaltung spielen sie beim Skat mit den anderen Dresdner Zeitungen immer wieder erbarmungslos aus. Sie fallen mit diesen Themen beim Leser wie erwähnt auch optisch gleich auf der ersten Seite quasi mit der „Feuilletontür" ins Haus. Zur Jahrhundertwende wird der bisher hier ebenfalls regelmäßig zu findende Roman allerdings in den hinteren Blattteil rücken und der Feuilletonkeller auf der ersten Seite zunehmend für Theater- und Musikkritiken reserviert sein. Unter Theaterfan Wollf erst recht ... Die Keller der zweiten und regelmäßig auch der dritten Seite gehören dann ebenfalls dem Unterhaltungs- und Feuilletonteil. Im Unterschied übrigens zu den *Dresdner Nachrichten*, die dem Feuilleton damals erst auf Seite drei einen Platz und dann auch nur eine Spalte einräumen. Aber auch im Gegensatz zum *Dresdner Anzeiger*, der Ende der

1890er Jahre zwar prozentual einen ähnlich hohen Anteil an Feuilletonstoff auf seine Seiten druckt, wie die *Neuesten Nachrichten* – runde 20 Prozent.[460] Aber der *Anzeiger* versteckt sein Feuilleton eben auf hinteren Seiten.

Es kommt beim Blattmachen nicht nur darauf an, spannende Inhalte zu finden. Man muss sie auch optisch gut „verkaufen". Auch da waren die anfänglichen Macher der *Neuesten Nachrichten* in Dresden einfach die besseren Verkäufer. Und Wolff wird ihnen in seinen dreißig *DNN*-Jahren in nichts nachstehen.

Die Idealbesetzung mit einem Fehlstart?

Waren die *DNN* im Sommer 1903 also ein gut angewärmtes Bett für den „Neuen"? Ein Bett, in das sich Julius Ferdinand Wolff nur noch bequem hineinzulegen brauchte? Ja und nein …

Ja, die *Neuesten Nachrichten* avancierten in den zehn Jahren seit der ersten Ausgabe im September 1893 durchaus zum Shootingstar in Dresdens Blätterliga – und sie hatten sich nicht nur mal kurz an die Tabellenspitze katapultiert, sondern waren über all die Jahre Dauerabonnent auf den Meistertitel geblieben. Aber – und hier kommt nun das Nein – auch der Dresdner Zeitungsmarkt veränderte sich bis 1903 spürbar. Einhergehend mit den beschriebenen Veränderungen der Stadt Dresden, die sich zunehmend zur modernen Metropole mauserte. Es brauchte also durchaus neue Ideen für das Blatt. Was Herausgeber Huck wohl auch dazu gebracht hatte, sozusagen einen überraschenden Trainerwechsel bei den *Neuesten Nachrichten* vorzunehmen – die ja seit 1. April 1903 unter dem nun endlich vollständigen Namen *Dresdner Neueste Nachrichten* erscheinen. Ob das vielleicht sogar schon eine Idee Wolffs im fernen München gewesen ist? Herausgeber Huck brauchte jetzt jedenfalls einen ehrgeizigen, durchsetzungsfähigen und vor allem ideenreichen jungen Mann wie Wolff, der gegen Sätze immun war wie: *„Das haben wir aber immer so gemacht"* oder *„Schließlich können wir mit Blick auf unsere hohen Verkaufszahlen nicht viel falsch gemacht haben"* … Herausgeber Huck erkannte zum Beispiel, dass dieses Blatt im politischer werdenden Dresden auf Dauer nicht mehr so meinungslos bleiben konnte. Zudem war beiden – Huck und Wolff – klar, dass man mit Blick auf den Leserkreis der *Neuesten Nachrichten* nicht länger die sogenannten „Eliten" außen vor lassen konnte; das Bildungsbürgertum also. Dem waren die Generalanzeiger-*DNN* mit ihrem dicken Lokalteil und der vielen Unterhaltung bisher offenbar ein wenig zu „piefig" gewesen. Oder wie es Wolff immer wieder kritisierte, zu provinziell. Verlegerisches und natürlich nicht zuletzt inhaltliches Fingerspitzengefühl waren für den neuen *DNN*-Macher also nötig: die breite Masse als Leserschaft nicht zu verlieren und dennoch die Bildungsbürger mit hochwertigen Angeboten hinzuzugewinnen. Und genau deshalb brauchte Huck in Dresden tatsächlich einen, der ein Herz und auch ein Hirn fürs Feuilleton hatte. Für ein noch besseres, hier und da noch klügeres Feuilleton als bisher in den *Neuesten Nachrichten*. Allerdings, auch das war beiden klar, ohne die Fremdwortakrobaten in die Manege zu lassen, die dann wiederum das „Durchschnittspublikum“ aus dem „*DNN*-Zelt“ vertreiben würden. Wolff will und wird – wie ja später zum Beispiel sein schon ausführlich beschriebener Einsatz für medizinische Themen zeigt – auch die „einfachen“ Leser mitnehmen. Er will mit seinem Blatt für sie Lehrer sein, ohne oberlehrerhaft zu wirken. Huck ahnt es, und die Zeit wird ihm recht geben: Wolff ist tatsächlich die Idealbesetzung auf der angesprochenen *DNN*-Trainerbank.

Wolff selbst bringt es im September 1918 in der Jubiläumsausgabe des Blattes auf den Punkt: „*Die Zeiten, da nach einem Wort Fritz Reuters der Bücher- und ja wohl auch der Zeitungsschreiber schrieb für die Alten, daß sie sich mit dem bedruckten Papier die Sorgen zugleich und die Fliegen verscheuchen, sind längst vorüber. In der gewaltigen, schmerzenreichen Erneuerung Europas müssen wir uns (...) eines bewußt sein, unsre Arbeit und unser Kampfanteil gehört vor allem der Jugend und der Zukunft.*“ Sätze, die Wolff damals zwar mit Blick auf das Drama des zu Ende gehenden Ersten Weltkriegs schreibt, die aber auch auf seinen Start 1903 bei den *DNN* passen.

Wobei dennoch die Frage erlaubt sein muss: Unterläuft Wolff gleich zu Beginn seiner Zeit am journalistischen Spielfeldrand als Betreuer der *DNN*-Mannschaft ein schwerer taktischer Fehler? Seit Blattgründung nahmen lokale Themen breiten Raum auf den Seiten der *Neuesten Nachrichten* ein – wie Beiträge über das Baugeschehen der Elbestadt, Vereinsnachrichten und Ähnliches. Im Gründungsjahr 1893 stellten die *Neuesten* immerhin stets gut zwei Spalten ihrer dritten Seite für Lokales zur Verfügung. Zwei Drittel also, denn das Blatt erscheint damals in einer dreispaltigen Aufmachung. Meist beginnt der Lokalteil dabei auch schon mit einigen Meldungen auf der zweiten Seite und setzt sich dann auf der dritten Seite fort, was das lokale Gewicht noch erhöht. An einigen Tagen folgte zudem im hinteren Anzeigenteil eine weitere Seite mit lokalen Themen. Hier fanden sich dann beispielsweise Dresdner Polizeimeldungen, kurze Berichte über Firmen und unter der Rubrikzeile *Vereine und Versammlungen* zusätzliche Vereinsnachrichten. Alles in allem waren das in diesen ersten Jahren bis 1903 immerhin gute 25 Prozent des redaktionellen Teils,[461] sieht man von Beiträgen im Handelsteil und in den Unterhaltungsbeilagen ab, die sich in den *NN* ja ebenfalls mit lokalen Themen befassten. Nicht zu vergessen die Berichte über das sächsische Königshaus, die allerdings mit Dresden nur insoweit zu tun hatten, dass sich Schloss und Hof in der Residenzstadt befanden. Dass die *Neuesten Nachrichten* ein wirklich großes Herz fürs Lokale hatten, zeigt sich außerdem darin, dass die Redakteure unter der Rubrik *Letzte Lokalnachrichten* auch noch Meldungen in die Zeitung brachten, die eigentlich schon nach Redaktionsschluss eingetroffen waren – und hier nun quasi nur noch kurz und ohne allzu ausführliche Einordnung in Zusammenhänge ins Blatt gehoben werden, um sie den Lesern in den nachmittags erscheinenden

Neuesten Nachrichten noch präsentieren zu können. Durch die heutige Brille gesehen, also eine Art kurze Twitter-Meldungen.

Nun aber kommt Wollf. Und unter seiner Leitung wird das Lokale in den Jahren 1904 und 1905 zunächst zurückgedrängt. Wollf dampft den Lokalteil auf anderthalb Spalten der zweiten Seite ein.[462] Wobei an dieser Stelle noch einmal kurz erwähnt werden muss, dass die *DNN* jetzt vierspaltig erscheinen, statt zuvor mit drei Spalten. Das bisher gut genährte Lokale hat also auch in seiner optischen Wirkung abgespeckt. 1905 rücken die lokalen Nachrichten und Berichte auf die dritte Seite – was kein vermeintliches Nach-hinten-Schieben ist, sondern für Leseraugen eine wesentlich bessere Platzierung. Aufschlagseite heißt das im Journalisten-Deutsch, eine Seite, auf die der Blick beim Aufschlagen der Zeitung fällt. Gut zwei der vier Spalten der Seite gehören hier lokalen Nachrichten. Das wirkt optisch sehr kompakt – und kaschiert den prozentualen Rückgang zumindest oberflächlich. Dennoch, die Prozentzahlen lügen nicht: Es steckt jetzt weniger Dresden drin, in den *Neuesten Nachrichten*, die nun ja sogar *Dresdner Neueste Nachrichten* heißen. Will Wollf dem Blatt mit dieser Lokalteildiät die von ihm so heftig kritisierte Provinzialität von den Rippen hungern? Erst 1906/07 wird der Lokalteil wieder zu einem, der diese Bezeichnung auch wirklich verdient. Lokale Themen füllen von nun an fast die komplette Seite drei. Wollf revidiert sich also – und das darf sogar auf Kosten seines Lieblings, des Feuilletons, gehen. Denn der bisher auch auf der dritten Seite zu findende Feuilletonkeller muss jetzt Platz fürs Lokale machen. Nur auf den ersten beiden Seiten gibt's das Feuilleton jetzt noch im Keller.

Hat Wollf erkannt, dass die Lokalberichterstattung gerade jetzt besonders wichtig ist? Vielleicht schallt ja nach den zahlreichen Eingemeindungen vom Januar 1903 und der somit für die alten und neuen Dresdner zunehmend unübersichtlicher werdenden Großstadt der Ruf nach einem vernünftigen Lokalteil durch die Fenster der *DNN*-Redaktion? Dresden schwingt sich schließlich bald darauf zur viertgrößten Stadt Deutschlands auf, und auch die schon mehrfach erwähnte Industrialisierung dürfte ein wichtiger Faktor dafür gewesen sein. Nahmen die Leser der Zeitung das Abspecken der lokalen Informationen übel? Jedenfalls sanken erstmals seit Blattgründung die Abonnentenzahlen! 1905 bezahlten noch 104 000 Leser ein *DNN*-Abo, nur ein Jahr später waren es mit 99 999 immerhin 5 000 Abonnenten weniger.[463] Allerdings muss Wollf zugutegehalten werden, dass er den Lokalteil nicht „einfach nur" verkleinert hat. Sondern in erster Linie auf aus seiner Sicht Unnützes verzichtet. Auf Sensationsnachrichten zum Beispiel, die vom umworbenen Bildungsbürgertum abgelehnt werden. Stattdessen setzt Wollf deutlich auf „harte" lokale Nachrichten: auf politische Nachrichten aus der Stadt oder Wirtschaftsnachrichten aus Dresdner Betrieben. *Qualität statt Quantität*, könnte Wollfs Motto für den Lokalteil der Jahre 1904 und 1905 umschrieben werden; Wollfs Startjahre. Wobei für die Mehrzahl der Leser offenbar auch Quantität ein wichtiger Qualitätsfaktor zu sein scheint, um noch einmal auf das Sinken der Abozahlen anzuspielen. Dennoch, auch wenn

Wolff spätestens ab 1906 dem Lokalteil wieder mehr Platz genehmigt, an seiner Qualitätsstrategie hält der *DNN*-Chef eisern fest: Das aus seiner Sicht Unnütze kehrt nicht mehr auf die Seiten der *Neuesten Nachrichten* zurück.

Die wiedergewonnene lokale Stärke ist dabei deutlich sichtbar: War Ende 1906 für Beiträge aus Dresden eine komplette Seite – die dritte Seite – reserviert, so rückt das Lokale 1907 auch wieder in einige Spalten der Seite zwei vor. Die *DNN* bieten somit beinahe täglich anderthalb lokale Seiten. Bei durchschnittlich fünf redaktionellen Seiten – den Handelsteil eingeschlossen – füllt das Lokale nun immerhin fast 30 Prozent des Blattes.[464] Wie erwähnt sogar zulasten des von Wolff geliebten Feuilletons. Wobei, nach dem Lokalteil hat der *DNN*-Chef auch hier aufgeräumt: Die Unterhaltungsnachrichten, aus heutiger Sicht Boulevard, haben Theater- und Literaturbesprechungen Platz machen müssen. Auch kulturpolitischen Texten. Meinung und Einordnung werden im Feuilleton nun sprichwörtlich großgeschrieben. Aus Sicht Wollfs fehlt also nichts ... Zudem setzt er auch noch seine Ankündigung um, die Musikkritik – geschrieben vorrangig vom schon erwähnten namhaften Spezialisten Ludwig Hartmann – zurückzudrängen und stattdessen dem Theater mehr Platz einzuräumen. Was dabei nicht nur mit Wollfs fast schon inniger Liebe zum Theater zusammenhängen dürfte. Sondern vor allem mit der Ansicht, dass das Theater eher zur gesellschaftlichen „Bildungseinrichtung" taugt, als oberflächlich-amüsante Operetten oder in mumifizierter Klassik steckengebliebene Opern. Aus dieser Sicht macht Wolff jedenfalls nie ein Geheimnis.

Das sind allerdings nur einige der zahlreichen Veränderungen im Blatt in diesen beiden Jahren. Für mehr Übersichtlichkeit in der Zeitung – ja vielleicht passt hier sogar das Wort von der Großzügigkeit, das Wolff so gern nutzt – sorgt beispielsweise das größere Format. Seit November 1905 sind die Seiten statt bisher 450 x 280 Millimeter nun 455 x 320 Millimeter groß. Wobei Wolff nun nicht etwa mehr Inhalt in die Ausgaben „quetscht", sondern Spalten und Buchstaben bekommen mehr Raum. Das sorgt auch optisch für Atemluft. Und noch eine wesentliche Veränderung ist im Lokalteil der *DNN* zu bemerken: Während außen- und vor allem innenpolitische Themen von den *Neuesten Nachrichten* seit der ersten Nummer regelmäßig kommentiert werden, lässt Wolff nun mehr und mehr auch lokale Themen kritisch hinterfragen. So berichten die *DNN* beispielsweise am 11. Januar 1907 über die Ämterverteilung im Dresdner Stadtparlament. Dabei wird scharf gegen die Vertreter der Reformpartei geschossen, die sich durch *„Cliquenbildung"*[465] Posten gesichert hätten. Wolff macht nach seinem Amtsantritt die *Neuesten Nachrichten* also tatsächlich politischer. Vor allem gibt Wolff dem Blatt eine eigene Meinung. Und überhaupt beginnen die *DNN*, sich jetzt stärker einzumischen. Im Lokalen, in der „großen" Politik und – hier reitet Wolff sein Steckenpferd – besonders auch im Theater.

Seit Mitte 1906 und ganz besonders auffällig 1907 setzen die *DNN* also wieder massiv auf lokale Themen. Wolff ändert sozusagen sein Spielsystem wieder Richtung

Meisterschaft. Und kann Silvester 1909 gleich zwei Sektgläser klingen lassen. Denn ins Jahr 1910 starten die *DNN* mit einer guten Nachricht in eigener Sache, einem positiven Doppel: Am 1. Januar 1910 feiert sich das Blatt mit berechtigtem Stolz gleich auf der ersten Seite für 113 688 zahlende Abonnenten und für über 117 000 täglich verkaufte Zeitungen. Also nicht nur für den inoffiziellen Meistertitel als „*Sachsens meist verbreitete Zeitung*", den sich das Blatt seit Jahren als Pokal in die Redaktionsvitrine stellen kann – sondern auch für einen neuen Rekord. Es ist die höchste Abonnentenzahl seit Gründung der *Neuesten Nachrichten*, schwärmt das Blatt. Werbewirksam wird auch gleich noch darauf verwiesen, dass die Leser dieses Erfolgsblatt für „*nur 60 Pfennig im Monat*" bekommen können. Und so dürfte in der Silvesternacht bei Julius Ferdinand Wollf und seinem „Hannele" im zweiten Stock der Anton-Graff-Straße sicher reichlich Sekt geflossen sein.

Wollf holt die Theaterwelt ins Blatt

Erstaunlich: ausgerechnet für den so wichtigen Pluspunkt – das Feuilleton – gab es in den ersten Jahren der *Neuesten* nach 1893 zunächst keinen eigenen verantwortlichen Redakteur. Für das gesamte Blatt war von Beginn an Guido Mäder zuständig. Erst 1896 wurden Verantwortlichkeiten für einzelne Blattteile eingeführt. So steht nun Max Wundtke als Leiter des Feuilletons im Impressum. Allerdings übernimmt schon gegen Ende 1897 Guido Mäder selbst das Feuilleton. Ein weiteres Jahr später – 1898 also – können die *NN* dann zwei echte Glücksgriffe ins Impressum drucken: Seit Nummer 213 tritt Curt Müller als Verantwortlicher für das *Allgemeine und wissenschaftliche Feuilleton* an und ab Nummer 257 übernimmt Ludwig Hartmann das sogenannte *Kunstfeuilleton*. Zwei absolute Fachleute – und wirklich gute Schreiber. Mit Hartmann können die *Neuesten Nachrichten* sogar den damals wie erwähnt wohl prominentesten Kulturjournalisten Dresdens und vielleicht ganz Sachsens von den *Dresdner Nachrichten* abwerben. Von da an ordnet sich das Feuilleton deutlich, wird übersichtlicher. Die einzelnen Beiträge verstreuen sich nun nicht mehr willkürlich übers gesamte Blatt. Der Roman beispielsweise rückt auf einen festen Platz im Anzeigenteil, dafür bietet der Feuilletonkeller auf der ersten Seite jetzt ausreichend Raum für die Kunstkritiken Hartmanns. Auch die anfangs im Blatt umherirrenden sogenannten *Moralischen Plaudereien*, die Rubrik *Vermischtes*, die *Bunte Chronik* und auch der *Sprechsaal* (seit 1902 dann *Beschwerden aus dem Publikum* und später *Briefkasten* – also quasi die Leserbriefe) bekommen feste Plätze.

Über Ludwig Hartmann sollten durchaus ein paar Worte mehr verloren werden. Denn mit seinen Texten wird das Kunstfeuilleton der *Neuesten Nachrichten* in der Dresdner Kulturszene wohl überhaupt erst wirklich ernst genommen.[466] Der in Neuß bei Düsseldorf geborene Ludwig Hartmann hatte in Leipzig Komposition studiert, war dann in Weimar Schüler des bekannten Komponisten Franz Liszt. Er passte also letztlich auch perfekt ins Anforderungsprofil Wollfs, als der mit dem Umbau der *DNN* begann – ein absoluter Musikfachmann. Hartmanns von Silvia Brand erwähnter Antisemitismus kommt in seinen Texten dabei kaum öffentlich zum Tragen. Er gab sich eben *„nur nicht dazu her"*, wie er es sah, *„unnötig"* über jüdische Komponisten und Künstler zu schreiben. Hartmann starb im Februar 1910 als 73-Jähriger.

Sowohl Hartmann als auch Curt Müller sorgen jedenfalls dafür, dass die Rezensionen im Blatt von der bloßen Beschreibung zu analysierenden Kritiken werden. Wobei eine Musiklastigkeit nicht zu übersehen ist. Musik- und Opernkritiken thronen förmlich im Blatt, während Theaterrezensionen quasi wie die Dienerschaft ärmlich daneben hinvegetieren. Nicht nur das ändert sich unter Wollf. Sondern unter ihm bekommen beinahe ausschließlich Theaterkorrespondenzen aus dem In- und Ausland den Platz im Keller der ersten Seite – er holt damit wortwörtlich die Theaterwelt ins Blatt. Während fortan das Feuilleton auf der zweiten Seite für Dresdens Kulturszene reserviert ist. Wohl auch ein Versuch Wollfs, die Zeitung aus dem Dresdner Tümpel hinaus aufs Meer schwimmen zu lassen. Wobei sich auch Wollf selbst mit seinen Rezensionen an diese Zuordnung hält.

Platzangst muss das Feuilleton unter Wollf nicht haben. Denn bis zur erwähnten Rückbesinnung aufs Lokale gegen Ende des Jahres 1906 räumen die *Neuesten Nachrichten* dem Feuilleton zunächst einmal jeden erdenklichen Platz ein. Die Themen füllen zu dieser Zeit immerhin die Seitenkeller der ersten und zweiten, oft auch der dritten und mitunter sogar bis zur vierten Seite. Ganz vorn die erwähnten Korrespondenzen, wie der *Münchner Brief*. Dafür lässt Wollf natürlich seine guten Kontakte zur Münchener Szene spielen. Auf der zweiten und dritten Seite folgen wie erwähnt ausführliche Rezensionen und Betrachtungen aus Dresdens Kultur, während der Feuilletonkeller auf der vierten Seite unter der Rubrik *Kleines Feuilleton* dann sehr übersichtlich kleinere Nachrichten aus dem Dresdner Theater- und Musikleben präsentiert. Deutlich wird jedoch, dass Julius Ferdinand Wollf hier nicht den Alleinunterhalter gibt. Er schreibt die Hoftheaterrezensionen, ja. Und taucht auch ab und an als politischer Schreiber auf, quasi als Leitartikler. Dennoch ist in Sachen Feuilleton in dieser Zeit unter den Beiträgen viel häufiger der Name Curt Müllers zu lesen, von dem auch die Rezensionen aus dem Residenztheater stammen. Für die Musikkritiken zeichnet damals noch Ludwig Hartmann verantwortlich. Der zwar kürzertreten muss; dennoch aber nach wie vor regelmäßig mit seinen Kritiken aus der Hofoper präsent ist. Und – was Wollf sicher gefallen haben dürfte – den ironischen Unterton durchaus mit Lautstärke zum Klingen bringt. Zum Start der neuen Spielzeit im August 1905 schreibt Hartmann beispielsweise: *„Nun, das schöne Opernhaus ist wieder offen. Hoffentlich lesen wir übers Jahr in den fernsten Schnell- und D-Zügen neben den Lock-Plakaten für Bayreuth und München auch einmal festliche Einladungen nach Dresden."*

Allein schon aus dieser geballten Personalkraft wird die Bedeutung dieser Themen für die *Dresdner Neuesten Nachrichten* unter Wollf deutlich. Wobei er dem Feuilleton durchaus seinen Stempel aufdrückt. Nicht nur durch die beschriebenen Veränderungen hinter den Kulissen. Wozu natürlich auch die schon erwähnten prominenten Dichter und Autoren zählen, die nun für die Beilagen und Sonderausgaben der *Neuesten Nachrichten* schreiben. Aber Wollf setzt auch vor den sprichwörtlichen Kulissen lautstarke Ausrufezeichen hinter seine Rezensionssätze. Der *DNN*-Chef scheut sich nicht, Leistungen von in Dresden auftretenden Künstlern, auch namhafter, hart zu kritisieren. So ruft er am 21. Oktober 1908 der großen Schauspielerin Sarah Bernhardt nach einem Dresden-Gastspiel kurz vor ihrem 64. Geburtstag zu, sie möge die herrliche Erinnerung an einstige glanzvolle Auftritte in der sächsischen Residenz nicht zerstören und aufhören, Theater zu spielen: „*Vor vier Jahren haben wir ihre Jugend bewundert. Aber Theaterjahre zählen doppelt wie Kriegsjahre. Die Freunde hätten ihr das sagen müssen. (...) Das wäre so schön und so rührend gewesen, wenn man uns die Sarah Bernhardt von 1904 gelassen hätte. (...) Doch wir wollen nicht Rache üben. Wollen der Sarah Bernhardt von früher gedenken. (...) Ist es nicht tragisch, daß sie nicht das Herz ihres Alters hat?*“

Bis 1912 legt Umbaumeister Wollf dann aber erst mal die Maurerkelle in Sachen Feuilleton aus der Hand. Die Arbeit ist getan. Erst unter Camill Hoffmann, der wie schon erwähnt im Mai 1912 ins *DNN*-Boot steigt, nimmt dieser Blattteil erneut kräftig Fahrt auf. Und schlägt noch höhere Wellen als bisher.

Camill Hoffmann – der Spaziergänger von Hellerau

Im Fußball wäre das so etwas wie der Königstransfer: ein echter Star, der da für die *DNN*-Elf verpflichtet wird: Camill Hoffmann. Der 1878 im böhmischen Kolin geborene deutsch-jüdische Lyriker, der sich in den ersten Jahren des 20. Jahrhunderts einen Namen als Autor und Literaturexperte im deutschsprachigen Raum erarbeitet. Seit 1902 Feuilletonredakteur der in Wien erscheinenden Tageszeitung *Die Zeit* – und nun „spielt“ er also im Team der *Neuesten Nachrichten*. Und wie schon angedeutet, gelingt es ihm in Dresden, zahlreiche renommierte Autoren für die *DNN*-Beilagen zu gewinnen. Was den ohnehin schon sehr hohen literarischen „Promi“-Anteil auf den Beilagenseiten und im Blatt selbst noch einmal spürbar zu steigern hilft. Natürlich malt er auch mit eigenen Beiträgen kräftige Farben ins Feuilleton der *Neuesten Nachrichten*. Was ihn zudem zu einem echten Frischespender für Dresdens Geistesklima macht. Allerdings nicht allein wegen seiner klugen Arbeit für die *DNN*, wie sich in Dresdens Kulturszene schnell zeigen wird.

Nach dem Kriegsbeginn 1914 zieht sich Hoffmann mit seiner Familie zunächst an den Stadtrand zurück. In die schon erwähnte, auf den Hellerbergen am nördlichen Ende Dresdens gewachsene Gartenstadt Hellerau. Die hatte der Dresdner Möbelfabrikant Karl Schmidt 1909 auf den Weg gebracht. Und ursprünglich war sie für die Arbeiter und leitenden Angestellten der dort ansässigen Möbelwerke – der Hellerauer Werkstätten – konzipiert. Die Mitarbeiter sollten sich hier in kleinen Häusern mit dazugehörenden Gärten inmitten von viel Grün wohlfühlen. Doch schnell entdeckten auch Künstler und Schriftsteller diese kreative Idylle für sich. Einer davon ist beispielsweise der schon im Zusammenhang mit Wollfs Lingner-Buch aufgetauchte Verleger Jakob Hegner, den es 1910 hierher verschlagen hatte. Hegner war zuvor Verleger in Berlin, und hier in Hellerau gründete er 1912 seinen später in Dresden durchaus legendär gewordenen Hellerauer Verlag. Hegner hatte dabei schon so manchen literarischen Diamanten entdeckt, der in Europa versteckt lag. Auch zahlreiche deutsche Autoren. Im Hellerauer Festspielhaus bringt er zudem regelmäßig Stücke seiner Autoren auf die Bühne, was sich meist zum – im heutigen Neudeutsch – Event mausert. Inklusive des dazugehörenden Auflaufs großer Namen der Szene. Die Dichter, Denker und Plauderer reisen dabei auch von weiter her an. So treffen sich beispielsweise der Dichter Rainer Maria Rilke und der damals aufstrebende Prager Autor Franz Werfel im Oktober 1913 in Hellerau zum allerersten Mal; bei der von Hegner initiierten Deutschlandpremiere von Paul Claudels *Mariä Verkündigung*.[467] Natürlich waren sich auch Hegner und Camill Hoffmann in Dresden über den Weg gelaufen. Und wurden enge Freunde. So überredet Hegner 1914 Hoffmann dann auch, mit seiner Familie nach Hellerau umzuziehen. Das passt durchaus, weil Camill Hoffmann ein echter Fan des Expressionismus ist – und in Hellerau mit der Künstlerkolonie des Schweizers Jaques-Dalcroze sowie den zahlreichen prominenten Künstlern in der Bewohnerschaft quasi ein deutsches Zentrum dieser Kunstrichtung gewachsen war. Zudem leben hier auch noch zahlreiche bis dahin weitgehend unentdeckte Expressionisten, für die sich Hoffmann interessiert – wie der Maler Oskar Kokoschka zum Beispiel. Als Kokoschka im Juni 1917 am Dresdner Albert-Theater gar drei eigene Theaterstücke aufführen wird, bei denen er gleich noch selbst die Regie übernimmt, wird Hoffmann der einzige wohlwollende Kritiker sein.[468] Er hat es nicht leicht, dieser Kokoschka in Dresden. Die knapp zehn Jahre, die er hier seit 1917 verbringt – ab 1919 als Professor an der Kunstakademie. Aber er hat auch viele Freunde und Unterstützer an der Elbe – einer davon ist *DNN*-Chef Wollf. Er gehört zu seinen absoluten Fans. Auch, wenn er Kokoschka die unerfreulichen Geräusche um den zwischenzeitlichen, im November 1924 bühnenreif über die sprichwörtliche Bühne gegangenen verärgerten Weggang aus Dresden übelnimmt. Wohl vor allem, weil der Querdenker Kokoschka in Dresden fehlen wird. *„Wir sind nicht so reich an interessanten Köpfen, als daß wir ohne weiteres einen Maler von der Eigenart und Bedeutung Kokoschkas verlieren möchten"*, schreibt Wollf deshalb am 27. Januar 1925 in den *DNN*, als er begeistert auf eine Ausstellung verweist, die wenige Tage zuvor in der Dresdner Galerie Ernst Arnold an der Schloßstraße/Ecke Sporergasse eröffnet wird. Und selbstverständlich zitiert Wollf genüsslich, was Kokoschka fast schon euphorisch an den Galeristen schreibt: *„Mein Lieber, ich beglückwünsche Sie zur wohlge-*

lungensten, umfassendsten Ausstellung meiner Werke in Dresden und danke dieser Stadt für die schönsten Jahre meines Lebens." Zuvor hatte Kokoschka noch von einem „unerträglichen Dresden" gesprochen, aus dem er dringend wegmüsse. „*Ich ersticke in der Dresdner Atmosphäre. Die Begrenztheit des künstlerischen Wirkens, die Kleinlichkeit des Bürgertums sind mir unerträglich geworden.*" So hatte es Kokoschka nur wenige Monate zuvor dem Pariser Korrespondenten der *Neuesten Nachrichten* in den Block diktiert. Wollff schreibt nun vom „*verlorenen Sohn*" und fügt ein wenig spöttelnd hinzu: „*Dem Meister Kokoschka ist ein Licht aufgegangen. Und nun sieht er Dresden so hell und freudenfarbig und farbenfreudig, daß er am Ende gar in dieses Dresden zurückkehren würde?*" Sogleich macht Wollf absolut ernst gemeint klar: „*Das wäre ein Fest!*"

Doch zurück zu Camill Hoffmann. Der sorgt in Hellerau übrigens auch für schmunzelndes Aufsehen. Denn es muss schon eine skurrile Szene gewesen sein; die immer wieder gleiche skurrile Szene noch dazu. Wenn Camill Hoffmann am Nachmittag aus der Redaktion im Herzen Dresdens hinauf zu den Hellerbergen fuhr, ging er dort nicht etwa gleich nach Hause. Nein, sein Weg führte zunächst in eines der Nachbarhäuser. Eben zu Jakob Hegner. Die beiden waren wohl das, was man pathetisch als Brüder im Geiste umschreibt – der Literaturexperte Hoffmann und der Verleger Hegner. Jedenfalls eilt Hoffmann beinahe jeden Nachmittag hinüber zu ihm; und sie gehen spazieren. Wobei die beiden beim heutzutage wohl als Power-Walking durchgehenden Gehen eher nicht auf körperliche Fitness abzielen. Vielmehr auf die Fitness im Kopf. Auf genussvolles Philosophieren. Stundenlang müssen die beiden dabei hin und her gewandert sein, auf einer Straße, die um eine eher bescheiden große Wiese führte.[469] Auch Jahrzehnte später wird sich Hoffmanns nun in Jerusalem lebende Tochter Edith Yapou noch schmunzelnd an dieses skurrile Ritual ihres Vaters erinnern: „*Und dann hat ihn mein Vater nach Hause begleitet und dann sind die beiden zwischen Hegners und unserem Haus hin und her gegangen, stundenlang und haben nicht aufgehört, zu sprechen (...)*"[470] 2005 hatte sich der Prager Student Pavel Polák in der israelischen Hauptstadt zu mehreren Gesprächen mit ihr getroffen, als er an seiner Diplomarbeit zur Biografie Hoffmanns arbeitete. Bei diesen Gesprächen erinnerte sich Edith Yapou dann überhaupt sehr intensiv – und auch spürbar gern – an die Zeit in Dresden, an die Zeit in Hellerau. An die Abende zum Beispiel, als ihr Vater Freunde, Bekannte und Fremde – allesamt Künstler, Literaten oder Journalisten – zu hochspannenden Künstlerabenden einlud. Es wurde diskutiert und manchmal wohl auch gesungen. Zu etlichen dieser Abende im Hause Hoffmann war auch Wollf gekommen, hinauf nach Hellerau. Wie er offenbar generell die Nähe zu Camill Hoffmann suchte. Wohl auch seine Freundschaft. Dieser Hoffmann faszinierte ihn. Sicher auch dessen Verbindungen zu Literaten aus dem gesamten deutschsprachigen Raum. Es war genau dieser frische Atem, den Wollf aus seinem Blatt in die mitunter ziemlich enge Enge Dresdens atmen lassen wollte. Genau dafür hatte er ihn nach Dresden gelotst. Und nun versuchte Wollf, zu Hoffmann auch einen familiären Draht zu spannen. So machte er sich beispielsweise eines Morgens gemeinsam mit seiner Frau Johanna auf den Weg hinauf nach Hellerau – allerdings ohne Erfolg, wie eine im Literaturarchiv Marbach liegende Visitenkarte zeigt, die Wolff an jenem Morgen bei Hoffmann hinterlassen hatte. Leider ist sie undatiert, aber es ist interessant zu lesen, was Wolff für Hoffmann auf der Rückseite notiert: *„Lieber Herr Hoffmann, Einmal raffe ich mich auf, stehe mitten in der Nacht auf, um Sie (mit meiner Frau) heimzusuchen und – vergesse natürlich, daß der Goethebund noch lebt. So haben wir nun wenigstens Ihre reizenden Kinder gesehen, die uns höchst liebenswürdig empfangen haben. Mit freundlichen Grüßen für Sie u. Ihre verehrte Gattin. Ihre Julius Wolff + Frau".*[471] Offenbar war Hoffmann an diesem Morgen zu einer Sitzung des Goethe-Bunds aufgebrochen, der sich nach 1900 gegründet hatte, um sich gegen Zensur in Literatur und Theater starkzumachen.

Aber Camill Hoffmann wollte diese familiäre, freundschaftliche Nähe zu Wolff offenbar nicht. Wollte keine private Vertrautheit. Im Gegenteil, Hoffmann hielt eher Abstand. *„Er hat irgendwie immer ein Vorurteil gehabt, gegen sehr reiche Leute – er hatte ein sozialistisches Gefühl"*,[472] beschreibt Hoffmanns Tochter. Und dieses sozialistische Gefühl führte letztlich auch zum Bruch zwischen Hoffmann und seinem Fan Wolff. Schon, dass Wolff nach Kriegsbeginn diesen Weltbrand in den *DNN* und im Verlegerverband mit verbalem Brennholz angefeuert hatte, während Hoffmann weder für Nationalismus, noch für Krieg etwas übrighatte, dürfte zu Missstimmungen in der „Beziehung" geführt haben. Denn wie erzählte Hoffmanns Tochter Edith Yapou dem Prager Studenten Pavel Polák: *„Mein Vater hat den Nationalismus während des ersten Krieges überhaupt nicht geteilt und den ganzen Krieg abgelehnt."* An den Feiern der deutschen Siege habe er grundsätzlich nicht teilgenommen – und auch die damals üblichen und voll freiwilligem Stolz gehissten Siegesfahnen fanden sich an Hoffmanns Haus im beschaulichen Hellerau nicht.

Der richtig laut krachende Bruch zwischen Wolff und Hoffmann stand aber erst noch ins Haus. Und kam in den Monaten nach dem November 1918. Auch in Dresden tobten damals die Arbeiteraufstände. Adel und Kriegstreiber der deutschen Wirtschaft waren das Ziel der Revolte, die später als Novemberrevolution in die Geschichtsbücher gedruckt wird. Der linke Sozialdemokrat Karl Liebknecht hatte in Berlin eine neue Republik ausgerufen, eine Republik nach dem Vorbild der Sowjetunion. Eine Räterepublik. In den Betrieben und in den Kasernen waren sogenannte Räte gebildet worden: Verwaltungen also, besetzt mit Arbeitern und Soldaten, die fortan bestimmen sollten, wohin es gehen sollte in den Unternehmen und beim Militär. Das Volk, so die Idee dahinter, konnte auf diese Weise erstmals ganz direkt in seinem unmittelbaren Umfeld politisch mitbestimmen. Und im Dezember 1918 hatten sich dann obendrein noch die besonders linken Linken in der Sozialdemokratie emanzipiert und die Kommunistische Partei gegründet.

Sie hatten den Kurs von SPD-Führer Ebert nicht mehr mittragen wollen, der stets auf Ausgleich mit dem bürgerlichen Lager gesetzt und 1914 – am Beginn dieses verheerenden Weltbrands – sogar auf Zustimmung zu den Kriegskrediten für das deutsche Kaiserreich plädiert hatte. Auch die Künstlerschaft im abgeschiedenen Hellerau war nun im Herbst 1918 mittendrin in dieser Revolution. Am 15. November gründeten sie einen Revolutionären Rat. Zu dem gehörte kurz darauf auch ein sogenannter Propagandaausschuss, in dem Camill Hoffmann kräftig die Agitationstrommel rührte. Kurz darauf bekommt der Rat einen neuen Namen und wird „Sozialistische Gruppe der Geistesarbeiter". Bei wöchentlich von der Gruppe organisierten Versammlungen können Vertreter der Arbeiterparteien ihre Programme erläutern.[473] Hoffmann aber mischt nicht nur als Agitator mit, sondern auch als Helfer für Revolutionäre, die untertauchen müssen. Als zum Beispiel in München die Revolution niedergeschlagen wird, suchen etliche der Münchener Revolutionäre in Hellerau Unterschlupf. Auch bei Camill Hoffmann. Offiziell zum Beispiel als Haushälterin getarnt, wie Hoffmanns Tochter Edith Yapou erzählt: *„Mein Vater war soweit links, dass er solche Leute in sein Haus genommen hat, um ihnen zu helfen."* Allerdings – wie im Fall besagter „Haushälterin" – nicht immer mit Erfolg. Die Frau wurde verhaftet, kann sich Edith Yapou erinnern. An den Namen leider nicht mehr.

Wolff jedenfalls bekam politischen Hautausschlag allein beim Gedanken daran, dass nun Arbeiter- und Soldatenräte die Macht an sich rissen. Der *DNN*-Chef sah am politischen Horizont schon die Verstaatlichung aller Betriebe, wohl auch seiner Zeitung, im Sonnenaufgang schimmern. Arbeiter, Kommunisten gar, die das Land politisch lenken, waren in Wolffs Weltbild in erster Linie der Untergang einer funktionierenden Wirtschaft. Aber das Blatt bleibt zunächst vorsichtig. Kommentare verkneifen sich die Redakteure in diesen hitzigen Tagen. Gewalt ist schließlich nicht ausgeschlossen. Also wartet man in den Redaktionsräumen am Ferdinandplatz ab, wie heftig das politische Pendel ausschlagen wird – und welche Rolle die neuen, selbst ernannten Machthaber zum Beispiel den Zeitungen zugestehen wollen. Die *DNN* drucken jedenfalls beinahe brav alles ab, was diese neuen Akteure auf der politischen Bühne Dresdens ihnen sozusagen ins Textbuch schreiben. Einordnung? Kommentierung? Wie gesagt: Fehlanzeige. Am 10. November 1918 beispielsweise thront in dicken schwarzen Lettern die Schlagzeile auf der ersten Seite: *„Abdankung des Kaisers"*. Darunter füllen die zahlreichen Aufrufe des Dresdner Arbeiter- und Soldatenrats gleich zwei der insgesamt vier Spalten komplett. Dass mit dem Dresdner Landtagsabgeordneten Hermann Fleißner von der USPD – der Unabhängigen Sozialdemokratischen Partei – einer der Anführer der Räte bei einer Großversammlung im Zirkus Sarrasani öffentlich erklärt, man wolle kein bolschewistisches Deutschland, druckt Wolffs Redaktion zwei Tage später dann sicher aufatmend und gern ab. Ein grellrotes Deutschland, quasi eine deutsche Sowjetunion, ist für Wolff unvorstellbar. Und so wird auch gleich noch passend ein aus Den Haag und Brüssel angeliefertes Puzzle-Teil ins Bild eingefügt: Die Siegermächte des gerade beendeten Krieges werden mit einem bolschewistischen Deutschland keinen Friedensvertrag schließen, weil es in einem solchen Deutschland keine Regierung gebe, *„deren Autorität und Dauer genügend verbürgt sein werde"*. Das zumindest machen die beiden dort vertretenen deutschen Gesandten mit Verweis auf die Verhandlungskreise deutlich. Diese nur zehn Zeilen umfassende Meldung wird mit einer deutlich sichtbaren Zwischenüberschrift hervorgehoben: *Kein Friede mit einem bolschewistischen Deutschland*. Und Frieden wollen die vom Krieg gebeutelten Dresdner ja nun mit Sicherheit. Hier arbeiten die *DNN* ein klein wenig mit psychologischen „Tricks". Auch dass auf Dresdens politischen Bühnenbrettern nach wenigen Tagen ein erster Theaterdonner grollt, wird wohlwollend vermeldet: die Kommunisten verlassen den Soldaten- und Arbeiterrat. Mitten in all diesen tobenden Wogen sitzt nun also Camill Hoffmann nicht nur im Räteboot, sondern hat auch hier und da die Hand am Steuer. Wolff lässt ihn zunächst gewähren. Und beim Blick in die *DNN* vom 19. November 1918 könnte man zudem den Eindruck gewinnen, Wolff unterstützt Hoffmanns Kreis aufmüpfiger Künstler sogar. Denn über die Gründung des Künstlerrats in Dresden wird nicht einfach nur informiert, sondern die Akteure dürfen im Feuilletonkeller auf der zweiten Seite sehr üppig ihre Ansichten erläutern – dafür wird der „Keller" sogar ausgiebig erweitert. Aber beim genaueren Hinschauen wird schnell klar: Es ist nicht Hoffmanns Künstlerrat, der hier zu Wort kommt, sondern sozusagen die „Konkurrenz". Denn neben Hoffmanns „revolutionärem Künstlerrat", der sich kurz darauf wie erwähnt „Sozialistische Gruppe der Geistesarbeiter" nennt, bildet sich in Dresden auch eine schlicht „Künstlerrat" getaufte Vereinigung. Dass diese nun ihre Ansichten in den *DNN* ausbreiten darf, verwundert nicht wirklich: Schließlich sind hier namhafte Professoren der Kunstakademie aktiv, aber auch Künstler aus Wollfs Umfeld. Wie der erwähnte Oskar Walzel. Dass sich Künstler in dieser aufgewühlten Situation zu Wort melden, weil sie zum einen die Chance sehen, der Kunst nun zu mehr Freiheit zu verhelfen, zum anderen auch Gefahren befürchten – das zumindest dürfte dabei auch Wollf mit ehrlicher Herzblut-Tinte unterschreiben. Wobei ihm sicher dieser „Künstlerrat" politisch wie künstlerisch wesentlich näher war als der sehr dem Sozialismus zugeneigte Kreis um Camill Hoffmann – in dem es wohl auch weniger um Kunst als vielmehr um sozialistische Ideen ging. Vor allem der später durch die im Februar 1919 gegründete legendäre Künstlervereinigung Dresdner Sezession „Gruppe 1919" bekannt gewordene Maler und Grafiker Conrad Felixmüller zog dabei kräftig die revolutionären Fäden. Damals hieß er noch Conrad Felix Müller; erst später wird er sich den Künstlernamen Felixmüller geben. Schon seit 1917 hatte er in seinem Atelier in der Rietschelstraße 7 – nur wenige Meter entfernt vom einstigen Verlagsgebäude der *DNN* an der Pillnitzer Straße – zu wöchentlichen Soireen eingeladen. Künstler und Intellektuelle versammelten sich dort, diskutierten, lasen sich aufmüpfige Texte vor, Texte, die sich unter anderem gegen den tobenden Weltkrieg aussprachen. Viele derjenigen, die sich hier treffen, werden später zu den Unterstützern von linksradikalen Ideen und auch des Arbeiter- und Soldatenrats in Dresden gehören. Im Atelier an der Rietschelstraße drehen sich die Debatten nach der Oktoberrevolution in Russland jedenfalls um eine mögliche „Weltrevolution“, um den Weg zum Sozialismus auch in Deutschland.[474] Felixmüller ist neben Camill Hoffmann dann auch einer der Gründer des „Revolutionären Künstlerrats“; und Felixmüller hat zudem engste Kontakte zu politischen Akteuren wie Otto Rühle,[475] dem „Macher“ im Arbeiter- und Soldatenrat in Dresden. Rühle – der sich in zahlreichen Büchern mit dem Thema „Erziehung“ befasste – hatte für die SPD bis 1918 im Reichstag gesessen, er und Karl Liebknecht hatten dort im März 1915 als Einzige gegen die Bewilligung von Kriegskrediten gestimmt.[476] Rühle war wenig später auch einer der wichtigsten Akteure bei der Gründung der Kommunistischen Partei in Dresden. Verbindungen, die *DNN*-Chef Wollf mehr als suspekt gewesen sein dürften. Dennoch darf Camill Hoffmann zunächst weiter in den *Neuesten Nachrichten* schreiben. Aber dann läuft aus Sicht Wollfs das revolutionäre Fass doch noch über: Als die Drucker der *DNN* streiken, solidarisiert sich Camill Hoffmann mit ihnen[477] – das ist zu viel für Wollf! Im Frühjahr 1919 muss Camill Hoffmann seinen Schreibtisch in der Redaktion am Ferdinandplatz räumen. Und ein bisschen klappt dann hinter ihm nicht nur die Bürotür, sondern für Dresden auch ein Fenster in die Welt zu.

Hoffmann zieht anschließend übrigens nur gut hundert Kilometer weiter. Die Elbe und die Moldau hinauf nach Prag. Dort wird er am 1. April 1919 zum sogenannten Vertragsbeamten der Presseabteilung im Ministerratspräsidium der neu gegründeten Tschechoslowakei.[478] Die Familie bleibt zunächst in Dresden. Jeden Sonntag, erinnert sich seine Tochter, kam Camill Hoffmann aus Prag nach Hause. Wenig später zog man doch komplett an die Moldau um.

Eine Billion Mark für eine Woche *DNN*

Der Rauswurf Camill Hoffmanns bleibt nicht der einzige Einschnitt in den *Neuesten Nachrichten* nach 1918. Einschnitte, die auch für die Leser deutlich werden. Europa kann sich zwar mit dem Ende des Weltkriegs über Frieden freuen, kommt aber nicht zur Ruhe. Nach der Revolution der Bolschewiki um Lenin in Russland ist aus dem einstigen Zarenreich nach Kriegsende ein Land auf dem Weg zum Kommunismus geworden. Polen schickte sich derweil an, wieder ein eigenes Staatsgebilde aufzubauen – mit all den Irrungen und Wirrungen, die das auch für die Nachbarn mit sich bringt. Und über Deutschland war als Kriegsverlierer eine verheerende Wirtschaftskrise hereingebrochen; die Siegermächte wollten die Deutschen politisch und vor allem militärisch kleinhalten. Zudem wollten sie sich ihren Sieg auch gut bezahlen lassen. All das sozusagen in Worte umgerechnet, war dann im Versailler Vertrag nachzulesen. Darin geregelt wurden auch die Reparationsleistungen – und die Siegermächte versuchten, aus der deutschen Wirtschaft herauszupressen, was ging. Viel ging aber irgendwann nicht mehr. Deutschland konnte die ursprünglich in Goldmark zu zahlenden Reparationskosten nicht mehr finanzieren. Die Sieger Frankreich und Belgien besetzten daraufhin

1923 quasi als Ersatzleistung das Ruhrgebiet mit seinen Steinkohlebergwerken. Das wiederum machte die wirtschaftliche Lage Deutschlands noch prekärer. Ein Vulkan, kurz vorm Ausbruch!

Dieses politische und wirtschaftliche Desaster lässt auch den Zeitungsmarkt nicht ungeschoren. Die Folgen sind dabei selbst beim oberflächlichen Blättern durch die *Neuesten Nachrichten* der 1920er Jahre unübersehbar. Da genügt fast schon ein Blick auf die durchschnittliche Seitenzahl: Die Ausgaben im März 1920 haben beispielsweise nur noch zehn Seiten. Zudem sind fast ausschließlich Kleinanzeigen zu finden. Ganzseitenanzeigen – bis dahin beinahe täglich üblich – sind so gut wie gänzlich verschwunden. Hier zeigen sich die bereits angesprochenen und maßgeblich von Wollf im Verlegerverband mit angeschobenen Reaktionen der Verleger auf die Papierknappheit. Nur die zweite Sonntagsausgabe der *DNN* – die Nachmittagsausgabe – ähnelt in Gestaltung und Seitenzahl noch den Vorkriegsausgaben. Auch der Lokalteil fällt sonntags wesentlich üppiger aus und nimmt eine gesamte Seite ein. Wobei mit Blick auf die *DNN*-Vergangenheit das Wort „üppig“ hier ziemlich deplatziert wirkt.

Wichtigste Veränderung ist jedoch das Fehlen des Feuilletons auf der ersten Seite. Das füllt nun nur noch den Keller der zweiten und teilweise der dritten Seite. Wobei die *DNN* damit allerdings nicht nur auf die Papiernot reagieren, sondern auch einem allgemeinen Layout-Trend der Zeitungen folgen. Große Aufmacher thronen nun förmlich auf der ersten Seite – und wie die meisten Blätter befassen sich die *Neuesten Nachrichten* jetzt auf den ersten drei Seiten beinah ausschließlich mit innen- und außenpolitischen Themen. Lediglich die beiden Seitenkeller bleiben wie erwähnt dem Feuilleton vorbehalten. Und qualitativ steht Wollfs Steckenpferd in jedem Fall trotz dieser Veränderungen nach wie vor gut im Futter! Im Feuilletonkeller der zweiten Seite haben die bis dahin vorn zu findenden Korrespondenzen aus anderen Theaterstädten ihren Platz. Jetzt müssen sie sich hier allerdings die Druckspalten mit Schauspielkritiken aus den Dresdner Theatern teilen. Der Keller der dritten Seite ist der Musikkritik und dem *Kleinen Feuilleton* vorbehalten, den kleinen Meldungen aus Dresdens Theaterlandschaft also. Auf der vierten *DNN*-Seite bekommt der Lokalteil seinen Platz.

Erstaunlicherweise wird jedoch trotz Papierknappheit das Beilagennetz der *Neuesten Nachrichten* weiter ausgebaut. Beilagen, in denen etliche der Feuilletonthemen ihren Platz sozusagen „außerhalb“ des Blattes bekommen. Wollf sucht also neue, modernere Wege fürs Feuilleton. Und macht damit aus der Platznot eine Umgestaltungstugend. 1920 feiert die *Technische Rundschau* Premiere. 1921 folgt die schon erwähnte Beilage *Natur und Gesundheit* mit medizinischen Themen, 1927 beginnt die Redaktion mit der Herausgabe der bereits ausführlich beschriebenen *Literarischen Rundschau* – und kurz darauf gibt es auch eine *Reise- und Bäderzeitung*, die beispielsweise durch Reportagen aus Kurbädern ja quasi ebenfalls die Themen Medizin und Vorbeugung bedient. Das Ganze ist also letztlich keine „Verbannung“ in die Beilagen, sondern eher der Versuch, dem Feuilleton auf diese Weise mehr Raum zu geben. Obendrein für die Leser viel übersichtlicher als bisher. Nicht nur optisch, sondern auch als inhaltliches Ordnungsprinzip. Aber darüber wird gleich noch intensiver zu reden sein.

Zunächst noch einmal zurück ins Jahr 1920. Es ist kein lustig gemeinter Aprilscherz, den die *DNN* Ende März abdrucken: Vom 1. April 1920 an werde es keine zweite Sonntagsausgabe der *Neuesten Nachrichten* mehr geben, heißt es da. Das nächste deutliche Opfer der tobenden Wirtschaftskrise also. Wobei die härteste Phase dieser Krise erst noch bevorsteht: die Inflation! Die sorgt auch im Zeitungsgewerbe für zahllose gewaltige – und auch für die Zukunft vieler Blätter lebensgefährliche – Einschnitte. Obwohl es gerade in diesen bewegten Monaten jede Menge zu berichten gäbe, zu erklären und einzuordnen. Doch die Zeitungen haben immer weniger Seiten – auch die *DNN*. Zudem lässt die Papierqualität immer mehr nach.

Dramatisch interessant ist in diesem Zusammenhang die Entwicklung der Preise für ein Monatsabonnement der *DNN*. Kostete das im April 1922 noch 18 Mark, so stieg der Preis im Mai bereits auf 22 Mark an. Wieder einen Monat später mussten die Leser schon 27 Mark und im Juli 32 Mark bezahlen. Von da an rasen die Preise ungebremst. Am 15. Juli 1922 kostet das Monatsabo 45 Mark, im September dann 100 Mark. Im Januar 1923 sogar 980 Mark. Aber das Ende ist noch lange nicht erreicht. Denn einen Monat später verdoppelt sich der Preis erneut, auf nun 2 000 Mark. Schier unglaublich mutet der Preis im November 1923 an: Da werden die Abonnements längst nicht mehr monatlich, sondern bereits wöchentlich berechnet – und in der Woche vom 24. bis zum 30. November 1923 kostet das *DNN*-Abo die atemberaubende Summe von einer Billion Mark.[479] Freilich war diese Rekordjagd kein Spaß für die Leser. Die Abozahlen sanken so dramatisch, wie die Preise in immer irrwitzigere Höhen schossen. Hatten am Ende des Weltkriegs 1918 noch 126 000 Haushalte eine *DNN* abonniert, sind es 1923 nur noch erschreckende 29 000.[480]

Wie groß die Probleme für die deutschen Zeitungen sind, wird aus einem Hilferuf der deutschen Verleger im *Zeitungs-Verlag* vom 20. Januar 1922 deutlich: *„Die in Potsdam zu einer Vorstandssitzung aus allen Teilen Deutschlands zahlreich zusammengekommenen Vertreter des Vereins Deutscher Zeitungs-Verleger (...) fühlen sich, gedrängt von der Schwere der auf ihnen lastenden Verantwortung für die Erhaltung der deutschen politischen Tagespresse, verpflichtet, mit ernstem Nachdruck auf die Gefahren hinzuweisen, von denen die deutsche Presse bedroht ist. Die Mittel und Kräfte privater Stütz- und Abwehrorganisationen sind in den zermürbenden Jahren der Nachkriegszeit erschöpft und verbraucht. Mehr denn je ist es Pflicht des Reiches, der Länder und ihrer berufenen Führer, (...) für die Erhaltung der deutschen politischen*

Tagespresse als eines der vornehmsten Mittel zur Wahrung unserer Einheit und zur Wiederaufrichtung unseres Volkes und Staates einzutreten.“

Gier und nationalistische Selbstüberschätzung waren es gewesen, die Deutschland kurz vor 1914 auf jenen Weltkriegs-Startblock gehievt hatten, von dem das Land dann eifrig ins Wasser gesprungen war. Ein Wettschwimmen mit deutschem Sieg sollte es eigentlich werden, so das Wunschdenken. Stattdessen wurde es ein Untergang. Gesteuert und befeuert von den Militärs und den Kriegsgewinnlern in der deutschen Wirtschaft, hatten kriegstaumelige Politiker im Juni 1914 die sich für Deutschland bietende Chance ergriffen, so zu tun, als müsse man unausweichlich in diesen Krieg ziehen: Nach dem Attentat auf den österreichischen Thronfolger Franz Ferdinand in Sarajewo verwies man in Berlin auf die Freundschaft zu Österreich und zog mit Militärkapellen-Tschingdarassabum aufs Schlachtfeld. Ein verheerender Weltbrand wird das Ergebnis sein. Und um diesen jahrelangen Waffengang finanzieren zu können, war 1914 kurzerhand die Bindung der deutschen Währung an die sicher in Banktresoren eingelagerte Goldreserve abgeschafft worden. Heißt, bis dahin durfte nur so viel Geld in Umlauf gebracht werden, wie durch diesen „Goldschatz“ als Gegenwert gedeckt war. Eine Sicht, die übrigens auf den römischen Kaiser Konstantin den Großen zurückgeht, der im Jahr 309 mit der Goldmünze „Solidus“[481] eine Art Leitwährung für die damalige Zeit auf den Weg gebracht hatte – wobei die Münzen exakt festgelegte Größen und Goldanteile vorweisen mussten. Sie gaben dann durch ihren – sicheren – Goldwert die Wechselkurse für alle anderen Münzen vor. Diese gut 1 500 Jahre währende Praxis wurde nun also gierig in den sprichwörtlichen Wind geschrieben. Die „Regierigen“ konnten nun einfach so viel Geld drucken, wie sie Papier hatten. Die Geldscheine wurden damit zunehmend zu ungedeckten Schecks. Hinzu kommt, dass die Politik gleichzeitig auch noch Soldaten und Waffen nicht etwa durch eingenommene Steuern, sondern quasi auf Pump finanzierte. Über die schon angesprochenen sogenannten Kriegsanleihen beim eigenen Volk. Die Deutschen schossen das Geld für die Kriegskasse vor – in der Hoffnung auf Zinsen und vor allem schnelle Siege. Das Volk war, angeheizt von militaristischen Sprach-Flammenwerfern, in einem nationalen Taumel; und taumelte jubelnd ins Verderben. Sarkastisch beschrieben, finanzierte so manche Familie den Tod der eigenen Söhne auf dem Schlachtfeld vor. *„Gold gab ich für Eisen“*, lautete eine dieser Anleiheideen. Die Bevölkerung spendierte Goldschmuck für den Kriegswahn – Trauringe zum Beispiel. Im Gegenzug gab's wortreiche Zinsversprechen samt einem ärmlichen Eisenring. Und die deutsche Presse ist an diesem Kriegshype im Volk nicht unschuldig. Auch Wollfs *DNN* nicht. Wie zitiert sogar bis kurz vor Kriegsende, als selbst noch im November 1918 täglich auf der ersten Seite Werbung für die Kriegsanleihe gemacht worden war. Und wenn es nicht ernst gemeint gewesen wäre, könnte es als bitterböse schwarzhumorige Satire durchgehen, wenn die *DNN* noch am 3. November 1918 in ihrer zweiten Sonntagsausgabe darauf verweisen, die Kriegsanleihe sei eine sichere Geldanlage, die *„auf dem gewaltigen deutschen Volksvermögen, den* *deutschen Bodenschätzen und der in den Stürmen des Krieges bewährten und gestählten Arbeitsamkeit, Anpassungsfähigkeit und Sparsamkeit des deutschen Volkes"* beruht. Ob Wolff das im Nachhinein selbstkritisch sieht, ist offen …

Doch die Siege bleiben zunehmend aus. Und die Kriegsmaschinerie frisst immer mehr. Das Futter für diesen tödlichen Heißhunger wird knapp. Wobei auch der ganz reale Hunger zunimmt, denn das Militär hat bei allem Vorrang. Die Versorgungslage im Land ist prekär. Von der Papierknappheit und dem Mangel an Druckfarbe war schon die Rede, aber wesentlich brisanter ist die zunehmende Leere in den Geschäften. Lebensmittel, Kleidung – es fehlt an allem. Und je knapper etwas ist, umso teurer kann es verkauft werden, lautet eines der Marktgesetze. Ergebnis: Die Preise steigen. Weil man aber in der Politik keine Lust auf eine Revolte verspürt, werden kurzerhand die Löhne erhöht. Allerdings ohne dass das Ganze wirtschaftlich untersetzt ist. Die Gelddrucker fahren wieder mal Sonderschichten. Aber das Papier, das sie bedrucken, wird immer weniger zum wirklichen Wertpapier. Eine Spirale, die sich unaufhaltsam schneller und gefährlicher zu drehen beginnt. Eine Blase, die gewaltig anschwillt – und zu platzen droht. Und dann sorgt auch noch die Niederlage im Weltkrieg 1918 für zusätzliches Soll statt Haben auf dem Staatskonto; mit den schon beschriebenen Auswirkungen: Das Geld hat seinen Wert im doppelten Sinne verloren. Es ist nicht „nur" immer weniger wert, sondern auch als Tauschobjekt für Waren wertlos. Zunehmend wird also letztlich Ware gegen Ware getauscht. Zeitzeugen berichten davon, dass Familien ihre Häuser verkauften, um nach Amerika auszuwandern, wo sie sich eine bessere Zukunft erhofften. Doch als sie am Amerika-Hafen in Bremerhaven ankamen, war dieses Geld schon nicht mehr das Ticket für die Überfahrt wert, geschweige denn reichte es fürs Bezahlen der Eisenbahnrückfahrt nach Hause.[482] Die Preissteigerung beträgt im November 1923 mittlerweile unglaubliche 29 500 Prozent – und zwar pro Monat! Jeden Tag steigen die Preise um wahnwitzige 21 Prozent.[483] Auch Krankheiten breiten sich aus. In Wollfs zweiter Heimat Mannheim zum Beispiel gibt es eine Straße mit 220 Haushalten, von denen in 43 Familien Tuberkulose ausgebrochen ist.[484] Dass in diesen Tagen überhaupt noch jemand Geld für Zeitungen ausgibt, grenzt fast schon an ein Wunder.

Doch offenbar wurde auch dem Ausland mit der Zeit die Gefahr bewusst: Da versucht sich dieser angeschlagene Boxer Deutschland im Ring der Weltwirtschaft schwankend auf den Beinen zu halten. Was, wenn die wichtige Ingenieurnation in die Knie geht? Was, wenn mitten in Europa ein politisches Vakuum entsteht, das weiteren Ländern die politische Luft aussagen könnte? Was, wenn dieses Vakuum mit sozialistischen Gedanken gefüllt wird? So wie in Russland, das seit Kurzem Sowjetunion hieß. Also machte sich im November 1923 eine Gruppe von Finanzexperten unter Führung des Amerikaners Charles Gates Dawes auf die Suche nach einem Kompromiss. Am 16. August 1924 war der gefunden und wurde in London als Dawes-Plan unterzeichnet. Wollfs Freund, der deutsche Außenminister

Gustav Stresemann, hatte gemeinsam mit den USA eine Lösung durchgedrückt, die allen Seiten nützlich sein sollte. Wobei auch diesmal letztlich das Volk, die von Politikern und Militärs verprasste Zeche zu zahlen hatte. Lehrgeld, um beim nächsten Mal nicht wieder euphorisiert in einen Krieg zu tanzen? Beim Blick in die später geschriebenen Geschichtsbücher wird klar: Es hat nicht funktioniert ...

Wie sah nun der Dawes-Plan aus? Kurz gesagt, die Reparationen wurden in bezahlbare Raten geteilt, Deutschland bekam internationale Kredite, musste als Sicherheiten allerdings die Reichsbank und die Reichsbahn zu Aktiengesellschaften machen und unter internationale Kontrolle stellen. Dafür sollten dann auch keine deutschen Industrieregionen mehr von den Siegermächten besetzt werden. Die deutsche Steinkohle konnte nach 1925 wieder deutsche Steuern anheizen. Und es ging tatsächlich wieder aufwärts. Es gab eine neue Währung – die Reichsmark – mit wieder normalen Preisen.

Ein Monatsabo der *DNN* kostet seit April 1924 überschaubare zwei Reichsmark.[485]

Erfolgsmodell *Neueste Nachrichten*

Zum Glück ist es in der Weltgeschichte wie im Wetterhaus: Nach dunklen Tagen scheint irgendwann wieder Sonne. Und im Journalismus ist es wie im „richtigen" Leben: Positive Schlagzeilen sorgen für Kauflust. Und hohe Leserzahlen wiederum sorgen für beste Laune bei den Verlegern. Denn wichtigster Ausdruck für den Erfolg einer Zeitung ist fraglos neben den Anzeigeneinnahmen vor allem die Zahl der verkauften Exemplare. Weil eine hohe Verkaufszahl – da schließt sich der Kreis – Voraussetzung für das Interesse der Anzeigenkunden ist. Heißt also, mit Blick auf die Entwicklung der Abonnentenzahlen zwischen 1893 und 1933 sind die *DNN* auch wirtschaftlich ein echtes Erfolgsmodell.

In den ersten Wochen des neuen Blattes wächst die Bezieherzahl rasant. Was nicht verwundert, denn zunächst werden die *Neuesten Nachrichten* kostenlos verteilt. Im ersten Monat druckt der Verlag 75 000 Exemplare am Tag.[486] Als dann ab 1. Oktober 1893 die erwähnten fünfzig Pfennige im Monat für ein Abonnement fällig werden, muss sich zeigen, ob das Blatt tatsächlich bei den Dresdnern punkten kann. Das Ergebnis ist beachtlich: Schon am 21. Dezember 1893 können die *Neuesten* auf ihrer ersten Seite jubelnd verkünden, dass sich bisher 28 400 Leser für ein Abonnement entschieden haben. Wenige Januartage später werden es dann bereits über 30 000 sein – fast das Niveau der *Dresdner Nachrichten*. Ein sportlicher Sprung; quasi aus dem Stand.

Am Tag der Gründung des Verlages der *Neuesten Nachrichten* waren die Anteile der offenen Handelsgesellschaft zunächst auf drei Schultern verteilt. Blattgründer

August Huck vereinte 75 Prozent auf sich. Die restlichen 25 Prozent lagen jeweils zur Hälfte bei Ludwig Gümber und dem Verleger F. A. Merle. Als mit dem Eintritt Julius Ferdinand Wollfs – 1903 – sowohl Gümber als auch Merle als Anteilsinhaber ausscheiden, werden deren 25 Prozent daraufhin vom Zeitungsunternehmen Dr. Hermann Julius Haas übernommen. Haas hatte ja schon im Zusammenhang mit der Gründung von Hucks *Münchner Zeitung* 1892 eine wichtige Rolle gespielt. Da Haas bereits am 31. August 1902 stirbt[487] – in seinem Schloss über der Isar in Zell, das zum Münchener Villenvorort Ebenhausen gehört – geht dieser Anteil letztlich paritätisch auf seine Witwe Marie Haas und seinen Sohn Otto Haas über. Wollf ist also bis 1914 nur über Tantiemen am Geschäft beteiligt, kauft nun aber Otto Haas fünf Prozent des Unternehmens ab, als dieser seinen Anteil abstößt. Den Rest der von Haas verkauften Anteile übernimmt Huck. Als 1923 auch Marie Haas ihren Anteil abgeben will, gehen davon weitere 1,5 Prozent an Wollf [488] – der nun also 6,5 Prozent hält –, während Huck mit dem Kauf der restlichen elf Prozent jetzt insgesamt 93,5 Prozent der *DNN* in seinen Händen vereint.[489]

Doch zurück in die Anfangsjahre nach 1893: Wo liegen die *Neuesten Nachrichten* damals auf dem Küchentisch? Darauf gibt es sogar eine amtliche Antwort. Denn ein Sachverständiger für kaufmännisches Rechnungswesen beim Königlichen Land- und Amtsgericht hatte die Zahl der gedruckten und verkauften Exemplare für die Steuerabrechnung beurkunden müssen. Demnach werden damals 54,9 Prozent der Auflage in Dresden vertrieben, 17,3 Prozent in den angrenzenden Vororten – die wenig später zu Stadtteilen werden – und 25,2 Prozent werden in diesen Anfangsjahren in ganz Sachsen verteilt.[490] Hans-Joachim Hofmann schreibt 1940 in seiner Dissertation gar davon, dass die *DNN* in 47 Städten erhältlich waren: in Meißen, Löbau, Kamenz, Oederan und Oschatz beispielsweise.[491] Und tatsächlich sind in diesen ersten Jahren im Lokalteil neben der Übermacht Dresdner Meldungen auch Nachrichten aus Kamenz, Meißen, Riesa und sogar Plauen im Vogtland zu finden. Dennoch, bei einer Leserkreisanalyse ist eine nennenswerte Leserschaft außerhalb Dresdens nicht ernsthaft zu erkennen.[492] Die Leser der *Neuesten Nachrichten* sind – und das gilt für sämtliche Jahre bis 1933 – in der übergroßen Mehrheit in Dresden zu Hause. Und für genau diese Zielgruppe hatte Verleger August Huck das Blatt ja letztlich auch konzipiert.

Beim Blick auf die Abonnentenzahlen kommen die *Neuesten Nachrichten* jedenfalls von Anfang an auf die schiefe Bahn. Wobei die Schräge steil aufwärts zeigt. Die Abozahlen steigen in der Anfangszeit jährlich um gut zehntausend. Bereits 1896 können die *Neuesten* auf 50 000 Abonnenten verweisen. 1898 haben dann schon 72 000 Leser die *NN* abonniert [493] – und als Julius Ferdinand Wollf Verlag und Redaktion übernommen hatte, überschritt das Blatt an der Schwelle zum Jahr 1904 sozusagen zur Begrüßung die magische Grenze von 100 000 Zeitungsabonnements. Man kann also im Zeitungskopf tatsächlich mit Fug und Recht auf die *„größte Verbreitung in Sachsen"* verweisen. Wobei das weiter aufblühende Blatt wie schon beschrieben kräftig vom Saatgut profitiert; dem Zeitungstyp „Generalanzeiger". Außerdem fällt diese Saat an der Elbe auch gleich noch auf einen fruchtbaren Acker: Dresden wird immer größer! So brachte beispielsweise 1903 die Eingemeindung Cottas allein 13 000 neue Einwohner. Mit Löbtau kamen noch einmal 12 000 hinzu, mit Plauen ebenso viele und mit Kaditz 4 000. Wie viele dieser „Neu-Dresdner" schon vor der Eingemeindung die *NN* abonniert hatten, ist offen. Aber etliche Bewohner dieser einstigen Vororte werden wohl nun als „echte Dresdner" auch zur „echten" Dresdner Zeitung greifen.

Wer abgesehen von den stolzen Abonnentenzahlen und der Fülle an Anzeigen auf den Seiten der *Neuesten Nachrichten* weitere Belege für den robusten Gesundheitszustand des Verlags in den Jahren bis zum Ersten Weltkrieg braucht, hier sind einige: 1910 schlucken die *DNN* die beiden Dresdner Blätter *Elbtalbote* und *Gerichtszeitung*, zudem gibt der Verlag seit Mitte September 1905 ein zweites Produkt heraus, eine wöchentlich erscheinende Morgenzeitung; die *Dresdner Montagszeitung*. Die geht montagmorgens in den Verkauf und soll so die Lücke bis zur erst wieder am Dienstagnachmittag erscheinenden *DNN* schließen. Die *Neuesten Nachrichten* kommen ja wie erwähnt mit zwei Ausgaben am Sonntag zu ihren Lesern – vormittags und abends – und gönnen sich am Montag quasi einen Ruhetag. Erstmals ist dabei am 24. September 1905 in den *DNN* ein Hinweis auf das neue Produkt *Dresdner Montagszeitung* zu finden; als Anzeige. Die *Montagszeitung* sucht Verkäufer und Austräger, die damals noch hochtönend Kolporteure heißen. Die Geschäftsstelle des Blattes ist übrigens nicht am bisherigen *DNN*-Standort an der Pillnitzer Straße oder im neuen Verlagsgebäude am Ferdinandplatz zu finden, sondern in einem Büro im ersten Geschoss der Centraltheater-Passage an der Prager Straße. Eine offensichtliche Nähe zur *DNN* soll es für das Blatt wohl nicht geben – vielleicht hofft man auf diese Weise, auch Leser anderer Dresdner Zeitungen für das neue Angebot gewinnen zu können? So muss die *Montagszeitung* in den *Neuesten Nachrichten* dann wie andere Werbekunden auch Anzeigen schalten. Ob die bezahlt werden, ist allerdings offen. *„Für jeden Gebildeten"*, heißt es da beispielsweise, gebe es nun die jeden Montagmorgen erscheinende *Dresdner Montagszeitung*. Mit lokalen Nachrichten, Börsenkritiken und einer kritischen Wochenschau in Sachen Theater und Kunst. Und auch ein *Beschwerdebuch für das Publikum* hat das Blatt; gemeint sind also Ärgernisse der Leser.[494] Bis 1908 sorgt die vierseitige *Dresdner Montagszeitung* – deren Abo eine Mark pro Vierteljahr kostet[495] – für zusätzliche Einnahmen des Verlages. Dann wird sie allerdings wieder eingestellt.

Der Auflagensprint der *Neuesten Nachrichten* geht derweil weiter – und die Konkurrenz wird dabei gewissermaßen gleich mehrfach überrundet. 1918 werden täglich immerhin 130 000 *DNN*-Exemplare verkauft. Selbst nach den erwähnten dramatischen Einbrüchen in den Krisenzeiten Mitte der 1920er Jahre sind es

1928 wieder stattliche 127 000 *DNN* pro Tag. Und 1931 wird sogar noch einmal ein Rekord aufgestellt; ein letzter: Jetzt können die *Neuesten Nachrichten* täglich 131 000 Exemplare ausliefern.[496] Hier darf sich wohl tatsächlich Wollf den Meisterpokal ins Regal stellen. Denn seine inhaltlichen Veränderungen – und sicher auch seine kluge Personalpolitik – sorgen für eine gut trainierte *DNN,* die ohne Atemnot an der Spitze der Dresdner Blätter joggt. Ja, sogar der sächsischen oder gar deutschen, was die Auflagenhöhen betrifft. Hier müssen sich die *DNN* deutschlandweit nicht verstecken! Wirtschaftlich heißt das übrigens: In den Jahren zwischen 1924 und 1931 verdienen die *Neuesten Nachrichten* jährlich eine bis zwei Millionen Reichsmark, erinnert sich Eigentümer Wolfgang Huck nach Kriegsende an durchaus stolze Gewinne seines Blattes.[497] Die Konkurrenz in Dresden hat da jedenfalls den Blickkontakt zu den *Neuesten Nachrichten* längst verloren, auch wenn der *Anzeiger* seit den 1920er Jahren mit einer Auflage von rund 64 000 mühsam Schritt zu halten versucht.[498] Auch die parteipolitisch verankerten Blätter – die ja von einem gewissen Kaufzwang der Parteimitglieder profitieren – können den *Neuesten Nachrichten* das Siegertreppchen nicht mal ansatzweise streitig machen. Die sozialdemokratische *Dresdner Volkszeitung* verkauft 1932 in der Elbestadt „nur" rund 34 500 Exemplare täglich, der *Freiheitskampf* der Nationalsozialisten druckt damals rund 40 000 Ausgaben pro Tag und das KPD-Blatt *Arbeiterstimme* kommt auf 32 400 Stück – allerdings gelten diese Zahlen des *Freiheitskampfes* und der *Arbeiterstimme* gar für ganz Ostsachsen.[499] Noch ein Wort zum erwähnten „Kaufzwang": In der Dresdner Gewerkschaftsszene gab es offenbar ein Zwangsabonnement für die *Dresdner Volkszeitung*. Gewerkschaftlich organisierte Arbeiter mussten das SPD-Blatt abonnieren und *DNN*-Vertriebsleiter Rhede weiß später gar davon zu berichten, dass damals Schulkinder von ihren Klassenkameraden morgens angepöbelt worden seien, wenn sie ihre Schulbrote statt in der *Volkszeitung* in den *Neuesten Nachrichten* eingewickelt mit in die Schule brachten.[500]

An dieser Stelle noch ein Blick auf die Anzeigenseiten der *Neuesten Nachrichten*. Was ja quasi ein vorsichtiger Blick in die seit den verheerenden Bombennächten im Februar 1945 nicht mehr vorhandenen Geschäftsbücher ist. So hatten die *DNN* beispielsweise 1903 im Vergleich zum *Dresdner Anzeiger* ein gut viermal höheres Anzeigenaufkommen. Füllte der *Anzeiger* 1903 nur rund ein Fünftel seines gesamten Blattumfanges mit Inseraten, konnten die *Neuesten Nachrichten* damals einen fast schon unglaublichen Anzeigenteil von 83,88 Prozent vorweisen.[501] Ähnliche Verhältnisse waren auch noch 1928 zu erkennen. Daraus lässt sich durchaus schlussfolgern, dass die *DNN* – auch unabhängig von der enormen Leserzahl – ein gesundes Wirtschaftsunternehmen gewesen sind. Das auf diese Weise eben auch schwere Krisenzeiten – wie Weltkrieg oder Inflation – meistern konnte. Wie dramatisch die Lage dabei zum Beispiel Anfang der 1930er Jahre auf dem deutschen Zeitungsmarkt insgesamt gewesen ist, zeigen Zahlen des Verleger-Vereins: Im Jahresbericht für 1931 und 1932 ist von einem *„katastrophalen Rückgang* *des Anzeigengeschäfts*"[502] die Rede. Im Vergleich zu 1930 seien die Anzeigenerlöse deutschlandweit im Durchschnitt um über 30 Prozent gesunken, bei nicht wenigen Zeitungen gar um die Hälfte.[503]

Der Anteil von Verlagschef Julius Ferdinand Wollf an der robusten Gesundheit der *Neuesten Nachrichten* darf dabei nicht unterschätzt werden – trotz vieler Schultern, auf denen sich die Verantwortung verteilen konnte. Ein wirtschaftlicher Erfolg, der sich im Übrigen auch für Wollf persönlich durchaus lohnt. Allein nach 1927 fließen dank eines Vertrags mit Verleger Wolfgang Huck drei Prozent des Reingewinns aus dem Verlag in seine Tasche. Außerdem kommen unter anderem noch 12 000 Reichsmark für seine Geschäftsführertätigkeit jährlich hinzu.[504]

Max Wollf, der Baumeister?

In einem viel zu engen Hinterhof verstecken? Diese Zeiten waren für Dresdens stolzen Zeitungsmarktführer seit 1905 längst vorbei – da waren die *Neuesten Nachrichten* vom viel zu engen und außerdem nur gemieteten Gebäude an der Pillnitzer Straße mitten hinein ins Herz des pulsierenden Dresdens umgezogen. In diesen wirklich imposanten Bau am Ferdinandplatz. Groß und weltstädtisch – auch optisch zeigte das Blatt hier nun, was es längst war: Dresdens größte und sicher auch Dresdens einflussreichste Tageszeitung. Doch auch hier, am Ferdinandplatz, fehlt dem weiterwachsenden Unternehmen, fehlt der umfangreicher werdenden Drucktechnik bald der Raum zum freien Atmen. Und so wird das 1905 bezogene Verlagsgebäude am Ferdinandplatz nach der Inflationszeit bedeutend ausgebaut. Die Arbeiten werden vor allem wegen der erwähnten neuen Drucktechnik zwingend – und 1927 abgeschlossen. Allein das Druckereigebäude zieht sich nun vom Ferdinandplatz bis in die benachbarte Struvestraße hinein – und wurde um ein Geschoss aufgestockt, um so Platz für die Setzerei zu schaffen. Hand wird an den kompletten Gebäudekomplex gelegt. Den Architekten des renommierten Dresdner Büros Lossow & Kühne gelingt dabei ein wirklich beeindruckendes Ensemble, schwärmen Zeitgenossen. Ein u-förmiger Komplex, dessen Seiten auch in die Ferdinandstraße und die Victoriastraße hineingewachsen sind. Die imposante Eingangsfront zeigt zum lebendigen Ferdinandplatz – das Gebäude wird jetzt zudem von zahlreichen Plastiken des bekannten Dresdner Künstlers Georg Wrba verziert.[505] Ja, der stolze Bau ist tatsächlich ein Zeichen für die Rolle, in der sich die *Neuesten Nachrichten* für die Elbestadt nicht nur sehen, sondern die sie für Dresden in der Tat spielen. Welchen Anteil Julius Ferdinand Wollf als Verlags- und Redaktionschef allerdings zunächst am Umzug aus den Räumen an der Pillnitzer Straße zum Ferdinandplatz und dann – gut 22 Jahre später – an der Erweiterung dieses Gebäudekomplexes im Herzen Dresdens hat, ist nicht mehr nachzuvollziehen. Die Bauakten sind wie vieles im Feuersturm des Bombenangriffs vom 13./14. Februar 1945 verbrannt. Klar ist aber, dass Wollf sowohl die Architekten als auch den Künstler Wrba aus seinen zahlreichen Dresdner Netzwerken kennt.

Zudem holt er wie erwähnt 1905 seinen Bruder Max Wolff als Prokuristen in den *DNN*-Verlag. Und Max Wolff wird während der Jubiläumsfeier anlässlich des 25-jährigen Bestehens der Zeitung im September 1918 beim großen Festakt im Haus der Dresdner Kaufmannschaft prominent beklatscht zum Verlagsdirektor ernannt.[506] In dieser Funktion dürfte er 1927 mit Sicherheit Einfluss auf die Erweiterungsarbeiten genommen haben. Dass die beiden Brüder mitunter auch über die Pläne und Abläufe sprachen, ist anzunehmen. Alles andere bleibt Spekulation.

Die Enge in den Redaktionsräumen an der Pillnitzer Straße dürfte jedenfalls 1905 nach dem rasanten Aufstieg der *Neuesten Nachrichten* über die Jahre so dramatisch gewesen sein, dass dringend ein Umzug anstand. Allein die Massen an Papier und die Maschinen für den Druck der immer üppiger werdenden *DNN*-Ausgaben „fraßen" immer mehr Platz. Zudem wurden 1904 erstmals über 100 000 Exemplare gedruckt. Die Redaktion saß zusammengepfercht, und der Verlag hatte mittlerweile sogar eine Filiale in der Zwingerstraße 2. Hier wurden auch Anzeigen aufgenommen; was den Service für die Kunden erhöhte, dennoch ließ *DNN*-Besitzer August Huck längst nach einem Grundstück suchen, auf dem die *Neuesten Nachrichten* endlich ausreichend Raum bekommen sollten. Und in nicht unrealistischer Voraussicht auch Erweiterungsmöglichkeiten. Das Grundstück fand sich schließlich am Ferdinandplatz 4. Kein eigener Neubau musste hier wachsen, denn hier stand bereits ein durchaus beeindruckendes Gebäude. Beides, Grundstück und Gebäude, gehörten seit 1903 dem Dresdner Bankverein. Hier hatten das Konzerthaus „Palast Restaurant" sowie das Weinrestaurant „Philharmonie" des Hoteliers und Gastwirts Wilhelm Heinze ihr Domizil.[507] 1904 wird nun also August Huck neuer Eigentümer – später zunächst dessen Erben unter dem Grundbucheintrag als Verlagsgesellschaft Huck GmbH Berlin und anschließend der in Berlin sitzende Huck-Sohn Dr. Wolfgang Huck allein; bis 1945.[508] Redaktion und Verlag ziehen ins Erdgeschoss und den ersten Stock. Darüber haben Setzerei und Druckerei ihren Platz. Immerhin beschäftigte der Verlag zu dieser Zeit gut 200 sogenannte technische Mitarbeiter, also unter anderem Setzer, Spediteure sowie Einlegerinnen, die die einzelnen „Bücher" des Blattes dann zu einer Zeitung lieferfertig zusammenstellten. Davon 94 Mitarbeiter in Vollzeit.

Und auch technisch legt der Verlag zu. Insgesamt sechs Linotype-Setzmaschinen, ein 80-PS- und zwei 40-PS-Gasmotoren, nach 1908 auch noch zwei 100 und 150 PS starke Dieselmotoren sowie fünf 32-seitige Rotationsdruckmaschinen der Marke Koenig & Bauer[509] sorgen letztlich dafür, dass zu dieser Zeit täglich bis zu 126 000 [510] *Neueste Nachrichten* produziert und verteilt werden können. Alles in allem sitzen damals weit über tausend Akteure im *DNN*-Boot wie Julius Ferdinand Wolff 1918 zum bereits erwähnten 25. Jubiläum der *Neuesten Nachrichten* schreibt, *„einschließlich sämtlicher Redakteure und ständigen auswärtigen Mitarbeiter, Beamten, Setzer und Drucker, technischen und Hilfsarbeiter, Austräger und Filialisten".*

Doch knapp zwanzig Jahre nach dem Umzug 1905 treibt schon wieder ein Platzproblem Sorgenfalten auf die Stirn von Verlagsdirektor Max Wollf. Und so kauft der Verlag nun auch das Nachbarhaus Victoriastraße 26 hinzu. Das hatte bis dahin der damals sehr renommierten Privatbank Grieshammer & Söder sowie der Paul Märksch A.G. gehört,[511] einer der damals größten Wäschereien und Färbereien Dresdens. Nun soll hier gemeinsam mit dem Ferdinandplatz 4 ein großes Verlagsgebäude entstehen; 1925 bekommt wie erwähnt das bestens mit Julius Ferdinand Wollf bekannte Architekturbüro Lossow & Kühne vom Verlag den Auftrag für den Umbau beider Gebäude. Was dabei vor allem in Sachen Optik eine echte Herausforderung war – denn beide Gebäude hatten doch sehr verschiedene Gesichter. Die Victoriastraße 26 passte mit ihren sehr deutlich hervortretenden Fensterrahmen, ihrer „Schablonenarchitektur", nicht so recht zur geplanten repräsentativen Anmutung des Gesamtkomplexes. Auch hatten beide Häuser unterschiedliche Stockwerkshöhen. Der Architekt Max Hans Kühne löste das durch fünf lotrecht eingeschobene Fassadenteile; hinzu kamen die schon erwähnten Reliefs des Bildhauers Georg Wrba. Im Inneren sorgten derweil die Deutschen Werkstätten Hellerau für die Ausstattung der Büros mit modernen, hochwertigen Möbeln.[512] Im Juni 1927 waren die Arbeiten beendet, und am 19. Juni präsentieren die *DNN* das Ergebnis auch in einem großen Beitrag ihren Lesern. Nicht ohne Stolz. Zu Recht. Wobei die Kostenfrage leider offenbleibt. Aber ein finanzieller Pappenstiel dürfte es wohl nicht gewesen sein.

Nun rüstet das Unternehmen auch technisch gewaltig auf. Jetzt verfügt die Druckerei am Ferdinandplatz bereits über vier 64-seitige Rotationsdruckmaschinen und über eine neue Winkler-Schnellgießmaschine. Und mittlerweile wirbeln bereits insgesamt 215 technische Mitarbeiter sozusagen hinter den *DNN*-Kulissen.[513] Hochmotivierte Mitarbeiter und hochmoderne Technik für eine ebenso moderne Zeitung also. Das zahlt sich aus, denn die Gesamtauflage beträgt trotz der wie erwähnt längst nicht mehr schlafenden Konkurrenz immerhin stolze 128 000 Stück!

Zur Arbeit in der Druckerei der *Dresdner Neuesten Nachrichten* in den 1930er Jahren, schreibt 1993 anlässlich des 100. Jubiläums des Blattes Hans Koenitz aus dem Örtchen Medingen zwischen Dresden und Ottendorf-Okrilla einen Leserbrief, in dem er die Abläufe von damals beschreibt: *„Ich möchte Ihnen als heute 83jähriger Senior nachträglich zu Ihrem großen Jubiläum meine* DNN-*Verbundenheit ausdrücken. Ich bin nicht nur als Abonnent Ihrer Zeitung verbunden (...), sondern auch durch meine Tätigkeit als Schriftsetzer in der Druckerei- und Verlagsanstalt Wolfgang Huck. (...) Der heutige Leser kann sich gar nicht vorstellen, was damals zur Herstellung einer Tageszeitung vom Umfang der* Neuesten Nachrichten *für Handarbeit nötig war. Die ganze Zeitung mußte ja mit der Hand gesetzt werden. Wenn man annimmt, daß ein Schriftsetzer im ‚glatten Satz' 1 000 Buchstaben in der Stunde schafft, so brauchte man schon für eine Spalte Text einen einzigen Setzer. Die Anzeigenseiten verlangten für* *eine Seite schätzungsweise vier Setzer, so daß 60 Beschäftigte in der Setzerei nötig waren. Die Stereotypie war schon erfunden, zwei Korrektoren und ein Setzereifaktor (Faktor veraltet für Meister d. R.) waren auch erforderlich. Durch die Rotationsmaschine war es erst möglich, die Exemplare nachmittags zur Auslieferung fertigzustellen. Sonderbeilagen mußten per Hand in die Zeitung eingelegt werden. Wer die Herstellung einer Tageszeitung damals mitgemacht hat, kann ihre Herausgabe richtig würdigen. (…) Übrigens: Redakteure waren damals auch von nöten, sie machten dem Metteur oft Kummer beim Umbruch.“*[514]

Nachbar Helmut Schön

Schon seit 1905 gibt es also das Wolff'sche Doppel bei den *Neuesten Nachrichten*. Und dass Julius Ferdinand Wolff damals seinen Bruder Max Wolff als Prokuristen – also quasi kaufmännischen Direktor – zu den *DNN* holt, spüren dabei nicht nur die Mitarbeiter im Verlag. Sondern auch die Dresdner Umzugsfirmen. Denn Max Wolff war in seinen ersten Dresden-Jahren ein echter innerstädtischer Wandervogel, wie ein Blick in die Adressbücher der Stadt Dresden zeigt. Zunächst wohnt er am Terrassenufer, direkt an der Elbe. Haus Nummer 22, Parterre. 1909 ist er dann in der Ferdinandstraße zu finden, also gleich neben dem Verlagsgebäude. Ferdinandstraße 16, ebenfalls im Parterre. Ein Jahr später lautet seine Adresse dann: Moltkeplatz 10, zweite Etage. Wiederum ein Jahr später – 1911 – steht er im Dresdner Adressbuch unter Lindengasse 18, erneut Parterre. Danach dauert es immerhin sechs Jahre, bis der nächste Umzugswagen vorfährt. 1917 nämlich. Von da an wohnt Max Wolff im zweiten Stock der Struvestraße 38. Es ist eines dieser für Dresden damals so typischen Mietshäuser der neu gewachsenen Vorstädte. Mit Sandsteinfassaden, an denen gleichmäßige Längsstriche für ein Muster, für Abwechslung, aber auch für geometrische Ordnung sorgen. Mit Rundbogenfenstern im Erdgeschoss und im dritten Stock, die Fenster in den beiden Etagen dazwischen haben rechteckige Rahmen. Interessant an diesem Haus sind allerdings die Kellerfenster, die nur wenige Zentimeter über dem Fußweg aus dem leicht hervortretenden Sims ragen; sie ähneln Bullaugen. Bis 1939 wohnt Max Wolff hier. Dann – wohl im Frühjahr 1939 – verliert er als Jude das Recht auf eine eigene Wohnung. Er kommt bei Albert Silbermann unter. Einem Freund, der im dritten Stock der Bayreuther Straße 33[515] wohnt. Aber über diese dramatischen Jahre wird noch ausführlich zu reden sein.

In der Struvestraße hat Max Wolff dabei eine durchaus namhafte Nachbarsfamilie, mit der er sich die zweite Etage teilt. Ein Name, der Fußballfans in ganz Deutschland aufhorchen lässt: Schön. Vater Anton Schön ist Altwaren- und Kunsthändler. Und beinahe weltweit bekannt wird dessen 1915 geborener Sohn Helmut. Helmut Schön liebt Fußball; und wird in den 1960er Jahren zum Trainer der BRD-Nationalmannschaft. Als Kind „bäbblt“ er auf den Straßen und in den Höfen der

Dresdner Seevorstadt – „bäbbln“, wie das Fußballspielen in Dresden liebevoll genannt wird. Und er „bäbblt“ dabei gegen den Willen des Vaters, der diesem eigenwilligen Sport, wie er findet, nichts abgewinnen kann. Sohn Helmut soll lieber etwas „Ordentliches“ lernen, besucht bis 1935 das katholische St. Benno-Gymnasium und legt dort auch erfolgreich sein Abitur ab. Zu dieser Zeit hat er allerdings bereits sein erstes Spiel für den legendären Dresdner Sportclub – den DSC – absolviert. 1932 war das, ein Freundschaftsspiel gegen Karlsbad. Helmut Schön ist längst in erster Linie Fußballer – auch wenn er bis 1945 als kaufmännischer Angestellter bei einem Gönner des DSC arbeitet, heute würde es wohl Sponsor heißen. 1928 hatte er sich zunächst beim Verein Dresdensia angemeldet und gehörte seit 1933 dann fest zum Dresdner SC. Mit Schön wird der DSC in den 1940er Jahren Deutscher Meister. Nach dem Krieg spielt Schön bis 1950 noch ein paar Jahre für den DSC-Nachfolger SG Dresden Friedrichtstadt, packt dann aber eines Tages nicht nur seine Fußballsachen – und geht in den Westen. In West-Berlin spielt Schön ab 1951 für Hertha BSC Berlin. Regelrechten Ruhm an Deutschlands Fußballstammtischen und in den Geschichtsbüchern erlangt der Dresdner, der dann in Wiesbaden wohnt, wie erwähnt als Trainer des bundesdeutschen Nationalteams. Bei der Heim-WM in München holt er mit seinem Team 1974 den Weltmeistertitel, schon 1966 wurde seine Mannschaft Vizeweltmeister und 1970 WM-Dritter. 1972 gewinnt er die Fußball-Europameisterschaft, und 1976 wird die DFB-Elf unter Schön dann EM-Zweiter. 139 Spiele bestreitet die Mannschaft mit dem Bundesadler auf der Brust unter Schön – 87 Siege fährt sie dabei ein, 31 Unentschieden, und 21 Mal verliert sie.[516] Die Heimatstadt Dresden hingegen verdrängt zu DDR-Zeiten ihren Sohn, den „Republikflüchtling“. Nach der politischen Wende im Herbst 1989 wird dann in Dresden zumindest die kurze Allee neben dem Stadion, in dem Dynamo Dresden spielt, zur Helmut-Schön-Allee. Ob sich allerdings Max Wollf von der Fußballleidenschaft des Nachbarsohnes hat anstecken lassen, ist nicht bekannt. Auch nicht, ob das Ganze Einfluss auf den Sportteil der *Neuesten Nachrichten* hatte. Aber wer weiß, vielleicht stand Max Wollf ja mitunter im Dresdner Ostra-Gehege im Stadion und schaute Helmut Schön beim „Bäbbln“ zu?

Noch ein Wort zu Vater Anton Schön. Ob der als Kunsthändler seinem von den Nazis aus dem Verlag der *DNN* gedrängten Nachbarn Max Wollf half? Ihm zum Beispiel Antiquitäten abkaufte; vielleicht auch Stücke aus der Sammlung von Julius Ferdinand Wollf? Und das zu einem fairen Preis, was den braunen Machthabern sicher nicht gefallen haben dürfte? Belastbare Antworten gibt es nicht; auch hier bleibt leider nur Raum für Spekulation.

Auch optisch Klassenbeste

Dass Äußerlichkeiten mitunter wichtiger genommen werden als Inhalte, kennt man in Dresden spätestens seit den Zeiten des prunksüchtigen Sachsenherrschers August des Starken. Dort kam es bei den Günstlingen und vor allen den Mätressen, mit denen sich der stolze Kurfürst gern und reichlich umgab, darauf an, dass es vermeintlich schöne Menschen waren – innere Werte oder gar Klugheit brauchte es nicht. Im Gegenteil, die traurige Geschichte der wohl berühmtesten Mätresse Augusts – der schönen und eben auch noch klugen Gräfin Cosel – ist bekannt. Sie endete mit Verbannung auf die nahe Burg Stolpen in der Sächsischen Schweiz. Dresdens Zeitungsmacher hingegen sahen ihre Leser aber wohl auch in der zweiten Hälfte des 19. Jahrhunderts noch als immun gegen blendend in Szene gesetzte Fassaden an, und planten eher mit inhaltlichen Punktsiegen in einer noch nicht so optisch geprägten Gesellschaft.

Als die *Neuesten Nachrichten* im September 1893 zum ersten Mal von Zeitungsjungen verteilt werden, erscheinen sie im Großfolioformat von 450 x 280 Millimetern. Das Blatt ist dreispaltig aufgemacht, die Spalten sind mit einem Längsstrich voneinander abgegrenzt. So sahen Zeitungen damals aus. Eine Druckkunst-Schlange, die sich tatsächlich über die Seiten schlängelt – von oben nach unten und wieder hinauf. Nur die eine oder andere unbedruckte Zeile als optische Atempause. Kein Foto, keine Überschrift, die den Augen Halt gibt. Ein großes, eng gesetztes Schwarz-Weiß-Gemisch, das schier zu Grau verschwimmen will … Zeitgeist, aber auch den technischen Möglichkeiten der Druckerei geschuldet. Noch sind Fotos und Grafiken den Illustrierten vorbehalten, den Blättern, die sich Zeit fürs Drucken nehmen können. Zwei optische Unterschiede zu den bisher in Dresden um Leser buhlenden großen Tageszeitungen *Anzeiger* und *Dresdner Nachrichten* gibt es aber doch in den *Neuesten Nachrichten*. Einer davon waren kleine, dicker gedruckte Rubrikenzeilen, die den Lesern anzeigten, worum es auf den folgenden Zeilen inhaltlich geht – *Außenpolitik, Nachrichten aus Dresden* oder *Wirtschaftsnachrichten*. Kleine Bojen in der Buchstabenflut, die da über die Seiten schwappt und für heutige Sehgewohnheiten beinahe uferlos wirkt. Wichtigster Unterschied zur Konkurrenz allerdings ist der bereits mehrfach angesprochene Feuilletonkeller gleich auf der ersten Seite. Diese sofort ins Leserauge fallende Abtrennung des Feuilletonteils gibt den Seiten der *Neuesten Nachrichten* eine besondere Struktur. Und diese klare Struktur bietet den Lesern damit auch die Chance, sich im Blatt gut und schnell zurechtzufinden. Denn, wer den Feuilletonstoff sucht, weiß hier sofort, wo er fündig wird. Anders bei den Konkurrenzblättern; die servieren eine mitunter ziemlich gewagte Themen-Melange in regelrechter optischer Mutlosigkeit. Überhaupt fallen die *Neuesten Nachrichten* durch ihre für damalige Leseraugen beinah schon große Übersichtlichkeit auf. Fast schon sensationell neu – und gut – ist die eben erwähnte Arbeit mit klaren Rubriken. Was dann nach 1903 unter Wolff noch intensiviert wird. Und auch das schon beschriebene, von Anfang an ausgeklügelte System an Beilagen ist hier ein wichtiger Faktor – und auch da wird Wollf kurz nach Amtsantritt und Ende der 1920er Jahre noch einmal kräftig Hand anlegen, worüber gleich noch genauer zu reden sein wird.

Als Julius Ferdinand Wollf im August 1903 als Verlagschef zu den *DNN* kommt, wird er zwar nicht gleich zum Optik-Revolutionär, dennoch verändert sich das Gesicht der Zeitung wenig später merklich. Wollf öffnet auf den *DNN*-Seiten die Fenster und lässt Luft herein, lässt den Buchstaben ein bisschen mehr Platz. Lässt Worte zwar nach wie vor mit inhaltlicher Wucht oder Zartheit wirken, aber nun auch ein Stück weit optisch. Kurz nach seinem Antritt verlassen die *Neuesten Nachrichten* ab 8. September 1903 die Druckerei mit neuem Gesicht. Aus den drei sind nun wie erwähnt vier Spalten geworden. Wollf trat ja bekanntlich mit dem klaren Konzept für eine „Weltstadtzeitung" an. Ein Konzept, in dem offensichtlich auch die Optik eine wesentliche Rolle spielte. Er hatte in seiner schon zitierten Antrittsrede vom August 1903 angekündigt, die *DNN* komplett umkrempeln zu wollen. Warum also nicht gleich mal mit einem für damalige Verhältnisse regelrechten optischen Paukenschlag das müde werdende Publikum wachrütteln? Mit weiteren äußerlichen Veränderungen hält sich Wollf aber zunächst zurück; er geht zuerst die Inhalte an. Erst zwei Jahre später widmet er sich wieder der „*DNN*-Fassade". Ab November 1905 erscheinen die *Neuesten Nachrichten* in größerem Format. 455 x 320 Millimeter groß sind die Seiten nun. Dadurch wirken die Spalten- und Zeilenabstände luftiger, das Blatt gewinnt noch einmal deutlich an Übersichtlichkeit.

Wobei so manche optische Veränderung letztlich auf inhaltliche Neuerungen zurückgeht. Auffällig sind zum Beispiel die Veränderungen im Gerichtsbericht. Bekommen diese Beiträge in den ersten Jahren nach 1900 noch jede Menge Platz, und bieten unter reißerischen Überschriften Texte in fast schon Sensationsberichterstatter-Manier, so ist seit 1907 eine deutliche Abkehr von diesem Stil zu erkennen. Wollf lehnt gerade die Sensationsgier in Zeitungen mit Vehemenz ab. Sie sei kein journalistisches Mittel seriöser Blätter, ist er überzeugt. Und so gibt es jetzt die Gerichtsberichte ohne einzelne Überschriften. Stattdessen laufen sie nur noch unter der Rubrikzeile *Aus dem Gerichtssaale*. Noch 1905 hatten hier die Überschriften kräftig mit der Sprachpeitsche geknallt, wie *Das Mörderpaar Klein vor dem Schwurgericht* oder *Mord im Sendlinger Walde*. Zudem hatten diese Überschriften die Größe von Rubrikenzeilen, waren also wesentlich größer als die restlichen Überschriften. Ab 1907 ist damit Schluss. Wollf verbannt diese – für die Leser sicher auch unterhaltsamen – Beiträge zwar nicht gänzlich aus seinem Blatt, aber er versteckt sie durchaus gekonnt.

Beim Stichwort „Rubriken" noch ein Wort zum Wetterbericht. Auch diesen Quotenbringer gibt es nun mit fettgedruckter Rubrikenzeile in den *Neuesten*

Nachrichten. Hier ist Wollfs Blatt allerdings nicht Dresdens Vorreiter, sondern lässt das Pferd sozusagen auf von anderen geebneten Pfaden traben. Denn schon 1902 – ein Jahr vor Wollfs Amtsantritt an der Elbe also – hatte der damals neue *Anzeiger*-Chef Leonhard Lier den Dresdner Professor für Wasserwirtschaft und Gewässerkunde Harry Gravelius von der Technischen Hochschule gewonnen, um den Lesern zeitnahe Wettervorhersagen speziell für Dresden bieten zu können. Premiere auf dem Dresdner Zeitungsmarkt.[517] Bisher gab es Wetterberichte und Vorhersagen in Dresdner Blättern „nur" für Gesamtdeutschland; mit Temperaturen und Regenmengen für ausgesuchte größere Städte im gesamten Reichsgebiet. Für den neuen lokalen Wetterservice hatte Gravelius die Leitung der ebenfalls vom *Dresdner Anzeiger* betriebenen städtischen Wetterwarte an der Reißigerstraße 11 übernommen.[518]

Zurück zur *DNN*: Wollf setzt auf „Weltstadtjournalismus", und das ist für ihn nun zunehmend auch eine optische Frage. Übersichtlichkeit ist ihm wichtig. Als wesentliches Gestaltungsmittel bedienen sich die *DNN* unter Wollff dabei vor allem der erwähnten Rubrikenzeilen. Die erhalten unter Wollfs Regie nach und nach feste Plätze. Gänzlich neu gestaltet wird der Sportteil. Der besteht zwar auch nach Wollfs Amtsantritt noch immer aus nur wenigen Meldungen – die bekommen nun aber fettgedruckte sogenannte Spitzmarken. Heißt, die jeweilige Sportart wird an den Beginn der Nachricht gesetzt und fett gedruckt. Mehr Augenmerk widmet Wollf dem Thema „Sport" aber zunächst nicht. Wobei hier angemerkt werden muss: Das wenige ist auf dem Dresdner Zeitungsmarkt eine fast olympische Größe! Im *Dresdner Anzeiger* zum Beispiel gibt es Sportnachrichten überhaupt erst nach 1910; in einer sehr überschaubar kleinen Spalte.[519] Es dauert jedenfalls fast zehn Jahre, bis sich beim Thema „Sport" in den *Neuesten Nachrichten* nach Wollfs Amtsantritt für die Leser etwas sichtbar ändert. Denn ab 1912 gibt es mit der täglichen *Dresdner Sport-Zeitung* eine eigene Beilage. Wenn auch nur mit einer Seite; was für *DNN*-Verhältnisse in Sachen Sport allerdings ein echter Quantensprung ist. Denn während Fußballfans ihren Sport bekanntlich immer mal liebevoll als „schönste Nebensache der Welt" titulieren, ist Sport für Wollf wohl einfach nur Nebensache. Oft sind es täglich nicht mehr als fünf Sportmeldungen. Aber nach und nach erkennt Wollf wohl, dass Sport nicht nur mit Blick auf die Verkaufszahlen immer wichtiger wird, weil der Vereinssport in Dresden – nicht zuletzt durch sich gründende Arbeitersportvereine – eine feste Größe in der Stadt wird. Sondern das wachsende Interesse am Thema „Sport" hilft Wollf nun auch, den Komplex „Gesundheit" immer nachdrücklicher nicht nur in seinem Blatt, sondern vor allem in den Köpfen der Dresdner zu platzieren. In den 1920er und 1930er Jahren wird die Sportbeilage durch den ständigen Ausbau der Rubriken weiter aufgewertet. Statt der Spitzmarken zeigen nun Rubriken die Sportart an. Mitte der 1920er Jahre joggt zudem der Plauderton der *DNN* auch in den Sportteil, was der Berichterstattung stilistisch einen spürbar höheren Tabellenplatz verschafft. Auch hier spielen Wollfs „Gesundheitstipps" eine wachsende Rolle, wenn auch gut verpackt. Wie zum Beispiel Anfang September 1925 unter der Überschrift *Das allgemeine Fußballtraining,* als die Leser Folgendes erfahren: „*Fußball verlangt von den Ausführenden einen hohen Grad an Kraft, Geschicklichkeit und Ausdauer. Da im Wettspiel die zu erreichende Leistung zu sehr den Einzelnen und die Mannschaft beherrscht, kann nur wenig an die Verbesserung der Spielweise gedacht werden. Nur was absolut festsitzt und schon mechanische Fertigkeit geworden ist, gelingt im Wettspiel unter dem Druck des Gegners. Dies bietet daher nur wenig Gelegenheit, Neues zu erproben und sich auf etwas Besseres umzustellen. (…) Das Wettspiel ist eine Höchstleistung. Sie muß vorbereitet sein, sonst hat sie sehr leicht Schädigung zur Folge!*"

Aber das sind ja schon wieder inhaltliche Veränderungen. Noch einmal zurück zur Optik. Zurück in die Jahre 1906/07. Denn ab da können sich die Leser nicht mehr nur durch Worte ein sprichwörtliches Bild machen, sondern sogar im wortwörtlichen Sinn. Denn nun halten zunehmend Zeichnungen, Tabellen und Landkarten im redaktionellen Teil Einzug. Vor allem auf der ersten Seite finden die Leser jetzt verstärkt Porträtzeichnungen von Politikern oder Adligen. Auch die *Neuesten Nachrichten* verschließen sich also nicht dem Trend. Einem Trend, hin zum Bild, den wohl vor allem das immer beliebter werdende Kino zunehmend in die Köpfe flimmert.

Was es in den ersten Jahren unter Wollfs Regie nur in wirklichen Ausnahmefällen gibt, sind Schlagzeilen. Überschriften, die thronend in dicken Lettern über die gesamte erste Seite laufen. Das war zu dieser Zeit wohl auch nicht nötig, denn die übergroße Mehrheit der Zeitungen ging an Abonnenten. Ein optischer Wettstreit, wie etwa später am Kiosk, war damals noch nicht ausgebrochen. Schlagzeilen gab es in den *Neuesten Nachrichten* also nur bei wirklich außergewöhnlichen, besonders wichtigen Nachrichten. Wie am 31. August 1905 zum Beispiel. Damals war in der US-amerikanischen Stadt Portsmouth mit der Arbeit an einem Vertrag begonnen worden, durch den der Russisch-Japanische Krieg beendet werden konnte. Für ihre zweite Sonntagsausgabe war das den *DNN* – wenn auch in eher überschaubarer Schriftgröße unter den Zeitungstitel gedruckt – in jedem Fall die Überschrift *Der Frieden von Portsmouth* wert. Auch am Silvestertag 1908 brüllte eine Schlagzeile – und hier passt es dann auch mit der Schriftgröße – zu einer Erdbebenkatastrophe in Süditalien und auf Sizilien. Erst ab April 1922 werden solche vierspaltigen Schlagzeilen zur täglichen Einrichtung in den *DNN*. Das für die Redaktion wichtigste Thema des Tages ist nun nicht mehr zu übersehen.

Überhaupt, die wesentlichsten Veränderungen im Gesicht der *Dresdner Neuesten Nachrichten* bringen vor allem die 1920er Jahre. Was auch an den immer besser werdenden technischen Möglichkeiten in der Druckerei am Ferdinandplatz liegen dürfte. So finden die Leser seit 1926 beispielsweise täglich Fotografien auf beinahe allen Seiten. Zudem gibt es seitdem einen täglichen Leitartikel auf der ersten Seite.

Das Blatt hat eine Meinung und sagt sie auch. Der Leitartikel füllt meist die linke der vier Seitenspalten und trägt eine kursive und deutlich fetter gedruckte Überschrift. Und selbstverständlich folgen die *Neuesten Nachrichten* auch dem Trend, nach und nach auf den starren – von oben nach unten verlaufenden – Spaltenfluss zu verzichten. Jetzt werden einzelne Artikel durch Quer- oder Längsstriche voneinander abgegrenzt. Die einzelnen Seiten werden von größeren tragenden Beiträgen dominiert, um die dann Nachrichten und kleinere Beiträge platziert werden. Ein Zeitungsgesicht also, dessen Züge auch heutige Blätter noch tragen.

Wolff hat jedenfalls ein waches Auge darauf, was sich da optisch deutschlandweit auf den bedruckten Zeitungsseiten tut. Und er lässt sich gern inspirieren.

Wollf macht die Beilagen zum Hauptgang

Beilagen, ein Wort, das ein bisschen den Geschmack von Beiläufigkeit hat. So als hätte sich das Ganze irgendwie gerade nochmal so auf den Teller neben den Hauptgang geschmuggelt. Dabei sind diese Beilagen mit Blick auf die sogenannten Generalanzeiger, wie die *Neuesten Nachrichten*, durchaus ein wichtiges Gewürz. Neben dem sehr lokalen Geschmack vielleicht für viele Leser sogar der entscheidende Unterschied zu all den anderen, mitunter eher durchschnittlichen Pressespeisen auf dem Dresdner Tisch? Die Beilagen sind die Chance, dass mehrere Leser gleichzeitig zum Blatt greifen können. Solche Häppchen bieten die anderen Dresdner Blätter zu dieser Zeit eben nicht. Zumindest nicht in dieser Anzahl. Bei den meisten Blättern gibt's de facto nur einen Gang. Erst 1901 bringt zum Beispiel der *Dresdner Anzeiger* als größter Konkurrent seine erste – und einzige – Beilage heraus, eine Wochenendbeilage, später *Sonntagsbeilage*, die anfangs montags erscheint. Umfangreiche wissenschaftliche Aufsätze rücken damit aus dem Feuilletonteil des Anzeigers in diese Beilage. Auch Wollfs späterer Freund Cornelius Gurlitt schreibt hier. Kriegsbedingt wird diese Beilage 1917 allerdings eingestellt; und erst 1924 gibt es mit der *Wissenschaftlichen Beilage* eine Art Nachfolger.[520]

Wollf baut das Beilagenangebot seiner *Neuesten Nachrichten* hingegen zu einem ausgeklügelten Beilagensystem aus, um so letztlich auch für mehr Ordnung im Blatt zu sorgen. Inhalte werden quasi ausgelagert, ohne das Blatt tatsächlich zu verlassen. Kein gedruckter Eintopf mehr, sondern die Zutaten übersichtlich auf einzelne Teller verteilt. Wollf serviert passend für jeden Appetit. Obwohl diese Beilagen durch einen eigenen Zeitungskopf wie auch inhaltlich aus dem Blatt herausstechen, sind sie dennoch im Prinzip „nur" einzeln herausnehmbare Seiten, die in Größe und Optik dem „Rest" der *Neuesten Nachrichten* entsprechen. Drucktechnisch wäre der Aufwand sonst wohl auch viel zu groß gewesen. Und doch sind es in sich geschlossene Produkte.

Ein gutes Beispiel für Wollfs Arbeit an und vor allem mit den Beilagen ist der Wirtschaftsteil der *DNN*. Der ist Wollf nicht kompakt, aber eben gleichzeitig auch nicht umfassend genug. Zudem fehlt Wollf auch hier dieser Hauch Weltstädtischkeit. Die *Neuesten Nachrichten* setzen zwar von Anfang an zum Beispiel auf aktuelle Börsenkurse; die wichtigsten deutschen Börsen sind hier zu finden. Natürlich auch die Kurse der Dresdner Börse. Hinzu kommen von Beginn an Geschäftsberichte Dresdner und auch überregionaler Unternehmen sowie kleinere Wirtschaftsnachrichten. Wobei dieser Blattteil zunächst nicht mehr als eine komplette Seite bedeutet; die seit 1901 dann ein wenig großspurig den Titel *Börsen- und Handelsteil* trägt. Das Blatt verweist dabei stets darauf, sein Handelsteil sei unparteiisch. Was im Grunde aber heißt, man vermeldet nur, bewertet nichts oder mischt sich gar ein. Doch Wollf will mehr – und er will eben auch genau das: sich einmischen und Dinge erklären, um sie einzuordnen. Wollfs Um- und Ausbaupläne für den Wirtschaftsteil stehen dabei durchaus exemplarisch für das gesamte Projekt einer neuen, weltstädtischen *DNN*, mit dem Wollf 1903 in Dresden antritt. Schon kurz nach seinem Start als neuer Chefredakteur des Blattes erscheinen täglich mindestens zwei Wirtschaftsseiten. Wollf hofft, mit diesem Umbau bisher nicht mit im *DNN*-Boot rudernde Leser aus dem Dresdner Bildungsbürgertum und dem Wirtschaftsleben als Abonnenten an Bord zu holen. Und er kennt die Bedürfnisse dieser Entscheider aus der Wirtschaft, die Dresdner Unternehmer. Nicht nur als Mitglied im Verband der sächsischen Industriellen sitzt Wollf regelmäßig mit ihnen zusammen. Später auch in Vereinen wie dem Rotary-Club; und nicht zuletzt dürften ihm auch seine Freunde wie der Industrielle Lingner oder Wirtschaftspolitiker Stresemann den einen oder anderen inhaltlichen Wunsch ans Chefredakteursherz gelegt haben. Die engen Kontakte sorgen sicherlich auch dafür, dass sowohl die Dresdner Bank als auch die Deutsche Bank in den *Neuesten Nachrichten* regelmäßig ihre Geschäftsberichte abdrucken lassen. Dass es da ganz offensichtlich enge persönliche Beziehungen gibt, wird später auch ein Blick in das Testament Wollfs zeigen. Dort wird unter anderem der in Dresden-Loschwitz ansässige Konsul Richard Vollmann bedacht; er bekommt einen aus Kirschbaum gefertigten Sekretär im Wert von 300 Reichsmark aus dem Nachlass. Interessant: Der im nahen Sebnitz in der Sächsischen Schweiz als Kunstblumenfabrikant zu Geld gekommene Vollmann ist mit Eva Steinthal verheiratet, der Tochter des langjährigen und bis 1932 aktiven Aufsichtsratschef der Deutschen Bank in Berlin, Max Steinthal. Wollf und der Konsul sind also offenbar enger befreundet. Erleichterte diese Freundschaft möglicherweise auch den sicher lukrativen Abdruck der Bilanzen der Deutschen Bank? Und sollte aus Berlin vielleicht auch kein Geld für den Abdruck geflossen sein; wichtig fürs Renommee der *DNN* war das Ganze in jedem Fall. Zu Vollmann muss aber unbedingt noch folgende abenteuerliche Geschichte erzählt werden: Sein Schwiegervater Max Steinthal – der als Jude 1935 komplett aus dem Aufsichtsrat der Bank ausscheiden musste – hatte eine viel beachtete Sammlung an Kunstgütern. Die wollten sich die Nazis gern auf die Habenseite buchen – entsprechend passende Gesetze hatten sie sich für solche Fälle praktischerweise gleich selbst erlassen. Aber die komplette Sammlung konnten die braunen Machthaber nicht raffen, denn einen Teil davon hatte ein wagemutiges Schlitzohr schon beiseitegeschafft: Steinthals Schwiegersohn Richard Vollmann nämlich, der nach dem Tod Max Steinthals im Dezember 1940 und dessen Ehefrau Fanny im Oktober 1941 zahlreiche Stücke heimlich in seine Villa an der Pillnitzer Straße im Dresdner Stadtteil Wachwitz gebracht hatte, wie Journalisten 2004 recherchierten. Damals waren Teile dieser Sammlung im bekannten Auktionshaus Southeby's in London versteigert worden.[521] Als Vollmann in den 1950er Jahren aus politischen Gründen aus der DDR geflohen war, hatte er diese Kunstgüter offenbar in seiner Villa zurückgelassen. Vielleicht in der Hoffnung, zurückkehren zu können? Sie wurden jedenfalls gefunden, und die damals Verantwortlichen verteilten die Stücke zu DDR-Zeiten laut der Recherchen auf Depots Dresdner Museen, unter anderem des Museums im Schloss Pillnitz.[522]

Doch zurück in die Jahre nach Wollfs Amtsantritt bei den *Neuesten Nachrichten* und zurück zum Thema „Beilagen". Denn zur Ära Wolff gehören auch zahlreiche – wortwörtlich – echte Beilagen. Zusatzprodukte, die es exklusiv und zu wirklichen Vorzugspreisen nur für die *DNN*-Abonnenten gibt. Leser-Blatt-Bindung nennt sich das im Verlagsdeutsch – und heißt so viel, dass die Zeitungsverlage damit einerseits künftigen Lesern das Lesen quasi schmackhaft machen wollen, um im eingangs des Kapitels genutzten Sprachbild zu bleiben. Andererseits will man mit solchen Sonderangeboten auch den schon gewonnenen Lesern regelmäßig das Gefühl vermitteln, ihr Geld mit einem *DNN*-Abonnement gut angelegt zu haben. So flattern zum Beispiel *Dresdens fliegende Blätter* durchs Elbtal – oder etwas später auch die *Illustrierte Neueste*. Zwei eigenständig daherkommende Wochenblätter, die es für einen kleinen Aufpreis exklusiv zum Abo als Beilagen zu den *Neuesten Nachrichten* hinzugibt. Der Dresdner Verlag kauft diese wohl nicht ausschließlich für die *DNN* gemachten Produkte ein und drückt durch einen eigenen Zeitungskopf – in dem dann das Wort Dresden zu finden ist – seinen Stempel drauf. Ein kleiner legaler Etikettenschwindel sozusagen. Optisch – und auch inhaltlich – sind diese beiden Wochenblätter allerdings nicht Teil der Zeitung, sondern kommen in ihrer Anmutung tatsächlich als Zusatzangebote daher. In gänzlich anderem Format und Layout werden sie den *DNN* beigelegt. *Dresdens fliegende Blätter* kommen dabei am Wochenende für – beispielsweise im Jahr 1910 – monatlich 15 Pfennige zusätzlich zu den Lesern. Acht Seiten, die, quer gelegt genau auf eine halbe *DNN*-Seite passen und somit gut mit dem Blatt verteilt werden können. Ausschließlich Unterhaltung tänzelt da augenzwinkernd über den Tisch der Leser. Schwarz-weiße Bildgeschichten; in der Zeit des Ersten Weltkriegs bekommen Vorder- und Rückseite sogar Farbe verpasst. Gedichte, Karikaturen und auch mal anderthalb Seiten füllende Humoresken; das sind die *Fliegenden Blätter*. Das Ganze mit sehr viel satirischem Salz bestreut, aber meist absolut unpolitisch. In den Weltkriegsjahren allerdings lugt dann doch die Politik aus den Knopflöchern der Uniformen, die viele der gezeichneten Figuren tragen. Leichte Muse für den Schützengraben, geschmeidige und fröhlich tröpfelnde Kriegspropaganda für die Daheimgebliebenen.

Aber im Großen und Ganzen ist es die wirklich heitere Muse, die hier als Wochenendunterhaltung die Leser küssen soll. Witze, die man sich gern weitererzählt, humorvolle Geschichten, die gedankliche Farbe ins Alltagsgrau pinseln. Welche Rolle Wolff dort spielt, ist offen. Auch, ob er überhaupt eine Rolle spielt. Zumindest die *Fliegenden Blätter* gibt es ja schon, als er nach Dresden kommt, und verantwortlich sind laut Impressum wie erwähnt andere, auch wenn als Verlag offiziell die *Neuesten Nachrichten* auftauchen. Als Verlagsadresse ist auf den achtseitigen *Blättern* 1893 zum Beispiel neben der Pillnitzer Straße auch noch die Zweigstelle der *Neuesten Nachrichten* in der Maximiliansallee 5 zu lesen. Eine Art Abo- und Anzeigenannahmestelle im Stadtzentrum. Die Maximiliansallee wurde später zum Maximiliansring und ist heute die Ringstraße. Die *Blätter* fliegen von Beginn an bis 1917[523] und sind keine wirklich neue Erfindung. Die ersten solcher *Fliegenden Blätter* erscheinen schon seit Mitte des 19. Jahrhunderts beispielsweise in München, dort als eine unterhaltsame Humorzeitschrift. Schnell wird daraus offenbar ein Begriff für etliche augenzwinkernde Zeitungsbeilagen – oder generell für gedruckte Unterhaltung, die inhaltlich ein wenig „zusammengewürfelt" daherkommt. Später auch für Zusammengefasstes, das mitunter nicht mal wirklich witzig sein muss; fliegende Blätter zur Historie beispielsweise. In Berlin gibt es damals längst einen Verlag, der sich „Lustige Blätter Verlag" nennt. Der gibt zahllose humorvolle Bücher und Hefte heraus. Eine der Reihen des Verlags ist beispielsweise mit *Tornister Humor* überschrieben und wartet mit aufheiternden Soldatengeschichten auf. Einer der fleißigsten Autoren des Verlags ist damals Artur Lokesch. Und Lokesch ist es auch, der für die *Dresdner Fliegenden Blätter* in der Zeit Wolffs verantwortlich ist. Lokesch ist alleiniger Redakteur, und gedruckt wird das Ganze auch gleich noch in Berlin. In der Druckerei H. S. Hermann. Die hatte ihren Sitz in der Nähe des Dönhoffplatzes, im „Zeitungs-Viertel", wo die Großen der Szene ihren Sitz hatten: Ullstein, Scherl und Mosse.[524] Interessant ist dabei auch eine weitere Verbindung der Druckerei Hermann: ab 1913 druckt sie ein Blatt namens *Die Naturwissenschaft*. Die bringt der Springer-Verlag heraus.[525] Ein Verlag, der vor allem nach dem Ende des Zweiten Weltkriegs in der Bundesrepublik deutsche Zeitungsgeschichte schreiben wird. Dann wird bekanntlich einer der Sprösslinge der Familie die *Bild*-Zeitung auf den Markt bringen. Aber das ist eine andere Geschichte ...

Zurück zu Artur Lokesch und den *Dresdner Fliegenden Blättern*. Lokesch vereint hier für die Jahre nach der Wende zum 20. Jahrhundert durchaus namhafte Autoren der Szene für leichte Prosa und Lyrik. Karl Rode taucht beispielsweise regelmäßig auf; prominenter Autor von Abenteuerromanen. Oder Leo Heller, damals einer der fleißigsten Schreiber von Gedichten, die nicht tiefgründig, aber für seine Zeitgenossen hochlustig daherkamen. Viele davon schrieb er in Berliner Mundart; ber das selbstredend nicht für die *Dresdner Fliegenden Blätter*. Als Journalist ist

Heller zu dieser Zeit beim *Tagesspiegel* in Berlin aktiv, und auch als Kabarettist auf Berliner Bühnen zu erleben. Auch Alfred Brie gehört zu den regelmäßigen Namen auf den *Blätter*-Seiten. Er hat zahllose humorvolle und vor allem kräftig nationaltaumelnde Armeeromane verfasst – als Jude wird er dann 1942 in Theresienstadt von den Nationalsozialisten ermordet.

Aber auch wenn der Humor der *Dresdner Fliegenden Blätter* ein leichtgewichtiger ist, hintersinnig ist er dennoch. Und damit letztlich niveauvoll, wie ein kleines Beispiel aus dem April 1910 belegt. Die Titelkarikatur zeigt einen gutgekleideten Herrn, der vor einem Blumenverkaufsstand steht und den Verkäufer fragt: *„Könnten Sie mir wohl für 5 Minuten gegen geringes Entgelt ein Blumenbukett leihen? Ich will drüben eben einen Heiratsantrag machen, und wenn ich einen Korb kriege, könnten Sie ja die Blumen meinem Nachfolger verkaufen."* Aber auch sicher gern gelesene Boshaftigkeiten – durchaus mit feinem Hintersinn – finden sich auf den Seiten dieser *DNN*-Beilage. Unter der Überschrift *Selbst widerlegt* wird zum Beispiel im Februar 1910 frotzelnd folgende Szene beschrieben: *„Rednerin: Die anwesenden Herren ersuche ich, sich zu entfernen – wir brauchen keine Männer! (Die Herren bleiben ruhig sitzen.) Rednerin (wütend): Das wollen wir doch mal sehen – Herr Wirt – bitte – schaffen Sie die Herren hinaus."* Nun gut, große Literatur ist das sicher nicht – aber für diese Sparte hat Wollf ja seine Literaturbeilagen.

Noch kurz zu den *Illustrierten Neuesten*. Diese Beilage wird ab Januar 1908 bis 1919[526] als *Wochenchronik der Dresdner Neuesten Nachrichten* herausgegeben. Damit fallen die *Illustrierten Neuesten* zwar in Wollfs Regiezeit, und als Verlag wird auch hier der *Verlag Neueste Nachrichten, Wollf & Co.* angegeben, aber das Impressum verrät, dass auch diese Beilage aus Berlin geliefert wird. Dort wird sie von wechselnden Verantwortlichen – unter anderem von Hans Bodenstedt – in Berlin-Schöneberg betreut und gleich an der Spree gedruckt, in der Paß & Garleb GmbH an der Bülowstraße. Ein Verlag, zu dem ebenfalls eine interessante Episode gehört: 1923 werden hier nämlich auch Inflationsgeldscheine gedruckt[527] – die Billionen Mark, mit denen dann wie erwähnt auch die Abos der *DNN* bezahlt wurden. Ob Wollf sich die Seiten vorab zur Abnahme schicken ließ, ist auch hier nicht nachweisbar. Was allerdings zumindest in Bezug auf die *Illustrierten Neuesten* zu Wollfs Ansichten passt, ist der dadurch mögliche Blick der Dresdner Leser über den Tellerrand hinaus. Denn hier werden wichtige Ereignisse aus Deutschland, aber auch weltweit vor allem mit Fotos präsentiert. Wie die Einweihung der Jahrhunderthalle in Breslau im Rahmen der Jahrhundert-Ausstellung am 20. Mai 1913; aber auch Katastrophen, Kriege und eine Menge „Klatsch und Tratsch" aus den Königshäusern Europas. Von den Romanows – der russischen Zarenfamilie – bis hin zum Regierungsjubiläum des deutschen Kaisers.

Einen Blick auf die Welt lässt dann übrigens auch ein weiteres echtes Bonbon für die Leserschaft zu. 1929 präsentieren die *Neuesten Nachrichten* ihren aktuellen und künftigen Abonnenten einen der damals besten deutschen Taschenbuch-Atlanten. *Perthes Taschen-Atlas* nämlich, in einer echten *DNN*-Ausgabe. Gleich auf dem gelben Buchdeckel ist das bekannte Logo der *Neuesten Nachrichten* zu finden – ein Telegrafenmast als Zeichen der modernen Nachrichtenübertragung samt Zeitungskürzel. Und in schwarzer Schrift prangt unter dem Zeitungstitel der Zusatz „*Die führende Dresdner Zeitung*". Auch ein Nachtfoto des imposanten *DNN*-Gebäudes am Ferdinandplatz ist auf den Innenseiten zu finden; eine wirkliche Sonderedition für die Leserschaft also. Wobei die Wolff'sche *DNN* ihren Lesern auch den Blick in die nähere Umgebung ans Herz legt und auch dafür interessante Angebote produziert. Eine Heftreihe mit Ausflugstipps für Automobiltouren zum Beispiel: *DNN-Auto-Ausflüge – beschauliche Fahrten rings um Dresden*. Offenbar kam diese 1927 erstmals aufgelegte Reihe so gut an, dass sie in den 1930er Jahren noch einmal herausgebracht wurde. Mit unverändertem Konzept und mit selbem Inhalt. 1932 veröffentlichte der Verlag zudem Broschüren mit ausgewählten Skitouren ins nahe Osterzgebirge.

Die *Neuesten Nachrichten* waren unter Wolff also durchaus mehr als „nur" eine Zeitung. Und mit all diesen Bausteinen, die der Verlag in jenen Jahren rund um die Seiten des Blattes platziert, hatte man sich schon damals auf einen Weg gemacht, den Zeitungen heute, etliche Jahrzehnte später, wieder gehen. In Zeiten, in denen ein Verlag allein mit der Herausgabe von gedruckten Nachrichten nur noch schwer überleben kann. Vielleicht passt an diese Stelle ja das schon abgenutzte Wort von der „Vorreiterrolle"? Ob dabei allerdings tatsächlich Chefredakteur Julius Ferdinand Wolff auf dem Ideenkutschbock saß oder vielleicht sein Bruder Max Wolff als Geschäftsführer des *DNN*-Verlags, muss bisher offenbleiben.

Keine Zeitung ohne Werbe-Verben …

Noch ein kleiner Ausflug zur Werbung. Obwohl es beim Blick auf die enormen Auflagenzahlen den Anschein haben könnte, die Abonnentenwerbung sei für die *Neuesten Nachrichten* ein in Dauerrotation surrender Turboselbstläufer gewesen – dürfte das wohl eine trügerische Sicht sein. Denn dass Wollfs Blatt jede Menge Kraft und sicher auch finanziellen Aufwand ins Thema „Werbung" steckt, unterstreicht ziemlich dick und dazu noch signalrot die Härte des Kampfes um Abonnenten in Dresden. Es ist ein wichtiger Kampf. Denn Abonnentenzahlen und Auflage sind für ein Blatt wie die *DNN*, das sich vorrangig durch Anzeigen finanziert, von überlebenswichtiger Bedeutung.

Und diesen Kampf nehmen die *DNN* ideenreich an. Wobei sich das Blatt nicht ausschließlich darauf konzentriert, Noch-Nicht-Leser zu begeistern, sondern auch darauf, die Schon-Jetzt-Leser an der Zeitung zu halten. Wollfs Zeitung packt für ihre Leser wie schon angerissen zahlreiche Zusatzbonbons in die Abotüte: von den wöchentlichen Exklusivbeilagen bis zur Heftreihe voller Ausflugstipps ... Aber auch mit interessanten Serviceangeboten rücken sich die *Neuesten Nachrichten* mitten ins Licht der Leselampe. So drucken die *DNN* beispielsweise Anfang Oktober 1905 den neuen Winterfahrplan ab Dresden-Hauptbahnhof auf einer kompletten Zeitungsseite ab. Die Leser können sich damit also das Geld für den Fahrplankauf sparen. Und wer es verpasst haben sollte, für den gibt's das Ganze dann zwei Wochen später gleich noch mal. Hinzu kommt auch ganz praktische Alltagshilfe, die das Blatt kostenlos vermittelt. Die *Frauensprechstunde* spielte schon kurz eine Rolle – zweimal im Monat, sonntags zwischen 11 und 13 Uhr, öffnen die *DNN* dabei ihre Redaktionsräume für externe Beratungsangebote. Im August 1905 beispielsweise erwartet der Rechtsschutzverein für Frauen *„die geschätzten Leserinnen"*, wie es in der Ankündigung dazu heißt. Außerdem lädt das Blatt täglich zwischen 18 und 19 Uhr Rechtsanwälte und Richter in die Redaktion ein, um hier kostenlose juristische Beratungen für die *DNN*-Abonnenten anzubieten. Solche Serviceleistungen und „Zugaben" zum Blatt machen es den Lesern schwerer, auf ihre *Neuesten* zu verzichten – und es hilft überhaupt, das Blatt zu „ihrer Zeitung" zu machen. Leser-Blatt-Bindung eben. Aber natürlich ist das alles auch wohlduftender Lockstoff für neue Abonnenten.

Wie die *DNN* überhaupt bei möglichst jeder Gelegenheit zeigen, *DIE* Dresdner Zeitung zu sein; in Dresden dazuzugehören. So strahlt der Name zum Beispiel an der Gleisbrücke am Hauptbahnhof; ansichtspostkartenreif. Die Lieferfahrzeugflotte ist ebenfalls ausgesprochen präsent im Stadtbild, wie die *DNN*-Werbung überhaupt. In Abwandlung eines geflügelten Wortes: In Dresden führen damals alle Wege an den *DNN* vorbei. Und das bereits mit dem, was man heute „Corporate Identity" nennt. Ein auf allen Produkten des Verlags wiedererkennbarer Markenauftritt also; mit dem wie erwähnt typischen *DNN*-Schriftzug und dem Telegrafenmasten-Logo. Sicher spielt Wollf hier auch die Trümpfe aus seinem Beziehungskartenspiel aus. Denn dass zum Beispiel der prominente Künstler Willy Petzold ein Werbeplakat für die *DNN* entwirft,[528] dürfte wohl durchaus Wollfs Netzwerk ermöglicht haben. Dafür spricht jedenfalls, dass Petzold auch für die Jahresschau *Das Papier* in Dresden 1927 und nicht zuletzt fürs Hygiene-Museum Plakate gestaltet hatte. Petzold, in Mainz geboren, war seit 1904 in Dresden, arbeitete als Glasmaler und betrieb ein Fotostudio. Später studiert er an der Kunstakademie und ist bis zu seinem Tod 1978 in Dresden als Künstler aktiv.

Vielleicht hat Wollf für die Leser-Blatt-Bindung ja sogar gedichtet? Es würde zu ihm passen, was da bei den Lesern zum Jahreswechsel am 31. Dezember 1910 aus der Zeitung fällt: Eine Postkarte mit gereimten Neujahrsgrüßen. Unterzeichnet zwar mit „Die Zeitungsträgerin", aber eines von Wollfs regelmäßig gern gesattelten Steckenpferden war ja bekanntlich die „Dichterei". Und dass der Verfasser der guten Wünsche fürs kommende Jahr am Ende auch auf die in den zurückliegenden zwölf Monaten Dahingegangenen aus dem *„Dichterhain"* blickt, wie es in den

Zeilen so lyrisch heißt, lässt wohl tatsächlich auf Wollf schließen. Schließlich wird hier neben dem Theaterschauspieler Josef Kainz aus Wien und dem im April 1910 verstorbenen norwegischen Dichter Bjørnstjerne Martinius Bjørnson nicht zuletzt auch Tolstoi erwähnt. Den russischen Dichter Tolstoi liebte Wollf fast abgöttisch. Aber letztlich kommt das Gedicht zu einem guten Ende. Mit einem hoffnungsvollen Blick in die Zukunft, die *„vom Besten nur das Beste schicken"* möge. *„Verlaßt Euch drauf: was auch noch mag passieren, ich bring es wieder pünktlich zu Euch hin. Bei jedem Wetter nah ich Euren Türen – drum denkt auch heut an mich (...) die Zeitungsträgerin."*

DNN-Urkunde für Leipzig

Eine erfolgreiche Zeitung sollte im Übrigen nicht nur nehmen, sondern dem Ort ihres Erfolgs auch etwas zurückgeben. Das steht ihr gut zu Gesicht. Diesen werbewirksamen Grundsatz nimmt sich auch Wollfs *DNN* zu Herzen. Und so unterstützt das Blatt im Sommer 1927 einen ungewöhnlichen Wettbewerb zwischen Dresden und Leipzig. Einen sportlichen Wettbewerb. Ende August messen sich Vereinssportler aus beiden sächsischen Metropolen; und die *Dresdner Neuesten Nachrichten* stiften dafür einen Preis, der dann vorm *DNN*-Verlagsgebäude am Ferdinandplatz vor jeder Menge Zuschauern übergeben wird. An Leipzig übrigens. Denn nachdem zunächst der Sportbund Guts Muts einen über gut 150 Kilometer langen Staffellauf vom Sportplatz an der Pfotenhauerstraße in der Dresdner Johannstadt über Nossen, Roßwein, Döbeln, Grimma bis nach Leipzig-Probstheida organisiert hatte, standen drei Vergleiche zwischen Leipziger und Dresdner Stadtauswahlmannschaften an. Zunächst zwischen je einem Männer- und Damenteam im Handball, dann ein Herren-Fußballspiel. Da außer den Dresdner Handballdamen, die 5:1 siegten, ausschließlich die Leipziger Herren als Gewinner vom Platz gingen, reiste die Ehrenurkunde der *DNN* also nach Leipzig. Das Ganze war den *DNN* am 30. August 1927 selbstverständlich fast eine komplette Seite wert. Motto: Tue Gutes und sprich ausführlich darüber.

Sogar ein Psychologe hilft beim Thema „Anzeigen"

Für echtes Aufsehen in der deutschen Zeitungslandschaft sorgen die *DNN* unter Wollf aber nicht „nur" mit durchaus schon konzeptioneller Werbung für sich selbst. Das Blatt entwickelte dafür ja regelrechte Marketingstrategien. Sondern die *Neuesten Nachrichten* legen noch mehrere Werbeschippen drauf! 1925 zum Beispiel zeigen sie Teile ihrer Plakatkampagne bei der *Reichs-Reklame-Messe* am Kaiserdamm in Berlin. Im Haus der Funkindustrie gestalten die *DNN* hier gemeinsam mit den Huck-Blättern *Münchner Zeitung* und *Hallische Nachrichten* einen Leserraum.[529] Mitte der 1920er Jahre trommeln sie zudem immer wieder mit ungewöhnlichen Ideen, um die Aufmerksamkeit für den Anzeigenteil des Blattes zu erhöhen. So ist es dem Verlegerblatt *Zeitungs-Verlag* im März 1925 beispielsweise einen durchaus auffälligen Beitrag wert, dass die *Neuesten Nachrichten* in Dresden ihre Leser zu einem Anzeigenwettbewerb aufgerufen haben.[530] Offensichtlich gehörten die Dresdner Zeitungsmacher mit zu den Ersten, die diese Idee umsetzten. Dafür sichern sich die *DNN* sogar die Mitarbeit des damals weithin bekannten Psychologen Dr. Hans Piorkowski. Der lebt und arbeitet in Dresden und ist anerkannter Experte unter anderem für ein ungewöhnliches Fachgebiet, die Reklame-Psychotechnik. Er kümmert sich also aus wissenschaftlicher Sicht um die Wirkung von Anzeigen. Über den Anzeigenwettbewerb der *DNN* verfasst Piorkowski im November 1925 dann unter anderem eine 17-seitige Studie in der in Berlin herausgegeben Fachzeitschrift *Industrielle Psychotechnik*.[531] Die Idee schlägt also durchaus auch wissenschaftliche Wellen. Und so funktionierte das Ganze: Die Leser sollten entscheiden, welche Anzeigen ihr Interesse ganz besonders angesprochen hatten, *„welche Anzeigen als besonders angenehm und sympathisch auffallen, welche die Kauflust in hervorragender Weise anspornen"*, heißt es im *Zeitungs-Verlag*. Das Ergebnis, sind die *DNN* überzeugt, sei für jeden Inserenten von enormer Wichtigkeit, weil es ein *„Spiegelbild der Psyche des Zeitungslesers"* darstelle. Die Leser konnten dabei ihre sechs Favoriten küren – Anzeigen, die ihnen ganz besonders gut gefallen haben. Zudem fragt das Blatt, welche fünf Inserate besonders auffällig gewesen seien. Als Anreiz winken den Lesern übrigens insgesamt 2 000 Reichsmark; für jede der beiden Fragen jeweils 1 000 Reichsmark. Wobei sich die Leser dafür durchaus ein bisschen Arbeit machen müssen, denn nicht nur die Aufzählung ist wichtig, sondern auch eine kurze Begründung. Natürlich dürften die Ergebnisse dann auch die Firmen interessiert haben, die in den *DNN* Werbung schalteten – und nicht zuletzt schauten sicherlich auch die „Macher" von Anzeigen genau hin, Plakatmaler, Werbestudios. Ob das Blatt die Ergebnisse dann vielleicht auch als kleines Nebengeschäft genutzt hat und die Auswertung nur kostenpflichtig an interessierte Firmen abgegeben wurden, ist offen.

Wollf muss sich entscheiden – die Sache mit der Politik

Weltkriegsbeginn 1914, Niederlage 1918, Weltwirtschaftskrise in den 1920er Jahren. Natürlich sind das Themen, mit denen sich die *DNN* befassen müssen. Als Verlag mit Blick in die Geschäftskassen, aber natürlich als Redaktion auch journalistisch. Themen, deren Auswirkungen tief in die Familien einschneiden, Themen die für leere Geschäfte sorgen, das Leben verändern – und die auch die brennenden Kohlen für hitzige Diskussionsfeuer liefern. Und selbstverständlich werden diese Debatten auch in Dresden geführt; mal leise und mal mutiger. Doch es hat sich etwas verändert, in diesen zehn Jahren, die diese neue Zeitung bis hierher begleitete. Die Zeiten sind politischer geworden, wodurch auch die Menschen politischer geworden sind. Weil nun vielfach öffentlich über Politik geredet wird. Über ihre Auswirkungen – und über Möglichkeiten, etwas zu verändern. Weil die Städte größer geworden sind, und hier nun viel mehr Menschen auf zunehmend engerem Raum zusammenleben. Weil es jetzt eine Arbeiterschaft gibt, die natürlich begreift, dass sie es ist, die den wachsenden Wohlstand schafft, von dem sie nur Bruchteile bekommt. Selbstverständlich wird auch in Dresdens Arbeiterkneipen und den vielen Vereinen bei Bier und reichlich Zigarettenqualm über Politik diskutiert. Wenn auch, wie schon beschrieben, vielleicht ein wenig gemäßigter als im aufmüpfigeren Leipzig; aber es wird diskutiert. Auch Dresden ist politischer geworden. Parteien sind entstanden, mit Ortsgruppen an der Elbe. Und mit ihnen kamen Parteiblätter, die politische Ideen verbreiten. Politische Bildungszirkel beinahe jeder Couleur diskutieren in den Vereinszimmern der Kneipen, die man in Dresden vornehm Restaurants nennt. Auch die Philosophen sind nun längst nicht mehr so fern vom „echten" Leben. Sie kümmern sich nicht mehr wie einst Machiavelli um die Rolle der Macht und der Mächtigen, fragen nicht wie zum Beispiel Kant danach, was der beste Weg zur Erkenntnis sei, sondern sie analysieren das mehr und mehr kapitalistisch werdende Gefüge aus Staat und Wirtschaft, und sie beschreiben – wie beispielsweise der damals immer populärer werdende Marx – Ideen, die das Leben der sogenannten einfachen Menschen lebenswerter machen sollen. Philosophische Ideen, die nun auch zu parteipolitischen Ideen werden. Die Sozialdemokratie beruft sich unter anderem auf Marx, die Arbeiter beginnen, sich mit dessen Ideen, mit dessen sehr präzisen Beschreibung der Funktionsweise des Kapitalismus zu beschäftigen. All das macht diese Zeit zunehmend politischer.

Auch die in ihren ersten Jahren politisch oberflächlich-flatterhaften *Neuesten Nachrichten* werden sich entscheiden müssen, weiß Wolff, als er 1903 von München nach Dresden umzieht. Die Zeit ist gekommen, dass die Leser einer Zeitung wie der *DNN* nicht nur regelmäßig politische Kommentare und Einordnungen erwarten, die auch die *Neuesten Nachrichten* von Beginn an liefern. Aber sie schlagen sich dabei mal auf diese, mal auf jene Seite … Die Leser erwarten längst einen deutlichen Standpunkt von ihrem Blatt, sie wollen wissen, wo – und wofür – ihre Zeitung steht. Aber wohin sollen sich die *Neuesten Nachrichten* politisch stellen? Keine leichte Frage für eine Zeitung, deren Leserschaft die „breite Masse" ist. Für eine Zeitung, deren wirtschaftliche Grundlage die Verkaufszahl ist. Es ist ein schwieriger Spagat für Wolff. Denn er muss als Chefredakteur das Journalistische im Blick haben und als Verlagschef gleichzeitig das Wirtschaftliche. Aber Wolff hat sich längst entschieden, in welche Richtung er als politischer Reiseleiter die Kompassnadel zeigen lässt. Wolff kommt aus einem jüdisch-bürgerlichen Milieu, die Geschäfte von Vater und Onkel werfen genug Geld für die Familie ab. Mit der „sozialen Klassenfrage" wächst Wolff nicht auf. Seine Weltsicht ist eher eine liberale, eine, die sich um die Wirtschaft dreht. Natürlich passend zum damaligen Zeitgeist auch sehr national eingefärbt. Ja, Wolff gibt seiner Leserschaft den politischen Weg vor, an dessen Rand das Schild mit der Aufschrift „Liberalismus" nicht zu übersehen ist. Wollf will die Leser davon überzeugen, dass es der geeignete Weg ist, um ans Ziel zu kommen. Ein politischer Haudrauf ist „Reiseleiter" Wollf zunächst dennoch nicht, er geht es langsam an. Es wird kein überstürzter Aufbruch in die politische Zukunft der *DNN*, er lässt sich – und den Lesern – Zeit.

Aber zunächst ist da noch immer das Wort „Überparteilichkeit", das die *Neuesten Nachrichten* von Anfang an täglich unter ihren Zeitungskopf drucken. Gemeint ist damit wohl ein Blatt, das zwar über Politik berichtet, auch mal kritisch ist, aber eben keiner politischen Linie folgt. Eine Sicht, die in den ersten Jahren unter Ludwig Gümber ein fester Grundsatz der redaktionellen Arbeit ist. Auch Silvia Brand, die schon zitierte Redakteurin der noch jungen *NN*, schreibt dazu in ihren Erinnerungen: *„In den Dresdner Neueste Nachrichten war von Anfang an Parteilichkeit und Bestechlichkeit verpönt."* Nur eines ist von Anfang an klar: Die *Neuesten Nachrichten* sind ein königstreues Blatt. Das erklärt die Redaktion vorsichtshalber gleich in der ersten Probenummer: *„Allzeit treu zu König und Vaterland, Kaiser und Reich."* Wobei das auch ein Stück weit Rücksichtnahme auf die Ansichten der besonderen Leserschaft in Dresden gewesen war, macht Silvia Brand deutlich. Als sie zum Beispiel anlässlich des Todes von Sachsenkönig Albert am 19. Juni 1902 ein Trauergedicht schreibt, weiß sie auch die Leser hinter sich. *„Die Sachsen liebten ja ihren König Albert, wie Kinder einen guten Vater liebten."* Eine maßstabsgerechte Beschreibung der Dresdner Seele …

Ja, Kantenlosigkeit ist bequem, man eckt nicht an. Doch es wird schnell klar, Wollf will sich's nicht bequem machen. Nach seinem Amtsantritt lassen sich die *DNN* immer wieder zu zunächst kleineren einseitigen Meinungsausrutschern hinreißen. So beziehen sie zum Beispiel klar Stellung für die Interessen der sächsischen Industriellen. Was allerdings nicht verwundert, schließlich ist Wollf aktives Mitglied im „Verband Sächsischer Industrieller". Es dürfte also tatsächlich seine ganz persönliche Sicht sein, die er hier dem Blatt als politischen Stempel aufdrückt. Am 8. April 1905 veröffentlichen die *Dresdner Neuesten Nachrichten* gar den Wahlaufruf des Verbandes auf ihrer ersten Seite und solidarisieren sich mit den Forderungen der Unternehmer: *„Diese Forderungen sind denjenigen der sächsischen Industriellen und allen, den wirtschaftlichen Aufschwung wünschenden Kreisen Sachsens zwar längst bekannt und auch von uns oft genug vertreten worden. Trotzdem aber ist ihre klare und unverblümte Aufstellung auf das freudigste zu begrüßen"*, heißt es da so ganz und gar nicht überparteilich. Die Forderungen der sächsischen Industriellen lauteten unter anderem: Ausbau der Eisenbahn, Reform des Wahlrechts mit neuer Wahlkreiseinteilung, Abschaffung der Binnenschifffahrts-Abgaben und Abschaffung der steuerlichen Bevorteilung der Bauern gegenüber der Industrie. Vor allem das Dreiklassenwahlrecht geht den *Neuesten Nachrichte*n dabei gehörig gegen den politischen Strich. Über die nächsten Jahre bleibt das ein Dauerbrenner im Blatt. *„Ein Willsdruffer Bauer erhält somit dreimal so viel politischen Einfluß wie ein Einwohner Dresdens"*, schimpfen die *DNN* auch noch im Oktober 1908. Das Dreiklassenwahlrecht teilt die – damals noch ausschließlich männlichen – Wähler nach der Höhe ihrer Steuerzahlungen in drei Klassen ein. Wobei sich die Wähler zunächst für sogenannte Wahlmänner entscheiden, die letztlich die Abgeordneten für die Parlamente bestimmen. Jede Klasse hat dabei die gleiche Anzahl Wahlmänner. Allerdings ist die Klasse derjenigen mit den höchsten Steuerzahlungen im Vergleich zu den anderen eine ziemlich überschaubare. Es sind vor allem die Großbauern, die mit ihren riesigen Besitzungen beim Thema „Steuerkraft" punkten. Der aufstrebende Mittelstand oder selbst die größeren Unternehmen in den Städten können da nicht mithalten; obwohl sie die eigentliche Triebkraft dieser sich verändernden Gesellschaft sind. Weg von der feudalen Müdigkeit, hin zum putzmunteren Kapitalismus. Doch dieses Wahlrecht bevorzugt eben nach wie vor die Kräfte des Alten; und benachteiligt die Protagonisten des Neuen – von denjenigen, die mit ihrer Arbeitskraft und Gesundheit beiden Gruppen überhaupt erst zu Steuereinnahmen verhelfen, ganz zu schweigen. Letztere haben Wollfs *DNN* beim Streit ums Wahlrecht allerdings eher nicht im Blick, sondern es sind vor allem die Interessen der Industriellen und des Mittelstandes, die Wollfs Blatt in dieser Diskussion interessieren. Und so schauen die *Neuesten Nachrichten* 1910 nach Preußen hinüber: Dort steht eine Wahlrechtsreform an. Darum starten die *DNN* Anfang 1910 eine regelrechte Kampagne gegen das quasi in Preußen erfundene Dreiklassenwahlrecht. Dazu sichert sich das Blatt die journalistischen Dienste prominenter Fachleute oder auch preußischer Politiker, die bei Wollf als Gastautoren auftreten. Anfang Februar schreibt zum Beispiel Professor Dr. Franz Ritter von Liszt, der an der Universität Berlin eine Professur für Straf- und Völkerrecht besetzt und für die liberale Fortschrittliche Volkspartei im preußischen Abgeordnetenhaus sowie im Reichstag sitzt: „*Der Liberalismus kann dieser Vorlage gegenüber nur eine Antwort haben: Ablehnung!*" Denn schließlich bleibe es auch nach der Reform beim Dreiklassenwahlrecht und damit bei der Bevorzugung einiger Kreise, wettert der promovierte Rechtsexperte.

Das Thema „Wahlrecht" schaut in den *Neuesten Nachrichten* auch schon mal durch die königliche Hintertür ins Zeitungszimmer. Am 25. Mai 1910 feiert Sachsens König Friedrich August seinen 45. Geburtstag, was den *DNN* den prominentesten Platz im Blatt wert ist, den sie gleich auf der ersten Seite zu bieten haben: die Spalte links oben. Und natürlich wird zunächst kräftig gehuldigt. „*Die allgemeine Liebe und Verehrung, deren sich der Herrscher bei dem sächsischen Volke erfreut, wird an dem festlichen Tage in zahlreichen Feiern, in Reden und Toasten ihren Ausdruck finden*", schwärmt das Blatt. Und legt dann kräftig speichelleckend im vor Ehrfurcht triefenden Duktus der Zeit nach: „*König Friedrich August ist sich der hohen Pflichten, die ihm Geburt und Stellung auferlegt haben, vom Anbeginn seiner Regierungszeit stets voll bewußt gewesen. Mit einem tiefen sittlichen Ernst, der auf dem Grunde einer gefestigten Weltanschauung ruht und der seine Wurzeln in einem vorbildlichen Familienleben hat, ist der König an seine hohe Aufgabe herangetreten.*" Ja, und dann geht die erwähnte Tür auf, und das damalige Wolff'sche Lieblingsthema „Wahlrecht" kommt hereinspaziert: „*(...) so hat er seine Unterschrift unter das nach langen Kämpfen zustande gekommene neue Wahlrecht gesetzt, das allen Schichten der Bevölkerung eine angemessene Mitbestimmung an den Geschicken des Landes sichern will.*" Allerdings merken die *DNN* vorsichtshalber auch gleich an, dass „*noch einige Wünsche offen bleiben*".

Die Leser bekommen nun jedenfalls ein Blatt, das sich politisch einmischt. Das eine Meinung hat. Und das sich auch bereits vorsichtig einordnen lässt: Der politische *DNN*-Zug dampft vor allem für die Interessen der Wirtschaft über die Gleise.

Die Formel lautet: liberal, national und stets die Wirtschaft im Blick

Das Wort „ausgewogen" findet sich zwar im Duden, in Wolffs fiktivem „Handbuch für den *DNN*-Journalisten" dürfte es aber mit Sicherheit keinen Platz gehabt haben. Zumindest nicht auf den Seiten, die sich mit der politischen Berichterstattung befassen.

Schon Anfang 1905 – nur gut ein Jahr also, nachdem Wolff das Foto seiner Frau auf den Schreibtisch im *DNN*-Chefbüro an der Pillnitzer Straße gestellt hatte – blitzen erste Ansätze einer Liebelei des Blattes mit Ideen der Nationalliberalen Partei auf. Einer Partei, die sich als Vertreterin der Interessen der Industrie und des Großbürgertums versteht.[532] Sie war beispielsweise eng mit dem Centralverband deutscher Industrieller verknüpft – dem Dachverein auch für den Verband Sächsischer Industrieller, in dem Wolff aktiv ist. So verwundert es auch nicht, wenn sich das vereinfachte Motto letztlich mit der schon skizzierten politischen Sicht Wolffs deckt, das verknappt heißen könnte: So wenig Staat wie möglich, wenn es um Einschränkungen für die Wirtschaft geht, und so viel Staat wie möglich mit Blick auf die Unterstützung der Unternehmen. Nach dem Ersten Weltkrieg und der Novemberrevolution 1918 brachen zahlreiche verschiedene Flügel aus der Partei heraus; die eher Linksliberalen gingen beispielsweise zur Deutschen Demokratischen Partei. Ein Großteil der Mitglieder der Partei aber schloss sich der Deutschen Volkspartei (DVP) an – deren Vordenker und Kopf war Wolffs schon mehrfach erwähnter Freund Gustav Stresemann. Auch der hatte zunächst eine dominierende Rolle bei den Nationalliberalen gespielt, war seit 1917 deren Partei- und Reichstagsfraktions-Chef gewesen. Die Nähe der *DNN* zu diesen politischen Ideen ist also keine wirklich große Überraschung.

Noch einmal zurück ins Jahr 1905. Ende Mai findet in Dresden ein Parteitag der Nationalliberalen statt. Allein aus dem Platz, den Wolffs *DNN* für die Berichterstattung einräumen, werden die genannten Prioritäten deutlich. Genehmigte das Blatt beispielsweise einige Wochen zuvor einem SPD-Parteitag – wenn auch in Leipzig – eher halbherzig eine Viertelspalte auf der zweiten Seite,[533] stellen die *DNN* den Nationalliberalen nun gleich fünf Spalten zur Verfügung. Auf der ersten Seite. Und das täglich – für die Dauer des Parteitags. Also über drei Tage hinweg. Und während bisher über solche Themen in der Hauptsache eher schildernd-chronologisch berichtet wurde, lassen sich die Redakteure beim Parteitag der Nationalliberalen sogar zu einem nicht mehr zurückhaltenden Lob hinreißen: *„Man muß anerkennen, daß die Delegierten sich nicht gescheut haben, den in ihrer Partei bestehenden Gegensätzen fest in die Augen zu sehen, daß sie nichts vertuscht, sondern ernst und ehrlich die Haltung der parlamentarischen Vertreter der Partei an den Maßstäben liberaler Grundsätze geprüft haben, (...) nicht mit leeren Phrasen vorübergegangen sind.“* Ja, überparteilich – wie es noch immer unterm Zeitungskopf steht – geht dann wohl doch anders. Über zwanzig Jahre später wird sich Wollf jedenfalls nicht mehr zieren und seine politische Einstellung offen zum verlegerischen Markt tragen. Am 1. Oktober 1927 ist er zum 50. Jahrestag des *Neuen Görlitzer Anzeigers* in die schlesische Stadt an der Neiße eingeladen, um ein Grußwort zu halten. Es wird ein politisches Statement: *„Wenn eine Zeitung sich rühmen darf, daß sie von Anfang an ihrem Programm des aufrechten, liberalen Bürgertums unerschrocken treugeblieben ist, so muß ich sagen, ich kann mir für irgendjemand, der in diesem Hause an der Zeitung mitarbeitet (...) nichts schöneres denken.“*[534]

Ein Programm, das er als politische Tendenz dann auch schon zwanzig Jahre zuvor seinen *Neuesten Nachrichten* ins Redaktionsstammbuch schreibt; während des Reichstagswahlkampfes 1907 nämlich. Aus Anlass der bevorstehenden Wahl schaffen die *Dresdner Neuesten Nachrichten* zunächst eine Extrarubrik. Hier werden Wahlkampfveranstaltungen in der Landeshauptstadt angekündigt und über deren Verlauf berichtet. Wobei anfangs noch das deutliche Bemühen um Ausgewogenheit und weitgehend unkommentiertes Berichten zu spüren ist. Allerdings redet das Blatt dann drei Tage vor der Wahl nicht mehr um den heißen politischen Brei herum, sondern rührt mit einem ganz großen journalistischen Löffel kräftig um. Die *Neuesten Nachrichten* beziehen nun unverkennbar freundlich Stellung für den Dresdner nationalliberalen Kandidaten Dr. Karl Rudolf Heinze: *„Zwei Dinge sind es, die die Versammlungen, in denen Herr Landgerichtsdirektor Dr. Heinze spricht, so außerordentlich zugkräftig machen, wie sie sich bis jetzt stets gezeigt haben: Der Umstand, daß man hier mit Sicherheit eine Debatte erwarten kann, in der es zu scharfer Kreuzung der Klingen zwischen bürgerlichen und sozialdemokratischen Kämpen kommt, und die Tatsache, daß es Herr Dr. Heinze versteht, stets wieder Neues in geistvoller Form vorzubringen.“* Am 24. Januar 1907 – und damit nur einen Tag vor der Wahl – wird eine über immerhin zweieinhalb Seiten verlaufende Wahlanzeige für Heinze veröffentlicht. Die ist zwar sicher bezahlt worden, aber die Tendenz ist deutlich.

Noch aber scheuen sich die *DNN*, den wirtschaftsliberalen Wahlkampfanzug allzu häufig aus dem Kleiderschrank zu holen. Allerdings bleibt die Schranktür vorsichtshalber schon mal dauerhaft offen. Auch abseits der Wortgefechte auf den politischen Schlachtfeldern wird das Thema „Wirtschaft", werden sächsische Unternehmen nun mehr und mehr zum journalistischen Tanzparkett für die *Neuesten Nachrichten*. Immer häufiger berichtet das Blatt über Erfolge, vor allem aber die Probleme der sächsischen Unternehmen. Von durchschnittlich elf Meldungen im Börsenteil beziehen sich im Oktober 1908 immerhin schon sechs auf sächsische Unternehmen.[535] Auch im Lokalteil finden sich nun verstärkt solche Meldungen. Zudem reitet das Blatt jetzt ganz offen Attacke für die Interessen des Mittelstands. Beim Thema „Eisenzölle" zum Beispiel, ergreifen die Redakteure klar Partei gegen die Rohstoffverbände. Dass hier Wollf die Buchstaben diktiert, zeigt sich beim Blick auf sein Engagement im Verband Deutscher Zeitungs-Verleger. Dort wird sich der *DNN*-Chef ja später wegen der Probleme der Verlage durch überteuerte Farbpreise ebenfalls offen mit den Rohstoffverbänden anlegen. Die *DNN* schreiben Ende Oktober 1908: *„Es ist zunächst nur eine Gruppe der weiterverarbeitenden Industrie, die hier in eine Bewegung gegen den Druck der übermächtigen Rohstoffverbände eingetreten ist. (…) Aber die Frage, um die es sich hier handelt, ist von großer allgemeiner Bedeutung. Auf der einen Seite stehen die großen Syndikate, die Trusts, die alles beherrschen. (…) Auf der anderen Seite aber steht die vielverzweigte weiterverarbeitende Industrie, (…) hier überwiegen im Ganzen die mittleren Betriebe. (…) Und wir meinen, daß bei ihnen auch der Schwerpunkt unserer zukünftigen industriellen Entwicklung liegen muß."* Für politische Themen und Lokales ist zu dieser Zeit Konrad Pohl verantwortlich, aber auch der muss seinen Kompass selbstverständlich nach Wollfs politischem Magnetfeld einnorden.

Wollfs *DNN* mausern sich mehr und mehr zu einem Blatt mit starker wirtschaftspolitischer Kompetenz. Und mit jeder neugewachsenen Feder wächst sozusagen auch der wortgewandte Einsatz für die Interessen der Wirtschaft. Es geht dem Blatt um den Rahmen, der der Wirtschaft Halt gibt, um die politischen Rahmenbedingungen also. So vergeht beispielsweise um Weihnachten 1927 kein Tag, an dem sich die Redakteure nicht mit den Sorgen der sächsischen Eisenbahnen beschäftigen. Heiligabend lautet die wenig weihnachtsfriedliche Überschrift: *Bedenkliche Zustände im sächsischen Eisenbahnverkehr.* Die *Neuesten Nachrichten* wissen sehr präzise Bescheid über die Sorgen und betrachten sie dabei – eben auf Wollf-typische Weise – vor allem aus dem Blickwinkel der Wirtschaft. Und für die Wirtschaft ist die Bahn damals das wichtigste Transportmittel. Vor allem überregional gibt es in diesen Jahren keine Alternative. Dass vielleicht auch Fahrgäste – und damit unter anderem die *DNN*-Leserschaft – Probleme mit der Bahn haben könnten, dieses Thema spielt nicht mal eine Nebenrolle; ist eher ein Komparse. Das wird unter Wollf die typische *DNN*-Sicht auf Wirtschaftsthemen bleiben.

Spätestens in der politisch aufgeheizten Zeit nach dem Ende des Ersten Weltkriegs – 1918 – werden die *DNN* eine wirklich politische Tageszeitung. Die Unterhaltung, das Feuilleton bleiben zwar wichtig, dominieren vom Umfang nach wie vor. Doch die optische Dominanz auf den ersten beiden Seiten hat längst die Politik. Nach dem Kriegsende verdrucken die *Neuesten Nachrichten* jede Menge Druckerschwärze vor allem für die Auseinandersetzung mit der Politik der Alliierten. Besonders mit Frankreich. Aber auch die Kritik am Agieren der Entente-Mächte ist bei den *DNN* eine vor allem wirtschaftspolitische; wobei das Wort Wirtschaft hier wesentlich dicker als die Politik gedruckt wird. Die *Neuesten Nachrichten* und Wolff akzeptieren durchaus, dass es Deutschland war, das diesen Krieg maßgeblich vom Zaun gebrochen hatte. So wird Wolff beispielsweise im Oktober 1924 in einem Nachruf für den verstorbenen Verlegerverbandschef Robert Faber schreiben: *„Er träumt gar nicht utopisch und nicht in törichten Revanche-Opiumräuschen von einem neuen, stärkeren Deutschland, das aus den Fehlern des alten viel, sehr viel gelernt hätte.“*[536] Viel mehr beklagt das Blatt die wirtschaftliche Misere, mit der Deutschland durch die Politik der Alliierten nach Kriegsende zu kämpfen hat. Der im Juni 1919 unterzeichnete Versailler Vertrag ist dabei der Magnet, der all die kritischen Worte der *DNN*-Redaktion anzieht. So sieht der Vertrag zum Beispiel eine Reihe von wirtschaftlichen Verboten für Deutschland vor. Im offiziellen Propagandasprech der Siegermächte geht es darum, keine deutsche Militärstärke mehr wachsen zu lassen. Weshalb er letztlich auch Friedensvertrag heißt. Allerdings nutzen die Siegermächte hier auch die Chance, mit einem geschwächten Deutschland einen großen Wirtschaftskonkurrenten kleinzuhalten. Und wirtschaftlich ist dieser Vertrag für Deutschland tatsächlich eine Katastrophe. Die harten Auswirkungen des Vertragswerks bei der folgenden Weltwirtschaftskrise und der schon erwähnten Inflation sind selbstverständlich nicht wegzudiskutieren. Bei Wolff hat sich die Wut über diesen Vertrag so tief in die Körperzellen eingenistet, dass er den verbalen Kampf gegen das Vertragswerk von Versailles dann 1930 sogar in die pathetisch-nationalen Schlusssätze seines Buchs über den Industriellen Karl August Lingner und dessen Kampf um eine bessere Gesundheitsvorsorge hineinformuliert: *„Der Baum, den er gepflanzt hat, trägt Jahr für Jahr reiche Früchte. Und es ist ein Baum zugleich der Erkenntnis und des Lebens. In den Tagen der Not, der Erniedrigung, des Kampfes um das nationale Dasein des deutschen Volkes verleiht uns das Vermächtnis Lingners eine geistige Waffe, die uns kein Vertrag aus den Händen winden kann.“* Böswillig gelesen ist Wollfs Sicht aufs „gesunde deutsche“ Volk letztlich gar nicht so weit weg von den Denkeigenwilligkeiten der Nationalsozialisten.

Und der Versailler Vertrag wird später auch genau wegen seiner katastrophalen Auswirkungen auf die Wirtschaft und die Lebensumstände in Deutschland ein gefundenes Fressen für die böse kläffenden Agitationshunde der NSDAP, die in den Festlegungen des Vertrags das Grundübel für die wirtschaftlichen Probleme sehen. Und die damit natürlich auch eine „gute“ Begründung finden, die Deutschen auf einen Krieg einzustimmen, um dieses – im Nazideutsch – „Diktat von Versailles" zu kippen. Haben sich nun in der historischen Draufsicht auch die Redakteure der *Neuesten Nachrichten* schuldig gemacht, wenn sie damals nicht nur über die Probleme durch den Versailler Vertrag berichtet, sondern auch eindeutig gegen ihn kommentiert haben? Schossen sie die Mitte der Gesellschaft durch diese Argumente quasi sturmreif für die Nazipropaganda? Aber ist es nicht letztlich die Pflicht guten Journalismus, den Lesern bestimmte Gründe auch plausibel zu erklären? Zu schweigen wäre in jedem Fall der falsche Weg gewesen, denn dieses Verschweigen wäre letztlich zur Lüge geworden. Wichtig sind die Auswege, die aus dem Versailler-Vertrags-Dilemma gesucht wurden. Und auf diesem Weg lassen die *DNN* eindeutig keine Militärs gefährlich und lautstark rasselnd marschieren! Wolff hat aus dem Ersten Weltkrieg gelernt. Krieg ist für ihn längst kein Mittel mehr. Er hält es eher mit seinem Freund Stresemann, der später als Außenminister versucht, durch Zugeständnisse *an* die Siegermächte, wiederum Zugeständnisse *von* den Siegermächten auszuhandeln.

Happy-Hour-Journalismus für Stresemann

Apropos Stresemann. Dass Wolff Stresemann als Politiker verehrt, dürfte auch den Lesern der *Neuesten Nachrichten* nicht entgangen sein. Mitunter mutet das Ganze wie Happy-Hour-Journalismus an: Stresemann sagt irgendwo, irgendwann, irgendeinen Satz, und die Leserschaft bekommt kurz darauf das Gefühl, die *DNN* berichten gleich zweimal darüber. Stresemann ist für Wolff ganz offensichtlich einer dieser *„Genie-Prinzen"*, von denen er in seinem schon zitierten Gedicht schreibt. *„Genie-Prinzen"*, an deren Seite sich Journalisten stellen müssten, so Wolff, wenn es eben notwendig sei. Um dort auszuharren, *„gegen alle Widerstände"* ...

Am 31. Januar 1928 wird Stresemann beispielsweise an der Universität Heidelberg Doktor der Staatswissenschaften ehrenhalber – die *Neuesten Nachrichten* haben für einen ausführlichen Bericht selbstverständlich auf der ersten Seite ausreichend Platz. Stresemann hält im Reichstag eine Rede und es gibt Kritik an ihm – aber gewiss werden diese ganz klar *„viel beachtete"* Rede und die aus *DNN*-Sicht völlig unberechtigte Kritik am 3. Februar 1928 ausführlich in den *Neuesten Nachrichten* behandelt. Und am 14. Februar 1928 ist sogar eine skurrile Geschichte um den vermeintlichen Neffen Stresemanns dem Blatt einen Bericht aus Paris wert – bei dem sich die Frage stellt, ob Wolff einen solchen Text auch über andere Politiker zugelassen hätte. Denn der Korrespondent aus Paris wusste zu berichten, dass ein etwa 50-jähriger Herr in der französischen Hauptstadt einen Taxichauffeur angehalten hatte, ihn bat, ihn ins Bois de Boulogne zu fahren, wo er ein wenig über den Weltfrieden nachdenken wolle. Zur Untermauerung seines ungewöhnlichen Ansinnens hatte er dem verdutzten Chauffeur erklärt, er sei der Neffe Stresemanns. Auf der Fahrt hatte der vermeintliche Neffe dann an einem

Zigarettengeschäft halten lassen, wo er die Verkäuferin anwies, sie solle die komplette Schaufensterauslage zusammenpacken, zudem rief er einer vorm Geschäft mit ihrem Wagen vorbeikommenden Blumenfrau zu, sie möge all ihre Ware ins Auto des Chauffeurs bringen, er wolle alles kaufen. Zwei der Blumensträuße allerdings sollte die Frau einer Verkäuferin im gegenüberliegenden Buttergeschäft bringen. Die war darüber so verwundert, dass sie sich den Herrn genauer ansehen wollte – und zur Meinung kam, er könne *„nicht ganz normal"* sein. Was letztlich wiederum auch den Chauffeur zum Nachdenken brachte, der nun unauffällig zwei Polizisten heranwinkte. Die stellten letztlich fest, dass es sich hier – wenig überraschend – nicht um den Neffen Stresemanns handelte, sondern um einen Mann aus Toulon, der *„tatsächlich das seelische Gleichgewicht verloren"* hatte, wie die *DNN* zu berichten wissen. Beinahe kein Tag also in diesen ersten Monaten 1928, in denen die Setzer im Obergeschoss des Verlagsgebäudes am Dresdner Ferdinandplatz nicht den Namen Stresemanns für den Druck auf die *DNN*-Seiten zusammensetzen. Und so darf 1930 Gustav Stresemann als gemeinsamer Freund Wollfs und des Dresdner Industriellen Karl August Lingner auch in Wollfs Lingner-Biografie nicht fehlen.

Zudem sei ein feinsinniger Wimpernschlag der Stadtgeschichte an dieser Stelle erwähnt: Seine ersten fünfzehn Dresdner Jahre wohnt Wollf zunächst an der Anton-Graff-Straße, später dann der Henzestraße in einem Viertel in Dresden-Striesen, dessen Straßen sternförmig zu einem Platz hin gewachsen sind, der noch heute den Namen von Wollfs Freund Stresemann trägt. Wobei der Platz 1904, als die letzten der insgesamt acht Straßen des Areals fertiggestellt worden waren, zunächst den Namen Walderseeplatz erhalten hatte. In Erinnerung an den preußischen General Alfred Graf von Waldersee, der 1904 starb und sich vor allem einen in Militärkreisen hochgeschätzten Namen bei der Niederschlagung des sogenannten Boxeraufstands 1899/1900 in China gemacht hatte. Ab 1929 wird der Platz Stresemannplatz heißen, in den Jahren der DDR Johannes-R.-Becher-Platz und nach der politischen Wende wieder Stresemannplatz.[537] Dass Wollf Ende der 1920er Jahre daran mitwirkte, diesem Platz den Namen seines Freundes Stresemann zu geben, ist Spekulation. Aber auch ohne sein Mittun bleibt es ein feinsinniger Zug der Historie. Grund genug: Stresemann, ehemaliger Bewohner dieses Stadtteils, erhielt 1926 wegen seiner Versöhnungspolitik gegenüber Frankreich den Friedensnobelpreis; gemeinsam mit dem französischen Außenminister Aristide Briand.

Wollfs *DNN* – politischer Freund am Kneipentisch

Unter Wollf ergreifen die *Neuesten Nachrichten* jedenfalls zunehmend Partei. Werden sie gar zum Parteiblatt? Auf der ersten Seite der Sonntagsausgabe am 20. Mai 1928 zum Beispiel – am Tag der Reichstagswahl – thront immerhin in dicken schwarzen Lettern die unverblümte Aufforderung: *„Jede Stimme der Mitte!"* Verbunden mit dem Hinweis, möglichst kein Kreuz bei den kleinen Splitterparteien zu machen, weil diese Stimmen quasi verloren sind. Und Ende Mai – gut zwei Wochen nach der Wahl – wird zu lesen sein, dass der liberale Gedanke siegen werde, *„wenn seine Führer der großen politischen Entscheidungsstunde gewachsen sind"*. Zudem fordert Politikchef Theodor Schulze unter der Überschrift *Einigung des Liberalismus*, die liberalen Kräfte mögen sich bündeln, wenn auch vielleicht zunächst nicht in einer großen Partei, so wenigstens in einer Arbeitsgemeinschaft, um das Land nach der Reichstagswahl zu führen. Nein, ein reines Parteiblatt sind sie trotzdem nicht, die *DNN*. Aber ein Blatt, das sich durchaus eine Meinung gestattet. Eine, die bei den – nationalen – Liberalen, in der politischen Mitte zu finden ist.

Wobei sich Wollfs *Neueste Nachrichten* dennoch die Freiheit nehmen, wenn es ihnen richtig erscheint, Partei sogar für „Linke" zu ergreifen. In diesem Fall für zwei Männer, die sich in den USA der selbsternannten anarchistischen Arbeiterbewegung anschlossen und für Positionen eintraten, wie es die Gewerkschaften taten, wofür sich die *DNN* sonst eher nicht hergaben. Doch hier standen sie an der Seite von Ferdinando „Nicola" Sacco und Bartolomeo Vanzetti; zwei aus Italien in die USA eingewanderten Arbeitern, die nach 1921 in Charleston im US-Bundesstaat Massachusetts – und letztlich sogar weltweit – für Aufsehen und Revolte sorgten. Kurz gefasst[538]: Sacco und Vanzetti wird doppelter Raubmord zur Last gelegt, doch die Beweislage ist weniger als dürftig. Der Vorwurf steht im Raum, dass es sich bei dem umstrittenen Prozess, der 1927 im Todesurteil gipfelt, um einen politisch motivierten Justizmord handelt. Entlastende Hinweise seien weitgehend ausgespart worden, heißt es. Hunderttausende unterschreiben daraufhin weltweit Petitionen für eine Freilassung, beinahe rund um den Erdball wird für die beiden zum Tode verurteilten Männer demonstriert. Und die *DNN* verfolgen das Ganze auffällig aufmerksam, meist bestens auf der ersten Seite platziert. Als in der Nacht vom 22. auf den 23. August 1927 letztlich das Todesurteil auf dem elektrischen Stuhl allen Protesten zum Trotz vollstreckt worden war, erscheinen die *Neuesten Nachrichten* dann am 24. August mit einer kompletten ersten Seite zum Thema. Und die Tendenz der Berichterstattung ist eindeutig. Wie schreibt das Blatt auch gleich selbst: *„Wir haben aus unserer Meinung über diesen Fall nie ein Hehl gemacht. Diese Hinrichtung nach sieben Jahren ist menschlich eine kaum fassbare Brutalität."* Und es werden deutsche Rechtsexperten gefragt, die erklären, dass und warum es einen solchen Prozessausgang in Deutschland nie gegeben hätte. Nämlich, weil hier die Gesetzeslage klar sei, anders als in den USA. Die Exekution, machen die *DNN* deutlich, sei *„ein schwerer Fehler, der noch außerordentlich ernste Folgen haben kann (…)"*. Auch wenn Wolff die Texte nicht selbst verfasst und Theodor Schulze als Politikchef das Sagen hat, so sorgt er doch dafür, dass das Thema über die Zeit immer wieder prominent platziert erscheinen kann. Mag sein, dass es sich um ein „Lesequoten" und Auflage bringendes Thema handelt, mag sein, dass auch andere Blätter darüber berichtet haben. Aber in dieser Ausführlichkeit und vor allem in dieser politischen Tendenz überrascht es dann doch. Wobei es Wollf hier nicht um die politschen Standpunkte der beiden Verurteilten ging, sondern vielmehr um die Ungerechtigkeit, mit der hier vermeintliches Recht gesprochen worden war. Wollf ergreift hier nicht Partei für die politische Sache, sondern für die Menschen. Für die beiden aus seiner tiefsten Überzeugung heraus Unschuldigen. Es ging ihm darum, das Justizsystem der USA vorzuführen, das ihm lesbar suspekt war. Und dass die beiden die Morde nie begangen hatten, wird letztlich 50 Jahre später auch bestätigt: 1977 werden Sacco und Vanzetti postum rehabilitiert.

Aber Wollfs Blatt kennt auch in diesen hochpolitischen 1920er Jahren noch andere Themen. Die *Neuesten Nachrichten* geben sich wie ein guter Freund am Kneipenstammtisch. Sie reden – wie dieser Freund – nicht nur über Politik. Aber eben auch. Sie reden vor allem übers Leben. Sie wissen, was hier und da in der Stadt passiert, geben Tipps, welches Theaterstück sich lohnt. Ja, sie machen auch mal Werbung ... Sie reden – wie jeder gute Freund, der in ein bestimmtes Alter kommt – über Krankheiten. Aber vor allem über Möglichkeiten, sie zu vermeiden. Sie erzählen auch mal einen Witz. Und wenn die Sprache dann doch mal aufs Politische kommt, und das kommt sie am Stammtisch ja irgendwie irgendwann immer, dann haben sie einen Standpunkt. Die Politik muss mehr für die Wirtschaft tun, sie vor allem weniger einschränken, sagt die Zeitung dann. Überhaupt sollte sich die Politik nicht so sehr in wirtschaftliche Belange einmischen, da sind die Unternehmer einfach Fachleute genug, findet sie. Glasklarer Liberalismus also. Politiker, die Unternehmen gängeln, kommen bei diesen Kneipengesprächen jedenfalls nicht gut weg. Verstaatlichung? Ein Grauen, schimpfen die *DNN* dann. Sozialistischer Unsinn! Ja, es darf schon auch mal deftig zugehen in diesen Gesprächen. Aber natürlich fallen auch Worte wie Nation. Denn auch darum geht es dem Blatt, nämlich, dass es diesem Deutschland gut geht. Bereits in seiner Festrede zum 25. *DNN*-Jubiläum im September 1918 beschreibt Wollf, was er meint, wenn er von Vaterland spricht und auch, auf welchem politischen Planquadrat er mit seinem Nationalismus steht: *„Keine Orthodoxie, keine Sektiererei kann uns helfen. Es ist der freie Glaube an das Vaterland, der allein selig macht. An das ‚Deutschland über alles' nicht im Sinn von Ländereroberung und Völkerunterdrückung, wie man's verketzert und fälscht. An das Vaterland, das uns über allem steht in der Welt.“* Wollfs *Neueste Nachrichten* springen also nicht mit den Nazis in diesen bierseligen Kneipensälen grölend auf. Dieses im Militärkapellentakt dröhnende *„Wir-marschieren-die-deutschen-Übertugenden-in-der-Welt-breit-weil-wir-besser-als-andere-sind“*-Geschrei geht ihnen auf den Geist. Überhaupt sind die Gespräche mit den *DNN* viel zu feinsinnig für diesen Ungeist. Es sind angenehme Gespräche mit ihnen. Aber wenn es sein muss, dann schlagen sie trotzdem auch mal mit der Hand auf den Kneipentisch. Wobei ihnen das eigentlich fast ein bisschen zu proletarisch ist.

Die *DNN* und der Kapp-Putsch

Ein praktisches Lineal, um den Ausschlag des politischen Pendels in Zeitungsredaktionen zu messen, sind politische Erdbeben. Wie der sogenannte Kapp-Putsch 1920 zum Beispiel. Über den titeln die *DNN* am 14. März 1920: *„Der Ausbruch der Gegenrevolution"*.

Was war geschehen? Am 29. Februar 1920 verfügte Reichswehrminister Gustav Noske die Auflösung der immerhin 6 000 Mann starken Marine-Brigade Ehrhardt. Einer Art Eliteeinheit der deutschen Marine. Es war der berühmte Tropfen, der das sprichwörtliche Fass überlaufen lässt. Hintergrund: Die Reichsregierung musste die seit Januar 1920 geltenden Forderungen des Versailler Vertrags umsetzen, in denen die Siegermächte des Ersten Weltkriegs von Deutschland unter anderem verlangten, die Reichswehr von rund 400 000 auf nur noch 100 000 Mann zu reduzieren. Auch wenn die Regierung zunächst ein wenig gezögert hatte – sie brauchte die Armee, um all die politischen Brandherde im Land zu löschen. Wie in Oberschlesien zum Beispiel, wo polnische Nationalisten vor der anstehenden Volksabstimmung zur künftigen Zugehörigkeit der Region die hier lebende deutsche Minderheit bereits seit November 1918 drangsalierten, wovon auch regelmäßig in den *Neuesten Nachrichten* zu lesen ist. Aber nun musste ein Zeichen in Richtung der Weltkriegssieger gesendet werden, mit der Reduzierung der Armee zu beginnen. Militärs, darunter nicht nur hochrangige Offiziere, sondern auch viele Soldaten, wollten sich mit dieser Reduzierung nicht abfinden. Nach Kriegsende 1918 hatten sich viele von ihnen in sogenannten Freikorps organisiert, wo dann bei Debatten mit jeder Menge Bier und populistisch-nationalistischer Sprücheklopferei die kämpferische Stimmung hochgehalten wurde. Sie ruderten kräftig gegen den Friedensstrom in Deutschland an. Kurz nach der Ankündigung der Reichsregierung, die Marine-Brigade Ehrhardt auflösen zu wollen, hatte deshalb General Walther von Lüttwitz Reichspräsident Ebert aufgefordert, den von den Weltkriegssiegern gewollten Abbau bei der Reichswehr zu stoppen. Andernfalls, so drohte er unverhohlen und öffentlich, werde es zum Militärputsch kommen. Reichspräsident Friedrich Ebert und auch die Regierung unter SPD-Reichskanzler Gustav Bauer ließen es auf diesen Machtkampf ankommen.

Die Stimmung in der Reichswehr kochte; und kochte über. Unter Führung von General von Lüttwitz und Erich Ludendorff kam es zum Putsch. Zunächst weitgehend unblutig. Man stürmte die Berliner Regierungsräume, proklamierte Wolfgang Kapp – den Chef der „Nationalen Vereinigung" – zum Reichskanzler. Und nun? Das wussten die Putschisten offenbar auch nicht so genau. Die Aktion war offensichtlich ziemlich überhastet und letztlich eher planlos gestartet worden, denn schon nach fünf Tagen war die Sache wieder vom historischen Tisch. Wohl auch, weil die Putschisten wohl nicht mit der Gegenwehr aus der Bevölkerung gerechnet hatten. Die beiden großen Arbeiterparteien – zunächst nur die SPD, einen Tag darauf aber auch die KPD – riefen gemeinsam mit den Gewerkschaften zum Generalstreik auf. Man habe die Revolution Ende 1918 gegen den Klüngel aus Adel, Beamtentum und Militär schließlich nicht durchgezogen, um sich nun erneut von einer Militaristenclique gängeln zu lassen, hieß es. Und dieser Generealstreik – der bislang umfassendste in der deutschen Geschichte – legte das öffentliche Leben im Land noch lahmer, als es nach Krieg und zahlreichen wirtschaftlichen Einschränkungen durch den Vertrag von Versailles ohnehin schon war. Als auch noch Waffen ins Spiel kamen, drohte Deutschland ein gefährlicher Bürgerkrieg. Also wurde hinter den politischen Kulissen verhandelt; die Putschisten gaben letztlich auf – wohl nicht zuletzt mit Blick auf die fehlende Unterstützung im Volk. Deutschland schrammte haarscharf an der Katastrophe vorbei. Folgenlos blieb das Ganze dennoch nicht. Die Reichsregierung unter Gustav Bauer trat wenig später zurück, auf Reichskanzler Bauer folgte Hermann Müller, ebenfalls ein SPD-Mann. Im Juni wurde ein neuer Reichstag gewählt; die bisherige Regierung verlor bei diesen Wahlen ihre absolute Mehrheit – weil zum Beispiel allein die SPD im Vergleich zur Wahl 1919 über 16 Prozent ihrer Stimmen einbüßte. Es kam zu einer bürgerlichen Minderheitsregierung – und Wollfs politischer Freund Gustav Stresemann durfte sich mit seiner Deutschen Volkspartei nun ebenfalls ein paar Sitzkissen für die Regierungsbank im Reichstag abholen, konnte doch die DVP um fast zehn Prozent zulegen. Sie kam auf 13,9 Prozent. Stresemanns Partei regierte nun gemeinsam mit der katholischen Zentrumspartei und der linksliberalen Deutschen Demokratischen Partei.

Die *Dresdner Neuesten Nachrichten* bekennen in diesen wilden Putschtagen im März 1920 jedenfalls deutlich politische Farbe: Das Blatt ergreift Partei gegen die Putschisten. Eine Deutlichkeit, die durchaus Mut erfordert. Denn wie die *DNN* am 17. März berichten, werden von den „Kappisten" auch schon mal Verlage überfallen und demoliert, Redakteure und Politiker verhaftet: *„In Breslau (...) haben Kappisten die Arbeiterführer, ruhige und gemäßigte Leute, verhaftet, die Druckerei der ‚Volkswacht', des sozialdemokratischen Organs, demoliert. (...) So sieht die ‚Meinungsfreiheit' der Kappisten aus."* Und nicht zuletzt war es auch in Dresden zu blutigen Auseinandersetzungen gekommen. In diesem Zusammenhang warnt das Blatt jedoch – seiner und vor allem Wollfs politischer Linie treu bleibend – auch gleich noch vor kommunistischen Kräften, die diese politisch labile Zeit ausnutzen könnten: *„Die gesamte Bevölkerung muß gewarnt werden, kommunistischen Irrlehren (...) Folge zu leisten!"* Man beschreibt zur Untermalung der für die *DNN* durch Dresden wabernden kommunistischen Gefahr am nächsten Tag noch einmal die Geschehnisse des vorangegangenen Montags auf dem Postplatz; im Zentrum der Stadt. An diesem 15. März 1920 hatten sich Teile der zu Kapp haltenden Reichswehr mit streikenden Dresdner Arbeitern ein bewaffnetes Gemetzel geliefert, bei dem die Arbeiter zwar letztlich die Oberhand behalten hatten, aber 59 Menschen ihr Leben verloren und 150 Verletzte zu beklagen waren: *„Jedes Ereignis, wie es sich auf dem Dresdner Postplatz zutrug, charakterisiert* *sich durch eine Summe von Merkmalen. (...) Unzweifelhaft aber haben radikale Elemente, die sich keiner Verantwortung bewußt waren, den unmittelbaren Anlaß zu den blutigen Vorkommnissen gegeben. Unter den Gefallenen befindet sich, wie zuverlässig verlautet, der bekannte Kommunist Goldenberg, der stets dort auftauchte, wo die Wogen politischer Leidenschaft hochgingen. Auch der als kommunistischer Agitator bekannte Barbier Frenzel ist unter der Menge gesehen worden."*

Auch in der politischen Bewertung des Militärputsches bleiben sich die *Neuesten Nachrichten* treu. Wollfs *DNN* argumentieren hier vor allem mit dem Verweis auf die wirtschaftlichen Folgen, die der militärische Putsch nach sich zu ziehen droht. War doch gerade in diesen Tagen das Ausland erstmals nach dem Krieg bereit gewesen, mit Deutschland über Kredite zu verhandeln, die die deutsche Wirtschaft dringend zum Überleben benötigte. So lehnt das Blatt auch den von Arbeiterparteien und Gewerkschaften angeschobenen Generalstreik gegen Kapp in erster Linie aus wirtschaftlichen Gründen ab: *„Kommt es zum Generalstreik, so liegen die Folgen klar. Wir können ohne die Aufrechterhaltung der ohnehin schon noch immer schwer gefährdeten Wirtschaft und Lebensmittelversorgung nur ganz kurze Zeit notdürftig existieren"*, warnen die *Neuesten Nachrichten*.

Es wird also deutlich, zu welchem Messergebnis das eingangs erwähnte politische Lineal in den *DNN* mit Blick auf den Kapp-Putsch kommt. Zur Erkenntnis nämlich, dass die *Neuesten Nachrichten* Politik nach einer ganz speziellen Maßeinheit berechnen. Nämlich den Auswirkungen auf die Wirtschaft. Oder eher sogar dem Nutzen für die Wirtschaft. Während sozialistische oder kommunistische Blätter zunächst die Auswirkungen auf die Menschen und deren Lebensumstände untersuchen, kommt diese Frage für die *DNN* erst später. Viel später.

Nicht zuletzt spürt Wollf wohl gerade in den Tagen des Kapp-Putsches, wie wichtig für ihn ein Mann in der Redaktion wäre, der ihm vom Chefsessel der Politikabteilung aus den Rücken freihält. Er braucht in seinem Netzwerk einen, der für ihn im genau richtigen Moment die genau richtige Schnur spannt. Er braucht einen cleveren, klugen und nicht zuletzt mit wirtschaftsliberalen Wassern gewaschenen neuen Politikchef. Am besten einen, der den Lesern – den höher gebildeten, aber auch denen, die nur schwer die Ränkespiele in den politischen Hinterzimmern verstehen – die Politik pointiert erklären kann. Denn so könnte sich das Blatt auch sprachlich treu bleiben. Wenig später wird Wollf auf seiner Suche nach diesem – nahezu – perfekten Politikchef fündig. 1921 gelingt es „Netzwerker" Wollf, diesen neuen innerredaktionellen „Fadenzieher" nach Dresden zu holen: Theodor Schulze. Ab Sommer 1921 ist dieser ungewöhnliche Journalist für den politischen Teil der *Neuesten Nachrichten* verantwortlich. Auch er wird einer dieser Glücksfälle für das Blatt werden, wie sich bald zeigt.

Wollf und Schulze – Brüder im Geiste

Julius Ferdinand Wollf sitzt zufrieden in seinem Büro am Ferdinandplatz. Die Frühsommersonne des Jahres 1921, die durch die Fensterscheiben golden in den Raum flutet, taucht die eine Hälfte des Zimmers in warmes Licht. Ein bisschen glänzen sogar die Buchstaben auf den Buchrücken in diesem beeindruckend langen Regal neben der Tür. Über der anderen Zimmerseite liegt Schatten. Wollfs Schreibtisch steht in der Sonne – auf der Sonnenseite, wie Wollf mit schelmischem Blick halblaut im Selbstgespräch vor sich hin murmelt. Wollf ist bester Laune. In wenigen Minuten würde die Redaktionssekretärin an die Tür klopfen – vorsichtig, wie sie es immer tut – und Wollf wird dann so herzlich wie selten „Herein!" rufen. Die junge Frau wird ihren Kopf ein wenig zaghaft um die Türe recken und sagen: „Herr Schulze ist da." Und tatsächlich steht dieser Theodor Schulze nun mitten im Zimmer. „Genau der richtige Mann für meine Politikabteilung", freut sich Wollf, als er Schulze freundschaftlich und mit einer fast schon überschwänglich fröhlichen Begeisterung die Hand zur Begrüßung schüttelt. Über Monate hinweg hatte Wollf ihn immer wieder gebeten, sein Angebot anzunehmen und nach Dresden zu kommen. Als Politikchef der Neuesten Nachrichten. *Und jetzt – an diesem herrlichen Junitag – ist Schulze endlich da, steht in Wollfs Büro und lächelt sogar ein wenig verlegen. „Ich hoffe, ich kann Ihre hohen Erwartungen erfüllen", sagt der aus Bautzen stammende Schulze mit ehrlicher Bescheidenheit. Und auch sein Oberlausitzer Dialekt klingt durch – mit diesem so herrlich oben im Rachen rollenden „R", bei dem sich die Zungenspitze elastisch nach hinten verbiegen muss. „Ich gehe davon aus", will Wollf erst gar keine Zweifel an den Fähigkeiten seines neuen Politikchefs zulassen. Vor allem, weil Schulze ein sehr tiefgründiger Analytiker ist, setzt Wollf so große Hoffnungen in ihn. Er braucht hier einen Mann, der auf seiner politischen Welle schwimmt und auf den er sich verlassen kann. Einen Mann, der die ausufernd endlosen Debatten in den Parlamenten der Weimarer Republik ebenso ablehnt, wie Wollf selbst es tut. „Palaver", schimpft Wollf während der Redaktionssitzungen immer wieder. Irgendwann müsse einfach auch mal eine Entscheidung getroffen werden, ist er überzeugt. Und für sein Blatt will Wollf auch einen Politikchef, der aufseiten der Wirtschaft um Siege ficht. Wollf ist überzeugt, dass Schulze genau dieser Mann ist.*

Schulze setzt sich. Auch auf sein Gesicht fallen jetzt die warmen Sonnenstrahlen, in deren Licht ein paar Staubkörner tanzen. Die Sekretärin hat zwei Kaffee auf den Tisch gestellt. Wollf rührt sichtlich zufrieden in seiner Tasse. „Sie bauen Ihre Beiträge pädagogisch klug auf", sagt er schwärmerisch. Immer wieder hatte er in den letzten Monaten Beiträge von Theodor Schulze zur Hand genommen. Hatte sie mit fast chirurgischer Präzision regelrecht seziert und verschlungen. „Sie reihen die Fakten klug aneinander, malen ein verständliches Gesamtbild", freut sich Wollf. Und nicht zuletzt der Schreibstil Schulzes; der hat Wollf von

Anfang an begeistert. „Sie wissen …“, Wolff hebt die Kaffeetasse an, trinkt aber nicht. Er will sich jetzt nicht selbst unterbrechen: „… Sie wissen, dass ich ein großer Freund dieses plaudernden Stils bin – und glauben Sie mir, ich bin ein sehr anspruchsvoller Leser!“ Das wiederum hatte Theodor Schulze längst gehört. Viele, mit denen er über das Angebot der Neuesten Nachrichten *gesprochen hatte – und die Wolff kannten –, hatten ihm abgeraten. Einige hatten ihn regelrecht gewarnt, sich unter die Fuchtel Wolffs zu begeben, der in Journalisten-Kreisen als cholerischer Egozentriker bekannt ist. Schulze tut es trotzdem. Die Aufgabe in Dresden reizt ihn. Und in den zahlreichen Gesprächen, die er in den vergangenen Monaten mit Wolff geführt hat, war er immer wieder beeindruckt gewesen von dessen politischem Sachverstand, seinem wirtschaftlichen Scharfsinn und von Wolffs enormer Belesenheit. „Ich freue mich, endlich anfangen zu können“, sagt Theodor Schulze. Und stellt seine leere Kaffeetasse auf den Tisch – hier, auf der hellen Seite des Zimmers, auf der Sonnenseite.*

Wollf als Amor für Theodor Schulze?

Öffnete Wollf für Theodor Schulze nicht nur die berufliche Tür nach Dresden? Sondern spielte für seinen späteren Freund auch gleich noch Amor? Wenn Wollf wohl auch nicht mit herzentflammenden Pfeilen um sich schoss, wie der bekannte Liebesgott, so hat er vielleicht dennoch für eine der wichtigsten Begegnungen im Leben Schulzes gesorgt. Hat er das Ganze vielleicht sogar bewusst arrangiert? Wollfs Politikchef Schulze hatte nach der Scheidung seiner Ehe mit der Dresdner Sängerin Anneliese „Nis“ Peterich Ende der 1920er Jahre wieder Augen fürs weibliche Geschlecht – und heiratete 1931 Marta Fraenkel. Zufall, dass die im August 1896 in Köln geborene Marta Fraenkel eine Zeit lang als Sekretärin beim Völkerbund in Genf arbeitete und Wollf dort wie erwähnt für den deutschen Verlegerverband an einer Konferenz teilnahm? Im August 1927 war Wollf bekanntlich in Genf gewesen, als internationale Pressevertreter dort unter anderem über das Thema „Zensur“ und auch über mögliche Verbilligungen beim internationalen Nachrichtenaustausch diskutiert hatten. Eingeladen hatte der Völkerbund. Haben sich Marta Fraenkel und Wollf dabei kennengelernt? Hat Wollf am Genfer See dann gleich wieder an einem seiner Netzwerke geknüpft? War er es, der diese außergewöhnlich kluge Frau, die sich einen Namen gerade auch auf Wollfs „Spezialgebiet“ Gesundheitsvorsorge gemacht hatte, kurz darauf nach Dresden lotste, ans Hygiene-Museum? Trafen sich Schulze und Marta Fraenkel dann in Wollfs Villa an der Palaisstraße oder bei den *Neuesten Nachrichten*, wo letztlich der nicht nur aus Kitschromanen bekannte Funke übersprang?

Es wäre eine tolle Story; aber mit Genf und dem Völkerbund hat die Geschichte nichts zu tun. Denn in Genf sind sich Wollf und Marta Fraenkel sicher nicht über den Lebensweg gelaufen. Wolff war wie erwähnt 1927 dort, die studierte Ärztin Marta Fraenkel wird aber erst im Oktober 1930 Sachbearbeiterin in der Hygieneabteilung des Völkerbundes in Genf. Das bleibt sie bis Ende Dezember und kommt dann Anfang 1931 nach Dresden, wo sie noch im selben Jahr – am 18. September 1931 – Theodor Schulze heiratet. Julius Ferdinand und Johanna Sophie Wolff sind Trauzeugen.[539] Ob sich Schulze und Marta Fraenkel erst in diesem Dreivierteljahr kennengelernt haben oder sich schon zuvor kannten, ist offen. Schließlich war Marta Fraenkel bereits vor ihrem kurzen beruflichen Genf-Ausflug für einige Zeit in Dresden gewesen. Nach dem Medizinstudium in Frankfurt am Main und in Bonn wird Marta Fraenkel 1925 wissenschaftliche Geschäftsführerin der *Großen Ausstellung für Gesundheitspflege* in Düsseldorf. Vier Jahre später wird sie hier dann Geschäftsführerin des Reichsmuseums für Gesellschafts- und Wirtschaftskunde. Die passende Frau also für ein Unterfangen wie das nun endlich wachsende Hygiene-Museum in Dresden. Und so fällt sie den „Machern" an der Elbe auch deutlich ins Auge: 1929 wird sie schließlich wissenschaftliche Geschäftsführerin der *Zweiten Internationalen Hygiene-Ausstellung* in Dresden, mit der das Museum eröffnet wird. Wolff traf Marta Fraenkel nun regelmäßig im Verein fürs Hygiene-Museum, in dessen Vorstand er ein maßgeblicher Akteur war. Hier könnte also tatsächlich der spannende Schnittpunkt zu finden sein, an dem sich zunächst Wolff und Marta Fraenkel treffen. Und an dem Wolff später auch zum Amor für Schulze wird. Denn sicher hat Wolff auch in der Redaktion von dieser Frau geschwärmt, die nach ihrer Rückkehr aus Genf ab Oktober 1931 Direktorin des Frauenreferats und des Nachrichtendienstes des Hygiene-Museums wird; Pressesprecherin quasi. Oder trafen sich Schulze und Marta Fraenkel bei einem der regelmäßigen Literaturabende in Wollfs Villa? Es bleibt ein Geheimnis. Ein süßes, sozusagen …

Als Jüdin muss Marta Fraenkel das Hygiene-Museum nach der Machtübernahme der Nazis im Frühjahr 1933 verlassen. 1935 flieht sie nach Brüssel, ist dort wissenschaftliche Mitarbeiterin an der Freien Universität. Und sie lässt sich am 27. Juli 1935 von Schulze scheiden. Offenbar eine Finte zum Schutz für Schulze. Denn der trifft sich nachweislich auch weiterhin mit ihr, ist aber bis in den Februar 1939 noch immer bei den *DNN* angestellt. Ein riskanter Ritt auf einer sehr scharfen Klinge für einen Journalisten im „Dritten Reich" – auf Leute wie ihn hatten die Machthaber schließlich ein besonders wachsames Auge. Nachdem Marta Fraenkel 1936 Beraterin für eine internationale Krebstagung in Brüssel ist, muss sie 1938 ganz aus Europa fliehen und emigriert in die USA. Später wird sie gar die US-Regierung in Washington in Gesundheitsfragen beraten. Nach ihrer Pensionierung 1965 bleibt sie in den USA, wo sie am 9. August 1976 in New York, knapp vier Monate vor ihrem 80. Geburtstag, stirbt.[540]

Der Neue am Politik-Regiepult

Als Theodor Schulze 1921 am Dresdner Ferdinandplatz seine neue Stelle als Politikchef antritt, kommt mit ihm quasi auch ein ungewöhnliches Stück Pressegeschichte mit nach Dresden. Denn der am 24. August 1894 in Bautzen geborene Schulze war 1914 als Freiwilliger inmitten der damals herrschenden Kriegseuphorie gleich als einer der Ersten an die Front gestürmt – gerät allerdings schon Ende 1914 in englische Gefangenschaft. Die Engländer bringen ihn in die Nähe von Manchester, ins Lager „Handforth Camp" – dem größten Gefangenenlager für Deutsche in England –, wo Schulze ab 1915 eine Zeitung herausgeben darf. Eine Zeitung, von der es heißt, sie sei die bis dahin einzige politische Tageszeitung weltweit gewesen, die in einem Gefangenenlager von Gefangenen für Gefangene verfasst wurde. Natürlich unter den strengen Blicken der Engländer. 2 500 Stück dieser Zeitung werden täglich im Camp verteilt – und Schulze versucht, ganz gewiss mithilfe von Informationen englischer Zeitungen, für die deutschen Insassen des Lagers ein Bild des Kriegsverlaufs zu malen. Diese ungewöhnliche Zeitung wird es bis Ende 1918 geben, wobei Schulze wegen einer Tuberkulose-Erkrankung schon 1917 als Kriegsgefangener zur Behandlung in die Schweiz kommt. Was wohl ein wenig auch seinen Stellenwert bei den Engländern beschreiben dürfte. Nach dem Kriegsende 1918 bleibt Schulze zunächst in der Schweiz, arbeitet bis 1920 in der deutschen Gesandtschaft in Bern, wo er für Kriegsgefangenenfragen zuständig ist. Ein Jahr lang schreibt Theodor Schulze anschließend als freier Journalist – beschäftigte sich vor allem mit außenpolitischen Themen –, bevor er am 12. Juni 1921 an seinem neuen Schreibtisch in der *DNN*-Redaktion Platz nimmt.[541]

Theodor Schulze wird den politischen Teil der *Neuesten Nachrichten* in den folgenden Jahren sehr stark verändern; ihn spürbar prägen. Politische Themen werden jetzt tiefgründiger, ja analytischer betrachtet. Mit ihm halten auf der ersten Seite zweispaltige politische Beiträge Einzug, die große Überschriften tragen. Auch optisch gewichtige Leitartikel. Und spätestens ab Frühjahr 1922 wird das Blatt, wie schon an anderer Stelle erwähnt, täglich mit einer vierspaltigen „Headline" – zu gut Zeitungsdeutsch „Schlagzeile" – zu den Lesern kommen.

Wobei es der Schreibstil Schulzes auch Lesern mit niedriger Bildung ermöglicht, seinen Ausflügen selbst in höhere philosophische Bereiche zu folgen. Schulze ist in seinen Beiträgen Pädagoge, ein Fakt macht es dem nächsten leicht, wie auf einer Treppe Schritt für Schritt aufwärtszuklettern. Schulze fügt seinen politischen Ausführungen blumige Sprachbilder bei, die in einfacher Form das Gesagte noch einmal erläutern. Als Beispiel ein Beitrag vom 9. September 1925, in dem sich Schulze unter der Überschrift *Der Notbau von Weimar* mit den Vorzügen, aber auch den Nachteilen der Weimarer Demokratie befasst: *„Die Amerikaner haben ihre Verfassung mit einem doppelten und dreifachen Schutzwall umgeben,* *sodaß die Änderung kleinster und unwesentlicher Verfassungsbestimmungen außerordentlich erschwert, ja wie die Dinge zur Zeit liegen, praktisch unmöglich gemacht werden. (…) In der jetzigen parlamentarischen Ruhezeit wird, wie eigentlich immer in den letzten Jahren, auch über die Notwendigkeit einer Reform der deutschen Verfassung diskutiert. Und zwar, wie mit Genugtuung festgestellt werden kann, in ruhigeren, sachlicheren Formen als dies bisher üblich war. Die Verfassung von Weimar war ein Notbau, der Deutschland vor dem Untergang gerettet hat. Dieser Notbau ist gegen die Versuche der Links- und Rechtsradikalen, ihn zu stören, mit Erfolg verteidigt worden. Die Existenz des deutschen Verfassungshauses ist gesichert. Nun könnten wir darangehen, uns um die innere Ausstattung des Hauses zu kümmern, zu überprüfen, was in dem bewegten Jahre 1919 nur eilig und flüchtig konstruiert worden ist, was infolgedessen verändert und verbessert werden muß. (…) Das Versagen des völlig unbeschränkten Einkammersystems wird (…) zur Zeit nicht nur von rechtstehenden Kreisen anerkannt, sondern auch von links her kommt gleiche Forderung. Im Septemberheft der* Neuen Rundschau *(…) veröffentlicht der auch in Dresden bekannte demokratische Staatsrechtslehrer Albrecht Mendelsohn-Bartholdy einen außerordentlich temperamentvollen Aufsatz. (…) Er verlangt die Errichtung eines Oberhauses. (…) Gegen und für diesen Vorschlag ist sicherlich sehr viel zu sagen. Man kann vor allem skeptisch sein, ob in das ‚Oberhaus' Mendelsohns tatsächlich der ‚große Mann' Einzug halten wird. (…) Die Diskussion muß sich, wenn sie irgendwelchen praktischen Nutzen bringen soll, freihalten von den schrecklichen parteipolitischen Schlagworten dieser Zeit. Diese Fragen werden nicht gelöst indem man: ‚Hie Reaktion!' – ‚Hie Fortschritt!' schreit. (…) Die Fehler des jetzigen Verfassungssystems müssen aufhören, nur Anlässe für gute Parteigeschäfte zu sein. (…) Wir haben im neuen Deutschland die Zusammenfassung des Volkswillens durch das Parlament gewählt. Und es gibt zur Zeit keine andre Möglichkeit einer Zusammenfassung des Volkswillens. Aber gerade deswegen sind unsere parteipolitischen Kampffronten so unendlich falsch und verkehrt: Es gibt nur eine Kampffront: Die Vertretung des Volkes gegen die Ansprüche der Einzelnen (…) zu verteidigen. (…) Wir leben immer noch tief im achtzehnten Jahrhundert, in unsern staatsrechtlichen Vorstellungen. Damals, im Kampf gegen den allmächtigen, absoluten Polizeistaat, war es wirklich fortschrittlich, die Exekutive möglichst zu beschränken und die Legislative zu stärken. (…) Heute liegen die Dinge anders. Und deshalb sind alle Vorschläge zu einer Stärkung der Exekutive und einer Reform des Parlaments auf das sorgfältigste zu prüfen.*" Deutlich wird aus diesem Beitrag auch eine kritische Distanz Schulzes und der *Dresdner Neuesten Nachrichten* zur Weimarer Republik. Der Ruf nach einer starken Regierung klingt durch die Zeilen und tritt am Ende des Beitrages deutlich hervor. Ja, auch eine Ablehnung des Parlamentarismus schimmert leicht hindurch. Eine Abkehr vom Liberalismus, der einen starken Staat eigentlich ablehnt? Wohl eher nicht. Das Blatt sieht die bürgerliche Freiheit gefährdet, die auch für die Wirtschaft unabdingbar ist. Der starke Staat soll dafür ein Ausweg sein. Und doch sind es Noten, aus denen Schulze dann später ein deutsches Marschlied komponieren wird. Aber bis dahin ist noch Zeit ...

Ein politisches Gespenst schwebt durch die *DNN*-Redaktion

Wie war das doch mit diesem legendären ersten Satz aus dem 1848 verfassten Kommunistischen Manifest? Ein Gespenst geht um in Europa, schrieben Karl Marx und Friedrich Engels da, und klärten auch gleich auf, dass es sich um das Gespenst des Kommunismus handle. Natürlich hatten die beiden philosophischen Vordenker des Sozialismus und Kommunismus diesen Satz ironisch gemeint. Und doch hätte wohl auch Wollf diese Worte – und zwar ganz im Ernst – in diesen Jahren nach dem Kriegsende sofort unterschrieben. Denn ein Blick in seine *Neuesten Nachrichten* ab spätestens Mitte der 1920er Jahre zeigt deutlich: Die Abneigung des Blattes, seine Polemik, gegenüber der Sozialdemokratie weicht nun nach und nach einer verbalen Aufrüstung gegen die Kommunisten. Die vertreten den von Wollf und den *DNN* so innig gehassten Marxismus ja noch wesentlich radikaler. Wollf sieht das Gespenst also fliegen. Und so werden die Kommunisten in seinen *DNN* in der Regel als Linksbolschewisten bezeichnet, wohl auch, um deren geistige Nähe zu den Bolschewisten im zur Sowjetunion gewordenen Russland sprachlich zu zementieren. Mit denen kann – und will – Wollf nun überhaupt nichts anfangen. Und so wird anhand einer in den Sprachfarben Schwarz und Weiß gehaltenen Beschreibung der misslichen wirtschaftlichen Lage in der Sowjetunion durch die sprachliche Blume eben stets auch vor den deutschen Kommunisten gewarnt. Motto: „Das droht uns, wenn diese Leute an die politische Macht kommen!" Die Ablehnung des Blattes gegenüber kommunistischen Tendenzen wird dabei bereits seit Beginn der 1920er Jahre auch in Überschriften deutlich, wie: *Der Rote Schrecken in Westphalen. Der bolschewistische Aufstand im Ruhrgebiet.* Im März 1920 hatten sich dabei die Arbeiter im Ruhrgebiet erhoben. Zunächst, um im rechtsmilitaristischen Kapp-Putsch zurückzuschlagen. Doch dann wollten linke Arbeiterführer hier eine „Diktatur des Proletariats" errichten; wurden aber mithilfe der Reichswehr auf Anweisung der – sozialdemokratisch geführten – Reichsregierung niedergeschossen.[542] Für diesen Aufstand macht das Blatt im erwähnten Beitrag vom 30. März im Übrigen auch gleich die Sozialdemokraten mitverantwortlich. Sie hätten sich, sind die *DNN* überzeugt, nicht genügend von den Kommunisten abgegrenzt.

Wollf hat sein Blatt also längst zur politischen Tageszeitung gemacht, die sich bei der Seitenwahl auf dem politischen Spielfeld klar entscheidet. Auch wenn Karl Laux – ab 1934 Musikkritiker der *DNN* – über die Zeitung in den 1920er Jahren später in seinen Erinnerungen schreiben wird: *„Die* Dresdner Neuesten Nachrichten *hatten im Pressewald der Weimarer Republik zu jenem Typ Zeitung gehört,* *bei dem der ‚neutrale Bericht' dominierte, offenes Parteiergreifen für eine der rivalisierenden politischen Richtungen hingegen unüblich war.*" Offenbar gehörte Laux damals noch nicht zu den gründlicheren Lesern des Blattes. Denn die Parteinahme für nationalliberales Gedankengut ist nach dem Ersten Weltkrieg in den *DNN* nun wirklich mehr als offensichtlich. Was gleich in den Wochen nach der Novemberrevolution mit zahlreichen abgedruckten Aufrufen der Nationalliberalen durchaus deutlich wird. Durch die Redaktion am Ferdinandplatz schwebt da jedenfalls längst das erwähnte Gespenst, „das Gespenst des Kommunismus". Im Vorfeld der Reichstagswahl 1930 berichtet das Blatt deshalb auch in geradezu jubelndem Ton über die Gründung der Deutschen Staatspartei. Einer Partei, die ein breites Bündnis der liberalen Bewegungen sein wollte und auf eine Vereinigung sämtlicher Parteien dieser Richtung abzielte: *„Das Programm der Deutschen Staatspartei zeigt eine deutliche und erfreuliche Distanzierung von sozialistischen Gedankengängen und hat einen ausgesprochen nationalen Akzent"*, lobt das Blatt am 29. Juli 1930 so ganz ohne journalistische Distanz. In den nächsten Tagen räumen die *DNN* dem Parteiprogramm und den Wahlaufrufen der Staatspartei reichlich Platz ein. Gar ein Foto findet sich auf der *Vermischtes*-Seite, das die Gründungsmitglieder der Partei zeigt. Und auch bei inhaltlicher Betrachtung der Beiträge zur Staatspartei wird sichtbar, dass sich die Redakteure ihre große Sympathie für die durchaus nach rechts schielende politische Mitte nicht verkneifen wollen. Wie die *DNN*-Leser eben auch das Eintreten der Zeitung für eine Verknüpfung aller Mitte-Parteien zu einem starken liberalen Bündnis in diesen Tagen längst nicht mehr zwischen den Zeilen lesen müssen: *„Kaum ist ein energischer Schritt zur Vernunft getan, endlich einmal Ernst gemacht mit einer Ralliierung der Mitte, da unken und dementieren die alten Parteitanten."* Und nachdem am 3. August 1930 gar folgende Schlagzeile auf der ersten Seite prangte: *„Vorwärts im Geiste Stresemanns und Naumanns!"*, fordern die *DNN* am 14. September 1930 – dem Tag der Reichstagswahl – ganz offen dazu auf, die Mitte-Parteien zu wählen: *„Die deutsche Zukunft ist bei der deutschen Mitte."* Dass Wolff und Stresemann enge Freunde waren, muss an dieser Stelle wohl nicht noch einmal wiederholt werden.

Reichlich Zeitungspapier bedrucken die *Dresdner Neuesten Nachrichten* auch am Beginn der 1930er Jahre noch für den Verbalkampf gegen sozialistische und besonders gegen kommunistische Ideen. So warnt das Blatt beispielweise am 6. September 1930 vor dem *„Kulturbolschewismus"*, der sich in Berlin ein eigenes Theater schaffen wolle. Vom innerfamiliären Kopfschütteln Wollfs mit Blick auf das von seinem Vetter Karl Wolff in Dresden gegründete proletarische Theater war ja schon die Rede gewesen. Die *DNN* veröffentlichen nun passenderweise auch gleich noch Briefe von deutschen Bauern in Russland, die, der Kollektivierung geschuldet, ihren Grundbesitz verloren hatten, wie das Blatt so ganz ohne sprachlich gewiefte Umschweife schreibt. Es wird deutlich, dass Mannschaftsleiter Wolff sein Team mit Sicherheit nicht mit roten Trikots in den Wettkampf schickt.

Immer deutlicher wird in diesen Tagen aber auch, was sich bereits 1920 in den schon erwähnten Berichten und Kommentaren zum Kapp-Putsch angedeutet hatte: Ein porentief sitzender Ekel gegenüber den Nationalsozialisten. Wobei das Blatt generell den Extremismus ablehnt; den rechten wie auch den linken. So kommentiert Theodor Schulze beispielsweise den Ausgang der Reichstagswahl 1930 folgendermaßen: *„Hugenberg und Hitler verneinen den Volksstaat ebenso wie Thälmann. Deswegen bleibt den Parteien, die auf dem Boden der Verfassung stehen und die jede Art des Bolschewismus ablehnen, nichts anderes übrig, als entweder zu kapitulieren oder zu kämpfen. (...) Es gibt weder für die bürgerlichen Mittelparteien noch für die Sozialdemokratie im gegenwärtigen Augenblick eine Wahl. Entweder: Sie verzichten auf jeden parteipolitischen Egoismus und arbeiten zusammen oder sie setzen die Existenz des Staates aufs Spiel.“* Drei Jahre später – 1933 – zerren die Nationalsozialisten das Land mit wohlgefälliger Hilfe der Wähler komplett in ihre Fänge. Und die zitierten Sätze Schulzes sollten bedrohliche Gewissheit werden. Allerdings gibt es auch in der *DNN*-Redaktion zu dieser Zeit längst NSDAP-Mitglieder. Wobei der wie erwähnt ein Jahr nach dem Machtantritt der Nazis zu den *Neuesten Nachrichten* gestoßene Musikkritiker Karl Laux daran auch Wollf eine Aktie zuschreibt. Wollf habe Mitarbeiter sogar ermutigt, sich ein braunes Parteibuch in die Brusttasche zu schieben: *„Je mehr anständige Leute in diese Partei gehen, desto eher wird sie unterhöhlt werden“,*[543] soll Wollf in der Redaktion gesagt haben. Wenn es stimmt, war das eine im Rückblick selbstmörderische Idee.

Der Pakt mit der Reichswehr

Da wäre noch die Sache mit der „Liga gegen den Bolschewismus“ – oder auch kurz „Antibolschewistische Liga“. Wollf soll dort Mitglied gewesen sein. Das jedenfalls sagen mehrere Quellen. Hans-Joachim Hofmann zum Beispiel,[544] der als Student durch die Arbeit an seiner Dissertation über die *DNN* im Laufe des Jahres 1938 auch innerhalb des Verlags und der Redaktion recherchierte und damit sehr nah an die Kenner der Interna gekommen und eine durchaus verlässliche Quelle sein dürfte. Aber auch Reiner Pommerin erwähnt 1998 in seinem Buch *Dresden unterm Hakenkreuz,*[545] dass Wollf in dieser Liga aktiv gewesen sei. Konkrete Belege einer Mitgliedschaft Wollfs in dieser eigenwilligen Vereinigung sind jedoch bisher nicht zu finden gewesen. Vielleicht ist das Ganze auch eine Verwechslung? Eine Verwechslung, die auf einen Beitrag in den *DNN* vom 31. März 1933 zurückgeht? An diesem Tag – nur wenige Wochen nach der Machtübernahme der NSDAP und unter dem immer bedrohlicher anwachsenden politischen Druck auf die Presse – wehren sich die *Neuesten Nachrichten* unter der Überschrift *In eigener Sache* eiligst dagegen, *„ein in jüdischem Besitz befindliches Blatt“* zu sein. Und sie verweisen ausdrücklich darauf, dass man all die vergangenen Jahre *„nicht nur* *keine marxistischen Ideen unterstützt*", sondern *„sich seit seinem Auftreten gegen den Kommunismus und vor allem gegen den Kulturbolschewismus in größter Schärfe in zahllosen Artikeln gewendet*" habe. Chefredakteur Wolff sei nicht zuletzt aus diesem Grund in den „Ausschuß des Bundes zum Schutze der abendländischen Kultur" berufen worden. Ein Bund, der *„seit Jahren den Bolschewismus und die Gottlosenbewegung*" bekämpfe, stellen die *Neuesten Nachrichten* noch einmal ausdrücklich klar, aus welcher politischen Himmelsrichtung Wolff den scharfen Wind seiner Worte hatte wehen lassen. Wobei Wolff damit dennoch nicht voreilig zu den politischen Rechtsaußen gezählt werden darf, denn der verbale Kampf gegen den Bolschewismus war kein Alleinstellungsmerkmal dieser Kreise; auch die Konservativen und Wirtschaftsliberalen – wie Wolff – standen mit gezücktem Sprachbajonett. Verstaatlichung der Betriebe, wie von den Bolschewiki geplant und in der Sowjetunion ja auch realisiert, war dem *DNN*-Chef ein Graus.

Eine Verwechslung also? Oder war Wolff doch – auch – Mitglied in der „Antibolschewistischen Liga"? Die Antwort muss offenbleiben. Dieser Verein jedenfalls würde Wolff dann allerdings doch durchaus in den Kegel eines Flutlichtmasten rücken, der von ganz weit rechts ins Spielfeld der deutschen Geschichte strahlt. Denn Historiker ordnen diese Organisation – die der einstige Lehrer und spätere Publizist Eduard Stadtler im Dezember 1918 gegründet hatte – als rechtsradikal ein. Sie soll sogar die Auftragsmorde an den kommunistischen Arbeiterführern Rosa Luxemburg und Karl Liebknecht im Januar 1919 angeschoben haben.[546] Womit sich letztlich auch Vereinsgründer Stadtler selbst in seinen 1935 veröffentlichten Erinnerungen rühmt. Er habe damals Waldemar Pabst von der Notwendigkeit der Ermordung dieser führenden Köpfe des Marxismus überzeugt, gibt er zu.[547] Pabst war der Führer einer in diesen Tagen in Berlin agierenden Reichswehrdivision, der Garde-Kavallerie-Schützen-Division, mit immerhin rund 40 000 Mann. Und Pabst räumt diesen Mord später unter anderem in einem im April 1962 veröffentlichten Interview mit dem Nachrichtenmagazin *Der Spiegel* ein.[548] Wolff war also Teil dieser Organisation? Einer Organisation, die übrigens eine Anschubfinanzierung durch die Deutsche Bank erhalten hatte, wie Stadtler später erklärt. Von der freundschaftlichen Beziehung Wolffs zum Schwiegersohn des Deutsche-Bank-Chefs, dem in Dresden-Loschwitz wohnenden Konsul Richard Vollmann, war schon die Rede gewesen – um noch ein bisschen Öl ins Spekulationsfeuer zu gießen. Zumindest ist Wolff auch nachweislich Friedrich Naumann sehr nahe, der ebenfalls 3 000 Mark zur Finanzierung der AL beisteuert.[549] Indizien für eine Nähe Wolffs zur AL? Naumann hatte im November 1918 die Deutsche Demokratische Partei gegründet, eine eher nach links tendierende liberale Partei. Und er saß als deren Vertreter in der Weimarer Nationalversammlung. Nachdem AL-Chef Stadtler allerdings zunehmend radikaler wurde, ging Naumann auf Abstand zu ihm und ließ sich auch von der Liste der Unterstützer der Liga streichen,[550] schreibt Theodor Heuss 1949 rückblickend in seiner Naumann-Biografie.

Zu einer Mitgliedschaft Wollfs in der Antibolschewistischen Liga würde zudem eine fast schon abenteuerliche Episode aus der Historie der *Neuesten Nachrichten* passen, die *DNN*-Politikchef Theodor Schulze 1938 dem Studenten Hans-Joachim Hofmann erzählt hatte. Eine Geschichte aus dem Untergrund sozusagen. Seit dem Ende des Ersten Weltkriegs und den Aufständen der Arbeiter im Herbst 1918 führen die *Neuesten Nachrichten* wie beschrieben einen sehr offenen und durchaus verbissenen Agitationskampf gegen die Sozialdemokratie. Die sich bildenden Arbeiter- und Soldatenräte gehen Wollf bekanntlich politisch gegen den Strich. *DNN*-Texte und Kommentare sorgen immer wieder dafür, dass sich die sozialdemokratische *Dresdner Volkszeitung* zu heftigen Polemiken gegen die *Neuesten* hinreißen lässt. Eine regelrechte politische Hass-Liebe wächst da Anfang der 1920er Jahre. Als in Sachsen nach der Landtagswahl 1919 die SPD die Regierung stellt – auch wenn sie mit über 40 Prozent keine absolute Mehrheit der Stimmen erreicht –, sieht Wollf politisch wortwörtlich rot. Er fürchtet, dass sich nun ein marxistisches Beamtentum in Sachsen bilden könne. Ein Fakt, der für ihn blanker Horror ist. Der brodelnde Vulkan Wollf bricht offenbar aus, als im März 1923 im Landtag der Sozialdemokrat Erich Zeigner zum Ministerpräsidenten gekürt wird – und das auch mit Stimmen der Kommunisten. Zeigner holt quasi zum Dank Anfang Oktober 1923 auch zwei kommunistische Minister in sein Kabinett, was damals selbst dem SPD-Urgestein und Reichspräsidenten Friedrich Ebert zu weit geht. Am 29. Oktober 1923 setzt er Zeigner ab. Auch, weil dessen Regierungskabinett die sogenannten Proletarischen Hundertschaften nicht verboten hatte, die mit militärischer Gewalt eine sozialistische Diktatur durchsetzen wollten. Die Reichswehr rückt daraufhin in Sachsen ein. Und Wollf? Er belässt es in dieser Zeit offenbar nicht mehr bei journalistischen Attacken gegen den Marxismus. Sondern sein Blatt arbeitet eng mit den Militärs im damaligen Wehrkreis IV in Dresden zusammen. Diese Zusammenarbeit zwischen der Zeitung und den Militärs, so schreibt Hans-Joachim Hofmann dann in seiner Doktorarbeit, sei für die Vorbereitungen des Einmarschs der Reichswehr in Sachsen im Herbst 1923 sogar *„von größter Bedeutung"* gewesen. *„Diese Arbeit muß zum größten Teil unterirdischer Natur sein, da sowohl das Wehrkreiskommando als auch die* Dresdner Neueste Nachrichten *scharf beobachtet werden."* Die sächsische SPD-Regierung habe mehrfach gedroht, so Hofmann, die Redaktion der *DNN* zu besetzen. *„Die Zusammenarbeit mit den militärischen Stellen, die schließlich zur Erlösung Sachsens von der marxistischen Parteiherrschaft Zeigners führt, wird von den maßgebenden Stellen der Wehrmacht ausdrücklich und ganz besonders anerkannt"*, zitiert Hofmann, was ihm Schulze zuvor in den studentischen Schreibblock diktiert habe. Das Ganze bleibt damals allerdings wie beschrieben weitgehend verborgen. Es sagt aber einiges über Wollf. Seine politischen Ansichten, wie auch seine Sicht darauf, welche Rolle Zeitungen spielen sollten.

Keine Lust auf Parteiblätter

Wollf ist parteiisch. Aber ein Parteisoldat? Nein, das nicht. Und so verwundert es dann auch nicht, dass es Gewächse im sprichwörtlichen Blätterwald gibt, auf die Wollf regelrecht allergisch reagiert: sture Parteiblätter. Zwar stellt auch Wollf seine *Neuesten Nachrichten* hinter eine politische Richtung; aber sich von einer Partei vereinnahmen lassen? Dazu ist er ein viel zu freier Kopf! Und so nimmt er das Thema „Parteiblätter" auch in einer kleinen, selbst verfassten anekdotischen Szene fürs Verlegerblatt *Zeitungs-Verlag* 1927 aufs satirische Korn. Wobei er sich nicht nur darüber lustig macht, dass Parteiblätter versuchen, die öffentliche Meinung in ihrem Sinne zu beeinflussen. Genau das erwartet er ja quasi von allen Zeitungen. Vielmehr wirft er den Blättern vor, sich mitunter auch noch bewusst politischen Stimmungen anzubiedern, um ihre Zeitung besser verkaufen zu können. Nein, käuflich dürfen Zeitungen in Wollfs journalistischer Weltsicht nicht sein! Überschrieben hat Wollf das Ganze mit *Politik in statu nascendi* – Politik im Zustand des Entstehens also:

„*I. In der Redaktion des ‚Wodan' (Berlin)*
Der Verleger (am Morgen): Was gibt es Neues, meine Herren?
Redakteur: Nichts, aber auch rein nichts von Belang.
Der Verleger: Aber, das ist ja gar nicht möglich. Was wollen Sie denn im Leitartikel behandeln?
Redakteur: Wir wollen noch warten. Heute sieht es wirklich schlecht aus.
Verleger: Na, dann schreiben Sie doch etwas gegen Stresemann, das wird immer gern gelesen.

II. In der Redaktion des ‚Sowjetstern'
1. Redakteur: Heute geht's aber toll zu!
2. Redakteur: Was tut sich?
1. Redakteur: Eisenbahnunglück in Polen, Feuersbrunst in den Baumwolllagern am Kai in Dublin, Chamberlain hat sich in Folge schlechter Leitung in Deutschland verflogen, der Reichskanzler verreist.
2. Redakteur: Großartig!
1. Redakteur: Wer glaubst Du, ist der Schuldige: Eine Burschui-Verschwörung?
2. Redakteur: Nein, nein! Brauchen wir nicht. Mache die Sächsischen Altsozialisten verantwortlich, das wird immer gern gelesen!"

Theophil Wegner – Wollfs verpasste Chance?

Die Abscheu gegen sozialistische, gar kommunistische Gedanken hat sich tief in Wollfs Seele eingenistet. Vor diesem Hintergrund wird auch ein Briefwechsel verständlicher, den Wollf im Oktober 1927 als *DNN*-Chef mit Armin Theophil Wegner führt. Wegner – zu dieser Zeit längst ein durchaus prominenter Reisejournalist und regelmäßig auch Autor im Blatt – hatte Wolff gebeten, in den *Neuesten Nachrichten* Reisereportagen über eine Tour durch die Sowjetunion veröffentlichen zu können. Vor allem aber wollte er für die Reise im Vorfeld zur Sicherheit einen Auftrag der *DNN* bekommen. Wolff lehnt das in einem Brief am 28. Oktober 1927[551] sehr deutlich ab. Und begründet das vor allem mit politischen Bedenken gegenüber der Sowjetunion, deren Führung deutsche Journalisten – unter anderem auch Wegner – eingeladen hatte. „*Sie sind der Gast der Sowjetregierung, und das sagt schon allerhand. Jedenfalls soviel, dass es Ihnen noch weniger als einem Anderen möglich sein wird, die Dinge zu sehen, wie sie wirklich sind, und erst recht nicht über Dinge zu schreiben, die man Sie nicht sehen lässt, ja nicht einmal über die Dinge, die man Sie sehen lässt, so zu schreiben, wie es sein müsste*", macht Wolff klar. Abgesehen davon, dass er Wegner abspricht, objektiv über das kommunistische Land schreiben zu wollen, wird in solchen Sätzen klar, was Wolff generell von der Sowjetunion hält. Ein paar Zeilen weiter wird Wolff noch deutlicher: „*Die Dinge liegen auch nicht so, dass man sagen kann ‚ich schreibe nicht über Politik'. Auch wenn man über die Wirtschaft in Sowjetrussland schreibt, ist das Politik. Ja sogar das Theater, überhaupt das ganze öffentliche und sogenannte Kulturleben ist derartig politisiert und terrorisiert, dass derjenige, der die Wahrheit darüber sagt, sie einem nur ängstlich und unter Gelöbnissen und grossem Siegel mitteilt. Wir haben darüber die denkbar zuverlässigsten Einzelmitteilungen hart geprüfter Leute, die in diesem geistigen und körperlichen Zwangsuri zu leben gezwungen sind. Und ich würde mich geradezu einer Begünstigung dieses Terrors, wenn auch nur in meinem kleinen Einflussgebiet, schuldig machen, wenn ich dazu Gelegenheit gäbe, die Dinge in der Zeitung bei uns so zu lesen, wie sie im Grunde ja doch nach der Anschauung des russischen Systems gesehen werden sollen. Deshalb ist es mir leider gänzlich unmöglich, mit von der Partie zu sein.*" Das ist deutlich. Wolff will kein geschöntes Bild des aus seiner Sicht Unrechtsstaats Sowjetunion, stellt er klar. Dieses Land unterdrücke schließlich Meinungen, die von der herrschenden abweichen, ist er überzeugt. Und Wolff? Tut er da gerade nicht genau dasselbe?

Die Dresdner bekommen allerdings auch das andere Russland-Bild geboten. In der *Dresdner Volkszeitung* zum Beispiel. Das sozialdemokratische Blatt ist seiner politischen Überzeugung gemäß freundlich eingestellt gegenüber dem „großen Vorbild", aber dennoch nicht unkritisch. So ärgert man sich am 2. Januar 1930 beispielsweise über den rüden Umgang der bolschewistischen Machthaber mit den Kirchen. Unter der Überschrift *Bolschewismus und Kirche* geht das SPD-Blatt in einer Nachricht darauf ein, dass in Russland seit der Revolution immerhin 50 000 Kirchen, Synagogen und Moscheen geschlossen worden seien. Interessant ist jedoch der Grund für diese Kritik: Es ist nämlich kein politisches „Mitleid", sondern die Redakteure sehen es vielmehr problematisch, dass als Gegenreaktion vor allem in der Arbeiterschaft ein religiöser Aufschwung zu verzeichnen sei. In derselben

Ausgabe bekommen die Leser der *Volkszeitung* zudem einen Reisebericht auf den Küchentisch gelegt. Die Dresdner Sozialdemokratin Helene Weise fährt nach 15 Jahren erstmals wieder in die alte Heimat, nach Russland. Ohne allzu dick aufzutragen, schildert sie sehr geschickt, sozusagen durch die sprachliche Hintertür, wie vorteilhaft sich das Land vor allem für die Arbeiter verändert hat. „*Ich fahre in einem Arbeiterzug. Alles kommt gerade von der Arbeit. Sind das denn Russen? Früher war der Arbeiter dreckig, mißmutig, vielleicht dann froh, wenn er eine Schnapsflasche einstecken hatte. Diese Arbeiter sind doch alle mehr oder weniger anständig gekleidet, in weißen oder schwarzen Tolstoi-Blusen, auf dem Kopf die übliche Sportmütze. Sie setzen sich in den Wagen und holen die Zeitungen heraus.*“ Sie seien gebildet und durchaus informiert über Deutschland, findet Helene Weise. Ein wunderbares Land, dieses Russland, erklärt sie wohlwollend. Ein Land, das interessanterweise auch in der SPD-Zeitung an dieser Stelle nicht Sowjetunion heißt, obwohl es schon seit dem 30. Dezember 1922 offiziell diesen Namen trägt. Sollte Wolff jedenfalls diesen Text gelesen haben – es dürfte ihn geschüttelt haben. Ein wunderbares Land, dieses Russland? Nein, nicht für einen wie Wolff.

Zurück zu Wegner und seiner Bitte, in den *DNN* über seine geplante Russland-Reise schreiben zu dürfen. Im Nachgang bleibt die Frage im Raum, ob sich Wolff mit seinem strikten Nein vielleicht ein journalistisches, sogar ein wirtschaftliches Eigentor geschossen hat. Denn Wegners Reportage über die Sowjetunion wird ein echter „Bestseller“, nachdem sie 1930 in Buchform erscheint. Wolff hätte sich also die Exklusivrechte sichern können. Noch dazu, weil er überhaupt einer der ersten Herausgeber und Chefredakteure in Deutschland gewesen war, der für moderne Reisereportagen Platz auf den Seiten seines Blattes eingeräumt hatte, abseits der bis dahin vorherrschenden eher fantasievollen Abenteuer- und Reiseroman-Abdrucke. Aber in solchen Kategorien denkt einer wie Wolff nicht. Wirtschaftlicher Erfolg auf Kosten der eigenen politischen Überzeugungen? Nicht mit ihm! Wie er sich bei seinen Theaterrezensionen nicht verbiegt, tut er es auch mit Texten anderer nicht. Da interessiert Wolff kein Renommee, das große Namen dem Blatt einbringen könnten – und es interessiert ihn eben auch ein möglicher Bucherfolg nicht, der aus in den *DNN* gedruckten Beiträgen hervorgehen könnte. Wobei das erwähnte Buch Wegners über seine Sowjetunion-Tour letztlich gar nicht so euphorisch blindlinks wird – um ein politisches Wortspiel zu versuchen. Wegner sieht sehr wohl, welche gedankliche Unfreiheit der sture Stalinismus verbreitet, der sich in Moskau an die Macht intrigiert hat. Und Wegner, als erklärter Fan der sozialistischen Idee, ist genau das zuwider: weil er dadurch die Idee insgesamt in Gefahr sieht. Dennoch hat Wolff in seiner zitierten Einschätzung Wegners recht: Wegner ist ein glühender Verehrer kommunistischer – oder korrekter: sozialsolidarischer? – Gedanken. Ein Befeuerer des Pazifismus. Ein frühzeitiger Rufer nach einem einigen Europa als Grundpfeiler für einen dauerhaften Frieden – weil Partner Probleme eben nicht mit Kriegen lösen. Und Wegner ist einer, der gegen Unterdrückung und Kolonialismus deutlich den Mund aufmacht. Er ist das, was heute wie damals als klassischer Linker durchgeht.

Es ist dabei ein eigenwilliges Elternhaus, in das Wegner am 16. Oktober 1886 in Elberfeld bei Wuppertal hineingeboren wird. Vater Gustav Wegner ist ein hochrangiger preußischer Reichsbahnbaurat, die Mutter – Marie Wegner – war in der frühen Frauen- und Friedensbewegung aktiv. In Breslau studiert der junge Wegner nach dem Besuch einer Privatschule ab 1909 Jura und Nationalökonomie. Seine Doktorarbeit verfasst er 1914 kurz vor Beginn des Ersten Weltkriegs zum Thema „Streik im Strafrecht". Krieg und Gewalt verabscheut Wegner von frühester Kindheit an; wohl auch, weil er durch seinen als autoritär beschriebenen Vater brutale Gewalt erfährt: Der Sohn wird vom Vater regelmäßig mit einer Reitpeitsche geschlagen.[552] Dem Kriegsdienst entgeht Wegner, weil er sich freiwillig als Krankenpfleger meldet – zunächst an der russischen Front, dann in Ostanatolien. Dort erlebt er etwas, dessen Schrecken ihn nicht nur tief erschüttert, sondern was er als Fotograf auch für die Nachwelt festhält: nämlich das, was als Völkermord der Türken an den Armeniern in die Geschichte eingeht. Bis heute sind Wegners Fotos und Beschreibungen der am häufigsten angeführte Beweis in der auch über einhundert Jahre später noch immer heftig geführten Debatte, ob es sich hier tatsächlich um einen Genozid gehandelt habe. Die Türken bestreiten diese Sicht noch immer aufs Entschiedenste. Wegner hält damals Vorträge, zeigt die Bilder. Und er hofft noch während des Krieges, die deutsche Regierung möge Einfluss auf ihren türkischen Bündnispartner nehmen. Vergebens. Auch nach Kriegsende 1918 lassen sich die Siegermächte nicht auf eine Unterstützung der Armenier ein. Was ihn verbittert und sicher zu einem noch erbitterteren Kritiker macht, der die auf finanzielle und wirtschaftliche Vorteile ausgerichtete Politik der kapitalistischen Länder verabscheut. So schreibt Wegner beispielsweise 1919 einen offenen Brief an den damaligen US-Präsidenten Woodrow Wilson. Er wird zum unermüdlichen Warner vor Militarismus und auch Antisemitismus[553] – wohl nicht zuletzt, weil er mit einer jüdischen Frau verheiratet ist. Wegner gründet ebenfalls im Jahr 1919 den Bund der Kriegsdienstgegner mit. Und auch in seine nun wieder begonnene Reiseschriftstellerei fließen all diese Erfahrungen und Ansichten ein. Mal mehr, mal weniger offensichtlich.

1930 erscheint jedenfalls sein „Russland-Buch". Die in der Ich-Form geschriebene Reportage unter dem Titel *Fünf Finger über mir* erzählt zunächst nicht nur über die von vielen mit kopfschüttelnder Furcht bedachte Reise von Deutschland über Warschau und Minsk ins vermeintlich für westliche Reisende gefährliche Moskau, sondern auch sehr viel über die eigene russisch-polnische Geschichte Wegners. Seine Großmutter stammt aus der Nähe der polnischen Hauptstadt Warschau – ihr Vater hatte hier ein Gut, das er bewirtschaftete, bis ihn die Russen ins Arbeitslager nach Sibirien verschleppten. Das war lange vor der Sowjetunion. Später war Wegner im ersten Jahr des Weltkriegs mit seiner Sanitätsmission in Russland im Einsatz gewesen. Auf den Buchseiten mischen sich nun also reportagehafte Beschreibungen mit politischen Gedanken und Dialogen mit Menschen, die er trifft – oder auch zuvor irgendwo, irgendwann getroffen hatte. Stellenweise ein Panoptikum ungewöhnlicher Menschen, die er zum Beispiel im Moskauer „Hotel Passage" kennenlernt, wo er von der Sowjetregierung untergebracht wird und wo offenbar zahlreiche kommunistische Exilanten aus aller Welt auf Anweisung der Herrschenden in Moskau absteigen.

Wobei dieses Buch eben keine Reportage im klassischen Sinne ist. Wegner mischt Reportagen mit Briefen und Tagebucheinträgen. Eine spannende, temporeiche Mischung. Wegner führt ein gedankliches Gespräch mit seinen Lesern. Er erzählt. Wie angedeutet, auch eine Menge über sich selbst. Er erzählt von der Hoffnung, die er mit diesem neuen Land, diesem revolutionären Arbeiter-und-Bauern-Staat verbindet, wenn er fast schon verklärt schwärmerisch beschreibt, was er bei der Zugfahrt über die Grenze in die Sowjetunion fühlt: *„Und während nichts als Nacht und schwarze Massen von Wäldern undeutlich in der Tiefe vorübergleiten, sehe ich noch immer den roten fünfzackigen Stern durch das Dunkel strahlen wie den Stern von Bethlehem."*[554] Aber er erspart dem Leser – und vor allem auch sich selbst – nicht die Enttäuschungen, die er erlebt. Nicht zuletzt, wie schon angedeutet, mit Blick auf Stalin. Stalin, der sich gerade im Kampf gegen Trotzki um die Macht in der kommunistischen Partei durchgesetzt hat. Ein brutaler, rücksichtsloser Kampf: Ende 1927 wird Trotzki aus der Partei ausgeschlossen und als Verräter nach Kasachstan verbannt. Zudem ein Kampf, der auch eiskalt Menschenleben forderte. Das Leben von Menschen, die doch eigentlich an dieselbe große Sache geglaubt hatten. Stalin steht nun an der Parteispitze. Diesen Stalin sieht Wegner während der großen Parade zum zehnten Jahrestag der Revolution, als der Parteichef mit anderen führenden Genossen auf der Terrasse des Lenin-Mausoleums am Roten Platz steht, um sich von den vorbeiziehenden Massen bejubeln zu lassen. Wegner sieht Stalin aus nächster Nähe. Er skizziert den roten Diktator mit treffsicherer Analyse – dazu genügt ihm eine einfache Beschreibung. Ein sprachlicher Könner, und so ganz und gar kein – wie von Wollf befürchtet – verblendeter Zujubler, dieser Wegner: *„(...) man erkennt das unbeugsame, kluge, fast wilde Gesicht Stalins, das Antlitz eines schnurrbärtigen Bojaren mit einem Zug von asiatischer Grausamkeit. Freundlich lächelt er. Doch gerade dieses fast gutmütige Lächeln erinnert an einen Lehrer oder Offizier, der uns mit einem herablassenden Blicke ansieht, als wollte er sagen: wehre dich nur, es nutzt dir nichts!"*[555] Wegner verschweigt auch die Überwachung nicht – er ist ja auf Einladung der Sowjetregierung hier: *„Aber man erwacht doch wie aus einem Traum und fragt sich einen Augenblick: welches andere furchtbare Leben steht noch dahinter, das wir nicht sehen? Dieses starke Neue ist doch da, ich fühle seinen gewaltigen Atem. So gibt es also zwei verschiedene Rußland?"*[556] Nicht zuletzt ändert Wegner sogar etliche Namen, um die Beschriebenen vor Repressalien zu schützen. Aber Wegner wundert sich auch über die Russen. Über die Moskauer zum Beispiel, die er in diesen Tagen der Jubelfeiern beobachtet. Und ihren Personenkult um den vor knapp drei Jahren verstorbenen Revolutionsführer Lenin belächelt er dabei sogar ein wenig; der nun im Mausoleum dicht beim Kreml einbalsamiert aufgebahrt ist.

Es ist ein ambivalentes Bild, das Wegner von diesem neuen Russland zeichnet. Es dürfte Wolff stellenweise sicher gut gefallen haben. Aber anders als Wolff, der ja zunächst fragt, welche Auswirkungen politische Veränderungen auf die Wirtschaft haben, und sich erst danach um die Wirkung auf die Menschen kümmert, schaut Wegner zuerst auf die Menschen. Nicht nur in seinem „Russland-Buch" im Übrigen, sondern auch regelmäßig in seinen Texten für die *DNN*. Wolff lässt das zu. Das journalistische Tischtuch zwischen ihm und Wegner ist also trotz dieser Unstimmigkeiten über die Sowjetunion nicht zerschnitten. Wegner darf auch nach dem durchaus heftigen Briefdisput weiterhin Reiseberichte in den *Neuesten Nachrichten* veröffentlichen. Wolff liebt offenbar das große sprachliche Talent Wegners, diese ungewöhnliche Art der Reisereportagen. Am 12. Juni 1932 zum Beispiel posiert Wegner auf einem Motorrad vor den Pyramiden am Stadtrand von Kairo. Der sehr ausführliche Bericht über eine Motorradreise durch Ägypten trägt dabei den fast schon an ein Karl-May-Buch erinnernden Titel *Die Nacht auf der Pyramide.* Und auch in der Silvesterausgabe vom 31. Dezember 1932 ist Wegner prominent platziert mit einem Text vertreten. Unter der ebenfalls Abenteuer atmenden Überschrift *Auf dem Rücken des silbernen Löwen – Eine Neujahrsnacht im persischen Hochgebirge* schildert Wegner einen Abend in einer Teestube, in der ihm persische Kaufleute eine Opiumpfeife anbieten. Wegner beschleicht daraufhin eine gewisse Leichtigkeit, wie er den Rausch umschreibt: *„Es ist einer jener Augenblicke ruhigen Glückes, wie sie die Lehre Buddhas uns verheißen hat."*

Wollf und der Buddhismus

Apropos Buddha. An dieser Stelle sei nur kurz angemerkt, dass zwischen Wolff und Wegner – abseits der nicht unpolitischen Reisereportagen – auch Diskussionen zum Thema „Buddhismus" nicht ausgeschlossen sind. Denn auch Wolff beschäftigte sich spätestens in den 1920er Jahren mit Buddha. Das zeigen etliche antiquarische Buddha-Figuren in seiner Villa – und das geht auch aus einem Brief des bereits kurz im Zusammenhang mit Wolffs intensivem Einmischen in den Spielplan des Schauspielhauses erwähnten Theaterschriftstellers Wilhelm von Scholz hervor. Der schickt Wolff am 4. Juni 1926 aus Konstanz ein Antwortschreiben, in dem er das Thema erwähnt.[557] *„Es macht mir einen besonderen Eindruck, dass Sie neben der Theaterkritik noch zur Durcharbeitung so großer Dinge, wie des Buddhismus kommen"*, verneigt sich der Autor in seinen Zeilen vor dem *DNN*-Chef. Und er fragt fast fürsorglich: *„Entfremdet Sie das nicht etwas vom Theater?"* Wie intensiv die Beschäftigung Wolffs mit dem Thema „Buddhismus" allerdings tatsächlich war, bleibt zunächst offen. Wobei von Scholz Vorträge erwähnt, die Wollf organisierte. Hielt sie der *DNN*-Chef selbst? Wollf hatte in einem vorangegangenen Brief an von Scholz eine Vortragsankündigung mit in den Umschlag gesteckt. Unter Umständen für die Litterarische Gesellschaft in Dresden, für die Wollf ja Vorträge hielt? Von Scholz zeigt sich begeistert: *„Mit sehr großem Interesse empfing ich Ihren Vortragsprospekt und muss Ihnen sagen, dass ich bewundere, welche Vielseitigkeit und Größe der Themen Sie behandeln. Ich freue mich, welch lebendige Resonanz und Anerkennung diese Vorträge finden und werde gern, wenn sich mir eine Gelegenheit gibt, (...) auch für mein Teil dazu beitragen, Ihren Aktionsradius auf Süddeutschland auszudehnen."* Der Buddhismus war in besagten Vorträgen also offenbar „nur" eines von mehreren, verschiedenen Themen. Wollf jedenfalls segelt auf vielen Themenmeeren. Wie hatte er doch in seinem Gedicht *Die Zeitung* über die Rolle von Journalisten geschrieben: *„Polyhistor sein (...)"* Universalgelehrter also.

Die Sowjetunion – Wollf sieht rot

Sollten historisch interessierte Journalistik-Studenten für eine Belegarbeit ein Beispiel tendenziöser Berichterstattung suchen, Wollfs *DNN* wären eine schier unerschöpflich sprudelnde Quelle. Zumindest mit Blick auf die im Blatt abgedruckten Texte zur Sowjetunion. Für die kritischen Blicke aufs Thema „Bolschewismus" und die von Wollf so innig ungeliebte Sowjetunion schauen die *Neuesten Nachrichten* übrigens gern auch mal durch prominente Gastautoren-Augen. So befasst sich am 13. November 1927 beispielsweise immerhin der ehemalige britische Premierminister David Lloyd George unter der Überschrift *Zehn Jahre Bolschewismus* mit der Entwicklung im einstigen Russland nach der „Oktober-Revolution" im Herbst 1917. Er geht der Frage nach, was sich seit diesem Aufstand unter dem kommunistischen Führer Lenin dort getan hat; und selbstredend kommt die Regierung in Moskau dabei nicht unbedingt gut weg. George passt im Übrigen genau ins Wollf'sche Beuteschema für einen schreibenden Fachmann zum Thema „Sowjetunion". George war zum einen kein Freund des Kommunismus, zum anderen ist er ein Liberaler – der letzte Liberale übrigens, der den Posten des Premiers in Großbritannien besetzte. Und er war nach dem Ende des Ersten Weltkriegs derjenige Politiker am Tisch gewesen, der bei den Verhandlungen um den Vertrag von Versailles zwar für eine politische Bestrafung Deutschlands als Kriegsverursacher eintrat, nicht aber das wirtschaftliche Aus wollte. Also genau die Sicht, die auch Wollf auf das Vertragswerk hat. Goerge hatte sich allerdings nicht durchsetzen können. Kennengelernt hatten sich beide dabei während der England-Reise deutscher Journalisten 1906, jener Friedensmission zur Beilegung der „Pressekriege" zwischen England und Deutschland. Strippenzieher Wollf war damals dabei und nutzt nun also mal wieder seine Kontakte.

Wollfs *Neueste Nachrichten* drucken in Sachen Russland allerdings nicht nur exklusive Beiträge, sondern auch kluge Texte, die schon in Büchern oder mitunter auch anderen Zeitungen erschienen waren. Zu diesen Gastautoren gehört beispielsweise Juri Nikiforowitsch Danilow. Der war unter dem letzten Zaren Russlands – dem im März 1917 entmachteten und 1918 durch die Bolschewiki ermordeten Nikolaus II. – Generalquartiermeister der kaiserlichen Armee gewesen. Er war unter dem russischen Kriegsminister Suchomitonow im Ersten Weltkrieg quasi Armeechef. Und er war es auch gewesen, der den Angriffsplan für die legendäre Schlacht an der Weichsel ausgearbeitet hatte: Im Herbst 1914, am Beginn des Weltkriegs, hatten die russischen Truppen dort gegen die österreichisch-ungarische Armee und die zur Unterstützung in Richtung Warschau marschierenden deutschen Truppen unter Paul von Hindenburg gesiegt. Nach der Machtübernahme durch Lenins Bolschewiki in Russland und der Gründung der kommunistischen Sowjetunion emigriert Danilow nach Paris – und schreibt dort etliche Bücher über die russische Armee. Zudem hat er eine sehr enge emotionale Beziehung zu Deutschland, war Danilow doch nach Kriegsende 1918 bei den Friedensverhandlungen zwischen Deutschland und der Sowjetunion dabei, bis die Sowjetunion aus den Verhandlungen ausgeschieden war, die dann im Versailler Vertrag gipfelten. Er war also als Insider tatsächlich ein echter Russland-Experte, den Wollfs *DNN* nun regelmäßig zitieren. Am 14. Dezember 1927 können die Dresdner Leser gleich auf der ersten Seite einen seiner Beiträge finden: Unter der Überschrift *Warum Rußland zusammenbrach* beschreibt Danilow mit scharfblickender Analyse den Streit innerhalb der Armee des Zaren. Er stellt präzise die politischen Schachzüge dar, die in den Jahren des Ersten Weltkriegs in der Hoffnung ausgeklügelt worden waren, in diesem vermeintlichen Spiel die Figuren um den Zaren zu schlagen und den Herrscher letztlich schachmatt setzen zu können. Die Armeeführung verstrickte sich dabei allerdings in Taktikfeldzüge abseits der realen Kriegsschauplätze und war letztlich nicht mehr in der Lage, einheitlich zu marschieren. Einer der Gründe, warum Russland damals zusätzlich zu den Problemen, die der Erste Weltkrieg von außen brachte, auch noch im Inneren instabil wurde. Die Analyse eines Mannes also, der mittendrin war in diesen heimtückischen Intrigenschlachten.

Echte politische Bildungsarbeit ist es also, die Wollfs *Neueste Nachrichten* hier mit Beginn der Revolution der Bolschewisten – der erwähnten „Oktober-Revolution“ am 7. November 1917 – in Sachen Russland leisten wollen. Und zwar mit klar antisowjetischer, antibolschewistischer Haltung. Richtig Fahrt auf nimmt der erste aufs Gleis gestellte Agitationszug der Wollf'schen *DNN* dabei Anfang November 1918; droht doch eine ähnliche Revolution im nach dem Ende des Ersten Weltkriegs politisch mürben Deutschland. Arbeiterräte versuchen bekanntlich, ein sowjetisches Deutschland zu installieren. Wollfs *Neueste Nachrichten* lassen quasi die Entwicklungen in der Sowjetunion als düstere Drohkulisse wirken. Nachdem im Oktober und November 1918 zunächst vor allem die politischen Umstürze sozusagen vor der Haustür der *DNN*-Redaktion die Hauptrolle gespielt hatten und kaum Gedankenplatz für Entwicklungen außerhalb Deutschlands gewesen war, rückt die Sowjetunion mit einem großen Beitrag am 23. November 1918 über den drohenden Einmarsch der Entente-Mächte – allen voran England und Frankreich – in Russland in den außenpolitischen *DNN*-Fokus. Und bleibt dort. Es fahren nun regelmäßig Agitationszüge in Richtung Leserschaft. Was letztlich auch nicht wirklich verwunderlich ist: Es muss wohl für einen Nationalliberalen wie Wolff tatsächlich ein Graus gewesen sein, auf ein sich zunehmend zur Weltmacht entwickelndes Land zu blicken, dessen politisches System als Fundament seiner Macht die Verstaatlichung der Wirtschaft gießt und das Ganze dann auch noch zu Volkseigentum erklärt. Ein System, in dem eine Einheitspartei regiert, die aus ihrer Selbstsicht heraus das Volk vertritt. Wobei mit Volk in erster Linie das Proletariat und die genossenschaftlich zusammengeschlossenen Bauern gemeint sind. Für Wolff hingegen sollte wie erwähnt die Politik lediglich den Rahmen vorgeben, den „Rest" erledigt die Wirtschaft schon allein, ist er überzeugt. Allerdings sollte dieser Rahmen aus Wollfs Sicht eher eine Art Membran sein, die wie bei der Osmose in der Natur sozusagen nur positive Einflüsse in Richtung der Unternehmen zulässt – und alles Negative abhält. Mehr Einmischung seitens der Politik ist nicht wirklich nötig, findet Wolff. Eine Sicht, die als Schablone jedenfalls so ganz und gar nicht auf das Staatsgefüge der Sowjetunion passt.

Wobei die *DNN* trotz aller fast schon zementierter Antipathie gegenüber der Sowjetunion nichts gegen Ex- und Importe nach oder aus Russland einzuwenden haben; das nützt schließlich der deutschen Wirtschaft. So viel Opportunismus gesteht Wirtschaftsmann Wolff seiner Redaktion offenbar doch gern zu. So berichtet das Blatt beispielsweise am 10. Februar 1928 über deutsch-russische Wirtschaftsverhandlungen, mit dem Verweis auf offensichtlich auch in Wollfs Augen hoch interessante Zahlen: Deutschland, so freuen sich die *DNN* jedenfalls, stehe *„an der Spitze der russischen Einfuhrländer und an zweiter Stelle der russischen Ausfuhrländer"*. Man redete immerhin über einen Umsatz von rund 600 Millionen Mark, schreibt das Blatt. Und klingt durchaus zufrieden.

Dennoch: Wolff und sein Politikchef Schulze achten in den *Neuesten Nachrichten* streng darauf, dass die Puzzleteile des Russland-Bilds nicht allzu bunt ausfallen, sondern stattdessen am Ende das den beiden passende Schwarz-Weiß-Bild der Sowjetunion ergeben. Die Zeitung analysiert penibel, was hinter bestimmten Entwicklungen steckt. Und natürlich gibt es auf dem analytischen Spielfeld nie einen Seitenwechsel, die *DNN*-Mannschaft spielt immer nur aufs Tor der Sowjetunion. Am 12. Januar 1928 prangt beispielsweise die Schlagzeile auf der ersten Seite: *Trotzki weicht nur der Gewalt – Ursachen der Moskauer Massenverschickungen*, und es folgt ein Beitrag der Nachrichtenagentur *United Press* unter der Überschrift *Der Weg nach Sibirien,* der sich mit den sowjetischen Straflagern für politisch Missliebige befasst und gleich noch mit besonderer Wichtigkeit als *„Sonderdienst der* Dresdner Neuesten Nachrichten" ausgewiesen ist.

Unabhängiger Journalismus ist das also auch hier längst nicht mehr, was Wollf da ganz offen seinen Lesern auf den Tisch legt. Aber genau das passt letztlich zu seiner Sicht auf die Rolle von Journalisten und Zeitungen. Wie schreibt er doch in seinem 1925 veröffentlichten Gedicht *Die Zeitung*? Es gelte *„Irrmächte zu entthronen"* und *„Genieprinzen auf die Throne zu heben"*. Wollf ist auf Kreuzzug gegen den Marxismus. Sieht er es wieder „nur" aus dem wirtschaftlichen Blickwinkel? Ist es die Angst, die proletarischen Massen könnten die Betriebe enteignen und zu Volkseigentum erklären? Oder steht er dem rechten Gedankengut doch näher, als es mitunter den Anschein hat? An dieser Stelle sei dann aber noch einmal ein wenig Polemik erlaubt. Denn wie gerecht ist es denn, Jahrzehnte später Aussagen politisch einzuordnen? Ist das nicht ein wenig so, als würde man Zitate aus ihrem Zusammenhang reißen? Und wird der Dresdner Student Hans-Joachim Hofmann später in seiner Dissertation – die ja zudem in der Hoch-Zeit der Naziherrschaft erscheint – der Zeitung unter Wollf nicht sogar ausdrücklich mit kritischem Tonfall attestieren, der NSDAP und dem Nationalsozialismus gegenüber ablehnend aufgetreten zu sein: *„Auf Grund ihrer politischen Einstellung ist ihre Haltung – jedenfalls für die Entstehungszeit der Partei – gegeben: Ablehnung der neuen antiliberalen, antimarxistischen und antisemitischen Partei der Volksgemeinschaft"*,[558] schreibt Hofmann. Nein, dieser Julius Ferdinand Wollf macht es nicht leicht, ihn nachträglich auf der politischen Landkarte festzutackern. Aber da wäre ja noch diese Sache mit dem italienischen Faschistenführer Mussolini …

Audienz bei Mussolini

Kann diese eine Begegnung in Rom wirklich alles umwerfen? Wollfs Sicht auf Mussolini, den selbst ernannten Duce – den Führer der Faschisten in Italien? Es ist Anfang Mai 1932 und plötzlich fremdelt Wollf nun offenbar nicht mehr mit Mussolini, während er die deutsche extreme Rechte unter Hitler – und den Naziführer Hitler selbst – weiter konsequent ablehnt. Eine Konsequenz, die bisher in Sachen Ablehnung und Kritik auch gegenüber Mussolini galt. Doch am 3. Mai 1932 hatte der „Duce" den *DNN*-Chef in der italienischen Hauptstadt zur Audienz empfangen[559] – und Wollf kam ganz offensichtlich beseelt zurück. Mussolini soll ja – so beschreiben es jedenfalls Zeitzeugen – eine beeindruckende Aura gehabt haben, ein sicheres Gefühl für sein Gegenüber, ein unheimliches Wissen und dazu eine bestechende Freundlichkeit. Hat sich Wollf von dieser Aura einfangen lassen?

Zuvor hatten sich Wollfs *Neueste Nachrichten* lesbar kritisch mit Mussolini und seinem Aufstieg in Italien auseinandergesetzt. Anfang Mai 1928 liest sich die Einschätzung Mussolinis Politik in den *DNN* beispielsweise so: *„Die italienische Politik des Ausspielens, die schon seit langer Zeit den Balkan in ständiger Unruhe hält, soll nun auch nach Mitteleuropa übertragen werden."* Und dass Mussolini bereits Mitte März 1928 anstrebte, quasi die Wahlfreiheit einzuschränken und statt einzelner Parteien letztlich nur noch eine gemeinsame Liste wählen zu lassen, deren Kandidaten obendrein von einem „faschistischen Großrat" ausgesucht werden, quittieren die *Neuesten Nachrichten* umgehend mit massiver Kritik. Und zitieren ausführlich Giovanni Giolitti. Der war bis 1914 mehrmals italienischer Ministerpräsident und hatte auch das Wahlrecht reformiert. Ihm war es beispielsweise zu verdanken, dass fortan das Einkommen der Wahlberechtigten keinen Einfluss mehr auf das Gewicht der Stimme hatte. Hätte man in diesen Jahren die italienischen Experten zum Thema „Wahlrecht" in Satzzeichen umgewandelt, Giovanni Giolitti wäre in jedem Fall das einzige Ausrufezeichen gewesen. Und er lässt in seiner Rede im Parlament, aus der die *DNN* am 18. März 1928 Teile drucken, kein gutes Haar an Mussolinis geplanter Wahlrechtsänderung: *„Jede Wahlfreiheit hört auf, wenn nur eine einzige Liste ausgelegt wird!"* Im selben Monat gehen die *DNN* auch hart mit Mussolinis permanenter Unterdrückung des Deutschtums der Südtiroler ins Gericht. Mussolini hatte im italienischen Parlament eine Grundsatzrede gehalten und behauptet, es gebe gar keine solche Unterdrückung und er habe nun auch wirklich keine Lust mehr, ständig über dieses Thema zu reden. Die *Neuesten Nachrichten* beschreiben diesen Auftritt Mussolinis als ein *„anmaßend übermütiges ‚So will ich's, so befehle ich's'"*. Nein, Fan-Sein liest sich wirklich anders als das, was da regelmäßig in den *Neuesten Nachrichten* über Mussolini geschrieben wird.

Die *DNN* feuern jedenfalls kräftig aus beinahe allen Rohren auf die Faschisten in Italien und noch viel waffenstrotzender auf die in Deutschland. So nutzt Wollfs Blatt möglichst jede sich bietende Chance, um Hitler bei der Leserschaft ins politische Abseits laufen zu lassen. Anfang März 1932 befassen sich die *Neuesten Nachrichten* beispielsweise mit einem Affront Hitlers gegenüber Reichspräsident Hindenburg. Hitler hatte Hindenburg einen Brief über aus seiner Sicht Unzulänglichkeiten in Deutschland geschrieben, aber zunächst die ausländische Presse darüber informiert, was er dem Präsidenten da schriftlich mitzuteilen gedenke. Ein Unding, finden die *DNN*. Auch beim Thema „Hitler und sein Gefolgsmann Alfred Hugenberg" – dem Medienmogul, Ufa-Besitzer und Frontmann der stramm rechten Volkspartei – ziehen die *DNN* nicht die journalistischen Samthandschuhe an. Im Gegenteil, es ist sehr rauer Stoff. Wobei auch hier gilt, dass Wollfs Blatt vor allem aus Sicht der Wirtschaft die kritische Feder spitzt. Am 4. Juni 1932 zum Beispiel finden die Leser einen Bericht über einen öffentlichen Vortrag im Saal der Kaufmannschaft, zu dem die Volkspartei einen ihrer Abgeordneten eingeladen hatte, um über das Problem der Wirtschaft und der Währung zu referieren. Hauptthema ist die Frage: Soll der Staat einfach mehr Geld drucken oder gar eine Binnenwährung schaffen, wie von Hugenberg immer wieder vorgeschlagen? Nachdem zunächst ausführlich über Randale und massive Störungen durch NSDAP-Mitglieder berichtet wird, gehen die *DNN* dann kritisch auf die Inhalte des Abends ein. Und das Blatt kommentiert deutlich: Es drohe eine neue Inflation, würde Hugenbergs Binnenwährung tatsächlich kommen. Nein, gut weg kommen sie nicht, Hitler und Hugenberg in den

Spalten der *Neuesten Nachrichten*. Es wird klug analysiert und argumentiert. Die gut 100 000 Käufer des Blatts können nach dem Wahlsieg der Nationalsozialisten bei der Reichstagswahl im März 1933 wahrlich nicht behaupten, sie hätten nicht ahnen können, was da mit Hitlers NSDAP auf Deutschland zukommt.

Wie aber passt da nun, was Wolff seinem Freund und regelmäßigen Gastautor für literarische Rezensionen, dem Dresdner Literaturprofessor Victor Klemperer, im Mai 1932 mit begeistertem Beben in der Stimme erzählt? Klemperer notiert jedenfalls kopfschüttelnd in sein Tagebuch, Wolff sei in Rom zur Audienz beim italienischen Faschistenführer Benito Mussolini gewesen. Wobei Wolff dabei in einer durchaus prominent besetzten Reihe deutscher Journalisten sitzt, die sich um eine solche Audienz beworben hatten. Einer der ersten Besucher war Victor Hahn gewesen, der Chef der Boulevardzeitung *8-Uhr-Abendblatt*. Er hatte im Februar 1927 mit Mussolini gesprochen. Auf der Audienzliste steht auch Fritz Klein, Chefredakteur der dem rechtsbürgerlichen Lager zuzuordnenden *Deutschen Allgemeinen Zeitung*, der am 4. Mai 1928 zur Audienz in Rom anreist – und sogar Theodor Wolff vom durchaus linksliberalen *Berliner Tageblatt* trifft sich am 28. November 1930 mit Italiens Cheffaschisten.[560]

Nach seiner Rückkehr aus Rom sei Julius Ferdinand Wolff regelrecht fasziniert gewesen, notiert Klemperer erstaunt-angewidert in sein Tagebuch: *„Ist eben von Mussolini in Audienz empfangen worden u. schwärmt von ihm. ‚Der' fragt nicht danach, ob man Jud ist, der ist anders als Hitler, der hält Ordnung u. quält niemanden, der ihm nicht systematisch im Weg ist! Kurzum, ein deutscher Mussolini, wenn wir den hätten!"*[561] Das, so schreibt Klemperer durchaus mit Sarkasmus, sei jetzt *„deutsche demokratische"* Stimmung.

Versteckt sich also auch im Liberalen Wolff irgendwo die Sehnsucht nach einem starken Mann? Einem, der in diesen rasenden, wirren Zeiten genau weiß, wie er ein Land durch die gefährlichen Kurven und auch am Stau vorbeilenken muss, um die Wirtschaft mitten in der tobenden Weltwirtschaftskrise auf halbwegs sicheren Rädern zu parken? Ist Mussolini für Wolff dieser Mann? Oder ist es einfach der von Klemperer in seiner Tagebuchnotiz angedeutete Vergleich zu Hitler, diesem eher grobschlächtig brüllenden Haudrauf? Und Mussolini stattdessen der kluge, weltgewandte Macher? Einer, der ein Land tatsächlich vorwärtsbringen kann, ohne mit Hass und Ausgrenzung einzelner Gruppen zu agieren, der nicht sich, sondern die Nation in den Mittelpunkt stellt? So jedenfalls das Bild, das Mussolini clever von sich vermittelt. Genau dieses Bild ist es ja wohl auch, das Wolff meint, wenn er von „Vaterland" spricht. Diese Sicht glaubt Wolff nun wohl auch bei Mussolini wiederzufinden. Ist Wolff dem listigen Faschistenführer auf den politischen Leim gekrochen? Mussolini, so heißt es, habe es durchaus verstanden, so manchen Intellektuellen zu umgarnen. Mit Journalisten wusste Mussolini dabei ohnehin umzugehen; war er doch einst selbst Journalist gewesen. Aber sieht Wolff denn nicht, was Mussolini da in Italien mit der Macht in den Händen treibt? Dass er schon 1926 alle Parteien außer der eigenen verboten hatte. Dass er – der wie erwähnt einstige Journalist – die Pressefreiheit einschränkt. Kurz vor Wollfs Besuch in Rom schreibt zum Beispiel Eckart Peterich im Verlegerblatt *Zeitungs-Verlag* eine tiefgründige und durchaus kritische Analyse über den Umgang der italienischen Faschisten mit den Zeitungen des Landes.[562] Peterich arbeitet als Italien-Korrespondent unter anderem auch für die *DNN*; Wollf und Peterich kennen sich also persönlich. Und Wollf dürfte damit durchaus informiert gewesen sein und sicher auch gelesen haben, was da Ende Januar 1932 im *Zeitungs-Verlag* stand. So habe der „Duce" nach seinem legendären „Marsch auf Rom" – quasi der gewaltsamen Machtübernahme Ende Oktober 1922 – zunächst die Presse weitgehend unangetastet gelassen. Denn einige bürgerliche Parteien arbeiteten anschließend mit Mussolini im Parlament zusammen, er brauchte sie also – und ließ deren Presse zunächst ungeschoren. Mit Ausnahme der kommunistischen Blätter, die sofort verschwanden. Aber lange hielt die Maske nicht, bis sie rutschte – kleinere Zeitungen wurden ins Aus gedrängt, die wichtigen großen Blätter zwangsweise durch die Faschisten aufgekauft, es gab bald keine nichtfaschistischen Zeitungen mehr, beschreibt Peterich. Zudem werden Chefredakteursposten durch die Regierung besetzt, *„so entstand die heutige faschistische Presse Italiens, die in politischer Hinsicht nur eine einzige Meinung kennt: den Faschismus"*. Es dürfte für Wollf auch kein Geheimnis geblieben sein, dass Mussolini mit politischen Gegnern nicht wirklich zimperlich umgeht. Was zog Wollf also nach Rom? Was war der Grund für diese Audienz? Wollte er wissen, wie dieser Führer dort in der italienischen Capitale tickt – und wie er die politischen Uhren im Land ticken lässt? War es journalistisches Interesse? Aber in den *Neuesten Nachrichten* veröffentlicht Wollf keine Gedanken zum Besuch beim „Duce". Was beim Blick auf Wollfs sonst hier und da zutage tretender Selbstsicht durchaus ein wenig verwundert. Wollf zu Gast bei einer der zu dieser Zeit wichtigsten Figuren im weltpolitischen Theater, aber keine Reportage, kein Foto, nicht mal ein kleiner Hinweis? Auch im Verlegerblatt ist kein Satz über den Besuch Wollfs in Rom zu lesen. Zwar hatte sich Wollf aus der vorderen Reihe der deutschen Verlegerschaft mit Beginn der 1930er Jahre zurückgezogen, hatte sein Augenmerk mehr auf Dresden – sein Blatt und nicht zuletzt das Hygiene-Museum zum Beispiel – gelenkt. Aber einer der über ein Jahrzehnt wichtigsten Verleger des Landes trifft Mussolini und das bleibt unerwähnt? Vielleicht passte die Audienz nach dem Beitrag Peterichs weder ins politische Bild des Verlegerblatts noch zur Sicht der Verlegermehrheit?

Oder hat Wollf letztlich das Kopfschütteln seiner Freunde – wie Victor Klemperer – bemerkt und ernst genommen? Wollte er dann öffentlich doch nicht in die Nähe von Faschisten gerückt werden? War es vielleicht auch nur dieser erste, überwältigend überraschende Eindruck gewesen, den Wollf seinem Freund Klemperer da übermittelt hatte? Schnappte die kurz aufgerissene Tür wenig später wieder ins Schloss und Wollf kehrte zur kritischen Sicht auf Mussolini zurück? Es findet sich bisher keine einzige Zeile Wollfs, die aufklären könnte. Ein Tagebuch zum Beispiel …

Vielleicht war dieser Besuch ja auch eine Art „Deckel drauf"? Auf eine lange Herzensbeziehung zu Italien. Auf fast schon eine Schwärmerei. Denn es gibt ein ganz besonders intensives Interesse Wollfs an Italien. Das wird nicht nur beim Blättern durch die *Neuesten Nachrichten* deutlich. Sondern auch in der schon beschriebenen Freundschaft Wollfs zum Dichter Julius Otto Bierbaum. Der war ja regelmäßig spontan nach Italien aufgebrochen, um dort für einige Zeit zu leben und zu arbeiten. Diese ihm selbst nicht eigene Spontanität hatte Wollf offensichtlich beeindruckt; aber auch dieses Land Italien. Nicht zuletzt verbrachten die Wollfs regelmäßig ihren Urlaub am Attersee in Oberösterreich. Vielleicht ging's von dort immer auch zu Abstechern hinüber nach Italien? Venedig ist – wenn auch mit mehrmaligem Umsteigen – vom Attersee aus über Salzburg in ein paar Zugstunden zu erreichen.

Die *DNN* haben jedenfalls in Wollfs Jahren einige Länder ganz besonders im Fokus. Fiel im dortigen Politikbetrieb der sprichwörtliche Sack Reis um, die Leser der *Neuesten Nachrichten* erfuhren es. Ging es der Wirtschaft dort schlecht, Politikchef Schulze machte sich Gedanken darüber. Und eines dieser Länder war eben stets Italien gewesen. Und mit dem schon zitierten Eckart Peterich hat das Blatt wie erwähnt ja auch einen Korrespondenten in Rom vor Ort. Peterich ist zu dieser Zeit – den späten 1920ern und den beginnenden 1930er Jahren – im Übrigen ein gefragter Italien-Kenner und Reisejournalist. Und der Dresdner Student Hans-Joachim Hofmann wird Peterich 1938 in seiner Dissertation als einen Journalisten beschreiben, der *„schon vor 1933 stark für Mussolini und den Faschismus"*[563] eingetreten sei. Der erwähnte Beitrag Peterichs Anfang 1932 im *Zeitungs-Verlag* über das Aus der Pressefreiheit in Mussolinis Italien spricht da allerdings eine andere Sprache. Dennoch: Vielleicht war es ja Peterich, der durch seine Vernetzung im politischen Rom half, Wollf die Türen zum Palast des „Duce" zu öffnen?

Wobei Peterich nicht ausschließlich politische Texte verfasst, sondern auch das Leben, den Alltag in Italien beschreibt. Über einen Besuch auf den bei Touristen gefragten historischen Trajansmärkten zum Beispiel, wie im Juni 1932 in den *DNN* zu lesen ist. Nicht ohne knisternde Spannung ist die Personalie Eckart Peterich aus *DNN*-Sicht übrigens auch deshalb, weil der als 14-Jähriger mit seiner Familie 1914 nach Dresden-Hellerau gekommene Autor der Bruder von Anneliese Peterich ist, jener Dresdner Sängerin, die wie erwähnt die erste Frau von *DNN*-Politikchef Theodor Schulze gewesen war.

Der Wahl-Schock

Das Ergebnis der Reichstagswahl Anfang März 1933 war ein Schock. Für Wollf. Und auch für viele andere im Land. Aber man hätte es ahnen können. Vielleicht sogar müssen. Zum einen, weil diese Wahlen nicht mehr wirklich frei waren.

Dazu scheint ein kurzer Rückblick notwendig – eine zugegeben grob geschnitzte Faktenfigur: Gut sieben Monate zuvor, bei der Reichstagswahl am 31. Juli 1932, wird die NSDAP mit 37,4 Prozent stärkste Partei – und legt im Vergleich zu 1930 um rasante 19 Prozent zu. Damit ist allein der Zuwachs der Nazis fast so groß wie die nur noch 21,6 Prozent, die von den Sozialdemokraten bei dieser Wahl erreicht werden. Die Kommunisten schaffen 14,3 Prozent, das Zentrum kommt auf 12,4 Prozent und die Deutschnationale Volkspartei (DNVP) – mit Hitler-Fan und Medienmogul Alfred Hugenberg an der Spitze – erringt 5,9 Prozent. Dabei war diese Rechtsrandpartei gut fünf Jahre zuvor bereits auf die politische Verliererstraße eingebogen. Doch dann war es mit dem Verleger Alfred Hugenberg ausgerechnet ein Zeitungsmann gewesen, der die Deutschnationalen wieder auf den „rechten Weg" brachte. Dabei waren es ja gerade die Rechtsaußen, die damals schnell mal mit dem Ruf „Lügenpresse" um die Ecke bogen ... Hugenberg war seit 1928 Parteichef der DNVP. Sein Medienimperium kontrollierte nicht nur eine Vielzahl an Zeitungen, sondern Hugenberg hatte 1927 auch das große deutsche Filmunternehmen Ufa gekauft.[564] In der ersten Regierung von Naziführer Adolf Hitler wird Hugenberg – der vor seiner Medienkarriere einige Jahre im Vorstand des Stahl- und Rüstungsriesen Krupp fürs Thema „Finanzen" zuständig war – auch einige Monate lang Wirtschaftsminister werden. Historiker werden ihn später als einen der wichtigsten Wegbereiter für den Aufstieg Hitlers und seiner Nationalsozialisten einordnen.

Was nun Ende Juli 1932 auf den ersten Blick nach einer sehr nationalistischen Mehrheitskoalition der Rechten aussieht, ist auf den zweiten Blick ein unregierbarer Reichstag. Und damit ein unregierbares Reich. Grund dafür sind nicht zuletzt die vielen kleinen Parteien mit ihren wenigen Prozenten, die dennoch Sitze im Reichstag beanspruchen können. Wer also das Regierungsschiff lenken will, muss auch die vielen Kleinen zu sich an Bord holen. Aber wie soll das Schiff gesteuert werden bei allzu vielen politischen Leichtmatrosen in den Kajüten? Leichtmatrosen, von denen auch noch beinahe jeder zum Ruder greift und in eine ganz andere Richtung paddeln will. Die junge Demokratie der Weimarer Republik hat damals noch nicht die Idee – oder den Mut –, eine Fünf-Prozent-Hürde für Parteien bei Wahlen einzuführen, wie es dann nach dem Zweiten Weltkrieg in der Bundesrepublik Deutschland aus eben diesen Weimarer Erfahrungen heraus passiert. Die bereits bis zur Wahl im Juli 1932 agierende Regierung unter Reichskanzler Franz von Papen – einem parteilosen Adligen – versucht sich dennoch am letztlich aussichtslosen Unterfangen, eine handlungsfähige Regierung zu bilden. Doch von Papen bekommt über Monate hinweg keine Mehrheit im Reichstag zustande, woraufhin Reichspräsident Paul von Hindenburg festlegt, dass erneut gewählt werden muss: am 6. November 1932.

Bei dieser Wahl verliert die NSDAP vier Prozentpunkte, bleibt aber trotzdem mit Abstand stärkste Partei. Dennoch macht sich nun hier und da die trügerische Hoffnung breit, es könnte der Anfang vom Ende dieser ungeliebten Rechtsaußenpartei sein. Eine Fehleinschätzung. Und auch nach dieser Wahl gilt beim Blick auf die Sitzverteilung dasselbe wie schon im Juli. Von Papen versucht trotzdem erneut, eine Regierung zu bilden, aber sowohl die SPD als auch das Zentrum – als mögliche große Partner – lehnen eine Zusammenarbeit mit ihm ab. Von Papen sieht ein, dass er wohl nicht noch einmal als Kanzler in den Geschichtsbüchern stehen wird und tritt entnervt zurück.

Was nun? Zunächst unternimmt am 3. Dezember 1932 Reichswehrminister Kurt von Schleicher den Versuch einer Regierungsbildung. Aber auch sein geplantes Bündnis scheitert an den Gewerkschaften, die Schleicher gern mit auf den Regierungsthron hieven möchte, um das Land letztlich doch noch regierbar zu machen. Und so bleibt Reichspräsident Hindenburg am Ende kaum eine andere Wahl: Am 30. Januar 1933 ernennt er Adolf Hitler – als Chef der stärksten Partei im Reichstag – zum Reichskanzler und weist an, dass am 5. März 1933 erneut gewählt werden muss. Zum nun schon dritten Mal innerhalb eines Dreivierteljahres … Hindenburg und seine Berater glauben derweil, dass die Hitler an die Seite gestellten konservativen Minister diesen rohen Politikklotz passgerecht schleifen könnten. So wird beispielsweise von Papen Vizekanzler. Aber die Hoffnung auf einen gemäßigten Hitler erweist sich als klares Fehlurteil. Hitler nutzt vielmehr die sich bietende Chance: Zum einen stellt er sich als starker Mann fürs Volk dar, nach dem das Land zu rufen scheint, zum anderen überzieht er mithilfe seiner SA-Schlägertrupps politische Gegner und deren Veranstaltungen mit Terror. Und es gibt erste Verbote. Schon am 2. Februar 1933 werden beispielsweise Veranstaltungen der KPD komplett untersagt. Außerdem schränkt er die Pressefreiheit und die Versammlungsfreiheit ein. Dieses aufgewühlte Deutschland müsse endlich wieder zur Ruhe kommen, predigt Hitler scheinheilig; was beim (Wahl-)Volk offenbar gut ankommt. Und als dann am 27. Februar 1933 auch noch der Reichstag brennt – der psychisch kranke holländische Kommunist Marinus van der Luppe wird als Täter gefasst –, sieht Hitler das als passende Gelegenheit: Am 28. Februar 1933 werden mit einer Notverordnung die Presse-, Versammlungs- und Meinungsfreiheit weiter eingeschränkt. So wird zum Beispiel zwischenzeitlich das sozialdemokratische Parteiblatt *Vorwärts* verboten. Hitler schaltet kurzerhand missliebige Meinungskonkurrenz aus. Wer aber tatsächlich hinter dem Anschlag steckt oder es sich letztlich „nur“ um das Werk eines einzelnen Verwirrten handelt, ist bis heute nicht endgültig geklärt – und lässt Raum für Verschwörungstheorien und Legendenbildungen.

Die Zeichen stehen jedenfalls auf Sturm in Deutschland. Auf einen gefährlichen Sturm, der da von ganz rechts heranpeitscht. Und der auch in Dresden vieles aus den Angeln heben wird.

Und Wollf? Der war sich viel zu lange viel zu sicher, dass Dresden immun sein könnte gegen die braunen Hetzer. Wollf träumt sich sein Dresden als einen liberalen Zauberort; mit einem Hauch nationaler Magie. Und er ist überzeugt, dass seine auflagenstarke *DNN* kräftig an diesem Dresden mitbauen könnten. Zunächst scheinen ihm ja auch einige Wahlergebnisse recht zu geben. Im November 1929 zum Beispiel holten sich die Sozialdemokraten bei der Stadtverordnetenwahl in Dresden 28 der 75 zu vergebenden Sitze. Und immerhin zwölf gingen an die DVP des wenige Tage zuvor verstorbenen Außenministers und Wollf-Freundes Stresemann – sieben Sitze bekamen die Kommunisten, ebenfalls sieben gingen an die DNVP. Hitlers NSDAP kam gerade einmal auf vier Sitze. Im November 1932 sah die Sache allerdings anders aus. Bei der Stadtverordnetenwahl lagen nun NSDAP und SPD mit jeweils 22 Sitzen vorn, wobei die Nazis sogar ein paar Stimmen mehr gesammelt hatten als die Sozialdemokraten. Die KPD kam mit 13 Sitzen immer noch auf Platz drei. Noch war in Dresden das linke Lager stärker als die Nazis. Aber die Tendenz war bereits deutlich. Gefährlich deutlich. Wobei den Nazis längst die schlechte Wirtschaftslage massiv in die politischen Karten spielte. Im Januar 1933 waren in Dresden immerhin rund 93 000[565] der 650 000 Einwohner[566] arbeitslos. Die durch den Börsencrash und die daraus folgende Bankenkrise von 1929 in den USA ausgelöste Weltwirtschaftskrise war damit längst auch an der Elbe angekommen. Die Menschen waren gern bereit, einfachen Antworten zu glauben. Und genau darin waren die Nazis brillant.

Nun also die Reichstagswahl am 5. März 1933. Mit über 40 Prozent der Stimmen machen auch die Dresdner die Nazis zum Wahlsieger. Und es gibt damals in Dresden nicht wenige Intellektuelle, die auch in den Redaktionsräumen der *Neuesten Nachrichten* ein paar Sprossen der geistigen Steigleiter für Hitlers NSDAP stehen sehen. Ein ungeheurer Vorwurf? Die *DNN* als liberales Blatt ein Helfer der Rechtsaußen? Tatsache ist: Gerade in den Tagen kurz vor der Wahl hatte das Blatt einen auffälligen politischen Kurswechsel nach rechts vollzogen. Einen Kurswechsel, den Kapitän Wollf nicht hatte aufhalten können? Oder wollen? Es bleibt jedenfalls Raum für eine Vermutung: nämlich dass Wollf zu dieser Zeit gar nicht mehr an Bord war.

Wollfs Auszeit – ausgerechnet jetzt?

Dass ausgerechnet er Munition in die verbalen Geschütze lädt, um sie Richtung *DNN* abzufeuern … Die Rede ist von Victor Klemperer. Immerhin ist der bekannte Dresdner Sprachwissenschaftler ja nicht nur wie erwähnt Wollfs Freund, sondern auch als Autor regelmäßig in den *Neuesten Nachrichten* zu lesen. Im Sommer 1932 zum Beispiel rezensiert er das Buch *Roman der mexikanischen Revolution* von Martin Luis Enzmán. Auch hier öffnet Wollf seinen Lesern mithilfe kluger Zeitgenossen also wieder eine Tür zu einem spannenden Raum, diesmal mit Fenstern in Richtung Lateinamerika. Doch in diesen politisch dramatischen Märztagen 1933 ist Klemperer kein Fan der *DNN*. Obwohl er erst kurz zuvor einen

Text über den als „Stendhal“ bekannten französischen Schriftsteller Marie-Henri Beyle verfasste und zudem noch einen Essay über das aktuelle Spanien liefern soll.[567] Aber was Klemperer damals in sein Tagebuch schreibt, ist deutlich. In Anspielung auf das bereits erwähnte kurze Verbot von Zeitungen durch die Nazis notiert Klemperer am 17. März 1933: *„(...) den* Dresdener N. N. *kann das nicht geschehen, es ist gänzlich regierungsfromm, bringt Verse auf ‚die alte Fahne‘ (...)“* Gemeint ist das von penetrantem Deutschtum nur so triefende Gedicht *Die alten Fahnen* des 1893 verstorbenen Georg von der Gabelentz, das die *DNN* zwei Tage zuvor veröffentlicht haben: *„Heut wehen die alten Fahnen. Von neuem auf Giebel und Turm. Heut grüßen im Lande die Glocken. Erwachenden Frühlingssturm. (...) Nun soll auf des Vaterlands Boden uns neu das Reich erstehn. Und über dem deutschen Volke das Banner der Freiheit wehn.“* Und am 20. März schiebt Klemperer mit Blick auf die Gewalt und den Druck, den Hitler und seine willfährigen Kumpane auf die Presse ausüben, kopfschüttelnd hinterher: *„(...) und die Zeitungen winseln. Die* Dresdener N.N. *macht der Regierung Komplimente. Hitler ‚als Staatsmann‘ sei immer für Friedensrevision eingetreten.“* Sätze, die nicht so richtig zu Wollfs politischer Einstellung und auch nicht zu Wollfs *DNN* passen wollen. Hofft Wollf mit dieser – vielleicht ja auch nur als vorübergehend geplanten – Anpassung sich und seine Mitarbeiter zu schützen? Zudem darf eines nicht vergessen werden: Die neuen Machthaber hatten schon wenige Tage nach der Wahl vom 5. März 1933 deutschlandweit die Blätter so sehr im Griff, dass niemand mehr allzu offensichtlich zu kritisieren wagte. Theater, Verbände und Verwaltungen wurden von Missliebigen „gesäubert“, Zeitungen wie erwähnt notfalls kurzerhand verboten. Aber es gibt auch noch eine ganz andere Möglichkeit: War Wollf vielleicht ausgerechnet in diesen Tagen – und schon gut einen Monat vor der Reichstagswahl – nicht in der Redaktion? Musste er ausgerechnet jetzt die Zügel lockerlassen? Denn schon kurz vor der Wahl waren mit seinem Stellvertreter und Politikchef Theodor Schulze lesbar die politischen Pferde wild galoppierend in die deutschnationale Tiefebene durchgegangen.

Der Student Hans-Joachim Hofmann hatte ja in seiner Dissertation zur Entwicklung der *DNN* 1938 zahlreiche Gespräche in der damaligen Redaktion geführt und anschließend in seiner Arbeit erklärt, Wollf habe sich Anfang Februar 1933 aus gesundheitlichen Gründen aus der Redaktion zurückgezogen und Ende März die *DNN* endgültig verlassen.[568] Eine Version, die auch die *DNN* bereits am 31. März 1933 in ihre schon kurz erwähnte Erklärung *„In eigener Sache“* gedruckt hatten: Wollf sei vor zwei Monaten schwer erkrankt, hieß es da ... Aber dass Wollf seinen Posten tatsächlich aus gesundheitlichen Gründen und vor allem freiwillig zu diesem Zeitpunkt niederlegt, stimmt nach allem, was bekannt ist, letztlich nicht. Und auch Hofmann räumt das später ein: 1993 – in der großen Beilage zum hundertsten Jubiläum der *Neuesten Nachrichten* – revidiert sich der inzwischen 79-Jährige und stellt klar, dass Wollf wegen seiner Herkunft aus einer jüdischen Familie von den Nazis aus dem Verleger- und Chefredakteursamt gedrängt worden war.[569] Dennoch schleicht sich beim Durchblättern der Ausgaben zwischen Anfang Februar und Ende März 1933 das Gefühl ein, dass Wollf nicht mehr die Zügel in der Hand hält. Hatte er tatsächlich schon mit den ersten schlimmeren Anzeichen seiner schweren Augenkrankheit zu kämpfen? Womöglich auch mit Erschöpfungserscheinungen aus all den Ämtern und nicht zuletzt dem politischen Drama als krankmachender Rahmenhandlung drum herum? Musste Wollf ausgerechnet jetzt, kurz vor und kurz nach dem Wahlsieg der NSDAP, eine Auszeit nehmen? Und hatte der Wahlsieg der Nationalsozialisten daraus dann einen endgültigen Abschied gemacht?

Es fällt jedenfalls auf, dass Wollf als Autor plötzlich nicht mehr präsent ist. Und das wirklich von einem Tag auf den anderen. Zum letzten Mal schreibt er am 11. Februar 1933 – eine Rezension über das Stück *Andreas Holmann* von Hans-Christoph Kaergel im Schauspielhaus. Dabei hatte Wollf im Dezember 1932 und vor allem in den ersten anderthalb Monaten des Jahres 1933 seine sprachlichen Knospen fast schon frühlingshaft enthusiastisch auf den *DNN*-Seiten platzen lassen. Wollf läuft in diesen gut zwölf Wochen zu regelrechter Höchstform auf! Ein journalistischer Dauerläufer: So häufig wie selten in den gut dreißig *DNN*-Jahren zuvor ist sein Name nun zu lesen. Wobei er in diesen Tagen nicht „nur" als Schauspielhaus-Rezensent auftritt, wie unter anderem am 7. Januar, als er spitzzüngig über Herbert Eulenbergs *Belinde* im Schauspielhaus schreibt. Wollf kümmert sich auch um einen aufsehenerregenden Gerichtsprozess. Heiligabend 1932 schreibt Wollf über den Fall, in dem es um eine vermeintlich gefälschte Mitgift für die Tochter eines angeblich schwerreichen Industriellen namens Caro geht, der dafür nicht nur Quittungen gefälscht, sondern auch falsche eidesstattliche Erklärungen abgegeben haben soll. Seine Tochter hatte in ein ebenfalls gut betuchtes Elternhaus eingeheiratet, das sich diese Betrügereien nicht gefallen lassen wollte und offensichtlich ziemlich medienwirksam vor Gericht zog. Oder wie es Wollf wortgewandt umschreibt: *„(...) sich (...) mit den Flammenwerfern ihres Hasses bekämpfen"*. Er ist spürbar begeistert von diesem Prozess, weil es sich für Theaterfan Wollf um ein spannendes Drama, ein grandioses Schauspiel handelt: *„(...) aufgetan hat sich dabei ein Romanstoff, zwar nicht sympatischer Art, aber doch von dem Wesen etwa eines Romans von Dickens mit seiner kolossalen Schwarz-Weiß-Technik."* Caro wird übrigens am Ende freigesprochen.

Zudem greift Wollf – und das ist seit Jahren völlig untypisch – mit eigenen Beiträgen in die Politikberichterstattung ein. Auf der ersten Seite taucht er plötzlich wieder als politischer Leitartikler auf. So mahnt er am 10. Februar 1933 beispielsweise die Leser, dringend aus der deutschen Politiksoße aufzutauchen – und mal wieder ins Ausland zu schauen. Denn auch dort würden jetzt Entscheidungen gefällt, so Wollf, die, bei allem Verständnis für das Interesse am derzeit auf der deutschen Bühne gebotenen Drama, massive Auswirkungen auf das Leben in Deutschland haben werden. Und so schwimmt er mit kräftigen Oberarmzügen gegen den aktuellen Strom der sich im innerdeutschen Strudel drehenden Medien.

Die öffentliche Meinung verkenne, mahnt Wollf, *„welche Waffen die Gegner Deutschlands im Auslande aus dem Schmelzofen deutscher Parteisucht fix und fertig geschmiedet herausholen"*. Ein solch *„außerordentlich lehrreiches Hörspiel lieferte die letzte Sitzung der französischen Kammerkommission für auswärtige Angelegenheiten"*, in der es um einen angeblichen Geheimvertrag zwischen Deutschland, Frankreich und Italien zur Bekämpfung des Kommunismus gegangen sei. Ein Geheimvertrag, den es – so Wollf – gar nicht gebe. Aber den er als durchaus wünschenswert ansieht. Allerdings wolle Frankreich eben auch hier nicht, dass Deutschland wieder ein wichtiger Tänzer werden solle auf dem Parkett der Welt. Womit Wollf mal wieder auf den Versailler Vertrag anspielt, der Deutschland politisch, aber vor allem wirtschaftlich kleinhalten soll, wie Wollf immer wieder kritisiert.

Auch Wollfs Rezensionen sind so tagesaktuell politisch wie lange nicht. Gleich in der ersten Ausgabe des Jahres 1933 schreibt er beispielsweise über Eugen Gürsters Komödie *Wetter für morgen: veränderlich*, die am Schauspielhaus Premiere feiert. Und er baut darin jede Menge deutlicher Anspielungen auf Hitler und seine Gesinnungsgenossen ein, indem er erklärt, dass dieses Stück im Frankreich Napoleons spiele, wo kritische Theaterleute und ihre Stücke verboten worden seien. Dies sei schließlich etwas, so Wollf nun mit bitterböse-sarkastischem Blick auf die derzeit besonders heftig tobende rechte Hetze gegen aufmüpfiges Theater, dies sei etwas, was es im aktuellen Deutschland nie geben würde: *„Bei uns wäre das doch unmöglich, wie? Erstens sind wir als Kulturvolk ethisch viel zu gut unterbaut, als daß wir so unduldsam mit politisch Andersdenkenden umspringen könnten. Und dann – wo gäbe es hierzulande Direktoren oder Intendanten, die so den gerade Stimmzahlgewaltigen den Willen täten? Nein, unsre Intendanten sind Helden ihrer hehren künstlerischen Überzeugung. (...) So was gab es nur um die Zeit Mac-Mahons in Frankreich. Tja, der Erbfeind!"*, spöttelt Wollf mit Verweis auf Mac-Mahon – Patrice de Mac-Mahon, der von 1873 bis 1879 französischer Staatspräsident gewesen war.[570] Auch die Druckfarbe passt zur Schwärze seines Humors.

Am 30. Januar 1933 wird Hitler dann zum Reichskanzler ernannt – und während Politikchef Theodor Schulze auf der ersten Seite eher müde kommentiert, ohne Hitler wirklich zu bewerten: *„(...) die Regierungen wechseln, die Aufgaben bleiben die gleichen (...)"*, taucht Wollf zwei Seiten dahinter seine Schreibfeder tief ins pulsierende Herzblut ein. Er rezensiert Friedrich Schillers *Braut von Messina* im Schauspielhaus und reagiert prompt und deutlich auf Hitler: *„Wie furchtbar zeitgemäß diese Aufführung ist! Höret die Sprache der allzeit zu Haß und Kainsgewalt bereiten Parteibonzen! (...) Schaut den Bruderkrieg, den Bürgerkrieg. (...) Erlebt das Zeichen (...)"* Wollf nutzt Schiller zu einem dramatischen Blick aufs ganz reale Heute, indem er Teile seiner eigenen Rezension von vor zwölf Jahren noch einmal zitiert. Um zu zeigen, wie aktuell das Stück nach wie vor und gerade jetzt auf der Bühne in Dresden ist. Und eines macht der *DNN*-Chef an dieser Stelle erneut deutlich: Ein Hitler-Freund ist er mit Sicherheit nicht.

Trotzdem: Noch schreibt Wollf im Blatt, bewegt kräftig die Hebel in der Redaktion – der wirklich große Aufschrei gegen Hitler und seinen finanziellen und geistigen Helfershelfer Hugenberg bleibt in den *DNN*-Spalten dennoch aus. Stattdessen kämpfen Wollfs *Neueste Nachrichten* weiter gegen ihren Lieblingsfeind, gegen die Kommunisten. Am 3. Februar zum Beispiel deutet das Blatt an, dass sich die KPD über ein Verbot durch Reichskanzler Hitler nicht zu wundern bräuchte. Ihre Agitation, so die *DNN*, sei derzeit besonders eifrig und es gebe täglich gewalttätige Auseinandersetzungen mit KPD-Anhängern. Wobei die *DNN* allerdings auch klarstellen, dass mit einem Verbot der Kommunisten die Rechten aus Hitlers NSDAP und Hugenbergs DNVP im Parlament dann die Mehrheit hätten. Ganz so einfach machen sie es Hitler also auf ihren politischen Seiten nicht. Aber es wird eben gerade Hitler sein, der kurz darauf der KPD tatsächlich verbietet, Wahlkampf zu bestreiten. Weil er dem Land Ruhe bringen wolle, lautet seine Begründung. Liefern die *Neuesten Nachrichten* mit ihrer Kritik an den Kommunisten letztlich Hitler die Argumente? Wobei zumindest Politikchef Schulze den Naziführer lange Zeit nicht wirklich ernst zu nehmen scheint. Dass Hitler tatsächlich nicht nur an die Macht kommen könnte, sondern dass seine NSDAP über einen längeren Zeitraum Macht ausüben würde, daran glaubt Schulze offenbar nicht: *„Führerschaft entsteht nicht dadurch, daß man selbstherrlich Anspruch darauf erhebt"*, schießt der Politikchef am 1. Januar 1933 einen deutlich vergifteten Pfeil Richtung Hitler. Zwar müssten in Deutschland endlich die Debatten aufhören – die Politiker und die „Experten", die Schulze bewusst despektierlich in Gänsefüßchen setzt, die Politiker und die „Experten" sollten endlich aufhören, immer wieder abzuwägen, sondern endlich mal anpacken und etwas ändern. Aber Schulze sieht dabei den Naziführer Hitler offensichtlich nicht mit am Tisch der Entscheider. Weil Schulze nicht davon ausgeht, dass Hitlers NSDAP überhaupt eine Chance hat, vom Volk an die alleinige Macht gewählt zu werden: *„Das Volk ist nüchtern, skeptisch, mißtrauisch gegen laute Worte und große Versprechungen geworden. Und das ist gut so."* Durchsetzen werde sich letztlich nur derjenige, *„der durch seine Taten dem Volk beweist, daß er der Mann ist, den das Schicksal mit den Führereigenschaften begnadete und der die Kraft hat, das ganze Volk ohne Unterschied von Rasse, Klasse und Konfession in einem geschlossenen, eisenharten Willen hinter sich zu vereinen"*. Eine Sicht, mit der Schulze danebenliegt, wie sich gut zwei Monate später zeigen wird. Aber vielleicht ist das auch eine Sicht, die Schulze nur seinem Chef zuliebe in die Schreibmaschinentastatur klappert? Denn kurz darauf wird ganz anderes von Schulze in den *DNN* zu lesen sein.

Julius Ferdinand Wollf taucht nach seiner Rezension vom 11. Februar 1933 plötzlich nicht mehr als Autor auf. Am 25. Februar steht stattdessen sogar der Name von Feuilletonchef Karl Schönewolf unter der Besprechung der in Wollfs „Wohnzimmer" – dem Dresdner Schauspielhaus – aufgeführten Operette *Traum einer Nacht*. Ein Zeichen, dass Wolff nicht in der Redaktion ist? Würde er seine Domäne wirklich Schönewolf überlassen? Nun gut, für eine Operette vielleicht. Doch am 17. März rezensiert Schönewolf dann auch ein „richtiges" Theaterstück im Schauspielhaus. Das hätte Wolff freiwillig wohl nie zugelassen. Dass er sich vielleicht mit seiner Frau Johanna mal kurz zum Skifahren in Altenberg ins nahe Osterzgebirge abgemeldet haben könnte – auch das dürfte in diesen politisch so brisanten Tagen bei einem für seinen Beruf und sein Blatt so brennenden Journalisten wie Julius Ferdinand Wolff wohl umgehend in die Kategorie „unmöglich" einsortiert werden.

Politikchef Schulze schreibt in diesen Wochen jedenfalls Sätze, die seinem Vorgesetzten nicht gefallen dürften. Während er zuvor noch die eine oder andere bitter schmeckende verbale Spargelspitze gegen die Regierung Hitler aus dem *DNN*-Boden wachsen lassen hatte, schwingt sich Schulze nun zumindest als bekennender Fan von Hitlers Vizekanzler Franz von Papen auf. Am 23. Februar schreibt er über einen Vortrag von Papens an der Universität Berlin: *„Manches in der Diktion Papens mag vielen fremd klingen, konstruiert vorkommen, vielleicht auch romantisch verschwommen erscheinen (...) Aber eines wird man auf der Gegenseite, wenn man ehrlich und loyal sein will, zugeben müssen: Hier spricht ein geistiger Mensch, mit dem man sich auseinandersetzen kann. Hier spricht ein Politiker, (...) der unter allen Umständen das Recht darauf hat, gehört und sehr ernst genommen zu werden.*" Franz von Papen, aus einem westfälischen Adelsgeschlecht stammend, war ein Verfechter autoritärer politischer Systeme. Am liebsten, so wird es ihm zugeschrieben, hätte er nach dem Niedergang der Monarchie in Deutschland, 1918, erneut christlich-monarchistische Strukturen aufbauen wollen. Von Papen war einer der führenden Köpfe der Zentrumspartei, gehörte dabei ihrem streng katholischen Flügel an. Im preußischen Landtag forderte er immer wieder eine Koalition seiner Partei mit der DNVP von Hitler-Freund Hugenberg. Nachdem von Papen durch seinen offenbar engen Vertrauten, den Reichspräsidenten Paul von Hindenburg, im Juni 1932 zum Reichskanzler ernannt worden war, bildete er mit der DNVP eine Minderheitsregierung. Und eine seiner ersten Amtshandlungen war, in Frankreich für ein antibolschewistisches Bündnis gegen die Sowjetunion zu werben. Erfolglos. Auch innenpolitisch konnte er sich nicht mit seiner Idee durchsetzen, aus der Demokratie der Weimarer Republik eine autoritäre Präsidialrepublik zu machen. Eine Idee, die unter dem Titel *Der neue Staat* von einer Reihe rechtsgerichteter Intellektueller erarbeitet worden war. Auch vor einer Zusammenarbeit mit Hitlers NSDAP schreckte von Papen nicht zurück – er brauchte sie schließlich im Reichstag. Die Nazis sollten seine Minderheitsregierung tolerieren. Im Gegenzug machte von Papen Zugeständnisse, wie die Aufhebung des Verbots der SA, des Schlägertrupps der Nazipartei. Von Papen war der Meinung gewesen, man könne Hitler und die NSDAP auf diese Weise „zähmen" – wie er letztlich auch Hindenburg die Idee „eingeredet" haben soll, Hitler zum Reichskanzler zu machen und ihn wie erwähnt mit genehmen Politikern „einzurahmen". Und eines darf beim Blick auf Schulzes neuen Helden keinesfalls übersehen werden: Nachdem von Papen Ende 1932 nicht mehr Interimskanzler war, sondern Anfang 1933 Hitlers Vizekanzler wurde, war für ihn Schluss in Sachen Zentrumspartei. Stattdessen segelte von Papen jetzt mit dem Wahlbündnis „Kampffront Schwarz-Weiß-Rot" im braunen Wind. Ein rechtslastiges Bündnis, in dem unter anderem der „Stahlhelm" vertreten war. Eine militaristische Vereinigung, auch Bund der Frontsoldaten genannt, die als bewaffneter Arm der Deutschnationalen Volkspartei Hugenbergs galt. Hugenberg selbst und seine DNVP gehörten dabei ebenfalls zur Kampffront – außerdem noch das Sammelbecken rechtsgerichteter Großbauern, der sogenannte Landbund. Schon der gewählte Name dieses martialisch „Kampffront" getauften Wahlbündnisses deutet dabei unverhohlen auf die politische Ausrichtung hin: denn schwarz-weiß-rot war die Reichskriegsflagge des Kaiserreichs, die Weimarer Republik hatte sich die Farben Schwarz, Rot und Gold gegeben. Aber mit der Republik und damit auch der Demokratie wollten die Herren Hugenberg und von Papen offensichtlich nichts mehr zu tun haben. Dass *DNN*-Politikchef Theodor Schulze sich nun ausgerechnet für diesen Mann starkmacht, scheint ihn jedenfalls zu entlarven. Und offenbar stört Schulze auch die Nähe zu Hitler immer weniger.

So platziert Schulze am 3. März 1933 – also nur zwei Tage vor der Reichstagswahl – einen Text auf der ersten Seite der *Neuesten Nachrichten*, der unter der Überschrift *Was die Kommunisten planten* Aussagen von NSDAP-Reichsminister Hermann Goering – Hitlers Busenfreund und späteren Reichsmarschall – über angebliche kommunistische Aufstandspläne unkommentiert aneinanderreiht. Diese gefährliche Nähe zu Hitler dürfte Wolff allerdings nicht gefallen haben. Fühlt sich Schulze in diesen Tagen etwa bereits als neuer Kapitän und wirft schon mal fleißig Wolffs liberalen Ballast über Bord? Ist Wolff also tatsächlich krank? Sogar so schwer krank, dass er in dieser entscheidenden Phase nicht mal vom heimischen Telefon aus in die Inhalte der *DNN* hineinregieren kann? Oder ist am Ende der Druck der Rechten von außen schon so groß, dass ihn der Verleger Huck vorübergehend aus der verbalen Schusslinie nimmt? Ist vielleicht ohnehin an einen langsamen Rückzug Wolffs aus der Führung gedacht worden – immerhin wird Wolff im Mai 1933 seinen 62. Geburtstag feiern? Wurde nun dieser Rückzug aufgrund der sich ändernden Lage – der möglichen Krankheit und dem drohenden Naziwahlsieg – kurzerhand vorgezogen, um die Nazis gar nicht erst an ein Verbot der *DNN* denken zu lassen? Vorauseilender Gehorsam sozusagen?

Wolff steht jedenfalls nach wie vor im Impressum, und der Verlag trägt noch immer seinen Namen. Und auch seine Anteile am Verlag besitzt Wolff zu dieser Zeit unverändert. Es gibt zudem keine konkreten Belege, Aktennotizen oder Briefe. Es gibt nur das deutliche Ausbleiben von Wolff-Texten nach dem 11. Februar im Blatt – und es gibt den politischen Kurswechsel, der auffällig ist. So schreibt Schulze auf der ersten Seite am Tag der Reichstagswahl Sätze, deren Buchstaben unter Wolff mit

Sicherheit in den Setzkästen der Druckerei geblieben wären. Aber nun werden diese Sätze gedruckt, unter der Überschrift *Der Sinn der Wahl vom 5. März*. Wobei Schulze auch hier erst mal einen kräftigen rechten Haken gegen die Linken setzt: *„Hier in Sachsen haben wir im Jahre 1928 die bolschewistische Gefahr am eigenen Leibe erlebt, als nur noch Stunden uns vor der Ausrufung einer Räte-Diktatur zu trennen schienen. (...) Deswegen ist die Forderung dieser Wahl: keine Stimme abzugeben, die auch nur indirekt als Unterstützung der KPD gewertet werden könnte.“* Die bisher von den *Neuesten Nachrichten* so umjubelte Staatspartei hatte für die Wahl ein sogenanntes technisches Bündnis mit der SPD geschlossen und bekommt von Schulze nun keine Lobeshymnen mehr komponiert. Wobei es bei einem „technischen Wahlbündnis“, anders als bei einer gemeinsamen Liste, nicht um inhaltliche Gemeinsamkeiten geht. Vielmehr ist es der Versuch, gemeinsam eine höhere Prozentzahl an Stimmen zu erringen, was letztlich mehr Sitze im Parlament bedeutet, als das für Einzel-(Wahl-)Kämpfer möglich ist. Nach der Wahl geht man dann einfach wieder getrennte Parlamentswege. Die *DNN* nehmen der Staatspartei dieses politische Techtelmechtel übel. Noch einmal kommt Schulzes neuer „National“-Held von Papen zu Wort, *„der die Zeichen der Zeit besser verstanden hat, als manch andere“*, wie Schulze mit dick-süßem Worthonig kleistert. Und er zitiert von Papens Sicht, dass man jenen Kräften seine Stimme geben solle, die *„deutscher Art, Sitten und Sprache dienen“* und die sich zudem *„gegen das Diktat von außen wenden“*. Gemeint sind die „echten“ Nazis damit wohl nicht, denn Schulze spricht sich in seinem Text auch gegen Experimente aus. Aber die Beschreibung passt dennoch auch auf sie. Gefährlich nachlässig oder gewollt? Abgesehen davon, waren Leute wie von Papen und sein Wahlbündnispartner Hugenberg gedanklich nicht weit weg von der NSDAP. Ein analytisch-kluger Kopf wie Schulze hätte das erkennen müssen. Hat er es? Hat er es in Kauf genommen? War es gar seine Linie? Es gibt ihn jedenfalls tatsächlich, diesen deutlichen Rechtsruck auf den Seiten der *DNN* in diesen Tagen, über den sich Klemperer angewidert geärgert hatte.

Am 6. März 1933 drucken die *Neuesten Nachrichten* das ernüchternde Wahlergebnis ab. In Dresden kommen die Nationalsozialisten als Wahlsieger auf 187 759 Stimmen, die SPD erringt 131 787 Stimmen und die Kommunisten 55 112. Das Zentrum bekommt 8 130 Kreuze auf den Wahlzetteln, der Kampfbund Schwarz-Weiß-Rot 33 241, die Deutsche Volkspartei 15 941, der Christlich-Soziale Volksdienst erreicht 5 320 Stimmen, die Staatspartei 6 689, die Deutsche Bauernpartei überschaubare 74 und die Sozialistische Kampfgemeinschaft kommt auf 101 Stimmen. Ein Ergebnis, mit dem Schulze durchaus zufrieden zu sein scheint. Auch wenn er den Wahlausgang ein wenig zurückhaltend zunächst auf die außenpolitische Wirkung hin untersucht. Am 7. März schreibt er jedenfalls: *„Je gefestigter eine Regierung im Inland ist, je klarer die Mehrheitsverhältnisse für sie liegen und je weniger sie von politischen Gegnern zu fürchten hat, umso schwerer wiegt ihr Wort im außenpolitischen Rat der Völker. Die gestrigen Wahlen haben* *eine solche Klärung herbeigeführt.*" Aber auch innenpolitisch sieht Schulze eher Chancen als Probleme durch den Wahlsieg der Nazis: „*Die Regierung hat die Mehrheit. Die Regierung hat die Macht und damit die unerhörte, bisher seit 1918 nie in diesem Umfang da gewesene Chance, Aufbauarbeit größeren Stils leisten zu können und damit die Hoffnung der Millionen zu erfüllen, die gestern ihr die Stimme gegeben haben.*" Wobei gesagt werden muss, zur Regierung gehört durch reichsweit immerhin acht Prozent der Stimmen für die „Kampffront Schwarz-Weiß-Rot" zunächst auch Hugenberg – und Schulze sieht offenbar seinen politischen Heiland von Papen ebenfalls mit im Boot. Der Kampffront und der NSDAP hatten Großindustrielle dabei übrigens vor der Wahl rund drei Millionen Reichsmark zur Verfügung gestellt.[571] Für diese Unterstützer lagen die auf zwei Wahllisten verteilten Rechtsaußen damit offensichtlich bereits im politischen Ehebett. Die Einschätzungen Schulzes klingen jedenfalls eher nach einem braven Bewerbungsschreiben als nach kritischer Sicht. Schon gar nicht auf Hitler. Das ist es wohl auch, was Victor Klemperer in seinen Tagebucheinträgen so abscheulich fand. Und dass im Feuilletonkeller der *DNN* dann auch noch eine Betrachtung unter der Überschrift *Meine Heimat* erscheint, in der Autor Wilhelm Schmidtbonn sich mit seinen stolzen Heimatgefühlen am Rheinufer befasst, auch das passt bestens zur neuen deutschen Welle in den *Neuesten Nachrichten*.

Es spricht jedenfalls viel dafür, dass Wollf eine Auszeit nahm. Nehmen musste? Ausgerechnet jetzt, ausgerechnet in diesen so entscheidenden Tagen? Allerdings ist auch nicht gänzlich ausgeschlossen, dass sich Wollf und Schulze zuvor abgesprochen hatten. Vielleicht sogar gemeinsam diese politische Kurskorrektur auf dem Kartentisch der *DNN*-Reise festlegten. Wollten sie die Redaktion so vor Schlimmerem bewahren und setzten auf den Zeitfaktor – nach dem Motto: In ein paar Monaten ist dieser braune Spuk vorbei? Wollten sie erneut abwarten, wie es Wollfs *DNN* ja schon einmal 1918 in der kurzen Zeit der „Rätemacht" in Dresden getan hatten? Oder war es letztlich doch ein Alleingang Schulzes, um sich – und damit in erster Linie seine jüdische Ehefrau Marta Fraenkel – aus dem kritischen Blickfeld der Nazis in vermeintliche Sicherheit zu bringen? Sollte Wollf in diesen Wochen tatsächlich nicht in der Redaktion gewesen sein, muss sich Schulze offenbar sehr sicher gefühlt haben, dass künftig er die Befehle auf der Brücke des *DNN*-Schiffes erteilt, so eifrig, wie er auf der rechten Seite die Paddel ins Wasser schlagen lässt.

Wollf – Vertreibung aus seinem Lebenswerk

Die neue Zeit zeigt nun auch in den *Neuesten Nachrichten* schnell ihr gedrucktes Gesicht: Am 10. März ist in den *DNN* über von der NSDAP verordnete Veränderungen im Dresdner Staatstheater zu lesen; Karl Wolff wird entlassen. Und im Feuilletonteil hat nun Karl Schönewolf viel Platz für Musikkritiken, was ja unter Wollf nicht der Fall gewesen war. Am 12. März berichten die *Neuesten Nachrichten* über Zeitungsverbote in Bayern. Wird den Lesern so durch die Blume deutlich gemacht, dass sich die von den Nazis ausgelegte Schlinge immer enger zuzieht? Nun kann wohl niemand mehr kritische Berichterstattung erwarten. Am 13. März teilen die *DNN* mit, dass der Dresdner Generalmusikdirektor Fritz Busch aus gesundheitlichen Gründen sein Amt an der Staatsoper noch immer nicht wieder aufnehmen konnte. Busch war den Rechten längst ein Dorn im Auge – dass er nun krankheitsbedingt zu Hause bleiben muss, glauben wohl nur sehr naive Gemüter. Im hinteren Blattteil rollen derweil fast schon jubilierend Entlassungswellen, jedenfalls Meldungen über Entlassungswellen, die in ganz Sachsen durch Ämter schwappen. Und die neuen Herren scheuen sich dabei auch nicht, klar von politischen Gründen zu sprechen.

Am 31. März 1933 wird Wollf entlassen. Ob er noch einmal zurückgekehrt war, ist offen. Sein Blatt erinnert sich an diesem Tag aber nicht etwa seiner Verdienste, sondern wehrt sich – wie bereits zitiert – vor allem gegen Aussagen, man sei ein jüdisches Blatt. Auf der dritten Seite ist zu lesen: „*Besitzverhältnisse: Die* Dresdner Neuesten Nachrichten *sind kein in jüdischem Besitz befindliches Blatt, wie immer wieder behauptet wird. 93,5 Prozent befinden sich von Gründung an im Besitz der Verlegerfamilie Huck, in der es überhaupt nie Mitglieder jüdischer Abstammung gegeben hat. Professor Julius Ferdinand Wollf, der zwar jüdischer Abstammung, dessen Familie aber in seiner Generation, also seit über drei Jahrzehnten christlichen Glaubens ist und der vor 33*[572] *Jahren als Mitglied der evangelischen Kirche nach Dresden kam und der Christusgemeinde Strehlen angehört, besitzt nur einen minimalen Anteil am Verlag. Zusammensetzung der Redaktion: Die Redaktion der* DNN *besteht aus elf Redakteuren. Von diesen elf sind zehn reine Arier. Ein Redakteur jüdischer Abkunft, der übrigens nie politisch tätig war, ist beurlaubt. Von den elf Redakteuren sind drei Frauen, von den acht verbleibenden Redaktionsmitgliedern haben fünf im Krieg an der Front gekämpft und sind teilweise schwer verwundet worden. Drei von diesen wurden im Verlaufe des Krieges Offiziere. Zwei erhielten das E.K. I für tapfres Verhalten vor dem Feind.*“[573] Eine Erklärung unter massivem Druck? Oder Feigheit? Aber hätten sich die *DNN* denn überhaupt noch Mut erlauben können? Gab es in diesem Deutschland Hitlers überhaupt noch so viel Spielraum? Wollfs jüdischer Freund Victor Klemperer wird jedenfalls in seine nach 1993 zum Bestseller und später auch Filmdrehbuch gewordenen Tagebücher angeekelt notieren: „*Gestern jämmerliche Erklärung der* Dresdner NN *‚in eigener Sache'. Sie seien jetzt zu 92,5*[574] *Prozent auf arisches Kapital gestützt. Herr Wollf, Besitzer der übrigen 7,5 Prozent, lege Chefredaktion nieder, ein jüdischer Redakteur beurlaubt (armer Fentl!), die anderen zehn seien Arier. Entsetzlich! – In einem Spielzeugladen ein Kinderball mit Hakenkreuz.*“ Jener Fentl, den Klemperer hier erwähnt, ist wohl Dr. Leo Fantl, der in den *DNN* als Kulturredakteur arbeitete – und der unter anderem ein prominenter Fachmann für Synagogenmusik war.

Hatte also auch die Verlegerfamilie Huck ihren treuen und erfolgreichen *DNN*-Macher Wolff fallen lassen? Hatte Wolff sozusagen in Abwandlung eines bekannten Sprichworts seine Schuldigkeit getan und konnte gehen? Duckte sich Dr. Wolfgang Huck als Haupteigentümer der *Neuesten Nachrichten* unter dem Druck der Nazis? Nein, unterstreichen Zeitzeugen, wie Anna Katharina Salten, die Tochter des bekannten Literaten Felix Salten, die ja als kleines Mädchen immer wieder bei den Wollfs in Dresden ihre Ferien verbracht hatte: *„Dr. Huck hat sich übrigens, das sei hier vermerkt, hochanständig benommen und Wolff geholfen, so gut er konnte."*[575] Über die Rolle Hucks in diesen Jahren wird aber gleich noch ausführlicher zu reden sein.

Wolff war also entlassen, seine *Neuesten Nachrichten* gingen ab diesem 31. März 1933 nach 30 Jahren ohne ihn weiter. In eine ungewisse Zukunft. Das jedenfalls lässt der Blick auf die Entwicklungen des Dresdner Zeitungsmarktes schon jetzt ahnen. Denn bereits in diesen Tagen ist klar, dass es von nun an ein deutlich übersichtlicherer Blick über die Auslagen der Zeitungsgeschäfte sein wird. Mit der Machtübernahme der Nationalsozialisten überleben nur sehr wenige Dresdner Zeitungen das Jahr 1933. Die Hitler-Regierung hatte Mitte 1933 sämtliche Parteien – außer der NSDAP – verboten. Und damit natürlich auch die dazugehörenden Parteizeitungen. Doch schon zuvor wurden Kunst und Kultur, Medien, generell das komplette Leben im Lande umgehend *„gleichgeschaltet"*. Den Begriff entlehnen die Nazis der Elektrotechnik. Wobei es dazu auch hier ein gleichnamiges Gesetz gibt: das Gesetz zur Gleichschaltung der Länder mit dem Reich vom 31. März 1933.[576] Dieses Gesetz zeigt deutlich, was die Nazis tatsächlich von parlamentarischer Demokratie halten: nichts! Es entmachtet kurzerhand die Landesparlamente – Landesgesetze werden nun zunächst nicht mehr von den Landtagen, sondern von den Landesregierungen selbst erlassen. Die Landtage werden aufgelöst – und anschließend nach den Stimmenverhältnissen der Reichstagswahl vom 5. März 1933 neu zusammengestellt. Wobei dabei dann auch gleich noch die Stimmen für die KPD gestrichen wurden. Damit nun nicht etwa andere Parteien oder Wählergruppen – noch gewähren ihnen die neuen Machthaber bis zum erwähnten Verbot eine kurze Schonfrist – ihre Sitze an Exkommunisten weiterreichen und die einstigen KPD-Abgeordneten auf diese Weise doch noch in die Parlamente schleusen können, darf auch kein ehemaliger KPD-Politiker mehr in einen Landtag einziehen. Gründlich geregelt also, kann sarkastisch konstatiert werden. Die NSDAP hat durch diesen Trick in allen Länder-„Parlamenten" die Mehrheit. Ein Jahr später werden die Landtage generell aufgelöst; wieder durch ein passendes Gesetz natürlich: das Gesetz zum Neuaufbau des Reiches vom 30. Januar 1934.[577] Zurück zum Thema „Zeitungen": Bereits am 4. Oktober 1933 erlassen die Nazis das sogenannte Schriftleitergesetz.[578] Das legt fest, wer künftig Redaktionen leiten darf: ausschließlich Arier, zudem müssen Schriftleiter in einer Berufsliste der dem Reichspropagandaminister Joseph Goebbels – Hitlers Anpeitscher – unterstellten Reichspressekammer eingetragen sein. Totale Kontrolle also. Quasi auch der

Inhalte. Denn wer nicht mitspielt, bekommt die rote Karte – oder in diesem Fall die braune. Goebbels hatte übrigens schon am 9. Oktober 1932 – also ein gutes halbes Jahr vor der Machtübernahme – in seinem Tagebuch geschrieben: *„Wir sind schon dabei, eine neue Personalliste für den Rundfunk aufzustellen, für den Fall, dass wir über Nacht an die Macht kommen."*[579] Sie hatten also längst einen Plan, die neuen Machthaber.

Nach und nach geben immer mehr Blätter unter diesem Druck auf. Und so erscheinen beispielsweise im Jahr 1937 in Dresden gerade noch sechs Tageszeitungen: *Der Freiheitskampf* als amtliche Tageszeitung der NSDAP für den in Gau umgetauften Freistaat Sachsen. Wobei das Blatt dabei mit den Ausgaben für Dresden (Ausgabe A), Meißen und Döbeln (Ausgabe B), Stadt und Kreis Freiberg (Ausgabe C), Riesa und Großenhain (Ausgabe D) sowie Pirna und Sächsische Schweiz (Ausgabe E) ausgeliefert wird. Chefredakteur – damals Hauptschriftleiter – ist Kurt Hofmeister. Der *Freiheitskampf* spricht dabei selbst von einer Gesamtauflage von 69 800 Exemplaren; siebenmal wöchentlich. Der *Dresdner Anzeiger* verkauft 1937 unter seinem Hauptschriftleiter Hans Dohrmann über 50 200 Exemplare. Die *Dresdner Nachrichten* erscheinen 1937 zweimal täglich und damit zwölfmal in der Woche mit einer Auflage von 33 000 Stück. Herausgeber und Hauptschriftleiter ist Dr. jur. Fritz Schettler. Die Auflage der *Dresdner Neuesten Nachrichten* wird 1937 mit täglich 95 000 Exemplaren angegeben. Zudem spielt in diesem Jahr auf Dresdens Pressebühne auch noch das *Illustrierte Tageblatt* ein bisschen mit – ein mit 1 239 Exemplaren täglich erscheinender Zusammenschluss aus *Elbtal Abendpost*, *Sächsischer Dorfzeitung* und *Elbgaupresse/Sächsischer Kurier*. Als Hauptschriftleiter agiert Hermann Schlott in Freital. Auch die katholische *Sächsische Volkszeitung* kämpft 1937 noch wacker um Leser. Nicht sehr erfolgreich: Das 1902 gegründete Blatt erscheint sechsmal wöchentlich mit einer Tagesauflage von überschaubaren 4 357 Stück, unter Hauptschriftleiter Georg Winkel. Ein Blätterwald ist das längst nicht mehr; auch kaum mehr ein Blätterstadtpark.

Und nun?

Wie sieht es nun in Wollf aus? Nach seinem Rauswurf Ende März 1933. Nach dreißig Jahren Hauptrolle, jetzt nicht mal mehr im Zuschauerraum geduldet? Was ihn mit voller, brutaler Wucht getroffen haben muss.

Hegt Wollf nun erste Fluchtgedanken? Flucht aus diesem, aus seinem Deutschland? Er wäre in diesen Tagen nicht der Einzige, der das als Ausweg sieht. Zahlreiche kritische Literaten, Künstler, Linke und vor allem Juden erkennen, was da auf sie zukommt. Ahnt auch Wollf, was passieren würde? Oder hält er wie angedeutet den braunen Spuk für eine Episode in der deutschen Historie, die schon bald vorübergehen wird? Nicht wenige Intellektuelle sind in diesen Tagen davon überzeugt, dass sich die Nazis entzaubern werden, sobald sie an der Macht sind. Auch Wollfs Freund Victor Klemperer zum Beispiel. Als Jude ist er längst als Hochschulprofessor aus dem Amt gejagt, sein Bruder Georg bietet ihm Hilfe an, ins Ausland zu gehen. Am 19. Januar 1934 schreibt ihm Victor Klemperer aber: „*Sehr gerührt hat mich, daß Du trotz aller eigenen Sorgen mir für den Notfall Hilfe anbietest. (...) Aber noch ist es nicht an dem, und jeder Monat scheint mir gewonnen (...) Und es gibt ein wunderschönes Napoleon-Gedicht von Victor Hugo mit der berühmten Zeile: ‚Der Morgen Sire, gehört dem Herrn.' (...)*" Glaubt auch Wollf noch immer daran, dass in der Kulturnation auf Dauer keine Barbaren regieren können? Antworten sind für diese ersten Jahre nach 1933 schwer zu finden. Aber Wollf fühlt sich offenbar sicher in diesem Land, das sich gerade weitgehend freiwillig und stramm jubelnd auf den Weg unter die totale Kontrolle der Totalitaristen um Hitler macht. Redet er sich die Sache vielleicht auch ein wenig schön, weil er sich mit seinen 62 Jahren letztlich doch schon zu alt für einen Neuanfang irgendwo in der Fremde fühlt? Ein riskantes Spiel, wie auch *DNN*-Besitzer Wolfgang Huck später rückblickend deutlich machen wird: „*Professor Wollf hatte in kultureller Hinsicht in Dresden eine einzigartige und hervorragende Stellung; das bedeutete, daß er mit Machtantritt der Nationalsozialisten besonders stark gefährdet war.*" Freunde rieten ihm deshalb zur Flucht, so Huck. Ohne Erfolg.[580]

Am Ende ist es wohl vor allem ein finanzieller Grund, in Dresden zu bleiben. Denn Wollf steht nach seinem Rauswurf aus dem Verlag nicht mittellos da. Im Gegenteil, ihm geht es finanziell besser als den allermeisten Deutschen. Viel besser sogar. Nicht nur, weil er eine Villa besitzt, nicht nur, weil er während seiner Zeit als Verleger und Chefredakteur ein sicheres Polster hatte anlegen können. Sondern am 20. März 1933 – also nur knapp zwei Wochen nach Machtantritt der Nazis – hatte Wollf mit Verleger Wolfgang Huck eine Vereinbarung getroffen, offenbar vorausschauend, was Tage später passieren würde. Eine Vereinbarung, die Wollf und seiner Frau ein sicheres Fundament sein sollte. Wollf übergab seine 6,5 Prozent Verlagsanteile an Huck, der ihm im Gegenzug eine Zahlung von 15 000 Reichsmark jährlich zusicherte. Zudem sollte Wollf acht Prozent des jährlichen Reingewinns des Verlags erhalten, der nun „Verlag der *Dresdner Neuesten Nachrichten* Dr. Wolfgang Huck" heißt.[581] Stolze Summen, wenn man bedenkt, dass Wollfs bisherige 6,5 Prozent Anteil am Verlag und damit auch am Reingewinn jährlich rund 50 000 Reichsmark ausgemacht hatten.[582] Damit standen dem „Pensionär" Wollf insgesamt runde 80 000 Reichsmark pro Jahr zu. Der Durchschnittslohn in Deutschland lag 1933 bei jährlich 1 583 Reichsmark.[583] Hinzu kommt Wollfs Privatvermögen – rund 140 000 Reichsmark besitzt er auf Konten und in Aktien;[584] seine Villa am Großen Garten noch nicht mal eingerechnet. Wollf war also mehr als abgesichert. Hätte er also tatsächlich all diese Sicherheit aufgeben sollen? Als noch nicht alter, aber älterer Herr?

Vielleicht sah Wolff das Ende bei den *Neuesten Nachrichten* dabei sogar als Anfang. Als eine Chance, noch einmal das zu tun, wofür bisher einfach viel zu wenig Zeit geblieben war. Sah er jetzt die Möglichkeit, Bücher zu schreiben, Theaterstücke zu verfassen oder auch als gefragter Redner herumzureisen, ohne dabei unbedingt auf wirtschaftlichen Erfolg angewiesen zu sein? Lockte ihn nun alles das, was er bisher nur mit halber Kraft hatte tun können, weil ja immer Verlag, Redaktion und Verbände, Vereine samt dazugehörenden Ehrenämtern warteten? Es war aus seiner Sicht vielleicht die Gelegenheit, zurück zu den Wurzeln zu gehen – nun aber noch all die Jahrzehnte Erfahrung oben draufpacken zu können. Er war prominent. Er war bestens vernetzt. Leute wie er schrieben in diesem Alter eigentlich ihre Memoiren. Vielleicht hielt ihn auch das hier, in diesem immer kälter und feindlicher werdenden Deutschland.

Wolff fährt mit seiner Johanna jedenfalls erst mal in den Urlaub. Es geht wieder nach Oberösterreich, wieder an den Attersee, nach Unterach. Vom Attersee schreibt Wolff am 20. Juli 1933 eine Urlaubskarte, die mit einer fast schon naiven Normalität daherkommt. Adressiert an Harry Graf Kessler. Der 1868 in Paris geborene Graf hat sich einen Namen als Kunstsammler, Schriftsteller, Mäzen und auch Diplomat gemacht. 1903 hatte er den Deutschen Künstlerbund gegründet, war ein enger Bekannter zahlreicher Autoren, wie auch Wollfs Freund Hugo von Hofmannsthals – mit ihm gemeinsam soll er das Libretto der bekannten Richard-Strauss-Operette *Der Rosenkavalier* verfasst haben, heißt es. Die hatte ihre Uraufführung 1911 an der Dresdner Semperoper erlebt. Wolff schreibt also im Sommer 1933 an Kessler: *„Lieber Herr Graf, schönen Gruss aus dem Salzkammergut. Hoffentlich leiden Sie nicht zu viel unter der Pariser Hitze. Ihr Wolff.“*[585] Banalität eines ganz normalen Alltags. Ahnte Wolff wirklich nicht, was sich in der politischen Wetterküche – auch über ihm – zusammenbraute?

Wolff kehrt zurück nach Dresden. Noch hätte er die Chance zur Flucht gehabt, die etliche seiner Freunde und Bekannten zu dieser Zeit bereits genutzt haben. Wie der anfangs schon einmal erwähnte Cousin Richard Kleineibst, der ja schon im Mai 1933 in die Schweiz floh. Aber zu Hause an der Elbe scheint aus der Sicht Julius Ferdinand Wollfs der Alltag offenbar noch nicht wirklich bedrohlich zu sein. Bruder Max Wolff arbeitet noch als Verlagschef – wird von den Nazis in dieser Position geduldet. Noch jedenfalls. Im Moment zieht sich die Schlinge offensichtlich nicht so fest zu, dass sie Julius Ferdinand Wolff spürbar die Luft nimmt. Es ist wohl eine verwirrende Zeit. Aus jeder Richtung unterschiedliche Signale. Nimmt man in einer solchen Situation oft nur die wahr, die man wahrnehmen will? Sein Freund Victor Klemperer notiert in diesen Monaten jedenfalls längst ein bedrohliches Bild vom Dresdner Alltag in sein Tagebuch. Obwohl auch er ja in Dresden bleibt. Nachdem Klemperer bereits am 10. März 1933 – also nur fünf Tage nach dem Wahlerfolg der NSDAP – entsetzt schreibt: *„Gestern ‚im Auftrag der NS-Partei‘ – nicht einmal mehr dem Namen nach im Regierungsauftrag –*

Dramaturg Karl Wolff entlassen, heute das ganze sächsische Ministerium u.s.w., u.s.w. (...)", konstatiert Klemperer am 17. März 1933 niedergeschlagen: *„Die Niederlage 1918 hat mich nicht so tief deprimiert wie der jetzige Zustand. Es ist erschütternd, wie Tag für Tag nackte Gewalttat, Rechtsbruch, schrecklichste Heuchelei, barbarische Gesinnung ganz unverhüllt als Dekret hervortritt. Die sozialistischen Blätter sind dauernd verboten. Die ‚Liberalen' zittern (...)*" Am 12. April 1933 ist im Tagebuch Klemperers fast schon Hilflosigkeit zu lesen: *„Die Macht, eine ungeheure Macht ist in den Händen der Nationalsozialisten. Eine halbe Million Bewaffneter, alles Staatsämter und -mittel, Presse und Rundfunk, die Stimmung der besoffen gemachten Millionen. Ich sehe nicht, woher Rettung kommen sollte.*" Und am 15. Mai 1933 schwingt dann sogar schon eine böse Todesahnung mit: *„Von den Schand- und Wahnsinnstaten der Nationalsozialisten notiere ich bloß, was mich irgendwie persönlich tangiert. Alles andere ist ja in den Zeitungen nachzulesen. Die Stimmung dieser Zeit, das Warten, das Sichbesuchen, das Tagezählen, die Gehemmtheit in Telefonieren und Korrespondieren, das zwischen den Zeilen der unterdrückten Zeitungen Lesen – alles das wäre einmal in Memoiren festzuhalten. Aber mein Leben geht zu Ende, und diese Memoiren werden nie geschrieben werden.*" Da aber liegen noch fast zehn qualvolle Jahre vor den Juden in Dresden, bis die neuen Herren – diese selbst ernannten Herrenmenschen – tödlichen Ernst machen ... Zehn Jahre mit immer neuen, immer schlimmeren Unmenschlichkeiten.

Es ist jedenfalls eine trügerische Hoffnung auf das schnelle Ende des „braunen Spuks", in diesen Jahren nach 1933. Wollfs Freund Victor Klemperer sucht sich in der immer enger werdenden Enge letztlich eine ungewöhnliche Tür zu scheinbarer Freiheit: Er legt im Januar 1936 die Fahrprüfung ab, kauft sich ein gebrauchtes Auto und unternimmt mit seiner Frau Eva ausgedehnte Touren durch Deutschland. Das lässt ihn sich frei fühlen, und es tröstet ihn offenbar auch über finanzielle Schwierigkeiten, Berufsverbot und Schikanen hinweg – bis die Nazis 1938 festlegen, dass er als Jude kein Auto mehr fahren darf.[586] Dies ist die Zeit, in der Klemperer nun doch ernsthafte Fluchtgedanken kommen. Er bittet seinen Bruder Georg, der mittlerweile in den USA lebt, um Unterstützung. Aber das Problem ist die Quote. Die USA nehmen nur eine bestimmte Anzahl an Flüchtlingen auf; die Liste in lang. Also versucht Klemperer, diese Quote zu umgehen, indem er sich bei zahlreichen Universitäten in den USA um eine Anstellung als Literaturprofessor bemüht. Dann hätte er unabhängig von Quoten einreisen dürfen. Dafür lernt er intensiv Englisch – und quält sich damit wirklich, wie er in zahlreichen Briefen dieser Zeit schreibt. Mit bitter schwarzem Humor schreibt er am 7. März 1937 beispielsweise an Lissy Meyerhoff, die Schwester eines alten Schulfreundes, einen Brief in englischer Sprache und zitiert darin einen zu dieser Zeit kursierenden sarkastischen Witz: *„Are you Aryen or do you lern Englisch?*" (Bist du Arier oder lernst du Englisch?) Aber auch diese Versuche scheitern, Klemperer kann Deutschland nicht mehr verlassen.

Wollf unternimmt unterdessen nichts in Sachen Flucht. Ob er es letztlich bereut? Im Juli 1938 jedenfalls wird er im schon zitierten Brief[587] an seinen Freund Herbert Eulenberg Sätze schreiben, die durchaus eine Interpretation zulassen könnten: *„Ich freue mich herzlich für Hedda u. Dich, dass Ihr nach Italien fahren konntet. Dies und jede Reise ist uns jetzt verschlossen. Nur im Inlande gibt es für uns keinen Ort, wo wir willkommen wären. Deshalb entfällt dies alles.“* Die einzige „Flucht“ in diesen Jahren sind die erwähnten regelmäßigen Fahrten der Wollfs nach Berlin. Weg aus diesem so feindlich gewordenen Dresden, wo *„die Umwelt so hart auf uns lastet.“* Er spricht mögliche Fluchtgedanken nicht aus, auch wenn er einräumt, sich *„unnützlich geworden“* zu fühlen. Und auch in ihrem Testament werden die Wollfs Ende Februar 1942 davon schreiben, dass sie *„sehr gelitten haben“*[588] – aber da waren die Fotos der brennenden Synagogen schon fast dreieinhalb Jahre alt.

Vielleicht war es auch eine Charaktereigenschaft, die bei Wollf keine Fluchtgedanken zuließ. Sein Stolz? Scheute er sich, im Ausland mittellos auf die Hilfe anderer angewiesen zu sein? Sein Vermögen hätte er sicher zu großen Teilen eingebüßt. Und dass Wollf auch in den so üblen Jahren der Nazidiktatur möglichst keine Schwächen zugeben will, auch das verrät er seinem Freund Eulenberg. Er sei, schreibt Wollf, *„beherrscht genug, selbst meine arme Frau (die in einem Jahre durch Kummer, Sorgen u. Schrecken fast 20 Pfund abgenommen hat) öfter zu täuschen“.*

Zudem steht die Frage, ob die wirklich Einflussreichen unter seinen einstigen Freunden und Bekannten, all jene, die ihn bei einer Flucht und einem Neuanfang hätten unterstützen können, überhaupt noch mutig genug waren, sich zu bekennen. Viele hatten sich längst abgewandt. Wollf nützt ihnen nichts mehr, im Gegenteil ... War das kräftige Netzwerk letztlich längst zerrissen?

Wollf bleibt in Dresden – und emigriert sozusagen in die Einsamkeit innerhalb der Wände seines Hauses. *„Hier wenden wir uns gegen den Einbruch von Sentimentalitäten u. benehmen uns nicht, als ob wir an der Klagemauer säßen.“* Er weiß aber in diesen Julitagen 1938 wohl sehr genau, dass er sich selbst etwas vormacht – und dass auch diese vermeintlich heile Welt hinter den Wänden keine heile, schon gar keine sichere mehr ist. Das lässt sich jedenfalls aus einem Satz ahnen, mit dem er Eulenberg das einsame seelische Siechtum abseits des von ihm einst so geliebten pulsierenden Lebens beschreibt: *„(...) wenn wir mit dem Buch im Bett liegen und auf die Wirkung der Schlafmittel warten, deren Großverbraucher wir schon lange sind.“* Etliche Zeilen später schiebt er den Wortschleier dann beiseite und schreibt: *„Wenn Du heute kämest, würdest Du wahrscheinlich staunen, wie ich mich sogar noch freuen kann. Und wie ich mich selbst und die Sinnlosigkeit u. dauernde Qual meines Daseins zu vergessen u. zu verleugnen vermag.“*

Wollf flieht; obwohl er bleibt.

Die *DNN* – ein Stück vergebliche Opposition?

Theodor Schulze wird nach dem Rauswurf seines Freundes Wollf dessen Nachfolger. Und er setzt fort, was er schon in den Tagen vor der für die NSDAP so erfolgreichen Reichstagswahl Anfang März 1933 begonnen hatte: Er passt das Blatt mehr und mehr dem sprachlichen Duktus und der Denkweise der neuen Machthaber an. Auch wenn der 1934 zu den *DNN* gekommene Musikkritiker Karl Laux die Geschichte des Blattes in dieser Zeit als „*ein Stück vergebliche Opposition des fortschrittlichen Bürgertums gegen Militarismus, Rassismus, gegen Krieg und Völkerverhetzung*“ bilanziert. Laux beschreibt die *DNN*-Redaktion als nicht-regimetreu, obwohl alle außer ihm selbst und dem neuen Chefredakteur Schulze Mitglied der NSDAP gewesen seien: „*Ich fühlte mich sehr schnell wohl. Natürlich hatte ich Nicht-Pg bald heraus, daß meine Kollegen genauso dachten wie ich und nur nominell in der einzigen noch zugelassenen Partei waren.*“ Doch beim Durchblättern der Seiten fällt das nicht auf. Die *Dresdner Neuesten Nachrichten* waren rückblickend keine wirklich mutige Zeitung, die sich aus dem politischen Fenster lehnte. Was letztlich auch nicht verwundert, zu groß war die Gefahr, allzu schnell und allzu tief aus diesem Fenster zu stürzen. In tödliche Tiefen. Und das ist an dieser Stelle nun wirklich keine sprachliche Spielerei, sondern bittere Realität in diesen Jahren des braunen Terrors. Die neuen Herren verbreiten nicht nur Angst. Sie töten auch. Notfalls sogar in den eigenen Reihen, wie das Auslöschen der beinahe kompletten SA-Führung um Ernst Röhm Ende Juni 1934 zeigt. Angeblich habe eine SA-Revolte bevorgestanden, heißt es anschließend zur Beruhigung der Bevölkerung. Das Ganze geschah dabei auf maßgebliches Betreiben Hitlers, der so offenbar zu stark gewordene – und hier und da andersdenkende – Konkurrenz im inneren Parteizirkel ausschalten wollte.[589] Die Aktion wird später als „Nacht der langen Messer“ im Lehrplan des Geschichtsunterrichts auftauchen. Wer traut sich, unter solcher Begleitmusik nicht in diesen deutschen Trauermarsch passende Noten zu spielen?

Die *Neuesten Nachrichten* sind im politischen Teil nun regimetreu wie jede andere deutsche Tageszeitung auch, die von NSDAP-Gnaden noch erscheinen darf. Was bleibt der Redaktion auch anderes übrig, in einem Land, in dem Aufmüpfige wie erwähnt schnell mehr als nur den Job verlieren können. So drucken die *DNN* beispielsweise am 31. Januar 1939 auf ihren Seiten drei bis acht die komplette „Führerrede“ Hitlers ab, in der er schon mal klarmacht, dass Deutschland mehr Platz brauche. Platz, den sich Hitlers Deutschland nur wenige Monate später mit dem Überfall auf Polen dann auch zu nehmen beginnt.

Und doch glauben die Journalisten kleine Nischen zu entdecken, in denen sie vorsichtig kleine Freiheiten austesten können. In der Kulturkritik zum Beispiel, habe er solche Nischen nutzen können, findet Musikkritiker Karl Laux in seinen 1977 erschienenen Lebenserinnerungen. Allerdings muss er sich von diesen vermeintlichen Nischen eingestehen, dass sie von den Nazis offensichtlich beabsichtigt gewesen waren: *„Die Zauberinsel Dresden – von den Nazis vergessen? (...) Es war aber Regie! Wenngleich indirekt und – wie ich leider eingestehen muß – sehr geschickt. Wir alle (...) wurden, ohne es zu ahnen, raffiniert einbezogen und ausgebeutet. Nur wo man sich zu weit vorwagte, um unkontrollierbare Reaktionen auszuschließen, (...) gab es einen Warnschuß vor den Bug. Die Zauberinsel Dresden war so gewollt und so gemacht wie die Zauberinsel Olympia 1936!"*, schreibt er. Beim Lesen des Blattes fällt es schwer, diese Nischen tatsächlich auch zu finden. Wobei es mit dem mitunter arroganten Draufblick der später Geborenen Jahrzehnte danach auch schwer ist, mögliche mutige Anspielungen herauszulesen. Vielleicht war es manchmal nur ein Wort, das mutig war? Wer beispielsweise in der DDR den aus heutiger Sicht scheinbar banalen Satz schrieb, man laufe gegen Mauern, hatte damit einen politisch hochbrisanten Sprachweg eingeschlagen. Denn das Wort Mauer war in der DDR natürlich inhaltlich mit der Grenze zwischen Ost und West besetzt, die ja rund um Westberlin tatsächlich eine Mauer war. Wer will ähnliche sprachliche Finessen für die Nazizeit später noch erkennen? *DNN*-Musikkritiker Karl Laux räumt durchaus ein, dass es auch die *Neuesten Nachrichten* in Sachen Mut in den Jahren unter der Naziknute nicht sonderlich übertrieben: *„Viel Lokales. Viel Unterhaltung. Vor allem aber ein repräsentativer Kulturteil – Kunst, Musik, nicht zuletzt Literatur. (...) Wo es nicht ohne Politik abging, hielt man sich in unserer Redaktion an die alte Spielregel: berichten, ohne zu kommentieren."* Heißt, auch die *Neuesten Nachrichten* waren – selbstverständlich – ein gleichgeschaltetes Blatt. Aber wie schreibt Laux: *„berichten, ohne zu kommentieren"*? Wohl kaum. Gerade, was den Umgang mit Juden betrifft, sind die *DNN* ein Blatt, aus dem der Judenhass regelrecht trieft! Die *Neuesten Nachrichten* halten mit Worten Schritt mit den harten Stiefeltritten der Nazis. Da wird – wie Anfang Dezember 1938 – geschickt auch mal in die Historienkiste gegriffen, wenn es ausgerechnet im unter Wollf einst so weltoffenen Feuilletonkeller in einer Überschrift heißt: *Germanenkönige erkannten die Judengefahr. Abwehr in frühester Zeit – das „Westgotische Gesetz" verbot Ehe mit Juden*. Von nun an vergeht kaum ein Tag, an dem nicht zumindest eine Nachricht platziert wird, die ekelig braune Farbkleckse für das perfide, von den Nazis ins Blickfeld auch der Dresdner geschmierte Judenbild liefert. In Wien stand laut *DNN* ein jüdischer Devisenschmuggler vor Gericht. Wobei diese Nachricht „unvoreingenommen" mit dem Satz beginnt: *„Daß dem Juden alle Mittel recht sind, wenn er damit auf Kosten des deutschen Volkes seine Taschen füllen kann, ging wieder mal aus zwei Beispielen hervor (...)"* Und es wird kräftig an der Gebetsmühle *„jüdische Weltverschwörung"* gedreht: *„Juden herrschen im Weißen Haus"*, heißt es zum Beispiel Anfang Januar 1939. *„Verjudete Amtsstuben in Washington. 62 000 Juden im öffentlichen Dienst. (...) Roosevelts Finanzminister ist der Jude Morgenthau jun., der fast sämtliche Schlüsselstellungen des amerikanischen Finanzministeriums mit Juden besetzt hat"*, hetzt das Blatt, wie es auch der *Freiheitskampf* der Nazis nicht „fachgerechter" geschafft hätte. Es ist der sprichwörtliche stete Tropfen, der den Stein höhlen soll – oder hier eben die Hirne der Leser. Die Neidkarte wird ausgespielt. Juden sind vermeintlich reich und leben auf Kosten der „fleißigen Arier", und vor allem werden die Juden kriminalisiert. Wenn die Nationalsozialisten anschließend „durchgreifen", ist das letztlich nur gerecht, lautet die clever geschmiedete Argumentationskette. Es ist genau dieses Bild, das durch eine stetig sendende antisemitische Dauerwelle nach und nach in den Köpfen entstehen soll. Auch die *DNN* liefern täglich die notwendigen Pinselstriche dafür. Im Übrigen eine Taktik, die von rechten Kreisen bis heute gern genutzt wird: Ganze Gruppen kriminalisieren, Einzelfälle herauspicken, um zu pauschalisieren. Alles, um so Antistimmung und Hass gegen diese Gruppen zu erzeugen. Angst schüren. Und wenn dann auch noch gezielt Neidpulver verstreut wird, kommt im Ergebnis eine gefährlich antidemokratische Mischung heraus.

Wobei sich die *Neuesten Nachrichten* in diesen Jahren offenbar die von den Nazis erlassenen „Rassengesetze" und den damit verbundenen vermeintlichen Straftatbestand der „Rassenschande" zum Steckenpferd auserkoren haben, das sie nun eifernd und geifernd reiten. Das vermeintliche Verbrechen: Juden verlieben sich in einen „arischen" Partner – das war Juden verboten.

Nein, eine von den Nazis vergessene Zauberinsel, wie es Karl Laux beschreibt, war Dresden, waren auch die *DNN* mit Sicherheit nicht. Eher ein gefährliches Riff, an dem die Schiffe auf der Fahrt ins freie Meer zerschellten. Eine Zeitung wie alle Zeitungen damals in Dresden.

Mehr als nur politische Schnittmengen mit den Nazis?

An den Umbauplänen von Hitlers Größenwahn-Architekten für Dresdens Innenstadt konnten die *Neuesten Nachrichten* im Dezember 1938 selbstverständlich nicht blicklos vorbeigehen. Nicht an den in Sandstein zu meißelnden Zukunftsideen für den Theaterplatz zwischen Schloss und Semperoper, der nun Adolf-Hitler-Platz hieß, und nicht an den gewaltigen Stadionplänen im Ostra-Gehege nahe der Yenidze. Die großkotzigen, großklotzigen Bauten sollten die steinerne Kulisse für das vermeintlich „Tausendjährige Reich" der Nazis werden. Diese Pläne der NS-Reißbrett-Krieger konnten die *DNN* selbst bei allergrößtem Mut nicht ignorieren. Noch dazu, weil bei den so in ihre stolze Geschichte und barocke Architektur verliebten Dresdnern derartige Pläne natürlich hitzig diskutiert wurden – das Ganze war also letztlich auch journalistisch reizvoll.

Aber sonst? Wohin lenkte Chefredakteur Theodor Schulze den nun großdeutschen Gedanken-Tanker *DNN*? Auf freie Ideen-Meere? Zumindest soweit es die sehr achtsamen Lotsen des Naziregimes zugelassen hätten? Nein, Kapitän Schulze hält weiter starr – vielleicht sogar mutlos – am eingeschlagenen Kurs fest. Hat Schulze überhaupt eine andere Chance? Jetzt, da überall gefährliche Klippen lauern, die schnell zum Untergang führen können. Aber vielleicht drehten auch nicht nur die brutal-rücksichtslosen NS-Mächtigen am Steuer, sondern vielleicht griff auch Verlagschef Huck zur Seekarte, um den Kurs zumindest zu kontrollieren? Ohne ihn in die Nähe der Naziideologie rücken zu wollen, aber allein schon aus wirtschaftlichen Erwägungen heraus, dürfte Wolfgang Huck unbedingt mehr als nur ein Auge darauf gehabt haben, was da auf den Seiten seiner *Neuesten Nachrichten* passiert. Denn der Verlust seines Zeitungsflaggschiffs *DNN* hätte fatale Folgen für ihn gehabt. Infolge der Regelungen des von den Nazis erlassenen Schriftleitergesetzes durfte der Huck-Verlag nur noch eine Zeitung besitzen. Wolfgang Huck gab also sämtliche Beteiligungen auf, behielt damit nur noch die *Dresdner Neuesten Nachrichten* – die ihm ja seit Frühjahr 1933 komplett gehörten. Aus allen anderen seiner Blätter stieg Huck aus und musste seine Beteiligungen an die Vera-Verlagsanstalt mbH abgeben, einen Verlag der NSDAP. Das betraf Hucks Beteiligungen an den *Breslauer Neuesten Nachrichten*, dem *Stettiner Generalanzeiger*, der *Stettiner Abendpost*, dem *Stuttgarter Neuen Tageblatt*, der *Württemberger Zeitung* und den *Kasseler Nachrichten*. Einen kleinen Trick wandte Wolfgang Huck aber doch an: Seine Neffen Joachim, Harald und Gerald Huck übernahmen die *Hallischen Nachrichten* und den Münchener Zeitungsverlag mit der *Münchner Zeitung*. So blieben Huck also letztlich noch drei Zeitungen[590] – doch wären ihm die *DNN* von den Nazis weggenommen worden, hätte das arge wirtschaftliche Probleme gebracht; und wohl auch die anderen beiden Blätter wären dann massiv in politische Bedrängnis geraten. Huck musste also stets die Grenze im Blick haben, die seine verbliebenen Zeitungen nicht überschreiten durften. Und ob es sozusagen im Sperrgebiet davor wirklich noch Spielraum gab?

Mit all diesen Fragen und vor allem mit all diesen Fakten im Hinterkopf, sollten wir Nachgeborenen in den Zeitungen aus diesen Jahren blättern. Es war nicht die Zeit der großmäuligen Helden, eher die der stillen.

Und doch muss man nicht zwischen den Zeilen lesen, um zu erkennen, dass sich seit den Jahren vor dem Machtantritt der Nazis bis nun mittendrin in der braunen Zeit ein Wandel in den Texten Theodor Schulzes vollzogen hat. 1929 jedenfalls zeigte Schulze in den *Neuesten Nachrichten* noch klare Kante gegen Rechtsaußen. Vor allem Hitler-Finanzier und -Fan Hugenberg hatte der *DNN*-Politikchef dabei als Ziel für seine spitzen Wortpfeile auserkoren. Im Zusammenhang mit dem Streit um ein von den rechten Kreisen um Hugenberg und Hitler im Herbst 1929 auf den Weg gebrachtes Volksbegehren schlagen sich die *DNN* – und damit Wollf und Schulze – deutlich auf die Seite der Gegner. Wobei auch hier vor allem aus Sicht der Wirtschaft klar und scharf kritisiert und argumentiert wird. Es ist vor allem die Volkspartei, die als politischer Wortführer der nationalliberalen Mitte gegen das Volksbegehren auftritt und deren Argumente auch regelmäßig die Zeilen der *Neuesten Nachrichten* füllen.

Es geht knapp zusammengefasst darum, dass in diesen Tagen auf der politischen Bühne versucht wird, den für die deutsche Wirtschaft so problematischen Versailler Vertrag zu lockern. Würde das Volksbegehren der Rechten – die das Vertragswerk mit brutaler Kantigkeit aufkündigen wollen – Erfolg haben, fürchtet die Wirtschaft massive außenpolitische Probleme für das Deutsche Reich. Probleme, die zu noch größerer Restriktion gegenüber der deutschen Wirtschaft durch die Siegermächte des Weltkriegs führen könnten. *„Langsam überkommt auch manche vernünftige deutschnationale Kreise ein Grauen vor den Wegen, die Hugenberg ihre Partei zu gehen zwingt. (...) Nur Hugenberg selbst läßt sich noch immer nicht beirren“*, schimpft Schulze. Er nennt das Ganze eine *„wahnwitzige Aktion“*. Hugenberg habe bei Auftritten in Süddeutschland *„heuchlerische Tränen vergossen über die ‚Irreführung‘ des armen Reichspräsidenten. Der Reichspräsident muß nach den Worten des deutschnationalen Parteiführers eine willens- und urteilslose Puppe sein, die gleich einem Grammophon gerade die Platte spielt, die der Reichskanzler aufgelegt hat“*, spöttelt Schulze noch Ende Oktober 1929. Und stellt gleich klar, dass die übergroße Mehrheit des deutschen Volkes wisse, dass Reichspräsident Hindenburg *„in seinem Leben sich niemals zu irgendwelchen parteipolitischen Aktionen mißbrauchen ließ“*. Auch nicht vom damaligen Reichskanzler Hermann Müller. Von dem wohl gleich gar nicht, schließlich war Müller SPD-Mitglied und lange Jahre sogar einer der Vorsitzenden der Partei. So sehen sich die *Neuesten Nachrichten* nach dem Scheitern des Hugenberg‘schen Volksbegehrens auch bestätigt: *„Die skrupellosen Agitatoren auf der äußersten Rechten haben vom deutschen Volke die gebührende Antwort bekommen!“* Im Februar 1933 sieht Schulze allerdings dann zumindest nichts Schlimmes mehr daran, wenn der von ihm nun beinahe kritiklos angehimmelte Vizekanzler Franz von Papen mit genau diesem Hugenberg zur Reichstagswahl das Wahlbündnis „Kampffront Schwarz-Weiß-Rot“ eingeht.

Aber es gibt auch schon vor diesem im Februar und Anfang März 1933 aus Schulzes Analysen und Kommentaren triefenden „Rechtsruck“ die bereits erwähnten Schnittmengen mit den politischen Rechtsaußen. Was dabei nicht allein an Schulzes Sicht auf den Versailler Vertrag festgemacht werden sollte. Denn nicht nur er lehnt die harten Bandagen ab, die dieses Vertragswerk Deutschland auferlegt. Dass sich hier dringend etwas ändern muss, ist damals allgemeiner Konsens in allen politischen Lagern des Landes. Und Schulze sieht zudem, anders als die Nazis, eher den Weg, über eine Reform des Vertragswerks zum Ziel zu kommen als durch brutale Gewalt. Dennoch, Schulze scheut die klaren Worte nicht, nimmt keines dieser sprichwörtlichen Blätter vor den Mund. In der ersten *DNN*-Ausgabe 1931 schreibt er beispielsweise über das zehnjährige Bestehen der Reichswehr. Jener Reichswehr, mit der das Blatt ja wie beschrieben, wenige Jahre zuvor beim Kapp-Putsch im Untergrund eng zusammengearbeitet hatte. Schulze nutzt das Jubiläum, um auf die militärische Abrüstung einzugehen, die der Versailler

Vertrag von Deutschland einfordert: „*Unser Heer zählt 96 000 Soldaten und 4 000 Offiziere. Jeder Soldat mehr wäre eine Verletzung des Friedensvertrages. Deutschland hat sich skrupelhaft an die Abrüstungsbestimmungen (...) gehalten. Die Sieger selbst haben es dagegen bisher vorgezogen, die auch sie bindende Abrüstungsverpflichtung zu ignorieren. (...) Deswegen ist es unsere Pflicht der deutschen Oeffentlichkeit, zum Geburtstag unsrer Reichswehr erneut die Forderung zu erheben: Entweder die Welt rüstet ab gleich uns, oder sie bricht den Friedensvertrag, dann sind wir auch nicht mehr an dessen Bestimmungen gebunden.*" Muss man Schulze für diese Sätze nun zum Schämen in die äußerste rechte Ecke schicken? Ganz sicher nicht. Denn es ist schon damals, wie auch heute, die berechtigte Frage: Muss man denn von Themen die Finger lassen, nur weil sie zuvor auch schon die Rechtsaußen aufgegriffen haben? Das Etappenziel mag für Schulze wie für Hugenberg und Hitler dasselbe gewesen sein; nämlich die Knebelung Deutschlands zu lockern. Doch der Weg unterscheidet sich gewaltig. Und auch das letztendliche Ziel. Denn Schulze ruft damals nicht nach einem großmäuligen Deutschland, sondern nach einem starken, ernst genommenen Land. Bei Hitler und Hugenberg wissen wir Nachgeborenen, was sie wollten.

Warum also kippt Schulze in Wortwahl und Argumentation in den Wochen vor der Reichstagswahl Anfang März 1933 so gewaltig nach rechts? Es spricht beim Blick auf seine jüdische Frau Marta Fraenkel einiges dafür, dass es letztlich ein brauner Tarnanzug gewesen sein könnte, in den Schulze wie in eine schützende Rüstung stieg. Und aus dem er dann nicht mehr herauskam. Hat er also in den Wochen vor der Wahl quasi für den Ernstfall vorgebaut? Da bisher leider keine Aufzeichnungen aufgetaucht sind, kann allerdings auch nicht ausgeschlossen werden, dass Schulze das Ganze durchaus ernst gemeint hat. Vielleicht hat er nach all dem nervigen Hin und Her der immer wieder gescheiterten Versuche einer Regierungsbildung seit Mitte 1932 einfach den Glauben an die Weimarer Demokratie verloren – wenn er ihn denn überhaupt jemals hatte. Vielleicht sah er tatsächlich nur noch den Ausweg in einem starken Mann? Einem Mann – oder zumindest einer Richtung – rechts von den Konservativen, um auch endlich das Thema „Versailler Vertrag" lösen zu können. Es bleibt Spekulation. Aber es bleiben auch Schulzes gedruckte Worte. Und die haben es den Verführern um Hitler und Hugenberg am Ende wohl tatsächlich in Dresden noch ein Stück leichter gemacht.

Theodor Schulze – aus den USA ins Aus

Ernsthaft tiefe Sorgenfalten dürften die *Neuesten Nachrichten* unter Wollfs Nachfolger Theodor Schulze den braunen Machthabern nicht in die Stirn gegraben haben. Obwohl Journalisten damals unter einer Art Generalverdacht standen, sie könnten hier und da zwischen den Zeilen unauffällig das eine oder andere kritische Pflänzchen wuchern lassen. Nicht zuletzt Schulze, der ja mit der Jüdin Dr. Marta Fraenkel verheiratet gewesen war und sich 1935 nur pro forma von ihr hatte scheiden lassen. So konnte sie weitgehend unbehelligt ins Ausland fliehen. Aber das Ganze diente wohl auch seinem eigenen Schutz. Dennoch, so naiv waren die Dresdner Geheimdienstverantwortlichen damals sicher nicht, dass sie mit einer Pro-forma-Scheidung nicht gerechnet haben dürften. Schulze musste also auf der Hut sein. Dass diese Trennung von Marta Fraenkel nur Fassade war, beschreibt auch *DNN*-Kulturredakteur Karl Laux in seinen Erinnerungen: Schulze *„hielt enge Verbindung mit ihr aufrecht, nachdem sie mit seiner Hilfe nach Belgrad, nach Brüssel, nach Paris und schließlich in die USA geflohen war. Im Herbst 1938 besuchte er sie in Brüssel (...), obwohl er wußte, daß ihn die Nazis, weil sie ihm nicht trauten, scharf beobachteten.*" Vielleicht kämpfte Schulze also tatsächlich deshalb nach dem März 1933 an vorderster brauner Verbalfront, um diesen Verdacht zu zerstreuen?

Doch die Nazis pfeifen Schulzes Spiel letztlich ab. Als er von der erwähnten Reise zu seiner geschiedenen Frau nach Dresden zurückkommt, wird er bei der Ankunft von der Gestapo verhaftet, verhört und anschließend fristlos entlassen, schreibt Laux. Unklar ist hingegen, ob Schulze Marta Fraenkel tatsächlich, wie sich Laux erinnert, in Brüssel traf. Oder ob sie zu dieser Zeit nicht längst schon in New York, USA, gewesen ist – und sicher nicht für dieses Treffen ins für sie lebensgefährliche Europa zurückgekehrt sein dürfte. Simone Ladwig-Winters schreibt jedenfalls 2009 in ihrem Buch *Ernst Fraenkel – ein politisches Leben*, Marta Fraenkel sei bereits im April 1938 in die US-Metropole auswandert. Dort bekam sie als Ärztin eine Anstellung bei einer halbstaatlichen Organisation. Im November 1938 habe Marta Fraenkel ihren Exmann Schulze hier begrüßt, notiert die Autorin jedenfalls.[591] Schulze dürfte also wohl tatsächlich nach New York geflogen sein, nicht nach Brüssel. Der Reisezeitpunkt dürfte dabei eher der Jahreswechsel 1938 zu 1939 gewesen sein. Denn Anfang Dezember 1938 taucht Schulze noch regelmäßig mit aktuellen Texten in den *Neuesten Nachrichten* auf. Mit einer wohlwollenden Rezension über ein Buch zum Kampf gegen den Bolschewismus im russischen Bürgerkrieg 1919/1920 zum Beispiel, mit einem Leitartikel über Mut zu sächsischem Patriotismus in Deutschland und auch mit der Reaktion auf einen aus seiner Sicht antideutschen Kommentar in der englischen Zeitschrift *Times*. Am 24. Dezember 1938 ist dann hinter Schulzes Namen im Impressum der Zusatz „verreist" zu lesen. Eine damals durchaus übliche Praxis, wenn leitende Mitarbeiter einige Wochen nicht in der Redaktion sind. Dr. Alfred Rapp – für Innenpolitik zuständig – vertritt Schulze nun vorübergehend beim Thema „Außenpolitik". Doch am 28. Februar 1939 ist Theodor Schulze klammheimlich aus dem Impressum verschwunden. Hauptschriftleiter ist nun sein bisheriger Stellvertreter Dr. Paulus Lambrecht, und Schulzes Außenpolitikressort geht fest an Alfred Rapp, der jetzt laut Impressum insgesamt fürs Thema „Politik" verantwortlich ist.

Ab März 1939 hat Schulze also keinen Zutritt mehr zur Redaktion am Ferdinandplatz. Was er dann tut, ist bisher unbekannt. Nach dem Krieg taucht er 1945 als Redakteur bei der *Täglichen Rundschau* im sowjetisch besetzten Ostberlin auf.[592] Und er schreibt nun ausschließlich unter seinem neu zugelegten Doppelnamen Theodor Schulze-Walden. Die *Tägliche Rundschau* wird ab 15. Mai 1945 bis Ende 1955 von der Roten Armee für die deutsche Bevölkerung in der sowjetischen Besatzungszone und späteren DDR herausgegeben. Und das in Hamburg erscheinende westdeutsche Nachrichtenmagazin *Der Spiegel* schreibt 1955, Schulze habe als *Rundschau*-Redakteur den sowjetischen Herausgebern Anfang des Jahres vorgeschlagen, eine Zweigredaktion in Bonn einzurichten. Am bundesdeutschen Regierungssitz. Zudem habe sich Schulze-Walden auch gleich noch selbst als Chef dieser Redaktion ins Spiel gebracht, wollen die Redakteure erfahren haben. Allerdings ist in dem Beitrag auch zu lesen, Schulze sei bis Kriegsende Chef der *Dresdner Neuesten Nachrichten* gewesen und hätte dort unmittelbar vor dem Einmarsch der Roten Armee in einem Beitrag unter dem Titel *Die rote Flut* vor einer Machtübernahme durch die Russen gewarnt, die dann die Kultur ruinieren würden.[593] Aber weder war Schulze 1945 Chef der *DNN*, noch gab es das Blatt zu dieser Zeit überhaupt noch, wie gleich zu lesen sein wird. Für die *Neuesten Nachrichten* jedenfalls kann er diesen Text nicht geschrieben haben. Richtig ist aber, dass sich Schulze während seiner Zeit bei den *Neuesten Nachrichten* nicht als Freund der Sowjetunion hervorgetan hat.

Nach Kriegsende lebt Schulze-Walden in Berlin-Charlottenburg, war aber offenbar zumindest gelegentlich in Dresden. Das legt ein Brief des ehemaligen *DNN*-Musikredakteurs Karl Laux an seinen einstigen Chef Schulze nahe. Am 26. Januar 1946 freut sich Laux in besagtem Brief zunächst, dass er ihn „*wiedergefunden*" habe und dass sie „*beide wieder bei der gleichen Zeitung arbeiten*". Denn auch Laux schreibt von Dresden aus für die *Tägliche Rundschau*, verfasst Musikkritiken, während Schulze-Walden aus dem Westteil Berlins in den Osten pendelt und in der Redaktion an der Göhrener Straße im Prenzlauer Berg für politische Texte verantwortlich ist. Laux hofft, Schulze-Walden demnächst auch wieder persönlich die Hand schütteln zu können, da Schulze-Walden bei Professor Kastner, der nicht weit weg von Laux' neuer Wohnung am Altmarkt zu Hause ist, gesehen wurde. Das jedenfalls, schreibt Laux nach Berlin. Hermann Kastner ist zu dieser Zeit sächsischer Justizminister – 1949 wird er für knapp zwei Jahre stellvertretender Ministerpräsident der frisch gegründeten DDR und Chef seiner Partei, der liberaldemokratischen LDP. Wenig später gerät Kastner allerdings wegen vermeintlicher Verschwendungssucht und Korruption in die politische Schusslinie. Offenbar ein Vorwand. Er fiel wohl eher internen Machtspielchen in seiner Partei zum Opfer, wie das Nachrichtenmagazin *Der Spiegel* im Juli 1953 in seiner Rubrik *Sowjetzone* schreiben wird. Kastner wurde 1951 offiziell rehabilitiert – floh dann aber fünf Jahre später in den Westen. Jener Hermann Kastner übrigens, der nach dem bereits erwähnten Hinkemann-„Skandal" 1924 am Dresdner Schauspielhaus als Landtagsabgeordneter der Demokraten – er war Ostsachsenchef der Deutschen

Demokratischen Partei – eine kritische öffentliche Anfrage zu den von Rechten organisierten Tumulten in der Aufführung des Antikriegsstücks Ernst Tollers gestellt hatte. Er hatte dabei von einer vorbereiteten und beschämenden Aktion gesprochen und Konsequenzen gefordert, um „ähnlichen Vorgängen künftig vorzubeugen".[594] Wie eng die Beziehung Schulze-Waldens zu Kastner war und ob er ihn tatsächlich in Dresden besucht hat, ist offen. Große Lust auf große Auftritte in Dresden hat Schulze-Walden offensichtlich nicht. Denn 1960 lädt ihn Laux am 22. April per Brief wiederholt zum Vortrag in den *Dresdner Klub* des Kulturbundes der DDR ein; Schulze-Walden soll einen politischen Vortrag halten. Reagiert aber offenbar erneut nicht.[595] Ein gutes Jahr später ist das Ganze ohnehin hinfällig, da sich Schulze-Walden mit dem Bau der Berliner Mauer im August 1961 für seinen Westberliner Wohnsitz entscheiden wird. Bis dahin arbeitet er – nach dem Einstellen der *Täglichen Rundschau* im Juni 1955 – unter anderem auch für den DDR-Rundfunk. Denn am 22. Juni 1961 schreibt er an seinen einstigen Kollegen Karl Laux in Dresden unter einem Briefkopf des Staatlichen Rundfunkkomitees der DDR mit Sitz in Berlin-Oberschöneweide an der Nalepastraße.[596]

In der Redaktion der *Täglichen Rundschau* arbeitet Schulze-Walden übrigens auch mit dem später sehr erfolgreichen und von den politisch Mächtigen ungeliebten DDR-Schriftsteller Stefan Heym zusammen. Wie auch mit dem Historiker Wolfgang Leonhard, der ab den 1950er Jahren im Westen als Russland-Experte populär wird. Zudem erscheinen 1946 mindestens zwei Bücher Schulze-Waldens im *Rundschau*-Verlag: das 54-seitige *Pioniere der deutschen Demokratie* und das 48 Seiten starke *Probleme der Demokratie.* Er stirbt 1981 in Westberlin.[597]

Helden-Reportagen für den Endsieg

Die *DNN* werden nach dem Rauswurf Schulzes also von Dr. Paulus Lambrecht geführt. Als Politikchef agiert nun Alfred Rapp. Mit dem beispielsweise in der Weihnachtsausgabe 1938 die „großdeutschen Weihnachtsgefühle" durchgegangen waren, als er nach der eher weniger freiwilligen Abtretung des Sudetenlands durch die Tschechoslowakei an Deutschland freudetaumelnd jubelte: *„Großdeutsche Glocken haben die deutsche Weihnacht 1938, die erste großdeutsche Weihnacht, eingeläutet. In der Ostmark, im Sudetenland ist ihre eherne Stimme erschollen, und ihr erzener Klang ist in die Seele jedes Deutschen gedrungen, in die Herzen all der achtzig Millionen, die nun vereint das Fest der deutschen Seele feiern!"* Rapp hatte vor seiner Dresdner Zeit in Mannheim bei der *Neuen Badischen Landeszeitung* gearbeitet, bis diese 1934 eingestellt worden war. Und Rapp wird dann nach dem Zweiten Weltkrieg, in den Jahren von 1953 bis 1965, Präsident des Deutschen Presseclubs[598] in der Bundesrepublik – zudem gehörte er, wie es aus einschlägigen Kreisen heißt, zu den bevorzugten Journalisten des damaligen Bundeskanzlers Konrad Adenauer.[599] Von großdeutschen Glocken wird er dann wohl aber nicht mehr zu berichten gewusst haben.

Doch zurück ins Jahr 1939: Deutschland entzündet im September den nächsten Weltbrand. Und zunächst können auch die *Neuesten Nachrichten* die anfänglichen Erfolge bejubeln. Erfolge? Gibt es die in einem Krieg? Mit den Jahren aber werden selbst die kleinen Siege immer seltener und stattdessen die durch den Krieg verursachten wirtschaftlichen Probleme immer größer – und das ist dann auch den *DNN* zunehmend deutlicher anzumerken: 1942 hat das Blatt meist nur noch sechs Seiten täglich. Genügend Platz für Durchhaltepropaganda gibt es trotzdem. Auf einer vollkommen neu gestalteten dritten Seite nämlich. Hier werden nun Reportagen von der „Heimatfront" platziert, wie es damals heißt. Deutschland ist im Krieg – und damit ist quasi jeder im Krieg, so die Denkweise der Nationalsozialisten. Ob an der realen Front oder zu Hause, der „Heimatfront" eben. Jeder wird ein kleines Zahnrad in der übergroßen Kriegsmaschinerie, die sich von Deutschland aus ihren Weg durch Europa und sogar bis nach Afrika und Asien gefressen hat. Nun jedoch gerät das Räderwerk mehr und mehr ins Stocken. Aber davon ist in den Zeitungen – an der „Heimatfront" – nichts zu lesen. Stattdessen werden Heldengeschichten erzählt. Mit vielen Fotos untermalte Reportagen, um zum Beispiel die „Helden" in den heimischen Rüstungsbetrieben zu feiern. Wie in der Doppelausgabe vom 1. und 2. Mai 1942: *„Die Heimat, voran der deutsche Arbeiter, weiß, was sie dem Soldaten schuldig ist: Einsatz bis zum letzten! Soldat, Arbeiter und Bauer, die drei Garanten deutscher Zukunft, kämpfen gemeinsam bis zum Endsieg. Neben dem Heldenlied des Frontsoldaten klingt das Hohelied der Arbeit, die notwendig ist, um dem Soldaten seine scharfen Waffen zu schmieden. (…) Vom Hohelied der Arbeit erzählt dieser Bericht."* Realitätsnegierende „Helden-Reportagen", ätzende Propaganda. Beim Lesen der Zeilen wird deutlich: Auch die unter Wolff einst kulturvollen und sprachgewitzten *DNN* sind längst dem nationalsozialistischen Sprachstil verfallen. Diese versatzstückartig in die Zeilen gerammten Propagandafloskeln verbreiten auch hier dieses klebrige nationalistische Pathos: *„Manchen technischen Fortschritt verdankt das riesige Werk dem Arbeiter der Faust."* Und so wird die fast schon als mystisch umjubelte Verwurzelung mit der deutschen Heimat ebenso gepriesen *„(…) und doch war es deutscher Boden, der einst mit deutschem Blut getränkt. Deutsche Scholle, an der jeder Bauer mit ganzem Herzen hing"*, wie die Arbeiter in diesen Beiträgen stets zu Helden werden: *„In der nächsten Halle schlägt uns atemberaubende Glut entgegen. (…) ‚1300 Grad', sagt der Betriebsführer. (…) Und hier schaffen deutsche Männer."* Da schwingt der Schreiber also die ganz große Verbalkeule auf die geplagten Köpfe der Leser. Und auch der Aufbau der Beiträge entspricht der Propaganda des NS-Staates. Am Anfang werden die vergangenen, wirtschaftlich schlechten Zeiten beschrieben: *„Irgendwo im mitteldeutschen Raum rang auf einem breiten Sandbuckel der Bauer dem kargen Boden karge Ernte ab."* Dann kommt die neue Zeit, die aus

NSDAP-Sicht selbstredend segensreiche NS-Zeit: „*Und was die Natur einst der ganzen Gegend versagte, bringt heute die Technik: den Segen der Arbeit. Es ist Arbeit, Wertarbeit, die hier von deutschen Arbeitern geschaffen wird. (…) Tag und Nacht rollen jetzt die Räder.*“ Am Ende des Beitrages wird schließlich mit euphorisch jubelnden Wortfanfaren das große Ziel ganz unverblümt beim Namen genannt: „*Sie schaffen für uns, für Adolf Hitlers Reich und Volk, für des Führers Soldaten bis zum endgültigen Sieg!*“ Es ist vollbracht, zumindest hier, auf dem immer dünner werdenden Zeitungspapier der *DNN*.

Wobei die Ausgaben im Juni 1942 dann meist nur noch vier Seiten haben. Die Endsiegpropaganda muss sich nun immer kürzer fassen.

Das erzwungene Ende

Die *Neuesten Nachrichten* schleppen sich in den Jahren nach 1940 inhaltlich dahin. An die große, weltoffene *DNN* unter Wolff erinnert dieses traurige NS-Werbeblättchen längst nicht mehr. Diese einst so weltgewandte Zeitung stirbt unter den braunen Spießbürgern einen zehn Jahre währenden quälenden Tod. Der kommt dann am 15. März 1943 endgültig. An diesem Tag werden nicht nur die damals fast hundertjährigen *Dresdner Nachrichten* dem NSDAP-Blatt *Der Freiheitskampf* angegliedert. Sondern gleichzeitig werden auch die *Dresdner Neuesten Nachrichten* mit dem *Dresdner Anzeiger* zusammengelegt. Traditionsreiche Namen treten damit von der nun nicht mehr wirklich großen Zeitungsbühne ab, auf die sich jetzt eine „neue“ Zeitung quält: *Dresdner Zeitung* heißt der erzwungene Zusammenschluss von *DNN* und *Anzeiger*. Wobei sich Redaktion und Verlag des Blattes zusätzlich aus ehemaligen Mitarbeitern der *Dresdner Nachrichten* zusammensetzen. Der Verlag bleibt im *DNN*-Gebäude am Ferdinandplatz – heißt jetzt aber Hans Hornauer KG. Hans Hornauer – über dessen NS-Karriere noch ausführlicher zu reden sein wird – ist gleichzeitig auch der Geschäftsführer des NS-Gauverlags Sachsen.[600] Der gibt seit Jahren die Nazipostille *Freiheitskampf* heraus. Und sitzt längst am Wettiner Platz, wo einst die sozialdemokratische *Volkszeitung* ihre Redaktion hatte, bis sie von den Nazis verboten worden war. Nun zieht auch die Redaktion der neuen *Dresdner Zeitung* hierher um.[601] Tür an Tür mit dem *Freiheitskampf* – totale inhaltliche Kontrolle über die beiden noch verbliebenen Dresdner Tageszeitungen also. Als Hauptschriftleiter der *Dresdner Zeitung* fungiert formal Dr. Hans-Georg Schlicker, der jedoch im Kriegseinsatz an der Front ist, wie es im Impressum heißt. Eigentlicher Redaktionsleiter ist deshalb Schlickers Stellvertreter Dr. Paulus Lambrecht von der einstigen *DNN*. Für die Politik ist Hans Kirmse zuständig, und als kulturpolitischer Redakteur – auch hier also die Politik – arbeitet Dr. Karl Laux, ebenfalls zwei *DNN*-Leute. Auch um die Wirtschaft kümmert sich mit Herbert Bruchmüller ein ehemaliger *DNN*-Redakteur. Neuer Sportredakteur wird Arno Neumann von den *Dresdner Nachrichten*, und für Lokales ist Friedrich Baumann vom *Anzeiger* verantwortlich. Die Auflagenzahl der *Dresdner Zeitung* ergibt sich aus der Summe von bisher täglich 118045 verkauften *DNN* und 50610 *Dresdner Anzeigern*.[602] Am Ende ist das Ganze auch irgendwie nur konsequent, könnte ein sarkastischer Kommentar lauten. Wirklich unterschieden haben sich die beiden Zeitungen zuvor sowieso kaum noch. Sie durften es nicht. Ein gefährlich einfältiges System sieht Vielfalt schließlich als Bedrohung.

Wollf – die dramatischen letzten Jahre

Das letzte Treffen

Sie kann es kaum glauben. Vor der Wohnungstür steht Theodor Schulze. Lächelnd steht er da im Treppenhaus. „Sie?", fragt Hulda Grille schließlich, als sie sich wieder gefasst hat. In den letzten Monaten hatte die treue Haushälterin der Wollfs nur noch selten die Tür öffnen müssen. Es ist deutlich ruhiger geworden bei den Wollfs. Kein Vergleich zu den Jahren bis 1933, als es für viele durchaus schick – und vor allem lukrativ – gewesen war, sich unter die interessanten Menschen im regelmäßig gut gefüllten Salon der Villa zu mischen. Hier an der Franz-Liszt-Straße. Kluge Gespräche mit klugen Köpfen waren das. Namhafte Gäste. Aber nun trauen sich nur noch wenige von ihnen ins Haus eines Juden. Selbst die treue Haushälterin hat schon ab und an mit dem Gedanken gespielt, sich von den Wollfs zu verabschieden. Das Getuschel, dieser offene und vor allem dieser versteckte Hass gegen Juden und die, die ihnen helfen, machen mitunter einsam. Und schüren Angst. Aber sie will sich keine Angst machen lassen; schließlich hat sie den Wollfs viel zu verdanken. Vielleicht will sie – gar ohne es zu ahnen – auch etwas gutmachen an den beiden? Etwas gutmachen für all die anderen da draußen, in diesem unwirtlich gewordenen Dresden? Die Wollfs haben es nicht verdient, dass mit ihnen so umgegangen wird, sagt sie sich immer wieder, dass sie wie Aussätzige behandelt werden, auch von denen, die es noch vor Jahren unbedingt in den begehrten und renommierten Freundeskreis der Wollfs schaffen wollten. Hulda Grille – die von den Wollfs stets respektvoll Fräulein Grille genannt wird – hat sich entschlossen, den Wollfs zumindest noch ein wenig Normalität zu erlauben; mitten in diesem Wahnsinn. Wenigstens, solange das noch möglich sein wird. Sie spürt, dass diese Zeit abläuft. Und sie spürt auch, dass sie durchaus argwöhnisch beobachtet wird. Schließlich ist sie Arierin, wie es nun heißt, seit man auch in Dresden Menschen in Kategorien einteilt, die den vermeintlichen Wert eines Menschen klarstellen sollen. Den Wert eines Menschen? Und so schaut sie sich mitunter ein wenig gehetzt um, wenn sie sich der Villa nähert. Wem kann sie noch trauen? Den Mietern in der Hausmeisterwohnung im Keller des Hauses? Dem Mechaniker Otto Vogler und seiner Frau Emma, die Mitte 1936[603] *eingezogen waren. Vogler geht den Wollfs seither als Hausmeister zur Hand; auch seine Frau hilft mit. Kann man ihnen trauen? Hulda Grille weiß es nicht. Aber was weiß man schon in diesen Tagen? Sie weiß nur, dass die Mächtigen in ihren braunen und schwarzen Uniformen genau diese Unsicherheit schüren wollen. Niemand soll sich sicher sein dürfen. Ein Regime der Angst, hatte Julius Ferdinand Wollf es genannt, als sie ihm vor einiger Zeit mal ihr Herz ausgeschüttet hatte.*

Und nun, an diesem vorletzten Februartag 1939, steht da ausgerechnet Theodor Schulze. Nach diesem Besuch wird er mit enormen Schwierigkeiten durch die Geheime Staatspolizei zu rechnen haben, fürchtet sie. Rund um die Häuser von Juden sind die Augen und Ohren der Spitzel ganz besonders aufmerksam. „Ich möchte zu Julius", sagt Schulze mit einem wirklich gutmütigen Lächeln. Er weiß genau, was da gerade in dieser stets freundlichen Frau vor sich geht. Und entgegnet ungefragt: „Fräulein Grille, machen Sie sich keine Sorgen um mich, ich bin bei den Neuesten Nachrichten *entlassen worden." Und mit einem ironischen Gesichtsausdruck schiebt er gleich noch hinterher: „Mir kann also nicht mehr viel passieren." Wobei durchaus die sarkastische Gewissheit mitschwingt, dass genau das nicht stimmt. „Aber ob er Sie erkennen wird?", fragt die Haushälterin mit gedämpfter Stimme. Das Augenlicht Wollfs war immer schwächer geworden, seit er an dieser fürchterlichen Augenkrankheit leidet.*

„Wer ist da an der Tür?", fragt Julius Ferdinand Wollf, im Sessel sitzend. „Sie werden staunen, Herr Professor!", beeilt sich Hulda Grille zu antworten – und klingt fast so aufgeregt wie ein junges Mädchen, das ihren Eltern gerade den ersten Freund vorstellen will. „Ich bin's, Julius", kommt ihr Schulze zuvor und tritt mit festen Schritten ins Zimmer. „Theodor?", die Stimme Wollfs hat plötzlich etwas Unsicheres. Wollf steht auf. Ein Mann, schneller gealtert, als es die Natur eigentlich mit ihm vorgehabt hatte. Seine Haut ist blass, die Wangen sind eingefallen. Die Demütigungen haben ihm zugesetzt. Dennoch lächelt er. Fast sogar glücklich. „Du traust dich hierher …" Schulze weiß nicht, ob Wollf die Spitzel meint – oder ob er auf die Umstände der Entlassung anspielt, damals, Ende März 1933, als die DNN *Wollf beinahe nicht schnell genug loswerden konnten. Damals, als Schulze die Leitung der Redaktion übernommen hatte. Die meisten der Redakteure hatten daraufhin den Kontakt vermieden. Nur die Haushälterin hatte hin und wieder ein paar neugierige Fragen der alten* DNN-*Kollegen beantworten müssen. Draußen, dann und wann, wenn man sich zufällig auf der Straße getroffen hatte. „Aber ich weiß ja", nimmt Wollf seine Leute, die längst nicht mehr seine Leute sind, in Schutz, als er sich schwerfällig*

und matt wieder zurück in seinen Sessel fallen lässt: „Ich weiß ja, ihr würdet große Schwierigkeiten bekommen." Er drückt Schulze fest die Hand. Zieht ihn, nach kurzem Zögern, sogar zu sich herunter und umarmt ihn. „Du hast dich lange nicht mehr blicken lassen", sagt Wollf dann fast ein wenig vorwurfsvoll. Schulze atmet auf. Und er räumt in seinen Gedanken ein, tatsächlich ewig nicht mehr hier gewesen zu sein. Diese Zeiten lassen wenig Zeit, beeilt er sich zu denken. „Aber wieso jetzt?", fragt Wollf in einem Tonfall, in dem eine Ahnung liegt. „Es ist vorbei", sagt Schulze. Er bemüht sich, möglichst gelassen zu klingen. „Es war zu befürchten", Wollf klingt fast väterlich. Natürlich wusste er um die nur formale Scheidung Schulzes von Marta Fraenkel. Und dennoch ertappte er sich manchmal beim Gedanken, sich bei diesem Theodor Schulze nicht ganz sicher zu sein. Wollf hatte begonnen, diese Stadt zu hassen. Und die Menschen. Die Enttäuschung frisst sich beinahe jeden Tag ein Stück tiefer in ihn hinein. Dieses Vergessenwerden macht ihn krank. Seelisch. Mehr und mehr auch körperlich. Darauf setzen sie, hatte Wollfs jüdischer Freund Victor Klemperer ihm mal gesagt, als sie sich vor ein paar Monaten per Zufall trafen. Mit „sie" hatte Klemperer diese neuen Herren gemeint. Dass aber beinahe alle mitspielen, davon ist Wollf enttäuscht. Und entsetzt.

Schulze steht auf, geht zur Tür, um der Haushälterin das kleine silberne Tablett mit den Teegläsern abzunehmen: „Lassen Sie nur, ich mach das schon", sagt er freundlich. Er stellt eines der Gläser zu Wollf und beginnt den Zucker zu verrühren. „Ich habe Marta vor einigen Tagen in New York besucht", erzählt Schulze. „Als ich wieder in Dresden ankam, hat mich die Gestapo verhaftet." Schulze trinkt. Fast hastig. Es bewegt ihn. „Mal wieder; aber diesmal war es schlimmer als sonst ..." Er stellt das Teeglas ab und geht ans Fenster; Details will er seinem selbst mit solchem Seelenschmerz geplagten Freund nicht aufbürden. Schulze starrt in diesen dunkel werdenden Winternachmittag hinter der Fensterscheibe, er blickt hinaus auf die ruhige Straße und den unschuldig weißen Schnee. Aber die Anspannung ist ihm deutlich anzumerken. „Aber du hättest doch ahnen müssen, dass sie dich beobachten", sagt Wollf. Und er sagt es wieder mit diesem väterlichen Ton. Schulze dreht sich zu ihm: „Ja, natürlich" – seine Stimme klingt nun wieder ganz ruhig. „Aber vielleicht hatte ich dieses Versteckspiel auch irgendwie satt ..."

Wollf quält sich aus dem Sessel, tastet sich mit schwerfälligen Schritten zu Schulze, legt ihm die Hand auf die Schulter. „Und jetzt?", drängt Wollf noch einmal. „Ich weiß es noch nicht", antwortet Schulze, noch immer nach draußen starrend – er wirkt abwesend. „Es wird wohl Krieg geben", sagt Wollf unvermittelt. „Dieser Hitler macht wahr, was er verspricht." Schulze sagt nichts. Er sieht zu Wollf, und sein Gesicht trägt einen fast wehmütigen Ausdruck. Er weiß, dass sich ihre Wege nun für längere Zeit trennen werden. Vielleicht für immer. Vielleicht war es dieses Gefühl, das Schulze unbewusst noch einmal zu seinem langjährigen Freund drängte. „Danke, für alles“, sagt Schulze dann an der Tür. Und es klingt tatsächlich nach einem endgültigen Abschied.

Ein Student holt Wollf zurück ins Leben

Was ist das für ein Land, in dem das totale Auslöschen eines Lebens möglich ist? Und zwar so radikal, dass man es nicht „einfach“ dabei belässt, einen Menschen zu töten. Sondern ihn schon zuvor ausradiert: seine Biografie, seine Leistungen, ja sogar seinen Namen. So, als hätte es diesen Menschen nie gegeben. Ein langsames Töten, eines bei lebendigem Leibe sozusagen. Und dieses Töten dauert quälend lange.

Fünf Jahre sind seit dem 31. März 1933 vergangen. Seit Wollfs letztem Tag als Verleger und Chef seiner geliebten *Neuesten Nachrichten*. Aus den Fenstern des stolzen *DNN*-Gebäudes war das Neue Rathaus zu sehen gewesen, vor dem bereits die roten Hakenkreuzfahnen der Nazis hinterhältig fröhlich im kalten Wind flatterten. Wie ein Zeichen der Eroberer, die sich Meter um Meter fremden Bodens gierig krallen, um dann als Erstes eine Fahne in die Erde zu rammen: „*Besetzt!*“ In seinem geräumigen Büro, an seinem schweren Schreibtisch, vor dieser beeindruckenden Bücherwand, hatte Wollf nur wenige Wochen zuvor seine letzte große Theaterrezension verfasst. Am 11. Februar 1933 war sie erschienen. Sein letzter Text überhaupt. Dass es mit dem Drama *Andreas Hollmann* des schlesischen Autors Hans-Christoph Kaergel ausgerechnet ein Stück sein musste, in dem sich die Minderheit der deutschen Schlesier gegen die aktuelle Unterdrückung durch Polen in ihrer Heimat wehrt, ein Stück voller deutschem Pathos – war das eine sarkastische Laune des Schicksals gewesen? Wobei Wollf sich vor Stück und Autor gestellt hatte: „*Hier spricht keine Parteientendenz, keine Verunglimpfung eines anderen Volkes und Staates. Diese Feststellung erscheint gegen jede Entstellung notwendig.*“ Und was hier ein wenig wie ein Nebensatz daherkommt, hat Wollf wohl mit Sicherheit als Hauptsatz gemeint. Allerdings macht Wollf auch kein Hehl daraus, wie nah ihm das Schicksal der Schlesier geht. Wohl auch wegen seiner engen Freundschaft zu Gerhart Hauptmann, dem großen schlesischen Dichter, der sich aus Dresden längst wieder in seine stillen schlesischen Berge zurückgezogen hatte. Aber ebenso, weil Wollf es als Unrecht ansieht, Minderheiten aus ihrer angestammten Heimat zu vertreiben. Ihnen ihre Kultur und Sprache nehmen zu wollen und sie damit auszulöschen. Es sind fast schon philosophische Gedanken, die er da 1933 zu Papier bringt. Solche Gedanken werden nun fehlen in Dresden. Aber wird es Dresden bemerken in dieser aufgewühlten Zeit? Der Zeit des politischen Umbruchs. Der Hoffnungen. Der Ängste.

Und auch im Hygiene-Museum ist Wollfs Rat nach dem Frühjahr 1933 plötzlich nicht mehr gefragt. Wollf, eine der „*wichtigen Stützen, auf denen der Bau der Ausstellung ruht*“,[604] wie es nur gerade mal drei Jahre zuvor noch salbungsvoll bei der Eröffnung durch den Saal klang. Am 29. Mai 1933 war Wollf aus dem Vorstand des Deutschen Hygiene-Museums öffentlich entlassen worden. Er ging freiwillig, wie es anschließend ganz offiziell und beinahe höhnisch hieß: *„Hierauf nahm man die Rücktrittserklärung sämtlicher gewählter Vorstandsmitglieder zur Kenntnis."*[605] Freiwillig? Es war eine politische Säuberung, wie es im Nazisprech reinwaschend umschrieben wurde. Bereits auf der Vorstandssitzung am 12. Mai 1933 war die politische Einstellung einiger Angestellter ausgewertet worden: *„Es sind Anzeigen erfolgt. Die Museumsleitung hat Fragebögen an sämtliche Angestellte und Arbeiter herausgegeben, um die politische Parteizugehörigkeit zu prüfen."*[606]

Nein, Dresden wollte das Fehlen Wollfs nicht bemerken. Nur gut fünf Jahre später ist Wollf aus dem Geschichtsbuch der Stadt beinahe vollständig radiert. Und aus ihrem Gedächtnis. Bis ein junger Student aus Dresden an der philosophischen Fakultät der Universität Leipzig im Bereich der Zeitungswissenschaft eine wissenschaftliche Arbeit vorlegt: der bereits mehrfach zitierte Hans-Joachim Hofmann. Er erwähnt Wollf nun 1938 sehr prominent und ausführlich in seiner Doktorarbeit zur Geschichte der *DNN*. Ein Jahr später bekommt Hofmann dafür seinen Doktortitel, und 1940 liegt das Ganze dann auch als gedrucktes Buch vor. War sich Hofmann des Risikos bewusst? Es war wohl durchaus mutig, den *„Juden Wollf"* aus dem politisch gewollten Schatten zurück ins Licht zu holen, ihm gleich mehrere Kapitel zu widmen. Aber eine wissenschaftliche Beschreibung der Entwicklung der *Neuesten Nachrichten* ohne Wollf, das wäre dann offenbar sogar den geistig stramm stehenden Nazis in den Leipziger Hochschulbüros irgendwie gegen die Wissenschaftlerehre gegangen.

Nach Kriegseinsatz und Gefangenschaft wird Hofmann im Juli 1950 in Dresden zum *Sächsischen Tageblatt* kommen, leitet später die Lokalredaktion bis ins Jahr 1979 – geht dann in Rente. Wer Hofmanns Doktorarbeit aus der Nazizeit liest, dem dürfte dabei klarwerden, dass dieser junge Mann 1938 nicht nur allein durch die Erwähnung Wollfs auf einem gefährlich brodelnden Vulkan tanzte. Denn gefährlich nah an den Krater dieses Vulkans hätte Hofmann vor allem der Fakt schieben können, dass er nicht etwa herablassend auf Wollf hinunterblickt. Im Gegenteil, es ist deutliche Hochachtung herauszulesen. Hofmann beschreibt Wollfs Zeit bei den *Neuesten Nachrichten* als erfolgreiche Periode des Blattes. Gar als die erfolgreichste bis dahin überhaupt. Immerhin, so lobt Hofmann, habe Wollf die Geschicke der *Neuesten Nachrichten* klug durch Weltkrieg, Weltwirtschaftskrisen und die unsteten politischen Zeiten der Weimarer Republik gelenkt. Und nur am Rande kommt dann der von den durch die NS-Brille lesenden Professoren sicher erwartete politische Seitenhieb, dass Wollf in seinen Rezensionen spürbar nach links gerückt sei und sich nicht mit der Sache des Nationalsozialismus gemeingemacht hatte. Dennoch: Es überrascht, dass die Nazis diese gedruckten Sätze Hofmanns – der während seines Studiums der SA und der NSDAP beitritt[607] – zuließen.

Ob auch Wolff selbst diese Arbeit Hofmanns gelesen hat? Vermutlich hat er davon gehört. Sicher sogar. Wolffs langjähriger Freund Theodor Schulze wird es ihm erzählt haben. Denn als Hofmann die Arbeit verfasst, leitet Schulze die Redaktion der *Neuesten Nachrichten* noch; viele Fakten und Ansichten der Arbeit stammen von ihm. Haben die Zeilen Wolff wieder etwas Mut zurückgegeben? Lebensmut? Doch ausgerechnet, als Hofmann die Sätze über Wolff in sein Manuskript tippt, brennen in Deutschland die Synagogen. Auch am Hasenberg in Dresden; am 9. November 1938. Die Nazis werden diesen brennenden Pogrom in ihrem pathetischen Legendenbildungsdeutsch später verklärend „Reichskristallnacht" nennen.

Heinrich Zerkaulen – Wollfs Irrtum

Es sind die Jahre des verzweifelten Grübelns für Wolff. Und in mancher Stunde des Gedankenwälzens wird Wolff auch klargeworden sein, dass er sich in manchem geirrt hatte. Im Politischen. Aber auch in Menschen. Eine dieser menschlichen Enttäuschungen dürfte Heinrich Zerkaulen gewesen sein. Ihn hatte Wolff aus der Arbeitslosigkeit geholt; der Perspektivlosigkeit. Er gab Zerkaulen 1931, mitten in wirtschaftlich und politisch schwierigen Jahren, die Chance auf eine gesicherte Existenz als Autor bei den *Neuesten Nachrichten*. Dennoch hatte es Zerkaulen 1933 nach dem Rauswurf Wollfs besonders eilig gehabt, Mitglied der NSDAP zu werden – und vor allem vergaß er zumindest genauso schnell Wollfs Hilfe. Es gibt keine Hinweise darauf, dass sich Zerkaulen für Wolff eingesetzt hätte, schreibt Josef Niesen, der sich seit 2011 intensiver mit der Biografie Zerkaulens befasst[608] – mit einem Mann, der dabei als durchaus typisch für diese Zeit durchgehen könnte. Und Zerkaulen ist wohl auch einer, der typisch ist, wenn es um die Umgebung Wollfs nach 1933 geht. Einer der vielen Opportunisten, die sich einst von Wollfs Freundschaft und Nähe Vorteile erhofften, sie ausnutzten und die ihn nun meiden, weil ihnen das jetzt wiederum Vorteile bringt. Heinrich Zerkaulen, geboren 1892 in Bonn am Rhein, wollte von früher Jugend an vor allem eines sein: Schriftsteller. Er wurde einer der produktivsten, auch viel gelobten seiner Zeit. Aber auch einer, dem nicht wenige einen übersteigerten Patriotismus bescheinigen. Einer, der nach 1933 den Nazis voll euphorischer Hingabe den literarischen Stuck für ihre kalte Architektur der Menschenverachtung liefert. Mit Kriegsbeginn 1914 hatte sich Zerkaulen begeistert als einer der ersten Freiwilligen zum Fronteinsatz gemeldet und machte nun quasi aus dem Schützengraben heraus mit blind taumelnd nationalistischer Kriegsdichtung auf sich aufmerksam. Die natürlich im Land der Krieger und Helden auch dankbar als Lesefutter an hungrige „Patrioten" verteilt worden war. 1916 wird Zerkaulen verletzt, bleibt aber als Sanitäter dem Militär treu – und schreibt weiter. Kurz vor Kriegsende 1918 geht er zur *Essener Zeitung*, wird Journalist. Bis ihn 1922 der Tod seiner Frau erstmals gewaltig aus der Lebensbahn wirft. Zwischenzeitlich war er körperlich und seelisch nicht mehr in der Lage, einer geregelten Arbeit nachzugehen. Ein Umzug nach Berlin bringt Zerkaulen den Lebensmut zurück.

Und die Liebe. Denn in Berlin heiratet er die Schauspielerin Marielotte Lensing, die eigentlich Maria Charlotte Johanna Marten heißt. Mit ihr führt sein Weg in den Jahren nach 1924 gen Dresden. Sie spielt regelmäßig an Dresdner Theatern; im April 1928 beispielsweise in *Peer Gynt* im Albert-Theater am Albertplatz.[609] Zerkaulen wird literarischer Leiter für die populären Dresdner Jahresschauen Deutscher Arbeit – also im heutigen Sprachgebrauch quasi Pressesprecher dieser großen, jährlich wechselnden thematischen Messen. Doch seine Leidenschaft bleibt die Literatur. Er veröffentlicht in dieser Zeit zahlreiche Romane. Aber wirtschaftlich erfolgreich ist Zerkaulens Schriftstellerei bis dahin nicht. Hinzu kommt, dass die Jahresschauen nach ihren großen Erfolgen zunehmend die Probleme der weltweiten Wirtschaftskrise zu spüren bekommen, so dass auch dieses Standbein Zerkaulens ein zunehmend zittriges wird.

Spätestens Ende 1926 treffen im Jahresschau-Verein auch Wolff und Zerkaulen erstmals aufeinander. Die anstehende Jahresschau 1927 ist bekanntlich dem Thema „Papier" gewidmet. Bei dieser Ausstellung spielt wie schon ausführlich erwähnt auch Wolff eine wichtige Rolle. Im Rahmen dieser Papier-Ausstellung – bei der letztlich übrigens über 1,2 Millionen Besucher gezählt werden – präsentiert Wolff sein schon beschriebenes Drehbühnenmodell, das die Arbeitsweise eines Zeitungsverlags darstellt. Zerkaulen war von diesem Modell – und wohl auch von der Zusammenarbeit mit Wolff – so begeistert, dass er den *DNN*-Chef im Juni 1927 in einem Beitrag über die Dresdner Ausstellung im Verlegerblatt *Zeitungs-Verlag* euphorisch tätschelt. Zerkaulen schwärmt, es sei *„eine wunderbar plastische und farbige Darstellung vom Wesen der Zeitung"*[610] gewesen. Sie hatten sich also kennen- und offenbar schätzen gelernt, Wolff und Zerkaulen. Aber vielleicht witterte Zerkaulen auch die große Chance auf einen Einstieg bei den *Neuesten Nachrichten*? Immerhin hatte die Literaturbeilage des Blattes in der Szene deutschlandweit einen ausgezeichneten Ruf – wer hier schrieb, dem öffneten sich Türen. Wenn sie ihr oder ihm nicht längst offenstanden … Und tatsächlich: Zunächst öffnet Wolff Zerkaulen die Tür in sein Büro und damit auch auf die Seiten der *DNN*. Immer regelmäßiger darf Zerkaulen hier Texte veröffentlichen. So schreibt er beispielsweise schon am 11. Dezember 1927 als Gastautor unter der Überschrift *Das Porträt* in der sonntäglichen Literaturbeilage eine launige Geschichte. Zerkaulen verdiente sich bei den *DNN* also durchaus die eine oder andere Reichsmark hinzu. Ein Fakt, der gut drei Jahre später für ihn wohl ohne sprachliche Übertreibung überlebenswichtig wird. Denn die 1929 veranstaltete Jahresschau *Reisen und Wandern* zieht zwar noch einmal über 1,5 Millionen Besucher aufs Messegelände am Stübelplatz, aber die wirtschaftlichen Sorgen der Ausstellungen werden größer. Die schwächelnde Konjunktur frisst den Erfolg auf. Hinzu kommt, dass für die Jahre 1930 und 1931 von vornherein keine Jahresschauen geplant werden – denn 1930 wird das Hygiene-Museum mit der großen *Internationalen Hygiene-Ausstellung* in Dresden eröffnet, der man keine Konkurrenz machen will. Die Schau wird 1931 dann noch einmal wiederholt. Allerdings wird diese

Wiederholung zum Flop. Lag das an der Wirtschaftskrise? Oder hatten die Besucher einfach keine Lust, eine Ausstellung zweimal zu sehen? Jedenfalls kommt es nun zu keiner weiteren Jahresschau mehr.[611] Erst 1936 wird mit der *Reichsgartenschau* wieder etwas Vergleichbares in Dresden organisiert werden. Wobei schon die beiden Hygiene-Ausstellungen nicht mehr in der Hand des Jahresschau-Vereins gelegen hatten. Der Verein arbeitete zwar anfangs noch bei der Organisation der Schau mit, aber die wissenschaftliche Verantwortung lag bereits komplett beim Hygiene-Museum.[612] Zerkaulen stand also spätestens ab 1931 ohne Job da. Auch seine Bücher und Theaterstücke waren offenbar noch immer nicht das, was man Bestseller nennt. Zumindest nicht für ihn. Zerkaulens Freund Julius Ferdinand Wollf hilft und gibt ihm 1931 in der Kulturredaktion seines Blattes die Chance auf ein regelmäßiges Einkommen, wie erwähnt als freier Autor. Bei diesen schriftstellerischen Gastauftritten darf Zerkaulen auch durchaus seine stramm deutsche Ader schwellen lassen – und es darf auch jede Menge nationalistisches Schreiberblut ins Blatt tropfen. So stellt er am 1. Juni 1932 in der *Literarischen Rundschau* zum Beispiel neu erschienene Heimatromane vor. Und zitiert am Ende passenderweise auch gleich noch einen der zuvor von ihm besprochenen Autor: „*Zucht haben und seine Pflicht tun, entwirrt schließlich die schlimmsten Dinge*." Solche Sätze liebt Zerkaulen. Und schreibt sie auch reichlich selbst.

Nach dem Machtantritt der Nationalsozialisten im März 1933 braucht Zerkaulen die Freundschaft zu Wollf nicht mehr. Im Gegenteil, eine Freundschaft zu einem Juden könnte ihm eher schaden. Und so wirft er Wollf weg wie eine die Hände verbrennende heiße politische Kartoffel. Stattdessen gehört Zerkaulen nun zu jenen 88 deutschen Schriftstellern, die ein sogenanntes *Gelöbnis treuer Gefolgschaft zu Adolf Hitler* unterzeichnen. Auf dieser Liste der Hitler-Fanatiker findet sich übrigens noch ein zweiter ehemaliger *DNN*-Mann: Friedrich Schnack, der sein Geld mit Heimat- und später Tiergeschichten verdiente und 1923 für kurze Zeit als Redakteur im Feuilleton der *Neuesten Nachrichten* gearbeitet hatte, bis er zur *Badischen Landeszeitung* in Mannheim wechselte.[613] Wirklich tiefe journalistische Spuren in Dresden hat Schnack aber nicht hinterlassen.

Zerkaulen wird derweil einer der bereitwilligen Vielschreiber im Dienst der Nazis. Der Literarische Verein Dresden nennt Zerkaulen durchaus stolz als bekannten NS-Dichter in seinen Reihen.[614] Zudem wird auch im Schauspielhaus gleich im ersten Jahr der NSDAP-Inthronisation eines der Werke Zerkaulens uraufgeführt: Am 10. November 1933 läuft hier sein Stück *Jugend von Langemarck*.[615] 1936 gehört Zerkaulen zudem zu den Gründern der „Bamberger Dichtertage", bei denen neue und quasi nazigerechte Literatur öffentlich präsentiert wird. Mittelpunkt seines Lebens aber bleibt Dresden. Wo Ende September 1939 dann am Staatsschauspiel auch noch Zerkaulens Schauspiel *Brommy* erstmals gezeigt wird.[616] Ein Stück über den deutschen Admiral Karl Rudolf Brommy – eigentlich Bromme –, 1849 Befehlshaber der damals erstmals vereinten Reichsflotte.[617] Nach dem anglo-amerikanischen Bombenangriff auf die Elbestadt am 13. Februar 1945 zieht Zerkaulen nach Bad Brambach ins Vogtland. Wo er eine erst 21-jährige Buchhändlerin kennenlernt; seine zweite Frau war 1944 gestorben. Es muss wahrlich Liebe auf den ersten Blick gewesen sein, denn schon beim zweiten Mal hinschauen wird geheiratet: Nach knapp zwei Monaten stehen sie am 19. April 1945 „Ja" sagend im Standesamt. Kurz darauf nehmen ihn amerikanische Soldaten fest, die die Gegend im sächsischen Vogtland auf ihrem Vormarsch besetzt haben. Wenig später ist der Zweite Weltkrieg vorbei. Sechs Monate bleibt Zerkaulen daraufhin in Haft, sitzt in Hessen ein – dann lassen ihn die Amerikaner wieder frei. Wussten sie nicht, wen sie da vor sich hatten? Zerkaulen kommt zurück nach Sachsen, das jetzt zur sowjetischen Besatzungszone gehört. Er zieht ins Erzgebirge zu den Eltern seiner jungen Frau. Gut zwei Jahre später geht das Paar mit dem im November 1947 geborenen Sohn in den Westen, wo Zerkaulen in Kassel Mitte 1949 im Rahmen des sogenannten Entnazifizierungsverfahrens als „Mitläufer" eingestuft wird.[618] Wussten auch hier die Verantwortlichen nicht alles? Wollte man vielleicht auch nicht bei allen alles wissen? Das Ehepaar erhält nun jedenfalls unter anderem Zuweisungen von der Stiftung „Künstlerdank" aus Argentinien. Dass diese Stiftung den gleichen Namen trägt wie eine einst von NSDAP-Propagandaminister Joseph Goebbels ins Leben gerufene Spende und später mit zwei Millionen Reichsmark ausgestattete NS-Stiftung[619] und dass nach dem Ende des Zweiten Weltkriegs etliche Nazigrößen in Südamerika untertauchten, auch in Argentinien, kann Zufall sein. Muss es aber nicht ... Bücher schreibt Zerkaulen – bis auf einen 1951 erschienenen Erlebnisbericht aus seiner Zeit als Gefangener – nicht mehr. Er stirbt am 13. Februar 1954.

Verbote, Hass und Wegschauen

Konnte der Kulturmensch Wolff all diese Unkultur um ihn herum am Ende nur noch mit bitterem Sarkasmus ertragen? Sarkasmus, den hatte er in seinen Beiträgen ja so innig geliebt. Wenn er zum Beispiel mit diebischer Freude vermeintliche Lobgedichte auf Theaterstücke verfasste, aber zwischen den Zeilen vor allem eines schrieb: einen bitterbösen Verriss. Hatte sich Wolff mit diesem ihm eigenen Sarkasmus in den Jahren 1938 und 1939 sogar längst mit seiner furchtbaren Augenkrankheit ausgesöhnt? Sie machte sein Augenlicht immer schwächer, irgendwann – das wusste er – wird er erblinden. Und so können ihn all die fürchterlichen Bilder nicht mehr ganz so schmerzen, sagte er sich vielleicht mit Bitterkeit. Bilder wie dieses: Verbotsschilder für Juden mittlerweile fast überall in Dresden. Demnächst würden solche Schilder auch am Großen Garten stehen, dem Stadtpark gleich neben seiner Villa an der Franz-Liszt-Straße. Schilder, die es Juden untersagen, den Park zu betreten. Sogar entsprechende Verordnungen hat Dresden dafür erlassen. Es muss schließlich alles seine Ordnung haben in Deutschland; selbst die Unmenschlichkeit.

Schon am 1. April 1933 hatten die Nazis einen Aktionstag zum Boykott jüdischer Geschäfte organisiert. Am Abend hatte Gauleiter Martin Mutschmann auf der Illgen-Kampfbahn gleich neben dem Hygiene-Museum in die versammelten Massen gebrüllt, die NSDAP sei entschlossen, den Weltfeind zu vernichten. Gemeint waren die Juden. Zuvor waren an diesem Tag bereits Trupps der SA – den braununiformierten Schlägern der Nazis – vor jüdische Läden gezogen, um Kunden vom Betreten abzuhalten.[620] Ein beängstigender Auftakt. Nach und nach hatten die Nazis in den folgenden Jahren eine fast schon unübersichtliche Schwemme an demütigenden Verordnungen erlassen, die das Leben für Juden in Dresden immer weniger lebenswert machen sollten. Victor Klemperer wird in seinem Tagebuch am 2. Juni 1942 immerhin 31 solcher Verordnungen für Dresden aufzählen: *„Ich stelle einmal die Verordnungen zusammen: 1) Nach acht oder neun Uhr abends zu Hause sein. Kontrolle! 2) Aus dem eigenen Haus vertrieben. 3) Radioverbot, Telefonverbot. 4) Theater-, Kino-, Konzert-, Museumsverbot. 5) Verbot, Zeitschriften zu abonnieren oder zu kaufen. 6) Verbot zu fahren; (dreiphasig: a) Autobusse verboten, nur Vorderperron der Tram erlaubt, b) alles Fahren verboten, außer zur Arbeit, c) auch zur Arbeit zu Fuß, sofern man nicht 7 km entfernt wohnt oder krank ist (aber um ein Krankheitsattest wird schwer gekämpft). Natürlich auch Verbot der Autodroschke.) 7) Verbot, ‚Mangelware' zu kaufen. 8) Verbot, Zigarren zu kaufen oder irgendwelche Rauchstoffe. 9) Verbot, Blumen zu kaufen. 10) Entziehung der Milch-Karte. 11) Verbot, zum Barbier zu gehen. 12) Jede Art Handwerker nur nach Antrag bei der Gemeinde bestellbar. 13) Zwangsablieferung von Schreibmaschinen, 14) von Pelzen und Wolldecken, 15) von Fahrrädern – zur Arbeit darf geradelt werden (Sonntagsausflug und Besuch zu Rad verboten), 16) von Liegestühlen, 17) von Hunden, Katzen, Vögeln, 18) Verbot, die Bannmeile Dresdens zu verlassen, 19) den Bahnhof zu betreten, 20) das Ministeriumsufer, die Parks zu betreten, 21) die Bürgerwiese und die Randstraßen des Großen Gartens (Park- und Lennéstraße, Karcherallee) zu benutzen. Diese letzte Verschärfung seit gestern erst. Auch das Betreten der Markthallen seit vorgestern verboten. 22) seit dem 19. September der Judenstern. 23) Verbot, Vorräte an Eßwaren zu Hause zu haben. (Gestapo nimmt auch mit, was auf Marken gekauft ist.) 24) Verbot der Leihbibliotheken. 25) Durch den Stern sind uns alle Restaurants verschlossen. Und in den Restaurants bekommt man immer noch etwas zu essen, irgendeinen ‚Stamm', wenn man zu Haus gar nichts mehr hat. Eva sagt, die Restaurants seien übervoll. 26) Keine Kleiderkarte. 27) Keine Fischkarte. 28) Keine Sonderzuteilung wie Kaffee, Schokolade, Obst, Kondensmilch. 29) Die Sondersteuern. 30) Die ständig verengte Freigrenze. Meine zuerst 600, dann 320, jetzt 185 Mark. 31) Einkaufsbeschränkung auf eine Stunde (drei bis vier, Sonnabend zwölf bis eins). Ich glaube, diese 31 Punkte sind alles. Sie sind aber alle zusammen gar nichts gegen die ständige Gefahr der Haussuchung, der Mißhandlung, des Gefängnisses, Konzentrationslagers und gewaltsamen Todes."*

Verbote. Überall Verbote. Verboten sind für Juden, wie gerade gelesen, zum Beispiel auch die Wege entlang der Elbe, mit Blick auf die berühmte Kunsthochschule an der Brühlschen Terrasse mit den goldenen Inschriften, die die Namen großer Künstler und Denker der Welt schallend laut in dieses traurig geistig klein gewordene Dresden schreien. Auch die Brühlsche Terrasse selbst werden Juden wenig später nicht mehr betreten dürfen. Gleich daneben, der einstige Theaterplatz vor der Semperoper – der wie schon erwähnt nun den Namen Hitlers trägt. Ausgerechnet des Diktators, der Kunst und Theater beschneidet, wo er nur kann, wenn sie nicht in sein enges Weltbild passen. Und selbst Wollfs geliebtes Schauspielhaus, gleich hinter diesem Adolf-Hitler-Platz und dem prunkvollen Zwinger, selbst dieses Schauspielhaus ist für ihn seit Jahren ein verbotener Ort. Für ihn, den Juden Wollf. Ein paar Jahre haben also ausgereicht, um auch aus der Kulturstadt Dresden einen kulturlosen Ort werden zu lassen – einen engstirnigen Ort, voller selbstverliebter Ignoranz und Arroganz. Voller Angst. Und Neid …

Ab Januar 1938 lief eine von Gauleiter Mutschmann im Gasthaussaal des „Weißen Adler" oberhalb der Elbschlösser an der Bautzener Landstraße verkündete Kampagne, die den antisemitischen Alltagsterror noch weiter verschärfte. Das Kurbad am Weißen Hirsch vertreibt daraufhin sämtliche seiner jüdischen Kurgäste. Auch Stammgäste, die über Jahre hinweg viel Geld für die Kuraufenthalte hier oben, am Rand der Dresdner Heide, bezahlt hatten. Geld, das die nun so stramm deutsche Stadtkasse bis dahin durchaus gern als willkommene Steuereinnahmen geschluckt hatte. Im März 1938 wird das Vermögen der jüdischen Gemeinde in Dresden eingezogen – zwischen April und Juni müssen zudem auch alle als Juden eingestuften Dresdner ihr Vermögen anmelden.[621] Auch die Wollfs notieren akribisch ihren finanziellen Besitz. Im September 1938 werden die Dresdner Juden zudem mit Verweis auf die *Verordnung über die Anmeldung des Vermögens von Juden* vom 26. April 1938 in einem Schreiben der Industrie- und Handelskammer aufgefordert, ihre ausländischen Wertpapierbestände der zuständigen Reichsbankstelle in Dresden zum Verkauf anzubieten.[622] Unter der Nummer 121 ist auch Julius Ferdinand Wollf registriert; die Höhe des Bestands ist aus der Liste allerdings nicht zu erkennen. Alles das macht klar, dass die Nazis zum einen Druck ausüben wollen, Existenzängste schüren und zum anderen auch offenbar genau wissen wollen, wo etwas Lukratives zu holen ist. Gerade Kunstgüter aus jüdischen Familiensammlungen sind später auf Auktionen auch im Ausland immer wieder gern gesehene „Schnäppchen", die den Nazis Geld in die Kriegskasse spülen. Der Zugriff auf ihr Eigentum wird anschließend für Juden massiv eingeschränkt. Wer als Jude zum Beispiel sein Grundstück verkaufen möchte, muss um Erlaubnis fragen.[623] Sicher wurde dann auch beim Kaufpreis an „arische" Käufer ein wenig in Sachen „Sparpotenzial" nachgeholfen. Und als in der Pogromnacht des 9. November 1938 die von Gottfried Semper entworfene Synagoge am Hasenberg in den von den Nazis gelegten Flammen komplett zerstört wurde, muss zum Hohn die jüdische Gemeinde anschließend bekanntlich den Abriss der Trümmer selbst bezahlen.

Doch nicht jeder „Arier" applaudiert. Nicht jeder wirft fanatisch jubelnd Freundschaften, Nachbarschaften mit jüdischen Bekannten, mit Klassenkameraden, Arbeitskollegen oder auch Künstlern weg, lässt den einstigen Besitzer des kleinen Ladens an der Ecke, den jüdischen Kinderarzt, den Lehrer plötzlich sozusagen rechts liegen. Auch wenn der offene Widerstand in diesem brutalen Regime nicht mal spärlich genannt werden kann, zumindest tuschelnd gibt es ihn. Auch in Form vorsichtig weitergetragener politischer Witze, von denen der aus Dresden stammende Schriftsteller Erich Kästner während dieser Zeit etliche in sein heimliches Tagebuch, in das legendäre „blaue Buch", notiert. Im März 1941 erinnert er sich zum Beispiel an einen Witz *„aus den letzten Jahren"*, wie er kritzelnd stenografisch auf die Tagebuchseiten schreibt: *„Eine Synagoge brennt. Ein Brandstifter sagt zu einem alten Juden, der dabeisteht: ‚Na, da sind Sie wohl nicht schlecht verzweifelt?' Der Jude verneint. ‚Denn', sagt er, ‚entweder gibt es einen Gott, dann gibt's auch eine Gerechtigkeit; oder es gibt keinen Gott, – wozu brauchen wir dann noch eine Synagoge?'"*[624] Bitterböser Sarkasmus. Den Juden hat er nicht geholfen.

Seit September 1941 muss Wollf wie alle Juden einen gelben Stoffstern an der linken Brustseite der Jacke tragen.[625] Ein öffentliches Kainsmal quasi. Kain, der laut Bibel-Geschichte seinen Bruder Abel erschlagen haben soll. Das passt durchaus als Bild für die Sichtweise der Nazis und auch genau in deren Propagandastrategie: die Juden als hinterhältige Brudermörder des deutschen Volkes. Ausgerechnet einer wie Wollf? Einer, der dieses Deutschland in seinen *DNN* immer mit pulsierendem Herzblut verteidigt hatte. Gegen das wirtschaftliche Ausdürren durch den Versailler Vertrag nach der Niederlage im Ersten Weltkrieg zum Beispiel. Wie schon beschrieben, mit sehr ähnlichen Argumenten wie die Nazis selbst ... Nun haben ihn diese Nazis zum Ausgestoßenen gemacht in ihrer Gesellschaft der Angst. Und diese Angst macht einsam. Schließlich drohen „Deutschblütigen" drei Monate Haft, wenn sie öffentliche Freundschaften zu Juden pflegen, wie es am 24. Oktober 1941 in einem sogenannten Runderlass des Reichssicherheitshauptamtes heißt. Ein perfider Terror. Aber einer, der offenbar auch auf fruchtbaren Boden fällt.

Die größte Enttäuschung: die Menschen?

Es sind nur noch ganz wenige, die Wollf nahe an sich heranlässt in diesen düsteren Tagen. Aber es sind eben auch nur noch ganz wenige, die diese Nähe suchen.

Seinem engen Freund, dem von den Nazis ebenfalls ins gesellschaftliche Abseits gedrängten Theaterdichter Herbert Eulenberg, öffnet er ganz vorsichtig einen kleinen Spalt weit Türen, um ihn in seine Seelenzimmer blicken zu lassen. Es sind weitgehend verlassene Räume. Im Juli 1938 schreibt Wollf an Eulenberg den bereits angesprochenen vierseitigen, beklemmend ehrlichen Brief[626] – ohne dabei alles wirklich in Worte zu fassen, was ihn bedrängt. Vieles bleibt angedeutet; aber allein das sagt erschreckend viel! Vor allem die Menschen sind es wohl, die Wollf so bitter enttäuschen. „*Unser seelischer Zustand liegt jenseits der Mitteilsamkeit*",[627] schreibt Wollf. „*Man ist sich zutiefst bewusst, dass man seine Freunde damit nur überlastet, ohne sich selbst zu erleichtern.*" Einzelheiten möchte Wollf nicht nennen, nicht auf Papier. „*Ich würde Dir, gerade Dir, mein Herz ausschütten. Aber dabei müsste ich Dich anschauen können*", will Wollf seinen Freund offenbar auch nicht in Gefahr bringen; die Geheime Staatspolizei liest sicher mit. Und so umschreibt er das Ganze in einem Satz: „*Kurz gesagt: das Leben, das wir führen, zermürbt langsam, aber fühlbar auch den Körper.*" Wollf und seine Frau Johanna verstecken sich regelrecht in ihrer Dresdner Villa und „*gehen (...) möglichst wenig vor die Tür*". Ihr Fluchtort wird Berlin, schreibt er Eulenberg. „*Manchmal flüchten wir nach Berlin, um ein paar Verwandte u. Freunde zu sehen, weil wir da nicht früheren Bekannten so leicht begegnen. Dann schließen wir uns wieder ein.*"

Nein, nichts erinnert mehr an das Leben, das die Wollfs noch vor wenigen Jahren geführt hatten. Der Freundeskreis hat sich mit der Machtübernahme der Nationalsozialisten nahezu aufgelöst. Dass sich auch die vom *DNN*-Chef einst verehrten Künstler oder Autoren – wie Gerhart Hauptmann – von ihm zurückgezogen haben, wurde schon angedeutet. Aber es ist wohl auch das „normale" Umfeld in Dresden, das ihm Qualen bereitet. Seit sechs Jahren, schreibt er seinem Freund Eulenberg, haben er und seine Frau Johanna in Dresden „*kein Lokal, kein Theater, keinen Konzertsaal betreten*". Einzig ab und an mal sonntagmittags machen sich die beiden zum Essen auf den Weg in eine kleine Bar, die er nicht näher erwähnt, „*um unsere (...) Schaffnerin zu entlasten*", wie Wollf scherzhaft die treue Haushälterin Hulda Grille nennt. Lediglich in Berlin gehen die Wollfs immer wieder mal ins Kino – wohl auch, weil dort keine Gefahr besteht, erkannt zu werden. War es das Getuschel? War es offene Anfeindung? War es auch „einfach nur" das Wegsehen? Er schreibt es nicht. Aber dass ihm die menschliche Nähe zu Freunden fehlt, daraus macht Wollf kein Hehl, wenn er auf ein Wiedersehen mit Eulenberg hofft: „*(...) dies wäre ein Fest für mich. Wird es in die endlosen Monate u. Jahre meiner Bußlage hineinleuchten? Ich will die Hoffnung nicht aufgeben.*" Aber auch für Herbert Eulenberg – auch er war Jude – waren die Zeiten dramatisch; seine Stücke wurden nicht mehr gespielt, Zeitungsbeiträge unter Pseudonym werden verboten, ohne die finanzielle Hilfe von Freunden wäre ihm ein Überleben kaum möglich. Treffen sind da also eher schwierig einzurichten. Ob sie sich noch einmal trafen, ist ungewiss. Wollf hofft es jedenfalls – er wolle demnächst nach Berlin kommen, schreibt er Eulenberg. Vielleicht könne Eulenberg aber auch nach Dresden kommen? „*Oder auch hier? Es wäre herrlich (...)*"

Noch ein Wort zu Wollfs „Fluchtort" Berlin. Spätestens am 28. November 1938 ist es mit den „fast freien" Besuchen für Wollf in der Hauptstadt vorbei. Der Polizeipräsident Berlins erlässt einen sogenannten „Judenbann". Es werden

Straßen und Plätze festgelegt, die von Juden nicht mehr betreten werden dürfen; auch Theater, Kinos oder Kabaretts sind ab sofort für Juden tabu.[628] Aber von einem unbeschwerten Aufenthalt in der Hauptstadt, die Hitler bekanntlich gern in Germania umbenennen und zu einem betongewordenen Symbol seines Größenwahns machen wollte, von einem unbeschwerten Aufenthalt kann für Juden schon im Sommer 1938 keine Rede mehr sein. Als Wolff seinen Brief an Eulenberg schreibt, herrscht auch in der Hauptstadt längst ein antisemitisches, ein feindliches Klima. Der nach Berlin umgezogene Dresdner Schriftsteller Erich Kästner wird gut anderthalb Jahre später in sein schon angesprochenes heimliches Tagebuch von den beginnenden Deportationen schreiben: *„Seit Tagen werden die Juden nach dem Warthegau abtransportiert. Sie müssen in ihren Wohnungen alles stehen und liegen lassen und dürfen pro Person nur einen Koffer mitnehmen. Was sie erwartet, wissen sie nicht. – Ein jüdisches Ehepaar, das in meinem Haus wohnt, hat mich gefragt, ob ich Möbel, Bilder, Bücher, Porzellan usw. kaufen will. Sie hätten sehr schöne ausgesuchte Dinge. Aber das Geld werden sie wohl auch nicht mitnehmen dürfen.“*[629] Die von Kästner erwähnten Transporte gingen ins jüdische Ghetto „Litzmannstadt“ in der polnischen Stadt Lodz. Ein berüchtigtes Arbeitslager, in dem in wenigen Wochen zunächst über 25 000 Menschen zusammengepfercht wurden. Im November folgten dann Transporte von Berlin aus nach Minsk und später nach Riga. Dorthin, wo auch die ersten Dresdner Juden gebracht werden. Doch die Dresdner Juden haben zu diesem Zeitpunkt – Ende Oktober 1941 – noch eine „Schonfrist“ von knapp drei Monaten. Dann rollen auch von Dresden aus die Züge in die Konzentrationslager.

Die Notiz von Kästner zeigt dabei: Wirklich unbemerkt blieben die Transporte nicht. In Berlin wurden die Juden vor ihrem Transport am helllichten Tag in Hunderte Menschen umfassenden Marschtrupps fast acht Kilometer durch mehrere Stadtbezirke getrieben. Durch Moabit, Charlottenburg und Halensee, wohl auch über den belebten Kurfürstendamm – die Züge gingen vom Bahnhof Grunewald ab.[630] Die vermeintliche Unwissenheit, die viele Deutsche nach dem Krieg zur Schau stellen, dürfte dabei zu großen Teilen also ein bequemer Mythos sein.

Der Prozess – Will Verleger Huck den „Juden Wolff“ nicht mehr bezahlen?

Dass ausgerechnet aus dieser Richtung ein harter Schlag kommt, überrascht. Ausgerechnet der Verlag, für den sich Julius Ferdinand Wolff Jahrzehnte aufgeopfert hatte, seine Kraft und Gesundheit investiert und mit dem er journalistische und ganz besonders auch wirtschaftliche Erfolge feierte, ausgerechnet dieser Verlag wollte nun durch eine der Hintertüren gehen, die von den Nationalsozialisten in die Wände Deutschlands gesprengt worden waren? Dr. Wolfgang Huck, Sohn des Verlagsgründers der *Neuesten Nachrichten* August Huck, wollte die Vereinbarung aufkündigen, die Wollf und seiner Frau in den zunehmend lebensbedrohlich werdenden Zeiten das Überleben sicherte. Zumindest das finanzielle. Huck wollte die vereinbarte monatliche Rate der jährlich 30 000 Reichsmark nicht mehr zahlen, die Wollf laut Vertrag bis zu seinem Tode vom Verlag zustanden. Bisher waren Huck und sein Verlag nicht im Verdacht, Wollf in diesem immer schlimmer tobenden politischen Meer dieses wichtige Rettungsboot zu versagen. Aber nun?

Bis August 1939 hatte Huck korrekt gezahlt, der Verlag hatte also jeden Monat 2 500 Reichsmark an Wollf überwiesen. Dann waren es nur noch 2 000 Reichsmark pro Monat gewesen, bis Huck am 5. April 1940 mitgeteilt hatte, nun gar nicht mehr zahlen zu wollen. Die Wollfs wären mittellos geworden, das Vertrauen in die Sicherheit der Bankkonten von Juden war längst nicht mehr groß, seit die Nazis wie erwähnt genau wissen wollten, was jeder Jude besitzt. Und wer wusste schon, wie lange in diesem selbstherrlich Gesetze nach Gutdünken erlassenden System Juden noch Villen – wie die Wollfs – als ihr Eigentum ansehen durften? Ein bedrohlicher Ausblick also. Wollf hatte daraufhin gegen Hucks Absicht geklagt – und der Verleger hatte seinen Rechtsanwalt erklären lassen, *„die jetzt allgemein zum Durchbruch gekommene Rechtsüberzeugung“* würde regeln, *„daß derartige Verträge aus weltanschaulichen Gründen nicht mehr durchgeführt werden dürften“.*[631] Im Klartext heißt das wohl, Huck wollte den Vertrag mit dem Juden Wollf nicht mehr erfüllen, eben weil Wollf von den Nazis als Jude eingestuft worden war. Hucks Leipziger Rechtsanwalt, Justizrat Huber, verwies auf die von den Nationalsozialisten am 12. November 1938 erlassene *Verordnung zur Ausschaltung der Juden aus dem deutschen Wirtschaftsleben.* Juden sollte per Gesetz die Chance genommen werden, in Wirtschaftsunternehmen einzusteigen, eigene Firmen aufzubauen und überhaupt mit Unternehmen Geld zu verdienen. Außerdem war das Ganze einer der juristischen Pfeiler, die das Enteignungsgebäude der Nazis gegenüber Juden tragen halfen. Auch eine der erwähnten Hintertüren, die sich nun für „blutreine Arier“ öffnete, um sich, vereinfacht gesagt, zum Beispiel aus Pensionsverträgen mit Juden stehlen zu können. Wollte nun also auch Wolfgang Huck diese Chance nutzen? Wobei wirtschaftliche Gründe wohl eher nicht infrage kommen dürften, denn in den nun folgenden beiden Gerichtsverfahren verwiesen die Richter darauf, dass es dem Verlag der *Dresdner Neuesten Nachrichten* keine finanziellen Probleme bereite, die Überweisungen an Wollf zu tätigen. Was steckt also tatsächlich hinter dem Versuch, den Vertrag aufzuheben? Wollte er es überhaupt? Wurde vielleicht Druck auf Wolfgang Huck ausgeübt? Oder hatte sich auch bei ihm ein „arisches Denken“ durchgesetzt? Im Januar 1957 wird Dr. Wolfgang Huck in München seine Version zu Papier bringen.[632] Er habe die nach dem Ausscheiden Wollfs aus dem Verlag getroffene Zusage eingehalten – dann allerdings sei die *„Arbeitsfront durch das Finanzamt auf diese Pensionszahlung aufmerksam geworden und erklärte, es sei doch unmöglich, daß die* DNN *an einen Juden derartige Zahlungen leiste“.* Also habe Huck nun veranlasst, so schreibt er, dass Wollf ihn auf Zahlung der Gelder verklage. *„Damit ich einen Rechtstitel in die Hand bekäme,* *um meine Zusage an Professor Wollf aufrecht zu erhalten.*" Heißt, Wolfgang Huck ging davon aus, dass die Nazirichter dem „Juden Wollf" recht geben würden, und Huck dann, sozusagen juristisch abgesichert, die vereinbarten Zahlungen an Wollf fortsetzen könne. Ob es sich um eine nachträgliche Schutzbehauptung Hucks handelt, darüber verbieten sich Spekulationen. Denn der Grat zwischen Spekulation und ungerechtfertigter Denunziation ist ein gefährlich schmaler. Ein gewagtes Unterfangen scheint das Ganze im historischen Draufblick dennoch gewesen zu sein. Aber das zumindest aus heutiger Sicht durchaus überraschende Ergebnis gibt Huck recht. Denn: „*In der Tat verlor ich den Prozess in drei Instanzen und konnte so die Pensionszahlungen an Professor Wollf weiter leisten.*" Zudem habe er auch noch illegal die auf Wollfs ehemalige Anteile am Verlag entfallenden Gewinne zwar korrekt versteuert, aber „*insgeheim entweder selbst oder durch unseren Oberbuchhalter bis zu seinem Tode an Professor Wollf und seinen Bruder auszahlen lassen*". Das Ganze, so schreibt Wolfgang Huck nun fast 20 Jahre später, sei ihm nach Kriegsende sozusagen positiv angerechnet worden. „*In dem Spruchkammerverfahren, das ich nach Kriegsende durchzumachen hatte, wurde mir diese durch mehrere Zeugen bestätigte Leistung zu Gunsten Professor Wollfs angerechnet, umsomehr, da ein Bekanntwerden meiner Handlungsweise die schwersten Konsequenzen für mich gehabt hätte*". Ein riskantes „Spiel" also – noch dazu, weil es mit dem erwähnten Oberbuchhalter mindestens einen Mitwisser gegeben hatte.

Zur Vorgeschichte: Am 29. November 1929 hatten Wollf und der Verlag bekanntlich den bestehenden Gesellschaftervertrag noch einmal untermauert, der Wollf entsprechend seiner Verlagsanteile 6,5 Prozent des Reingewinns des Unternehmens sicherte. Diese Vereinbarung war dabei bis 31. Januar 1953 verlängert worden. Seit 23. Februar 1927 standen Wollf außerdem jährlich 12 000 Reichsmark für seine Geschäftsführertätigkeit zu, wie auch weitere 18 000 Reichsmark jährlich für Repräsentationszwecke. Zusätzlich waren ihm drei Prozent des Reingewinns des Verlages mit 20 000 Reichsmark pro Jahr garantiert worden – unabhängig von den tatsächlichen Erlösen. Für den Fall eines Ausscheidens aus Gesundheitsgründen hatte sich Wollf 15 000 Reichsmark pro Jahr zusichern lassen, im Todesfall hätte seine Frau 10 000 Reichsmark jährlich bekommen. Stolze Summen, die durchaus Sicherheit boten.

Als die Nazis im März 1933 damit begonnen hatten, Juden aus Zeitungsredaktionen und Verlagen zu drängen, hatten sich Wollf und Huck auf einen neuen Vertrag geeinigt. Einen, mit dem sich Huck zu seinen 93,5 Prozent Verlagsanteil auch noch die 6,5 Prozent Wollfs gesichert hatte – ihm im Gegenzug jährlich 15 000 Reichsmark zusicherte und acht Prozent des jährlichen Reingewinns des Verlags. Also nur noch gut die Hälfte dessen, was Wollf sonst weiterhin zugestanden hätte. Aber es war eine Vereinbarung, mit der Wollf mit Blick auf zu dieser Zeit sonst übliche Gehälter grundsätzlich sehr gut zurechtkam. Am 2. April 1935 verhandelten Huck und Wollf allerdings erneut. Auf äußeren Druck? Seither standen Wollf jedenfalls die erwähnten 30 000 Reichsmark jährlich zu; im Gegenzug verzichtete Wollf auf die Einnahmen aus den acht Prozent Reingewinn des Verlags. Wollf bekam trotzdem noch immer weit mehr als das Zehnfache, das der Durchschnitt des Volkes zu dieser Zeit verdiente.

Nun also hatten sich Richter mit der Gültigkeit des Vertrags zwischen Wollf und Huck zu befassen. Zunächst Ende 1940 der 11. Zivilsenat des Kammergerichts Berlin. Die Berliner Richter gaben Wollf am 20. Dezember 1940 recht. Huck sollte weiter in voller Höhe zahlen, so das Urteil. Wolfgang Huck legte daraufhin Revision ein, blieb bei seiner Sicht, dass er nicht an einen Juden zahlen dürfe. Warum er das Urteil nicht akzeptierte, obwohl er – wie Huck 1957 schreibt – genau dieses Urteil erwartet hatte und es auch genauso haben wollte, darauf geht er in seinem Schreiben leider nicht ein. Vorm II. Zivilsenat des Reichsgerichts in Leipzig war dann am 10. Juli 1941 mündlich verhandelt worden – und es wurde auch gleich ein Urteil gefällt. Auch das Reichsgericht unterstützte Wollf, lehnte die Revision Hucks ab. Überraschend? Mutig? Die Leipziger Richter, wie schon zuvor die Berliner, umgingen jegliche politische Wertung des Falls. Sie stellten einfach „nur" klar, dass die von Huck ins Feld geführte Verordnung auf die Vereinbarung mit Wollf nicht zutreffe. Damit folgten die Gerichte der Sicht von Wollfs Anwalt, dem jüdischen Berliner Rechtsanwalt Dr. Julius Fliess. (Ausgewählte jüdische Anwälte, zu denen Fliess gehörte, konnten damals noch Juden vor Gericht vertreten, durften nach 1938 im Nazireich allerdings nur noch den Titel „Konsulent" als Berufsbezeichnung tragen.) Die Verordnung beziehe sich auf „leitende Angestellte", zitierten dann jedenfalls auch die Richter den Gesetzestext. Wollf aber sei kein Angestellter, sondern Mitinhaber der Firma gewesen. Zudem verwiesen die Richter darauf, dass die Reichsregierung für genau solche Fälle – wenn ein Unternehmen Vereinbarungen mit Juden nicht mehr erfüllen wolle – eine Schiedsstelle eingerichtet habe. Diese sei aber von Huck nicht eingeschaltet worden. Auch das könnte als Hinweis gewertet werden, dass Huck also in Wahrheit tatsächlich weiterzahlen wollte. Abgesehen davon handele es sich aus Sicht des Gerichts nicht um eine „Pension" im eigentlichen Sinne. Sondern die Zahlungen seien ein Ausgleich dafür, so die Richter, dass Wollf *„seine wertvollen Geschäftsanteile"* an die Firma abgegeben habe und das Geld dafür nicht im Ganzen, sondern in Raten gezahlt werde – auch für diesen Fall sei die von Huck ins juristische Feld geführte Verordnung nicht anwendbar. Und nicht zuletzt sahen die Richter auch keine „Gefahr", dass Wollf mit den nach Abzug der Steuern übrig bleibenden Einnahmen eine eigene Firma aufbauen könnte. Das Geld reiche nur zum Bestreiten des Lebensunterhalts der Familie, kommentierte das Gericht. Wollf bleibe damit auch weiterhin vom Wirtschaftsleben ausgeschlossen. Wobei die Richter in Leipzig wohl die drohende Kritik an ihrer Argumentation ahnten. Vor allem, was die Höhe der Zahlungen Hucks an Wollf betrifft. Und so ist im Urteil vorsichtshalber zu lesen, dass auch den Richtern das „Gehalt" letztlich *„etwas zu hoch"* erscheint, aber zumindest aus Rechtsgründen sei das nicht zu beanstanden.[633]

Das Urteil sorgte deutschlandweit für Aufsehen. Oder genauer: für arische Empörung. Im Wochenblatt *Deutsches Recht* des nationalsozialistischen Berufsverbandes der Juristen wurde der Prozessausgang ziemlich eindeutig kommentiert. Allein die süffisante Überschrift gibt schon mal klar die Marschrichtung vor: *Die armen Juden*[634] ist das arrogante, menschenverachtende Machwerk überschrieben, das Regierungsrat Dr. Heinrich Malz wutentbrannt in seine Büroschreibmaschine im Reichssicherheitshauptamt in Berlin gehämmert hatte, wo er Leiter des Referats Rechtsleben war. Formaljuristisch sei die Sicht der Richter wohl überzeugend, räumt der stramme Nazi Malz ein. „*Unser Rechtsgefühl befriedigt das Ergebnis aber nicht; hoffentlich auch nicht das der Richter, die auf jene Gründe ihre Entscheidung gestützt haben*", schiebt er gleich noch eine unverhohlene Drohung hinterher. Die Begründung seiner Sicht ist allerdings weniger juristisch: „*Schließlich handelt es sich (...) um Ansprüche von Juden, denen wir im nationalsozialistischen Deutschland auch in rechtlicher Hinsicht mit bestimmten sich aus unserer Weltanschauung ergebenden Vorbehalten gegenüber zu treten pflegen.*" Eine Tatsache, wettert Parteigenosse Regierungsrat Dr. Malz, die offenbar noch nicht Gemeingut aller Rechtswahrer sei. Wobei sich dem offensichtlich bis in die Gene braunen Herrn seine arischen Federn nicht nur mit Blick auf die juristische Begründung sträuben, sondern auch wegen des offenen Lobes an Wolff, das im Urteil nachzulesen ist. Immerhin hatten die Richter Wolff attestiert, den Verlag 30 Jahre geleitet „*und zur Blüte*" gebracht zu haben. Geifernd kommentiert Malz das Ganze so: „*Ins Politische übertragen heißt das: Ein Jude hat in dem völlig verjudeten Pressewesen des Deutschlands der Systemzeit dem Judentum eine der Positionen geschaffen, von denen aus es seinen Zersetzungskampf gegen alles Deutsche, gegen alle sittlichen Werte, wie Recht, Familie, Ehre, Gemeinschaft führen konnte, um auf dieser Grundlage die Bolschewisierung Deutschlands vorzubereiten.*" Ausgerechnet Wolff also ein Wegbereiter des Bolschewismus? Mehr daneben hätte der feine Herr Regierungsrat kaum liegen können – aber es passt halt gut in die Argumentationskette, mit der so wunderbar drohend gerasselt werden kann. Die Richter jedenfalls werden nun noch schnell mit einem kräftigen Schwapp braunen Sarkasmus übergossen: „*Oder ist es dem Gericht vorbehalten geblieben, den berühmten ‚anständigen' Juden zu entdecken?*"

Es folgt die zu allen Zeiten funktionierende Neiddebatte. Malz rechnet auf, wie viel Wolff bis 1933 verdient hatte. Rund eine Million Reichsmark nämlich. Und nach 1933 seien weitere 150 000 Reichsmark geflossen. Gewiss sind das stattliche Zahlen, die bestens ins von Malz gezeichnete Bild des „sich bereichernden Juden" passen. Hätte das Geld nicht aber ebenso einem „arischen" Geschäftsführer zugestanden? Diese Gedankentür öffnet Malz vorsichtshalber nicht. Stattdessen wieder eine Drohung an die Juristen: „*Man könnte sich vorstellen, dass ein anderer Richter bei Berücksichtigung der bisherigen Einkommensverhältnisse des Juden einfach gesagt hätte, es sei nun Schluß mit der Ausbeutung deutschen Volksvermögens.*" Und noch schnell die Glut im Neidfeuer angeblasen: nämlich mit dem Satz, dass „der Jude" lange Jahre Einnahmen erzielt habe, die *„für 99 Prozent der Volksgenossen unvorstellbar"* seien. Wolff – den Namen nennt Malz jedoch nicht – hätte ja Rücklagen bilden können, findet er. Rücklagen, die demnächst vom Naziregime enteignet werden könnten? Das vergisst der penetrante Judenhasser Malz zu erwähnen. Ach, und Rücklagen für den Fall etwa, dass sich der Verleger Huck nicht mehr an Vereinbarungen halten wolle? Weil, wie Malz durchaus beipflichtend zusammenfasst, *„das Unternehmen sich auf den Standpunkt stellte, ihm als arischen Betrieb könne es nicht zugemutet werden, an einen jüdischen früheren Angestellten ein Ruhegehalt zu zahlen"*. Wobei Hucks Anwalt nichts von „nicht mehr wollen" erklärt hatte – vielmehr darauf verwies, dass das Unternehmen laut Gesetzeslage nicht zahlen dürfe. Der arische Rechtswahrer Dr. Heinrich Malz ist jedenfalls überzeugt, dass sich *„sehr wohl rechtlich stichhaltige Gründe finden lassen"* hätten, *„um die Fortzahlung von Versorgungsbezügen an Juden zu verhindern"*. Schließlich verweist auch Malz wie schon die Anwälte Hucks auf die Verordnung vom 11. Dezember 1938, die es Unternehmen verbiete, an Juden zu zahlen und die aus Sicht von Malz *„ausgedehnt auslegbar"* sei. Zudem sei besagte Verordnung *„ein Schritt auf dem Wege zur endgültigen Bereinigung der Judenfrage"*, ist der stramm rechte Rechtsanwalt überzeugt. Und fordert: *„Mehr Härte bei der Urteilsfindung wäre daher gerade hier dringend erforderlich gewesen."* Und mehr Haltung, fügt er gleich noch an.

Apropos Haltung: Verwunderlich ist dabei, dass jener 1910 in Chemnitz geborene Dr. Heinrich Malz mit seiner Haltung nach dem Ende des Zweiten Weltkriegs und der Rückkehr aus der Kriegsgefangenschaft 1948 in der späteren Bundesrepublik durchaus Karriere machen konnte. So wurde er in den 1950er Jahren beispielsweise Geschäftsführer des Deutschen Beamtenbundes.[635] Über dessen Geschichte durfte er 1972 im Regensburger Verlag Walhalla und Praetoria sogar ein Buch veröffentlichen.[636] Und hatte Malz seine Gesinnung wirklich abgelegt? Immerhin arbeitete er neben dem Komitee der kirchlichen Gefangenenhilfe unter anderem auch in der „Stillen Hilfe" – einem Verein, der sich um die Unterstützung verurteilter NS-Täter kümmerte.[637] Wobei Malz im ersten Vorstand dieses 1951 gegründeten Vereins mit dem ehemaligen SS-Standartenführer Dr. Wilhelm Spengler gleich noch einen ebenfalls einst ranghohen Gleichgesinnten im braunen Geiste zur Seite wusste. Spengler war Leiter der Gruppe III C im Reichssicherheitshauptamt der Nazis gewesen. Die beiden schrieben nun Eingaben und öffentliche Briefe, um die „Ungerechtigkeit" anzuprangern, wie sie lamentierten, dass allein Deutsche als die Besiegten für Verbrechen büßen müssten, die während des Weltkriegs schließlich auch von anderen begangen worden seien – womit sie natürlich in Richtung der Sowjetunion zielten.[638]

Ob sich Malz und Wollfs einstiger Rechtsanwalt Dr. Julius Fliess nach Kriegsende noch einmal trafen? Was muss Fliess gedacht haben, als er mit ansehen musste, dass Judenhasser aus der NS-Justiz wie Malz nun im neuen (West-)Deutschland wieder wortgewaltig und tatkräftig mitmischen durften? Fliess hatte das vermeintliche „Tausendjährige Reich" dabei auf durchaus abenteuerliche Weise überlebt. Denn schon als der Prozess um Wollfs „Rente" am Reichsgericht in Leipzig lief, war dem wegen seiner kritischen Sicht auf die Rassenideologie der Nazis dorthin strafversetzten Reichsgerichtsrat Hans von Dohnanyi zu Ohren gekommen, dass man Fliess und dessen Familie ins Vernichtungslager deportieren wollte. Von Dohnanyi war dabei durchaus ein mutiger Gegner Hitlers gewesen: Kurz vor Kriegsende von den Nazis im KZ Sachsenhausen ermordet, weil er im März 1943 am Attentatsversuch auf Hitler beteiligt gewesen war, als in Smolensk eine Bombe ins Flugzeug des selbst ernannten Führers geschmuggelt worden war, die aber versagte.[639] Von Dohnanyi schaltete also einen seiner Freunde ein, um Fliess zu helfen: Wilhelm Canaris. Der war der Abwehrchef des Militärgeheimdienstes der Wehrmacht und erwirkte schließlich mit einer abenteuerlichen List zunächst einen Aufschub und wenig später die Flucht von Fliess und seiner Familie. Canaris hatte Fliess als Agenten ausgegeben, der als getarnter Jude ins Ausland geschleust werden sollte, um dort angeblich für die Wehrmacht zu spionieren. Sogar SS-Chef Heinrich Himmler wurde bei einem gemütlichen Abendessen getäuscht, wie es heißt, so dass der die Sache letztlich „von ganz oben" als grandios ausgeklügelte Geheimdienstaktion absegnete. Im September 1942 konnte Fliess auf diese Weise mit der vermeintlichen Agentengruppe in die Schweiz ausreisen.[640] In die Geschichte wird diese Aktion als Operation 7 eingehen, mittels derer 13 Menschen gerettet werden konnten.[641] 1947 kam Fliess nach Berlin zurück und arbeitete bis zu seinem Tode 1955 wieder als Anwalt.

Eine Schnittmenge zwischen Fliess und Malz gibt es aber doch: Obersturmbannführer Malz war im Reichssicherheitshauptamt persönlicher Referent von Amtschef Ernst Kaltenbrunner. Und Kaltenbrunner wiederum war der maßgebliche Auftraggeber für die standrechtliche Ermordung Hans von Dohnanyis gewesen, der Fliess 1942 vorm sicheren Tod in den Gaskammern gerettet hatte.

Heimlicher Helfer Alfred Günther?

Aber wandten sich in diesen dunkeldeutschen Jahren tatsächlich alle Freunde, nicht nur die vermeintlichen, alle einstigen Kollegen und Bekannten ab? Von Wolff, von den Juden überhaupt. Aus Selbstschutz und Angst? Oder fielen sie auf die perfide Propaganda der Nazis gegen Juden und die wahnwitzige Rassenideologie herein? Weil sie nun von den braunen Vordenkern endlich eine wunderbar einfache Erklärung geliefert bekamen, wer die vermeintlich Schuldigen an den Problemen in Wirtschaft und Staat – und damit auch an ihrem privaten Unglück – gewesen waren. Und fanden die Nazis nicht auch in Dresden eine letztlich schon gut bereitete Landebahn für ihre judenfeindlichen geistigen Tiefflüge vor? Hatte sich der

Antisemitismus nicht längst im Alltag und in vielen Köpfen bequem eingenistet? *DNN*-Autor Ludwig Hartmann oder der Antisemit Friedrich Kummer vom *Anzeiger* sind dafür zwei schon erwähnte Beispiele.

Doch einige trauten sich trotz drohender Repressalien noch immer, ihre Freundschaft und Nähe zu den Wollfs am Leben zu halten. Wie die Haushälterin Hulda Grille, die weiterhin im Haus der Wollfs bleibt. In der kleinen Wohnung auf halber Treppe – trotz der mitunter bösen Blicke und abschätzigen Worte auf der Straße. Auch den braunen Machthabern dürfte das nicht gefallen haben. Im Verständnis der Nazis ging es eigentlich nicht an, dass eine „Arierin", in einem „Juden-Haushalt" angestellt ist. Gleiches dürfte für das Hausmeister-Ehepaar Vogler im Keller der Wollf-Villa an der Franz-Liszt-Straße gegolten haben. Vielleicht auch für deren Vorgänger? Bis 1936 bewohnten Max Richard Oettel, von Beruf Schlossergehilfe, und Marie Oettel die Hausmeisterwohnung bei den Wollfs. In ihrem ersten Testament von 1937 bedenken sie Marie Oettel mit immerhin 300 Reichsmark. Ob aus Dankbarkeit oder in alter Verbundenheit, ist nicht zu ermitteln. Aber es gibt wohl noch viele Unterstützer mehr, die ihre Hilfe wohlweislich nicht an die sprichwörtliche große Glocke hängen, weil die gefährlich laut läuten könnte. Auch Alfred Günther könnte einer dieser heimlichen Helfer gewesen sein. Einige Indizien sprechen trotz eher dürftiger Quellenlage dafür. Günther arbeitete in den Jahren von 1913 bis 1929 als Literaturkritiker für die *Neuesten Nachrichten*, meist unter dem Kürzel „ag". Wobei auch schon zuvor regelmäßig Gedichte Günthers auf den Feuilletonseiten der *DNN* zu finden waren. Immerhin war er vor allem in den 1920er Jahren einer der angesagtesten expressionistischen Dichter der Elbestadt.[642] 1923 hatte Alfred Günther die Leitung des Feuilletons der *DNN* von Dr. Hans Schnoor übernommen, als der zum *Dresdner Anzeiger* gewechselt war. Doch schon kurz darauf wird Günther vom bereits als „Kurzzeit-Feuilletonchef" erwähnten Dichter Friedrich Schnack abgelöst.[643] Alfred Günther bleibt aber weiterhin in der Redaktion der *Neuesten Nachrichten*, ist nun wieder „nur" noch Redakteur in der Feuilletonabteilung, wie seine Personalakte belegt.[644]

Wobei der Name Alfred Günthers heute in Dresden ungerechterweise oft eher als der *„Mann von Genja Jonas"* auftaucht. Was mit Blick auf seine Biografie nicht gerecht ist. Er hat es nicht nötig, vor allem mithilfe seiner – zugegeben prominenten – Frau als geschichtsschreibendem Kran-Arm in Dresdens Stadthistorie gehievt zu werden. Denn abgesehen davon, dass er ein renommierter Literaturkritiker gewesen war und selbst ein durchaus prominenter Dichter, zog Alfred Günther zudem kräftig die Fäden in der Kulturstadt Dresden. Beispielsweise in der Künstlerkolonie in Hellerau. Günther war bereits im Büro von Wolf Dohrn am Aufbau der Gartenstadt Hellerau beteiligt gewesen. Dohrn, den Karl Schmidt an seine Hellerauer Werkstätten geholt hatte und der ein glühender Verfechter des Gartenstadtgedankens gewesen war. Günther arbeitete hier im Pressebüro. Und er war zudem ein enger Freund des in Hellerau ansässigen Verlegers Jakob

Hegner,[645] der ja wie beschrieben auch *DNN*-Literaturchef Camill Hoffmann 1914 nach Hellerau gelotst hatte. Und in dessen Verlag 1930 auch Wollfs Lingner-Biografie erscheint. Nicht zuletzt war Alfred Günther 1919 Schriftführer der Dresdner Sezession – einer prominenten Künstlergruppe des Expressionismus. Auch „Netzwerker" Julius Ferdinand Wollf erkannte das künstlerische, das literarische Potenzial Günthers. Wollf wollte ihn unbedingt in die Feuilletonredaktion seiner *Neuesten Nachrichten* holen. Was ihm letztlich 1913 auch gelungen war. Wollf und Günther kannten sich also mindestens seit dieser Zeit.

Aber auch Genja Jonas – Alfred Günther und Genja Jonas hatten am 4. April 1925 geheiratet[646] – spielte eine wichtige Rolle in den künstlerischen Netzwerken ihres Mannes. Sie war die wohl gefragteste Porträtfotografin der Dresdner Kunstwelt der 1920er und frühen 1930er Jahre. Kaum ein angesagter „Star" der Szene, vor allem der etwas aufmüpfigen expressionistischen Künstlerschaft, der nicht vor Jonas' Kamera posierte. So stammen zum Beispiel sehr emotionale Porträts der legendären Ausdruckstänzerin Gret Palucca von ihr. Sie hielt auch den spektakulären Auftritt des Dichters Joachim Ringelnatz in der Hellerauer Künstlerkolonie 1926 fest.[647] Und die beklemmende Lebensgeschichte Genja Jonas' nach der Machtergreifung der Nazis wird letztlich wohl auch wichtig für Wollf. Es spricht einiges dafür, dass Alfred Günther die mitunter lebensbedrohlichen Erfahrungen, die er in den Jahren nach 1933 gemeinsam mit seiner Frau hatte sammeln müssen, nun auch zur Unterstützung seines einstigen Förderers, vielleicht sogar Freundes, Julius Ferdinand Wollf nutzte. Genja Jonas war Jüdin, und der „Arier" Günther hatte als Kapitän des von den Nazis zum „Misch-Ehe-Boot" erklärten Dampfers mit viel List so manche braune Klippe umschifft. Was nicht ungefährlich gewesen war. Am 15. Mai 1936 war Günther als „jüdisch versippt" aus der Reichsschrifttumskammer ausgeschlossen worden; er bekam faktisch Berufsverbot als Journalist.[648] Daraufhin kam den beiden eine pfiffige Idee: Genja Jonas stellte ihren Mann als Mitarbeiter in ihrem Fotostudio an. Spätestens 1937 übernahm er dann zumindest offiziell die Geschäftsführung des Ateliers – was gleichzeitig das Überleben des Unternehmens sicherte, weil seit dieser Zeit nur noch „Arier" Firmen besitzen und führen durften.[649] Doch das Schicksal schlug noch härter zu: Genja Jonas traf eine tödliche Brustkrebserkrankung. Sie stirbt am 8. Mai 1938. Alfred Günther führt das Fotoatelier seiner verstorbenen Frau noch ein paar Monate allein weiter, überträgt es letztlich aber im September 1938 an die zu dieser Zeit ebenfalls sehr bekannte Dresdner Fotografin Charlotte Rudolph. Und hier kommt nun wiederum ein interessantes Detail für den Blick auf Wollf ins Spiel: die kaufmännische Leitung des Fotoateliers übernahm Gabriele Poege, die nach zahlreichen Quellen die Ehefrau des damals prominenten Dresdner Rechtsanwalts Gerhard Poege war.[650] Poege taucht dabei in etlichen Akten unter anderem als Pflichtverteidiger tschechischer Saboteure und Partisanen auf.[651] Und auch die von einigen ihrer Kundinnen denunzierte Dresdner Friseuse Walli Hagemeier verteidigt Poege. Sie war im August 1943 wegen „Staatsfeindlicher Hetze" angezeigt worden.

Sie habe in ihrem Friseursalon an der Bautzener Straße 10 zu Kundinnen unter anderem gesagt *„Der Führer soll unsere Männer wieder heimschicken. Für was kämpfen die denn noch, die Heimat können sie ja doch nicht schützen.“* Der Fall geht an den Volksgerichtshof Berlin, Walli Hagemeier wird zu vier Jahren Zuchthaus im sächsischen Waldheim verurteilt.[652] Anwalt Poege versucht noch mit positiven Zeugenaussagen das Strafmaß zu mindern, obwohl das in diesen Tagen der zunehmenden Bedrängnis der Wehrmacht an den Fronten und der dadurch immer dünnhäutiger werdenden Führung längst beschlossen scheint.

Ist dieser Dr. Gerhard Poege besonders mutig – oder von den Nazis geduldet, um zumindest den Anschein von Rechtsstaat zu wahren? Auch hier wäre nur unangebrachte Spekulation möglich. Wolff setzt Poege jedenfalls Ende 1941 als seinen Nachlassverwalter ein. Was sicherlich aus dem Blickwinkel der Nazis kein wirklich Renommee bringender Auftrag gewesen sein dürfte. Eher ein Auftrag, bei dem die Mächtigen wohl ein gefährliches Stück genauer hinschauten. Hatte dabei Alfred Günther als Vermittler Wolff die Tür ins Büro des Anwalts geöffnet? Auch wenn Günther bereits 1939 Dresden verlassen hatte und nach Stuttgart ging, wo er Lektor bei Rowohlt und der Deutschen Verlagsanstalt wurde.[653] Doch die Kontakte nach Dresden brachen nie wirklich ab. Es ist davon auszugehen, dass es eben nicht die einzige Hilfe gewesen sein dürfte, die Günther den Wollfs trotz Bespitzelung und Bedrohungen zukommen ließ. Auch wenn es bisher keine aktenkundigen Beweise gibt. Wie auch? Wer hätte riskiert, diese Hilfe schriftlich festzuhalten?

Es gab sie aber in jedem Fall, die heimlichen Helfer in diesen dunklen Jahren.

Wollfs Villa wird zum „Judenhaus“

Die Lage für die Juden in Dresden spitzt sich immer weiter zu. Und die Nazis kommen auf immer perfidere Ideen, die Juden zu schikanieren. Da ist es ein fast schon nebensächlich erscheinendes Detail, dass die Wollfs ab 1. Januar 1939 wie alle Juden zwangsweise zusätzliche Vornamen tragen müssen, die sie als Juden stigmatisieren: Julius Ferdinand „Israel“ Wollf und Johanna Sophie „Sara“ Wollf wird nun am 20. Juli 1939 von der Stadtverwaltung in Mannheim rückwirkend in ihre dort liegende Heiratsurkunde[654] eingetragen. Eine Entwürdigung – und ein weiterer Versuch, den Juden ihre Identität, ihre Persönlichkeit zu nehmen. Dass die Wollfs zudem vor über dreißig Jahren zum Christentum gewechselt waren, lässt die braunen Machthaber zudem vollkommen kalt. Jude ist, wen sie zum Juden stempeln. Jude ist für sie Abstammung, gar Rasse, nicht Glaubensbekenntnis.

Und der Druck steigt weiter: Juden dürfen bald nicht mehr in eigenen Wohnungen leben. Auch in Dresden werden seit Herbst 1939 sogenannte „Judenhäuser“ festgelegt. Von den Nazis konfiszierte Häuser, in denen die Juden der Stadt nun nach und nach zusammengepfercht, ja konzentriert werden. Kleine Konzentrationslager sozusagen, wenn auch ohne Stacheldraht – aber dennoch mit wachsamen Augen ringsum. Spätestens seit Ende 1939 ist auch Wollfs Villa in der Franz-Liszt-Straße eines dieser „Judenhäuser". Die Wollfs erwähnen diese dramatischen Einschnitte ja wie schon angedeutet in ihrem Testament. Wenn auch eher beiläufig. Im August 1941 notieren sie, dass zahlreiche ihrer Möbelstücke mit denen der Haushälterin Hulda Grille *„infolge der uns auferlegten Zwangseinquartierung und des Zusammenräumens mit uns gehörenden zusammenstehen (...)"*[655]. Einiges hatten sie offenbar einlagern müssen: *„Den einen großen Teppich mußten wir bei der Freimachung von Räumen zu dem genannten Zwecke bei Klette (auf Fräulein Grilles Namen) in Verwahrung geben."* 32 solcher Häuser gibt es bald in Dresden, einige Quellen sprechen sogar von bis zu 40. Die Zuweisung erfolgt in einer Gemeinschaftsaktion von Stadtwohlfahrtsamt und dem NSDAP-Kreisleiter.[656] Die Nazis zwängen also auch in Wollfs Villa Juden aus dem gesamten Stadtgebiet zusammen. Um sie zu drangsalieren, vor allem, um sie zu kontrollieren. Bevor sie den Marschbefehl ins tödliche Gas der Konzentrationslager im Briefkasten finden werden ... Wehren kann sich Wollf gegen diese Beschlagnahme seines Hauses nicht. Und so drängeln sich nun Wildfremde in Wollfs – und sich auch gegenseitig ins – Leben. Und gehen sich irgendwann auf die Nerven – natürlich tun sie das. In einem Haus, das über zehn Zimmer verfügt, die nun allesamt mit Menschen belegt sind, die sich vorher nicht kannten. Und diese Enge – auch die dürfte wohl Teil des perversen Spiels der Nazischergen gewesen sein.

Und so wohnt hier neben den Wollfs unter anderen beispielsweise die Kaufmannswitwe Anna Landsberger, die zuvor in der Wolfshügelstraße 24 im Nobelvorort Weißer Hirsch gelebt hatte. Am 28. Juli 1942 wird sie nach Theresienstadt verschleppt, wo sie am 13. August 1942 umkommt.[657] Auch Oscar Jecheskel Meder, der Mitinhaber eines Spezialgeschäfts für Herren- und Damenbekleidung der Firma Großmann an der Wettiner Straße / Ecke Zwingerstraße gewesen war, muss hier gemeinsam mit seiner Frau Eva Meder einziehen. Über das sogenannte „Judenlager Hellerberge" im Dresdner Norden – wo sie seit November 1942 in überfüllten Baracken leben müssen – werden sie Anfang März 1943 nach Auschwitz deportiert.[658] Zu den Zwangsbewohnern gehört auch Betty Amalie Maria Heineck. Sie wurde am 14. Juli 1942 ins Konzentrationslager Theresienstadt deportiert und stirbt dort am 21. Oktober 1942.[659] Ein Zimmer in der Villa der Wollfs müssen auch Arthur Juliusburger und seine – nichtjüdische – Frau Martha beziehen. Arthur Juliusburger war zuvor lange Jahre Inhaber der Firma Carl Meyer, eines Fachgeschäfts für Herren- und Knabenkleidung.[660] Im Sommer 1942 müssen beide ausziehen – wo sie dann unterkommen, ist unbekannt. Arthur Juliusburger wird zur Zwangsarbeit im Goehle-Werk an der Riesaer Straße im Stadtteil Pieschen verpflichtet – einer von den Nazis gebauten Rüstungsfabrik, in der unter anderem Bombenzünder produziert werden. Juliusburger wird Ende Juli 1942 verhaftet, nach drei Wochen Haft im Polizeipräsidium Dresden aber wieder entlassen. Im

April 1943 stirbt er, nachdem er am 21. April erneut verhaftet worden war. In der Teefirma Willy Schlüter in der Wormser Straße, wo er zum Arbeitsdienst verpflichtet worden war, hatte er das dort ausgegebene Essen am Tag zuvor spöttelnd als *„nicht zu Hitlers Geburtstag passend"* bezeichnet, der ja am 20. April alljährlich jubelnd begangen werden musste. Seine Frau überlebte die Judenverfolgung.[661]

In der Hausmeisterwohnung im Kellergeschoss des Hauses lebt seit 1936 der Mechaniker Otto Vogler mit seiner Frau, der als „Arier" auch weiterhin in seiner Wohnung bleiben darf. All die Jahre hat er für die Wollfs wie erwähnt auch als Hauswart gearbeitet. Auch, als es Juden eigentlich längst verboten gewesen war, „Arier" anzustellen. Aber wie hält man so etwas eigentlich aus? Zwischen all den menschlichen Dramen? Trotzten die Voglers dem Druck, wie es auch die Haushälterin Hulda Grille tat? Sie versucht ja nach wie vor, trotz der Enge, trotz der Repressalien, ein Stück vermeintliche Normalität für Johanna und Julius Ferdinand Wollf zu retten. Auch Hauswart Vogler bekommt von den Wollfs weiterhin Lohn. Die Wollfs vertrauen ihnen. In einer Zeit, in der es schwer ist, Menschen zu vertrauen. Es ist Teil des perfiden „Spiels" der Nazis: Angst zu streuen; Zusammenhalt wäre für die Machthaber gefährlich. Aber nicht überall geht die Saat der Angst auf. Die Wollfs bedenken das Ehepaar Vogler in ihrem Testament: Otto Vogler bekommt einen Anzug, ein paar Schuhe sowie Unterwäsche – seiner Frau Emma sollen 500 Reichsmark aus dem Erbe zustehen, legen die Wollfs fest.[662] Ein zu Papier gebrachtes Zeichen dieses Vertrauens also. Vermutungen, Spekulationen verbieten sich letztlich auch hier!

Seit spätestens 1940 wohnt auch Wollfs Bruder Max mit in der Franz-Liszt-Straße. Er hatte ja nach der Entlassung Julius Ferdinand Wollfs aus Redaktion und Verlag zunächst noch als Kaufmännischer Direktor bei den *DNN* bleiben dürfen. Bis Juden und politisch Missliebige nach und nach aus allen Bereichen des gesellschaftlichen Lebens entfernt worden waren. Ende Februar 1934 zum Beispiel war Max Wollff in jedem Fall noch in seiner Funktion neben Verleger Wolfgang Huck und Chefredakteur Theodor Schulze beim Einstellungsgespräch von Karl Laux als neuem Musikkritiker der *Neuesten Nachrichten* dabei gewesen, wie Laux später in seiner Autobiografie schreibt. Aber seit 1938 ist Max Wollff im Adressbuch der Stadt Dresden dann als Verlagsdirektor im Ruhestand zu finden. Bedenkt man den Redaktionsschluss dieser Bücher, wahrscheinlich irgendwann im Spätherbst 1937, musste er also wohl spätestens im Sommer 1937 seinen Posten bei den *DNN* räumen. Damals ist er knapp 58, wohl zu jung für einen wirklich freiwilligen Ruhestand. Nachdem Max Wollff Anfang 1939 auf Druck der Nazis aus seiner Wohnung in der Struvestraße ausziehen musste, hatte er wie beschrieben Anfang 1939 vorübergehend bei einem Freund Unterschlupf gefunden: dem Witwer Albert Silbermann, im dritten Stock der Bayreuther Straße 33. So war Max Wollff zunächst dem „Gefängnis Judenhaus" entgangen. Albert Silbermann – am 16. Februar 1870 im Dörfchen Myslowitz bei Kattowitz in Oberschlesien geboren – arbeitete als kaufmännischer Angestellter in Dresden. Es deutet also vieles darauf hin, dass sich Max Wolff und Silbermann beruflich kennengelernt hatten. Doch die Quellenlage ist schwierig. Arbeitete Silbermann bei einem wichtigen Anzeigenkunden der *DNN*? Ausgeschlossen ist aber auch nicht, dass er sogar im Verlag der *Neuesten Nachrichten* angestellt war. Silbermanns Frau Antonie, geborene Fliess, war Anfang 1936 gestorben.[663] Und der Name Fliess lässt aufhorchen: Hieß doch auch Julius Ferdinand Wollfs Anwalt in seinem 1940er Prozess gegen den Huck-Verlag so … Aber eine verwandtschaftliche Beziehung zwischen dem jüdischen Anwalt und Silbermanns Frau lässt sich bisher nicht finden. Wie lange Max Wollff letztlich bei Albert Silbermann wohnen konnte, ist nicht mehr auf den Tag genau zu rekonstruieren. Klar ist, dass Silbermann 1940 ins „Judenhaus" Kurfürstenstraße 11 ziehen muss. Von dort aus wird er mit dem Transport V/5 am 25. August 1942 ins Konzentrationslager Theresienstadt deportiert, wo ihn die Nazis am 24. September 1942 ermorden.[664] Der Zwangsumzug Silbermanns in die Kurfürstenstraße bedeutet für Max Wollf, dass auch er einen neuen Unterschlupf braucht. Als Jude steht ihm in Dresden jetzt nur noch eines dieser unsäglichen „Judenhäuser" offen. Also zieht er zu seinem Bruder Julius Ferdinand: Die Franz-Liszt-Straße 6 ist in den Akten des Krematoriums Dresden-Tolkewitz nach dem Tod Max Wollfs als dessen letzte Adresse zu finden.[665] Er starb am 20. Januar 1942 im Haus seines Bruders; wurde vier Tage später in Tolkewitz eingeäschert. Und so viel sei an dieser Stelle schon klargestellt: Ein natürlicher Tod war es nicht.

Wiedersehen mit Professor Heinrich Conradi

Bedrückende Lebenskreuzungen sind es, die von den Nazis in diesen Jahren nach 1933 gebaut werden. Immer wieder treffen sich hier dann unter dramatischen Umständen Menschen, die sich noch aus dem früheren, freien Leben kennen. An diesen Kreuzungen treffen sie sich wieder. Sie, die das gleiche Schicksal teilen: Aussätzige zu sein. Obwohl sie noch Jahre zuvor zu wichtigen Leistungsträgern dieses Landes gehört hatten. Künstler, Techniker, Wissenschaftler …

Eine solche Lebenskreuzung beschreibt auch ein vermeintlich kleines Detail im Zusammenhang mit den sogenannten „Judenhäusern" in Dresden. Die Bewohner dieser Häuser wurden auf Anweisung der Nazis regelmäßig hygienischen und medizinischen Kontrollen unterzogen. Was auf den ersten Blick nach medizinischer Versorgung aussieht, ist auf den zweiten eines der psychischen Druckmittel. *„Wir sehen alles, und wir wissen alles über dich"*, sollte das Signal lauten. Zudem setzen die Nazis auf die Ärzte, wenn es um medizinische Begründungen für die Deportation der jüdischen Bewohner dieser Häuser geht. Und dass den braunen Machthabern eine gute ärztliche Betreuung der Juden am kalten Herzen gelegen haben könnte, dürfte schon allein der Fakt widerlegen, dass es nach dem Sommer 1938 für ganz Dresden nur noch einen einzigen Allgemeinarzt gibt, der Juden behandeln darf. Die Nazis hatten in der *Vierten Verordnung zum Reichsbürgergesetz* vom 25. Juli 1938 allen jüdischen Ärzten grundsätzlich die Approbation entzogen. Ab sofort dürfen nur noch jüdische Mediziner weiterarbeiten, die eine Ausnahmegenehmigung bekommen – aber auch dann dürfen sie ausschließlich noch Juden behandeln. In Dresden heißt das: ein Arzt für über 6 000 Juden in der Stadt.[666] Dieser Arzt ist Dr. Willy Katz. Nach dem Studium und Anstellungen unter anderem in Berlin, Homburg, Mainz sowie als Schiffsarzt auf der Hamburg-Südamerika-Linie war er 1909 nach Dresden gekommen. Ließ sich hier als praktischer Arzt nieder. Er hatte seine Praxis im Dresdner Osten, zunächst in der ersten Etage der Borsbergstraße 3, später im Erdgeschoss Borsbergstraße 14. Katz war selbst Jude – und seine erste Frau Elsa Cäcilie Brann, von der er sich 1920 hatte nach zweijähriger Ehe scheiden lassen, wurde am 12. Juli 1940 von den Nazis mit der Diagnose Schizophrenie in der berüchtigten Tötungsanstalt auf dem Sonnenstein in Pirna bei Dresden in der Gaskammer ermordet.[667] Sie ist eines von Zehntausenden Opfern. Allein bis zum August 1941 werden in insgesamt sechs solcher Tötungsanstalten mehr als 70 000 Menschen mit psychischen Erkrankungen oder Behinderungen ermordet.[668] „Lebensunwertes Leben" nennen das die unerträglich perfiden Spracherfinder der Nazis. In den Akten des NS-Regimes werden diese abscheulichen Morde als „Aktion T4" dokumentiert; bekannt sind sie auch als „Euthanasie-Programm".

Katz, der sich wie die meisten noch praktizierenden jüdischen Ärzte offiziell nur „Krankenbehandler" nennen darf, ist bei den Juden in Dresden nicht sonderlich beliebt. Er sei ein Feigling, werfen sie ihm vor. Er sei ein williges Werkzeug der braunen Machthaber. Auch Wollfs Freund Victor Klemperer beschreibt das in seinen geheimen Tagebüchern. So wird Klemperer in den eisigen Februar- und Märztagen 1942 von den Nazis zum Schneeschippen verpflichtet, muss auf der Dresdner Südhöhe arbeiten. Doch er ist schwer am Herzen angeschlagen, hat eine Angina und würde sich am liebsten krankschreiben lassen. Aber von wem? Vertrauen zu Dr. Katz hat Klemperer jedenfalls nicht; obwohl er ihn nicht persönlich kennt. Nur der miserable Ruf hat sich auch bis zu Klemperer herumgesprochen: *„Der Jude Katz soll unmöglich sein (…)"*, schreibt er am 8. März. Auch der Dresdner Anwalt Heise macht ihm wenig Hoffnung, *„von der Schipperei loszukommen"*. Heise verwaltet Klemperers quasi enteignetes Haus in Dölzschen am westlichen Stadtrand Dresdens. Und selbst Heise weiß offenbar um den Ruf Katz', deutet Klemperer nach einem Gespräch mit dem Verwalter am 26. Februar 1942 an: *„Ich sei dazu auf den (durchweg schlechtest beleumdeten) jüdischen ‚Behandler' Dr. Katz angewiesen, der aus Angst niemanden für arbeitsunfähig erkläre."* Klemperer kennt entsprechende Beispiele quasi aus erster Hand. Denn am 16. März 1942 notiert er, dass er nun einer 17-köpfigen Gruppe „Schipper" angehöre – und hier lernt er unter anderem den ehemaligen Kunst- und Reklamemaler Bruno Gimpel kennen, den einstigen Chef der Dresdner Ortsgruppe des Bundes Deutscher Gebrauchsgrafiker. Gimpels linkes Auge ist blind, das rechte ebenfalls schwer angegriffen, und Schneeschippen sei absolut „Gift", schreibt Klemperer. Aber *„Dr. Katz verweigert in diesem Fall, wie immer, Attest – der Mann schippt"*. Katz sei eben *„ein ‚Schisser'"*, zitiert Klemperer seinen „Arbeitskollegen" Dr. Fritz Magnus-Alsleben, Orthopäde und Chirurg, mit dem er gemeinsam den Schnee auf der Südhöhe räumt. Am 17. Mai 1942, einem Sonntag, trifft Klemperer Dr. Willy Katz endlich persönlich. In der Strehlener Straße 52, auch das ein „Judenhaus". Hier besuchen die Klemperers die befreundete Familie Seliksohn, den sozial-demokratischen Journalisten und Buchhändler Elias Eduard und seine Frau Lilly Seliksohn. Kennengelernt hatten sich Seliksohn und Klemperer wohl vor 1933 in der damals zum sozialdemokratischen Blatt *Vorwärts* gehörenden Buchhandlung am Wettiner Platz. Elias Eduard Seliksohn hatte dort als Journalist und gleichzeitig im Buchladen gearbeitet.[669] Katz kommt an diesem Mainachmittag 1942 zur Visite vorbei. Aber Klemperer kann sich auch jetzt nicht für Katz erwärmen. Vielleicht wiegen einfach die zu Katz kursierenden Vorbehalte zu schwer? Lesbar übel nimmt Klemperer ihm wenig später vor allem einen Satz, der die Dresdner Juden empört: Als Katz im Juni 1942 einen Transport mit greisen Dresdner Juden ins Lager Theresienstadt begleiten muss, soll er das mit den Worten *„hoffentlich komme ich zurück"* kommentiert haben. Klemperer nennt das Ganze einen *„charakteristischen Ausspruch"*. Und doch räumt auch Klemperer die Zwiespältigkeit ein, die Katz' Rolle in dieser Situation hat; *„eine sehr schwere Stellung zwischen überwachender Gestapo und Judenschaft"*. Bei besagtem Treffen in der Strehlener Straße beschreibt Katz auch selbst dieses Problem; ohne in erster Linie auf den politischen Druck einzugehen: *„Die Leute sehen in mir immer in erster Linie den Juden, dann erst, ganz zuletzt, den Arzt."* Doch es hilft nichts, die Sicht Klemperers und auch seiner Frau Eva auf Katz wird nicht wohlwollender: *„Der Mann, obwohl ich wie gesagt, seine Schwierigkeit verstehe, macht auf uns beide einen schlechten Eindruck. (…) Er hat in seinen blaßblauen Augen in dem schmalen, geleckten Gesicht irgend etwas Tückisches"*, notiert er nach dem Treffen.

Da die Zahl der „Judenhäuser" bis Ende Januar 1940 in Dresden so rasant gestiegen war – zu diesem Zeitpunkt auf immerhin bereits 37[670] – wurden Katz dann von den Nazis zwei weitere Mediziner an die Seite gestellt, die sich um die vorgegebenen Kontrollen der Zwangsunterkünfte kümmern mussten, während Dr. Willy Katz weiterhin in seiner Praxis an der Borsbergstraße aktiv war. In deren Wartezimmer übrigens sein Bild in Uniform hing, zu Pferde, mit dem Eisernen Kreuz an der Brust und einem strengen Monokel im Gesicht, wie es Seliksohn seinem Freund Klemperer beschreibt. Die beiden Ärzte sind Dr. Philipp Gellert und Professor Dr. Heinrich Conradi. Der aus der Bukowina stammende Gellert ist Chirurg und Frauenarzt und kam nach Ende des Ersten Weltkriegs nach Dresden. Als Mediziner war er zuvor für das österreichische Heer im Einsatz gewesen. Seine Praxis hatte Gellert in der Altenzeller Straße 4 in der Dresdner Südvorstadt, musste sie aber im September 1938 als Jude auf Druck der Nazis aufgeben. Verzweifelt versucht Gellert nun, aus dem lebensbedrohlichen Bannkreis des großdeutschen Judenhasses zu fliehen. Die Idee, Ende 1938 durch die Teilnahme an einem Ärztekongress in der bulgarischen Hauptstadt Sofia eine Einreisebewilligung in die USA über die „Juden-Quote" Bulgariens zu bekommen, scheitert, so dass er im Januar 1939 nach Dresden zurückkehrt. Hier schreibt er ein gutes Jahr später – am 23. April 1940 – einen 16-seitigen Brief an die Naziführung. Gerichtet ist das überraschende Schreiben an Hitler, Reichsmarschall Hermann Göring, Propagandachef Joseph Goebbels, Außenminister Joachim von Ribbentrop, den Oberbefehlshaber des Heeres Walther von Brauchitsch und an Marinechef Erich Raeder. In seinem Brief schlägt Gellert vor, eine *„Partei des Nationalsozialen Neuen Judentums"* zu gründen. Das Ganze solle dabei der *„endgültigen Lösung der Judenfrage"* dienen, denn Deutschland möge die *„deutsche und außerdeutsche Judenheit",* die sich in dieser Partei organisiert, letztlich in Palästina ansiedeln.[671] Ein Schreiben, das aus heutiger Sicht verstörend wirkt. Nicht zuletzt durch die Sprache, die sich der eigenwilligen Begriffswelt des Nazisprech bedient. Es war wohl ein Versuch, mit den braunen Wölfen zu heulen, um sozusagen das eigene Rudel in Sicherheit zu bringen. Und Gellert greift dabei eine zuvor immer wieder diskutierte Idee eines eigenen Staates für Juden auf. Eine Idee, von der einige Juden träumen – aber andererseits auch eine Idee, die bereits vor der Jahrhundertwende durch antisemitische Debatten in Deutschland waberte. Die deutschen Juden sollten doch einfach auf die Insel Madagaskar vertrieben werden, hieß es da. Und auch die Nazis werden diese Idee 1941 noch einmal debattieren[672] – und verwerfen. Den Brief Gellerts ignoriert die NS-Führung jedenfalls. Dramatisch: Am 13. November 1940 steht Gellert auf einer Ausreiseliste nach Palästina – das sogenannte Palästinaamt in Berlin, die deutsche Vertretung der Zionistischen Weltorganisation, die sich um die Ausreise von Juden bemühte, hat ihn auf diese Liste gesetzt. Aber der Dresdner Mediziner darf Deutschland nicht mehr verlassen.[673]

Schon Ende Januar 1940 hatte Gellert jedenfalls von Katz den Auftrag bekommen, die „Judenhäuser" zwischen sich und Conradi aufzuteilen. Am 30. Januar 1940 schreibt Gellert am Arbeitstisch in seiner Wohnung in der Chemnitzer Straße 27 an Katz mit pragmatischem Sarkasmus: *„Da Herr Prof. Conradi in Dresden-Nordost wohnt, während ich im Südwesten hause, außerdem in Dresden nördlich der Elbe nur wenige Grundstücke als ‚Judenhäuser' gelten, hielt ich es für angebracht, die Judenhäuser Dresden in einen östlichen und westlichen Teil zu scheiden. (…) Wunschgemäß habe ich Herrn Prof. Dr. Conradi von dieser mir von Ihnen überlassenen Einteilung in Kenntnis gesetzt."*[674] Professor Heinrich Conradi war daraufhin für den östlichen Bereich Dresdens zuständig. Und damit unter anderem für die Franz-Liszt-Straße 6 – für Wollfs zum „Judenhaus" gewordene Villa. Wolff und Conradi trafen sich also spätestens Anfang 1940 hier unter beklemmenden Umständen. Und es dürfte ein Wiedersehen gewesen sein. Denn Conradi war ein prominenter Hygienespezialist und Bakteriologe der ersten drei Jahrzehnte des 20. Jahrhunderts. Seine Zeit als Assistenzarzt absolvierte er in Berlin am dortigen Institut für Infektionskrankheiten unter Leitung des legendären Mediziners Robert Koch. 1899 promovierte er zum Thema „Zur Frage der Toxinbildung bei den Milzbrandbakterien" an der Universität Straßburg. In Dresden wird er Dozent an der Technischen Hochschule, habilitiert hier 1913, geht aber mit dem Ende des Ersten Weltkriegs an die Universität Gent und übernimmt eine Professur für Hygiene, Bakteriologie und Serologie. 1921 kehrt Conradi nach Sachsen zurück, wird am Zwickauer Krankenhaus Erster Bakteriologe des pathologisch-bakteriologischen Instituts – und arbeitet gleichzeitig an der Dresdner Hochschule. Conradi ist einer der fleißigsten Forscher auf seinem Spezialgebiet, wird zudem medizinischer Berater der öffentlichen Versicherungsanstalten der Sächsischen Sparkassen.[675] Es ist also mehr als nur anzunehmen, dass sich Wollf und Conradi im Zusammenhang mit den Ausstellungen und Projekten des Hygiene-Museums regelmäßig begegnet sein dürften. Nicht zuletzt waren ja auch die Direktoren des Hygiene-Instituts der Hochschule gleichzeitig Leiter der Staatlichen Landesstelle für öffentliche Gesundheitspflege und damit eng mit dem Hygiene-Museum verbunden; Friedrich Renk und Karl Süpfle zum Beispiel. Und die wiederum waren quasi die Vorgesetzten Conradis an der TH gewesen.[676]

Wie müssen sie sich nun, 17 Jahre später, bei ihren Wiedersehen gefühlt haben? Wollf und Conradi. Machte doch das Schicksal des anderen schmerzlich noch einmal den eigenen sozialen Abstieg deutlich; und diese furchtbare soziale Isolation. Denn 1933 wird auch Conradi – als Jude – aus allen öffentlichen Ämtern gedrängt; und auch er muss in eines dieser unsäglichen „Judenhäuser" ziehen. In die Kaiserstraße 1. Ende April 1943 wird Conradi wegen des angeblichen Verdeckens des Judensterns verhaftet – zudem wird ihm vorgeworfen, er habe Radieschen gekauft, was Juden untersagt sei. Am 26. April 1943 stirbt er im Dresdner Polizeigefängnis.[677]

Auch Dr. Philipp Gellert überlebt nicht. Obwohl erst 51, wird er 1942 mit einem sogenannten Alten-Transport ins Konzentrationslager Dachau verschleppt.[678] Das Todesurteil. Denn Alte und Kranke werden hier als „unnütz" ermordet; Gellert stirbt am 23. Juni 1942. Einzig Dr. Willy Katz überlebt den Krieg. Er beginnt wieder als Arzt zu arbeiten, stirbt aber am 13. Januar 1947 an den Folgen einer Lungenentzündung.[679]

Es sind dramatische Schicksale wie diese, die zahlreich – und akribisch aufgearbeitet – im Archiv des Arbeitskreises Gedenkbuch in der Jüdischen Gemeinde Dresden zu finden sind. Schicksale, die – ähnlich dem Wollfs – von den Nazis vergessen gemacht werden sollten. Ein Sieg, den sie zum Glück nicht feiern können.

Zu späte Fluchtgedanken?

Hat es Julius Ferdinand Wollf in manchen Momenten letztlich doch bereut, Deutschland nicht verlassen zu haben? Hatte er im Frühjahr 1939 vielleicht sogar kurz darüber nachgedacht, noch zu fliehen? Damals war sein Vetter Karl Wolff nach Frankreich emigriert, der von den Nazis geschasste Schauspielhaus-Dramaturg. Später wird Karl Wolff über die portugiesische Hauptstadt Lissabon 1942 weiter nach London flüchten. Dort gehört er zum PEN-Club deutscher Autoren, ist auch in dessen Vorstand. Zudem wirkt Karl Wolff in London als Präsident des „Clubs 1943", eines Vereins emigrierter deutscher Autoren und Wissenschaftler. Er wird nicht mehr nach Deutschland zurückkehren, bleibt bis zu seinem Tod in London. Sieben Jahre nach Kriegsende – am 13. Juni 1952 – stirbt er in der britischen Hauptstadt. Zuvor wird er nach 1945 unter anderem im *Handbuch der deutschen Exilpresse 1933-1945* mit einer Veröffentlichung unter dem Titel *Schiller und die Idee der Freiheit* auftauchen, und er veröffentlicht 1949 im Nürnberger Neist-Verlag sein Buch *Fausts Erlösung*.[680] Auch bis nach Dresden durfte sich Karl Wolffs Tod damals über politische Systemgrenzen hinweg herumsprechen: Unter anderem erwähnt ihn die Dresdner CDU-Zeitung *Die Union* zumindest in ein paar Sätzen in der Rubrik *Kleine Kunstnotizen*. Man tat sich offenbar selbst mit einem „Linken" wie Karl Wolff schwer in der DDR. *„Mit 76 Jahren starb in London der frühere erste Dramaturg des Dresdner Schauspielhauses Dr. Karl Wolff. In den 17 Jahren, die er, der Rheinländer, in Dresden wirkte (von 1916 bis 1933), ließ er vor überfüllten Sälen in glänzend geschliffener Sprache die Hinterlassenschaft der deutschen Dichter, das Werk der jungen Schaffenden lebendig werden. Wer die Morgenfeiern miterleben durfte, die er im Dresdner Schauspielhaus einrichtete und deren erste er, der tiefgründige Goetheforscher, dem jungen Goethe – mit Plaschke und Ponto als Mitwirkenden – widmete, dem sind sie unvergeßlich geblieben. Er gab auch lange Zeit in Dresden eine vielgelesene Zeitschrift für Weltanschauung, Theater und Kunst unter dem Titel* Der Zwinger *heraus. Von seinen zahlreichen Veröffentlichungen sind u. a. Werke über Schillers Theodizee, eine Biographie des Götz von Berlichingen zu nennen."*[681]

Aber nicht jede Flucht gelingt. Das Beispiel des 1933 gemeinsam mit Julius Ferdinand Wolff entlassenen *DNN*-Feuilletonredakteurs Leo Fantl zeigt das auf grausame Weise. Leo Fantl, auch er einer dieser großen journalistischen Glücksgriffe Wolffs. Der im Februar 1885 in Prag geborene Fantl war Doktor der Sprachwissenschaft, studierter Germanist, Judaist und selbst auch Musiker – wobei er außerhalb der Feuilletonredaktion der *Neuesten Nachrichten* wie schon angedeutet vor allem als Fachmann für Synagogenmusik in Dresden bekannt geworden war. Fantl organisierte beispielsweise öffentliche Konzerte der jüdischen Gemeinde. Die letzte dieser von ihm moderierten und geleiteten Aufführungen fand dabei am 19. März 1933 statt, nur wenige Tage nach dem Wahlsieg der Nazis. Zudem verfasste Leo Fantl Aufsätze zu Geschichte und Gegenwart der Synagogenmusik, zu jüdischer Religion und den Problemen nationaler Zugehörigkeit, wie es im Archiv des Arbeitskreises Gedenkbuch Dresden über ihn heißt, das sich mit den verschollenen jüdischen Dresdner Biografien befasst.[682] Wobei sich Fantl auch um die sozialen Belange innerhalb der jüdischen Gemeinde kümmerte. Er war Mitglied der 1843 gegründeten Dresdner Fraternitas-Loge – eines Bundes, der sich um die Unterstützung sozial schwacher Juden bemühte und der auch einen jüdischen Kindergarten betrieb, in dem auch Kinder bedürftiger christlicher Eltern betreut wurden. Nach seiner Entlassung bei den *DNN* ging Fantl mit seiner Frau – Dr. Helene Fantl – und den beiden Kindern ins damals zur Tschechoslowakei gehörende böhmische Reichenberg; heute Liberec. Auch hier blieb er der jüdischen Musik treu. Laut den Akten wird er Chorleiter der dortigen jüdischen Gemeinde. Aber Nazideutschland holt ihn ein. Das noch junge Staatsgebilde der Tschechoslowakei hält nicht stand: In den deutschsprachigen Gebieten der erst nach Kriegsende 1918 aus Böhmen, Mähren, Sudeten, der Slowakei und der sogenannten Karpaten-Ukraine entstandenen Republik fordern die hier lebenden Deutschen seit 1933 lautstark eine Angliederung ans Deutsche Reich. Sicher wird hier und da durch gezielt und geschickt eingesetzte Provokateure die Stimmung entsprechend angeheizt – aber dieser zusätzlichen Tropfen im aufgepeitschten Meer hätte es sicher kaum noch bedurft. Jedenfalls gipfelt das Ganze 1938 in der sogenannten Sudeten-Krise. Die deutsche Mehrheit in der Bevölkerung will nun mit aller Macht zum Deutschen Reich. Die Lage droht zu eskalieren, so dass sich Deutschland gemeinsam mit den Siegermächten des Ersten Weltkriegs – zumindest mit Frankreich und Großbritannien – in München an einen Tisch setzt, um das Problem weitgehend friedlich zu lösen. Wobei Naziführer Hitler in diesen Verhandlungen Forderungen stellt, von denen er nie geglaubt hatte, dass sie erfüllt würden, wie er später zugeben wird. Hitler wollte offenbar diese Krise viel lieber zum Anlass für die Umsetzung seiner Kriegspläne nehmen. Doch als Vermittler in München tritt ausgerechnet Italiens Faschistenchef Mussolini auf – und Großbritannien und Frankreich lassen sich auf dessen Vorschläge und damit Hitlers Wünsche nach einer Angliederung des Sudetenlandes an Deutschland ein. Am 30. September 1938 wird der Vertrag unterschrieben. Die Tschechoslowakei saß übrigens nicht mit am Verhandlungstisch in München, was den tschechoslowakischen Staatschef Edvard Beneš zwar wütend machte, er aber letztlich doch auf das Abkommen einging. Beneš sah ohnmächtig, dass er von den großen Westmächten keine Hilfe erwarten konnte – und hatte die Hoffnung, wie er später einräumt, zumindest den „Rest" der Tschechoslowakei erhalten zu können. Eine trügerische Hoffnung, wie sich schnell zeigen wird. Denn dieses Münchener Abkommen ist der klassische Türöffner. Auch Polen und Ungarn sehen nun die Chance, Teile des zerfallenden Landes für sich zu beanspruchen. Gleich Anfang Oktober 1938 besetzt deutsches Militär das Sudetenland. Unter großem Jubel der deutschen Bevölkerung, wie es in der Propaganda heißt – was letztlich wohl auch nicht gelogen ist. Den Nichtdeutschen hier ist indes keineswegs nach Jubel zumute, denn für sie beginnt eine schwere Leidenszeit. Daher wird die Rache an den Deutschen nach 1945, nach dem Ende des Zweiten Weltkriegs, in diesem Landstrich brutal und nicht selten mörderisch sein.

Leo Fantl und seine Familie fliehen daraufhin 1938 nach Prag. Hier bemüht sich Fantl um eine Ausreise nach Palästina. Die Zeit drängt, denn Hitler hält sich in

Karl August Ferdinand Lingner (1861 – 1916); aus: Julius Ferdinand Wolff, *Lingner und sein Vermächtnis*, Hellerau 1930

Lingner-Gedächtnis-Zimmer im Deutschen Hygiene-Museum; historische Ansicht nach Postkarte, 1930

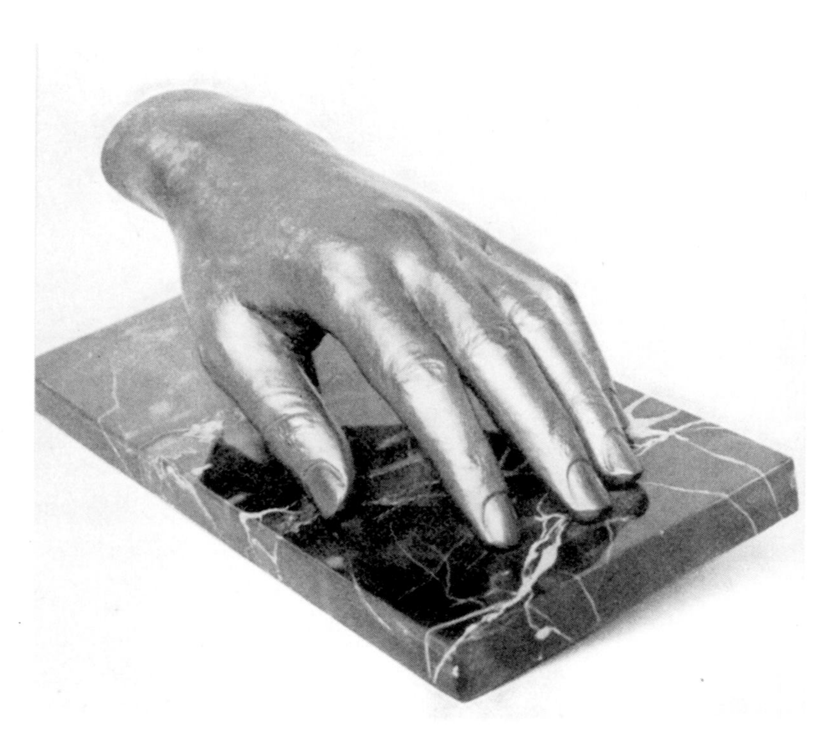

Lingners Hand; aus: Julius Ferdinand Wolff, *Lingner und sein Vermächtnis*, Hellerau 1930

Lingner an seiner Orgel; aus: Julius Ferdinand Wolff, *Lingner und sein Vermächtnis*, Hellerau 1930

Königliches  Schauspielhaus

Geschlossene Vorstellung
für die Literarische Gesellschaft E. V. Dresden

Sonntag, den 10. Februar 1918

zum ersten Male:
(Uraufführung)

Seeschlacht

von

Reinhard Goering.

Spielleitung: Ernst Lewinger.

Erster Matrose	Robert Müller.
Zweiter Matrose	Theodor Becker.
Dritter Matrose	Alexander Wierth.
Vierter Matrose	Alfred Meyer.
Fünfter Matrose	Walther Iltz.
Sechster Matrose	Ernst Martens.
Siebenter Matrose	Rudolf Schröder.
Stimme	Johannes Schöneberger.

Die Handlung spielt im Panzerturm eines Kriegsschiffs.

Dekoration: A. Linnebach.

Anfang 1/2 12 Uhr. Ende 1 Uhr.

Preis des Zettels 30 Pfg.

Theaterzettel der Ururaufführung am 10. Februar 1918 im Königlichen Schauspielhaus Dresden (Geschlossene Vorstellung für die Literarische Gesellschaft) mit der Liste der Schauspieler und des Regisseurs (Ernst Lewinger).

Dresden, Neues Königliches Schauspielhaus; historische Ansicht nach Postkarte, vor 1918

Nikolaus Graf von Seebach (1861 – 1927), 1911; Gemälde, Öl auf Leinwand, Robert Sterl (1867 – 1932)

Maximilian Harden (1861 – 1927), 1911;
Foto: Rudolf Dührkoop (1848 – 1918)

Herbert Eulenberg (1876 – 1949), 1928;
Foto: N.N.

Hugo von Hofmannsthal (1874 –1929), 1910;
Foto: Nicola Perscheid (1864 – 1930)

Frank Wedekind (1864 – 1918), 1912;
Foto: Photoatelier Baumann Nachfolger, München

Louise Straus-Ernst (1893 – 1944), 1927;
Foto: N.N.

Marta Fraenkel (1896 – 1976), 1929;
Foto: Genja Jonas (1895 – 1938)

Felix Salten (1874 –1929) in Wien, ca. 1910;
Foto: Ferdinand Schmutzer (1870 – 1928)

Karl Wollf (1861 – 1927), 1919;
Foto: Atelier Veritas, München, um 1916

Wilhelm Ferdinand Paul Wiecke (1862 – 1944), wohl 1919; Foto: Genja Jonas (1895 – 1938)

Leo Fantl (1896 – 1944), um 1930; Foto: N.N.

Richard Kleineibst (1886 – 1976) mit Ehefrau Claire Kleineibst-Lepère (1890/92 – 1956/57 ?), 1936 ; Foto: Franz Schmidt (1902 – 1947)

Otto Julius Bierbaum (1885–1969), 1909;
Foto: Ludwig Bab, Berlin-Charlottenburg

Gemma Bierbaum (1877–1925), um 1900;
Lithographie: Max Arthur Stremel (1859–1928)

Gustav Ernst Stresemann (1878–1929), ca. 1921;
Foto: N.N.

Bernhard Blüher (1864–1938), 1924;
Foto: Hugo Erfurth (1874–1948)

Dresden-Hellerau: Blick über die Neubauten Am Hellerrand, Ecke An der Winkelwiese, zur Bildungsanstalt Jaques-Dalcroze, dem heutigen Festspielhaus Hellerau; historische Ansicht nach Postkarte, um 1912

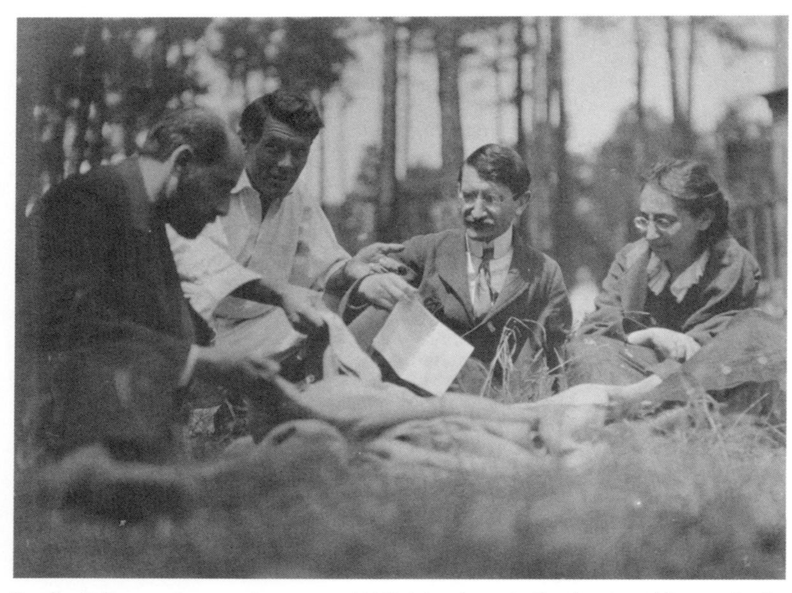

Dresden-Hellerau. „Sommererinnerungen 1918" (v.l.n.r.): Paul Adler (1978 – 1946), Gründer der *Sozialistischen Gruppe geistiger Arbeiter*, unbekannte Person, Camill Hoffmann und seine Frau Irma Hoffmann geborene Oplatka (1883 – 1944); Foto: N.N.

Camill Hoffmann (1878–1944), 1918;
Foto: Hugo Erfurth (1874–1948)

Alfred Günther (1885–1969), um 1926;
Foto: Genja Jonas (1895–1938)

Lieber Herr Hoffmann, Einmal raffe ich mich
auf, [illegible] in der Absicht auf [illegible]
(mit meiner Frau) spazieren zu gehen – [illegible]
natürlich, daß der [illegible] noch
lebt. So haben wir nur [illegible] Ihre
[illegible] Kinder gesehen, die uns sehr
liebenswürdig empfangen haben.
Mit freundlichen Grüßen für Sie
u. Ihre verehrte Gattin Ihr [illegible]

Visitenkarte Julius Ferdinand Wollfs, hinterlassen bei Camill Hoffmann, Auf dem Sand 21 in Hellerau

Grundsteinlegung zum Neubau des Deutschen Hygiene-Museums, Hammerschlagzeremoniell am 08.10.1927, Julius Ferdinand Wolff (a) und evtl. Max Wolff (b)

Landesverband der Sächsischen Presse besichtigt das Deutsche Hygiene-Museum 1930, Julius Ferdinand Wolff, 2. Reihe, 2. von rechts; Foto: Boehnerfilm-Foto Dresden

Auch im Hygiene-Museum ganz der Theatermann: Wolff entwickelt im Kampf gegen den Irrglauben an Kurpfuscher ein Krebstheater für die Ausstellung 1930. Hier eine Auswahl: drei von fünf Szenenbildern.

Dresden, Moltkeplatz 10 / II. – Max Wollfs Adresse 1910; historische Ansicht nach Postkarte, um 1913

Dresden, Struvestraße 38 / II. – Max Wollfs Adresse bis 1939; historische Ansicht nach Postkarte, 1910

Dresden, Wohnhaus Bayreuther Straße 33, Wohnsitz von Max Wollf in den Jahren 1939 und 1940; Foto-Ansichtskarte, postalisch gelaufen am 13.04.1911

Dresden, Ruine der Villa Franz-Liszt-Straße 6 mit Garageneinfahrt in der Wiener Straße, Zustand 1954

Dresden, Villa Palaisstraße 6 (ab 1936 Franz-Liszt-Straße) – von 1916 bis 1942 Lebensmittelpunkt der Eheleute Julius Ferdinand und Johanna Sophie Wolff, hier um 1930

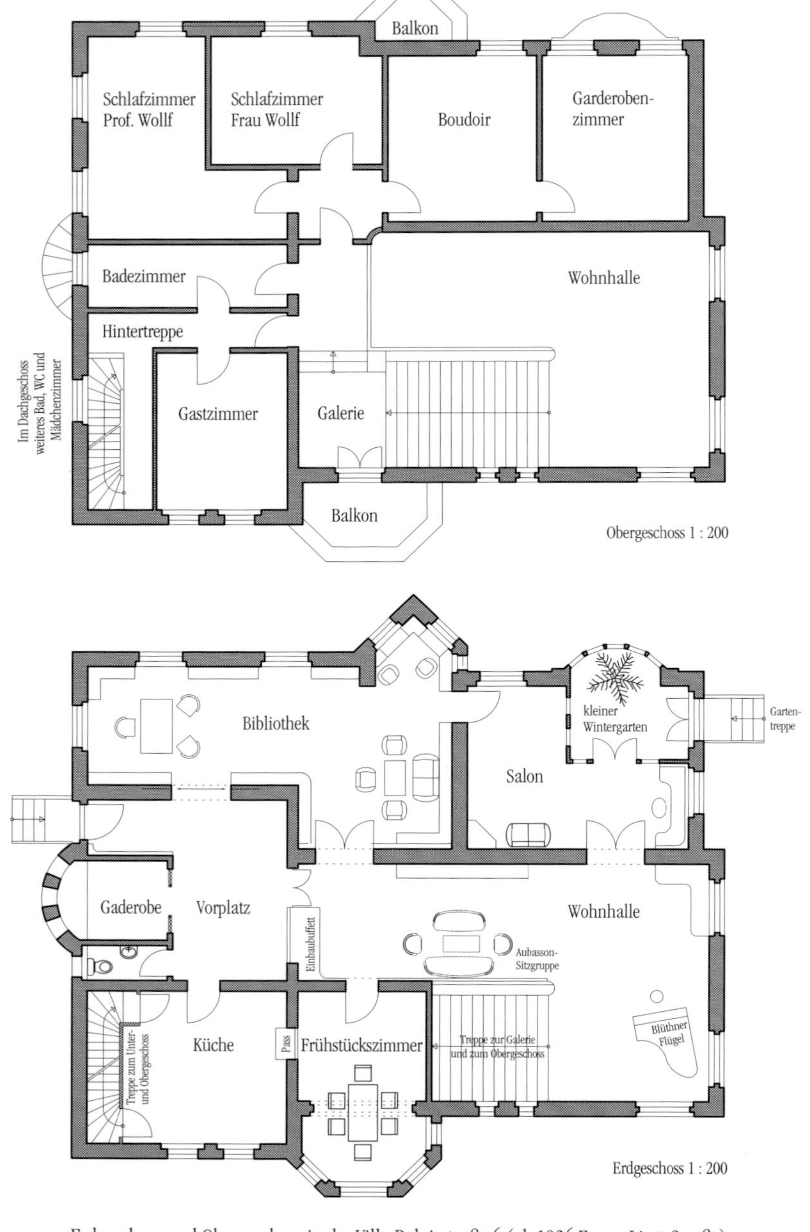

Erdgeschoss und Obergeschoss in der Villa Palaisstraße 6 (ab 1936 Franz-Liszt-Straße) im Zustand der 1930er Jahre, erstellt nach jeweils einer Gedächtnis-Skizze von Anna Katharina Wyler, geborene Salten, verwitwete Rehman-Salten, 1950er Jahre diesen Monaten nicht allzu lange an das in München ausgehandelte Abkommen. Schon im März 1939 besetzt Deutschland weitere Teile der Tschechoslowakei: Mähren und Böhmen, samt der Hauptstadt Prag. Auch hier, so heißt es aus der lärmenden Propagandamaschinerie, sei der Wunsch der deutschen Bevölkerung groß gewesen, endlich zu Deutschland zu gehören. Hitler ernennt Böhmen und Mähren nun zu sogenannten Protektoraten; zu Schutzgebieten also. Wobei diese Schutzgebiete für hierher geflohene deutsche Juden nun zu Schutzlosgebieten werden. Wie für Fantl und seine Familie. Ihre Bemühungen, nach Palästina zu fliehen, bleiben erfolglos. Vier schlimme Jahre in Prag brechen für sie an, dann wird die Familie am 5. Juli 1943 von den Nazis ins Konzentrationslager Theresienstadt deportiert. Von hier werden sie am 6. September 1943 ins Vernichtungslager Auschwitz gebracht. Laut Aktenlage ist Dr. Helene Fantl – Häftlingsnummer 60075 – dort gar im geheimen Widerstand aktiv. Das Ehepaar wird mit der 12-jährigen Tochter Brigitte am 8. März1944 ermordet. Nach Aussage der jüdischen Gemeinde Böhmen und Mähren wurde auch der im März 1928 geborene Sohn Bedřich vermutlich an diesem Tag in Auschwitz umgebracht.[683]

Julius Ferdinand Wollf bleibt mit seiner Frau Johanna und dem acht Jahre jüngeren Bruder Max in Dresden. Verübelt er sich das in diesen ersten Januartagen 1942? Es war wohl vor allem dieses Ausgegrenztwerden, das Wollf so schwer mitnahm. Er, der immer mittendrin gewesen war, dessen Meinung zählte, der als Kapitän auf der Brücke das Schiff *DNN* hochseetauglich gemacht hatte und als Lotse die deutsche Verlegerschaft über tosende Meere leitete. Er, der in Dresden fast drei Jahrzehnte lang zum absoluten „Who is who" gehörte. Nun war er ein Aussätziger. Und das schon seit fast neun Jahren. Und mit jedem Jahr war es schlimmer geworden. Man mied ihn, was ihn schwer belastete. Vier Jahre zuvor, im Juli 1938, deutet Wollf zumindest einiges davon bereits in seinem Brief an den Theaterdichter Herbert Eulenberg an.[684] Zunächst entschuldigt sich Wollf, dass er auf einen zuvor von Eulenberg an ihn gegangenen Brief nicht sofort geantwortet habe. Aber das Schreiben falle ihm schwer, schreibt er, *„propter impedimenta animae"*, holt Wollf zur Begründung noch einmal den „alten Lateiner" heraus. Es sind also die seelischen Lasten, die ihn drücken und an vielem hindern, könnte man das Ganze übersetzen. *„In meiner Lage wird man allmählich der Liebeszeichen ungewohnt"*, räumt Wollf verbittert ein. Die Wollfs gehen den Dresdnern nun schon seit Jahren aus dem Weg, bleiben, soweit es geht; in ihrer Villa nahe dem Großen Garten. Aber schon damals, 1938, ahnt Wollf, dass sie auch dieses letzte sichere Versteck verlieren könnten: *„Hier in meinen (wie lange noch?) vier Wänden"*, fragt Wollf in seinem Brief an Eulenberg. Das bisher Erlebte nennt er zudem „Passionsweg", nach dem Leidensweg Jesu. Und es sind nicht allein die seelischen Leiden: *„Hannele leidet, leidet. Aber tapfer genug, solange es der Körper aushält. Man kann sie nicht heilen, weil ja an der Ursache nichts zu ändern ist"*, gibt sich Wollf erst gar nicht weltfremdem Optimismus hin, dass der Terror um sie herum enden könnte. Dieser Terror, der seine Frau – sein „Hannele“ – krankmacht. Auch Bruder Max Wolff ist körperlich angegriffen. Die finanzielle Situation der Wollfs lässt es aber zu, dass er zur Kur nach Bad Neuenahr im Rheinland fahren kann, *„nach der es ihm körperlich etwas besser geht“*, notiert Julius Ferdinand Wolff. Auch er selbst ist schwer angeschlagen, was er seinem Freund Eulenberg Anfang Juli 1938 in eher fröhlich tänzelnden Sätzen verpackt schreibt. Er nennt sich selbstironisch eine *„alte Maschine“*, die *„notleidend“* werde. *„Ich bevölkere die Specialärzte (Augen, Ohren und wichtiges Eingeweide) (...)“*, schildert er Eulenberg. Dass er zunehmend sein Augenlicht verliert, schreibt er ihm nicht. Aber räumt zumindest ein, dass er diese nicht immer sehr angenehmen Arztbesuche samt der damit verbundenen offenbar dramatischen Diagnosen durchaus genießt, denn sie reißen Lücken in diese fürchterlich grauen Alltagswolken: *„Merkwürdigerweise erscheint mir die z. T. wenig tröstliche z. T. sehr peinliche Behandlung als eine Abwechslung, oder Zerstreuung.“* Kurz darauf waren ihm – als Juden – auch diese Arztbesuche weitestgehend verwehrt.

Aber wäre es vielleicht im Juli 1938 schon zu spät für eine Flucht gewesen? Er stellt sich damals diese Frage einfach nicht. Er will die vermeintliche finanzielle Sicherheit – unter anderem durch die regelmäßigen Zahlungen des Huck-Verlags – nicht aufgeben. Und Wolff dürfte es wohl auch nie für möglich gehalten haben, dass ihn diese Stadt – dieses Dresden, das längst auch „sein Dresden“ geworden war – einmal so verachten, ja so erniedrigen würde. Hätte Wolff denn ahnen können, dass diejenigen, die sich nun endgültig auf der Seite der Sieger wähnen, immer weiter erbarmungslos auf die schon im Dreck Liegenden eintreten? Wie der schon mehrfach zu Wort gekommene fanatische Judenhasser Friedrich Kummer vom *Dresdner Anzeiger* in seinem 1938 veröffentlichten Buch *Dresden und seine Theaterwelt*. Kummer, dieser Etappensieger der Geschichte. Es ist wohl eine wirklich bittere Laune der Geschichte, dass dieser Kummer auch fast hundert Jahre später noch immer ab und an auftaucht, in Büchern, in Veröffentlichungen zur Dresdner Historie, als angesehener Literatur- und Theaterfachmann. Während Opfer seines eiskalten Hasses, wie zum Beispiel Wolff, aus dem Gedächtnis der Stadt gelöscht sind.

Sind es solche Gedanken, die Wolff nun zu Beginn des Jahres 1942 immer wieder beschäftigen? Spürt er, dass es nach dem vielen Ekelhaften, das er schon erdulden musste, nun ein wirklich tödlich-dramatisches Jahr wird für die Juden in Dresden? Auch für ihn und seine Familie. Zunächst taucht am 19. Januar die Geheime Staatspolizei bei den Wolffs auf und erklärt, der Staat habe ihr komplettes Vermögen eingezogen.[685] Damit haben die erniedrigten und entrechteten Wolffs jetzt *„keinerlei Verfügungsrecht über ihr Vermögen“*[686] mehr und stehen quasi ohne Mittel da. Auch wenn die monatlichen Zahlungen des Huck-Verlags nicht von dieser Entscheidung betroffen sind. Aber wie lange gilt das noch? Wer will sich in diesem Land noch auf irgendetwas verlassen? In einem Land, dessen Herrscher sich die Gesetze passend machen – oder eben gleich die passenden Gesetze. Die Angst vor der Zukunft, die längst keine Zukunft mehr ist, muss sich wohl wie ein unüberwindbarer Felsen vor den Wollfs auftürmen. Ein Felsbrocken, der auf sie zurollt. Immer schneller, immer bedrohlicher. Außerdem tritt jetzt das ein, was schon seit Monaten als drohendes, mit mörderisch-kalter Metallklinge blitzendes Damoklesschwert auch über den Dresdner Juden geschwebt hatte: Am 20. Januar 1942 beginnt die Deportation der ersten Juden aus Dresden in die Vernichtungslager.[687] Die ersten Aufforderungen, sich zum Transport zu melden, liegen in den Briefkästen. Auch in der Franz-Liszt-Straße 6 wird mindestens einer dieser Briefe verteilt. Am nächsten Morgen soll der erste Transport vom Güterbahnhof neben dem Neustädter Bahnhof am Schlesischen Platz in Richtung Riga abfahren. Ins dortige Ghetto. 224 Menschen werden dann in ungeheizte Güterwagen gepfercht und vier Tage lang so unterwegs sein.[688] Und auch für Max Wollf ist ein Platz in einem dieser Waggons vorgesehen. An ihn war dieser Brief adressiert.

Max Wollf flieht – in den Tod

Julius Ferdinand Wollf steht am Fenster. Seine Hände versuchen sich krampfhaft am hölzernen Rahmen festzuhalten. Die Fensterscheibe beschlägt vom Atem, so dicht steht er am Glas. Er hat die Augen geschlossen. Seine Wangen sind nass von Tränen. Er sieht Bilder aus seiner Kindheit. Sieht einen kleinen Jungen. Max, seinen acht Jahre jüngeren Bruder. Der Kleine – noch nicht ganz zwei Jahre alt – quirlt im Elternhaus in Koblenz umher. Wollf sieht seine Mutter, die gutmütig lächelt. Wie gern wäre er jetzt noch einmal ein Kind, das seinen Kummer einfach der Mutter erzählt, und sie tröstet all die Lasten auf der Kinderseele weg.

Julius Ferdinand Wollf wischt sich die Tränen vom Gesicht. Er muss sich setzen. Ihm ist, als würde der Boden unter ihm rutschen. Und ihn friert, wie an einem ungemütlichen nasskalten Regentag, wenn die feuchte Kälte von den Füßen langsam, aber unnachgiebig nach oben kriecht und den Körper zittern lässt. So fühlt es sich auf Friedhöfen an, auf diesen kalten Friedhöfen an kalten, nassen Tagen. Aber Julius Ferdinand Wollf steht in seinem Zimmer. Auch das fühlt sich an wie ein Friedhof, an diesem 20. Januar 1942. Wollf fühlt sich plötzlich irgendwie allein gelassen. Denn sein Bruder Max ist geflohen. Er hat den täglichen Terror kaum noch ertragen, diese ständige Angst, abgeholt zu werden. Abgeholt in eines dieser Lager, von denen immer nur getuschelt wird – und von denen doch jeder weiß. Und nun lag da dieser Brief. Der Befehl, sich am Bahnhof Dresden-Neustadt zu melden. Max Wollf wusste genau, wohin die Zugfahrt gehen würde. In den Tod. Aber Max Wollf konnte noch rechtzeitig fliehen. Er hat sich einen Strick um den Hals gelegt und hat Schluss gemacht.[689] Bevor es die braunen Henker tun konnten. War es gar ein kleiner Sieg?

Julius Ferdinand Wollf lächelt plötzlich. Wieder sieht er Max vor sich. Er sieht ihn von der Schule nach Hause kommen, damals, als sie schon in Mannheim lebten, beim Onkel, nach dem Tod des Vaters. Und er sieht sich selbst; gemeinsam mit seinem längst erwachsenen Bruder bei einem dieser von beiden so geliebten Spaziergänge entlang der Elbe. Durch herrliche duftende Spätsommerwiesen, er hört die Bienen summen, spürt plötzlich die wohltuende Wärme der Sonne auf seinem Gesicht. Es sind schöne Jahre gewesen, die sie hier in Dresden gemeinsam verbracht haben. Bis dieser verfluchte März 1933 gekommen war …

„Warum hat er sich nicht wenigstens noch verabschiedet?", fragt sich Julius Ferdinand Wollf halblaut unter Tränen. Längst hat er aufgehört, sich für Tränen zu schämen. Und nun fühlt er sich wie ein Boot, dessen Seile, die es mit dem festen Steg verbinden, langsam reißen. Nein, sie werden gekappt. Es ist nur noch ein hauchdünnes Band, das ihn davor bewahrt, ebenfalls hinauszutreiben, hinaus auf diesen unendlichen Ozean, über dessen Wellen so mild und warm die Sonne strahlt.

27. Februar 1942 – Gift

Julius Ferdinand Wollf hat ein Fläschchen aus dem Sekretär genommen, den sie ihnen noch gelassen haben. Den aus Kirschbaumholz, den er all die Jahre so geliebt hat. Es ist nicht mehr viel, das ihnen geblieben ist. In seinem eigenen Haus, in dem er längst nur noch geduldet ist, zwischen all diesen fremden, nicht freiwillig hier zusammengepressten Menschen. Ein einziges enges Zimmer haben sie ihm und seiner Frau gelassen – und er weiß nicht, wie lange die selbst ernannten Herrenmenschen in den braunen und schwarzen Uniformen ihn, den für sie „Juden Wollf", hier noch dulden. Ihn überhaupt noch leben lassen. In den vergangenen Tagen hat er das Fläschchen jeden Abend herausgeholt, heimlich, aus Angst, die braunen Schlägertrupps würden es finden. Die Schlägertrupps, die jede Nacht kommen, um zu drangsalieren, zu schlagen, zu quälen. Vor drei Tagen, als die schweren Stiefelschritte endlich verhallt waren, haben Johanna und Julius Ferdinand Wollf hier gesessen, haben noch einmal die bei der Haushälterin, bei Fräulein Grille, versteckte Schreibmaschine hervorgeholt. Und sie haben ein paar verzweifelte Zeilen zu Papier gebracht. Eine Ergänzung zu ihrem Testament, mit der sie ankündigen, nicht mehr leben zu wollen. Und jeder Buchstabe tat diesen beiden gequälten Menschen weh, als die Metalltypen der Maschine aufs schwarze Farbband schlugen, um den Text aufs Papier zu drücken. Doch der Entschluss stand fest; sie konnten nicht mehr.

Wollf lächelt. Unvermittelt. Ein wenig verklärt ist dieses Lächeln, so, als wäre dieses Fläschchen etwas ganz Besonderes. Und das ist es ja auch. Dieser Schluck im gedrungenen kristallenen Glaskegel mit dem bräunlichen Aufdruck auf dem schon leicht vergilbten Etikett ist eigentlich ein unverfängliches – und bei den Deutschen beliebtes – Schlafmittel, Veronal. Ohne das konnten die Wollfs ja schon seit Jahren keinen Schlaf mehr finden. Großverbraucher an Schlafmittel seien sie, hatte Wollf ja schon im Sommer 1938 an seinen Freund, den Dichter Herbert Eulenberg, geschrieben. Und längst hatte es in den jüdischen Kreisen die Runde gemacht: Eine unbeabsichtigte Überdosis Veronal könne leicht zum Tode führen. Aber auch eine beabsichtigte … So hatten sich zum Beispiel schon vor knapp zwei Jahren der Schriftsteller Walter Hasenclever und vor nicht mal drei Monaten auch die bekannte Kunstmäzenin Clara Rosenthal in Jena aus diesem fürchterlichen Joch der Juden „befreit". Natürlich hatte auch Wollf davon gehört. Und so hatte er irgendwann eines der Fläschchen hier versteckt. „Mein Schierlingsbecher", denkt Wollf an den antiken Dichter Sokrates, als er den Glaskegel entschlossen und doch auch ein wenig unsicher in der Hand hält.

Und nun? Er zittert. Und zögert. Bleibt ihm ein Ausweg? Nein, sagt er sich, und das Lächeln kehrt zurück auf sein blasses, verwittertes Gesicht. Jetzt also ist der Moment gekommen, sagt er in den Raum. Und erschrickt. Die Stimme plötzlich fast so fest wie damals, bevor sie ihn gebrochen hatten. Es ist ein furchtbarer und doch auch tröstlicher Moment. Die Nazis haben in den vergangenen Tagen immer mehr Juden aus Dresden fortgebracht. „Nun also auch wir!", sagt er, als Johanna ins Zimmer kommt. „Auch unsere Namen stehen auf einer dieser Listen." Nach Theresienstadt sollen sie gebracht werden; die schriftliche Aufforderung ist gekommen. Und der eiskalte Hauch des Todes weht aus diesen Zeilen, aus diesem Brief, der da auf dem Tisch liegt; an diesem vorletzten Februartag 1942. Wollfs Stimme zittert wieder, als er seine Frau bei der Hand nimmt: „Hannele …" Sie legt ihren Zeigefinger auf seinen Mund. „Ich weiß", flüstert sie tonlos. Tränen rinnen unaufhaltsam über ihr Gesicht. „Lieber so als noch länger diese Qualen, die Erniedrigungen, diesen Hass", Julius Ferdinand Wollf ist jetzt ganz gefasst. „Die kriegen uns nicht!", sagt er. Seine Stimme klingt entschlossen und doch warm. Auch wenn er leise spricht, um nicht vor der Tür gehört zu werden, füllen diese Worte beinahe gellend den Raum. Johanna und Julius Ferdinand Wollf umarmen sich. Noch einmal.

Ein letztes Mal.

Es ist der 27. Februar 1942, als Johanna und Julius Ferdinand Wollf den Tee mit dem zum Gift gewordenen Schlafmittel trinken. Er stirbt mit einem glücklichen Lächeln auf dem Gesicht. Gegen 15 Uhr wird man die beiden finden. Johanna Wollf lebt noch – sie quält sich. Man bringt sie ins Krankenhaus Löbtau, im Westen der Stadt. In die „Sieche", wie die Dresdner diese Klinik an der Löbtauer Straße angeekelt nennen, weil hier die betreut werden, für die sich niemand mehr interessiert. Am nächsten Morgen ist Johanna Wollfs langer und schmerzvoller Todeskampf vorüber. 28. Februar 1942, 2.15 Uhr, wird der Arzt später in den Totenschein notieren.

Das Testament

Nur wenige Tage nach dem Selbstmord der Wollfs steigt der Dresdner Rechtsanwalt Dr. Gerhard Poege die Treppen im Dresdner Amtsgericht hinauf. Er klopft an der Tür des Justizinspektors namens Mensch. Ja, manchmal sorgt die Geschichte für bitterbösen Sarkasmus; der Name dieses Inspektors dürfte in einem unmenschlichen Regime genau in diese Reihe gehören. Poege ist angemeldet. Er setzt sich, holt zwei Briefe aus seiner Aktentasche; und auch die Sterbeurkunden von Johanna Sophie und Julius Ferdinand Wollff legt er auf den Schreibtisch. Der Rechtsanwalt ist von den Wollfs zuvor als ihr Testamentsvollstrecker bestimmt worden. Nun hat er die traurige Aufgabe, sich um den Nachlass zu kümmern. Sicher keine Angelegenheit, um die ihn viele seiner Kollegen beneiden werden. Zu groß ist die Gefahr, einen falschen Schritt zu tun und abzustürzen. Nicht zuletzt, weil es sich um ein durchaus beachtliches Vermögen handelt, das die Wollfs hinterlassen. Über immerhin exakt 202 414,90 Reichsmark[690] an Aktien, Konten, Inventar und Grundstück samt der Villa an der Franz-Liszt-Straße muss nun befunden werden. Wobei diesen beiden Männern hier in dem etwas engen Büro des Amtsgerichtes weitgehend klar sein dürfte, an wen der Großteil des Nachlasses einer jüdischen Familie in diesem Unrechtsstaat fallen dürfte. Aber das bleibt unausgesprochen. Selbstverständlich bleibt es unausgesprochen …

Justizinspektor Mensch notiert jedenfalls akribisch und hält in diesem typisch sperrigen Beamtendeutsch für den Aktenschrank fest, was da gerade in seinem Zimmer passiert. Es ist der Anfang einer umfangreichen Akte mit der Nummer 77 VI 164/42, die den Bombenangriff auf Dresden im Februar 1945 überstehen wird, zumindest zu großen Teilen, und die auch dem schlimmen Hochwasser im August 2002 trotzt. Leider werden dabei einige, mit Tinte handgeschriebene Seiten ausgewaschen. Zudem notieren die Mitarbeiter des Amtsgerichts Dresden im November 1947, dass die zu dieser Akte gehörenden Bestände der Nummer 77 IV 92/42 zwei Jahre zuvor *„beim Fliegerangriff verbrannt sind“*[691]. Dennoch bleibt eine Akte, die auch nach dem Ende des Zweiten Weltkriegs, über die Jahre des geteilten bis hinein ins nach 1990 wiedervereinte Deutschland immer wieder mit neuen Seiten gefüllt werden wird, um zu klären, wem der Nachlass der Wollfs tatsächlich gehört. Aber von all diesen Ereignissen und Entwicklungen können an diesem 6. März 1942 weder Rechtsanwalt Dr. Poege noch Justizinspektor Mensch im gut geheizten Büro des Dresdner Amtsgerichts etwas ahnen.

Der eine Umschlag, den Poege überreicht, ist verschlossen. Auf der Vorderseite steht, so notiert es der Justizbeamte Mensch: *„Letzter Wille der Eheleute Prof. Julius Ferdinand Wollf und Frau Johanna Wollf“*. Die Rückseite des Umschlags ist leer. Auch das hält der beflissene Beamte akribisch fest. Im Umschlag finden sich die beiden Testamente der Wollfs – die sie zunächst am 2. November 1937 und dann noch einmal am 27. August 1941 verfasst hatten. Das letztere bereits unter den Eindrücken einer sich immer mehr zuspitzenden und immer lebensbedrohlicher werdenden Lage für Juden. Denn die Wollfs legen im August 1941 beispielsweise fest, dass das Erbe auch dann angetreten werden darf, *„wenn der betreffende Erbe oder Ersatzerbe oder Nutzniesser nicht mehr in Deutschland lebt, oder der Genuss der Vermögenserträgnisse nicht nur vorübergehend entzogen wird, z. B. durch Vermögensbeschlagnahme“*.[692] Es war wohl mehr als eine bloße Vorahnung, was die Juden auch in Dresden erwartet. Zudem steht am Ende dieses Testaments im August 1941 der trotzige Satz: *„Gemäß den inzwischen (seit unserm gemeinschaftlichen Testament vom 2. November 1937) (...) ergangenen gesetzlichen Bestimmungen unterzeichnen wir nunmehr mit den jüdischen Zusatzvornamen, nach wie vor als gläubige evangelische Christen. Dresden, 27. August 1941 Prof. Julius Israel Wollf Johanna Sophie Sara Wollf.“*[693] Mit Blick auf diesen Satz liest es sich wie Hohn, was die Beamten im Dresdner Standesamt in die Sterbeurkunden von Julius Ferdinand und Johanna Sophie Wollf notieren: *„mosaisch, jetzt evangelisch-lutherisch“* ist bei ihm und *„evangelisch-lutherisch, früher mosaisch“*[694] bei ihr zu lesen. Nach ihrem Freitod gesteht der Nazistaat den beiden also doch noch das Recht auf ihre einst frei gewählte Religion zu? Oder gehört auch das zur Infamie dieses unmenschlichen Systems? Soll der Leidensweg der Opfer sozusagen noch über den Tod hinausführen? Sollte den Wollfs aus Sicht dieser selbst ernannten Herrenmenschen auch nach ihrem quälenden Sterben keine Ruhe vergönnt sein? Sollten sie, nachdem sie aus Sicht der Nazis schon im Leben keinen Platz mehr haben durften, nun auch keinen Platz im Tode finden? Denn auf einem christlichen Friedhof war für sie – als offiziell eingestufte Juden – keine Bestattung möglich. Und für die jüdische Gemeinde waren die Wollfs – nach ihrer evangelischen Taufe – keine Juden mehr. Was nun von den Nazis auf dem Totenschein nochmals ausdrücklich bestätigt wurde; auch wenn der – unleserlich unterschreibende Standesbeamte – am 4. März 1942 dennoch die jüdischen Zwangsvornamen „Israel“ und „Sara“ hinter die Vornamen der Wollfs setzt.

Ja, was waren sie denn nun, die Wollfs? Juden? Christen? Auf die Idee, dass sie einfach Menschen waren, kam dieses Terrorregime nicht. In ihrem Wahn, eine Religion zur Rasse und damit zur Abstammung zu erklären, macht es für die Nazis offenbar keinen Unterschied, ob jemand in eine jüdische Familie hineingeboren und sich letztlich später zum Christentum bekannt hatte oder bei seiner Religion blieb. Die Nazis, vom Hass besessen, begründeten das obendrein mit einer kruden Wissenschaftlichkeit. Die Religion der Eltern mache die Kinder zu Juden – und damit in der Gedankenwelt der Nazis zu Angehörigen einer eigenen Rasse, des Judentums. Dieses Gedankengebäude fußt auf einem Fundament aus Neid, Hass und der bizarren Verschwörungstheorie, Juden zögen weltweit die Fäden der Macht.

Justizinspektor Mensch erkennt jedenfalls die beiden Testamente als gültig an und attestiert zudem, dass Dr. Poege als Testamentsvollstrecker agieren darf – nicht zuletzt, weil der Anwalt bereits eine entsprechende Genehmigung des NS-Gau-Rechtsamtes vorlegen kann.[695]

Der zweite Brief, den der Rechtsanwalt an diesem Märztag 1942 hervorholt, ist unverschlossen. Es ist jener Nachtrag, den die Wollfs nur drei Tage vor ihrem Selbstmord verfasst hatten. Auch diese Zeilen, die erschüttern, dennoch nur annähernd ahnen lassen, wie die beiden gelitten haben müssen, erkennt Justizinspektor Mensch als gültiges Dokument an. Ob mit einer Regung, die seines Nachnamens gerecht wird, ist aus den Akten nicht ersichtlich. Am 24. Februar 1942 hatten die Wollfs auf weißem Papier mit Schreibmaschine getippt: „*Zu unseren letzten Willen, niedergeschrieben im Spätsommer 1941 (leider habe ich keine Zweitschrift gemacht) haben wir unseren Testamentsvollstrecker (nunmehr Herrn Rechtsanwalt Dr. Poege, da mein Bruder inzwischen verstorben ist) noch folgende ergänzende Erklärung abzugeben: Wir haben so sehr gelitten, daß wir nicht mehr weiterleben wollen.*“[696] Trotz des unmenschlichen Drucks, des Terrors und der Todesangst, die auf ihnen lasten, denken die Wollfs an die Menschen, die ihnen wichtig sind. Die ihnen bis zuletzt beistanden. Wie ihre Haushälterin Hulda Grille, die seit Jahren – und eben noch immer – in ihrer kleinen Wohnung auf halber Etage zwischen Erd- und Obergeschoss der Villa an der Franz-Liszt-Straße wohnt und den Wollfs zur Hand geht. „*Die Räume müssen ja zum Teil zugänglich bleiben, da unsere Wirtschafterin Fräulein Grille, überall Bescheid weiss und auch bei der Nachlassverteilung meines Bruders testamentgemäß mitwirken kann und soll. Ausserdem hat sie ihr eigenes Mobiliar und ihre Sachen und kann die nicht sofort wegbringen, hat auch noch keine andre Wohnung. Es gehört zu unserer pflichtgemäßen Sorge, den Testamentvollstrecker zu ermächtigen, ihr bis zur Abwicklung des Testaments bezw. bis sie demgemäß versorgt ist, weiter ihren Lohn M. 69,- monatlich zu zahlen und ihr für ihre Verköstigung heutigen Beitrag auszuhändigen. Da sie sehr leidend ist, so soll das so reichlich geschehen, wie es die Vorschriften für Ernährung etc. zulassen. Der Testamentvollstrecker soll dafür sorgen, dass sie nicht Not leidet. Und da seit der Zeit unserer Testamentabfassung alles teurer und schwieriger geworden ist, sind wir damit einverstanden, daß wenn das angängig ist, Fräulein Grille* für ihre *Verweildauer monatlich (...) M. 200,- ausbezahlt werden. Wir bitten unseren Testamentvollstrecker demgemäss zu verfahren.*“[697] Hinzu kommt eine Rente, die die Wollfs für ihre Haushälterin schon in den ersten Testamenten festgelegt hatten – immerhin 39 000 Reichsmark[698] ist diese Rente wert. Am 1. April 1942 lässt sich Rechtsanwalt Dr. Poege die Testamente und die Zusatzerklärung noch einmal offiziell von Notar Max Rudolf in der Ferdinandstraße 11 beglaubigen.[699] Sicher ist sicher. Auch diese Beglaubigung findet sich in der Akte.

An dieser Stelle seien ein paar Gedanken über diesen wirklich beeindruckenden Wesenszug der Wollfs erlaubt; dieses Bewusstsein für das Leid anderer, mitten im größten eigenen Drama. Schon im mehrfach zitierten Brief[700] an seinen Freund Herbert Eulenberg vom Juli 1938 schildert Wollf das eigene Leiden eher zurückhaltend – während ihm das Schicksal, das die befreundeten und in Österreich ebenfalls als Juden drangsalierten Saltens zu dieser Zeit ereilt hatte, lesbar schwer zu schaffen macht: *„(...) Was unser Freund Felix in Wien und seine Frau durchmachen, nachdem sie vor einem Jahr ihren einzigen Sohn verloren hatten, u. nun in tiefsten Sorgen und Krankheit ein unbeschreibliches Alter dicht vor sich seh'n (...) zumal sie das Haus, wo sie 30 Jahre gelebt haben, verlassen müssen, um in eine kleine Wohnung zu ziehen (...)"* Gut ein halbes Jahr später werden die Saltens mithilfe ihrer Tochter Katharina Rehmann-Salten in die neutrale Schweiz umsiedeln können. Auch an die Trauer seiner beiden Schwestern in Koblenz denkt Julius Ferdinand Wollf in seinem Brief an Eulenberg: *„Dass ich an den Rhein komme, erscheint mir ausgeschlossen. Wo sollte ich auch bleiben? Bei meinen Schwestern, wo das Unglück nach dem tragischen Tod meiner Nichte (...) so im Hause sitzt, dass es einem den Atem nimmt."* Und die Wollfs greifen ein, machen Mut, wie Wollf seinem Freund Eulenberg mit Blick auf die Saltens schildert: *„Frau S. wird durch Felix u. uns in Hoffnungsmöglichkeiten gehalten."* Während die Wollfs immer mehr in diesen tödlichen Strudel gezerrt werden, versuchen sie anderen beim Schwimmen zu helfen. Auch mit Teilen ihres Vermögens – und das sogar über ihren Tod hinaus – wie das Beispiel der Haushälterin Hulda Grille mit Blick auf das Testament der Wollfs zeigt.

Im August 1941 gingen die Wollfs offenbar noch nicht von einem möglichen gemeinsamen Selbstmord aus. Jedenfalls bestätigen sie ihre testamentarische Festlegung vom November 1937, sich gegenseitig zu beerben. Stirbt auch der Überlebende, sollte das Erbe, abgesehen von einigen überschaubaren direkten Zuwendungen für Freunde und Unterstützer, weitgehend auf vier Erben verteilt werden. Wollfs Schwestern Klara, jetzt Müller, und Frieda, nun Wolff – was kein Schreibfehler ist, sondern der Name ihres Mannes –, zu je einem Sechstel. Die beiden Schwestern sollten sich zudem gegenseitig beerben, um somit gemeinsam auf ein Drittel des Erbes zu kommen. Ein weiteres Drittel sollte Bruder Max Wollf erhalten, der auch als Testamentsvollstrecker angegeben ist. Allerdings taucht hier bereits Dr. Gerhard Poege als möglicher Nachfolger auf. Auch das schon eine böse Ahnung? Und das letzte Drittel sollte an Gertrud Haußer gehen, die Schwester Johanna Wollfs. Im Falle Gertrud Haußers Tod sollte ihr Mann Carl Haußer als Erbe eingesetzt werden. Für alle Drittel legten die Wollfs zudem Anna-Katharina Salten als letztliche Nacherbin fest. Die Ferientochter, die den kinderlosen Wollfs offenbar wie eine eigene Tochter geworden war. Anna-Katharina Salten – die zu dieser Zeit Rehmann heißt und bereits in Zürich, in der Schweiz lebt – wird im Laufe des Jahres 1942 tatsächlich laut Testament zur Erbin von zwei Dritteln des Nachlasses. Denn nach Max Wolff nahmen sich im Juli 1942 auch die beiden Schwestern in Koblenz das Leben. Frieda Emma Wolff am 24. Juli und drei Tage später auch ihre Schwester Klara Müller. Rechtsanwalt Poege bittet am 31. August 1942 das Amtsgericht Dresden deshalb, diese neue Sachlage bei der Ausstellung eines Erbscheins für Anna-Katharina Rehmann zu beachten.[701] Das noch verbleibende Drittel steht laut Testament zu diesem Zeitpunkt Johanna Wolffs Schwester Gertrud Haußer zu. Sie lebt in Berlin-Wilmersdorf. Wenig später, am 11. Mai 1943, wird auch sie sich in ihrer Wohnung in der Joachim-Friedrich-Straße 8 das Leben nehmen.[702] Auch sie war Jüdin. Nachdem wenige Tage zuvor ihr „arischer" Mann verstorben war, fehlte ihr jeglicher Schutz. Mit ihrem Freitod kam sie der drohenden Deportation zuvor.

Wobei aus Sicht der nationalsozialistischen Machthaber in Sachen Wolff sowieso nichts zu vererben ist. Denn, so teilt das Oberfinanzpräsidium Dresden dem Testamentsvollstrecker Poege am 16. März 1943 in einem zweiseitigen Brief[703] höchst offiziell mit, die Wolffs seien bereits am 19. Januar 1942 durch die Geheime Staatspolizei mündlich darüber informiert worden, dass ihr Vermögen beschlagnahmt sei. Was die Wolffs also anschließend in ihrem Nachtrag zum Testament geschrieben haben, sei damit hinfällig. *„Von diesem Zeitpunkt an hatten sie somit keinerlei Verfügungsrecht über ihr Vermögen"*, kommentiert der unterzeichnende Beamte, ein Dr. Herbert, die aus seiner Sicht klare Rechtslage. Und was davor verfasst wurde, dürfte aus Nazisicht ebenfalls gegenstandslos sein, da man sich auf ein entsprechendes „Enteignungsgesetz" berufen konnte. Das jedenfalls macht jener Dr. Herbert in seinem Brief an Poege auch gleich noch klar: *„Dass von den Verstorbenen hinterlassene Testament ist durch die zu Lebzeiten erfolgte Beschlagnahme des Vermögens rechtsunwirksam geworden"*, diktiert er seiner Angestellten Fügers, die das Schreiben verfasst. Bei dieser Rechtssicht stört es offenbar kaum, dass die entsprechende Anordnung des sächsischen Innenministers über die *„Einziehung und Verwertung"* jüdischen Vermögens erst am 8. Dezember 1942 erlassen und am 15. Dezember 1942 im sächsischen Verwaltungsblatt veröffentlicht worden war, wie es in dem Schreiben ebenfalls heißt; also über neun Monate nach dem Tod der Wolffs. Damit hatte sich aus Sicht der Behörden die Bitte von Rechtsanwalt Poege erledigt, der Dresdner Notar Max Rudolf solle ihm laut Testament der Wolffs einen Erbschein für die Salten-Tochter Anna-Katharina Rehmann und für Gertrud Haußer ausstellen. Was also durfte Dr. Poege nun noch mit dem *„sichergestellten Vermögen"* tun? Das bereits eingezogene Bank- und Aktienguthaben der Wolffs war jedenfalls tabu; darauf hatte der Nazistaat bereits seine Hand. Im Prinzip ging es für den Nachlassverwalter nur noch darum, Möbel, Wäsche, ein paar verbliebene Kunstgegenstände und das Grundstück samt Villa zu verkaufen; und ein paar Stücke aus dem Nachlass an im Testament festgelegte Freunde und Bekannte zu verteilen. Soweit sie nicht ebenfalls Juden waren. Die durch den Verkauf erzielten Einnahmen hatte der Rechtsanwalt auf ein Sperrkonto bei der Dresdner Bank zu überweisen. Schon am 26. Mai 1942 hatte die Geheime Staatspolizei in Dresden den Rechtsanwalt dafür per Vollmacht zum Verwalter erklärt.[704] Poege musste die Gestapo in ihrem Domizil in der Bismarckstraße 16/18 über jeden Schritt informieren, den er in Sachen Wollf-Nachlass unternahm. Wobei er durchaus auch mutig auf dem schmalen Seil tanzt. So schreibt Poege beispielsweise am 30. April 1942 an das Amtsgericht in Dresden, die Nacherbin der Wollfs Anna-Katharina Rehmann habe sich in einem an ihn gerichteten Schreiben darüber beklagt: *„Dass ihr gerichtliche Zuschriften mit dem jüdischen Zusatznamen ‚Sara' zugestellt worden sind. Wie sie mir mitteilt, ist sie auch nach deutschen Gesetzen Nichtjüdin und besitzt seit 1929 die Schweizer Staatsangehörigkeit. Ich bitte deshalb, in Zukunft den Namen Sara bei Frau Rehmann wegzulassen."*[705] Dass diese Bitte eher nicht auf das Wohlwollen der mitlesenden Gestapo-Beamten gestoßen sein dürfte, ist klar. Ebenso wie der Umstand, dass Poege im November 1942 in seinem Abschlussbericht über die Abwicklung des Nachlasses der Wollfs noch einmal wie beiläufig, aber sicher ganz bewusst, vielleicht sogar frech provozierend, die von den Wollfs festgelegten Erben erwähnt: *„Schließlich überreiche ich in der Anlage noch beglaubigte Abschriften der gemeinschaftlichen Erbscheine des Amtsgerichts Dresden vom 8. Oktober 1942 (…) wonach die Verstorbenen nach dem von ihnen am 27.8.1941 errichteten gemeinschaftlichen Testament wie folgt beerbt worden sind: 1) Frau Anna Katharina Rehmann, geb. Salten in Zürich (Schweiz) Wilfriedstr. 4 zu zwei Dritteln des Nachlasses 2) von Frau Gertrud Hausser geb. Gutmann in Berlin-Halensee, Joachim-Friedrich-Str. 8 zu einem Drittel des Nachlasses. Frau Rehmann ist Schweizer Staatsangehörige. Heil Hitler!"*[706] Wobei Poege darauf verweist, dass er das Ganze auch hinsichtlich der Frage der Erbschaftssteuer anspreche.

Dass die Nazis wenig Lust gehabt haben dürften, „ihr Erbe" an diejenigen abzugeben, die von den Wollfs laut Testament vorgesehen waren, wird beim Blick auf die Summen deutlich, die Dr. Poege in seinen Abschlussbericht an die Dresdner Gestapo-Leitstelle in der Bismarckstraße notiert. Allein die beiden Wertpapierdepots bei der Deutschen und der Dresdner Bank belaufen sich zusammen auf 99 487,85 Reichsmark. Hinzu kommen die Barguthaben auf den Konten, die ebenfalls auf diesen beiden Banken eröffnet worden waren: 8 290,05 Reichsmark. Weitere 36 137 Reichsmark ist der sogenannte bewegliche Nachlass wert – Möbel und der von Poege als „Restbibliothek" bezeichnete Bestand an Büchern in den einst so üppig gefüllten Regalen im Erdgeschoss der Franz-Liszt-Straße. Also das, was übrig geblieben und von den Nazis nicht schon zu Lebzeiten der Wollfs gestohlen worden war. Poege rechnet zusammen: 202 414,90 Reichsmark ist der Nachlass der Wollfs per 28. Februar 1942 wert – dem Todestag von Johanna Sophie Wollf. Allein der Verkauf der Villa bringt 66 097 Reichsmark. Runde 58 500 Reichsmark davon sind der festgelegte Einheitswert für Haus und Grundstück, der „Rest“ sind mitverkauftes Inventar und Kunstgegenstände. Neuer Besitzer wird der damals an der Dresdner Oper engagierte Kammersänger Matthias Ahlersmeyer, über den im Folgenden ausführlicher zu reden sein wird. Das Geld geht dabei direkt auf das erwähnte Sperrkonto 19633 bei der Dresdner Bank in der Waisenhausstraße, das dort unter dem Titel „Prof. Jul. Ferd. Isr. Wollf Nachl.“ angelegt worden war. Aus dem Nachlass der Wollfs werden zudem die notwendigen Ausgaben von 23 651,25 Reichsmark gedeckt, rechnet der Testamentsvollstrecker den Gestapo-Schergen vor. Gerichtskosten beispielsweise sowie Grundsteuern, Krankenkassenbeiträge für Haushälterin Hulda Grille oder auch der Zwangs-Jahresbeitrag an die Reichsvereinigung der Juden – immerhin 2 146,50 Reichsmark. Auch 6 000 Reichsmark zur Vergütung von Dr. Poege.[707] Und am 4. Mai 1942 überweist er neun Reichsmark Hundesteuer. Durften die Wollfs also noch einen Hund halten, als es Juden eigentlich längst verboten gewesen ist? Oder zahlten sie, obwohl das Tier nun – zumindest offiziell – der Haushälterin oder dem Hausmeisterehepaar im Keller gehörte?

Dennoch „darf“ der Nachlassverwalter auch das eine oder andere an die von den Wollfs vorgesehenen Erben weiterreichen. Im Vergleich zum Gesamtwert des Nachlasses allerdings lächerliche Werte. Obwohl die Wollfs kräftige Erbschaften vorgesehen hatten, die aber offensichtlich nicht ausgezahlt werden durften. 10 000 Reichsmark zum Beispiel sollte eigentlich der Sohn des langjährigen, mittlerweile aber verstorbenen Freundes der Wollfs, Hans Rüdiger aus Berlin-Wilmersdorf, bekommen. So hatten es die Wollfs in ihrem Testament am 27. August 1941 ausdrücklich festgelegt.[708] Er bekam das Geld nicht. Aber Poege darf zumindest Haushälterin Hulda Grille gestatten, sich eine komplette Kücheneinrichtung auszusuchen. Auch das hatten die Wollfs so gewollt. Wert dieser Küche insgesamt: 135,50 Reichsmark. Eine vergleichsweise geringe Erbschaft also. Wobei der Durchschnittslohn 1942 bei jährlich 2 310 Reichsmark[709] liegt, also ein Arbeiter im Monat um die 200 Reichsmark zur Verfügung hat. Haushälterin Hulda Grille verdiente bei den Wollfs bisher bekanntlich 69 Reichsmark pro Monat; die Küche entspricht also einem doppelten Monatslohn. Wollfs langjähriger Hauswart Vogler wird mit einem Anzug, einem Paar Schuhe sowie Unterwäsche, Socken und Krawatten im Wert von insgesamt 119,10 Reichsmark bedacht. Auch an seinen Freund Herbert Eulenberg denkt Wollf; der Theaterdichter bekommt eine Porträtzeichnung im Wert von 25 Reichsmark. Ein Porträt des langjährigen Dresdner Hoftheaterintendanten Graf von Seebach, den Eulenberg sehr verehrt hatte – und der stets auch viel von Eulenberg hielt. Ans Hygiene-Museum geht eine sogenannte „Lingner-Hand“ aus dem Wollf-Nachlass, eine in Metall gegossene Hand des verstorbenen Industriellen auf einer Marmorplatte. Auch die ist 25 Reichsmark wert.[710] Wie beschrieben, bedachten die Wollfs auch etliche Bekannte und Freunde. Und einige davon bekamen tatsächlich Erbstücke aus dem Nachlass zugeteilt. Zu den – zumindest finanziell – wertvolleren Stücken gehört dabei eine Faun-Plastik für 500 Reichsmark, die an Eva Schulze-Hulve geht. Für Anni Korn, 1942 wohhaft in

Breslau, Wardeinstraße 6, sind von den Wollfs zwei Figuren – „Verkündigung" und „Erzengel und Maria" – ebenfalls im Wert von zusammen 500 Reichsmark sowie eine gute Handtasche im Wert von 15 Reichsmark vererbt.

Bereits in der Urfassung des Testaments von 1937 wurden die vom Schauspieler Louis Rainer geschiedene jüdische Ehefrau Josephine (Fina) Rainer geborene Bass wie deren Tochter Maria Rainer, beide italienische Staatsangehörige und damals schon mit Wohnsitz in Zürich, von den Eheleuten Wollf bedacht: *„Frau Fina Rainer, z. Z. wohnhaft in Zürich soll für sich und ihre Tochter Marie Rainer (genannt ‚Pussy R.') zwei Perserteppiche „Brücken", die Uhr auf dem Schreibsekretär meiner Frau (Emaille mit der Inschrift ‚A chargreheue Conheur') erhalten."*[711] Die beiden Perserteppichbrücken, allerdings leicht beschädigt und abgenutzt im Gesamtewert von 140 Reichsmark durften geerbt werden. Aber die Uhr nicht. Louis Rainer lebte in Dresden bis zu dessen Zerstörung weiterhin in der Bergstraße 43 (ab 1935 Langemarckstraße 43) und ging danach in die Schweiz. Josephine Rainer starb 1947 in Zürich.

Dr. Alexander Lenze, verheiratet mit seiner „arischen" Ehefrau Thekla (Thea) Lenze geborene Zeitlhofer, 1941 wohnhaft in München, Aventinstraße 7, erbte Anzüge und Unterwäsche im Wert von 285 Reichsmark. Ursprünglich sollte er laut erstem Testament 5 000 Reichsmark erben. Und so fiel nicht jedem von den Wollfs bedachten Erben dessen Erbteil zu, manche erhielten überhaupt nichts. Das verhinderte die Gestapo.

Auch der schon einmal mit Blick auf die versteckten Kunstgüter des 1941 verstorbenen jüdischen Aufsichtsratschef der Deutschen Bank, Max Steinthal, erwähnte Konsul Richard Vollmann in Dresden-Loschwitz bekommt ein Erbstück. Einen aus Kirschbaum gefertigten Sekretär im Wert von 300 Reichsmark. Wobei die Wollfs ihm eigentlich einen wertvolleren *„gelben intarsierten Schreibsekretär ‚Wiener Art' oder ‚Empire'"*[712] zukommen lassen wollten. War das Stück nicht mehr da? Schließlich hatten sich die Nazis bei ihren regelmäßigen „Besuchen" an dem einen oder anderen Gegenstand „bedient". Oder gehörte der Sekretär zum Inventar, das mit an den neuen Hausbesitzer Ahlersmeyer verkauft werden sollte? Hatte sich der neue Besitzer die Einrichtungsgegenstände und Antiquitäten aussuchen können, die dann samt Haus an ihn gingen?

Die Summe des von Poege verteilten Erbes der Wollfs nimmt sich mit 3 807 Reichsmark[713] bezogen auf den Gesamtwert von über 202 000 Reichsmark jedenfalls wirklich lächerlich aus. Und diesen großen „Rest" steckt sich der Nazistaat gierig in die Tasche. Ein Fakt, den wohl schon die beiden Männer im Büro des Justizinspektors Mensch im Dresdner Amtsgericht an jenem 6. März 1942 zumindest geahnt haben dürften.

Das Ende bleibt nicht unbemerkt

Nein, diesen Sieg hatten die Nazis dann doch nicht feiern können: Der Freitod der Wollfs blieb auch außerhalb der geheimen Aktenwelt nicht gänzlich unbemerkt. Nicht so, wie es sich die Bluthunde wohl erhofft hatten.

Karl Laux aus der Musikredaktion der *DNN* erfuhr es beispielsweise von der Haushälterin der Wollfs. Es schockierte ihn – wie auch diese fürchterlichen nächtlichen Besuche der Nazirandalierer, von denen sie ihm erzählte: *„Dem alten, ungewöhnlich gebildeten Mann haben die Nazis dann schwer mitgespielt. 1942 kamen die SS-Leute jeden Abend ins Haus und schrien: ‚Na Ihr Schweine, lebt Ihr noch immer?' Dann schmissen sie seine so sehr geliebte Antiquitätensammlung an die Wand und bombardierten ihn mit seinem Meißner Porzellan. Um Ostern 1942 nahmen er und seine Frau Gift. Er war gleich tot, seine Frau soll noch tagelang elendig gelitten haben. (...) Die Wollfs wurden auf dem Israelitischen Friedhof an der Trinitatisstraße begraben. Ein Kistendeckel mit einer Tintenstiftaufschrift gab davon Kunde."* Erst nach Kriegsende werden die drei Urnen der Familie – neben Johanna und Julius Ferdinand auch die Urne von Bruder Max Wollf – auf dem Jüdischen Friedhof in der Fiedlerstraße eine würdigere Ruhestätte finden. Einen Grabstein aber gibt es hier bis heute nicht.

Um diese brutalen Haussuchungen weiß auch der Nachlassverwalter der Wollfs, Dr. Gerhard Poege.[714] Ein Aufbegehren ist ihm in diesem Terrorstaat nicht möglich. Später berichtet er der Salten-Tochter – nach erneuter Heirat nun Anna-Katharina Rehmann-Wyler – im Rahmen der Erbschaftsauseinandersetzungen nach dem Ende des Zweiten Weltkriegs von diesen Grausamkeiten. Der enge persönliche Kontakt zwischen den Wollfs und der „kleinen" Katharina Salten war im Übrigen über die Jahre nie abgebrochen. Aus der einstigen „Ferientochter Katja" war später eine beachtete Schriftstellerin geworden, die unter Wollf regelmäßig auch in den *Neuesten Nachrichten* Texte veröffentlichte. Am 12. Juni 1932 zum Beispiel bekommen die *DNN*-Leser unter der Überschrift *Das Interview* eine satirische Geschichte serviert, in der eine Schriftstellergattin des Renommees wegen versucht, ihren Mann als wilden, interessanten Typen bei der Presse anzubiedern. Doch die Sache geht schief, und es wird am Ende das Porträt eines langweiligen, „ganz normalen" Menschen. Ein Text voll herrlicher Ironie. Sie hatte offensichtlich mit den Genen ihres Vaters Felix Salten eine Menge Talent mitbekommen. Doch zurück in die dunklen Tage des noch jungen Jahres 1942. Während der zwei bis drei Wochen vor dem Selbstmord der Wollfs wüteten nach Aussagen von Rechtsanwalt Poege in der Villa an der Franz-Liszt-Straße regelmäßig SS-Leute, die anscheinend den Auftrag hatten, die Wollfs in den Tod zu hetzen. Später schreibt Poege rückblickend an Anna-Katharina Wyler-Salten: *„Ich bin gerade in der Zeit von Mitte Januar bis 24. Februar 42, in der sich im Hause Wollf geradezu grauenhafte*

Haussuchungen und Misshandlungen des verstorbenen Ehepaares abgespielt haben, so häufig bei den Wollfs gewesen."[715] Und *DNN*-Eigentümer Dr. Wolfgang Huck fügt in einer nach Kriegsende für ein Gericht bestimmten Erklärung mit Blick auf Julius Ferdinand Wollf noch ein weiteres, bedrückendes Puzzleteil hinzu: *„Ich weiß nur, dass ihn das meiste oder alles geraubt und weggenommen wurde – und ich erinnere mich auch noch an die Äußerungen der SS-Leute einen Tag vor seinem Tode: Wenn ihr morgen noch lebt, hängen wir euch auf!"*[716]

Auch Wollfs Freund Victor Klemperer notiert am 1. März 1942 erschüttert in sein Tagebuch: *„Der Professor Wollf, Julius Ferdinand von den* Dresdner N.N., *mein Freund, hat nach mehreren Haussuchungen mit seiner Frau Selbstmord begangen. Er soll freilich am Erblinden gewesen sein."* Klar ist, dass die Wollfs eine Vorladung zum Transport in eines der Vernichtungslager erhalten hatten.[717] Da die meisten Dresdner Juden zu dieser Zeit zunächst nach Theresienstadt gebracht wurden, dürfte auch auf dem Befehl an die Wollfs als Ziel Theresienstadt gestanden haben.

Der Herr Kammersänger Ahlersmeyer

Wollfs Haus in der Franz-Liszt-Straße wird nach dem „Auszug" sämtlicher Juden wie erwähnt an den Kammersänger Matthias Ahlersmeyer verkauft; der sich gern selbst den Künstlernamen Mathieu Ahlersmeyer gibt. Der in Köln geborene Sänger ist seit spätestens Anfang der 1930er Jahre ein deutschlandweit beachteter Bariton. Im Dresdner Adressbuch für 1943/44 ist er als *„Sächsischer Kammersänger Matthias Ahlersmeyer"* unter der bisherigen Wollf'schen Adresse zu finden. 66 000 Reichsmark sind für das Haus, das Grundstück und große Teile des Inventars fällig. Ein festgelegter Einheitswert, wie es in der Abrechnung des Nachlassverwalters Dr. Gerhard Poege heißt.[718] Ob Ahlersmeyer von der Geheimen Staatspolizei dabei anderen Kaufinteressenten gegenüber bevorzugt wurde, ist nicht bekannt. Jedenfalls soll er die Villa durch die Vermittlung der Gestapo-Beamten bekommen haben, wie es im September 1946 in einer vertraulichen Mitteilung aus der Staatsoper Dresden an den Betriebsrat der Hamburgischen Staatsoper heißt. Die Hamburger hatten sich gut anderthalb Jahre nach Kriegsende in Dresden nach der politischen Einstellung und den Umständen des Erwerbs der Villa erkundigt, weil sich Ahlersmeyer in Hamburg als Sänger beworben hatte. In der vom damaligen stellvertretenden Generalintendanten, dem Schauspieler Paul Paulsen, unterschriebenen Antwort aus Dresden heißt es dazu: *„Was den Erwerb seiner Villa anlangt, können wir nur kundtun, was ‚dem Vernehmen nach' laut wurde. Demnach hat er das Haus, das dem Zeitungsbesitzer Julius Ferd. Wolff gehörte, der durch Suicit endete, angeblich durch die Vermittlung der Gestapo erworben."*[719] Und was die politische Einschätzung betrifft, so meinen die Dresdner, *„dass nach unserem Ermessen der Genannte nur als nomineller Pg zu betrachten sein dürfte; jedenfalls hat er sich hier in keiner Weise politisch betätigt, auch kein Amt* *innegehabt.*" Ein quasi nur mitlaufendes NSDAP-Mitglied also, findet man an der Oper damals. Dennoch: 1944 wird Ahlersmeyer von Adolf Hitler immerhin in die sogenannte Gottbegnadeten-Liste der wichtigsten Künstler aufgenommen.[720] Auch die traurige Geschichte des Hauses störte Ahlersmeyer offenbar wenig. Da er das Haus aber mit Teilen des Inventars – also auch Möbeln der einstigen Besitzer – übernommen hatte und er sicher auch zumindest kurzzeitig Kontakt zur ehemaligen Haushälterin der Wollfs und in jedem Fall zum Ehepaar Vogler in der Kellerwohnung gehabt haben muss, dürfte er die Geschichte der Wollfs und die Geschichte vom „Judenhaus" wohl erfahren haben. Hat er sich nie gefragt, wer da vor ihm auf diesem Sofa, an diesem Tisch oder in dieser Bibliothek gesessen hatte? Aber vielleicht ließen solche Geschichten die Menschen in jenen Jahren nur noch kalt? Weil diese Geschichten „normal" waren; Alltag? Ahlersmeyer fühlte sich offenbar wohl in der kleinen Villa, die der Dresdner Architekt Carl F. Kraft[721] 1893 als sein Wohnhaus hatte bauen lassen.

Dennoch, nach Kriegsende konnte wohl auch Kammersänger Ahlersmeyer nicht von sich behaupten, nichts von den brutalen Nöten der Juden in Dresden mitbekommen zu haben. Ahlersmeyer war von 1931 bis 1934 zunächst an der Staatsoper in Hamburg engagiert; unter Oberspielleiter Karl Böhm. Als der 1934 nach Dresden wechselte, nahm er Ahlersmeyer sozusagen mit. Im Frühjahr 1934 zunächst noch als Gast, war der Sänger ab 1. August fest in Dresden engagiert.[722] Über Ahlersmeyers ersten Dresden-Auftritt als Wolfram in Wagners „Tannhäuser" jubelt am 11. April der *Dresdner Anzeiger* beispielsweise so: *„Das ist nun einmal fraglos ein voller Glücksgriff gewesen, den die Dresdner Oper mit der Verpflichtung Ahlersmeyers getan hat.*" Er ist also seit Frühjahr 1934 in Dresden. Zunächst wohnt er laut Adressbuch der Stadt in der Emser Allee 20, bevor er 1937 auf die Gerhart-Hauptmann-Straße 50 umzieht. In der Emser Allee – der heutigen Goetheallee – hatte Ahlersmeyer übrigens interessante Nachbarn. Denn in der Villa Nummer 18 – gleich schräg gegenüber – wohnte seit 1903 der erfolgreiche jüdische Textilfabrikant Oscar Schmitz. Der war damals weit über Dresden hinaus auch als Kunstsammler bekannt und besaß eine der zu dieser Zeit bedeutsamsten privaten Sammlungen moderner Kunst. Max Liebermann, Max Slevogt, Fritz von Uhde, die Liste der Künstler war lang. Seit 1913 war Schmitz auch Mitglied der Ankaufkommission der Staatlichen Kunstsammlungen Dresden gewesen, zog allerdings 1931 nach Zürich, wo er 1933 verstarb. Seine Kinder aber waren mitsamt der Sammlung in der Villa im noblen Dresdner Stadtteil Blasewitz mit direktem Blick auf die Elbe geblieben. Und auch sie hatten als Juden nach der Machtübernahme der Nazis mit den schon ausführlich beschriebenen Schikanen zu kämpfen – und mussten fast alle Bilder der Sammlung verkaufen, wie es heißt. Dass Nachbar Ahlersmeyer all das nicht bemerkte, ist nur schwer vorstellbar.

1939 ist Ahlersmeyer laut Adressbuch auf der General-Wever-Straße 46 zu Hause. Die heißt heute August-Bebel-Straße und grenzt direkt an die Franz-Liszt-Straße.

Der Kammersänger muss hier also regelmäßig am Haus der Wollfs vorbeigegangen sein. Ohne etwas von der genau in diesem Jahr erfolgten Umwandlung in ein „Judenhaus" mitzubekommen? Sollte die Nachbarschaft wirklich nie über dieses Thema – zumindest – getuschelt haben? Interessant übrigens: Auf dem Hof des Gebäudes General-Wever-Straße 46 war 1936 das Kameradschaftshaus des Nationalsozialistischen Studentenbundes entstanden.[723] Ob auch der Kammersänger ab und an dort verkehrte, ist aber nicht bekannt. Ab 1940 wohnt Ahlersmeyer auf der noblen Schevenstraße, Nummer 21, hoch oben auf den Elbhängen. Von hier aus wird er 1942 oder spätestens Anfang 1943 in die Villa der Wollfs in der Franz-Liszt-Straße umziehen. Fühlt er sich dort dann wirklich wohl; in diesem Todeshaus? Eine länger währende Freude hat der Kammersänger mit Wollfs Villa nicht – in der Bombennacht des 13. Februar 1945 wird das Haus komplett zerstört. Auch das ist im erwähnten Brief der Dresdner Staatsoper an den Opern-Betriebsrat in Hamburg zu lesen. Dort heißt es, *„daß die Villa derzeit einem Schutthaufen gleicht"*.

Einen spürbaren Karriereknick hat es für Hitlers *„gottbegnadeten"* Sänger übrigens nach Kriegsende nicht gegeben. Der mittlerweile zurück nach Hamburg gezogene Ahlersmeyer – wo es mit dem schon erwähnten Engagement an der Staatsoper nach der wohlwollenden Zuarbeit aus Dresden geklappt hat – ist weiter auf den Bühnen des Landes gefragt. Im Westen wie übrigens auch im Osten. So druckt beispielsweise *am 3. Juni* 1949 die *Sächsische Zeitung* in Dresden begeistert: *„Wieder einer jener ‚Ungetreuen', der für zwei Abende nach der Stätte seines langjährigen Wirkens zurückgekehrt ist. Beim* Rigoletto *der Staatsoper herrschte regelrechte Premierenstimmung, und die Begeisterung für Ahlersmeyer schlug hohe Wellen."* Und er schaute offenbar regelmäßig vorbei. Am 14. Oktober 1952 zum Beispiel war Ahlersmeyer mit einem Lieder- und Arienabend im Kurhaus Bühlau am Dresdner Stadtrand zu erleben.[724] Selbst ins neuzeitliche Internet-Filmarchiv von youtube hat er es mittlerweile geschafft. Der Hitler-Liebling ist jedenfalls aus dem dunkelsten Kapitel der neueren deutschen Historie auf die helleren Seiten des Geschichtsbuches gesprungen. Während so manches Opfer dieser Zeit im Dunkel der Historie vergessen bleibt.

Zur Villa in der Franz-Liszt-Straße gibt es noch einige offene Fragen, die bis ins Heute reichen und aufgrund zum Beispiel datenschutzrechtlicher Einschränkungen zur Nutzung von Akten in Archiven nicht vollständig geklärt werden können. So ist zum Beispiel unklar, ob Ahlersmeyer in der BRD für den Verlust seines Besitzes entschädigt worden ist. Zudem taucht im Herbst 1981 im Zusammenhang mit den Bemühungen des Schweizer Rechtsanwalts Veit Wyler um das Wollf'sche Erbe von Anna Katharina Salten eine Hypothek auf das Grundstück Franz-Liszt-Straße 6 auf. Wyler hatte von Zürich aus die DDR-Behörden um eine Zweitausfertigung der vom ehemaligen Amtsgericht in Dresden erlassenen Erbscheine der Wollfs gebeten. In einem am 3. September 1981 verfassten Schreiben des Leiters des Bezirksgerichts Dresden an das Amt für den Rechtsschutz des Vermögens der DDR wird nun neben dem finanziellen Guthaben der Wollfs von rund 144 000 Reichsmark (Bankguthaben, Wertpapiere und bewegliches Vermögen) auch eine eingetragene Hypothek in Höhe von 66 000 Mark auf das Grundstück erwähnt.[725] Die gehörte laut dieser Auskunft dem nach Kriegsende enteigneten Dresdner Industriellen Heinrich Ludwig Friedrich Osthushenrich *(im Schreiben Osthushennrich)* und war am 23. September 1952 an die Deutsche Investitionsbank (DIB) der DDR *„infolge Enteignung umgeschrieben worden"*. Diese staatliche Bank unterstand direkt dem Finanzministerium der DDR und war für die Kontrolle und Finanzierung von Investitionen von Betrieben in der DDR zuständig. Unternehmer Osthushenrich hatte bis 1945 unter anderem eine Kartonagenfabrik im sächsischen Glashütte im Osterzgebirge besessen, wo er Bierdeckel für zahlreiche große Brauereien produzieren ließ – und auch die Galvanikfirma „Dr. Hesse & Cie" in Heidenau bei Dresden gehörte ihm. Osthushenrich wohnte dabei ganz in der Nähe der Villa, in der General-Wever-Straße 30. Und damit auch in Nachbarschaft von Ahlersmeyers einstiger Wohnung in der General-Wever-Straße 46. Zudem betrieb seine Firma ein Kontor an der nahen Wasastraße.

Vergessen

In Dresden haben die Nazis also letztlich doch noch ihr Ziel erreicht und Julius Ferdinand Wollf weitgehend aus dem Gedächtnis der Stadt gelöscht. Jahrzehntelang wird kein Satz über ihn gedruckt. In den mitunter ziemlich dicken Geschichtsbüchern über Dresdens Historie wird sein Name – wenn überhaupt – beiläufig gestreift, ab und an mal ein Zitat zu einer Theateraufführung – aber auch „nur", um zu zeigen, wie die Aufführung in der Öffentlichkeit wahrgenommen worden war. Der Autor der Zeilen spielt kaum eine Rolle.

Erst in der Jubiläumsausgabe zum 100. Geburtstag der *Neuesten Nachrichten* 1993 wird es einen von Hans-Joachim Hofmann verfassten umfangreicheren Beitrag zu Wollf geben; später auch noch einmal einen Text von Siegfried Thiele in der Ausgabe zum 111. Jubiläum. Ansonsten ist und bleibt Wollf vergessen. Selbst in der erwähnten, jede Menge Medienstaub aufwirbelnden Affäre um die mögliche Naziraubkunst-Sammlung Hildebrand Gurlitts taucht Wollf nur als „Vehikel" auf – als ein zudem nicht wirklich brauchbares Beispiel für unter politischem Druck weit unter ihrem realen Preis verkaufte Kunstwerke. Die Verdienste Wollfs werden kaum gestreift. Sein Leiden nur am Rande erwähnt.[726]

Und die, die Wollf gekannt hatten? Haben sie nach Kriegsende versucht, ihn aus dem Schatten zurück ins Licht zu holen? Offenbar nur zaghaft. Zu zaghaft, um ihm einen Platz in den Geschichtsbüchern zu ermöglichen. Einzig für den von Rechtsanwalt Veit Wyler vom schweizerischen Zürich aus geführten Kampf um das Erbe seiner Frau Anna Katharina Salten schreiben etliche der einstigen Wollf'schen Weggefährten oder Bekannten ein paar Erinnerungen auf; allerdings dem Thema geschuldet weitgehend auf den Besitz der Wollfs reduziert. Wie war der Mensch Wollf? Dazu bleiben die Zeitzeugen weitgehend stumm. Hier und da taucht der einstige *DNN*-Chef in überschaubar kurzen Sätzen in einigen Büchern auf. In Autobiografien wie der des ehemaligen *DNN*-Musikkritikers Karl Laux zum Beispiel – oder wie eher beiläufig in einem Text von Margot Pottlitzer-Strauß. Die schreibt im Juni 1976 im monatlich erscheinenden Heft der Vereinigung jüdischer Flüchtlinge in Großbritannien – der AJR – aus Anlass des 80. Geburtstages des deutschen, 1938 nach Palästina geflohenen jüdischen Journalisten und Publizisten Robert Weltsch eine *Hommage an einen großartigen Schriftsteller*[727]. Gemeint ist Weltsch, aber dessen brennende Begeisterung für den Journalismus beschreibt sie mit einem Zitat aus Wollfs Gedicht über die Zeitung. Weltschs Texte, schreibt Margot Pottlitzer-Strauß in der auf Englisch erscheinenden Zeitschrift, erinnerten sie an die Zeilen aus dem Gedicht des *„sehr bekannten Herausgebers der Weimarer Zeit"* Julius Ferdinand Wollf, Journalisten seien Menschen, *„die mit vollen Händen Tag und Nacht sich selbst verschwenden"*. Er wird erwähnt, aber auch hier wieder nur, um einen anderen zu charakterisieren. Pottlitzer-Strauß hatte Ende der 1920er Jahre zwei Semester Zeitungswissenschaft in Heidelberg studiert und Wollf dort offenbar als Dozenten kennen- – und offensichtlich auch schätzen – gelernt. Die ebenfalls schon im März 1933 wegen ihres jüdischen Glaubens aus der Redaktion des Öffentlichen Anzeigers in Bad Kreuznach gedrängte Journalistin[728] war 1939 vor dem tödlichen Naziterror nach London geflohen und hatte dort den Weltbrand überlebt. Hier, in der AJR, trifft sie übrigens auch auf Wollfs Vetter Karl, der ebenfalls nach 1945 im Londoner Exil bleibt und mit zu den Herausgebern des Magazins der Vereinigung gehört.

Somit bleibt die Suche nach Julius Ferdinand Wollfs Spuren in Dresden nach wie vor eine sehr mühsame. In seiner einstigen Kirchgemeinde in Dresden-Strehlen zum Beispiel gibt es keine Akten mehr zu Wollf. Als von den Nazis eingestufter Jude hatte er aus den Archivregalen aussortiert werden müssen, heißt es später dazu. Auch in den Kirchenbüchern, die im evangelischen Kirchenbuchamt Dresdens lagern, gibt es keine Hinweise mehr auf Wollf.[729] Das Grab auf dem jüdischen Friedhof an der Fiedlerstraße trägt – wie erwähnt – bis heute keine Namen. Und die Messing-Stolpersteine, mit denen Vereine und der Kölner Künstler Gunter Demnig seit 1992 mithilfe privater Unterstützer auf Fußwegen vor den ehemaligen Wohnhäusern an die hier einst lebenden, von den Nazis ermordeten Juden erinnern, diese Stolpersteine wurden für die Wollfs zunächst nicht an der Franz-Liszt-Straße in Dresden gesetzt, sondern am 24. November 2007 am Friedrich-Ebert-Ring 12 in Koblenz.[730] Am Geburtshaus der Wollf-Brüder. Erst im September 2016 werden zwei der kleinen Messingplatten für Julius Ferdinand und Johanna Sophie Wollf auch an ihrem einstigen Wohnhaus in der Franz-Liszt-Straße in Dresden verlegt – im

Zusammenhang mit der angesprochenen Rückübereignung von Kunstwerken aus dem Besitz der Wollfs durch die Staatlichen Kunstsammlungen hatten sich die Erben entschlossen, die Patenschaft zu übernehmen. Durch die Aufführung in der Liste der Stolpersteine taucht Julius Ferdinand Wollf gut ein Jahr später auch mit einem kurzen Eintrag im Internetlexikon Wikipedia auf. Ein Wikipedia-Enthusiast[731] hatte sich Anfang 2018 einiger der Listen der deutschlandweit verlegten Stolpersteine angenommen – vorrangig von Städten in Sachsen – und zahlreiche Namen samt einiger Ergänzungen auf die Plattform gestellt. Eine wichtige Fleißarbeit! Dennoch: Zu Julius Ferdinand Wollf sind dort lediglich ein paar wenige Lebensdaten zu lesen, die aus dem Verzeichnis der Dresdner Stolpersteine stammen – hinzu ein paar Fakten, die beim Google-Fischen im Netz hängen geblieben sind, wie der zitierte *Spiegel*-Beitrag im Zusammenhang mit der „Affäre Gurlitt". Das alles wird der Bedeutung und der Leistung Wollfs nicht mal im Ansatz gerecht; vom Menschen Wollf ist zudem gar nichts zu erfahren.

Ja, nach gut 75 Jahren sind die Namen von Johanna und Julius Ferdinand Wollf mit den verlegten Stolpersteinen zurück in Dresden. Immerhin. Viel mehr aber nicht.

Dabei ist Wollf für die Entwicklung Dresdens – vor allem in den 1920er Jahren – einer der wichtigsten Akteure; und zudem sozusagen ein tragender Pfeiler für die Brücke in die Zukunft. Dass Dresdens damals größte Tageszeitung ihre Auflage unter seiner Regie auf bis zu 132 000 täglich verkaufte Exemplare steigern konnte, ist mit Blick auf Dresden fast schon eine Randnotiz, was das Verdienst dieses ungewöhnlichen Mannes für die Stadt betrifft. Vielmehr ist es wohl vor allem die Frischluft, die Wollf kräftig in den Elbtalkessel pumpt – mitten hinein in Dresdens eingestaubte, konservative Geisteshaltung. Er entfacht teils echte Stürme – mit seinem Blatt, aber eben nicht nur mit seinem Blatt. Zahlreiche Vereinigungen, wie die Künstlergruppe „Die Zunft" oder auch die „Schopenhauer-Gesellschaft", die Wollf wie erwähnt mit gründet, spielen dabei ebenso eine Rolle wie sein Einfluss auf die Spielplangestaltung des Dresdner Hoftheaters, des späteren Staatsschauspiels. Wollfs enge Freundschaft zum Intendanten Graf Seebach macht vieles möglich. Und wie beschrieben sorgt Wollf 1916 sogar mit einer spannenden Intrige dafür, dass sein Vetter Dr. Karl Wollf zum Ersten Dramaturgen des Theaters wird. Die zum Teil mit drastischer verbaler Gewalt geführten Debatten und hier und da durchaus gezielt geschürten Tumulte – wie die um das Antikriegsstück *Die Seeschlacht* oder Ernst Tollers *Hinkemann* – sorgen für Aufsehen und letztlich auch für Nachdenken in Dresden. Beide – Karl und Julius Ferdinand Wollf – müssen daraufhin offene antisemitische Anfeindungen aushalten. Und sie halten sie aus.

Als *DNN*-Chef öffnet Wollf sein Blatt zudem vielen klugen Köpfen aus Literatur, Philosophie und Politik – in seiner Villa werden die regelmäßigen „Literarischen Salons" zu einem etablierten Zirkel für offene Diskussionen in Dresden. Wie sich Wollfs *Neueste Nachrichten* überhaupt in Künstlerkreisen in ganz Deutschland quasi zur „Pflichtlektüre“ mausern. Und selbst, dass Dresdens Theater im politischen Wendeherbst 1989 eine wichtige, ja sogar eine DDR-weite Rolle gespielt hat, auch das dürfte wohl mit Wollfs Unterstützung und Rückendeckung für progressives Theater, für mutige Gedanken auf der Theaterbühne zusammenhängen. Sie war einer der gewachsenen Grundsteine, auf dem dieses Gebäude aus Mut gebaut werden konnte.

Nicht zuletzt nützt Wollfs dicht geflochtenes Netzwerk zu Wirtschaftsbossen und Politikern auch wichtigen Projekten in Dresden. Wie dem Bau des Hygiene-Museums. Die Idee seines Freundes, des Industriellen Karl-August Lingner, hatte mehrmals arg auf der sprichwörtlichen Kippe gestanden. Wollf kämpft für diese Idee. In seinem Blatt, als Vizechef der deutschen Verlegerschaft und auch als Aktiver im Verein, der das Hygiene-Museum baut und mit der großen *Internationalen Hygiene-Ausstellung* eröffnet.

Noch ein Wort zu Wollf als Verleger: Wie beschrieben ist er ein echtes Schwergewicht in der deutschen Verlegerschaft! Mit den Jahren stieg er bekanntlich zum stellvertretenden Vorsitzenden des Deutschen Verlegerverbandes auf, war damit die Nummer zwei unter den deutschen Verlegern. Und er war gefragt. Als mutiger Streiter für die Interessen der Verlage beispielsweise. Aber Wollf ist auch einer der wichtigsten Protagonisten beim Aus- und überhaupt Aufbau der Journalisten-Ausbildung an deutschen Universitäten. Kämpfe, deren Siege bis heute wirken.

Wollf ist das, was man in der heutigen, mitunter sehr oberflächlichen Zeit wohl knapp als „Promi“ bezeichnen würde. Eine wichtige Persönlichkeit im Leben Dresdens sowieso. Und er ist auch ein Beispiel dafür, dass zu viele viel zu lange verkannt haben, wie schnell und wie fest die Nationalsozialisten dieses Land im Griff hatten – und vor allem, wie schnell die Gegner verstummen und sich schweigend duckten unter dem Eindruck der brüllenden, schlagenden, Angst verbreitenden Mitläufer. Auch Wollf ist ein Beispiel für den offenbar weit verbreiteten Irrtum, diese kulturlose Clique werde sich in der Kulturnation Deutschland nicht lange an der Macht halten können. Und so ist Wollf letztlich auch ein Beispiel für das Verhängnis, dem die Dresdner Juden nach der Machtergreifung der Nationalsozialisten 1933 ausgeliefert waren. Schon kurz nach dem Wahlsieg im März begann die Zeit der Auslöschung von Julius Ferdinand Wollf aus dem Gedächtnis Dresdens. Und dieses Vergessen hielt auch nach dem Ende des braunen Terrors an. Im Westen des nach dem Ende des Zweiten Weltkriegs geteilten Deutschlands waren wohl nur die wenigsten wirklich geneigt, sich mit schwierigen Biografien zu befassen – wie zum Beispiel der von Wollf. Mit Biografien, die allzu viele Fragen aufwerfen könnten. Fragen nach Schuld. Und Fragen nach der Aufarbeitung dieser Schuld. Die Antworten hätten unweigerlich auch zu Schuldigen geführt. Ebenso kümmerte sich in der DDR niemand um das Schicksal von Menschen wie Wollf. Er war nicht im aktiven Widerstand gegen den Nationalsozialismus, war kein Kommunist, noch

„nicht mal“ Sozialdemokrat und taugte deshalb nicht zum sozialistischen Helden. Im Gegenteil, Wolff war sogar national eingestellt gewesen.

Und so setzt sich – wenn auch unbewusst – fort, was die Nazis zuvor mit dem gezielten Verwischen von Spuren eines Lebens begonnen hatten. Die willfährigen Diener der braunen Macht vernichteten alles, was auch nur ansatzweise an die Wollfs hätte erinnern können. So sind bis heute keine privaten Fotos zu finden, die Johanna Sophie und Julius Ferdinand Wolff zeigen. Briefe Wollfs gibt es weitgehend nur, wenn sie in den Korrespondenzen der Adressaten erhalten geblieben sind. Auch Wollfs Familie ist ausgelöscht; alle Geschwister haben sich das Leben genommen. Auch hier gibt es kein Erinnern an den *DNN*-Chef und seine Frau. Es ist ein wahrhaft systematisches Auslöschen von Menschen, dem sich die braunen Barbaren hier verschrieben haben. Wolff sollte vergessen werden – und er wurde vergessen.

Dresdens Geschichte aber wäre um einiges ärmer ohne Wolff. Er hat Dresden so viele Fenster in Richtung Welt geöffnet. Es ist endlich an der Zeit, dass die Stadt Dresden ihm etwas zurückgibt.

Wenigstens das Erinnern!

Ausgewählte
Essays, Reden, Kritiken
und Selbstzeugnisse
von Julius Ferdinand Wolff

Prof. Julius F. Wolff

Juarez und Maximilian – Dramatische Historie von Franz Werfel

I. Der Dichter und das Werk

Turmhoch ragt über seine dichtenden Altersgenossen und die trachtenden jungdeutschen Dramatiker Franz Werfel. Die farbigen Gefilde seiner dunkelbesonnten Lyrik liegen trotz ihres starken Ichbewußtseins weit ab von jenen hysterischen Deklamationen, die man gemeinhin expressionistische Lyrik zu nennen pflegt. Denn Franz Werfel ist im letzten und tiefsten Sinne religiös. An ihm erweist sich der Satz Jacob Burckhardts, daß die Religion eine der unerläßlichen Kulturbedingungen ist. Das gilt auch für die künstlerische Kultur. Schon als er vor Jahren, ein ganz junger Dichter, wie Jakob mit seinem Gotte rang und das Zeichen empfing, sah man die Verwandtschaftslinie, die zu Klopstock führt. Stets hat man das Gefühl, diese schmerzlichen und herrlichen Bekenntnisse seien von einem aufrecht Dahinschreitenden herausgesungen aus einer glühenden Seele. Nietzsche hat einmal gesagt, alles Böse vollziehe sich im Sitzen, also auch das Schreiben, und in diesem Sinne das Postulat des aufrecht sich ausströmenden Menschen geschaffen. So einer ist Werfel.

Der Verkünder Werfel, der Gottsucher Werfel, der Gottfinder, für den es nur einen Satan in der Welt gibt, den er – und das ist charakteristisch für ihn und sein Werk – „die zweckgeile Bestie" nennt, schuf zwischen diesen herrlichen Gedichtbänden bedeutende erschütternde Dramen. Wenn er die griechische Antike berührte, da wurde sie wie in den „Troerinnen" zu einer wachen Menschlichkeit und es war unser Leid und unser Streit und unser Kampf. Wandte er sich im Drama den eigenartigen Problemen des eigenen Erlebens zu, so gewannen Dinge und Menschen Gestalt und Antlitz, mit keiner andern Art vergleichbar. Wie ja auch die lyrische Verwandtschaft und die religiöse mit Klopstock nur die Tiefe, die unbegrenzte Bekennerschaft und den unerhörten Schwingungsgrad bezeichnen soll. (Daß der „Bocksgesang", daß nicht wenigstens dieses bedeutende Drama in Dresden aufgeführt wurde, ist ein Fehler.) Inzwischen erschien der große Roman der Oper, „Verdi", das unerhörte Künstler-Heldenepos unsrer Zeit. Ein Buch, so unvergleichlich wie das Gesamtwerk Werfels, vor dem man heute schon mit Ehrfurcht steht. Wenn es nicht ein Unding ist, dieses Wort zu gebrauchen vor einem brennenden Menschen wie diesem.

Und nun „Juarez und Maximilian". Schlechthin ein Geniewerk, wenn man ein historisches Drama beurteilen will nach der geistig zwingenden Gewalt und der Zaubermacht der Vision.

In dem Vorwort zu dem Verdi-Roman hat Franz Werfel gesagt, warum er immer wieder die Niederschrift des vor zwölf Jahren entworfenen Planes zum „Verdi" vertagt habe: Künstlerische Bedenken wirkten lähmend. Bedenken, die der historischen Erzählung im allgemeinen galten. Sie spielt ja auf zwei Ebenen: auf der dichterischen und auf der geschichtlichen, in einer erfabelten Welt und in der Welt erforschbarer Wirklichkeit. Dadurch schon kann ein Mißklang entstehen. –

Es ist ein Glück, daß Werfel sich seines sicheren Wahrheitstaktes bewußt genug gewesen ist, um weder beim „Verdi" noch jetzt bei der Maximilian-Tragödie sich von den rein ästhetischen Gefahren abschrecken zu lassen. Seine geradezu ergreifende Selbstprüfung in jedem Augenblick, sein eingeborenes Gefühl für historische Gerechtigkeit und vor allem die ihm eigene Reinheit eines prophetisch begnadeten Menschen lassen nirgends einen Zweifel aufkommen. Die erfabelte Welt und die Welt erforschbarer Wirklichkeit bestehen nicht mehr nebeneinander, wenn ein großer Dichter mit dem nur ihm eigenen Organ ein nahe- oder fernliegendes historisches Geschehen und seine Tragik wiederempfängt und so erschütternd in die Welt sichtbarer Erscheinungen zurückversetzt. Dieses Drama ist die Wiedergeburt einer Tragödie, die nicht nur in ihrem Ausgangspunkt, nicht nur im äußeren Geschehen historisch genannt werden darf. Die Tragödie Maximilians ist, wie sie Werfel empfangen und gegeben hat, eine Menschheitstragödie. Sein Maximilian ist im Sterben ein großer Mensch. Nicht weil der historische Leibarzt es ausspricht, der allein dabei war. Es versteht sich ohne weiteres, daß Werfel eine Hinrichtungsszene verschmäht, wenngleich man dieses erschütternde Werk nicht lesen kann, ohne immer jenes, nicht nur nach dem Umfange der Leinewand ungeheure Gemälde Manets vor sich zu sehen. – „Für wen diese Größe!? Wofür dieser Tod!?" fragt Dr. Herzfeld, der gute Kamerad Maximilians. Und Dr. Basch, der Leibarzt, antwortet ihm – und das ist wohl auch die Antwort Werfels auf die große Frage der Tragödie –: „Glaubst du nicht, daß jede Schönheit und jedes Opfer fortklingt und den Licht-Schatz der Welt vermehrt?"

In dieser letzten Szene der Tragödie sind noch einmal die beiden Gegenspieler Juarez und Maximilian in der Zwiesprache Herzfelds und Baschs mit monumentaler Einfachheit, wie sie nur ein großer Dichter vermag, gegenübergestellt:

Basch:

Armer Maximilian, dem alles mißlingen mußte, nur der Tod nicht!

Herzfeld:

Sein Liebesstrahl traf keinen Gegenstand. Der Stoff seiner Gestaltungslust war Irrtum. Er träumte von Legitimität und blieb der illegitimste Mensch des Lebens, denn legitim auf dieser Erde ist nur die zweckgeile Bestie …

Basch:

Oder der Asket der Macht: Juarez!

Dies ist der Angelpunkt der Tragödie. Maximilian, der ehrlich glaubt, der weiße Heiland der armen durch Jahrhunderte von gierigen Mächten, von der zweckgeilen Bestie ausgebeuteten Indios zu sein. Der Gegenspieler: Juarez, der überzeugte Radikal-Liberale. Mit 14 Jahren noch ein Analphabet, Sohn eines armen Indios. Seine dämonische Gewalt über Menschen und Dinge geht aus von einem streitbaren Idealismus und von einer stahlharten und stahlbiegsamen Energie. Und dieser Idealismus ist ebenso rein wie der Maximilians. Durch die bezeichnenderweise von Werfel nicht Akte, sondern Phasen genannten drei Abschnitte dieser Tragödie schreitet unsichtbar dieser Juarez. Man kommt ihm so nahe, daß man seinen Atem zu hören glaubt, und man empfindet eine unerhörte Spannung schon im ersten Auftritt in dem Augenblick, da der Kriegskorrespondent Clark vom „New-Yorker Herald", den der Geheimschreiber einen Augenblick durch den Türspalt hineinschauen läßt, zurückweicht, den gar nicht auf ihn gerichteten Blick Juarez nicht eine Sekunde zu ertragen vermag. So schreitet unsichtbar und allgegenwärtig vom ersten bis zum letzten Worte dieser Tragödie durch jede Szene, durch jedes Gespräch die Gestalt des Juarez. Wenn Mister Clark im Anbeginn einmal diese ungeheuerliche Unsichtbarmachung zu travestieren versucht und sagt, er müsse füglich zweifeln, ob Juarez überhaupt existiere und nicht ein Abstraktum sei, so verstummt er bei jenem Blick durch den Türspalt. Das ist so überzeugend, und von da aus entwickelt sich diese unsichtbare Gestalt zu einer so dämonischen Größe, daß man in der gesamten dramatischen Literatur vergeblich nach einem Vergleichsfall suchen dürfte. Es gibt überhaupt nur eine politische Tragödie, die an Genialität mit der Werfels zu messen ist: „Dantons Tod". Aber der Lyriker Werfel, der Gottsucher Werfel, suchte nicht die Polarität zweier dramatischer Wirkungsgestalten. Seine Vision ist der Büchners mindestens ebenbürtig. Aber die Hochebene seines Ausganges liegt sozusagen in einer höheren Menschlichkeit. Die politische Leidenschaft, deren Opfer der historische Maximilian in Mexiko wird, der Krieg der Parteien, das Widerspiel der Gesinnungen und der Wertung und Gegenwertung von Monarchie und Republik, die sich gegenseitig in der Weltgeschichte immer wieder aufheben, dies alles bezeichnet nicht den tragischen Kampf. Dies alles ist im goethischen Sinne vom Besonderen zum Allgemeinen emporgeführt: In den beiden politischen Lagern stehen der naive, romantische Idealist und der bewußte, schätzungssichere Willensträger einer idealen Forderung einander in einem tragischen Menschheitskonflikt so gegenüber, daß notwendig der eine dabei tragisch zugrunde gehen muß. Wunderbar wie bei diesem restlosen Gelingen einer historischen Tragödie das historische Gefühl und die Wahrheit der Geschichte an keiner Stelle auch nur angeritzt werden. Die Weltgeschichte wird hier nicht etwa von einem selbstherrlichen Nachprüfer bestätigt, oder in einer neuen Instanz verbessert. Alle historischen Gestalten dieser Tragödie, und sie haben bis in die kleinsten hinein wirklich gelebt, sind historisch und doch alle Geschöpfe eines Dichters. Dabei die wunderbare, unsichtbar-allgegenwärtige Gestalt des Juarez. Es gehört zu dem Zauber dieses Werkes, daß man an jenen Manet in jedem Augenblick denkt und ihn durch die Kraft Werfels in jedem Augenblick wieder vergißt, weil man – immer noch hofft.

Nicht als ob man hier Partei zu nehmen hätte. – Für diejenigen, die den idealistischen Revolutionär Werfel gern in ihre „zweckgeile" Nähe ziehen möchten, hat er mit dem Impetus, mit dem er sich durch tausend Schmerzen und Erfahrungen durchrang, alles Nötige in seinem Werke gesagt. Die Hofschranzen des Pöbels sind Werfel so widerlich, wie die Hofschranzen eines andern krontragenden Tyrannen. Sein egmontischer Freiheitsbegriff hat nichts mit dem politischen Programme zu tun, der mit allerhand Schutzmarken verschiedener Parteien versehen auf politischen Märkten feilgeboten wird. Aber es steht doch auch eine politische Entscheidung über diesem Werk, und zwar die gegen die Romantik. Werfel stellt als politisches Ideal das Streben nach Autonomie des Einzelnen und des Ganzen, den reinen Freiheitsbegriff in diesem Sinne und die seelische Einfachheit auf. Die Väter seines echten Liberalismus sahen aus wie Kinkel, Freiligrath und Uhland. In dem Verdi-Roman beklagt er, daß der Geist der Romantik über den Geist von 1848 gesiegt habe. Und dieser Geist der Romantik ist ihm der Verbündete aller heiligen Allianzen (also auch der allerheiligsten, der neuen Entente), Knecht jeder zweifelhaften Autorität. Und „dieser Geist des

Wahnsinns, sofern Wahnsinn die Flucht vor der Wirklichkeit bedeutet, dieser Dämon unaufgeräumter und schwulstiger Gemüter, dieser Narzissus der Tiefe, dem der Abgrund ein lüsterner Kitzel ist, dieser Gott der Verwicklung und Widerklarheit, dieser Abgott erstorbener Sinnlichkeit, verbotener Reize, scheinheiliger Gebärden, krankhafter Vergewaltigungen, der böse Geist der Romantik, terroristisch von rechts und links, ist ihm die Pest Europas", die lebenswilligste Jugend besiegt. Daß Werfel in gewissem Sinne wie jeder, den dichterische und dichterisch empfangende Sehnsucht zurückträgt in irgendeine Epoche der Geschichte, selbst ein Romantiker ist, besagt nichts gegen diese Stellung. Was Werfel unter Romantismus versteht, ist jene bösartige Fälschung der Geschichte, die wir etwa im Zimmer, das die Wartburg verschandelt, in dem falschen Gottesgnadentum, das vom Geiste Friedrichs des Großen und seinem furchtlosen Wirklichkeitssinn nie einen Hauch verspürt hat, in jenen falschen neugothischen Burgen und kitschigen Renaissancedomen symbolisiert sehen. Aber dieses Bekenntnis ist wichtig für den, der die politische Tragödie Werfels völlig verstehen will.

So bedeutete auch sein revolutionärer Aufschrei nicht den Anschluß an neue Machtlüsterne und politische Revolutionsgewinnler. Der Kampf des mexikanischen Volkes gegen die Ausbeutung, die ersten Abschüttelungsversuche gegen das gierige Tier, das dem Indio am Halse saß, begann in den Tagen, da Luther den Kampf für die geistige Freiheit deutscher Menschheit in Worms vor dem Reichstag mit Einsetzung seines Lebens führte, und er hat seitdem nie aufgehört. Den armen Indios entstanden im Lande selbst aus Eingewanderten und Mestizen zweifelhafte Führer. Alle versprachen die Freiheit. Alle hegten jene verlogene Romantik, die der Dichter verantwortlich macht für das Unheil einer Welt. Als Eugenie von Montijo und ehrgeizige, vor dem liberalen Regiment in Mexiko geflüchtete Prätorianer wie Gutierrez und José Hidalgo den Geist des Wahnsinns und die Flucht vor der Wirklichkeit soweit gefördert hatten, daß alle Bedenken fielen und man den unglücklichen Erzherzog Ferdinand Max, den Bruder Franz Josephs, mit all seinem Idealismus nach Mexiko verschickte, das Schlachtopfer der politischen Spekulation auf den unwürdig blutigen Altar warf, war's nur eine der hundert Phasen jenes sich durch die Jahrhunderte ziehenden Kampfes. Ein Kampf, der begonnen hatte, als die Spanier dem Lande sein Gold nahmen, die Kultur der Azteken vernichteten, um dem Volk dagegen ihre Civilisation mit Strick und Schwert und Feuer beizubringen.

Immerhin ist der Ausschnitt Werfels aus diesem tragischen Kampf durch Jahrhunderte, ist der Untergrund des grandiosen dramatischen Gemäldes so beschaffen, daß der Freiheitskampf einer Nation erregend sichtbar bleibt als das eigentliche Entstehungsfeld der Einzeltragödie, die logisch zwingend daraus aufwächst. Soweit solche historischen Dinge, Gedanken der Zeit um 1867, soweit eine politische Diskussion unvermeidbar ist, ist sie allerdings unromantisch und von einer überraschenden Klarheit, ohne daß der dichterische Reiz der Tragödie auch nur eine Sekunde abgeschwächt würde. Die Haupt- und Staatsaktion ist eben überall bis ins letzte auf das Menschliche zurückgeführt. Wir weinen anders, als etwa um Maria Stuart, um diesen Maximilian. Nicht nur, weil sein Liebesstrahl keinen Gegenstand traf, weil der Stoff seiner Gestaltungslust Irrtum war. Tiefer ergreift uns das dichterisch zugleich unsagbar Zarte und doch Unsentimentalische, das Naive dieses überzüchteten Rassegeschöpfes.

Maximilians Irrtum ist wundervoll, weil seine Erkenntnis in der Todesstunde aufblüht. Und weil die Getreuen und der aus maßlosem Ehrgeiz ihn verratende Judas so um ihn stehen, daß man es als die Passion eines sich selbst im Opfermut verklärenden weißen Heilandes erlebt. Gestalten wie des Porfirio Diaz, der Kaiserin Charlotte, des Staatsrates Herzfeld, der Prinzessin Salm, alle diese Generale und Parteigänger, Freunde, Gegner, Feinde sind aus visionärer Kraft gezeugt, darum von einer Plastik und einer Echtheit des Geblüts, die mitreißen muß. So, daß man selbst bei diesem unsichtbaren Juarez fühlt, er sei mit Fug stolz darauf, ein echter Nachkomme der Azteken zu sein. Der Dichter zwingt uns in den Glauben, Juarez müsse so und nicht anders sein, und es verkörpere sich in dem Unsichtbaren jede besondere Eigenschaft und jedes Geheimnis eines uralten Stammes.

Sichtbar schreitet noch eine andre, unheimliche Gestalt durch dieses Stück, fremdartiger als alle: der Marschall Bazaine. Man schaue sich eines der bekannten Portraits Bazaines an, und man erlebe in dieser Tragödie den Menschen, wie er Werfel in seiner dichterischen Vision erschien! Von der visionären Erscheinung bis zur vollendeten Plastik des Meisters ist ein weiter, weiter Weg. Tausend Hemmungen drohen bis zur Erstarrung des Gebildes auch der stärksten Vision. Aber hier hat ein Dichter mit erstaunlicher Knappheit der Züge den Mann geschaffen, wie er war. Und doch den Menschen, wie ihn eben nur ein Dichter sieht. Aus dem historischen Zufallsgeneral, der sich Selbstbeweger wähnt, wird das Instrument eines geheimnisvollen Willens und Wollens. So ist er, nur so berufen, bei ungeheurem Geschehnis mitzuwirken. Und meisterhaft das feine Intrigengespinst, das einen Lichtnebel breitet über die Tragödie.

Der Kunst und der visionären Kraft dieser Tragödie entspricht die starke und zugleich doch zarte und sich blumenhaft anschmiegende Sprache.

Wenn es mit rechten Dingen zugeht, dann muß die Aufführung dieses Werkes von Franz Werfel im Dresdner Schauspielhaus ein Ereignis sein für alle Empfänglichen. Ueber die Bühnenwirkung, Bühnengestaltung und die Aufführung selbst wird nach der Wiederholung am Montag noch zu sagen sein.

Julius Ferdinand Wolff
In: *DNN*, Sonnabend, 9. Mai 1925

Wedekind-Morgenfeier im Schauspielhaus

Es ergab sich, daß es 1927 noch sehr notwendig ist, Brücken zu schlagen zwischen Frank Wedekind und der Vielheit, die ihn falsch kennt. Wenn dergleichen überhaupt in anderthalb Stunden möglich ist, dann kann man sich kaum eine bessere Methodik denken, als solch eine „Morgenfeier". Denn Dr. Karl Wolff hat die Kunst, in knapper und scharf ausgeprägter Form seelische, künstlerische Portraits zu schaffen, so eigenartig ausgebaut, daß er sogar den Schatten dieses Widerspenstigen einzufangen vermag. Wer Wedekind nahegestanden hat, weiß: er war trotz stärkster Eigenart und einem oft eifernden Eigensinn keine harmonische Natur.

Aber daß er ganz gewiß nicht der Cyniker und Spekulant in Erotik gewesen ist, als den ihn die Moralheuchler und Böotier so gern malen, steht ebenso fest. Immer wieder müßte so eindringlich, wie es in den Worten Karl Wollfs geschah, dargetan werden, daß Wedekind ein Moralfanatiker war. Seine Mittel wie seine Tribüne schienen zuweilen zu verneinen, was er so stürmisch bejahte. Das Gesetz der Antithese beherrschte ihn, seine Rede, seine Schreibe, seine Kunst.

In dieser Einleitung zur Wedekind-Morgenfeier wurde überzeugend dargestellt, wie Wedekind erst heute zeitgemäß sei und wie er genialisch seiner Zeit vorauseilte, als er den Stubenhockern den Geist des Fleisches predigte, das Glück des unter freier Sonne gepflegten sportgestählten Körpers und die Freiheit, die von Civilisationsschädigungen reinigt. Wenn er (im Prolog zu den Lulu-Dramen) vom schönen, unverkümmerten Menschentier sprach, so wollte er nicht tierische Erniedrigung, sondern die unverdorbene, nicht in schmutzige Schlupfwinkel gesperrte Erotik ebenso, wie das Glück freier, selbstbewußter Gesundheit der Menschen. Und wenn er die Geschöpfe liebte, die außerhalb der Gesellschaft stehen, über das Gatter der „Moral" schauen und es öfter durchbrechen, so entsprang die Vorliebe ebensosehr der originalen Beschaffenheit dieser Gestalten, wie dem Mut eines wirklichen Moralisten, der der Sittenheuchelei in großartigen symbolischen Gestalten innerste Wahrheit entgegenstellte.

Hinzuzufügen bliebe: die Nachtgestalten waren eines Romantikers Werk. Karl Wollff betonte die Verwandschaft des Moral-Pathetikers Wedekind mit der Erzieher-Pathetik Schillers. Er nannte Rousseau und zeigte mit einem Hinweis auf „Frühlings Erwachen" die verblüffende psychoanalytische Verwandschaft zweier zu ihren Lebzeiten unzeitgemäßen Moralisten. Und indem er auf „Franziska", den „Simson" und „Herakles" wies, rührte er an die leidensvolle Passion eines so viel mißverstandenen Dichters, der für eine freie Menschheit erotisches Glück und Lebenslust forderte und sich doch in seiner Reise der Veredelung durch das Leiden bewußt war. So zeichnete er das Portrait eines gegen Sittenheuchelei kämpfenden Lebensbejahers und eines tragischen Menschen und Dichters.

In der klugen Zusammenstellung aus dem Werk Wedekinds kam dann Pontos Beitrag, die klaren, denktechnisch sauberen und scharfen Bekenntnisse und kritischen Erörterungen „Ueber Erotik". Ponto las das mit einer unbeirrbaren, eindringlichen Sachlichkeit, auch er ein Zeuge für Wedekind, der die Zote haßte, wenngleich seine Ironie und Satire ohne Feigenblatt einherging. Wer gut zuhörte, mußte begreifen, daß es Wedekind immer nur darauf ankam, pfäffische Verleumder der Erotik abzustrafen, die öffentlich Sünde heißen, was sie nur verdorben kennen, oder durch Unterdrückung in Heimlichkeit gesetzmäßig verderben. Ponto las dann noch einige der letzten Gedichte Wedekinds, wie eben nur dieser in den Geist eindringende Künstler dergleichen wiedererstehen läßt.

Dann las Kleinoschegg die Erzählung von „Brand von Egliswyl". Das ist nicht weniger, als eine der besten deutschen Novellen. In ihrer geradezu pragmatischen Kunst und kantigen Geschlossenheit der besten Prosa Kleists ebenbürtig. Diese Wahl spricht besonders für die Veranstaltung. Der ganze Wedekind steckt in dem kleinen

Meisterwerk. Die Tragödie eines in seiner Unschuld um sein Lebensglück Betrogenen, in seiner blühenden Mannbarkeit Gefällten, die Tragödie eines Verbrechers aus verlorenem Eros (wie man's schillerisch nennen könnte) ergriff, nicht zuletzt durch die vortreffliche Wiedergabe Kleinoscheggs, die Zuhörer merklich.

Und dann sang Pamela Wedekind Lieder ihres Vaters zur Laute. Sie sang nicht mit Sänger-Allüren, und sie war sogar sehr indisponiert. Aber das minderte merkwürdigerweise den Eindruck gar nicht, weil sie von der Gattung der fines diseuses ist, eine Art, für die wir in allen europäischen Sprachen nun einmal nur diese Bezeichnung habe. Wer Wedekind kannte, empfand wieder die Macht geistiger Erbschaft. Bei den „Sieben Hellern" und dem „Thaler" glaubte man zuweilen den Vater selbst zu vernehmen. Die Tochter aber – man hätte sich nur einen intimeren Raum gewünscht als die große Bühne mit dem Blendlicht aussendenden Riesenparavent – schien, wie einst Frank selber, alle diese Dinge (wie bei einer Ehrenexekution der Elf Scharfrichter), eben heute zu improvisieren. Mit einer feinen Kunst des Sagens kamen Gedichte wie die „Wetterfahne" und „Galathea" heraus. Ein Genuß für jeden, dem die künstlerische Welt in diesem Bereich nicht verschlossen ist. Und wenn das Mißverständnis einiger Eifervoller die wirklich nicht böse „Satire der Heilsarmee" und „Palästinafahrt" ablehnte, ändert's nichts daran, daß man anno dazumal besser gefahren wäre, Fürst und Volk, wenn man mehr auf die Wahrheit satirischer Dichter als auf die Heuchelei liebedienerischer Schranzen geachtet hätte. – Viele wollten von Pamela Wedekind noch mehr erzwingen, aber die Bühne mußte für die „Tell"-Vorstellung am Mittag gebaut werden und so konnte Franks Tochter nur danken für den Beifall der verstehenden und künstlerischen Menschen, die übrigens allen Mitwirkenden mit großer Herzlichkeit dankten.

Die wenigen persönlichen Freunde des Dichters aber waren besonders dankbar für eine Morgenfeier, die zweifellos zu den am schönsten gelungenen gehört. Sie wissen, daß der Genius Wedekinds durch das erotische Trauma seiner Jugend die tragische Wunde und die Narbe empfing, die sein Antlitz Oberflächlichen oft genug entstellte. Sie halten es für Pflicht deutscher Erben, für den wahren Wedekind einzutreten, wie für den Dichter der Lorelei. So war es für sie eine besondere Feier. Und nicht ohne Rührung fanden sie den Geist Franks wieder im geistigen Antlitz Pamelas.

J. F. W.
In: *DNN*, Dienstag, den 8. März 1927

Der Mann und das Werk

Rede zur Grundsteinlegung des Deutschen Hygiene-Museums am 8. Oktober 1927

An diesem Sonnabend wird endlich nach langen Kämpfen und Mühen in Dresden der Grundstein gelegt zu dem neuen Hygiene-Museum. Würde dieser Tag nach seiner wahren Bedeutung gewürdigt – es wäre wahrhaftig Anlaß genug, ihn in ganz Deutschland zu feiern. Denn der Bau, der hier entstehen soll, wird kein Museumsbau sein, der nur Dresden angeht. So, wie der Inhalt dieses Museums nicht zu vergleichen ist mit irgendeiner andern Sammlung. In diesem Bau wird alles das vereinigt, was nach dem neuesten Stande der Forschung geeignet ist, die Volksgesundheitspflege mit den denkbar besten und klug besonnenen Mitteln energisch zu fördern, dem Aberglauben und der Kurpfuscherei Abbruch zu tun und den Menschen Einblick zu gewähren in das Kostbarste, was sie besitzen, in das Gefäß der Seele, in ihren Körper.

„Die Fenster auf und Licht und Gott herein!" Dieses Wort Gerhart Hauptmanns aus der „Versunkenen Glocke" sollte man an die Pforte des Hygiene-Museums schreiben. Denn Millionen Menschen, insbesondere auch die, die sich stolz zu den Gebildeten zählen, wissen von dunklen Gebieten Mittelafrikas mehr als von ihrem Körper. Das ist ja auch der Grund, warum die Bekämpfung der Volkskrankheiten durch Jahrhunderte beinahe aussichtslos war. Zugleich aber erkennt man bei dieser Betrachtung der Dinge, was bisher schon durch die vorbildliche, in der ganzen Welt führenden Dresdner Arbeit geleistet worden ist auf dem Gebiet der hygienischen Volksaufklärung.

Nur wirkt bekanntlich keine Rede und keine Schreibe so stark wie das Anschauliche. Es ist in früheren zahlreichen Artikeln, die in den „Dresdner Neuesten Nachrichten" erschienen sind im Zusammenhang mit dem Hygiene-Museum, an Beispielen nachgewiesen worden, wie großartig sich das Anschauungsmaterial dieses Instituts praktisch auswirkt. Immer wieder muss man jenes Beispiel herausheben, das sich aus einer einwandfreien Statistik ergibt, nämlich wie weit weg von der Großstadt in breiten, nicht dicht besiedelten landwirtschaftlichen Gebieten die Aufklärung über die Krebskrankheit mit Mitteln des Hygiene-Museums so glückliche Erfolge zustande gebracht hat, daß auffallend mehr Fälle unter dem unmittelbaren Eindruck dieser Belehrung frühzeitig zur abortiven Behandlung und zur Gesundung geführt wurden und die Sterbeziffer herunterging.

Das Hygiene-Museum ist kein Herbarium. Insofern ist es eigentlich überhaupt kein Museum, weil es sich täglich aus sich selbst erneuert, weil die lebendige Arbeit der Männer, die die wissenschaftlichen Ergebnisse der neuesten Forschung nicht nur für das deutsche Volk, sondern für die Welt zur volkstümlichen Nutzanwendung auswerten, die Dinge immer begrifflicher und sinnfälliger macht. In allen Kulturstaaten, ja selbst auf afrikanischem Boden, macht sich diese Arbeit glücklich geltend. Das Licht von Dresden leuchtet in allen den nach und nach entstehenden Hygiene-Museen der ganzen Welt. Längst haben die Dresdner Sammlungen ihre aufklärenden Wanderungen durch Großstädte und in alle möglichen Landeszentren angetreten. Und diese Schöpfung ging auf aus der Idee eines schöpferischen Mannes, der zugleich der geniale Entwickler des Gedankens war, vielleicht eines der stärksten Organisatoren, die Deutschland je gehabt hat: Lingner.

Lingner war für die Vielzuvielen, die nur den äußeren Erfolg schätzen und des Glaubens sind, es könne ein derartiges, in seiner Art unerhörtes Werk errungen werden mit Mittelchen, Lingner war für diese Oberflächlichen eben nur der Mann des Erfolgs. Ein Industrieller, der nebenbei in Hygiene machte. So schien es denen, die nie nachdenken, die ihr eigener Körper und die Hygiene nie im Zusammenhang niemals so interessierte wie etwa irgendwelche Kulissengeschichte um den Mann. Wer ihn gekannt hat, weiß, daß die hygienische Volksaufklärung, die Volksgesundheit, die

Bekämpfung der Volkskrankheiten, die er mit Leidenschaft anführte, der Leitgedanke seines Lebens geworden waren. Seine Freunde wissen, daß er sein Herz und seine Lebenskraft dafür hingegeben hat. Mit einer genialen Eindringlichkeit, die dem Berner Ehrendoktor der Medizin von zahlreichen bedeutenden mitlebenden Naturforschern und einer großen Reihe von wissenschaftlichen Instituten dankbar bescheinigt worden ist, verfolgte er diesen Gedanken und baute nach dem großartigen Erfolg der Dresdner Hygiene-Ausstellung, der Weltausstellung für Volksgesundheit, wie wir sie damals mit Fug und ohne Uebertreibung genannt haben, dieses Werk aus.

Es galt ja nicht nur, zu konservieren, was unter seiner Führung hier zusammengetragen war, sondern Lingner entwickelte daraus in genialer Weise eben jenen lebendigen Organismus, aus dem immer neue Früchte aufwuchsen für die Volksgesundheit und die Volksaufklärung. Alsbald war er sich auch der Notwendigkeit bewußt, der Krankheitshysterie vorzubeugen. So setzte er immer neben die leichte Möglichkeit der Erkenntnis die begründete Hoffnung der Heilung für den bereits Erkrankten. Dieses System, das er mit Freunden und Mitarbeitern im einzelnen beriet, hat u.a. bei der Aufklärung über die Tuberkulose und die Geschlechtskrankheiten sich außerordentlich bewährt. Und wenn es gelungen ist, die Volksseuche der Syphilis erheblich einzudämmen, so darf nicht vergessen werden, daß zugleich mit den großen Forschern und Aerzten und der segenbringenden Arbeit der Deutschen Gesellschaft zur Bekämpfung der Geschlechtskrankheiten der Name Lingners überall genannt werden muß, wenn man diese überhaupt nicht zu überschätzenden Erfolge der Aufklärung und Forschung in Dankbarkeit anerkennt.

Bis auf einen verhältnismäßig kleinen Teil hatte Lingner sein großes selbsterworbenes Vermögen zum Zwecke der Volksgesundheit und der Förderung der Aufzucht gesunder Kinder in Deutschland in seinem Nachlaß bestimmt. Diese Millionenstiftung hat das deutsche Unglück, hat die Inflation hinweggerafft. Aber alles Unheil der Kriegs- und Nachkriegszeit hat nicht vermocht, die Lebensidee dieses genialen Mannes und das, was er bereits in großartigem Maßstabe in die Tat umgesetzt hatte, zu vernichten. Wenn es gelungen ist, alles zu erhalten, so gebührt das größte Verdienst hierum – das darf an diesem Tage der Grundsteinlegung des Deutschen Hygiene-Museums nicht vergessen werden – Regierungsrat Georg Seiring, Lingners treuestem, führendem Mitarbeiter. Das ist nicht nur ein Sachwalter, in dem Wissensbereich und der Methode zu Hause. In seltenster und selbstlosester Weise hat er seine persönlichen Interessen völlig diesem Werke untergeordnet. Seiner mühenvollen und unverdrossenen Arbeit ist es nicht zuletzt zu danken, wenn man endlich nun zu einem würdigen Bau schreiten kann, in dem das Werk des Organisators Lingner organisch weiter ausgebaut werden kann zum Stolz Dresdens, zum Heil des deutschen Volkes und zum Heil der Volksgesundheit in allen Ländern der Erde.

Man wird nicht vergessen, an diesem Tage am Grabe Lingners am Albrechtsberg und auf dem seines viel zu früh verstorbenen, hochverdienten wissenschaftlichen Mitarbeiters, Dr. Woythe, Kränze niederzulegen. Aber schöner als Kränze, die welken, ist der unvergängliche blüten- und früchtetragende Baum, dessen Reiß Lingner eingepflanzt hat, der stattlich und strahlend aufwuchs, und der auch alle schlimmen

Zeiten glücklich überdauert hat. Kerngesund wie die Idee, Begriff und Bedeutung der Volksgesundheit in das Bildungsbewußtsein jedes einzelnen Menschen zu versenken, ist dieses Bildungswerk selbst. Unüberschätzbar ist das Verdienst K.A. Lingners. Alles, was für das Hygiene-Museum geschieht, alles, was durch das Hygiene-Museum erreicht wird, verdankt die Menschheit ihm. Das muß an diesem Tage noch einmal uneingeschränkt gesagt werden, an dem Tage der Grundsteinlegung, den der so viel zu früh verstorbene Mann leider nicht mehr erlebt hat. Wie ein Held hat er die furchtbare Krankheit getragen, bis in die letzten qualvollen, von Todesahnungen überschatteten Tage, kaum mehr mit etwas anderm befaßt als mit seiner Lieblingsidee, der auch seine letzten Verfügungen galten. Es ist zu wünschen, daß alle, die mit der Sache zu tun haben, sich dieser höchsten Auffassung bewußt sind. In diesem Sinne sei das faustische Wort wiederholt, das ausgesprochen wurde, als wir diesen Mann allzufrüh begruben:

„Daß sich das größte Werk vollende,
Genügt ein Geist für tausend Hände."

Mögen die Hände immer beherrscht sein von dem Geiste Lingners, der ein genialer, mutiger und opferfreudiger Feldherr war im Kampfe gegen gegen die Volkskrankheiten, ein Bahnbrecher für das Wissen und die Aufklärung.

Julius Ferdinand Wolff

Paul Wiecke nimmt seinen Abschied

Wie uns von zuständiger Seite mitgeteilt wird, hat Schauspieldirektor Paul Wiecke, der kürzlich das 65. Lebensjahr vollendet hat, beim Ministerium für Volksbildung um Enthebung von seiner Stellung für den 1. September 1928 nachgesucht. Das Ministerium für Volksbildung hat diesem Antrag unter Aussetzung des dem Schauspieldirektor Wiecke vertraglich zugesicherten Ruhegehaltes stattgegeben und dabei die Anerkennung der hervorragenden künstlerischen Leistungen sowie der besonderen Verdienste Paul Wieckes um das Schauspielhaus während eines Zeitraums von mehr als 33 Jahren zum Ausdruck gebracht. Auch hat das Ministerium bei diesem Anlass den Direktor Wiecke zum Ehrenmitglied des Staatstheater ernannt.

Soweit die offizielle „Verlautbarung". Es liegt auf der Hand, dass Wiecke nicht plötzlich von Altersschwäche überfallen worden ist. Das Gesetz, das den Leuchten der Wissenschaft an den Hochschulen ebenso den Rücktritt kommandiert, wenn sie ihren 65. Geburtstag begangen haben, dieses im Zeitalter der Platzsuchenden geschaffene, rücksichtslose „Du sollst" auch gegen frische, leistungsfähige Männer, die am rechten Ort stehen, wirkt sich nun an ihm aus.

Wer Wiecke kennt und seine Unermüdlichkeit und Frische noch gestern konstatierte, wird an die Notwendigkeit dieses Pensionierungsgesuches nicht glauben. Wiecke wird auch selbst davon nicht überzeugt sein. Doch er tut eben, was das Gesetz ihm befahl.

Dies ist aber für uns jedenfalls nicht der Zeitpunkt, so eine Art Nachruf zu schreiben für einen gottlob höchst Lebendigen, für eine Künstlernatur, die mit ihrem von allem Daseinsjammer der schlimmen Zeiten nirgends getrübten Idealismus die Jungen dutzendweise beleben und anfeuern könnte. Wenn dieser Herbst kommt, dann muss gesagt werden, was Paul Wiecke für das Institut in guten und in harten Zeiten gewesen ist, was seine Persönlichkeit bedeutete für das Schauspielhaus.

Immerhin – auch das uns nun einmal aufgepackte schwere Sparsystem muss seine Grenzen finden dort, wo es um den Dauerverlust an künstlerischen und Kulturgütern geht. Und so wird man zunächst – jeder, den's wirklich angeht – wachen müssen, dass der Sparbetrieb der Amusischen nicht allein bestimmt über die Nachfolge eines Mannes, der eben durch seinen künstlerischen Idealismus eine Sicherheit gewährleistete für die wichtigste Bühne in Dresden, in Sachsen. Offene, schädliche Lücken klaffen ohnehin schon. Auf der anderen Seite gibt es unbenutzte Möglichkeiten, ohne Schaden für Kulturgut zu sparen. Und unnütze Ausgaben. Es darf, es wird nicht sein, dass die Frage, wer die Kräfte im Schauspielhaus zusammenhalten soll, von einem Finanzbuchhaltergehirn maßgeblich beantwortet wird. Entscheiden muss, was die künstlerische Verantwortung und die musischen Verantwortlichen für tragbar halten. Nicht die Zulassungsmacht Beamteter, nicht Neigung oder Abneigung irgendwelcher Coterien, mögen ihre Sessel irgendwo von ebensolchen Zufallsmächten zum Hohen Rat zusammengerückt sein, dürfen die Entscheidung treffen.

Sonst kann es leicht sein, dass der triumphierende Herr Rat die Fahne seines Sparzettels schwenkt, wiewohl sein Verfahren die Karre verfährt und auf die Dauer das Hundertfache des Ersparten unwiederbringlich vernichtet. Es wird dafür gesorgt sein, dass man uns nicht dieser Art Sparsamkeits-Wertvernichtung beglücke –

Wie schwer Paul Wiecke dieser Schritt geworden ist, ihm, dem Begeisterten, Lebendigen, braucht nicht erst erörtert werden. Aber wir sehen für ihn noch ein weites Feld. Vielen hat er noch viel zu geben. Und das jüngste Ehrenmitglied des Dresdner Schauspielhauses wird dazu den Weg finden und die froh bereit sind, mit ihm zu gehen.

J. F. W.
In: *DNN*, Freitag, den 30. Dezember 1927

Denkschrift über die Staatstheater

Die vom Landtag geforderte Denkschrift über „die Organisation der Staatstheater und ihre Verwaltung“ ist nunmehr den Abgeordneten überreicht worden. Man hat dazu reichlich Zeit gebraucht. Der Landtagsausschuß, der diese Arbeit forderte, datiert vom 6. Juli 1927. Das Schriftstück umfaßt nur zwölf normale Seiten in Schreibmaschinenschrift. Aber dieses Siebenmonatskind sieht auch sonst etwas schwächlich aus. Und obwohl man behauptet, daß gerade diese Frühgeborenen, wenn sie erst ihre Nachreife im Brutofen überstanden hätten, sich häufig als besonders begabt erweisen, erweckt dieses Produkt keine großen Hoffnungen, daß auf dem Umweg über die Couveuse [Inkubator] Sächsischer Landtag nun was Quicklebendiges daraus werden könnte. Über das Wesentliche nämlich, welchen Weg man bisher gegangen ist, um den zweifellos sehr besserungsbedürftigen Zuständen der Staatstheater aufzuhelfen, und wie denn eigentlich das System beschaffen ist, von dessen Anwendung man sich eine künstlerische und kulturelle Erneuerung verspricht, erfährt man jedenfalls so gut wie nichts. War es unbescheiden, etwas mehr als die Tabulatur zu erwarten? –

Die ganze Denkschrift stellt eigentlich, abgesehen von der historischen Einleitung, nur dar, wie sich die Institutionen auf die verschiedenen Beamten verteilten und wie Wirkung und Mitwirkung sich, seitdem die Hoftheater Staatstheater geworden sind, immer wieder im kleinen geändert haben.

***

Die historische Einleitung betont noch einmal, daß für die Hoftheater sowohl in künstlerischer wie in wirtschaftlicher Beziehung allein der Generaldirektor verantwortlich war, wenn er auch in allen wichtigen Angelegenheiten an das Ministerium des königlichen Hauses zu berichten hatte. Hier darf gleich eingeschaltet werden, daß Graf Seebach, dem (wie weiter betont wird) auch das Recht des unmittelbaren mündlichen Vortrags beim König zustand, hiervon sehr selten Gebrauch gemacht und dabei die Theater doch sehr gut geführt hat. Allerdings hat er in Konfliktfällen sich jedesmal vor die Sache und vor die Künstler gestellt. Ob es sich nun um einen Künstler oder etwa um ein Stück im Schauspielhaus handelte, dessen Aufführung er für eine Bühne von dieser künstlerischen und kulturellen Verpflichtung unbedingt für notwendig erachtete. Das Ministerium des königlichen Hauses oder der König haben nicht ganz selten vor der Frage gestanden, ob eine Aufführung entgegen ihren Wünschen sich abspielen, ob man geforderte produktive Ausgaben bewilligen oder ob man lieber den tüchtigen Generaldirektor verlieren sollte. Und in allen diesen Fällen hat man es vorgezogen, eigene Wünsche zu unterdrücken und die Persönlichkeit an der Spitze zu behalten, deren innere Autorität selbstverständlich in diesem Falle auch von der Künstlerschaft gestützt wurde. Jedenfalls gibt es nicht einen einzigen Fall, in dem Graf Seebach dem Hausministerium oder einem anderen Ministerium zuliebe in dem Punkt Schutz der Künstler oder Schutz der künstlerischen und literarischen Freiheit versagt hätte. Es ist dabei sogar mehrmals bis zur Abschiedsforderung gekommen. Das bezeichnet ja die Persönlichkeit, daß sie in jedem Falle, in dem es gilt, sich ganz einsetzt.

Wenn schon damals in der Verfassung der Theater stand, daß die gutachtlichen Ansichten des Kapellmeisters, des Dramaturgen und der Regisseure geeignete Berücksichtigung bei dem Generalintendanten bzw. bei dem Generaldirektor, wie er früher hieß, finden müßten, so ist das etwas Selbstverständliches. Und wenn es auch keine Mitentschließungen für die künstlerischen Vorstände und keine Mitwirkung von gewählten Vertrauensausschüssen bei der Auswahl der Werke gab, so wurden doch gemeinsame Konferenzen unter Vorsitz des Generaldirektors abgehalten, wann immer es nötig war. Was die Engagements anging, so vollzogen sich diese in der Weise, wie es in jedem großen Institut geschieht. Der Generaldirektor konnte nicht nach

Belieben Verträge abschließen oder die Höhe der Ausgaben autokratisch bestimmen, aber innerhalb des Etats und im Zusammenhang mit den künstlerischen Instanzen doch über die Verwendung der Gelder nach künstlerischen und Persönlichkeitsempfinden verfügen. Graf Seebach sowohl, wie seine Mitarbeiter hätten sich die tägliche Einmischung theaterfremder Instanzen verbeten und ihre Ämter niedergelegt, wenn man das dennoch gegen sie hätte durchsetzen wollen.

***

Seit der Revolution erledigt der als Staatsvertreter bezeichnete Verwaltungsbeamte alle reinen Verwaltungsfragen. Außerdem steht ihm in allen künstlerischen Fragen, die eine finanzielle Auswirkung haben, die Mitentschließung zu. Auch lag ihm nach der ersten Einrichtung nach der Staatsumwälzung die „Vermittlung des schriftlichen Verkehrs mit dem übergeordneten Ministerium ob und zwar auch die Weitergabe der Berichte der künstlerischen Leitung beider Theater". – Diese Leitung – wir folgen hier bis auf weiteres dem Wortlaut der Denkschrift – „wurde ausgeübt bei jedem der beiden Theater durch einen künstlerischen Arbeitsrat und das Regiekollegium. An der Spitze des künstlerischen Arbeitsrates für jede Bühne stand ein aus der Mitte der Künstler gewählter Obmann. Die Kapelle hatte zur Wahrung ihrer Interessen einen gewählten Kapellvorstand.

Die Verträge mit den Künstlern wurden von den künstlerischen Leitungen und dem Staatsvertreter gemeinsam abgeschlossen, bedurften aber von einer bestimmten Gagenhöhe an der vorherigen Genehmigung durch das Ministerium. Alle rein künstlerischen Fragen, insbesondere die Annahme von Stücken, und der Spielplan wurden allein von den künstlerischen Arbeitsräten und den Regiekollegien der beiden Häuser entschieden.

Daraus ergaben sich alsbald, wie die Denkschrift weiter ausführt, große Schwierigkeiten. Es zeigte sich, daß dieses System auf die Dauer nicht aufrechterhalten werden konnte. Denn künstlerische Fragen können nun einmal nicht durch Mehrheitsbeschlüsse von kollegial zusammengesetzten Organen entschieden werden, und die Denkschrift betont sehr richtig, daß die Entschließung in künstlerischen Fragen unbedingt einer dafür verantwortlichen Persönlichkeit übertragen werden muß. Diese Erwägungen nun führten dahin, daß die Stellung des Staatsvertreters als Leiters der Verwaltungsgeschäfte blieb, die künstlerische Leitung jedes der beiden Theater aber einem nach Gehör der Künstlerschaft vom Ministerium ernannten künstlerischen Leiter als Direktor zu übertragen sei: Der Operndirektor und der Schauspieldirektor wurden unmittelbar dem Ministerium unterstellt. So bestand nun die Verwaltung der Staatstheater aus drei Personen: dem Staatsvertreter und den beiden Direktoren. Es blieb aber in jedem Theater ein künstlerischer Beirat, der vom Direktor vor Annahme neuer Werke vor der Anstellung oder Kündigung von Künstlern ebenso bei der Aufstellung des Spielplans gutachterlich gehört werden mußte, ohne mitzubeschließen.

Die Denkschrift stellt aber sogleich fest, daß auch diese Dreiteilung der Befugnisse zu Schwierigkeiten, Unklarheiten und Reibungen führen mußte, die der ganzen Sache der Staatstheater nicht förderlich sein konnten. Und nachdem die Verhältnisse in der Oeffentlichkeit wiederum mit einer Verurteilung dieser Organisation geendet hatten, entschloß man sich, „die künstlerische und verwaltungsmäßige Oberleitung in die Hand einer möglichst (!) aus dem Theaterleben selbst hervorgegangenen Persönlichkeit zu legen, die der Oeffentlichkeit und dem Ministerium gegenüber allein die volle persönliche Verantwortung sowohl für die künstlerische Leitung wie für die Geschäfte der Verwaltung der beiden Staatstheater und der Kapelle zu tragen hatte".

***

Man sieht schon hier: es bleiben im Grund immer die Fehler der Organisation am Leben. Man versuchte sie zu verbessern, indem man zwar die alten Instanzen bestehen ließ, aber ihnen eine neue überordnete. Man braucht bei dieser Stelle der Denkschrift nur daran zu erinnern, daß der erste Generalintendant, Dr. Reucker, der nunmehr nach Dresden berufen wurde, in seinem Vertrage für das Schauspiel ungefähr dieselben Prärogative besitzt wie der Schauspieldirektor. Er hätte auf Grund seines Vertrages verlangen können, daß diese vertraglichen Widersprüche beseitigt werden oder aber die Konsequenzen aus einem Vertrage ziehen müssen, der zweifellos im Schauspiel zwei Führer zum Teil mit denselben Befugnissen schuf. Der Generalintendant ging indessen dieser Entscheidung aus dem Wege. Er begann mit einem Kompromiß. Und erleichterte damit den Räten des Ministeriums, ganz gewiß nicht sich selber das Leben. Zunächst griff er im Schauspielhaus in die künstlerische Leitung nicht unmittelbar und als erste Instanz ein. Wenn nun in der Denkschrift gesagt wird, daß „die Stellung des Intendanten nach soeben gekennzeichneten Grundsätzen umgrenzt" sei, so überrascht dies. Denn diese Grenzen sind außerordentlich unklar gezogen. Daraus wuchsen und wachsen ja die Folgen unabsehbarer Kompetenzkonflikte, die insbesondere bei der Künstlerschaft der Oper so viel böses Blut gemacht und die Theater schwer geschädigt haben. Nach dieser Verfassung ist heute noch der Generalintendant sowohl für die wirtschaftliche wie für die künstlerische Leitung der beiden Theater der Verantwortliche. Die Künstlerschaft aber pendelt zwischen dem Operndirektor und dem Generalintendanten bei jeder Einzelabfrage hin und her, oft ohne zu ihrem wahren Recht zu kommen. Der daraus entstehende Mißmut muß sich natürlich auch in der Leitung des Ganzen manifestieren.

***

Es folgt dann eine Darstellung der inneren Gliederung der beiden Staatsbühnen. Darauf im einzelnen einzugehen, würde zweifellos im Rahmen dieser Betrachtungen zu weit führen, obwohl hier unsres Erachtens eine gewisse Vereinfachung sehr wohl möglich wäre.

Das Wesentliche bleibt aber bei der notwendigen Auseinandersetzung über die Zustände an den beiden Staatstheatern die Frage der obersten Leitung, der klaren Kompetenzen des Generaldirektors und des Schauspieldirektors und das reibungslose Zusammenarbeiten. Aus der Denkschrift geht hervor, daß dem Generalintendanten die oberste künstlerische und geschäftliche Gesamtleitung der Staatstheater zusteht. Er ist der Vorstand der Verwaltung. Er vertritt die Staatstheater nach außen. Er ist die Dienstbehörde für das Personal, über das ihm auch die Dienstkraftgewalt zusteht. Indes ist er verpflichtet, über alle wichtigen Angelegenheiten an das Ministerium für

Volksbildung zu berichten. Jedenfalls trägt der Generalintendant, wie in der Denkschrift dargetan wird, die volle persönliche Verantwortung für die künstlerische und geschäftliche Verwaltung, wozu – und das wird in der Denkschrift besonders betont – die Einhaltung des Haushaltplanes gehört.

In dem ganzen Schriftstück vermißt man nun eine eindeutige Angabe darüber, wie sich die Kompetenz des Operndirektors und des Schauspieldirektors gegen die des verantwortlichen Generalintendanten abgrenzen. Jedenfalls findet man darüber nur etwas in dem einen Satz, daß bei vorkommenden Meinungsverschiedenheiten zwischen den beiden Staatstheatern oder zwischen einzelnen Dienststellen sowohl wie bei eingehenden Beschwerden dem Generalintendanten nach Gehör der Beteiligten die Entscheidung zusteht. Gleich danach aber heißt es, daß in der Oper wie im Schauspiel „die künstlerische Leitung in erster Linie dem künstlerischen Direktor zusteht". Der Direktor hat „den Wünschen des Generalintendanten Rechnung zu tragen". Unklarere Bestimmungen kann man sich kaum denken. Wenn der Operndirektor glaubt, daß die künstlerischen Wünsche des Generalintendanten schädlich sind, so hat er ihnen dennoch „Rechnung zu tragen". Das gleiche gilt für den Schauspieldirektor. Hier tun sich schon zwei liebliche Quellen für Konflikte auf. Im Vorhersatz aber heißt es, daß die künstlerische Leitung in jedem der beiden Häuser in erster Linie dem künstlerischen Direktor zusteht. Dieser ganz vollkommene Widerspruch bleibt gleich geheimnisvoll für Weise wie für Toren. Aber vorstellen kann sich jeder, was für eine Wirtschaft entsteht, wenn der Direktor, dem in erster Linie die künstlerische Leitung in der Oper oder im Schauspiel zusteht, gleichzeitig den Wünschen des übergeordneten Herrn gerecht werden soll, selbst wenn er von der Schädlichkeit dieser Wünsche im einzelnen voll überzeugt ist. Hier steht offenbar die praktische Einfügung der Harakiribestimmung in dem vortrefflichen Plan.

***

Nun steht jedem der beiden Direktoren der Oper und des Schauspiels ein künstlerischer Beirat zur Seite, der sich bei der Oper aus dem Kapellmeister, den Spielleiterin, dem Chordirektor, dem Ballettmeister, dem technischen Direktor sowie je einem Vertrauensmann jeder Gruppe des Opernpersonals zusammensetzt. Analog so verhält es sich beim Schauspielhaus. Gibt es bei diesem Zusammenarbeiten und gegenseitigen Kontrollen geteilte Meinungen, so steht gegen die Entschließungen des Operndirektors bzw. des Schauspieldirektors dem künstlerischen Beirat wie den Gruppenmannschaften in jedem Fall das Recht zu, die Entscheidungen des Generalintendanten anzurufen. Im übrigen entscheidet über die Annahme und Kündigung künstlerischer Kräfte, über den Spielplan und über die Annahme neuer Werke wiederum in erster Linie der künstlerische Direktor, der sich aber der Zustimmung des Generalintendanten zu versichern hat. Diese letztere Befugnis ist an sich richtig. Stellt man sich aber eine überragende Persönlichkeit vor, die gleichzeitig befähigt ist, kollegial mit den Direktoren der beiden Häuser zu verkehren, so liegt auch hier schon wieder eine Konfliktmöglichkeit, weil eben die Kompetenzen an der Basis des Verhältnisses nicht exakt abgegrenzt sind.

***

Die Verträge mit den Künstlern werden durch den Generalintendanten abgeschlossen, der aber vorher die schriftliche Genehmigung des Ministeriums einholen muß, in weniger wichtigen Fällen sich diese Zustimmung auch mündlich holen kann. Die Denkschrift enthält aber nichts darüber, wie (abgesehen von der geldlichen Auswirkung dieser Verträge, die selbstverständlich von den Vertretern des Staates kontrolliert werden muß) bei diesen Verträgen zu verfahren sei. Nun wissen wir aber, daß es bei dem Etat der Staatstheater in Dresden so wenig wie anderswo möglich ist, eine hinreichende Zahl erster Sänger und Sängerinnen dauernd für Dresden zu verpflichten. Infolgedessen müßten in Dresden ebenso wie an andern Staatstheatern Verträge abgeschlossen werden mit Künstlern, die einen Teil des Jahres auch an andern Opernhäusern im In- und Auslande wirken. Die Schwierigkeiten, die sich daraus ergeben, sind sehr groß. Wenn man eine Ensemblekunst überhaupt aufrechterhalten will, so gibt es nur eine Möglichkeit: der Operndirektor oder der Generalintendant muß innerhalb eines gewissen Etats jeden Augenblick entscheiden können, was zu tun ist, um einen der Würde und der Tradition der Oper entsprechenden künstlerischen Zustand zu erhalten. Man denke sich, daß der Kultusminister oder der Finanzminister, die ja wohl beide mitzureden haben, verreist sind, daß auf ja und nein zu entscheiden ist, ob einer oder zwei prominente Künstler für eine Reihe von Vorstellungen gewonnen werden oder nicht, daß mit diesem Ja oder Nein mindestens über die Leistungsmöglichkeiten der Oper, über das künstlerische Niveau entschieden wird. Steht in diesem Falle eine starke Persönlichkeit von innerer und äußerer Autorität an der Spitze der Theaterverwaltung, so wird sie die Entscheidung auf sich nehmen und nicht ängstlich nach einem der beiden Ministerien oder nach beiden schielen. So aber, wie die Dinge betrieben werden, ist damit zu rechnen, daß der Generalintendant bei jeder Absage sich zunächst den Kopf zerbricht, wie er vor allen Dingen den Haushaltsplan ängstlich einhalte. So kann es aus lauter Sparsamkeit zu künstlerischen und – baren Verlusten kommen. In der Art, daß eine große Oper, die künstlerisch für Dresden längst etwas bedeutet, abgesetzt werden muß, weil man erst in Berlin und Leipzig herumfragt, wer es am billigsten macht, und dann keinen Ersatz für den Abend findet. Schließlich bleibt nichts übrig, als das Werk abzusetzen. Natürlich läßt sich das Publikum nicht mit einer „stehenden" Zusatzoper abspeisen. Die bereits für die große Oper gekauften Karten werden zurückgebracht. Hätte man tausend Mark weniger „gespart", man hätte fünftausend oder sechstausend mehr eingenommen. Diese Möglichkeiten bezeichnen zugleich die Mitwirkung der äußeren Instanzen, die beurteilen sollen, wie hoch die Zuschüsse bemessen und wie sie verwendet werden. Man kann eben richtig und man kann falsch sparen. In die Verwaltung und in den Etat reden ja nicht nur die Räte zweier Ministerien hinein, sondern der Landtag und die Dresdner Stadtverwaltung. Wer hier für sich in Anspruch nimmt, die Dinge des Theaters so zu beherrschen, wie es nötig wäre, um wirklich sachgemäß zu verfügen, wissen wir nicht. Wohl aber sehen wir den Brei, der immer wieder durch diese Vielheit von Köchen angerichtet wird: Die Kompetenzverwirrung im inneren Betrieb und das Schicksal eines Generalintendanten, der, wenn er nicht eine starke Persönlichkeit ist, sich nun andauernd bestrebt, es allen diesen Instanzen recht zu machen und

Ausschau zu halten, welcher Minister, welcher Ministerrat, welcher Abgeordneter und welche Dresdner Stadtvertreter die Stirn runzeln.

Solang die Verhältnisse so liegen, ist allerdings der Generalintendant der Sächsischen Staatstheater in Dresden weder um seine Stellung noch um seine Institutionen zu beneiden. Sicher muß aber verlangt werden, daß auch hier die Verantwortung nur bei dem wirklich in jeder Beziehung Verantwortungsfähigen liege, und daß die parlamentarischen Verwaltungskörper die weisere Erörterung der Dresdner Theaterschwierigkeiten nicht nur mit einer mehr oder minder großen Anzahl von dilettantischen Reden und Forderungen erfüllen.

***

Daß überall gespart werden muß, wo es nur immer angeht, ist selbstverständlich. Es gibt heute niemand, der im öffentlichen Leben steht, der das nicht einsähe. Auch wenn Herr Parker Gilbert nicht auf diese Pflichten und den Dawes-Plan hingewiesen hätte, müßte man sich aus innerpolitischen, wirtschaftlichen Gründen Sparsamkeit auferlegen und Ausgaben vermeiden, wo es nur angeht. Ebenso natürlich ist, daß angesichts dieser allgemeinen Lage auch die Staatstheater zur Sparsamkeit angehalten werden.

Aber es gibt zwei Arten der Sparsamkeit: die richtige und die falsche. Nichts ist leichter, als einen Zulauf abzudrosseln. Es fragt sich nur, ob man dabei nicht nur spart, sondern den Kessel ruiniert. In dem Kunstbetrieb rächt sich solche Sparsamkeit schlimmer als in jedem andern. Notgedrungen kann man technische Ersparnisse machen, mit Notbehelfen und provisorischen Einrichtungen fortwursteln, wenn die Qualität des Produktes nicht so vermindert wird, daß man die Abnehmer verliert. Solange diese Einschränkung eine innere Angelegenheit einer Fabrik bleibt, kann der Termin der gründlichen Erneuerung, ja der gänzlichen Reorganisation hinausgeschoben werden. Aber in dem Augenblick, in dem das ganze Werk gefährdet wird, hört auch dort die Sparsamkeit wie die Gemütlichkeit auf.

Wer dem Kunstbetrieb die Mittel versagt, von denen er lebt, der bringt ihn zum Absterben. Vom Standpunkt der Länder, denen Deutschland Kriegsschulden zu zahlen hat, kann man Staatstheater für einen Luxus erklären. Dagegen würden sich natürlich alle einsichtigen Kulturbewußten wenden. Denn die Privatbühnen können nur schwer den Anforderungen gerecht werden, die schon an unterhaltende moderne Schauspielaufführungen gestellt werden müssen. Von den großen Bühnen aber muß, wenn sie ihre künstlerische und Kulturaufgabe erfüllen sollen, ein gewisser Grad von künstlerischer und kultureller Leistungsfähigkeit verlangt werden. Sinkt die Leistung darunter, so hat das Staatstheater seinen Sinn und Zweck und schließlich sich selbst verloren. Kostspieliger aber als jede Bühne ist die Oper. Es liegt auf der Hand, daß ein qualificiertes [sic] Orchester, Sänger von Rang und eine entsprechende Kultur des Bühnenbildes und aller Accessorien sich wechselseitig bedingen. Der Ausländer, der mit uns und unseren Zahlungen zu rechnen hat, kann natürlich sagen: Willst du eine so qualificierte [sic] Opernbühne haben, so – laß sie von den Leuten bezahlen, die sie genießen. Oder, wenn das nicht geht, zum Teil von Mäcenen.

Nun, wir schwimmen nicht im Gelde, unsere Mäcene sind verarmt. Aber es stellt sich auch leider nicht das Wunder ein, daß die arbeitenden Volksgenossen, die die Opernkunst lieben und verstehen, mit Glücksgütern gesegnet sind wie die Logen- und Parkettinhaber in Covent Garden oder der Metropolitain-Oper. Das war ja nicht einmal in wirtschaftlich normalen Zeiten jemals so. Die Ersparnisse bei der Staatsoper finden also an dem Punkt ihre natürliche Grenze, wo die Oper aufhören würde zu sein, was sie ist.

***

Nun hört der Laie oft Einzelziffern, die, herausgegriffen aus dem Zusammenhang, sinnlos anmuten. Gute Stimmen sind nicht häufig. Besonders schöne Stimmen in einer musikalischen und darstellerisch begabten Persönlichkeit noch seltener. Das Gesetz von Angebot und Nachfrage ließe sich auch beim Gagenetat nicht aus der Welt schaffen. Eine Oper wie die Dresdner konnte in normalen Zeiten mit einem großen Stab erster Sänger rechnen. Heute müssen – genau wie das anderwärts geschieht – Verträge für eine Reihe von Opernabenden, also sozusagen Gastspiele für die ersten Fächer abgeschlossen werden. Wer will es dann einem Sänger oder einer Sängerin verübeln, daß sie, solange ihre Stimme und Leistung hoch im Kurs stehen, soviel wie möglich verdienen wollen? Man sehe sich das Elend unserer Pensionäre an! Weiß denn einer, wie lange Stimme und Kraft auf der Höhe bleiben?

Aber wir können, wenn schon die Ensemblekunst unter diesen Zuständen leidet, nicht ganz ohne Konstanten im Opernbetrieb rechnen. Wir müssen eine Anzahl sicherer, hochwertiger Kräfte dauernd zur Verfügung haben, und – wir bekommen, aber wir behalten sie nicht, wenn wir sie nicht entsprechend bezahlen. Wer den Opernbetrieb kennt, weiß, daß in Dresden nicht etwa kostspieliger in dieser Beziehung gewirtschaftet wird, als anderswo. Im Gegenteil, man vergleiche die Etatsziffern und die Zuschüsse etwa in München und Berlin! Busch hat man märchenhafte Mehrforderungen angedichtet, höher als sein ganzes Einkommen, während er in Amerika war. Er hat selbstverständlich während der Zeit auf seine Gage verzichtet und überhaupt gar nicht über eine Aenderung seiner Gage verhandelt.

Aber auch da, wo die Gage einzelner Sänger und Sängerinnen richtig angegeben wird, kann sie nur dem völligen Laien übertrieben erscheinen. Wenn man die Staatsoper sinn- und kunstgemäß erhalten will, dann keine falsche Sparsamkeit. Man gebe dem besten Orchester statt keiner Meisterinstrumente schlechte in die Hand und den Mund und – es wird keine Staatskapelle mehr sein. Niemand wird mehr Staat machen können mit einer Opernbühne, die auf ein niederes Niveau herabsinkt. Aber der falsche Sparer wird, auch wenn sich die Reue mit der schlimmen Erfahrung einstellt, nicht wieder zum Blühen bringen können, was verwelkt und verdorrt ist.

Beurteilen, was sein muß, wo und wie gespart werden kann, das kann nur der Künstler, nicht die Finanzwirtschaft. Nur der künstlerische Leiter, der beides, den Kunstbetrieb und die Kunstleistung gegeneinander abwiegen kann.

Erzwingt man durch rein äußere drakonische Sparmaßnamen die bedenkliche Niveausenkung, dann geht es nicht um eine zeitweilige Herabminderung der künstlerischen und kulturellen Leistung, dann geht es um die tragenden Kräfte, um – das Institut. Sein oder Nichtsein. Das ist hier die Frage.

Und es gehört auch zum Wesen der falschen Sparsamkeit, daß man auch nach Tausenden spart, um – Hunderttausende zu vernichten. Wer Dresden die Oper und die Anziehungskraft erhalten will, der muß ihr so viel Substanzkraft lassen, wie sie bei nicht unkünstlerischer, nicht kunstfremder Sparsamkeit unbedingt braucht. Wer hier falsch spart, beginnt mit der Vernichtung des Grundkapitals. Das aber wird dann nie wieder einzubringen sein. Denn dieser empfindliche künstlerische Organismus stirbt rettungslos ab, wenn sein Lebensnerv angegriffen wird.

***

Diese Grundsätze sind natürlich sinngemäß anzuwenden auch bei der Frage der Organisation des Schauspiels. Auch hier sind klare Kompetenzen zu schaffen. Wenn man z.B. schon einen so verdienten Künstler wie Wiecke gehen läßt, weil er sein 65. Lebensjahr erreicht hat, dann ist es eigentlich selbstverständlich, daß man vorher weiß, wen man an seine Stelle setzen will. Es ist ein offenes Geheimnis, wie sich praktisch das Sparsystem der „übergeordneten" Verwaltungen an dieser Stelle auswirken soll. Man will den Posten des Schauspieldirektors mit einem Mann besetzen, der zugleich einen der beiden Regisseure ersetzt. Dieses Amphibium ist zwar nicht entdeckt, aber immerhin hat man die Leistung vollbracht, Wiecke fortzuschicken, ohne zu wissen, wie man ihn ersetzt. Ein Verfahren, das natürlich ein Generalintendant, der nicht die Runen auf so viel Stirnen zu deuten beflissen sein muß, unbedingt mit der Einsetzung seiner ganzen Persönlichkeit hätte verhindern müssen. Zweifellos hat der Generalintendant auch widersprochen. Aber die beamteten Kräfte waren in diesem Fall, wie immer, die stärkeren. Und nun ist die Leistung vollbracht, daß man zwar Wiecke abgesägt hat, aber noch gar nicht weiß, ob man überhaupt eine Persönlichkeit findet, die sich bei diesem Verwaltungssystem, bei diesem Widerspruch in der Stellung des Direktors zum Generalintendanten, bei dieser Aussicht auf ewige Kompetenzkonflikte bereit finden läßt, Wiecke und zugleich einen der beiden Oberregisseure zu ersetzen und – die das außerdem auch noch kann. Erreicht hat man jedenfalls aber erneute Unruhe und Unsicherheit in der Künstlerschaft.

Die Konsequenzen ergeben sich für alle Beteiligten von selbst. Zweifellos besteht die große Gefahr, daß die Staatstheater künstlerisch heruntergewirtschaftet werden, wenn nicht die Verwaltung sinngemäß vereinfacht, für eine sichere, unbeirrbare Führung gesorgt, die Kompetenzen geklärt, die falschen Sparmaßnahmen beseitigt und die Mitbestimmungsrechte der Amusischen durch einen Kunst- und Kulturschutz begrenzt werden.

So geht es jedenfalls nicht weiter!

Julius Ferdinand Wolff
In: *DNN*, Sonnabend, 25. Februar 1928

Pressa, Rhein u. Weltbefriedung

Jahrhunderte hindurch ist der Rhein angegriffen worden. Immer waren der Fluß, das Land, die Berge und natürlich die deutschen Menschen, deren Heimat das Rheinland ist, gemeinsames Objekt der Eroberungslust. Noch im 19. Jahrhundert wurden Rheinländer abwechselnd als österreichische und als französische Untertanen behandelt. Die Leidensgeschichte der Rheinländer ließe sich wahrhaftig symbolisieren in einem Wappen mit dem Spruch: Macht geht vor Recht. Geradezu heraldisch, mit einer erschreckenden Plastik lastete dieses Wappen auf einem Lande, über das noch heute von gewissen Politikern andrer Länder so geschrieben und geredet wird, als wären just diese Leute nicht aufs tiefste beleidigt, wollte einer sagen, sie erkennen das Selbstbestimmungsrecht der Völker nicht an, oder sie lästerten gar die Menschenrechte. Vom Recht, das doch wohl auch mit jedem Rheinländer geboren ist, von dem ist in diesen Kreisen leider nie die Rede.

Woher kommt diese politische Anomalie? Denn die Tatsache, daß der Rhein ein deutscher Strom in deutschem Lande ist, läßt sich nicht aus der Welt schaffen. Die Rheinländer, mit Ausnahme eines doch wirklich nicht beweisbaren Häuflein weltfremder Ideologen und übeln, zum großen Teil importierten Gesindels, haben stets für ihr Deutschtum gelitten und es zu keiner Zeit im geringsten aufgegeben. Als Grüppchen von Eroberungslustigen die Abtrennung französischen Gebietes als Kriegsziel proklamierten, lehnte das besonnene deutsche Volk solche vermeintlichen Eroberungsgewinne ab. Warum also blieb es just dem Rheinland vorbehalten, durch Jahrhunderte unter dem Marschtritt fremdländischer Bataillone zu zittern?

Um den Rhein liegt das schönste der deutschen Länder. Alles reizt die Begierde, der Strom, die Berge, die Täler, die so gesegnet sind. Immer, wenn Deutschland im Innern von Parteien zerklüftet und – schwach war, hat am schlimmsten das Rheinland gelitten, das jeder Gewalt am nächsten ausgesetzt blieb. Die Geschichte hat aber gerade die Lebenden aller Nationen gelehrt, daß die Völker Europas, daß die ganze Kulturwelt nicht zur Ruhe gelangen kann, daß der Frieden jederzeit bedroht bleibt. Das deutsche Volk hat sich so klar gegen jeden Revanche- oder gar Eroberungskrieg ausgesprochen, daß von einer Grenzgefahr im Rheinland gegen ein anderes Volk nicht die Rede sein kann. Es gibt keine Unsicherheit für irgendein Nachbarland im Westen, die vom Rheinland, vom deutschen Volke ausstrahlte. Und es gibt nur eine Gefahr für den Frieden in Europa: die Unterdrückung des Rechts zugunsten der Gewalt. Für eine solche Politik besitzt das deutsche Volk weder den Willen noch das Instrument.

Aber der Krieg hat in den Hirnen die üble machiavellistische Weisheit zurückgelassen, Politik sei nur Macht. Der ethische Kriegsverlust der Völker ist der allerschlimmste. In den Arsenalen gewisser Parteien finden sich kaum noch geistige Waffen. Man vergißt ganz, daß das böse Beispiel die Volksgenossen, die Sitten, das Leben des Alltags verdirbt. Der Gedanke, daß Boykott an sich unsittlich, Rechskränkung durch Macht schließlich auch für den Mächtigen verderblich ist, kann zu Zeiten unterdrückt, doch niemals aus dem sittlichen Bewusstsein völlig vertrieben werden. Dieser Gedanke bleibt die mächtige Waffe des an Macht Schwachen. Rom hat mit Nur-Machtpolitik sein Weltreich schließlich machtlos gemacht. Die sittliche Idee des Rechts hat noch immer die Macht überlebt.

Sollen aber, weil die Geschichte ihre Epochen nach Jahrhunderten mißt, die Schmerzen der Beweisführung den Völkern immer aufs neue aufgebürdet werden? Das darf nicht sein. Also muß unermüdlich für die Erkenntnis gezeugt, muß täglich die Geistigkeit gegen die Gewalt geführt werden.

Zu ihrem Teil soll dazu auch die Internationale Pressausstellung am Rhein dienen. Es ist gewiß ein kaum zu bewältigendes Problem, das Geistige der Presse „auszustellen". Aber es werden doch tausend Anregungen gegeben. Den Nationen ist jeder Spielraum gelassen. Wir Deutsche wollen in dem Friedenswerk dieser Völker-Ausstellung beweisen, daß unsre geistigen Waffen sauber, ehrlich und gut sind. Daß wir nur den Frieden Europas und der Welt wollen, der unvereinbar ist mit Bedrohung, Bedrückung, Unfreiheit des Rheinlandes. Wir geben die Hoffnung nicht auf, dass am Rhein nun endlich einmal die Erkenntnis marschieren wird. Die „Presse" wird ein Forum für alle, die guten Willens sind. Dazu rechnen wir nicht zuletzt die Besucher aus Frankreich, dessen führende Staatsmänner den Gedanken von Locarno bejahen. Einmal muß sich doch durchsetzen, daß der kleine David mit der unscheinbaren Waffe der Geistigkeit den Frieden befreit von dem Goliath Gewalt.

Julius Ferdinand Wolff
In: *Der Westen, Zeitschrift für Wirtschaft und rheinisches Leben und Kölner Messe- und Ausstellungszeitung.* Köln, 12. Mai 1928

Was hat die Presse mit der Hygiene-Ausstellung zu tun?

Hygienische Volksaufklärung war niemals so notwendig wie heute. Nach einem so langen und so furchtbaren Kriege und nach so schweren Nachkriegsjahren kann sich die Volkserneuerung um so schwerer vollziehen, je weniger der Einzelne über seine Bedeutung in diesem Regenerationsprozeß im Klaren ist. Die Menschen in den Städten, insbesondre in den Großstädten hören und lesen gewiß viel mehr über gesundheitsgemäße Lebensweise, als vor Jahrzehnten. Aber die Schädigungen seit der Nachkriegszeit bis heute und die Gelegenheiten dazu sind trotzdem viel häufiger als früher.

Was eine gut geführte Aufklärungskampagne vermag, das zeigt u. a. der Rückgang der schweren Syphilisfälle und der luetischen Ansteckungen überhaupt. Zweifellos sind infolge der Entdeckung des Syphiliserregers durch den allzu früh verstorbenen großen Arzt Professor Dr. Schaudinn und durch die auf Grund der überragenden medizinischen Denktechnik und der ebenso genialen experimentellen Forschungen Ehrlichs gewonnenen Behandlungsmethoden auf diesem Gebiete Großtaten für die Volksgesundheit geschehen, die sich aller Verketzerung und allem kurpfuscherischen Schwindel zum Trotz außerordentlich glücklich durchgesetzt haben. Ebenso sicher aber ist es, daß das populäre Wissen, die Mahnungen und die Warnungen, die insbesondre durch die Tätigkeit des Vereins zur Bekämpfung der Geschlechtskrankheiten in die Massen gedrungen sind, sich außerordentlich segensreich auswirken. Zeigt sich also hier auf einem wichtigen Teilgebiet der Gesundheitserziehung der Nutzeffekt so deutlich, so kann man daraus nur den Schluß ziehen, daß anderwärts eben doch noch viel zu wenig geschieht. Das Ergebnis wiederholt sich nämlich immer günstig, wenn methodisch und pädagogisch richtig und dauernd gearbeitet wird.

Eine Veranstaltung wie die internationale Hygiene-Ausstellung gibt denen, die von Berufs wegen verpflichtet sind, als Gesundheitslehrer zu wirken oder auch nur der hygienischen Volksaufklärung sich mit ihren Mitteln zur Verfügung stellen, nicht nur großartige Anregungen, sondern auch ein gar nicht zu überschätzendes Material. Die Presse ist in allererster Linie berufen, sich an diesem Werke zu beteiligen, ja sie ist geradezu dazu verpflichtet. Wenn Journalisten, Verleger und Redakteure von sich behaupten, daß sie dauernd sich im öffentlichen Interesse betätigen, so haben sie auf dem Felde der hygienischen Volksaufklärung jedenfalls die dankbarste Gelegenheit, den Beweis für ihre Berufsauffassung und ihre Leistungen zu führen.

In Deutschland sterben jährlich zwischen 60- bis 70 000 Menschen an Krebs. Es hat sich leider gezeigt, daß auch die Krebse, die man früher für eine Form der Vergreisung hielt und nur an Menschen im hohen Alter beobachtete, die Tendenz zeigen, sich jüngere Generationen zu erobern. Schon im Jahre 1911 ist auf der Internationalen Hygiene-Ausstellung nachgewiesen worden, daß die hygienische Volksaufklärung eines der wirksamsten Mittel zur Bekämpfung der Krebssterblichkeit ist. Die Angelegenheit ist so wichtig, daß man dieses Beispiel gar nicht oft genug wieder besprechen und beleuchten kann. Es ist bewiesen, daß selbst in einem landwirtschaftlich extensiv besiedelten Lande nach einer gutgeleiteten hygienischen Aufklärung durch Vorträge, durch Belehrung der Hebammen und der Landärzte und der Presse ungeahnte Erziehungsresultate erreicht wurden, indem im Zusammenhang mit der Aufklärung die Zahl der rechtzeitig untersuchten und rechtzeitig operierten Personen in eben demselben Maße wuchs, in dem die Zahl der zu spät zur wissenschaftlichen Behandlung gebrachten oder der Kurpfuscherei zugetriebenen Fälle, und damit der Todesfälle sank. Ebenso kann der Beweis unzweideutig geführt werden, daß mit dem Nachlassen der Belehrung und der Aufklärungspropaganda die Zahlen langsam nach einer angemessenen Zeit wieder ungünstiger werden und sich immer mehr verschlechtern. Diese Beispiele lassen sich beinahe auf jedem Gebiete der hygienischen Volksaufklärung beliebig vermehren.

Nun hat die Presse zum Teil ihre Aufgabe schon gut erfasst und ist nicht nur in einer Reichsgesundheitswoche im öffentlichen Gesundheitsinteresse tätig. Aber wir brauchten 52 Aufklärungswochen im Jahre. Denn die Gesetzgebung kann den notwendigen Reinigungsprozeß nicht durchführen. Wir haben genau soviel geistige Kurpfuscherei wie körperliche. Der Materialismus der letzten 50 Jahre, übersteigert durch das furchtbare Erlebnis der letzten eineinhalb Jahrzehnte, hat einen metaphysischen Hunger in den Massen hinterlassen, der von den seelischen Kurpfuschern ebenso mißbraucht wird, wie der Aberglaube oder die Unzufriedenheit mit dem Arzt von ihren nicht weniger skrupellosen Genossen. Auf diesem großen Aufklärungsgebiet kämpft die Presse zum Teil zu wenig und zum Teil nicht mit richtigen Mitteln. Es bedarf einer grundsätzlich richtigen Einstellung zu dem Gesamtproblem, um erkenntnismäßig auch zur richtigen Aufklärungsmethodik zu gelangen.

Warum gehen die Leute so oft zum Kurpfuscher statt zum Arzt? Weil in der Massenpraxis der Kassenpatient nicht das Eingehen auf seine persönlichsten berechtigten Wünsche erwarten kann, weil unendlich viele Menschen auch unter den sogenannten Gebildeten vom Arzt nicht nur Übung der Wissenschaft und Eindringen in ihren persönlichen Fall, sondern das Wunder oder die Wunderarznei erwarten.

Niemand würde, wenn sein Kraftfahrzeug einen Defekt hat, es einem dilettierenden Bastler zur Wiederherstellung geben, wenn es zunächst bei dem gelernten Schlosser nicht nach seinen Wünschen instand gesetzt worden ist; er würde natürlich zu einem tüchtigeren Maschinenbauer gehen. In diesem Falle glaubt also keiner an den Wundertätigen, sondern nur an den Gelernten. Aber wenn es um die so viel schwierigere Einrichtung des inneren Menschen geht, schimpfen sie auf die Wissenschaft und den Fachmann und laufen zum Bastler. Die Möglichkeit, daß subjektive Beschwerden suggestiv oder durch Autosuggestion schon auf dem Wege zum Wundermann weniger fühlbar sind, oder auch bei seinem Hokuspokus zu verschwinden scheinen, führt häufig zu schwerem Unheil, weil die Symptome weggetäuscht werden, bis es dann zu einer wirklichen Behandlung auf Grund von Wissen und Können zu spät ist.

Nun ist der Zeitungsleser ganz damit einverstanden, wenn er über diese Dinge etwas Richtiges durch die Zeitung erfährt. Dazu gehört aber von vornherein, daß man unter keinen Umständen die Kurpfuscherei sogar mittelbar unterstützt, indem man auf die Wunderheilungseinstellung eingeht. Es gibt kein Wunder, es gibt nur Wissen, Können, Begabung.

Ebenso verfehlt ist es aber auch, auf die wechselnden Krankheitsfurcht-Moden einzugehen. Es kann beispielsweise ein Patient, der die Höhe seines Blutdrucks der Ziffer nach kennt, damit gar nichts anfangen. Gleichwohl hört man in allen Badeorten, daß sich die Leute über ihren Blutdruck unterhalten und daraus gewissermaßen blutdruckbörsenmäßige Gewinne und Verluste errechnen. Das entspringt jener Furchtmode der Arterienverkalkung, die nicht immer ungefährliche Blüten des Unsinns hervorbringt. Solche Moden wechseln. Jeder, der sich beruflich mit diesen Dingen befaßt, weiß das aus den Anfragen, die an die Zeitung kommen. In gewissen Zeiten häufen sich die Anfragen über Blinddarmentzündung oder Arterienverkalkung, dann wieder kommen unendlich viele Anfragen auf dem Gebiete der Biochemie. Wobei sich die Anfragenden ganz unsinnige Vorstellungen machen, die leider zum Teil hervorgerufen sind durch Publikationen in Tageszeitungen, sowohl im Textteil wie im Anzeigenteil. Diese Vorstellungen entspringen auch wiederum dem Wunderglauben. Einmal soll der Körper durch geheimnisvolle Salze im Handumdrehen verjüngt, ein andermal ein geschwächter, intensivster wissenschaftlicher Beobachtung und Pflege bedürftiger Körper in brutalster Weise durch rohe Rüben und ungekochtes Sauerkraut gesund gemacht werden.

Die Zeitung wird, wenn sie solchen Moden folgt, anstatt sie zu bekämpfen, auch wenn sie im einzelnen vernünftige Darstellungen verbreitet, mehr Unheil anrichten als Gutes tun. Die Furcht vor bestimmten Krankheiten, die sich in solchen wechselnden Moden kund tut, beruht auf eben der schiefen Weltanschauung, die vom Arzt nicht Heilung oder wo Heilung unmöglich ist, wenigstens Hilfe und Linderung fordert, sondern das Wunder. Es liegt auf der Hand, wie verkehrt es ist, sich einen Schreckenspopanz unter den Erkrankungsmöglichkeiten auszusuchen, um ihm zu unterliegen, oder sich zumindest häufig genug unter seinen Zwang zu stellen.

Der Zeitungsmann, der die Internationale Hygiene-Ausstellung besucht, kann hier sehr viel über die von ihm anzuwendende Pädagogik praktisch erfassen. Denn die Methoden, die sich sowohl auf der Ausstellung durch die Einwirkung der jahrzehntelangen ausgezeichneten Arbeit des Hygiene-Museums wie in dem Deutschen Hygiene-Museum selbst ausgebildet haben, sind auf einer unendlich reichen Erfahrung und auf den letzten gesicherten wissenschaftlichen Ergebnissen gegründet. Insofern ist das Hygiene-Museum und die Internationale Hygiene-Ausstellung nicht nur ein unendlich wichtiges, jedem Willigen offenes Lehrbuch, sondern auch ein Buch der Mahnung, insbesondre für Redakteure und Verleger, die Zeitung reinzuhalten von schwindelhaften Heilmittelanzeigen, Kurpfuscherei und reklamehaften Berichten über Thaumaturgen und Joghis.

Die Sorgfaltpflicht gebietet, nur solche Mitarbeiter zu Worte kommen zu lassen, die die Kunst der Aufklärung verstehen und wissenschaftlich so ernst arbeiten, daß die Verantwortlichen in der Zeitung sich auf sie verlassen können. Dazu gehört auch, daß man der Auslandsreklame gewisser besonders marktschreierischer Professoren nicht die Zeitung leichtfertig zur Verfügung stellt. Wer sich mit der Materie eingehend befaßt, weiß, wie häufig die Entdeckung des Scharlacherregers bombastisch angekündigt wird, ohne daß ein Wort davon stimmt. Oder wie chirurgische Methoden, die in Deutschland seit vielen Jahren von jedem tüchtigen Facharzt geübt werden, als eine Erlöserentdeckung für die Menschheit verkündet werden, nur weil von jenseits der deutschen Grenze durch eine jener Stellen, deren typisches Reklamebedürfnis allen Eingeweihten bekannt ist, die Neuentdecker-Fabel wieder einmal eingeschmuggelt wird.

Gute Taten lohnen sich meistens schon im Diesseits. Und gewiß steigt die Achtung vor der Presse nicht durch Dilettantismus oder Unterlassungssünden. Auf der Hygiene-Ausstellung und in dem Hygiene-Museum gibt es Wichtigstes genug, das jeder Willige als geistigen Dauerbesitz getrost nachhause tragen kann. Und was gibt es für den, der dem öffentlichen Interesse wirklich dienen will, Wichtigeres als den Menschen und die Volksgesundheit? Aber die erzieherische Aufgabe beginnt bei den Erziehern. Und just auf diesem Gebiet ist sich die Presse selbst noch sehr viel schuldig. Je eher sie diese Schuld tilgt, um so mehr wird ihr moralisches Vertrauenskapital wachsen.

Professor Julius Ferdinand Wollf

Aus: Amtlicher Führer, Verlag der Internationalen Hygiene-Ausstellung Dresden, 1930

= Kgl. Schauspielhaus. In Brieux' ungeniertem Tendenzstück „Die rote Robe" sind zwei Hauptrollen neu besetzt worden. Die Yanetta Etchepare gibt jetzt Fräulein de Lalsky. Zuletzt hat man auf dieser Bühne die Desprès als Yanetta gesehen. Sie war unvergleichlich in ihrer absoluten Einfachheit. Die Desprès ist ein armes Bauernweib. Alles, was sie sagt und tut, geschieht aus Instinkten, nichts aus Ueberlegung. Die Intelligenz ist da, aber bei dem entscheidenden Schritt hebt bäuerischer Aberglaube und die Konvention, die auch armen Teufeln die Arme verschnürt, die Wirkung auf. Die Desprès war in ihrer Einfachheit schlechterdings genial. Man fühlt das in der Erinnerung deutlich, sobald die Yanetta deutsch wird. Die Triesch gibt sie glänzend. Aber sie ist doch bei aller Wucht kompliziert. Fräulein de Lalsky war – eine Bürgerin im Baskenkostüm. Nicht gar kompliziert, aber doch auch gar nicht einfach. Allerdings tut die Uebersetzung ein übriges zur Förderung der Unnatur. „Ich beschwöre dich, Pierre, im Namen unsres vergangenen Glücks, ich beschwöre dich im Namen meines Unglücks ..." Das ist Auerbach parodiert von Mauthner. Und diese Bäuerin wird in Verhörszenen gestellt, die einfach im Gerichtszimmer phonographisch aufgenommen sind. Richter und Bauer stimmen nicht zusammen. Aber man würde es weniger merken, wenn die Leidenschaft dieser Bäuerin, wenn die Affekte – an denen ist ja nirgends gespart – stärker, wuchtiger zum Ausdruck kämen. In dieser Beziehung blieb z. B. gerade in der Schlußszene das Stärkste aus. Der Entschluß und die Tat der Yanetta müssen elementar wirken. Es darf nicht die „Lösung" sein, die Herr Brieux für das Tendenzstück brauchte. Trotzdem sah man in mancher Einzelheit die gute Schauspielerin, die eine Hedda Gabler machen kann. – Herr Dr. Weinmann traf den Streber Mouzon portraitähnlich. War als französischer Richter ein andrer, nicht die zweite Auflage des Sudermannschen Kirchenlichtes aus der „Heimat". Dieser Mouzon war vortrefflich in seiner Schärfe, seiner falschen Bonhommie, seiner zynischen Sicherheit gegenüber dem Vorgesetzten. Man sagte sich: das ist außerdem der Stil für das Spektakel. Ebensonahe bei der Wahrheit, wie die Tendenz. Und ebensofern. Dabei eine Brise Kolportage. Nicht zuviel, nicht vordringlich. Man sagte sich ferner: wenn die Tendenz so notwendig ist, läßt man das Theater gern über sich ergehen. Die Exekution war wie alle Aktschlüsse vom stärksten Beifall begleitet. Sonst die bekannte Besetzung, von der nichts Neues zu sagen ist. Nur noch, daß Frl. Bünger die kleine Rolle der Mutter Etchepare sympathisch und ohne Unterstreichungen verkörperte.

J. F. W.

In: *DNN*, Mittwoch, 14. Oktober 1908

Gutzkows „Uriel Acosta"

Neueinstudiert im Kgl. Schauspielhause

Wo einst der „Brand- und Aufstandsparagraph" im Theaterkontrakt begrüßte Gelegenheit gab, den hinreichend verdächtigen Dramaturgen Gutzkow abzuschieben, erinnert man sich mit dem Herannahen seines hundertsten Geburtstages der historischen Verpflichtungen gegen einen vielgelästerten, unsteten Fortschrittskämpfer. Wie der Ruhm gehen die Feindschaften dieser Welt unter. (Was tröstlich zu sehen ist.) Man hat nicht den Dramatiker, hat den eifrigen Journalisten Anno 49 beseitigt nach den Aufstandstagen. Das alte Opernhaus war verbrannt. Revolution hatte es in hinreichendem Maße gegeben. So ging Gutzkow von Rechts wegen und trat, ein ewig Ruheloser, seine endlose Odyssee an. Man muß sich ein wenig in die Schicksale dieses Jungdeutschen versetzen, um seiner Produktion gerecht zu werden. Denn das Schicksal Gutzkows, das Geschick seiner Zeit spricht aus diesen Ideenstücken. Hebbel, der Grund genug hatte, über das erhebliche Theaterglück des Zeitgenossen bitter zu werden, sprach bei aller Anerkennung der „elementaren Mannigfaltigkeit seiner Natur" Gutzkow das tragische Vermögen ab. Nicht mit Unrecht sprach der Große von Gebilden nach der Art unfruchtbarer Statuen, die in den Nischen stehenbleiben und nicht fortzeugen, wie lebendige Menschen. Und in Hebbels Tagebüchern fand sich das merkwürdige Fragment, das mit überraschender Schärfe in ein paar Zeilen den Nachweis führt, daß „Uriel Acosta" eine Tragikomödie sei. Keine Ikarustragödie. Nicht der Sturz des Acosta, der den Flug wagt und aus der Sonnennähe herabstürzt in seiner Erdenschwere, sondern der Bankrott eines unglückseligen Disputierers um das Recht und das bessere System des Fliegens.

Wir, denen Gutzkow schon so zeitig historisch ward, können, dürfen auch in diesem Fall das Tragische sehen. Es ist (abgesehen von Gutzkows Stellung zum Schauspieler) kaum eine Sudermännische Spekulation an dem Streitbaren zu entdecken. „Geistreich, aber blutarm" nannte ihn Eduard Devrient. Das gilt für die Geschöpfe, nicht für den Erzeuger. Was heute uns (trotz allen Mängeln) anweht aus dem Bekennerdrama, aus diesem „Uriel Acosta", ist, das politische Temperament eines hitzigen, immer Widerstände berennenden, keinesfalls anämischen Mannes. Eines Journalisten. Der kämpft für den Tag, für seine Tage, für seine Zeit. Und diese Zeit wollte alles und noch mehr heilen durch die Idee. Der Kampf um die Freiheit des Individuums im Sinne Gutzkows mag ausgekämpft sein heute. Im weiteren ist er's nie. Das gibt zuletzt den Statuen ein Leben. Der Sadducäer von Amsterdam ist das Ebenbild Gutzkows und seiner Zeit. Behaftet mit allen Zeitnöten und Gebresten. Mit der Tragik der Energielosigkeit. Es hat etwas Ergreifendes, aus dem Munde Gutzkows zu vernehmen: „Uriel Acostas Tod kann und soll nur diese Wirkung hinterlassen: Das Märtyrertum einer idealen Anschauung des Lebens enthält mehr Leiden und Prüfungen, als derjenige ahnt, der auf seinem Sofa von Konsequenz spricht!" Der Mann eifrigster, verzehrender Geistesarbeit, der selbst in der Verzweiflung einmal nur noch den Ausweg des Selbstmordes sah, durfte diese Anklage aussprechen. Und ein Ankläger ist Gutzkow. Einer von brennender, stoßkräftiger Beredsamkeit. Auf der Bühne sind Szenen nicht allzu häufig, wie die, da Acosta dem fluchenden Rabbi die stärkere, überwältigende Replik hält. Hier muß das Wort von der Blutarmut verstummen. Hier steckt tief in dem Ideengestritt der menschliche Konflikt.

Diese große Szene hat Paul Wiecke gestern so mit Blutwärme, mit Menschlichkeit erfüllt, daß man den papiernen Streit um den manchmal allzu papiernen Streiter Gutzkow völlig vergaß. Der hat das Wort geprägt von „der traurigen Redensart vom Ensemble". Gefordert, daß „um eines lahmen Mietgaules willen kein mutiger Renner seine Kraft zügeln solle“. Der wollte den Virtuosen. Und sein Acosta sollte (nur durch das stärkere Fortissimo) den Tyrannen der Synagoge übertyrannen. Wiecke wirkte in seinem lodernden Zorn überzeugend. Was da aufschrie, war der gequälte Mensch. Keiner, der Thesen verteidigte und Ideen. So war die Szene mit der Mutter frei von literarischer Sentimentalität. Einfach und schlicht und mit geistiger Überlegenheit stand dieser Uriel vor den orthodoxen Kirchenräten, die nicht einmal der Denktechnik des Platonschülers zu folgen vermögen. In Parenthese: es darf festgestellt werden, daß der Rabbi Akiba und sein Acherstücklein und seine Acherlogik gegen Acosta seine Arbeit sind. Bei aller Menschlichkeit blieb Wiecke falschem Realismus fern. Blieb im Stil und verteidigte glänzend die Idee. Man weiß, wie ihm das liegt, anzurennen gegen getürmte Widerstände und mit Ideen gegen Ideen zu siegen. Sein „Und sie bewegt sich doch!“ riß den Hörer mit. Und nach dem Erwachen blieb ein Gefühl übrig von vormärzlicher, politischer Romantik. Eine Pause des Zurückträumens in die Zeit, da dieses Stück des Ideenkampfes entstand. Es wurde auch sonst trefflich gespielt. Ich nenne vor allem Fräulein Treßnitz, die leibhaftig wie eine der niederländischen Damen von Terborch aussah und für Mut, Liebe und Entsagen ergreifenden, niemals alltäglichen Ausdruck fand. Auch hier kam das Beste aus dem Wesen der Künstlerin. Der junge Schauspieler Lewinsky (ich machte schon einmal auf ihn aufmerksam) legte eine Talentprobe ab gestern. Wußte dem Santos mit aller Diskretion den jüdisch lehrhaften Akzent zu geben und überzeugenden Fanatismus. Herr Felden machte den Jochai vorlagengemäß, wie Herr Müller den Silva. Fremd fühlte sich offenbar Herr Wahlberg. Die Rolle ist auch ziemlich farblos. Es bleibt ein Mann, der außer einer Rembrandtkopie ziemlich viel schlechte Bilder (zu teuren Preisen) und eine Siegesallee von Marmorbänken erworben hat. Und daran fast bankrott wird. Hier sind die Schwächen des Stückes wie bei dem altklugen Knaben Baruch allzu empfindlich. Aber Fräulein Verden docierte liebenswürdig über den Substanzbegriff Spinozas. Den Rabbi Akiba gab Herr Fischer diskret und nicht ohne Humor, die Ulrich die Mutter in ergreifender Gestaltung. – Die Aufführung unter Lewingers Leitung fand einen außergewöhnlich starken Erfolg. Den verdient diese Neueinstudierung, die ganz auf die Schauspielerleistungen gegründet ist.

J. F. W.
In: *DNN*, zur Premiere vom 16. September 1910

Ninon de Lenclos.
Trauerspiel von Paul Ernst.
Uraufführung im Kgl. Schauspielhause

Als Bernard Shaw sich genötigt fühlte, seinem unvergleichlichen Drama „Miss Warrens profession“ eine Abwehr in einer Vorrede nachzusenden, weil das strenge Stück bei der Uraufführung von den um so viel bequemeren zeitgenössischen Moralisten total mißverstanden worden war, sagte er: „Das Gewerbe eines Menschen tritt erst dann in Beziehungen zum Drama seines Lebens, wenn es in Konflikt mit seiner Natur gerät. Das Resultat eines solchen Konflikts ist tragisch im Falle der Frau Warren ...“ Nun ist Frau Warren nicht durch Beruf, vielmehr durch die Gesellschaft zu ihrem Gewerbe gelangt. Aber die Tochter, die sie nach den Gesetzen dieser Gesellschaft erziehen ließ, wächst in ihrer Art über diese Gesetze hinaus. Sie „würde nicht ein Leben gelebt und ein andres geglaubt" haben. Frau Warren sieht schließlich selber ein, daß Vivie recht hat, da sie ihren Weg von dem ihrer Mutter scheidet. Aber Frau Warren schreit auch einen Schmerz und eine Wahrheit hinaus und ein Recht: „Ich glaube, daß du recht hast. Aber Gott helfe einer Welt, in der jedermann sich unterfangen wollte, schonungslos das Richtige zu tun." In Shaws Problemstellung bleibt der soziale Konflikt zugleich der denkbar individuellste als der tragische Einzelfall einer Mutter, die eine Dirne ist. Paul Ernst, der immer strebend bemühte, feine Formkünstler, hat an etwas, das einem sozialen Drama von fern ähnlich sieht, an eine Bühne, die der zweckdienlichste Raum für den Ankläger und Sittenverbesserer sein soll, nicht gedacht. Sobald man hört, daß dieser vielleicht zu gescheite, sicher zu kristallklare Dichter der größte Bewunderer Corneilles ist, fühlt man: Paul Ernst mußte den dramatischen Konflikt der Ninon de Lenclos lediglich als den tragischen, untypischen, in gewissem Sinne heldischen Einzelfall einer Mutter gestalten, welche eine Dirne ist. Die feine Stilkunst früherer Werke Ernsts muß den Dichter allein schon schützen vor dem Verdacht, er verleugne die gerechten Gaben und den gesunden Gewinn naturalistischer Errungenschaften, um ein organisches Verbrechen zu verdecken. Wenn in dieser dreiaktigen Tragödie kaum je oder nur höchst dürftig das Auftreten der Personen motiviert ist, so vermag ich nur an die Absicht des Stilisten zu glauben, der diese Gestalten, losgelöst von aller Umwelt, hart und klar in den Raum stellte. In einen streng begrenzten hell belichteten Raum, über den hinaus es keine andern Zusammenhänge gibt. Die Liebe zu Corneille und diese kristallisch gesetzmäßige Klarheit wuchs wohl als eine Verwandtenliebe. Seltsam, fast befremdlich für Menschen einer Zeit, die zwar bereit ist, irgendeinen neuen mühsamen Weg zu unerhörten artistischen Spielreizen zurückzulegen, aber an dem Ernst dieses Stilwollens schnell ermüdet. Paul Ernst war – es ist höchst merkwürdig! – zusammen mit Herbert Eulenberg Regisseur bei der Dumont. Nie haben sich größere Gegensätze berührt. In Herbert Eulenberg zerbricht die Fülle der dichterischen, dramatischen Gesichte immer von neuem die Form. Paul Ernsts Phantasie ist geruhsam, fast kühl. Die Form, die Knappheit und Klarheit der Handlung in einem höchst gesetzmäßigen Gefüge gilt ihm als aller dramatischen Kunst Preis und letzter Sinn.

Bei dem Klange des Namens Ninon de Lenclos steigt die farbige Zeit der Ludwige auf und das goldenste, üppigste Barock. Wie ein Jahrhundert später die junge bürgerliche Freiheit Galliens Gewand und Phrasen borgte bei griechischen Dichtern, so spielt die lockende, tragische Ballade von der Ninon mit einer sophokleisch schicksalsschweren Idee. Bis ins höchste Alter hatte diese Liebeskünstlerin, immer schön, im Genuß glücklich und beglückend auf dem Throne eines nicht geringen Hetärenkönigreichs unumschränkt schier geherrscht. Molière und Lafontaine versetzte die galante Chronik in Ninons Hofstaat. In einem merkwürdigen Briefe (von dem ich nicht weiß, ob er echt oder erdichtet ist) spricht Ninon als eine Kirke von siebzig Jahren frivol und glückselig von der Jugendfrische und der Liebesgunst, die ihr noch unvermindert eigen sind. Aber in das Leben dieser schönen, ruchlosen, angebeteten Frau trat eines Tages das Unheil.

Es kam in Gestalt eines blühenden Jünglings, der Ninon begehrte mit aller Glut seiner zwanzig Jahre. Sie gab sich ihm gleich, glückselig und bang, wie eine Novize der Liebe im Frühlingssturm. Aber es war ihr eigener Sohn, der Ninon begehrte. Und er stieß sich den Dolch ins Herz, als er erfuhr, daß die Lockende, in allen Liebeskünsten Erfahrene seine Mutter war ... Das Drama eines im Westen und spät erzeugten neuen Oedipus zeigt sein Furcht und Mitleid weckendes Antlitz hinter den Schleiern dieser altfranzösischen Troubadourballade. Vor der sophokleischen Erfüllung schreckte der verfeinerte Sinn einer komplizierteren Menschheit zurück. Der Gedanke, daß die Mutter den Sohn, der Sohn die Mutter begehrte, und die Enthüllung solchen Geheimnisses ließ schon keinen andern als den tragischen Ausweg. So ist die alte Geschichte auf unsre Zeit gekommen. Wie in den wenigen Werken Dantes die unglückselige Liebe der Francesca da Rimini, die fast eine Reliquie ist: zwei Herzen von einem Dolch durchbohrt ... Eine Troubadourballade von der schönen Ninon de Lenclos. Auf einem alten Gobelin eine wundervolle, üppige Frau mit goldbraunem, überquellenden Gelock. Aus ihren schwarzen Augen perlen Tränen. Der Jüngling, der in Seide und Samt zu ihren Füßen gestreckt liegt, ist ihr leiblicher Sohn. Er kannte seine Mutter nicht und brachte der schönen Dame die Erstlinge seines Liebesfrühlings und mußte sterben darum ...

Unter den merkwürdig Vielen, die in den letzten Jahren diesen lockenden Stoff im Drama zu meistern suchten, steht Paul Ernst in seiner überklaren, strengen Art wie ein Puritaner vor einem sündhaften Kunstwerk. Wieder muß ich an Herbert Eulenberg denken. Der hätte das Balladeske getroffen und die Farben, das märchenhafte Altrot und Altgold. Und hätte sich selbst und die Miterlebenden berauscht in dem betäubenden Duft dieser lockenden, tödlich-sinnlichen Liebesmär. Paul Ernst hat selbst das Altfranzösische kaum angedeutet. Ihm ist's um den dramatischen Konflikt zu tun. Allein darum. Ninon de Lenclos ist ihm der Name eines eigensinnig umworbenen Problems. Das Eigenartige und höchst Persönliche seiner Problemstellung ist: Der Dichter setzt die biblische Sünde wieder in ihre verjährten Rechte ein.

Es ist nicht Frau Ninons Gewerbe, das in Beziehungen tritt zum Drama ihres Lebens, weil es in Konflikt kam mit Frau Ninons Natur. Denn Ninon ist eine Dirne von Beruf, und über die Leiche des Sohnes schreitet sie weiter in dem, was „ihre Natur" ist. Kein Konflikt also zwischen dem – Gewerbe und der Natur. Keine Anklage gegen eine Gesellschaft wegen Verletzung sozialer Nächstenpflichten. Frau Ninons Gewerbe entstammt nicht wirtschaftlicher Notwendigkeit. Sie ist eine Verschwenderin in der Liebe, wie in andern Schätzen. Ihre tragische Schuld ist die – Erbsünde. An dem Vater des jungen Eugen, der sich vor seiner Mutter Ninon erdolcht, vollzieht sich die Sühne für die – Erbsünde. Diese Sühne vollzieht sich an den Kindern. Vollzieht sich in alttestamentarischer Härte, Auge um Auge, an der schönen, sündhaften Magdalena, der keines gütigen Heilands Spruch Versöhnung gewährt. So spricht de Méon, der Vater, in Paul Ernsts Drama zu Eugen, seinem Sohn:

> Nur eine Menschensatzung ist die Ehe,
> Und oft mißbraucht für niedrigen Bedarf,
> Und göttlich scheint die Liebe nur zu sein,
> Ein freier Wille und ein edles Geben.

Und dennoch ist die Ehe gottgesetzt,
Und jedes freie Geben einer Liebe
Lenkt uns vom Wege ab, den Gott uns wies;
Denn nicht zu gegenseitigem Genuß,
Zu Eltern hat Gott Mann und Weib bestimmt,
Und wer um diesen Willen ihn betrügt,
Trägt im Betrug die Strafe seiner Tat.

Sohn und Vater haben sich durch die Zufälle einer Reise in die Gärten der Ninon verirrt, die, wie ihre Schönheit, ihre Gedanken und Sehnsüchte jedem der Begehrer unverhüllt zeigt, dem liebestollen St. Hilaire, der Verbrechen begeht, um in der Flamme Ninon wollüstig zu verbrennen, dem Stuzer Clermont, dem unbekannten jungen Mann, zu dem sie nur durch seine Reinheit sich hingezogen wähnt und der ihr Sohn ist. Und Eugen ist der gelehrige Schüler seines Vaters:

Dir, Vater, tret ich ohne Scham entgegen;
Wenn du auch schuldig bist, du bist nicht schlecht,
Denn nicht das Höchste opfern wir dem Rausch,
Das keiner opfern darf; doch meiner Mutter
Müßt ich mich schämen.

So der Sohn, der hier nur weiß, daß er die Frucht einer Liebe ist, von – der Sünde der Eltern. Die Preisgabe, die uns eine Schuld gegen die Persönlichkeit gilt, ist eine Sünde wider das göttliche Gebot, das die Menschen nur vereinigt, damit sie Eltern seien. Darum hat der Dichter seinem Geschöpfe das Mitleid versagt. Er will Richter sein. Wer die Sünde gegen das göttliche Zeugungsgebot, gegen das Elterngebot beging, muß die Sühne erfüllen in dem furchtbaren Opfer des eigenen Kindes. Fremdartig, stahlhart und eisenkühl ist diese Auffassung. Doch nicht zu leugnen, daß sie in höherem Sinne dramatisch ist. Die Szene wird zum Tribunal. Losgelöst von Zeit und Ort stehen die Menschen in einem strengen, harten Rahmen, wie zwischen den Schranken eines Gerichtssaales. Vor den immer noch lockenden, farbigen Gobelin tritt der Dichter. Der Richter. Man fühlt aus der häufig ergreifenden Kraft seiner Rede, wie er sich durchgerungen hat zu dieser kristallenen Härte und Klarheit, zu seinem Sittengesetz, zu seinem Kunstgesetz.

Darum haftet die (auch von andern, z. B. Ernst Hardt in seinem Einakter „Ninon de Lenclos", verwendete) der Chronik entnommene Episode, wie König Ludwig der schönen Sünderin den Klosterbefehl schickt, wie Ninon nach der historischen Anekdote darauf erwidert, wie eine fremde Stilbeimischung an der schier zeitlosen Tragödie. Die ist nicht historisch. Nimmt auch den Fall Ninon nicht, um etwa das Problem der durch Prostitution geächteten Geliebten (Marguerite Gautier) oder der prostituierten Mutter (Kitty Warren) dichterisch aufs neue zu belichten und zu lösen. Hier ist nur ein in klaren, unverrückbaren Menschenworten ausgefochtenes Drama. Eine Tragödie, die (im letzten Akte und häufig sonst, wenn das Wort Dirne wie ein Stein auf ein Weib geschleudert wird) quälend und nicht erlösend wirkt, mit einer Ninon, die so ganz anders dasteht, so viel kühler als die unsrer Troubadourballade und höchst unromantisch. Eine Tragödie, die doch durch ihr Sprachvermögen, ihr Zielbewußtsein, ihre verinnerlichte Gesetzmäßigkeit, ihr Puritanertum meinetwegen eigene Reize auslöst. Wenn diese Ninon den reinen Jüngling mit Worten liebkost, klingt es wie die Muttersehnsucht an einer Stelle kindlich gebliebener Dirnen, die ihre Trauer an ihre Puppen verschwenden. An Puppen, die diesen großen Kindern Kinder sein müssen. Und manchmal kommt doch die milde Wehmut auf vor diesem strengen Richter. Dann findet er ergreifende Töne, wie dort, wo Ninon den Mann bittet, dem Jüngling die Geliebte als feile Hure widerlich zu machen, damit das Idol der Mutter ohne Makel bleibe. Aber diese Ninon, die über die Leiche des Sohnes weiterschreitet auf dem gleichen Wege, läßt sich mit der andern schwer vereinigen. Es bleibt ein Befremden, etwas Ablehnendes gegen diesen fast rechthaberisch eigensinnigen Ausgang. Wie die Ueberreinheit des Jünglings und die der Ninonzeit und der Ninonidee fremde Empfindsamkeit und das Werthersentiment in der Erzählung Eugens, der einen Rebstock wie ein Lebendiges umarmt. Wenn der eine Liebhaber von der Hand des Künftigen hinter der Szene fällt, denkt man: Corneille. Und an die Zeit, da das ungeschriebene Bühnengesetz und die Sitte erforderte, daß Morde nur hinter der Szene geschähen und nur angedeutet. Man hat Paul Ernst einen Neuklassiker genannt. Und muß denken, diese Bezeichnung müsse ihm wert sein. Denn er betont seine Liebe zu den französischen Klassikern, die eine Verwandtenliebe ist. An diesem ernsten, strengen Dichter Paul Ernst kann auch der nicht vorübergehen, der in dem ihm antipolären Herbert Eulenberg, seinem heißen Blut und seiner Farbigkeit trotz der Auflehnung gegen allerhand ererbte und innere Gesetze des Dramas die leuchtende Zukunft sieht. Und das Leben, das unserm Leben näher und nahe ist.

Das Hoftheater hat sich des Stückes liebevoll angenommen. Herr Lewinger nahm als Regisseur den streng stilisierten Rahmen für die herbe, strenge Tragödie, für die Frau Körner die kühlen Töne der Sprache und des Ausdrucks in reichem Maße besitzt. Nur wenn weibliche Innigkeit, wenn diese fast kindliche Sehnsucht nach – der Puppe aufsteigen sollte in dieser Enterbten, dann fehlte (wie immer bei dieser stark konturierenden Schauspielerin) der Ton, der vom Herzen zum Herzen geht. Herr Mehnert gab dem etwas schattenhaften Vater die in hartem Kampf errungene und gerettete innere Frömmigkeit, die der Dichter heischt. Herr Felden war glaubhaft jugendlich und unberührt, in seinen jungen Leiden ergreifend und frei von irgendwelchen sentimentalen Zutaten. Daß man häufig vorausahnen muß, „so kluge Kinder werden selten alt", liegt in der Art, wie der Dichter seine Geschöpfe häufig in weisen Aphorismen und Sentenzengängen als Peripatetiker reichlich sich ergehen läßt. Für die klassizistisch angehauchte Pathetik des St. Hilaire hatte Herr Lewinsky eigene, starke Töne. Herrn Müller und Herrn Wendt waren zwei nur skizzierte kleinere Episoden zugefallen. Reizvoll war das Bühnenbild. Die Kostüme (von Herrn Prof. Fanto) fügten sich farbig und doch mit ausgesuchter Delikatesse ein. Man hatte einen Stil für Paul Ernst entdeckt. Und das Publikum, in dem strengen Richter doch den Dichter ausgefunden und Paul Ernst besonders nach dem zweiten Akte auf das lebhafteste ausgezeichnet.

Julius Ferdinand Wolff
In: *DNN*, zur Premiere vom 31. März 1911

„Narrentanz."

Tragikomödie in drei Akten von Leo Birinski.

Uraufführung im Kgl. Schauspielhause.

Die notwendige Erneuerung Rußlands heischt nach der Meinung der Kenner nur die Lösung eines doppelgesichtigen Problems: Beteiligung des Volkes am Staatsleben und am Ackerboden. Die Möglichkeiten sollten in dem allgemeinen Stimmrecht gefunden werden und in einer durchgreifenden Agrarreform. Aber diese Grundforderung, diese Proklamation von Menschenrechten fand kein Verständnis im russischen Volke. Die Reaktion hätte den Fortschritt nicht aufzuhalten vermocht, wenn – der Acker gefurcht gewesen wäre für die Saat. Nach der Definition Suworins ist jeder, der an dem Rußland von gestern überhaupt etwas ändern will, ein fremder Revolutionär. Und für das Wort fremd hatte man die Ohren systematisch offenbar gehörig geschärft. Plötzlich stand den durch jede Not gelichteten Freischärlern der Intelligenz die Riesenarmee der nationalistisch gewordenen Analphabeten gegenüber. Die verstand allenfalls noch die brutale Mordtat, erklärte sie sich aus gänzlich unpolitischen Gründen: der blutig mißhandelte Hund, Väterchen, vergißt, daß der Herr doch das Fleisch im Schrank hält, und schnappt nach seiner lebendigen Kehle. Aber die „Programme der Fremden" verstand sie offenbar gar nicht. An der Waffe Chauvins, an dem Nationalismus scheiterte bisher die tätige Beteiligung des Volkes am Leben der Nation. Und dieser Nationalismus hat seine böse Besonderheit. Gepfropft auf die wahrhaft asiatische Indolenz der Massen verhärtete er den Volkskörper, machte seine Augen trüber, die Epidermis schier undurchdringlich. Die Forderung politischer Reformen traf bei der großen Masse taube Ohren. Wo sich das Volk aus nächster, dringender Not aufbäumte in anarchischen Krämpfen, vernahm man das Begehren nach wunderlichen Heilmitteln, die dem Rezeptbuch der Reaktion entnommen schienen. Mit der Reaktion zugleich bekämpfte der doktrinäre revolutionäre Sozialismus die verhaßten liberalen Bourgeois, die an eine Wiedergeburt aus systematischem Reformwerk glaubten. Vereinzeltes Mordwerk an besonders verhaßten Reaktionären ward an den Intellektuellen meist furchtbarer gerächt, als an der „Richterschaft des Frekutivkomitees". Plehwe konnte mit Recht sagen: „Erschießen wir an einem Tage das nur etwa eine Million starke Heer der „Intellektuellen", so ist morgen die Revolution aus." Aber Plehwe, der das gar nicht spaßhaft meinte, widerte sogar die Reaktionäre an. Als der „Staatsmann", der unschuldige, junge Studentinnen in Massen zwangsweise der öffentlichen Prostitution zuführen ließ, um sie von ihrem Wissensdrang zu bekehren, als dieser Minister durch die Revolutionäre ermordet ward, gab es in Rußland orthodoxe Conservative, die diese „Hinrichtung" als einen Akt strafender Gerechtigkeit begrüßten ... Die Morde wurden seltener. Es blieb bei den ruhigeren Figuren des Narrentanzes. Der revolutionäre Drang erschöpfte sich (dem Anschein nach) in Conventikeln, Stubendebatten, Doktrinen. Bis dann plötzlich wieder eine Schreckenstat eines Doktrinärs, oder ein Aufstand aus dumpfer, unpolitisch gefühlter Notbegehr und eine Abwehr die drei Gruppen des Narrentanzes zeigte: die Revolutionäre und die Regierenden, zwischen Beiden den großen, unabwehrbaren Volkschorus, ganz für sich, von den beiden andern im Grunde kaum berührt ... Und diese andern werben und sterben um das Volk ...

Aus diesem Narrentanz, der eine große Tragödie ist, wollte Birinski eine Tragikomödie machen. Kehrte aber die lächerliche Facette allein ins Licht. In's Rampenlicht. Und fing mit einer stark angelegten Komödie an, um schier possenhaft zu enden. In dem Stück ereignet sich so viel. Aber es geschieht nichts. Das mag eine Analogie zu dem Narrentanz der russischen Revolution sein, aber das hebt das Kunstwerk auf. Und dann: es kann Heldentum in eine Komödie gebannt, tragische Historie durch künstlerische Antithese in's Komische, in's Groteske gestellt werden, wenn das – im Stil geschlossen, streng ist. Hier wird die revolutionäre Begeisterung samt ihren Leiden weniger dem befreienden Spott des Komödiendichters ausgeliefert, als dem Spaß. Man sollte darum ohne weiteres die „Tragikomödie" (die leider nur skizzenhaft vorhanden ist), preisgeben und das Stück auf die Stufe Caillavet und de Flers stellen. Als unbekümmerte politische Satire, die nach beiden Seiten, den Regierenden, wie den Revolutionären, diesen die stärkeren Pritschenschläge austeilt, ist Birinskis Stück (trotz seiner manchmal possenhaften Cumulirung von Ueberraschungen) herzhaft lustig. Gefährlich nur für gänzlich Humorlose. Denn die Geschichte des Gouverneurs Chabarow, der (wie das in Rußland nicht ganz selten vorzukommen pflegt) von den Regierungsgeldern lebt, so ihm zufließe zur Bekämpfung einer nicht vorhandenen Revolution, ist mit ebensoviel Bonhommie, wie gallischer Lust am Amüsement gemacht. Auch die Gattin des hohen Tschinowniks ist im Grunde mit ihren Liebesbedürfnissen verstiegenen alten Jungfern aus dem ehrwürdigen Hause Roderich Benedix nicht allzufern verwandt. Wie Herr Chabarow ein Attentat auf sich ausführt, wie sich in der Person des fast so hirnlosen wie schwärmerischen Revolutionärs Kosakow plötzlich der ungebetene und unerwünschte Selbstbezichtiger aus verstiegenem Idealismus dazu findet, ist lustig mitzuerleben. Zwischen diese Hauptaktion drängt sich das Episodenwerk überreichlich. Da ist der Jude Goldmann, der zum Katechismusrepetitor wird, um auf schwierigen Wegen seinen Sohn in die Universität einzuführen. Da sind die mehr und minder gelungenen Grotesken der revolutionären Studenten und Studentinnen, die spezielle Intrigue des kleinen, größeren Gauners, des Sekretärs und – Birinski übertyrannt leider den Tyrannen – die Drahtzieher im Verborgenen, die auf den gefährlichen Posten der „Attentate" einen neuen, einen Militärgouverneur setzen, der's noch besser versteht, Revolutionen zu insceniren, wo keine sind, und an der Komödie reich zu werden. Zu guter Letzt ist der Zivilgouverneur Chabarow nur durch Baar in der Lage, sich zu entzaubern. Denn – so pointirt Birinski – die Regierung ist die Revolution, die Revolution die Hüterin der absolutistischen Staatsordnung geworden ... Daß diese gewiß satirische Verkehrung nicht die Folgerung es Zuschauers bleibt, daß daraus derbstes Geschehen wird, vernichtet jeglichen Anspruch auf eine Tragikomödie. Das ist schade, sehr schade. Denn die Embryonalzellen sind vorhanden. Der alte Nikita, der das Volk ist in dem Narrentanz, der von der „Regierung" hinausgeworfen, von dem „Komité" hinausgegrault wird mit allen Schrecken der Ideologie, der alte Nikita ist echt. Und ein feiner Zug, daß unverhofftes baares Glück den Armen in Nöte bringt, wie – beispielmäßig – die Leibeigenen die Befreiung von der Leibeigenschaft ... Von hier aus hätte sich die Tragikomödie zur Reife entwickeln müssen. Aber auch Kolja, der Sohn des Gouverneurs, mit seinem höchst komischen marristischen Privatissimum ist amüsante Staffage geblieben. Man ist (in dem ersten, der echten Komödienarchitektur angenäherten Akt) überzeugt, hier müßten sich die Fäden ganz geraden Wegs hinüberspinnen in das für den Gouverneur so eindringliche revolutionäre Conventikel. Doch Kolja verschwindet, wie er gekommen ist. Ungenützt. Bleibt ohne Wirkung, wie der zum Tod verurteilte, einzige ernste Revolutionär Malachow. Was gleichfalls ein Schaden ist. Denn das hätte doch eine Komödie nicht von der Größe, aber der Art des „Revisors" werden können: Großväterchen Wolf unverstanden von Väterchen Tschin und Mütterchen „Intelligenzia" …

Nachdem Birinski mitten in währender Schreibe verzichtet hat, den Weg aufwärts zu dem Gogolgipfel weiter zu gehen, als eine kurze Strecke, bleibt kein Grund, sein Stück nicht so zu genießen, wie es ist. Als eine lustige politische Satire von der Art des Königs von Serdanien in der allerdings geistreicher gefochten wird. Man erinnert sich noch (aus der ausgezeichneten Aufführung des Berliner Lessingtheaters) dieser Jakobiner von heute, die östliche Monarchenbesuche sogar in ihrem Alkoven zu schätzen wissen. – Birinski hat die Staatsgauner Gogols französiert. Bei dem Gouverneur und seinem Sekretär ist's ihm höchst ergötzlich gelungen. Trotzdem schätze ich die Skizze das alten Nikita höher als alles andre. Weil das russische Satire ist. Der Debattierklub der Studenten war wohl in der Aufführung zu laut, als daß das hier mehr verl:i:llte [sic] Pasquill hätte deutlich werden können. Die Studentin Mascha aber ist trotz einem Einschlag in die Philisterkomödie, ins Otto-Ernstische eine sehr gelungene Karikatur.

Birinski hat weniger die Schwächen einer Gesellschaft getroffen, er stieß darauf. Und machte einen vergnügten Abends daraus. Die Zeiten sind schwer. Das Lachen – auch Brahm, der Hüter des Hauptmann- und Ibsen-Schatzes, weiß es und die anderen Theaterdirektoren – selten und just so teuer, wie andre wichtige Lebensmittel. So griffen alle nach dem Stück Birinskis. Und er hat die Lacher auf seiner Seite. Die russischen Intellektuellen werden ihm gram sein. In dem rätselhaften Riesenreich, in dem zu gleicher Zeit und gleichermaßen prächtig die Armee der Analphabeten und das Moskauer Künstlertheater, das künstlerisch vollendete Schauspiel aller Völker und Zeiten gedeiht, wird man – mit Fug – den „Narrentanz" ablehnen. Wir haben keinen Grund, ebenso heikel zu sein. Weil das Lachen so rar und so teuer geworden ist. Und immerhin auch hier noch von der Art, die die Sitten bessert …

Die Dresdner Aufführung darf sich sehen lassen. Mehnert, Wierth und die Körner trafen den Stil der Groteske und blieben ihm treu. Das sicherte dem Stück und seinem Humor von vornherein den Erfolg. Mehnert schuf ein glänzend angelegtes, in seiner Familienähnlichkeit erschütterndes Portrait des Gouverneurs. Meyer gab einen vollendeten Gauner mit seinem charakteristischen Humor. Fischer, zugleich der Regisseur der gelungenen Aufführung, machte mit seinem prächtigen Nikita das Bedauern stark fühlbar, daß der Dichter in den Spuren seines großen Vorbildes nicht weitergeschritten ist. In den Episoden freute man sich des neuen Mitgliedes, Fräulein Jauk, die so viel frischen jugendlichen Humor zeigte. Liebenswürdig und flott gab Herr Dietrich den jüngsten Studenten Kolja. Die Verden hatte sich einen Prinzen Orlofsky zurechtgemacht, der hier fehl am Ort war. Auch Becker schien mir zu sehr über der Situation und der fröhlichen Wirkung allzu beflissen. Das Conventikel kann mit der Komik der revolutionären

Phrase und stärkerer Herausarbeitung der Einzelfiguren und Einzelheiten zweifellos viel eindrucksvoller, stärker satirisch sein. Da erinnerte aber nur Fräulein Jauk an die Selbstberauschung, die Schnitzler im „Grünen Cacadu" so unvergeßlich genial gemacht hat. Herr Gunz gab den Juden so, wie es das abgebrauchte Theatercliché von ehedem ermöglicht. Das fällt aber gänzlich aus dem Rahmen der Aufführung. – Sonst war viel Sorgfalt auch auf das Kleinste verwendet. –

Es gab viel fröhliches Lachen und einen Erfolg. Der Herrn Birinski verpflichtet. Denn er kann, wenn er in sich den Willen zum Künstlerischen stärkt, glaub' ich, den Geist und die Architektur der Komödie erlangen ...

Julius Ferdinand Wolff
In: *DNN*, Dienstag, den 1. Oktober 1912

Der Tyrann.
Drama in vier Akten von Heinrich Lilienfein.

Ort: Korinth. Zeit: Um 600 v. Chr. Auch dem Dichter sind tausend Jahre wie ein Tag. Doch wenn in diesen Tagen einer aufstünde, der mit der weltumspannenden Sehnsucht das Land der Griechen suchte – er müßte ein Genie sein, wenn man ihm folgen sollte. Was im Sophokles, im Aischylos ewig ist und unzerstörbar, erträgt keine Reconstruction. Man kann sich vorstellen, daß einer eine Komödie, wie die „Acharner", erneuert, den journalieren Witz darin Menschen von heute greifbar macht. Aber das Wienerische Griechentum Hofmannsthals ist bereits eine halbvergessene Mode von gestern, und schneller noch sind andre stilistisch strengere, weniger moderne Epigonenversuche zerflossen, vergessen. Korinth um 600 v. Chr.? Wer's hört, tastet im entlegensten Dunkelspeicher des Schulgedächtnisses, erinnert sich mit einiger Nachhilfe, daß Periander von Korinth der zweite Tyrannos war, von denen, die ein Oligarchenregiment ablösten mit einem immerhin aufgeklärten Absolutismus. Kypfelos, dem Vater des Periander, drohte aus dunkelm Orakel ein Oedipusschicksal. Das mordgeweihte gefährlich kluge Kind aber ward gerettet und (glücklicher als der auf dem Tangetos ausgesetzte Thebanerprinz) ein Selbstherrscher mit irgendeinem Verwandten namens Psammetich, dessen seidenzarter Name uns einst auf dem Pennal hinreichend ergötzte. Auch der Kammersänger Arion am Hofe Perianders steht unter Heinrich Lilienfeins handelnden Menschen in diesem Griechendrama, das gestern im Königl. Schauspielhause die Uraufführung erlebte. Dieser Arion, der reif ist für den neuen Offenbach von Heute. Der uns gleichfalls als Marinefänger ergötzte in verklungenen Jugendjahren. Dessen bel canto sogar auf die Stummen des Aquariums berauschend wirkte, und den der Dichter hier gar nicht übel mit ein paar Strichen gezeichnet hat als einen süßlichen Päderasten. Das ist ungefähr alles, was wir zwischen klassischem Gerümpel wiederfinden in der Speicherecke. Wer nach Korinth führen will, muß ein Bezwinger sein. Muß unentrinnbare Notwendigkeiten über uns verhängen. Und beinahe selbst ein Grieche sein ...

Heinrich Lilienfein aber ist kein Grieche. Vielmehr ein Eklektiker von vornehmen Abkünften, den 's heute in eine moderne Komödie drängt, morgen in Bauern- und Ritternöte um 1630, gestern ins ewig Griechische. Wo ist – muß einer fragen – in dem Drama „der Tyrann" das Zwingende für das Griechengewand? ... Periander von Korinth hat als Knabe Furchtbares erlebt. Furchtbar Modernes. Modern Fürchterliches. Es ist ein Fall für die Psychoanalytiker Freudscher Richtung. Die Witwe des Kypfelos hat einst in ekler Brunst den eigenen Knaben verführt. Der fand als Mann in Melissa eine Gefährtin und erlösende Freuden reiner Liebe. Doch aus dem frühen, schrecklichen Inzest haftet in seiner Seele trübes Mißtrauen, das ihm bei einer gegen seine Gattin angezettelten Intrige den Blick umflort und ihn in rasendem Zorn zum Mörder macht. Seine Frau hat der allmächtige Tyrann erwürgt, das einzige Kind verbannt. Und ganz Korinth bei hoher Strafe verboten, auch nur den Namen seiner Gattin zu nennen, deren schuldvollen Selbstmord er fingierte. Wie zur Selbstpeinigung hielt er einen Wissenden um sich. Der Sklave Thalpios weiß um seines Herrn Gewissensnot. Er führt ihm mit Zittern und Hoffen nun den Sohn zu, den Verbannten, nach dem sich Periander sehnt. Lykophron. Der ist weit von der Hast der Stadt im Zwiegespräch mit Wind und Wolken groß und männlich geworden. Am Hofe des Vaters fühlt er sich fremd und friedlos. Periander aber will ihm gleich die Lebensgefährtin zuführen. Dynastische Interessen spielen hinein. Aglaia ist die Tochter der Opposition. Sosikles, ihr Vater, ein blasserer Verrinna. Lykophron aber mag die Liebe weder als tyrannische Dotation, noch in den Armen einer zu Liebeskünsten geschaffenen und erzogenen Sklavin. Seine reine Tumbheit besiegt schließlich Aglaia und ihren ungestümen Bruder. Sogar der Tyrann fühlt sich von so viel Reinheit und Jünglinsanmut besiegt. Sosikles versagt Lykophron die Tochter nicht. Alle müssen diesen Jüngling lieben. Nicht am wenigsten die arme Sklavin Phrira, die einzige, die er mit Härte trifft. Aber die Opposition hat eine Bedingung gemacht. Aglaia darf dem Tyrannensohn nur gehören, wenn der die furchtbare Frage dem Vater ins Angesicht wagt, die Schuldbekenntnis und Verurteilung zugleich an den Tag bringen wird. Man erlebt eine Verschwörung aus ethischen und politischen Beweggründen gemischt, wie die meisten antiken Komplotte. Im entscheidenden Augenblick versagt Lykophron. Der Tyrann gesteht. Es ist dramatisch und dichterisch ein Höhepunkt. Es werden Menschlichkeiten frei und fühlbar. Ein gezückter Dolch fällt. Aber nun, da der Vater im durchbohrenden Gefühle seiner Schuld den Sohn anbettelt um Liebe, beginnt die bisher nur sichtbare Construction hörbar zu knarren. Lykophron vollzieht die Blutrache nicht, verflucht indessen den Vater. Es ist – ein peinlicher Begnadigungsakt. Der Vater (seinerseits), der Gattenmörder, der eben diesem Sohn alles, auch die Greuel seiner Sexualneurose aus infantilem Erlebnis (man wende sich an Prof. Sigismund Freud, Wien!) beichtete, reckt sich an dem Fluch hoch empor, verflucht nun und verbannt den Sohn. Verfemt auch die Opposition, die Lykophron – es ist nicht ganz klar, ob aus politischem Pathos oder griechischem Ethos – für sich gewann. Das Spiel ist aus. Im letzten Akt wird das Urteil vollstreckt. Noch einmal tritt der Tyrann dem Sohn unter die Augen. Es ist (auch dramatisch) seine Sühne. Auf dem Markt, vor allem Volk, will er seines Jähzorns entlegene Schreckenstat kundtun, mit einem Restchen Sohnesliebe zufrieden dann in freiwillige Verbannung gehen.

Nach einigem Widerstreben spricht Lykophron so:

Wer bin ich – daß ich fühllos bleiben dürfte –
Der Ehrfurcht bar – vor solchen Leides Hoheit

***

Du mußt den Stirnreif tragen, der dich drückt –
Dir folgen darf ich nicht! Und dein Geleit
Ertrüg' ich nicht – Doch deiner Liebe glaub' ich.
Sie strömt aus deinen Augen übermächtig –
Und meine Seele beugt sich zu der deinen
In einem einzigen, flüchtigen Gruß der Liebe
Du bist Lykophrons Vater!

Vater und Sohn umarmen sich zum letzten Male. – Lykophron nimmt Phrira, die zertretene Sklavin, mit sich. In seine Welt der milderen Sinnesart. Dem Periander aber, der aus dem, was ihn nicht umbrachte, stärker hinausgeht auf den Markt, jauchzt das Volk der reichgewordenen Stadt von neuem entgegen ...

***

Es gilt gleich viel, ob der Dichter das außerhalb des dramatischen Geschehens liegende Motiv des Periander in der Chronik fand oder bei sich – der frühe Inzest und die daraus im Grunde bedingte, oder doch halbwegs entschuldigte Tat Perianders, liegen Jahrzehnte zurück, da das Drama beginnt. Hier stock' ich schon. Das Constructive, das auch Liliensteins Komödie „Der große Tag" wie ein verhärtetes, blutleeres Geäder kreuz und quer durchzog, übertyrannt den Tyrannen (der uns sonst fesseln könnte). Und den Dichter. Das Griechentum hat die Tragik des unbewußten Inzestes, aus der Schicksalsidee heraus, furchtbar, groß, einzig gestaltet. Doch hier ist die Voraussetzung: schmutziger Frevel senkte sich, bewußt, in Kinderblut. Es ist nicht das unentrinnbare Riesenschicksal, das Oedipus blind zurücklenkt in den Schoß der eigenen Mutter, das Jokastens Leib entzündete am Blicke des fremden Stadtfreiers. (Der ihr Sohn ist.) Es fehlt das Griechentum und die Notwendigkeit. Unreines Erlebnis, nicht götterverhängte Tragik trieb den Periander zur Reinen, die er – es ist wahrhaftig ein ganz moderner Fluch! – für unrein halten muß. Gleichsam durch die Zwangsvorstellung, die der Knabe mit den ekeln Erstlingen gräuliche Liebe empfing. Es zeigt sich hier eine verhängnisvolle, psychoanalytische Aehnlichkeit mit dem Griechentum Hoffmansthals. (Das bereits eine Mode von gestern ist.) Die schönste Chlamys deckt nicht zu, was ungriechsich ist am Tyrannen. An den andern.

Nach dem tragischen und sittlichen Weltgesetz der Griechen verlangt Perianders Tat Blut. Lileinfein schaudert (es ist an einem Dichter im Jahre 1913 zu Berlin durchaus verständlich), schaudert vor dem Blut. Von dem dieses Griechentum indessen allein leben könnte. Blut ist ein ganz besonderer Saft. Kittet und löst dramatisch bewegte Gruppen. Kann aus Construktionen [sic] Handlung, aus Schemen Menschen zaubern. Es ist Renaissance und es ist zwingend, daß in Shelleys (auch eine immerhin späten nordischen Dichters) Tragödie „Cenei" die Tochter den Vater töten muß. Daß sie vom Henkerbeil wiederum entsündigt sterben muß. Das entspräche auch hier dem Griechenpathos. Aber so wahr die Psychoanalyse nicht die Leidenschaft, Schreibsaft keinen Tropfen Blut ersetzen kann (ohne das die blühendste Rhetorik welkt) – die schönste Construction tötet das Drama. Die Begnadigung vom Dolch zum Fluch, der Fluch aus dem Fluch, die mildernden Umstände zuletzt, das alles ist dichterisch ersonnen. Aber das kann nur im Treibhause leben. Man weiß: den Mannheimern war der Schluß in den Räubern gar zu gräßlich. Auf Bestellung lieferte der junge Schiller ein beruhigendes Versatzstück nach. Karl Moor verzeiht dem Bruder. Als Richter (im Nebenamt) verurteilt er dann den Todgeweihten zu lebenslänglichem Kerker. Von dieser Art ist Lykophrons hingeworfener Dolch, sein Fluch, seine Verzeihung. Es ist Gefühlsdialektik. Es ist – ein Ausweg.

***

Immerhin steckt in diesem Drama, in dem alle Leidenschaften wie mit der Gartenschere coupirt sind, mehr echtes Gefühl, mehr dichterische Geschichte, als in preisgekrönten Dramen von der Art des Hardt. Von den Neugriechen unsrer Zeit ganz zu schweigen. Es zeigen sich Ansätze von Humor (im Arion, im Bettler Korar, dem Fouché des Napoleon Periander). Die Jamben sind vielfach zwingender als das Griechengewand. Das Bekenntnis des Vaters ergreifend. Matt bleibt die Opposition. Vater, Tochter und Sohn sind kaum angedeutet in vagen Umrissen und darum auch vom Schauspieler aus nicht recht betonbar. Perianders Größe ist äußerlich nicht hinreichend motiviert. Mehnert, der ihn machte, half dem nach. Es war eine reife, künstlerische Leistung, die nur beeinträchtigt war durch ein griechisches Maskenkostüm, das glänzte, glänzte!! (O, unglückseliger Atlas! Ich meine das Stoffliche. Er war so neu. Und so rosenfarben ...) Neben dem Tyrannen bleibt für die andern Schauspieler wenig übrig. Nur Wierth, als Gegenspieler, stand vor einer größeren Aufgabe. Er legte sich Zurückhaltung auf. Das war im Hinblick auf das Gesangliche recht und gut. Aber die große Leidenschaftssteigerung ward nicht fühlbar. Es blieb etwas Mildes, Geschmackvolles. Fischer, der einzige, der Mut hatte, dem Flamingotrikot zu entsagen, sah unter so rosigen Griechen bleich aus. Aber seine kleine Episode war klug behandelt. Besonders prägte sich aber Meyers Schlichtheit ein, der wie ein echter Grieche und Philosoph mit leiser, behutsamer Menschlichkeit durch dieses Stück ging. Herr Eggerth war einer der beiden Ajare ... Das Bühnenbild war plastisch und farbig mit hervorragender Künstlerschaft und technisch glänzend gestaltet.

***

Der Beifall war stark. Häufig mußte sich Heinrich Lilienfein selbst zeigen. Ein feiner Kopf, dem man gern den Erfolg gönnt. Weil man von dem „großen Tag" bis hierher immerhin eine (der Förderung zu empfehlende) Entwicklung sieht.

Es fällt mir dabei ein, daß Goethe, der mit der Iphigenie weniger Theaterglück hatte, als der Schwabe in Berlin gestern, einmal zu Riemern sagte: „Wenn ich mehr Griechisch verstanden hätte, das Altertum mehr gekannt, ich würde sie nicht geschrieben haben" ... Muß es griechisch sein? Den tragischen Künstler von heute locken andre Menschlichkeiten. Die an Granitblöcken, wie Sophokles und Aischylos, sich versuchten, stumpften häufiger schon ihren Meißel ... Und könnten anderwärts auskommen ohne – die Constructionen ...

Julius Ferdinand Wolff
In: *DNN*, Montag, den 1. Februar 1913

Juarez und Maximilian – Dramatische Historie von Franz Werfel

II. Die Aufführung im Schauspielhaus

Es gibt für dieses Werk nur einen Stil. Wer die szenischen Angaben des Dichters aufmerksam liest und die feinen Skizzen der handelnden Personen mit verdienter Liebe nachzuzeichnen trachtet, muß zu einem Impressionismus des Bildes mit denkbarer psychologischer Verfeinerung gelangen. So ist auch die Aufführung von Georg Kiesau angelegt. Er hat nicht mit kleinlichen Mittelchen gearbeitet. Das Bildhafte ist bis auf die Staatsrats-Sitzung und die letzte Szene, sehr schön, manches, wie der erste Auftritt Maximilians mit Lopez, mit dem nur etwas zu nahen Prospekt der Sierra oder die von geheimnisvollem Licht durchzitterte Gefängniszelle, wundervoll. Maximilian scheint alles Leben in einem Gleichnis aufzulösen. Reales schwindet, Seelenhaftes leuchtet in Reinheit. Bild und Menschen und Dichtung fließen ganz in eins zusammen.

Um so greller wirkt und alledem feindlich die letzte nicht farbige, vielmehr billig-bunte Szene beim Einzug des Juarez. Oder vorher die Kaftan-Puppen des Staatsrates. Einen exotischen Zug müssen diese beflissenen Nachahmer europäischer Staatskünste wohl haben, aber die Komik dieser homines novi muß leise bleiben. Ein paar Uniformen grell. Doch das Ganze darf nicht unisono schreien. Kiesau hat da zu viel Freude am Theatralischen zu wenig unterdrückt. Die Schauspieler aber stecken völlig im Metiermäßigen. Menschen? Nein, ein buntes Wachsfigurenkabinett, zu dem Herr Huff die „Simplizissimus"-Karikatur eines Professors aus der Eugen-Richter-Epoche, Herr Farecht einen pathetischen Deklamator in Uniform beisteuert und die andern secundum odinem (mit Ausnahme Walter Liedtkes, der aus dem Meja Menschliches herausklingen läßt) altmodisches Komödiantenhandwerk gleich robuster Art geschäftig betreiben. Statt schlecht bezwungener Leidenschaft bekundet diese seltsame Notabelnversammlung von Anbeginn völliges Fehlen des Distanzsinnes. In dieser Tonart und mit dauerndem Pedal darf auch Monsignore Labastida dem Kaiser nicht aufspielen. Die feine dramatische Oekonomie dieser Szene wird auf diese Art untergraben. Bullert dann gar Bazaine auf die auch hier schon verfehlte Art herein, dann geht ein noch viel wichtigerer Wert verloren. Meyer wiederholte seinen Geßler in französischer Uniform. Aber Bazaine hat doch im Louvre und in St-Cloud Manieren erlernt, die gerade der Parvenu sorgfältig hütet. Seine lauernde Unverschämtheit darf sich nicht in jeder Geste, in jedem Wort plump äußern. Ein herzloser Rechner, ein Intriguant, ein schlauer Machtkundiger bei alledem, ein unheimlicher und undurchdringlicher Mensch. Hunde, die bellen, beißen nicht. Und dieser Bazaine ist zwar ohne eine einzige Heimlichkeit, doch ganz und gar nicht unheimlich. Der – sagt man sich – täuscht weder einen Mann von Geist wie Pierron, noch imponiert er einem Miterlebenden als Schicksalsträger gegen Maximilian. Seine Brutalität bricht wohl einmal aus, aber dieser eine Wesenszug darf nie und nimmer alles Differenzierte glattwalzen. Der Staatsrat und die andern Bazaine-Szenen fallen aus dieser sonst auf beträchtlicher künstlerischer Höhe stehenden Aufführung ebenso heraus, wie die Schlußszene.

Fräulein Regler maltraitiert ahnungslos die Prinzessin Salm. Andauernd spricht sie mit sich fast überschlagender überlauter Stimme in das Publikum. Die Empfindung, hinter jener Menschenmauer schreite der Vernichter Maximilians und eines Prinzips, stellt sich nicht einen Atemzug lang ein. Man glaubt auch nicht einen Augenblick, die Prinzessin sehe, was sie da marktschreierisch ansage. Was begibt sich? Eine zornige, peinlich laute Hysterica wartet vergeblich unter so viel Männern auf den Mann, der sie zum Schweigen bringe. Die Ekstatik einer opfermutigen, in ihrer Art rührenden Liebe klingt nirgends auf. Und dies ist doch die zweite Frau, die dem Verlorenen ein Leben hingeben möchte und die ihm nur deshalb nicht nahe kommt, weil er – Werfel sagt es so fein – „an der sonderbaren Scham der Gutrassigen“ leidet. Die Prinzessin soll also gewiß nicht allzu fein und rassig unverdorben sein. Eine gewisse Hysterie ist ihrem Wesen fühlbar genug beigemischt. Aber das drückt sich nicht in lauthallender Leere aus. Das schwingt nicht Krinolinen und Glieder alles hinwegfegend im Raum und darf nie und nimmer sich als Männerschreck gebärden. In jener Schlußszene aber dürfen nicht buntmaskierte Mexikaner dieses Ueberlaut-Leere chormäßig steigern. Sie stehen da nach dem Motto: „Hab' Scheinwerfer im Herzen!“ Schweigen mäuschenstill, wenn die Prinzessin schmettert und schmettern ihre Buntheit hinaus, wenn sie wirklich einmal schweigt.

Das sind starke, nicht zu beschönigende Mängel. In die andere Wagschale aber fällt das Gelungene der übrigen Szenen. Die Fehlbesetzungen werden wettgemacht durch einen unvergleichlichen Maximilian und eine erschütternde Charlotte. Lindner, ganz durchleuchtet von einer männlichen Keuschheit, die jede Sentimentalität verbannt, erobert dem habsburger Prinzen den geweihten Altar eines Märtyrers. Dem glaubt man, „daß jede Schönheit und jedes Opfer fortklingt und den Licht-Schatz der Welt vermehrt“. Die Täuschungen und die Selbsttäuschung dieses merkwürdigen Menschen, sein Irren und Streben, sein ganzer schmerzlicher Weg, sein Sansara und sein Karma – alles erlebt man so, daß die Historie die portraitsichere Einzelerscheinung hergibt, Dichter und Darsteller indessen das höhere Werk vollenden, aus dem Einzelgeschehen Menschheitszüge zu meißeln, in einem Schicksal den Leidens- und Siegerweg aller für eine Ueberzeugung von jeher Verketzerten und Gekreuzigten erkennen zu machen. Das Schuldbekenntnis Maximilians, die einer blutenden Seele abgerungene Erkenntnis, diese fast überirdische Gerechtigkeit gegen sich und andre, sogar gegen die Justiz der unbekümmerten Zweckmäßigkeit steigert Lindner ins Erhabene. Erschütternde Lehre erhebt leise und doch in jedem Empfänglichen nie wiederverklingend ihre Stimme: Solange noch ein Mensch einen andern wegen seiner Ueberzeugung, auch wenn sie irre, bedrängt und tötet, bleibt die Menschheit im Dickicht der Niederung. Wundervoll die Fülle zarter, sprechender Einzelzüge in der Gestaltung Lindners. Die echte Naivität! Das Traditionelle des Erzhausmitgliedes und wie durch den Sieg über sich selbst und die schmerzenreich erkämpfte Erkenntnis dann alles, was an äußerlicher Tradition, an ererbten Vorurteilen, was überhaupt an Bedingtheiten diesem Menschen anhaftet, in Kleinheit und Asche versinkt, damit der größere Mensch auferstehe. Eine aus tiefster Verinnerlichung einer dichterischen Vision hingebungsvoll wiedergeborene, ergreifende Gestalt. Eine künstlerische Leistung, die allein die teilweisen Mängel der Aufführung schon wettmacht.

Dazu die Verden, die Charlotte dieses Maximilian. Zwei Königskinder, verbannt in die Welt unerbittlicher Wirklichkeiten, haben sich ein Paradies erträumt. Auch der Frau ist ihr Schicksal vorausbestimmt. Ihre Schönheit scheint nur der Zerstörung preisgegeben zu sein. Ihre Geistigkeit auf eine Art gesteigert, die von Anbeginn jeden für sie zittern macht.

Erhabenheit des Leidens ist die Krone dieser Schönheit. Ihre heiß wehende Leidenschaft wird – man fühlt es beim ersten Wort – die Trägerin ganz verbrennen, doch zuerst ihr Herz. Und diese Zarte wähnt, gegen einen Napoleon und das Calcül rechnender, zweckgieriger Staatsmänner in Wien und Brüssel angehen zu können mit der Macht ihres Gefühls und ihrer Ideen. Die Geistigkeit dieser Frau, wie die Verden sie vermag, stellt sie über die Gattin Wallensteins. Sie ist nicht unkompliziert. Die Unrast der Kinderlosen ein Teil ihres Schicksals. Dabei die künstlerisch bewußte Unterordnung unter die bedeutendere Gestalt des Maximilian.

Die andre Waagschale sinkt. Das Unzulängliche wird nicht Ereignis dieser Aufführung. Die Tragödie Maximilian – Charlotte ist schauspielerisch und regiemäßig vollendet.

Dazu so ausgezeichnete größere und kleinere Episoden, wie Pontos Pierron, der typische intellektuelle Generalstäbler, der Hirnsoldat in schlecht sitzender Uniform. Dann Wierth, der Leibarzt und Freund Maximilians, rassig bezeichnet, liebenswert, gütig. Ein wohltuender Warmblüter, doch nie sich anwerfend, nie sich selbstspiegelnd. Und immer leise. Felix Steinböck, zu jung noch für den schillernden Lopez, fast die schwierigste Gestalt und eine der interessantesten des klassischen Werkes Werfels. Aber doch fesselnd selbst im Unvollendeten, psychologisch noch Zögernden. Dann Kleinoschegg, zwar noch ein wenig „Liebhaber" von Beruf und in der Maske ein bischen zu glatt und zu hübsch. Während diesem Diaz doch das Leben schon gehörige Narben ins Antlitz gezeichnet hat. Aber sympathisch, ehrlich, gerade, männlich stand dieser Soldat, ein wirklicher Patriot, zu seiner nirgends auch nur einen Augenblick verlorenen Bestimmung. Repräsentant der Jugend, der Selbstverjüngung eines Stammes war dieser Diaz auch ein Gegenspieler des Märtyrers Maximilian, dessen Wesen er in seiner unkomplizierten Willensklarheit kaum leise ahnt.

In den kleinen Episoden gewannen Herr Winterheld und Herr Höhner der Aufführung eigenartige Gestalten und allerhand Farbe. Der Herzfeld (Paulsen) war ein wenig zu bürgerlich und in Banalität abgelenkt, doch im Affekt vermochte auch er zu ergreifen.

Schade, daß die Einheit und Einheitlichkeit durch jene herausfallenden Szenen so empfindlich gestört werden. Man hätte sonst eine Musteraufführung erlebt.

Das Ueberwiegende indessen bleibt ein starker, künstlerischer Gewinn, an dem auch Kiesau erheblichen Anteil hat. Erschütternd steht man vor der menschlichen Offenbarung eines großen Dichters. Wie den unsichtbaren Juarez fühlt man das Schicksal der Völker durch diese politischer Tragödie schreiten. Ein unentzaubertes Geheimnis wirkt sich aus. Und das wahrhafte Besessensein des Schauspielers. Künstlerische Dämonie spricht aus dem Maximilian, aus Friederich Lindner.

Julius Ferdinand Wollf
In: *DNN*, Dienstag, 12. Mai 1925

Das Große Welttheater

von Hugo von Hofmannsthal (eigentlich: Das Salzburger Große Welttheater)

Dieses Werk von Hugo von Hofmannsthal war bisher nur in Salzburg aufgeführt worden. Und blieb so verwachsen mit dem Boden, auf dem die Kollegienkirche sich erhebt, und der erwählten zweiten Heimat Max Reinhardts, daß man es sich unter einem andern Himmel nicht vorstellen konnte. In Deutschland ward im Schauspielhaus zu Dresden nun die erste Aufführung versucht.

Zu befinden ist, ob ohne jene nicht transportable Luft, unter einem nördlichen, akatholischen Himmel nicht grau wird, was dort farbig leuchtet. Nicht als ob im Lande Jakob Böhmes, der zutiefst wußte, was die Engel tun, wenn sie nicht singen, die Symbolisierung innersten Geschehens Blinden verloren ginge, dichterische Gestalten einer göttlichen Komödie an verschlossene Türen pochten. Dem Samen des „Mysteriums der verborgenen Weisheit Gottes" standen nie die Ackerfurchen sehnsüchtiger offen, als nach dem Weltbankrott des Materialismus. Der metaphysische Hunger ist ungestillt. Aber – Hofmannsthals Spiel zwischen Himmel und Erde ward nicht mystisch empfangen. Es müßte schon einer bis in die Höhen des pater ecstaticus sich emporschwingen können, wenn solches Gleichnis vom Leben und vom Tode uns zuinnerst ergreifen sollte.

Hofmannsthal indessen fand nicht seiner religiös-dichterlichen Eingebung und Inbrunst alte Symbole, die er erneuert hätte. Vielmehr, dieser Goldschmied nahm unter den Schätzen seines gewählten Ateliers ein auto sacramentale des Spaniers Calderón zur Hand und schuf eine neue, zweifellose Kostbarkeit daraus. Nur eines vermochte der Künstler nicht: aus dem Allegorienstück ein symbolisches Geschehen zu machen. Zwar lehnte er es ab, von Calderon mehr als die Metapher von der Weltbühne und den Menschenschauspielern und der Inszenierung der Erde vor dem Meister und Richter empfangen zu haben. Doch der fremdländische Ursprung des Werkes und das allegorische Bildnertum des Spaniers haften doch mindestens einzelnen wichtigen Figuren überall an und die Ursprünglichkeit eines aus innerer Notwendigkeit gezeugten geistlichen Spiels wird nirgends fühlbar.

Eichendorff, der tiefgläubige Katholik, der nebst andern auch das berühmte Große Welttheater Calderons ins Deutsche übertrug, der in der Welt dieses Welttheaters zu leben vermochte, hat mit Bewußtsein gegen den Allegorismus gekämpft und vergebens versucht, aus Abstraktionen wie der Weisheit und der Schönheit Gestalten von Fleisch und Blut zu machen. Und hat doch mit der Liebe eines von Deutschen nie genug zu verehrenden Dichters diese Gestalten gehegt. Man muß im Spanien des siebzehnten Jahrhunderts und von Scholastikern erzogen sein, um die Disputationen der Weisheit mit dem Reichen, oder des Armen mit Gott und der Welt und der Schönheit dramatisch zu empfinden. Und mitzuempfinden. Die Welt, der der Ritter, Priester und Dichter Calderon seine geistlichen Spiele schenkte, war schon hundert Jahre nach seinem Tode abgestorben, als Karl III. die autos sacramentales in ihrem Vaterlande verbot, weil man sich damit im Auslande lächerlich mache. Der Calderon, den Goethe und die Romantiker mit Recht bewunderten, war der Dichter des standhaften Prinzen und des Lebenstraumspiels, nicht der Fronleichnamsspiele.

Hofmannsthals Reichtum ist großartig. In seinen Vitrinen gewahrt man nach Sophokles, nach Renaissancegeschichten, nach Goethe, nach Thomas Otway, nach Hans Sachs, nach ... altem, ehrlich erworbenen Kunstbesitz oft höchst reizvoll geschmiedete Kleinodien. Nach ... Man wird sich indessen für ein ohne Vorbild, ohne Vordichter, auch nur als Anreger, geschaffenes meinetwegen tausendfach kunstloseres Werk eher erhitzen, dessen ursprüngliches inneres Erlebnis man spürte.

Immerhin finden sich in dem Großen Welttheater dichterische Passionsstationen voll Schönheit und Stärke.

***

Ein Beispiel: Der Bettler bei Calderon, in der ersten Vermenschlichung bei Eichendorff, Gestalt geworden erst bei Hofmannsthal. Calderons Bettler konnte natürlich nicht revolutionär sein. Seine sanfte Ablehnung der Armut und der ihm im Welttheater befohlenen Rolle verletzt nirgends den Respekt. Vom Aufschrei einer gequälten Seele vernimmt man keinen Hauch. Auf der Seelenwanderung durch den leisen Eichendorff wurde der Arme weder lauter noch leidenschaftlicher. Seine Anklage in Hofmannsthals Großem Welttheater wirkt Erschütterungen. Die Anklagerede eines Generalstaatsanwaltes aller Unglücklichen und in Elend Geborenen wider die Gottheit zu widerlegen, reicht selbst die gedankenvolle und überlegene dichterische Beredsamkeit Hofmannsthals nicht aus. Die große Tat des Verzeihens, des Kreuzaufsichnehmens – Hand auf's Herz, kann man sie und so plötzlichen Umschlag beim Bettler glauben? Die wohlgemeinte, autosakramentale Rede der Weisheit, die Weisheit ordnunggebietenden Kirchenregiments soll im Grunde dieser Seele das Wunder aufblühen machen? Dieser aus tausend Wunden Blutende nach der seligmachenden Tat des Duldens die Hände ausstrecken? Nein, ihm wird nur die sittliche Idee Christi in den Mund gelegt. Die Wandlung seines Herzens vollzieht sich nicht dramatisch, nicht dichterisch. Welche innere oder nur äußere Handlung fügte hier solche Wendung? Alles geschieht wortweislich, wohlweislich nach eben jenem scholastischen Rezept. Und wie anno 1675 vernimmt man's allegorisch: wenn der Tod kommt und die (Hermine Körner als Regisseurin vorausahnende) Welt dem König und dem Bauern, der Weisheit und der Schönheit die Requisiten abfordert, wird dem Bettler das Scheiden aus dem „Schauspiel ein Leben" leicht. Er hat nichts von Wert abzugeben.

Auf diese Art, mit den Künsten der Scholastik parfümierten schon die Vorgänger Calderons durch Jahrhunderte ihre Allegortechkissen, deren Duft niemand zu betäuben vermag. Da bekehrt der Glaube, der blind ist, den Menschenverstand, der sich nur einbildet, gesund zu sein. Worauf der Menschenverstand der Aufklärung absagt, die als verführerischer Galan der eiteln Dame Welt bereits höchst gefährlich geworden ist. Worauf der „gesunde" Menschenverstand erblindet, um als Glaube sehend zu werden.

Metapher? Es kann keine langweiligeren Allegorien geben. (Nur Maeterlinck, der im „Blauen Vogel" die „Freude-des-Begreifens" vergeblich nach ihrem Bruder, dem „Glücknichts-zu-Verstehen" suchen ließ, dichtete noch ödere.) Schade, daß Hofmannsthal dem ergreifenden Ankläger nur einen advocatus diaboli zur Seite, nur eine genau so aus der geistlichen Disputationsschule stammende Weisheit entgegenzustellen vermochte. Der Reichtum der Sprache mit ihrem oft wundervollen Bildgewebe kann den lebensgefährlichen Mangel an dramatischen roten Blutkörperchen nicht heilen.

***

Der Totentanz ist Hofmannsthals eigenstes Werk. Unzählige Male schon ward von Bildnern und Dichtern der Tod gemalt und gemeißelt und ausgesandt. Dieser Trommler mit zwei Knochenstöcken, dieser furchtbare Inspizient wirkt in all seiner Knappheit durch den Rhythmus seiner Sprache, seines Kommens und Gehens. Freilich – hier hat Max Reinhardts Meisterhand nach dem Karton das vollendete Bild geschaffen. Wer die erste Aufführung in Salzburg miterlebte, weiß es.

Immerhin glüht hier dichterisch etwas auf von der Gewalt alten Totentanzes. Eine Annäherung an den Dichter Hofmannsthal begibt sich. Dies ist doch mehr als Wiederholung alten, nie versagenden Motives. Ist Ballade und symbolisch. Keine Allegorie.

Bei Calderon gehen die Schauspieler des Welttheaters ab, gerufen von jener scholastischen Logik. Hier trommelt der Tod zum großen Wecken. Es packte sogar der schwache Abguß im Schauspielhaus zu Dresden.

Als in Salzburg Menschen aus fünf Erdteilen in der Kirche die Trommel vernahmen und den Tambour, sprangen viele von den Stühlen auf, und das durchbohrende Gefühl des ewigen Abschiednehmens ließ Bußtagsstimmung in feuchten Augen schimmern. Ein dämonischer Tod führte dort den Reigen. Seine Worte waren dumpfe, eintönige Trommelschläge. In Dresden ein zürnender, mit irdisch-cholerischem Wesen behafteter schwarzer Ritter.

In Dresden gab es also nur eine tiefe Erschütterung: den Bettler. Mit seiner Auflehnung gegen das Schicksalhafte, mit seiner Erdgebundenheit, mit der vollendeten Klang- und Sinnwirkung der wundervollen Werke Hofmannsthals. Sie sind noch schöner und eigener als die in „Tor und Tod". Doch dies ist zuwenig für zwei Theaterstunden. Ohne Salzburg. Ohne jenen Genius des Ortes. Ohne das Genie Reinhardts.

***

Alfred Roller, der große Meister der Szene, schuf auch in Dresden den Rahmen. Dieses Bühnenbild mit barocken Architekturanklängen, reizvoll anzuschauen und farbig delikat, hatte etwas ungewollt Salonmäßiges. Waren's die Teppiche, die Vorhänge, die Lichtheit – dies alles wirkte mehr elegant, als heilig, mehr modern-kunstgewerblich, als barock. Die Prospektmalerei mit den reizvollen Wölkchen der Kuppel ging mit dem Plastischen nicht recht zusammen. Schwierig bleibt es, fast unmöglich ohnehin, in diesem modernen Hause die Szene für ein geistliches Spiel so zu stellen, daß kein Bruch mit dem Zuschauerraum gefühlt wird.

Die Gestalten (in schönen, farbigen Gewändern von Prof. Fanto) standen ausgezeichnet im Bilde. Nur die Himmelsglorie zum Schluß erschien mir gar zu puritanisch und darum dürftig.

Die reizvolle Musik, die sich Reinhardt von dem frischen, immer jungen, immer blonden Schweden Einar Nilson schreiben ließ, mit ihren im Stil der Kirchenmeister des 18. Jahrhunderts kontrapunktierten Chören und feierlichen Fanfaren und dem Mollschleier über den Wiederholungen der Themen, die das Spielerische glücklich charakterisiren, klang auch hier sehr gut. Dr. Chitz hatte die musikalische Leitung. Der Kreuzchor sang die Chöre schön.

Georg Kiesau, der Spielleiter, hatte es wahrhaftig nicht leicht. Ihm fehlte ein strahlender, sieghafter König. Seiner Weisheit gebrach es an der unentbehrlichen Stilkunst.

Von dem Tod sprach ich schon und daß das wesentlich Unheimliche nicht dabei war. Paulsens Art ist antiköniglich. Dies darf kein Louis Philippe, muß ein Sonnenkönig sein. Marion Regler war trocken in der Diktion und schwach im Ausdruck, Decarli nicht dämonisch.

Die Verden in einem fast schlichten blauen Gewande sah sehr hübsch aus. Hübsch und ein bißchen reichlich geziert war sie. Dies langt nicht zur „Schönheit". Die Verden war ein reizendes Mannequin auf einer Modenschau. Mit Mannequinbewegungen.

Dies die Introduktion zu dem Totentanz, als welcher hiesigen Ortes in einen metronomischen Hackepeter verwandelt, dennoch nicht an Traumhaftigkeit gewann. Es war nicht nachtwandlerisch; es war allenfalls marionettenhaft. Vor allem allzu absichtsvoll. Kiesau muß es ändern.

Aber Kiesau hat es nicht leicht. Wenn man schon den Meister streicht und den ersten Engel mit oder ohne Consens des Dichters als Gottes Briefträger walten läßt, anstatt den Meister, wenn nicht sichtbar, so doch vernehmlich zu machen, so darf es doch nicht so ultra Posse hinausgehen. Nein, das darf es nicht. (Von dem Katarrh des Erzengels gar nicht zu reden.) Es war aber ein Erzengel von Säckingen.

Der Reiche (Walther Kottenkamp) und der Widersacher (Adolf Müller) waren recht am Ort. Wierth hatte so eine Art lustiger Person auf dem Theater zu machen. Der „Vorwitz" ist drastischer gedacht und etwas improvisatorisch. Zuzugeben ist, daß ihm nicht allzuviel Humor in Wort und Tat vom Dichter mitgegeben ward. Er bliebe ein wenig schattenhaft. Während die Welt (Grete Volkmar) majestätisch, kraftvoll und nicht ohne Ironie das Spiel zu ihrem Teil beherrschte.

Ausgezeichnet war der Bauer. Kleinoschegg trifft natürlich den Dialektanklang ohne Schwierigkeit. Aber er verfiel nirgends in Kumedi. Machte kein Bauerntheater aus einer Kunstdichtung. Dennoch stand alles Typische in seinem Bild. Und seine Bewegungen waren stilisiert, nicht gekünstelt.

Den Bettler spielte Friedrich Lindner. Wenn er sprach, vergaß man alle Schwächen des Werkes und der Aufführung. Nicht nur, weil diese Gestalt die Nurfiguren des Spiels überschattet, weil dichterisch, sprachkünstlerisch der Part des Bettlers von nichts erreicht wird. Dichterische Eingebung und schauspielerische wurden hier eins. Ein Gläubiger sprach das. So, daß die Wandlung aus der Persönlichkeit glaubhaft ward. Ein Gipfelpunkt.

***

Viel Müh'. Viel Arbeit. Allerhand Schönes fürs Auge. Und einen Reichtum der Art, wie Hofmannsthals Kulturdichtung, genießt man nicht aller Tage. Immerhin, da die Besetzung schwierig, Erfüllung über das Unerläßliche hinaus nicht erreichbar war, frag' ich mich: Warum just in Dresden Welttheater? Warum, wenn schon Hofmannsthal, nicht das gerettete Venedig, oder die drei Einakter? Sie sind theatralisch jedenfalls und dramatisch unbedingt lohnender.

Das Publikum verließ die Vorstellung ohne Kundgebung. War's Stilgefühl? War's Ergriffenheit? – Indipohdi.

Julius Ferdinand Wolff
In: *DNN*, Sonnabend, den 31. Oktober 1925

Der Froschkönig oder Der eiserne Heinrich

von Hanna Scholtz (Uraufführung im Schauspielhaus)

I.

In den heiligen Wochen, das muß so sein,
Wenn die Bäume wie schwarze Korallen stehn,
Dann wollen die Kinder, groß und klein,
Die der Blumen entbehren, das Märchen sehn.
Und fallen aus den himmlischen Höh'n
Weiße Flocken ins dunkle Erdental,
Wie klingt das alte Lied wieder schön:
„Es war einmal, es war einmal ..."
Und jeder an seine Elle ermißt,
Um wieviel schöner es einmal war
In der Welt des Scheins, als in der, die ist;
So klingt es ihm dreifach wunderbar. –
Willkommen, ihr Märchen, die jeder kennt,
Ihr tiefen Legenden, von früh geliebt,
Willkommen jeder, der im Advent
Uns Märchen und Glauben und Jugend gibt.
Wir sind wir doch reich und es geht uns nicht schlimm,
Im Märchen schaut, was das Wunder vermag!
Es raubt uns die Schätze der Brüder Grimm;
Keine Not, kein Krieg, kein Friedensvertrag.
Im Schauspiel sie öffnen das goldene Buch,
Froschkönig aus grünem Weiher steigt,
In den ihn des Zauberers böser Fluch
Gebannt, bis die Liebe sich zu ihm neigt.
Der tiefe Sinn zu den Alten spricht,
In Kinderherzen leuchtet der Strahl,
Noch lebt die Macht in dem Märchengedicht:
Es war einmal, es war einmal...

II.

Wenn die Kinder artig sind,
Kommt zu ihnen das Christkind;
Sind sie nicht literarisch stolz,
Kommt zu ihnen die Hanna Scholtz,
Bringt ihnen herrlich farbige Sachen,
Lehrt sie die Rührung und lehrt sie das Lachen,
Doch windet sie in ihren Märchenkranz
Kein Katzengold und keinen Firlefanz.
Sie hat das ehrliche deutsche Märchen

Von Fluch und Erlösung und seligem Pärchen
Ehrlich und sauber bestehen lassen,
Findet Perlen und weiß sie zu fassen.
Der verwunschene Prinz, wie traurig er singt! –
Hält die Prinzessin, was er bedingt? –
Der Frosch ist vom Tellerchen, springt ins Bett
Der Prinzessin. Es geht ohne Zimt und Ballett.
Kein falscher Ton und kein nüchterner Tand! –
Nur wirft sie den Frosch nicht an die Wand,
So wie bei Grimm und auch anderwärts
Geschieht. Die Hanna Scholtz hat ein Herz
Und weiß, wie die unkenden, kummervollen
Froschprinzen durch Liebe erlöst sein wollen.
Drum hat sie gerettet und nicht gerichtet,
Den erlösenden Kuß hineingedichtet;
Drum läßt sie des häßlichen Frosches Lippen
Vom zarten Munde des Mitleids nippen.
Und die Prinzessin, die mit ihm weint,
Sieht sich mit dem schönsten Prinzen vereint.
Die Hanna Scholtz überzeugt uns verläßlich:
Ein Jüngling, noch so verwunschen und häßlich,
In Sumpf versunken und Unkengestöhn,
Ein Mädchen liebt ihn und – er ist schön.
Ja, Hannas Humor ist von der Art,
In der sich Herbes mit Süßem paart.
So setzt dem verwunschenen Kronensohn
Sie den armen Vater auf wackligen Thron,
Und ein Schwesterlein, das ihn Tag und Nacht
Mit dem eisernen Heinrich treu bewacht.
(Ihr könnt euch alle darauf verlassen,
Daß sie gut in die Märchenfamilie passen.)
Sie schuf sie mit Lust und Herz und Geschick,
Man liebt sie gleich auf den ersten Blick.
Nichts ward verbogen, nichts ward verschoben,
Die Hanna Scholtz ist feurig zu loben.
Nichts ward verkitscht, doch Märchenglanz
Liegt über Wald und Schloß und Tanz.
Ja, wenn die Tante Hannchen solch
Ein Märchen schafft, verdient's Erfolch.

III.
Auf dem Thron sitz Adolf Müller,
Wohl saß keiner je so traurig

(Wohl saß keiner je so komisch),
Denkt er Tag' und denkt er Nächte
Nur an seines Hauses Schmach.
(Diese Verse, voll Grandezza,
Fielen vor mir schon dem Herder
Ein. Zu seinem Angedenken
Setz' ich wieder sie hieher.)
Zwischen Lumpen und Gerümpel
Wohnt die Treue, haust die Liebe:
Herta Schroeter, Anmut ziert sie,
Königstochter, silberfüßig,
Lieblich ist sie anzuschau'n.
Wenn mit Gisela, der Zidek,
Ranke Jugend so mit Jugend
Auf der Mädchenschaukel schwebt.
Auf der Schaukel sitzen beide,
Wohl saß keine je so duftig.
Doch der arme Prinz sitzt feucht
Zwischen grünen Wasserlinsen,
Zwischen Algen, zwischen Binsen.
(Diese reimt sich, wie mich deucht.)
Streng im Metrum muß ich bleiben,
Reim verführt zu Uebertreiben;
Dennoch künd' ich: Steinböck, Felix,
Lieber Prinz, bist ihrer wert,
So der Schwester, so der Liebsten,
Die sich Arabella heißet, –
Jeder Zoll ein Königssohn.
Wie willkommen ist ein Freier
Solcher Art dem Alfred Meyer
In dem schönsten Königsheim!
(Seht, schon wieder lockt der Reim
Aus dem krit'schen Ernst verfüh'risch,
Daß ich Meyern panegyrisch
Preise, wie er es verdient.)
Wie mit Marzipan gemästet,
Süß und herrlich, Sonnenkönig,
Milch- und mandelunterspickt,
Also herrscht er, schwenkt die Waden,
Wenn die Tochter die Erlösung
Froh vollzieht, die goldne Kugel
Und den goldnen Prinz dem Sumpfe
Hat entrissen. (Gundolf hat ihn

Hanna Scholtz voll Stolz getauft.
Ja, er ist des Namens würdig.
Gundolf selbst, der sonst nur Goethen
Liebt, und höchstens noch den Shakespeare,
Dürfte einverstanden sein.)
Doch wenn Meyer so mit Müller
Sarabanden, Galoppaden,
Kridewanz und Ridewänze
Klassisch tanzt, entflieht der Trübsinn,
Ja, sogar der Pleitegeier
Kehrt geschlagen in sein Nest. –
Erich Ponto! Laß, o Muße,
Mich die rechten Worte finden,
Daß er so mit mir zufrieden,
Wie er stets und jetzt zur Weihnacht
Wieder mir das Herz erfreut!
Doch, wie sag' ich's meinem Kinde? –
Anmut, Witz und Geist vereinigt
Und ein Herz, das sich versteckt,
Daß man es nicht ohne Schleier
Sehe. So ist Pontos Art.
Treuer Heinrich, herzgepanzert,
Grambezwinger und Sinnierer,
Reichserob'rer aus dem Stegreif,
Funkenspender, sei gegrüßt!

IV.
Des Märchens und der Liebe Wellen
Hat Arthur Chitz mit Witz vertont,
Mit Lappenschlag aus Trommelfellen,
Teils atonal, teils wie gewohnt,
Musik, wie sie ein Märchen brauchte;
Und schöne Bilder allerhand,
Den Wald und Wohnsitz für Erlauchte,
Die schufen Mahnke und Herr Brandt.
Von Fanto prächtig angezogen,
Ging Mensch und Tier in Schritt und Tanz,
Ein wahrer Märchenregenbogen
Wob sich aus farb'gem Lichterglanz.
Kein Mißton drang durch Harmonieen
Von Kunst und Laune. Ungeziert
Sah man das Märchen sich vollziehen:
Spielleiter Alexander Wierth.

V.
Der Beifall auch war märchenhaft,
Aus tausend Kehlen scholl's,
Man rief die ganze Künstlerschaft
Und endlos die Hanna Scholtz.
Sie kam erst nicht, das gute Kind,
Aber schließlich, glückstrahlend doch, –
Und wenn sie nicht schlafen gegangen sind,
Dann klatschen sie heute noch …

Julius Ferdinand Wolff
In: *DNN*, Sonntag, 13. Dezember 1925

Molière im Schauspielhaus

Der sooft Totgesagte zeigt sich wieder einmal quicklebendig. Dies spricht für die Aufführung und gegen alle, sogar die bedeutenden Theaterpraktiker, die des Glaubens waren, Molières Erfolg sei gebunden an eine Zeit, mit der zugleich er absterben mußte. Dennoch ...

Dennoch genießt man den genialischen Dramatiker und Satiriker mit vollem Bewußtsein historisch. Die Typisierung seiner Gestalten wirkt stärker als ihre doch zweifellos starke Natur. Wenn Molière Kurpfuscherei von Aerzten unsterblich lächerlich macht durch ihr Küchenlatein und verlogenes Brimborium, sind es Pariser Modeärzte und Quacksalber des siebzehnten Jahrhunderts. Genau mit derselben Art ätzender Säure auf eine Platte fixiert und sichtbar gemacht, wie der Rechtsgelehrte Molière die Rechtsnutznießer und Rabulisten seiner Praxis dem Gelächter ferner Zeiten überlieferte. Die Kurpfuscher- oder Wunderdoktorkomödie unserer Zeit muß noch geschrieben werden. Der eingebildete Kranke, Nervöse, Hysteriker, dem wir gerade in diesen Tagen täglich begegnen, hat einen leise tragischen Zug, der Argan völlig fehlt. Wie denn überhaupt das Mitleid nicht die Sache des königlichen Komödiendichters und Komödianten Anno 1670 sein konnte. Das prachtvolle Typische aber, bis ins Heraldische und – Possenhafte gesteigert, bezeichnet längst historische Einzelzüge. Menschen aus einer anderen Welt, kaum groß genug für das Format einer Ewigkeitswelt. Narren ohne jene süße, leise Schwermut, die noch in der letzten gewollten Plattheit shakespearischer Narren den Ewigkeitszug erkennen und stark empfinden macht.

Erstaunt vernimmt man ganz andre Töne, wenn etwa Argan, der bis dahin nur den Variationen des einen Spaßes als Instrument diente, mit der kleinen Louison spricht. Von da aus, von dieser Szene mit dem Kinde rückwärts und weiterhin betrachtet, erkennt man, wieviel stärker ehedem die Natur eines Argan, das Einzelmenschliche des Harpagon gewirkt haben muß. Damals als alle Welt das Kostüm dieser Geizigen, eingebildeten Kranken, Tartuffes und Modegecken trug, als die Wahrheit dieser Masken alle überraschte, weil sie sich darin wiederfanden, versickerte das menschliche nicht so, wie heute, im Typischen. Man fühlt, wie dieser Mensch die Menschen seiner Zeit erschreckt und begeistert haben muß, indem er ihre Schwächen nicht mit Herzlichkeit ironisierte, aber sie mit einer liebenswürdigen Ehrlichkeit sich selber preisgab.

Goethe, der seine tiefe Verehrung für Molière „immer wieder geprüft und erneuert" hat, die Tragik des Geizigen erkannte, den man bis dahin nur komisch zu empfinden vermochte, den Dichter als einen der ganz Großen ansah, bei denen nichts verbogen und nichts verbildet ist, lobte ihn besonders, weil er die Gebrechen des Menschen auf dem Theater angenehm zu machen verstanden habe. In diesem Sinn sprach er von dem hochgebildeten Inneren und dem liebenswürdigen Naturell Molières. Seitdem gibt es indessen deutsche Komödien. Und was wir uns wünschen, ist nicht jene grandiose Betonung eines Zuges in einem Portrait, sondern jene je nach Licht und Laune wechselnde Vielheit, die uns das Beherrschende, das Vorherrschende selbst zusammensetzen und finden läßt. Der Geizige wird von einem Dämon geritten. Er ist immer, in jeder Sekunde, in jeder Situation bis zum Wahnsinn geizig und geldgierig. So ist der Krüger im „Biberpelz" in jeder Sekunde ein Choleriker. Aber nicht nur Choleriker. In dem galligen Spießbürger keimen freiheitliche Ideale, und sei es auch in lächerlich eingeengter Laubenkolonie. Man könnte entgegnen, auch Harpagon sei nicht nur geldgierig. Aber da muß man schon scharf auf die Suche gehen, um so was, wie eine Lust am Weibe in der verunglückten Freite des Alten oder andre besondere Züge zu finden. Vergleicht man die hundert Facetten der Wolffen mit dem menschlichen Mittelpunkt einer molièrischen Handlung – hier die mit tiefer Menschenliebe erfaßte und gehegte Vielheit menschlicher Gebrechen und Vorzüge in einer überaus charakteristischen, deutliche Ewigkeitszüge tragenden Gestalt, dort den Geizigen, Gecken, Heuchler, dessen Antlitz das tiefgemeißelte, farbig stark behandelte Wappen seiner Wesensart ist –, so wird einem sofort bewußt, warum wir auch die uneingeschränkte Bewunderung Goethes zu einem erheblichen Teil nur historisch fassen können.

Um so viel mehr muß es den guten Schauspieler reizen, über die Typisierung Molières hinaus die Natur seine Gestalten geltend zu machen. Ein schweres Stück, wenn einer fast ganz auf den nächstliegenden sicheren Erfolg verzichten soll, der in der Wiederholung und Gipfelung des Spaßes liegt. Schwieriger noch im „Eingebildeten Kranken", dem der tragische Grundzug fehlt, als im „Geizigen". Nicht zu vergessen dabei, daß Molière selbst, an dem Goethe den „Takt für das Schickliche und den Ton des feinen Umgangs" liebte, in dem Nachspiel – es gibt hinter jedem Akt ein „Interméde" mit Musik und Tanz und zuletzt einen mit bombastischem Latein gespickten Reigen der Aerzte und Apotheker – unter anderm acht Klystierspritzenträger mit unzweideutigen Gebärden und ebenso eindeutigen Baccalaureus-Versen, sich bestätigen läßt. Dieser abdominale Humor, der nicht zimperlich genommen werden darf, war der Zeit und den Sitten der Liselotte bekanntlich nicht fremd. Aber die Klystierspritze und ihre Wirkungen, so saftig sie sein mögen, fördern doch nur das Typische und den breiten Spaß. Soll Argan schon ein Mensch mit einem Schicksal, oder auch nur mit komisch-erzieherischem Einzelerlebnis sein, so muß die Szene mit dem Kind und das Wenige der Art prävalieren.

Es liegt auf der Hand, daß „Der Geizige" trotz der gewollten Einförmigkeit des Motivs aus der innewohnenden Tragik heraus leichter etwas von jener Verfeinerung des Gefühls erlangen kann, die dem Komödiensucher von heute unentbehrlich ist, als „Der eingebildete Kranke". Pallenberg hat den Harpagon ins Grandiose gesteigert. Das war ein von Furien Gepeitschter, dessen rastlose Hände über Kisten, Kasten, Schränke und Kommoden eine erschreckend ruhelose Jagd trieben. Mit grellen, halbunheimlichen Lichteinfällen feiner Komik über Hände und Antlitz. Ponto besteht voll neben diesem großen Künstler. Auch seine Hände sprechen und leben und tanzen für sich. Auch diesem Harpagon sitzt der Incubus auf Nacken und Kreuz. Und alles vollzieht sich in einem presto agitato, bei dem gleichwohl kein Wort, keine Silbe verloren geht. Aber dann sind eben jene seltenen, feinen, menschlichen Züge herausgearbeitet, wie in der Szene mit der Heiratsvermittlerin. Da kommt es wie eine beseligende Jugenderinnerung über den Geizhals. Er blickt in den Spiegel mit der Sehnsucht, irgend etwas noch Blühendes, ein bißchen spätes Abendrot zu entdecken. Und da – ja, da gelingt es Ponto, einem den Einzelfall Harpagon näherzubringen, ihn von seinem überlauten, im Uebermaß wiederholten Leitmotiv freizumachen. Es kommt ein Mensch heraus. Es siegt die Natur über die Heraldik, der Mensch über die Typenfigur. Und das ist wirklich ein künstlerischer Triumph.

Es versteht sich, daß man Ponto so zujubelt, wie das auch gestern abend wieder geschah. Und diese ganze Aufführung, von Georg Kiesau feinfühlig und großzügig geleitet, unterstützt die großartige, dem tieferen Wesen, der Tragik Molières zugewendete Auffassung und Leistung Pontos. Die beiden Liebespaare führen ihr Menuett mit Anmut durch. (Malten und Herta Schroeter, Kleinoschegg und Lotte Gruner.) Verdienstlich besonders Wilhelm Malten, der gestern unvorbereitet einsprang und sicher und liebenswürdig in dem Ensemble stand. Die stärkeren komischen Züge fügten die Bardou-Müller, trotzdem mit angenehmer Zurückhaltung, und Wierth, der Koch und Kutscher, dem flott hingestrichenen Bilde ein.

Dann folgte, mit breiterem Pinsel und breiterem Behagen gemalt, „Der eingebildete Kranke". Kein Stück für schauspielerische Askese. Man weiß, wie alle berühmten Argans von je mediziniert, purgiert, gegurgelt, in allen Orgeltönen des Behagens und Unbehagens geschwelgt haben. Alfred Meyer macht keine Ausnahme. Und der Chor der Lacher begleitet ihn auf seinen notgedrungen eiligen Wegen, wie bei der Ausspinnung seiner fixen Idee. Aber auch dieser Künstler bestand die Probe auf die weniger oft aufgesuchte, nicht so offen am Wege liegende Menschlichkeit molièrischer Gestalten. Die Szene mit der kleinen Louison war reizend und wohlgelungen und stand mir ungleich höher, als die so viel mehr belachten Späße. Doch spricht der große Theatererfolg in diesem Fall für die stärkere Betonung des Typischen. Es wäre nur dem „Eingebildeten Kranken" das Tempo des „Geizigen" zu wünschen, um den künstlerischen Erfolg noch zu steigern.

Die kleine Johanna Weide, verblüffend sicher in Spiel und Textbeherrschung, Jenny Schaffer, die böse, schöne Hauskönigin, Paulsen und Malten, auch hier ein frischer, natürlicher Liebhaber, Rudolf Schröder, ein wirbliger Doktor Purgon, gaben ihr einen liebenswürdigen Rahmen. Die beiden Diafoirus (Mehnert und Witt) traten weniger stark hervor, als man's sonst gewohnt ist. Auch in dieser Szene herrschte Meyer unbedingt. Maria Nix blieb leider selbst in der Szene, da Angelique den Vater für tot hält, matt und farblos.

Wohingegen die Szene für den „Eingebildeten" Kranken ein wenig zu farbenfreudig und zu geschmäcklerisch gebaut ist. Aber die Gestalten und die Zeittrachten standen in beiden Stücken, insonderheit im „Geizigen", sehr reizvoll im szenischen Bilde.

Und mitten durch die Szenen im Hause Argans tanzte bald flink, bald gemächlich eine Toinette, die gar nicht nach der Tradition geartet war. Eine Raisoneurin im Sinne der altfranzösischen Komödie und die doch ein fast bäuerlich frisches und liebenswertes Geschöpf, das sich nie auf Extempores, auf Derbheit, auf groben Spaß einließ: Stella David. Auch eine Gestalt. Nicht nur eine Theaterfigur.

Wenn man drei Schauspieler hat mit dem ursprünglichen, echten Spieltrieb, wie Ponto, Meyer und die David, kann man Molière ursprünglich spielen. Und dann, nur dann soll man ihn spielen.

Julius Ferdinand Wolff
In: *DNN*, Sonntag, 28. Februar 1926

Georg Kaiser: Zweimal Oliver
(Uraufführung im Schauspielhaus)

Alle Leute, die mit dem stolzen Bewußtsein der Einverleibung etwelcher Modebegriffe oder Begriffsmoden auskommen, tun sich leicht, auch wenn es um einen genialen Künstler, wie Georg Kaiser geht. Der Varietédirektor in diesem Stück, dessen Zunge über den Namen Terpsichore stolpert, weil ihm der immerhin Willen voraussetzende Untergrund zu einer sicheren Vorstellung fehlt, würde zweifellos anmutig-gesellig und überlegen irgendeinen Willensvorgang im Menschen als Gehirnrindenreizung erklären. Indem man einen so problematischen Dichter, wie Georg Kaiser, als einen sehr geschickten Mächler malt, der es versteht, auf Eis zu kochen, und damit seine ganze phantastisch-schöpferische Leistung als eine Folge von fabelhaften rationalistischen Kunststücken hinstellt, plappert man in gemächlicher Faulheit und im Hochtouristenlatein von einem Gipfel, der immerhin beträchtlich ist, ohne auch nur einen Schritt aufwärts zu tun. Auf diese Art kommt man dem Wesen Georg Kaisers gar nicht näher. Und es scheint wir(sic!) eine ebenso verbreitete Täuschung und Bequemlichkeit zu sein, die knappe, aphoristische Sprache Kaisers als Zwecktechnik zu erklären. Kaisers Sprache ist der Ausdruck eines künstlerischen Temperaments. In diesem Dichter drängen und bedrängen sich Erscheinungen des Lebens und Visionen so stürmisch, daß für Nebensachen, Nebenworte, mögen sie noch so aufhellend, bezeichnend, im kleinen symbolisch sein, wenig Zeit bleibt. Gibt es in der Handlung Episoden, geraten sie jedesmal so großartig, daß sie im Augenblick des Geschehens und für das Werk überhaupt unter der Hand wesentliche Bedeutung annehmen. Die Knappheit der Sprache ist also ein natürlicher Wesensteil Georg Kaisers. Ausdrucksmittel und Idee, Inhalt und Form sind eins. Kinotechnik? Vom Standpunkt des Theaters mag einer ruhig die Bejahung hören. Indem Kaiser auf der Bühne macht, was andere nur notdürftig malen, beweist er das seltene Vermögen, sich als Dramatiker dem Rhythmus seiner Zeit mit erfinderischem Großreichtum anzupassen.

Nun ist nicht zu leugnen, daß eine in allen Affekten so unglaublich beherrschte künstlerische Technik die Geschöpfe Kaisers bei aller Kraft der Phantasie manchmal konstruktiv erscheinen läßt. Fürchtet man nicht (bewundernd, aber nicht ohne quälende Unsicherheit), der Magier, der ein ganzes Wachsfigurenkabinett leibhaftig und lebendig zauberte, werde diesen Menschen im nächsten Augenblick wieder in ein Ding erstarren lassen? Man fürchtet es! Aber nur, wenn man am Fuße des Berges in selbstgewählter Bequemlichkeit verharrt. Kaiser wäre nur ein Magier? Nichts Faustisches wirksam in ihm? Auch dann könnte man die Genialität eines Künstlers nicht bezweifeln, der ohne innere Anteilnahme mit einer ganz außerordentlichen Phantasie seine Homunculi für drei Theaterstunden selbständig marschieren macht. Aber schon seit der Tragödie „Von morgens bis mittenachts“ weiß man um Kaisers Faustisches. Dort folgt man dem atemlosen Weg eines Menschen durch sein Sansara zur Erlösung. Die Ethik des Leidens wohnt tief, darum nicht immer leicht erkennbar, in diesem Dichter. Erniedrigende, peinvolle Glücksgier führt den kleinen Kassierer und Kassendieb durch Enttäuschung, vergebliche Hoffnung auf das Erlebnis der großen Leidenschaft, durch eine Hölle menschlicher Larven bis auf den Gipfel seines Passionsweges. Jene Szene in der Heilsarmee, die völlige Vereinsamung des von allen holden Täuschungen des Daseins Verlassenen, konnte nicht ohne tiefe Innerlichkeit, nicht ohne eigene Leidensläuterung schöpferisch entstehen.

***

So steht es auch um Oliver. Was begibt sich? In dem Polizeibericht im letzten Akt, verlesen vom Chefarzt der Irrenanstalt, in die Olivers Lebensstrom mündet, heißt es klipp und klar und einfach: „Oliver, ein mittelmäßiger Vertreter seines Fachs, erhält eines Tages von einer Dame den Auftrag, sich in die Gestalt eines ihrer Freunde – oder ihres Freundes zu verkleiden. So soll Oliver den vorläufig abwesenden Freund ersetzen. Das tut Oliver – gegen Bezahlung. Später kehrt der wirkliche Freund aus dem Ausland – oder sonstwoher zurück. Oliver, der sich inzwischen in die Dame verliebt hat, will von seinem Platze nicht weichen – er tötet im Varieté den Nebenbuhler. Bei seiner Verhaftung schweigt Oliver hartnäckig. Er stellt sich tot.“

Diesen dürren Polizeibericht belächelt der erfahrene Kenner menschlicher Geistesverwirrung. Dem Arzte ist durch Wissen klar, daß hier mit geradezu beispielhafter Deduktion die falsche Wirklichkeit für die echte gesetzt ward. Man beachte die ironischen Gedankenstriche! Sie unterstreichen, tonverstärkend, durch Fermaten, die zünftige Anwendung des Schemas auf den außerordentlichen, dramatischen, symbolisch wundervollen Einzelfall. Denn Oliver, der seinen Doppelgänger niederschoß, tat nichts andres als jener Dorian Gray, der den Dolch in sein beflecktes Bild stößt und – sich selber auslöscht.

***

Wo das Wissen des Irrenarztes aufhört, verkündet der jeder Seelenwanderung durch das Tal des Leidens, aber auch der Seelenwandlung kundige Dichter ergreifende Erkenntnis des Willens im Unbewußten. Oliver rettet sich in das Paradies des Irrenhausgartens. Da ihn alles stürmische, verwickelte Erlebnis nur immer tiefer in die schmerzhafte Täuschung des Scheins führte, ist in Oliver der unbewußte Wille hochgewachsen, in dem Sein eines Wahnbildes weiterzuleben. Er hat sich ja nicht gelegentlich wieder einmal verliebt und ward verlacht. Nein, so polizeiberichtseinfach, so verwünscht gescheit liegt der Fall Oliver nicht. Die symbolische Doppelgängertragödie legt die Wunde seiner Bewußtseinsspaltung bloß. Den jungen, reinen, fleißigen Artisten, dem die erste Frau ein geliebtes Töchterchen hinterließ, nahm eine andre. Er ward ihre ganze Welt. Mit rasender Eifersucht hütet sie ihren Schatz. Olivers Fregolikünste werden unmodern. Ein Dutzend Könige und Kaiser in zehn Varietéminuten – es interessiert keinen mehr. Oliver findet keinen vollgültigen Ersatz. Die Eifersucht der Frau, die abstürzte und lahm ward, als sie ihn mit einer andern harmlos plaudern sah, hat die andre Hälfte seines Einkommens weggerafft. Er steht vor dem völligen Bankrott. Da tritt der Versucher an ihn heran, zeigt ihm zwei Möglichkeiten der Prostitution und des Mammons. Denn Oliver ist ein Künstler, und die Laune der verliebten, kapriziösen Dame scheint ihm seine Kunst übel zu mißbrauchen. Die Tochter opfert ihre Jungfräulichkeit, und – Oliver ist zu schwach, sich lieber selbst zu opfern. Sein Nein bedeutete für ihn und seine Frau den Hungertod. Sein Geständnis, daß er von einer reichen Dame schweres Geld einkassiere nur für harmlose Schaustellung, würde ihm zu Hause nicht geglaubt werden. Seine Frau – weiß er – droht nicht nur mit dem Messer. In dieser Hölle lechzt Oliver nach einem Tropfen Glück. Er steigert sein Spiel weit über die Verabredung hinaus bis in Verliebtheit, bis in die Liebe zu der schönen Olivia. Aber Olivias Wiedergefundener, sein Doppelgänger, vertritt ihm den Weg. Bei einer Dirne, die er leicht an sich reißt, findet er nicht einmal Betäubung für eine Stunde. Und just in dieser Stunde stößt er mit dem Varietédirektor zusammen, der ihm seine Tochter wegnimmt. Tanze, Bajazzo! Oliver gehorcht. Bis er Olivia und ihren Freund in der Loge erblickt und auf sein lebendiges Bildnis zielt und trifft.

Ward es nicht befleckt wie jenes, das der Maler Basil Hallward von seinem Freunde Dorian Gray malte? Nur, daß dieser Artist nicht in Schönheit und Ueberfluß lebte, vielmehr in Armut, Sorgen, Elend. Aber hat Oliver sich nicht auch ein wenig vergöttert, indem er sich von einer hysterischen Frau, von einem Kinde vergöttern, von einer verwöhnten Dame als Götzen gebrauchen ließ. Muß man nicht auch an das Wort Oscar Wildes denken: „Die Gesellschaft spricht oft den Verbrecher los, niemals den Träumer"? Oliver ist ein Träumer. Die wundervollen Menschen, deren Zusammenhang mit dem ursprünglichen Weltganzen, mit dem Göttlichen sichtbar wird durch die mangelnde Fähigkeit, nützlich zu handeln, äußerer Schwierigkeiten mit herkömmlichen Mitteln Herr zu werden, die Dinge so zu sehen, wie es die Konvention des Scheins verlangt, sind zum Märtyrer bestimmt. So einer ist Oliver. Erzeugt, nicht erklügelt von Georg Kaiser, dem genialen Dichter unsrer Zeit.

***

Auch diese Oliver-Passion läuft in einem gepeitschten Rhythmus ab von einem Morgen durch eine Nacht bis zu einem andern Morgen, dessen farbiger Nebel nur von wenigen verirrten Sonnenstrahlen durchzuckt wird. Wollte man diese Gestalten mit dem Hammer beklopfen – sie würden nicht hohl klingen, aber man würde das Gesetz ihres Entstehens und ihres nicht ohne Blut aus kimmerischem Schattendasein wiedergewonnenen Lebens zerstören. Sie müßten zerfließen. Wie beschämend leicht ist solche Bilderstürmerei, wie arm, der dies Handwerk betreibt.

Es ist ja so gleichgültig, ob die Dame, die sich nach dem entfernten Geliebten sehnt, just den Verwandlungskünstler aus dem Varieté sich langen würde, um die Erscheinung des Freundes zu beschwören. Wer weiß denn, wo er mit dem Schein oder mit dem Sein spielt! Worauf es ankommt, ist, ob das Weltbild Olivers glaubhaft ist. Ob wir es ihm und seiner gequälten Seele glauben. Man zweifelt vielleicht gerade darum, weil Kaiser es zu keiner deutlichen Synthese kommen läßt. Weil die Fülle der Erscheinungen, an der Oliver zerbricht, die Phantastik überstark erscheinen, die Innerlichkeit nur leise zu Worte kommen läßt. Was bei andern eine Schwäche gelten müßte, bedeutet Georg Kaisers Stärke und sein Wesenhaftes. Mit der Psychopathologie des Alltags ist diesem Oliver nicht beizukommen. Die in Wahrheit Gescheiterten in dieser Tragödie sind ja die Triebmenschen, die Konventionellen, die Mechanisierten, alle, die, bewußt oder unbewußt, den Zusammenhang mit dem Ursprünglichen, Göttlichen verloren haben. Der ethische Geleitspruch dieser Tragödie heißt: „Was nützt es dem Menschen, wenn er die ganze Welt gewönne und nähme Schaden an seiner Seele." Nur, daß es nicht so mit dicken Fibelbuchstaben in das Giebelfeld gemalt ist. Nur, daß dieser Traum eines dahinrasenden Lebens nicht ohne weiteres deutbar ist in all seiner farbigen Bewegtheit, seinen oft erschreckenden Grellheiten.

Meinetwegen der Traumfilm ein Leben! Wer vermag es denn so wie Georg Kaiser? Wer schreibt auf fünf Buchseiten eine Introduction zu einem Drama so, daß man sofort mitten im Geschehnis, mit gespannter Teilnahme tief im Erlebnis steht? Diese Tragödie menschlicher Täuschungen und Enttäuschungen spielt im letzten zwischen Oliver und Olivia. Da ist nicht nur äußerliche Namens-Verwandtschaft. Die eine verliert den Geliebten, den Zauber ihres Lebens, indem sie ihn durch einen Homunculus zu ersetzen sucht. Olivers eigentliches Unglück beginnt, indem er sich zu dieser Rolle hergibt und – zu feig ist oder zu voll von falschem Stolz, um sich dazu zu bekennen. Eine symbolische Unlöslichkeit besteht zwischen diesen beiden Gestalten, eine Verstrickung, Verkettung, eine geheimnisvolle Bindung von seltsamem, bisher nicht erlebtem Reiz. Tragisch endet jeder Versuch, einer Sehnsucht Erfüllung zu bringen. Ewiger Krieg zwischen Ideal und Wirklichkeit begibt sich. Oliver, Olivia, Olivias Freund ziehen sich gegenseitig nur an, um auf diesen Schlachtfeldern Verbluten der Sehnsucht statt Erfüllung zu finden. Kein Nationalist wird dies je erjagen.

***

Es besteht die Gefahr, daß das dramatische Erlebnis gefälscht werde, wenn die Idee bei der Aufführung dieses Werkes seinem äußeren Reichtum geopfert, Farbigkeit und Bewegungsgewalt in Buntheit, Lärm und Feuerwerksgeprassel umgewaltsamt werden. Die Aufführung im Dresdner Schauspielhaus ist nirgends abgeirrt, Georg Kiesau, der Spielleiter, an keiner Stelle solcher nahen Versuchung erlegen. Die elf Bilder ziehen in jenem eigenartigen, kaiserischen Rhythmus einheitlich vorüber. Schade, daß ohne eine Pause bei diesem höchst anstrengenden Stück nicht auszukommen ist. Aber gleicht packt einen das starke Erlebnis wieder. Es kommt darauf an, die Verinnerlichung in solchem Wirbel des Geschehens fühlbar, das Problem, die tiefere Bedeutung des Oliver-Olivia-Komplexes erkennbar zu machen, ohne die eigenartige Bewegung des Stückes zu unterbrechen. Das ist völlig gelungen. Außergewöhnliche technische

Schwierigkeiten, wie das Varieté auf dem Theater, sind scheinbar spielerisch überwunden. Adolf Mahnke und Georg Brandt haben da etwas an sich schon Sehenswertes gemacht. Aber ich schätze die Farben und die Lichtkünste noch höher ein, die das Geschehen bei scheinbarem Realismus zu jenem Traumfilm machten, der diesem Werk so sehr entspricht.

Im Mittelpunkt des Geschehens steht Friedrich Lindner. Mit einer ergreifenden Beherrschung seines Temperamentes und seiner schauspielerischen Leidenschaft. Leise, fast zaghaft enthüllt Oliver seine Leidensmale. Die zweifellose Romantik der Doppelgänger-Vorstellung, die Lyrik der Gestalt, die Beimischung von Bänkelsängerisch-Balladeskem kommt aufs reizvollste heraus. Dieser Oliver hat etwas Blumenhaftes, und die Pathetik, die zuweilen stärker hervortreten muß, macht es nicht welk. Man fühlt in der Schlichtheit dieser Gestalt ihren ganzen Reichtum. Und es gelingt Wierth und der Behutsamkeit des Regisseurs, den Doppelgänger völlig überzeugend zu machen.

Zwischen den beiden steht Olivia, die Verden, berückend, elegant, voll Anmut. Und etwas von E.-T.-A.-Hoffmann-Zauber dabei. Eine Frau, an der zwei Oliver scheitern, obwohl man glauben könnte, die beiden hätten sie nur geträumt. Oder sie habe den Doppelgänger nur aus ihrer Sehnsucht gerufen. Dieses Traumhafte braucht das Werk, und es fügte Oliver-Olivia in eins. Man wird es nicht leicht irgendwo so wiederfinden. – Mittelpunkt bleibt Lindner. –

Olivers Frau – ein Mangel, wenn man nach der Tabulatur urteilt, aber sie soll ja auch nur eine Antreibende sein – Olivers eifersüchtige Hüterin, geht dramatisch in dem rasenden Rhythmus verloren. Aber solange sie dasteht, hat Marion Regler aus der Hysterie eine Tugend gemacht. Die Tragödie soll Furcht und Mitleid erwecken. Der Regler gelang es in diesem Fall. Man glaubte ihr die Gestalt.

Olivers Tochter denkt man sich wohl noch schüchterner, kindlicher im Anfang. Herta Schroeter betonte ein wenig zu sicher, zu früh Bereitwilligkeit zum Minotaurusopfer. Aber in das Ballett fügte sie sich mit einer überraschenden Begabung ein. Begabung einer Novize. Dies wirkte. Auch auf den Direktor, wie man glauben durfte.

Alfred Meyer zeichnete ihn mit breiten Strichen, großzügig, komisch und angenehm unsympathisch. Prachtvolle Bestie. Man sieht diesen Direktor sozusagen schon mitten im Sensationsprozeß mit einem Berliner Verteidiger, der ein Vermögen kostet.

Auch die vielen Episoden fast ausnahmslos glänzend besetzt. Sachlich gut, mit Wichtigkeit gesalbt der Regisseur des Varietés, Paulsen. In einer Charakterrolle Kleinoschegg, der sich da als Brettelagent, ein ganz neues Feld, sehr verheißungsvoll auftat. Eine rothaarige Dirne, von der Schaffer ohne Zimperlichkeit hingestellt, wo ihr Platz ist. Unter den Gestalten im Irrenhause zeigte der junge Schauspieler Wilhelm Malten allerhand Begabung.

Die künstlerisch stärkste, schauspielerisch vollendete Episode schuf indessen Walther Kottenkamp. Der alte, gütige, mit seinen Mitteln Erkenntnis suchende, Wissen gebende Irrenarzt prägte sich in seiner Schlichtheit tief ein. Kottenkamp ist ein Gewinn für das Schauspielhaus.

Der Dichter, den ein oder zwei Gegner in der Gestalt Mahnkes, Brandts oder Kiesaus versteckt wähnten und daher erfolglos anzischten – es war aber nicht zweimal Kaiser und er war überhaupt nicht einmal gekommen –, dürfte mit dieser ausgezeichneten Aufführung so zufrieden sein, wie die große Mehrheit, die insbesondere Lindner am Schlusse feierte und Kiesau und den Künstlern der Szene dankte.

Ein starker Erfolg. Für den Dichter, für das Theater. Wieder ein Passionsspiel. (Wie „Von morgens bis mitternachts“.) Kaisers suggestive Gewalt ist seitdem nicht schwächer geworden. Er gehört zu denen, die durch Suggestion Brandwunden hervorrufen können. Aber die Haut muß danach sein. Auch der Widerstrebende kann sich dieser genialen Einwirkung nicht entziehen. Und es steckt mehr Innerlichkeit in diesem Taumel von Handlung, als in aller sentimentalen Erfindungslosigkeit der Vielzuvielen, die für Tiefe ausgegeben wird.

Julius Ferdinand Wolff
In: *DNN*, Sonnabend, 17. April 1926

Schinderhannes
von Carl Zuckmayer

Von ihren Urgroßvätern, in deren Jugend noch die Trutz- und Spottlieder auf den großen Räuber hineinsangen, erbten die Jungen zwischen Mainz und Koblenz den Namen. Die brauchten keinen Kommentar zum Schinderhannes. Oder doch? Die auffallend reiche Schinderhannesliteratur der neuesten Zeit spricht dafür. Der Roman „Unterm Freiheitsbaum“ von der Viebig, die Land und Leute im Hunsrück, wie in der Eifel, Moseltal und Rheinländer so gut kennt. Die Schinderhannesdramen, das kritisch-historische, aus Akten, Dokumenten, Ueberlieferungen gewonnene, sehr lesenswerte Buch des Stuttgarter Dramaturgen Elwenspoek *). Schinderhannes, das bedeutet nicht eine der vielen Räubergeschichten, über die romantisches Gestrüpp gewachsen ist. Vielmehr die Tragödie eines in Wirklichkeit zum Helden geborenen Räubers. Dazu die Tragödie des Rheinlandes. Es ist kein Zufall, daß die alte Mär wieder so deutlich spricht. Hundert Jahre Krieg am Rhein, genau beseh'n: Länderraub. Leiden eines Volkes, das heute österreichisch, morgen preußisch, übermorgen französisch sein sollte und von den Fiebern der grünhaften Verwilderung einer schier endlosen Kriegs- und Nachkriegszeit geschüttelt wurde. Just in der Zeit, da von den französischen Truppen im Namen der Freiheit Bäume gepflanzt und Menschen geschunden wurden im Lande zwischen Rhein und Mosel, war der seltsame Mensch hineingeboren. Dies erklärt das Großteil seiner Untaten und seiner fast symbolischen Tragödie. Keine Zeit, keine gleich schwer errungene Erkenntnis vermag dies alles so zu erfassen wie die unsre.

***

Hat Carl Zuckmayer in seiner morgendlichen Ackerfrische und Unbekümmertheit vermocht, diese Tragödie zu gestalten? Wer den Rohstoff kennt, muß die Frage verneinen. Tragödie heißt Kampf mit dem Schicksal. Unterliegen der starken, der irgendwie bedeutenden, überzeugenden Individualität im Kampfe mit dem Stärkeren. Dies mag eine blinde Masse sein. Aber man muß Härte und Gewalt des Felsblocks spüren, gegen den sich die Fäuste stemmen. Beim Zuckmayer fehlt das Gegenspiel. Diese Gendarmen und Soldaten links und rechts des Rheins würde der Schinderhannes mit einem haben Dutzend seiner Triarier wegblasen – denkt man –, wenn schon der Blick und Lachen des Unbewaffneten genügen, um drei, vier Gendarmen die Arme mit den erhobenen Pistolen zu lähmen. Doch das Unbekümmerte macht den besonderen Reiz der dichterischen Persönlichkeit Zuckmayers aus. Aber das Drama heischt Plastik und Architektur.

Der Schinderhannes Zuckmayers kämpft nicht gegen den Felsblock Schicksal. Vielmehr er ermüdet beim Raufen mit Schatten. Das soziale Elend als Folge des Kriegselends wird nicht fühlbar. Die herkömmlichen Deklamationen des „Volkes" im Wirtshause bleiben im Grunde politische Kannegießereien eines Nachgeborenen. Ein Blick in die Schinderhannesakten, in Memoiren aus der Zeit lässt erkennen: so fühlte und sprach man nicht dazumal. Weder von eigenen Nöten, noch vom Schinderhannes. Das Geschehen würde im höchsten Grade symbolisch, gespensterhaft im Sinne der furchtbaren Wiederkehr, wenn der Volksmund nicht just in Anachronismen spräche: „So ist es nicht heute!" Dies müßte der vom dramatischen Geschehen Erschütterte folgern.

Wie hat Gerhart Hauptmann die Tragödie des Bauernkrieges in dem Florian Geyer aus der historischen Gesteinsverschüttung gelöst, die Tragödie der Deutschen aus dem so viel schwerer zu schürfenden Edelmetall gebildet für die Ewigkeit! Wie türmen sich da die Quadern des Gegenspiels gegen den Geyer! Wie erschütternd echt die Sprache des Volkes und der Epoche! Und wieviel leichter war der reiche Schinderhannesstoff zu gewinnen! Schon die trockene Chronik schenkt sich das Drama.

***

In den Mainzer Anlagen stehen um ein Rondell neunzehn Pappeln. Ein starker Baum in der Mitte. Da liegen die neunzehn Spießgesellen drunter mit ihrem Führer, dem Bückler's Johannes, die da am 21. November 1803 hingerichtet wurden. Die neue französische Freiheit hatte, wie vordem die seinen Emigranten das Kulturgut der Lues, das Kulturinstrument der Guillotine eingeführt. Und in Mainz kommandierte der Citoyen Jean Bon Saint Andre die Justiz. Der Schinderhannes aber, der zweifellos seine Untaten bereute und sich fast freiwillig deutschen Behörden der freien Stadt Frankfurt gegeben hatte, im Heer dienen wollte, wäre ganz gewiß ein großer Held geworden, hätte man ihn nicht ausgeliefert. Die Prozeßakten füllen Bände. Greuliche Raub- und Mordtaten genug, bewiesen und eingestanden, stehen ausführlich darin zu lesen. Die Bande brandschatze nicht nur die Reichen. Aber unter den Wohlhabenden gab es viele, selbst Gebildete und Beamte, die den Schutzbrief des Räuberhauptmanns und seine Vorteile genossen. Die Kerle kannten das Mitleid nicht. Um ein Dutzend Louisdors herauszuholen, das ganze erarbeitete Gut eines kleinen Müllers oder Landwirtes, hielt man die brennende Kerze dem Opfer so lange dicht an die Brust, bis die Haut in Fetzen brannte. Einer Greisin, die auch dann noch die Sprache nicht fand, zündete man das Hemd über dem Leib an. Dem Schinderhannes waren zum mindesten drei Morde nachgewiesen. Fest stand aber auch, daß er seine Schusterles und Spiegelbergs kannte, Greuel im Entstehen mutig verhinderte, manches seinen Banditen verfallene Menschenleben gerettet hat.

Zugleich hat er, der als Pferde- und Hammeldieb begann, bewußt auf seine Art einen Freiheitskampf geführt. Sprößling zweier Generationen von Schindern, Sohn eines desertierten Soldaten, im Jammer des Krieges aufgewachsen, wie Bilsenkraut auf dem Schutt, begabt, willensstark, offen, von Anbeginn in nichts schlechter und geringer als einer der Abenteurer, die unter Bonaparte den Marschallstab im Tornister und rechtzeitig genug dann in der Hand trugen, ragt er über den Berg seiner Straftaten geradezu als heraldisches Standbild seiner Zeit. Seine Liebesabenteuer sind zum Teil rührend. Seine immer wiederholte Flucht aus Gefängnissen ebenso dramatisch. Sein Witz und sein Humor bestechend. Die Sache mit den gestohlenen Ochsenhäuten, die er dem ahnungslosen Bestehlenden lächelnd wiederverkauft, erfand nicht Zuckmayer. Sie ist buchstäblich wahr. Genau wie die andre, die Zuckmayer ihn erzählen läßt. Wie er einem französischen berittenen Streifentrupp begegnet, der den Schinderhannes fangen soll und den er gemächlich in die Irre führt.

Seine Schutzpässe lauten stolz: „Im dritten Jahr meiner Regierung im Soonwald . . .“ Und gewähren mehr Sicherheit in diesem Gebiet als ein königlicher oder kaiserlicher Schutzbrief. Ergreifend die Liebe für sein Kind und die es ihm gebar. (Das Julchen heiratete später einen nationalisierten französischen Gendarmen, lebt bis Ende der sechziger Jahre. Der Enkel des Schinderhannes starb erst 1889!) Aufrecht ging der Räuberhauptmann aufs Schafott. Gelassen wog er das Urteil: „Ich habe den Tod verdient, aber zehn von meinen Kameraden nicht.“

Schier überreich quillt das Menschliche, das Dramatische, die Not deutschen Volkes aus der getreuen Chronik. Ueberraschend und erschütternd mischt sich Schuld des dramatischen Helden mit der seiner Umgebung, seiner Zeitgenossen. Mit furchtbaren Worten spricht aus den Akten des Schinderhannes die nie verstandene Lehre zu den Regierenden. Lyrik rankt sich um Greuel und Krieg, um mißgeleitetes Heldentum und Papierseelen.

***

Ward eine solcher Stoff gefunden? Was hat Zuckmayer daraus gefügt, geformt? Nehmt alles nur in allem: eine Bänkelsängerballade. Aber eine von den unbedingt begabten, mitreißenden. Eine Moritat, ja! Aber eine von den prachtvollen, farbigen, bei denen der Humor neben dem Tod als Gevatter steht. In diesem Schauspiel, das keine Dame ist, gibt es Szenen von tief ergreifender, dramatischer Lyrik. Wenn Schinderhannes seine Julchen mit dem Neugeborenen als den kostbarsten Schatz der Welt aus dem Getreidefeld hebt, wird die Ballade zur stillerhabenen Legende. Wundervoll die Knappheit der Liebesszenen. Nirgends eine Gran Sentimentalität. Am ergreifendsten die Henkersmahlzeit mit dem von zwei Liebenden versuchten und beiden mißglückenden frommen Betrug, das Unentrinnbare bis an die Schwelle zur Ewigkeit zu verhüllen. Diese letzte Szene gehört zum Schönsten, was es in Jahr und Tag an neuer Dichtung auf einer deutschen Schaubühne gegeben hat. Und darum muß man das Werk lieben.

Es ward im Schauspielhaus, von Georg Kiesau liebevoll inszeniert, mit Hingebung gespielt. Die große Ueberraschung des Abends: Bruno Decarli. Man weiß, ein Künstler von hohen Graden und vielen Möglichkeiten. Doch so jung, wie gestern, so schicksalshaft jung hat man ihn nie erlebt. Das war kein Heldenspieler, der diesen saftigen, bezwingenden Kerl werben und kommandieren, Abenteuer und Freiheit ersehnen,

Geliebte und Kind betreuen ließ. Dem glaubte man alles, was der Dichter ihm glaubte. Seine dichterische Lebensechtheit strömte ihr Licht an alle Trabanten aus. Und als er den letzten Weg ging, ging die Sonne unter und die Schatten eines Schicksals verhüllten die Szene. Sogar mit dem Dialekt, den er sich einheitlich zurechtgelegt hatte, ward er fertig. Nichts blieb er der Gestalt schuldig.

Grethen Volckmar hatte einen schweren Stand. Fast überragt sie an Gestalt den Geliebten. Schon das widerspricht dem Julchen, dem kleinen Mädel, das sich der große Räume greift. Gewohnt, entweder dramatische Heldin oder heitere Dame zu sein und hierzu bestellt, sollte sie nun passiv, nur Trägerin schlichtesten Gefühls und leise Kameradin sein. Daß sie sich so völlig unterordnete, war schon ein künstlerisches Verdienst. Erfreulicher noch, wie sie es klug verstand, dem armen kleinen Mädel Züge zu geben, die die „Heldin“ vergessen machten. Just für solche Rollen fehlt im Ensemble die passive, jugendliche Schauspielerin, die nur Weiblichkeit zu geben hätte. Die Volckmar gab jedenfalls das Beste, was für die Rolle unter diesen Umständen hier möglich war.

Zu einer ungemein reizvollen Episode erhob Ponto die Gestalt des z. B. in der mit Recht gepriesenen Berliner Aufführung mit der Einzigen, der Dorsch, kaum bemerkten Holzturmwirts. Der steht da am Rand der Guillotine noch als das vollendete Rokoko und zugleich als ein shakespearischer Hineinredner äußerlichen Lebens in letzter Tragik.

Unter den vielen, vom Regisseur ausgezeichnet gelenkten und wirklich gesehenen Gestalten der Umwelt – fünfzig Schauspieler! – ragten Paul Hoffmann, unverkennbarer, wackerer Enkel des Spiegelberg, Walter Liedtke, der Soldatenwerber, die David, mit knappen Zügen eine vollendete Alte im Räuberheim, malerisch und zeichnerisch die Crusius hervor. Die Soldatenszene fällt aus dem Zug der Ballade so heraus, wie die Lehrerkonferenz in „Frühlingserwachen“. Dennoch gewann Kottenkamp als Korporal eine Schlacht für sich.

Steinböck, auf einem Ausflug ins „Charakterfach“, in guter Maske, aber gar nicht in dieser Gegend zu Hause, verleugnete, wie auch des Schinderhannes Vater und Kleinoschegg, den Österreicher nicht. Man hörte Klänge vom Nullerl bis in die Grazer Oktave. Dafür beherrschte Wilhelm Höhnes den Dialekt glänzend. Auch Hoffmann traf die rheinische Art.

Verlangen kann man die Einheit nicht. Es gelang Kiesau, im ganzen diese sprachlichen Klüfte zu überbrücken. Das Szenische und das Bildhafte (Mahnke, Brandt, Fanto) überzeugte überall.

Ein frischer Zug ging durch die ganze Aufführung. Ein Hauch von Jugend und Jugendwillen. Die Jugend war im ganzen Hause, bei den Schauspielern und bei der Ballade, die recht eigentlich ihr gehört. Und just so, jugendlich-ehrlich der außergewöhnlich starke Erfolg.

Julius Ferdinand Wolff
In: *DNN*, Sonntag, den 15. April 1928

*) Schinderhannes, der rheinische Rebell, von Curt Elwenspoek, Süddeutsche Verlagsanstalt, Stuttgart, 1925

Nathan der Weise

von Gotthold Ephraim Lessing
Portraitskizzen aus der Festaufführung des Schauspielhauses

Nathan

Ponto hat ihn überraschend vermenschlicht. Er kommt nicht, wie sonst oft, von einer langen Reise nach Hause und singt nach einem kurzen Recitativ etwa „In diesen heiligen Hallen". Zu seinen charakteristischen Zügen gehört das Weggelassene. Nathan macht keine Bundeslade auf und holt feierlich die Tradition heraus. Sowenig wie ein Sarastro ist er ein Freimaurer. Man fühlt sofort, daß er in einer Welt lebt, die das Gutsein noch nicht gelernt hat. Raffgier, Menschenhaß, Aberglauben einer vielfarbigen Umwelt haben ihm in jungen Jahren allerhand Erfahrungen über das Menschenmögliche schmerzhaft eingebrannt. Man liest die Schrift in diesem Antlitz nicht erst, wenn er von dem Pogrom spricht und von der Hinschlachtung von Frau und Kindern. Aber wenn die blutigen Schatten dieses Erlebnisses heraufbeschworen werden, wird Nathan nicht zum Ankläger. Schicksal trägt er mit der Tragtiergeduld des Hiob. Just dadurch erschüttert er tiefer, als es ein Ankläger vermag. Er kämpft nicht als ein Fanatiker für Aufklärung, für irgendeinen Glauben. Dazu ist er zu geistig und trotz aller Geistigkeit zu schlicht. Dieser Nathan, ein Vieldulder und auch klug, wie Odysseus. Aber einer von den Seltenen, die wirklich alles verstehen, alles verzeihen und durch diese Art des Verzeihens ethische Werte schaffen. Er geht nicht den Weg vom Einzelschicksalträger zum Sentenzenträger. Ueberall bleibt die reine Menschlichkeit bis in kleinste, meisterhaft feine Züge das Beherrschende.

Statuarisch bleibt für alle Zeiten das Meisterbild Sonnenthals. Der war ein Aristokrat im Ghetto wie im Sultanspalast. Seine Pathetik schuf ringsum Barrieren. Daja kam ihm nie allzu nahe. Ein Menschheitswürdenträger. Man konnte sich der Macht dieses Großkomthurs der Aufklärung nicht entziehen. Dennoch ein Vollblutjude. Kein auch nur äußerlich Emancipierter. Seine Gestalt wirkte überraschend groß.

Ponto ist ihm hierin verwandt. Auch er wirkt körperlich stärker, als man es bei seiner behenden Zierlichkeit erwarten durfte. Seine schmerzliche Lebensklugheit und das sich andauernd, oft gesteigert wiederholende Prüfen der Menschen, die ihm nahekommen, erinnert an die Art, wie Sonnenthal die Augen als Schildwachen alles absuchen ließ. Aber dieser Nathan ist weder pathetisch noch aristokratisch. Ponto will das offenbar auch gar nicht sein. Ueber das Lehrgedicht hinaus empfing er von dem Werk die Menschlichkeit, das echt Dramatische, das Dichterische, was so oft schulmeisterlicher Dünkel in Abrede zu stellen versucht hat. Ponto hat es fertiggebracht, den Nathan aus einem rein menschlichen Schicksalsverständnis zu gestalten. Noch nie hat vielleicht ein Nathan so viel Wärme ausgestrahlt. Sogar die Ringerzählung wird vom Gefühl beherrscht und sendet Gefühlswellen aus. Da spricht nicht ein kluger Dialektiker, vielmehr ein Gegner des Nationalismus, obwohl er just auf diese Weise der Vernunft den Weg bahnt.

Das Oftcitierte wirkte so wie so wie neugewonnene Erkenntnis. Stürmisch ausbrechender Beifall bezeichnete immer wieder diese dramatische Neuwirkung. (In der wohlvorbereiteten, festlichen, nicht notgedrungenen Aufführung am gestrigen Abend.) Jene besondere Weisheit, die nur aus Güte und Selbstentäußerung so entstehen kann, wie es Lessing gemeint hat, bezeichnete einen Nathan von gleichwohl stärkster Geistigkeit. Und daß die menschliche Nähe keinen Geistesfürsten und nichts Denkmalmäßiges aufkommen ließ. Wobei der Geist der Humanität soviel gewonnen hat wie der des klassischen Humanismus.

***

Der Sultan und der Tempelherr

Lindner war vordem einfach der ideale Tempelherr. Sein leuchtender Humor hat ihn auf dieser Wandlung ins Reifere begleitet. Auf einer höheren Stufe wirken die gleichen charakteristischen, prachtvoll männlichen Eigenschaften sich noch liebenswerter aus. Saladin überzeugt einen wirklich von seiner Blutsverwandtschaft mit dem Tempelherrn. Auch das ward vielleicht so gefühlsstark kaum erreicht, wie hier von Lindner und Steinböck, der nun den Tempelherrn spielt. Aus der Blutsverwandtschaft blüht die geistige auf. Humor des Jünglings, Humor des Mannes, das Füllenhafte hier, das gebändigte und doch gleichartige und gleichstarke Temperament dort. Das Brüderliche der Fabel glaubhaft gesteigert ins Menschenbrüderliche. Ein Sultan und ein Tempelherr, die festliches Licht um sich verbreiten. Dabei auch Lindner, so prachtvoll er auch äußerlich wirkte, gar kein repräsentativer Saladin. Wundervoll, wie er im Dialog mit Nathan ihm auch menschlich sekundierte. Und Steinböck so frisch, sprachlich so natürlich, so im Vollbesitz unbekümmerter Jugend, daß man seine reine Freude daran hatte.

Wie stark sich dieses besonders glückliche Beisammensein auswirkte, fühlte man, da man den etwas papierenen Verwandtschaftsnachweis Lessings hier höchst unbekümmerter Fabel völlig vergaß.

Saladins Humor besonnte auch die Szenen mit der Schwester. Grethe Volckmar, eine schöne, prächtige Sittah, mehr die von Saladin Geführte, als seine geistige Kameradin, und Irmgard Willers, eine gewiß noch nicht vollendete, aber endlich eine jungmädchenhafte Recha, waren von erfreulicher Weiblichkeit und Passivität. (Recha, die sich so viel berechtigte Sympathien gewonnen hat, muß sich noch ein haltbares S erobern.)

Das Stärke muß (wie es auch hier ausgeprägt geschah) von den Männern ausgehen. Die David, wieder einmal vollendet in der Kunst der Maske, sehr lustig in ihrer verhaltenen Lebensfreude und in ihrem Herrenrespekt, hielt sich bei aller Aktivität auch in den Grenzen der Komödie. Oft rückt sonst die Daja der Marthe Schwertlein, ganz unberechtigt nahe. Hier trug sie keinen falschen Zug. Bäuerliche Harmlosigkeit blieb als Untergrund. Eine komisch nie völlig akklimatisierte Daja aus Schwaben. Und deshalb eine Erfüllung.

***

Der Derwisch

Man fragt sich: warum mußte in dem einen Fall in dieser von Gielen künstlerisch mit solcher Innigkeit durchgearbeiteten, wirklich hervorragenden Aufführung die Tradition des tanzenden Derwischs aufrechterhalten werden? Paul Hoffmann ist zudem nicht der Sprecher, der diese Koloraturpartie künstlerisch beherrscht. Weder zu Saladin noch zu Nathan führt von dieser unbehaglichen, rein äußerlichen Betulichkeit auch nur die leiseste Möglichkeit einer Beziehung. Die Episode blieb zudem so völlig humorlos, daß sie glücklicherweise alsbald vergessen war. Aber das Charakterbild des Al Hafi dürfte natürlich nicht fehlen.

***

Der Klosterbruder

Immer war dieser fromme Reitersknecht in der Kutte eine deutsche Lieblingsgestalt. Nie hat man den Klosterbruder liebenswerter erlebt. Kleinoschegg hat eine künstlerische Kostbarkeit daraus gemacht. Wundervoll diese sancta simplicitas, die wirklich heilig ist. Denn der Bruder ist nicht dumm. Nicht lächerlich. Die rührend verlangsamte Apperception vollzieht sich von außen sichtbar. Auf einem Antlitz, das jede seelische Regung schon vor dem Wort sprechen läßt. Die eingeborene Güte läßt ihn den Nathan zuverlässiger und auf einfachere Art verstehen als alle ringsum. Seine Tabor-Sehnsucht (Gegenstück zu der Ganges-Sehnsucht des Derwischs) stammt, wie seine Frömmigkeit, aus dem Garten des Angelus Silesius, mag der Bruder auch noch so viel weniger beredt sein. Kein Rest von Metier bleibt da mehr fühlbar. Der Zauber dieses Klosterbruders ist von einer hinreißenden künstlerischen und poetischen Kraft, der sich niemand entziehen kann.

Wenn er mit dem Patriarchen und dem Tempelherrn im lichten Schatten der Klostermauern steht, die braune Kutte neben dem Scharlach und dem Eisengrau des Kettenpanzers, wirkt er malerisch so bezwingend wie symbolisch.

Kottenkamp ist der ideale Gegenspieler für diesen Klosterbruder. Ein streitbarer, schlauer Feldherr der Kirche. Mit überlegenem Humor plastisch großartig gemacht. Nirgends ins äußerlich Komische verzerrt. Eine für den Gegner gefährliche Natur und insofern trotz der erkennbaren Schlauheit unheimlich in ihrem Fanatismus.

Aber der Klosterbruder, seine Frömmigkeit, sein Christentum bleiben sieghaft.

***

So strahlte die Menschlichkeit des frühen Kämpfers Lessing hell auf über diesem Werk. Ueber einer Szenerie, für die Mahnke (obwohl das Jüdische, das Haus des Sultans, das Haus der Kirche charakteristisch betont und geschieden waren), eine künstlerisch sehr erfreuliche Einheit gefunden hatte.

Daß ein Werk wie Lessings Nathan so zum menschlichen und künstlerischen Erlebnis werden und solche stürmische Begeisterung hervorzurufen vermochte, bedeutet ein Zeugnis für die künstlerische Kultur des Schauspielhauses, auf das alle Beteiligten stolz sein dürfen.

Julius Ferdinand Wolff

In: *DNN*, Donnerstag, den 24. Januar 1929

Florian Geyer
von Gerhart Hauptmann

Nun ist es wahr geworden in harter Zeit. Das Kgl. Schauspielhaus zu Dresden hat den Schatz seiner Hauptmann-Stücke bereichert um den Edelstein, der wie eine blutige Träne ist. Florian Geyer. Der Name des schwarzen Ritters braucht nur anzuklingen und ein weites, gesegnetes Land tut sich auf. Neckaraufwärts von Heidelberg, um Kocher und Jagst, Fruchtfelder und Weingüter und der heimliche Odenwald. Burgen, die wie eine vergessene Totenmaske liegen geblieben sind am umblühten Bergweg, stehen auf. Eine Knabenhand hebt die leere Schale gegen den Himmel, und die Sonnebläue Süddeutschlands strahlt lebendig durch ihre Fensteraugen und die Löcher, aus denen mit dem Flammenstrom ihr Leben floß. Und es liegt eine Wehmut drüber gebreitet, auch wenn es ausgenommene Raubnester sind. Aber nun geht's gerade auf Giebelstadt zu. Im Flug natürlich. Durchs Hohenlohische ins Bayrische und dem Main entgegen, dem Würzburger Bischofsschloß und den alten, ehrenfesten Kellern mit den Frankenweinen drin. Vorbei an Rotenburg, an Türmen und Giebelhäusern, gelben Feldern im Sonnenglanz, über dunkele Waldkränze, über den breiten, ruhigen Fluß und das hastiger rinnende Nebengeäder dazwischen. Und wieder hinüber ins Schwäbische. Die Abendsonne liegt nun auf dem kleinen Bergbuckel, dem Speltich, und zwischen totgeschlagenen, verratenen Bauern liegt Florian Geyer, der schwarze Ritter, der sich die Freienlocken schnitt und ein Bauer geworden war. Die Städter aus Hall sind hinaufgekommen und sehen ihn scheu zwischen den letzten Getreuen, seinen schwarzen Knaben. Und sie wissen noch gar nicht, wer da müde hingesunken ist, vom eigenen Schwager, dem Grumbacher, gemäht, der die festen Batzen zu schätzen weiß, aber die evangelische Freiheit verlacht.

So lag Florian Geyer von Geyersberg durch Jahrhunderte in Wahrheit unerkannt. Da kam Gerhart Hauptmann, der Schlesier, mit der unheilbaren Sehnsucht. Er fand ihn, wie er mit dem Herzen die armen Weber gefunden hatte, und er sah, daß des toten Geyers Sehnsucht und seine eines Geblüts waren. Seitdem, seit genau 20 Jahren, ist der schwarze Ritter auferstanden. Auf eine seltsame Art geschah's. Der Dichter hat des Bauernhelfers Leib und Hirn und Herz wachsen lassen aus den wilden Reden wütender Bauern und freiheitsahnender Schreiberseelen, aus dem Harnischklirren großmächtig, dünkelhafter Standesherren und aus den Kutten abtrünniger Pfaffen. Da stehen sie alle und reden. Das Geschehen kommt, Freudenpost und Schreckenspost, von außen herein durch offene Türen und heimliche Fensterritzen und – sie reden. Sind fast immer nur die Wärter oder Reflektoren des Handelns andrer. Ritter und Bauern, der Bilderstürmer und der gelahrte Rektor und Humanist, falsche Demagogen und echte Revolutionäre, Befreier und Knechtselige. Und alles, was sie reden, macht den Florian Geyer. Was der fahrende Musikant singt, die Lagerdirne mit ihrer hündischen Treue verheimlicht, der Tellermann noch mit dem gebrochenen Schwert verficht – all das macht den Florian Geyer.

Das ist gewiß der Art, wie sonst bei Dramatikern das Zeugen Mode war, so straks zuwider, daß sogar Freundlichgesinnte gezweifelt haben an dem Werk. Aber man muß es mit all seinen Fehlern lieben, weil – der Florian Geyer auferstanden ist. Gemacht ist's doch von einem, der bildnerische Erzkunst in Peter Vischers Gießhütte, in der deutschesten Stadt in sich aufnahm. Hört man die Worte, diese herrliche Sprache eines von seltener Eingebung und den Gesichten versunkener Zeiten Erfüllten, gleich steht mit dem Geyer das ganze Land auf zwischen Neckar und Main. Es ist die Sonne, der Duft, alles Rassige in diesem Werk. Florian Geyer aber ist ein leidender Held. Darum trägt er mehr und opfert er mehr, als er zu handeln scheint, und bleibt dennoch ein Mittelpunkt, wenn durch halbe Akte lang nur sein Name genannt wird. – Eine Ballade also, kein Drama? Nein, nur das Wesensgeheimnis Gerhart Hauptmanns. Es muß einer nur mitgehen wollen mit dem hellen Haufen, und er wird fühlen, daß der Geyer, der aus dem Reden und Tun und Lassen einer Vielheit entsteht, echtes dramatisches Blut hat und den pochenden Herzschlag, der sich überträgt.

Gewiß ist er nicht allein seines Schicksals Schmied. Er läßt sich, der geborene Oberfeldherr, verschicken, als er vor Würzburg, der Feste des bischöflichen Menschenschinders, am notwendigsten ist. Er philosophiert, wo er mit der Faust den Weg weisen, rechtet, wo er befehlen müsste. Wär' er anders, er hieße nicht der Florian Geyer. Denn das ist seine Tragik, daß er so viel tiefer und so viel weiter sieht, als die Besten um ihn. Daß der Zweifel, dann die Gewissheit des notwendig unglücklichen Ausgangs sich in sein Herz gräbt. In dieses Herz, durch das ein brennendes Recht fließt. Die Tragik des leidenden Helden. Einen Zufrühgeborenen hat Hauptmann aus ihm gemacht. Die dichterische Wahrhaftigkeit spricht aus jedem Zug des ergreifenden Antlitzes. Alles, was alle Kämpfer gegen deutsche Zwietracht von der Reformation bis zur endlichen Einigung ersehnt, erstrebt und durchlitten haben, ist dareingeschrieben. Darum muß ich ihn mehr, anders lieben als den Götz. Den Götz, der eine Goethische Ehrenrettung ist an einem ziemlich übeln, schlauen Recken kleineren Formats und ein einzelner, ein „Held", wacker gemacht, emporgehoben, verväterlicht, verbiedert. Der Geyer ist mehr als ein einzelner. Ist die gestalt-, die menschgewordene Sehnsucht aller Bedrückten und Geschlagenen, die einen kurzen Sommertag lang glauben durften, das tausendjährige Reich beginne. Ein Exponent seiner Zeit und doch unzeitgemäß. Von 1520 und von heute und immer. Er trägt in sich, fühlbar, ausstrahlend, den Geist des „reinen Krist", dessen Lehre kürzlich Hermann Burte in seinem Buche von „Wiltfeber, dem ewigen Deutschen" hingeschrieben hat. Deshalb ist's ein starkes Drama, nur von einer neuen, zwanzig Jahre nach der Vollendung des Baues immer noch neuen Architektur. Keiner hat es wie Gerhart Hauptmann vermocht, einen, der im Kampf gegen ein Schicksal von antiker Art und Größe zerbricht, so zu gestalten, daß eine bunte wimmelnde Vielheit eben dieses Schicksal zugleich ausmacht und den eigentlichen Körper und Geist des Helden. Götzens Feinde und Widersacher stehen in der Goethischen wechselnden Szenenfolge klar kontrastiert. Im rein dramatischen Sinne gesetzmäßig geordnet: hie Götz, hie Weislingen. Aber Florian Geyer kämpft auf dem verlorenen Posten nicht für sein persönliches Recht. Es geht ihm um wahrhaft evangelische Freiheit und gegen alles, was dem „reinen Krist" Todsünde ist. Gegen den Verrat am Geiste, an Deutschland, so wie es der Geyer stattlich sieht und nicht erleben darf, gegen die schwarzen Raben um den Kyffhäuser, der Parteien Herrschsucht und Habsucht, die Unterdrückung durch vergilbte Pergamente, durch weltliche und geistliche Unduldsamkeit, die kein Machtzipfelchen opfern will. Und wenn der schwarze Ritter in den gänzlich aussichtslosen letzten Kampf geht mit einem wehmütig stolzen Lächeln nach dem Abschied vom treuen Tellermann, seinem Bannerträger, so wächst sein Heldentum ins Gigantische. Da steht das Göttliche gegen die Dummheit und jede menschliche Erbärmlichkeit. Da wächst der Schatten Geyers, des noch nicht Erkalteten, sieghaft empor über das Vergängliche. Im eigenen Lager hat er geblutet, gelitten, gesiegt. Das Nesselgewand, gewebt aus Unverstand, Bosheit, Tücke und Neid, fast ohne Schmerzenslaut getragen. Der Schrecken der ragenden Persönlichkeit lähmt noch im ungleichen Kampf des Todwunden mit einem Haufen den Gewappneten den Arm. Ein Zufallsjudas fällt ihn mörderisch von weitem mit der Armbrust. Der Emporkömmling von frischgebackenem Adel schreit den Sieg aus über den einzigen adligen Menschen unter allen. Kunz von der Mühlen, das Bauerngigerl in der Rittermaskerade, posaunt an der Leiche des letzten Ritters: „Sassa, der Florian Geyer ist tot!" Was von Huttens Geschlecht übrigblieb, verriet ihn. Er aber siegt, im Tode für die innerste Pflicht und das Ideal, noch gewappnet mit dem Worte Huttens: „... von Wahrheit ich will nimmer lahn." Und: „Obwohl mein' treue Mutter meint, daß ich die Sach' hab' fangen an, Gott woll' sie trösten, es muß gahn."

Dieser letzte Akt mit der Bauernszene (die leider hier, wie anderwärts, weggelassen wurde) ist selbst an den klassischen Gesetzen der dramatischen Technik gemessen, ohne Tadel. Herrlich die granitene Knappheit der letzten Szenen. Wie das gegeneinander steht, dies „nulla crux, nulla corona". Und: „Sassa, der Florian Geyer ist tot!" So steht dieser ganze Akt. Wie denn diese Tragödie ohne eigentliche Peripetie nur eine einzige Steigerung hat bis ins letzte Wort: von der breiten Ebene des großartigen Zuständlichen in die Firnenhöhe des einsamen Leidenszwingers, des Siegers. Der sterbende Herakles tut, mögen Hydrenköpfe tausend- statt neunfach und ewig nachwachsen, die größere Tat. Ist uns der nähere Held, als der Würger in der Wiege und der Löwentöter. Der von Gerhart Hauptmann ersonnene, nirgends gefundene, „ewige Deutsche" Florian Geyer ist aber mehr als ein Mythos. Welch ein Mensch! Von den Rittern und Pharisäern verraten und verkauft, vom Volke, dem er die ganze Seele, sein Unsterbliches gibt, kaum geahnt, nicht verstanden, vom Pöbel erschlagen. Dennoch: ein Sieger auf einem deutschen Golgatha.

***

Von der Großartigkeit des Zuständlichen in dieser Tragödie, der Meisterschaft über den einzelnen Szenen noch ein Wort. Wenn der Vorhang aufgeht, ist für das Massengrab des deutschen Bauernkrieges schon der Acker bereitet. Die Stimmung des Niederganges einer großen Bewegung ist von einem wehmütigen Zauber. Erhebt sich beim ersten Wort, breitet sich, ein aus düsterroten Flammen gewobener Schleier, über das lebendigste Bild. So vermag dies nur ein Begnadeter. Die Dichtung gibt dem Leser in sechzig Köpfen just so viel Charaktere, eine ganze Zeit in einer Vielheit von – zugestanden mehr redenden als handelnden – Menschen. Man bringe die gleichgroße Schar von Künstlern (kein noch so fähiger Handwerker darunter), zusammen, geben ihnen mit dem Spielleiter, den das Stück braucht, die Zeit und die hundert Proben von der Arbeit Stanislawskis, und man wird das Wunderreiche erleben, was jetzt auf dem Theater geräuschvolle Haupt- und Staatsaktion bleibt. (Es blieb auch in der wundervollen Vorstellung bei Brahm trotz Rittner, Sauer, Fischer in den parlamentarischen Szenen dabei.) Anders muß ein krauses, handwerkliches Ornament um den dunkeln Ritter werden, was im Buche heißes Leben ist. Die Menschen der Reformationszeit, ihre Sprache sind von einer nirgends sonst erreichten, dichterischen Echtheit. Wundervoll der Rhythmus der Bewegung. Von nicht zu erschöpfendem Reiz Szenen, wie die nächtlichen im Wirtshaus zu Rotenburg, der Bettlerin mit dem geblendeten Sohn, der Auftritt Geyers im Schlosse zu Rimpar.

Vieles davon ist in der Dresdner Aufführung der fühlbaren, hingebungsvollen Arbeit auf der Bühne gelungen. Hanns Fischer, der Spielleiter, verwaltet hier eine Brahmische Erbschaft. Auch ist er noch immer der trefflichste, rührende Löffelholz. Man sieht den Schreiber nie mehr anders, wenn man ihn so erlebte. Für manchen war's ein ergreifendes Wiedersehen. Ueber die Striche (die wohl mit den von gezeichneten, vom Dichter gebilligten meist übereinstimmten) gäb's manches Für und Wider. Ich glaube, man sollte die Bauernszene im letzten Akt schon deshalb nicht streichen, weil sie dem Geyer Parteigänger werben muß, das Schicksal der Massen nach der Schlacht bei Königshofe und dem Verrat des Berlingers in blutiger Tragikomödie gibt und mit historischer Lebenswahrheit durchtränkt ist. Für unerläßlich aber muß ich die Wiederherstellung des Vorspiels halten. Die Auslassung unterstreicht jede äußere dramatische Schwäche. Und der historisch unvorbereitete Zuschauer findet sich so nur schwer in das Geschehene. In dem Vorspiel aber steht Wolf von Hanstein als Statthalter der Sehnsucht und der Ideale des schwarzen Ritters. Und als ein lebendiger Wegweiser durch die fünf Akte. Wie ist da mit ein paar Worten der Bruder Geyers, die gleiche Ehrlichkeit im gleichen Samen, nur in der alltäglichen Beschränktheit, eingehegt vom Zaun der Vorurteile, gegeben. Wer durch das Vorspiel geht, weiß Bescheid in dem Widerstreit der Kapitelstube. Ohne die Einführung muß der ganze erste Akt befremdlich wirken, bleiben auch weiter Fragen und Rätsel.

Die einzelnen Szenen sind eindringlich durchgearbeitet, entrieten darum auch der starken Wirkung nicht und dürfen sich sehen lassen. Wenn der gewaltige Rhythmus der Bewegung nicht überall fühlbar wird, so liegt das in Unzulänglichkeiten, die hier wie überall im Falle Florian Geyer Ereignis werden müssen. (Auch in dieser Begrenzung müßten die Hälfte von den bewußten Sechzig und die hundert Proben beisammen sein.)

Becker hat die Gestalt und die männliche Kraft für den Geyer. Von dem herrlichen, reifen verinnerlichten Heldentum Rittners, der unvergessen bleibt, ist ihm noch nicht allzuviel zueigen. Rittner hat auch den ersten Schäferhans gespielt. Es wäre die gegebene Rolle für Becker. Herr Iltz ist stimmlich und sonst zu lyrisch dafür. Kein Landsknecht, keiner von Pavia, kein Fanatiker. Und dieser Kerl ist so wichtig! Er hat die Großmacht des Pöbels im Kriege wider den Geist zu repräsentieren. Für diese schlecht verhüllte, schlanke Eleganz hat der Geyer keinen Faustschlag. So geht ein starkes Gegenspiel fast ganz verloren. Wenn der Schäferhans die Armbrust spannt, muß einem der Atem stillstehen. Hier ist aber alles, – da der Mörder im Banalen stecken blieb, – Becker zu danken. „Den Tellermann, meinen Leutinger" und manches andre der Art kam nur überlaut, cholerisch. Aber dafür stand nun in den Szenen des vierten und fünften Aktes der schwarze Ritter im geistigen Rüstzeug Huttens. Die Tränen um das Schicksal Deutschlands, die träumerischen Pausen, die letzte Zwiesprache mit dem (von Müller wacker, aber ohne die Herzensmilde des edeln Humanisten gegeben) Rektor, das alles war stark, menschlich anziehend, beherrscht. Und es war ganz außerordentlich bildhaft. Der Anklang an die pfälzische Mundart steht dem fränkischen Geyer nicht übel, nur darf die Sprache Hauptmanns nicht leiden, darf (ein Beispiel) nicht aus der Frage: „Wo ist man die erste Nacht nach dem Tode?“ werden: „Wo is mer dann (!) die erschte Nacht nach'm Dod?“ Dies ist halb feierlich zu nehmen. Die Reise der Seele hebt im Schutze St. Gertraudens an, der Beschützerin der Wandernden. St. Michel aber wehrt den Bösen ab von der Leiche. Darum die Antwort der Marei, daß man die zweite Nacht nach dem Tode bei St. Michel ist. Sie meint es ernst. Vom Geyer ist's ein traurig Spiel mit altem Volksglauben.

***

Die schwarze Marei macht die Fein ohne Theatralik und falsche Dämonie, wozu hier manche Anlöckung lauert, den Tellermann Wahlberg schlicht, breit und in männlich guter Art. Erschütternd war die Episode der Bleibtreu, der Mutter mit dem geblendeten Sohn. Die unsägliche Stumpfheit des unterdrückten Volkes, der ganze furchtbare, unglückliche Bauernkrieg lebte darin. Dagegen blieb Wiecke dem Karlstatt stärkere Töne, persönlich Bezeichnendes und manches mehr noch dem Grumbach Mehnert schuldig. Meyer fand in der letzten kleinen Szene des Jakob Kohl mit dem Geyer den überzeugenden Klang. – Man muß bei einer höchst anerkennenswerten, dankbar zu begrüßenden Aufführung des schwierigen Werkes schauspielerisch manche Nichterfüllung hinnehmen. Notwendig aber bleibt, daß dem Berlichingen aufgeholfen werde. Ganz ohne jegliche Charakterisierung und allein mit Gewohnheitspathos ist er gerade bei der Knappheit nicht zu machen.

Mit den Wiederholungen wir die Einfühlung aller Mitwirkenden und der Zuschauer sich steigern. Es wäre im übrigen traurig, fände die große, künstlerische Arbeit nicht ihren Lohn. Der Florian Geyer darf keinem Deutschen unbekannt bleiben. Wer ihm in dieser Zeit begegnet, zuerst begegnet, wird ihn voll tiefer Ergriffenheit grüßen. Denn sein Messer trifft alle Bedrücker und Bedränger deutscher Volkheit im weiten Kreise mitten ins Herz.

Julius Ferdinand Wolff
In: *DNN*, Sonnabend, den 12. November 1932

Andreas Hollmann

von Hans-Christoph Kaergel

Uraufführung im Schauspielhaus am 9. Februar 1933

Der Epiker Kaergel hat gestern nicht zum erstenmal seine dramatischen Wirkungsmöglichkeiten auf der Schaubühne erprobt. Deutsche Menschen, nur durch Grenzpfähle, nicht durch den Kamm des Riesengebirges voneinander getrennt, Schlesier,

Menschen dieser besonderen und besonders liebenswerten Art im tragischen Kampf um ihr Stammesschicksal erleben in ihrer Mitte das Martyrium eines Führers.

Wenn man will – ein Tendenzstück. Aber dann doch keines, das im Kampf zwischen Staat und Volk den Staat verneint und das Volk gegen den Staat zum Kampf ruft. So wenig, wie der friedliche Dichter, sind seine Gestalten revolutionär, oder auch nur Rebellen. Und mit der Staatsraison, die da gelehrt wird, könnte jeder Staat ganz vortrefflich auskommen, der das Recht seiner Volksminderheiten nicht nur ehrlich anerkennte, sondern auch achten und schützen wollte.

***

Was geschieht? Andreas Hollmann, Wirt und Bürgermeister, stellt sich mit seinen dörflichen Ratsgenossen vor die gefährdete deutsche Schule. In einem rein deutschen Sprachbezirk soll mit den bekannten Mächten des Formalismus und der Amtsgewalt die deutsche Schule in eine „Staatsschule" gewandelt werden. Praktisch bedeutet das: deutsche Schulkinder werden, wenn sie deutsch bleiben wollen, gezwungen, in Wind und Wetter und Wintersturm zwei Stunden weit täglich auf rauhen Gebirgswegen zur Schule zu gehen. Dort werden sie in Massen eingepfercht sein in engen Räumen. Die aus Kraft und Leistung ihrer Väter und Urväter erbaute Schule aber wird mitten im deutschen Sprachgebiet dastehen als ein großes Haus für eine Hand voll Kinder, die zufällig oder aus gutgefügtem Zufall die Staatssprache sprechen, oder aus dem Zwang der Armut oder der körperlichen Schwäche genötigt werden, mit der Muttersprache ihr eingeborenes Volkstum aufzugeben.

So wird den Menschen auch im engen Bezirk Politik zum Schicksal. Die Väter wissen, was die geistige Zwingburg bedeutet für die Familie, für die Zukunft ihres Stammes. Sie haben aus hartem Erleben erfahren, wie die Leitsätze des amerikanischen Völkerbeglückers Wilson praktisch zur Geltung gebracht werden.

Das Schicksal der Volksminderheiten im Staate hat zu allen Zeiten Tragödien aufwachsen gemacht. Aber seit nun auch der Kleinste im schmalsten Bereich erleben muß, mit wieviel schnellerer Gewalt, als ehedem, sich das Geschick vollzieht, seit die Verheißung aus Verträgen die Aussöhnung zwischen Staat und Volk verkündete, wirken Sünden des Staates und Enttäuschung der Staatsbürger schlimmer, schärfer, ätzender als je.

In diesem Grenzorte scharen sich die Menschen um den Bauernbürgermeister Hollmann, der den Staat ebenso unbedingt bejaht, wie die ewigen Rechte, die auch mit den Menschen geboren sind, die da als eine Minderheit seit Jahrhunderten, Generation nach Generation, auf ihrer Scholle leben. Aufbäumung gegen Härte und unbegreifliche Willkür will Andreas Hollmann nicht aufkommen lassen. Gegen Unrecht kennt er nur eine Waffe: das Recht. In der Schicksalsgemeinschaft dieses Staates, die er keinen Augenblick aufgibt, muß der Einzelne sich diesem Axiom – so verlangt es der Bürgermeister – unterstellen. Denn Rebellion, wüchse sie auch auf dem Grunde des beleidigten Rechts, kann nach seiner Erkenntnis nicht zur Freiheit, nur in Unheil führen. Da hat der Einzelne, mag sein Schmerz um seine Kinder und sein Volkstum noch so verzehrend, sein Temperament noch so stark sein, kein Recht, aus der Reihe zu treten. Seine unbesonnene Tat muß sich an dem ganzen Stamme rächen. Solange Andreas

Hollmann seine Gemeinde führt, soll ihr keiner ein Unrecht gegen das Staatsgesetz nachsagen können.

Und nun muß er erleben, daß sein Sohn desertiert, daß man in seinem Hause die Uniform des Sohnes findet, von dessen Flucht der Vater nichts ahnte. Der Gendarm darf just ihn der Beihilfe zu einer solchen Verletzung der Staatsgesetze zeihen.

Andreas Hollmann wandert ins Gefängnis für eine Tat, die er nicht getan hat. Wie nach Monaten heimkehrt, hat man ihm seine Wirtschaft gesperrt. Er beugt sich nicht, hält an seinem Lebensgesetz fest, wie an seinem Volkstum. Und wie der Sohn heimlich wiederkehrt, schützt er den Flüchtling nicht, verweigert ihm seine Hand: „Warte mal – die Hand – ja, ja – die Hand, die möchte ich dir schon geben. Aber ich kann ja nicht! Du hast mir ja meine Hände abgeschlagen."

Bis der Sohn begreift, daß man „mit Unrecht das Recht nicht an sich reißen kann". Da gibt er ihm die Hand, wehrt den Gendarmen ab, der den Fahnenflüchtigen fesseln will. Frei und aus freiem Entschluß soll der Sohn mit dem Vater in die Kaserne gehen, die Strafe tragen, dem Gesetzt genüge tun und so Mitkämpfer werden in den Reihen seiner deutschen Stammesgenossen.

***

Die sieghafte Macht väterlicher Erkenntnis in einem Stammesführer mündet an der Zweifelsgrenze der Erfahrung. Wird das Martyrium des Vaters und des Sohnes, werden die Seelengröße und die kompromißlose Rechts- und Staatsauffassung des Andreas Hollmann ihre beispielmäßige Wirkung tun? – Auf diese Frage würde Andreas Hollmann antworten nach seinem inneren Gesetz, von dem er, wie Hebbels Meister Anton und hebbelischer Unbedingtheit, nicht abgeht. Nur daß in diesem naturalistischen Stück das Unbedingte eben nicht in die Tiefe der Tragödie gelangt, wohin es führen muß. Denn Andreas Hollmann, der nicht handelt, wie es die Aussicht auf Erfolg eingibt, der seine innere Freiheit über die äußere stellt, glaubt unbewußt doch an den schließlichen Sieg seines Rechts.

Ein geborener Dramatiker müßte in diesem Konflikt den unbedingten Weg der Tragödie gehen bis ins bittere Ende.

***

Eines der größten deutschen Dramen „Die Hermannsschlacht" ist zweifellos ein politisches Tendenzdrama. Der Dresdner Appellationsgerichtsrat Körner, noch immer einer der erlauchtesten Geister, der Freund Schillers und sein geistiger und künstlerischer Gewissensrat, der längst vor dem Bekanntwerden der Hermannsschlacht das Werk kannte, lehnte es grundsätzlich ab, daß ein Dichter die politischen Verhältnisse seiner Zeit auf die Bühne bringe, sei es auch im antiken Gewande: „Ich liebe es nicht, daß man seine Dichtung an die wirkliche Welt anknüpft. Um drückenden Verhältnissen der Wirklichkeit zu entgehen, flüchtet man sich in das reich der Phantasie."

Und Goethe verneinte die „Politik als passenden Gegenstand für den Poeten": „Sowie ein Dichter politisch wirken will, muß er sich einer Partei hingeben, und sowie er dies tut, ist er als Poet verloren ... Der Dichter wird als Mensch und Bürger sein Vaterland lieben, aber das Vaterland seiner poetischen Kräfte und seines dichterischen Wirkens ist das Gute, Edle und Schöne, das an keine besondere Provinz und kein besonderes Land gebunden ist, und das er ergreift und bildet, wo er es findet. Er ist darin dem Adler gleich, der mit freiem Blick über den Ländern schwebt und dem es gleichviel ist, ob der Hase, auf den er herabschießt, in Preußen oder in Sachsen läuft."

***

Unsre Forderung an das dramatische Kunstwerk steht gleich hoch. Nur verneinen wir nicht die Bühne als völkermoralische Anstalt und aus diesem Grunde auch nicht das politische Drama aus zeitnahem Erlebnis. Auch geht es hier selbstverständlich nicht um ein klassisches Maß. Der Dichter des „Egmont", der mutige, aufrechte Minister Goethe in den Tagen des siegreichen Bonaparte, kann nur aus Unkenntnis oder Tendenzmache mißverstanden werden. Bewiesen werden soll hier nur, daß die überzeugende Lösung des Freiheitskonflikts des Einzelnen oder des Stammes nur im Sieg oder im tragisch-heldischen Untergang zu gewinnen ist. Dramatische Dichtung über Zeiten hinaus kann ein Stück solcher Art nur werden, wenn es sich über das Zeitbedingte emporhebt in das Hochfeld der Tragödie.

***

Dahin langen nun Kaergels Ehrgeize gewiß nicht. Seine schlesische Heimatssehnsucht und die Nöte seiner Landsleute haben sein Herz sprechen gemacht in der Sprache Gerhart Hauptmanns und Karl Hauptmanns. Er ist beileibe nicht einer ihrer spekulativen Nachahmer. Aber dies sind seine Vorbilder. Und auch bei Hebbel ist er ein wenig in die Schule gegangen.

Das Zuständliche überwuchert die Handlung. Im Grunde ist das ein Heimatsroman. Der Konflikt ist schon im ersten Akt unentrinnbar festgelegt. Das Geschehen kann sich, insbesondere das äußere, nicht anders als in die Breite entwickeln.

Aber das alles ist aus eigenem Erleben aus tiefem Gefühl und Mitgefühl ehrlich gemacht. Man spürt die Not eines Volkes. Es gibt keine haltbare Staatsraison, die diese Auffassung von Staat, Vaterland, Volkstum auf die Dauer verleugnen kann, ohne sich selbst aufzugeben. Hier spricht keine Parteitendenz, keine Verunglimpfung eines andern Volkes und Staates. Diese Feststellung erscheint gegen jede Entstellung notwendig. Sie wird bestätigt durch das Verständnis und den Erfolg eines Schauspiels, das frei ist von Chauvinismus, aber ganz erfüllt von dem Schicksalskampf und den Leiden der Auslandsdeutschen, die wir miterleben.

***

Unter Georg Kiesaus Leitung wurde das Stück auch ganz in diesem Sinne auf der Bühne gestaltet. Die ausgezeichnete Aufführung mit dem besonders gelungenen und spannenden zweiten Akt wird schauspielerisch ganz nach dem Willen des Dichters getragen von Kleinoschegg (Hollmann), der David (der Mutter) und Hoffmann (dem Sohn).

Kleinoschegg gibt den leiblichen und geistigen Zwillingsbruder des Christoph Rott. Auch in ihm ersteht Glaube und Heimat, wie in dem Bauern in Schönherrs Volkstragödie. Auch die David wirkt so, daß sie sagen könnte: Andreas, „du bist ja völlig aber ein Menschen!" Auch dies ist eine durchaus legitime Verwandtschaft. Und das Wiedersehen der Ehekameraden, wenn der Bürgermeister aus dem Gefängnis heimkehrt, ergreifend.

Es gibt in den Dialogen spürbare literarische Sprachstrecken. Aber das Ganze bleibt einfach. Kleinoschegg, die David und Hoffmann (der es in dieser Hinsicht am schwersten hat) blieben auch unverkünstelt.

Unter den Bauern trat Kottenkamp stärker hervor, so wie es die Rolle und das Temperament des Gegenspielers des Andreas Hollmann fordern. – Gute Gestalten in angebrachter Holzschnittmanier schufen Decarli, Lewinsky, Liedtke, Ostwald, Bauer und die Crusius, Paulsen einen heimtückischen Dorfintriganten ganz in der Volksstückweise.

Das Typische des Grenzgendarmen gelang Posse sprachlich und gestaltlich sehr gut.

***

Mit den Schauspielern und Kiesau wurde der Dichter immer wieder gerufen und durfte sich, wie alle, eines starken ehrlichen Erfolges freuen.

Julius Ferdinand Wolff
In: *DNN*, Sonnabend, den 11. Februar 1933

Dresden-A. 20
Franz-Liszt-Str. 6

6. Juli 1938
(unsre Strasse ist umbenannt worden)

Mein Lieber

wenn mir nicht das Schreiben propter impedimenta animae so schwer fiele, hätte ich Dir sofort auf Deinen Gruss geantwortet. In meiner Lage wird man allmählig der Liebeszeichen ungewohnt. Umso tiefer geht die Freude, wenn eines eintrifft. Aber wenn man nur Trauriges aufzusagen weiss, scheut man vor jeder Äusserung zurück. Unser seelischer Zustand liegt jenseits der Mitteilsamkeit. Man ist sich zutiefst bewusst, dass man seine Freunde damit nur belastet, ohne sich selbst zu erleichtern. Aber Du willst wissen, wie es geht. Ich würde Dir gerade Dir gern mein Herz ausschütten trotz alledem. Aber dabei müsste ich Dich anschauen können. Erlass mir Einzelheiten! Ich meine, wenn ich das hinschreiben soll. Kurz gesagt: das Leben, das wir führen, zermürbt langsam aber fühlbar auch den Körper. Es gibt keinen Ort, wo wir uns einmal erholen u. aufatmen können. Und da die Umwelt so hart auf uns lastet, gehen wir möglichst wenig vor die Türe unsres Hauses. Manchmal flüchten wir nach Berlin, um ein paar Bekannte u. Freunde zu sehen, weil wir da nicht früheren Bekannten so leicht begegnen. Dann schliessen wir uns wieder ein. Unsre leichtere Stunde kommt, wenn wir mit dem Buch im Bett liegen und auf die Wirkung der Schlafmittel warten, deren Grossverbraucher wir schon lange sind. Wie das so geworden ist, die Stationen unsres Passionsweges, das kann ich Dir vielleicht einmal erzählen, nicht schreiben. Aber diese Wirkung war unausbleiblich. Auch was unser Freund Felix in Wien u. seine Frau durchmachen, nachdem sie vor einem Jahr ihren einzigen Sohn verloren hatten, u. nun in hilflosen Sorgen u. Krankheit ein unbeschreibliches Alter dicht vor sich sehn.

Ich bitte Dich, schreibe Hanna nicht etwa Tröstliches hierüber! Denn Frau J. wird durch Felix u. uns in Hoffnungsmöglichkeiten gehalten.

Brief von Julius Ferdinand Wolff an Herbert Eulenberg vom 6. Juli 1938, Seite 1

Sie negligieren zu diesem Zweck ihren körperlichen, durch die schweren, seelischen Aufregungen hervorgerufenen bedrohlichen Zustand u. warten u. hoffen darauf, sie wiederzusehen. Vorläufig geht das noch nicht, zumal sie das Haus, wo sie 30 Jahre gelebt haben, verlassen müssen, um in eine kleine Wohnung zu ziehen. —

Dass ich an den Rhein komme, erscheint mir ausgeschlossen. Wo sollte ich auch hausen? Bei meinen Schwestern, wo das Unglück nach dem tragischen (aus dem Leben geschiedenen verstorbenen) Tod meiner Nichte (einziger Tochter meiner jüngsten Schwester, einzigen Menschen für den diese arme Frau u. meine andre Schwester noch lebte, beide Witwen u. ihrer andern Kinder längst beraubt) so in Haufen sitzt, dass es einem den Atem nimmt. — Nein, das hält ich nicht aus. Hier in meinen (wie lange noch?) vier Wänden hab' ich mich besser in der Macht u. bin Schauspieler genug, selbst meine arme Frau (die in einem Jahr durch Kummer, Sorgen u. Schrecken fast 20 Pfund abgenommen hat) öfter zu täuschen. Hier wenden wir uns gegen den Einbruch von Sentimentalitäten u. benehmen uns nicht als ob wir an der Klagemauer zu sitzen u. weinen hätten. Nur so geht auch noch etwa in Berlin. — Von Hauptmanns hab' ich in Jahr u. Tag nichts gehört und gesehen. — Übrigens hat er so lang ich ihn kenne stets den Rotwein bevorzugt. Ich hab ihn nie anders als nur bei Burgunder u. altem Bordeaux erlebt. Das hätte ich sogar noch zu bieten. Aber damit bin ich ja unmöglich geworden u. verlange u. erwarte in diesem Bewusstsein u. nach all diesen lehrreichen Erfahrungen nichts mehr von den Menschen, die mich bei ihren Festen zu finden wussten. Ich bin nicht einmal mehr

Brief von Julius Ferdinand Wolff an Herbert Eulenberg vom 6. Juli 1938, Seite 2 und 3

II.

gekränkt, wenn sich diese Ausfallserscheinungen des sozusagen freundschaftlichen oder auch nur geselligen Lebens wiederholen. Darüber kann ich sogar schon lächeln. Zumal wenn ich – um bei dem Paradigma zu bleiben – die gar nicht veralteten Fähigkeiten gelegentlich feststellen kann, die sich an anderen Ufern fortsetzen.

Wenn Du heute kämest, würdest Du wahrscheinlich staunen, wie ich mich sogar noch freuen kann. Und wie ich mich selbst und die Sinnlosigkeit u. dauernde Qual meines Daseins zu vergessen u. zu verleugnen vermag. Aber auf den Einbruch einer solchen Wiedersehensfreude darf ich gar nicht mehr zu hoffen, nachdem ich s. Z. bei Deiner plötzlichen Abreise aus Berlin, sozusagen schon mit der Reisetasche in der Hand, darauf habe verzichten müssen. Ich glaube daran nicht eher, als ich Dich greifbar vor mir stehen sehe. –

Du fragst nach meinen Leiden. Nun, sammele, leider, leider… Aber tapfer genug, solange es der Körper aushält. Man kann sie nicht heilen, weil ja an der Ursache nichts zu ändern ist. Ich besuche die Spezialärzte, weil die Maschine notleidend wird. (Augen, Ohren und wichtiges Eingeweide) Merkwürdigerweise erscheint mir die z. T. wenig tröstliche

z. T. sehr peinliche Behandlung als eine
Abwechslung, oder Zerstreuung. Mein Bruder
hat eine Kur in Senenatz gemacht, nach der
es ihm körperlich etwas besser geht. —
Ich freue mich so herzlich für Hedda
u. Dich, dass Ihr nach Italien fahren konntet.
Dies und jede Reise ist uns jetzt verschlossen. Und im Auslande gibt es kaum
uns keinen Ort, wo wir willkommen wären
und der uns als Ziel willkommen wäre.
Deshalb entfällt dies alles. Genau so
wie wir nun in fast 6 Jahren ausser einer
kleinen Bar, wo wir manchmal, um unsre
alte, treue Schaffnerin zu entlasten, am
Sonntag Mittag speisen, hier kein Lokal,
kein Theater, keinen Konzertsaal betreten.
In Berlin gehen wir (selten hier) ins Kino.
Das ist alles. Und schon viel, wie uns deutlich,
besonders, wenn Sacha Guitry, Raimu u.
solche Künstler sich offenbaren. — Wenn ich
Dir Fakta, Erlebtes, Erlittenes aufzähle,
begreifst Du, es könne nicht anders sein. —
Vielleicht kommt doch mal ein Wiedersehen
in Berlin zustande? (Ich will etwa um
den 17.–18. Juli wieder dort sein auf
einige Tage.) Oder gar hier? Das wäre
herrlich. Und Du brauchtest nicht auf
eine frauenfeindliche Begegnung Dich einzustellen.
Lieber alkoholisch feucht u. nach gutem
Geschmack. Denn dies wäre ein Fest für
mich. Wird es in die endlosen Monate
u. Jahre meiner Aussage hineinleuchten?
Ich will die Hoffnung nicht aufgeben. Wie
ich auch meinem christlichen Glauben treu

bleibe, der mich aufrechterhält. — Ich umarme Dich, [illegible]

Brief von Julius Ferdinand Wolff an Herbert Eulenberg vom 6. Juli 1938, Seite 4

Zu unseren letzten Willen, niedergeschrieben im Spätsommer 1941 (leider habe ich keine Zweitschrift gemacht) haben wir unseren Testamentsvollstrecker (nunmehr Herrn Rechtsanwalt Dr. Poege, da mein Bruder inzwischen verstorben ist) noch folgende ergänzende Erklärungen abzugeben:

Wir haben so sehr gelitten, daß wir nicht mehr weiterleben wollen. Es soll nach unseren Tod sofort das Testament, das erste ganz kurze nur zwischen uns Eheleuten und das gemeinsame dem Nachlassgericht eingereicht, die Eröffnung sofortig beantragt, zugleich der Schutz des Hauses und der beweglichen Habe durch das ordentliche Gericht verlangt werden. Wie das technisch zu machen ist, überlassen wir dem Testamentsvollstrecker im Einvernehmen mit dem Nachlassgericht.

Die Räume müssen ja zum Teil zugänglich bleiben, da unsere Wirtschafterin Fräulein Grille, überall Bescheid weiss und auch bei der Nachlassverteilung meines Bruders testamentsgemäss mitwirken kann und soll.

Ausserdem hat sie ihr eigenes Mobiliar und ihre Sachen und kann die nicht sofort wegbringen, hat auch noch keine andre Wohnung. Es gehört zu unserer pflichtgemäßen Sorge, den Testamentsvollstrecker zu ermächtigen, ihr bis zur Abwicklung des Testaments bezw. [sic] bis sie demgemäss versorgt ist, weiter ihren Lohn M. 69,-- monatlich zu zahlen und ihr den für ihre Verköstigung heutigen Betrag auszuhändigen. Da sie sehr leidend ist, so soll das so reichlich geschehen, wie es die Vorschriften für Ernährung etc. zulassen. Der Testamentsvollstrecker soll dafür sorgen, dass sie nicht Not leidet. Und da seit der Zeit unserer Testamentsabfassung alles teurer und schwieriger geworden ist, sind wir damit einverstanden, daß wenn das angängig ist, Fräulein Grille für ihre Lebensdauer monatlich statt der im Testament vorgesehenen M. 100,-- monatlich M. 200,-- ausbezahlt werden. Wir bitten unseren Testamentsvollstrecker demgemäss zu verfahren.

Da wir keine Abschrift des Testaments besitzen und nicht wissen, ob dies folgende darin gesagt ist[,] erklären wir unseren letzten Willen, daß alle die kleinen Legate bis einschließlich 5000,-- den Bedachten steuerfrei zukommen sollen. Vielleicht steht es so im Testament. Jedenfalls ist es unser letzter Wille so. Das Gleiche gilt für die im Testament erwähnten Andenken, Kleidungsstücke etc.

Der Testamentsvollstrecker soll sämtliche Steuerquoten und Bankakten in Besitz nehmen. Unter den Versicherungen befinden sich noch längst erledigte, durch die Inflation bis zu einem an das Finanzamt bei den großen i. E. Abgaben abgelieferten kleinen Bruchteil, vernichtete Lebensversicherungspolice, die vernichtet werden können.

Dresden 24. Februar 1942.

Prof. Julius Israel Wollf
Johanna Sophie Sara Wollf

Der letzte Wille der Eheleute Wollf. (Bestätigte Abschrift der Hauptschrift, Amtsgericht Dresden, Abt. II, Dresden, den 25. März 1942), Signatur: Sächsisches Staatsarchiv, Hauptstaatsarchiv Dresden, 11045 Amtsgericht Dresden, Nr. 1. 4865

PS: Dresden, der langweilige Pressestandort?

PS: Dresden, der langweilige Pressestandort?

Die Entwicklung der Dresdner Zeitungslandschaft von den Anfängen bis zum Ende des Zweiten Weltkriegs

Skandale? Große journalistische Würfe, die wenigstens das kleine Sachsen erschüttern? Nein, nichts davon. Und wenn, dann sind es höchstens ein paar Skandälchen, mit denen die Blätter hier auf sich aufmerksam machen können. Auf den ersten Blick dürfte die Dresdner Presselandschaft von ihren Anfängen bis zum Ende des Zweiten Weltkriegs also zu einer der langweiligeren zählen, die der deutschsprachige Raum zu bieten hatte. Aber wie so oft im Leben schadet ein zweiter oder dritter Blick nie. Denn auch die vermeintlich unspektakuläre – und in vielem wohl tatsächlich hinterherhinkende – Pressebühne Dresdens hat durchaus spannende Aufführungen, Regisseure und Schauspieler zu bieten, um hier sprachlich das Steckenpferd von Julius Ferdinand Wollf zu satteln. Es lohnt sich, ein bisschen spazieren zu gehen, in der Dresdner Zeitungslandschaft und ihrer Historie. Denn schon der Start war einer, der das Zeug zu mehr hat als nur zur beiläufigen Anekdote.

Der *Dresdner Anzeiger* – kapitalistischer Frühstart

War das schon Journalismus? War Johann Christian Crell so etwas wie Dresdens erster Zeitungsmagnat? Oder war Crell, der vor allem unter dem Pseudonym Iccander bekannt geworden ist, eher ein Geschichtenerzähler? Geschichten vom Dresdner Kurfürstenhof und Geschichten aus Dresdens Geschichte, die er zu drucken begann. 1690 bis 1762 lauten Crells überlieferte Lebensdaten, und seine Werke tragen Titel, die tatsächlich eher einen Klang märchenhafter Hofberichterstattung erzeugen, als nach Journalismus zu klingen. Es waren vor allem historische Betrachtungen, die Iccander verfasste. *„Das fast auf dem höchsten Gipfel der Vollkommenheit prangende Dreßden“*, nennt sich zum Beispiel eine dieser Chroniken. Und doch gibt es etliche Zeitungswissenschaftler, die in ihm Dresdens ersten Zeitungsmacher sehen.

Als sich der Dresdner Student Walter Schöne 1912 an der Universität Leipzig für seine Dissertation mit den Anfängen des Dresdner Zeitungswesens befasst, sieht er die Ursprünge der ersten Zeitungen dabei sogar schon vor 1700. In periodisch erscheinenden Einzelblättern und Flugschriften, die zu dieser Zeit „Diarium“ genannt werden.[732] Es ist jedoch anzuzweifeln, dass diese bedruckten Zettel wirklich schon die Bezeichnung Zeitung verdienen. Denn in der Regel waren sie eher eine Art regionale Geschichtsdoku – aber kein Journalismus, der reflektiert, erklärt oder gar wertet. Vor allem Letzteres wäre bei den Herrschenden jener Zeit auch nicht gut angekommen – sie aber waren es, die für solche „Diarien“ den Daumen hoben oder senkten.

Das älteste – noch nachweisbare – dieser Dresdner Diarien ist dabei das von Crell herausgegebene *Diarium Dresdenſe*, das seit 1714 zweimal wöchentlich erschien. Und die kurfürstlichen Stellen, die das Privileg – also die Erlaubnis – zur Herausgabe dieser Zettel erteilten, schauten ganz genau hin, was da veröffentlicht wurde. Dieser Druck auf Crell bewirkte, so sieht es jedenfalls der erwähnte Student Schöne, dass das *Diarium Dresdenſe* zum weitgehend unpolitischen Lokalblatt wurde. Crell druckte fast ausschließlich Meldungen über Unglücksfälle in der Stadt, die monatlichen Fleisch- und Brotpreise, Todesanzeigen, Taufanzeigen und – selbstverständlich bei einem Hofchronisten wie Crell – auch Nachrichten vom Hof. Von journalistischer Arbeit im heutigen Verständnis kann keine Rede sein – hier wurde sozusagen einfach nur verlautbart. Die tatsächliche Zeitungsgeschichte Dresdens begann 1730. Da betrat der *Dresdner Anzeiger* die Pressebühne. Und spielte dort mindestens für die folgenden hundert Jahre die absolute Hauptrolle in der Elbmetropole.

Doch zunächst ein kurzes Vorspiel: Das mit der Industriellen Revolution über England auch in die deutschen Länder gekommene Anzeigenwesen – damals wegen des Begriffs „Intelligenzien" für Anzeigen noch Intelligenzienwesen genannt – hatte bereits 1721 auch in Dresden Fuß gefasst. Damals richtete der Notar und Auktionator Gottlieb Grießbach das erste Dresdner „Adreß und Intelligenzkontoir" ein – und gab dort anfangs noch per Hand geschriebene Intelligenzzettel heraus.[733] Zusammengefasste Kauf- und Verkaufsanzeigen also. Eine durchaus interessante Geschäftsidee. Leute wie Grießbach fungierten als Vermittler von Waren, eine Art „ebay" noch ganz ohne Internet. Als echtes Intelligenzblatt können diese mit Anzeigen gefüllten Zettel noch nicht durchgehen; es fehlen die Inhalte neben den Anzeigen. Aber neun Jahre später ist es auch in Dresden endlich so weit: 1730 baten fast gleichzeitig zwei Dresdner den Kurfürsten Friedrich August I. – bekannt als „der Starke" – um die Erlaubnis zur „gebündelten" Herausgabe von Anzeigen, aufgehübscht mit berichtenden Texten. Beide wollten sogenannte *Frag- und Anzeigen Zettuln* veröffentlichen. Wiederum mischte hier der bereits erwähnte Johann Christian Crell mit, aber auch der Pfarrerssohn Gottlob Christian Hilscher. Am 1. September 1730 gab jener Hilscher forsch sein Blatt heraus, noch bevor er die Erlaubnis dazu hatte. Das Ganze unter dem für heutige Zeitungsleser völlig unbrauchbaren Titel:

DER KÖNIGLICH-POLNISCH-CHURFÜRSTLICH-SÄCHSISCHEN RESIDENZSTADT WÖCHENTLICHER ANZEIGER ODER NACHRICHT

Dieser freche Frühstart brachte seinen Konkurrenten Crell heftig auf. Und doch wurde daraus kein Fehlstart. Für Hilscher blieb der sicher nicht ganz ungefährliche Vorstoß erstaunlicherweise ohne schwerwiegende Folgen. Hatte Crell als Iccander vielleicht doch ein paar spöttische Spitzen zu viel verschossen in seinen Chroniken über den sächsischen Kurfürstenhof? Oder waren hier von Hilscher ein paar Schmiergelder in Richtung kurfürstlicher Portemonnaies geflossen? Die Geburtsstunde des *Dresdner Anzeigers* ist jedenfalls im tiefsten Feudalismus ein hinterlistiger (Vor-)Griff in die kapitalistische Trickkiste.

Allerdings sind auch in Hilschers Intelligenzblatt außer Anzeigen zunächst kaum nennenswerte Texte zu finden. Es gibt lediglich ein paar Meldungen über in Dresden ankommende Reisende oder auch die aktuellen Gemüsepreise.[734] Was ein solches Blatt besonders interessant gemacht hätte, durfte Hilscher nicht drucken: den noch heute so erfolgreichen Klatsch nämlich. Hilscher durfte nicht über Geburten, Hochzeiten oder Todesfälle in Dresden berichten. Das war alleiniges Privileg der Kirchen, die eigens dazu ihre sogenannten *Kirchen-Zettuln* herausgaben. Erst als Gottlob Christian Hilscher 1748 starb und Siegmund Ehrenfried Richter am 1. Juli 1749 seine Nachfolge als Herausgeber antrat, durfte der *Anzeiger* auch solches Futter für Dresdens Straßeneckenklatsch abdrucken. Und das Blatt bekommt auch einen weniger Druckfarbe verschlingenden Namen: *Dreßdnische Frag- und Anzeigen.* Richter baut die journalistischen Inhalte Stück für Stück aus. So gibt es nun kleine Meldungen über Unglücksfälle oder – auch das sicher gern gelesen – Hinrichtungen. Und es fanden auch amtliche Mitteilungen ihren Platz, wie Personalentscheidungen am kurfürstlichen Hof.[735] Die noch immer beste Lesequoten bringende Bandbreite auch des heutigen Boulevards also.

Nach mehreren Besitzerwechseln kaufte sich am 9. Februar 1837 der Dresdner Rechtsanwalt Dr. Justus Friedrich Güntz das Zeitungsprivileg für den *Dresdner Anzeiger*. Was Güntz übrigens immerhin 27 000 Taler kostete.[736] Ein Taler entsprach damals in Sachsen 24 Groschen – und 1837 verdiente zum Beispiel ein sächsischer Zimmerergeselle zehn Groschen täglich. Das waren maximal 300 Groschen im Monat. Er musste also lange „zimmern", um auf die erwähnten 27 000 Taler zu kommen. Unter Güntz' Leitung sollte dann der endgültige Schritt vom Inseratenblatt zur politischen Tageszeitung erfolgen. Seit 1827 war der *Dresdner Anzeiger* bereits täglich, auch sonntags, erschienen – und ab 1838 wird er Amtsblatt. Heißt, die städtische und die Landespolitik darf Plätze auf den Seiten mit eigenen Themen füllen. Mit politischen Themen. Und Lokales? Auch das gab es. Zaghaft zumindest. Denn mit Jahresbeginn 1869 erscheint im *Anzeiger* eine Rubrik mit der Überschrift *Allgemeine Mitteilungen*.[737] Die füllt anfangs nur wenige Spalten und enthält lokale Berichte, Theaterbesprechungen, aber auch außenpolitische Nachrichten. Trotzdem ein Lokalteil – der mit der Zeit noch wachsen wird. Wobei das Ganze wohl eine Reaktion auf die Gründung der *Dresdner Nachrichten* gewesen sein dürfte, die dem *Anzeiger* seit 1856 Konkurrenz machen. Und in ihrem Zeitungsgarten zahlreiche lokale Blumenzwiebeln in die journalistische Erde bringen. Im Vergleich zur regelrechten Blütenpracht, die der Lokalteil der *Neuesten Nachrichten* gut vierzig Jahre später seinen Lesern bieten wird, sind die *Nachrichten* quasi eine gärtnerische Wüste.

Dem *Anzeiger*-Besitzer Friedrich Güntz verdankt die Stadt Dresden im Übrigen auch eine mit dem Blatt verbundene gemeinnützige Stiftung. Am 26. August 1856 hatte Güntz eine Urkunde unterschrieben, durch die der Übergang des „Adreß-Comptoir nebst Zubehör" – also praktisch der Anzeigenverlag – an die Stiftung geregelt wurde. Als Verwalter wurden die jeweiligen Oberbürgermeister und deren Stellvertreter eingesetzt. Güntz legte jedoch vorsichtshalber fest, dass *„die Redaktion des* Dresdner Anzeigers *(...) niemals vom Stadtrat oder einem seiner Mitglieder, sondern von einem besonderen verantwortlichen, aus den Erträgen des Adreß-Comptoir zu salierenden Redakteur zu leiten*" ist.[738] Eine Einmischung in redaktionelle Belange durch die Stadt oder den Stadtrat sollte damit ausgeschlossen werden, lässt sich Güntz unterschreiben. Lediglich über die Besetzung des Chefpostens wird im Rat entschieden. Was aber ohne Frage durchaus politischen und inhaltlichen Einfluss auf die Beiträge nehmen kann; denn nach dem politischen Geschmack des Chefs wird die journalistische Suppe der Redaktion gewürzt. 1920 entschied der Stadtrat beispielsweise, Dr. Wilhelm Frölich[739] die Geschicke der Redaktion in die Hand zu legen.[740] Der 1877 in Frankfurt am Main geborene Frölich übernimmt das Amt am 15. September 1920. Bevor er zum Journalismus fand, hatte er zunächst in Marburg, Berlin und Straßburg Theologie und Philologie studiert. Später auch noch Volkswirtschaft und Geschichte. 1919 wurde Frölich an der Universität in Frankfurt am Main zum Doktor der Philosophie promoviert – und übernahm im selben Jahr den Chefposten der *Thüringer Allgemeinen Zeitung* in Erfurt. Schon zuvor war er ins Journalistenhandwerk gewechselt, arbeitete beim *Frankfurter General-Anzeiger* und den *Frankfurter Nachrichten*, wo er während des Weltkriegs den Politikteil leitete. Er war überzeugt, dass Zeitungen das Volk mit nationalen Gedanken zu füttern hätten – gerade in Zeiten der wirtschaftlichen Einschnitte durch die alliierten Siegermächte nach der Niederlage im Ersten Weltkrieg – und mit Blick auf den auch von ihm nicht euphorisch beklatschten Versailler Vertrag. *„Noch notwendiger war jetzt die unverzagte, bejahende Mitarbeit aller Schichten des Volkes"*, macht er später rückblickend klar. Frölich passt den Taktgebern in Dresden damals offenbar bestens ins politische Klangbild.

Doch noch einmal zurück zur *Anzeiger*-Stiftung: Am 6. Mai 1895 hatte auch der Dresdner Buchdrucker Clemens Blochmann seine Druckerei in das Stiftungsvermögen gegeben.[741] In Blochmanns Druckerei war der *Anzeiger* seit Januar 1848 gedruckt worden. In den kommenden Jahren folgt dann weiterer Zuwachs: 1904 geht beispielsweise der Verlag des Dresdner Adressbuches in die Stiftung über, und fünf Jahre später wird innerhalb der Stiftung eine Plakatabteilung gegründet. Die kauft für 14 000 Mark zehn Säulen der pleitegegangenen Dresdner Orientierungs-Säulen-Gesellschaft.[742] 1919 wird dann letztlich das gesamte „Anschlagwesen Dresdens" und weiterer 30 sächsischer Gemeinden pachtweise von dieser Plakatabteilung übernommen. Heißt, die Stiftung kümmert sich nun um sämtliche öffentlichen Aushänge in Dresden. Oder vielleicht richtiger gesagt: Sie hat Zugriff auf alle öffentlichen Plakatflächen. Sicher auch aus politischer Sicht nicht unwichtig. Die Stiftungserträge fließen dabei in gemeinnützige Zwecke der Stadt Dresden. Auf der 50-Jahr-Feier der Stiftung am 30. September 1906 ist von immerhin über vier Millionen Mark die Rede, die an die Stadt gegangen sind. 204 000 Mark davon beispielsweise ans Maternihospital und 80 000 Mark in die Armenkasse. Späteren Geldüberweisungen der Stiftung verdankt Dresden unter anderem das Körnerdenkmal, das Güntzbad oder auch den Gänsediebbrunnen.[743]

Am 11. Juli 1875 stirbt Herausgeber und Chefredakteur Güntz. Neuer leitender Redakteur wird Hermann Thenius, der sich mit dem *Anzeiger* auf den Weg zur modernen politischen Tageszeitung macht.[744] Trotzdem bleibt das Blatt zu dieser Zeit die Dresdner Zeitung mit dem größten Inseratenteil.[745] Ein wichtiger Fakt ist außerdem, dass bereits im Oktober 1879 die Verantwortlichkeiten für den redaktionellen und den Inseratenteil getrennt wurden. Eine Trennung, die bis heute bei Zeitungen üblich ist – und für von Anzeigeninteressen unabhängige Berichterstattung sorgen soll.

Mit der Einwohnerzahl Dresdens steigt in dieser Zeit auch die Auflagenhöhe stetig an. Zwar im Vergleich mit anderen deutschen Blättern recht langsam und eher bescheiden. Waren es 1857 noch 2 800 gedruckte *Anzeiger*, so können 1910 bereits 34 800 Stück die Druckerei verlassen.[746] Nur noch einmal zum Vergleich: Die *DNN* legen Austrägern da schon über 115 000 Exemplare[747] in die Fahrradkörbe. Ein Blick auf die Leserschaft macht klar, dass es für das Blatt – anders als beispielsweise für die *DNN* – auch kaum Potenzial für wirklich große Auflagen gibt. Denn der *Anzeiger* zählt vor allem Beamte, Adlige und Intellektuelle zu seiner Leserschaft.[748]

Seit 1905 verfügt der *Dresdner Anzeiger* übrigens nicht nur über Korrespondenten, sondern zusätzlich über eine Berliner Außenredaktion. Chef dieser „Berliner Schriftleitung" war Dr. Walter Thum, der später über seine Arbeit in Berlin schreibt: *„Wir wollen ja nicht hinter den Ereignissen herlaufen, sondern sie gewissermaßen im gleichen Schritt begleiten und, soweit möglich, ihnen vorauseilen. Dazu aber, muß man mitten in den Ereignissen drinstehen."*[749]

1930 kann Dresdens erste echte Tageszeitung auf stattliche 200 Jahre Geschichte zurückblicken. Ein starkes Stück Zeitungsgeschichte. Und selbstredend auch ein wichtiges Stück Dresdner Historie. Die drei Jahre später an die Macht gekommenen Nationalsozialisten werden diese eindrucksvolle Zeitungsgeschichte ziemlich schnell beenden.

Zensur – in Dresden eine besonders feste Größe

Zeitungshistorie ohne Zensur? Das geht auch in Dresden nicht. Gerade in Dresden nicht. So dicht am Schloss kann kein Monarch aufmüpfige Presse gebrauchen. Und so nah am Schloss schaut man noch ein Stück genauer hin. Am liebsten würde man nicht nur nachlesen, sondern am besten schon vor … Und wie es mit Blick auf die Geschichte manchmal ist: Kaum war im Königreich Sachsen die Zensur am 9. März 1848 ganz offiziell per Gesetz abgeschafft worden, endete dieser schöne Traum schon nach einem Jahr wieder. Auch das per Gesetzeskraft. Denn nachdem 1849 mit preußischer Hilfe der vom aufsässigen Bürgertum angeführte Maiaufstand in Dresden blutig niedergeknüppelt worden war, installierte die Politik die Zensur Schritt für Schritt erneut. Gedruckter Aufruhr sollte so von vornherein verhindert werden. Und einer, der dabei in der Zensur-Ideenschmiede besonders kräftig auf den Amboss schlug, war Friedrich Ferdinand Graf Beust. Der war unter Sachsens König Johann im März 1849 sächsischer Minister für Auswärtiges und kurz darauf Innenminister geworden.

Wobei Beust durchaus ein gewiefter Taktikfuchs war. Das zeigt sich auch im 1851 von ihm eingeführten Pressegesetz. Denn in das hatte er eine Kautionspflicht für die Herausgeber schreiben lassen. Wer damals also in Sachsen eine Zeitung herausgeben will, muss zunächst eine erkleckliche Summe hinterlegen, die bei einem Verbot des Blattes dann dem Staat zufällt. Das schreckt ab. Noch dazu, weil der Grat zwischen geduldet und missliebig ein gefährlich schmaler ist. Doch schon kurz zuvor war Beust auf eine leise – und umso effizientere – Idee gekommen. Nämlich einfach mal selbst in die mediale Offensive zu gehen. So kaufte er 1850 mit Staatsmitteln das vier Jahre zuvor vom Leipziger Buchdrucker Teubner gegründete *Dresdner Tageblatt.* Das war 1849 in *Dresdner Journal* umgetauft worden – und dem kauffreudigen Minister war der Zufall zu Hilfe gekommen: Das Blatt stand kurz vorm wirtschaftlichen Ruin. Was eine kleine, durchaus spannende Vorgeschichte hatte: Am 1. Juli 1846 erblickt das *Dresdner Tageblatt zur Verbreitung örtlicher und vaterländischer Interessen*, wie es komplett heißt, das Licht der Dresdner Zeitungswelt. Zu den Redakteuren gehört seit März 1848 auch der Oschatzer Rechtsanwalt Ludwig Siegel. Der ist in den Jahren 1848 und 1849 sächsischer Landtagsabgeordneter für die Liberale Partei in der Zweiten Kammer. Und zwischen Siegel und dem Besitzer des Blattes, Teubner, kommt es vor allem Anfang 1850 zu heftigen Unstimmigkeiten. Die Streitpunkte sind unterschiedliche Ansichten zum damals lauter werdenden Ruf nach einem einheitlichen Deutschen Reich, zum Dreikönigsbündnis und zum Zollparlament. Aus diesem Streit entwickelt sich eine ausgewachsene Redaktionskrise, die letztlich erst durch den Aufkauf des Blatts durch Innenminister Beust beendet wird. Siegel hatte die Zeitung zuvor verlassen.[750] Teubner öffnet sein Blatt nun der Regierung und übergibt am 30. September 1850 auch noch das komplette Eigentum samt Verlagsrecht. Der Weg ist also frei, und Taktiker Beust kann das *Journal* zum offiziellen Organ der sächsischen Regierung ausbauen. Damit hat der Minister jetzt neben der *Leipziger Zeitung* ein zweites sächsisches Staatsorgan installiert und kann fast spielend leicht den Medientakt in Sachsen vorgeben. Denn wer als Verleger politische Nachrichten braucht, bekommt sie ab sofort über diese beiden Blätter mundgerecht serviert. Aufwendige Recherchen, Hintergrundgespräche mit Verantwortlichen und dergleichen waren damals für die meisten, vor allem kleinen Blätter ohnehin eher unüblich; und nun für – die meist nebenberuflichen oder zumindest quereingestiegenen – Herausgeber und Redakteure auch nicht mehr nötig. Quasi auf dem journalistischen Silbertablett gab's die politischen Texte von Beusts Gnaden serviert. Oder richtiger lanciert? Zudem: Wer das Vorgekaute brav abdruckt, beißt sich nicht mehr die Zähne aus.

Im September 1914 wird das *Journal* erneut seinen Namen ändern. Und ganz unverblümt nach außen seinen offiziösen Charakter zur Schau tragen: *„Das Verordnungsblatt der königlich-sächsischen Regierung, das* Dresdner Journal, *hat auf Beschluß des Gesamtministeriums seinen Namen in* Sächsische Staatszeitung, Staatsanzeiger für das Königreich Sachsen *umgeändert.“*[751] Seit dem 1. Januar 1919 ist das Dresdner Blatt sogar alleiniges Staatsorgan Sachsens, denn am Vortag hat die *Leipziger Zeitung* ihr Erscheinen eingestellt. Aber auch Beusts schon erwähnte Kautionspflicht trägt Früchte. Für den Minister leckere, für Sachsens Presselandschaft sind es eher faulige Früchte. Der bekannte Zeitungshistoriker Kurt Koszyk nennt eindrückliche Zahlen: 1849 gab es in Sachsen 270 Periodika, bis 1855 verringerte sich diese Zahl auf 202.[752] Gut ein Viertel der sächsischen Blätter wurde sozusagen welk ...

Regelrecht kurios ist die Rolle des Regierungsblatts *Dresdner Journal* bei der von Journalisten angeschobenen Idee zur Gründung einer Interessenvertretung deutschsprachiger Zeitungsleute; dem Deutschen Journalistentag. Am 22. Mai 1864 trat dieser Deutsche Journalistentag erstmals in Eisenach zusammen. Zuvor hatte es am 5. Juli 1863 eine vorbereitende Versammlung in Frankfurt am Main gegeben, auf der gar über die Gründung eines Interessenverbandes der Journalisten gesprochen worden war. Eine Art Gewerkschaft also. Auch das *Dresdner Journal* war in Frankfurt dabei, und Geheimrat Dr. Häpe vom Journal gehörte gar zur Versammlungsleitung.[753] Skurril, denn debattiert worden war in Frankfurt vor allem über – und gegen – Zensur. Und mit dem *Dresdner Journal* war nun ausgerechnet das Verlautbarungsblatt der sächsischen Zensurverfechter maßgeblich beteiligt.

„Medienminister“ Beust baut den Regierungseinfluss auf die sächsische Presse nach 1855 vor allem durch die Installierung des Systems der Amtsblätter aus. Auch das eine fast schon geniale Idee Beusts. Dadurch wird ein Großteil der sächsischen Lokalpresse quasi zu braven Verlautbarungsblättern. Das Amtsblattsystem basiert dabei auf einem von Beust eingebrachten Gesetz vom 11. August 1855. Danach hatte „*jede Gerichts- und Verwaltungsbehörde des Königreiches Sachsen*“ eine geeignete Zeitung zum Amtsblatt in ihrem Bereich zu bestimmen. Der Dresdner Stadtrat entschied sich daraufhin für die Umwandlung des *Dresdner Anzeigers* zum *Amtsblatt für Dresden, Wilsdruff, Moritzburg, Döhlen und Tharandt*. Damit durfte der *Anzeiger* seinen redaktionellen Stoff nur noch den beiden Regierungsblättern entnehmen. Zudem müssen die Amtsblätter ihnen durch die Redaktion des *Dresdner Journals* zugesandte Artikel und Aufsätze veröffentlichen.[754]

Dennoch erlaubte sich der wie erwähnt einst im Streit aus dem *Journal* ausgestiegene Ludwig Siegel eine Art Aprilscherz, den Minister Beust sicher nicht lustig gefunden haben dürfte: Am 1. April 1850 war unter Siegels Leitung das Konkurrenzblatt *Neues Dresdner Journal* erschienen. Nur wenige Monate später – am 18. Dezember 1850 – wurde die Zeitung verboten. Im Innenministerium Beusts war man der Meinung gewesen, dass Siegel zu scharf gegen das *Dresdner Journal* zu Felde gezogen sei.[755] Doch Siegel war ein mediales Stehaufmännchen und betrat nur wenig später erneut die Dresdner Zeitungsbühne. Schon am 1. Januar 1851 erschien seine neue Tageszeitung: die *Constitutionelle Zeitung*. Das Blatt wurde später zum Organ der sächsischen Nationalliberalen. Der Ton Siegels war nun moderater, was die Federstriche gegen Beust betrifft. Die Kautionspflicht des Innenministers wirkte. Ein erneutes Verbot aus politischen Gründen wollte – oder konnte – Siegel nicht riskieren. Er vertrat mit seiner *Constitutionellen Zeitung* nun die Richtung der sächsischen Gothaer – der Sozialistischen Arbeiterpartei Deutschlands, die nach ihrem Gründungsparteitag im Mai 1875 in Gotha und der Verabschiedung des gleichnamigen Gothaer Programms kurz „Gothaer“ genannt wurde. Die SAPD war die Vorgängerpartei der SPD, zu der sie 1890 wurde. Die Gothaer jedenfalls hatten Siegel die notwendige Kautionssumme zur Gründung seiner neuen Zeitung gestellt.[756] Als monatliche Gratisbeilage für die etwa 3000 Abonnenten des Blatts erschien später der *Dresdner Drache*. Eine politisch-satirische Schrift unter Leitung von Edgar Maria Oettinger. Der Preis für ein Abonnement der *Constitutionellen Zeitung* lag übrigens bei $1^1/_3$ Talern im Vierteljahr. Damit kostete sie genauso viel wie das *Dresdner Journal*. Ein Schlitzohr eben, dieser Siegel …

Und doch hatte Beust trotz all seiner ausgelegten Schlingen und Fallstricke letztlich nicht verhindern können, dass es – um ein wenig prosaisch zu werden – nach einem regelrechten Presseherbst mit zahlreich fallenden Blättern doch einen Frühling gab, in dem viele neue Blätter wuchsen. Wobei das vor allem mit der Herausbildung eines zunehmend differenzierten Parteiensystems zusammenhängen dürfte. So wurden nicht nur am 1. Oktober 1856 die *Dresdner Nachrichten* gegründet und begannen am 1. September 1893 die *Neuesten Nachrichten* ihre Zeitungsarbeit – die ja beide zunächst keine politischen Blätter waren –, sondern auch der sozialistische *Dresdner Volksbote* erschien ab dieser Zeit. Er fiel jedoch, wie alle anderen deutschen sozialistischen Blätter, dem Sozialistengesetz zum Opfer. Mit diesem 1878 bis 1890 geltenden Gesetz – das nach deutscher Gründlichkeit klingend *Gesetz gegen die gemeingefährlichen Bestrebungen der Sozialdemokratie* hieß – verbot der damalige Reichskanzler Otto von Bismarck quasi alle sozialistischen und sozialdemokratischen Organisationen und damit auch deren Zeitungen.[757] Hintergrund waren zwei erfolglose Attentate auf Kaiser Wilhelm I. im Frühjahr und Frühsommer 1878. Bismarck ergriff diese sich unerwartet bietende Chance und erklärte, die beiden Attentäter hätten im Auftrag der Sozialdemokratie gehandelt. Die habe sich schließlich den Kampf gegen die Monarchie auf die roten Fahnen geschrieben. Auch wenn es bis heute keine stichhaltigen Beweise für einen Auftrag zu den Attentaten aus der Sozialdemokratie gibt. Abgesehen von den Auswirkungen auf die Presselandschaft war der Erfolg des Gesetzes nicht so umfassend, wie es sich Bismarck erträumt hatte. Denn die Arbeiterschaft war durchaus einfallsreich und gründete zahlreiche – auf den ersten Blick politisch unverfängliche – Organisationen, um das Verbot zu umgehen. Naturfreundegruppen zum Beispiel ...

Eine Dresdner Zeitung mischt Europas Sozialdemokratie auf

Das Ende des Sozialistengesetzes am 30. September 1890 war wie ein sich öffnendes Ventil: Zahlreiche sozialistische Zeitungen und Zeitschriften fluteten regelrecht den Zeitungsmarkt. Auch in Dresden erscheinen nun neue sozialistische und sozialdemokratische Blätter. Und eines davon sorgt einige Zeit später deutschlandweit – ja sogar europaweit – für Wirbel: die *Sächsische Arbeiter-Zeitung*. Das gesamte Jahr 1898 schafft es das Blatt, weit über Dresden hinaus heftige Debatten anzuschieben. Und die Dresdner Redaktion mischt damit kräftig die europäische Sozialdemokratie auf. Denn die *Sächsische Arbeiter-Zeitung* ist eines jener lautstarken sozialdemokratischen Blätter, die in diesen Tagen den tobenden Richtungskampf in der Sozialdemokratie besonders eifrig mit scharfen Wortgranaten befeuern. Und die Dresdner werden durchaus beachtet. Die *Sächsische Arbeiter-Zeitung* stellt sich in der Debatte auf die Seite der Marxisten in der SPD, die massiv Front gegen den sozialdemokratischen Vordenker Eduard Bernstein und dessen revisionistischen Kurs machen.[758] Bernstein war der Meinung, die Sozialdemokratie solle sich nicht länger in ihrem Antikapitalismuskurs und im Klassenkampf aufreiben. Der Kapitalismus habe sich als wesentlich krisenfester erwiesen als gedacht – und man müsse als Sozialdemokratie nun statt auf Konfrontation stärker auf Reformen setzen, um die neue Gesellschaftsform, den Sozialismus, zu erreichen. Lieber Schritt für Schritt, aber dafür erfolgreich, findet Bernstein. Alexander Helphand sieht das gänzlich anders. Er ist zu dieser Zeit Chefredakteur des Dresdner Blattes und ein glühender Klassenkämpfer. In der Öffentlichkeit nennt er sich gern Parvus, was „Kleiner" bedeutet und so ganz und gar nicht zu seinem zur Fettleibigkeit neigenden Körperbau passt. Später wird der 1867 im weißrussischen Beresino bei Minsk geborene Helphand zum Beispiel damit bekannt, gemeinsam mit dem radikalen Kommunismusvordenker Leo Trotzki das Konzept der „permanenten Revolution“ entwickelt zu haben. Außerdem organisiert er im April 1917 die heimliche Reise Lenins von der Schweiz aus durchs Deutsche Reich nach Russland. Wobei sich Helphand hier auf sehr dünnes Eis begibt: Zwar setzt er den Kopf der russischen Revolution sozusagen auf den Körper der sich gegen die zaristischen Fesseln erhebenden Massen, andererseits macht er sich damit zum Handlanger der Strategen des deutschen Kaiserreichs. Denn der Erste Weltkrieg bog 1917 schon deutlich auf die Zielgerade, und es war längst absehbar, dass ein Sieg des Deutschen Reichs und Österreich-Ungarns gegen die Entente-Mächte Frankreich, Großbritannien, USA und nicht zuletzt eben auch Russland wohl nur noch mit sehr viel Glück – was für ein Wort für diesen militaristischen Wahnsinn! – zu erlangen war. Also hatten sich in den deutschen Hinterzimmern der Macht immer drängender Ideen breitgemacht, Hauptgegner Russland innenpolitisch zu schwächen, indem man die Revolutionäre gegen den Zaren stärkt. Allerdings war die Idee nicht neu; wohl seit Ende 1914 – also nur wenige Monate nach Kriegsbeginn – hatten die deutschen Gesandten in der Schweiz, in Dänemark und Schweden die Namen der dort untergetauchten russischen Revolutionäre gesammelt. Als besonders wichtig für die deutschen Destabilisierungspläne in Sachen Russland wurde die Gruppe um Lenin angesehen, die zu dieser Zeit im schweizerischen Zürich saß. Helphand hatte in der Schweiz studiert und war den politisch Mächtigen in Berlin als „windiger“ und offenbar auch käuflicher Typ bekannt. In der Türkei hatte Helphand mit Waffengeschäften Millionen gemacht, kehrte 1915 nach Deutschland zurück und baute hier schnell sehr enge Kontakte in den Dunstkreis des deutschen Reichskanzlers Theobald von Bethmann Hollweg auf.[759] Im Frühjahr 1915 verfasste er unter dem Titel *Vorbereitung eines politischen Streiks in Rußland* eine Denkschrift, die eine Art Wegbeschreibung für die Revolution in Russland war. Helphand wurde für die deutsche Regierung und Kaiser Wilhelm II. zum „Geldbriefträger“; er brachte etliche Millionen zu den Unterstützern Lenins. Von über 40 Millionen Reichsmark ist die Rede. Und auch davon, dass er sich einen Teil der Summe in die eigene Tasche steckte.[760] Die Zeit war reif, der Thron von Zar Nikolai II. wackelte gewaltig. Eine bürgerliche Revolution ließ ihn letztlich kippen. Doch die neue russische Regierung wollte den Krieg gegen Deutschland nicht beenden – was dem Volk nicht passte. Die Streiks und der Aufruhr gingen weiter, auch die Soldaten solidarisierten sich plötzlich mit den Bolschewiki, den Radikalen unter den russischen Sozialdemokraten. Nun fehlte praktisch „nur“ noch der wortgewaltige und kluge Anführer, um aus dem Streik und den Protesten in Russland tatsächlich eine bolschewistische Revolution werden zu lassen, die damit einen der zähesten Weltkriegswidersacher Deutschlands kräftig ausbremsen sollte. Diesen Anführer nach Russland zu bringen, dafür sorgte also Alexander Helphand, indem er die heimliche Reise Lenins von Zürich aus durch Deutschland, über Schweden nach Russland organisierte.

Übrigens hatte Deutschland bereits von Kriegsbeginn an versucht, seine Gegner mit einer nicht minder ausgeklügelten Intrige zu destabilisieren. Neben Russland auch Frankreich und Großbritannien. In den islamischen Gebieten der Kolonien dieser Länder sollte von deutschen Mittelsmännern ein „Heiliger Krieg" entfacht werden, die Muslime sollten sich dabei unter den wohlwollenden Blicken des Osmanischen Reiches gegen die Besatzer erheben.[761] Es wurden Flugblätter gedruckt, Attentate angezettelt. Aber die Moslems taten den Deutschen – und den Osmanen – diesen Gefallen nicht.

Doch zurück ins Jahr 1898 und auf den Dresdner Pressemarkt. Alexander Helphand kann jedenfalls mit Bernsteins nur wenig revolutionärer Sicht nicht viel anfangen und veröffentlicht daraufhin in „seiner" *Sächsischen Arbeiter-Zeitung* eine zehnteilige Artikelserie unter dem Titel: *E. Bernsteins Umwälzung des Sozialismus*. So wird in einem Beitrag vom März 1898 der prominente Philosoph und „orthodoxe Marxist" Karl Kautsky aufgefordert, zu Bernsteins in der *Neuen Zeit* gedruckten revisionistischen Veröffentlichungen Stellung zu beziehen. Ein kluger Schachzug, denn Kautsky ist an der sozialdemokratischen Basis wegen seiner bildhaften Sprache und seiner Ansichten beliebt. Große Politik also, die das Dresdner Blatt da macht. Aber auch im Kleinen gibt es auf den Seiten der *Sächsischen Arbeiter-Zeitung* Spitzen gegen Bernstein. In der Sonntagsausgabe vom 27. Februar 1898 zum Beispiel wird in wenigen Zeilen in der *Stadt-Chronik*, der eher dürftigen Lokalspalte des Blattes, über einen Diskussionsabend in einem sozialdemokratischen Verein in Dresden berichtet. Dort war über die *„Endziele des Sozialismus und die neuere Theorie Bernsteins"* debattiert worden. Und natürlich werden hier in der Kürze der Zeilen ausschließlich jene Redner bedacht, die sich gegen Bernstein ausgesprochen hatten. Auch, dass einige in der Diskussion *„die Artikel in der* Sächsischen Arbeiterzeitung *hervorgehoben"* hatten, wird durchaus beiläufig – aber sicher nicht ohne einen gewissen Stolz – erwähnt; so viel Platz muss dann trotz der Kürze sein.

Dies alles heißt, von Dresden aus wurde eine weit über Deutschland hinaus beachtete politische Debatte geführt – und die *Sächsische Arbeiter-Zeitung* war damit das erste (und bis zum Ende des Zweiten Weltkrieg auch einzige) Dresdner Blatt, das jemals überregionale politische Bedeutung erlangte. Wenn auch nur ein Jahr lang; und quasi „nur" auf der sozialdemokratischen Politikbühne – wobei sich die SPD längst aufgeschwungen hatte, hier ein zunehmend wichtiger Akteur zu werden, und Sachsen durch seinen Industrialisierungsschub und mit gleich drei großen Industriemetropolen das vielleicht wichtigste Zentrum der Sozialdemokratie im Deutschen Kaiserreich war. Von Ende September bis zum 3. November 1898 fungiert übrigens die ebenfalls nicht unbekannte Rosa Luxemburg als Chefredakteurin der *Sächsischen Arbeiter-Zeitung* in Dresden, nachdem der bisherige Chefredakteur Helphand und der redaktionelle Mitarbeiter Julian Marchlewski als Ausländer von der sächsischen Regierung ausgewiesen worden waren.[762] Akzente setzt Luxemburg hier aber nicht.

Nach diesem Wimpernschlag der deutschen Zeitungsgeschichte verschwindet die *Sächsische Arbeiter-Zeitung* wieder in der Dresdner „Bedeutungslosigkeit". Später wird das Blatt zur *Dresdner Volkszeitung*, dem führenden SPD-Blatt der sächsischen Hauptstadt.

Spalt-Produkte für den Zeitungsmarkt

Die Sozialdemokratie war ganz offensichtlich eine sehr streitbare Bewegung. Und so spalten sich auch immer wieder neue politische Beiboote vom Flaggschiff SPD ab. Was auch für reichlich Wellengang in Sachen Presse sorgt. Denn mit jeder neuen sozialdemokratischen Richtung kommt – wie zu erwarten – ein neues Richtungsblatt aus den Druckereien.

Eines der politisch auf Dauer einflussreichsten dieser politischen „Spalt-Produkte" wird dabei die am 1. Januar 1919 gegründete Kommunistische Partei Deutschlands. In Dresden erscheint daraufhin die *Arbeiterstimme* als Organ dieser neuen Partei – Organ, wie Parteien ihre Blätter so gern nennen. Wohl mit Blick auf die lateinische Bedeutung des Wortes: Werkzeug. Und Zeitungen sind damals tatsächlich das vielleicht wichtigste Propagandawerkzeug der Parteien. Im März 1921 kommt dann mit dem *Volksblatt*[763] eine weitere kommunistische Zeitung auf den Dresdner Markt; die bleibt zunächst offen auch für andere revolutionäre Kräfte. An diesem Blatt ist übrigens auch der prominente kommunistische Landtagsabgeordnete Rudolf Renner aktiv. Bevor der spätere KPD-Fraktionsvorsitzende im sächsischen Landtag – und als politischer Sekretär des Zentralkomitees der Partei für Sachsen gewissermaßen Sachsenchef der Kommunisten – 1925 dann Herausgeber der *Arbeiterstimme* wird.

Doch an den Rändern der SPD bröckelt es weiter: So kommt ab dem 1. April 1919 in Dresden unter dem Titel *Unabhängige Volkszeitung* für den Bereich Ostsachsen auch eine täglich erscheinende Zeitung der abgesplitterten USPD heraus – der Unabhängigen Sozialdemokratischen Partei.[764] Und noch eine weitere Gruppierung wird sich von der SPD abspalten: die Alte Sozialdemokratische Partei. Auch sie beginnt in Dresden mit der Herausgabe ihres eigenen Blattes; am 1. Juli 1926 nämlich liegt die erste frisch gedruckte Ausgabe der Zeitung *Volksstaat* an den Zeitungskiosken. Das Blatt hat in Chemnitz und Leipzig kleine Nebenausgaben. Der *Volksstaat* wird nach dem am 28. Februar 1933 auf Drängen Kanzler Hitlers erfolgten Verbot der kommunistischen und praktisch auch der sozialdemokratischen Presse per Verordnung des Reichspräsidenten *Zum Schutze von Volk und Staat* übrigens von sozialdemokratischen Antifaschisten benutzt, um einen zwischenzeitlichen Ersatz für die verbotenen Blätter zu schaffen. Allerdings scheiterten diese Versuche nach der für die NSDAP erfolgreichen Reichstagwahl vom 5. März 1933 schon nach wenigen Wochen. Die Hintertür Alte Sozialdemokratische Partei wird von den Nazis schnell und krachend zugeschlagen.[765]

Dresden liest konservativ

Der Dresdner Zeitungsboden war über all die Jahre vor allem für bürgerlich-konservative Blätter ein ziemlich humusreicher. Was ein Blick auf die zahlreichen neuen Zeitungen nach der Reichsgründung 1871 beweist: Am 1. Oktober 1872 betrat die *Dresdner Presse* als Organ des Fortschritts die Bühne. 1873 folgte das *Dresdner Tageblatt und Elbtalbote* als Morgenzeitung und Amtsblatt für Striesen, Blasewitz und Laubegast (1883 vereinigte sich das Blatt mit dem Organ der Konservativen Partei, dem *Sächsischen Volksfreund*). 1874 zog die als konservativ zu bezeichnende *Neue Reichszeitung* von Leipzig nach Dresden um. Offiziell nannte sich das Blatt „*Organ des Konservativen Vereins im Königreich Sachsen*". Bereits fünf Jahre später stellte die vom damals recht bekannten Konservativen Freiherr von Ungern-Sternberg redigierte Zeitung ihr Erscheinen wieder ein.

Die Dresdner waren insgesamt ein Stück konservativer und auch die Arbeiter überschritten die Schwelle zum 20. Jahrhundert eher als „Stehkragenproletarier".[766] Und so druckten die Druckereien an der Elbe eben auch vorrangig konservative Blätter. Wie das am 5. Januar 1889 erstmals erscheinende Wochenblatt *Das Vaterland*. Untertitel: *Organ des Conservativen Landesvereins im Königreich Sachsen*. Diese Zeitung trat die Nachfolge des bis dahin sieben Jahre lang veröffentlichten *Conservativen Vereinsblatts* an. Allerdings hatte *Das Vaterland* nicht allzu lange in Dresden Bestand. Schon am 1. Oktober 1889 übersiedelte es nach Leipzig, wo es vom Buchhändler Alfred Lorentz herausgegeben wurde. Nachdem im März 1874 die bereits erwähnte *Constitutionelle Zeitung* Siegels aus Dresdens Blätterwald verschwunden war, wurde mit der *Dresdner Zeitung* ein nationalliberaler Ersatz geschaffen. Sie erschien erstmals im Juli 1874, wenn auch nie als eigenständiges Blatt. Die *Dresdner Zeitung* war eine Beilage – ein *Politisches Morgenblatt und Feuilleton* – des *Dresdner Börsen- und Handelsblatts*, das seit 1872 auf dem Markt war. Ein Blatt übrigens, das nur in sehr übersichtlichen Kreisen, von Gelehrten, Kaufleuten und Industriellen, gelesen wurde.

Eine weitere politische Dresdner Zeitung war die seit 1880 zweimal wöchentlich erscheinende *Dresdner Reform*. Herausgeber war der damals sehr bekannte Dresdner Antisemit Alexander Pinkert. Die *Dresdner Reform* war das Parteiorgan der Deutschen Reformpartei, die für einen scharfen Antisemitismus stand. Aber es bleibt nicht die einzige Zeitung auf dem Dresdner Pressemarkt, die in ihren Zeilen Hass auf Juden verbreitet. Da gibt es ab 1886 auch noch die *Deutsche Wacht* – die ihren Zeitungsnamen wohl mit besonders fanatischem Stolz getragen haben dürfte. Immerhin hatte sich das Blatt mit seiner antisemitischen Haltung selbst in der entfernten und sicher nicht betont auf den Dresdner Pressemarkt schauenden Reichshauptstadt einen entsprechenden Ruf erarbeitet. Das zumindest ist im Herbst 1902 in der *Freisinnigen Zeitung* der Deutsch-Freisinnigen Partei zu lesen. Eugen Richter, der Chef dieses in Berlin herausgegebenen und deutschlandweit verbreiteten Blattes, schoss am 14. Oktober 1902 in einem Leitartikel unter der Überschrift *Verurteilung der Antisemiten* besonders heftig gegen die Berliner *Staatsbürgerzeitung* des Verlegers Bruhn und eben gegen die Dresdner *Deutsche Wacht.*[767] Es zeigt sich, dass in Dresden – allerdings nicht nur hier – öffentlich verbreiteter Judenhass längst „en vogue" war …

Für weniger Aufsehen sorgte die *Freimüthige Sachsenzeitung*. Sie war das Organ der sächsischen Konservativen – und nach nur zehnjähriger Geschichte endete das Kapitel 1859 wieder. Ebenfalls ohne Aufsehen. Hervorgegangen war das Blatt im Juli 1849 aus der Zusammenlegung der beiden Dresdner konservativen Zeitungen *Deutscher Freimüthiger* und *Constitutioneller Freimüthiger*.

Zum konservativen Lager gehörte auch die liberale Deutsche Freisinnige Partei – deren Parteiinteressen in Dresden gleich zwei Blätter vertraten: die 1880 gegründete *Dresdner Arbeiterzeitung* und die seit 1885 von Bruno Dietze herausgegebene *Dresdner Bürgerzeitung*. Obwohl es die Freisinnige Partei seit 1883 nicht mehr gab, setzt Dietze zwei Jahre später in seiner *Bürgerzeitung* noch immer auf diese Richtung. Und letztlich wird auch Julius Ferdinand Wollf mit seinen *Neuesten Nachrichten* ebenfalls den journalistischen Zug aufs wirtschaftsliberale Gleis setzen.

Huck betritt die Dresdner Zeitungsbühne

Mit Königen kannten sich die Dresdner längst aus, den „Generalanzeiger-König" kannten sie bisher allerdings noch nicht. 1893 kam er auch nach Dresden; der Verleger August Huck. Der hatte das Gespür für eine neue Art Zeitung in einer sich verändernden Zeit – für die „Generalanzeiger" eben. Viel Werbung, viel Unterhaltung, viel Lokales. Vor allem aber ein erschwinglicher Preis. Diese Mischung war neu – und sie war erfolgreich. So erfolgreich, dass man Huck eben tatsächlich ehrfurchtsvoll „Generalanzeiger-König" nannte. Als er 1911 starb, zählten seine nunmehr acht Blätter eine tägliche Auflage von über 700 000 Stück.[768] In Dresden waren es nun also die *Neuesten Nachrichten*, die er hier auf den Markt brachte. Und auch das funktionierte; die Auflage explodierte förmlich.

Geboren wurde August Huck am 24. Februar 1849 in Offenbach am Main. Und die Sache mit den Zeitungen war ihm sprichwörtlich in die Wiege gelegt worden – Hucks Vater Johann Michael hatte eine Schriftgießerei, die der Sohn 1870 nach dem Tod des Vaters übernahm.[769] Da war August Huck erst knappe 21. Trotz seiner Jugend war er offenbar mit reifem Weitblick ausgestattet. Denn der junge Huck ahnte den regelrechten Boom voraus, den das Zeitungsgewerbe in den folgenden Jahrzehnten erleben wird. Und so baute er die Produktion des väterlichen Betriebes um – und setzte vorrangig auf die Produktion von Technik für den Zeitungsdruck. Dabei kam er in

Kontakt mit zahlreichen Verlegern und Zeitungsleuten. Schließlich hatte er den richtigen „Riecher" und „erfand" seine eigenen Zeitungen, die er mit all den Tugenden des Generalanzeigers ausstattete. Nach der *Nürnberger Zeitung* 1887 waren die in Dresden gegründeten *Neuesten Nachrichten* das vierte Blatt, das er in die Zeitungswelt setzte. Allerdings war er klug genug, das wirtschaftliche Risiko auf möglichst breite Schultern zu verteilen; er gründete die Blätter nie allein.[770] In München bringt er sein Blatt mit Dr. Hermann Julius Haas an den Start. Der Verleger hatte sich zuvor mit eigenen Zeitungsprojekten einen Namen gemacht; und dessen Erben übernehmen auch Anteile am Verlag der *Neuesten Nachrichten* in Dresden, als Wollf dort 1903 den Chefposten antritt und zwei der wichtigen bisherigen Anteilseigentümer das Projekt verlassen. Zur Gründung des Blattes in Dresden hatte sich August Huck ja 1893 Ludwig Gümber mit ins Boot geholt und dessen Onkel F.A. Merle, den Verlagsdirektor der *Breslauer Neuesten Nachrichten*. Auch die waren ein Huck-Produkt; 1888 gegründet. Am 22. August 1893 wird also der „Verlag der *Neuesten Nachrichten* Ludwig Gümber" ins Dresdner Handelsregister eingetragen; Huck taucht demnach auch hier nicht namentlich auf. Und überhaupt wollte er anfangs in Dresden nicht öffentlich in Erscheinung treten, erzählt sein Sohn Wolfgang später.[771] Am 8. September, einem Freitag, kommt jedenfalls die erste Ausgabe des neuen Blatts in Dresden heraus. Als Chefredakteur agiert Guido Mäder.

Hucks erfolgreiches Zeitungskonzept geht auch in Dresden auf. Nicht zuletzt, weil ihm 1903 mit der Verpflichtung Wollfs als Chefredakteur und Herausgeber ein wahrlicher Coup gelungen war.

Kleine Zeitungen mit Promi-Faktor

Eines ist dem Dresdner Pressemarkt des 19. und 20. Jahrhunderts jedenfalls nicht abzusprechen: die Vielfalt! Dafür sorgt unter anderem der Fakt, dass es in Dresden eine ganze Menge an kleinen Zeitungen gab, die jedoch über Dresden hinaus kaum beachtet werden. Manche davon noch nicht einmal innerhalb der Elbestadt selbst. Obwohl an den kleinen Blättern mitunter Akteure arbeiten, die später zu echten Stars der deutschen Literaturszene avancieren. Oder sogar Weltruhm erlangen. Das zeigt zum Beispiel ein Blick auf das 1874 aus der verlegerischen Taufe gehobene Dresdner Wochenblatt *Der Beobachter an der Elbe*: Hier heuerte ein gewisser Karl May an, direkt nach verbüßter vierjähriger Haft wegen Hochstapelei, Betrugs und Diebstahls.[772] Und schon kurz darauf wird May bekanntlich einer der prominentesten und erfolgreichsten Abenteuerschriftsteller der Welt.

Gut 50 Jahre zuvor hatte schon ein anderer prominenter Name aufhorchen lassen. Carl August Böttiger nämlich; ein echter Star der Jahrzehnte um die Wende vom 18. zum 19. Jahrhundert. Der 1760 in Reichenbach geborene Böttiger studierte in Leipzig Philologie und war später mit vielen Literaturgrößen seiner Zeit bekannt; Herder, Schiller, Goethe … Ab 1. Januar 1822 gibt Böttiger in Dresden sein *Artistisches Notizenblatt* heraus. Als regelmäßige Beilage der *Dresdner Abendzeitung*, die er damals redigiert. In aller Regel zwei Mal pro Woche kommt das *Notizenblatt* nun aus der Druckerei und befasst sich mit Literatur und bildender Kunst in Dresden; aber auch der Umgebung. Ob das Blatt auch überregional in Literaturzirkeln herumgereicht wird, ist nur schwer nachzuvollziehen. Böttiger selbst war damals tatsächlich einer, den man mit Fug und Recht als „schillernde Persönlichkeit" beschreiben kann. Die in Hamburg erscheinende Wochenzeitung *Die Zeit* wird Böttiger 2008 in einem Beitrag gar den Titel *„erster Klatschreporter der Welt"*[773] verleihen – in Anspielung auf Böttigers Jahre in Weimar, wo er nach 1791 als Gymnasialdirektor gearbeitet hatte. Auf Vermittlung seines Freundes Johann Gottfried Herder übrigens. Schnell war Böttiger in Weimar in die literarische Gesellschaft integriert, war dort zunächst mit den späteren Klassikern Schiller und Goethe nicht nur bekannt, sondern durchaus auch befreundet. Allerdings verübeln die ihm zunehmend, dass er in seiner Arbeit für zahlreiche überregionale Zeitschriften kein sprichwörtliches Blatt vor den Mund nimmt – und dort so manches vertraulich Gesagte publik macht. Ein echter „Klatschreporter" eben. Oder wie es in der *Zeit* heißt: *„Goethes Weimar war voll von Peinlichkeiten, Intrigen und Sauereien. Karl August Böttiger schrieb sie alle auf – und wurde fortgejagt."*[774] Goethe ist offenbar so empört, dass er ihn später gar *„Böttigerschen Kobold"* genannt haben soll. Weimar ist zu klein, um sich aus dem Weg gehen zu können, also zieht Böttiger 1804 nach Dresden. Hier hatte er schon während seines Studiums regelmäßig als Privatlehrer gutbetuchter Familien gearbeitet, um sein Studium im benachbarten Leipzig finanzieren zu können. Er hat also noch beste Kontakte. So wird er Studiendirektor am Pageninstitut, übernimmt 1814 die Leitung des Antikenmuseums. Und er schreibt. Zudem lädt er regelmäßig zu privaten Vorträgen in seine Wohnung nahe dem Coselpalais am Dresdner Neumarkt ein – es sollen stets sehr unterhaltsame Vorträge gewesen sein. War Böttiger also nicht nur der *„erste Klatschreporter"*, sondern auch der erste *„Infotainer"*? Dass er spielerisch leicht und sehr bildhaft mit Sprache umgehen kann, davon zeugen auch aus seine Beiträge für das *Artistische Notizenblatt*. Wie zum Beispiel die ersten Sätze der ersten Nummer im Januar 1822: *„Jeder Tempel hat ein Heiligstes. Das Ehrwürdigste, das Abbild oder Sinnbild der Gottheit thront und wohnt da. Hat man doch oft Dresden einen Tempel der Kunst, seine lachenden Umgebungen einen Tempel der Natur genannt."*[775] Ja, er liebt diese Stadt. Bei Böttigers Vorträgen – und überhaupt um ihn – versammeln sich schnell prominente Namen. Dass zum Beispiel der Philosoph Schopenhauer 1812 nach Dresden zieht, soll auch an Böttiger gelegen haben, heißt es. 1828 gründet Böttiger den Sächsischen Kunstverein, wie er an der Elbe überhaupt in zahlreichen Kunst- und Kulturvereinigungen aktiv ist. Seit 1781 gehört er zudem den Freimaurern an; leitet später die Dresdner Loge „Zum goldenen Apfel". Sein *Artistisches Notizenblatt* wird nach Böttigers Tod – er stirbt am 17. November 1835 – mit der letzten Nummer des Jahres am

31. Dezember 1835 eingestellt. Das Blatt ist heute genauso vergessen wie *Der Beobachter an der Elbe* und die Wochenzeitung *Frohe Stunden*, für die Karl May bis 1888 als Redakteur gearbeitet hatte.[776]

Ein Schicksal, das übrigens viele Dresdner Zeitungen teilen. Zumindest interessant dürfte eine kleine Aufzählung[777] sein – wenngleich sie sicher keinen Anspruch auf Vollständigkeit erheben will. Sie soll an dieser Stelle den bisherigen Überblick ergänzen: *Dresdner Volksbote* (1872 gegründet), *Dresdner Offertenblatt* (1872), *Neustadt-Dresdner Tageblatt* (1879), *Neustädter Anzeiger* (1881), *Sächsische Landeszeitung* (1881), *Dresdner Pfennigblatt* (1884), *Sachsens Elbgaupresse* (1886), *Sächsischer Stadt- und Landbote* (1889), *Sächsisches Abendblatt* (1891), *Dresdner Tageblatt- und Börsenzeitung* (1892), *Dresdensia* (1892 – ein lokalhumoristisches Wochenblatt, im Februar 1893 von der *Dresdner Rundschau* abgelöst), *Dresdner Ost- und Westend-Zeitung* (1905), *Dresdner Gerichtszeitung* (1906 bis 1910 und dann Beilage der *Neuesten Nachrichten*), *Freie Deutsche Presse* (1907, auch das Gründungsjahr 1913 wird genannt), *Lokalanzeiger für Dresden-Neustadt* (1909), *Lokalanzeiger für Dresden* (1912), *Landeszeitung für das Königreich Sachsen, Herzogtum Anhalt und Provinz Sachsen* (1912), die Wochenschrift für das Dresdner Leben *Dresdner Revue* (1913) und die seit 1926 herausgegebene *Dresdner Neue Presse*, ein wöchentlich erscheinendes Unterhaltungsblatt. Die einmal wöchentlich in Dresden erscheinende *Sächsische Dorfzeitung* sollte ebenfalls erwähnt werden. Auch wenn das Blatt eher im Umland der Elbestadt seine Leser findet. Später wird sich die Zeitung mit der *Elbgaupresse* vereinen und am 5. März 1913 als *Sächsische Dorfzeitung und Elbgaupresse* in Blasewitz ihren immerhin 75. Jahrgang feiern.

Interessant ist zudem ein kurzer Blick auf die Wochenzeitung *Das grössere Deutschland*, die 1914 erstmals erschien. Das 40 Pfennig teure Blatt trägt den Untertitel *Dresdner Wochenschrift für deutsche Welt- und Kolonialpolitik* und wird von Walter Bacmeister herausgegeben, einem glühenden Verfechter deutscher Annexionsgedanken. Der offenbar begnadete Fußballer, Mitbegründer und auch jahrelanger Vorsitzender des Essener SV 1899,[778] wird später über die Nationalliberale Partei und die Deutsche Vaterlandspartei in die politisch rechte Ecke marschieren. Ihm wird eine enge Verbindung zum Briten Oswald Mosley nachgesagt, dem Gründer der faschistischen Partei British Union of Fascists. Ab 1934 bringt Bacmeister in seinem wenige Jahre zuvor in Berlin gegründeten Bacmeister-Nationalverlag die politischen Bücher Mosleys in deutscher Übersetzung heraus. In Bacmeisters Dresdner Wochenzeitung *Das grössere Deutschland* wird den Lesern jedenfalls nicht nur beiläufig erläutert, warum es notwendig ist, Deutschland größer zu denken als nur in den damaligen Grenzen.

Die Rechten streuen ihr Gift per Zeitung

Ausgerechnet die „Lügenpresse"-Schreier setzen auf Zeitungen. Denn auch die Rechten, die den Mythos von der angeblich staatlich gelenkten „Lügenpresse" in die Wahlkampfwelt gesetzt hatten, gehen ab den 1920er Jahren mit gesteuerten Zeitungen ins Ringen um Platz in den Köpfen. Die am rechten Ufer nach Wählerstimmen fischenden Parteien „bereichern" sozusagen mit ihren eigenen Blättern die Zeitungsvielfalt, wobei ihnen diese Vielfalt eigentlich zu viel ist. Denn wo die Gedanken frei sind, kommen geistige Gleichschrittmarschierer schnell außer Tritt. Und so werden sie, kaum an der Macht, im März 1933 umgehend dafür sorgen, dass die Gedanken nicht mehr frei sein können. Fortan bestimmen sie, was wahr ist und was richtig ist zu denken. Auf dem Weg dorthin drucken sie fleißig ihren Hass auf Zeitungspapier – schließlich wissen die rechten Chefagitatoren, wie gut sich über Zeitungen politische Interessen unters Wahlvolk bringen lassen.

Mit den 1920er Jahren treten damit in Dresden verstärkt Zeitungen der politischen Rechtsaußen auf den Plan. Zunächst die 1921 gegründete *Sächsische Landeszeitung* als eine Art Einzelkämpfer. Sie ging als Parteiorgan der sächsischen Deutschnationalen an den Start, erreichte aber offenbar das Ziel nicht. Bereits nach zwei Jahren verschwindet das Blatt wieder. Was aber auch an einem zwischenzeitlichen Kurswechsel der Deutschnationalen Volkspartei (DNVP) gelegen haben könnte. Nachdem die Partei zunächst radikal am rechten Rand des Parteienspektrums der Weimarer Republik marschierte, unter anderem auch den rechten Kapp-Putsch unterstützte, wurde die Linie ein wenig moderater. Die Partei arbeitet Mitte der 1920er Jahre sogar in einigen Landesregierungen mit – was ihrer Wählerschaft nicht so recht rechts gewesen sein dürfte, die ursprünglich eine republik- und damit auch parlamentsfeindliche Partei gewählt hatte.

Nachdem seit 1928 die rechtsgerichtete *Allgemeine Landeszeitung* in Dresden erscheint, schaffen sich die völkischen Kräfte 1931 mit dem *Freiheitskampf* der NSDAP eine, wie es damals im martialischen Alltagsmilitärdeutsch heißt, „*schlagkräftige Tageszeitung*". Wobei der *Freiheitskampf* zwar das Organ der NSDAP ist, sich jedoch trotz der stetig wachsenden Wählerschaft dieser Partei nicht zur auflagenstärksten Zeitung der Elbestadt entwickeln kann. Zur Einordnung: Bei der Stadtverordnetenwahl am November 1929 holte sich Hitlers NSDAP gerade mal vier der zu vergebenden 75 Sitze. Die SPD kam derweil auf 28 Sitze. [779] Im November 1932 wurde dann in Dresden erneut gewählt; diesmal konnte die NSDAP mit 22 Sitzen bereits genauso viele Stadtverordnete wie die SPD stellen.[780] Dennoch: 1932 werden in Dresden täglich mühsame 25 000 Exemplare[781] des vom späteren sächsischen Nazigauleiter Martin Mutschmann geleiteten *Freiheitskampfs* verkauft. Die *Dresdner Neuesten Nachrichten* unter Julius Ferdinand Wollfs verkaufen 1932 immerhin rund 98 000 Exemplare täglich, davon 84 000 an Abonnenten.[782] Auf dem Zeitungsmarkt wählt Dresden also deutlich anders. Noch jedenfalls …

Kurioses am Dresdner Zeitungskiosk

Bevor Dresden braun wird, treibt es der Zeitungsmarkt der Elbestadt noch einmal richtig bunt. Und wartet zudem mit einigen Kuriositäten auf.

So wagten einige Dresdner Journalisten 1932 einen mutigen Schritt. Die Lage auf dem Arbeitsmarkt war in Sachsen insgesamt immer prekärer geworden. Und auch die Zahl der arbeitslosen Journalisten nahm in Dresden stetig zu. Aus diesem Grund erschien im März 1932 erstmals das Dresdner Wochenblatt *DZ am Sonnabend*. Diese neue Wochenzeitung war eine Gründung freier Journalisten und Schriftsteller, *„die sich als Akt der Selbsthilfe zu diesem Unternehmen entschlossen haben“,*[783] hieß es. Dieser Gemeinschaft unter dem Namen „Selbsthilfe freier Journalisten und Schriftsteller Dresden“ gehören hauptberufliche Schriftsteller und Journalisten an, aber auch Pressefotografen und -zeichner. Vorwiegend Mitglieder des Landesverbandes der sächsischen Presse – also der Gewerkschaft. *„Durch Einrichtung einer Manuskriptbörse für alle Zeitungen im Reich, durch Vermittlung von schriftstellerischen Aufträgen aller Art, auch außerhalb der Presse, durch kostenlose Beratung und Hilfe in allen einschlägigen Berufszweigen, hofft die neue Organisation, deren Reingewinn ausschließlich den in Not befindlichen Kollegen zugutekommen soll, einen Beitrag zur Linderung der Notlage im journalistischen Beruf leisten zu können“,*[784] beschreiben die Macher ihre Idee. Drei Dresdner Journalisten bildeten den Vorstand der Organisation: Johannes Pfauntsch, Paul Höritzsch und Herbert Züllchner. Über den Erfolg oder Misserfolg dieses ungewöhnlichen Unternehmens ist leider nicht viel zu erfahren. Fest steht aber, dass es die *DZ am Sonnabend* nach der politischen Machtübernahme der NSDAP nicht mehr gibt.

Noch ein kurzer Blick auf zwei weitere außergewöhnliche Zeitungsgründungen in Dresden sei an dieser Stelle erlaubt: Seit 1906 erscheint in der Elbestadt das englischsprachige Blatt *The Dresden Daily*. Diese Tageszeitung wird nach eigenen Angaben für die englische Kolonie in Dresden herausgegeben – Briten, die damals hier leben.[785] Angelsachsen in Sachsen sozusagen. Zudem gibt es in den ersten Jahrzehnten des 20. Jahrhunderts noch ein zweites, ebenfalls englischsprachiges Blatt in Dresden: *The strangers Guide to Dresden*. Diese Zeitung legt Wert darauf, nicht England, sondern die USA im Blick zu haben, und lässt am 21. August 1914 im Verlegerblatt *Zeitungs-Verlag* vermelden: *„Die seit 43 Jahren den Interessen der Dresdner Geschäftswelt dienende Zeitung* The strangers Guide to Dresden, *die die Verbindung der Dresdner Kaufmannschaft mit den Dresden besuchenden Amerikanern herstellt, lehnt jede Gemeinschaft mit England ab und heißt in Zukunft* The Dresden Herald. *Die Königliche Polizeidirektion hat den neuen Namen genehmigt.“*[786]

Hans Hornauer – der braune Seelenfischer

Nun können sie ihre braunen Krakenarme gierig nach allen Verlagen und Redaktionen im Deutschen Reich strecken. Können bestimmen, wer seinen Platz räumen muss und wer in ihren Augen würdig ist, den Kampf um die Gedanken und Überzeugungen der Deutschen zu führen. Beinahe nur Stunden nach dem Wahlsieg der NSDAP bei der Reichstagswahl Anfang März 1933 beginnen die Nazis, sich eine ihr genehme Zeitungslandschaft zu bauen. Eine, die nach wenigen Jahren so karg sein wird, wie sie bis dahin nie gewesen war.

In Dresden übernimmt ein Mann namens Hans Hornauer die Rolle des „Baumeisters". Und auch wenn es dem Parteigenossen, Blutorden-Träger[787] und Hitler-Fan Hornauer gelungen zu sein scheint, in möglichst wenigen Archiven Spuren zu hinterlassen – es lohnt sich dennoch, auf das wenige zu schauen, das da ist. Denn Hornauer, der Chef des NS-Gauverlags Sachsen, der in Dresdens Zeitungslandschaft nach der endgültigen Machtübernahme der NSDAP alle journalistischen Fäden in der Hand hält, ist damals eine zunehmend wichtiger werdende Figur auf dem Schachbrett der deutschen NS-Presse und ein bedeutsames Zahnrad in Hitlers Propagandamaschinerie. So ist Hornauer Vertrauensmann der Reichspressekammer für Sachsen.[788] Obwohl es zunächst keine steile Karriere ist, sondern eher eine behäbig kurvenreiche, die der am 20. September 1902 in Deinhausen geborene[789] Hornauer macht. Er hatte am 4. Juni 1935 beispielsweise den Antrag auf Verleihung des *Goldenen Ehrenzeichens* der NSDAP gestellt, der durch den Reichsschatzmeister am 11. Juni 1935 abgelehnt wurde.[790] Auch scheitern Hornauers Bemühungen, sich als langjähriges Mitglied der nationalsozialistischen Partei gebührend auszeichnen zu lassen. Zwar ist in einer im Bundesarchiv Berlin liegenden Karteikarte der Reichspressekammer ein handschriftlicher Eintrag zu finden, Hornauer sei bereits am 20. Dezember 1922 in die NSDAP eingetreten[791] – womit er also tatsächlich einer der frühen Aktivisten wäre. Doch Anfang November 1936 bekommen der Dresdner Verlagschef und vor allem die NSDAP-Gauleitung Sachsen vom Amt für Presse mitgeteilt,[792] dass es keine Akten zur „alten", am 9. November 1923 aufgelösten NSDAP mehr gebe. Und überhaupt sei eine Anrechnung der „alten" Zugehörigkeitsjahre auf die Mitgliedschaft der am 27. Februar 1925 gegründeten „neuen" NSDAP nicht möglich. Die NSDAP war nach dem gescheiterten Putschversuch Hitlers vom 8. und 9. November 1923 verboten worden. Hitler hatte bekanntlich von Bayern aus versucht, die Regierung der Weimarer Republik zu stürzen. Der missglückte Putsch ist dabei vor allem als „Marsch auf die Feldherrenhalle" in München in die Geschichte eingegangen. Das Ganze brachte Hitler eine Hochverratsklage und letztlich fünf Jahre Festungshaft ein. Allerdings war er wegen guter Führung nach neun Monaten wieder frei. Und auch die NSDAP darf zu neuem Leben erwachen. Hornauer ist jedenfalls am 1. Oktober 1929 nachweislich in die „neue" Partei eingetreten – seine Mitgliedsnummer ist die 153 696.[793] Er gehörte also immer noch zu den ersten Mitgliedern. Ende 1933 werden es immerhin knapp vier Millionen NSDAP-Mitglieder[794] sein.

Hornauers Aufstieg war trotz der erwähnten Anlaufschwierigkeiten unaufhaltsam. Lag es an seiner von *DNN*-Kunstkritiker Karl Laux erwähnten Erbarmungslosigkeit? Lag es an seinem Können? Oder lag es einfach an seinen einflussreichen Freunden? Immerhin ist Hans Hornauer ein enger Duzfreund des Geschäftsführers der Reichskulturkammer Hans Hinkel. Der sitzt an vorderster Front in Joseph Goebbels' Reichspropagandaministerium. Im Bundesarchiv lagern etliche, sehr persönliche Briefe – in denen Hinkel seinen Freund Hornauer mitunter fast liebevoll *„lieber Hansl"* nennt. Wie am 31. August 1935,[795] als sich Hans Hinkel bei Hornauer nach einem Musikkritiker namens Fritz Ohrmann erkundigt. Der soll in Hornauers *Freiheitskampf* aktiv gewesen sein und dort missfällig über den Musiker – und vor allem Parteigenossen – Rudolf Mosler geschrieben haben. Bei den von Hornauer umgehend in Auftrag gegebenen Nachforschungen in der Redaktion stellte sich letztlich etwas heraus, was sonst wohl niemandem aufgefallen wäre: Fritz Ohrmann schrieb nämlich längst nicht mehr für den *Freiheitskampf*, sondern für die *Germania* in Berlin – und dort hatte der für den Dresdner *Freiheitskampf* aktive Berlin-Korrespondent Karl Kuehne einfach skrupellos bei Ohrmann abgeschrieben, der den Musiker Mosler in der *Germania* offenbar tatsächlich mit spitzer Journalistenfeder gekitzelt hatte. Kuehne, so heißt es in der am 5. September 1935[796] abgeschickten Antwort der Dresdner an Hans Hinkel, jener Kuehne habe gar ganze Sätze Ohrmanns kopiert. Bisher war den Dresdner „Freiheitskämpfern" diese recht eigenwillige Arbeitsweise ihres Korrespondenten offenbar nicht aufgefallen – doch durch Hinkels Nachfrage flog der Schwindel nun auf. Und Kuehne hochkantig aus der *Freiheitskampf*-Redaktion.

Hornauer jedenfalls genießt wachsendes Ansehen bei den Parteioberen. So dass sie ihn als braunen Seelenfischer auch außerhalb Sachsens auf große Kaperfahrt schicken. Zunächst arbeitet Hornauer neben Dresden eine Zeit lang regelmäßig in Wien. Hier führt er zusätzlich zu seinem Gauverlag in Dresden den Ostmärkischen Zeitungsverlag K.G., wie er seinem Freund Hinkel im Mai 1940 schreibt. Er pendle derzeit zwischen beiden Städten, werde sich nun eine Zweitwohnung in Wien einrichten. Vielleicht pendle dann auch seine Familie, hofft Hornauer. Der Verlag, dem der Dresdner Zeitungschef dabei in Wien vorsteht, bringt das *Neue Wiener Tageblatt* sowie die *Wiener Illustrierte* heraus. Stressige Monate seien es, schreibt Hornauer an Hinkel. Er wolle sich dennoch unbedingt mit ihm in Wien treffen. Die letzte Begegnung liege schon zu lange zurück, bedauert Hornauer Mitte Mai 1940 in seinem Brief.[797] Und auch SS-Brigadeführer Hinkel versucht, seinen Freund Hornauer endlich mal wieder persönlich in die Arme zu schließen: Ende Oktober 1940 schreibt er Hornauer nach Dresden, er werde am 13. November in einem Offizierskurs in der Nähe der Elbestadt sprechen, vielleicht könne man sich ja bei dieser Gelegenheit endlich einmal treffen.[798] Dass sich die Freunde Hinkel und Hornauer nur sehr selten sehen, ändert sich auch in den folgenden beiden Jahren nicht. Am 25. Juni 1942 schreibt Hornauer seinem Freund aus Lutzk in der Ukraine. Nun pendelt Hornauer zwischen Dresden und der ukrainischen Stadt, wo er Chef des Verlags der *Deutschen Ukraine-Zeitung* ist. Neben dieser Tageszeitung plant Hornauer als Verlagschef noch ein Wochenblatt, wie er Hinkel verrät. Eine Wochenzeitung, *„die vor allem dazu bestimmt ist, auch für die Volksdeutschen verbreitet zu werden, um sie langsam mit Großdeutschland bekannt zu machen, ihnen die Bewegung näher zu bringen"*.[799]

Am 29. Dezember 1936 gratuliert Hinkel seinem Freund Hornauer zur Geburt seines Sohnes: *„Lieber Hans! Zu der glücklichen Geburt Eures Stammhalters beglückwünschen wir Dich und Deine liebe Frau aufs herzlichste. Mit allen guten Wünschen für das neue Kampfjahr verbleiben wir in alter Freundschaft mit Heil Hitler."*[800] Ohne den vorschriftsmäßigen Gruß ging es bei den regelmäßig auf offiziellen Briefbögen des Reichsministeriums oder des Gauverlags verfassten Briefen auch unter den dicken Duzfreunden nicht. Bis auf einen Brief, den Hinkel am 23. Dezember 1942 an Hornauer schreibt und den er nur mit *„In alter Freundschaft H."* unterzeichnet. Offenbar erscheint ihm der Hitler-Gruß etwas deplatziert, hatte Hornauer doch der Familie Hinkel eine kulinarische Weihnachtsüberraschung bereitet. Er hatte den Hinkels von der Ukraine aus offensichtlich ein leckeres Schwein zukommen lassen. Schließlich schreibt Hinkel daraufhin an Hornauer: *„Lieber Hansl! Das war aber eine Überraschung, dieser fast zu fette Gruß aus der Ukraine. Ich habe Dir auftragsgemäß den allerschönsten Dank von meiner Anneliese zu sagen, dem ich mich ‚fettgrunzend' anschließe. (...) Grüße bitte Deine liebe Frau und nehmt von uns beiden die besten Weihnachtswünsche entgegen."*[801] Wohl wahr, ein vielleicht auch noch „fettgrunzendes" zackiges „Heil Hitler" könnte hier von eventuellen „Mitlesern" als böser Scherz aufgefasst werden.

Übrigens klappt es am Ende noch mit der ersehnten Verleihung des *Goldenen Ehrenzeichens*[802] an Hornauer. Jener Auszeichnung also, die ihm im Juni 1935 verwehrt worden war. In einem Brief der NSDAP-Gauleitung Sachsens an den Reichsschatzmeister der Partei am 5. Januar 1943 wird die Auszeichnung Hornauers jedenfalls erwähnt. Was nach Kriegsende mit dem strammen Nazi Hans Hornauer passiert, ist bisher nur schwer zu rekonstruieren. Seine letzte Adresse ist die Schillstraße 6, wo er mit seiner Familie seit 1943 wohnt.[803] Und die letzte Spur, die Hornauer in Dresden hinterlässt, ist sein Name im Impressum des *Freiheitskampfs* auch nach dem Bombenangriff auf Dresden im Februar 1945 bis zum Kriegsende Anfang Mai. Er hat die Bombennächte offenbar überlebt.

In jedem Fall gehört der Name Hans Hornauers mindestens auf eine Seite im fiktiven Geschichtsbuch der Dresdner Zeitungslandschaft. Die Seite, auf der die Namen der Totengräber der Meinungsfreiheit und der Pressevielfalt der Elbestadt zu finden sind.

Das traurige Ende

Das Ende ist also ein politisch motivierter Kahlschlag. Aus der fröhlich bunten Dresdner Zeitungslandschaft wird unter den braunen Machthabern um Gauleiter Martin Mutschmann nach 1933 wie angedeutet eine trostlose Ödnis. Und das schon nach wenigen Monaten. Geblieben waren nach dem Wahlsieg im März 1933 zunächst nur die drei großen Tageszeitungen *DNN, Dresdner Nachrichten, Dresdner Anzeige*r und natürlich das NSDAP-Blatt *Der Freiheitskampf*. Auch wenn sich die Zeitungsköpfe unterschieden, die Seele der Blätter war längst gleichgeschaltet. Marschierender Gehorsam in den Druckzeilen; Mut war zu diesen Zeiten Übermut. Gefährlicher Übermut noch dazu; nicht selten lebensgefährlich.

Aber das Ende greift schon spürbar wie ein hungriger Krake nach dem Land. Der von den Nazis wie eine ätzende Säure über die Welt geschüttete Weltkrieg frisst sich in den Jahren nach 1939 durch fremde Länder, frisst Menschen und Gewissen. Aber er frisst längst auch in der Heimat Ressourcen. Und die Todesnachrichten fressen nach und nach die Euphorie an der „Heimatfront". Der Krieg schlägt zurück, und neben den Soldaten stirbt mehr und mehr auch das öffentliche Leben. Und mit ihm sterben die Zeitungen. Papier ist knapp, Druckfarbe zu teuer, und die im fanatischen Stehsatz gedruckten Durchhalteparolen will kaum noch jemand lesen. Seit dem 15. März 1943 sind der einstigen Kulturstadt gerade mal zwei Blätter geblieben. *DNN* und *Anzeiger* wurden mit diesem Tag zur *Dresdner Zeitung* zwangsvereinigt, die *Dresdner Nachrichten* lösen sich im *Freiheitskampf* auf.

Eine Entwicklung, die auch der 1934 zu den *Neuesten Nachrichten* gestoßene Kulturredakteur Karl Laux in seinen Lebenserinnerungen beschreibt: „*Der Tod ging um. Auch die* Dresdner Neuesten Nachrichten *mußten sterben. Er war nur ein Teil des großen Zeitungssterbens im ganzen ‚Reich'. In Dresden wurden am 15. März 1943 die sogenannten bürgerlichen Zeitungen zu einer einzigen zusammengelegt, ‚um weitere Kräfte kriegsentscheidenden Aufgaben zuzuführen'. Die amtliche Verlautbarung versprach den Lesern der* Dresdner Neuesten Nachrichten *und des über zweihundertjährigen* Dresdner Anzeigers, *an ihrer Stelle solle im Zeichen des ‚totalen Kriegseinsatzes' eine ‚große Nachmittagszeitung' gegründet werden, die ‚leidenschaftlich für den Sieg und damit für eine schönere und große deutsche Zukunft' kämpfen werde. Die Redaktion der neuen* Dresdner Zeitung *wurde in das Haus verlegt, in dem auch das offizielle Parteiorgan,* Der Freiheitskampf, *untergebracht war. Es unterstand auch dem gleichen Verlagsleiter, einem strammen Nazi namens Hornauer, dem wir möglichst aus dem Wege gingen.*" Dass Parteigenosse Hans Hornauer in der Ersten Liga der NS-Presse spielt, ist ja schon ausführlich beschrieben worden.

Hätte – mit bitterem Sarkasmus gefragt – nicht ehrlicherweise auch nur eine einzige Zeitung genügt? Die Nazis hatten neben dem totalen Krieg längst auch die totale Konzentration auf dem Pressemarkt ausgerufen. Letztlich – Ironie des Schicksals – sorgten ausgerechnet die englischen Bomben im Februar 1945 dafür, dass es in den letzten Wochen dieses vermeintlich tausendjährigen Reiches in der zerstörten Stadt Dresden tatsächlich nur noch eine einzige Zeitung gab – die auch weiterhin wahnwitzige Endsiegparolen druckte. Auf mitunter nur noch zwei Seiten. Nachdem das Flammenmeer des 13. und 14. Februar 1945 das stolze *DNN*-Verlagsgebäude am Ferdinandplatz zerstört hatte und auch das Zeitungshaus am Wettiner Platz schwer getroffen war,[804] starb die *Dresdner Zeitung* – und damit das endgültig letzte Stück *DNN*. Am 16. Februar 1945 erscheint *Der Freiheitskampf* als einzige Dresdner Tageszeitung wieder – unter dessen Titel nur noch klein der Name *Dresdner Zeitung* steht. Das Blatt – und das wortwörtlich – wird kostenlos verteilt. Was da zu lesen ist, liest sich auch so viele Jahrzehnte später unwirklich und skurril. Da liegt seit zwei Tagen die komplette Dresdner Innenstadt in Trümmern. Da brennen auf dem Altmarkt riesige Scheiterhaufen aus Bombenopfern, weil es einfach viel zu viele sind, als dass eine baldige Beerdigung möglich wäre. Auch aus Angst vor Seuchen musste schnell entschieden werden. Zehntausende irren zudem obdachlos umher. Doch mitten hinein in all diese menschlichen Tragödien druckt *Der Freiheitskampf* auf seiner ersten Seite die Überschrift: *Trotz Terror: Wir bleiben hart!* Und es sind Sätze zu lesen wie: *„Volksgenossen! In diesen ernsten Stunden gerade, muß der Führer gewiß sein, daß er sich auf uns verlassen kann. Helft alle mit, damit er dessen sicher ist, daß sich Dresden auch diesmal des deutschen Schicksals würdig zeigt (...)“* Glaubten denn diese in ihrem Wahn Gefangenen tatsächlich noch daran, in all diesen Trümmern – den steinernen, den geistigen und den gesellschaftlichen –, die immer weiter, immer schneller vorankommenden Truppen der Roten Armee stoppen zu können? Am 8. Mai 1945 ist endlich Schluss mit dem aberwitzigen Geschwätz der Kriegstreiber! Und an diesem letzten Kriegstag – dem ersten Tag im Frieden! – vollzieht sich am Rande der großen Weltpolitik ein kleines Stück spannender Zeitungshistorie: Die letzte Ausgabe des *Freiheitskampfs* in Dresden ist schon gedruckt, wird aber am Morgen des 8. Mai nicht mehr ausgeliefert. Und doch wird dieses bedruckte Papier ein Stück deutscher Geschichte: Es ist letzte Zeitung des sogenannten Dritten Reichs überhaupt.[805] *„Die Zeitungsträger, die das Parteiorgan der NSDAP für das Land und den Gau Sachsen auf ihren Fahrrädern verteilen wollten, sahen sehr bald ein, daß ihr Geschäft zu Ende war. Über die nördlichen und östlichen Einfallstraßen nahmen die sowjetischen Truppen von der letzten deutschen Großstadt Besitz, mit der Nazipropaganda war es nun endgültig aus“*, schreibt beispielsweise der Journalist Rudolf Reinhardt 1985 in der in Hamburg erscheinenden Wochenzeitung *Die Zeit.*[806] Ein Mitarbeiter des Dresdner Stadtarchivs notierte mit Bleistift auf den Rand dieser Ausgabe: *„Diese Nummer ist nicht ausgeliefert worden. 8. Mai 1945.“*[807]

Am 14. Mai 1945 erscheint in Dresden die erste Ausgabe der *Tageszeitung für die deutsche Bevölkerung*. Eine Zeitung, zwar herausgegeben von der sowjetischen Militäradministration, aber dennoch nicht nur voller politischer Richtungsunterweisung. Auch wichtige Informationen aus dem unpolitischen Alltag Dresdens finden die Leser hier. Zur Lebensmittelversorgung beispielsweise.[808] Zu dieser Zeit eine überlebenswichtige Nachricht.

Grafiken rechts: Erstes Heim der *Neuesten Nachrichten*, ab 1903 *Dresdner Neuesten Nachrichten*, in der Pillnitzer Straße 49 von 1893 bis 1905 (oben) und das Verlagsgebäude der DNN ab 1905 in der Ferdinandstraße 4 (rechts); in: *DNN* vom 19. Juni 1927

Nachbetrachtung, Danksagungen

nicht ihren Zweck erreicht, so daß wir Zeugen dafür sind, daß sich solche Prozesse ein Jahr und noch länger hinziehen. Die Verteidigung der Ehre gegen Presseangriffe bleibt auch bei den Schöffengerichten einem armen Menschen wegen der hohen Kosten genau so unmöglich wie früher bei den Geschworenengerichten."

Zum Schluß betont der Verfasser der in Rede stehenden kritischen Studie, daß nicht minder die ethische Tendenz des Gesetzes am wenigsten Erfolg hatte. Denn niemals wucherte die schlechte und unmoralische Presse so üppig wie seit dem Inkrafttreten der Novelle. Es wird auf den großen Aufschwung der Sensations- und Skandalprozesse Bezug genommen und demgegenüber wird es als ein krasser Mißstand bezeichnet, daß die anständige Presse Übelständen gegenüber machtlos ist. Denn das Gesetz fordert den Wahrheitsbeweis, der dadurch erschwert ist, daß Beamten die Verpflichtung zur Amtsverschwiegenheit auch in gerichtlichen Zeugenaussagen rechtlich auferlegt ist und so der Presse wichtige Beweismittel zur Erforschung des Sachverhalts vorenthalten werden. — Diese Kritik ist insofern beachtenswert, als die „Lidove Noviny" zu den seriösesten, journalistisch bestgeleiteten tschechischen Blättern des genannten Staates zählen. Unter diesen Umständen ist erneut an die Adresse des tschechoslowakischen Justizministeriums von sudetendeutscher-oppositioneller Seite die Aufforderung gerichtet worden, im Zusammenhang mit dem zehnjährigen Jubiläum des Bestehens des selbständigen tschechoslowakischen Staates eine zeitgemäße Preßgesetzreform in die Wege zu leiten.

Führende Männer in Presse und Wissenschaft

Julius Ferdinand Wolff.

Am 1. August d. J. konnte Prof. Julius Ferdinand Wolff auf eine 25jährige Tätigkeit als Chefredakteur und Mitinhaber der „Dresdner Neuesten Nachrichten" zurückblicken. Dieses Jubiläum bietet die günstige Gelegenheit, den Lebensabriß einer der prägnantesten Persönlichkeiten der deutschen Zeitungswelt kurz zu skizzieren.

Prof. Wolff wurde 1871 in Koblenz geboren und war schon frühzeitig dramaturgisch tätig. Zunächst als freier Schriftsteller hat er zahllose Leitartikel und Theaterreferate geschrieben und sich s. Z. auch bei dem von Freiherrn v. Wolzogen gegründeten Überbrettl betätigt. Eine Zeitlang war Wolff politischer Redakteur der „Münchener Zeitung" und wurde am 1. August 1903, also in noch verhältnismäßig jungen Jahren, Chefredakteur und Verleger der „Dresdner Neuesten Nachrichten". Diese Zeitung war zu jener Zeit noch ohne politische und wirtschaftliche Bedeutung. Vielleicht war gerade diese Tatsache für Wolff bestimmend, seine journalistischen und organisatorischen Fähigkeiten dem Ausbau eines noch unbekannten Blattes zu widmen. Wenn heute die „Dresdner Neuesten Nachrichten" in Deutschland und sogar über seine Grenzen hinaus politischen Einfluß haben, so ist das der beste Beweis dafür, was eine charaktervolle Persönlichkeit unter Einsatz ihrer ganzen Kräfte in unermüdlicher zäher Arbeit vollbringen kann. Die Synthese von Verleger und Journalist, die sich in selten glücklicher Weise in Wolff ausprägt, ist der Schlüssel zu den Erfolgen seiner Zeitung.

Prof. Julius F. Wolff

Prof. Wolff besitzt vielseitige Interessen, die ihn dazu führen, auf den verschiedensten Gebieten führend und weisend tätig zu sein. In zahllosen politischen Leitartikeln hat er die innerdeutschen Verhältnisse mitzugestalten gewußt, den kommunalen Interessen der Stadt Dresden durch seine Zeitung in hervorragender Weise gedient und das Kunstleben dieser Stadt durch zielbewußte und anregende Theaterkritik gefördert. Im Verlag von Erich Reiß, Berlin, ist eine Zusammenstellung einer Anzahl von Kritiken in Buchform erschienen, die wegen ihrer künstlerischen Art und der aus den Arbeiten sprechenden Kenntnis des Schauspiels große Beachtung gefunden haben. Mit besonderer Herzenswärme hat sich Wolff der hygienischen Volksaufklärung gewidmet und war auf diesem Gebiete insofern bahnbrechend, als er den „Dresdner Neuesten Nachrichten" als der ersten deutschen Tageszeitung eine polulär gehaltene medizinische Beilage einrichtete. Als Freund Karl August Lingners war er an den Arbeiten für die Hygiene-Ausstellung Dresden wie für das Hygiene-Museum als Berater und Mitarbeiter beteiligt und hat sie mit verständnisvoller Einfühlung publizistisch weitgehendst gefördert. Diese Arbeit brachte ihn in engere Beziehungen zu wissenschaftlichen Vereinigungen auf dem Gebiete der hygienischen Volksaufklärung, deren Vorstand er seit einer Reihe von Jahren angehört. — Daß Prof. Wolff auch recht bald in der Organisation der deutschen Verleger eine Rolle zu spielen begann, war eine Selbstverständlichkeit. Im letzten Jahrzehnt hat er an dem Ausbau des Vereins Deutscher Zeitungsverleger, dessen erster stellvertretender Vorsitzender er z. Zt. ist, hervorragenden Anteil genommen. In welch hohem Ansehen sein Wirken für die deutsche Presse steht, hat das Organ der deutschen Zeitungsverleger kürzlich in einem Artikel zum Ausdruck gebracht. „Wir brauchen nicht", so heißt es da, „daran zu erinnern, wie oft Prof. Wolff im letzten Jahrzehnt an öffentlicher Stelle als Vertreter der Verlegerschaft aufgetreten und in tiefgründigen Vorträgen und feingeschliffenen Ansprachen für die Interessen und Ziele der Verlegerschaft gekämpft und geworben hat, nicht daran zu erinnern, daß Prof. Wolff einer der Führer des deutschen Zeitungswesens in den schweren Jahren des Krieges und der Inflation gewesen ist, und daß es nicht zuletzt diesem Führer zu verdanken ist, wenn die deutsche Presse verhältnismäßig unversehrt über diese schwere Zeit hinweggekommen ist. Dem Wirken Prof. Wollfs, seinen Anregungen und seinen Bestrebungen ist es auch mitzuverdanken, daß die deutsche Presse seit einigen Jahren den bemerkenswerten Aufschwung genommen hat, den wir alle gewahren und von dem alle Maßgebenden wissen, wieviel er zum Wiederaufbau unseres Vaterlandes beigetragen hat. Der vielen Kleinarbeit, die dabei von den Führern des Vereins Deutscher Zeitungs-Verleger zu leisten war und fortdauernd geleistet wird, hat sich Prof. Wolff niemals entzogen. In ihm hat die deutsche Verlegerschaft einen Sachwalter, der, unermüdlich in der Arbeit, ausgestattet mit reichen Gaben des Geistes und beseelt von dem Glauben an die Mission der Zeitung und des Zeitungsmannes, wahrlich auf der Stelle, auf die er durch das Vertrauen seiner Kollegen berufen ist, seinen Mann steht."

Auch die junge Zeitungswissenschaft hat allen Grund, der verständnisvollen und anregenden Förderung, die Prof. Wolff ihr angedeihen läßt, zu gedenken. Nicht nur im Verwaltungsrat der Zeitungsinstitute in Berlin und Heidelberg, sondern bei jeder sich bietenden Gelegenheit sind seine reichen Erfahrungen verbunden mit einer klaren Erkenntnis der Notwendigkeiten dem Ausbau der neuen Disziplin dienlich gewesen. Ihrem Organ ist er ein warmherziger Freund.

Dem hervorragenden Verleger und gewandten Journalisten, dem geistreichen Redner und tiefgründigen Wissenschaftler und nicht zuletzt dem liebenswerten Menschen auch an dieser Stelle zu seinem Ehrentage ein herzliches Glückauf.

Heide.

Schwarzes Brett

Dieser Raum steht allen denen, die sich in Deutschland wie im Ausland mit Zeitungsforschung beschäftigen, zur Ankündigung ihrer Vorlesungen, Übungen und der von ihnen veranlaßten wissenschaftlichen Arbeiten zur Verfügung. Es werden heute an deutschen Universitäten und Handelsschulen, fast in allen Fakultäten, von der Theologie über die Staatswissenschaft und Jurisprudenz bis zur Philosophie zeitungswissenschaftliche Themata gestellt. Um Doppelarbeit zu vermeiden, wäre es sehr erwünscht, wenn hier an dieser Stelle Dissertationen bekanntgegeben würden, die schon erschienen oder zur Bearbeitung gestellt sind.

Internationales.

= **Internationaler zeitungswissenschaftlicher Kongreß.** Vom 8. bis 10. August fand in Köln ein internationaler zeitungswissenschaftlicher Kongreß statt, dem schon aus dem Grunde besondere Bedeutung zukommt, weil er zum ersten Mal aus den verschiedensten Staaten bedeutende Männer aus Wissenschaft und Praxis vereinigte. Die Tagung, auf die in einem vorbereitenden Artikel in der „Zeitungswissenschaft" bereits eingehend hingewiesen wurde, galt dem gegenseitigen Austausch von Erfahrungen und der Schaffung eines organisatorischen Zusammenschlusses. Neben der starken Beteiligung aus Deutschland war auch das Ausland zahlreich vertreten, so Österreich, Schweiz, Tschechoslowakei, Polen, Rußland, Griechenland, Ägypten, Japan und Lettland. Der Vertreter Frankreichs war in letzter Minute am Kommen verhindert, ebenso vermißte man die Vertreter Englands und Amerikas. Zum Präsidenten des Kongresses wurde der verdienteste Vorkämpfer der neuen Disziplin, Ständerat Dr. Wettstein, Zürich, gewählt, zum Vizepräsidenten Prof. Dr. Everth, Leipzig. In das Amt der Schriftführer teilten sich Dr. Ono, Tokio, und Prof. Botscharow, Moskau.

Im Mittelpunkt der Tagung standen wertvolle Referate, die von der hohen ethischen Auffassung der die neue Disziplin vertretenden Dozenten und von der hohen Bedeutung der Wissenschaft selbst Zeugnis ablegten. Wenn auch festgestellt werden mußte, daß in den methodischen Wegen noch keine Übereinstimmung besteht, so trat aus den Darlegungen klar und eindeutig der aufrichtige Wille hervor, den gemeinsamen Weg zu suchen. Die Fülle des in den hochstehenden Referaten dargebotenen Stoffes macht es im Augenblick unmöglich, in eine Wertung der einzelnen Vorträge einzutreten. Das soll an dieser Stelle zu gegebener Zeit nachgeholt werden. Für heute genügt daher die Feststellung des auf der Tagung Dargebotenen. Am ersten Tage sprachen Prof. Dr. Everth

Würdigung anlässlich Wollfs 25-jährigem Jubiläum als Chefredakteur der *Dresdner Neuesten Nachrichten* im Augustheft *Zeitungswissenschaft*: Monatsschrift für internationale Zeitungsforschung, Berlin, Nr. 3. 1928, S. 121. Der Verfasser, Geheimrat Walther Heide (1894 – seit 1945 verschollen), nachmaliger Präsident des Deutschen Zeitungswissenschaftlichen Verbandes, Honorarprofessor an der Berliner Universität und Herausgeber des *Handbuchs der Zeitungswissenschaft*, war mit Karl d'Ester Herausgeber der *Zeitungswissenschaft*. Privatbesitz

Nachbetrachtung

Mit der Arbeit an dieser Verlegerbiografie verbindet sich in erster Linie folgende Frage: Warum kann eine Persönlichkeit wie Professor Julius Ferdinand Wollf einfach so in Vergessenheit geraten, ja quasi beinahe ausgelöscht sein aus dem Gedächtnis einer Stadt wie Dresden? Dieser Frage nachzugehen, ihn aus dem Dunkel zu holen war die vordringlichste Aufgabe unserer Arbeit und somit auch mit dem Anliegen verbunden, seine Bedeutung für diese Stadt wieder ans Tageslicht zu befördern.

Eine solche Biografie zu rekonstruieren, wie es mit der von Julius Ferdinand Wollf und seiner Familie trotz geringer persönlicher Fundstücke gelang, ist nur möglich, wenn sich ausreichend biografische Bruchstücke finden lassen. Im Falle der Wollfs ausschließlich aus Quellen, die nicht aus dem direkten Nachlass der Betroffenen stammen, sondern aus Archiven und Nachlässen. Außer in behördlichen Dokumenten, die dank bürokratischer Notwendigkeiten existieren, waren das zum Beispiel Korrespondenzen und Bezüge zu Zeitgenossen, deren Lebenswege sich mit dem von Wollf kreuzten oder weil eine hohe Wahrscheinlichkeit bestand, dass sich beide kannten aufgrund von Vereinsmitgliedschaften oder gemeinsamen gesellschaftlichen Kreisen. Aber alles in allem war durch das gleichzeitige Zusammentreffen von Umständen und der bewusst geplanten physischen Vernichtung sämtlicher Familienmitglieder das Ziel der Nationalsozialisten erreicht worden: die systematische Tilgung seines Lebenswerkes – ja, einer kompletten Biografie – aus den Annalen der Stadt Dresden.

Dieses Vorgehen der Nationalsozialisten entspricht dem antiken Todesurteil *abolitio nominis* oder *memoria damnata* (Verdammung der Erinnerung), wie es im alten Rom hieß. Das Löschen des Andenkens an seine Person ereilte Wollf wie auch seine Familie allerdings unverschuldet. Sein in den Augen der Rasse-Ideologen einziges und damit aber sein hauptsächliches Vergehen bestand darin, dass er in eine jüdische Familie hineingeboren wurde. Da half kein späteres Bekenntnis zum christlichen Glauben, kein Engagement für die Bürgerschaft seiner Wahlheimat Sachsen und seiner endgültigen Heimatstadt Dresden.

Dieser unglaublich brutale und barbarische Vorgang setzte sich sogar nach 1945 fort, was auch im Buch Erwähnung findet. Die Zeitumstände nach dem Ende des Zweiten Weltkrieges halfen, ihn vollends vergessen zu machen. Da man de facto die Namen der Verfolgten und ermordeten Mitbürger und Nachbarn lange Zeit nicht einmal auszusprechen wagte, weil dann eine Erklärung für deren Verschwinden hätte benannt werden müssen, ist auch die Überlieferung an die folgende Generation verschwunden, eine Aufarbeitung solcher Fälle fand somit nicht statt. Letztendlich haben wir trotz aller erdenklichen Anstrengungen keine Familienfotos finden können, die vom Leben der Eheleute Julius Ferdinand und Johanna Sophie Wollf, deren Eltern bzw. Geschwistern Zeugnis ablegen. Einzig die ins Exil gegangenen Cousins mit deren Familien überlebten. Doch ein Familienfoto findet sich dort ebenfalls nicht. Tragisch war, dass sich alle, die Geschwister beider Eheleute, die Onkel und Tanten, das Leben nahmen, um der geplanten Deportation zu entgehen, und so sämtlicher Nachlass in die Hände der NS-Behörden fiel. Bis auf das, was im Zusammenhang mit der Testamentsvollstreckung bei Julius Ferdinand und Johanna Sophie Wollf anwaltlich in die Wege geleitet und verteilt werden konnte – beziehungsweise durfte. So lassen die Unterlagen den Schluss zu, dass 1943 ein „Koffer mit restl. Vermächtnissen" mit einem Kostenaufwand von 10 Reichsmark transportiert worden ist. Ob es sich dabei um den Schrankkoffer handelt, der als Erbteil an den Schwager – den „arischen" Ehemann von Johanna Sophies Schwester Gertrud – nach Berlin ging, ist letztlich ungeklärt. Ein Koffer übrigens, für dessen Inhalt die Erben obendrein einen amtlich geschätzten Wert zu bezahlen hatten.[1] Möglich ist aber auch, dass es sich um einen weiteren Koffer handelt. Oder anders gesagt, es steht womöglich noch ein Koffer in Berlin …

Es sind viele Fragen unbeantwortet geblieben, fehlende Verknüpfungen zu offensichtlich vorhandenen Verbindungen konnten nicht hergestellt werden, persönliche Kontakte zu Zeitgenossen sind zwar zu ahnen, aber nicht zu beweisen. So zum Beispiel die Verbindung von Wollf zu Otto Julius Bierbaum und Samuel Fischer: War der gemeinsame Dreh- und Angelpunkt eine mögliche Mitarbeit an der Literaturzeitschrift *Die neue Rundschau*? Schrieb Wollf Beiträge für diese, als sie noch *Neue Deutsche Rundschau* hieß und von Bierbaum kurzzeitig geleitet wurde? Kamen so über Bierbaum der Theaterkritiker Wollf und Verleger S. Fischer zusammen? Wer kannte wen zuerst, oder fanden alle unabhängig zueinander? Nur einige von vielen offenen Fragen. Doch das herauszufinden wäre ein eigenes Projekt. Es zeigt aber, in welche Richtungen gedacht werden muss.

Die Einbindung Wollfs in das gesellschaftliche Leben der Stadt Dresden liegt zum einen klar auf der Hand, zum anderen fehlt allerdings jede Spur zu vermeintlich logischen Zuordnungen. Mit anderen Worten: Es ist nicht viel, was nach dreißig Jahren seiner Verlegerschaft und seines journalistischen Engagements in und für Dresden übrig blieb, außer seinen wenigen Publikationen, den zahlreichen Theaterkritiken, einigen Reden zu seinen Fachgebieten und die Würdigungen oder nur die Nennung seiner Person durch Kollegen oder Zeitgenossen. Und selbst der spärliche Einblick, den die Ruine seines Wohnhauses in die Überreste der Wohnhalle bietet, lässt erahnen, was sich abgespielt haben könnte, wenn sich die Künstler und die Kulturträger Dresdens – und der deutschsprachigen Literaturszene – auf ein geselliges Beisammensein bei den Wollfs einfanden.

Zum gesellschaftlichen Engagement einer Persönlichkeit wie Wollf gehört u. a. die Mitgliedschaft in Vereinen. Dazu wird im Buch einiges berichtet. Nicht alle Vereinsregister sind vollständig erhalten geblieben. Darum kommt man – wie so oft – nicht ganz ohne Spekulationen aus: Wo könnte der Verleger der *Dresdner Neuesten Nachrichten* privat oder auch für das Renommee der Zeitung aktiv gewesen sein? Wir haben bei Vereinen gesucht, bei denen es auf der Hand liegen müsste, wurden aber nicht fündig. Wie z. B. in der *Gesellschaft für Literatur und Kunst* oder dem *Dresdner Theater-Verein*. Bei der *Künstler-Vereinigung Dresden* stand er wie auch sein Bruder, als Direktor Max Wollff, zumindest auf der Einladungsliste der Presse.[II] Auch haben wir die Mitgliederlisten von Vereinen und Gesellschaften durchsucht, um eine mögliche Gesinnung zu verorten, aber weder im *Alldeutschen Verband (ADV)* noch in der *Gesellschaft „HARMONIE“* oder in Schützenvereinen war er verzeichnet. Da hilft schon der Vermerk einer finanziellen Zuwendung im Geschäftsbericht des *Verbandes für Jugendhilfe* von 1911 weiter, wo unter der Rubrik „Freunde und Gönner“ der „Herr Chefredakteur Wollff“ 10 Mark einzahlte.[III] Ein solch privat geführter, parteiunabhängiger Verein, der aber sämtliche Organisationen und Parteien der Stadt bündelte, die in diesem Bereich aktiv sind, sollte heute wieder ins Leben gerufen werden. Auch das sind Erkenntnisse, die sich während der Forschung zu Wollff einstellen. Das bürgerliche Engagement in der Stadt war beispielhaft.

Auch die Frage nach dem Leben von Johanna Sophie Wollff stellte sich. Die wenigen Hinweise erlauben es kaum, ein Bild ihrer Persönlichkeit zu entwerfen. Wir suchten in den Archiven nach ihr. Wir hofften, sie stünde einem Dresdner Verein, wie der *Dreyssig'schen Sing-Akademie* oder dem *Frauen-Erwebs-Verein* bzw. einer anderen Einrichtung vor oder nahe. Oder sie könnte als eine sogenannte Vertrauensfrau im *Verband für Jugendhilfe* aktiv gewesen sein. Doch hier half das Wünschen nicht. Aber nochmals, es gilt zu bedenken, dass nicht alle Verzeichnisse erhalten sind. Die gemeinsame Mitgliedschaft der Eheleute Wollff in der *Litterarischen Gesellschaft* seit 1904[IV] lässt jedenfalls vermuten, dass auch Johanna Wollff gesellschaftliche Verpflichtungen hatte und wahrnahm.

Schließlich seien hier noch einige Gedanken zum Verlegertum Wollffs gestattet. Aus der heutigen Erfahrung mit dem Zeitungswesen und mit anderen aktuellen Medien darf davon ausgegangen werden, dass nichts im Verlagshaus ohne das Wissen des Hausherrn – also der Verlagsleitung – geschieht, sofern nichts anderes abgesprochen wurde, beispielsweise entsprechende Freiräume der Redakteure. Das betrifft das Erscheinungsbild nach außen und nach innen wie auch die politische Ausrichtung über Jahrzehnte hinweg durch sämtliche Wirren der Zeit, sicherlich auch im Wettbewerb mit anderen Blättern. Darum sollte alles, was hier im Buch um die *Dresdner Neuesten Nachrichten* während der Leitung der Brüder Wollff aufgeführt wird, unter diesem Gesichtspunkt betrachtet werden. Wenn also von „den“ *DNN* die Rede ist, dann immer auch von Julius Ferdinand Wollff, dem Verleger, oder Max Wollff, dem technischen Direktor. Wir dürfen ruhigen Gewissens davon ausgehen, dass selbst die Kinderaufbewahrung, Krankenzimmer und ähnliche soziale Einrichtungen bei den *DNN* im Haus unter deren beider Leitung entstanden, auch wenn sich diese Errungenschaften erst in einem Fotoalbum der *Dresdner Neuesten Nachrichten* Ende der 1930er Jahre, im Bestand der *Deutschen Fotothek* der *SLUB* archiviert, finden. Es entspricht exakt der durch Wollfs Freund und Vorbild Karl August Lingner angeregten Arbeitsplatzhygiene und vollends dem Geist des von Lingner auf den Weg gebrachten Hygiene-Museums, der über die ersten 30 Jahre des 20. Jahrhunderts hinweg Einzug in die Dresdner Arbeitswelt hielt.

Die in diesem Buch abgedruckte Auswahl der von Julius Ferdinand Wollf verfassten Reden, Essays und Theaterkritiken wurde eher zufällig getroffen. Vor allem aber mit dem Zweck, die Entwicklung in Wollfs Sprachgebrauch zu verdeutlichen und bezüglich der in diesem Buch erfolgten Beurteilungen seiner Geisteshaltung Nachdruck zu verleihen. Da Wollf im Laufe von knapp 30 Jahren mehrere Theaterkritiken pro Monat verfasste, Nachrufe und Essays schrieb, sich obendrein noch zu gesellschaftlichen Ereignissen äußerte, wäre, um dem zu genügen, allerdings eine eigene Sammlung seiner Abhandlungen vonnöten. Darum hier nur einige wenige exemplarische Beispiele. So fasste er sich in den Theaterkritiken vor 1910 noch verhältnismäßig kurz, was auch eine präzis verknappte Sprache verlangte. In den Jahren nach 1910 kam es gelegentlich vor, dass sich Wollf nicht nur über mehrere Spalten im Feuilletonkeller, sondern gar über mehrere Seiten hinweg zum Thema ausließ. Aber es ist eine Sprache, die wir heute so nicht mehr zu lesen bekommen, durchsetzt mit viel Wissen um die Materie, die Geschichte und die Protagonisten, ob reale oder Kunstfiguren, historische oder zeitgenössische Literaten. Wollf startet gelegentlich tief im Ursprung, um dann in großem Bogen eine Punktlandung zu vollführen. Auch hierbei dürfen wir davon ausgehen, dass der Theaterkritiker Wollf alle seine Protagonisten ausreichend kannte, um deren Stärken und Schwächen, die Höhepunkte oder auch gelegentlich ihre künstlerischen Verfehlungen zu bezeichnen. Dies wiederum erlaubt den Schluss, dass Julius Ferdinand Wollf auch persönlich mit dem Ensemble und dessen Leitung, über Graf Seebach und Karl Wollf hinaus, wie auch mit den Autoren und Regisseuren, von denen sich auch im Buch einige finden, bekannt gewesen sein musste. Eine Vermutung? Nein, nicht nur, denn hierfür gibt es zahlreiche Belege …

Was aber nicht den Unmut heutiger Leserschaft hervorrufen sollte, ist die gelegentliche Wortwahl, die es im Zusammenhang mit damaligem Zeitgeschehen zu lesen gibt. Der aus Wollfs Sicht unbelastete Gebrauch von – den heutigen Lesern angesichts all der Erfahrungen mit dem Nationalsozialismus wie auch dem wieder aufkommenden Nationalismus Unbehagen verursachenden Begrifflichkeiten um und über – „das Volk“ bzw. „die Nation“ etc. sollten als Zeugnis des nach dem Ersten Weltkrieg von Wollf ernsthaft herbeigesehnten friedlichen Nebeneinanders der Völker verstanden werden. Wobei er immer seine dem damaligen Nationen-Begriff entsprechende Vorstellung pflegte. Wollf war wie viele seiner Zeitgenossen gerne ein deutscher Liberaler – aber immer auch ein liberaler Deutscher. Wobei sein Liberalismus stets einer mit nationalem Anstrich war – und einer, der politisch vor allem die Bedürfnisse der Wirtschaft in den Mittelpunkt stellte. Unter diesem Blick bewertete er politische Entscheidungen und Entscheider.

In diesem dank mannigfaltiger Funde und vieler erfolgreich verfolgter Spuren so facettenreich gewordenen Buch bricht sich das Licht der Geschichte Dresdens, aber auch das der sich kreuzenden Lebenswege einzelner Zeitgenossen wie in einem Kaleidoskop im Leben nur einer einzigen Person: Julius Ferdinand Wollf. Wie reichhaltig wäre wohl die Geschichtsschreibung, wenn diese „Lebens-Kaleidoskope" weiterer Persönlichkeiten, zum Beispiel im Zusammenhang mit der Stadt Dresden, aber auch andernorts, erforscht und niedergeschrieben würden. Menschen, die etliches in ihrem Leben auch zum Wohle ihrer Stadt leisteten und dennoch dem Vergessen anheimgefallen sind.

Auch wenn die zum Teil mühsam aufgespürten Quellen oft nur Spärliches preisgaben, darf mit gewisser Genugtuung konstatiert werden, dass die Hilfsbereitschaft sämtlicher angefragten Personen, Behörden, Archive und sonstiger Stellen stets als wohltuend und wohlwollend beschrieben werden darf. Der eine oder andere Hinweis half, auf weitere Fährten zu stoßen. Das gehörte auch in die Danksagung, aber an dieser Stelle soll es beweisen, dass die Vernetzung aller Willigen nicht unbedeutend ist für den Erfolg einer solch weit gefächerten Forschungsarbeit. Das Durchschreiten quasi offener Türen in der Gedenkarbeit speziell zu diesem Thema macht Hoffnung, dass die Gesellschaft weiterhin interessiert ist, mit einem analogen Projekt durchaus ein nächstes „Lebens-Kaleidoskop" zu rekonstruieren.

Alexander Atanassow
Dresden, Januar 2019

Quellen zur Nachbetrachtung:

I Der Oberfinanzpräsident Dresden, Vermögensverwertungsstelle, an RA Dr. Gerhard Pöge vom 16. März 1943. In: Sächsisches Staatsarchiv. Hauptstaatsarchiv Dresden (SHStA Dresden), Akten über den Nachlaß der Eheleute Wollf. Amtsgericht Dresden. Abteilung II/68. Aktennummer: 77 VI 164/42.

II Stadtarchiv Dresden, 13.18 Künstlervereinigung Dresden Nr. 1, Blatt 64/65

III Stadtarchiv Dresden, 13.30 Verband für Jugendhilfe Nr. 16

IV Stadtarchiv Dresden, 13.21 Litterarische Gesellschaft Nr. 1, Karton 1

Danksagung des Verlegers

Mein erster innigster Dank geht an Jens Fritzsche, den ich dafür gewinnen konnte, mit seiner Diplomarbeit nicht nur den Grundstein für dieses Buch zu legen, sondern darüber hinaus seine journalistischen Erfahrungen aus vielen Berufsjahren in die Recherchen einzubringen. Seine Geduld mit immer wieder neu eingebrachten Fakten bzw. Erkenntnissen rund um das Thema erleichterte die Zusammenarbeit der insgesamt vier Jahre Arbeit an diesem Buch enorm, vor allem, weil er nie den Überblick verlor.

Für die sprichwörtliche Engelsgeduld meiner Lektorin Gisela Streufert kann ich nicht oft genug Dank sagen. Ihre jahrelange Erfahrung hat das Buch sehr bereichert und gab dem Text die endgültige Form.

Für das sehr einfühlsame Geleitwort dank ich herzlich Prof. Dr. Klaus Vogel, Direktor und Vorstandsvorsitzender der Stiftung Deutsches Hygiene-Museum. Die umfassende Unterstützung aus seinem Hause, insbesondere von Marion Schneider, Mitarbeiterin der Sammlung und Bildstelle der Stiftung Deutsches Hygiene-Museum, waren eine große Hilfe.

Ein herzlicher Dank geht ebenfalls an Judith und Rafi Siano aus Haifa, die mit der Bereitstellung von Bildmaterial und Dokumenten aus deren Privatarchiv einen wichtigen Teil zur Beleuchtung des Privatlebens der Eheleute Wollf beigetragen haben, so auch mit seltenen Zeitzeugenberichten und Erinnerungen.

Den im Folgenden in alphabetischer Reihenfolge aufgeführten Personen danke ich für deren Unterstützung beim Erfassen von Texten oder bei der Recherche bzw. beim Zur-Verfügung-Stellen von Material, auch wenn nicht alle Antworten ein verwertbares Ergebnis zutage förderten. Ihre freundliche Mithilfe und das offenkundige Interesse am Thema haben mich oft darin bestärkt, das Projekt zu einem erfolgreichen Ende zu führen. Mein Dank geht somit an:

Prof. Dr. Gerhard Banse
Rudi Deusing
Stephan Dörschel
Angela Dovivat
Klaus Flick
Barbara Hoffmeister
Des Kleineibst
Sophie Micheel
Helga und Manfred Neumann
Ingo Paul
Pavel Polák
Prof. Dr. Jan Thiessen
Hildburg-Helene Thill
Ute Reupert
Bernhard Schmid, Karl-May-Verlag GmbH
Dr. Stephanie Seul
Heinz Starkulla
Burkhard Steinhauer
Professor Dr. Christoph Stölzl
Bernard Wasow
Tom Wasow
Eva Weissweiler
Eva Werner
Yonna Yapou-Kromholz

Im Besonderen möchte ich dem Amt für Kultur und Denkmalschutz der Landeshauptstadt Dresden für dessen freundliche Unterstützung bei der Herstellung dieses Buches danken.

Folgenden Archiven, Behörden, Einrichtungen, Museen, Instituten und Vereinen gilt mein ganz persönlicher Dank für die jederzeit unkomplizierte und unbürokratische Unterstützung:

Internationales Zeitungsmuseum der Stadt **Aachen**
Joods Cultureel Kwartier | Jewish Cultural Quarter, **Amsterdam**
Archiv Darstellende Kunst der Akademie der Künste, **Berlin**
Auswärtiges Amt – Politisches Archiv, **Berlin**
Bundesarchiv, Referat R 1, Abteilung Dokumentation der Judenverfolgung, **Berlin**
Geheimes Staatsarchiv – Preußischer Kulturbesitz, **Berlin**
Handschriftenabteilung der Staatsbibliothek zu **Berlin** – Preußischer Kulturbesitz
Staatsbibliothek zu **Berlin** – Preußischer Kulturbesitz
Archiv der Heimatkundlichen Arbeitsgemeinschaft **Braunfels**
Magistrat der Stadt Braunfels, Standesamt **Braunfels**
Institut für Zeitungsforschung, Eigenbetrieb der Stadt **Dortmund**
Archiv des Arbeitskreises Gedenkbuch der Jüdischen Gemeinde zu **Dresden**
Deutsche Fotothek (SLUB) Sächsisches Staatsarchiv Hauptstaatsarchiv **Dresden**
Historisches Archiv der Sächsischen Staatstheater, **Dresden**
Sächsische Landesbibliothek – Staats- und Universitätsbibliothek **Dresden** (SLUB)
Stadtarchiv der Landeshauptstadt **Dresden**
Landeshauptstadt **Düsseldorf**, Heinrich-Heine-Institut, Rheinisches Literaturarchiv
Sammlung Musik, Theater der Goethe-Universität **Frankfurt**
Landesarchiv Baden-Württemberg, Generallandesarchiv **Karlsruhe**
Stadtarchiv **Koblenz**
Theaterwissenschaftliche Sammlung der Universität zu **Köln**
The Association of Jewish Refugees, **London**
The Wiener Library for the Study of the Holocaust & Genocide, **London**
Editions- und Forschungsstelle Frank Wedekind, Deutsches Institut der Johannes-Gutenberg-Universität **Mainz**
Stadtarchiv **Mannheim** – Institut für Stadtgeschichte
Deutsche Schillergesellschaft e. V. – Deutsches Literaturarchiv **Marbach**
Stadtarchiv der Landeshauptstadt **München**
Amtsgericht **Nürnberg** – Abteilung für Nachlass und Personenstandssachen
Amtsgericht **Wetzlar** – Nachlassgericht

Falls ich eine wohlwollende Unterstützung nicht erwähnt haben sollte, bitte ich um Nachsicht und versichere auch dafür meinen Dank.

Danksagung des Autors

Es war überraschend. Fast 20 Jahre lang hatte sich niemand für Julius Ferdinand Wollf, für meine Diplomarbeit interessiert, die da weitgehend unberührt im Bestand der Sächsischen Landes- und Universitätsbibliothek vor sich hinschlummerte. Nun aber meldeten sich auf einmal regelmäßig Journalisten durchaus namhafter Nachrichtenmagazine. Wollf war plötzlich in die Schlagzeilen geraten. Oder vielmehr ein gewisser Cornelius Gurlitt, der in München eine stattliche Kunstsammlung besaß, die zu großen Teilen aus sogenannter Nazi-Raubkunst bestehen sollte. Bilder, die Gurlitts Vater jüdischen Deutschen unter dem Druck des mörderischen NS-Terrorregimes zu lächerlichen Preisen abgepresst habe, wie es hieß. Eines dieser Bilder stammte aus Wollfs Villa in Dresden. Und so brauchte man nun Wollf als Vehikel, um die Geschichte an einem Beispiel zu erzählen. Um den Menschen Julius Ferdinand Wollf und sein dramatisches Schicksal unter den Nationalsozialisten ging es nicht. Eigentlich interessierte sich niemand wirklich für Wollf. Immer noch nicht.

Mitten hinein meldete sich Alexander Atanassow bei mir. Der Dresdner Verleger kümmert sich seit Jahren darum, vormals bekannte Dresdner aus dem Vergessen zu holen. Wollf war ihm dabei aufgefallen. Der zeitliche Zusammenhang mit dem Wirbel um Gurlitt war Zufall. Da interessierte sich nun also tatsächlich jemand für Wollf und für meine im Rückblick eher überschaubaren Rechercheergebnisse zu diesem ungewöhnlich klugen, ungewöhnlich engagierten und ungewöhnlich vernetzten Mann. Für diesen Mann, der Dresden fast drei Jahrzehnte seinen Stempel aufgedrückt hatte. An einem kalten Februarmorgen, einem Sonnabend, stand ich nun vor der Tür im Schweizer Viertel und gab dem Verleger ein Exemplar meiner Diplomarbeit aus dem Jahr 1996. Und aus diesem kurzen Treffen – ich war auf dem Weg in die Winterferien im nahen Osterzgebirge – wurde eine intensive Zeit. Eine Freundschaft.

Wollf wurde fast vier Jahre lang unser beinahe ständiger Begleiter. Und Alexander Atanassow zum Taktgeber. Immer wieder neue Quellen trug er zusammen, immer wieder öffneten wir gemeinsam symbolische Türen in symbolische Räume, von denen dann immer wieder neue Türen in weitere Zimmer abgingen, in denen wir auf Menschen trafen, die mit Wollf zu tun hatten. Es wurde eine spannende Spurensuche – so mancher Abend an so manchem Kneipentisch wurde im wunderbaren Gedankenaustausch zum frühen Morgen. Was natürlich auch meiner Familie eine Menge an Verständnis und Zugeständnissen abverlangte; für diese Geduld bin ich sehr dankbar.

Und nun liegt ein Buch vor, auf das wir beide – der Verleger Alexander Atanassow und ich – sehr stolz sein können. Eine Biografie, die zu erzählen gerade heute umso wichtiger ist, je mehr das Sich-Erinnern verweigert wird. Dass uns das gelungen ist, wäre ohne den verlegerischen Mut und die Beharrlichkeit Alexander Atanassows nicht möglich gewesen; auch dafür ein herzliches Dankeschön.

Über den Autor

Jens Fritzsche, geboren 1969 in Dresden, studierte zwischen 1991 und 1996 Journalistik und Politikwissenschaft an der Universität Leipzig, schloss das Studium mit dem Diplom ab. Im Anschluss arbeitete er als Journalist in verschiedenen Redaktionen – in Hoyerswerda, Kamenz und in Radeberg, wo er bis zum Sommer 2018 über 16 Jahre lang die Lokalredaktion der *Sächsischen Zeitung* leitete. Derzeit ist er im Verlagsbereich der DDV-Mediengruppe in Dresden für die Entwicklung und Betreuung von Produkten in den Bereichen Gesundheit und Sport verantwortlich.

Auf Julius Ferdinand Wollf wurde Jens Fritzsche bereits Ende 1991 aufmerksam. Sein damaliger Dozent im Studienbereich Historischer Journalismus an der Leipziger Universität, Dr. Jürgen Schlimper, hatte ihm vorgeschlagen, sich langfristig mit dem Herausgeber und Chefredakteur der *Dresdner Neuesten Nachrichten* und dessen Rolle im sächsischen und deutschen Journalismus zu befassen. So entstand bis zum Februar 1996 die Diplomarbeit über Wollf, die auch Grundlage für diese umfangreiche Biografie ist, die er nun gemeinsam mit dem Dresdner Verleger Alexander Atanassow in dessen Dresdner KUNSTBLATT-Verlag vorgelegt hat.

Namensregister

Quellen, Endnoten, Anmerkungen

Die
Kleine Anzeige
der D. N. N.
ist das große Wunder

Ein Hund oder ein andres Haustier ist schnell gefunden oder verkauft durch eine Kleine Anzeige in der Rubrik „Tiermarkt“ der Dresdner Neuesten Nachrichten.

Bestellungen im D. N. N.-Haus, Ferdinandstraße 4, in der D. N. N.-Filiale Striesen (Wartburgstraße 29) und in allen Annahmestellen der D. N. N. – Die Kleine Anzeige der D. N. N. ist das große Wunder.

QUELLEN UND LITERATURVERZEICHNIS (alphabetisch geordnet)

Grundlage dieser Verleger-Biografie ist die Diplomarbeit von Jens Fritzsche: Die Dresdner Neuesten Nachrichten und Julius Ferdinand Wollf, eingereicht am Institut für Kommunikations- und Medienwissenschaft der Universität Leipzig, 1996.

Für die Recherche für das vorliegende Buch wurden u. a. folgende Quellen und Materialien durchgesehen:

SACHBÜCHER

Geppert, Dominik: Pressekriege. Öffentlichkeit und Diplomatie in den deutsch-britischen Beziehungen (1896 – 1912). In: Veröffentlichungen des Historischen Instituts London. Band 64. München: R. Oldenbourgh Verlag, 2007.

Heresch, Elisabeth: Geheimakte Parvus. Die gekaufte Revolution. Biografie. München: Langen Müller, 2000.

Hofmann, Hans-Joachim: Die Entwicklung der Dresdner Neueste Nachrichten vom Generalanzeiger zur Heimatzeitung. Dresden: Verlagsanstalt Scholz & Co., 1940.

Kummer, Friedrich: Dresden und seine Theaterwelt. Dresden: Verlag Heimatwerk Sachsen v. Baensch Stiftung, 1938.

Nickold, Werner: Das Feuilleton der Dresdner Tagespresse von 1880 – 1900. Dresden: Risse-Verlag, 1934.

Reichshandbuch der deutschen Gesellschaft. Band II. Berlin: Deutscher Wirtschaftsverlag, 1931.

Solschenizyn, Alexander: Lenin in Zürich. Bern/München: Scherz-Verlag, 1977

Wollf, Julius Ferdinand. Theater – aus 10 Dresdner Schauspieljahren. Berlin: Reiss-Verlag, 1913.

Wollf, Julius Ferdinand: Lingner und sein Vermächtnis. Hellerau: Verlag Jakob Hegner, 1930.

Zeißig, Herbert: Eine deutsche Zeitung. Zweihundert Jahre Dresdner Anzeiger. Dresden: Verlag der Dr. Güntzschen Stiftung, 1930.

LEBENSERINNERUNGEN

Adolph, Paul: Vom Hof- zum Staatstheater. Dresden: Verlag C. Heinrich, 1932.

Brand, Silvia: Wie es zugeht. Dresden: Berthold-Sturm-Verlag, 1905.

Klemperer, Victor: Tagebücher 1933 – 1934. Walter Nowojski (Hrsg.). Berlin: Aufbau Taschenbuchverlag, 1999.

Klemperer, Victor. In: Nowojski, Walter; Klemperer, Hadwig (Hrsg.): Ich will Zeugnis ablegen bis zum letzten. 1. Band Tagebücher 1933 bis 1941. Berlin: Aufbau Verlag, 1995.

Klemperer, Victor: Warum soll man nicht auf bessere Zeiten hoffen. Ein Leben in Briefen. Nowojski, Walter, und Holdack, Holdack, Nele (Hrsg.), unter Mitarbeit von Löser, Christian. Berlin: Aufbau Verlag, 2017.

Laux, Karl: Nachklang. Autobiografie. Berlin: Verlag der Nation, 1977.

Seiring, Georg: Unveröffentlichte Lebenserinnerungen. In: Archiv des Deutschen Hygiene-Museums Dresden.

Straus-Ernst, Louise: Nomadengut. Krempel, Ulrich (Hrsg.). Hannover: Sprengel Museum, 1999.

SONSTIGES

Jubiläumsausgabe 200 Jahre Dresdner Anzeiger (1730 bis 1. September 1930). Dresden, 1. September 1930.

Schöne, Walter: Die Anfänge des Dresdner Zeitungswesens im 18. Jahrhundert. In: Mitteilungen des Vereins für Geschichte Dresdens. 23. Heft. Dresden: Buchdruckerei der Wilhelm und Berta von Baensch Stiftung,1912

Öffentlich zugängliche Bestände:

Adressbücher der Stadt Dresden 1880 bis 1945, Digitale Sammlungen der Sächsischen Landes- und Universitätsbibliothek Dresden.

Der Zwinger, Blätter der Dresdner Hoftheater, historisches Archiv der Sächsischen Staatstheater und Staatsoper Dresden.

Deutsche Presse. Organ des Reichsverbandes der deutschen Presse, Deutsche Bücherei Leipzig.

Dresdner Anzeiger 1830 – 14. März 1943, Sächsische Landes- und Universitätsbibliothek Dresden.

Dresdner Neueste Nachrichten 1893 – 14. März 1943, Sächsische Landes- und Universitätsbibliothek Dresden.

Zeitungs-Verlag. Organ des Vereins Deutscher Zeitungs-Verleger, Sächsische Landes- und Universitätsbibliothek Dresden.

ZEITUNGEN

Der Freiheitskampf 1932 bis 1945

Dresdner Anzeiger 1730 bis 14. März 1943

Dresdner Neueste Nachrichten, 1893 bis 14. März 1943

Dresdner Zeitung 15. März 1943 bis 13. Februar 1945

ENDNOTEN

1 Vgl. Was wird aus dem Rathenauplatz? In: Dresdner Neueste Nachrichten, 5. Mai 1928. Seite 3.
2 Vgl. Stadtarchiv Koblenz, DB6, Juden, „Residentenliste".
3 ebenda
4 Vgl. Meldebogen Nr. 516638 der Stadt München vom 15. Oktober 1902. Stadtarchiv München.
5 Vgl. Erinnerungsbuch Koblenz.
6 Laut Residentenliste jüdischer Einwohner von Koblenz: Stadtarchiv Koblenz (Signatur: StAK DB6), Stand 08.07.2016: Wolf, Ferdinand, *14.12.1845 Koblenz, gestorben 6.7.1881 Andernach, beerdigt auf dem jüdischen Friedhof Koblenz (Eltern: Wollf, Martin, u. Oppenheim, Regina, s. Firmungsstraße 11). Vgl. Stadtarchiv Koblenz, DB6, Juden, „Residentenliste".
7 Vgl. Stadtarchiv Koblenz, DB6, Jugend, „Residentenliste": Rosalie Wollf wird am 30. August 1872 in Koblenz geboren (Freitod am 12. März 1944 in Berlin), Klara Wollf am 30. August 1874 (Freitod am 27. Juli 1942 in Koblenz), Frieda Emma Wollf am 14. September 1876 (Freitod am 27 Juli 1942 in Koblenz) und Max Wollf am 17. Juni 1879 (Freitod am 20. Januar 1942 in Dresden).
8 Auskunft Stadtarchiv Mannheim mit Verweis auf die Meldekarten und den Hochzeitseintrag. Mannheim, 20. Juli 2016.
9 Wollf, Julius Ferdinand: Brief an Herbert Eulenberg, Dresden, 6. Juli 1938. In: Landeshauptstadt Düsseldorf Heinrich-Heine-Institut Rheinisches Literaturarchiv, Nachlässe und Sammlungen, Bilker Straße 12–14, 40213 Düsseldorf.
10 Heiratseintrag vom 14. Juli 1898 Nr. 691/1898 Standesamt Mannheim-Stadt, Stadtarchiv Mannheim.
11 Karl Wollf wird am 27. Juni 1876 in Koblenz geboren.
12 Heiratseintrag vom 14. Juli 1898 Nr. 691/1898 Standesamt Mannheim-Stadt, Stadtarchiv Mannheim.
13 Reichshandbuch der deutschen Gesellschaft. Band II. Berlin: Deutscher Wirtschaftsverlag, 1931. Seite 2 070.
14 Vgl. Hofmann, Hans-Joachim: Die Entwicklung der Dresdner Neueste Nachrichten vom Generalanzeiger zur Heimatzeitung. Dresden: Verlagsanstalt Scholz & Co., 1940. Seite 52.
15 In: Bühne und Welt. Zeitschrift für Theaterwesen, Literatur und Kunst. Band 4, Teil 2. Berlin: Verlag von Otto Elsner, 1902. Seite 843.
16 Wollf, Julius Ferdinand: Vorrede. In: Badisch Blut. Historisches Versspiel in einem Akt. Karlsruhe: Druck und Verlag der G. Braun'schen Hofbuchdruckerei, 1902. Seite 5.
17 Quelle: Stadtarchiv Mannheim: Mitteilung, 20. Juli 2016.
18 In: Landesarchiv Baden-Württemberg. Generallandesarchiv Karlsruhe. Bestand 57a Generaldirektion des Hoftheaters, Badisches Landes- und Staatstheater, Akte 57a_2060 (1904–1912).
19 Wollf, Julius Ferdinand: Vorrede. In: Badisch Blut. Historisches Versspiel in einem Akt. Karlsruhe: Druck und Verlag der G. Braun'schen Hofbuchdruckerei, 1902. Seite 5.
20 Theaterplakat. In: Institut für Stadtgeschichte. Stadtarchiv Mannheim. Bestand: Reiss-Engelhorn-Museum. Titel: Theaterzettelbände des Großherzoglichen Hof- und Nationaltheater Mannheim. Laufzeit 1901–1902. Signatur: 18_2016_00197.
21 Vgl. Ausführungen über historische Grabstätten in Mannheim: Grosse Namen auf den Grabstätten Mannheimer Friedhöfe: Bassermann, August. In: www.friedhof-mannheim.de/historische-grabstaetten, besucht am 10. März 2017.
22 ebenda
23 Vgl. Scheuble, Christiana, Generallandesarchiv Karlsruhe, per E-Mail am 8. November 2017.
24 Heide, Walther: Führende Männer in Presse und Wissenschaft. Julius Ferdinand Wollf. In: Zeitungswissenschaft – Monatsschrift für internationale Zeitungsforschung. Berlin, August 1928. Seite 121.
25 ebenda
26 Vgl. Stein, Roger: Das deutsche Dirnenlied. Köln, Weimar, Wien: Böhlau Verlag, 2006. Seite 124ff.
27 Auskunft Stadtarchiv Mannheim mit Verweis auf die Meldekarten. Mannheim, 20. Juli 2016.
28 Vgl. Leuschner, Udo: Zeitungs-Geschichte: Die Entwicklung einer Tageszeitung über zwei Jahrhunderte. Berlin: Verlag die Arbeitswelt, 1981.
29 ebenda
30 Vgl. Judenhäuser in Wiesbaden. https://moebus-flick.de, besucht am 17. Februar 2018.
31 ebenda
32 Vgl. wikipedia.org, besucht am 2. Mai 2016 unter Verweis auf: Drechsler, Hanno: Die Sozialistische Arbeiterpartei Deutschlands (SAPD). Ein Beitrag zur Geschichte der deutschen Arbeiterbewegung am Ende der Weimarer Republik, Band 2. Hain, Meisenheim am Glan, 1965
33 Vgl. www.exilarchiv.de, besucht am 21. April 2016. Unter Verweis auf: Wichers, Hermann. In: Historisches Lexikon der Schweiz, und Drechsler, Hanno. In: Die Sozialistische Arbeiterpartei Deutschlands (SAPD). Ein Beitrag zur Geschichte der deutschen Arbeiterbewegung am Ende der Weimarer Republik. Hannover: SOAK-Verlag, 1983. Seite 365.
34 Vgl. Notarielle Beglaubigung über die Bestimmungen der Testamente von Julius Ferdinand und Sophie Wollf durch Justizrat Rudolf, Max. In: SHStA Dresden, Akten über den Nachlaß der Eheleute Wollf. Amtsgericht Dresden. Abteilung II/68. Aktennummer: 77 VI 164/42. Dresden, 31. Juli 1942.

35 Vgl. Meldebogen Nr. 516638 der Stadt München vom 15. Oktober 1902. Stadtarchiv München.
36 Auskunft Stadtarchiv Mannheim mit Verweis auf die Meldekarten. Mannheim, 20. Juli 2016.
37 Vgl. Meldebogen Nr. 516638 der Stadt München vom 15. Oktober 1902. Stadtarchiv München.
38 ebenda
39 Vgl. Genossenschaft Deutscher Bühnenangehöriger (Hrsg.): Deutsches Bühnenjahrbuch 1929. Berlin: Genossenschaft Deutscher Bühnenangehöriger, 1929. Seite 99./Bayrisches Musiker-Lexikon Online (BMLO)
40 Dimpfl, Monika: Karl Valentin. Biografie. München: dtv, 2007, aktualisierte Auflage 2017. Seite 68.
41 Adolph, Paul: Vom Hof- zum Staatstheater. Zwei Jahrzehnte persönlicher Erinnerungen an Sachsens Hoftheater, Königshaus, Staatstheater und anderes. Dresden: Verlag C. Heinrich, 1932. Seite 334.
42 Adolph, Paul: Vom Hof- zum Staatstheater. Zwei Jahrzehnte persönlicher Erinnerungen an Sachsens Hoftheater, Königshaus, Staatstheater und anderes. Dresden: Verlag C. Heinrich, 1932. Seite 334f.
43 Sarfert, Hans-Jürgen: Dresden im Zeichen des expressionistischen Theaters. In: Rat des Bezirkes Dresden, Abteilung Kultur und Kulturakademie des Bezirkes Dresden (Hrsg.): Dresdner Hefte 14. Beiträge zur Kulturgeschichte Dresden, 1988. Seite 46.
44 Vgl. Internetseite www.literaturportal-bayern.de, besucht am 15. November 2017.
45 Vgl. Meldebogen Nr. 516638 der Stadt München vom 15. Oktober 1902. Stadtarchiv München.
46 Hofmann, Hans-Joachim: Die Entwicklung der Dresdner Neueste Nachrichten vom Generalanzeiger zur Heimatzeitung. Dresden: Verlagsanstalt Scholz & Co., 1940. Seite 52f.
47 Vgl. Urteil vom 10. Juli 1941 am Reichsgericht Leipzig, II. Zivilsenat: Senatspräsident Kolb, Reichsgerichtsräte Frings, Dr. Neumerkel, Dr. Schulze und Dr. Lippert.
48 Telefonische Mitteilung an den Autor von Herrn Andreas Huck, Nachlaßverwalter des Huck-Konzerns, Deiring bei Wolfratshausen, am 7. September 1995
49 Hofmann, Hans-Joachim: August Huck: Verleger und *DNN*-Gründer. In: Jubiläumsbeilage zu den Dresdner Neueste Nachrichten. Dresden, I (08. Septbember 1993). Seite 9.
50 Vgl. Erklärung Dr. Wolfgang Huck an Rechtsanwalt Dr. Veit Wyler in Zürich. München, 23. Januar 1957. In: Privatarchiv Rafi Siano, Haifa.
51 Vgl. Meldebogen Nr. 516638 der Stadt München vom 15. Oktober 1902. Stadtarchiv München.
52 Hofmann, Hans-Joachim: Die Entwicklung der Dresdner Neueste Nachrichten vom Generalanzeiger zur Heimatzeitung. Dresden: Verlagsanstalt Scholz & Co., 1940. Seite 52f.
53 Vgl. Mrazeck, Emmy: Erklärung zur Einrichtung der Villa Julius Ferdinand Wollfs in Dresden an Dr. Veit Whyler. Dresden, 10. Oktober 1956.
54 Vgl. Urteil vom 10. Juli 1941 am Reichsgericht Leipzig, II. Zivilsenat: Senatspräsident Kolb, Reichsgerichtsräte Frings, Dr. Neumerkel, Dr. Schulze und Dr. Lippert.
55 Vgl. Urteil vom 10. Juli 1941 am Reichsgericht Leipzig, II. Zivilsenat: Senatspräsident Kolb, Reichsgerichtsräte Frings, Dr. Neumerkel, Dr. Schulze und Dr. Lippert.
56 Vgl. Weller, B. Uwe: Wolfgang Huck (1889–1967). In: Fischer, Heinz-Dietrich (Hrsg.): Deutsche Presseverleger des 18. bis 20. Jahrhunderts. Pullach bei München: Verlag Dokumentation, 1975. Seite 354f.
57 Geppert, Dominik: Pressekriege. Öffentlichkeit und Diplomatie in den deutsch-britischen Beziehungen (1896–1912). In: Veröffentlichungen des Historischen Instituts London. Band 64. München: R. Oldenbourgh Verlag, 2007. Seite 3.
58 ebenda, Seite 360.
59 ebenda, Seite 359.
60 ebenda, Seite 360.
61 Vgl. W. Sydney Robinson: Muckraker. The scandalous life and times of W. T. Stead, Britain‘s first investigative journalist. London: Robson Press, 2012.
62 Wolff, Julius Ferdinand: Schreiben an Reichskanzler Fürst von Bülow vom 12. Juni 1906. In: Archivband R 5717 (England 78: Beziehungen Englands zu Deutschland, Band 51). Berlin: Auswärtiges Amt, Politisches Archiv. Transkription: Keipert, Dr. Gerhard, Berlin, 22. März 2018.
63 Antwortmanuskript für Reichskanzler Fürst von Bülow an Julius Ferdinand Wollf vom 19. Juni 1906. In: Archivband R 5718. Berlin: Auswärtiges Amt, Politisches Archiv.
64 Wollf, Julius Ferdinand: Besuch deutscher Redakteure in England. In: Dresdner Neueste Nachrichten. Nummer 164. Dresden, 21. Juni 1906. Seite 2.
65 Vgl. Hildebrand, Hans H.: Die deutschen Kriegsschiffe. Biographien – ein Spiegel der Marinegeschichte von 1815 bis zur Gegenwart. Herford: Koehlers Verlagsgesellschaft.
66 Anglo-German Friendship Committee: Programm für den Besuch der deutschen Journalisten in England. London, Juni 1906. In: Archivband R 5718. Berlin: Auswärtiges Amt, Politisches Archiv.
67 Briefe liegen unter anderem im Geheimen Staatsarchiv preußischer Kulturbesitz Berlin.
68 Vgl. Benedikt, Klaus-Ulrich: Emil Dovivat: Ein katholischer Hochschullehrer und Publizist. Mainz: Matthias-Grünewald-Verlag, 1986.

69 Wolff, Julius Ferdinand: Brief an Emil Dovivat, 27. März 1927. In: Geheimes Staatsarchiv Preußischer Kulturbesitz Berlin.
70 Deutsche Presse. Organ des Reichsverbandes der deutschen Presse. Berlin, 1 (15. Januar 1915). Seite 35.
71 Deutsche Presse. Organ des Reichsverbandes der deutschen Presse. Berlin, 29/30 (18. Juli 1924). Seite 11.
72 Hofmann, Hans-Joachim: Die Entwicklung der Dresdner Neueste Nachrichten vom Generalanzeiger zur Heimatzeitung. Dresden: Verlagsanstalt Scholz & Co., 1940. Seite 57f.
73 Zeitungs-Verlag. Organ des Vereins Deutscher Zeitungs-Verleger. Berlin, 17 (27. April 1917). Spalte 434.
74 Zeitungs-Verlag. Organ des Vereins Deutscher Zeitungs-Verleger. Berlin, 17 (27. April 1917). Spalte 435.
75 Vgl. Sabrow, Martin: Die verdrängte Verschwörung. Der Rathenau-Mord und die deutsche Gegenrevolution. Frankfurt am Main: Fischer Taschenbuch-Verlag, 1999. Seite 17.
76 Zeitungs-Verlag. Organ des Vereins Deutscher Zeitungs-Verleger. Berlin, 24 (15. Juni 1917). Spalte 652.
77 Zeitungs-Verlag. Organ des Vereins Deutscher Zeitungs-Verleger. Berlin, 21 (26. Mai 1916). Spalte 540.
78 Zeitungs-Verlag. Organ des Vereins Deutscher Zeitungs-Verleger. Berlin, 44 (4. November 1921). Spalte 1505.
79 Zeitungs-Verlag. Organ des Vereins Deutscher Zeitungs-Verleger. Berlin, 23 (9. Juni 1916). Spalte 612.
80 ebend.
81 Vgl. Surminski, Arno: Die Assekuranz im Ersten Weltkrieg. In: Zeitschrift für Versicherungswesen, 15–16 (2014). Seite 455.
82 Vgl. Piper, Ernst. In: Nacht über Europa. Kulturgeschichte des Ersten Weltkriegs. E-book. Berlin: Ullstein-Verlag, 2013.
83 Vgl. Kleiner Briefkasten. In: *DIE AKTION* Nr. 9 / 10 1915, Spalte 109.
84 Vgl. Annette Kolb – Eine literarische Stimme Europas. In: Internetseite Universität Düsseldorf: www.phil-fak.uni-duesseldorf.de, besucht am 9. November 2018.
85 Vgl. Bellin, Klaus: Das unerschrockene Wort. In: *Neues Deutschland*. Berlin, 2. Dezember 2017.
86 Zeitungs-Verlag. Organ des Vereins Deutscher Zeitungs-Verleger. Berlin, 30 (28. Juli 1928). Spalte 1596.
87 Vgl. Weller, B. Uwe: Wolfgang Huck (1889–1967). In: Fischer, Heinz-Dietrich: Deutsche Presseverleger des 18. bis 20. Jahrhunderts. Pullach bei München: Verlag Dokumentation, 1975. Seite 350f.
88 Vgl. Says Paper Trust censors the press. In: The New York Times, 23. April 1922. Seite 39.
89 Wolff, Julius Ferdinand. In: Zeitungs-Verlag. Organ des Vereins Deutscher Zeitungs-Verleger. Berlin, 41 (15. Oktober 1927). Spalte 2369.
90 Zeitungs-Verlag. Organ des Vereins Deutscher Zeitungs-Verleger. Berlin, 23 (10. Juni 1927). Spalte 1218.
91 Wolff, Julius Ferdinand. In: Der Westen. Zeitschrift für Wirtschaft und rheinisches Leben und Kölner Messe- und Ausstellungszeitung. Heft 9. Köln, 12. Mai 1928.
92 Deutsche Presse. Organ des Reichsverbandes der deutschen Presse. Berlin, 43 (20. Oktober 1928). Seite 528.
93 ebenda
94 Vgl. Amtlicher Führer durch die Ausstellung Jahresschau Dresden 1927. Sechste Jahresschau Deutscher Arbeit Dresden 1927. Das Papier. Dresden: Verlag der Jahresschau Deutscher Arbeit, 1927. Seite 92.
95 ebenda, Seite 71.
96 ebenda, Seite 74.
97 ebenda, Seite 75.
98 ebenda, Seite 82.
99 ebenda, Seite 80.
100 Reim, Heidrun: Jahresschauen Deutscher Arbeit in der Tradition Dresdner Ausstellungen. In: Dresdner Geschichtsbuch 4. Hrsg. Stadtmuseum Dresden. Altenburg: DZA Verlag für Kultur und Wissenschaft, 1998. Seite 123f.
101 ebenda, Seite 124.
102 ebenda, Seite 126.
103 ebenda, Seite 126.
104 Besucherzahlen: Vgl. Reim, Heidrun: Jahresschauen Deutscher Arbeit in der Tradition Dresdner Ausstellungen. In: Dresdner Geschichtsbuch 4. Hrsg. Stadtmuseum Dresden. Altenburg: DZA Verlag für Kultur und Wissenschaft, 1998. Seite 126.
105 Zeitungs-Verlag. Organ des Vereins Deutscher Zeitungs-Verleger. Berlin, 25 (24. Juni 1927). Spalte 1507.
106 ebenda, Spalte 1523.
107 Zeitungs-Verlag. Organ des Vereins Deutscher Zeitungs-Verleger. Berlin, 30 (29. Juli 1927). Spalte 1789f.
108 Vgl. wikipedia.org, besucht am 12. April 2016.
109 Zeitungs-Verlag. Organ des Vereins Deutscher Zeitungs-Verleger. Berlin, 1 (2. Januar 1925). Spalte 131f.
110 Vgl. Meyen, Michael: Fachgeschichte als Generationsgeschichte. Beitrag in: Biografisches Lexikon der Kommunikationswissenschaft, 13. Mai 2015. Blexkom.halemverlag.de, besucht am 10. November 2016.
111 Vgl. Kapitel Wolff verklagt Max Weber.
112 Zeitungs-Verlag. Organ des Vereins Deutscher Zeitungs-Verleger. Berlin, 23 (10. Juni 1927). Spalte 1234.
113 Vgl. Zeitungs-Verlag. Organ des Vereins Deutscher Zeitungs-Verleger. Berlin, 20 (20. Mai 1927). Spalte 974.
114 Vgl. Wilkens, Josef: Zeitungswissenschaftliches Studium im Wintersemester 1931/32. In: Zeitungs-Verlag. Organ des Vereins Deutscher Zeitungs-Verleger. Berlin, 30 (23. Juli 1932). Spalte 518.

115 Heide, Walther: Führende Männer in Presse und Wissenschaft. Julius Ferdinand Wolff. In: Zeitungswissenschaft – Monatsschrift für internationale Zeitungsforschung. Berlin, August 1928. Seite 121.
116 Straus-Ernst, Louise: Nomadengut. Krempel, Ulrich (Hrsg.). Hannover: Sprengel Museum, 1999. Seite 53.
117 ebenda, Seite 53.
118 Krempel, Ulrich: Lou Straus-Ernst: Ein Leben revidiert. In: Straus-Ernst, Louise: Nomadengut. Krempel, Ulrich (Hrsg.). Hannover: Sprengel Museum, 1999. Seite 231.
119 ebenda, Seite 239.
120 Vgl. Lepsius, M. Rainer, und Mommsen, Wolfgang J. (Hrsg.): Max Weber Briefe 1911–1912. 1. Halbband. Tübingen: J.C.B. Mohr (Paul Siebeck), 1998. Seite 31.
121 Vgl. Schreiben von Rechtsanwalt Dr. Otto Schoch aus Heidelberg an das Großherzogliche Amtsgericht Heidelberg zum Klageverfahren Adolf Koch gegen Max Weber, 24. April 1912. In: Lepsius, M. Rainer, und Mommsen, Wolfgang J. (Hrsg.): Max Weber Briefe 1911–1912. 2. Halbband. Tübingen: J.C.B. Mohr (Paul Siebeck), 1998. Seite 828ff.
122 Vgl. Hansmartin Schwarzmaier: Ruge, Arnold Paul. In: Bernd Ottnad (Hrsg.): Badische Biographien. Neue Folge, Band 4. Stuttgart: Kohlhammer, 1996. Seiten 244ff.
123 Vgl. Alt-Heidelberg, du Feine. In: Dresdner Neueste Nachrichten, 8. Januar 1911. Seite 1.
124 ebenda
125 Vgl. Lepsius, M. Rainer, und Mommsen, Wolfgang J. (Hrsg.): Max Weber Briefe 1911–1912. 2. Halbband. Tübingen: J.C.B. Mohr (Paul Siebeck), 1998. Seite 831.
126 Vgl. Meurer, Bärbel (Hrsg.): Marianne Weber. Beiträge zu Werk und Person. Tübingen: Mohr Siebeck, 2004. Seite 112.
127 Die zusammengefassten Briefe erschienen am 12. Dezember 1910 in der Heidelberger Zeitung, Seite 4, sowie am 13. Dezember 1910 im Heidelberger Tageblatt, Seite 4.
128 Vgl. Schreiben von Rechtsanwalt Dr. Otto Schoch aus Heidelberg an das Großherzogliche Amtsgericht Heidelberg zum Klageverfahren Adolf Koch gegen Max Weber, 24. April 1912. In: Lepsius, M. Rainer, und Mommsen, Wolfgang J. (Hrsg.): Max Weber Briefe 1911–1912. 2. Halbband. Tübingen: J.C.B. Mohr (Paul Siebeck), 1998. Seite 828ff.
129 Vgl. Lepsius, M. Rainer, und Mommsen, Wolfgang J. (Hrsg.): Max Weber Briefe 1911–1912. 2. Halbband. Tübingen: J.C.B. Mohr (Paul Siebeck), 1998. Seite 831.
130 ebenda. Seite 138f.
131 Max Weber war von 1882 bis 1918 Mitglied der Burschenschaft Allemannia in Heidelberg. Vgl. Reinbach, Wolf-Diedrich: Max Weber und seine Beziehungen zur Burschenschaft Allemannia Heidelberg (3. unveränderte Auflage). Heidelberg: Verlag Reinbach, 2003.
132 Vgl. Schreiben von Rechtsanwalt Dr. Otto Schoch aus Heidelberg an das Großherzogliche Amtsgericht Heidelberg zum Klageverfahren Adolf Koch gegen Max Weber, 24. April 1912. In: Lepsius, M. Rainer, und Mommsen, Wolfgang J. (Hrsg.): Max Weber Briefe 1911–1912. 2. Halbband. Tübingen: J.C.B. Mohr (Paul Siebeck), 1998. Seite 830.
133 Vgl. Lepsius, M. Rainer, und Mommsen, Wolfgang J. (Hrsg.): Max Weber Briefe 1911–1912. 2. Halbband. Tübingen: J.C.B. Mohr (Paul Siebeck), 1998. Seite 816.
134 ebenda, Seite 147ff.
135 ebenda, Seite 816.
136 ebenda, Seite 31.
137 ebenda, Seite 693.
138 Weber, Max: Brief an Adolf Koch, Heidelberg, 31. Dezember 1911. In: Lepsius, M. Rainer, und Mommsen, Wolfgang J. (Hrsg.): Max Weber Briefe 1911–1912. 1. Halbband. Tübingen: J.C.B. Mohr (Paul Siebeck), 1998. Seite 381.
139 Weber, Max: Zur Gegenerklärung in Sachen des Professor Koch gegen Professor Max Weber. Heidelberg, 7. Mai 1912. In: Lepsius, M. Rainer, und Mommsen, Wolfgang J. (Hrsg.): Max Weber Briefe 1911–1912. 2. Halbband. Tübingen: J.C.B. Mohr (Paul Siebeck), 1998. Seite 876.
140 ebenda
141 Vgl. Schreiben von Rechtsanwalt Dr. Otto Schoch aus Heidelberg an das Großherzogliche Amtsgericht Heidelberg zum Klageverfahren Adolf Koch gegen Max Weber, 24. April 1912. In: Lepsius, M. Rainer, und Mommsen, Wolfgang J. (Hrsg.): Max Weber Briefe 1911–1912. 2. Halbband. Tübingen: J.C.B. Mohr (Paul Siebeck), 1998. Seite 836.
142 Vgl. Lepsius, M. Rainer, und Mommsen, Wolfgang J. (Hrsg.): Max Weber Briefe 1911–1912. 2. Halbband. Tübingen: J.C.B. Mohr (Paul Siebeck), 1998. Seite 822.
143 ebenda, Seite 816.
144 Weber, Max: Zur Gegenerklärung in Sachen des Professor Koch gegen Professor Max Weber. Heidelberg, 7. Mai 1912. In: Lepsius, M. Rainer, und Mommsen, Wolfgang J. (Hrsg.): Max Weber Briefe 1911–1912. 2. Halbband. Tübingen: J.C.B. Mohr (Paul Siebeck), 1998. Seite 875.
145 Vgl. Lepsius, M. Rainer, und Mommsen, Wolfgang J. (Hrsg.): Max Weber Briefe 1911–1912. 2. Halbband. Tübingen: J.C.B. Mohr (Paul Siebeck), 1998. Seite 693.
146 ebenda, Seite 693.
147 Vgl. Schreiben von Rechtsanwalt Dr. Otto Schoch aus Heidelberg an das Großherzogliche Amtsgericht Heidelberg

zum Klageverfahren Adolf Koch gegen Max Weber, 24. April 1912. In: Lepsius, M. Rainer, und Mommsen, Wolfgang J. (Hrsg.): Max Weber Briefe 1911–1912. 2. Halbband. Tübingen: J.C.B. Mohr (Paul Siebeck), 1998. Seite 832.

148 Vgl. Lepsius, M. Rainer, und Mommsen, Wolfgang J. (Hrsg.): Max Weber Briefe 1911–1912. 2. Halbband. Tübingen: J.C.B. Mohr (Paul Siebeck), 1998. Seite 1039.

149 Vgl. Schreiben von Rechtsanwalt Dr. Otto Schoch aus Heidelberg an das Großherzogliche Amtsgericht Heidelberg zum Klageverfahren Adolf Koch gegen Max Weber, 24. April 1912. In: Lepsius, M. Rainer, und Mommsen, Wolfgang J. (Hrsg.): Max Weber Briefe 1911–1912. 2. Halbband. Tübingen: J.C.B. Mohr (Paul Siebeck), 1998. Seite 829.

150 ebenda, Seite 828.

151 Vgl. Lepsius, M. Rainer, und Mommsen, Wolfgang J. (Hrsg.): Max Weber Briefe 1911–1912. 2. Halbband. Tübingen: J.C.B. Mohr (Paul Siebeck), 1998. Seite 629.

152 Vgl. Weller, B. Uwe: Wolfgang Huck (1889–1967). In: Fischer, Heinz-Dietrich (Hrsg.): Deutsche Presseverleger des 18. bis 20. Jahrhunderts. Pullach bei München: Verlag Dokumentation, 1975. Seite 350f.

153 Weber, Max: Gegenerklärung Max Webers zur Privatklage Adolf Kochs. Heidelberg, 7. Mai 1912. In: Lepsius, M. Rainer, und Mommsen, Wolfgang J. (Hrsg.): Max Weber Briefe 1911–1912. 2. Halbband. Tübingen: J.C.B. Mohr (Paul Siebeck), 1998. Seite 849.

154 Vgl. Schreiben von Rechtsanwalt Dr. Otto Schoch aus Heidelberg an das Großherzogliche Amtsgericht Heidelberg zum Klageverfahren Adolf Koch gegen Max Weber, 24. April 1912. In: Lepsius, M. Rainer, und Mommsen, Wolfgang J. (Hrsg.): Max Weber Briefe 1911–1912. 2. Halbband. Tübingen: J.C.B. Mohr (Paul Siebeck), 1998. Seite 838.

155 Vgl. Lepsius, M. Rainer, und Mommsen, Wolfgang J. (Hrsg.): Max Weber Briefe 1911–1912. 2. Halbband. Tübingen: J.C.B. Mohr (Paul Siebeck), 1998. Seite 693.

156 Vgl. Schreiben von Rechtsanwalt Dr. Otto Schoch aus Heidelberg an das Großherzogliche Amtsgericht Heidelberg zum Klageverfahren Adolf Koch gegen Max Weber, 24. April 1912. In: Lepsius, M. Rainer, und Mommsen, Wolfgang J. (Hrsg.): Max Weber Briefe 1911–1912. 2. Halbband. Tübingen: J.C.B. Mohr (Paul Siebeck), 1998. Seite 834.

157 ebenda, Seite 832.

158 Weber, Max: Zur Gegenerklärung in Sachen des Professor Koch gegen Professor Max Weber. Heidelberg, 7. Mai 1912. In: Lepsius, M. Rainer, und Mommsen, Wolfgang J. (Hrsg.): Max Weber Briefe 1911–1912. 2. Halbband. Tübingen: J.C.B. Mohr (Paul Siebeck), 1998. Seite 872.

159 ebenda, Seite 875.

160 ebenda, Seite 877.

161 Vgl. Schreiben von Rechtsanwalt Dr. Otto Schoch aus Heidelberg an das Großherzogliche Amtsgericht Heidelberg zum Klageverfahren Adolf Koch gegen Max Weber, 24. April 1912. In: Lepsius, M. Rainer, und Mommsen, Wolfgang J. (Hrsg.): Max Weber Briefe 1911–1912. 2. Halbband. Tübingen: J.C.B. Mohr (Paul Siebeck), 1998. Seite 834.

162 Vgl. Lepsius, M. Rainer, und Mommsen, Wolfgang J. (Hrsg.): Max Weber Briefe 1911–1912. 1. Halbband. Tübingen: J.C.B. Mohr (Paul Siebeck), 1998. Seite 8.

163 Keller, Friedrich (Fritz): Nachtrag zur Gegenäußerung in Sachen des Prof. Koch gegen Prof. Weber. In: Lepsius, M. Rainer, und Mommsen, Wolfgang J. (Hrsg.): Max Weber Briefe 1911–1912. 2. Halbband. Tübingen: J.C.B. Mohr (Paul Siebeck), 1998. Seite 885.

164 Vgl. Lepsius, M. Rainer, und Mommsen, Wolfgang J. (Hrsg.): Max Weber Briefe 1911–1912. 2. Halbband. Tübingen: J.C.B. Mohr (Paul Siebeck), 1998. Seite 629.

165 Weber, Max: Brief an Julius Ferdinand Wolff, Heidelberg: 29. Januar 1912. In: Lepsius, M. Rainer, und Mommsen, Wolfgang J. (Hrsg.): Max Weber Briefe 1911–1912. 1. Halbband. Tübingen: J.C.B. Mohr (Paul Siebeck), 1998. Seite 416.

166 Vgl. Lepsius, M. Rainer, und Mommsen, Wolfgang J. (Hrsg.): Max Weber Briefe 1911–1912. 2. Halbband. Tübingen: J.C.B. Mohr (Paul Siebeck), 1998. Seite 629.

167 ebenda, Seite 992.

168 Vgl. Lau, Matthias: Pressepolitik als Chance. Staatliche Öffentlichkeitsarbeit in den Ländern der Weimarer Republik. Stuttgart: Franz-Steiner-Verlag, 2003. Seite 201.

169 Akte 0462 im Bestand 10702 Staatskanzlei, 1920 bis 1930. In: Sächsisches Staatsarchiv Dresden.

170 Vgl. Pastewka, Janosch: Ein erschütternder Anblick. Der Überfall auf den sächsischen Landtag am 9. März 1933. In: Landtagskurier. Ausgabe 5/2015. Seite 22f.

171 ebenda

172 In: Archiv Jüdisches Museum Amsterdam.

173 Vgl. archiv.uni-leipzig.de, besucht am 20. Dezember 2016.

174 Vgl. joodsmonument.nl/en/page/214452/otto-bandmann

175 Vgl. holocaust.cz, besucht am 20. Dezember 2016.

176 Häftlingsliste des Lagers Theresienstadt. In: Institut Theresienstädter Initiative: Terezinska pametni kniha (Theresienstädter Gedenkbuch), Band I–II. Praha: Melantrich, 1995./Band III. Praha: Academia, 2000. In: Yvng.yadvashem.org

177 Vgl. joodsmonument.nl/en/page/214452/otto-bandmann
178 Vgl. Frauenzeitung. In: Dresdner Neueste Nachrichten, 23. Oktober 1904.
179 Vgl. Beilage Haus und Herd. In: Neueste Nachrichten. Dresden, 15. März 1903.
180 Vgl. Brand, Silvia: Wie es zugeht. Dresden: Berthold Sturm's Verlag, 1906. Seite 188.
181 Vgl. Pataky, Sophie: Silvia Brand. In: Lexikon deutscher Frauen der Feder. Band 2. Berlin: Verlagsbuchhandlung von Carl Pataky, 1898. Seite 489.
182 Vgl. Brand, Silvia: Wie es zugeht. Dresden: Berthold Sturm's Verlag, 1906. Seite 5.
183 Vgl. Bake, Rita, und Reimers, Brita: So lebten sie! Spazieren auf den Wegen von Frauen in Hamburgs Alt- und Neustadt. Hamburg: Christians Verlag, 2003.
184 Radel, Frieda: Ein Gespräch mit Alice Berend. In: Die Frau der Gegenwart. Beilage zu den Dresdner Neuesten Nachrichten, 15. März 1928.
185 Marcus, Dr. Käthe: 20 Jahre politische Frauenarbeit. In: Die Frau der Gegenwart. Beilage zu den Dresdner Neuesten Nachrichten, 10. Mai 1928.
186 Zetkin, Clara: Kunst und Proletariat, Januar 1911. In: Ausgewählte Reden und Schriften. Band I. Berlin: Dietz-Verlag, 1957. Seiten 490–505.
187 Zetkin, Clara: Kunst und Proletariat, Januar 1911. In: Ausgewählte Reden und Schriften. Band I. Berlin: Dietz-Verlag, 1957. Seiten 490–505.
188 Deutsche Presse. Organ des Reichsverbandes der deutschen Presse. Berlin, 49 (11. Dezember 1926). Seite 6.
189 Deutsche Presse. Organ des Reichsverbandes der deutschen Presse. Berlin, 23 (7. Juni 1930). Seite 310.
190 Vgl. Benz, Wolfgang (Hrsg.): Handbuch des Antisemitismus. Band 4. Berlin/Boston: Walter de Gruyter GmbH & Co. KG. Seite 378.
191 Zeitungs-Verlag. Organ des Vereins Deutscher Zeitungs-Verleger. Berlin, 12 (21. März 1924). Spalte 418.
192 Zeitungs-Verlag. Organ des Vereins Deutscher Zeitungs-Verleger. Berlin, 28 (11. Juli 1924). Spalte 1229f.
193 ebenda, Spalte 1229f.
194 ebenda, Spalte 1229f.
195 ebenda, Spalte 1229f.
196 Wolff, Julius Ferdinand: Lingner und sein Vermächtnis. Hellerau: Verlag von Jakob Hegner, 1930. Seite 144.
197 ebenda, Seite 142.
198 Wolff, Julius Ferdinand: Dilettantismus in der Tagespresse. In: Zeitungs-Verlag. Organ des Vereins Deutscher Zeitungs-Verleger. Berlin, 25 (20. Juni 1924). Spalte 1015ff.
199 Vermutlich: Wolff, Julius Ferdinand: Unsachgemäße Kulturkritik eines Dresdner Rezensenten. In: Deutsche Presse. Berlin, 50 (16. Dezember 1925). Seite 8.
200 ebenda,
201 Deutsche Presse. Organ des Reichsverbandes der deutschen Presse. Berlin, 23/24 (30. Dezember 1919). Seite 117f.
202 Wolff, Julius Ferdinand: Eröffnungsrede zur Pressa in Köln. In: Zeitungs-Verlag. Organ des Vereins Deutscher Zeitungs-Verleger. Berlin, 20 (19. Mai 1928). Spalte 1123.
203 Wolff, Julius Ferdinand: Dilettantismus in der Tagespresse. In: Zeitungs-Verlag. Organ des Vereins Deutscher Zeitungs-Verleger. Berlin, 25 (20. Juni 1924). Spalte 1015ff.
204 Wolff, Julius Ferdinand. In: Zeitungs-Verlag. Organ des Vereins Deutscher Zeitungs-Verleger. Berlin, 25 (20. Juni 1924). Spalte 1015.
205 ebenda, Spalte 1018.
206 Zitate aus: Wolff, Julius Ferdinand: Der Zeitungsverleger. In: Pressa Kulturschau am Rhein. Herausgegeben von der Internationalen Presseausstellung Köln. Berlin: Verlag Max Schröder, 1928. Seiten 46ff.
207 Vgl. Wolff, Julius Ferdinand: Lingner und sein Vermächtnis. Hellerau: Verlag Jakob Hegner, 1930.
208 Adressbuch für Dresden und Umgebung. Dresden: Buchdruckerei der Dr. Güntzschen Stiftung, 1904. Teil II. Seite 156.
209 Vgl. Ullmann, Hans-Peter: Der Bund der Industriellen. Organisation, Einfluß und Politik klein- und mittelbetrieblicher Industrieller im Deutschen Kaiserreich 1895–1914. In: Kritische Studien zur Geschichtswissenschaft 21. Göttingen: Vandenhoeck & Ruprecht, 1976. Seite 37.
210 ebenda, Seite 53.
211 ebenda, Seite 159.
212 ebenda, Seite 159.
213 ebenda, Seite 160.
214 ebenda, Seite 160.
215 ebenda, Seite 358.
216 Vgl. Sehm, Dietmar: Aus Luben wurde Leuben. In: Stadtmuseum Dresden (Hrsg.), Dresdner Geschichtsbuch Band 6. Dresden: Landeshauptstadt Dresden Druckerei zu Altenburg, 2000. Seite 66.
217 Vgl. Pohl, Karl-Heinrich: Politiker und Bürger: Gustav Stresemann und seine Zeit. Göttingen: Vandenhoeck & Ruprecht, 2002. Seite 102.

218 Quelle: karl-may-wiki.de unter Verweis auf Dieter Sudhoff/Hans-Dieter Steinmetz: Karl-May-Chroniken II bis V, Bamberg/Radebeul: Karl-May-Verlag, 2005/2006; und Volker Griese: Karl May – Personen in seinem Leben, Edition Octopus, Münster: Verlagshaus Monsenstein und Vannerdat, 2003
219 Vgl. Dieter Sudhoff/Hans-Dieter Steinmetz: Karl-May-Chroniken II bis V, Bamberg/Radebeul: Karl-May-Verlag, 2005/2006; und Volker Griese: Karl May – Personen in seinem Leben, Edition Octopus, Münster: Verlagshaus Monsenstein und Vannerdat, 2003. Seite 221.
220 Vgl. Wilhelm, Paul: Interview mit Karl May. In: Neues Wiener Journal, 2. April 1912. Auszüge in: Programmheft zu „Der Phantast. Leben und Sterben des Dr. Karl May". Dresden: Staatsschauspiel Dresden (Hrsg.). Spielzeit 2016/17, Heft 17. Uraufführung 13. Januar 2017. Seite 30f.
221 Vgl. May, Karl: Ein Schundverlag. Unveröffentlichte Prozessschrift von 1905. Reprint: Bamberg: Karl-May-Verlag, 1982. Seite 283.
222 Vgl. Steinmetz, Hans-Dieter: Is das nich der Dres'ner Doktor . . . ? Zu Karl Mays freiem Umgang mit dem Doktortitel. In: Karl-May-Haus Information. Heft 13. Hohenstein-Ernstthal: Karl-May-Haus Literaturmuseum und Forschungsstätte, 2000. Seite 6.
223 Vgl. Erler, Beate: Karl May – Brückenbauer zwischen den Kulturen. In: Neues Wiener Journal, 2. April 1912. Auszüge in: Programmheft zu „Der Phantast. Leben und Sterben des Dr. Karl May". Dresden: Staatsschauspiel Dresden (Hrsg.). Spielzeit 2016/17, Heft 17. Uraufführung 13. Januar 2017. Seite 22ff.
224 Vgl. Seul, Jürgen: Karl May und Rudolf Lebius: Die Dresdner Prozesse. Husum: Hansa-Verlag, 2004.
225 Vgl. Zeißig, Dr. Herbert: Eine deutsche Zeitung. Zweihundert Jahre Dresdner Anzeiger. Dresden: Verlag der Dr. Güntzschen Stiftung, 1930. Seite 281ff.
226 Zeißig, Dr. Herbert: Eine deutsche Zeitung. Zweihundert Jahre Dresdner Anzeiger. Dresden: Verlag der Dr. Güntzschen Stiftung, 1930. Seite 282.
227 Vgl. Schieferdecker, Uwe: Sascha Schneider. Ein Leben jenseits der Konventionen. In: Sachsenbummel 84 (2014). Seite 26ff.
228 Schneider, Sascha: Brief an Karl May, 9. Juli 1905. In: Briefwechsel mit Sascha Schneider. Bamberg/Radebeul: Karl-May-Verlag, 2009. Seite 157.
229 Wolff, Julius Ferdinand: Brief an Klara May, Dresden, 6. Oktober 1905. In: Schriftlicher Nachlass Karl Mays im Besitz der Verlegerfamilie Bernhard Schmid, Bamberg.
230 Wolff, Julius Ferdinand: Brief an Karl May, Dresden, 17. Dezember 1905. In: Schriftlicher Nachlass Karl Mays im Besitz der Verlegerfamilie Bernhard Schmid, Bamberg.
231 ebenda
232 Wolff, Julius Ferdinand: Brief an Karl May, Dresden, 4. Oktober 1906. In: Schriftlicher Nachlass Karl Mays im Besitz der Verlegerfamilie Bernhard Schmid, Bamberg.
233 ebenda,
234 Vgl. Vollmer, Hartmut, und Steinmetz, Hans-Dieter (Hrsg.): Gesammelte Werke 93. Briefwechsel mit Sascha Schneider. Karl-May-Verlag, 2009. Seite 191.
235 Vgl. Die Rotary-Clubs Deutschlands u. Österreichs. Ausgabe 1929. Mitglieder-Verzeichnis der Rotary-Clubs des 73. Distrikts. Seite 21.
236 ebenda,
237 ebenda, Seite 21ff.
238 Seiring, Georg: Unveröffentlichte Lebenserinnerungen. Seite 31. In: Archiv des Deutschen Hygiene-Museums Dresden.
239 Vgl. Offizielle Internetseite der deutschen Rotary-Clubs: rotary.de, besucht am 4. April 2017.
240 Adressbuch der Stadt Dresden 1905, Teil III. Seite 36.
241 Adressbuch der Stadt Dresden 1907, Teil III. Seite 29.
242 Adressbuch für Dresden und seine Vororte 1904. Dresden: Buchdruckerei Arthur Schönfeld, 1904. Seite 949.
243 Quelle: Sächsische Biografie, http://saebi.isgv.de
244 Zeitungs-Verlag. Organ des Vereins Deutscher Zeitungs-Verleger. Berlin, 3 (18. Januar 1918).
245 Vgl. Adressbuch der Stadt Dresden 1909, Teil III. Seite 439.
246 Hauptmann, Gerhart: Brief an Julius Ferdinand Wollf, 1929. In: Staatsbibliothek Berlin, Handschriftenabteilung. Mappe GH Br NL (ehem. ADK) B: 1929 (B 1364–1386).
247 Vgl. Erich Haenel (Hrsg.): Hundert Jahre Sächsischer Kunstverein. Jubiläums-Festschrift. Der Große Garten. II. Band. Dresden: Wilhelm Limpert-Verlag, 1928. Seite 196.
248 ebenda, Seite 28.
249 Vgl. Paech, Dr. Georg: Die Morgenfeier im Schauspielhaus (anlässlich der Jahrhundertfeier des Sächsischen Kunstvereins). In: Dresdner Neueste Nachrichten, 29. April 1928. Seite 3.
250 Vgl. Fahrpreisliste für die Automobildroschken. In: Adressbuch für Dresden und seine Vororte 1919, allg. Teil. Seite 8.
251 Vgl. Fahrpreisliste für die Automobildroschken. In: Adressbuch für Dresden und seine Vororte 1919, allg. Teil. Seite 8.
252 Quelle: Zeichnungen des Hauses der Wollfs in der Palaisstraße 6 in Dresden von Anna-Katarina Wyler Salten.

Privatarchiv Rafi Siano, Haifa.

253 Abschrift aus den Akten des Königlichen Amtsgerichts Dresden, Abt. VIII, die Eröffnung des Testaments des wirklichen Geheimen Rates Dr. Karl August Ferdinand Lingner in Loschwitz betreffend. In: Archiv des Deutschen Hygiene-Museums Dresden. DHM Inv. Nr. K 826.

254 Heide, Walther: Führende Männer in Presse und Wissenschaft. Julius Ferdinand Wolff. In: Zeitungswissenschaft – Monatsschrift für internationale Zeitungsforschung. Berlin, August 1928. Seite 121.

255 Wolff, Julius Ferdinand. In: Zeitungs-Verlag. Organ des Vereins Deutscher Zeitungs-Verleger. Berlin, 41 (15. Oktober 1927). Spalte 2 369.

256 Protokoll der Mitgliederversammlung. 30. April 1920. In: Archiv des Deutschen Hygiene-Museums Dresden. DHM Sign. 20/11.

257 Sitzungsprotokoll der Vorstandssitzung des DHM. 26. Februar 1932. In: Archiv des Deutschen Hygiene-Museums Dresden. DHM 274–65.

258 Quelle: Archiv des Deutschen Hygiene-Museums in Dresden.

259 Satzung des Vereins Deutsches Hygiene-Museum e. V. (Stand August 1932). Organe des Deutschen Hygiene-Museums e. V. In: Archiv des Deutschen Hygiene-Museums Dresden.

260 Mitschrift der Reden zur Eröffnung der II. Int. Hygiene-Ausstellung Dresden. 15. Mai 1930. In: Archiv des Deutschen Hygiene-Museums Dresden. DHM 30/47. Seite 67.

261 Wolff, Julius Ferdinand: Der Mann und das Werk. In: Dresdner Neueste Nachrichten. Dresden, 9. Oktober 1927. Seite 5.

262 Vgl. Walster, Otto: Eiseles und Beiseles Kreuz- und Querfahrten durch das Königreich Sachsen nebst umliegenden Dörfern. Leipzig, 1864. In: Haenel, Erich, und Kalkschmidt, Eugen (Hrsg.): Das alte Dresden. Bilder und Dokumente aus zwei Jahrhunderten. Bindlach: Gondrom Verlag GmbH & Co. KG, 1995. Seite 415.

263 Vgl. Geschichte der Litterarischen Gesellschaft (Eingetragener Verein) zu Dresden nebst Verzeichnis der für das Winterhalbjahr 1909/1910 geplanten Vorträge und dramatischen Vorstellungen. Dresden, 1909.

264 Vgl. Zeißig, Herbert: Eine deutsche Zeitung. Zweihundert Jahre Dresdner Anzeiger. Dresden: Verlag der Dr. Güntzschen Stiftung, 1930. Seite 283.

265 Vgl. Geschichte der Litterarischen Gesellschaft (Eingetragener Verein) zu Dresden nebst Verzeichnis der für das Winterhalbjahr 1909/1910 geplanten Vorträge und dramatischen Vorstellungen. Dresden, 1909.

266 Vgl. Chronik des Literarischen Vereins zu Dresden 1913–1923. Als kurze Ergänzung zum Gedenkbuch des Literarischen Vereins 1863 bis 1913. Dresden, 1923.

267 Vgl. Kaiser, Max: Alexander Roda Roda. In: Neue Deutsche Biographie. Band 21. Berlin: Duncker & Humblot, 2003. Seite 687f.

268 Vgl. Kaiser, Max: Alexander Roda Roda. In: Neue Deutsche Biographie. Band 21. Berlin: Duncker & Humblot, 2003. Seite 687f.

269 Roda Roda: Danzers Armeezeitung. In: Roda Roda. Der Mann mit der roten Weste. Anekdoten, Schwänke, Geschichten. Berlin/Weimar: Aufbau-Verlag, 1972. Seite 28.

270 Vgl. Kaiser, Max: Alexander Roda Roda. In: Neue Deutsche Biographie. Band 21. Berlin: Duncker & Humblot, 2003. Seite 687f.

271 Wolff, Julius Ferdinand: Brief an Oskar Walzel, Dresden, 24. Juni 1930. In: Universitäts- und Landesbibliothek Bonn, Dezernat 5/Abteilung Handschriften und Rara. Signatur NL Walzel I.

272 Wolff, Julius Ferdinand: Brief an Herbert Eulenberg, Dresden, 30. Juli 1931. In: Landeshauptstadt Düsseldorf Heinrich-Heine-Institut Rheinisches Literaturarchiv, Nachlässe und Sammlungen, Bilker Straße 12–14, 40213 Düsseldorf.

273 Wolff, Julius Ferdinand: Brief an Herbert Eulenberg, Dresden, 9. Februar 1931. In: Landeshauptstadt Düsseldorf Heinrich-Heine-Institut Rheinisches Literaturarchiv, Nachlässe und Sammlungen, Bilker Straße 12–14, 40213 Düsseldorf.

274 Salten, Felix: Theater am äußersten Rand. In: Dresdner Neueste Nachrichten, 23. Juni 1932. Seite 2.

275 Vgl. wikipedia.org, besucht am 20. April 2016

276 Siano, Rafi: Eine Biographie oder spaete Grabrede. Haifa: 25. Januar 2016. Per Mail am 8. Februar 2016.

277 Salten, Felix (mit einem Nachwort von Wolff, Julius Ferdinand): Schöne Seelen. Lustspiel in einem Akt. Leipzig: Reclam, 1925.

278 Beverly Driver, Eddy: Felix Salten: Man of many faces. Riverside, California: Ariadne Press, 2010. Seite 154.

279 Sarfert, Hans-Jürgen: Dresden im Zeichen des expressionistischen Theaters. In: Rat des Bezirkes Dresden, Abteilung Kultur und Kulturakademie des Bezirkes Dresden (Hrsg.): Dresdner Hefte 14. Beiträge zur Kulturgeschichte. Dresden, 1988. Seite 46.

280 Fechter, Paul: An der Wende der Zeit. Menschen und Begegnungen. Gütersloh: Verlag C. Bertelsmann, 1949. Seite 8.

281 Fechter, Paul: An der Wende der Zeit. Menschen und Begegnungen. Gütersloh: Verlag C. Bertelsmann, 1949. Seite 14.

282 Vgl. Hübinger, Gangolf: Maschine und Persönlichkeit. Friedrich Naumann als Kritiker des Wilhelminismus. In: vom Bruch, Rüdiger (Hrsg.): Friedrich Naumann in seiner Zeit. Berlin: Verlag de Gruyter, 2000. Seite 167ff.

283 Fechter, Paul: Menschen und Zeiten. Begegnungen aus fünf Jahrzehnten. Gütersloh: C. Bertelsmann Verlag, 1948. Seite 137f.

284 Vgl. Schicker, Marco: Tänzer und Feuerspucker. In: Pester Lloyd – Tageszeitung für Ungarn und Osteuropa, 45/2009. 2. November 2009.

285 Vgl. Zum 70. Todestag von Felix Salten. In: www.wienbibliothek.at, besucht am 25. April 2016.

286 Vgl. Schicker, Marco: Tänzer und Feuerspucker. In: Pester Lloyd – Tageszeitung für Ungarn und Osteuropa, 45/2009. 2. November 2009.

287 Vgl. Jessen, Norbert: Zu Besuch bei den Erben von Bambi. In: Die Welt, 26. Februar 2012.

288 ebenda

289 Vgl. Polak, Pavel: Camill Hoffmann. Eine Biographie. Diplomarbeit, eingereicht 2006 an der Karls-Universität Prag. Seite 25.

290 Vgl. Polak, Pavel: Camill Hoffmann. Eine Biographie. Diplomarbeit, eingereicht 2006 an der Karls-Universität Prag. Seite 26.

291 Vgl. Polak, Pavel: Camill Hoffmann. Eine Biographie. Diplomarbeit, eingereicht 2006 an der Karls-Universität Prag. Seite 25.

292 Sudhoff, Dieter: Journalist, Dichter und Diplomat. In: 100 Jahre Dresdner Neueste Nachrichten. Jubiläumsausgabe der Dresdner Neuesten Nachrichten. Dresden, I (8. September 1993). Seite 8.

293 Kloss, Günter: „III. Deutsche Kunstgewerbe-Ausstellung Dresden 1906“ und die Künstlervereinigung „Die Zunft“ in Dresden. In: Hans Erlwein: (1872–1914); Stadtbaurat in Bamberg und Dresden. Imhof, Petersberg, 2002, Seite 23–27.

294 Meisterwerke zwischen Müll – Fahnder entdecken in München Nazi-Schatz in Milliardenhöhe. In: Focus-Nachrichtenmagazin, 4. November 2013.

295 Lorch, Catrin; Häntzschel, Jörg: Ein deutsches Erbe. Gespräch mit Uta Werner, der Cousine von Julius Gurlitt. In: Süddeutsche Zeitung, München, 17. März 2016.

296 Vgl. Lienert, Matthias: Cornelius Gurlitt (1850 bis 1938). Sechs Jahrzehnte Zeit- und Familiengeschichte in Briefen. (= Bausteine aus dem Institut für sächsische Geschichte und Volkskunde. Bd. 10). Dresden: Thelem-Verlag, 2009.

297 Vgl. stadtwikidd.de, besucht am 20. April 2016.

298 Hoffmann, Heike: Handel mit entarteter Kunst. In: Aktives Museum Faschismus und Widerstand in Berlin: Gute Geschäfte – Kunsthandel in Berlin 1933–1945, Berlin, 2011. Seite 144f.

299 Gesetz über die Einziehung von Erzeugnissen entarteter Kunst vom 31. Mai 1938. In: RGBL I, Seite 612

300 Hoffmann, Heike: Handel mit entarteter Kunst. In: Aktives Museum Faschismus und Widerstand in Berlin: Gute Geschäfte – Kunsthandel in Berlin 1933–1945, Berlin, 2011. Seite 144f.

301 Vgl. Schwarz, Birgit: Hitlers Museum. Dokumente zum „Führermuseum“. Wien: Böhlau Verlag, 2004. Seite 27ff.

302 Der Spiegel: Art Dealer to the Führer. Der Spiegel 52/2013, 21. Dezember 2013.

303 ebenda,

304 Vgl. Urteil vom 10. Juli 1941 am Reichsgericht Leipzig, II. Zivilsenat: Senatspräsident Kolb, Reichsgerichtsräte Frings, Dr. Neumerkel, Dr. Schulze und Dr. Lippert.

305 Angaben auf der Internetseite von Schmidt Kunstauktionen Dresden, besucht am 1. Mai 2016.

306 ebenda

307 Vgl. Mrazeck, Emmy: Brief an Veit Whyler, 10. Oktober 1956.

308 Vgl. Deussen, Paul: Allgemeine Geschichte der Philosophie mit besonderer Berücksichtigung der Religionen. Band 2. Leipzig: F.A. Brockhaus, 1917. Seite 397.

309 Quelle: www.schopenhauer-dresden.de, besucht am 20. März 2016.

310 Vgl. Weiss, Norbert, und Wonneberger, Jens: Dichter Denker Literaten aus sechs Jahrhunderten in Dresden. Dresden: Verlag Die Scheune, 1997. Seite 130.

311 Quelle: apps.webable.de/cms/fikadmin, besucht am 20. März 2016.

312 Rühle, Günter: Theater für die Republik. Im Spiegel der Kritik. 2. Band 1926–1933. Frankfurt am Main: S. Fischer, 1967 (überarbeitete Neuauflage 1988). Seite 1177.

313 Wedekind, Frank. In: Tagebücher 1904–1918. Darmstadt: Frank-Wedekind-Gesellschaft.

314 Wolff, Julius Ferdinand: Brief an Gerhart Hauptmann, Dresden, 14. Oktober 1922. In: Staatsbibliothek Berlin, Handschriftenabteilung. GH Br NL A: Wolff, Julius Ferdinand (1927–1931).

315 ebenda,

316 Vgl. Sammlung Mohn. Erinnerungen und Abschriften von Beiträgen über das Festspielhaus Hellerau. In: Archiv der Akademie der Künste Berlin.

317 Stimmel, Folke; Eigenwill, Reinhardt, u. a. (Hrsg.): Stadtlexikon Dresden. Dresden/Basel: Verlag der Kunst, 1994. Seite 177.

318 Wolff, Julius Ferdinand: Brief an Gerhart Hauptmann, Dresden, 18. Februar 1931. In: Staatsbibliothek Berlin, Handschriftenabteilung. GH Br NL A: Wolff, Julius Ferdinand (1927–1931).

319 Wolff, Julius Ferdinand: Brief an Herbert Eulenberg, Dresden, 6. Juli 1938. In: Landeshauptstadt Düsseldorf Heinrich-Heine-Institut Rheinisches Literaturarchiv, Nachlässe und Sammlungen, Bilker Straße 12–14, 40213 Düsseldorf.
320 Ehlers, Hans: Brief an Victor Klemperer, Leipzig, 24. Januar 1934. In: Klemperer, Victor: Warum soll man nicht auf bessere Zeiten hoffen. Ein Leben in Briefen. Nowojski, Walter; Holdack, Nele (Hrsg.), unter Mitarbeit von Löser, Christian. Berlin: Aufbau Verlag, 2017. Seite 93.
321 Weller, B. Uwe: Maximilian Harden und die „Zukunft". Bremen: Schünemann Universitätsverlag, 1970. Seite 19.
322 Vgl. Kronthal, Arthur: Witting, Richard. In: Deutsches Biographisches Jahrbuch. Band V. Das Jahr 1923. Stuttgart/Berlin/Leipzig: Deutsche Verlags-Anstalt, 1930. Seite 395ff.
323 Weller, B. Uwe: Maximilian Harden und die „Zukunft". Bremen: Schünemann Universitätsverlag, 1970. Seite 20.
324 ebenda, Seite 22.
325 ebenda, Seite 47.
326 ebenda, Seite 48.
327 ebenda, Seite 86.
328 Wolff, Julius Ferdinand: Aus dem Tagebuch eines fahrenden Journalisten. V. In: Dresdner Neueste Nachrichten Nummer 180, 7. Juli 1906. Seite 1f.
329 Harden, Maximilian: Höllenfahrt. In: Zukunft. Berlin, 15. Mai 1915.
330 Weller, B. Uwe: Maximilian Harden und die „Zukunft". Bremen: Schünemann Universitätsverlag, 1970. Seite 33.
331 ebenda, Seite 320.
332 Harden, Maximilian: Berliner Theaterbrief. In: Deutsche Zeitung. Wien, 10. November 1889.
333 von Seebach, Graf Nikolaus: Rede zur Abschiedsvorstellung im Albertheater am 6. Juli 1913 vor den Schauspielern und Mitarbeitern im Vorfeld der Aufführung „Die Nibelungen III. Abteilung" von Friedrich Hebbel. In: Ruffani, Adolf, und Steiniger, Robert: Tage-Buch der Königlich-Sächsischen Hoftheater vom Jahre 1913. Dresden, Januar 1914. Seite 84.
334 Kummer, Friedrich: Dresden und seine Theaterwelt. Dresden: Verlag Heimatwerk Sachsen v. Baensch Stiftung, 1938. Seite 248.
335 Hauptmann, Gerhart: undatierter Brief an Julius Ferdinand Wolff. In: Staatsbibliothek Berlin. Handschriftenarchiv. Mappe GH Br NL (ehem. AdK) B: 1929 (B 1364–1386).
336 Zeiß, Dr. Karl (Redaktion): Ehrengabe dramatischer Dichter und Komponisten – Sr. Exzellenz dem Grafen Nikolaus von Seebach zum zwanzigjährigen Intendanten-Jubiläum. Leipzig: Offizin Poeschel&Trepte, 1914.
337 Kummer, Friedrich: Dresden und seine Theaterwelt. Dresden: Verlag Heimatwerk Sachsen v. Baensch Stiftung, 1938. Seite 271.
338 Vgl. Zimmermann, Felix: Der Dramatiker Otto Erler. Weimar: Böhlau-Verlag, 1944.
339 Adolph, Paul: Vom Hof- zum Staatstheater. Dresden: Verlag C. Heinrich, 1932. Seite 334.
340 Wolff, Julius Ferdinand: Lingner und sein Vermächtnis. Hellerau: Verlag Jakob Hegner, 1930. Seite 154f.
341 Röhle, Günther: Theater für die Republik im Spiegel der Kritik 1917–1933, 2 Bd. Frankfurt/Main, 1988. Bd 1, Seite 106.
342 Wolff, Julius Ferdinand: Brief an Herbert Eulenberg, Dresden, 30. Juli 1931. In: Landeshauptstadt Düsseldorf Heinrich-Heine-Institut Rheinisches Literaturarchiv, Nachlässe und Sammlungen, Bilker Straße 12–14, 40213 Düsseldorf.
343 von Scholz, Wilhelm: Brief an Julius Ferdinand Wolff, Konstanz, 4. Juni 1926. In: Deutsches Literaturarchiv Marbach.
344 Vgl. Riemer, Hendrik: Konstanz' größter Dichter? In: Nebelhorn. Magazin für Politik und Kultur in der Region Konstanz, Radolfzell, Singen. Konstanz: Ausgabe 64, September 1984.
345 ebenda
346 Vgl. Riemer, Hendrik: Der Konstanzer Dichter Wilhelm von Scholz, 1874–1969. Eine biographische Annäherung. Konstanz: Hartung-Gorre Verlag, 2013.
347 Vgl. Theaterzettel der Litterarischen Gesellschaft Dresden vom 10. Februar 1918: Die Seeschlacht, geschlossene Vorstellung für die Litterarische Gesellschaft e. V. Dresden, Uraufführung im Königlichen Schauspielhaus Dresden
348 Sarfert, Hans-Jürgen: Dresden im Zeichen des expressionistischen Theaters. In: Rat des Bezirkes Dresden, Abteilung Kultur und Kulturakademie des Bezirkes Dresden (Hrsg.): Dresdner Hefte 14. Beiträge zur Kulturgeschichte. Dresden, 1988. Seite 46.
349 Kummer, Friedrich: Dresden und seine Theaterwelt. Dresden: Verlag Heimatwerk Sachsen v. Baensch Stiftung, 1938. Seite 274.
350 Verden, Elisabeth: Ein Wörterbuch der Liebe. In: Die Zeit, Nummer 33, 14. August 1952.
351 Ulischberger, Emil: Schauspiel in Dresden. Ein Stück Theatergeschichte von den Anfängen bis in die Gegenwart. Berlin: Henschelverlag, 1989. Seite 41.
352 Zschech, Gabi: In Hellerau wurde lyrischer Einheitstraum verwirklicht. In: Dresdner Stadtrundschau. Dresden, 23. September 1993.
353 Lühr, Hans-Peter: Hellerau – ein kurzer Traum von Gemeinnützigkeit. In: Dresdner Hefte. Dresdner Geschichtsverein e. V. Dresden, 36 (November 1993). Seite 65.
354 Stimmel, Folke; Eigenwill, Reinhardt, u. a.: Stadtlexikon Dresden. Dresden/Basel: Verlag der Kunst, 1994. Seite 78.

355 Menzhausen, Joachim: Dresdner Reformbewegung nach 1900. In: Dresdner Hefte. Dresdner Geschichtsverein e. V. Dresden, 36 (November 1993). Seite 5.
356 Peinelt Sabine: Dadaistischer Großsieg! Dresdner Künstler und Dada 1919–1922. In: Dresdner Geschichtsbuch 15. Dresden: Landeshauptstadt Dresden/Stadtmuseum Dresden, 2010. Seite 195ff.
357 Wolff, Karl: Was wir wollen. In: Der Zwinger, Blätter der Dresdner Hoftheater, 1. Jahrgang, Heft 1. Dresden: Programm-Verlag der Königlichen Hoftheater Alfred Waldheim & Co., 1. Januar 1917.
358 Wolff, Karl: Abschied. In: Der Zwinger, Zeitschrift für Weltanschauung, Theater und Kunst, 5. Jahrgang, Heft 12. Dresden: Verlag Alfred Waldheim & Co. Berlin und Dresden, 1. Dezember 1921, Seite 393f.
359 Wolff, Julius Ferdinand. In: Schutzverband deutscher Schriftsteller e. V. (Hrsg.): Die Zukunft der deutschen Bühne. Berlin: Oesterheld & Co. Verlag, 1917. Seite 156f.
360 Wolff, Karl. In: Schutzverband deutscher Schriftsteller e. V. (Hrsg.): Die Zukunft der deutschen Bühne. Berlin: Oesterheld & Co. Verlag, 1917. Seite 157.
361 Vgl. Toller, Ernst: Hinkemann. Eine Tragödie. Leipzig/Weimar: Gustav Kiepenheuer Verlag, 1979.
362 Hellberg, Martin. In: Ulischberger, Emil: Schauspiel in Dresden. Ein Stück Theatergeschichte. Berlin: Henschelverlag, 1989. Seite 44.
363 Vgl. Links, Roland: Nachwort. In: Toller, Ernst: Hinkemann. Eine Tragödie. Leipzig/Weimar: Gustav Kiepenheuer Verlag, 1979. Seite 80f.
364 Ulischberger, Emil: Schauspiel in Dresden. Ein Stück Theatergeschichte. Berlin: Henschelverlag, 1989. Seite 46.
365 Thiele, Siegfried: Seeschlacht im Dresdner Schauspielhaus. In: Dresdner Neueste Nachrichten, 17. Juni 2013.
366 ebenda,
367 Ulischberger, Emil. In: Schauspiel in Dresden. Ein Stück Theatergeschichte. Berlin: Henschelverlag, 1989. Seite 47.
368 Wolff, Julius Ferdinand: Brief an Herbert Eulenberg, Dresden, 30. Juli 1931. In: Landeshauptstadt Düsseldorf Heinrich-Heine-Institut Rheinisches Literaturarchiv, Nachlässe und Sammlungen, Bilker Straße 12–14, 40213 Düsseldorf.
369 Zeißig, Herbert: Eine Deutsche Zeitung – 1730–1930 – 200 Jahre Dresdner Anzeiger, Dresden: Verlag der Dr. Güntzschen Stiftungen (Dresdner Anzeiger), 1930. Seite 285.
370 Scheuble, Christiana, Generallandesarchiv Karlsruhe, per Mail am 8. November 2017.
371 Zeißig, Herbert: Eine Deutsche Zeitung – 1730–1930 – 200 Jahre Dresdner Anzeiger, Dresden: Verlag der Dr. Güntzschen Stiftungen (Dresdner Anzeiger), 1930. Seite 285.
372 ebenda
373 Vgl. Günther, Katharina: Literarische Gruppenbildung im Berliner Naturalismus. In: Abhandlungen zur Kunst, Musik und Literaturwissenschaft. Band 120. Bonn: Bouvier-Verlag, 1972.
374 Vgl. Kopstein, Jeffrey: Maigesetze. In: Diner, Dan (Hrsg.): Enzyklopädie jüdischer Geschichte und Kultur. Band 4. Stuttgart/Weimar: Metzler-Verlag, 2013. Seite 29ff.
375 Antwortpostkarten an Julius Ferdinand Wolff. In: Deutsches Literaturarchiv Marbach.
376 Möbius, Martin (Bierbaum, Otto Julius): Steckbriefe erlassen hinter dreissig literarischen Übeltätern gemeingefährlicher Natur. Berlin/Leipzig: Verlag Schuster und Loeffler, 1900.
377 Wedekind, Frank. In: Tagebücher 1904–1918. Darmstadt: Frank-Wedekind-Gesellschaft.
378 Bierbaum, Auguste Henriette. In: Otto Julius Bierbaum zum Gedenken. München: Georg Müller Verlag, 1912. Seite 5.
379 ebenda, Seite 7.
380 Vgl. Schwerte, Hans: Bierbaum, Otto Julius. In: Neue Deutsche Biographie 2 (1955). Onlinefassung. Seite 231f. www.deutsche-biographie.de/pnd118510762.html
381 Vgl. Bierbaum, Otto Julius: Briefe an Gemma. München: Goerg-Müller-Verlag 1921. 3. Februar 1909. Seite 171.
382 Vgl. Bierbaum, Otto Julius: Briefe an Gemma. München: Goerg-Müller-Verlag 1921. 8. Februar 1909. Seite 174.
383 Vgl. Auskünfte der Heimbürgin Lina Hoffmann in der Sterbeurkunde von Otto Julius Bierbaum. Dresden, 2. Februar 1910.
384 Vgl. Bierbaum, Otto Julius: Briefe an Gemma. München: Goerg-Müller-Verlag 1921. 8. Oktober 1909. Seite 198f.
385 Vgl. Bierbaum, Otto Julius: Briefe an Gemma. München: Goerg-Müller-Verlag 1921. 4. Januar 1910. Seite 219f.
386 Vgl. Auskünfte der Heimbürgin Lina Hoffmann in der Sterbeurkunde von Otto Julius Bierbaum. Dresden, 2. Februar 1910.
387 ebenda
388 Wolff, Julius Ferdinand: Brief an Engelbert Humperdinck, 12. Mai 1914. In: Frankfurt am Main: Universitätsbibliothek Johann Christian Senckenberg
389 Vgl. Dahlhaus, Carl, und Eggebrecht, Hans Heinrich (Hrsg.): Brockhaus-Riemann Musiklexikon. Band 4. Zürich/Mainz: Atlantis-Schott, 1995. Seite 29f.
390 Wolff, Julius Ferdinand: Brief an Emil Dovivat, 27. März 1927. In: Berlin: Geheimes Staatsarchiv Preußischer Kulturbesitz.
391 Quelle: Erklärung Dr. Wolfgang Huck. München, 23. Januar 1957. In: Privatarchiv Rafi Siano, Haifa.
392 Wolff, Julius Ferdinand: Brief an Gerhart Hauptmann, Dresden, 18. Februar 1931. In: Staatsbibliothek Berlin, Handschriftenabteilung. GH Br NL A: Wolff, Julius Ferdinand (1927–1931).

393 Vgl. Kaiser not proud of aircraft feats. In: Pittsburgh Daily Post, 20. Oktober 1912. Seite 10.
394 Vgl. New Light is thrown on german food crisis. In: The Los Angeles Times, 7. Juni 1918. Seite 5.
395 Vgl. An Economic Locarno. In: The Guardian. London, 29. Dezember 1925. Seite 6.
396 Vgl. Koszyk, Kurt: Deutsche Pressepolitik im Ersten Weltkrieg. Düsseldorf: Droste, 1968. Seite 167.
397 Vgl. Klußmann, Uwe; Mohr Joachim: Die Weimarer Republik: Deutschlands erste Demokratie. München: Deutsche Verlags-Anstalt, 2015. Seite 22f.
398 Wolff, Julius Ferdinand. In: Dresdner Neueste Nachrichten, 7. September 1918. Seite 1.
399 Vgl. Fritzsche, Jens: Die Dresdner Neueste Nachrichten und Julius Ferdinand Wolff. Diplomarbeit, eingereicht am Institut für Kommunikations- und Medienwissenschaft der Universität Leipzig, 1996. Seite 81ff.
400 Vgl. Dresdner Neueste Nachrichten, 1. März 1911. Seite 1.
401 Vgl. Die Feier des 25jähr. Bestehens der Dresdner Neuesten Nachrichten. In: Dresdner Neueste Nachrichten, 10. September 1918. Seite 3.
402 Vgl. Notarielle Beglaubigung über die Bestimmungen der Testamente von Julius Ferdinand und Sophie Wolff durch Justizrat Rudolf, Max. In: SHStA Dresden, Akten über den Nachlaß der Eheleute Wolff. Amtsgericht Dresden. Abteilung II/68. Aktennummer: 77 VI 164/42. Dresden, 31. Juli 1942.
403 OttoBrües:Eulenberg,Herbert.In:NeueDeutscheBiographie(NDB).Band4,Berlin:Duncker&Humblot,1959,S.678f.
404 Meyen, Michael: Die bürgerlichen Zeitungen Leipzigs in der Weimarer Republik. Dissertation. Leipzig: Universität. Fakultät für Sozialwissenschaft und Philosophie, 1995. Seite 11.
405 Vgl. Zeißig, Herbert: Eine deutsche Zeitung. Zweihundert Jahre Dresdner Anzeiger. Dresden: Verlag der Dr. Güntzschen Stiftung, 1930. Seite 426.
406 Vgl. Riedel, Horst; Nabert, Thomas (Hrsg.): Stadtlexikon Leipzig von A bis Z. Leipzig: Verlag pro Leipzig, 2005. Seite 344.
407 Meyen, Michael: Die bürgerlichen Zeitungen Leipzigs in der Weimarer Republik. Dissertation. Leipzig: Universität. Fakultät für Sozialwissenschaft und Philosophie, 1995. Seite 11.
408 Zeißig, Herbert: Eine deutsche Zeitung. Zweihundert Jahre Dresdner Anzeiger. Dresden: Verlag der Dr. Güntzschen Stiftung, 1930. Seite 8.
409 Ruhland, Volker: Was Kühe und Hühner verschreckte. In: Sächsische Zeitung. Wochenendbeilage. Dresden, 25. Februar 1994.
410 Daten aus der Volkszählung, Quelle: Stadtverwaltung Dresden.
411 Daten aus der Volkszählung, Quelle: Staatliche Zentralverwaltung für Statistik.
412 Kaemmel, Otto: Sächsische Geschichte. (Neuauflage) Dresden: Hellerau-Verlag, 1991. Seite 122.
413 Stimmel, Folke; Eigenwill, Reinhardt, u. a. (Hrsg.): Stadtlexikon Dresden. Dresden/Basel: Verlag der Kunst, 1994. Seite 420.
414 Helfricht, Jürgen: Die Dresdner Neueste Nachrichten – ein Vertreter der bürgerlichen Generalanzeigerpresse 1893–1914. Leipzig: KMU. Sektion Journalistik, Diplomarbeit, 1989. Seite 6.
415 Hummel, Richard: Kalendarium zur 150jährigen Geschichte des Dresdner Kamerabaus. Leipzig: Verlagsbüro Irene Reintzsch, 1992.
416 ebenda
417 ebenda
418 Stieda, Wilhelm. In: Dresdens Entwicklung in den Jahren 1903 bis 1907. Festschrift. Dresden: Buchdruckerei der Dr. Güntzschen Stiftung, 1910. Seite 152f.
419 Hummel, Richard: Kalendarium zur 150jährigen Geschichte des Dresdner Kamerabaus. Leipzig: Verlagsbüro Irene Reintzsch, 1992.
420 ebenda
421 Ausstellungstexte der Exposition: Mit uns können Sie rechnen (Dauerausstellung seit Februar 1995). Dresden: Technische Sammlungen.
422 Fischer, Karin; Schubert, Peter: Die Elektrische Bahn installiert und Patente für Lampenschalter. In: Sächsische Zeitung. Dresden, 2. April 1993. Seite 13.
423 ebenda
424 Eckstein, Kerstin: Dresdner Rauchzeugs heimste Lob und gute Gewinne ein. In: Sächsische Zeitung. Wochenendbeilage. Dresden, 22. Januar 1993. Seite 2.
425 Stieda, Wilhelm. In: Dresdens Entwicklung in den Jahren 1903 bis 1907. Festschrift. Dresden: Buchdruckerei der Dr. Güntzschen Stiftung, 1910. Seite 140.
426 ebenda. Seite 139.
427 Vgl. Lutter, Stephan. In: Sächsische Biografie. Institut für Sächsische Geschichte und Volkskunde. saebi.isgv.de/biografie, besucht am 30. April 2016.
428 Vgl. Pieper, Christine: Martin Hammitzsch und Angela Raubal. In: Pieper, Christine; Schmeitzner, Mike, und Naser, Gerhard (Hrsg.): Braune Karrieren. Dresdner Täter und Akteure im Nationalsozialismus. Dresden: Sandstein Verlag, 2012. Seite 291f.

429 Vgl. Zdral, Wolfgang: Die Hitlers: Die unbekannte Familie des Führers. Frankfurt/Main: Campus-Verlag, 2005.
430 ebenda
431 Vgl. Wikipedia.org, besucht am 30. April 2016.
432 Ehs, Tamara: Das extramurale Exil. In: Adunka, Evelyn; Lamprecht, Gerald; Traska, Georg (Hrsg.): Jüdisches Vereinswesen in Österreich im 19. und 20. Jahrhundert. Innsbruck/Wien/Bozen: StudienVerlag, Seite 16f.
433 Vgl. Pieper, Christine: Martin Hammitzsch und Angela Raubal. In: Pieper, Christine; Schmeitzner, Mike, und Naser, Gerhard (Hrsg.): Braune Karrieren. Dresdner Täter und Akteure im Nationalsozialismus. Dresden: Sandstein Verlag, 2012. Seite 290f.
434 Vgl. Lutter, Stephan. In: Sächsische Biografie. Institut für Sächsische Geschichte und Volkskunde. saebi.isgv.de/biografie, besucht am 30. April 2016.
435 Löscher, Walter; Stasiak, Rudolf: Grundriß der Betriebsgeschichte Schreibmaschinenwerk Dresden. Dresden: VEB Kombinat Zentronik Schreibmaschinenwerk, 1969. Seite 13.
436 Stieda, Wilhelm. In: Dresdens Entwicklung in den Jahren 1903 bis 1907. Festschrift. Dresden: Buchdruckerei der Dr. Güntzschen Stiftung, 1910. Seite 142.
437 ebenda, Seite 156.
438 Zahlen vgl. Müller, Johannes: Über den Einfluss der sozialen Struktur der sächsischen Großstädte Leipzig, Dresden, Chemnitz und Plauen auf ihren Haushalt. Dresden-Lockwitz: Paul Welzel, 1930., Seite 23ff.
439 Vgl. Koch, Marlies; Kluge, Ulrich: Dresdner Frauen unter dem Druck der Arbeitslosigkeit 1929–1933. In: Dresdner Geschichtsverein (Hrsg.): Dresdner Hefte Nummer 39, 1994. Seite 44ff.
440 Zahlen vgl. Müller, Johannes: Über den Einfluß der sozialen Struktur der sächsischen Großstädte Leipzig, Dresden, Chemnitz und Plauen auf ihren Haushalt. Dresden-Lockwitz: Paul Welzel, 1930. Seite 42.
441 ebenda, Seite 23.
442 Statistisches Jahrbuch Sachsen 1935/1938. Seite 284.
443 Ellrich, Hartmut: Dresden 1933–1945. Der historische Reiseführer. Berlin: Christoph-Links-Verlag, 2008. Seite 45.
444 Statistiken zu Humann, Detlev: Arbeitsschlacht. Arbeitsbeschaffung und Propapanda in der NS-Zeit 1933–1939. In: Herbert, Ulrich; Raphael, Lutz (Hrsg.): Moderne Zeit. Neue Forschungen zur Gesellschafts- und Kulturgeschichte des 19. und 20. Jahrhunderts. Band XXIII. Göttingen: Wallstein, 2011. Seite 55.
445 Jenko, Jürgen: Vergessene Linke. Anarcho-Syndikalisten in Dresden. In: Dresdner Hefte. Beiträge zur Kulturgeschichte (130). Dresden: Dresdner Geschichtsverein e. V. (Hrsg.), 2/2017. Seite 47ff.
446 Vgl. Sächsische Zeitung. Dresden, 8. März 2010.
447 Mann, Thomas: Brief an Hermann Hesse, 16. Februar 1936. In: Hermann Hesse/Thomas Mann: Briefwechsel. Frankfurt am Main: Suhrkamp Verlag, 1968, Seite 64f.
448 Klee, Ernst: Das Kulturlexikon zum Dritten Reich. Wer war was vor und nach 1945. Frankfurt am Main: S. Fischer Verlag, 2007. Seite 630.
449 Vgl. Klee, Ernst: Das Kulturlexikon zum Dritten Reich. Wer war was vor und nach 1945. Frankfurt am Main: S. Fischer Verlag, 2007. Seite 630.
450 Vgl. Reinhard, Oliver: Reinigung von „intellektuellem Schmutz". In: Sächsische Zeitung. Dresden, 10./11. März 2018, Seite 9.
451 Hanuscheck, Sven (Hrsg.): Nachwort des Herausgebers. Der Gang vor die Hunde – die Urfassung des Fabian. In: Kästner, Erich: Der Gang vor die Hunde. Roman. Zürich: Atrium Verlag (5. Auflage), 2018. Seite 306f.
452 Vgl. Mrazeck, Emmy: Erklärung zur Einrichtung der Villa Julius Ferdinand Wollfs in Dresden an Dr. Veit Whyler. Dresden, 10. Oktober 1956.
453 Wengierek, Reinhard: Dresden war beides – barock und braun. In: Die Welt, 16. Februar 2009.
454 Vgl. Brand, Silvia: Wie es zugeht. Dresden: Berthold Sturm's Verlag, 1906. Seite 184ff.
455 Hofmann, Hans-Joachim: Die Entwicklung der Dresdner Neueste Nachrichten vom Generalanzeiger zur Heimatzeitung. Dresden: Verlagsanstalt Scholz & Co., 1940. Seite 121.
456 Vgl. Abo-Werbung. In: Neueste Nachrichten. Dresden, 21. Dezember 1893. Seite 1.
457 Zeißig, Herbert: Eine deutsche Zeitung. Zweihundert Jahre Dresdner Anzeiger. Dresden: Verlag der Dr. Güntzschen Stiftung, 1930. Seite 425.
458 Nickold, Werner: Das Feuilleton der Dresdner Tagespresse von 1880–1900. Dresden: Risse-Verlag, 1934. Seite 2.
459 Vgl. Fritzsche, Jens: Die Dresdner Neueste Nachrichten und Julius Ferdinand Wollf. Diplomarbeit, eingereicht am Institut für Kommunikations- und Medienwissenschaft der Universität Leipzig, 1996. Seite 51f.
460 Nickold, Werner: Das Feuilleton der Dresdner Tagespresse von 1880–1900. Dresden: Risse-Verlag, 1934. Seiten 26 (*Dresdner Anzeiger*) und 87 (*DNN*).
461 Vgl. Fritzsche, Jens: Die Dresdner Neueste Nachrichten und Julius Ferdinand Wollf. Diplomarbeit, eingereicht am Institut für Kommunikations- und Medienwissenschaft der Universität Leipzig, 1996. Seite 51f.
462 ebenda
463 Hofmann, Hans-Joachim: Die Entwicklung der Dresdner Neueste Nachrichten vom Generalanzeiger zur Heimat-

zeitung. Dresden: Verlagsanstalt Scholz & Co., 1940. Seite 121.

464 Vgl. Fritzsche, Jens: Die Dresdner Neueste Nachrichten und Julius Ferdinand Wollf. Diplomarbeit, eingereicht am Institut für Kommunikations- und Medienwissenschaft der Universität Leipzig, 1996.

465 Cliquenbildung in der Stadtverordnetenversammlung. In: Dresdner Neueste Nachrichten. Dresden, 10, 11. Januar 1907. Seite 3.

466 Einschätzung von: Nickold, Werner. In: Das Feuilleton der Dresdner Tagespresse von 1880–1900. Dresden: Risse-Verlag, 1934. Seite 87.

467 Vgl. Polak, Pavel: Camill Hoffmann. Eine Biographie. Diplomarbeit, eingereicht 2006 an der Karlsuniversität Prag. Seite 28.

468 ebenda, Seite 30.

469 ebenda, Seite 29.

470 ebenda, Seite 29.

471 Visitenkarte Julius Ferdinand Wollf, ohne Datum. In: Deutsches Literaturarchiv Marbach.

472 Vgl. Polak, Pavel: Camill Hoffmann. Eine Biographie. Diplomarbeit, eingereicht 2006 an der Karlsuniversität Prag. Seite 32.

473 Vgl. Polak, Pavel: Camill Hoffmann. Eine Biographie. Diplomarbeit, eingereicht 2006 an der Karlsuniversität Prag. Seite 32 – mit Verweis auf: Ludewig, Peter: Die Dichter wachsen zum Himmel. In: Ludwig, Peter (Hrsg): Schrei in die Welt. Expressionismus in Dresden. Berlin: Buchverlag Der Morgen, 1988.

474 Vgl. Förster, Gerlinde: Expressionismus in der Dresdner bildenden Kunst zu Anfang des 20. Jahrhunderts. In: Rat des Bezirkes Dresden, Abteilung Kultur und Kulturakademie des Bezirkes Dresden (Hrsg.): Dresdner Hefte. Beiträge zur Kulturgeschichte. Nummer 14. Dresden: 1988. Seite 2ff.

475 ebenda

476 Vgl. Stecklina, Gerd, und Schille, Joachim (Hrsg.): Otto Rühle. Leben und Werk (1874–1943). Weinheim/München: Juventa Verlag, 2003.

477 Vgl. Hofmann, Hans-Joachim: Die Entwicklung der Dresdner Neueste Nachrichten vom Generalanzeiger zur Heimatzeitung. Dresden: Verlagsanstalt Scholz & Co. 1940. Seite 52f.

478 Vgl. Polak, Pavel: Camill Hoffmann. Eine Biographie. Diplomarbeit, eingereicht 2006 an der Karlsuniversität Prag. Seite 33.

479 Vgl. Hofmann, Hans-Joachim: Die Entwicklung der Dresdner Neueste Nachrichten vom Generalanzeiger zur Heimatzeitung. Dresden: Verlagsanstalt Scholz & Co., 1940. Seite 122.

480 ebenda, Seite 121.

481 Vgl. Sellars, Ian J.: The monetary system of the romans. eBook, 2013.

482 Vgl. Jung, Alexander: Hyperinflation 1923. In: Spiegel-Online, 31. Juli 2009.

483 Eckert, David, und Zschäpitz, Holger: Wie die Hyperinflation zum deutschen Trauma wurde. In: Die Welt (welt.de), 14. November 2013.

484 Vgl. Jung, Alexander: Hyperinflation 1923. In: Spiegel-Online, 31. Juli 2009.

485 Hofmann, Hans-Joachim: Die Entwicklung der Dresdner Neueste Nachrichten vom Generalanzeiger zur Heimatzeitung. Dresden: Verlagsanstalt Scholz & Co., 1940. Seite 122.

486 In: Dresdner Neueste Nachrichten. Dresden: 1. Probenummer, 8. September 1893. Seite 1.

487 Vgl. Leuschner, Udo: Zeitungs-Geschichte: Die Entwicklung einer Tageszeitung über zwei Jahrhunderte. Berlin: Verlag die Arbeitswelt, 1981.

488 Vgl. Hofmann, Hans-Joachim: Die Entwicklung der Dresdner Neueste Nachrichten vom Generalanzeiger zur Heimatzeitung. Dresden: Verlagsanstalt Scholz & Co., 1940. Seite 57.

489 Vgl. Urteil vom 10. Juli 1941 am Reichsgericht Leipzig, II. Zivilsenat: Senatspräsident Kolb, Reichsgerichtsräte Frings, Dr. Neumerkel, Dr. Schulze und Dr. Lippert.

490 Harnapp, C.R.E.: Beurkundung der Zahl der hergestellten Zeitungsnummernstücke. 9. September 1893. In: Hofmann, Hans-Joachim: Die Entwicklung der Dresdner Neueste Nachrichten vom Generalanzeiger zur Heimatzeitung. Dresden: Verlagsanstalt Scholz & Co., 1940. Seite 22.

491 ebenda

492 Fritzsche, Jens: Die Dresdner Neueste Nachrichten und Julius Ferdinand Wollf. Diplomarbeit, eingereicht am Institut für Kommunikations- und Medienwissenschaft der Universität Leipzig, 1996. Seite 81ff.

493 Vgl. Hofmann, Hans-Joachim: Die Entwicklung der Dresdner Neueste Nachrichten vom Generalanzeiger zur Heimatzeitung. Dresden: Verlagsanstalt Scholz & Co., 1940. Seite 121.

494 Vgl. Dresdner Neueste Nachrichten, 6. Oktober 1905. Seite 12.

495 ebenda

496 Vgl. Hofmann, Hans-Joachim: Die Entwicklung der Dresdner Neueste Nachrichten vom Generalanzeiger zur Heimatzeitung. Dresden: Verlagsanstalt Scholz & Co., 1940. Seite 121.

497 Quelle: Erklärung Dr. Wolfgang Huck. München, 23. Januar 1957. In: Privatarchiv Rafi Siano, Haifa.

498 Vgl. Die Entwicklung der Auflage. In: Zeißig, Herbert: Eine deutsche Zeitung. Zweihundert Jahre Dresdner Anzeiger. Dresden: Verlag der Dr. Güntzschen Stiftung, 1930. Seite 427.
499 Vgl. Schmeitzner, Mike; Steinberg, Swen: Links der Mitte. Politische Presse im Dresden der Weimarer Republik. In: Dresdner Hefte. Beiträge zur Kulturgeschichte (130). Dresden: Dresdner Geschichtsverein e. V. (Hrsg.), 2/2017. Seite 39.
500 Hofmann, Hans-Joachim: Die Entwicklung der Dresdner Neueste Nachrichten vom Generalanzeiger zur Heimatzeitung. Dresden: Verlagsanstalt Scholz & Co., 1940. Seite 93.
501 Vgl. Fritzsche, Jens: Die Dresdner Neueste Nachrichten und Julius Ferdinand Wolff. Diplomarbeit, eingereicht am Institut für Kommunikations- und Medienwissenschaft der Universität Leipzig, 1996. Seite 81ff.
502 Vgl. Zeitungs-Verlag. Organ des Vereins Deutscher Zeitungs-Verleger. Berlin, 23 (4. Juni 1932). Spalte 399.
503 ebenda
504 Vgl. Urteil vom 10. Juli 1941 am Reichsgericht Leipzig, II. Zivilsenat: Senatspräsident Kolb, Reichsgerichtsräte Frings, Dr. Neumerkel, Dr. Schulze und Dr. Lippert.
505 Vgl. Thiele, Siegfried: Wollfs Revier am Ferdinandplatz. In: *DNN*-Extra 120 Jahre *DNN*, 7. September 2013. Seite 2.
506 Vgl. Die Feier des 25jähr. Bestehens der Dresdner Neuesten Nachrichten. In: Dresdner Neueste Nachrichten, 10. September 1918. Seite 3.
507 Vgl. Atanassow, Alexander: Der große Umbau am Ferdinandplatz. In: Dresdner Neueste Nachrichten. Dresden, 13. Februar 2017. Seite 14.
508 ebenda
509 Vgl. Hofmann, Hans-Joachim: Die Entwicklung der Dresdner Neueste Nachrichten vom Generalanzeiger zur Heimatzeitung. Dresden: Verlagsanstalt Scholz & Co., 1940. Seite 58.
510 Auflagenhöhe der Dresdner Neuesten Nachrichten im Jahr 1918. In: Hofmann, Hans-Joachim: Die Entwicklung der Dresdner Neueste Nachrichten vom Generalanzeiger zur Heimatzeitung. Dresden: Verlagsanstalt Scholz & Co., 1940. Seite 121.
511 Vgl. Atanassow, Alexander: Der große Umbau am Ferdinandplatz. In: Dresdner Neueste Nachrichten. Dresden, 13. Februar 2017. Seite 14.
512 ebenda
513 Hofmann, Hans-Joachim: Die Entwicklung der Dresdner Neueste Nachrichten vom Generalanzeiger zur Heimatzeitung. Dresden: Verlagsanstalt Scholz & Co., 1940. Seite 94.
514 Koenitz, Hans: Redakteure waren damals auch vonnöten. In: Dresdner Neueste Nachrichten, Dresden, 28. Oktober 1993. Seite 13.
515 Laut Volkszählung vom 17. Mai 1939 und Liste der am 1. September 1939 in Dresden lebenden Juden (Abschrift HStADD liegt in der Jüdischen Gemeinde vor) wohnte Max Wollf zum Zeitpunkt der Erhebung in der Bayreuther Straße 33/III bei Albert Silbermann.
516 Vgl. Salzmann, Peter: Helmut Schön: Weltbester Trainer, ein Glücksfall des Fußballs. In: Fußballheimat Dresden. Dresden: Sächsisches Druck- und Verlagshaus GmbH, 1995. Seite 35f.
517 Fiedler, Frank; Fiedler, Uwe: Lier, Adolf Leonhard. In: Lebensbilder aus der Oberlausitz. 60 Biografien aus Bautzen, Bischofswerda und Umgebung. Bischofswerda: Books on Demand Norderstedt, 2017. Seite 205.
518 Vgl. Schumann, Paul; Kummer, Friedrich: Dresden und das Elbgelände. Dresden: Verlag zur Förderung Dresdens und des Fremdenverkehrs, 1918. Seite 16.
519 Vgl. Frölich, Wilhelm. In: Jubiläumsausgabe 200 Jahre Dresdner Anzeiger (1730 bis 1. September 1930). Dresden, 1. September 1930. Seite 299.
520 ebenda, Seite 282.
521 Rudolph, Sabine: Die drei Segel der Sammlung Steinthal. In: Neue Zürcher Zeitung, 30. Oktober 2004. In: www.nzz.ch, besucht am 23. April 2017.
522 ebenda
523 Vgl. Katalog Sächsische Landes- und Universitätsbibliothek Dresden
524 Vgl. Kiaulehn, Walther: Berlin: Schicksal einer Weltstadt. München: Biederstein Verlag, 1958.
525 Vgl. Sarkowski, Heinz: Der Springer-Verlag. Stationen seiner Geschichte Teil I: 1842–1945. Berlin/Heidelberg: Springer-Verlag.
526 Vgl. Katalog Sächsische Landes- und Universitätsbibliothek Dresden
527 Vgl. Internetseite zum Gewerbehof Bülowbogen: www.buelowbogen.de/historie, besucht am 8. November 2017.
528 Vgl. Borchert, Christian: Plakat des Plakatkünstlers Willy Petzold, 1975. Aufnahme Nummer df_bo-pos62_0000078. In: SLUB/Fotothek.
529 Vgl. Zeitungs-Verlag. Organ des Vereins Deutscher Zeitungs-Verleger. Berlin, 18 (1. Mai 1925). Spalte 1203.
530 Ein interessanter Anzeigenwettbewerb. In: Zeitungs-Verlag. Organ des Vereins Deutscher Zeitungs-Verleger. Berlin, 12 (20. März 1925). Spalte 783f.
531 Piorkowski, Dr. Hans: Der Anzeigenwettbewerb der Dresdner Neuesten Nachrichten. In: Industrielle Psychotechnik,

11 (November 1925). Berlin: Verlag Julius Springer. Seiten 321 bis 338.

532 Vgl. Eisfeld, Gerhard: Die Entstehung der liberalen Parteien in Deutschland 1858–1870. Studie zu den Organisationen und Programmen der Liberalen und Demokraten. Hannover: Verlag für Literatur und Zeitgeschehen, 1969. Seite 159ff.

533 Vgl. Dresdner Neueste Nachrichten, 25. April 1905. Seite 2.

534 Zeitungs-Verlag. Organ des Vereins Deutscher Zeitungs-Verleger. Berlin, 40 (7. Oktober 1927). Spalte 2322.

535 Vgl. Fritzsche, Jens: Die Dresdner Neueste Nachrichten und Julius Ferdinand Wolff. Diplomarbeit, eingereicht am Institut für Kommunikations- und Medienwissenschaft der Universität Leipzig, 1996. Seite 81ff.

536 Wolff, Julius Ferdinand: Versuch zu einem Bildnis. In: Zeitungs-Verlag. Organ des Vereins Deutscher Zeitungs-Verleger. 43 (24. Oktober 1924). Spalte 1930.

537 Quelle: johannstadtarchiv.de/?/134-0-Stresemannplatz.htm

538 Vgl. Frankfurter, Felix: The Case of Sacco and Vanzetti. A critical analysis for lawyers and laymen. Boston: Little, Brown and Company, 1927. Neuauflage: New York: William S. Hein & Co., 2003.

539 Stadtarchiv Dresden.

540 Vgl. Ladwig-Winters, Simone: Ernst Fraenkel – ein politisches Leben. Frankfurt am Main: Campus Verlag GmbH, 2009. Und: Internetseiten des Instituts für Geschichte der Medizin und für Ethik in der Medizin, Charité, Berlin, 2015. Besucht am 1. April 2016.

541 Vgl. Hofmann, Hans-Joachim: Die Entwicklung der Dresdner Neueste Nachrichten vom Generalanzeiger zur Heimatzeitung. Dresden: Verlagsanstalt Scholz & Co., 1940. Seite 103f.

542 Vgl. wikipedia.org, besucht am 10. April 2016.

543 Laux, Karl: Nachklang. Autobiographie. Berlin: Verlag der Nation, 1977. Seite 232.

544 Hofmann, Hans-Joachim: Die Entwicklung der Dresdner Neueste Nachrichten vom Generalanzeiger zur Heimatzeitung. Dresden: Verlagsanstalt Scholz & Co., 1940. Seite 53.

545 Pommerin, Reiner: Dresden unterm Hakenkreuz. Wien/Köln/Weimar: Böhlau-Verlag, 1998. Seite 46.

546 Vgl. Wette, Wolfram: Gustav Noske. Eine politische Biographie. Düsseldorf: Droste-Verlag, 1987. Seite 313.

547 Stadtler, Eduard: Erinnerungen. Als Antibolschewist 1918–1919. Düsseldorf: Neuer Zeitverlag, 1935. Seite 52

548 Ich ließ Rosa Luxemburg richten. Interview mit Pabst, Waldemar. In: Der Spiegel/16, 18. April 1962.

549 Stadtler, Eduard: Erinnerungen. Als Antibolschewist 1918–1919. Düsseldorf: Neuer Zeitverlag, 1935. Seite 12f.

550 Vgl. Theodor Heuss: Friedrich Naumann. Der Mann, das Werk, die Zeit. Dritte Auflage. München/Hamburg: Verlag Siebenstern. Seite 482 und Seite 529f.

551 Wolff, Julius Ferdinand: Brief an Armin Theophil Wegner, 28. Oktober 1927. In: Deutsches Literaturarchiv Marbach.

552 Thöns, Julia: Die politischen Häftlinge des Konzentrationslagers Oranienburg. In: www.stiftung-bg.de/kz-oranienburg

553 Vgl. Meier, Andreas (Hrsg.): Wegner, Armin T.: Die Austreibung des armenischen Volkes in die Wüste. Ein Lichtbildervortrag. Göttingen: Wallstein Verlag, 2011.

554 Wegner, Theophil Armin: Fünf Finger über Dir. Aufzeichnungen einer Reise durch Rußland, den Kaukasus und Persien 1927/28. Nachdruck der 1930 erschienenen Originalausgabe. Wuppertal: Peter Hammer Verlag, 1979. Seite 15.

555 Wegner, Armin Theophil: Fünf Finger über Dir. Aufzeichnungen einer Reise durch Rußland, den Kaukasus und Persien 1927/28. Nachdruck der 1930 erschienenen Originalausgabe. Wuppertal: Peter Hammer Verlag, 1979. Seite 31.

556 ebenda, Seite 37.

557 von Scholz, Wilhelm: Brief an Julius Ferdinand Wolff, Konstanz, 4. Juni 1926. In: Deutsches Literaturarchiv Marbach.

558 Hofmann, Hans-Joachim: Die Entwicklung der Dresdner Neueste Nachrichten vom Generalanzeiger zur Heimatzeitung. Dresden: Verlagsanstalt Scholz & Co., 1940. Seite 97.

559 Vgl. Schieder, Wolfgang: Mythos Mussolini. Deutsche in Audienz beim Duce. München: Oldenbourgh Verlag, 2003. Seite 128.

560 ebenda

561 Vgl. Banse, Gerhard; Hörz, Herbert, und Liebscher, Heinz (Hrsg): Von Aufklärung bis Zweifel. Beiträge zu Philosophie, Geschichte und Philosophiegeschichte. Festschrift für Siegfried Wollgast. Berlin: Trafo Verlag, 2008. Seite 401. Verweis auf Klemperer, Victor: Leben sammeln, nicht fragen wozu und warum. 2. Band. Tagebücher 1925 bis 1932. Nowojski, W. (Hrsg.), Berlin, 1996. Seite 753.

562 Peterich, Eckart: Die italienische Presse unter dem Faschismus. In: Zeitungs-Verlag. Organ des Vereins Deutscher Zeitungs-Verleger. Berlin, 4 (23. Januar 1932). Spalte 61ff.

563 Vgl. Hofmann, Hans-Joachim: Die Entwicklung der Dresdner Neueste Nachrichten vom Generalanzeiger zur Heimatzeitung. Dresden: Verlagsanstalt Scholz & Co., 1940. Seite 93.

564 Vgl. Der Hugenberg-Coup. In: filmportal.de, besucht am 23. März 2016.

565 Vgl. Peschel, Andreas: Die Entwicklung der Dresdner NSDAP bis 1933. In: Dresdner Geschichtsbuch 18. Hrsg. Stadtmuseum Dresden. Altenburg: Verlag DZA, 2013. Seite 160.

566 Volkszählungsergebnis vom 16. Juni 1933. Quelle: Stadtverwaltung Dresden.
567 Klemperer, Victor: Tagebücher 1933–1934. Nowojski, Walter (Hrsg.). Berlin: Aufbau Taschenbuchverlag, 1999. Seite 5.
568 Vgl. Hofmann, Hans-Joachim: Die Entwicklung der Dresdner Neueste Nachrichten vom Generalanzeiger zur Heimatzeitung. Dresden: Verlagsanstalt Scholz & Co., 1940. Seite 52.
569 Vgl. Hoffmann, Hans-Joachim. In: 100 Jahre *DNN*. Jubiläumsbeilage zu den Dresdner Neueste Nachrichten IV. Dresden, 8. September 1993.
570 Vgl. Broglie, de Gabriel: Mac-Mahon. Paris: Perrin, 2000.
571 Vgl. Kiiskinen, Elina: Kampffront Schwarz-Weiß-Rot/Deutschnationale Front, 1933. In: Historisches Lexikon Bayerns (online).
572 Die Zahl ist falsch, Julius Ferdinand Wollf kam erst 1903 nach Dresden, richtig wäre also 30.
573 In eigener Sache. In: Dresdner Neueste Nachrichten. Dresden, 31. März 1933. Seite 3.
574 Die Prozentzahl ist falsch, die Dresdner Neuesten Nachrichten schreiben am 31. März 1933 auf Seite 3 korrekt von 93,5 Prozent, die Verleger Huck am Verlag hält. Wollf hält 6,5 Prozent, auch diese Zahl zitiert Klemperer also falsch, wenn er von 7,5 Prozent schreibt.
575 Siano, Rafi (Schwiegersohn der Salten-Tochter Anna Katharina Salten): Eine Biografie oder späte Grabrede. Haifa, per Mail, 25. Januar 2016.
576 Reichsgesetzblatt I, Seiten 153/154. In: Reichsgesetzblatt vom 2. April 1933.
577 Gesetz über den Neuaufbau des Reiches, Reichsgesetzblatt 1934 I, Nr. 11, Seite 75. In Kraft getreten am 30. Januar 1934.
578 Reichsgesetzblatt Teil I 1933, Nr. 111, Seite 194. Veröffentlicht am 7. Oktober 1933.
579 Vgl. Schorr, Guido: Die Gleichschaltung der Medien im Dritten Reich. In: zukunft-braucht-erinnerung.de, 7. Oktober 2004.
580 Quelle: Erklärung Dr. Wolfgang Huck. München, 23. Januar 1957. In: Privatarchiv Rafi Siano, Haifa.
581 Vgl. Urteil vom 10. Juli 1941 am Reichsgericht Leipzig, II. Zivilsenat: Senatspräsident Kolb, Reichsgerichtsräte Frings, Dr. Neumerkel, Dr. Schulze und Dr. Lippert.
582 ebenda
583 Sozialgesetzbuch (SGB) Sechstes Buch vom 18. Dezember 1989. BGBL I, Anlage 1 Durchschnittsentgelt in Euro/DM/RM. Seite 2261.
584 Vgl. Poege, Dr. Gerhard: Mitteilung über Vermögen des Juden Julius Israel Wollf an Geheime Staatspolizei, Leitstelle Dresden. In: SHStA Dresden, Akten über den Nachlaß der Eheleute Wollf. Amtsgericht Dresden. Abteilung II/68. Aktennummer: 77 VI 164/42. Dresden, 12. November 1942.
585 Postkarte Julius Ferdinand Wollf an Harry Graf Kessler, 20. Juli 1933. In: Deutsches Literaturarchiv Marbach.
586 Vgl. Klemperer, Victor: Warum soll man nicht auf bessere Zeiten hoffen. Ein Leben in Briefen. Nowojski, Walter, und Holdack, Nele (Hrsg.), unter Mitarbeit von Löser, Christian. Berlin: Aufbau Verlag, 2017. Seite 177f.
587 Wollf, Julius Ferdinand: Brief an Herbert Eulenberg, Dresden, 6. Juli 1938. In: Landeshauptstadt Düsseldorf Heinrich-Heine-Institut Rheinisches Literaturarchiv, Nachlässe und Sammlungen, Bilker Straße 12–14, 40213 Düsseldorf.
588 Vgl. in: SHStA Dresden, Akten über den Nachlaß der Eheleute Wollf. Amtsgericht Dresden. Abteilung II/68. Aktennummer: 77 VI 164/42. Dresden, 6. März 1942.
589 Vgl. Asmuss, Burkhard: Der „Röhm-Putsch" 1934. In: Lebendiges Museum online. Berlin: Deutsches Historisches Museum, 22. Juni 2015. Besucht: 26. Februar 2018.
590 Vgl. Weller, Uwe: Wolfgang Huck (1889–1967). In: Fischer, Heinz-Dietrich: Deutsche Presseverleger des 18. bis 20. Jahrhunderts. Pullach bei München: Verlag Dokumentation, 1975. Seite 350ff.
591 Ladwig-Winters, Simone: Ernst Fraenkel – ein politisches Leben. Campus Verlag GmbH, 2009. Seite 133
592 Vgl. Tägliche Rundschau. In: wikipedia.org. Besucht am 8. April 2016.
593 Vgl. Presse. In: Der Spiegel, 5/1955.
594 Vgl. Eine demokratische Anfrage. In: Dresdner Anzeiger, 19. Januar 1924.
595 Vgl. Nachlass Laux, Karl (1896–1978), Korrespondenz mit Theodor Schulze-Walden. In: Sächsische Landesbibliothek – Staats- und Universitätsbibliothek Dresden (SLUB), Abt. Handschriften.
596 ebenda
597 Vgl. Sonderbeilage 110 Jahre Dresdner Neueste Nachrichten. 8. September 2003. Seite B6.
598 Vgl. offizielle Internetseite des Deutschen Presseclubs: www.deutscherpresseclub.de, besucht am 4. Mai 2016.
599 Vgl. Murmann, Heinz: Mit „C" ist es feiner. Der Deutsche Presseclub Bonn 1952 bis heute. Bonn: Bouvier-Verlag, 1997. Und: Strobel, Robert: Adenauer und der Weg Deutschlands. Luzern: Bucher-Verlag, 1965.
600 Vgl. Impressum „Der Freiheitskampf". Dresden, 1943.
601 Vgl. Sonderbeilage 110 Jahre Dresdner Neueste Nachrichten, 8. September 2003. Seite B5.
602 Vgl. Jahrbuch der deutschen Tagespresse. 1943.
603 Vgl. Adressbuch der Stadt Dresden 1937, Teil V. Seite 213.

604 Mitschrift der Reden zur Eröffnung der II. Int. Hygiene-Ausstellung Dresden. 15. Mai 1930. In: Archiv Deutsches Hygiene-Museum Dresden. DHM 30/47. Seite 67.
605 Sitzungsprotokoll Vorstandssitzung. 29. Mai 1933. In: Archiv Deutsches Hygiene-Museum Dresden. DHM 33/5. Blatt 6.
606 ebenda, Blatt 4.
607 Vgl. Hofmann, Hans-Joachim: Die Entwicklung der Dresdner Neueste Nachrichten vom Generalanzeiger zur Heimatzeitung. Dresden: Verlagsanstalt Scholz & Co., 1940. Seite 128.
608 Fakten zu Heinrich Zerkaulen: Vgl. Niesen, Josef: Heinrich Zerkaulen (1892–1954), Schriftsteller. In: www.rheinische-geschichte.lvr.de/persoenlichkeiten/Z/HeinrichZerkaulen.aspx. Besucht am 10. Februar 2016
609 Quelle: IbsenStage.hf.uio.no
610 Zerkaulen, Heinrich: Die Presse auf der Dresdner Papierausstellung. In: Zeitungs-Verlag. Organ des Vereins Deutscher Zeitungs-Verleger. Berlin, 23 (10. Juni 1927). Spalte 1205.
611 Reim, Heidrun: Jahresschauen Deutscher Arbeit in der Tradition Dresdner Ausstellungen. In: Dresdner Geschichtsbuch 4. Hrsg. Stadtmuseum Dresden. Altenburg: DZA Verlag für Kultur und Wissenschaft, 1998. Seite 123ff.
612 ebenda, Seite 137.
613 Vgl. Klee, Ernst: Friedrich Schnack. In: Das Kulturlexikon zum Dritten Reich. Wer war was vor und nach 1945. Frankfurt am Main: S. Fischer, 2007.
614 Vgl. Hermann, Konstantin: Vereine in Dresden 1919–1945. In: Dresdner Geschichtsbuch 15. Hrsg. Stadtmuseum Dresden. Altenburg: DZA Verlag, 2010. Seite 192.
615 Quelle: Programmhefte des Staatsschauspiels Dresden. In: Sächsische Landes- und Universitätsbibliothek Dresden.
616 ebenda,
617 Vgl. Mohr, Lutz: Karl Rudolf Bromme – der Admiral aus Anger-Crottendorf. In: Urania Universal, Band 34. Leipig, Gera, Berlin: Urania Verlag, 1988. Seite 432ff.
618 Fakten zu Heinrich Zerkaulen. Vgl. Niesen, Josef: Heinrich Zerkaulen (1892–1954), Schriftsteller. In: www.rheinische-geschichte.lvr.de/persoenlichkeiten/Z/HeinrichZerkaulen.aspx. Besucht am 10. Februar 2016
619 Vgl. Historische Kommission des Börsenvereins des deutschen Buchhandels (Hrsg.). In: Archiv der Geschichte des Buchwesens, Band 55. Frankfurt am Main: Buchhändler-Vereinigung GmbH, 2001. Seite 132.
620 Ulbricht, Gunda: Juden in Dresden. In: Dresdner Geschichtsbuch 10. Herausgeber Stadtmuseum Dresden. Altenburg: DZA Verlag, 2004. Seiten 82 ff.
621 ebenda, Seiten 96.
622 Schreiben der Industrie- und Handelskammer Dresden vom 12. September 1938. In: SHStA Dresden.
623 Ulbricht, Gunda: Juden in Dresden. In: Dresdner Geschichtsbuch 10. Herausgeber Stadtmuseum Dresden. Altenburg: DZA Verlag, 2004. Seiten 96.
624 Kästner, Erich: 19.3.41. In: Das Blaue Buch. Kriegstagebuch und Romannotizen. In: Bülow, Ulrich von, und Becker, Silke (Hrsg.): Marbacher Magazin. Marbach am Neckar: Deutsche Schillergesellschaft, 2006 (2. Auflage 2007). Seite 36.
625 Polizeiverordnung über die Kennzeichnung der Juden. In: RGBl I, Seite 547. In Kraft per 19. September 1941.
626 Wolff, Julius Ferdinand: Brief an Herbert Eulenberg, Dresden, 6. Juli 1938. In: Landeshauptstadt Düsseldorf Heinrich-Heine-Institut Rheinisches Literaturarchiv, Nachlässe und Sammlungen, Bilker Straße 12–14, 40213 Düsseldorf.
627 ebenda
628 Vgl. Anmerkungen. In: Klemperer, Victor: In: Nowojski, Walter, und Klemperer, Hadwig (Hrsg.): Tagebücher 1937–1939. Berlin: Aufbau Taschenbuch Verlag, 1999. Seite 210.
629 Kästner, Erich: Das Blaue Buch. Kriegstagebuch und Romannotizen. In: Bülow, Ulrich von, und Becker, Silke (Hrsg.): Marbacher Magazin. Marbach am Neckar: Deutsche Schillergesellschaft, 2006 (2. Auflage 2007). Seite 56.
630 Vgl. Schlott, René: Der Tag, an dem die Deportationen begannen. In: Spiegel online, 18. Oktober 2016. Besucht am 8. Februar 2018.
631 Vgl. Urteil vom 10. Juli 1941 am Reichsgericht Leipzig, II. Zivilsenat: Senatspräsident Kolb, Reichsgerichtsräte Frings, Dr. Neumerkel, Dr. Schulze und Dr. Lippert.
632 Erklärung Dr. Wolfgang Huck an Rechtsanwalt Dr. Veit Wyler in Zürich. München, 23. Januar 1957. In: Privatarchiv Rafi Siano, Haifa.
633 Vgl. Urteil vom 10. Juli 1941 am Reichsgericht Leipzig, II. Zivilsenat: Senatspräsident Kolb, Reichsgerichtsräte Frings, Dr. Neumerkel, Dr. Schulze und Dr. Lippert.
634 Malz, Dr. Heinrich: Die armen Juden. In: Deutsches Recht, 11. Jahrgang, Heft 41. 11. Oktober 1941, Seite 2165ff.
635 Vgl. Marek, Michael: Wie aus Karrieristen Massenmörder wurden. In: Hamburger Abendblatt, 23. Juni 1999.
636 Malz, Dr. Heinrich: Deutscher Beamtenbund. Werden und Wirken. Alfred Krause zum 50. Geburtstag. Regensburg: Verlag Walhalla und Praetoria, 1972.
637 Vgl. Klee, Ernst: Das Personenlexikon zum Dritten Reich. Wer war was vor und nach 1945 (zweite aktualisierte Auflage). Frankfurt am Main: Fischer Taschenbuch Verlag, 2005. Seite 388.

638 Vgl. Wildt, Michael: Generation des Unbedingten: Das Führungskorps des Reichssicherheitshauptamtes. Hamburg: Hamburger Edition HIS, 2013.
639 Vgl. Schlingensiepen, Ferdinand: Dietrich Bonhoeffer. München: DTV, 2010. Seite 328.
640 Vgl. Krach, Tillmann: Jüdische Rechtsanwälte in Preußen. Über die Bedeutung der freien Advokatur und ihre Zerstörung durch den Nationalsozialismus. München: C.H.Beck, 1991. Seite 403.
641 Haynes, Stephen R.: The Bonhoeffer Legacy: Post-Holocaust Perspectives. Philadelphia: Fortress Press, 2006. Seiten 15–18.
642 Vgl. Weiss, Norbert, und Wonneberger, Jens: Günther, Alfred. In: Dichter Denker Literaten aus sechs Jahrhunderten in Dresden. Dresden: Verlag Die Scheune, 1997. Seite 66.
643 Vgl. Hofmann, Hans-Joachim: Die Entwicklung der Dresdner Neueste Nachrichten vom Generalanzeiger zur Heimatzeitung. Dresden: Verlagsanstalt Scholz & Co., 1940. Seite 111.
644 Vgl. Fragebogen für Mitglieder des Reichsverbandes Deutscher Schriftsteller E.V., 5. Dezember 1933; Fragebogen zur Bearbeitung des Aufnahmeantrages für die Reichsschrifttumskammer, 30. Januar 1939, Bundesarchiv, Referat R1 (ehemals Bestand des Berlin Document Center), Günther, Alfred, 5. März 1885.
645 Weiss, Norbert, und Wonneberger, Jens: Günther, Alfred. In: Dichter Denker Literaten aus sechs Jahrhunderten in Dresden. Dresden: Verlag Die Scheune, 1997. Seite 66.
646 Atanassow, Alexander: Genja Jonas eine Dresdner Lichtbildnerin. Dresden: Kunstblatt-Verlag, 2013. Seite 13.
647 Vgl. Atanassow, Alexander: Genja Jonas eine Dresdner Lichtbildnerin. Dresden: Kunstblatt-Verlag, 2013. Seite 29.
648 Vgl. Atanassow, Alexander: Genja Jonas eine Dresdner Lichtbildnerin. Dresden: Kunstblatt-Verlag, 2013. Seite 21. Unter Verweis auf: Beschluss der Reichskulturkammer zu Alfred Günther (geb. am 5. Mai 1885) vom 15. Mai 1936, Bundesarchiv, Referat R1 (ehemals Bestand des Berlin Document Center).
649 Vgl. Atanassow, Alexander: Genja Jonas eine Dresdner Lichtbildnerin. Dresden: Kunstblatt-Verlag, 2013. Seite 21.
650 ebenda, Seite 22.
651 ebenda, Seite 22.
652 Büttner, Maren: Zersetzung und Zivilcourage. Die Verfolgung des Unmuts von Frauen im nationalsozialistischen Deutschland während des Krieges 1939–1945. Hochschulschrift zur Erlangung eines Grades der Doktorin der Philosophie. Philosophische Fakultät der Universität Erfurt. Göttingen, 2011. Seite 64ff.
653 Vgl. Weiss, Norbert, und Wonneberger, Jens: Günther, Alfred. In: Dichter Denker Literaten aus sechs Jahrhunderten in Dresden. Dresden: Verlag Die Scheune, 1997. Seite 66.
654 Ergänzung vom 20. Juli 1939 zum Heiratseintrag vom 14. Juli 1898 Nr. 691/1898 Standesamt Mannheim-Stadt, Stadtarchiv Mannheim.
655 Vgl. Auszugsweise Abschrift der letztwilligen Verfügungen von Wolff, Julius Ferdinand, und Wolff, Johanna Sophie. In: Bekanntmachung des Amtsgerichts Dresden an Anna Katharina Rehmann in Zürich. In: Akten über den Nachlaß der Eheleute Wolff. Amtsgericht Dresden. Abteilung II/68. Aktennummer: 77 VI 164/42. Dresden, 13. April 1942.
656 Ulbricht, Gunda: Juden in Dresden. In: Dresdner Geschichtsbuch 10. Herausgeber Stadtmuseum Dresden. Altenburg: DZA Verlag, 2004. Seite 97
657 Vgl. Buch der Erinnerung. Juden in Dresden deportiert, ermordet, verschollen 1933–1945, Gesellschaft für Christlich-Jüdische Zusammenarbeit Dresden e. V., Arbeitskreis Gedenkbuch. Dresden: Thelem, 2006.
658 ebenda
659 ebenda
660 Vgl. Adressbücher der Stadt Dresden
661 Vgl. Buch der Erinnerung. Juden in Dresden deportiert, ermordet, verschollen 1933–1945, Gesellschaft für Christlich-Jüdische Zusammenarbeit Dresden e. V., Arbeitskreis Gedenkbuch. Dresden: Thelem, 2006.
662 Vgl. Poege, Dr. Gerhard: Mitteilung über Vermögen des Juden Julius Israel Wolff an Geheime Staatspolizei, Leitstelle Dresden. In: SHStA Dresden, Akten über den Nachlaß der Eheleute Wolff. Amtsgericht Dresden. Abteilung II/68. Aktennummer: 77 VI 164/42. Dresden, 12. November 1942.
663 Der Tod von Antonie Silbermann wird am 30. Januar 1936 im Gemeindeblatt der Israelitischen Religionsgemeinde Dresden bekannt gegeben.
664 Quelle: Verfolgtenliste 7699132. In: Zentrale Datenbank der Namen der Holocaust-Opfer YadVashem. yrng.yadvashem.org, besucht am 25. März 2016.
665 Vgl. Einäscherungsbuch des Krematoriums Tolkewitz. Register-Nr. 80544, Einäscherung am 24. Januar 1942: Wolff, Max Israel, Verlagsdirektor im Ruhestand, geboren am 17. Juni 1879 in Coblenz, gestorben am 20. Januar 1942 in Dresden, letzte Adresse: Franz-Liszt-Straße 6.
666 Statistik der jüdischen Gemeinde Dresden.
667 Archiv des Arbeitskreises Gedenkbuch in der Jüdischen Gemeinde Dresden.
668 Vgl. Anmerkungen. In: Klemperer, Victor: In: Nowojski, Walter, und Klemperer, Hadwig (Hrsg.): Tagebücher 1940–1941. Berlin: Aufbau Taschenbuch Verlag, 1999. Seite 217.
669 Archiv des Arbeitskreises Gedenkbuch in der Jüdischen Gemeinde Dresden.

670 ebenda

671 Vgl. Brechtken, Markus: „Madagaskar für die Juden“: Antisemitische Idee und politische Praxis 1885–1945. Studien zur Zeitgeschichte. Seite 78.

672 Vgl. Brechtken, Markus: „Madagaskar für die Juden“: Antisemitische Idee und politische Praxis 1885–1945. Studien zur Zeitgeschichte. Seite 77f.

673 In: Buch der Erinnerung. Juden in Dresden deportiert, ermordet, verschollen. Dresden: w.e.b. Universitätsverlag, 2006. Seite 109.

674 Vgl. Schreiben Gellert, Dr. med. Philipp, an Dr. Willy Katz. Dresden, 30. Januar 1940. In: Archiv des Arbeitskreises Gedenkbuch in der Jüdischen Gemeinde Dresden.

675 Archiv des Arbeitskreises Gedenkbuch in der Jüdischen Gemeinde Dresden.

676 Schneider, Marion (Leiterin Sammlung/Bildstelle Stiftung Deutsches Hygiene-Museum). Dresden: 27. Februar 2018 per Mail.

677 Archiv des Arbeitskreises Gedenkbuch in der Jüdischen Gemeinde Dresden.

678 In: Buch der Erinnerung. Juden in Dresden deportiert, ermordet, verschollen 1933–1945, Gesellschaft für Christlich-Jüdische Zusammenarbeit Dresden e. V., Arbeitskreis Gedenkbuch. Dresden: Thelem, 2006. Seite 109.

679 Archiv des Arbeitskreises Gedenkbuch in der Jüdischen Gemeinde Dresden.

680 Wollf, Karl: Fausts Erlösung. Nürnberg: Nest-Verlag, 1949.

681 Nachruf für Karl Wollf. In: Die Union. Dresden, 9. Juli 1952. Seite 3.

682 Vgl. Buch der Erinnerung. Juden in Dresden deportiert, ermordet, verschollen 1933–1945, Gesellschaft für Christlich-Jüdische Zusammenarbeit Dresden e. V., Arbeitskreis Gedenkbuch. Dresden: Thelem, 2006.

683 Vgl. Buch der Erinnerung. Juden in Dresden deportiert, ermordet, verschollen 1933–1945, Gesellschaft für Christlich-Jüdische Zusammenarbeit Dresden e. V., Arbeitskreis Gedenkbuch. Dresden: Thelem, 2006.

684 Wollf, Julius Ferdinand: Brief an Herbert Eulenberg, Dresden, 6. Juli 1938. In: Landeshauptstadt Düsseldorf Heinrich-Heine-Institut Rheinisches Literaturarchiv, Nachlässe und Sammlungen, Bilker Straße 12–14, 40213 Düsseldorf.

685 In: Sächsisches Staatsarchiv. Hauptstaatsarchiv Dresden (SHStA Dresden), Akten über den Nachlaß der Eheleute Wollf. Amtsgericht Dresden. Abteilung II/68. Aktennummer: 77 VI 164/42.

686 Vgl. Schreiben der Vermögensverwertungsstelle des Oberfinanzpräsidiums Dresden an Rechtsanwalt Dr. Gerhard Pöge vom 16. März 1943. In: SHStA Dresden, Akten über den Nachlaß der Eheleute Wollf. Amtsgericht Dresden. Abteilung II/68. Aktennummer: 77 VI 164/42.

687 Ulbricht, Gunda: Juden in Dresden. In: Dresdner Geschichtsbuch 10. Herausgeber Stadtmuseum Dresden. Altenburg: DZA Verlag, 2004. Seite 97

688 Vgl. Ellrich, Hartmut: Dresden 1933–1945: Der historische Reiseführer. Berlin: Christoph Links Verlag, 2008.

689 Quelle: Residentenliste jüdischer Einwohner von Koblenz, Stand 8. Juli 2016. In: Stadtarchiv Koblenz. Signatur: StAK DB 6

690 Vgl. Poege, Dr. Gerhard: Mitteilung über Vermögen des Juden Julius Israel Wollf an Geheime Staatspolizei, Leitstelle Dresden. In: SHStA Dresden, Akten über den Nachlaß der Eheleute Wollf. Amtsgericht Dresden. Abteilung II/68. Aktennummer: 77 VI 164/42. Dresden, 12. November 1942.

691 Antwort Amtsgericht Dresden an Rechtsanwalt Dr. Veit Wyler in Zürich. In: Akten über den Nachlaß der Eheleute Wollf. Amtsgericht Dresden. Abteilung II/68. Aktennummer: 77 VI 164/42. Dresden, 20. November 1947.

692 Vgl. Notarielle Beglaubigung über die Bestimmungen der Testamente von Julius Ferdinand und Sophie Wollf durch Justizrat Rudolf, Max. In: SHStA Dresden, Akten über den Nachlaß der Eheleute Wollf. Amtsgericht Dresden. Abteilung II/68. Aktennummer: 77 VI 164/42. Dresden, 31. Juli 1942.

693 Vgl. Auszugsweise Abschrift der letztwilligen Verfügungen von Wollf, Julius Ferdinand, und Wollf, Johanna Sophie. In: Bekanntmachung des Amtsgerichts Dresden an Anna Katharina Rehmann in Zürich. In: SHStA Dresden, Akten über den Nachlaß der Eheleute Wollf. Amtsgericht Dresden. Abteilung II/68. Aktennummer: 77 VI 164/42. Dresden, 13. April 1942.

694 Vgl. Sterbeurkunden Wollf, Julius Ferdinand, und Wollf, Johanna Sophie. In: Notarielle Beglaubigung über die Bestimmungen der Testamente von Julius Ferdinand und Sophie Wollf durch Justizrat Rudolf, Max. In: SHStA Dresden, Akten über den Nachlaß der Eheleute Wollf. Amtsgericht Dresden. Abteilung II/68. Aktennummer: 77 VI 164/42.Dresden, 31. Juli 1942.

695 Vgl. in: SHStA Dresden, Akten über den Nachlaß der Eheleute Wollf. Amtsgericht Dresden. Abteilung II/68. Aktennummer: 77 VI 164/42. Dresden, 6. März 1942.

696 ebenda

697 ebenda

698 Vgl. Poege, Dr. Gerhard: Mitteilung über Vermögen des Juden Julius Israel Wollf an Geheime Staatspolizei, Leitstelle Dresden. In: SHStA Dresden, Akten über den Nachlaß der Eheleute Wollf. Amtsgericht Dresden. Abteilung II/68. Aktennummer: 77 VI 164/42. Dresden, 12. November 1942.

699 Vgl. In: SHStA Dresden, Akten über den Nachlaß der Eheleute Wollf. Amtsgericht Dresden. Abteilung II/68. Aktennummer: 77 VI 164/42. Dresden, 1. April 1942.

700 Wollf, Julius Ferdinand: Brief an Herbert Eulenberg, Dresden, 6. Juli 1938. In: Landeshauptstadt Düsseldorf Heinrich-Heine-Institut Rheinisches Literaturarchiv, Nachlässe u. Sammlungen, Bilker Str. 12–14, 40213 Düsseldorf.

701 Vgl. Poege, Dr. Gerhard: Schreiben an das Amtsgericht Dresden. In: SHStA Dresden, Akten über den Nachlaß der Eheleute Wollf. Amtsgericht Dresden. Abteilung II/68. Aktennummer: 77 VI 164/42. Dresden, 31. August 1942.

702 Vgl. Sterbeurkunde Haußer, Gertrude Sara. Standesamt Berlin-Wilmersdorf, 9. November 1956. In: SHStA Dresden, Akten über den Nachlaß der Eheleute Wollf. Amtsgericht Dresden. Abteilung II/68. Aktennummer: 77 VI 164/42.

703 Vgl. Schreiben des Oberfinanzpräsidenten Dresden an Dr. Gerhard Poege. In: SHStA Dresden, Akten über den Nachlaß der Eheleute Wollf. Amtsgericht Dresden. Abteilung II/68. Aktennummer: 77 VI 164/42. Dresden, 16. März 1943.

704 Vgl. Vollmacht der Geheimen Staatspolizei, Staatspolizeileitstelle Dresden an Dr. Gerhard Poege. In: SHStA Dresden, Akten über den Nachlaß der Eheleute Wollf. Amtsgericht Dresden. Abteilung II/68. Aktennummer: 77 VI 164/42. Dresden, 26. Mai 1942.

705 Vgl. Poege, Dr. Gerhard: Brief an das Amtsgericht Dresden. In: SHStA Dresden, Akten über den Nachlaß der Eheleute Wollf. Amtsgericht Dresden. Abteilung II/68. Aktennummer: 77 VI 164/42. Dresden, 30. April 1942.

706 Vgl. Poege, Dr. Gerhard: Mitteilung über Vermögen des Juden Julius Israel Wollf an Geheime Staatspolizei, Leitstelle Dresden. In: SHStA Dresden, Akten über den Nachlaß der Eheleute Wollf. Amtsgericht Dresden. Abteilung II/68. Aktennummer: 77 VI 164/42. Dresden, 12. November 1942.

707 Summen vgl. Poege, Dr. Gerhard: Mitteilung über Vermögen des Juden Julius Israel Wollf an Geheime Staatspolizei, Leitstelle Dresden. In: SHStA Dresden, Akten über den Nachlaß der Eheleute Wollf. Amtsgericht Dresden. Abteilung II/68. Aktennummer: 77 VI 164/42. Dresden, 12. November 1942.

708 Vgl. Auszugsweise Abschrift der letztwilligen Verfügungen von Wollf, Julius Ferdinand, und Wollf, Johanna Sophie. In: Bekanntmachung des Amtsgerichts Dresden an Anna Katharina Rehmann in Zürich. In: SHStA Dresden, Akten über den Nachlaß der Eheleute Wollf. Amtsgericht Dresden. Abteilung II/68. Aktennummer: 77 VI 164/42. Dresden, 13. April 1942.

709 Sozialgesetzbuch (SGB) Sechstes Buch vom 18. Dezember 1989. BGBL I, Anlage 1 Durchschnittsentgelt in Euro/DM/RM. Seite 2261.

710 Vgl. Poege, Dr. Gerhard: Mitteilung über Vermögen des Juden Julius Israel Wollf an Geheime Staatspolizei, Leitstelle Dresden. In: SHStA Dresden, Akten über den Nachlaß der Eheleute Wollf. Amtsgericht Dresden. Abteilung II/68. Aktennummer: 77 VI 164/42. Dresden, 12. November 1942.

711 ebenda

712 ebenda

713 Vgl. Poege, Dr. Gerhard: Mitteilung über Vermögen des Juden Julius Israel Wollf an Geheime Staatspolizei, Leitstelle Dresden. In: SHStA Dresden, Akten über den Nachlaß der Eheleute Wollf. Amtsgericht Dresden. Abteilung II/68. Aktennummer: 77 VI 164/42. Dresden, 12. November 1942.

714 Laut Aussage Siano, Rafi. E-Mail mit Verweis auf Aussagen des Nachlassverwalters, 8. Februar 2016.

715 ebenda

716 ebenda

717 Vgl. Art Dealer to the Führer. In: Der Spiegel 52/2013

718 Vgl. Poege, Dr. Gerhard: Mitteilung über Vermögen des Juden Julius Israel Wollf an Geheime Staatspolizei, Leitstelle Dresden. In: SHStA Dresden, Akten über den Nachlaß der Eheleute Wollf. Amtsgericht Dresden. Abteilung II/68. Aktennummer: 77 VI 164/42. Dresden, 12. November 1942.

719 Antwortbrief der Staatsoper Dresden an den Betriebsrat der Hamburgischen Staatsoper, Dresden, 10. September 1946.

720 Vgl. Klee, Ernst: Das Kulturlexikon zum Dritten Reich. Wer war was vor und nach 1945. Verlag S. Fischer, Frankfurt/Main 2007. Seite 11.

721 Adressbuch der Stadt Dresden 1898, Teil I. Seite 1219.

722 Vgl. Seeger, Dr. Horst: Dresdner Sängerpostkarten (13) – Mathieu Ahlersmeyer. In: Opernglas 4, Dresden 1987/88.

723 Vgl. August-Bebel-Straße. In: dresdner-stadtteile.de, besucht am 8. April 2016.

724 Programmzettel für den 14. Oktober 1952. In: Archiv der Sächsischen Staatstheater Dresden.

725 Vgl. Schreiben des Direktors des Bezirksgerichts Dresden an das Amt für den Rechtsschutz des Vermögens der DDR Berlin, zu Händen Gen. Werling. Aktenzeichen 77 VI 365/42. Dresden, 3. September 1981.

726 Vgl. Art Dealer to the Führer. In: Der Spiegel 52/2013.

727 Pottlitzer, Margot: Homage to a great writer. In: AJR Information. London, 6 (Juni 1976). Seite 6f.

728 Vgl. Hauth, Dr. Ulrich: Keiner im Kreis Kreuznach wagte ihm zu widersprechen. Ernst Schmitt war von 1930 bis 1945 hiesiger Kreisleiter der NSDAP. In: Bad Kreuznacher Heimatblätter. Bad Kreuznach, 5 (2016). Seite 1.

729 Vgl. Antwort aus dem Kirchenbuchamt des Ev.-Luth. Kirchgemeindeverbands Dresden vom 31. August 1994. In: Fritzsche, Jens: Die Dresdner Neueste Nachrichten und Julius Ferdinand Wollf. Diplomarbeit, eingereicht am Institut für Kommunikations- und Medienwissenschaft der Universität Leipzig, 1996. Anhang.

730 Vgl. Liste der Stolpersteine in Koblenz.
731 Gross, Dr. Bernd, 23. Januar 2018.
732 Schöne, Walter: Die Anfänge des Dresdner Zeitungswesens im 18. Jahrhundert. In: Mitteilungen des Vereins für Geschichte Dresdens. 23. Heft. Dresden: Buchdruckerei der Wilhelm und Berta von Baensch Stiftung,1912. Seite 27.
733 Zeißig, Herbert: Eine deutsche Zeitung. Zweihundert Jahre Dresdner Anzeiger. Dresden: Verlag der Dr. Güntzschen Stiftung, 1930. Seite 22.
734 ebenda, Seite 15.
735 ebenda, Seite 47.
736 ebenda, Seite 177f.
737 ebenda, Seite 251.
738 Güntz, Friedrich In: Zeißig, Herbert: Eine deutsche Zeitung. Zweihundert Jahre Dresdner Anzeiger. Dresden: Verlag der Dr. Güntzschen Stiftung, 1930. Seite 251.
739 Zeißig, Herbert: Eine deutsche Zeitung – Zweihundert Jahre Dresdner Anzeiger. Verlag der Dr. Güntzschen Stiftung (Dresdner Anzeiger), Dresden 1930. Seite 350ff.
740 Zeitungs-Verlag. Organ des Vereins Deutscher Zeitungs-Verleger. Berlin, 11 (12. März 1920). Spalte 432.
741 Zeißig, Herbert: Eine deutsche Zeitung – Zweihundert Jahre Dresdner Anzeiger. Verlag der Dr. Güntzschen Stiftung (Dresdner Anzeiger), Dresden 1930. Seite 442.
742 ebenda, Seite 455.
743 ebenda, Seite 462.
744 ebenda, Seite 251.
745 Frölich, Wilhelm. In: Jubiläumsausgabe 200 Jahre Dresdner Anzeiger (1730 bis 1. September 1930). Dresden, 1. September 1930. Seite 14.
746 ebenda, Seite 13.
747 Vgl. Hofmann, Hans-Joachim: Die Entwicklung der Dresdner Neueste Nachrichten vom Generalanzeiger zur Heimatzeitung. Dresden: Verlagsanstalt Scholz & Co., 1940. Seite 121.
748 Vgl. Fritzsche, Jens: Die Dresdner Neueste Nachrichten und Julius Ferdinand Wolff. Diplomarbeit, eingereicht am Institut für Kommunikations- und Medienwissenschaft der Universität Leipzig, 1996. Seite 81ff.
749 Thum, Walter. In: Jubiläumsausgabe 200 Jahre Dresdner Anzeiger (1730 bis 1. September 1930). Dresden, 1. September 1930. Seite 17.
750 Vgl. Schöne, Walter: Die Anfänge des Dresdner Zeitungswesens im 18. Jahrhundert. In: Mitteilungen des Vereins für Geschichte Dresdens. 23. Heft. Dresden: Buchdruckerei der Wilhelm und Berta von Baensch Stiftung, 1912.
751 Zeitungs-Verlag. Organ des Vereins Deutscher Zeitungs-Verleger. Berlin, 38 (18. September 1914). Spalte 1644.
752 Koszyk, Kurt: Deutsche Presse im 19. Jahrhundert. Teil II. Berlin: Colloquium, 1966. Seite 123.
753 Aus einem Bericht in der Wochenschrift des Nationalvereins. In: Koszyk, Kurt: Deutsche Presse im 19. Jahrhundert. Teil II. Berlin: Colloquium, 1966. Seite 221.
754 Vgl. Fiedler, Helmut: Geschichte der Dresdner Nachrichten von 1856 bis 1936. Leipzig: Verlag Alfred Fiedler, 1939 Seite 4.
755 ebenda. Seite 6.
756 ebenda. Seite 6
757 Gesetz gegen die gemeingefährlichen Bestrebungen der Sozialdemokratie. In: RGBl. Seite 351, 21. Oktober 1878.
758 Stader, Frank: Die proletarische deutsche Presse. Ein chronologischer Leitfaden von den Anfängen bis 1914. Leipzig: KMU, Sektion Journalistik, 1988. (= Lehrmaterial der Sektion Journalistik). Seite 113.
759 Vgl. Fesser, Gert: Die rollende Revolution. In: Sächsische Zeitung, Magazin. Dresden, 15./16. April 2017. Seite M5.
760 ebenda
761 Vgl. Schwanitz, Wolfgang G.: Djihad „Made in Germany“: Der Streit um den Heiligen Krieg 1914–1915. In: Stiftung für Sozialgeschichte des 20. Jahrhunderts Bremen (Hrsg.): Sozialgeschichte (18), 2003. Seite 7ff.
762 Stader, Frank: Die proletarische deutsche Presse. Ein chronologischer Leitfaden von den Anfängen bis 1914. Leipzig: KMU, Sektion Journalistik, 1988. (= Lehrmaterial der Sektion Journalistik). Seite 114.
763 Zeitungs-Verlag. Organ des Vereins Deutscher Zeitungs-Verleger. Berlin, 9 (4. März 1921). Spalte 275.
764 Zeitungs-Verlag. Organ des Vereins Deutscher Zeitungs-Verleger. Berlin, 15 (11. April 1919). Spalte 613.
765 Schlimper, Jürgen: Die antifaschistische deutsche Publizistik. Chronologischer Leitfaden von 1933 bis 1945. Leipzig: KMU, Sektion Journalistik, 1989. (= Lehrmaterial der Sektion Journalistik). Seite 12.
766 Zahlen vgl. Müller, Johannes: Über den Einfluss der sozialen Struktur der sächsischen Großstädte Leipzig, Dresden, Chemnitz und Plauen auf ihren Haushalt. Dresden-Lockwitz: Paul Welzel, 1930. Seite 202.
767 Koszyk, Kurt: Deutsche Presse im 19. Jahrhundert Teil II. Berlin: Colloquium, 1966. Seite 159.
768 Vgl. Hofmann, Hans-Joachim: Die Entwicklung der Dresdner Neueste Nachrichten vom Generalanzeiger zur Heimatzeitung. Dresden: Verlagsanstalt Scholz & Co., 1940. Seite 15.
769 ebenda, Seite 14.
770 ebenda, Seite 15.

771 ebenda, Seite 16.
772 Vgl. May, Karl: Mein Leben und Streben. Freiburg im Breisgau: Verlag Friedrich Ernst Fehsenfeld, 1910.
773 Vgl. Schäfer, Frank: Vergessene Autoren. Der erste Klatschreporter. In: Die Zeit Online, 11. März 2008.
774 ebenda
775 Böttiger, Carl August: Schlesingers Copie der Madonna del Sisto. In: Artistisches Notizenblatt. Dresden, 1. Januar 1822. Seite 1.
776 Vgl. Gertoberens, Klaus. In: Sächsische Persönlichkeiten. Edition Sächsische Zeitung Dresden, 2011. Seite 112.
777 Vgl. Fritzsche, Jens: Die Dresdner Neueste Nachrichten und Julius Ferdinand Wolff. Diplomarbeit, eingereicht am Institut für Kommunikations- und Medienwissenschaft der Universität Leipzig, 1996.
778 Vgl. Kahlert, Helmut: Chronik des Essener Sportvereins 1899. Herausg. aus Anlass des 100. Vereinsjubiläums 1999.
779 Vgl. Peschel, Andreas: Die Entwicklung der Dresdner NSDAP bis 1933. In: Dresdner Geschichtsbuch 18. Hrsg. Stadtmuseum Dresden. Altenburg: Verlag DZA, 2013. Seite 162.
780 Vgl. Peschel, Andreas: Die Entwicklung der Dresdner NSDAP bis 1933. In: Dresdner Geschichtsbuch 18. Hrsg. Stadtmuseum Dresden. Altenburg: Verlag DZA, 2013. Seite 166.
781 Vgl. Handbuch der deutschen Tagespresse. 4. Auflage. Berlin: Carl Duncker Verlag, 1932. Seite 317.
782 Vgl. Hofmann, Hans-Joachim: Die Entwicklung der Dresdner Neueste Nachrichten vom Generalanzeiger zur Heimatzeitung. Dresden: Verlagsanstalt Scholz & Co., 1940. Seite 121.
783 Deutsche Presse. Organ des Reichsverbandes der deutschen Presse. Berlin, 11 (12. März 1932). Seite 131.
784 ebenda
785 Vgl. Richter, Ralf: Die Geschichte der englischen Kolonie in Dresden. In: Dresdner Hefte, Heft 70.
786 Der Zeitungs-Verlag. Organ des Vereins Deutscher Zeitungs-Verleger. Berlin, 34 (21. August 1914). Spalte 1556.
787 Schreiben der Gauleitung Sachsen der NSDAP an den Reichsschatzmeister der NSDAP in München, 1. November 1938. In: Bundesarchiv Berlin. Bestandssignatur R9261-II-443482.
788 John, Matthias (Hrsg.): Pressekonzentration in Sachsen während der Zeit des Nationalsozialismus. Das Beispiel der Stadt Thum. In: Leipziger Beiträge zur Pressegeschichte, Band 2, 2012. Seiten 75 und 104.
789 Undatierte Karteikarte der Reichspressekammer zu Hans Hornauer. In: Bundesarchiv Berlin. Bestandssignatur R9361-V-6569.
790 Brief des Mitgliedschaftsrats Abteilung Blutorden- und Ehrenzeichen in München an den Gauschatzmeister der NSDAP Sachsen Otto Rothe, 25. November 1938. In: Bundesarchiv Berlin. Bestandssignatur R9261-II-443482.
791 Undatierte Karteikarte der Reichspressekammer zu Hans Hornauer. In: Bundesarchiv Berlin. Bestandssignatur R9361-V-6569.
792 Mitteilung des Amtes für Presse an die Gauleitung Sachsen der NSDAP in Dresden, 4. November 1936. In: Bundesarchiv Berlin. Bestandssignatur R9261-II-443482.
793 ebenda
794 Vgl. Schlag nach – wissenswerte Tatsachen aus allen Gebieten. Leipzig: Bibliographisches Institut, 1938.
795 Brief von Hans Hinkel an Hans Hornauer. Berlin, 31. August 1935. In: Bundesarchiv Berlin. Bestandssignatur R9361-V-6569.
796 Brief der Hauptschriftleitung der sächsischen NS-Zeitungen an Hans Hinkel. Dresden, 5. September 1935. In: Bundesarchiv Berlin. Bestandssignatur R9361-V-6569.
797 Brief von Hans Hornauer an Hans Hinkel. Wien, 16. Mai 1940. In: Bundesarchiv Berlin. Bestandssignatur R9361-V-6569.
798 Brief von Hans Hinkel an Hans Hornauer. Berlin, 24. Oktober 1940. In: Bundesarchiv Berlin. Bestandssignatur R9361-V-6569.
799 Brief von Hans Hornauer an Hans Hinkel. Lutzk, 25. Juni 1942. In: Bundesarchiv Berlin. Bestandssignatur R9361-V-6569.
800 Brief von Hans Hinkel an Hans Hornauer. Berlin, 29. Dezember 1936. In: Bundesarchiv Berlin. Bestandssignatur R9361-V-6569.
801 Brief von Hans Hinkel an Hans Hornauer. Berlin, 23. Dezember 1942. In: Bundesarchiv Berlin. Bestandssignatur R9361-V-6569.
802 Schreiben der Gauleitung Sachsen der NSDAP an den Reichsschatzmeister der NSDAP in München. Dresden, 5. Januar 1943. In: Bundesarchiv Berlin. Bestandssignatur R9261-II-443482.
803 ebenda
804 Vgl. Thiele, Siegfried: Untergang und Rückkehr einer Legende. In: Sonderbeilage 110 Jahre Dresdner Neueste Nachrichten, 8. September 2003. Seite B5.
805 Vgl. Reinhardt, Rudolf: Stunde Null der Rotationsmaschinen. In: Die Zeit, 19. April 1985.
806 Reinhardt, Rudolf: Stunde Null der Rotationsmaschinen. In: Die Zeit, 19. April 1985.
807 Vgl. Reinhardt, Rudolf: Stunde Null der Rotationsmaschinen. In: Die Zeit, 19. April 1985.
808 Vgl. Ausstellungstext „Die Stunde Null“ in der Sächsischen Landes- und Universitätsbibliothek Dresden, April 2015.

Bildnachweis (wenn nicht am jeweiligen Bild vermerkt)

Frontispiz: Julius Ferdinand Wollf, Aus: Der Westen, Zeitschrift für Wirtschaft und rheinisches Leben und Kölner Messe- und Ausstellungszeitung. Presse, Rhein u. Weltbefriedung, Köln, 12. Mai 1928, Privatbesitz

Seite 15: Visitenkarte, © Deutsche Schillergesellschaft e.V. – Deutsches Literaturarchiv Marbach. Standort/Signatur: 02.33 214

Seite 16: Julius Ferdinand Wollf, Die Zeitung. In: Zeitungs-Verlag, Zeitschrift des Vereins Deutscher Zeitungs-Verleger, 13. Februar 1925.

Seite 113: Ladengeschäft Kleineibst, Quelle: Archiv der Heimatkundlichen Arbeitsgemeinschaft Braunfels

Seite 114: Badisch Blut, Quelle: Universitätsbibliothek Heidelberg, Sig. G 7598

Seite 115: Theaterblatt Badisch Blut, Quelle: Stadtarchiv Mannheim, Bestand: Reiss-Engelhorn-Museum

Seite 118: „Papa Benz", Quelle: Archiv Monacensia

Seite 119: „Deutschlands Dichter", Bayerische Staatsbibliothek/Bildarchiv © VG Bild-Kunst, Bonn 2019

Seiten 124/125: Dresden, Luftbild vom Walderseeplatz, Foto: SLUB Dresden/Deutsche Fotothek/Walter Hahn

Seite 126: DNN-Titelseiten, Quelle: SLUB Dresden

Seite 127: alle © Sonnenblumen-Verlag Dresden

Seite 241: Quelle: SLUB Dresden

Seite 242/243: alle © Sonnenblumen-Verlag Dresden

Seite 244: Haupteingang DNN, Foto © SLUB Dresden/Deutsche Fotothek/unbekannter Fotograf, 16. Oktober 1927

Seite 245–247: Foto © SLUB Dresden/Deutsche Fotothek/unbekannter Fotograf, 16. Oktober 1927

Seite 248: Foto o.r.: © SLUB Dresden/Deutsche Fotothek/unbekannter Fotograf, 16. Oktober 1927

Seite 249: Quelle: © SLUB Dresden

Seite 251/252: Quelle: © SLUB Dresden

Seite 254/255: Quelle: © SLUB Dresden

Seite 401: Quelle: Julius Ferdinand Wollf, Lingner und sein Vermächtnis, Hellerau 1930

Seite 402: Lingners Hand, aus: Julius Ferdinand Wollf, Lingner und sein Vermächtnis, Hellerau 1930

Seite 403: Quelle: Julius Ferdinand Wollf, Lingner und sein Vermächtnis, Hellerau 1930

Seite 405: Gemälde Seebach, © SLUB / Deutsche Fotothek

Seite 406: Harden, erschienen am 12. Oktober 1911 zum 50 Geburtstages Hardens in: Reclams Universum, Leipzig, Jg. 28 (1911–12), Edition Nr. 3, S. 1

Seite 406: Eulenberg, Aus: DER WESTEN, Zeitschrift für Wirtschaft und rheinisches Leben und Kölner Messe- und Ausstellungszeitung. Pressa, Rhein u. Weltbefriedung, Köln, 12. Mai 1928, Privatbesitz

Seite 406:	Hoffmanstahl, aus: Wikimedia Commons
Seite 406:	Wedekind, Quelle: Sammlung Editions- und Forschungsstelle Frank Wedekind Darmstadt.
Seite 407:	„Lou, Köln 1927“, aus: Louise Straus-Ernst – Nomadengut. Seite 103, Sprengel-Museum, Hannover 1999
Seite 407:	Fraenkel, aus: Wikipedia
Seite 407:	Salten, aus: Wikipedia
Seite 407:	Wollf, Quelle: Staatsschauspiel Dresden, Archiv
Seite 408:	Wiecke, Quelle: Staatsschauspiel Dresden, Archiv
Seiet 408:	Fantl, © Státní oblastní archiv v Plzni, fond Policejní ředitelství Plzeň, spisová značka F 4442.
Seite 408:	Kleineibst, © Schweizerisches Sozialarchiv
Seite 409:	Bierbaum (beide), Quelle: Bierbaum, Otto Julius: Briefe an Gemma. München: Goerg-Müller-Verlag 1921.
Seite 409:	Stresemann, Quelle: Wikimedia Commons / George Grantham Bain Collection (LoC)
Seite 409:	Blüher, aus: Dresden. Das Buch der Stadt. Hg. vom Rat der Satz Dresden, 1924
Seite 411:	Visitenkarte, © Deutsche Schillergesellschaft e.V. – Deutsches Literaturarchiv Marbach. Standort/Signatur: 02.33 214
Seite 412/413:	alles © Deutsches Hygiene-Museum
Seite 414:	Hausansichten oben: www. altesdresden.de
Seite 414:	Wohnhaus Bayreuther Straße 33,© Sammlung Veit Haustein, Dresden
Seite 415:	Ruine Wohnhaus,© Stadtarchiv Dresden, 6.4.40.2 Stadtplanungsamt Bildstelle, Nummer I6370/7, unbekannter Fotograf, 1954
Seite 415:	Hausansicht Bild unten: Foto: Privatarchiv Rafi Siano, Haifa
Seite 416:	Quelle für Vorlagen (beide): Privatarchiv Rafi Siano, Haifa/ Grafik (beide): Matthias Peikert, Architekt, Dresden
Seiten 454ff:	Faksimile Briefe: Heinrich-Heine-Institut, Rheinisches Literaturarchiv, Nachlass Herbert Eulenberg.
Seite 489:	Grafiken, © SLUB Dresden
Umschlag:	Porträt Rückseite, aus: Reichshandbuch der deutschen Gesellschaft. Band II, Seite 2070. Berlin: Deutscher Wirtschaftsverlag, 1931.

Alle Abbildungen von Seiten bzw. Grafiken der *Dresdner Neuesten Nachrichten* stammen aus der Sächsische Landesbibliothek – Staats- und Universitätsbibliothek Dresden (SLUB Dresden), http://digital.slub-dresden.de/werkansicht/dlf/201750/1/

Diverse andere Abbildungen stammen aus Privatbesitz.

Die Bildrechte wurden nach bestem Wissen recherchiert. Berechtigte Ansprüche sind nicht beeinträchtigt und bleiben gewahrt.

Hinweis zur Zitierweise

Die Zitate folgen dem Original auch dort, wo Interpunktion und Orthografie von den Regeln abweichen. Lediglich offensichtliche Rechtschreib- oder Druckfehler wurden stillschweigend behoben.

Impressum

Buchgestaltung: Alexander Atanassow, Gebrauchsgrafiker, Dresden
Lektorat: Gisela Streufert, Radebeul
Gesamtherstellung: KUNSTBLATT-Verlag, Dresden

Gefördert durch:
Landeshauptstadt Dresden
Amt für Kultur und Denkmalschutz

Dresden.

1. Auflage 2019

www.kunstblatt-verlag.de

ISBN 978-3-9820163-0-6